सामाजिक शोध की विधियां
Methods in Social Research

सामाजिक शोध की विधियां

Methods in Social Research

हरिकृष्ण रावत

रावत पब्लिकेशन्स

जयपुर • नई दिल्ली • बैंगलोर • गुवाहाटी • कोलकाता

ISBN 978-81-316-0566-0 (HB)

Reprinted, 2025

Published by
Prem Rawat for **Rawat Publications**
Satyam Apts, Sector 3, Jawahar Nagar, Jaipur 302 004 (India)
Phones: 0141 265 1748 / 265 7006
E-mail: info@rawatbooks.com
Website: www.rawatbooks.com

New Delhi Office
4858/24, Ansari Road, Daryaganj, New Delhi 110 002
Phone: 011 2326 3290

Also at *Bangalore, Guwahati* and *Kolkata*

Typeset by Rawat Computers, Jaipur
Printed at Nice Printing Press, New Delhi

विषय-सूची

भाग 3

सामाजिक शोध की विधियां, प्रविधियां एवं उपकरण

(Methods, Techniques and Tools of Social Research)

भाग 4

तथ्यों का संसाधिकरण (Processing of Data)

प्राक्कथन

समाजशास्त्र का विषय समाज और उन सामाजिक प्रक्रियाओं (Social Processes), जो समाज की रचना करती हैं और उसमें परिवर्तन लाती हैं, को समझने और उनके अनुशासित अध्ययन का एक व्यवस्थित प्रयास है। समाज के सदस्य के रूप में हम इन प्रक्रियाओं को किसी न किसी रूप में अनुभव करने के साथ-साथ इनके संचालन के बारे में कुछ अनुमान भी लगाते हैं। किन्तु, हमारे ये अनुमान और समझ कहाँ तक सही हैं, अर्थात् ये प्रक्रियाएं कैसे और क्यों उत्पन्न होती हैं, ये कैसे कार्य करती हैं, ये कैसे हमें प्रभावित करती हैं और समाज में परिवर्तन उत्पन्न करती हैं, इन प्रश्नों का व्यवस्थित प्रत्युत्तर समाजशास्त्र के अध्ययन द्वारा ही सम्भव है और सामाजिक शोध की विधियों का अध्ययन इसी का एक मुख्य हिस्सा है। अधिकांश सामाजिक प्रक्रियाओं (सहयोग, प्रतिस्पर्धा, अनुकूलन, समायोजन, संघर्ष आदि) के बारे में हमारी जानकारी सामान्य ज्ञान (Common Sense) पर आधारित होती है। हम इन्हें यथावत मान कर चलते हैं, अर्थात् ऐसा होता ही है या ऐसा अनादिकाल से होता रहा है। हमारा दृष्टिकोण 'रघुकुल रीति सदा चली आई' वाला होता है, जिसमें हेरफेर की कोई गुंजाइश नहीं होती।

समाजशास्त्रीय (वैज्ञानिक) ज्ञान हमारे सामान्य ज्ञान और अटल विश्वासों को, पारम्परिक ज्ञान और लोक ज्ञान को और हमारे अटकलपच्चू अनुमानों को चुनौती देता है और यह चुनौती आनुभविक शोध विधियों के आधार पर संग्रहित वैज्ञानिक ज्ञान का संचित भंडार होता है जिसमें निरंतर संशोधन, परिमार्जन और परिवर्द्धन होता रहता है। विज्ञान के हर क्षेत्र में शोध की नई से नई विधियों का प्रयोग ही नहीं हो रहा है, अपितु इन विधियों पर शोध भी हो रहा है। शोध की कई नवीन विधियां, प्रविधियां और उपकरणों ने पुराने स्थापित ज्ञान को गलत या भ्रांतिमूलक सिद्ध कर दिया है। सामाजिक शोध के क्षेत्र में सामाजिक घटनाओं के प्रेक्षण, सूचनादाताओं का साक्षात्कार करने के लिये 'सूचना तकनीक' (Information Technology) के कई नवीनतम आविष्कारों - इंटरनेट, मोबाइल, सूक्ष्मतम कैमरे, टीवी आदि - का प्रयोग कर सामाजिक शोधकर्त्तागण अपने निष्कर्षों को अधिकाधिक यथार्थ बनाने में प्रयासरत हैं।

अंग्रेजी भाषा में 'सामाजिक शोध/अनुसंधान विधियों' पर अनेक पुस्तकें उपलब्ध हैं। पिछले कुछ वर्षों में हिन्दी में भी इस विषय पर कुछ पुस्तकें प्रकाशित हुई हैं। इनमें से

अधिकांश पुस्तकें विभिन्न शिक्षण संस्थानों या प्रतियोगी परीक्षाओं के पाठ्यक्रमों को ध्यान में रखकर लिखी गई हैं। प्रस्तुत पुस्तक यद्यपि उसी शृंखला में एक कड़ी जोड़ने का एक विनम्र प्रयास है, तथापि यह किसी भी निर्धारित पाठ्यक्रम पर केन्द्रित नहीं है। इसमें सामाजिक वैज्ञानिक गवेषणा के मूलभूत सिद्धान्तों और उनसे जुड़ी विधियों का उदाहरण सहित सविस्तार वर्णन-दिश्लेषण किया गया है। सैद्धान्तिक अमूर्त विषयों को समझना थोड़ा-सा कठिन होत. है एवं पाठकों की ऐसे विषयों के अध्ययन में कम ही रुचि होती है। ऐसा देखा गया है कि समाजशास्त्र के विद्यार्थी की जितनी रुचि विवाह, परिवार, जाति, अपराध, गरीबी और बेरोजगारी जैसे विषयों के अध्ययन में होती है, उतनी रुचि सामाजिक शोध और सर्वेक्षण से जुड़ी विधियों के जानने में नहीं होती। पाठकों की रुचि के बारे में इस यथार्थ को जानते हुए 'शोध विधियों' के इस दुरूह और नीरस विषय को इस पुस्तक में अपेक्षाकृत सरल, सरस और सुबोध बनाने का प्रयास किया गया है। इसके लिये वास्तविक जीवन के उदाहरणों सहित पिछले कुछ वर्षों में विभिन्न विषयों पर हुए शोध अध्ययनों के उद्धरण भी दिये गये हैं।

मैं अपने लघु भ्राता श्री कैलाश रावत, जो मुझे निरंतर नये-नये विषयों पर लिखने हेतु प्रेरित करते रहते हैं, को धन्यवाद देना नहीं भूल सकता। मैं अपने भतीजे श्री प्रणीत रावत, जिन्हें प्रकाशन क्षेत्र में महारत हासिल है, का अत्यधिक आभारी हूँ कि वे मेरी भूलों और इस पुस्तक के प्रूफों के संशोधन में हुए विलम्ब को नज़रअंदाज कर मुझे क्षमादान करते रहते हैं। अंत में, मैं अपने प्रपौत्र केशव को आशीर्वाद देना चाहता हूँ जो कभी-कभी बोझिल, अवसादपूर्ण और निराशाजनक क्षणों को अपनी निस्पृह भंगिमाओं, कार्यकलापों और मधुर स्वरलहरियों से रिझाकर सम्पूर्ण परिवेश को कृष्णमय रस से तिक्त कर देते हैं।

भाग 1

ज्ञान के स्रोत

Sources of Knowledge

1

विज्ञान और वैज्ञानिक पद्धति

Science and Scientific Method

"सत्य तक पहुँचने के लिए कोई छोटा मार्ग नहीं है। विश्व का ज्ञान प्राप्त करने के लिए वैज्ञानिक पद्धति के अलावा अन्य कोई मार्ग नहीं है।"

–कार्ल पियर्सन

मानवीय सामाजिक जीवन और प्राकृतिक घटनाओं के बारे में हमारे रोजमर्रा के कई कथन और घोषणाएं अधिकांशत: हमारे सामान्य ज्ञान (Common Sense) पर आधारित होती हैं और यह सामान्य ज्ञान प्राय: हमारे व्यक्तिगत अनुभव, परम्परा और लोकोक्तियों के रंग में रंगा होता है। यह ज्ञान बहुधा अज्ञान, पूर्वाग्रह और भ्रांतिमूलक निष्कर्षों का प्रतिफल होने के उपरान्त भी कभी-कभी सही भी हो सकता है, किन्तु यह हमेशा विश्वसनीय नहीं होता क्योंकि यह आनुभविक तथ्यों (Empirical Facts) के व्यवस्थित विश्लेषण पर आधारित नहीं होता। बहुत समय तक यह माना जाता रहा है कि हमारी पृथ्वी सपाट या चौरस है, सभी सांप जहरीले होते हैं, मौसमों का आवागमन और वर्षा दैविक घटनाएं हैं। ये सभी प्राकृतिक घटनाएं हैं और विज्ञान ने इन घटनाओं के बारे में उपरोक्त निष्कर्षों को असत्य सिद्ध कर दिया है। इसी प्रकार हमारे सामाजिक जीवन के बारे में कई अंधविश्वास और भ्रांतियां फैली हुई थीं, जैसे काले लोगों की अपेक्षा गोरी प्रजाति के लोग, या निम्न जातियों के लोगों की अपेक्षा ऊँची जातियों के लोग अधिक प्रतिभावान होते हैं, स्त्रियों की अपेक्षा पुरुषों में अधिक बुद्धि या समझ होती है। आधुनिक वैज्ञानिक ज्ञान ने सामान्य ज्ञान या छुटपुट ज्ञान पर आधारित इस प्रकार के सभी दावों और निष्कर्षों को गलत साबित कर दिया है। आज काले लोगों, निम्न जातियों के व्यक्तियों और स्त्रियों ने विभिन्न ऊँचे पदों पर पहुँच कर यह सिद्ध कर दिया है कि यदि अवसरों की समानता हो और इन लोगों (स्त्रियों, काले लोगों और निम्न जाति के लोगों) को यदि आगे बढ़ने के लिए हर प्रकार से मदद दी जाए, तो वे इतिहास रचने में सक्षम हैं और इन व्यक्तियों ने इतिहास रचा भी है। अमेरिका के वर्तमान राष्ट्रपति बराक ओबामा इसका ज्वलंत उदाहरण हैं।

ज्ञान के स्रोत एवं विधियां
(Sources and Methods of Knowledge)

सदियों से मानव ज्ञान की खोज कर रहा है। यह खोज संभवत: मानव के इस धरा पर अवतीर्ण होने और अपनी आवश्यकताओं की पूर्ति के साथ ही शुरू हो गई होंगी। चकमक (पत्थरों को रगड़ कर आग पैदा करना) द्वारा आग की खोज इसका एक अत्यंत साधारण उदाहरण है। भौतिक आवश्यकताओं और अधिकाधिक जानने की मानव की इच्छा ने उसके खोज के दायरे में वृद्धि की होगी। प्रारंभिक सभी खोजों का आधार 'प्रयत्न और भूल' (Trial and Error) था। आज इसका स्थान 'विज्ञान' ने ले लिया है। इसके अतिरिक्त ज्ञान के कुछ अन्य स्रोत भी रहे हैं। इनमें से प्रमुख स्रोत निम्नलिखित हैं:

व्यक्तिगत अनुभव (Personal Experience)

हमारा बहुत सा ज्ञान हमारे पुराने अनुभवों पर आधारित होता है। हम उन्हीं के आधार पर किसी घटना अथवा व्यक्ति के बारे में अपनी राय बना लेते हैं और फिर उसी के अनुसार आचरण करते हैं। किन्तु, अनुभव और सामान्य ज्ञान पर आधारित निष्कर्ष हर समय विश्वसनीय एवं सटीक नहीं होते। यही नहीं, एक ही घटना के बारे में लोगों के भिन्न अनुभव हो सकते हैं। अनुभवों की भिन्नता का प्रमुख कारण लोगों की पृष्ठभूमि, मन:स्थिति, जीवन के मूल्यों आदि में भिन्नता हो सकती है।

परम्परा (Tradition)

अनादिकाल से संचित किया हुआ ज्ञान ही परम्परा है, जो हमें अपने पूर्वजों से दर पीढ़ी प्राप्त हुआ है। इस ज्ञान को अधिकांशत: हम बिना किसी नानुच के सही मान कर स्वीकार कर लेते हैं और उसी के अनुसार आचरण करते हैं। हमारे बहुत से रीति-रिवाज, प्रथाएं और परिपाटियां परम्परा के ही भाग हैं। ब्रिटेन की संसद में आज भी कई पुरातन परिपाटियों का पालन परम्परा के नाम से किया जा रहा है।

अन्त:प्रज्ञा (Intuition)

बोलचाल की भाषा में इसे 'अन्तर्मन की आवाज' कहा जाता है। यह एक प्रकार की अन्तर्दृष्टि है, जो मानव को घटनाओं और वस्तुओं के बारे में ज्ञान प्रदान करती है। यह सही या गलत दोनों हो सकती है। हमारे प्रथम प्रधानमंत्री नेहरू ने कभी यह नहीं सोचा था कि भारत पर चीन कभी हमला कर सकता है, किन्तु उनकी यह अंतर्दृष्टि या अन्तर्मन की आवाज गलत साबित हुई। हमारे ऋषि-मुनियों का अधिकांश ज्ञान अन्त:प्रज्ञा पर ही आधारित होता है।

अन्त:प्रज्ञा, किसी भी शोध के लिए एक अच्छी प्राक्कल्पना (Hypothesis) का काम तो कर सकती है, किन्तु विश्वसनीय ज्ञान और निष्कर्षों के एक स्रोत के रूप में अन्त:प्रज्ञा को अधिक संतोषप्रद साधन नहीं माना जा सकता।

ज्ञानियों के आप्त वचन (Sayings of Authorities)

देव-पुरुषों की अमर वाणियां, संत-महात्माओं के अनमोल वचन तथा समाज के गणमान्य व्यक्तियों के कथन अनादिकाल से ज्ञान के प्रमुख स्रोत रहे हैं। उनके विचार कई बार

लोकोक्ति और कहावतों का रूप ग्रहण कर लेते हैं। ऐसा माना जाता रहा है कि ऐसे ज्ञानियों को दैवी अनुभवों, इलहाम, प्रार्थना अथवा जादू के माध्यम से ज्ञान प्राप्त हुआ है। दैवी अनुभवों से प्राप्त ज्ञान को पवित्र और परम सत्य माना जाता है। ऐसे ज्ञान की सत्यता की परख अनुभवजन्य विधियों से संभव नहीं है।

विज्ञान (Science)

ज्ञान प्राप्ति के ये मार्ग, जिनका उल्लेख ऊपर किया गया है, वे सरल अवश्य प्रतीत होते हैं, किन्तु वे प्रामाणिक के साथ-साथ विश्वसनीय नहीं है। ज्ञान की वैज्ञानिक विधि कठोर आनुभविक (Empiricial) परीक्षणों पर जोर देती है। अनुभवजन्य विधियां इन्द्रियगम्य घटनाओं पर केन्द्रित हैं, अर्थात् जिनमें सत्य (यथार्थ) को परखने के लिए इन्द्रियों, यथा चक्षु, कान, जीभ, नाक और स्पर्श का प्रयोग किया जाता है। इन इन्द्रियों से परे जो भी घटनाएं होती हैं, अर्थात् जिनका परीक्षण इनके द्वारा नहीं किया जा सकता, वे विज्ञान के दायरे में नहीं आतीं। गंगा स्नान से मुक्ति मिलती है, भागवत श्रवण स्वर्ग के द्वार खोल देता है। वर्ण-व्यवस्था नैतिक है, संपत्ति का संचय अनैतिक नहीं है, इस प्रकार के सभी कथन या इनसे जुड़े प्रश्न एक दार्शनिक या समाज सुधारक या संत को उद्वेलित अवश्य कर सकते हैं, किन्तु एक समाज वैज्ञानिक को नहीं। प्रसिद्ध मनोचिकित्सक फ्रायड ने भी ज्ञानेन्द्रिय संबंधी ज्ञान को ही विज्ञान की संज्ञा दी है। उनके मतानुसार, "दार्शनिक पद्धति बाह्य जगत् के अनुभव के आधार पर सत्य की स्थापना नहीं करती। यह जगत को अपनी इच्छानुसार देखती है। ऐसा ज्ञान, ज्ञान नहीं वरन् अराजकता है।" अत: एक वैज्ञानिक के रूप में, एक सामाजिक वैज्ञानिक को ब्रह्मांड की उत्पत्ति, जीवन के अर्थ और उद्देश्य, ईश्वर के अस्तित्व या वस्तुओं के मूल्यों जैसे प्रश्नों में कोई रुचि नहीं होती।

विज्ञान क्या है? (What is Science?)

'साइन्स' शब्द, लेटिन भाषा के 'साइन्टा' (Scienta) से बना है, जिसका अर्थ होता है 'जानना' (To Know)। इसी प्रकार, हिन्दी का शब्द 'विज्ञान' जो अंग्रेजी के 'साइन्स' शब्द के लिए प्रयुक्त होता है, दो शब्दों वि+ज्ञान के मेल से बना है जिसका अर्थ विशिष्ट ज्ञान से है, अर्थात् ऐसा ज्ञान जो ऐन्द्रियक आधार पर वस्तुपरक ढंग से अर्जित किया गया हो। अत: हर प्रकार का ज्ञान विज्ञान नहीं है। केवल वही ज्ञान विज्ञान की श्रेणी में आता है, जो क्रमबद्ध रूप में संकलित एवं विश्लेषित किया गया है। यह किसी घटना के कारण और परिणाम (Cause and Effect) का विश्लेषण करके उनके पारस्परिक संबंधों को उजागर करता है। विज्ञान कोई उपदेश नहीं देता, अर्थात् किसी सिद्धान्त विशेष के निष्कर्ष अच्छे या बुरे हैं, यह विज्ञान नहीं बतलाता है।

विज्ञान को कई रूपों में परिभाषित किया गया है। बहुप्रचलित रूप में विज्ञान को 'क्रमबद्ध ज्ञान का एक संग्रह' कहा गया है। आधुनिक समय में विज्ञान शब्द का प्रयोग अधिकांशत: दो भिन्न, किन्तु एक दूसरे से जुड़े हुए अर्थों में किया जाता है:

ज्ञान का एक भंडार (As a Body of Knowledge)

यह व्यवस्थित ज्ञान का एक ऐसा भंडार है, जो विश्वसनीय प्रेक्षण (अवलोकन) द्वारा प्राप्त किया गया है तथा इस संकलित ज्ञान को सामान्यीकरणों और नियमों की एक व्यवस्था में नियोजित किया गया है।

ज्ञान प्राप्ति की एक पद्धति (As a Method of Getting Knowledge)

ज्ञान प्राप्ति की कई विधियों में से एक विधि विज्ञान है। यह एक ऐसी विधि है जिसके द्वारा विश्वसनीय एवं प्रामाणिक ज्ञान प्राप्त किया जाता है। **ग्रीन** (1952) के अनुसार, "विज्ञान, ज्ञान प्राप्त करने का एक तरीका है।"

एकॉफ एवं चर्चमैन (1950) ने लिखा है, "ज्ञान प्राप्त करने की व्यवस्थित विधि को विज्ञान कहते हैं।"

ज्ञान प्राप्त करना विज्ञान का साध्य (लक्ष्य) और साधन (विधि) दोनों है। अत: विज्ञान को दोनों रूपों अर्थात् साध्य (वैज्ञानिक ज्ञान) और साधन (वैज्ञानिक पद्धति) में देखा जाता है। आजकल विज्ञान को इसके दूसरे अर्थ, अर्थात् एक पद्धति के रूप अधिक देखा जाता है। एक विधि के रूप में सभी विज्ञान (भौतिक एवं सामाजिक दोनों) समान हैं। **स्टूअर्ट चेज** ने लिखा है कि विज्ञान का संबंध पद्धति से है, विषय-वस्तु से नहीं है। इस संबंध में विज्ञान के दर्शनशास्त्री **कार्ल पियर्सन** ने कहा है कि "सभी विज्ञानों की एकता उनकी पद्धति (Method) में है, न कि उस सामग्री में जिसका वे अध्ययन करते हैं।" जहाँ तक सामग्री का प्रश्न है, सभी विज्ञान अलग-अलग हैं। किन्तु सभी विज्ञान शोध की एक समान कार्यविधि (Procedure) और प्रक्रिया (Process) का कुछ हेर-फेर के साथ प्रयोग करते हैं। यह उनकी एकता को दर्शाती है।

ज्ञान के भंडार और ज्ञान की एक पद्धति दोनों के रूप में विज्ञान में दो तत्व निहित होते हैं: तार्किकता और आनुभविकता। वास्तविक ज्ञान के रूप में, विज्ञान की रचना तार्किक रूप में संबंधित ऐसी प्रस्थापनाओं से होती है, जो आनुभविक तथ्यों पर आधारित होती हैं। पद्धति के रूप में विज्ञान विश्वसनीय एवं वस्तुपरक प्रेक्षण-परीक्षण और तार्किक विश्लेषण पर जोर देता है। इन दोनों को एक दूसरे से अलग नहीं किया जा सकता है।

अंत में, सभी प्रकार के विज्ञान का अंतिम लक्ष्य मानवीय जीवन को समझना, उसे नियंत्रित करना और उसके बारे में भविष्योक्ति (Prediction) करना है।

विज्ञान की विशेषताएं (Characteristics of Science)

जैसा कि ऊपर बताया गया है कि ज्ञान को प्राप्त करने की कई विधियों में से एक विधि विज्ञान है। यह विधि कल्पना या अन्त:प्रज्ञा पर आधारित न होकर आनुभविक तथ्यों (Empirical Facts) पर आधारित होती है जिनका एन्द्रियक आधार पर प्रेक्षण-परीक्षण (Observation- Experimentation) संभव है। प्रसिद्ध समाजशास्त्री **टालकट पार्सन्स** ने विज्ञान की चार विशेषताओं का उल्लेख किया है: (1) आनुभविक प्रामाणिकता, (2) तार्किक स्पष्टता, (3) तार्किक संगति, और (4) सामान्यीकरण। **रॉय फ्रांसिस** के अनुसार, विज्ञान की प्रमुख विशेषताएं निम्नलिखित हैं:

विज्ञान आनुभविक होता है (Science is Empirical)

यह ऐन्द्रियक तथ्यों पर आधारित है। ऐसे तथ्य जो इन्द्रियों से परे हैं, इन्द्रियगम्य नहीं हैं, विज्ञान का उनसे कोई लेना-देना नहीं होता। यही कारण है कि बहुत से धर्मशास्त्रीय, दार्शनिक एवं नैतिक तथ्य या प्रश्न विज्ञान की परिधि में नहीं आते, किन्तु इसका तात्पर्य यह नहीं है कि ये सभी प्रश्न निरर्थक हैं। सामाजिक जीवन को संचालित करने में ऐसे तथ्यों का अपना विशिष्ट महत्व है। ईश्वर की अनुभूति इन्द्रियातीत अनुभव है, न कि आनुभविक। अतः यह वैज्ञानिक अनुभव नहीं है।

विज्ञान तार्किक होता है (Science is Logical)

तर्कशास्त्र का अर्थ है चिन्तन का सिद्धान्त। इन सिद्धान्तों का प्रयोग हम सभी अपने रोजमर्रा के जीवन में करते हैं। किन्तु हमारे सामान्य ज्ञान में सत्य-असत्य दोनों की मिलावट होती है। उसमें तर्कसंगतता की कमी होती है। वैज्ञानिक विधि की भांति तार्किक पद्धति भी खोज की एक विधि है। यह विज्ञान के निष्कर्षों को पुष्ट करने में सहायता प्रदान करती है।

विज्ञान में अमूर्त होने की प्रवृत्ति होती है (Science Tends to be Abstract)

घटनाओं के बारे में एकत्रित मूर्त तथ्यों पर आधारित ज्ञान अन्ततः अमूर्त होता जाता है। एक सामान्य वैज्ञानिक सिद्धान्त प्रायः अमूर्त होता है। आत्महत्या संबंधी दुखाईम का यह सिद्धान्त (सामान्यीकरण) "एकीकरण जितना अधिक होगा, उतनी ही कम आत्महत्याएं होंगी।" यह कथन आत्महत्या को अमूर्तता के उच्च स्तर पर प्रकट करता है। इसके विपरीत, जब यह कहा जाता है कि विवाहितों की अपेक्षा अविवाहित या कैथॉलिक की अपेक्षा प्रोटेस्टेन्ट धर्मावलम्बी अधिक आत्महत्या करते हैं, ये कथन अमूर्त न होकर मूर्त तथ्यों को पेश करते हैं।

विज्ञान प्रस्थापनात्मक होता है (Science is Propositional)

विज्ञान का कार्य प्रस्थापनाओं की रचना करना है, अर्थात् दो वस्तुओं या घटनाओं के बीच क्या संबंध है, इन संबंधों को अभिव्यक्त करने वाला कथन ही प्रस्थापना (Proposition) कहलाता है, जैसे औद्योगीकरण ने संयुक्त परिवारों में टूटन उत्पन्न की है या स्त्रियाँ पुरुषों की अपेक्षा अधिक धार्मिक होती हैं। इन दोनों प्रस्थापनाओं में से पहली में औद्योगीकरण और संयुक्त परिवार के टूटने की प्रवृत्ति तथा दूसरी में स्त्री-पुरुषों और धार्मिक प्रवृत्ति के बीच संबंध को स्थापित किया गया है।

विज्ञान सार्वजनिक होता है (Science is Public)

विज्ञान किसी एक व्यक्ति की धरोहर नहीं है और न ही वह किसी एक व्यक्ति के द्वारा संचालित होता है। इसमें व्यक्तिगत पक्षपातों, भावनाओं या विचारों का कोई महत्व नहीं होता है। विज्ञान के निष्कर्ष सभी लोगों के लिए खुले हैं, इसमें किसी प्रकार की गोपनीयता या अलौकिकता नहीं होती।

विज्ञान निर्धारणवादी होता है (Science is Deterministic)

विज्ञान इस मान्यता पर आधारित है कि कोई भी घटना अकारण नहीं घटती, इसका कोई न कोई पूर्ववर्ती कारण होता है और विज्ञान के द्वारा इसे मालूम किया जा सकता है। वर्षा होती है, भूकम्प आता है या व्यक्ति को जुकाम होता है, तलाक होते हैं, आदि सभी घटनाओं के पीछे कोई न कोई कारण उपस्थित होता है और इन घटनाओं की तार्किक/वैज्ञानिक व्याख्या करके उन कारणों को मालूम किया जा सकता है, जो इन घटनाओं को संचालित करते हैं।

विज्ञान मितव्ययी होता है (Science is Economical)

ज्ञान के खोज की वैज्ञानिक कार्यविधि अन्य विधियों की अपेक्षा मितव्ययी (कम खर्चीली) होती है, क्योंकि यह लक्ष्योन्मुख होने के साथ-साथ कुशल (समय, श्रम और धन की बचत करने वाले) साधनों पर आधारित होती है। इसमें निरर्थक बातों पर ध्यान नहीं दिया जाता। किसी वस्तु के ऊपर से नीचे गिरने की गति की माप करते समय वस्तु के रंग पर ध्यान नहीं दिया जाता।

विज्ञान में व्यवस्था की प्रवृत्ति होती है (Science Tends Toward a System)

हमारा अधिकांश साधारण ज्ञान बहुधा असंबद्ध और तर्कहीन होता है। इसके विपरीत वैज्ञानिक ज्ञान में एक व्यवस्था, एक क्रमबद्धता, एक योजनाबद्धता होती है। विज्ञान कुछ छुटपुट घटनाओं या शोध-तथ्यों का ढेर मात्र नहीं होता, अपितु इन तथ्यों द्वारा निर्मित एक सुसम्बद्ध और तर्कसंगत संरचना होती है।

विज्ञान में निरन्तरता होती है (Science is On-going)

विज्ञान के क्षेत्र में अज्ञात ज्ञान की खोज और विद्यमान ज्ञान में संशोधन एवं परिवर्द्धन की प्रक्रिया निरन्तर चलती है। इसमें किसी भी ज्ञान को अंतिम नहीं माना जाता। एक वैज्ञानिक अपने पूर्वज वैज्ञानिकों के सिद्धान्तों को अकाट्य मान कर यथावत स्वीकार नहीं कर लेता, अपितु नए तथ्यों तथा नई शोध विधियों एवं उपकरणों के संदर्भ में स्थापित सिद्धान्तों की जांच-पड़ताल कर अपने पूर्वजों की बौद्धिक विरासत में कुछ जोड़ता-घटाता रहता है।

विज्ञान सामान्यक होता है (Science is Generalistic)

विज्ञान में किसी व्यक्ति विशेष, व्यक्तिगत तथ्यों या किसी विशिष्ट घटना का कोई महत्व नहीं होता। एक वैज्ञानिक इन एकल घटनाओं का अध्ययन अन्य घटनाओं का एक प्रतिनिधि मानकर करता है। एक वैज्ञानिक की रुचि एक वृहत् समूह के व्यवहार के अध्ययन में होती है, ताकि वह किसी उक्त व्यवहार के बारे में कोई सामान्यीकरण प्रस्तुत कर सके। यदि हम किसी समाज में यह देखते हैं कि वहाँ एक वर्ष में दो सौ व्यक्तियों ने आत्महत्या की है और इनमें से 150 व्यक्ति अविवाहित पुरुष थे। तब इन आंकड़ों के आधार पर हम यह सामान्यीकरण प्रस्तुत कर सकते हैं कि विवाहित स्त्री-पुरुषों की अपेक्षा अविवाहित पुरुष अधिक आत्महत्या करते हैं।

विज्ञान सुझावात्मक होता है (Science Tends to be Suggestive)

विज्ञान के निर्देश सुझावात्मक होते हैं, आज्ञात्मक या आदेशात्मक नहीं। विज्ञान कभी यह नहीं कहता कि ऐसा किया जाना चाहिए, वह यह बताता है कि ऐसा हो सकता है। संभावना व्यक्त करना ही विज्ञान की मुख्य प्रवृत्ति है।

ज्ञान की कोई सीमा नहीं है। इसी तथ्य को सत्य मान कर सभी विज्ञानों में निरंतर खोज की जा रही है। किसी नवीन ज्ञान का कब और कैसे प्रयोग किया जायेगा, उसकी उपयोगिता क्या होगी, यह ज्ञान कहाँ और किस तरह काम आयेगा, इन सभी प्रश्नों के बारे में स्पष्ट रूप में कुछ नहीं कहा जा सकता। 'इंटरनेट' हमारे आज जैसे प्रयोगों के लिये नहीं बना था, इसके अविष्कार का मूल उद्देश्य 'डाटा' को सुरक्षित रखना और आपस में बांटना मात्र था, किन्तु आज इंटरनेट के ढेरों उपयोग हैं। इस तकनीक का अनेकों क्षेत्रों में प्रयोग किया जा रहा है। इसी प्रकार, एक्सरे और एम.आर.आई. तकनीक जिनका चिकित्सा के क्षेत्र में प्रयोग हो रहा है, इन्हें, वास्तव में, 'एक्सिलैरेटर पार्टिकल रिसर्च' के लिये बनाया गया था। बाद में पता चला कि इनका प्रयोग चिकित्सा के क्षेत्र में भी हो सकता है। अभी हाल ही में ब्रह्मांड की उत्पत्ति के संबंध में 'हिग्स बोसोन' या 'गॉड पार्टिकल' की खोज करने का दावा किया गया है। संभव है आने वाले समय में इसका प्रयोग प्राकृतिक विज्ञानों के साथ-साथ सामाजिक विज्ञानों में सामाजिक जीवन की गुत्थियों को सुलझाने में किया जाने लगे।

वैज्ञानिक विधि/पद्धति (Scientific Method)

जैसा ऊपर लिखा गया है कि विज्ञान को ज्ञान की एक शाखा और अध्ययन की एक विशिष्ट पद्धति दोनों रूपों में देखा गया है। ज्ञान की एक शाखा के रूप में विज्ञान की विशेषताओं का वर्णन-विश्लेषण ऊपर किया गया है। अब हम एक पद्धति के रूप में विज्ञान की विशेषताओं पर प्रकाश डालेंगे। यह पद्धति ही विज्ञान को कला और दर्शनशास्त्र से भिन्न करती है। **कार्ल पियर्सन** ने कहा है कि "तथ्य स्वयं विज्ञान की रचना नहीं करते, अपितु तथ्यों के अध्ययन की विधि उनको विज्ञान का रूप प्रदान करती है।"

वैज्ञानिक विधि की विशेषताएँ (Characteristics of Scientific Method)

वस्तुपरकता (Objectivity)

अध्ययन/विश्लेषण के दो प्रमुख रूप हैं: व्यक्तिपरक (Subjective) और वस्तुपरक (Objective)। व्यक्तिपरक अध्ययन में अध्ययनकर्ता के मनोभाव, मूल्य, विचार और धारणाएं समाहित होते हैं। हमारा रोजमर्रा का बहुत सा ज्ञान इसी प्रकार का होता है। यह ज्ञान पक्षपात और अभिनतियों से भरा होता है। जब हम यह कहते हैं कि यह वस्तु अच्छी है या यह व्यक्ति कुरूप या बुरा है, हमारे ये कथन हमारे मनोभावों से रंगे होने के कारण व्यक्तिपरक निष्कर्ष कहे जाते हैं। वस्तुपरक ज्ञान पक्षपातों, अभिनतियों (Bias) मनोभावों, मूल्यों, धारणाओं आदि से मुक्त होता है। किसी वस्तु, व्यक्ति या घटना के अध्ययन को इन सभी तत्वों से दूर रखने का यत्न किया जाता है तथा तथ्यों के साक्ष्यों और तार्किक आधार पर निष्कर्ष निकाले जाते हैं। सरल अर्थों में, व्यक्ति के दृष्टिकोण से किया गया अध्ययन व्यक्तिपरक और वस्तु (घटना) के दृष्टिकोण से किया गया अध्ययन वस्तुपरक कहलाता है।

वस्तुपरकता विज्ञान या वैज्ञानिक ज्ञान की परम विशेषता है। यही तत्व सामान्य ज्ञान (Common Sense) और वैज्ञानिक ज्ञान में अन्तर का सबसे बड़ा कारण है। प्राकृतिक विज्ञानों की भांति सामाजिक विज्ञानों में वस्तुपरकता को बनाए रखना टेढ़ी खीर है। सामाजिक विज्ञानों के अध्ययन की विषय-वस्तु मानव का सामाजिक संसार है, जिसका वह स्वयं एक सदस्य होता है। अतः अध्ययन करते समय व्यक्तिगत पक्षपातों, मनोभावों, विचारों से परे रह कर अध्ययन करना एक अत्यंत दुष्कर कार्य है। एक समाज वैज्ञानिक की स्थिति एक प्राकृतिक या भौतिक वैज्ञानिक (खगोलशास्त्री या रसायनशास्त्री) से भिन्न होती है। सामाजिक विज्ञानों में वस्तुपरकता की समस्या को स्वीकार किया गया है और इसको नियंत्रित करने के हर संभव प्रयास भी किए जाते हैं।

सत्यापनशीलता (Verifiability)

वैज्ञानिक ज्ञान सत्यापनशील होता है, अर्थात् ऐसा ज्ञान, जिसका साक्ष्यों के आधार पर परीक्षण कर उसकी सत्यता को परखा जा सकता है। साक्ष्यों से तात्पर्य ऐसे मूर्त तथ्यों से है, जिनकी सत्यता की परख देखकर, सुनकर, तोल कर, माप या गणना करके की जा सकती है। घोड़े के मुंह में कितने दांत होते हैं, इस संबंध में कई शताब्दियों तक विद्वानों में वाद-विवाद होता रहा। क्या ही अच्छा होता कि ये विद्वान वाद-विवाद की पद्धति को छोड़ कर घोड़े के मुंह के दांत स्वयं गिन कर सत्यता की परख कर लेते। इसी प्रकार कई सदियों तक पृथ्वी के गोल या चपटी होने, सूर्य, चन्द्रमा और पृथ्वी के चक्कर लगाने के बारे में काफी मतभेद रहा है। किन्तु, सोलहवीं शताब्दी के ज्योतिषी कोपरनिकस ने अपने शोध प्रमाणों के आधार पर यह सिद्ध कर दिया कि सूर्य की परिक्रमा पृथ्वी करती है। इसी प्रकार के अन्य कई उदाहरण दिये जा सकते हैं।

नैतिक तटस्थता (Ethical Neutrality)

विज्ञान या वैज्ञानिक पद्धति नैतिक दृष्टि से निरपेक्ष और तटस्थ होती है, अर्थात् क्या अच्छा या बुरा है, या क्या होना चाहिए, इनका निर्णय विज्ञान नहीं करता। ये प्रश्न विज्ञान की परिधि में नहीं आते। इन प्रश्नों का निर्णय समाज के मूल्यों द्वारा होता है। हमारे मूल्य ही यह बताते हैं कि हमारे लिए क्या आवश्यक और महत्वपूर्ण है। विज्ञान हमें केवल यह बताता है कि आवश्यकता से अधिक खाने या सिगरेट पीने से हमारी आयु कम होती है। विज्ञान लम्बी आयु अथवा विलासी जीवन दोनों में से एक चुनने में मदद नहीं करता। इस चयन प्रक्रिया में हमारे मूल्य सहायक हो सकते हैं। अणु शक्ति का प्रयोग रचनात्मक और विनाशात्मक दोनों प्रयोजनों के लिए किया जा सकता है। इनके प्रयोग के बारे में हमारे सामाजिक मूल्य ही मार्गदर्शन कर सकते हैं।

विधिवतता (Systematic)

वैज्ञानिक पद्धति ऊटपटांग और मनमाने ढंग से सम्पादित नहीं की जाती। इसकी एक निश्चित कार्यविधि और इसके विभिन्न चरणों में एक तार्किक अनुक्रम होता है। एक वैज्ञानिक गवेषणा में सर्वप्रथम समस्या को निश्चित शब्दों में परिभाषित कर इसकी सत्यता की परीक्षा हेतु तथ्यों के संकलन और विश्लेषण की एक योजना बनाई जाती है जिसे शोध

प्रारूप (Research Design) कहा जाता है। इसी प्रारूप के अनुसार तथ्यों का संकलन और विश्लेषण किया जाता है।

निश्चितता (Precision)

यह विज्ञान की एक महत्वपूर्ण विशेषता है। विज्ञान शब्दों को ढीले-ढाले या अनिश्चित अर्थों में प्रयोग की अनुमति नहीं देता। एक वस्तु एक व्यक्ति को भारी लगती है, वही वस्तु किसी दूसरे को हल्की लग सकती है। इसी प्रकार, एक व्यक्ति को एक मरीज का बुखार कम लग सकता है, जबकि दूसरा व्यक्ति उसी व्यक्ति के बुखार को अधिक बताता है। विज्ञान ने कम या भारी वजन की समस्या को तुला-बाटों से और मरीज के बुखार को थर्मामीटर के प्रयोग से हल कर दिया है। अब वजन और बुखार दोनों घटनाओं को निश्चित एवं सर्वमान्य माप (Scale) और मात्रा (Quantity) में प्रदर्शित किया जा सकता है। एक वैज्ञानिक अपनी शोध वस्तु को इन सर्वमान्य मापों की सहायता से माप-जोख करके एक निश्चित अंकों में (बुखार को डिग्रियों में और वजन को किलो में) प्रदर्शित कर सकता है। एक वैज्ञानिक के लिए इस प्रकार की शब्दावली कोई अर्थ नहीं रखती जिसमें यह लिखा हो कि "थोड़ा सा लवण मिला गानी लेकर उसमें एक चुटकी भर कॉपर सल्फेट और थोड़ी सी नाइट्रिक एसिड मिला कर उसे कुछ समय गर्म करके ठंडा होने के लिए रख दिया जाए।" कितना पानी, कितना लवण, कितनी एसिड, कितना गर्म और कितना देर ठंडा, ये सभी शब्द अनिश्चितता प्रदर्शित करते हैं।

कई प्राकृतिक विज्ञानों में शब्दों को एक निश्चित अर्थ प्रदान करने के उद्देश्य से एक नई शब्दावली की रचना कर ली है। इस मामले में सामाजिक विज्ञान अभी काफी पीछे हैं। समाजशास्त्र तथा कई अन्य सामाजिक विज्ञानों में एक ही शब्द, जैसे समाज, समूह, समुदाय, आतंकवाद, प्रजातंत्र आदि का प्रयोग भिन्न-भिन्न समाज वैज्ञानिकों ने भिन्न अर्थों में किया है। सटीकता (Accuracy) की कमी सामाजिक विज्ञानों की एक भारी कमजोरी है, जो बहुत अखरने वाली है।

पूर्वकथनीयता (Predictability)

विज्ञान का अंतिम लक्ष्य घटनाओं पर नियंत्रण स्थापित कर मानव के जीवन को अधिकाधिक खुशहाल बनाना है। यह तभी संभव है जब घटनाओं के बारे में पहले से भविष्योक्ति कर आने वाले संकट के बारे में मानव को चेतावनी दी जा सके। भविष्योक्ति का कार्य सामान्यत: पहले ज्योतिषी या ज्ञानी कहे जाने वाले व्यक्ति किया करते थे। अब भी वे करते हैं। उनकी भविष्योक्ति अटकलों या अन्त:प्रज्ञा पर आधारित होती थी, अत: उनमें संशय और संदेह बना रहता था। वैज्ञानिक की भविष्योक्ति आनुभविक तथ्यों पर आधारित होने के कारण उसके सत्य होने की संभावना अधिक रहती है।

विश्वसनीयता (Reliability)

वैज्ञानिक ज्ञान निरंतर कुछ निश्चित प्रक्रिया एवं दशाओं के अन्तर्गत बार-बार दोहराया जाता है और दोहराने पर यदि हर बार समान परिणाम प्राप्त होते हैं, तभी इस ज्ञान को विश्वसनीय माना जाता है। न्यूटन ने पेड़ के नीचे सोते समय जब पेड़ से सेव को नीचे गिरते हुए देखा तब उसने परीक्षण के तौर पर अन्य सेवों और वस्तुओं को ऊपर फेंका। परिणामत: ऊपर

फेंकी गई सभी वस्तुएं नीचे आ गिरीं। इसी परीक्षण के आधार पर ही उसने 'गुरुत्वाकर्षण शक्ति के नियम' का प्रतिपादन कर यह बताया कि पृथ्वी की आकर्षण शक्ति के भीतर जो भी वस्तु ऊपर फेंकी जाएगी, वह नीचे आ गिरेगी और ऊपर नहीं जाएगी।

वैज्ञानिक मापदंड इस बात की मांग करते हैं कि अनुसंधान कार्य इस प्रकार किया जाना चाहिए ताकि उसकी पुनरावृत्ति (Replication) करके प्राप्त तथ्यों की पुष्टि की जा सके। समान दशाओं और विधियों के दूसरे व्यक्तियों द्वारा प्रयोग करने पर परिणामों में यदि भिन्नता आ जाती है, तब ऐसे निष्कर्षों को विश्वसनीय नहीं कहा जा सकता। यहाँ यह उल्लेखनीय है कि भौतिक विज्ञानों में जिस प्रकार पुनरावृत्ति-अध्ययन समान दशाओं में संभव हैं, उसी प्रकार सामाजिक विज्ञानों में नहीं होते।

विज्ञान और वैज्ञानिक विधि की सीमाएं
(Limitations of Science and Scientific Method)

ज्ञान की एक विधि के रूप में विज्ञान की भी अपनी सीमाएं हैं। इस विधि का प्रयोग सभी प्रकार के विषयों के लिए नहीं किया जा सकता। विज्ञान ऐसे साक्ष्यों पर आधारित होता है, जिनका आनुभविक तथ्यों के द्वारा सत्यापन किया जाना जरूरी होता है। यह केवल उन प्रश्नों को ही सुलझाने का यत्न करता है जिनकी पुष्टि प्रामाण्य साक्ष्यों द्वारा संभव हो। क्या ईश्वर विद्यमान है? मानव जीवन का क्या उद्देश्य है? नरक और स्वर्ग कहाँ हैं? वे कौन से तत्व हैं जो एक वस्तु को सुन्दर बनाते हैं? अश्लीलता क्या है? मेरे अस्तित्व या जीवन का क्या उद्देश्य है? इस प्रकार के सभी प्रश्न 'वैज्ञानिक प्रश्नों' की श्रेणी में नहीं आते क्योंकि इनकी प्रामाणिकता की जांच के लिए विज्ञान के पास आवश्यक तथ्य उपलब्ध नहीं होते। इसमें संदेह नहीं है कि ये प्रश्न अत्यावश्यक हैं, किन्तु विज्ञान और वैज्ञानिक पद्धति में अभी ऐसे उपकरण उपलब्ध नहीं हैं, जिनके द्वारा इनका अध्ययन किया जा सके। एक वैज्ञानिक ईश्वर, मानव की नियति, सुन्दरता तथा इसी प्रकार की अन्य घटनाओं के प्रति लोगों के विश्वासों या विचारों का अध्ययन कर सकता है। यही नहीं, वह इन विश्वासों के व्यक्तिगत तथा सामाजिक परिणामों का भी अध्ययन कर सकता है। किन्तु ये विश्वास सही या गलत हैं, इस बारे में एक वैज्ञानिक के रूप में वह अपनी कोई राय नहीं दे सकता।

अत: विज्ञान के पास इस प्रकार के सभी प्रश्नों के उत्तर उपलब्ध नहीं हैं। प्रामाणिक तथ्यों पर आधारित नहीं होने के कारण मूल्य, सौन्दर्य, जीवन लक्ष्य एवं नियति, नैतिकता तथा अधिप्राकृतिक (Supernatural) घटनाओं से संबंधित प्रश्नों के प्रत्युत्तर विज्ञान नहीं दे सकता। ये ऐसे प्रश्न हैं, जिनकी खोज दर्शन, धर्मशास्त्र और तत्वज्ञान में की जाती है। इसी प्रकार, विज्ञान अंतिम और निरपेक्ष सत्य (Absolute Truth) की बात नहीं भी करता। सभी वैज्ञानिक सत्य अस्थाई होते हैं। नवीन तथ्यों के संदर्भ में उनमें बदलाव या संशोधन संभव है। आईन्सटीन जैसे महान वैज्ञानिक के निष्कर्षों को भी आज चुनौती दी जा रही है। लम्ब्रासो के इस सिद्धान्त कि "अपराधी जन्मजात होते हैं" को ठुकरा दिया गया है।

विज्ञान और वैज्ञानिक पद्धति की सीमाओं का उल्लेख करते हुए व्याख्यात्मक समाजशास्त्रियों (Interpretative Sociologistis) ने सामाजिक और प्राकृतिक विश्व में विद्यमान मूलभूत अन्तर की ओर भी ध्यान आकर्षित किया है। ऐसे विद्वानों का कहना है

कि प्रकृति और समाज में समानता न होने के कारण उन वैज्ञानिक विधियों का प्रयोग सामाजिक जीवन के क्षेत्र में यथावत नहीं किया जा सकता, जिनका प्रयोग प्रकृति के अध्ययन में किया जाता है। यथार्थ क्या है, इसकी व्याख्या करते समय एक समाज वैज्ञानिक 'चेतना' (Consciousness) का सहारा लेता है, किन्तु यह (चेतना) एक ऐसा विषय है, जिसका अध्ययन उन वैज्ञानिक विधियों या उपकरणों (परखनलियों, माप जोख की तुलाएँ, एक्सरे मशीन आदि) द्वारा नहीं किया जा सकता जिनका प्रयोग प्राकृतिक विज्ञानों में सफलतापूर्वक किया जाता है। यही नहीं, चूंकि एक वैज्ञानिक स्वयं भी एक मानव है और वही जब अन्य मानव व्यक्तियों का अध्ययन करता है तब उसका पूर्णतः तटस्थ (Unbiased) रहना बहुत कठिन होता है। ऐसी स्थिति में एक मानव वैज्ञानिक से मानवीय व्यवहार के अध्ययन में पूर्णतः वस्तुपरक और मूल्य-मुक्त रहने की आशा कैसे की जा सकती है।

संक्षेप में, वैज्ञानिक विधि की निम्नलिखित सीमाएं हैं:

(i) सामाजिक घटनाओं की जटिलता और परिवर्तनशीलता।

(ii) प्रयोगशालाओं के प्रयोग और सटीक मापन की समस्या।

(iii) सामाजिक घटनाओं का सारगर्भित होना, जिनका आनुभविक आधार पर प्रेक्षण-परीक्षण की समस्या।

(iv) अधिप्राकृतिक और आध्यात्मिक प्रकृति की घटनाओं के लिए अनुपयुक्त।

(v) वस्तुपरकता बनाए रखने की समस्या।

वैज्ञानिक शोध प्रक्रिया और चरण
(Process and Steps of Scientific Research)

वैज्ञानिक शोध को परिभाषित करते हुए **कलिंगर** (1973) ने लिखा है, "प्रघटनाओं के बीच संभावित संबंधों के आधार पर अनुमानित प्रस्थापनाएं करने हेतु व्यवस्थित (क्रमबद्ध), नियंत्रित, आनुभविक और आलोचनात्मक खोजबीन को वैज्ञानिक शोध कहते हैं।" इस परिभाषा से स्पष्ट है कि वैज्ञानिक शोध एक व्यवस्थित (Systematic), योजनाबद्ध (Planned), तार्किक (Logical) और अन्य विशेषताओं के अलावा एक उद्देश्यपूर्ण (Purposive) विधि है। व्यवस्थित या योजनाबद्ध से तात्पर्य यहाँ यह है कि इसमें एक सुनिश्चित प्रक्रिया और चरणों के प्रयोग द्वारा निष्कर्ष निकाले जाते हैं, जिनकी प्रामाणिकता और विश्वसनीयता की जांच अन्य शोधकर्ता भी कर सकता है। यहाँ हम नीचे उन चरणों का वर्णन-विश्लेषण करेंगे जिनका लगभग सभी विज्ञानों में प्रयोग किया जाता है।

कुछ वैज्ञानिकों जैसे **रॉय जी. फ्रांसिस** ने इसके 12 चरणों का उल्लेख किया है। ऐसे भी विद्वान हैं, जिन्होंने मात्र चार या पांच चरणों में ही समस्त वैज्ञानिक कार्यविधि (Procedure) को समाहित कर दिया है।

रॉय जी. फ्रांसिस के अनुसार,

1. समस्या क्षेत्र का चयन
2. प्रचलित सिद्धान्त की जानकारी

3. समस्या की परिभाषा
4. प्राक्कल्पना की रचना
5. औपचारिक तर्क की रचना
6. तथ्यों के स्रोत का निर्धारण
7. उपकरणों का निर्माण
8. उपकरणों का पूर्व परीक्षण एवं उनमें आवश्यक संशोधन
9. तथ्यों का संकलन
10. तथ्यों का विश्लेषण
11. निष्कर्षों का लेखन
12. प्रतिवेदन प्रकाशन

पी.वी. यंग और **जार्ज ए. लुण्डबर्ग** ने निम्न चार चरणों का उल्लेख किया है:

1. कार्यशील प्राक्कल्पना की रचना
2. तथ्यों का अवलोकन एवं संकलन
3. तथ्यों का वर्गीकरण
4. वैज्ञानिक सामान्यीकरण एवं सिद्धान्त रचना

ई.आर. बाबी (1998) ने वैज्ञानिक विधि के निम्नलिखित छः चरण बताए हैं:

1. शोध की समस्या या उद्देश्य का स्पष्टीकरण
2. साहित्य की समीक्षा
3. सूचनादाताओं का चयन
4. प्रमापन (अध्ययन के चरों का निर्धारण)
5. तथ्य संकलन की विधियों का निर्धारण
6. विश्लेषण (विश्लेषण की विधि संबंधी तर्क को स्पष्ट करना)

इसी प्रकार कई अन्य विद्वानों ने अपने-अपने ढंग से वैज्ञानिक कार्यविधि का विश्लेषण और शोध प्रक्रिया (चरणों) का उल्लेख किया है। मोटे रूप में, सामाजिक शोध (या किसी भी अन्य वैज्ञानिक शोध) की समस्त प्रक्रिया को निम्नलिखित सात चरणों में बांटा जा सकता है:

1. शोध समस्या का स्पष्टीकरण
2. उपलब्ध साहित्य का सिंहावलोकन
3. शोध प्राक्कल्पना की रचना
4. शोध अभिकल्प का निर्माण
5. तथ्यों का संकलन एवं विश्लेषण
6. सामान्यीकरण एवं सिद्धान्त रचना
7. प्रतिवेदन तैयार करना और उसका प्रकाशन

प्रथम चरण	शोध समस्या का स्पष्टीकरण
	↓
द्वितीय चरण	उपलब्ध साहित्य का सिंहावलोकन (समीक्षा)
	↓
तृतीय चरण	शोध प्राक्कल्पना की रचना
	↓
चतुर्थ चरण	शोध अभिकल्प (डिजाइन) का निर्माण
	↓
पंचम चरण	तथ्यों का संकलन एवं विश्लेषण
	↓
छठा चरण	सामान्यीकरण एवं सिद्धान्त रचना
	↓
सप्तम चरण	प्रतिवेदन तैयार करना और प्रकाशन

शोध समस्या का स्पष्टीकरण
(Clarification of the Research Problem)

सभी अनुसंधानों की शुरुआत किसी विचार से होती है। इस विचार की उत्पत्ति प्रत्यक्ष रूप में किसी घटना को देखकर या स्वप्न में उत्पन्न किसी विचार से या अन्त:प्रज्ञा (मन में उत्पन्न विचार) आदि कई स्रोतों से हो सकती है, जिनका उल्लेख हम पहले कर चुके हैं। यह विचार अस्पष्ट होता है, किन्तु इसे आधार मानकर इसका स्पष्टीकरण किया जाता है और इसे एक शोध समस्या का रूप दिया जाता है। ध्यान रहे, प्रत्येक उत्पन्न विचार वैज्ञानिक शोध का आधार नहीं बन सकता। वह एक अच्छा आध्यात्मिक, दार्शनिक या धार्मिक विचार तो हो सकता है, किन्तु एक वैज्ञानिक विचार नहीं।

वैज्ञानिक शोध के लिए शोध संबंधी उत्पन्न विचार का इन्द्रियानुभविक होना आवश्यक है, अर्थात् वह विचार ऐसा होना चाहिए जिसका इन्द्रियों के द्वारा अवलोकन-परीक्षण संभव हो। क्या ईश्वर या परलोक या स्वर्ग-नरक का कोई अस्तित्व है, ऐसे विचार वैज्ञानिक शोध की समस्या का आधार नहीं बन सकते।

शोध-संबंधी प्रारंभिक विचार के बारे में उत्पन्न प्रश्न, जैसे कब, क्यों, क्या, कैसे और कहाँ पर किया गया सोच-विचार ही शोध समस्या का स्पष्टीकरण या शोध समस्या की परिभाषा (Defining the Research Problem) कहलाता है। अत: यह किसी भी वैज्ञानिक शोध का प्रथम चरण है। कुछेक विद्वानों (जैसे हेनरी मानहीम, 1980) ने शोध संबंधी विचार की उत्पत्ति और इससे जुड़े प्रश्नों को भी शोध प्रक्रिया का अंग माना है।

साहित्य का सिंहावलोकन (Review of Literature)

शोध समस्या को अधिक स्पष्ट करने और इसे एक निश्चित आकार देने के लिए एक कुशल शोधकर्ता अपनी समस्या से संबंधित उपलब्ध साहित्य और सिद्धान्तों का अध्ययन-मनन करता है। अध्ययन-मनन से तात्पर्य यहाँ यह जानना है कि जिस विषय पर शोध की जा रही है, उससे संबंधित क्या पहले कोई शोध हुई है, उसके क्या निष्कर्ष रहे, उसमें किन पद्धतियों का प्रयोग किया गया, उक्त गवेषणा में शोध संबंधी किन कठिनाइयों का उल्लेख किया गया? आदि। इन प्रश्नों के उत्तर शोधकर्ता के लिए अपनी शोध में दिशा-निर्देश का कार्य करते हैं और उसे अपने शोध कार्य के प्रति सतर्क कर सकते हैं। इसके अलावा भी एक शोधकर्ता अपनी शोध से संबंधित उपलब्ध साक्ष्यों, दस्तावेजों, पुरातत्व सामग्री आदि के अध्ययन से लाभान्वित हो सकता है।

साहित्य की समीक्षा या सिंहावलोकन की जरूरत वहीं पड़ती है, जब शोध किसी दीर्घकालीन मुद्दे या विषय को लेकर की जा रही है। जब शोध का विषय तात्कालिक प्रकृति का हो, अर्थात् जब निष्कर्ष तुरत-फुरत चाहिए, तब शोध प्रक्रिया के इस चरण की अवहेलना की जा सकती है।

शोध प्राक्कल्पना की रचना (Formulation of Research Hypothesis)

एक शोध प्राक्कल्पना आनुभविक परीक्षण हेतु निर्मित एक कथन (Statement) होता है। यह कथन बहुधा दो या अधिक चरों (Variables) के बीच संबंधों को व्यक्त करता है और सामान्यतः इसे 'अगर' (If) और 'तब' (Then) की शोध-शब्दावली में प्रस्तुत किया जाता है। 'अगर' और 'तब' से तात्पर्य 'कारण-प्रभाव' (Cause-Effect) को व्यक्त करने से है, अर्थात् 'यदि कोई व्यक्ति जरूरत से अधिक मदिरापान करता है, तब उसे लीवर का कैन्सर होने के संभावना हो सकती है।' ध्यान रहे, एक प्राक्कल्पना मात्र संभावना को व्यक्त करती है। तथ्यों के संकलन के आधार पर इसके परीक्षण के बाद ही इसे सही या गलत बताया जा सकता है। एक वैज्ञानिक प्राक्कल्पना का स्पष्ट, विशिष्ट और परीक्षण योग्य होना जरूरी है।

कुछ लोग शोध की समस्या को ही प्राक्कल्पना समझने की भूल कर बैठते हैं। शोध समस्या का आकार बड़ा होता है। इस आकार को छोटा और निश्चित बनाने के लिए ही प्राक्कल्पना की रचना करना जरूरी होता है। उदाहरणार्थ, जब हम यह कहते हैं कि मैं वृद्ध व्यक्तियों का अध्ययन कर रहा हूँ। यह शोध की समस्या को इंगित करने वाला कथन है। वृद्ध व्यक्तियों के बारे में हम क्या अध्ययन करना चाहते हैं, इसके कई पक्ष हो सकते हैं। यदि एक चिकित्सक वृद्ध व्यक्तियों का अध्ययन करता है तब उसका अध्ययन का केन्द्र (Focus) मुख्यतः वृद्ध व्यक्तियों की शारीरिक-मानसिक समस्याएँ होगा, किन्तु जब एक समाज वैज्ञानिक वृद्धों का अध्ययन करता है तब उसका केन्द्र वृद्धों की पारिवारिक, आर्थिक और सामाजिक समस्याएं ही अधिक होगा। इन्हीं को ध्यान में रखकर वह निम्नलिखित प्राक्कल्पनाएं बना सकता है:

- पुरुषों की अपेक्षा स्त्रियाँ जीवन-साथी की मृत्यु के बाद पारिवारिक जनों से अधिक शीघ्रता से सामंजस्य बिठा लेती हैं।

- सरकारी पेंशन लेने वाले वृद्ध व्यक्तियों को अन्य व्यक्तियों की अपेक्षा आर्थिक कठिनाई नहीं होती।
- वृद्ध स्त्रियों की अपेक्षा वृद्ध पुरुष बीमारियों से अधिक ग्रस्त होते हैं।
- विवाहितों की अपेक्षा अविवाहित वृद्ध आत्महत्या ज्यादा करते हैं।

सभी प्रकार के सामाजिक अनुसंधान में प्राक्कल्पना का होना आवश्यक नहीं है। यदि शोध की प्रकृति वर्णनात्मक (Descriptive) या अन्वेषणात्मक (Exploratory) है, तब इस प्रकार की शोध बिना प्राक्कल्पना के भी की जा सकती है। किसी घटना, समुदाय, गांव-शहर या किसी व्यक्ति का जब वैयक्तिक अध्ययन (Case Study) तैयार किया जाता है, तब सामान्यत: इसमें वर्णनात्मक शोध का प्रयोग किया जाता है। वर्णनात्मक शोध में घटना का मात्र वर्णन किया जाता है। भारत में गांव, समुदाय या जनजाति के प्रारंभिक अध्ययन इसी प्रकार के थे। उनमें किसी प्राक्कल्पना का प्रयोग नहीं किया गया था। ये अध्ययन अधिकांशत: 'क्या' के प्रश्न की खोज को लेकर किए गए थे, अर्थात् अमुक गांव या समुदाय का क्या इतिहास है, वहाँ कौन-कौन सी जातियां रहती हैं, उनका पहनाव-ओढ़ाव व गहने क्या हैं, उनके परिवार का क्या रूप (संयुक्त या एकाकी) है, जीवन-पथ के संस्कारों-जन्म, विवाह और मृत्यु संबंधी क्या-क्या प्रथाएं प्रचलित हैं, उनके सामाजिक और आर्थिक जीवन (व्यवसाय, आय, श्रम विभाजन आदि) का क्या रूप है। इन विषयों के अलावा उनकी धर्म संबंधी आस्थाओं, कृत्यों और जीवन-शैली (Way of Life) और पर्व एवं त्योंहारों का वर्णन किया गया है। इस प्रकार के वर्णनात्मक शोध के आधार पर अंतिम निष्कर्ष (End Result) के रूप में प्राक्कल्पना की रचना की जा सकती है।

जब शोध की प्रकृति व्याख्यात्मक (Explanatory) होती है, अर्थात् जब 'क्यों और कैसे' के प्रश्नों की खोज की जाती है, तब प्राक्कल्पना की रचना जरूरी होती है। इसी प्रकार, किसी विद्यमान सिद्धान्त की जांच-परख के लिए भी प्राक्कल्पना का प्रयोग किया जा सकता है। एक प्राक्कल्पना सिद्धान्त (अमूर्त संसार) और आनुभविक जांच (मूर्त संसार) के बीच की कड़ी होती है।

शोध अभिकल्प का निर्माण (Preparing the Research Design)

सरल शब्दों में, शोध अभिकल्प या 'रिसर्च डिज़ाइन' से तात्पर्य अनुसंधान की योजना (Research Plan) से है। जैसा प्रारंभ में बताया गया है कि शोध कार्य अटकलपच्चू कार्य की तरह बेतरतीब नहीं किया जाता, अपितु एक यह सर्वथा नियोजित प्रक्रिया है। 'नियोजन' का साधारण अर्थ होता है, किसी कार्य करने के पूर्व उसके लक्ष्य और साधनों का निर्धारण। 'नियोजन' कार्य की सफलता को बढ़ा देता है। इसे हम सफलता की 'गारंटी' भी कहें तो अतिशयोक्ति नहीं होगा। इसे अनुसंधान की व्यूह रचना (Research Strategy) भी कहा गया है। जिस प्रकार किसी युद्ध की सफलता के लिए युद्ध के पहले उसकी व्यूह रचना की जाती है, उसी प्रकार शोध रूपी युद्ध के लिए भी शोध के पूर्व उसकी व्यूह रचना की जरूरत पड़ती है, ताकि हम प्रामाणिक और विश्वसनीय परिणामों तक पहुँच सकें।

एक 'रिसर्च डिजाइन' मुख्यत: दो अन्तर्संबंधित प्रश्नों का उत्तर देने के लिए बनाया जाता है:

1. क्या किया जाना है? (What is to be Done?)
2. यह कैसे किया जाना है? (How it is to be Done?)

यह गवेषणा का तार्किक रूप में प्रस्तुतीकरण है। दूसरे शब्दों में, यह शोध कार्य करने की व्यूह रचना का नियोजन है। यह एक इंजीनियर या वास्तुकार के एक नक्शे (Blueprint) की भांति है, जिसे वह किसी अट्टालिका, बांध, या किसी मशीन के निर्माण के पूर्व बनाता है। यह नक्शा ही उस वस्तु के आकार-प्रकार (लम्बाई, चौड़ाई, ऊँचाई आदि), अनुमानित खर्च, निर्माण की तकनीक, विधि, उपकरण तथा अन्य संसाधनों के निर्धारण में उसकी सहायता करता है। एक सामाजिक शोधकर्ता के 'रिसर्च डिजाइन' में साधारणत: निम्न बातों को सम्मिलित किया जाता है:

1. अनुसंधान कार्य का क्षेत्र एवं क्रम।
2. तथ्य संकलन की विधि (सर्वेक्षण, वैयक्तिक अध्ययन या प्रायोगिक) तथा तकनीक एवं उपकरण (अवलोकन, साक्षात्कार, प्रश्नावली आदि) का निर्धारण।
3. प्रतिदर्श की मात्रा (Size of the Sample) और प्रतिचयन विधि का चुनाव।
4. शोध उपकरणों (प्रश्नावली, अनुसूची आदि) और पैमानों (Scales) की रचना।
5. तथ्यों के प्रकार (प्राथमिक या द्वैतीयक) का चुनाव और उनके स्रोतों का निर्धारण।
6. शोध की तकनीक और उपकरण का पूर्व-परीक्षण (Pre-test)।
7. पूर्वगामी सर्वेक्षण (Pilot Survey)।

अति संक्षेप में, 'रिसर्च डिजाइन' शोध प्रक्रिया की एक संक्षिप्त योजना है, अर्थात् शोध कैसे की जाएगी, कौन से तथ्यों का कब और कैसे संकलन किया जाएगा, इनका किस प्रकार संधानीकरण (वर्गीकरण, सम्पादन आदि) और विश्लेषण किया जाएगा। पूर्वगामी सर्वेक्षण, जो बहुत लघु स्तर पर किया जाता है, में कभी-कभी शोध अभिकल्प में कुछ खामियां उजागर होती हैं, उन खामियों को ध्यान में रखते हुए रिसर्च डिजाइन में आवश्यक संशोधन किया जाता है।

तथ्यों का संकलन एवं विश्लेषण (Collection and Analysis of Data)

किसी भी वैज्ञानिक अनुसंधान का यह मुख्य चरण है। अनुसंधान की वास्तविक शुरुआत यहीं से होती है। इसका समारंभ प्रतिचयन (Sampling) से होता है, अर्थात् विशाल समग्र में से कुछ इकाइयों का चयन। इसके साथ ही शोध उपकरण की रचना और उसकी जांच की जाती है, जिसे पूर्व परीक्षण कहते हैं। यह सब कुछ होने के बाद शोधकर्ता शोध क्षेत्र में जाकर तथ्यों का संकलन करता है। तथ्यों के संकलन का कार्य अकेला शोधकर्ता भी कर सकता है या यह कार्य किसी संस्थान या एजेन्सी को सौंपा जा सकता है। यह शोध के उद्देश्य, क्षेत्र और आकार पर निर्भर करता है। पीएच.डी. उपाधि के लिए किया जाने वाला शोध कार्य सामान्यत: स्वयं शोधकर्ता ही करता है। आजकल तथ्यों के संकलन के लिए कई व्यावसायिक प्रतिष्ठान खुल गए हैं, जो इस कार्य को करते हैं। इसके लिए वे पारिश्रमिक लेते हैं। चुनावों के अवसर पर मतदान व्यवहार के अध्ययन और भविष्योक्ति के लिए कई मीडिया संस्थान (जैसे भारत में ORG संस्थान) इस प्रकार के प्रतिष्ठानों की

सेवाएं लेते हैं। दस वर्षीय जनगणना कार्य करने के लिए भारत सहित सभी देशों में एक जनगणना विभाग है। जनगणना संबंधी विशाल आंकड़ों को एकत्रित करने के लिए विशेष प्रगणकों (Enumerators) की नियुक्ति की जाती है। उन्हें आवश्यक प्रशिक्षण और अपने नियमित कार्य के अलावा मेहनताना दिया जाता है।

तथ्यों का संकलन ही शोध का अंत नहीं है। मात्र तथ्यों का संकलन समुद्र में से गोताखोर द्वारा निकाली गई सामग्री के ढेर की भांति होता है। जब तक इस ढेर की छंटाई नहीं की जाती है, अर्थात् सीप, शंख, मोती, जीव, वनस्पति आदि को उनके रूप/रंग/आकार के आधार पर अलग-अलग नहीं किया जाता, तब तक एक शोधकर्ता सागर संबंधी अपने शोध के निष्कर्षों तक नहीं पहुँच सकता। संकलित आंकड़े भोजन की कच्ची सामग्री (Raw Material) यथा आटा, दाल, मसाले, घी, तेल आदि की भांति हैं। इस कच्ची सामग्री को पक्की बनाने के लिए कई कार्य करने पड़ते हैं। तथ्यों को 'पक्का' बनाने से यहाँ तात्पर्य उन्हें अर्थपूर्ण बनाने से है। इसके लिए संकलित तथ्य-सामग्री को एक-दूसरे के साथ संबंध स्थापित कर किसी सैद्धान्तिक ढांचे में प्रस्तुत करना जरूरी है। विश्लेषण की यह प्रक्रिया मूक और निर्जीव तथ्यों में प्राण फूंकने का कार्य करती है। तथ्य स्वय अपने बारे में कुछ नहीं कहते (facts do not speak for themselves), इन मूक तथ्यों को बुलवाने का कार्य शोधकर्ता का है। वह इन्हें बोलने के लिए 'शब्द' प्रदान करता है। जब एक शोधकर्ता दो जनगणनाओं (1991 और 2001) के लिंग के आधार पर विभाजित किए गए आंकड़ों के आधार पर यह कहता है कि सन् 1991 में प्रति 1,000 पुरुषों के पीछे भारत में 927 स्त्रियाँ थीं और सन् 2001 में यह 933 हो गई, अर्थात् भारत में लिंग अनुपात में कोई विशेष परिवर्तन नहीं आया और इसका एक कारण स्त्री-शिशु हत्या (Female Infanticide) हो सकता है। यह निष्कर्ष जनगणना के संकलित आंकड़ों के आधार पर ही संभव हो पाया।

तथ्यों के विश्लेषण के लिए मोटे रूप में निम्न तीन प्रक्रियाओं का प्रयोग किया जाता है:

(अ) तथ्यों का सम्पादन (Editing of Data)

(ब) तथ्यों का संकेतन (Coding of Data)

(स) वर्गीकरण एवं सारणीयन (Classification and Tabulation)

यदि अध्ययन छोटा है, अर्थात् जिसमें कुछ ही व्यक्तियों का अवलोकन या साक्षात्कार किया गया है, तब शोधकर्ता स्वयं ही अपने स्तर पर उपरोक्त तीनों क्रियाएं सम्पादित कर सकता है। किन्तु, यदि अध्ययन वृहत है और बहुत से व्यक्तियों का साक्षात्कार किया गया है, या बड़ी संख्या में व्यक्तियों को प्रश्नावलियां भेजी गई हैं, तब आजकल तथ्यों के विश्लेषण के लिए कम्प्यूटर (Computer) तथा कई सांख्यिकीय विधियों का प्रयोग किया जाने लगा है।

तथ्यों का वर्गीकरण करने के पूर्व अनुसूची और प्रश्नावलियों की जांच की जाती है। इनमें रह गई कमियों को पूरा करने, त्रुटियों को सुधारने, असंगत और अस्पष्ट तथ्यों को सुसंगत बनाने का कार्य ही मोटे रूप में सम्पादन कहलाता है। कई बार जल्दी-जल्दी में भूल से साक्षात्कारकर्ता या उत्तरदाता अनुसूची या प्रश्नावली में किसी प्रश्न के गलत उत्तर पर सही का निशान लगा देता है जो कि बाद में किसी अन्य प्रश्न के उत्तर से मेल नहीं

खाता। अतः वर्गीकरण के पूर्व ऐसे उत्तर को सुधारना जरूरी है। उदाहरणार्थ, प्रश्नावली या अनुसूची में जहाँ सूचनादाता की वैवाहिक प्रस्थिति (विवाहित/अविवाहित) के बारे में पूछा गया है, वहाँ सूचनादाता ने अविवाहित पर सही का निशान लगाया है, किन्तु बाद में जहाँ उससे अपनी संतान के बारे में प्रश्न किया गया है, वहाँ उसने दो संतान बताई हैं। अतः इन दोनों प्रश्नों के उत्तर में असंगतता होने के कारण इनमें आवश्यक संशोधन किया जाना जरूरी हो जाता है।

तथ्यों के सम्पादन के बाद तथ्यों का संकेतन (Coding) किया जाता है। तथ्यों के विश्लेषण में प्रयोग किए जाने वाले किसी परिवर्त्य या चर (Variable) की विभिन्न श्रेणियों को अंकों में बदलने की प्रक्रिया संकेतन कहलाती है। इसका प्रमुख उद्देश्य किसी प्रश्न के अनेक उत्तरों को किन्हीं समूहों में विभाजित कर उन्हें अंक प्रदान करना है। इसके द्वारा गुणात्मक तथ्यों को संकेतों (अंकों) में परिवर्तित किया जाता है, जिससे गणना और वर्गीकरण आसान हो जाता है। उदाहरणार्थः

प्रश्न संख्या 3	वैवाहिक प्रस्थिति	विवाहित (1)	अविवाहित (2)	विधवा या विधुर (3)	तलाक शुदा (4)
प्रश्न संख्या 5	धर्म	हिन्दू (1)	मुस्लिम (2)	ईसाई (3)	अन्य (4)

(संकेतन करते समय इन दोनों प्रश्नों के उत्तरों को अंक (1, 2, 3, 4) प्रदान कर दिये गये हैं। इससे वर्गीकरण सरल बन जाता है।)

संकेतन सामान्यतः प्रश्न बनाते समय ही कर दिया जाता है, किन्तु कई बार यह बाद में किया भी जा सकता है। संकेतन एक तकनीकी प्रक्रिया है, जिसमें अत्यंत दक्षता, अनुभव और प्रशिक्षण की जरूरत पड़ती है।

संकेतन के बाद संकलित आंकड़ों (तथ्यों) को उनकी समानताओं और विभिन्नता के आधार पर वर्गों में विभाजित किया जाता है। यह प्रक्रिया ही वर्गीकरण कहलाती है। वर्गीकरण द्वारा अव्यवस्थित तथ्यों के ढेर को एक संक्षिप्त (लघु) रूप देकर उन्हें अर्थपूर्ण बनाया जाता है, ताकि तथ्यों के पारस्परिक संबंधों और उनके अनुक्रमों की सरलता से व्याख्या की जा सके। इसके पश्चात इसी वर्गीकृत सामग्री को सांख्यकीय सारणियों (Tables) में प्रदर्शित किया जाता है।

प्रत्येक श्रेणी के आंकड़ों को जोड़ कर उन्हें स्तम्भों(Columns) और पंक्तियों (Rows) में जमाने की प्रक्रिया ही सारणीयन (Tablulation) कहलाती है। सारणीयन से वर्गीकृत तथ्य अधिक स्पष्ट और समझने योग्य बन जाते हैं। सारणीयन शोध के विशाल आंकड़ों को एक लघु रूप दे देता है, जिससे तथ्यों की विशेषताएं एक नजर में सामने आ जाती हैं।

सामान्यीकरण तथा सिद्धान्त रचना (Generalization and Theorization)

वैज्ञानिक शोध की प्रक्रिया का यह अंतिम किन्तु सर्वाधिक महत्वपूर्ण चरण है। निष्कर्षों के बिना किसी भी शोध का कोई महत्व नहीं होता। यदि शोध के लिए कोई प्राक्कल्पना बनाई

गई है (वर्णनात्मक और गवेषणात्मक शोध में सामान्यत: कोई प्राक्कल्पना नहीं बनाई जाती है), तब संकलित तथ्यों के आधार पर उसका परीक्षण कर उसे स्वीकार या अस्वीकार किया जाता है। अस्वीकार किए जाने की स्थिति में मूल प्राक्कल्पना में संशोधन कर नई प्राक्कल्पना बनाई जाती है। तथ्यों के मध्य संबंध स्थापित कर किसी सामान्यीकरण की रचना की जाती है। "सामान्यीकरण एक ऐसा कथन होता है, जो एकाधिक घटनाओं के बीच एक सार्वभौमिक संबंध की उपस्थिति को प्रकट करता है।" दुर्खाइम का विचलन व्यवहार (Deviant Behaviour) के संबंध में निम्नलिखित कथन सामान्यीकरण या सिद्धान्त का एक अच्छा उदाहरण है:

> "आत्महत्या में उन सामाजिक समूहों की एकता की मात्रा के साथ विपरीत दिशा में परिवर्तन होता है जिसका कि व्यक्ति एक सदस्य होता है।"

उपरोक्त सामान्यीकरण के आधार पर ही दुर्खाइम ने आत्महत्या संबंधी कई प्राक्कल्पनाओं की रचना और परीक्षण किया है।

सामान्यीकरण के प्रकार (Types of Generalization)

सामान्यीकरण के दो प्रमुख रूप हैं:

(i) तार्किक सामान्यीकरण (Logical Generalization)

(ii) आनुभविक सामान्यीकरण (Empirical Generalization)

(i) तार्किक सामान्यीकरण : तर्कशास्त्र की निम्न विधियों के आधार पर निकाले गए निष्कर्ष तार्किक सामान्यीकरण कहलाते हैं:

- समानता की विधि (Method of Agreement)
- अन्तर की विधि (Method of Difference)
- संयुक्त विधि (Joint Method)
- शेषांश विधि (Method of Residues)
- सहविचरण विधि (Method of Concomittant Variation)

उपरोक्त सभी विधियों का विस्तृत वर्णन-विश्लेषण जॉन स्टूअर्ट मिल द्वारा किया गया है। उन्होंने इन विधियों को भौतिक विज्ञानों के लिए उपयुक्त माना है और कहा है कि इन विधियों का सामाजिक विज्ञानों में प्रयोग उनकी विषय-वस्तु की विशिष्ट प्रकृति के कारण संभव नहीं है।

(ii) आनुभविक सामान्यीकरण : 'अवलोकन और परीक्षण पर आधारित ऐसे कथनों या प्रस्थापनाओं (Propositions) को आनुभविक सामान्यीकरण कहा जाता है, जिनका सत्यापन (Verification) संभव है।' 'आनुभविक' (Empirical) से तात्पर्य इन्द्रियों द्वारा परीक्षित एवं सत्यापित ज्ञान से है। ऐसे ज्ञान के लिए तथ्यों को एकत्रित किया जाता है जिसके लिए क्षेत्रीय (Field), प्रलेखीय (Documentary) या प्रायोगिक (Experimental) आदि किसी भी विधि का प्रयोग किया जा सकता है।

प्रतिवेदन तैयार करना और उसका प्रकाशन (Report Writing and Its Publication)

सामान्यीकरण या सिद्धान्त की रचना के बाद सम्पूर्ण शोध की एक रिपोर्ट (प्रतिवेदन) तैयार की जाती है, जिसमें शोध के निष्कर्षों के आधार पर भविष्योक्ति (Prediction) की जाती है तथा सुझाव भी दिये जाते हैं। ये सुझाव समस्या के समाधान और आगे की शोध (Further Research), यदि जरूरी है, के बारे में हो सकते हैं। इसके साथ ही, इस रिपोर्ट में उन कठिनाइयों का भी उल्लेख किया जाता है जो शोध के दौरान शोधकर्ता के शोधमार्ग में उत्पन्न हुई हैं।

प्रतिवेदन तैयार करने के बाद, यदि आवश्यक हो, तब उसका प्रकाशन भी किया जाता है। जनसमीक्षा और सामान्यजन को उक्त शोध के निष्कर्षों से अवगत कराने और सतर्क करने की दृष्टि से वृहत् आधार पर किसी संस्था या संगठन के द्वारा प्रवर्तित शोध (Sponsored Research) का प्रकाशन आवश्यक है। किन्तु, यदि कोई गवेषणा बहुत लघु स्तर पर की गई है, जैसे पीएच.डी. की उपाधि के लिए की गई शोध और उसके निष्कर्ष जन-सामान्य के लिए आवश्यक नहीं हैं, तब ऐसी गवेषणाओं का प्रकाशन आवश्यक नहीं समझा जाता। किन्तु ऐसी गवेषणाओं के निष्कर्षों को लेख के रूप में संबंधित विषय की प्रतिष्ठित पत्रिकाओं में प्रकाशित किया जाता है, ताकि विषय के निष्णात विद्वान उसका अवलोकन कर उस पर समीक्षा के रूप में अपनी प्रतिक्रिया व्यक्त कर सकें। भारत में व्यक्तिगत आधार पर की गई लघु शोध (पीएच.डी.) के निष्कर्षों के प्रकाशन की परिपाटी अभी विकसित नहीं हो पाई है। जबकि अन्यत्र (अमेरिका, इंग्लैंड आदि देशों में) पीएच.डी. के शोध निष्कर्षों को प्रकाशन करने की परम्परा है।

अंत में यहाँ यह लिखना अनुपयुक्त नहीं होगा कि वैज्ञानिक शोध की उपरोक्त प्रक्रिया किसी शोधकर्ता के लिए मात्र एक सामान्य निर्देशक रूपरेखा (Guide) है, इसमें अपने शोध विषय, उपलब्ध साधन, शोध क्षेत्र की प्रकृति, प्रत्याशित कठिनाइयों आदि के अनुसार हेर-फेर किया जा सकता है। यही नहीं, एक अनुभवी और क्षमतावान शोधकर्ता अपनी स्वयं की शोध प्रक्रिया भी विकसित कर दूसरों के मार्ग को प्रशस्त कर सकता है।

2

वैज्ञानिक सामाजिक शोध/अनुसंधान

Scientific Social Research

"ज्ञान सर्वोच्च हितकारी है, सत्य परम मूल्य है और अन्य सभी उद्देश्य द्वितीयक एवं गौण हैं।"

–अल्डुअस हक्सले

मानव अपने समाजों, समूहों और अपने आसपास के परिवेश, जिसमें वे रहते और विचरण करते थे, के बारे में सदियों से चिन्तन और उनका अवलोकन करता आ रहा है। अज्ञात को जानने की इच्छा मानव में शुरू से रही है। इस इच्छा और जिज्ञासा ने ही मानव को सर्वप्रथम प्राकृतिक जगत के रहस्यों (भूकम्प, भूचाल, मौसम परिवर्तन, सितारों का आवागमन, बादलों का गरजना-बरसना, बिजली का कड़कड़ाना और पृथ्वी पर गिरना जैसी अनेक घटनाएं) के बारे में जानने के लिए उद्वेलित किया होगा। ऐसा अनुमान है कि इसके बाद मानव की इसी जिज्ञासा प्रवृत्ति ने मानव को अपने बारे में, अपने समूह और समाज के बारे में जानने और समझने के बारे में आकृष्ट किया होगा। सामाजिक जीवन की अनेक घटनाओं, जैसे विभिन्न व्यक्तियों के बीच किस प्रकार संबंध बनते हैं और बाद में क्यों टूटते हैं (जैसे तलाक), क्यों कुछ समाज लगभग स्थिर हैं और कुछ समाजों में तीव्र गति से बदलाव आ रहे हैं? क्यों कुछ व्यक्ति आत्महत्या करते हैं, क्यों कुछ लोग मादक द्रव्यों (शराब, गांजा, भांग, जर्दा आदि) का सेवन करते हैं और अधिकांश नहीं? क्यों कुछ व्यक्ति दूसरे की वस्तुओं की चोरी करते हैं, हत्या करते हैं? आधुनिक जगत में बढ़ती जा रही परिवारों के टूटने और आतंकवाद की घटनाओं के क्या कारण हैं? क्या सभी समाजों का एक सा रूप है? परिवारों के कौन-कौन से रूप हैं और इस भिन्नता के क्या कारण हैं, जैसी अनेकानेक घटनाओं और मुद्दों ने मानव को इन पर सोचने-समझने, मनन करने और सुलझाने के लिए प्रेरित किया होगा। किन्तु, इन विषयों तथा सामाजिक जीवन की कई अन्य घटनाओं, प्रक्रियाओं और गुत्थियों को जानने-समझने के लिए जिन विधियों का प्रयोग आज किया जाता है, वे पुरानी विधियों से सर्वथा भिन्न हैं। इन घटनाओं की व्याख्या पहले पारलौकिक शक्तियों, धार्मिक विचारों, कोरी कल्पनाओं, कहावतों और तर्क वाक्यों या परम्परा से चले आ रहे ज्ञान के आधार पर की जाती थी। बहुत समय तक हमारे ऋषि-मुनियों के कथन और धार्मिक-पौराणिक ग्रंथों में संचित ज्ञान ही सामाजिक और व्यक्तिगत समस्याओं के समाधान के स्रोत थे। आज

सामाजिक और व्यक्तिगत जीवन की गुत्थियों को सुलझाने या उनके बारे में नया ज्ञान प्राप्त करने के लिए उपरोक्त वर्णित ज्ञान के स्रोतों और विधियों के स्थान पर जिस विधि का प्रयोग किया जाता है, उसे वैज्ञानिक विधि (Scientific Method) कहते हैं जिसकी शुरुआत उन्नीसवीं-बीसवीं शताब्दी में हुई है। इस विधि के अपने सिद्धान्त और शोध की प्रक्रिया है जिसका वर्णन-विश्लेषण आगे इस पुस्तक में किया गया है। ऐसी बात नहीं है कि हम ज्ञान के पुराने स्रोतों और विधियों से पूर्णतः मुक्ति पा चुके हैं, हम आज भी इन विधियों का प्रयोग करते हैं। घर में किसी व्यक्ति के बीमार होने पर आज भी गंडा-ताबीज और झाड़-फूंक का सहारा लेते हैं, विभिन्न पारलौकिक शक्तियों की आराधना कर बीमार को स्वस्थ करने की मनौती मांगते हैं, हमारे दिन-प्रतिदिन के कार्यों की सफलता के लिए साधु-संतों और तंत्र-मंत्र के जानकारों के पास जाकर उनके समक्ष शीश नवाते हैं, ज्योतिषियों से अपनी ग्रह-दशाओं (सितारों की चाल) के बारे में पूछताछ करते हैं, हम आज परम्परा और आधुनिकता की बीच की स्थिति में हैं।

जिस प्रकार प्राकृतिक घटनाएं किन्हीं अज्ञात नियमों से संचालित होती हैं और जिन्हें जानने के लिए प्राकृतिक वैज्ञानिक, वैज्ञानिक विधि का सहारा लेते हैं, उसी प्रकार समाज वैज्ञानिक भी यह मानने लगे हैं कि सामाजिक घटनाएं भी अनायास नहीं घटती हैं, अपितु इनके पीछे भी कुछ नियम कार्य कर रहे हैं, जो इन्हें संचालित करते हैं। इन नियमों को जाना जा सकता है और सामाजिक घटनाओं को नियंत्रित किया जा सकता है। इन नियमों को जानने और खोजने के लिए जो गवेषणा की जाती है, उसे ही सामाजिक शोध या अनुसंधान कहते हैं।

शोध क्या है? (What is Research?)

विविध क्षेत्रों में 'अनुसंधान' या 'शोध' (Research) शब्द का प्रयोग अलग-अलग पारिभाषिक अर्थों में किया गया है। व्युत्पत्तीय अर्थ में, अनुसंधान में तीन प्रक्रियाएं सम्मिलित होती हैं: खोजना, परिष्करण करना और प्रमाणीकरण करना। वैज्ञानिक जगत में इस शब्द का प्रयोग इसी अर्थ में होता है। संस्कृत साहित्य में अन्वेषण, गवेषणा और खोज को शोध या अनुसंधान शब्दों का वंशज (समानार्थक) शब्द माना गया है।

वेबस्टर शब्दकोश के अनुसार, "तथ्यों एवं सिद्धान्तों अथवा किसी घटना के बारे में जानकारी हासिल करने के उद्देश्य से सतर्कतापूर्वक एवं निष्ठापूर्वक की गई विवेचनात्मक खोज को अनुसंधान कहते हैं।" इसी प्रकार, **एच.एल. मानहीम** ने लिखा है कि "किसी भी विशिष्ट विषय-वस्तु की सतर्कता और परिश्रमपूर्वक की गई ऐसी गहन गवेषणा को अनुसंधान के रूप में परिभाषित किया जाता है, जिसका उद्देश्य मानव प्राणी के ज्ञान में वृद्धि करना हो।" ये दोनों ही परिभाषाएं इस बात पर जोर देती हैं कि किसी भी विषय के बारे में चलते-फिरते अनायास एकत्रित की गई जानकारी को अनुसंधान नहीं कहा जा सकता। अनुसंधान के लिए सतर्कता, गहनता, परिश्रम और निष्ठा आवश्यक तत्व हैं।

अंग्रेजी का शब्द 'रिसर्च' (Research) दो शब्दों के मेल रि+सर्च (Re+Search) के मेल से बना है। 'रि' का अर्थ 'पुनः' या 'पुनर्' और 'सर्च' का अर्थ खोज करने से है, अर्थात्

जो घटना, क्रियाकलाप या वस्तु पहले से विद्यमान है, उसके बारे में नए सिरे से छानबीन, जांच-पड़ताल करना ही 'रिसर्च' है। इसी व्याख्या के आधार पर 'सामाजिक विज्ञानों के विश्वकोश' (ग्रंथ प्रथम, 1930) में लिखा गया है कि अनुसंधान से तात्पर्य "ऐसी गहन एवं विवेचनात्मक गवेषणा या प्रायोगिक कार्य (Experimental Work) से है, जिसका उद्देश्य नवीन खोजे गए तथ्यों के संदर्भ में पूर्व स्वीकृत निष्कर्षों में संशोधन करना है।"

थियोडोर्सन एवं थियोडोर्सन (1969) ने शोध को पारिभाषित करते हुए लिखा है कि "सामान्य सिद्धान्तों की रचना के उद्देश्य से किसी समस्या के व्यवस्थित एवं वस्तुपरक प्रयास को शोध कहते हैं।" किसी भी शोध का मूल उद्देश्य किसी घटना (प्राकृतिक या सामाजिक) के बारे में ज्ञान प्राप्ति के उद्देश्य से सतर्कतापूर्वक गहन अन्वेषण करना होता है। इस प्रकार की शोध आनुभविक, ऐतिहासिक या पुस्तकालयी प्रकृति की हो सकती है। आनुभविक शोध (Empirical Research), जिसे वैज्ञानिक शोध भी कहा जाता है, वह इन्द्रियों के माध्यम से संकलित ऐसे तथ्यों पर आधारित होती है जिनकी प्रामाणिकता का परीक्षण किया जा सकता है। ये ऐसे सत्यापनीय (Verifiable) तथ्य होते हैं, जिनकी जांच दूसरे शोधकर्ता द्वारा की जा सकती है।

सामाजिक शोध का अर्थ एवं परिभाषाएं
(Meaning and Definitions of Social Research)

सामाजिक शोध को परिभाषित करते हुए **पी.वी. यंग** (1977) ने लिखा है, "सामाजिक शोध एक वैज्ञानिक प्रयास है जिसका उद्देश्य तार्किक एवं व्यवस्थित विधियों की सहायता से नए तथ्यों की खोज या पुराने तथ्यों का परीक्षण अथवा उनकी सत्यता की परख हो सकता है; या तथ्यों के अनुक्रमों, अन्तर्सम्बन्धों तथा कारणात्मक व्याख्याओं का विश्लेषण करना हो सकता है; या नवीन वैज्ञानिक तकनीकों, उपकरणों, अवधारणाओं तथा सिद्धान्तों को विकसित करना हो सकता है, जो मानवीय व्यवहार का विश्वसनीय तथा प्रामाणिक अध्ययन करने में सहायक सिद्ध हो सके।"

'सामाजिक विज्ञानों के विश्वकोश' में **स्लेसिंगर एवं स्टीवेंशन** (1930) ने लिखा है, "सामाजिक शोध सामाजिक जीवन के अन्वेषण, विश्लेषण तथा अमूर्तीकरण की एक वैज्ञानिक विधि है, जिसका उद्देश्य ज्ञान को आगे बढ़ाना, संशोधन करना और सत्यापित करना होता है।"

लुण्डबर्ग (1926) के अनुसार, "सामाजिक शोध उन अन्तर्निहित प्रक्रियाओं की खोज है जो साथ-साथ में रहने वाले व्यक्तियों के जीवन में क्रियाशील रहती हैं।"

मोज़र (1961) ने लिखा है, "सामाजिक घटनाओं तथा समस्याओं के बारे में नवीन ज्ञान प्राप्त करने हेतु की गई व्यवस्थित गवेषणा को सामाजिक शोध कहते हैं।"

'समाजशास्त्र के कोश' में **फिशर** (1944) ने कहा है, "सामाजिक शोध किसी सामाजिक घटना पर प्रयोग की जाने वाली एक ऐसी व्यावहारिक कार्य-प्रणाली है, जिसका उद्देश्य किसी समस्या का समाधान अथवा किसी प्राक्कल्पना (Hypothesis) का परीक्षण या नवीन तथ्यों की खोज या विभिन्न तथ्यों के बीच नवीन संबंधों की खोज करना है।"

अंत में, सामाजिक अनुसंधान से तात्पर्य ऐसी गवेषणा विधि से है जो सामाजिक अन्तर्क्रिया की प्रक्रियाओं और सामाजिक समूहों के अध्ययन पर केन्द्रित होती है। इसकी प्रकृति अनुभवपरक (Empirical) होती है जिसके द्वारा व्यक्तियों की अन्तर्क्रियाओं और सामाजिक प्रघटनाओं (Social Phenomena) का प्रेक्षण-परीक्षण कर सिद्धान्त की रचना करने का प्रयास किया जाता है।

सामाजिक शोध की विशेषताएं (Characteristics of Social Research)

उपरोक्त परिभाषाओं में सामाजिक शोध के उद्देश्यों और विशेषताओं पर पर्याप्त प्रकाश डाला गया है। उनसे स्पष्ट है कि यह कोई अटकलपच्चू या व्यक्ति विशेष (शोधकर्ता) की सनक पर आधारित कार्य नहीं है। प्राकृतिक जगत की भांति सामाजिक जगत के बारे में भी निष्कर्ष निकालने के लिए एक निश्चित पद्धति और कार्यविधि का प्रयोग किया जाता है। इस पद्धति (Method) से निकाले गए निष्कर्ष पर्याप्त प्रामाणिक एवं विश्वसनीय होते हैं। इस पद्धति को ही 'वैज्ञानिक पद्धति' (Scientific Method) के नाम से जाना जाता है।

एक वैज्ञानिक प्रयास (A Scientific Endeavour)

पी.वी. यंग की परिभाषा इन्हीं शब्दों, अर्थात् यह "एक वैज्ञानिक प्रयास है", से शुरुआत होती है। इसे आगे स्पष्ट करते हुए उन्होंने लिखा है कि इसमें 'तार्किक और व्यवस्थित विधियों' का प्रयोग किया जाता है। इसमें अन्तःप्रज्ञा (Intuition), कल्पना या निगमनात्मक तर्क (Deductive Logic) का कोई स्थान नहीं होता। आज का सामाजिक शोधकर्ता किसी आराम कुर्सी या साधु-संतों की तरह आसन पर आँखें मूंद और ध्यान लगा कर किसी सामाजिक घटना या समस्या के बारे में अपने निष्कर्ष ज्योतिषियों की तरह भविष्यवाणी के रूप में व्यक्त नहीं करता, अपितु वह कई यंत्र-तंत्र और शोध उपकरण (Research Tools) लेकर अपने शोध क्षेत्र में जाता है, अपने सूचनादाताओं के व्यवहारों को बड़ी सूक्ष्मता से देखता (अवलोकन करता) है, उनसे अपने शोध विषय के बारे में गहराई से बातचीत (साक्षात्कार) करता है। अवलोकन और साक्षात्कार के लिए यथासंभव कैमरे और टेपरिकार्डर जैसे अनेक उपकरणों का प्रयोग करता है। कुछ समस्याओं के अध्ययन के लिए जहाँ-कहीं संभव और आवश्यक होता है, प्रयोगशाला (Laboratory) का भी प्रयोग करता है। इन विधियों और उपकरणों से प्राप्त सामग्री का विश्लेषण (वर्गीकरण और सारणीकरण आदि) करता है, तत्पश्चात् वह उक्त घटना/समस्या के बारे में अपने निष्कर्ष प्रस्तुत करता है।

इस प्रकार की कार्यविधि द्वारा प्राप्त सामग्री के 'आनुभविक तथ्य' (Empirical Data) और इस कार्यविधि को 'आनुभविक विधि' (Empirical Method) कहते हैं। 'आनुभविक' से तात्पर्य हमारी इन्द्रियों (नाक, कान आँख, जिह्वा और स्पर्श) के आधार पर प्राप्त ज्ञान से है। यह ज्ञान कल्पना और अन्तःप्रज्ञा द्वारा प्राप्त ज्ञान से भिन्न होता है। इस ज्ञान की विशेषताओं का आगे 'ज्ञान के स्रोत' और विज्ञान विषयों के वर्णन-विश्लेषण में विस्तृत वर्णन किया गया है। संक्षेप में, वैज्ञानिक प्रयास से तात्पर्य वैज्ञानिक विधि के प्रयोग से है।

सामाजिक जीवन से संबंधित (Related with Social Life)

सामाजिक शोध का क्षेत्र मानव के सामाजिक (सामूहिक) जीवन की घटनाओं और समस्याओं तक सीमित है। इसमें व्यक्ति की व्यक्तिगत (शारीरिक और मानसिक) समस्याओं का भी अध्ययन नहीं किया जाता। इनके अध्ययन के लिए शरीरशास्त्र (Physiology) और मनोविज्ञान (Psychology) जैसे अलग विषय हैं। यह बात अलग है कि सामूहिक जीवन की समस्याओं का अध्ययन करने के लिए दूसरे विषयों का भी सहारा लिया जाता है। क्योंकि सभी विषय एक-दूसरे से जुड़े हुए हैं।

प्राकृतिक और सामाजिक शोध में अन्तर (Difference between Natural and Social Research)

यह अन्तर दोनों की विषय-वस्तु (Content) और विधि (Method) में भिन्नता पर आधारित है। प्राकृतिक विज्ञानों की विषय-वस्तु मुख्यत: जड़ या अचेतन पदार्थ/वस्तुएं (पेड़-पौधे, पशु-पक्षी, प्राकृतिक उत्पादन आदि) होते हैं, जो सामान्यत: अप्रतिक्रियात्मक (Non-reactive) होते हैं, जब कि सामाजिक शोध की विषय-वस्तु स्वयं मानव और उसका सामाजिक जगत होता है जो प्रतिक्रियात्मक (Reactive) है। विधि संबंधी दूसरा अन्तर प्रयोगशाला के प्रयोग से संबंधित है। सामाजिक शोध में प्राकृतिक विज्ञानों की भांति किसी कमरे में बंद जैसी प्रयोगशाला नहीं होती और न ही इनमें माप-तौल के सटीक यंत्र-उपकरण होते हैं। सामाजिक विज्ञानों की प्रयोगशाला समस्त विश्व है, जहाँ-कहीं मानवों के समूह पाए जाते हैं। यही कारण है कि सामाजिक विज्ञानों में क्षेत्र-कार्य विधि (Field Work Method) का ही अधिक प्रयोग किया जाता है।

समाजशास्त्रीय शोध (Sociological Research)

सामाजिक शोध एक अत्यंत व्यापक अवधारणा (Concept) है, जिसका प्रयोग सभी सामाजिक विज्ञानों, यथा समाजशास्त्र सहित राजनीतिशास्त्र, अर्थशास्त्र, लोक प्रशासन, सामाजिक मनोविज्ञान और यहाँ तक कि इतिहास में भी शोध की विषय-वस्तु की आवश्यकतानुसार हेर-फेर के साथ किया जाता है। समाजशास्त्रीय शोध सामाजिक अनुसंधान की मात्र एक शाखा है, जिसके अध्ययन की विषय-वस्तु मानव की सामाजिक क्रियाएं (क्रियाकलाप) तथा उनसे व्युत्पन्न सामाजिक संबंधों का तानाबाना (Web of Social Relationships) है। इसी तानेबाने से किसी समाज के 'सामाजिक ढांचे' की रचना होती है। समाजशास्त्रीय शोध का मुख्य विषय यही सामाजिक ढांचा (Social Structure) या/और सामाजिक व्यवस्था (Social System) है। सामाजिक संस्थाएं, सामाजिक समूह, सामाजिक प्रक्रियाएं (प्रतिस्पर्धा, संघर्ष, सहयोग आदि), प्रस्थिति एवं भूमिका, सामाजिक स्तरीकरण (जाति, वर्ग, जागीर आदि) जैसी प्रघटनाओं (Phenomena) और इनसे जुड़ी समस्याओं का अध्ययन ही समाजशास्त्रीय शोध की प्रमुख विषय-सामग्री है।

सामाजिक शोध के उद्देश्य (Objectives of Social Research)

सभी प्रकार की शोध क्रियाओं का उद्देश्य, चाहे वे प्राकृतिक जगत से संबंधित हों या सामाजिक जगत से, किन्हीं प्रश्नों के उत्तर की खोज करना होता है। यह खोज वैज्ञानिक विधियों द्वारा की जाती है। सूर्य दिन में ही क्यों दिखाई देता है, रात में क्यों नहीं? सर्दी की अपेक्षा गर्मी में दिन बड़े क्यों होते हैं? फल हमेशा पेड़ से नीचे ही क्यों गिरते हैं, वायुमंडल में ऊपर क्यों नहीं जाते? आदि। ये प्राकृतिक जगत से संबंधित प्रश्न हैं। इनकी खोजबीन प्राकृतिक विज्ञानों में की जाती है। इसी प्रकार हमारे समाज और सामाजिक व्यवहारों से संबंधित कई प्रश्न हो सकते हैं, जैसे पुरुषों की अपेक्षा स्त्रियां ही क्यों अधिक आत्महत्या करती हैं? अपराध अधिकांशत: गंदी बस्तियों में ही क्यों जन्मते और पनपते हैं? विभिन्न समाजों के लोकाचारों, रीतिरिवाजों एवं परम्पराओं में क्यों भिन्नता है? किसी एक समाज की अपेक्षा दूसरे समाज में वैवाहिक रिश्ते क्यों अधिक टूटते (तलाक) हैं? आतंकवाद के क्या कारण एवं निदान हैं? समाज में व्यवस्था कैसे स्थापित होती है? समाज क्यों विघटित होते हैं? समाज की व्यवस्था में पुनर्सामंजस्य कैसे स्थापित किया जाये? आदि। संक्षेप में, सामाजिक शोध भी किसी न किसी प्रश्न के समाधान के उद्देश्य को लेकर की जाती है। ये प्रश्न कब, क्यों, कहाँ, और कैसे से जुड़े होते हैं। कभी-कभी प्रश्नों का रूप 'अगर' (If) और 'तब' (Then) का भी हो सकता है।

सामान्यत: किसी सामाजिक शोध या गवेषणा के निम्नलिखित उद्देश्यों में से कोई एक या एकाधिक उद्देश्य हो सकते हैं:

1. कोई समाज, समुदाय, संस्था या समूह कैसे कार्य करता है, उसकी संरचना के मुख्य तत्व कौन-कौन से हैं, विभिन्न लोगों की क्या प्रस्थिति एवं भूमिका है, इन विषयों की जानकारी प्राप्त करना किसी गवेषणा का उद्देश्य हो सकता है। भारत में किये गये प्रारंभिक समाजशास्त्रीय अध्ययन किसी जनजाति, जाति, गांव या संयुक्त परिवारों जैसे विषयों को लेकर ही किए गए थे, उनकी प्रकृति इसी प्रकार की थी।
2. किसी व्यक्ति के व्यक्तिगत व्यवहार और सामाजिक कार्यकलापों को समझना। अपराध और अपराधी, या तलाकशुदा व्यक्ति के व्यवहार का अध्ययन इसी श्रेणी में आता है।
3. किन्हीं सामाजिक समस्याओं (जैसे आतंकवाद) के फैलने, समाज पर उनके प्रभावों को जानने और/या इन समस्याओं के निदान की जानकारी प्राप्त करना। इस प्रकार की शोध लक्षण-परीक्षण शोध (Diagnostic Research) कहलाती है।
4. सामाजिक यथार्थ को समझना, सामाजिक जीवन की गहराई में जाना, सामाजिक प्रक्रियाओं के पीछे कार्य करने वाले नियमों की खोज करना।
5. किसी प्राक्कल्पना का परीक्षण करना या नए सिद्धान्तों को विकसित करना।

मोटे रूप में, वैज्ञानिक विधियों की सहायता से सामाजिक शोध का मुख्य उद्देश्य मानव के सामाजिक जीवन को समझना, उसकी गुत्थियों और उलझनों को सुलझा कर मानव जीवन को अधिकाधिक सुखकर बनाना है। उपरोक्त सभी उद्देश्यों को मोटे रूप में दो समूहों में बांटा जा सकता है:

सैद्धान्तिक उद्देश्य (Theoretical Objective)

जब किसी शोध, गवेषणा, अनुसंधान का उद्देश्य मात्र 'ज्ञान के लिए ज्ञान प्राप्त करना' होता है, तब इसे सैद्धान्तिक या बौद्धिक उद्देश्य कहते हैं। इस प्रकार की शोध किसी व्यावहारिक समस्या के समाधान, निदान या नीति निर्माण से प्रेरित न होकर मात्र ज्ञान में वृद्धि के उद्देश्य से की जाती है। इस अध्याय के प्रारंभ में उद्धृत अल्डुअस हक्सले का कथन शोध के सैद्धान्तिक उद्देश्य पर ही बल देता है। सैद्धान्तिक उद्देश्य पर आधारित गवेषणाओं को विशुद्ध या मूलभूत शोध (Pure or Fundamental Research) कहा जाता है। इसका विस्तृत वर्णन आगे शोध के प्रकार शीर्षक के अन्तर्गत किया गया है।

उपयोगितावादी उद्देश्य (Utilitarian Objective)

जैसा नाम से ही विदित है, इस प्रकार की शोध या अनुसंधान किसी तात्कालिक समस्या के समाधान, निदान या नीति-निर्माण (Policy-Making) के उद्देश्य से प्रेरित होती है। मानव के जीवन को अधिकाधिक सुखकर बनाना ही इस प्रकार की शोध का मूल उद्देश्य होता है। ज्ञान का महत्व, वास्तव में, उसके व्यावहारिक प्रयोग द्वारा ही प्रकट होता है। शोध-प्रश्नों के उत्तरों को खोजने का दूसरा कारण किसी कार्य अथवा क्रिया को अच्छे तथा अधिक कुशलता से सम्पादन करने के तरीकों या विधियों को जानने की इच्छा होती है। ऐसे शोध-प्रश्नों का उद्देश्य 'व्यावहारिक उपयोग के लिए ज्ञान' (Knowledge for Practical Use) होता है। इस उद्देश्य से की गई गवेषणा 'व्यावहारिक शोध' (Applied Research) के नाम से जानी जाती है।

सामाजिक शोध के प्रकार्य (Functions of Social Research)

आधुनिक समाज वैज्ञानिक चर्चाओं में अनुसंधान का एक प्रमुख कार्य (उद्देश्य) प्राक्कल्पनाओं (Hypotheses) का परीक्षण अथवा उनकी प्रामाणिकता की जांच करना बताया गया है। किन्तु शोध की इतिश्री यहीं नहीं हो जाती। प्राक्कल्पनाओं को सिद्ध या असिद्ध करने के अतिरिक्त भी अनुसंधान के द्वारा कई कार्य सम्पादित किए जाते हैं। **आर.के. मर्टन** के अनुसार, आनुभविक अनुसंधान सिद्धान्त के प्रमाणीकरण और जांच की निष्क्रिय भूमिका के अतिरिक्त अनेक कार्य करती है ... इसके कम से कम चार प्रमुख प्रकार्य हैं जो सिद्धान्त के विकास में सहायता करते हैं:

1. सिद्धान्तों का प्रवर्तन (Initiation of Theories)
2. सिद्धान्तों की पुनर्रचना (Recasting of Theories)
3. नवीन सैद्धान्तिक मोड़ (Refocussing of Theoretic Interest)
4. अवधारणाओं का स्पष्टीकरण (Clarification of Concepts)

सिद्धान्तों का प्रवर्तन

कई आकस्मिक घटनाओं ने अप्रत्याशित, विलक्षण तथा महत्वपूर्ण नवीन सिद्धान्तों को जन्म दिया है। प्राकृतिक विज्ञानों से ऐसे अनेक उदाहरण दिये जा सकते हैं, जो यह प्रदर्शित करते हैं कि किसी अमुक प्राक्कल्पना का परीक्षण करते समय कुछ अप्रत्याशित तथ्यों के सामने आने के कारण सम्पूर्ण गवेषणा ने ही नया मोड़ ले लिया। पेन्सलीन की खोज का इतिहास

बताता है कि 'पेन्सलीन तत्व' की जानकारी इसी प्रकार की एक आकस्मिक-अप्रत्याशित खोज का परिणाम है। आकस्मिक खोज के ऐसे उदाहरण सामाजिक विज्ञानों में देखे जा सकते हैं। **मर्टन** (1945) ने लिखा है कि "उपयोगी आनुभविक शोध न केवल सिद्धान्तों के आधार पर निर्मित प्राक्कल्पनाओं के परीक्षण में सहायता करती है, अपितु यह नवीन प्राक्कल्पनाओं को जन्म भी देती है।" इसे शोध का 'आकस्मिक तत्व' कहा जाता है। यह आकस्मिक या अप्रत्याशित तत्व जिज्ञासा को उत्पन्न करता है जो शोधकर्ता को इस प्रकार की नवीन घटनाओं की छानबीन करने के लिए प्रेरित करता है। इस छानबीन के दौरान कई बार ऐसे क्षण आ जाते हैं जिनके कारण नवीन प्राक्कल्पनाएं सही सिद्ध हो जाती हैं।

सिद्धान्तों की पुनर्रचना

कभी-कभी ऐसे तथ्य (जो उपेक्षित भी हो सकते हैं) सामने आ जाते हैं, जिनका पूर्व स्थापित किसी सैद्धान्तिक योजना में ठीक प्रकार से समायोजन नहीं हो पाया है। ऐसी अवस्था में उक्त सिद्धान्त में आवश्यकतानुसार परिवर्तन-संशोधन कर के उसे नया रूप दिया जाता है, ताकि वे नए तथ्यों की व्याख्या कर सकें। उपेक्षित, किन्तु सार्थक तथ्यों को आवश्यक महत्व देने के कारण पुराने सिद्धान्त को नया रूप देना आवश्यक हो जाता है।

सामाजिक विज्ञानों में इसका एक प्रसिद्ध उदाहरण मालिनोस्की के जादू के सिद्धान्त से दिया जा सकता है। मालिनोस्की द्वारा ट्रोब्रिअंड द्वीपवासियों के अध्ययन के पूर्व यह माना जाता था कि भयावह, आकस्मिक और अनियंत्रित दशाएं जादू को जन्म देती हैं, किन्तु मालिनोस्की ने उक्त द्वीपवासियों की मछली मारने की क्रिया का उदाहरण देते हुए बताया कि किस प्रकार जादुई क्रियाएं समुद्र द्वारा पैदा की जाने वाली संभावित विपत्तिजनित भयावस्था का परिणाम होती हैं। ये दशाएं परेशानियां और तनाव पैदा करती हैं। ऐसी स्थिति में जादू अनुकूलन के एक उपकरण का काम करता है। जादुई क्रियाएं मानव के व्यावहारिक अनुभव में उत्पन्न होने वाली अनिश्चितता की दशाओं को दूर करती हैं, उसमें विश्वास पैदा करती हैं, तनावों को कम करती हैं तथा किसी अप्रत्याशित अवरोध से बचने हेतु नया मार्ग प्रशस्त करती हैं।

नवीन सैद्धान्तिक मोड़

शोध की नवीन विधियों की खोज नवीन विषयों पर अनुसंधान पर ध्यान आकर्षित करती है। यही नहीं, कभी-कभी पुराने तथ्य नए संदर्भ में नवीन प्राक्कल्पनाओं को जन्म देते हैं, जिनका परीक्षण अब संभव हो जाता है। प्रक्षेपण विधियों (Projective Techniques) की विभिन्न तकनीकों, यथा रोर्शाच, टी.ए.टी., कहानी विधि आदि के विकास ने सामाजिक संरचना के संदर्भ में चरित्र तथा व्यक्तित्व संबंधी सिद्धान्तों को एक नया मोड़ दिया है। इसी प्रकार, मोरेनो की समाजमितीय विधि (Sociometry) तथा साक्षात्कार की अप्रत्यक्ष विधियों के विकास ने पारस्परिक संबंधों को समझने के लिए एक नवीन दृष्टि उपलब्ध की है। सामाजिक शोध की विधा पर सांख्यिकी शोध विधियों का गहरा प्रभाव पड़ा है, जिसने सिद्धान्त-निर्माण की प्रक्रिया को एक नया मोड़ दिया है।

अवधारणाओं का स्पष्टीकरण

आनुभविक शोध का प्रमुख कार्य अवधारणाओं का स्पष्टीकरण है। स्पष्टीकरण से तात्पर्य अध्ययन हेतु प्रयुक्त किए जाने वाले परिवर्त्यों/चरों (Variables) की माप को सुनिश्चित

किया जाना है, जो प्रेक्षणीय हो। शोध की भाषा में अवधारणाओं के स्पष्टीकरण की यह प्रक्रिया 'संक्रियाकरण' (Operationalisation) कहलाती है। हम रोजमर्रा में कई अवधारणाओं (Concepts) का प्रयोग करते हैं, किन्तु उनका अर्थ सुनिश्चित नहीं होता। उदाहरणार्थ, 'मनोबल' अथवा 'सामाजिक एकता' ऐसी दो अवधारणाएं हो सकती हैं, जिनका अर्थ अलग-अलग व्यक्तियों के लिए भिन्न होता है, किन्तु जब इन्हीं पद/शब्दों (Terms) का प्रयोग किसी अनुसंधान में किया जाता है, तब सर्वप्रथम यह सुनिश्चित किया जाता है कि शब्दों (अवधारणाओं) का क्या अर्थ है। इसके लिए शोधकर्ता पहले इन शब्दों के अर्थ के मापदंड निश्चित करता है, अर्थात् किस स्थिति/दशा को सामाजिक एकता का द्योतक कहा जाएगा। इसी प्रकार, जब हम यह कहते हैं कि सैनिकों में पर्याप्त मनोबल है, तब हमें मनोबल के मानकों को स्पष्ट करना होगा।

बोलचाल की भाषा और शोध की भाषा में यही सबसे बड़ा अन्तर है कि शोध में प्रयुक्त शब्दों (Terms) को एक निश्चित अर्थ और संदर्भ में प्रयोग किया जाता है, जबकि बोलचाल की भाषा में उन्हीं शब्दों या पदों (Terms) का बड़े लचीले अर्थ में प्रयोग किया जाता है। समाजशास्त्र में प्रयोग की जाने वाली अधिकांश अवधारणाएं जैसे समाज, समुदाय, समूह, समिति, संयुक्त परिवार, जाति आदि इसी प्रकार की हैं जिनके समाजशास्त्रीय अर्थ बोलचाल की भाषा से भिन्न होते हैं।

सामाजिक शोध के प्रकार (Types of Social Research)

सामाजिक शोध के उद्देश्य, प्रकृति और उनमें प्रयोग की गई पद्धति के आधार पर भिन्नता पाई जाती है। गवेषणा का प्रयोजन (Purpose), प्रकृति (Nature) और विधि एवं तकनीक (Method and Technique) के आधार पर पाई जाने वाली भिन्नता के आधार शोध अध्ययनों को निम्न प्रकारों में विभाजित कर सकते हैं:

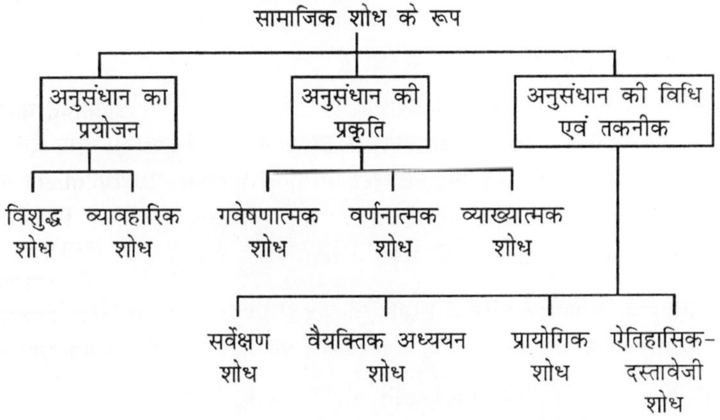

शोध के उपरोक्त रूपों के अलावा भी अन्य कई प्रकार की शोध हो सकती है। उनका वर्गीकरण अलग ढंग से किया जा सकता है।

अनुसंधान के प्रयोजन के आधार पर शोध के रूप (Types of Research on the Basis of Purpose of Research)

शोध के कई प्रयोजन या उद्देश्य हो सकते हैं, उन्हें मोटे रूप में दो रूप में विभाजित किया जा सकता है: (1) सैद्धान्तिक उद्देश्य, और (2) व्यावहारिक उद्देश्य। इन उद्देश्यों का विस्तृत वर्णन हम 'सामाजिक शोध के उद्देश्य' शीर्षक में पहले कर चुके हैं। यहाँ इन उद्देश्यों के आधार पर की जाने वाली शोध के रूपों का वर्णन करेंगे:

विशुद्ध शोध (Pure Research)

'ज्ञान के लिए ज्ञान' (Knowldege for Knowledge Sake) के उद्देश्य से प्रेरित शोध विशुद्ध शोध कहलाती है। वस्तुपरक ज्ञान की खोज ही विज्ञान का वास्तविक और परम लक्ष्य है। एक परिशुद्ध वैज्ञानिक के लिए यह महत्वपूर्ण नहीं होता है कि इस ज्ञान का कोई प्रयोग होगा या नहीं। सामाजिक गवेषणाओं का प्राथमिक उद्देश्य सामाजिक व्यवहार और सामाजिक जीवन के विभिन्न पक्षों का अधिकाधिक ज्ञान जुटाना है। तलाक क्यों होते हैं? लोग आत्महत्या क्यों करते हैं? हिंसात्मक घटनाओं (जैसे आतंकवाद) के क्या कारण हैं? सामाजिक समूह कैसे बनते और बिगड़ते हैं? सामाजिक व्यवहार के परिचालन में पैतृकता की क्या भूमिका है, जैसे अनेक प्रश्न हो सकते हैं, जिनके बारे में एक वैज्ञानिक जानकारी जुटा कर इन विषयों के बारे में फैली हुई भ्रांतियों को असत्य सिद्ध करने की कोशिश करता है।

इस प्रकार की शोध को कई नाम जैसे 'आधारभूत शोध' (Basic Research) या 'मूलभूत शोध' (Fundamental Research) से जाना जाता है। इस प्रकार की शोध के प्रमुख उद्देश्य निम्न हैं:

(i) ज्ञानार्जन की पिपासा को शान्त करना।

(ii) ज्ञान के विद्यमान भण्डार में वृद्धि करना, उसे आगे बढ़ाना।

(iii) घटनाओं के बीच कारणात्मक संबंधों की खोज करना।

(iv) घटनाओं को परिचालित करने वाले नियमों को मालूम करना।

(v) नई अवधारणाओं (Concepts) और सिद्धान्तों की रचना करना।

(vi) पुरानी अवधारणाओं और सिद्धान्तों का परिवर्तित परिप्रेक्ष्य में सत्यापन करना।

(vii) शोध की विधि, तकनीक और उपकरणों की उपयुक्तता की जांच करना, उनका परिष्करण या नई विधियों की खोज करना।

सामाजिक विज्ञानों में परिशुद्ध विज्ञान के क्षेत्र में निम्नलिखित पुस्तकें बहुचर्चित रही हैं जिन्होंने सामाजिक जीवन के क्षेत्र से संबंधित कई प्राक्कल्पनाओं को जन्म दिया है:

1. Lerner: The Passing of a Traditional Society
2. Lerner: The Lonely Crowd
3. Mills: The Power Elite

व्यावहारिक शोध (Applied Research)

इस प्रकार की शोध विज्ञान के उपयोगितावादी उद्देश्यों (Utilitarian Objectives) से प्रेरित होती है, अर्थात् किसी तात्कालिक समस्या का निदान ढूंढ़ने या किसी विषय के बारे में नीति निर्माण (Policy Making) के उद्देश्य से की जाती है। **होर्टन एवं हंट** के अनुसार, "जब वैज्ञानिक विधि का प्रयोग ऐसे ज्ञान की खोज के लिए किया जाता है जो व्यावहारिक समस्याओं के समाधान में उपयोगी हो, तब इसे व्यावहारिक या अनुप्रयुक्त (Applied) अनुसंधान कहते हैं।" इसी प्रकार **फैस्टिंगर एवं काट्ज** ने लिखा है, "जब तथ्यों का संकलन उद्योग और प्रशासन के संदर्भ में किसी उपयोगितावादी उद्देश्य से किया जाता है तथा जिसकी नीति-निर्माताओं को आवश्यकता होती है, तब इसे व्यावहारिक अनुसंधान कहते हैं।"

सभी गवेषणाओं, चाहे वे परिशुद्ध या व्यावहारिक हों, उनका उद्देश्य अन्ततः मानव के किन्हीं हितों की पूर्ति करना होता है, ताकि मानव जीवन को परिचालित करने वाली प्रक्रियाओं पर नियंत्रण पाया जा सके।

व्यावहारिक अनुसंधान के प्रमुख उद्देश्य या उपादेयता (Utility) निम्नलिखित हैं:

1. सामाजिक समस्याओं के निदान एवं समाधान हेतु विश्वसनीय तथ्यों को जुटाना।
2. योजना और नीति निर्माण में सहायता करना।
3. विशुद्ध विज्ञान के क्षेत्र में प्रतिपादित अवधारणाओं और सिद्धान्तों का परीक्षण करना, उनकी उपादेयता को सिद्ध करना।
4. शोध के उपकरणों व विधियों का व्यावहारिक समस्याओं के समाधान में प्रयोग करके उनकी उपयोगिता की जांच करना।
5. प्रशासन को कुशलतापूर्वक चलाने में मदद करना।

ज्ञान व्यावहारिक रूप में सार्थक होना चाहिए। यदि शोध परिणामों का रचनात्मक रूप में क्रियान्वयन नहीं हो सकता, तो वह सार्थक ज्ञान नहीं है। अतः प्रत्येक शोधकर्ता से यह अपेक्षा की जाती है कि वह ऐसे विषय का चुनाव करे, जिससे समसामयिक समस्याओं को सुलझाने में मदद मिल सके, वे समस्याओं के उपचार में सहायक हों।

आजकल व्यावहारिक अनुसंधान की महत्ता दिन-प्रतिदिन बढ़ती जा रही है। उद्योग, प्रशासन, चिकित्सा विज्ञान, प्रजातिक एवं अन्तरराष्ट्रीय तनाव, जनजातीय समस्याएं, जनस्वास्थ्य, व्यापार, सामाजिक परिवर्तन, आतंकवाद और वैश्वीकरण की समस्याओं के साथ ही सैनिक समस्याओं जैसे अनेक क्षेत्रों में व्यावहारिक अनुसंधान किए जा रहे हैं। व्यावहारिक अनुसंधान सामाजिक व्याधियों के उपचार की एक अच्छी विधि है। जिस प्रकार रसायनशास्त्र और भौतिक शास्त्र, जो विशुद्ध विज्ञान की श्रेणी में आते हैं, के ज्ञान का प्रयोग रसायन इंजीनियरिंग और भौतिक इंजीनियरिंग में किया जाता है, उसी प्रकार समाजशास्त्र, जो एक विशुद्ध विज्ञान है, के तथ्यों का 'सामाजिक इंजीनियरिंग' में प्रयोग किया जा रहा है। सुश्री मायावती ने उत्तर प्रदेश के विधानसभा चुनावों (2008) में 'सोशल इंजीनियरिंग' का प्रयोग कर सत्ता हासिल की थी।

व्यावहारिक शोध के प्रकार

क्रियान्मुखी या क्रियात्मक शोध (Action Research)

सामाजिक जीवन के किसी क्षेत्र में वांछित परिवर्तन लाने के उद्देश्य से सर्वाधिक प्रभावक एवं उपयोगी साधनों की खोज के लिए आयोजित गवेषणा क्रियान्मुखी शोध कहलाती है। इस प्रकार की शोध व्यावहारिक शोध का ही एक रूप है। इस प्रकार की गवेषणा का मुख्य उद्देश्य किसी समस्या के कारणों का पता लगाना, उसकी व्यापकता और मात्रा को मालूम करना तथा उसके सुधार के लिए कोई कार्य योजना (Action Plan) प्रस्तुत करना होता है। किसी समस्या के निदान के कई साधन (तरीके) हो सकते हैं, इन तरीकों में से कौन सा तरीका सर्वाधिक उपयुक्त और प्रभावक होगा, इसे मालूम करने के लिए ही क्रियान्मुखी शोध आयोजित की जाती है। इस प्रकार की शोध का एक अन्य उद्देश्य नीति-निर्माताओं अथवा निर्णय करने वालों को किसी विशिष्ट समस्या के समाधान का उपयोगी रास्ता सुझाना भी है। इस प्रकार की शोध की एक प्रमुख विशेषता यह है कि इसमें शोधकर्ता स्वयं भी समस्या समाधान की कार्य योजना में सहभागिक होता है। अतः इसमें शोधकर्ता की दो भूमिकाएं होती हैं। एक ओर वह शोधकर्ता होता है, तो दूसरी ओर वह समस्या निवारक के रूप में स्वयं कार्ययोजना में भाग लेता है। फ्रांसिसी समाजशास्त्री **अलेन तूरेन** (The Return of the Actor, 1988) ने अभी हाल के सामाजिक आंदोलनों के बारे में अपने विचार व्यक्त करते हुए कहा है कि समाजशास्त्रियों को सामाजिक आंदोलनों का अध्ययन ही नहीं, अपितु उनमें भाग लेकर उन्हें प्रोत्साहित भी करना चाहिए।

क्रियान्मुखी शोध का प्रमुख कार्य विद्यमान दशाओं में परिवर्तन लाना है। ये दशाएं कई प्रकार की हो सकती हैं, जैसे गंदी बस्तियों (Slums) की विकृत स्थिति, प्रजातिक या साम्प्रदायिक तनाव, छात्र या श्रमिक आंदोलन, पूर्वाग्रहों से ग्रस्त कोई समुदाय आदि। क्रियात्मक शोध का कार्य इस प्रकार की दशाओं के निवारण हेतु ऐसे प्रभावक साधनों की खोज करना है, जो इन दशाओं में वांछित परिवर्तन ला सकें। ऐसे शोध तात्कालिक उपयोग पर केन्द्रित होती है, सिद्धान्त निर्माण से इनका कोई लेना-देना नहीं होता।

मूल्यांकनात्मक शोध (Evaluative Research)

सामाजिक नियोजन अथवा/और परिवर्तन के उद्देश्य से संचालित किए गए कार्यक्रमों की सफलता और उनकी प्रभावकता को आंकने के लिए की गई गवेषणाएं मूल्यांकनात्मक शोध या अनुसंधान कहलाती हैं। आजकल गरीबी, शिक्षा, स्वास्थ्य, आवास समस्या, परिवार नियोजन, अपराध एवं अपचार, सामुदायिक कल्याण योजनाएं जैसे अनेक विषयों को लेकर सरकारी और गैर-सरकारी स्तर पर अनेक कार्यक्रम संचालित किए जा रहे हैं। ये कार्यक्रम या योजनाएं कहाँ तक सफल हुईं, इनमें क्या कमियां रहीं, इनका लाभ किन लोगों को कितना मिल रहा है, इन पर कितना खर्च हो रहा है, जैसे प्रश्नों को लेकर जो गवेषणाएं की जा रही हैं, वे मूल्यांकनात्मक अनुसंधान के ही उदाहरण हैं।

भारत में 1952 में पंचवर्षीय योजनाओं और सामुदायिक विकास कार्यक्रमों की शरुआत की गई थी। इन योजनाओं और कार्यक्रमों का ग्रामीण जनों और अन्य लोगों को

कहाँ तक लाभ मिला, इनमें क्या-क्या कमियां रहीं, इनमें सुधार की क्या आवश्यकता है, इन्हें जानने के लिए सरकार ने सरकारी स्तर पर एक स्थाई 'कार्यक्रम मूल्यांकन विभाग' की स्थापना की। जनगणना विभाग तथा अन्य विभाग भी अपने कार्यक्रमों (जैसे परिवार नियोजन) की प्रभावकता को आंकने के लिए समय-समय पर सर्वेक्षण करवाते रहते हैं। सामुदायिक विकास योजनाओं की सफलता को आंकने के लिए गैर-सरकारी स्तर पर डा. श्यामचरण दुबे का एक अध्ययन मूल्यांकनात्मक शोध का ही एक सुप्रसिद्ध उदाहरण है। यह अध्ययन बाद में 'भारत के बदलते गांव' (1958) के नाम से प्रकाशित हुआ है।

मूल्यांकनात्मक और क्रियात्मक दोनों प्रकार के व्यावहारिक अनुसंधान में उन्हीं शोध-प्रारूपों (Research Designs), विधियों (Methods) और तकनीकों (Techniques) का प्रयोग किया जाता है, जो विशुद्ध शोध (Pure Research) की गवेषणाओं में किया जाता है। अतः दोनों शोध प्रकार की योजनाओं में अन्तर उद्देश्य का है, न कि विधियों का।

विशुद्ध और व्यावहारिक अनुसंधान के बीच अन्तर्संबंध (Interplay between Pure and Applied Research)

अनुसंधान के ये दो प्रारूप विज्ञान के दो पक्ष हैं, इन्हें पूर्णतः अलग-थलग नहीं किया जा सकता है। इन दोनों के बीच लेन-देन चलता रहता है, दोनों एक दूसरे के सहयोग से बढ़ते और पल्लवित होते हैं। वास्तव में इन दोनों का संबंध 'अंगुलियों की भांति पृथक' (Separate as Fingers) और 'हाथ की भांति संगठित' (United as the Hand) के समान है।

पी.वी. यंग ने लिखा है कि सामाजिक अनुसंधान, चाहे वह दूरस्थ उद्देश्य या तात्कालिक उद्देश्य से किया गया हो, दोनों ही प्रकार के अनुसंधान का मुख्य उद्देश्य सामाजिक जीवन को समझ कर उस पर अधिकाधिक नियंत्रण प्राप्त करना है।

प्रसिद्ध राजनीतिशास्त्री डेविड ईस्टन का इन दोनों शोध विधाओं के बारे में सुझाव है कि हमें तात्कालिक समस्याओं के समाधान और विज्ञान के दूरगामी उद्देश्यों, दोनों के प्रति सजग रहना चाहिए। यह कठिन कार्य नहीं है। प्रत्येक व्यक्ति को अपने जीवन में ऐसा सामंजस्य करना पड़ता है। वह अपने सभी प्रकार के समस्त साधनों द्वारा किए गए प्रयासों का कुछ भाग तात्कालिक समस्याओं पर और कुछ भाग दूरगामी उद्देश्यों पर बांट सकता है। मौलिक शोध (Fundamental Research) भविष्य में विनियोजन (Investment) के रूप में अनिवार्यतः आवश्यक है। परिशुद्ध या मौलिक शोध और व्यावहारिक शोध दोनों को एक-दूसरे का विरोधी न होकर पूरक बनना चाहिए। दोनों एक दूसरे को बहुत कुछ दे सकते हैं और एक दूसरे से बहुत कुछ सीख सकते हैं। **जॉन ड्यूवी** ने लिखा है, "ज्ञान का स्रोत तात्कालिक समस्याएं और ज्ञान का उद्देश्य समस्याओं का समाधान करना है।"

अनुसंधान की प्रकृति के आधार पर शोध-गवेषणाओं के रूप (Types of Research Inquiries based on the Basis of Nature of Research)

सभी प्रकार की शोध एक ही प्रकृति की नहीं होती। उनके लक्ष्य (Goals) भिन्न हो सकते हैं। मोटे रूप में, ये लक्ष्य तीन हो सकते हैं:

1. वर्णन करना (To Describe)
2. खोज करना (To Explore)
3. व्याख्या करना (To Explain)

जब कोई गवेषणा विद्यमान किसी घटना के विस्तृत वर्णन करने के लक्ष्य को लेकर की जाती है, तब इसे वर्णनात्मक शोध कहा जाता है। कुछ घटनाएं ऐसी हो सकती हैं, जिनके बारे में अधिक कुछ पता नहीं है, केवल थोड़ी बहुत जानकारी उपलब्ध है। तब ऐसी घटनाओं के बारे में अधिक जानकारी एकत्रित करने के लिए जो गवेषणाएं की जाती हैं, वे खोजात्मक शोध कहलाती हैं। इन दो प्रकार की गवेषणाओं के अतिरिक्त एक तीसरे प्रकार की गवेषणा भी होती है, जो किसी घटना के विभिन्न कारकों के बीच सहसंबंध को जानने के लिए की जाती है, तब यह गवेषणा व्याख्यात्मक शोध के नाम से जानी जाती हैं।

ध्यान रहे, सभी गवेषणाओं की प्रकृति इतनी स्पष्ट नहीं होती कि उन्हें उपरोक्त वर्गों में वर्गीकृत किया जा सके। कुछ गवेषणाएं ऐसी भी हो सकती हैं, जिनमें घटना के वर्णन करने के साथ-साथ घटना के कारणों का जानना और उसके बारे में अधिक जानकारी जुटाना भी हो सकता है। अब हम यहाँ इन तीनों का विस्तृत वर्णन करेंगे।

गवेषणात्मक/खोजात्मक शोध (Exploratory Research)

ऐसी घटनाएं जिनके बारे में कोई जानकारी उपलब्ध नहीं है या बहुत कम जानकारी उपलब्ध है, उनके बारे में अधिक जानकारी जुटाने के लिए जो गवेषणाएं की जाती हैं, उन्हें गवेषणात्मक या खोजात्मक शोध कहा गया है। किसी स्थान पर कुआं खोदने या हैण्डपंप लगाने के पूर्व उस स्थान की मिट्टी और आसपास की वनस्पति की जानकारी एकत्रित कर यह पता लगाया जाता है कि उस स्थान पर पानी मिलने के क्या आसार हैं, अर्थात् वहाँ पानी की कोई अन्तर्धारा (Undercurrent) है अथवा नहीं, यदि है तो कितनी गहराई पर कितना पानी मिलने की संभावना है, आदि। इसके लिए शोधकर्ता शुरुआत में उस स्थान पर एकाधिक छोटे-मोटे गड्ढे खोदता है। पानी के बारे में की गई इस प्रकार की गवेषणा खोजात्मक शोध का ही एक उदाहरण है। इसी प्रकार किसी धार्मिक आंदोलन जैसे आनन्द मार्ग, 'ओशो' का आंदोलन, गायत्री पीठ आंदोलन या बाबा रामदेव के योग आंदोलन के बारे में प्रारंभिक जानकारी एकत्रित करने के लिए निम्न प्रश्नों के उत्तर जुटाने होंगे:

- इस संगठन/आंदोलन के क्या उद्देश्य हैं?
- इसकी स्थापना कब, कैसे और किसके द्वारा हुई?
- इसकी सदस्यता के क्या नियम हैं?
- इसमें अनुशासन कैसे बनाए रखा जाता है?

इन प्रश्नों के बारे में जो जानकारी एकत्रित की जाती है, वह खोजात्मक शोध का ही एक रूप है।

खोजात्मक शोध का मुख्य उद्देश्य किसी घटना या समस्या के विभिन्न आयामों के बारे में थोड़ी-बहुत जानकारी एकत्रित करके विस्तृत शोध का मार्ग प्रशस्त करना है। इस जानकारी के अभाव में विस्तृत शोध में मार्ग से भटकने की संभावना रहती है। इस प्रकार

की गवेषणाओं को 'पूर्वगामी अध्ययन' (Pilot Study) भी कहा जाता है क्योंकि ये मुख्य अनुसंधान के पूर्व आयोजित की जाती हैं। इस प्रकार की गवेषणाओं के मुख्य लक्षण निम्नलिखित हैं:

(i) इनका आकार छोटा होता है।

(ii) इनमें बहुत छोटे प्रतिदर्श (Sample) का प्रयोग होता है।

(iii) अधिकांशतः इनकी प्रकृति गुणात्मक (Qualitative) होती है।

(iv) इनका मुख्य उद्देश्य शोध समस्या को स्पष्ट करना और उसके दायरे को परिभाषित करना होता है।

(v) खोजात्मक शोध में सामान्यतः असंरचित विधियों (अनियंत्रित अवलोकन और मुक्त प्रश्न-उत्तर तकनीक) का प्रयोग किया जाता है।

खोजात्मक शोध की कार्य प्रणाली

इस प्रकार की शोध में साधारणतः निम्न कार्य प्रणाली (Procedure) का प्रयोग किया जाता है:

(i) **साहित्य का सर्वेक्षण:** विषय से संबंधित उपलब्ध साहित्य का अनुशीलन।

(ii) **अनुभव सर्वेक्षण:** अपरिचित क्षेत्र के बारे में प्रारंभिक अनुभव प्राप्त करने के लिए विषय-विशेषज्ञों और अनुभवी व्यक्तियों से वार्तालाप।

(iii) **प्रेरणास्पद इकाइयों का विश्लेषण:** क्षेत्र के कुछ व्यक्तियों का वैयक्तिक अध्ययन (Case Study)।

वर्णनात्मक शोध (Descriptive Research)

कापालन ने लिखा है, "वैज्ञानिक क्रिया की वास्तविक शुरुआत घटनाओं के वर्णन से ही होती है और इसके बाद ही उनका समूहीकरण, वर्गीकरण तथा विश्लेषण किया जाता है।"

जब कोई गवेषणा किसी विद्यमान सामाजिक घटना/समस्या/व्यवहार/प्रक्रिया या किसी दशा (Condition) के मात्र विस्तृत वर्णन और यथार्थ चित्रण के उद्देश्य से की जाती है, तब ऐसी गवेषणा को वर्णनात्मक शोध कहा जाता है। किसी समुदाय या जनजाति का मुख्य निवास स्थान कहाँ हैं? उसका इतिहास क्या है? उनकी जनसंख्या की क्या विशेषताएं (लिंग, आयु और शिक्षा आदि) हैं, उनके परिवार और विवाह के क्या रूप हैं? उनके रीति-रिवाज, परम्पराएं, व्रत-त्योहार और जीवन-पथ के संस्कार (जन्म, परण एवं मरण) के क्या रूप हैं? उनकी वेशभूषा व गहने क्या हैं? उनका मुख्य व सहायक व्यवसाय और आय क्या है? जैसे प्रश्नों के उत्तर जुटाने के लिए की गई गवेषणाएं वर्णनात्मक शोध का ही रूप हैं। संक्षेप में, इस प्रकार की शोध अधिकांशतः घटना का विस्तृत विवरण देने के उद्देश्य से ही की जाती हैं।

यहाँ यह बताना प्रासंगिक होगा कि सामाजिक शोध की शुरुआत वर्णनात्मक प्रकार के सर्वेक्षणों से ही हुई है। अठारहवीं और उन्नीसवीं शताब्दी में इंग्लैण्ड और फ्रांस में किए गए गरीबी, बेरोजगारी और मजदूरों की दशाओं के अध्ययन इसी प्रकार के थे। भारत में सामाजिक शोध अध्ययनों की शुरुआत जनजातियों के मानवशास्त्री अध्ययनों (मुंडा, भील,

कोरवा, टोडा, खस, खासी आदि) और गांवों के अध्ययन से ही हुई है। इन सभी प्रारंभिक अध्ययनों की प्रकृति अधिकांशत: विवरणात्मक प्रकार की ही थी। इन अध्ययनों में घटनाओं की व्याख्या या उन्हें स्पष्ट करने का बहुत कम प्रयास किया गया था।

भारत में किसी गांव या जनजाति विशेष का अध्ययन करते समय शोधकर्ताओं ने गांव की भौगोलिक व ऐतिहासिक पृष्ठभूमि, उनकी राजनीतिक स्थिति, जाति, धर्म, लिंग, शिक्षा, व्यवसाय, आयु आदि के आधार पर जनसंख्या का वितरण, जनसंख्या में कालिक परिवर्तन, धर्म, रीति-रिवाज, व्यवसाय, पहनावा, परिवार और विवाह आदि का अलग-अलग अध्यायों में विस्तृत वर्णन किया है। ऐसे अध्ययनों में अधिकांशत: 'क्यों' की अपेक्षा 'क्या', 'कब', 'कैसे' और 'कितने' के प्रश्नों का ही उत्तर अधिक दिया गया है। कितने लोग सिगरेट पीते हैं, कितने लोग कैन्सर से ग्रसित हैं, कितने लोगों ने आत्महत्या की है, कितने लोग टीवी देखते हैं, कितने लोगों ने कांग्रेस, बीजेपी, साम्यवादी दल या अन्य दलों को वोट दिया है? आदि। इस प्रकार की गवेषणाओं में अधिकांशत: 'क्यों' के प्रश्न कम ही पूछे जाते हैं, अर्थात् लोग मादक दवाओं का सेवन क्यों करते हैं, लोग आत्महत्या क्यों करते हैं, कैन्सर क्यों उत्पन्न होता है, या कैन्सर और धूम्रपान करने के बीच क्या संबंध है, आदि।

व्याख्यात्मक या कारणात्मक शोध (Explanatory or Causal Research)

व्याख्यात्मक शोध का प्रमुख उद्देश्य 'क्यों' के प्रश्न का उत्तर खोजना, अर्थात् किसी घटना के कारणों की व्याख्या और विश्लेषण करना होता है, जैसे

- प्रजातिवाद के क्या कारण हैं?
- सामाजिक आंदोलन क्यों उत्पन्न होते हैं?

इसके अलावा, व्याख्यात्मक शोध किसी प्राक्कल्पना (Hypothesis) के परीक्षण के लिए भी की जाती है, जैसे

प्राक्कल्पना 1: मांसाहारी व्यक्तियों में शाकाहारी व्यक्तियों की अपेक्षा हिंसा की प्रवृत्ति अधिक होती है।

प्राक्कल्पना 2: टूटे हुए परिवारों के बालकों में सुगठित परिवारों के बालकों की अपेक्षा मादक द्रव्यों के सेवन (बीड़ी-सिगरेट का सेवन या जर्दा खाना आदि) करने की प्रवृति अधिक होती है।

व्याख्यात्मक शोध के लिए कभी-कभी प्रयोगात्मक शोध (Experimental Research) का प्रयोग भी किया जाता है। ये प्रयोग किसी प्रयोगशाला अथवा किसी क्षेत्र विशेष में किए जा सकते हैं। प्रयोगात्मक शोध का मुख्य उद्देश्य घटनाओं का स्पष्टीकरण करना होता है। स्पष्टीकरण किसी घटना के वर्णन को विश्वसनीयता प्रदान करता है।

गवेषणात्मक और व्याख्यात्मक शोध में अन्तर (Difference between Descriptive and Explanatory Research)

गवेषणात्मक और व्याख्यात्मक शोध के अन्तर को एक उदाहरण द्वारा समझाया जा सकता है। जब कोई मरीज किसी डॉक्टर के पास अपने इलाज के लिए पहुँचता है, तब डॉक्टर

इलाज की शुरुआत करने के पूर्व मरीज से कई प्रकार के प्रश्न (बुखार का समय व मात्रा, पेशाब, मल, खांसी, जुकाम तथा परिवार आदि के बारे में) पूछता है, कई यंत्रों से उसकी जांच करता है, बीमारी की पुरानी रिपोर्टों को देखता है, उसकी ये सभी क्रियाएं तथ्यान्वेषी प्रकृति की होती हैं, एक प्रकार से मरीज के बारे में समस्त जानकारी जुटाना। इसे हम मरीज का गवेषणात्मक अध्ययन कह सकते हैं। यह समस्या की खोज या प्राक्कल्पना की रचना की अवस्था होती है।

उपरोक्त जानकारी के आधार पर डॉक्टर बीमारी के बारे में एक अनुमान (प्राक्कल्पना) की रचना करता है कि मरीज को अमुक बीमारी हो सकती है। इसके बाद दूसरे स्तर पर वह वृहत जांचें करता है, इसके लिए वह नवीनतम मशीनों और तकनीकों का प्रयोग करता है और विभिन्न दवाएं देता है। जांच का यह दूसरा स्तर समस्या निदान या प्राक्कल्पना परीक्षण का होता है। इसे ही व्याख्यात्मक शोध का नाम दिया गया है।

पद्धतिशास्त्रीय उपागम (Methodological Approaches)

सामाजिक विज्ञानों की अध्ययन की विषय-वस्तु स्वयं मानव और उसका समाज है। यह प्राकृतिक विज्ञानों की अध्ययन की विषय-वस्तु से न केवल भिन्न है, अपितु दोनों की प्रकृति में भारी अन्तर है। अतः सामाजिक विज्ञानों में वैज्ञानिक विधियों के अलावा ऐसी विधियों का प्रयोग भी किया जाता है, जो मानव के सामाजिक जीवन की गहराई (मानव के मंतव्यों, विश्वासों, विचारों और भावनाओं) में पैठने में सहायक हो सकें। अतः इन विधियों को मोटे रूप में दो भागों में विभाजित किया जा सकता है:

1. अनौपचारिक अन्तर्दर्शी (वर्स्टहेन) पद्धति
2. औपचारिक वैज्ञानिक पद्धति

अनौपचारिक अन्तर्दर्शी 'वर्स्टहेन' पद्धति (Informal Introspective 'Versthen' Method)

'वर्स्टहेन' एक जर्मन शब्द है, जिसका प्रयोग अंग्रेजी के अन्डरस्टैंडिग (Understanding) के समानार्थक शब्द के रूप में किया गया है। हिन्दी में इसके लिए निर्वचनात्मक बोध, समझ और अन्तर्दृष्टि शब्दों का प्रयोग हुआ है। सामान्य अर्थों में, वर्स्टहेन से तात्पर्य व्यक्ति की सामाजिक क्रियाओं के पीछे छुपे हुए अर्थ और मन्तव्य को समझने से है। सामाजिक जगत को प्राकृतिक या भौतिक जगत की भांति केवल बाह्य रूप में देख-परख कर ठीक प्रकार से नहीं समझा जा सकता है। दोनों जगतों की अपनी भिन्न प्रकृति है। भौतिक या प्राकृतिक वस्तुओं या घटनाओं के पीछे कोई उद्देश्य या प्रयोजन नहीं होता, जबकि सामाजिक क्रियाएं और व्यवहार किसी उद्देश्य विशेष से संचालित होते हैं, उनके कुछ अर्थ होते हैं। ये उद्देश्य और अर्थ प्रकट और स्पष्ट नहीं होते, जिन्हें बाह्य रूप में देखा-परखा जा सके। इन्हें समझे बिना मानव व्यवहार को समझना कठिन है। इन्हें समझने के लिए ही कुछ समाज वैज्ञानिकों, जिनमें डिल्थे और मैक्स वेबर प्रमुख हैं, ने वर्स्टहेन पद्धति के प्रयोग द्वारा मानव के सामाजिक व्यवहार को समझने का सुझाव दिया है। उन्होंने स्पष्ट शब्दों में कहा है कि समाज वैज्ञानिकों को प्राकृतिक विज्ञानों से भिन्न उपागमों और शोध विधियों

का प्रयोग करना चाहिए। प्राकृतिक (भौतिक) विज्ञानों में औपचारिक वैज्ञानिक पद्धति के प्रयोग का चलन है, किन्तु सामाजिक विज्ञानों में इस पद्धति का प्रयोग यथावत नहीं किया जा सकता। इस पद्धति (औपचारिक वैज्ञानिक पद्धति) के प्रयोग द्वारा सामाजिक व्यवहार के अर्थ और मन्तव्य की गहराई तक नहीं पहुँचा जा सकता।

एक समाज वैज्ञानिक को सामाजिक घटनाओं का अध्ययन करते समय मानवीय व्यवहार के ऐतिहासिक आयाम तथा मानवीय अनुभव के व्यक्तिनिष्ठ पहलुओं को भी ध्यान में रखना होता है। प्राकृतिक वैज्ञानिक के विपरीत एक समाज वैज्ञानिक को अपनी विषय-वस्तु के आन्तरिक चरित्र को भी जानना आवश्यक है। इसके लिए उसे घटना के अन्दर झांकना पड़ता है, और इसके लिये उसे एक विशेष प्रकार की अन्तर्दृष्टि विकसित करनी पड़ती है, तभी वह घटना के आंतरिक चरित्र को जान सकता है। इसीलिए समाजशास्त्र की अपनी परिभाषा में भी वेबर ने 'सामाजिक क्रियाओं के अर्थपूर्ण बोध' पर बल दिया है।

औपचारिक वैज्ञानिक पद्धति (Formal Scientific Method)

सामान्यत: हमारी इन्द्रियों (नाक, कान, आंख, स्पर्श और जिह्वा) पर आधारित ज्ञान प्राप्ति की व्यवस्थित विधियों को 'वैज्ञानिक पद्धति' का नाम दिया गया है। इन इन्द्रियों से परे जो ज्ञान प्राप्त किया जाता है, वह 'विज्ञान' की श्रेणी में नहीं आता है। वैज्ञानिक विधि को 'औपचारिक' इसलिए कहा गया है, क्योंकि इसमें ज्ञान प्राप्ति का एक निश्चित और व्यवस्थित तौर-तरीका है, जिसे अपनाकर कोई भी व्यक्ति ऐसा ज्ञान प्राप्त कर सकता है, जो विश्वसनीय और प्रामाणिक होने के साथ-साथ जिसका पुनर्परीक्षण कर उसकी सत्यता की जांच की जा सकती है। सत्रहवीं-अठारहवीं शताब्दी के पूर्व तक सामाजिक व्यवहार के अध्ययन में इसका प्रयोग कठिनत: ही होता था। समाजशास्त्र में **अगस्त कोम्त** (1838) ही पहले व्यक्ति थे जिन्होंने इन्द्रियानुभव (Sensory Experience) पर आधारित ज्ञान को प्राप्त करने की बात कही। उनके इस विचार को 'प्रत्यक्षवाद' (Positivism) कहा गया, जो बाद में 'वैज्ञानिक विधि' के नाम से जाना गया।

समाजशास्त्र सहित सभी सामाजिक विज्ञानों में कई वैज्ञानिक विधियों एवं तकनीकों का प्रयोग किया जाता है, जिनमें प्रमुखत: निम्न विधियों को सम्मिलित किया गया है:

1. प्रेक्षणात्मक शोध (Observational Research)
2. सर्वेक्षण शोध (Survey Research)
3. वैयक्तिक अध्ययन शोध (Case Study Research)
4. प्रायोगिक शोध (Experimental Research)
5. ऐतिहासिक दस्तावेजी शोध (Historical Documentary Research)

उपरोक्त शोध प्रकारों के अतिरिक्त भी कई अन्य विधियों से सामाजिक व्यवहार और सामाजिक जीवन का अध्ययन किया जाता है। हम उपरोक्त शोध विधियों का यहाँ अति संक्षेप में परिचय मात्र देंगे। इनका विस्तृत वर्णन आगे अलग-अलग अध्यायों में किया गया है।

अवलोकनात्मक/प्रेक्षणात्मक शोध (Observational Research)

अवलोकन/प्रेक्षण वैज्ञानिक विधि की एक मूलभूत तकनीक है। इसका प्रयोग सभी विज्ञानों (भौतिक एवं सामाजिक) में अध्ययन की सामग्री को एकत्रित करने के लिए किसी न किसी रूप में किया जाता है। यदि हम यह कहें कि विज्ञान का प्रारंभ ही घटनाओं के अवलोकन या प्रेक्षण से हुआ तो अतिशयोक्ति नहीं होगी। इस संबंध में प्रसिद्ध वैज्ञानिक न्यूटन का उदाहरण हमारे सामने है, जिसने पेड़ से नीचे गिरते हुए सेव के प्रेक्षण के आधार पर ही 'गुरुत्वाकर्षण शक्ति' के नियम का प्रतिपादन किया। किन्तु वैज्ञानिक प्रेक्षण सामान्य रूप में इधर-उधर देखने या निहारने से अलग है। जब प्रेक्षण को वैज्ञानिक शोध की एक विधि के रूप में प्रयोग किया जाता है तब इसका तात्पर्य किसी घटना, व्यक्ति या वस्तु के बाह्य रूप-रंग या व्यवहार को आंखों द्वारा मात्र देखा ही नहीं जाता है, अपितु बहुत सतर्कतापूर्वक उसकी जांच-पड़ताल कर उसका निर्वचन (Interpretation) भी किया जाता है। प्रेक्षण की शुरुआत करने के पूर्व एक वैज्ञानिक प्रेक्षक घटना को देखने का अपना लक्ष्य निश्चित करता है कि वह किस उद्देश्य से व्यक्ति के व्यवहार या किसी घटना को देख रहा है। यह लक्ष्य इधर-उधर की अप्रासंगिक बातों के प्रेक्षण से बचाव करता है। अतः वैज्ञानिक प्रेक्षण में घटना, वस्तु या व्यक्ति को भौतिक रूप से 'देखने' (Viewing) तथा मानसिक रूप से उसके बारे में 'अनुभव (महसूस) करने' (Perceiving) दोनों क्रियाएं सम्मिलित होती हैं, जब कि रोजमर्रा का हमारा सामान्य रूप से देखना संयोगिक, अव्यवस्थित और लक्ष्यहीन होता है।

वैज्ञानिक अवलोकन (प्रेक्षण) चयनित, नियोजित, सटीक, निश्चित और अत्यधिक अर्थपूर्ण होता है। यह प्रशिक्षित प्रेक्षकों द्वारा किया जाता है, जो प्रेक्षण की कला में निपुण होते हैं। यही नहीं जहाँ कहीं संभव होता है, नियंत्रित दशाओं के अतिरिक्त सटीक प्रेक्षण की तकनीकों एवं उपकरणों का भी प्रयोग किया जाता है। सामाजिक विज्ञानों में मोटे रूप से सहभागिक, असहभागिक, नियंत्रित और अनियंत्रित प्रेक्षण तकनीकों का प्रयोग किया जाता है। इन तकनीकों और उपकरणों का विस्तृत वर्णन आगे प्रेक्षण अध्याय में किया गया है।

सर्वेक्षण शोध (Survey Research)

यह सामाजिक शोध की एक बहुप्रचलित विधि है। समाजशास्त्र सहित सभी सामाजिक विज्ञानों- अर्थशास्त्र, राजनीतिशास्त्र और मनोविज्ञान में इसका प्रयोग किया जाता है। वास्तव में, सामाजिक शोध की शुरुआत ही सर्वेक्षण शोध से हुई है। ब्रिटेन में, जहाँ सर्वप्रथम औद्योगीकरण और नगरीकरण हुआ, इन प्रक्रियाओं के फलस्वरूप उत्पन्न समस्याओं - गरीबी, बेरोजगारी, अपराध, आत्महत्या, वेश्यावृति और गंदी बस्तियों (Slums) के अभावों-प्रभावों को जानने में इस विधि का प्रयोग किया गया, ताकि इन समस्याओं का समाधान किया जा सके। आजकल इस विधि का प्रयोग किसी भी समस्या या मुद्दे के बारे में लोगों के विचार या दृष्टिकोण झटपट जानने या उसका हल खोजने में किया जाता है। इसका दायरा अब सामाजिक मुद्दों तक ही सीमित नहीं है, अपितु इस विधि का प्रयोग बाजार अनुसंधान (कौन सा उत्पाद ज्यादा बिक रहा है और क्यों, आने वाले समय में किस उत्पाद

की क्या संभावनाएं हैं, आदि), जनमत संग्रह, मतदान व्यवहार, स्वास्थ्य, शिक्षा, चिकित्सा जैसे अनेक क्षेत्रों में किया जा रहा है। विधानसभा और संसद के चुनावों के समय प्रत्याशियों की जीत की संभावनाओं को लेकर आजकल कई स्वतंत्र संस्थाएं, जैसे 'टूडे चाणक्य' और 'नेलसन एक्जिट पोल' चुनाव सर्वेक्षण (Poll Surveys) का आयोजन करती हैं।

'सर्वेक्षण' शोध की एक ऐसी नियोजित विधि है जिसके द्वारा किसी क्षेत्र विशेष के व्यक्तियों की किसी समस्या, मुद्दे या विषय पर प्रत्यक्ष या अप्रत्यक्ष प्रश्न-उत्तर तकनीक द्वारा राय जानी जाती है। सामाजिक सर्वेक्षण सामान्यत: किसी विद्यमान मुद्दे (Issue) या घटना के बारे में विस्तृत ब्यौरा (अधिकांशत: संख्यात्मक रूप में) एकत्रित करने या किसी प्रचलित दशा या परिपाटी के औचित्य को सिद्ध करने या किसी समस्या का समाधान या निदान ढूंढ़ने के उद्देश्य से आयोजित किए जाते हैं। मोटे रूप में, एक सर्वेक्षण का उद्देश्य कुछ भी हो सकता है। यह विधि प्राकृतिक विज्ञानों की प्रयोगशालाई विधि से भिन्न है, जिसमें किसी परिमित क्षेत्र या किसी प्रयोगशाला में तथ्यों की जांच-परख कर परिणाम निकाले जाते हैं। इसका प्रयोग विवरणात्मक (Descriptive) और व्याख्यात्मक (Explanatory) दोनों प्रकार की शोध में किया जा सकता है। सामाजिक विज्ञानों में परिमाणात्मक तथ्य (Quantitative Facts) या तथ्यात्मक आंकड़े (Factual Data) एकत्रित करने की यह एक प्रमुख विधि है। किसी समुदाय के कितने लोग बेरोजगार हैं, गरीब हैं, कैन्सर से ग्रसित हैं, शिक्षित हैं या कितने लोग दहेज, निरस्त्रीकरण, समलैंगिक विवाह, सहजीवन संबंध (Live-in Relationship) जैसे मुद्दों के पक्ष या विपक्ष में हैं, जैसे विषयों के बारे में संख्यात्मक आंकड़े एकत्रित करने की यह सर्वोत्तम विधि है।

सामान्यत: इसमें लिखित या मौखिक प्रश्नोत्तर तकनीक (साक्षात्कार या प्रश्नावली) का प्रयोग किया जाता है, किन्तु कभी-कभी इसमें प्रेक्षण विधि (Observation) का प्रयोग भी करते देखा गया है।

प्रकरण (वैयक्तिक) अध्ययन शोध (Case Study Research)

किसी घटना, स्थिति व्यक्ति, समूह, संगठन या समुदाय का सर्वांगीण एवं ब्योरेवार गहन अध्ययन एकल या वैयक्तिक अध्ययन कहलाता है। इस विधि के द्वारा कोई एक परिवार, एक गुट, एक संघ, एक धार्मिक सामाजिक आंदोलन, एक दंगा, एक दुर्घटना या इसी प्रकार की किसी अन्य घटना का गहन अध्ययन किया जा सकता है। गहन अध्ययन से तात्पर्य घटना के सभी पहलुओं के सूक्ष्म अध्ययन से है। यह विधि सर्वेक्षण शोध से भिन्न है, क्योंकि इसमें तथ्यों का सामान्यत: संख्यात्मक विश्लेषण नहीं किया जाता। इसका अध्ययन क्षेत्र भी सर्वेक्षण क्षेत्र की अपेक्षा छोटा होता है। जब घटनाओं की प्रकृति गुणात्मक (Qualitative) होती है, तब एकल अध्ययन शोध का ही प्रयोग श्रेयष्कर होता है। इस विधि में किसी समुदाय अथवा गांव को एक इकाई मानकर उसका अध्ययन ऐतिहासिक, आर्थिक, सामाजिक, धार्मिक, राजनीतिक आदि सभी दृष्टिकोणों से किया जाता है, ताकि उस इकाई की एकात्मकता बनी रहे। ध्यान रहे, वैयक्तिक अध्ययन शोध में चक्षु आधारित

'अवलोकन विधि' और जिह्वा एवं कर्ण आधारित 'साक्षात्कार विधि' दोनों का प्रयोग किया जा सकता है।

सामाजिक मानवशास्त्र में हुए प्रारंभिक नृजातीय (जनजातीय) अध्ययनों की प्रकृति एकल शोध अध्ययनों के ही प्रकार की थी। बाद में, इस विधि का प्रयोग गांवों के अध्ययन में भी प्रचुर मात्रा में किया गया। इस विधि का मनोविज्ञान और मनोचिकित्सा के क्षेत्र में बहुत प्रयोग हुआ है। व्यक्ति की मानसिक प्रक्रियाओं, आंतरिक संवेगों, तनावों एवं प्रेरणाओं के अध्ययन में इस विधि ने महत्वपूर्ण योगदान किया है। अपराधशास्त्र के क्षेत्र में इस विधि के प्रयोग ने अपराध तथा अपराधी के बारे में कई कार्यकारी प्राक्कल्पनाओं को जन्म दिया है। इस विधि का सर्वाधिक महत्व किसी घटना के बारे में नई अन्तर्दृष्टि और प्राक्कल्पना को जन्म देना है, जिसकी जांच अन्य विधियों से की जा सकती है। समाजशास्त्र के क्षेत्र में इस विधि का एक प्रतिष्ठित उदाहरण **थॉमस और नैनकी** द्वारा पॉलैण्ड के किसानों का एक अध्ययन 'पॉलिश पीजेंट इन यूरोप एण्ड अमेरिका' (1923) है।

प्रयोगात्मक शोध (Experimental Research)

सामाजिक जगत के बारे में तथ्य (सूचना) एकत्रित करने के लिए जिस अत्यंत विश्वसनीय शास्त्रीय (Classical) वैज्ञानिक विधि का प्रयोग किया जाता है और जिसके द्वारा अत्यंत सतर्कतापूर्ण नियंत्रित दशाओं में कारणात्मक संबंधों (कारण-प्रभाव) की जाँच-परख की जाती है, वह प्रयोगात्मक शोध विधि के नाम से जानी जाती है।

कारणात्मक संबंध से तात्पर्य ऐसे दो चरों/परिवर्त्यों (Variables) के बीच विद्यमान संबंध से है, जिसमें एक स्वतंत्र चर (Independent Variable) होता है जिसे हम X चर कह सकते हैं और दूसरा चर आश्रित चर (Dependent Variable) कहलाता है, जिसे हम Y चर कहते हैं। इसे हम आश्रित चर इसलिए कहते हैं, क्योंकि इसका निर्धारण स्वतंत्र चर X से होना माना जाता है। (चर/परिवर्त्य से तात्पर्य किसी घटना/वस्तु की विशेषता अथवा घटित होने से है) इस प्रकार की शोध में किसी घटना को प्रभावित करने वाले अनेकों कारकों में से कुछ कारकों को नियंत्रित करके घटना पर उनके प्रभाव को जानने का प्रयास किया जाता है। एक आदर्श प्रयोग में, सभी प्रासंगिक कारकों को नियंत्रित किया जाना और सांख्यिकीय अथवा स्वयं समाज/समुदाय को चालित करना, अर्थात् एक चर के प्रभावों की जांच करना संभव होता है।

प्रयोगात्मक शोध दो प्रकार की होती हैं: क्षेत्रीय प्रयोग (Field Experiment) और प्रयोगशालाई प्रयोग (Laboratory Experiment)। क्षेत्रीय प्रयोग में प्रयोगात्मक समूह की नियंत्रित समूह से तुलना की जाती है। उदाहरणार्थ, क्षेत्रीय प्रयोग किसी एक उद्योग में किया जा सकता है। उत्पादकता पर कई सुविधाओं, (कारकों), जैसे, वेतन-वृद्धि, लाभ में हिस्सा, आवास, ऋण, शिक्षा एवं मनोरंजन आदि सुविधाएं देने का क्या प्रभाव पड़ता है, इसे जानने के लिए किसी कारखाने में श्रमिकों को उपरोक्त सुविधाएं देकर एक अध्ययन किया जा सकता है। प्रयोगशालाई प्रयोग में, शोधकर्ता एक ऐसी स्थिति की रचना करता है जिसमें वे सभी दशाएं ठीक उसी रूप में उपस्थित होती हैं, जैसी वह चाहता है और उनमें

से वह कुछ दशाओं (चरों) को नियंत्रित करता और कुछ दशाओं (चरों) में हेरफेर करता है। तत्पश्चात् वह स्वतंत्र चरों के हेर-फेर (Manipulation) का आश्रित चरों पर पड़ने वाले प्रभावों का एक ऐसी स्थिति में अवलोकन और माप करता है, जिसमें अन्य प्रासंगिक कारकों का परिचालन न्यूनतम मात्रा में होता हो।

प्रयोग की तकनीक का उपयोग करते समय ऐसे दो समूहों का चुनाव किया जाता है, जिनमें समान विशेषताएं पाई जाती हैं। इसमें से एक समूह को प्रयोगात्मक समूह (Experimental Group) और दूसरे को नियंत्रित समूह (Controlled Group) माना जाता है। प्रयोगात्मक समूह में एक स्वतंत्र चर (प्रयोगात्मक प्रेरक) का प्रयोग किया जाता है और चर के प्रभाव की जांच की जाती है। द्वितीय नियंत्रित समूह, जो प्रयोगात्मक समूह से हर रूप में समान होता है, किन्तु इसमें स्वतंत्र चर का प्रयोग नहीं किया जाता। शोधकर्ता कुछ निश्चित समय के पश्चात दोनों समूह का मिलान कर यह मालूम करता है कि दोनों समूह में क्या परिवर्तन आया। 'प्रयोगात्मक प्रेरक' के बाद यदि प्रायोगिक समूह में कोई परिवर्तन देखा जाता है, तो उसे प्रयोगात्मक प्रेरक (Experimental Stimulus) अर्थात् स्वतंत्र चर का प्रभाव माना जाता है।

बहुधा प्रयोग प्रयोगशाला के परिवेश में ही किए जाते हैं, जहाँ प्राकृतिक या क्षेत्रीय परिवेश की अपेक्षा दशाओं को नियंत्रित किया जाना सरल होता है। सामाजिक विज्ञानों में प्रयोगशालाई विधि का प्रयोग बहुधा मनोवैज्ञानिक शोध में ही किया गया है। समाजशास्त्र में इस प्रकार की शोध बहुत कम हुई हैं, क्योंकि कृत्रिम प्रयोगशालाई स्थितियों की रचना करना, जैसा कि हम प्राकृतिक विज्ञानों में देखते हैं, अत्यंत कठिन है। अतः समाजशास्त्र तथा अन्य सामाजिक विज्ञानों में घटनाओं को उनके प्राकृतिक परिवेश (Natural Settings) में ही अध्ययन करने पर बल दिया जाता है। समाजशास्त्र के क्षेत्र में एक सर्वाधिक चर्चित प्रयोग, जिसका बहुधा उदाहरण दिया जाता है, वह **एल्टन मेयो** द्वारा वैस्टर्न इलेक्ट्रिक कम्पनी (1939) में किया गया अध्ययन है जो 'हॉर्थोन प्रयोग' के नाम से जाना जाता है।

प्रयोगात्मक शोध में लगभग वे सभी गुण पाए जाते हैं, जो एक वैज्ञानिक पद्धति की विशेषताएं हैं। इसीलिए इसे विज्ञान की एक आदर्श विधि माना जाता है। प्राकृतिक विज्ञानों में हुई आश्चर्यजनक प्रगति में प्रयोगात्मक शोध का भारी योगदान है। इस प्रगति से प्रभावित होकर ही समाज वैज्ञानिकों ने इसका प्रयोग सामाजिक घटनाओं के अध्ययन में किया है। इस प्रकार की शोध से प्राप्त निष्कर्ष अधिक प्रामाणिक एवं विश्वसनीय होते हैं।

उपरोक्त वर्णित औपचारिक (वर्स्टहेन विधि) और अनौपचारिक (वैज्ञानिक विधि) दोनों उपागमों के अपने-अपने अनुसरणकर्ता और पक्षकार हैं। इनमें से कुछ अतिवादी लोग अपनी पद्धति को ही एक मात्र 'अच्छी' पद्धति मानते हैं और दूसरी पद्धति की उन्होंने घोर आलोचना और उपेक्षा की है। किन्तु, आजकल कई सामाजिक वैज्ञानिक यह मानने लगे हैं कि गवेषणा के इन दोनों उपागमों, विधाओं से ही हम सामाजिक जीवन को ठीक प्रकार से समझ सकते हैं। ऐसे लोग इन दोनों उपागमों के संतुलित एवं विवेकपूर्ण प्रयोग की आवश्यकता पर बल देते हैं।

मानवीय अन्तर्क्रिया के प्रतिमानों एवं संबंधों की बाह्य विशेषताओं को जहाँ वैज्ञानिक (आनुभविक) पद्धति से अच्छी तरह से जाना-समझा जा सकता है, वहीं इन संबंधों और सामाजिक प्रक्रियाओं के अन्तर्हित अर्थ को समझने के लिए अन्तर्दर्शी वर्स्टहेन विधि अत्यधिक उपयोगी सिद्ध हो सकती है। अतः नवीन ज्ञान के विकास तथा वैज्ञानिक प्रगति के लिए दोनों ही पद्धतिशास्त्रीय उपागमों (औपचारिक और अनौपचारिक) का उपयोग आवश्यक है।

ऐतिहासिक शोध (Historical Research)

भूतकाल के तथ्यों के आधार पर वर्तमान को समझने की विधि ऐतिहासिक शोध कहलाती है। **कोम्त** (Comte) के अनुसार, ऐतिहासिक विधि से तात्पर्य 'सामाजिक घटनाक्रम के विकास' का अमूर्त वर्णन करने से है। इसमें किसी घटना की ऐतिहासिक पृष्ठभूमि की जानकारी एकत्रित की जाती है। ऐतिहासिक शोध इस मान्यता पर आधारित है कि घटना का वर्तमान स्वरूप अतीत की सामाजिक शक्तियों और प्रभावों का प्रतिफल है, अतः उसके अतीत को जाने बिना वर्तमान को नहीं समझा जा सकता। प्रारंभिक समाज वैज्ञानिकों (मानवशास्त्रियों, राजनीति वैज्ञानिकों आदि) ने सामाजिक संस्थाओं (विवाह, परिवार, जाति, राज्य आदि) और सभ्यताओं के उद्‌गम, विकास और परिवर्तन को जानने में इस विधि का प्रचुर मात्रा में प्रयोग किया है। यह उस समय विकासवादी या जिनेटिक विधि (Genetic Method) के नाम से जानी जाती थी।

यहाँ इस बात पर ध्यान दिया जाना आवश्यक है कि समाजशास्त्र सहित सामाजिक विज्ञानों में जिस ऐतिहासिक विधि का प्रयोग किया जाता है, वह इतिहासकारों की ऐतिहासिक पद्धति से भिन्न है। इतिहासकार किसी घटना का इतिवृतिनुसार (Chronicle) अर्थात् मात्र कालक्रमानुसार वर्णन करते हैं, अर्थात् अमुक घटना किस दिन, महीने और वर्ष में घटित हुई थी। इसे इतिहास लेखन (Historiography) कहते हैं। इसमें तथ्य संकलन के लिए ऐतिहासिक दस्तावेजों, शिलालेखों और पुरातात्विक स्रोतों का प्रयोग किया जाता है। कभी-कभी उन व्यक्तियों से साक्षात्कार भी किया जाता है, जो ऐतिहासिक घटनाओं के दर्शक रहे हैं।

अनुभववाद के उदय के साथ ऐतिहासिक अध्ययनों का महत्व यद्यपि घटता जा रहा है, तथापि सामाजिक घटनाओं के ऐतिहासिक परिप्रेक्ष्य में देखने की प्रवृत्ति आज भी सामाजिक शोध में न्यूनाधिक मात्रा में विद्यमान है। समाज की गतिशीलता तथा सामाजिक परिवर्तन की प्रक्रिया को समझने के लिए ऐतिहासिक शोध का अपना एक विशिष्ट स्थान है जिसकी अवहेलना नहीं की जा सकती।

दस्तावेज़ी शोध (Documentary Research)

सामाजिक अनुसंधान में तथ्यों के संकलन के लिए प्रमुखतः दो प्रमुख स्रोतों का प्रयोग किया जाता है। ये स्रोत हैं: कागज (Paper) और लोग/जनसमुदाय (People)। एक सामाजिक वैज्ञानिक के लिए कागज, अर्थात् दस्तावेज़ तथ्यों का एक महत्वपूर्ण स्रोत होता है। ऐसी गवेषणाएं, जिसमें व्यक्ति/लोग उपलब्ध नहीं होते, उनमें दस्तावेज़ों का प्रयोग ही

अपरिहार्य होता है। प्रथम या द्वितीय युद्ध संबंधी घटनाओं के बारे में तथ्य जुटाने के लिए दस्तावेज़ ही एकमात्र साधन हो सकते हैं, क्योंकि उक्त घटनाओं के चश्मदीद गवाहों को अब ढूंढ़ पाना अत्यंत कठिन है।

दस्तावेज़ी शोध क्षेत्र-सर्वेक्षणों और सहभागी प्रेक्षण अध्ययनों से बहुधा कम खर्चीले और कम ऊर्जा व समय का अपव्यय करने वाले होते हैं। दस्तावेज़ी स्रोत में मुख्यतः ऐतिहासिक अभिलेखों (Records), डायरियां, जीवनियां, जीवनवृत, पत्र, जनगणना के आंकड़ों, सांख्यिकीय अभिलेखों, शोध प्रतिवेदनों (Reports) आदि का प्रयोग किया जाता है। इन स्रोतों को बहुधा प्राथमिक और द्वितीयक स्रोतों में विभाजित किया जाता है।

अन्तर्वस्तु विश्लेषण शोध (Content Analysis Research)

सामाजिक व्यवहार को समझने के लिए सामाजिक विज्ञानों में चक्षु आधारित प्रेक्षणात्मक (Observational) तथा शाब्दिक (Verbal) स्रोतों के अतिरिक्त लिखित स्रोतों से प्राप्त सामग्री का भी प्रयोग किया जाता है। लिखित स्रोतों से प्राप्त सामग्री के वैज्ञानिक विश्लेषण की जिस विधि का प्रयोग किया जाता है, उसे अन्तर्वस्तु विश्लेषण विधि कहते हैं। **बरनार्ड बरर्लसन** के अनुसार, "अन्तर्वस्तु विश्लेषण शोध की एक ऐसी प्रविधि है जिसके द्वारा संदेश की प्रकट विषय-वस्तु का वस्तुनिष्ठ, व्यवस्थित और परिमाणात्मक वर्णन-विश्लेषण किया जाता है।" यहाँ 'संदेश' (Communication) का तात्पर्य उपलब्ध लिखित सामग्री या मुद्रित संचार साधनों (प्रिंट मीडिया) से है और 'प्रकट' (Manifest) शब्द का तात्पर्य बाह्य अर्थ से है, जो उक्त संदेश का लगाया जाता है।

इस विधि का विकास गत कुछ दताब्दियों में संचार के विभिन्न साधनों, जैसे समाचार पत्र, पत्रिकाओं, रेडियो और टीवी कार्यक्रमों आदि से प्रसारित सामग्री के वस्तुनिष्ठ (Objective) विश्लेषण के रूप में हुआ है। आजकल इस विधि का प्रयोग कई क्षेत्रों - प्राथमिक स्रोतों जैसे साक्षात्कारों, प्रश्नावलियों, अनुसूचियों तथा भाषागत अन्य लिखित एवं मौलिक अभिव्यक्तियों के अतिरिक्त द्वितीयक स्रोतों जैसे पत्रों, डायरियों, जीवनियों आदि से प्राप्त सामग्री के वैज्ञानिक विश्लेषण में किया जाता है। लिखित संदेश की सामग्री के वैज्ञानिक विश्लेषण द्वारा समूहों और व्यक्तियों के मनोभावों, विचारों, धारणाओं, मूल्यों, प्रेरणाओं और व्यवहारों को जानने की यह एक अप्रत्यक्ष विधि है। इस विधि की यह प्रमुख विशेषता है कि इसके द्वारा गुणात्मक, अमूर्त एवं भावात्मक तथ्य-सामग्री को परिमाणात्मक रूप देने का यत्न किया जाता है।

गुणात्मक शोध (Qualitative Research)

जब शोध का उद्देश्य किसी घटना, व्यवहार, समूह, समुदाय, व्यक्ति आदि की वास्तविकताओं का यथावत वर्णन करना मात्र होता है और उसके बारे में कोई संख्यात्मक जानकारी एकत्रित नहीं की जाती है, तब इस प्रकार की गवेषणा गुणात्मक शोध कहलाती है। किसी समुदाय के व्यक्ति क्या खाते-पीते हैं, उनके स्त्री-पुरुष, बालक-बालिकाओं की क्या पोशाक और गहने है, वे किस धर्म का पालन करते हैं, उनके सामाजिक और धार्मिक क्या रीति-रिवाज, व्रत, पर्व, त्योहार, मेले और खेल आदि हैं, उनके जीवन-पथ के क्या

संस्कार (जन्म, विवाह, मृत्यु आदि) हैं, इन्हें वे कैसे सम्पादित करते हैं, उनके भरण-पोषण के क्या साधन हैं, उनके रहवास की क्या स्थिति है, उनकी क्या आदतें हैं, आदि विषयों का मात्र सहज वर्णन करना गुणात्मक शोध को प्रकट करता है।

गुणात्मक विधियों का प्रयोग ऐसी दशाओं या प्रक्रियाओं के अध्ययन के लिए किया जाता है, जिन्हें माप कर संख्याओं में प्रदर्शित करना कठिन होता है, जैसे आत्म-धारणा (Self-Image) व आचरण और कुछ व्यक्तित्व के आंतरिक गुण जैसे दयालुता, भद्रता, सौन्दर्य आदि। ये ऐसी घटनाएं हैं, जिन्हें संख्या में प्रदर्शित करना या उनकी मात्रा या परिमाण बताना कठिन होता है। ऐसी घटनाओं के गुण-धर्म (विशेषताओं) का वर्णन-विश्लेषण ही किया जा सकता है।

गुणात्मक शोध की तथ्य-सामग्री के संकलन हेतु बहुधा प्रत्यक्ष अवलोकन, सहभागिक अवलोकन, गहन साक्षात्कार, वैयक्तिक अध्ययन तथा दस्तावेजी अध्ययन विधियों का प्रयोग किया जाता है। इस प्रकार का अध्ययन मानवीय व्यवहार, क्रियाओं, दशाओं और अनुभवों को समझने में सहायता करता है।

परिमाणात्मक शोध (Quantitative Research)

ऐसी गवेषणाएं जिनमें सांख्यिक (Statistical) विश्लेषण और मापन (Measurment) का प्रयोग किया जाता है, परिमाणात्मक शोध कहलाती हैं। इस प्रकार की शोध ऐसे चरों (Variables) की माप करने के उद्देश्य से की जाती है, जिन्हें संख्या (Numbers) में प्रदर्शित किया जा सकता है, जैसे आयु, आय, अपराध दर, धूम्रपान करने वालों की संख्या आदि। ऐसी गवेषणाओं में अधिकांशतः सर्वेक्षण पद्धति और प्रयोगात्मक विधि का प्रयोग किया जाता है।

गुणात्मक शोध में सटीकता (Exactness) और सूक्ष्मता (Precision) की भारी कमी होती है, जो वैज्ञानिक शोध की एक आवश्यक शर्त है। यदि हम धार्मिक रुझान के बारे में यह जानना चाहते हैं कि लिंग और आयु के आधार पर धार्मिक रुझान में क्या अन्तर है, तब हमें देवालयों (मंदिर, मस्जिद, चर्च, अन्य देवस्थान) में स्त्री-पुरुषों, बालकों, युवाओं, प्रौढ़ों और वृद्धों के जाने और पाठ-पूजा, प्रार्थना आदि धार्मिक क्रियाओं में भाग लेने वालों की संख्या मालूम करनी होगी। अतः सटीकता के लिये परिमाणात्मक शोध का ही प्रयोग किया जाता है।

परिमाणन (Quantification) विज्ञान की एक महत्वपूर्ण विशेषता है जिसके द्वारा वैज्ञानिक परिणामों को सूक्ष्मता और निश्चितता प्रदान की जाती है। परिमाणन की प्रक्रिया वैज्ञानिकों को यथार्थ की दृश्यगत भ्रांति को अमूर्त तथ्यों में परिणित करने तथा हमारे प्रेक्षणों को व्यवस्थित करने में सहायता करती है।

परिचालनात्मक शोध (Operational Research)

किसी योजना के क्रियान्वयन में आने वाली समस्याओं, कठिनाइयों एवं रुकावटों को दूर करने हेतु जो गवेषणा की जाती है, उसे परिचालनात्मक शोध कहते हैं। यह मुख्यतः प्रशासनिक समस्याओं से संबंधित होती है। इसमें गणित और सांख्यिकीय विधियों का

प्रयोग 'संभावना सिद्धान्त' (Probability Theory) के आधार पर किया जाता है। यह व्यावहारिक शोध का ही एक रूप है। इसमें परिशुद्ध शोध (Pure Research) की भांति शोध प्रारूप की रचना कर तथ्यों का संकलन, विश्लेषण, सामान्यीकरण, सिद्धान्त रचना और भविष्योक्ति की जाती है।

हस्तक्षेपी और अहस्तक्षेपी शोध विधियां (Obtrusive and Unobtrusive Research Methods)

सामाजिक अनुसंधान की कुछ विधियां इस प्रकार की हैं जो अध्ययन की जाने वाली घटना अथवा शोध की स्थिति से प्रभावित हुए बिना नहीं रहती। यह प्रभावशीलता उन अध्ययनों में सर्वाधिक होती है, जिनमें शोधकर्ता को प्रत्यक्ष या परोक्ष रूप में सूचनादाताओं (Respondents) से अन्तर्क्रिया करनी पड़ती है। अत: ऐसे अध्ययन, जिनमें साक्षात्कार विधि या सहभागिक अवलोकन विधि जैसी विधियों का प्रयोग किया जाता है, उनमें शोधकर्ता (साक्षात्कारकर्ता/अवलोकनकर्ता) का प्रभाव पड़े बिना नहीं रहता। ऐसी विधियां हस्तक्षेप विधियां कहलाती हैं। ये विधियां प्रतिक्रियात्मक होती हैं। अवलोकनकर्ता अथवा साक्षात्कारकर्ता की उपस्थिति मात्र सूचनादाता के व्यवहार में प्रतिक्रिया उत्पन्न किए बिना नहीं रहती। प्राकृतिक विज्ञानों में हस्तक्षेप की यह समस्या उत्पन्न नहीं होती।

अधिकांशत: ऐसी विधियों में शोधकर्ता का अपने सूचनादाताओं से प्रत्यक्ष आमने-सामने का सम्पर्क होता है। सूचना एकत्रण की प्रक्रियाओं में कभी-कभी शोधकर्ता समस्त वास्तविकता को विकृत कर देता है। इस प्रकार की मुख्य विधियां हैं - व्यक्तिगत साक्षात्कार, सहभागिक अवलोकन, और टी.ए.टी. प्रक्षेपी परीक्षण।

अहस्तक्षेपी शोध विधियां (Unobtrusive Research Methods)

हस्तक्षेपी विधियों के विपरीत सामाजिक शोध में ऐसी विधियों का भी प्रयोग किया जाता है जिनमें शोधकर्ता की अपने सूचनादाताओं (Respondents) के साथ कोई प्रत्यक्ष अथवा परोक्ष अन्तर्क्रिया नहीं होती। परिणामत: सूचनादाताओं तथा शोध परिणामों पर पड़ने वाले अवांछित या अनचाहे प्रभावों को कम किया जा सकता है। इस प्रकार की विधियां अहस्तक्षेपी विधियां कहलाती हैं। इनके तीन प्रमुख प्रकार हैं:

(अ) भौतिक अवशेष (Physical Traces): सामाजिक अनुसंधान के कुछ अध्ययनों में व्यक्तियों को सूचनादाताओं के रूप में प्रयोग न करके उनके स्थान पर उनके द्वारा प्रयोग की गई वस्तुओं को सूचना के स्रोत के रूप में प्रयोग किया जाता है। उदाहरणार्थ, कौन सी पुस्तकें सर्वाधिक पढ़ी जाती हैं, इसकी जानकारी एकत्रित करने के लिए व्यक्तियों से पूछने के स्थान पर किसी पुस्तकालय में पुस्तकों के फटने की दशा के द्वारा पढ़ने की रुचि को ज्ञात करने में मदद मिल सकती है। जो पुस्तकें अधिक फटी हुई हैं, संभवत: पाठकों द्वारा वे पुस्तकें सर्वाधिक पढ़ी गई होंगी। इसी प्रकार, किसी नगर में कचरे के ढेर के द्वारा लोगों के भोजन या गुटका खाने की आदतों का पता लगाया जा सकता है।

किस भौतिक वस्तु के अवशेष में बढ़ोत्तरी या घटोत्तरी (गुटके के रेपर) अप्रत्यक्ष तौर पर व्यक्तियों के व्यवहार के बारे में जानकारी देने में सहायक हो सकती है। अत:

भौतिक वस्तुओं की उपस्थिति में उत्पन्न परिवर्तन अध्ययन की जाने वाली सामाजिक घटना के परिवर्तन का एक माप हो सकता है।

(ब) प्रच्छन्न अवलोकन (Concealed Observation): अवलोकन पद्धति में अवलोकनकर्ता की उपस्थिति का घटना पर पड़ने वाले प्रभाव की समस्या हर समय बनी रहती है। इसे कम करने अथवा इससे पूर्णतः बचने के लिए शोधकर्ता छुप कर या अपनी पहचान को गुप्त बनाए रखने का यत्न कर सकता है, ताकि उसकी उपस्थिति का प्रभाव अवलोकन की जानी वाली स्थिति या व्यक्तियों पर न पड़े। इस प्रकार के अध्ययनों में एक-तरफा शीशे या परदे का प्रयोग किया जाता है जिसके एक ओर शोधकर्ता बैठ कर अपने प्रयोज्यों (Subjects) की समस्त क्रियाओं को उन्हें बिना प्रभावित किए देख सकता है, किन्तु प्रयोज्य अवलोकनकर्ता को नहीं देख सकते हैं।

(स) लिखित प्रलेख (Written Records): ये कई प्रकार के हो सकते हैं - व्यक्तिगत, सरकारी, नगर निगम, परिषद, पंचायत दस्तावेज, ऐतिहासिक दस्तावेज, पत्र, डायरियां, जन्म तथा विवाह संबंधी प्रमाण पत्र आदि। इन प्रलेखों द्वारा सात्मीकरण (Assimilation) की प्रक्रिया, विवाह-पूर्व गर्भवती होना जैसी घटनाओं का पता लगाया जा सकता है।

उपरोक्त अहस्तक्षेपी विधियां अप्रतिक्रियात्मक होती हैं, क्योंकि इनमें शोधकर्ता की उपस्थिति शोध की दशाओं को प्रभावित नहीं करती है। इस प्रकार की विधियों के अपने नैतिक तटस्थतागुण-अवगुण एवं सीमाएं हैं। नैतिक तटस्थता और वैज्ञानिकता की समस्याएं ऐसी विधियों की सबसे बड़ी कमजोरी है। कई बार इन विधियों द्वारा संकलित सामग्री की वैधता (Validity) और विश्वसनीयता (Reliability) भी एक समस्या बन जाती है।

सामाजिक शोध की प्रक्रिया (Process of Social Research)

सभी सामाजिक विज्ञानों में शोध संबंधी लगभग उन्हीं नियमाचारों (Rules), प्रक्रिया (Process), कार्यविधि (Procedure) और चरणों (Steps) का प्रयोग किया जाता है जो वैज्ञानिक विधि (Scientific Method) के आधार हैं। अध्ययन संबंधी विषय-वस्तु (Content) की प्रकृति के अनुसार इनमें कुछ हेर-फेर संभव है। प्राकृतिक विज्ञानों की अधिकांश विषय-वस्तु जड़ या अचेतन होती है, अतः उनके प्रेक्षण-परीक्षण (Observation-Experimentation) हेतु कुछ विशिष्ट तकनीकों और उपकरणों (Tools and Techniques) का प्रयोग किया जाता है, उनका प्रयोग सामाजिक विज्ञानों में न संभव है और न ही उनकी आवश्यकता पड़ती है। मानव के सामाजिक संबंधों या विचार-विश्वासों को जानने के लिए सूक्ष्मदर्शक या दूरदर्शक यंत्रों और कांच की नलियों या तुलाओं आदि का प्रयोग सामाजिक विज्ञानों में संभव नहीं है। किन्तु, प्राकृतिक और सामाजिक विज्ञानों में प्रयोग की जाने वाली कार्यप्रणाली एक जैसी है। दोनों विज्ञानों में शोध के निम्न चरणों का प्रयोग कुछ हेर-फेर के साथ किया जाता है:

1. शोध संबंधी प्रारंभिक विचार की उत्पत्ति - घटना के बारे में कब, क्यों, कैसे, क्या जैसे अनेक प्रश्नों का जन्म।

2. प्रारंभिक विचार का स्पष्टीकरण।
3. शोध विचार के स्पष्टीकरण हेतु उपलब्ध शोध-साहित्य का अध्ययन और समस्या का सूत्रीकरण।
4. प्राक्कल्पना निर्माण के रूप में शोध समस्या का सूत्रीकरण।
5. शोध प्रारूप (Research Design) की रचना।
6. प्राक्कल्पना-परीक्षण हेतु तथ्यों का संकलन, संधानीकरण एवं विश्लेषण।
7. निष्कर्षों का प्रतिपादन, भविष्योक्ति और सुझाव।

उपरोक्त सभी चरणों का विस्तृत वर्णन अगले अध्याय में 'वैज्ञानिक शोध प्रक्रिया' शीर्षक के अन्तर्गत किया गया है।

सामाजिक शोध की समस्याएं (Problems of Social Research)

कुछ समस्याएं सभी प्रकार की शोध में समान रूप में पाई जाती हैं। किन्तु, कुछ ऐसी समस्याएं हैं, जो किसी विशिष्ट प्रकार की शोध से ही संबंधित होती हैं। इस दृष्टि से प्राकृतिक विज्ञानों और सामाजिक विज्ञानों की शोध समस्याओं में अन्तर है, क्योंकि दोनों के अध्ययन की विषय-वस्तु की प्रकृति में भिन्नता है। सामाजिक शोध की प्रमुख समस्याएं निम्नलिखित हैं:

सामाजिक घटनाओं की जटिल प्रकृति (Complex Nature of Social Phenomena)

किसी सामाजिक घटना के क्या कारण या कारक रहे हैं, इन्हें मालूम करना एक अत्यंत कठिन कार्य है, क्योंकि सामाजिक घटनाओं के कई कारण/कारक होते हैं जिन्हें शोध की भाषा में चर (Variables) कहते हैं। ये कारक एक दूसरे से घुले-मिले होने के कारण अस्पष्ट होते हैं। गरीबी का कारण बेकारी है या बेकारी का कारण ग़रीबी है? इनमें से कौन किस पर आश्रित है, इसका उत्तर देना सरल नहीं है। यही नहीं, ये दोनों (गरीबी और बेकारी) भी कई अन्य कारकों से जुड़े हुए हैं।

अवधारणाओं की अस्पष्टता (Ambiguity about Concepts)

'गरीबी' एक अवधारणा है, इसकी क्या परिभाषा है, इसके बारे में भारी मतभेद है। अलग-अलग जगहों पर इसे अलग-अलग रूप में परिभाषित किया गया है। अमेरिका में जिस व्यक्ति को गरीब की श्रेणी में सम्मिलित किया जाता है, संभव है भारत में गरीबी के मापदंड के अनुसार उस व्यक्ति की गणना गरीबों के समूह में न की जाती हो। ऐसी बहुत सी अवधारणाएं हैं, जिनकी प्रकृति, अर्थ और परिभाषा के बारे में समाज वैज्ञानिकों में भारी मतभेद हैं। यही नहीं, अवधारणाओं के अर्थ भी समय के अनुसार बदलते रहते हैं। यह स्थिति वैज्ञानिक शोध में कई समस्याएं उत्पन्न कर देती है।

सटीक माप की समस्या (Problem of Exact Measurement)

परिमाणात्मक तथ्यों (Quantitative Facts) जैसे आयु, आय, शिक्षा, परिवार के सदस्यों की संख्या आदि को संख्याओं (Numbers) में प्रकट किया जा सकता है, किन्तु गुणात्मक

तथ्यों (Qualitative Facts) जैसे व्यक्ति की सुन्दरता, किसी विषय के बारे में उसकी रुचि, विचार या विश्वास आदि की सटीक माप (संख्यात्मक) करना कठिन है। सुन्दरता के मापदंड अलग-अलग जगह पर भिन्न हैं। सामाजिक घटनाओं के प्रमापन का अभी तक कोई सार्वभौमिक पैमाना विकसित नहीं हो पाया है, यद्यपि समाज वैज्ञानिक इस दिशा में प्रयत्नशील हैं।

प्रयोगात्मकता की समस्या (Problem of Experimentation)

सामाजिक विज्ञानों में प्राकृतिक विज्ञानों की भांति घटना के निश्चित कारणों को जानने के लिए मानव प्राणी पर उस रूप में प्रयोग नहीं किए जा सकते हैं जैसे बन्दर, चूहे, बिल्ली या किसी पेड़ की टहनी या फूल पर किए जाते हैं। मानव के सामाजिक जीवन में प्रयोगात्मक शोध की आवश्यकताओं के अनुसार छेड़छाड़ नहीं की जा सकती। नियंत्रित प्रयोगों के लिए जिन आदर्श दशाओं की जरूरत होती है, उन्हें सामाजिक विज्ञानों में कठिनतः ही पैदा किया या दोहराया जा सकता है।

प्रमाणीकरण की समस्या (Problem of Verification)

शोध के निष्कर्ष कहाँ तक सही एवं विश्वसनीय हैं, उनकी जांच करना सामाजिक शोध में एक कठिन समस्या है। सामाजिक घटनाएं परिवर्तनशील हैं, विश्वसनीयता की जांच के लिए उनकी पुनरावृत्ति नहीं की जा सकती। किसी स्थान पर दंगा क्यों हुआ, गोली किसने पहले चलाई - पुलिस ने या दंगाइयों ने, इस घटना की हम पुनरावृत्ति नहीं कर सकते।

नैतिक तटस्थता और वस्तुपरकता की समस्या (Problem of Ethical Neutrality and Objectivity)

वैज्ञानिक शोध नैतिक तटस्थता और वस्तुपरकता की मांग करती है। प्राकृतिक विज्ञानों में यह संभव है, क्योंकि अध्ययन वस्तु और शोधकर्ता दोनों के अलग-अलग अस्तित्व हैं। किन्तु, सामाजिक विज्ञानों में स्वयं मानव ही मानव समाज का अध्ययन करता है और प्रत्येक शोधकर्ता के अपने नैतिक मूल्य, संस्कार और आस्थाएं होती हैं, उन्हें अलग रख कर, अर्थात् पूर्णतः उनसे तटस्थ रह कर अध्ययन करना एक भारी समस्या है। सामाजिक शोधकर्ता की दो भूमिकाएं होती हैं - एक वैज्ञानिक शोधकर्ता की और दूसरी किसी न किसी समाज के सदस्य की। दोनों को पूर्णतः अलग-थलग रखना कठिन होता है। एक वैज्ञानिक के रूप में समाज वैज्ञानिक को तटस्थ, अनासक्त और भावनिरपेक्ष होना आवश्यक है।

जब कभी सामाजिक विज्ञानों की प्राकृतिक या भौतिक विज्ञानों से तुलना की जाती है, तब स्वाभाविक रूप से वस्तुपरकता, मूल्य निरपेक्षता और नैतिक तटस्थता का प्रश्न उठाया जाता है, जो विज्ञान की प्रमुख विशेषताएं हैं। इन विशेषताओं के संदर्भ में सामाजिक विज्ञानों (विशेषतः समाजशास्त्र) की क्या स्थिति है? क्या सामाजिक शोध/अनुसंधान में विज्ञान की इन विशेषताओं का पालन किया जाता है? एक वैज्ञानिक शोधकर्ता से यह आशा की जाती है कि वह शोध करते समय अपने अध्ययन के हर कदम पर वैज्ञानिक दृष्टिकोण अपनाए, अर्थात् समस्या के चुनाव से लेकर, तथ्यों के संकलन, विश्लेषण,

निर्वचन और शोध के परिणाम निकालने तक वह पूर्णतः मूल्य मुक्त और नैतिक रूप में तटस्थ हो तथा उसकी अध्ययन पद्धति पूर्णतः वस्तुपरक हो। शोध के निष्कर्षों के निर्धारण में शोधकर्ता के राजनीतिक, धार्मिक, प्रजातिक, जातिगत तथा अन्य विश्वासों की किसी रूप में कोई भूमिका नहीं होनी चाहिए।

वस्तुपरकता क्या है? (What is Objectivity?)

वस्तुपरकता (वस्तुनिष्ठता) परिघटनाओं (Phenomena) के अध्ययन का एक मानसिक दृष्टिकोण है, जिसके अनुसार किसी परिघटना विशेष से संबंधित तथ्यों को साक्ष्य एवं तर्क के आधार पर निष्पक्ष, तटस्थ तथा सभी प्रकार की व्यक्तिगत अभिनितियों (Biases), विश्वासों एवं पूर्वधारणाओं से मुक्त होकर देखा-परखा जाता है। यह ज्ञान को प्राप्त करने का एक ऐसा उपागम (Approach) है, जो अवैयक्तिक, पक्षपातरहित तथा पूर्वाग्रहों से मुक्त होता है। यह व्यक्तिपरक (Subjective) उपागम का सर्वथा उलटा है, जिसमें परिघटनाओं को व्यक्ति के दृष्टिकोण या परिप्रेक्ष्य से देखा जाता है। वस्तुपरकता को बहुधा प्रत्यक्षवाद (Positivism) से जोड़ा जाता है। सामान्यतः वस्तुपरकता की अवधारणा को निष्पक्षता, तटस्थता, तार्किकता और अभिनति से मुक्त के अर्थ में प्रयुक्त किया जाता है।

संक्षेप में, वस्तुपरकता का तात्पर्य किसी परिघटना का उसी रूप में वर्णन-विश्लेषण करना है, जिस रूप में उसे देखा-परखा गया है। उसमें किसी प्रकार के विशेषणों – अच्छा, बुरा, घृणास्पद, निकृष्ट, सुन्दर आदि – का प्रयोग नहीं किया जाना चाहिए। एक मानवशास्त्री/समाजशास्त्री यदि किसी आदिवासी समूह में किसी जीवित बालक को जलाते हुए देखता है, तब उसे इस घटना का वर्णन वस्तुपरकता के मापदंड के अनुसार यथावत करना चाहिए, अर्थात् उसे इस घटना के लिए भयानक, वीभत्स, जघन्य, रक्तरंजित आदि व्यक्तिपरक विशेषणों के प्रयोग से बचना चाहिए।

समाजशास्त्र के प्रणेता **ऑगस्त कोम्त** ने समाज के अध्ययन के लिए इसी प्रकार के नए शास्त्र की कल्पना की थी जो वस्तुपरक ज्ञान पर आधारित हो। इसी के आधार पर उन्होंने 'मानवता के एक नवीन धर्म' की समाजशास्त्र के रूप में एक आकर्षक योजना प्रस्तुत की। कोम्त के बाद समाजशास्त्र को प्राकृतिक विज्ञानों की भांति एक विज्ञान के रूप में प्रतिष्ठित करने का श्रेय **इमाइल दुर्खाइम** को जाता है, जिन्होंने समाजशास्त्र (क्या है?) और सामाजिक नैतिक सिद्धान्त (क्या होना चाहिए?) में स्पष्ट भेद किया। प्रसिद्ध समाज वैज्ञानिक **परेटो** ने समाजशास्त्रियों को इस खतरे के प्रति आगाह किया कि समाजशास्त्रियों की व्यक्तिगत भावनाएं उसे 'क्या है' के स्थान पर 'क्या होना चाहिए' के अध्ययन की ओर ले जा सकती है क्योंकि मानव अपने धार्मिक, नैतिक, देशभक्ति तथा मानवतावादी भावनाओं से प्रेरित होता है। **मैक्स वेबर** ने दुर्खाइम के मूल्य स्वतंत्रता के विचारों का न केवल समर्थन किया, अपितु उन्हें एक स्पष्ट आकार दिया।

एक आदर्श रूप में वस्तुपरकता विज्ञान की सबसे महत्वपूर्ण विशेषता है। यह विज्ञान का एक आभूषण है। कोई भी अन्वेषक, जो अपने आपको वैज्ञानिक कहलाने का दावा करता है, यह उसकी परम आवश्यकता है। वस्तुपरकता को नकारना अप्रत्यक्ष रूप में सत्य को नकारना है। क्या सामाजिक विज्ञानों में वस्तुपरकता और मूल्य तटस्थता संभव है?

सामाजिक विज्ञानों में वस्तुपरकता को बनाए रखना सरल कार्य नहीं है, क्योंकि प्राकृतिक विज्ञानों से भिन्न सामाजिक विज्ञानों की अध्ययन की विषय-वस्तु स्वयं मानव और उसका समाज है। अतः अध्ययन करते समय शोधकर्ता के विचारों, विश्वासों और मूल्यों को अध्ययन को प्रभावित करने से बचाव तो किया जाता है, किन्तु फिर भी व्यक्तिगत पक्षपातों को नियंत्रित करना असंभव नहीं, फिर भी एक अत्यन्त दुष्कर कार्य है। एक समाज वैज्ञानिक ऐसे व्यवहारों और संस्थाओं का अध्ययन करता है, जिससे वह किसी न किसी रूप में जुड़ा होता है, उनमें संभागी होता है। समाज वैज्ञानिक की यह स्थिति एक प्राकृतिक वैज्ञानिक जैसे खगोलशास्त्री या रसायनशास्त्री से भिन्न होती है। एक प्राकृतिक वैज्ञानिक तारे-सितारों का या किन्हीं रासायनिक तत्वों का सदस्य नहीं होता, अतः वह उनका पूर्णतः तटस्थ रहकर और मूल्य मुक्त होकर अध्ययन कर सकता है। अतः अधिकांश समाज वैज्ञानिकों ने वस्तुपकरता की समस्या को स्वीकार तो किया है, किन्तु इसे असंभव नहीं माना है। उन्होंने इसे नियंत्रित करने के कुछ उपाय सुझाये हैं। इसके लिए एक समाज वैज्ञानिक (समाजशास्त्री) को सर्वप्रथम अपनी वरीयताओं (पसन्दगी), विश्वासों और मूल्यों को समझकर उनके स्थान पर वैज्ञानिक दृष्टिकोण को स्थानापन्न करना होगा।

वस्तुपरकता: एक थोथा आडम्बर
(Objectivity: A Hollow Presumption)

वस्तुपरक सामाजिक शोध की विचारधारा 'व्यक्ति' को एक दृष्टिकोण विशेष से देखने पर बल देती है। **गोल्डनर** ने 'विज्ञानवाद' पर प्रहार करते हुए लिखा है कि जब सामाजिक विज्ञान भौतिक विज्ञानों का प्रारूप स्वीकार कर लेते हैं, तब वे व्यक्ति को वस्तु के रूप में देखने लगते हैं। वे उन प्रयोगों के लिए अपनाए जाते हैं, जिनके लिए उन्होंने अपनी स्वीकृति नहीं दी है और जिनके उद्देश्यों व अध्ययनों के कारणों को वे स्वयं भी समझने में असमर्थ हैं। इसी प्रकार के विचार **क्लॉथ और बेनडिक्स** ने भी व्यक्त किए हैं। यह प्रवृति हमें पश्चिमी समाज की विज्ञानवाद संबंधी धारणा में स्पष्ट नजर आती है, जिसे वहाँ सांस्कृतिक मान्यता प्राप्त है। गोल्डनर ने तो यहाँ तक कहा है कि वस्तुपरकता की धारणा अलगाव (Alienation) और सनकी (Cynical) समाज की एक उपज है।

पश्चिमी देशों में विद्वानों ने 'वैज्ञानिक पद्धति' को अपना कर सामाजिक अध्ययनों को 'सामाजिक विज्ञान' बनाने का प्रयास किया है। इस प्रयास में वे पूर्णतः मूल्यरहित (मूल्य निरपेक्ष) नहीं रह सकते हैं। मूल्य रहित बनने के अपने प्रयासों में उन्होंने अनजाने में अपने निहित मूल्यों को प्रश्रय दे दिया है। मूल्य-निरपेक्षता को अपनाते समय बहुत कम विचारकों को यह ध्यान रहा कि वे स्वयं कतिपय मूल्यों की भित्ति पर खड़े हैं। वैज्ञानिक पद्धति का प्रचार एवं प्रसार करते समय ऐसे विचारक यह बताने में असमर्थ रहे हैं कि दूसरे लोगों का दृष्टिकोण किस प्रकार निकृष्ट (अवैज्ञानिक) और मात्र दार्शनिक कल्पनाएं रहा है।

विज्ञानवाद (वस्तुपरकता) के विरोध में एक प्रतिशोधात्मक सांस्कृतिक आंदोलन सन् 1960 के पश्चात् अमेरिका में उत्पन्न हुआ। ये विद्रोही विद्यार्थी आंदोलन हिप्पी एवं यप्पी जैसे युवाओं द्वारा मान्य जीवन के तौर-तरीकों के विरुद्ध प्रतिक्रिया या ऐसे ही अन्य माध्यमों द्वारा व्यक्त किए गए। विज्ञान तथा तकनीकी साध्य-साधन इन लोगों के आक्रमण के विशेष लक्ष्य थे। ये लोग तकनीकीवाद और शैक्षणिक ज्ञान के विरोधी थे। इनके

अनुसार ज्ञान को उसकी उपयोगिता की दृष्टि से ही देखना तथा समझना आवश्यक है। विभा के ऐसे विद्यार्थी ज्ञान के क्षेत्र में विज्ञान की परम्पराओं का बहिष्कार कर मानवतावाद की नई विद्वता में विश्वास करते थे और उसकी स्थापना पर बल देते थे। वैज्ञानिक पद्धतियों और मूल्य तटस्थता वाले समाजशास्त्र को शासक-व्यवस्था अथवा यथास्थितिवाद का समर्थक मानते हैं। अतः मूल्य तटस्थता को इन विद्वानों द्वारा केवल एक भ्रम माना गया जो वास्तविकता से बहुत परे है। वास्तविकता को देखना अन्ततः उसका मूल्यांकन करना है और मूल्यांकन प्राप्त ज्ञान पूर्व संचित अनुभवों पर निर्भर करता है। सभी मूल्यांकन व्यक्तिनिष्ठ (Subjective) होते हैं। प्रत्येक ज्ञान में वैयक्तिक तत्व सन्निहित है, अतः विज्ञानवाद या वस्तुपरकता मात्र एक थोथा आडम्बर है।

मूल्य और सामाजिक विज्ञान (Values and Social Sciences)

बीसवीं शताब्दी के प्रारंभ में विद्वानों का ध्यान वैज्ञानिक शोध प्रणाली से संबंधित कुछ मूलभूत प्रश्नों की ओर आकर्षित हुआ। क्या सामाजिक वैज्ञानिकों को अपने सिद्धान्तों अथवा आनुभविक शोध से अपने मूल्यों को अलग रखना चाहिए? यदि हां, तो क्या यह संभव है? यदि संभव है, तो यह कैसे किया जा सकता है? इन सभी प्रश्नों को मोटे रूप में इस प्रश्न में रखा जा सकता है: सामाजिक विज्ञानों की शोध प्रणाली में मूल्यों (नैतिक तथा अन्य) का क्या स्थान हो? समाजशास्त्र तथा अन्य कई सामाजिक विज्ञानों में यह प्रश्न एक लम्बे अर्से से वाद-विवाद का विषय बना हुआ है कि क्या एक शोधकर्ता को अपने अनुसंधान को मूल्यों, दायित्वबोध तथा प्रतिबद्धता से परे रखकर पूर्णतः तटस्थ भाव से अध्ययन करना चाहिए? इस प्रश्न को लेकर सामाजिक विज्ञानों के विद्वान दो प्रमुख खेमों में बंटे नजर आते हैं। प्रथम समूह के विद्वानों का मत है कि सामाजिक विज्ञानों को यदि परिशुद्ध और प्राकृतिक विज्ञान (Pure and Natural Science) का स्थान प्राप्त करना है तो उन्हें 'मूल्य-मुक्त' (Value Free) या 'मूल्य-निरपेक्ष' (Value Neutral) होना चाहिए। इसके विपरीत, दूसरे समूह का विचार है कि चूंकि किसी भी विज्ञान का चरम उद्देश्य मानवीय प्रगति में सहायता करना है, अतः विज्ञान को 'मूल्य निर्णयों' (Value Judgements) से अलग नहीं रखा जा सकता, क्योंकि यह मानव को क्रिया करने की प्रेरणा देता है। ये दोनों धाराएं इन विचारों पर आधारित हैं कि प्रथम, विज्ञान और वैज्ञानिक मूल्य-तटस्थ हो सकते हैं, द्वितीय, विज्ञान और वैज्ञानिक मूल्य-मुक्त नहीं हो सकते, ये विद्वान आदर्शवाद (Normatism) की वकालत करते हैं। इन दो धाराओं के अतिरिक्त आजकल एक नवीन धारा का उद्‌भव हुआ दिखाई देता है, जो इन दोनों विरोधी धाराओं के बीच समन्वय बिठाने पर जोर देती है। इन समन्वयवादियों का कहना है कि एक प्रौढ़ सिद्धान्त को 'क्या है' (What is?) और 'क्या होना चाहिए' (What Ought to be?) के बीच तालमेल बिठाने का यत्न करना चाहिए। इन लोगों का विचार है कि 'ज्ञान किस लिए' (Knowledge for What?) की जिज्ञासा शोध-प्रक्रिया में संगति एवं सम्बद्धता की मांग करती है।

सामाजिक विज्ञानों में मूल्यों संबंधी उपरोक्त विवाद की शुरुआत प्रख्यात समाज वैज्ञानिक (समाजशास्त्री) **मैक्स वेबर** से हुई जिन्होंने सामाजिक विज्ञानों की शोध प्रणाली को मूल्य-निरपेक्ष (मूल्य-मुक्त) बनाए रखने की वकालत की है। उन्होंने कहा है कि

सामाजिक विज्ञानों को न केवल मूल्य निरपेक्ष (तटस्थ) होना चाहिए, अपितु यह संभव भी है। उनका विचार था कि यदि एक शोधकर्ता अपने दैनिक जीवन को अपने व्यावसायिक जीवन से अलग रखता है तो वह पक्षपातों से मुक्त रह सकता है। वेबर ने सामाजिक विज्ञानों में इस लक्ष्य को प्राप्त करने के लिए नैतिक तटस्थता को ध्यान में रखते हुए शोधकर्ता को आत्म-अनुशासन अपनाने का निर्देश दिया है। इस विचार का प्रतिपादन बहुत पहले **जी.ए. लुण्डबर्ग** तथा कई अन्य विद्वानों ने किया है। प्रसिद्ध वैज्ञानिक **हैंस कैल्सन** ने हिटलर के अत्याचारों के कारण जर्मनी से भागकर अमेरिका में शरण लेने के बाद कहा वे अब भी यह विश्वास करते हैं कि विज्ञान को मूल्यों से बचकर रहना चाहिए।

मूल्य सापेक्षता (Value Relativity)

दूसरी ओर, मूल्य निरपेक्षता (मूल्य स्वतंत्रता) के विरोधी विद्वानों ने वेबर के विचारों की कटु आलोचना करते हुए कहा है कि वैज्ञानिक शोध में नैतिक तटस्थता का दावा मात्र एक ढोंग है। **गोल्डनर** (1962) ने कहा है कि "मूल्य-मुक्त (Value-Free) विज्ञान एक मिथक, एक कल्पना मात्र है, यद्यपि यह वांछनीय (Desirable) अवश्य है।" इसी प्रकार, **मानहीम** (1977) भी कहते हैं कि "मूल्य मुक्त शोध एक वांछित लक्ष्य है, जिसके लिए सामाजिक वैज्ञानिक इसे वास्तविक रूप में प्राप्त करने की अनिवार्य अपेक्षा की कोशिश कर सकते हैं।" प्रसिद्ध राजनीतिशास्त्री **डेविड ईस्टन** ने अपने सशक्त शब्दों में कहा है कि "राजनीति विज्ञान में मूल्य-मुक्त शोध का लक्ष्य एक कपोल कल्पना है।" राजनीतिशास्त्र के अन्य विद्वान **ब्रेख्त** ने कहा है, "वैज्ञानिक पद्धति को वैज्ञानिक मूल्य सापेक्षवाद (Value Relativism) से अलग नहीं किया जा सकता।" वे वैज्ञानिक दृष्टिकोण द्वारा उत्पन्न मूल्य-निरपेक्षता को एक भयंकर त्रासदी की संज्ञा देते हैं।

कुछ उत्तर व्यवहारवादियों का मत है कि कोई भी ज्ञान, विशेषकर सामाजिक विज्ञान, मूल्यों की दृष्टि से न तो प्रासंगिक यथार्थताओं और तथ्यों से तटस्थ रहा है और न ही रह सकता है। अतः एक वैज्ञानिक को ज्ञान की सीमाओं को पहचानने के लिए उन आधाभूत मूल्यों को मालूम करना चाहिए जिस पर वह ज्ञान टिका हुआ है। इसके साथ ही उन विकल्पों को भी जानना चाहिए जिनके लिए इस ज्ञान का प्रयोग किया जा सकता है। इस क्षेत्र के विद्वानों का कहना है कि प्रत्येक बुद्धिजीवी (साहित्य, भौतिक विज्ञान, सामाजिक विज्ञान) चाहे वह किसी क्षेत्र में कार्यरत हो, यदि वह मानवीय मूल्यों के प्रति संवेदनशील एवं प्रतिबद्ध नहीं है तो वह न केवल अपनी उचित भूमिका को निभाता है, अपितु वह अपने दायित्वों से विमुख भी हो जाता है।

मूल्य निर्णय (Value Judgement)

मूल्य निर्णय का संबंध सामाजिक तथ्यों की वांछनीयता और अवांछनीयता का नैतिक, सांस्कृतिक या किसी अन्य आधार पर उनकी व्यावहारिकता का मूल्यांकन करने से है। यह अस्तित्वात्मक ज्ञान (Existential Knowledge), अर्थात् 'ज्ञान किसलिए' और आदर्शात्मक ज्ञान (Normative Knowledge), अर्थात् 'क्या होना चाहिए' के बीच के अन्तर को प्रदर्शित करता है। एक आनुभविक विज्ञान (Empirical Science) किसी को

यह नहीं बताता कि क्या होना चाहिए, अपितु मात्र यह प्रदर्शित करता है कि वह क्या कर सकता है और किन्हीं परिस्थितियों में वह लोगों के लिए क्या करने की इच्छा रखता है।

मूल्य सापेक्षतावादियों के अनुसार, मूल्य स्वतंत्रता न संभव है और न ही आवश्यक। कोई भी व्यक्ति पूर्णतः मूल्य-मुक्त नहीं रह सकता। अतः एक शोधकर्ता को अपने मूल्यों और पूर्वाग्रहों के प्रति सचेत अवश्य रहना चाहिए, ताकि वह अपनी शोध के निष्कर्षों को जहाँ तक संभव हो, अधिकाधिक वस्तुपरक और मूल्य-मुक्त रख सके। इसके लिए एक शोधकर्ता शोध करने के पूर्व अपने मूल्यों और पूर्वाग्रहों को उजागर कर सकता है। यदि वह ऐसा करता है तो निश्चय ही शोध की समस्या के चयन से लेकर अंतिम निष्कर्षों पर पहुंचने तक सभी स्तरों पर उसके परिणाम विकृत नहीं हो पायेंगे।

वस्तुपरकता और मूल्य निरपेक्षता विज्ञान के आदर्श हैं, अतः एक वैज्ञानिक प्रेक्षक से यह आशा की जाती है कि वह मानवीय घटनाओं का अध्ययन करते समय अपने आपको पूर्णतः मूल्य मुक्त रखे, अपने नैतिक मूल्यों, आदर्शों, भावनाओं तथा मान्यताओं का अपने शोध कार्य में किसी भी स्तर पर प्रवेश नहीं होने दे। एक वैज्ञानिक शोधकर्ता की दृष्टि में कोई भी वस्तु अथवा घटना अपने आप में न अच्छी होती है और न ही बुरी। वस्तुनिष्ठता या मूल्य निरपेक्षता वैज्ञानिकता के प्राण हैं।

मूल्य स्वतंत्रता या निरपेक्षता का तात्पर्य यह नहीं है कि एक समाज वैज्ञानिक (समाजशास्त्री) के कोई मूल्य नहीं हैं। अपनी-अपनी संस्कृतियों के कारण सभी व्यक्तियों के अपने-अपने मूल्य होते हैं और एक नागरिक के रूप में वे न्यूनाधिक रूप में उनका पालन करते हैं। किन्तु, एक सामाजिक शोधकर्ता के रूप में उन्हें इस प्रकार प्रशिक्षित किया जाता है कि वे अपनी वैज्ञानिक शोध को उन मूल्यों से प्रभावित नहीं होने दें।

मूल्यों के संबंध में इस विवाद को हल करने की दृष्टि से **वर्कमेस्टर** ने सामाजिक विज्ञान तथा मूल्यों के संबंधों को लेकर तीन प्रस्थापनाएं प्रस्तुत की हैं:

1. सामाजिक विज्ञानों के मूल्य
2. सामाजिक विज्ञानों में मूल्य
3. सामाजिक विज्ञानों के लिए मूल्य

इन तीनों प्रस्थापनाओं पर हम यहाँ अति संक्षेप मे विचार करेंगे:

सामाजिक विज्ञानों के मूल्य (Values of Social Sciences)

कोई भी विज्ञान पूर्णतः मूल्य रहित नहीं कहा जा सकता, क्योंकि विज्ञान के स्वयं के अपने मूल्य हैं, जिन पर विज्ञान टिका हुआ है। **गुडे एवं हट्ट** (1952) ने लिखा है कि विज्ञान कुछ ऐसे अनुमानों पर आधारित है जिन्हें सिद्ध नहीं किया जा सकता और जो अवश्यमेव 'मूल्य निर्णय' (Value Judgement) हैं। विज्ञान के कुछ मूल्य निम्नलिखित हैं:

(अ) संसार का अस्तित्व है।

(ब) हम संसार को जान सकते हैं।

(स) हम संसार को अपनी इन्द्रियों (आंख, कान, स्पर्श, नाक और जिह्वा) द्वारा जानते हैं।

(द) सभी घटनाओं में कारणात्मक सहसंबंध होता है।

उपरोक्त सभी कथन विज्ञान के मूलाधार हैं, जिन्हें 'विज्ञान का अवैज्ञानिक आधार' (Non-Scientific Bases of Science) माना गया है। वास्तव में, विज्ञान की ये समस्याएं विज्ञान के दर्शन से संबंधित हैं जिसे सामान्यतः ज्ञानशास्त्र (Epistemology) की संज्ञा दी गई है।

उपरोक्त वर्णित अनुमानों के अतिरिक्त विज्ञान ने स्वयं एक आचार-संहिता (Code of Conduct) को विकसित किया है जो इस कटु विचार पर आधारित है कि "अज्ञानता की अपेक्षा ज्ञान श्रेष्ठ होता है" (Knowledge is Superior to Ignorance)। यह धारणा स्पष्ट रूप में इस बात पर बल देती है कि ज्ञान को सचेष्ट रूप में प्राप्त किया जाना चाहिए। ज्ञान क्यों प्राप्त किया जाना चाहिए, यह मूल्य निम्नलिखित दो अन्य मूल्यों पर आधारित है:

(अ) ज्ञान-विज्ञान से हमें संतोष मिलता है। यह हमें अपनी जिज्ञासा की पूर्ति एवं विलक्षणता को परखने का अवसर प्रदान करता है।

(ब) ज्ञान-विज्ञान द्वारा हमारी व्यवस्थित क्रियाओं तथा तार्किक निर्णय करने की क्षमता में वृद्धि होती है।

सामाजिक विज्ञानों में मूल्य (Values in Social Sciences)

मानवीय व्यवहार को प्रभावित करने वालों कारकों में मूल्यों को एक मुख्य निर्धारक तत्व माना जाता है। अतः सामाजिक विज्ञानों की विषय-वस्तु में मूल्यों के अध्ययन को सम्मिलित किया जाना आवश्यक है। **मानहीम** तथा ज्ञान के अन्य समाजशास्त्रियों ने मूल्यों के अध्ययन को समाजशास्त्र का एक प्रमुख विषय बनाया है। इस दृष्टिकोण के अनुसार सामाजिक विज्ञानों में 'मूल्यों' को संस्कृति के एक तत्व के रूप में स्वीकार कर उन्हें भी अध्ययन की विषय-वस्तु माना है। **गुडे एवं हट्ट** ने लिखा है कि "मूल्य-निर्णय सामाजिक विज्ञानों की अधिकांश अध्ययन सामग्री है। इसमें सम्पूर्ण संस्कृतियों की प्रमुख मूल्य-व्यवस्थाओं के अध्ययनों से लेकर व्यक्तिगत इतिहास के सहारे से व्यक्ति के मूल्यों का अध्ययन भी किया जाता है।" उदाहरणार्थ, समाजीकरण के अध्ययन में मूलतः बालक द्वारा ग्रहण करने की प्रक्रिया का ही अध्ययन किया जाता है। इसी प्रकार, तुलनात्मक ऐतिहासिक अध्ययनों में किसी संस्कृति विशेष की व्यवस्था में उत्पन्न होने वाले मूल्यों के परिवर्तनों का मापन किया जाता है।

विज्ञान तथा मूल्य के मध्य जो संबंध हम सामाजिक विज्ञानों में देखते हैं, उसके दर्शन हमें भौतिक विज्ञानों में उस रूप में नहीं होते। सामाजिक विज्ञानों में मूल्यों को जो केन्द्रीय महत्व प्राप्त है, उसका मूल कारण मूल्यों का भावनात्मकता और उद्वेगात्मकता पर आधारित होना है।

सामाजिक विज्ञानों के लिए मूल्य (Values for Social Sciences)

सामाजिक विज्ञानों में शोधकर्ता के स्वयं के मूल्य उसके अध्ययन को किस प्रकार प्रभावित करते हैं और उनसे कैसे संबंधित है, ये प्रश्न ही मूलतः सामाजिक विज्ञानों में मूल्य-तटस्थता और मूल्य-निर्णय के विवाद को उत्पन्न करते हैं। प्रत्यक्ष-अप्रत्यक्ष रूप में

यह विवाद सामाजिक विज्ञानों में वस्तुपरकता से जुड़ा हुआ है और इस प्रश्न पर विचार करने पर बल देता है कि क्या सामाजिक विज्ञानों में वस्तुपरकता संभव है? **मैक्स वेबर** (1946) ने कहा है कि "कोई भी विज्ञान पूर्णत: पूर्वधारणाओं से मुक्त नहीं कहा जा सकता। यही नहीं, कोई भी विज्ञान मानव के लिए अपनी आधाभूत महत्ता को सिद्ध नहीं कर सकता, जब तक वह इन पूर्वधारणाओं को अस्वीकार करता है।" वास्तव में, ये पूर्वधारणाएं , जिनकी प्रकृति दर्शनशास्त्रीय है, वैज्ञानिक अध्ययन के प्रत्येक पक्ष को प्रभावित करती है। केवल, सैद्धान्तिक आनुभविक सामान्यीकरण (Generalisation) ही नहीं, अपितु अध्ययन पद्धति एवं शोध योजना भी मूल्यों से प्रभावित हुए बिना नहीं रह सकती है। यह तथ्य सामाजिक विज्ञानों में अधिक स्पष्ट और विकसित होकर उभरा है, क्योंकि ये विज्ञान उस मानव का अध्ययन करते हैं, जिसके स्वयं के अपने सांस्कृतिक मूल्य हैं और जो प्रतिक्रिया व्यक्त करने की क्षमता रखता है। सामाजिक-सांस्कृतिक विज्ञानों की विषय-वस्तु निर्जीव भौतिक वस्तुएं नहीं हैं, अपितु मूल्यांकन करने वाला तथा अर्थ खोजने वाला स्वयं मानव प्राणी है। चूंकि सामाजिक विज्ञानों में मानव को एक सामाजिक प्राणी के रूप में स्वीकार किया गया है, अत: यह स्वाभाविक ही है कि वह मानवीय प्रकृति, संस्कृति और समाज की वास्तविकताओं के बारे में कुछ पूर्वधारणाओं को लेकर चले। ये पूर्वधारणाएं आनुभविक तथ्यों को एकत्रित, वर्गीकृत तथा विश्लेषण करने वाली शोध-विधियों तथा तकनीकों में निहित हो सकती हैं।

सन् 1964 में मैक्स वेबर की जन्म शताब्दी के अवसर पर प्रसिद्ध समाजशास्त्री **टालकट पार्सन्स** ने एक लेख लिखा जिसमें उन्होंने मुख्य रूप में मैक्स वेबर की निम्न दो मुख्य अवधारणाओं को स्पष्ट किया है:

1. मूल्य स्वंतत्रता (Wertfreiheit)
2. मूल्य प्रासंगिकता (Wertbeziehang)

पार्सन्स ने लिखा है कि मूल्य स्वतंत्रता (Value Freedom) का तात्पर्य यह नहीं है कि समाज वैज्ञानिकों को सभी प्रकार की मूल्य प्रतिबद्धताओं से स्वयं को दूर रखना चाहिए। उन्होंने लिखा है, 'मूल्य स्वतंत्रता से मेरा तात्पर्य यही है कि एक वैज्ञानिक को उपयुक्त सीमाओं के अन्तर्गत विज्ञान के मूल्यों का पालन करने की स्वच्छंदता होनी चाहिए। उपयुक्त सीमाओं का अर्थ यह है कि वैज्ञानिक ऐसे मूल्यों से अधिक ग्रसित न हो, जो वैज्ञानिक अन्वेषण के विरोधी या निरर्थक हों।'

मूल्य प्रासंगिकता (Value Relevance) की अवधारणा मूल्य स्वतंत्रता के पूर्णत: विपरीत है। मूल्य स्वतंत्रता की धारणा जहाँ एक ओर वैज्ञानिक की भूमिका को उसकी अन्य भूमिकाओं से अलग रखने पर बल देती है, वहाँ मूल्य प्रासंगिकता की अवधारणा वैज्ञानिक की भूमिका तथा उसकी अन्य भूमिकाओं के बीच परस्पर निर्भरता पर जोर देती है।

पीटर बर्गर ने अपनी बहुचर्चित पुस्तक 'पिरामिड्स ऑफ सैक्रिफाइस' में सामाजिक विज्ञानों में मूल्य के अत्यंत विवादस्पद विषय पर एक नवीन दृष्टिकोण प्रस्तुत किया है। उन्होंने सिद्धान्त, नीति और नैतिकता के आंतरिक संबंधों पर प्रकाश डालते हुए लिखा है कि "एक व्यक्ति मूल्य-स्वतंत्र विज्ञान की कामना कर सकता है किन्तु मूल्य-निरपेक्ष नीति एक

निरर्थक कल्पना है।" समाजशास्त्र में अधिकांश शोध अध्ययन मूल्य निर्णयों से भरे पड़े हैं। **मिर्डल** ने भी इस मत की पुष्टि की है। स्वयं मिर्डल ने अमेरीकी नीग्रो का अध्ययन उन मूल्यों के अनुसार किया, जिसे उसने 'अमरीकी मत' कहा है। पूर्व मान्यताओं के रूप में मूल्य निर्णयों का औचित्य सामाजिक वैज्ञानिकों के बीच आज भी विवाद का विषय बना हुआ है। जब हम यह कहते हैं कि एक विशिष्ट सामाजिक परिपाटी या परम्परा नैतिक दृष्टि से गलत है, हमारा यह विचार हमारे मूल्यों से ग्रसित है। गरीबी, काम के प्रति उदासीनता या किसी विकास योजना जैसे नरेगा या शासक अभिजनों को भ्रष्ट मान कर उनका अध्ययन करना, यह हमारे मूल्य निर्णयों को दर्शाता है। हमारे ये निर्णय ही हमें किसी विषय के अध्ययन की ओर आकर्षित करते हैं। बहुत कम समाज वैज्ञानिक ऐसे विषयों का अध्ययन करते हैं जिन्हें वे निरर्थक या महत्वहीन समझते हैं।

सामाजिक विज्ञानों के संदर्भ में वस्तुपरकता, मूल्य निर्णय, मूल्य प्रासंगिकता और मूल्य स्वतंत्रता संबंधी विचारों को, संक्षेप में, निम्न बिन्दुओं में रखा जा सकता है।

1. वस्तुपरकता पहुंच के बाहर (Unattainable) लक्ष्य है।
2. मूल्य निर्णयों से मुक्ति एक अवास्तविक (काल्पनिक) अपरिहार्यता है, क्योंकि यह अलभ्य है। सामाजिक समस्याओं के समाधान हेतु किन्हीं मूल्य निर्णयों या दृष्टिकोण का होना आवश्यक है।
3. 'ज्ञान किस लिए' के प्रश्न की पुष्टि के लिए हमें 'क्या है' के प्रश्न के साथ-साथ 'क्या होना चाहिए' के प्रश्न का अध्ययन भी करना चाहिए।
4. अध्ययन करने के पूर्व अपने व्यक्तिगत विश्वासों, मूल्यों और पक्षपातों का खुलासा करना, मूल्य मुक्त होने के नाटक करने से अधिक बेहतर है।
5. हमारी समाजीकरण की सम्पूर्ण प्रक्रिया मूल्यों में गढ़ी हुई है जो हमारी क्रियाओं, व्यवहार और विचारों को निर्देशित करती है, अतः पूर्णतः मूल्य निरपेक्ष होना अत्यंत कठिन है।
6. सामाजिक विज्ञानों के शोधकर्ता से यह अपेक्षा की जाती है कि वह एक वैज्ञानिक की भांति शोध की समस्या के चुनाव से लेकर तथ्यों के संकलन, विश्लेषण और निष्कर्ष निकालने तक यथासंभव मूल्य-तटस्थ रहे। वह अध्ययन की ऐसी विधियों एवं तकनीकों का प्रयोग करे जो वस्तुपरक और पक्षपात रहित ज्ञान की गारंटी देती हो।

3

सामाजिक शोध के मूल तत्व: पद्धतिविज्ञान, अवधारणाएं, संक्रियाकरण और चर/परिवर्त्य

Basic Elements of Social Research: Methodology, Concepts, Operationalization and Variables

समाजशास्त्र सहित लगभग सभी विज्ञानों के विद्यार्थियों को किसी प्रकार की गवेषणा/अन्वेषण की शुरुआत करते समय सबसे पहले जिस पद या शब्द (Term) का सामना करना पड़ता है, वह शब्द है: 'मेथडॉलाजी'। सामान्य रूप में, पीएच.डी. की उपाधि के लिए लिखे जाने वाले शोध-प्रबंध (Thesis) में 'मेथाडॉलाजी' पर एक पूरा अध्याय या कभी-कभी किसी अन्य अध्याय के एक प्रमुख भाग के रूप में 'मेथडॉलाजी' पर थोड़ा-बहुत लिखना एक परिपाटी सा बन गया है। इस अध्याय या खण्ड में शोधकर्ता उन सभी विधियों, प्रविधियों (Techniques) और उपकरणों (Tools) का सविस्तार वर्णन करता है, जिनका प्रयोग उसने अपनी गवेषणा में किया है। अपनी शोध को वैज्ञानिकता की कसौटी पर खरा सिद्ध करने के लिए वह प्रयोग की गई अपनी शोध विधियों के बारे में अपनी धारणा भी प्रस्तुत करता है। किन्तु, सामान्यत: यह देखा गया है कि शोधकर्ता अपनी पद्धतियों का उल्लेख करते समय इस तर्क को देना भूल जाता है कि उसने अमुक पद्धति, तकनीक या उपकरण का प्रयोग ही क्यों किया और दूसरी अन्य पद्धतियों का क्यों नहीं? अमुक पद्धति या उपकरण के चयन के उसके क्या तर्क हैं?

'मेथडॉलाजी' शब्द का केवल 'मेथड' के अर्थ में किया गया प्रयोग अत्यन्त संकुचित है। 'मेथड्स' की चर्चा तो इसका मात्र एक पक्ष है। मेथडॉलाजी एक व्यापक शब्द है जो अपने अर्थ में कई बातें लपेटे हुए है। यह शब्द (Term) शोध में प्रयोग की जाने वाली विधियों (सर्वेक्षण विधि, प्रेक्षण विधि, प्रायोगिक विधि, वैयक्तिक अध्ययन विधि आदि) के उल्लेख तक ही सीमित नहीं है, अपितु उन विधियों के वर्णन, विश्लेषण और औचित्य को भी दर्शाता है। यह शोध की सम्पूर्ण योजना को, जिसमें पद्धतियों, तकनीकों और उपकरणों के चयन से लेकर शोध की सम्पूर्ण प्रक्रिया (Procedure) सम्मिलित होती है, समाहित करने वाला बहुअर्थी एक व्यापक 'टर्म' है।

पद्धतिविज्ञान क्या है? (What is Methodology?)

'मेथडॉलाजी' शब्द का प्रयोग कई अर्थों में हुआ है। मोटे रूप में, इसका प्रयोग ज्ञानशास्त्र, सिद्धान्त और पद्धति के पर्यायवाची शब्द के रूप में देखने को मिलता है। दर्शनशास्त्रियों ने

पद्धतिविज्ञान की अवधारणा का प्रयोग 'ज्ञान के सिद्धान्त' (Theory of Knowledge) या 'विज्ञान के दर्शन' (Philosophy of Science) के विशिष्ट संदर्भ में किया है। प्रख्यात तर्कशास्त्री **जॉन स्टुअर्ट मिल** (सिस्टम ऑफ लॉजिक, 1898) ने इसका प्रयोग किसी विज्ञान के तार्किक आधार को ढूंढ़ने के अर्थ में किया है। इस संदर्भ में उन्होंने सत्य की खोज संबंधी रीतियों और प्रमाणों को ज्ञात करने पर बल दिया है। ज्ञानशास्त्र के रूप में पद्धतिविज्ञान के अध्ययन के प्रमुख विषय वस्तुनिष्ठता, नैतिक तटस्थता या मूल्य स्वतंत्रता रहे हैं। इस संदर्भ में सामाजिक जीवन एवं व्यवहार के अध्ययन में वैज्ञानिक पद्धति के प्रयोग पर शंकाएं उठाई गई हैं और यह प्रश्न खड़ा किया गया है कि क्या मानवीय व्यवहार के अध्ययन में प्राकृतिक विज्ञानों की भांति वैज्ञानिक पद्धति का प्रयोग यथावत (वस्तुपरक, नैतिक तटस्थ और सटीक रूप में) किया जा सकता है? सामाजिक विज्ञानों में मानव-मस्तिष्क की व्यक्तिपरक स्थितियों (Subjective States of Mind) का अध्ययन किया जाता है, जिसकी सार्वजनिक जांच संभव नहीं है। इसी कठिनाई को ध्यान में रखते हुए **मैक्स वेबर** ने वैज्ञानिक पद्धति की एक सहयोगी की पद्धति के रूप में 'वर्स्टहेन विधि' (Versthen Method) के प्रयोग का सुझाव दिया है। यह विधि कर्त्ता के व्यवहार का कर्ता के दृष्टिकोण, अर्थात् व्यक्तिपरक दृष्टिकोण से अध्ययन पर बल देती है। इस विधि का सविस्तार वर्णन अन्य अध्याय में किया गया है।

कहीं-कहीं 'मेथडॉलाजी' शब्द का प्रयोग सिद्धान्त (Theory) के अर्थ में भी किया गया है, जो भ्रांतिमूलक है। पद्धतिविज्ञान द्वारा सिद्धान्तों की प्रामाणिकता की जांच की जाती है, अत: इसे सिद्धान्त कहना गलत है। पद्धतिविज्ञान 'कैसे' (How) के प्रश्न का उत्तर देता है, जबकि सिद्धान्त के द्वारा 'क्या' (What) और 'क्यों' (Why) के उत्तरों की खोज की जाती है।

अधिकांशत: 'मेथडॉलाजी' की अवधारणा का प्रयोग तथ्यों के संकलन की पद्धति (Method) या प्रविधि (Technique) और शोध की समस्त प्रक्रिया के अर्थ में किया जाता है, जैसा प्रारंभ में लिखा गया है। किन्तु पद्धतिशास्त्र का दायरा इससे बहुत व्यापक है। इस संबंध में **ए. कापालान** (द कन्डक्ट ऑफ इन्क्वाइरी, 1980) ने लिखा है कि "पद्धतिविज्ञान का उद्देश्य उन (शोध की) पद्धतियों का वर्णन एवं विश्लेषण करना है, ताकि उनकी सीमाओं तथा गुणों को उजागर कर इनके प्रयोग की संभावनाओं को स्पष्ट किया जा सके।" पद्धतिविज्ञान का पद्धतियों से निकट का संबंध होते हुए भी इसे मात्र शोध की पद्धति कहना ठीक नहीं है। **कॉफमेन** (मेथडॉलाजी ऑफ सोसल साइन्सेज़, 1944) के अनुसार, "पद्धतिविज्ञान वैज्ञानिक कार्यविधि का विश्लेषण है।" **जी.सी. मेकिने** ने इसे 'व्यवस्थित गवेषणा के सिद्धान्त' के रूप में परिभाषित किया है। **होल्ट एवं टर्नर** (1970) के शब्दों में, "पद्धतिविज्ञान में निरुपण के नियमों एवं व्याख्या के मानदंडों को सम्मिलित किया जाता है।" उपरोक्त विवेचन के आधार पर यह कहा जा सकता है कि पद्धतिविज्ञान शोध में प्रयोग की जाने वाली पद्धतियों के वर्णन-विश्लेषण के साथ-साथ शोध के उद्देश्यों का तार्किक आधार पर स्पष्टीकरण है। इसमें तथ्यों के स्रोतों का विवेचन भी किया जाता है। गवेषणा का तर्क (Logic of Inquiry) पद्धतिविज्ञान का सार-तत्व है, अर्थात् अमुक शोध क्यों की जा रही है, इसके क्या उद्देश्य हैं? गवेषणा के तर्क शोध के उद्देश्य, और प्रकृति पर निर्भर करते हैं।

ज्ञान को सही रूप में वैज्ञानिक समुदाय के समक्ष प्रस्तुत किया जा सके, इसके लिए पद्धतिविज्ञान की आवश्यकता होती है। इसीलिए इसे 'सम्प्रेषण का नियम' (Law of Communication) भी कहा जाता है। सम्प्रेषण के नियम से तात्पर्य व्यक्तिगत ज्ञान को समूह के सामने प्रस्तुत कर इसे सामूहिक ज्ञान का अंग बनाने की विधा से है। **पार्सन्स** ने लिखा है कि पद्धतिविज्ञान में उन सामान्य सिद्धान्तों पर विचार किया जाता है, जो वैज्ञानिक प्रस्थापनाओं तथा उनके पारस्परिक संबंधों के प्रमाणीकरण के लिए आवश्यक होते हैं।

सार रूप में, पद्धतिविज्ञान शोध प्रक्रिया का दर्शन है। इसमें उन मान्यताओं और मूल्यों पर विचार किया जाता है जो शोध की आवश्यकता या 'शोध के तर्क' (Logic of Inquiry) को स्पष्ट करते हैं। इसके साथ ही, इसमें उन मापदंडों (पद्धतियों) का भी उल्लेख किया जाता है जो शोध के तथ्यों को एकत्रित करने, विश्लेषण करने तथा निष्कर्ष निकालने के लिए प्रयोग किए जाते हैं। अत: पद्धतिविज्ञान शोध की विधियों का विज्ञान है। यह वैज्ञानिक अन्वेषण का तर्क है।

सामाजिक और प्राकृतिक विज्ञानों के पद्धतिविज्ञान में अन्तर (Difference between Methodology of Social and Natural Sciences)

सामाजिक विज्ञानों और प्राकृतिक विज्ञानों में अध्ययन की विषय-वस्तु के साथ-साथ उनके पद्धतिविज्ञान में भी अन्तर होता है। जहाँ तक पद्धति (Method) का प्रश्न है, दोनों ही विज्ञानों में वैज्ञानिक पद्धति का प्रयोग होने के कारण समानता है, किन्तु दोनों की प्रविधियों (Techniques) और उपकरणों (Tools) में अन्तर होता है। पद्धतिविज्ञान अध्ययन की विषय-वस्तु को देखने का एक विशिष्ट नजरिया (Approach) प्रस्तुत करता है। यह वह दर्शन है जिस पर शोध आधारित होता है। इस दर्शन में वे मान्यताएं एवं मूल्य सम्मिलित होते हैं, जो शोध के आधार (तर्क) का काम करते हैं। इनका तथ्यों के संकलन और निष्कर्षों में प्रयोग किया जाता है।

सामाजिक वैज्ञानिक के तथ्य संकलन का नजरिया (मेथडॉलाजी) प्राकृतिक वैज्ञानिक के नजरिये से भिन्न होता है। प्राकृतिक विज्ञानों की विषय-वस्तु जड़ और अचेतन होने के कारण एक प्राकृतिक वैज्ञानिक उसमें भाग नहीं ले सकता, (i) वह उनका एक अंग या अंश नहीं बन सकता, (ii) वह उनसे बातचीत (साक्षात्कार) नहीं कर सकता, (iii) प्रयोग करने के लिए उसके पास प्रयोगशाला होती हैं, (iv) मापन के लिए उसके पास तुलाएं, परखनलियां, थर्मामीटर, बैरोमीटर तथा अन्य उपकरण होते हैं, एवं (v) अपने प्रयोग के कई चरों (Variables) को वह नियंत्रित कर सकता है। इसके विपरीत, (i) एक समाज वैज्ञानिक उन सामाजिक घटनाओं में भाग ले सकता है जिनका वह अध्ययन कर रहा होता है, (ii) तथ्यों के संकलन के लिए वह उन तत्वों (सूचनादाताओं) का साक्षात्कार कर सकता है जिनका वह अध्ययन कर रहा है, (iii) उसके पास प्राकृतिक वैज्ञानिक की भांति कमरे में बंद कोई प्रयोगशाला नहीं होती, उसकी प्रयोगशाला सम्पूर्ण विश्व होती है, अर्थात् जहाँ-कहीं मानव हैं, (iv) मापन के लिए उसके पास सटीक उपकरण नहीं होते, एवं (v) वह चरों को नियंत्रित कर उनके प्रभाव को सही-सही मालूम नहीं कर सकता।

पद्धतिविज्ञानीय शोध (Methodological Research)

कोई भी ज्ञान अटल सत्य नहीं कहा जा सकता। उसमें निरंतर परिवर्तन, परिवर्द्धन और संशोधन होता रहता है। अतः ज्ञान की भांति ज्ञान प्राप्ति की विधियों में भी निरंतर खोज हो रही है। नई विधियों की खोज के आधार पर नया ज्ञान सामने आता है। **कर्लिंगर** ने लिखा है, "प्रमापन, गणित एवं सांख्यिकी के सैद्धान्तिक एवं व्यावहारिक पक्षों के साथ-साथ तथ्यों के संकलन एवं विश्लेषण की रीतियों में की जाने वाली नियंत्रित गवेषणाओं को पद्धतिविज्ञानीय शोध कहते हैं।" कम्प्यूटर के ईज़ाद होने के बाद प्राकृतिक और सामाजिक दोनों विज्ञानों की शोध-विधा में काफी परिवर्तन आया है। जहाँ पहले तथ्यों की गणना, वर्गीकरण और विश्लेषण हाथ से किया जाता था, अब वह कम्प्यूटर से किया जाने लगा है। इससे श्रम, धन और समय की काफी बचत हुई और सही निष्कर्षों में सटीकता आई है। इसी प्रकार, आजकल प्रतिचयन के क्षेत्र में भी कम्प्यूटर का प्रयोग किया जाता है। समाजमिती, कारक-विश्लेषण, मैटरिक्स सिद्धान्त और खेल-सिद्धान्त के प्रयोग ने सामाजिक विज्ञान के चेहरे को ही बदल दिया है। इन सिद्धान्तों ने शक्ति संबंधों और शक्ति वितरण को समझने में समाज वैज्ञानिकों की भारी सहायता की है।

पद्धति (Method)

वैज्ञानिक साहित्य में 'पद्धति' (Method) शब्द (Term) का प्रयोग बड़े अस्पष्ट और लचीले ढंग और अर्थ में किया गया है। इसे पद्धतिविज्ञान, प्रविधि (Technique) और कहीं-कहीं उपकरण (Tools) के पर्यायवाची शब्द के रूप में भी प्रयोग किया गया है। पद्धति एक व्यापक प्रक्रिया है। शोध की सम्पूर्ण कार्य-प्रणाली को पद्धति कहते हैं। इस दृष्टि से सामाजिक विज्ञानों में एक ओर उस पद्धति का प्रयोग किया जाता है जिसका प्रयोग प्राकृतिक विज्ञानों में भी होता है, जिसे 'वैज्ञानिक पद्धति' (Scientific Method) के नाम से जानते हैं। दूसरी ओर सामाजिक विज्ञानों में वैज्ञानिक पद्धति के साथ-साथ 'वर्स्टहेन विधि' (Verstehen Method), अन्तर्दृष्टि विधि (Introspection Method) और नृजातिपद्धति (Ethnomethodology) के प्रयोग की भी बात कही जाती है जो वैज्ञानिक पद्धति से कई अर्थों में (विशेषतः वस्तुपरकता/व्यक्तिपरकता की दृष्टि से) भिन्न है।

विज्ञान के दर्शनशास्त्री **अब्राहम कपालान** (1980) ने लिखा है, "पद्धतियां ऐसी सामान्य विधियां हैं, जो सभी विज्ञानों अथवा उनके किसी एक महत्वपूर्ण पक्ष के लिए सामान्य होती हैं। वे ऐसे तार्किक या दार्शनिक सिद्धान्त हैं, जो मानवीय प्रयासों तथा हितों की अपेक्षा विज्ञान से विशिष्ट रूप से जुड़े होते हैं। अतः पद्धतियों में अवधारणाओं (Concepts) तथा प्राक्कल्पनाओं (Hypothesis) की रचना-विधियां, सिद्धान्तों और प्रारूपों (Models) की निर्माण-विधियां तथा व्याख्या एवं भविष्योक्ति करने की सम्पूर्ण कार्य-प्रणालियां सम्मिलित होती हैं।" कपालान द्वारा 'मेथड' शब्द का इस प्रकार का प्रयोग बड़े व्यापक अर्थों में किया गया है। **गुडे एवं हट्ट** (1952) ने अति संक्षेप में, "विज्ञान के मूलभूत तत्वों के प्रयोग को पद्धति (विधि) कहा है।" इस दृष्टि से पद्धति वह आधारभूत तार्किक प्रक्रिया है, जिसके द्वारा संकलित साक्ष्यों के आधार पर निष्कर्ष निकाले जाते हैं। इनमें 'तर्क की विधियां'

(Method of Reasoning) तथा तथ्यों के संकलन की विधियां दोनों सम्मिलित होती हैं। ये सभी विज्ञानों में समान होती हैं, जिसे हम 'वैज्ञानिक विधि' कहते हैं।

प्रविधि/तकनीक (Technique)

प्रविधियां किसी भी विज्ञान के कार्य करने के वे तरीके (Ways of Doing) हैं, जिनके द्वारा उस विज्ञान के कार्य का निष्पादन किया जाता है। सभी विज्ञानों में मूल रूप में वैज्ञानिक पद्धति का प्रयोग किया जाता है, किन्तु उनकी प्रविधियों में भिन्नता होती है। वैज्ञानिक पद्धति में समानता होते हुए भी उनकी प्रविधियों में भिन्नता के कई कारण हैं, जिनमें सर्वप्रमुख उनके अध्ययन की विषय-वस्तु की प्रकृति में भिन्नता है। सामाजिक विज्ञानों (समाजशास्त्र सहित) की विषय-वस्तु मानव का सामाजिक संसार है, जो भौतिक एवं प्राकृतिक विज्ञानों की विषय-वस्तु से सर्वथा भिन्न है। विषय-वस्तु की भिन्नता के साथ-साथ अध्ययन के उद्देश्यों तथा परिप्रेक्ष्यों में भी भिन्नता होती है। इन्हीं भिन्नताओं के कारण सभी विज्ञानों ने अपनी अध्ययन की विषय-वस्तु की प्रकृति को ध्यान में रखते हुए अपनी भिन्न-भिन्न प्रविधियों (Techniques) का विकास किया है। प्रयोग के क्षेत्र के आधार पर प्रविधियों में अन्तर होता है। कुछ प्रविधियां कुछ विशिष्ट विषयों के अध्ययन के लिए ही उपयुक्त होती हैं, किन्तु उनका प्रयोग उसी विज्ञान के किन्हीं अन्य विषयों के लिए सफलतापूर्वक नहीं किया जा सकता।

प्रविधि, पद्धति का ही एक भाग है। पद्धति में सैद्धान्तिकता का समावेश होता है, जबकि प्रविधि में इस पर कोई विचार नहीं किया जाता। प्रविधि क्रियात्मकता पर जोर देती है, अर्थात् तथ्यों का संकलन कैसे किया जाना है। **गुडे एवं हट्ट** (1952) के अनुसार, "प्रविधियां ऐसी विशिष्ट कार्यविधियां हैं, जिसके द्वारा एक वैज्ञानिक संकलित तथ्यों के तार्किक अथवा सांख्यिकीय विश्लेषण के पूर्व अपने तथ्यों का संग्रहण एवं उन्हें व्यवस्थित करता है।" सामान्यत: पद्धति (Method) तथा प्रविधि (Technique) को एक ही समझने की भूल की जाती है। कई पुस्तकों में इन दोनों शब्दों का प्रयोग एक ही अर्थ में किए जाने के कारण समस्या अधिक उलझ गई है। दोनों में भिन्नता को हम इस रूप में प्रकट कर सकते हैं कि पद्धति किसी भी गवेषणा की एक सामान्य कार्यप्रणाली या प्रक्रिया होती है, जबकि प्रविधि साक्ष्य (तथ्य) एकत्रित करने के विशिष्ट तरीके होते हैं। ध्यान रहे, प्रविधि का निर्धारण पद्धति पर ही निर्भर करता है।

उपकरण (Tools)

उपकरण तथ्यों के संकलन के सहायक संयंत्र हैं, ये प्रविधि के अंग होते हैं। उपकरण साधन हैं, जिनके द्वारा साक्ष्य एकत्रित किए जाते हैं। उदाहरणार्थ, साक्षात्कार एक प्रविधि है, जबकि साक्षात्कार अनुसूची इस प्रविधि का एक उपकरण है। साक्षात्कार कैसे किया जाएगा, साक्षात्कार की क्या प्रक्रिया होगी, साक्षात्कार करते समय किन-किन बातों का ध्यान रखना चाहिए, ये सभी प्रश्न साक्षात्कार करने की तकनीक का संकेत देते हैं। इसके विपरीत, साक्षात्कार अनुसूची (Interview Schedule) या साक्षात्कार प्रदर्शिका

(Interview Guide) तथ्यों को संकलित करने के साधन हैं। इसी प्रकार, नियंत्रित अवलोकन में प्रयोग किए जाने वाले एक तरफा शीशा या परदा, टेपरिकार्डर, केमरा, अवलोकन-अनुसूची अवलोकन की प्रविधि के सहायक यंत्र (उपकरण) हैं। इन्हें प्रविधि नहीं कहा जा सकता, यद्यपि ये प्रविधि के अंग अवश्य हैं। इसी प्रकार, डाक प्रश्नावली भी एक उपकरण है, न कि एक प्रविधि। ये सभी उपकरण सामाजिक शोध को अधिकाधिक व्यवस्थित एवं प्रामाणिक बनाने में शोधकर्ता की सहायता करते हैं।

सामाजिक विज्ञानों में प्रयोग की जाने वाली पद्धतियां, प्रविधियां एवं उपकरण

(Methods, Techniques and Tools in Social Sciences)

सामाजिक विज्ञानों की पद्धतिशास्त्र पर लिखी गई पुस्तकों में पद्धति (Method), प्रविधि (Technique), उपकरण (Tools) और उपागम (Approaches) शब्दावली का प्रयोग प्राय: पर्यायवाची मानकर एक-दूसरे के स्थान पर किया गया है, जबकि इनमें अन्तर है जैसा कि ऊपर प्रदर्शित किया गया है। इस समस्या को ध्यान में रखते हुए इस पुस्तक में इनके वर्गीकरण करने का एक प्रयास किया है जो इस प्रकार है:

1. **पद्धतियां** (Methods): सर्वेक्षण पद्धति, वैयक्तिक अध्ययन पद्धति, प्रमापन पद्धतियां और विषय-वस्तु विश्लेषण व प्रक्षेपण विधियां।
2. **प्रविधियां/तकनीकें** (Techniques): प्रेक्षण/अवलोकन और साक्षात्कार प्रविधियां।
3. **उपकरण** (Tools): प्रश्नावली, अनुसूची और प्रक्षेपण कार्ड आदि।
4. **उपागम** (Approaches): उद्विकासीय उपागम, प्रकार्यवादी उपागम, तुलनात्मक उपागम, नृजातिपद्धति उपागम (Ethnomethodology), प्रघटनाशास्त्र उपागम (Phenomenology) आदि।

सामाजिक विज्ञानों में तथ्य संकलन के लिए जिन प्रमुख तकनीकों/प्रविधियां का प्रयोग किया जाता है, उन्हें मोटे रूप में दो समूहों में वर्गीकृत किया जा सकता है:

1. **नेत्र प्रधान प्रविधियां** : इनमें वे सभी विधियां आती हैं, जिनमें प्रमुख रूप से चक्षुओं का प्रयोग किया जाता है। इसमें सभी प्रकार की प्रेक्षण या अवलोकन विधियां (Observational Methods) आती हैं।
2. **शब्द (वाणी) प्रधान प्रविधियां** : इनमें साक्षात्कार की उन सभी प्रविधियों को सम्मिलित किया जाता है, जिनमें वाणी और श्रवण इन्द्रियों (कान और मुख) का प्रमुख रूप से प्रयोग किया जाता है। इन्हें पुन: दो भागों में विभाजित किया जा सकता है:
   (अ) शाब्दिक-मौखिक (Verbal-Oral): असंरचित, और गहन साक्षात्कार।
   (ब) शाब्दिक-लिखित (Verbal-Written): संरचित साक्षात्कार, अनुसूची या डाक प्रश्नावली का प्रयोग।

इन सभी विधियों, प्रविधियों और उपकरणों का आगे विभिन्न अध्यायों में सविस्तार वर्णन-विश्लेषण किया गया है। तथ्य संकलन के लिए कौन की पद्धति (विधि), प्रविधि

या उपकरण सर्वाधिक उपयुक्त होगा, यह कई बातों पर निर्भर करता है, जैसे अध्ययन का क्षेत्र, उद्देश्य, अध्यित समुदाय की प्रकृति, अध्ययन के लिए उपलब्ध समयावधि, विधि, प्रविधि की उपलब्धता, प्रशिक्षित क्षेत्र-प्रगणकों की उपलब्धता आदि। ऐसी कोई भी विधि नहीं बताई जा सकती, जो सभी विषयों के अध्ययन के लिए उपयुक्त होने के साथ-साथ विश्वसनीय और प्रामाणिक भी हो।

अवधारणाएं/संबोध (Concepts)

प्रत्येक विज्ञान की अपनी एक विशिष्ट शब्दावली (Terminology) होती है, जो अध्ययन की जाने वाली प्रघटना (Phenomenon) की एक विशिष्ट अर्थ एवं संदर्भ में व्याख्या करती है। यह शब्दावली जनसाधारण की शब्दावली से न केवल भिन्न होती है, अपितु अपने अर्थ में भी विशिष्टता रखती है। विज्ञान का तात्पर्य ही ऐसे विशिष्ट ज्ञान से है, जिसमें अन्य बातों के अलावा शब्दों का चुनाव और उनका प्रयोग बड़े सोच-समझ कर किया जाता है। 'निश्चितता' विज्ञान की एक महत्वपूर्ण विशेषता है। इसी को ध्यान में रखते हुए विज्ञान में विशिष्ट शब्दों का प्रयोग किया जाता है। बोलचाल की भाषा में एक ही शब्द का कई भिन्न अर्थों में प्रयोग किया जाता है। यही नहीं, एक ही शब्द या पद (Term) का प्रयोग विभिन्न विज्ञानों में भी अलग-अलग अर्थ और ढंग से किया जाता है। अकेला 'समाज' शब्द ही एक ऐसा पद (Term) है जिसका प्रयोग न केवल रोजमर्रा के जीवन में प्रयोग किया जाता है, अपितु सामाजिक विज्ञानों के साथ-साथ प्राकृतिक विज्ञानों (जैसे प्राणीशास्त्र में 'पशु समाज') में भी इसका प्रयोग किया गया है, किन्तु सभी विज्ञानों में इसका अर्थ भिन्न है और यह अर्थ, बहुप्रचलित जनसाधारण के अर्थ से भी भिन्न होता है।

अपने निजी जीवन में एक व्यक्ति किसी शब्द का प्रयोग किस अर्थ में करता है, कोई विशेष महत्व नहीं रखता, किन्तु वैज्ञानिक संसार में उसकी यह व्यक्तिगत स्वतंत्रता नहीं चल सकती। उसे शब्दों को विज्ञान विशेष के विशिष्ट अर्थ-संदर्भ में ही प्रयोग करना पड़ता है अन्यथा सम्प्रेषण की भारी समस्या पैदा हो सकती है। सम्प्रेषण की इस समस्या से निजात पाने के लिए ही सभी विज्ञानों ने अपनी-अपनी शब्दावली का विकास किया है। इस शब्दावली को ही शोध की भाषा में 'अवधारणा' या 'संबोध' (Concept) कहा जाता है। इस शब्दावली के अभाव में एक ही विज्ञान के व्यक्ति एक ही शब्द का प्रयोग भिन्न अर्थों में कर सकते हैं, जिसके कारण शब्द के अर्थ को समझना कठिन हो सकता है। किसी भी विज्ञान की परिपक्वता का उसमें विकसित अवधारणाओं से ही पता चलता है। अत: विज्ञान के किसी भी क्षेत्र में ज्ञान प्राप्त करने के लिए यह आवश्यक है कि हमें उस विज्ञान की अवधारणाओं का गहन और व्यापक ज्ञान हो।

अवधारणा क्या है? (What is Concept?)

अवधारणा/संबोध एक विशिष्ट वर्ग की वस्तुओं, घटनाओं, व्यक्तियों, संबंधों, प्रक्रियाओं या विचारों की सभी इकाइयों के कल्पित गुणों के आधार पर उसे दिया गया एक नाम (Label) है। हम प्रत्येक पौधे या पेड़ को 'तुलसी' नहीं कहते। 'तुलसी' (Basil) हम उसी पेड़ को कहते हैं, जिसमें कुछ विशिष्ट गुण होते हैं। इस तुलसी के पेड़ को वनस्पतिशास्त्र

में एक अलग नाम दिया गया है, ताकि इसे अन्य पेड़-पौधों से अलग किया जा सके। समाजशास्त्र में 'एकाकी परिवार' (Individual Family) शब्द का प्रयोग पति-पत्नी और उनकी संतानों से बने अत्यंत छोटे समूह के लिए किया जाता है। यह समाजशास्त्र की एक महत्वपूर्ण अवधारणा है, जो इसे संयुक्त परिवार या विस्तारित परिवार की अन्य अवधारणा से अलग करती है। भौतिकशास्त्र की एक अवधारणा 'भार' (Weight) है, जो अनेक वस्तुओं के भारीपन या हल्केपन को व्यक्त करती है। गति, माप, तीव्रता, ऊर्जा, बल (Force), और द्रव्यमान (Mass) भौतिकशास्त्र की अन्य अवधारणाएं हैं। इसी प्रकार, सावयव (Organism), कोषाणु (Cell), नाभिक (Nucleus), डी.एन.ए. आदि जीवशास्त्र की महत्वपूर्ण अवधारणाएं हैं, जिनका प्रयोग इन विज्ञानों में विशिष्ट अर्थ और संदर्भ में किया जाता है।

सामाजिक विज्ञानों के कई क्षेत्रों में इस प्रकार की शब्दावली के विकास का काम अच्छा हुआ है। मनोविज्ञान में उपलब्धि, बुद्धिमत्ता, आक्रामकता जैसी अनेक अवधारणाएं हैं, जिनका प्रयोग एक निश्चित अर्थ में किया जाता है। राजनीतिशास्त्र के क्षेत्र में प्रजातंत्र, राज्य, प्रभाव, गुट, शक्ति, सत्ता, अभिजन जैसी अनेक अवधारणाओं का प्रयोग किया जाता है। संस्कृतीकरण, पश्चिमीकरण, संकुचितीकरण, सार्वभौमीकरण, लघु समुदाय, प्रस्थिति, भूमिका, भूमिका सम्पादन, भूमिका संघर्ष, समूह, भीड़ जैसी अनेक अवधारणाएं हैं, जो समाजशास्त्र की धरोहर कही जा सकती हैं। फिर भी, समाजशास्त्र में अभी भौतिक विज्ञानों की भांति (जैसे H_2O या डी.एन.ए.) सुनिश्चित अर्थ वाली बहुत कम अवधारणाएं हैं। समाजशास्त्र की अवधारणाएं प्रायः लचीली होती हैं। इसीलिए ब्लूमर ने इन्हें 'संवेदनशील' (Sensitising) अवधारणाएं कहा है।

अवधारणा की परिभाषा (Definition of Concept)

अवधारणा को संकेत सूचक शब्द, सामान्यीकरण और अमूर्तीकरण आदि कई रूपों में परिभाषित किया गया है। यहाँ हम नीचे कुछ परिभाषाएं दे रहे हैं:

अल्फ्रेड होल्ट (मिचैल द्वारा सम्पादित 'समाजशास्त्र कोश') के अनुसार, "अवधारणा विवरणात्मक गुण अथवा संबंध की ओर संकेत करने वाला एक शब्द (Term) है।"

लेबोविज़ एवं हेगरडोन (1971) ने लिखा है, "एक अवधारणा एक पद या संकेत है जो विविध घटनाओं की सादृश्यताओं को प्रकट करता है।"

सैलिज एवं जहोडा (1963) के अनुसार, "एक अवधारणा अवलोकन की गई घटनाओं का एक अमूर्तीकरण है।" इसी प्रकार, **कर्लिंगर** ने इसे "विशिष्टताओं के आधार पर निर्मित सामान्यीकरण के रूप में अमूर्तीकरण की अभिव्यक्ति कहा है।"

सार रूप में, यह कहा जा सकता है कि अवधारणा एक शब्द या 'टर्म' है, जो किसी घटना के प्रेक्षण (Observation) या किसी विचार को अभिव्यक्त करता है। किसी दुर्घटना स्थल पर एकत्रित तमाशबीन लोगों के समूह को सामाजिक मनोविज्ञान में 'भीड़' का नाम दिया गया है। यह 'परिवार' से एक भिन्न समूह है। केवल एक स्थान पर एकत्रित होने से ही किसी समूह को भीड़ नहीं कहा जा सकता। भीड़ की कुछ अन्य विशेषताएं भी हैं जो

परिवार और भीड़ में अन्तर करती हैं। अतः दोनों समूहों को दो अलग नामों से पुकारा जाता है। इन नामों को ही शोध की भाषा में 'अवधारणा' कहते हैं। अतः अवधारणाएं हमारे एन्द्रियक ज्ञान अथवा गहन लम्बे अनुभवों के आधार पर निर्मित तार्किक रचनाएं (Logical Constructs) हैं। ये स्वयं घटनाएं नहीं होती, अपितु घटनाओं से प्राप्त अमूर्त संकेत (Symbol) होती हैं। **जैटरबर्ग** ने विज्ञान में अमूर्तीकरण की प्रक्रिया को घटना, पद तथा अवधारणा के त्रिवर्ती संबंधों को निम्न रूप में प्रदर्शित किया है:

घटना ⟶ पद ⟶ अवधारणा
(Event) (Term) (Concept)

जैटरबर्ग ने कहा है कि 'जब वास्तविक संसार की किसी निश्चित घटना को एक विशिष्ट पद (शब्द) या संज्ञा प्रदान की जाती है, तब उसे अवधारणा कहते हैं।' **गुडे एवं हट्ट** ने भी यह माना है कि "एक तथ्य की भांति एक अवधारणा अमूर्तीकरण होती है, यह घटना नहीं होती।"

विज्ञान का उद्देश्य सामान्यीकरण (Generalization) करना है। ये सामान्यीकरण एन्द्रियक आधार पर प्राप्त निष्कर्ष होते हैं, इन्हें 'आनुभविक सामान्यीकरण' (Empirical Generalization) कहा जाता है। विज्ञान अनेकानेक घटनाओं में सादृश्यताओं (समानताओं) की खोज करता है। समान विशेषताओं के आधार पर ही घटनाओं और विशेषताओं को वर्गों (Classes) या श्रेणियों (Categories) में विभाजित किया जाता है। इसे हम 'वृक्ष' (Tree) की अवधारणा से समझ सकते हैं। कुछ विशिष्ट वानस्पतिक विशेषताओं के आधार पर 'वृक्ष' की अवधारणा की रचना हुई है। 'वृक्ष' की अवधारणा 'बेल' या 'पौधे' की अवधारणा से भिन्न है, अर्थात् जिस वनस्पति को हम 'बेल' कहते हैं, उसे हम वृक्ष नहीं कह सकते। दोनों के गुणों में अन्तर है और इसी आधार पर दो अवधारणाओं का निर्माण हुआ। वृक्षों में भी अन्तर होता है। एक ही गुणधर्मा वृक्षों को हमने एक नाम दिया है, जैसे बड़, पीपल, नीम, चीड़, आम आदि-आदि। यह वृक्षों का वर्गों में विभाजन है।

अब हम इसे एक समाजशास्त्रीय अवधारणा 'भूमिका सम्पादन' (Role Performance) से समझाते हैं। जब हम विद्यार्थी की भूमिका सम्पादन की बात करते हैं, तब हम विद्यार्थी की भूमिका के रूप में एक व्यक्ति से यह आशा करते हैं कि वह कक्षा में जाए, अध्यापकों के व्याख्यानों को ध्यानपूर्वक सुने, उसके नोट्स ले, परिचर्चाओं में भाग ले, खेलकूद में भाग ले, परीक्षा में बैठे, आदि। इन सभी बातों से मिलकर विद्यार्थी की भूमिका का निर्माण होता है। विद्यार्थी की भूमिका सम्पादन की अवधारणा में केवल उन क्रियाकलापों को ही सम्मिलित किया जाता है, जो विद्यार्थी के रूप में एक व्यक्ति से अपेक्षित हैं। यह अपेक्षा अलग-अलग समाजों में भिन्न हो सकती है। इसी प्रकार, **एम.एन. श्रीनिवास** द्वारा विकसित 'संस्कृतीकरण' (Sanskritisation) की अवधारणा का उदाहरण दिया जा सकता है। दक्षिण के एक गांव (रामपुरा) का अध्ययन करते हुए श्रीनिवास ने जब यह देखा कि नीची जातियों के अधिकांश व्यक्ति अपनी प्रस्थिति को ऊँचा करने के लिए ऊँची जातियों के रीति-रिवाज़ों, संस्कारों, विश्वासों और मूल्यों को अपनाने का प्रयास कर रहे हैं, तब श्रीनिवास ने इस घटना को 'संस्कृतीकरण' का नाम दे दिया।

अवधारणाओं के प्रकार (Types of Concepts)

अवधारणाओं का वर्गीकरण अनेक रूप में किया गया है। यहाँ हम कुछ महत्वपूर्ण वर्गीकरण दे रहे हैं:

गुणों के आधार पर विभाजन

जे.टी. डॉबी (1954) ने दो प्रकार की अवधारणाओं का उल्लेख किया है:

(i) **गुणात्मक या वर्गात्मक अवधारणाएँ :** ऐसी अवधारणाएं, जो किसी विशेष गुण को प्रकट करती हैं और जो अध्ययन की जाने वाली वस्तु/घटना के वर्ग में उपस्थित या अनुपस्थित होती हैं, जैसे लिंग के आधार पर स्त्री/पुरुष में विभाजन। इस प्रकार की अवधारणाओं का प्रमुख कार्य घटनाओं का वर्णन करना मात्र होता है।

(ii) **परिमाणात्मक अवधारणाएँ :** ऐसी अवधारणाएं, जो किसी वस्तु/घटना के आकार, मात्रा अथवा अंशों को प्रकट करने वाली होती हैं, वे परिमाणात्मक अवधारणाएं कहलाती हैं, जैसे आयु के आधार पर 5, 10, 50, 55 वर्ष आदि में विभाजन।

परिभाषाओं के आधार पर विभाजन

(अ) **शाब्दिक अवधारणाएँ** (Nominal Concepts): ऐसी अवधारणाएं जो किसी विशिष्ट वास्तविकता को मात्र एक नाम देती हैं, जैसे 'सामाजिक वर्ग'। इस प्रकार की अवधारणाएं किसी वस्तु या घटना के मात्र गुणों या लक्षणों को बताती हैं, किन्तु उनके पारस्परिक संबंधों को प्रदर्शित नहीं करतीं।

(ब) **वास्तविक अवधारणाएं** (Real Concepts): ऐसी अवधारणाएं सत्य को प्रकट करने वाले ऐसे कथन होते हैं जो दो या दो से अधिक चरों (Variables) के बीच के कारणात्मक संबंधों को प्रकट करती हैं, जैसे श्रेणीबद्ध संगठनों में ऊर्ध्वमुखी सम्प्रेषण (मातहत से मालिक की ओर) कठिनतः ही होता है। इस कथन में दो अवधारणाओं - 'श्रेणीबद्ध संगठन' और 'ऊर्ध्वमुखी सम्प्रेषण' - के बीच संबंध स्थापित किया गया है।

(स) **कार्यकारी अवधारणाएं** (Operational Concepts): किसी आनुभविक शोध में प्रयोग की जाने वाली ऐसी अवधारणाएं, जिन्हें एक निश्चित अर्थ में प्रयोग किया जाता है, कार्यकारी अवधारणाएं कहलाती हैं। ऐसी अवधारणाएं शोध को एक निश्चित दिशा-निर्देश देती हैं।

इसके अलावा **डॉबी** ने अवधारणाओं के विभिन्न अर्थों के आधार पर उनके निम्न रूप बताए हैं:

(i) **वस्तुओं को इंगित करने वाली अवधारणाएं :** ऐसी अवधारणाएं पदार्थों, सावयवों, व्यक्तियों, सम्पत्तियों या वस्तुओं की विशेषताओं को इंगित करने वाली होती हैं। पशुओं, पेड़-पौधों, गलियों (Streets) कारखानों, लिंग और विचारों आदि के लिए प्रयोग की गई संज्ञाएं और विशेषण इसी श्रेणी में आते हैं। ये परिघटनाओं को मात्र नाम प्रदान करने वाली अत्यंत सरल स्तर की अवधारणाएं होती हैं, जैसे कुत्ता, बिल्ली, नीम, टेबल, कुर्सी आदि। हमारे रोजमर्रा की भाषा के शब्द इसी श्रेणी की अवधारणाएं हैं।

(ii) **घटनाओं या वस्तुओं के कार्यकलापों को इंगित करने वाली अवधारणाएं :** इस प्रकार की अवधारणाएं विधेय (Predicates) या क्रियाएं (Verbs) होती हैं।

(iii) **वस्तुओं, घटनाओं एवं इनके गुणधर्मों के बीच संबंधों को प्रदर्शित करने वाली अवधारणाएं :** हम कुत्तों को प्रत्यक्ष रूप से देख सकते हैं, हम उन्हें खेलते हुए और लड़ते हुए भी देख सकते हैं, किन्तु हम जानवरों के बीच के उन संबंधों तथा कारणों को प्रत्यक्ष रूप में नहीं देख सकते, जो उनके लड़ने या खेलने के लिए उत्तरदायी हैं। इस प्रकार की अवधारणाएं अप्रत्यक्ष (अमूर्त) संबंधों को इंगित करने वाली होती हैं। इस प्रकार की अवधारणाएं वस्तुओं के आकार, भार, घनत्व, गति और घनिष्ठता-वैमनस्यता को प्रदर्शित करती हैं।

(iv) **तार्किक रचना (Construct) के रूप में अवधारणाएं :** इस प्रकार की अवधारणाएं अत्यधिक अमूर्त प्रकार की होती हैं। इन्हें अवधारणा के स्थान पर 'तार्किक रचना' कहा जाता है। शून्य (Vaccum), सतत गति (Perpetual motion), घर्षणहीन इंजन इसी प्रकार की भौतिकशास्त्र की कुछ तार्किक रचनाएं (Constructs) हैं।

जोनाथन टर्नर (1978) ने दो प्रकार की अवधारणाओं की बात की है: अमूर्त (Abstract) और मूर्त (Concrete) अवधारणाएं। अमूर्त अवधारणाओं को देख नहीं सकते, जैसे भूमिका, प्रस्थिति, सामाजिक एकता, मूल्य, स्तरीकरण आदि। ये किसी एक जगह, समय या घटना से संबंधित नहीं होतीं। इनका दायरा बहुत विस्तृत होता है। इसके ठीक विपरीत मूर्त अवधारणाएं व्यक्ति विशेष और अन्तर्क्रियाओं को इंगित करने वाली होती हैं। 'टेबल' एक अमूर्त अवधारणा है। यह सभी टेबलों में पाई जाने वाली सामान्य विशेषताओं या गुणों को प्रदर्शित करती है। किन्तु एक टेबल लकड़ी, लोहे या प्लास्टिक की बनी हो सकती है, यह छोटी, बड़ी, मध्यम आकार की, बहुत ऊँची या नीची हो सकती है। इसका प्रयोग ऑफिस में, भोजनालय में, अध्ययन कक्ष में या कहीं भी हो सकता है। अतः जब हम इन सभी बातों को ध्यान में रखते हुए केवल, 'डाइनिंग टेबल' की बात करते हैं, तब 'टेबल' की अवधारणा अमूर्त से मूर्त बन जाती है, अर्थात् सामान्य से विशिष्ट बन जाती है।

अवधारणाओं का महत्व (Importance of Concepts)

जैसा प्रारंभ में लिखा गया है कि विज्ञान में एक विशिष्ट शब्दावली का होना आवश्यक है, ताकि एक ही विज्ञान के अन्य लोगों के बीच अपने शोध निष्कर्षों के बारे में संवाद स्थापित किया जा सके। अवधारणाएं किसी प्रेक्षण या विचार को दिया गया संकेत (Symbol) होता है जिसके द्वारा सम्प्रेषण सरल हो जाता है। इनके द्वारा विचारों को व्यवस्थित ज्ञान के रूप में प्रस्तुत करने में मदद मिलती है। एम.एन. श्रीनिवास ने 'संस्कृतीकरण' की अपनी बहुप्रसिद्ध अवधारणा के द्वारा भारत में हो रहे सामाजिक परिवर्तन की विधा को एक लघु रूप में समझाने का प्रयास किया है। इस अवधारणा के द्वारा उन्होंने बताया कि किस प्रकार गांवों में निम्न जातियों के लोग ऊँची जातियों की जीवन-शैली और रीति-रिवाजों को अपना कर अपनी सामाजिक प्रस्थिति में परिवर्तन लाने

का प्रयास कर रहे हैं। अतः एक अवधारणा में, जो एक शब्द मात्र होती है, 'गागर में सागर' की उक्ति का गुण होता है, अर्थात् एक लम्बी-चौड़ी बात या घटना के लिए एक शब्द के प्रयोग द्वारा संवाद और सम्प्रेषण को सरल बनाया जा सकता है।

हर्बर्ट ब्लूमर ने अवधारणाओं की महत्ता बताते हुए लिखा है कि "बिना अवधारणाओं के किसी भी विज्ञान की बात करना कई प्रकार की उपमाओं को जन्म देता है ... जैसे उपकरणों से विहीन एक शिल्पकार, बिना रास्तों के कोई सड़क, हड्डियों के बिना कोई जीव या बिना प्रेम के कोई प्रेम कहानी।" वैज्ञानिक शोध में अवधारणाओं के कार्य (Functions) को निम्न मुख्य बिन्दुओं में समाहित कर सकते हैं:

1. सम्प्रेषण को सरल एवं संभव बनाना।
2. अध्ययन को व्यवस्थित करना।
3. शोध को दिशा-निर्देश देना।
4. सिद्धान्तों की रचना करना।
5. विज्ञान की प्रगति में सहायता करना।
6. सामान्यीकरणों की रचना में योगदान करना।
7. शोध संबंधी सार्थक तथ्यों के संकलन और वर्गीकरण में सहायता करना।
8. अमूर्त और अस्पष्ट प्रकृति की घटनाओं का वर्णन-विश्लेषण करने और समझने में सहायता करना।

अन्त में, ब्लूमर के अनुसार, "अवधारणाएं निगमनात्मक तार्किक प्रक्रिया (Deductive Logical Process) को संभव बना कर हमारे प्रत्यक्ष ज्ञान और अनुभव में वृद्धि करती हैं"।

अवधारणा एवं संदर्भ-परिधि
(Concept and Frame of Reference)

विज्ञान की आधारभूत अवधारणाओं का अस्तित्व एक-दूसरे से अलग रहकर जीवित नहीं रह सकता, वे पूर्णतः एक दूसरे से स्वतंत्र नहीं होतीं। वे किसी न किसी रूप में एक-दूसरे से जुड़ी होती हैं। अवधारणाओं के इस अन्तर-पारस्परिक संबंध को ही संदर्भ-परिधि कहा गया है। अतः संदर्भ-परिधि से हमारा तात्पर्य विज्ञान की आधारभूत अवधारणाओं के बीच स्थापित व्यवस्थित संबंध से है। उदाहरणार्थ, पारम्परिक भौतिक विज्ञान में, द्रव्यमान (Mass), गति (Motion), ऊर्जा (Energy) जैसी अवधारणाओं को अप्रतिबंधित समय और स्थान के ताने-बाने में क्रियाशील होने के रूप में देखा जाता है। इनके बीच के संबंधों को विशिष्ट सिद्धान्तों में निर्मित किया गया है, जैसे 'ऊर्जा को न निर्मित किया जा सकता है और न ही उसे नष्ट किया जा सकता है।'

संदर्भ-परिधि विचार-विमर्श का एक विशिष्ट क्षेत्र या ढांचा होता है, जिसकी सीमाओं में एक समूह के सदस्य सोच-विचार करते हैं, घटना और स्थितियों को परिभाषित करते हैं। यह लक्ष्य केन्द्रित एक प्रकार का चश्मा (लैंस) है, जो हमें घटनाओं, वस्तुओं

और व्यवहारों को देखने-परखने का एक नजरिया प्रदान करता है। इसी के द्वारा हम 'तथ्य' (Fact) की रचना करते हैं। हम विश्व को इन्द्रियों के द्वारा अवश्य देखते या अनुभव करते हैं, किन्तु हम घटनाओं के बारे में जो कुछ जानते हैं, वह पूर्णत: इन्द्रियों द्वारा नियंत्रित नहीं होता, अपितु उस पर हमारी संदर्भ-परिधि का भी प्रभाव होता है। अत: किसी वस्तु या घटना के संज्ञान (Cognition) में संदर्भ-परिधि की महत्वपूर्ण भूमिका होती है।

अवधारणा और तार्किक रचना : अमूर्तीकरण के दो स्तर (Concept and Construct: Two Levels of Abstraction)

अवधारणा और तार्किक रचना (Logical Constructs) दोनों के अर्थों में बहुत समानता है, फिर भी दोनों में अन्तर है। "एक अवधारणा कई प्रकार के तथ्यों का एक लघु चित्रण (संक्षिप्तीकरण) है। इसका उद्देश्य अनेक घटनाओं को एक सामान्य शीर्षक के अन्तर्गत सम्मिलित कर वैचारिक प्रक्रिया को सरल बनाना है" (**मैक्लेलैण्ड**)। यह एक मानसिक रचना है जो वर्गीकरण और व्यवस्थित करने के उद्देश्य से किन्हीं घटनाओं के कुछ पक्षों को उजागर करती है। सरल अर्थों में, यह किसी वस्तु या घटना के विभिन्न गुणों का प्रतिनिधित्व करने वाला एक शब्द (Term) है, जिसके माध्यम से उस वस्तु को अभिव्यक्त किया जाता है। अवधारणा के अभाव में किसी वस्तु या घटना के बारे में दूसरों को बताने के लिए एक लम्बी-चौड़ी व्याख्या करनी पड़ सकती है। **सैन्डर्स और पिन्हे** (1974) ने लिखा है, "एक अवधारणा एक शब्द या शब्दों का एक समूह है जो किसी वस्तु की प्रकृति या वस्तुओं के बीच संबंधों के बारे में एक सामान्य धारणा को व्यक्त करता है।"

एक तार्किक रचना (Construct) भी एक अवधारणा ही है, जैसा ऊपर बताया गया है, किन्तु इसके अर्थ में कुछ अन्य बातें भी जुड़ी होती हैं। इसे किसी विशिष्ट वैज्ञानिक उद्देश्य से जानबूझकर और विचारपूर्वक निर्मित किया जाता है। ये इस प्रकार की अवधारणाएं होती हैं, जिनमें अमूर्तीकरण का स्तर साधारण अवधारणाओं की अपेक्षा ऊँचा होता है। सामान्य स्तर की अवधारणाएं जैसे गाय, कुत्ता, पुस्तक, पेड़ को समझने में कठिनाई नहीं होती क्योंकि हम इनकी ओर इशारा करके इन्हें बता सकते हैं। ये ऐसी अवधारणाएं हैं, जिनकी रचना इन वस्तुओं में पाई जाने वाली सामान्य विशेषताओं के अमूर्तीकरण के आधार पर की गई होती है, और जिन्हें आसानी से देखा-परखा जा सकता है। किन्तु कुछ अवधारणाएं इस प्रकार की हैं, जिन्हें इतनी सरलता से उन घटनाओं के साथ नहीं जोड़ा जा सकता, जिनका वे प्रतिनिधित्व करती हैं, जैसे भूमिका, प्रजातंत्र, शक्ति (Power), हिंसा, संस्था, बुद्धिमत्ता आदि। ये सभी तार्किक रचना प्रकार की अवधारणाएं हैं, जिनकी रचना किन्हीं घटनाओं के अवलोकन के आधार पर की गई है। ऐसी अवधारणाओं के अर्थ को किसी विशिष्ट व्यक्ति, घटना या वस्तु की ओर इशारा करके सरलता से नहीं समझा सकते, क्योंकि इनका निर्माण या आविष्कार मूर्त घटनाओं के उच्च स्तरीय अमूर्तीकरण के द्वारा हुआ होता है। अत: अवधारणा और तार्किक रचना (Construct) के अन्तर का प्रमुख आधार उनका 'आनुभविक संदर्भ' (Empirical Reference) है। अवधारणाओं का प्रत्यक्ष आनुभविक संदर्भ होता है, जिसके द्वारा हम

उक्त वस्तु, घटना अथवा व्यक्ति की ओर इशारा करके उसे बता सकते हैं। इनका वास्तविक आनुभविक अस्तित्व होता है। ऐसी अवधारणाओं की किसी न किसी रूप में माप (भार, लम्बाई-चौड़ाई-ऊँचाई, मोटाई, रंग, आकार आदि) संभव होती है। इसके विपरीत, तार्किक रचनाएं ऐसे पद (Terms) हैं, जिनका प्रत्यक्ष आनुभविक संदर्भ नहीं होता। क्या हम शक्ति, बुद्धिमत्ता (Intelligence), भूमिका जैसी अवधारणाओं को प्रत्यक्ष रूप में देख सकते हैं? इस प्रकार की अवधारणाओं की रचना वैज्ञानिक उद्देश्यों की पूर्ति के लिए जानबूझकर की जाती है, ताकि घटनाओं की विशेषताओं का संप्रेषण सरलतापूर्वक ठीक प्रकार से किया जा सके। **नन्नेले** (1967) ने लिखा है, "इन अवधारणाओं को तार्किक रचनाएं इसलिए कहते हैं, क्योंकि ये कुछ इस प्रकार की होती हैं जिनकी रचना एक वैज्ञानिक अपनी स्वयं की कल्पना के आधार पर करता है तथा जिनका कोई ऐसा आनुभविक अस्तित्व नहीं होता जिन्हें अलग रूप में देखा-परखा जा सके।"

सामाजिक विज्ञानों की अधिकांश शब्दावली का निर्माण इसी प्रकार की तार्किक रचनाओं से हुआ है। यदि समाज वैज्ञानिक सिद्धान्त निर्माण के लिए ऐसी शब्दावली का प्रयोग करना चाहते हैं तो उनके लिए यह आवश्यक है कि वे ऐसी शब्दावली को सर्वप्रथम मापने योग्य बनाएं। इसके लिए उन्हें अपनी तार्किक रचनाओं के उन गुणों की खोज करनी होगी जो आनुभविक संसार की घटनाओं से मेली खाती हों। यहाँ एक बात विशेष उल्लेखनीय है कि किसी भी शब्द (उपलब्धि, अभिप्रेरणा, निष्पादन, शक्ति आदि) को कई बार वैकल्पिक रूप में एक अवधारणा, तार्किक रचना या चर के रूप में भी प्रयोग कर लिया जाता है।

अवधारणाओं का संक्रियाकरण
(Operationalization of Concepts)

अधिकांश अवधारणाएं अमूर्त होती हैं। उनकी यह अमूर्तता वैज्ञानिक शोध की एक बड़ी समस्या है। किसी अमूर्त अवधारणा की उपयोगिता तब ही प्रकट होती है, जब उसे किसी मूर्त एवं आनुभविक घटना के साथ जोड़ा जाए अन्यथा उसे समझना और उसका महत्व जानना कठिन होता है। अतः शोध की प्रक्रिया में अमूर्त अवधारणाओं को वास्तविक आनुभविक घटना के साथ जोड़ने का जो प्रयास किया जाता है, यह प्रक्रिया ही 'अवधारणाओं का संक्रियाकरण' या उन्हें 'कार्यकारी बनाना' कहलाता है। **एकाहर्ड एवं इरमन्न** (1977) के अनुसार "किसी अमूर्त अवधारणा को आनुभविक तथ्यों के साथ जोड़ने की प्रक्रिया 'संक्रियाकरण' कहलाती है।" इस प्रक्रिया द्वारा अमूर्त अवधारणाओं की जो परिभाषा दी जाती है, वह 'कार्यकारी परिभाषा' (Operational Definition) कहलाती है।

एक सामान्य व्यक्ति अपने व्यक्तिगत जीवन में किसी शब्द (Term) का प्रयोग किस अर्थ में करता है, यह बात विशेष महत्व नहीं रखती, किन्तु विज्ञान के क्षेत्र में ऐसा नहीं चल सकता। एक वैज्ञानिक के लिए यह आवश्यक है कि वह अवधारणाओं का प्रयोग एक निश्चित अर्थ और संदर्भ में करे ताकि उसी क्षेत्र के वैज्ञानिक उसके अर्थ को आसानी से समझ सकें। 'परिवार', 'समाज' या 'समुदाय' ऐसी अवधारणाएं हैं, जिनका

प्रयोग विभिन्न विज्ञानों के अलावा सामान्य जीवन में भी किया जाता है। किन्तु, एक समाजशास्त्री इन अवधारणाओं का एक विशिष्ट अर्थ में प्रयोग करता है, जो सामान्यजन के अर्थ से सर्वथा भिन्न होता है। इसी प्रकार, इन शब्दों का प्रयोग वनस्पतिविज्ञान में 'वनस्पति समाज' (Plant Society) या 'वनस्पति समुदाय' (Plant Community) या 'वनस्पति परिवार' (Plant Family) के प्रयोग से समाजशास्त्र में अलग अर्थ और संदर्भ में किया जाता है। अत: वैज्ञानिक क्षेत्र में जिन शब्दों (Term) का अवधारणाओं के रूप में प्रयोग किया जाता है, और सम्प्रेषण (Communication) की दृष्टि से उन्हें जो अर्थ दिया जाता है, वह उस अवधारणा की 'कार्यकारी परिभाषा' होती है और अर्थ देने की यह प्रक्रिया 'संक्रियाकरण' कहलाती है।

कार्यकारी परिभाषा का अर्थ (Meaning of Operational Definition)

परिभाषा एक ऐसा कथन होती है जो किसी शब्द (Term) का अर्थ व्यक्त करती है। यह अर्थ उसमें निहित सम्पूर्ण गुणों के अर्थबोध का काम करता है। सामाजिक विज्ञानों में मोटे रूप में, दो प्रकार की परिभाषाओं का प्रयोग किया जाता है: (1) प्रत्ययात्मक (Conceptual), और (2) कार्यकारी (Operational)। जब किसी एक अवधारणा की व्याख्या किसी अन्य अवधारणा के माध्यम से की जाती है तब इसे प्रत्ययात्मक या विचारात्मक परिभाषा कहते हैं। इस प्रकार की परिभाषाओं का उद्देश्य विचारों का सम्प्रेषण करना मात्र होता है। 'राजनीतिक हिंसा' को राजनीतिक उद्देश्यों, आक्रामक व्यवहार और राजनीतिक भूमिका जैसी अन्य अवधारणाओं के प्रयोग द्वारा स्पष्टीकरण प्रत्ययात्मक परिभाषा का ही एक उदाहरण है। इसके विपरीत, जब किसी अमूर्त या सैद्धान्तिक अवधारणा को प्रेक्षण (Observation), परीक्षण (Testing) और मापन (Measurement) के योग्य तथ्यों के रूप में परिणित किया जाता है, तब यह कार्यकारी परिभाषा कहलाती है। 'बुद्धिमत्ता' को 'बुद्धिफल' (Intelligence Quotient) के द्वारा और 'सामाजिक वर्ग' को आय (Income) के द्वारा मापने की प्रक्रिया कार्यकारी परिभाषा के उदाहरण हैं।

पर्सी डब्ल्यू. ब्रिगमैन (The Logic of Modern Physics) के अनुसार, "एक कार्यकारी परिभाषा किसी अवधारणा को परिभाषित किए जाने की एक ऐसी विधा है, जिसमें उन दशाओं का उल्लेख भी किया जाता है, जिनका किसी घटना के अस्तित्व को प्रदर्शित किए जाने के उद्देश्य से विश्लेषण किया जाना आवश्यक होता है।" उन्होंने इसका एक अच्छा उदाहरण 'घुलनशीलता' (Solubility) का दिया है। एक तत्व को तब घुलनशील माना जाएगा जब उसे किसी तरल पदार्थ (Liquid) में डाला जाए और वह उसमें पूर्णत: घुलमिल जाए।

आर.एल. एकॉफ के अनुसार, "जब अवधारणाओं की परिभाषा उन संचलन प्रक्रियाओं के संदर्भ में की जाती हैं, जिनका प्रयोग किसी विशिष्ट शोध अध्ययन में किया जाता है, तब इसे कार्यकारी या कार्यवाहक परिभाषा (Working Definition) कहते हैं।" **मैंज, होम और ह्यूबनर** (1976) ने लिखा है कि "एक कार्यकारी परिभाषा शोध विधाओं के स्पष्टीकरण करने वाला एक ऐसा कथन है, जिसके द्वारा किसी अवधारणा में निर्दिष्ट

घटना की उपस्थिति को निर्धारित करने वाले सार्थक तथ्यों को प्रमाणित किया जाता है।" जब हम यह कहते हैं कि राम एक 'अच्छा विद्यार्थी' है, तब हमें यह स्पष्ट करना होगा कि 'अच्छा विद्यार्थी' से हमारा क्या तात्पर्य है। स्पष्टीकरण की यह प्रक्रिया ही 'संक्रियाकरण' कहलाती है। अच्छा विद्यार्थी के मापदंड में हम परीक्षा में ऊँचे अंक प्राप्त करना, पाठ्येत्तर क्रियाकलापों में भाग लेना, मिलनसारिता आदि बातों को सम्मिलित कर 'अच्छे' विद्यार्थी की एक परिभाषा घड़ सकते हैं।

शोध में अवधारणाओं के संक्रियाकरण का महत्व (Importance of Operationalization of Concepts in Research)

सैद्धान्तिक अथवा अमूर्त अवधारणाओं को प्रत्यक्ष रूप में देखना और मापना कठिन है। अतः ऐसी अवधारणाओं का संक्रियाकरण आवश्यक हो जाता है। संक्रियाकरण से तात्पर्य अमूर्त अवधारणाओं को मापने योग्य बनाने से है। इसके द्वारा अमूर्त अवधारणाओं की एक कार्यकारी परिभाषा की रचना की जाती है, ताकि उन्हें प्रेक्षण और शोध के योग्य बनाया जा सके। ये परिभाषाएं वास्तविक संसार में अमूर्त अवधारणाओं के अर्थ एवं संदर्भ खोजने में शोधकर्ता की मदद करती हैं। उदाहरणार्थ, व्यक्तित्व के लक्षण, सामाजिक प्रस्थिति, सत्ता, शक्ति, प्रभाव, सामाजिक वर्ग, आस्था या विश्वास या कोई अन्य मनोवैज्ञानिक तत्व ऐसी ही अवधारणाएं हैं, जिन्हें प्रत्यक्षतः देखा नहीं जा सकता। अतः ऐसी अवधारणाओं के बारे में जानकारी प्राप्त करने के लिए यह आवश्यक हो जाता है कि इनसे संबंधित ऐसे आनुभविक तत्वों को खोजा जाए, जिन्हें प्रत्यक्षतः देखा-परखा जा सके। इन अवलोकनीय तत्वों के आधार पर ही यह बताया जा सकता है कि वास्तव में उक्त अवधारणा में वे तत्व विद्यमान हैं अथवा नहीं।

ऐसी अवधारणाएं जिनकी कार्यकारी परिभाषाएं नहीं दी जा सकतीं, वे वैज्ञानिक शोध के लिए निरर्थक होती हैं। ऐसी अवधारणाओं को 'कल्पनात्मक अवधारणाएं' कहा जाता है। स्वर्ग, नरक, आत्मा, पुनर्जन्म की अवधारणाएं इसी श्रेणी में आती हैं। वैज्ञानिक ऐसी अवधारणाओं का प्रयोग नहीं करते।

ऐसी घटनाएं जिन्हें प्रत्यक्षतः देखा-परखा जा सकता है, उनकी कार्यकारी परिभाषा देने या संक्रियाकरण में कोई कठिनाई नहीं आती, जैसे परिवार या किसी कक्षा में बालकों की संख्या, व्यक्ति का लिंग, कार दुर्घटना, हत्या या व्यवहार के ऐसे रूप जैसे चुम्बन लेना, हाथ मिलाना आदि इसी श्रेणी में आती हैं। किन्तु सामाजिक विज्ञानों में अधिकांश परिघटनाएं (Phenomena) ऐसी हैं, जिनका प्रत्यक्ष आनुभविक संदर्भ नहीं होता है। मूल्य, विश्वास, विचार, नॉर्म्स, मानवीय व्यवहार की कुछ विशेषताएं जैसे घनिष्ठता, समंजन, सामाजिक हित, शक्ति संबंध या शक्ति संरचना (Power Structure) ऐसे ही कुछ सामाजिक तथ्य हैं, जिनका प्रत्यक्ष प्रेक्षण संभव नहीं है। जब 'अ' यह कहता है कि 'ब' से मेरा 'बड़ा घनिष्ठ' संबंध है या मैं उससे 'बहुत प्यार' करता हूँ, तब प्रश्न उत्पन्न होता है कि 'बड़ा घनिष्ठ' संबंध या 'बहुत प्यार' से उसका क्या तात्पर्य है, इनकी माप कैसे की जाए? शरीर के बुखार को मापने के लिए तो थर्मामीटर है, किन्तु 'प्यार के बुखार' या 'घनिष्ठता' को मापने के लिए अभी तक समाज वैज्ञानिकों के पास कोई यंत्र नहीं है। यही नहीं, इन अवधारणाओं की

प्रचलित परिभाषाएं भी एक बार यह स्पष्ट नहीं कर पातीं कि इनका आनुभविक परीक्षण कैसे किया जाए। यदि इन अवधारणाओं का शोध में प्रयोग किया जा रहा है तब इन्हें मूर्त रूप दिया जाना, अर्थात् इन्हें आनुभविक (Empirical) बनाया जाना आवश्यक है और इसी के लिए 'संक्रियाकरण' की जरूरत पड़ती है।

संक्रियाकरण के महत्व को एक अन्य सरल उदाहरण से भी समझाया जा सकता है। सामान्यत: गरीबों के बारे में यह धारणा बनी हुई है कि गरीब वे व्यक्ति हैं जिनके पास बहुत कम रुपया-पैसा है। किन्तु प्रश्न यह उठता है कि 'बहुत कम रुपए-पैसे' का क्या अर्थ या तात्पर्य है। कितनी धनराशि (संख्या में) (रु. 500, या रु. 1,000, या रु. 5,000 इससे कम या अधिक धनराशि) वाले व्यक्ति को गरीब कहा जाएगा? यही नहीं, क्या गरीबी की माप केवल धनराशि पर ही निर्भर है या इसके लिए कुछ अन्य मापदंडों (जैसे भोजन में कैलोरी की मात्रा, शिक्षा, स्वास्थ्य आदि) का भी प्रयोग किया जाएगा। भारत में गरीबी की परिभाषा के लिए सरकार ने 'गरीबी की रेखा के नीचे' (BPL) वाले परिवारों की गणना के लिए एक निश्चित धनराशि के अलावा कई अन्य बातों को भी सम्मिलित किया है। यही कारण है कि विभिन्न देशों में गरीबी की परिभाषा अलग-अलग ढंग से की गई है।

संक्रियाकरण की प्रक्रिया (Process of Operationalization)

संक्रियाकरण द्वारा अमूर्त अवधारणाओं की एक ऐसी परिभाषा निर्मित करने का प्रयत्न किया जाता है, जिसके द्वारा उनकी आनुभविक आधार पर माप और परख की जा सके। इसके लिए सर्वप्रथम किसी अवधारणा (जैसे सामाजिक प्रस्थिति) को चरों (Variables) में बदला जाता है, अर्थात् उक्त अवधारणा से संबंधित उन चरों की खोज की जाती है. जो उस अवधारणा को प्रभावित करते हैं। इसके बाद चरों की कार्यकारी परिभाषाओं की रचना की जाती है। कार्यकारी परिभाषा से तात्पर्य चरों की ऐसे सरल शब्दों में व्याख्या करना है, जिसके द्वारा यह प्रकट हो सके कि चरों को कैसे मापा जाएगा। इस प्रकार की परिभाषा द्वारा चरों से संबंधित ऐसे अवलोकनीय तथ्यों और क्रियाओं की खोजबीन की जाती है, जिनका परीक्षण किया जा सके और इसका सत्यापन अन्य व्यक्ति (वैज्ञानिक) भी कर सकें।

यहाँ हम नीचे शिक्षा के संक्रियाकरण की प्रक्रिया का एक उदाहरण दे रहे हैं:

प्राक्कल्पना : 'जितना ही किसी देश का शिक्षा-स्तर ऊँचा होगा, वह देश उतना ही अधिक प्रजातांत्रिक होगा।'

उपरोक्त प्राक्कल्पना का परीक्षण तभी किया जा सकता है, जब इसमें प्रयोग दो अवधारणाओं, 'शिक्षा का स्तर' और 'प्रजातंत्र' को स्पष्ट शब्दों में परिभाषित किया जाए, अर्थात् शिक्षा के स्तर और प्रजातंत्र से हमारा यहाँ क्या तात्पर्य है? अलग-अलग लोगों के मस्तिष्क में शिक्षा के स्तर और प्रजातंत्र के बारे में भिन्न धारणाएं होती हैं। हम अपनी शोध में इन अवधारणाओं के बारे में क्या सोचते हैं? इस सोच को स्पष्ट करने के लिए हमें इनका संक्रियाकरण करना होगा, अर्थात् इनकी एक निश्चित कार्यकारी परिभाषा निर्मित करनी होगी। पृष्ठ 77 और 78 पर छपे दो चित्रों द्वारा इस समस्त प्रक्रिया को स्पष्ट किया गया है।

चित्र 1

शिक्षा का संक्रियाकरण ***(Operationalizing Education)***

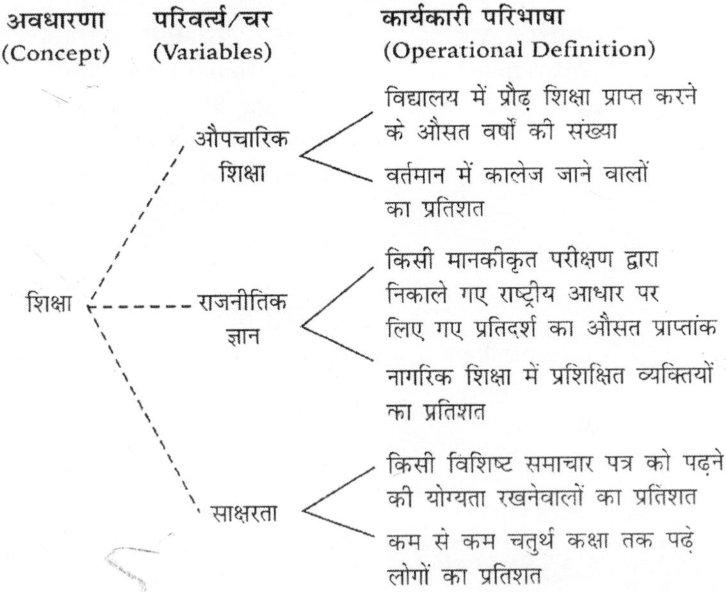

इन चित्रों से स्पष्ट है कि जिन घटनाओं का प्रत्यक्ष अवलोकन संभव नहीं है, उनके संबंध में शोधकर्ता को यह निश्चित करना होता है कि वे कौन से ऐसे प्रेक्षण योग्य तथ्य हैं जिनके द्वारा अप्रत्यक्ष आनुभविक तथ्यों की विद्यमानता को सिद्ध किया जा सके। किसी देश में प्रजातन्त्र है अथवा नहीं, इसकी परीक्षा हम उस देश के निवासियों को दी गई चुनाव की स्वतंत्रता, राजनीतिक दलों में प्रतिस्पर्धा, अल्पसंख्यकों के अधिकारों आदि से लगा सकते हैं। प्रजातन्त्र को मापने के ये कुछ मापदण्ड हैं, इनके अतिरिक्त कुछ अन्य मापदण्ड भी हो सकते हैं। चुनाव की स्वतंत्रता से शोधकर्ता का क्या तात्पर्य है, इसका निर्धारण कैसे किया जाता है? कार्यकारी परिभाषाएं इन प्रश्नों के उत्तर प्रस्तुत करती हैं।

संक्रियाकरण का एक अन्य उदाहरण निम्न प्राक्कल्पना में प्रयोग की गई 'सामाजिक एकीकरण' तथा 'विचलन' (Deviance) की अवधारणाओं से दिया जा सकता है कि "सामाजिक एकीकरण का अभाव विचलन को उत्पन्न करता है।"

सामाजिक एकीकरण की माप के लिए हम अध्ययन किए जाने वाले समूह में 'तलाक की दर' को तथा विचलन की माप के लिए 'शराबखोरी की दर' का प्रयोग कर सकते हैं। इस उदाहरण में तलाक या शराबखोरी की दरों का प्रयोग चरों (Variables) के रूप में किया गया है। किन्तु तलाक तथा शराबखोरी की दर की माप के लिए इनकी कार्यकारी परिभाषा दिया जाना आवश्यक है। इन कार्यकारी परिभाषाओं के द्वारा ही यह स्पष्ट होगा कि तलाकशुदा व्यक्ति तथा शराबखोर व्यक्ति से हमारा क्या तात्पर्य है।

चित्र 2

प्रजातंत्र का संक्रियाकरण *(Operationalizing Democracy)*

अवधारणा (Concept)	परिवर्त्य/चर (Variables)	कार्यकारी परिभाषा (Operational Definition)
प्रजातन्त्र	चुनावी समता	मताधिकार के योग्य वयस्क व्यक्तियों का प्रतिशत
		एक व्यक्ति के एक वोट के आधार पर लोकसभा तथा विधानसभाओं के अनुभाजन की सीमा
		व्यक्तिगत स्वत्वाधिकार प्राप्त समाचार पत्रों की संख्या
	राजनीतिक प्रतिस्पर्धा	मुख्य राजनीतिक दल द्वारा सत्ता में न रहने के वर्षों की संख्या
		पिछले पाँच राष्ट्रीय चुनावों में हारने वाले राजनीतिक दल द्वारा प्राप्त वोटों का प्रतिशत
	अल्पसंख्यकों के अधिकार	संविधान में दिये गए अल्पसंख्यकों के अधिकारों की संख्या
		पिछले पाँच वर्षों में मुद्दई के पक्ष में निर्णय दिये गये अल्पसंख्यक अधिकारों के कानूनी दावों का प्रतिशत

इस प्रकार के अनेक उदाहरण दिये जा सकते हैं, जिनमें अवधारणाओं का प्रत्यक्ष अवलोकन किया जाना संभव नहीं होता, किन्तु जिनके प्रेक्षण-योग्य निर्देशांकों (Index) का निर्धारण किया जा सकता है। किसी समूह में संस्तरण (Hierarchy) की उपस्थिति का व्यक्तियों में पाए जाने वाले संबंधों के द्वारा पता लगाया जा सकता है, जैसे बुद्धि परीक्षणों द्वारा बुद्धिमत्ता (Intelligence) के तत्वों को मालूम किया जा सकता है।

चर/परिवर्त्य (Variable)

अवधारणाएं स्थिर और बदलने वाली दोनों प्रकार की होती हैं। जिन अवधारणाओं का केवल एक मूल्य होता है, उन्हें स्थिर (Constant) अवधारणा कहते हैं। इस प्रकार की अवधारणा का मूल्य बदलता नहीं है। दूसरी प्रकार की अवधारणाएं वे होती हैं जिनका एक से अधिक मूल्य (Value) या आयाम (Dimension) या कोटियां (Categories) होती हैं, उन्हें चर/परिवर्त्य (Variable) कहते हैं। चरों के मूल्य बदलते रहते हैं, अतः उनके जानने में एक शोधकर्ता की रुचि होती है। शोध के किसी एक क्षेत्र में किसी तथ्य विशेष को चर

माना जाता है, यह जरूरी नहीं है कि वह दूसरे क्षेत्र में भी चर हो। उदाहरणार्थ, एक मौसमशास्त्री के लिए वर्षा एक चर हो सकता है, किन्तु एक खगोलशास्त्री के लिए नहीं, क्योंकि नक्षत्रों पर वर्षा का कोई प्रभाव नहीं पड़ता। इसी प्रकार, कैन्सर का अध्ययन करने वाले एक जीवशास्त्री के लिए वर्षा एक चर नहीं है, किन्तु दूषित वायु के अध्ययन में यह एक चर हो सकती है।

सामान्यतः एक चर के मूल्य या कोटियां परिमाणात्मकता लिए होते हैं, किन्तु कुछ चर ऐसे भी होते हैं जिन्हें कोटियों की संख्याओं की अपेक्षा किसी शब्द या लेबल के द्वारा इंगित किया जाता है, जैसे लिंग चर (पुरुष और स्त्री)। यह एक ऐसा चर है, जिसकी केवल दो कोटियां हैं।

समाजशास्त्रीय शोध में चर एक केंद्रीय अवधारणा है, क्योंकि चरों के आधार पर ही गवेषणा की जाती है। अतः चरों की परिभाषा एवं इनके विभिन्न प्रकारों के बारे में जानना आवश्यक है।

चर/परिवर्त्य की परिभाषा (Definition of Variable)

किसी अवधारणा के मापनीय आयाम को चर/परिवर्त्य कहते हैं। (**लेकोविज़ एवं हगेडोन्स**, 1971)। **बरनार्ड फिलिप्स** (1996) के अनुसार "चर एक ऐसी अवधारणा है, जिसमें दो या दो से अधिक विशेषताएं या मूल्य होते हैं।" एक चर एक अवधारणा का मापन योग्य पक्ष है, अर्थात् जिसे मापा जा सकता है, जैसे व्यक्तियों की लम्बाई या भार। लम्बाई या भार के आधार पर हम व्यक्तियों में भिन्नता बता सकते हैं। किसे चर कहा जाए और किसे नहीं, इसे हम कुर्सी (Chair) के उदाहरण द्वारा स्पष्ट कर सकते हैं। एक कुर्सी चर नहीं है, किन्तु 'कुर्सी का वजन' एक चर है। कुर्सी में एकाधिक मूल्य (विशेषताएं) नहीं हैं, क्योंकि मात्र कुर्सी की अवधारणा कुर्सी की विशेषताओं जैसे उसका रंग, वजन, ऊँचाई आदि को प्रकट नहीं करती, किन्तु जैसे ही कुर्सी के साथ इनमें से किसी एक या अधिक विशेषताओं को जोड़ दिया जाता है, अर्थात् जब हम यह कहते हैं कि कुर्सी का वजन दस किलो है, या कुर्सी प्लास्टिक की बनी हुई है, तब कुर्सी एक चर बन जाती है। इसी प्रकार सामाजिक वर्ग, लिंग, सहिष्णुता, राजनीतिक सहभागिता की अवधारणाएं चर हैं। लिंग की अवधारणा में दो मूल्य (स्त्री और पुरुष) निहित हैं। सामाजिक वर्ग की अवधारणा में तीन मूल्य हैं: उच्च, मध्यम और निम्न वर्ग। इन्हें अधिक मूल्यों में भी बांट सकते हैं, जैसे निम्न वर्ग को निम्न-निम्न, निम्न मध्यम और निम्न उच्च।

चरों के प्रकार (Types of Variables)

चरों का वर्गीकरण कई आधारों पर किया गया है, जैसे सार्वजनिक या निजी, सक्रिय या निष्क्रिय, व्यक्तिगत या सामूहिक और सापेक्ष या संबंधात्मक। प्रयोगात्मक शोध में सामान्यतः चरों के निम्न प्रकारों का प्रयोग किया जाता है:

1. स्वतंत्र चर (Independent Variable)
2. आश्रित चर (Dependent Variable)

3. मध्यवर्ती चर (Intervening Variable)
4. परीक्षण चर (Test Variable)
5. नियंत्रित चर (Controlled Variable)
6. अनियंत्रित चर (Uncontrolled Variable)

मूल रूप में, सामाजिक शोध में स्वतंत्र और आश्रित दो चरों का ही प्रयोग किया जाता है। प्रयोगात्मक शोध में इन चरों को ही विभिन्न नामों से जाना जाता है। इन चरों के अतिरिक्त एक वर्गीकरण चरों को गुणात्मक और परिमाणात्मक चरों में भी विभाजित करता है।

स्वतंत्र चर (Independent Variable)

समाजशास्त्रियों सहित सभी समाज वैज्ञानिकों की रुचि सामान्यत: घटनाओं के कारणों और उनके प्रभावों को जानने में होती है। घटना के कारणों को सामान्यत: कारक (Factors) कहा जाता है। शोध की भाषा में इन्हें ही 'स्वतंत्र चर' (प्रयोगात्मक शोध में X (चर) कहा जाता है। जब किसी चर की उपस्थिति या उसमें परिवर्तन से किसी अन्य चर (आश्रित चर) की उत्पत्ति होती है या उसमें परिवर्तन आ जाता है, तब उत्पन्न या परिवर्तन करने वाले कारक को स्वतंत्र चर और इसके प्रभाव को आश्रित चर कहा जाता है। कारणात्मक संबंधों की दृष्टि से एक स्वतंत्र चर को आश्रित चर का कल्पित कारण और आश्रित चर को स्वतंत्र चर का परिणाम या प्रभाव माना जाता है। "धूम्रपान से कैन्सर उत्पन्न होता है," इस कथन में, धूम्रपान कारण (स्वतंत्र चर) है और कैन्सर इसका परिणाम (आश्रित चर) है। इसी प्रकार, जब हम यह कहते हैं कि 'अज्ञान से पूर्वाग्रह उत्पन्न होता है', इसमें अज्ञान स्वतंत्र चर और पूर्वाग्रह आश्रित चर है।

स्वतंत्र चर का प्रयोग घटना की व्याख्या हेतु किए जाने के कारण इसे 'व्याख्यात्मक चर' (Explanatory Variable) या 'भविष्योक्ति चर' (Futuristic Variable) भी कहा जाता है। इन्हें स्वतंत्र चर इसलिए कहा जाता है, क्योंकि ऐसे चर 'कारण-प्रभाव योजना' में कारण का काम करते हैं।

आश्रित चर (Dependent Variable)

वह चर जो किसी अन्य चर का प्रभाव या परिणाम होता है, उसे आश्रित चर के नाम से जाना जाता है। उपरोक्त उदाहरणों में 'कैन्सर' और 'पूर्वाग्रह' आश्रित चर हैं। प्रयोगात्मक शोध में आश्रित चर को Y (वाई) चर कहा गया है।

एक आश्रित चर की उत्पत्ति या उसमें परिवर्तन की मात्रा उसे उत्पन्न करने वाले चर या चरों से सहसम्बन्धित होती है। चरों का यह स्वतंत्र और आश्रित चर में विभाजन केवल विश्लेषणात्मक है, यह पूर्णत: निरपेक्ष नहीं है। यह संभव है कि एक चर एक स्थान पर आश्रित चर हो, किन्तु वही चर अन्य स्थान पर स्वतंत्र चर हो सकता है। कौन से चर को आश्रित या स्वतंत्र चर माना जाए, यह शोध के उद्देश्यों पर निर्भर करता है। उदाहरणार्थ, एक प्राक्कल्पना यह हो सकती है, "सापेक्षिक वंचना राजनीतिक हिंसा को जन्म देती है।" इसमें सापेक्षिक वंचना स्वतंत्र और राजनीतिक हिंसा आश्रित चर हैं। किन्तु यदि इसी प्राक्कल्पना को पलट दिया जाए, अर्थात् "राजनीतिक हिंसा सापेक्षिक वंचना को उत्पन्न करती है", तब इसमें 'राजनीतिक हिंसा' स्वतंत्र चर और 'सापेक्षिक वंचना' आश्रित चर

बन जाते हैं। इसी प्रकार गरीबी और बेरोजगारी के सहसंबंध हो सकते हैं। एक जगह बेरोजगारी के कारण गरीबी हो सकती है तो अन्य स्थान पर गरीबी के कारण बेरोजगारी हो सकती है। इन दोनों का संबंध दुतरफा हो सकता है।

स्वतंत्र और आश्रित चर सामान्यतः क्रमशः कारण और प्रभाव के संबंधों को इंगित करते हैं, किन्तु कई बार यह बताना कठिन होता है कि इनमें से कौन सा कारण और प्रभाव है। बेरोजगारी और गरीबी के संबंधों के बारे में यह कहना कठिन है कि इनमें से कौन सा कारण और प्रभाव है, क्योंकि दोनों एक–दूसरे से इस प्रकार जुड़े हुए हैं कि दोनों एक दूसरे के कारण और प्रभाव हो सकते हैं। कुछ इस प्रकार की शोध भी होती हैं, जिनमें कोई आश्रित चर नहीं होता। 'जनगणना' इसका एक उदाहरण है जिसमें कोई आश्रित चर नहीं होता।

मध्यवर्ती चर (Intervening Variable)

जब दो चरों के बीच कारणात्मक संबंधों को दर्शाने के लिए किसी अन्य चर का प्रयोग किया जाता है, तब इस तीसरे चर को मध्यवर्ती चर कहते हैं। कई बार देखा जाता है कि 'कारण–प्रभाव योजना' में जिन चरों को मूलतः स्वतंत्र तथा आश्रित चर माना गया है, उनमें वास्तव में कोई प्रत्यक्ष संबंध नहीं होता। उनमें किसी अन्य कारण (चर) द्वारा अप्रत्यक्ष संबंध होता है। यह अप्रत्यक्ष कारक दोनों मूल चरों को जोड़ने का काम करता है। इसे ही मध्यवर्ती कारक (चर) कहते हैं। यदि इस मध्यवर्ती कारक को नियंत्रित कर दिया जाए या स्थिर कर दिया जाए, तो मूल चरों के बीच का संबंध समाप्त हो जाता है।

मध्यवर्ती चर का एक उदाहरण दुर्खाइम के आत्महत्या के सिद्धान्त से दिया जा सकता है, जिसमें यह माना गया है कि सामाजिक एकीकरण में कमी या अभाव (स्वतंत्र चर) व्यक्ति में आक्रामक भावनाएं (मध्यवर्ती चर) उत्पन्न करता है और ये आक्रामक भावनाएं उसे आत्महत्या या मानवहत्या (आश्रित चर) करने के लिए प्रेरित करती हैं:

सामाजिक एकीकरण का अभाव (स्वतंत्र चर) ⟶ आक्रामक भावनाएं (मध्यवर्ती चर) ⟶ आत्महत्या या मानवहत्या (आश्रित चर)

परीक्षण चर (Test Variable)

स्वतंत्र और आश्रित चरों के बीच संबंधों की जांच करने में प्रयोग किए जाने वाले चर को परीक्षण चर कहा जाता है। क्या सरकारी खर्चे (आश्रित चर) की मात्रा और राजनीतिक सहभागिता (स्वतंत्र चर) की मात्रा के बीच कोई संबंध है? इस संबंध की जांच के लिए 'आर्थिक विकास' को परीक्षण चर के तौर पर प्रयोग किया जा सकता है। कुछ शोधकर्ताओं ने अपने अध्ययन में इस चर का प्रयोग करते हुए यह पाया कि सरकारी खर्चे और राजनीतिक सहभागिता में कोई प्रत्यक्ष संबंध नहीं है।

नियंत्रित चर (Controlled Variable)

किसी स्वतंत्र और आश्रित चर के बीच आनुभविक रूप में देखे गए अप्रामाणिक सहसंबंध की संभावना का पता लगाने के लिए जिस चर का प्रयोग किया जाता है, उसे नियंत्रित चर कहा जाता है। प्रयोगात्मक शोध में ऐसे चर या चरों को भिन्नता उत्पन्न करने के लिए निष्कासित कर

दिया जाता है। लिंग चर के कारण उत्पन्न होने वाली भिन्नता को कम करने के लिए किसी शोध में केवल पुरुषों का ही चुनाव कर शोध को नियंत्रित किया जा सकता है।

अनियंत्रित चर (Uncontrolled Variable)

कई चरों को नियंत्रित करने के उपरांत भी अनेक चर नियंत्रण के घेरे से छूट जाते हैं, या भूल सें वे नियंत्रण के घेरे से बाहर रह जाते हैं, ऐसे चरों को अनियंत्रित चर कहते हैं।

गुणात्मक और परिमाणात्मक चर (Qualitative and Quantitative Variable)

जब किसी घटना या प्रेक्षण (Observation) की संख्या के रूप में अर्थपूर्ण व्याख्या नहीं की जा सकती, तब इसे गुणात्मक चर कहते हैं। उदाहरणार्थ, लिंग (Gender) एक गुणात्मक चर है क्योंकि 'स्त्री' और 'पुरुष' की अर्थपूर्ण ढंग से संख्याओं में व्याख्या नहीं की जा सकती। इसी प्रकार, वैवाहिक प्रस्थिति (Marital Status) भी एक गुणात्मक चर है। इसे भी संख्याओं में व्यक्त नहीं किया जा सकता। इसे व्यक्त करने के लिए विवाहित/अविवाहित/विधवा/विधुर/परित्यक्त आदि गुणों का प्रयोग किया जाता है। धर्म, जाति, प्रजाति भी गुणात्मक चर के ही उदाहरण हैं। यही बात क्रमसूचक चर (Ordinal Variable) पर लागू होती है, जैसे सामाजिक वर्ग। इसे भी उच्च, मध्यम और निम्न जैसी श्रेणियों में विभाजित किया जाता है। इनके लिए कोई अर्थपूर्ण समतुल्य अंक नहीं हैं।

गुणात्मक चर को संख्यात्मक इकाइयों की अपेक्षा श्रेणियों (Categories) में प्रदर्शित किया जाता है। एक गुणात्मक चर में दो या दो से अधिक श्रेणियां होती हैं, जिन्हें उनके गुण-धर्म के आधार पर एक-दूसरे से अलग प्रदर्शित किया जाता है। सभी गुणात्मक चर खंडित (Discrete) चर होते हैं, अर्थात् जिनके मूल्यों को संख्यात्मक इकाइयों में नहीं बांटा जा सकता है।

जब किसी घटना या प्रेक्षण को संख्या के रूप में प्रदर्शित किया जा सकता है, तब यह परिमाणात्मक चर कहलाता है। आय, सम्पदा, आयु, जननक्षमता, समूह (परिवार) का आकार, धर्मस्थल जाने की आवृत्ति आदि सभी परिमाणात्मक चर के उदाहरण हैं। परिमाणात्मक चर खंडित (Discrete) और सतत (Continuous) दोनों प्रकार के हो सकते हैं।

गुणात्मक और परिमाणात्मक चरों का भेद शोध पद्धतिविज्ञान की दृष्टि से काफी महत्वपूर्ण है, क्योंकि दोनों की सूचनाएं भिन्न होती हैं। उदाहरणार्थ, परिमाणात्मक सूचनाओं को आसानी से वृहत प्रतिदर्श सर्वेक्षणों द्वारा संकलित किया जा सकता है। किन्तु गुणात्मक सूचनाओं को एकत्रित करना कठिन है, जैसे लोग रोजमर्रा का जीवन कैसे जीते हैं, इसके लिए छोटे किन्तु प्रतिनिधित्वपूर्ण सेम्पल के गहन अध्ययन की जरूरत पड़ती है।

4

तथ्य और सिद्धान्त
Theory and Fact

"विज्ञान एक ऐसा प्रयास है जो निरंतर तथ्य से सिद्धान्त और सिद्धान्त से तथ्य की ओर घूमता रहता है।"

–ए. डब्ल्यू. ग्रीन (1956)

आधुनिक विज्ञान की वास्तविक प्रकृति को समझने के लिए तथ्य और सिद्धान्त के आपसी संबंधों को जानना आवश्यक है। विज्ञान की वैज्ञानिक प्रक्रिया का समारंभ तथ्य से होता है और उसकी अंतिम परिणति नियम या सिद्धान्त के निर्माण में होती है। न्यूटन ने पेड़ से गिरते हुए फल को देखा, मस्तिष्क में एक विचार कोंधा कि यह फल नीचे ही क्यों गिरा, ऊपर क्यों नहीं गया? फल का नीचे गिरना एक तथ्य ही तो था और इसी के आधार पर बाद में 'गुरुत्वाकर्षण शक्ति' के नियम का प्रतिपादन हुआ। इस नियम या सिद्धान्त के निर्माण की प्रक्रिया की शुरुआत फल के नीचे गिरने के प्रेक्षण (Observation) से हुई। इसकी ढेर सारी जांच-परख की गई और बाद में इस सिद्धान्त की रचना की गई। आज इस नियम का प्रयोग कई विज्ञानों में किया जा रहा है। यही नहीं, इस नियम की भी नए तथ्यों के संदर्भ में पुनः जांच-परख (परीक्षण-पुनर्परीक्षण) किया जा रहा है। विज्ञान में किसी भी सिद्धान्त को अंतिम नहीं माना जाता और निरंतर तथ्य संकलन और जांच-परख का काम चलता रहता है। यही विज्ञान की ताकत है, जो उसे दिन-प्रतिदिन आगे बढ़ाता रहता है।

ध्यान रहे, विज्ञान के तथ्य या वैज्ञानिक तथ्य आनुभविक (Empirical) और परीक्षणीय (Verifiable) होते हैं। जिन तथ्यों को इन्द्रियों के माध्यम से देखा-परखा नहीं जा सकता, वे वैज्ञानिक तथ्य की श्रेणी में नहीं आते। वे अच्छे दार्शनिक, नैतिक या आध्यात्मिक तथ्य हो सकते हैं, किन्तु वैज्ञानिक तथ्य कदापि नहीं। वैज्ञानिक तथ्यों का परीक्षणीय होना भी आवश्यक है, अर्थात् दूसरे व्यक्ति (वैज्ञानिक) भी उनकी सत्यता की जांच कर सकते हैं। यही कारण है कि आत्मा-परमात्मा, पुनर्जन्म और स्वप्नों से संबंधित विचार, जिनका आनुभविक आधार पर परीक्षण नहीं किया जा सकता, उन्हें वैज्ञानिक तथ्य के श्रेणी में नहीं रखा जाता है।

वैज्ञानिक तथ्य (Scientific Facts)

तथ्य वह शोध-सामग्री है जिसे अन्वेषक शोध हेतु संकलित करता है। इन्हें 'दत्त' (Data) या आंकड़े भी कहा जाता है। अमरीकी कालेज कोश के अनुसार, जो कुछ घटित हुआ है (What has Really Happened) वह तथ्य है, किन्तु तथ्य मूर्त (Tangible) ही नहीं अमूर्त (Intangible) भी होते हैं। सामाजिक विज्ञानों में भावनाओं और विचारों का भी महत्व है जिन्हें देखा नहीं जा सकता किन्तु वे वैज्ञानिक तथ्यों की श्रेणी में आते हैं।

पी.वी. यंग (1977) ने लिखा है कि "(वैज्ञानिक) तथ्य ऐसे भौतिक, मानसिक अथवा उद्वेगात्मक घटनाएं हैं जिनकी निश्चित रूप में पुष्टि की जा सकती है और जिन्हें किसी निश्चित वैचारिक संसार में सत्य के रूप में स्वीकार किया जा सकता है।" सभी घटनाएं जो हमारे समक्ष उत्पन्न होती हैं, वैज्ञानिक तथ्य नहीं हैं, जब तक वे अर्थपूर्ण और सैद्धान्तिक दृष्टि से महत्वूर्ण नहीं होती हैं। ध्यान रहे, घटनाएं स्वयं तथ्य नहीं होतीं, अपितु उनके देखने का नजरिया या दृष्टिकोण उन्हें वैज्ञानिक तथ्य का नाम देता है।

गुडे एवं हट्ट (1952) के अनुसार, "एक तथ्य किसी घटना के बारे आनुभविक आधार पर परीक्षित एक कथन है। यह मात्र एक आकस्मिक प्रेक्षण (Random Observation) नहीं होता।" दर्शनशास्त्र के तथ्य अधिकांशतः सैद्धान्तिक अनुमानों (Theoretical Speculations) की श्रेणी में आते हैं, उन्हें वैज्ञानिक तथ्य कहना एक भूल होगी, जब तक उनकी जांच-परख नहीं कर ली जाती है।

वैज्ञानिक तथ्यों की विशेषताएं
(Characteristics of Scientific Facts)

प्रत्येक घटना सभी के लिए महत्वपूर्ण नहीं होती। यह तो देखने वाले वाले की नजरें हैं जो किसी घटना को महत्वपूर्ण तो किसी को निरर्थक बना देती हैं। कोयले की खानों की चट्टानों की परतों में छुपे हीरे के पत्थर की परख के लिए किसी पारखी की जरूरत होती है। वह एक अपरिष्कृत पत्थर को काट-छांट कर उसे हीरे का रूप दे देता है। इसी प्रकार, वैज्ञानिक तथ्यों को जानने-समझने के लिए एक कुशल एवं प्रशिक्षित वैज्ञानिक की जरूरत होती है। **पी.वी. यंग** ने कहा है, "सामाजिक तथ्य किसी खोजकर्ता की प्रतीक्षा में इधर-उधर बिखरे होते हैं, वे स्पष्ट रूप में नजर नहीं आते। वे बहुधा सांस्कृतिक प्रतिमानों (Cultural Patterns) की गहरी परतों में छुपे रहते हैं और विभिन्न प्रकार के गतिशील संबंधों में गुंथे होते हैं।"

उपरोक्त विश्लेषण के आधार पर वैज्ञानिक तथ्यों की निम्नलिखित विशेषताएं बताई जा सकती हैं:

1. आनुभविक प्रेक्षण (Empirical Observation)
2. परीक्षणीय प्रेक्षण (Verifiable Observation)
3. अर्थपूर्ण प्रेक्षण (Meaningful Observation)
4. किसी सैद्धान्तिक ढांचे से जुड़ा होना (Related with Some Theoretical Framework)

उपरोक्त पहली तीन विशेषताओं का वर्णन ऊपर किया जा चुका है। किसी तथ्य की महत्ता किसी विशिष्ट सैद्धान्तिक ढांचे में ही होती है, अन्य के लिए वे ही तथ्य निरर्थक हो सकते हैं। पाचन क्रिया का जैवकीय विज्ञान में महत्व है, किन्तु भौतिक विज्ञान में इसका कोई महत्व नहीं होता। अतः किसी तथ्य की महत्ता उसकी संदर्भ-परिधि (Frame of Reference) में ही प्रकट होती है। "तथ्य अपने बारे कुछ नहीं कहते" (Facts do not speak for themselves) अपितु कोई विषय विशेषज्ञ ही किसी घटना को तथ्य का दर्जा प्रदान कर उसे महत्वपूर्ण बना देता है। तथ्यों का संकलन मात्र विज्ञान का परिचायक नहीं, जब तक आपस में उनमें कोई संबंध स्थापित नहीं किया जाता और यह कार्य एक सुप्रशिक्षित वैज्ञानिक ही कर सकता है।

तथ्यों के कार्य (Functions of Facts)

प्रसिद्ध समाजशास्त्री **आर.के. मर्टन** ने तथ्यों के चार प्रमुख कार्य बताये हैं:

1. सिद्धान्तों का प्रवर्तन (Initiation of Theories)

विज्ञान का इतिहास ऐसी रोचक घटनाओं से भरा पड़ा है, जो यह बताती हैं कि किस प्रकार रेडियम, पैन्सलीन, हवाई जहाज, टेलीफोन आदि अनेक वस्तुओं का आविष्कार या खोज हुई है। कभी-कभी कोई आकस्मिक घटना किसी आविष्कार का आधार बन जाती है। ये आकस्मिक घटनाएं ही बाद में वैज्ञानिक तथ्य बन जाती हैं और सिद्धान्तों को जन्म देती हैं। किन्तु, इन आकस्मिक घटनाओं को अधिकांश व्यक्ति मात्र संयोग समझ कर भूल जाते हैं, किन्तु एक संवेदनशील शोधकर्ता इनके बारे में कई प्रश्न करता है, ऐसा क्यों हुआ, कैसे हुआ? आदि। ये प्रश्न ही उसे सिद्धान्त निर्माण की मंजिल तक पहुँचाते हैं और इस प्रकार सिद्धान्तों की रचना होती है।

2. सिद्धान्तों का परिष्करण (Recasting of Theories)

ऊपर लिखा गया है कि विज्ञान के क्षेत्र में किसी सिद्धान्त को अंतिम सिद्धान्त नहीं माना जाता। रोजाना हर क्षेत्र में नई शोध हो रही हैं, नए तथ्य उभर कर आ रहे हैं। ये नए तथ्य कई पुराने सिद्धान्तों की कमियों को उजागर करते हैं तो कुछेक सिद्धान्तों को पूर्णतः अस्वीकार कर नए सिद्धान्तों की रचना या विद्यमान सिद्धान्त में हेर-फेर कर उसे नए ढंग से प्रस्तुत करने को बाध्य करते हैं।

शोध की प्रक्रिया निरंतर चलती रहती है। अतः जब कभी कोई नवीन तथ्य किसी विद्यमान सिद्धान्त को चुनौती देता है या शंका उत्पन्न करता है, तब ऐसे सिद्धान्त की पुनर्परीक्षा के परिणामों के आधार पर उक्त सिद्धान्त का परिष्करण (संशोधन/परिवर्द्धन) किया जाता है और उसे नए रूप में प्रस्तुत किया जाता है। दुर्खाइम का आमहत्या संबंधी सिद्धान्त इसका एक उदाहरण है। दुर्खाइम के पूर्व आत्महत्या को एक मानसिक घटना या भौगोलिक तथ्यों (सर्दी, गर्मी या वर्षा) से प्रभावित घटना माना जाता था, किन्तु विभिन्न देश-प्रदेशों से संकलित तथ्यों (आंकड़ों) के आधार पर दुर्खाइम ने बताया कि आत्महत्या के कारणों को समाज में ही खोजा जाना चाहिए और यह सिद्धान्त प्रतिपादन किया कि व्यक्ति की परिवार या समाज से लगाव और घनिष्ठता में कमी आने के कारण व्यक्ति आत्महत्या के लिए प्रवृत्त होता है।

नवीन तथ्य किस प्रकार पुरानी स्थापित धारणाओं और सिद्धान्तों को बदल देते हैं, इसका एक अन्य उदाहरण प्रसिद्ध मानवशास्त्री **मेलिनोवस्की** की शोध (ट्रोब्रिएंड द्वीप वासियों का अध्ययन) से दिया जा सकता है। मेलिनोवस्की ने जादू की व्याख्या भयावह, आकस्मिक और अनियंत्रणीय दशाओं के साथ अनुकूलन के एक उपकरण के रूप में की है। इसके लिए उन्होंने द्वीपवासियों के मछली पकड़ने के अभियान का उदाहरण देते हुए कहा कि जादुई क्रियाएं मानव के व्यावहारिक अनुभव में आने वाली अनिश्चितताओं से उत्पन्न तनावों को कम करती हैं।

इसी प्रकार भारत की अस्पृश्य जातियों और प्राणीशास्त्रीय आधार पर बनी प्रजातियों (Races) के बारे में एक लम्बे समय तक यह धारणा बनी रही कि काले व्यक्तियों की अपेक्षा गोरे व्यक्तियों (काकेशियन लोग) या सवर्ण जातियों के व्यक्ति अधिक बुद्धिमान, चतुर एवं पराक्रमी होते हैं। किन्तु आधुनिक शोध अध्ययनों ने इस स्थापित धारणा को झुठला दिया है। इसे काल्पनिक और भ्रामक विचार मानते हुए कहा गया है कि यह विकास का परिणाम और उन्नति के अवसरों की भिन्नता है। यदि अस्पृश्य कहे जाने वाले और काले लोगों को भी उन्नति के समान अवसर एवं संसाधन (शिक्षा, संतुलित आहार, चिकित्सा सुविधा आदि) मिलें तो वे भी ज्ञान-विज्ञान, खेलों तथा अन्य क्षेत्रों में अपने आपको प्रखर सिद्ध कर सकते हैं। ओलंपिक खेलों के कई क्षेत्रों में कालों ने गोरों को पछाड़ा है।

3. सिद्धान्तों का स्पष्टीकरण और उन्हें पुनर्परिभाषित करना (Clarification and Redefinition of Theories)

किसी भी शोध के लिए यह आवश्यक है कि जिस सिद्धान्त का परीक्षण किया जा रहा है, उससे संबंधित अवधारणाओं और चरों (Variables) को स्पष्ट रूप में परिभाषित किया जाए। सामाजिक विज्ञान में बहुत से शब्द (Terms) और अवधारणाएं (Concepts) जैसे समाज, समुदाय, मनोबल, सामाजिक एकता आदि, जिनका प्रयोग हम अपने दिन-प्रतिदिन के वार्तालाप और कार्यकलापों में करते हैं, शोध की दृष्टि से उनका स्पष्टीकरण और उन्हें परिभाषित किया जाना आवश्यक है। अवधारणाओं का स्पष्टीकरण इस प्रकार किया जाए कि उनकी माप की जा सके। स्पष्टीकरण की इस प्रक्रिया को शोध की भाषा में 'संक्रियाकरण' (Operationalization) कहा जाता है।

4. वैचारिक रुचि में बदलाव (Refocusing of Theoretic Interest)

नए तथ्य वैज्ञानिकों को नए ढंग से सोचने-विचारने के लिए प्रवृत्त करते हैं। अपराध और बाल अपराध संबंधी नवीन तथ्यों ने पुराने जैवकीय या मनोवैज्ञानिक सिद्धान्तों (लम्ब्रासो, बैकेरिया, आदि) से ध्यान हटा कर सामाजिक सिद्धान्तों (सदरलैंड, कोहेन, मर्टन, क्लोवार्ड एवं ओहलिन आदि) पर केन्द्रित कर दिया है। नवीन तथ्यों की खोज वैज्ञानिकों की शोध रुचि को बदल देती है। प्रक्षेपण विधियों (Projective Techniques) के विभिन्न रूपों के विकास ने चरित्र और व्यक्तित्व संबंधी सिद्धान्तों के प्रवाह को ही बदल दिया। इसी प्रकार, सांख्यिकीय विधियों ने सिद्धान्त निर्माण की प्रक्रिया को एक नवीन मोड़ दिया है।

वैज्ञानिक सिद्धान्त (Scientific Theory)

जब हम यह कहते हैं कि मैंने राम, श्याम, रहीम, जॉन, रानी, कविता को मरते हुए देखा है, तब हमारा यह कथन मृत्यु की घटना संबंधी 'एक तथ्य' है, किन्तु जब हम यह कहते हैं कि "मानव मरणशील है" या "जो जन्मा है वह अवश्य मरेगा" तब हमारे ये कथन मृत्यु की घटना संबंधी एक सिद्धान्त को व्यक्त करते हैं। इसी प्रकार जब हम यह कहते है कि मैंने फलों या पत्तियों को नीचे गिरते हुए देखा है, तब हम इस कथन द्वारा 'एक तथ्य' को प्रदर्शित करते हैं, किन्तु जब हम सभी फलों और पत्तियों के गिरने के बारे में यह कहते हैं कि "इन्हे नीचे ही गिरना है", तब हमारा यह कथन 'सिद्धान्त' बन जाता है। अनेक समान घटनाओं (व्यक्तियों का मरना, पत्तियों और फलों का पेड़ से नीचे गिरना) के बीच एक सामान्य प्रतिमान की खोज ही सिद्धान्त रचना या सैद्धान्तिकरण (Theorization) कहलाता है।

एक सिद्धान्त में उसी से संबंधित अनेक तथ्य सम्मिलित होते हैं, अत: एक वैज्ञानिक सिद्धान्त अनेकानेक तथ्यों के आधार पर निर्मित, किन्तु उनसे परे एक कथन होता है। यह कथन एक ही प्रकार की अनेकानेक घटनाओं को एक ही घटना की पुनरावृत्ति के रूप में प्रस्तुत करता है।

सिद्धान्त क्या है? (What is Theory?)

सिद्धान्त एक मानसिक क्रिया है, जो घटना के उत्पन्न होने वाले कारकों का संकेत देता है। यह हमारे 'क्यों' (Why) के प्रश्न का उत्तर देता है, अर्थात् ऐसा 'क्यों' हुआ या ऐसा 'क्यों' होता है? एक अकेला व्यक्ति या कोई समूह ऐसा क्यों करता है। कोई विशिष्ट प्रथा (नर बलि, भ्रूण हत्या, दहेज आदि) किसी समाज विशेष में क्यों प्रचलित हैं, दूसरे समाजों में क्यों नहीं? ऐसे अनेकानेक प्रश्न हो सकते हैं। सभी विज्ञानों का लक्ष्य घटनाओं के कारणों को जानना है, जटिल वास्तविकताओं को समझने में सहायता करना है। अत: सिद्धान्त मानव की 'इन कारणों' संबंधी जिज्ञासा को शांत करने का एक तरीका है। दूसरे शब्दों में, यह 'क्यों' के प्रश्न का उत्तर देने की एक विधि है। सिद्धान्त की शुरुआत 'वास्तविक' संसार के बारे में कुछ पूर्वानुमानों (Assumptions) से होती है, उसके बारे में कुछ प्रश्न किए जाते हैं और बाद में उससे संबंधित कुछ तथ्यों का संकलन कर उनके आधार पर प्रश्नों के उत्तर दिए जाते हैं।

पी.वी. यंग (1977) के अनुसार, "एक सिद्धान्त विस्तृत प्रामाणीकृत तथ्यों के आधार पर निर्मित एक सामान्यीकरण (Generalization) है।" सामान्यीकरण से तात्पर्य ज्ञात तथ्यों के औचित्य को प्रदर्शित करने वाले कथन से है। यह कथन मूर्त घटनाओं का अमूर्तीकरण (Abstraction) होता है, जैसे:

1. मैने एक व्यक्ति को मरते हुए देखा है। (एक तथ्य)
2. मैने बहुधा व्यक्तियों को मरते हुए देखा है। (अनेकानेक तथ्य)
3. सभी व्यक्यिों को अनिवार्यत: एक दिन मरना है। (सामान्यीकरण)

सामान्यीकरणों की रचना एक तथ्य के आधार पर नहीं, अपितु एक ही प्रकार के तथ्यों के समूह के आधार पर होती है। एक वैज्ञानिक एक ही प्रकार की विभिन्न घटनाओं को एक ही घटना की पुनरावृत्ति के उदाहरण के रूप में देखता है।

सिद्धान्त को कई अन्य रूप में भी परिभाषित किया गया है जैसे–

ब्लैक एवं चैम्पियन (1976) के अनुसार, "एक सिद्धान्त अन्तर्संबंधित प्रस्थापनाओं (Propositions) का एक व्यवस्थित समूह है, जो चरों (Variables) के मध्य कारणात्मक संबंधों की व्याख्या करता है।"

एफ.एन कर्लिंगर (1965) ने लिखा है, "एक सिद्धान्त अवधारणाओं (Concepts), परिभाषाओं (Definitions) और प्रस्थापनाओं (Propositions) के अन्तर्संबंधों के आधार पर निर्मित एक समूह है, जो विभिन्न चरों के आपसी संबंधों की व्याख्या करता है।"

शौबर्ग एवं नैट (1968) के अनुसार, "एक सिद्धान्त तर्कनिष्ठ अन्तर्संबंधित प्रस्थापनाओं या कथनों का एक समूह होता है।"

जैक एवं गिब्स के अनुसार, "एक सिद्धान्त घटनाओं या वस्तुओं के असंख्य वर्गों की विशेषताओं के बारे में आनुभविक उक्तियों के रूप में तर्कपूर्ण अन्तर्संबंधित कथनों का एक समूह होता है।"

उपरोक्त सभी परिभाषाओं के निचोड़ के रूप में यह कहा जा सकता है कि "सिद्धान्त आनुभविक तथ्यों और उनके अर्न्तसंबंधों की व्यवस्थित रूप में व्याख्या करने वाला एक कथन है।"

एक वैज्ञानिक सिद्धान्त की विशेषताएं (Characteristics of a Scientific Theory)

उपरोक्त परिभाषाओं के आधार पर एक वैज्ञानिक सिद्धान्त की निम्नलिखित प्रमुख विशेषताएं बताई जा सकती हैं:

1. एक वैज्ञानिक सिद्धान्त अनुमान नहीं होता अपितु अनेकानेक आनुभविक तथ्यों के आधार पर निर्मित एक सामान्यीकरण होता है।
2. यह वास्तविकता का अमूर्तीकरण होता है।
3. यह अनेकानेक तथ्यों का संक्षप्तीकरण होता है, अर्थात् उन्हें संक्षिप्त रूप देता है।
4. इसका आनुभविक परीक्षण संभव होता है।
5. इसमें सार्वभौमिक सत्यता का गुण होता है।
6. इसकी प्रकृति अस्थाई (Provisional) होती है, अर्थात् यह कोई अंतिम सत्य नहीं होता।
7. यह संकलित तथ्यों का मात्र संकलन नहीं होता अपितु उनके आपसी संबंधों को दर्शाने वाला एक कथन होता है।

उपरोक्त विशेषताएं वैज्ञानिक सिद्धान्त को दार्शनिक सिद्धान्त से अलग करती हैं। दार्शनिक सिद्धान्त की प्रकृति स्थाई होती है, उसका आनुभविक तथ्यों के आधार पर

सत्यापन नहीं किया जा सकता। दार्शनिक सिद्धान्तों का प्रचलन परम्परा या ईश्वरोक्ति के आधार पर होता है।

वैज्ञानिक ज्ञान प्राप्ति में सिद्धान्त की महत्ता (Importance of Theory in Scientific Pursuits)

विज्ञान का अंतिम लक्ष्य भविष्योक्ति करना है, ताकि मानव जीवन को अधिकाधिक सुखी बनाया जा सके, भावी जीवन की अनिश्चितताओं को कम किया जा सके तथा भौतिक संसार पर नियंत्रण स्थापित किया जा सके। तथ्यपूर्ण भविष्योक्ति (Prediction) के लिए सिद्धान्तों का होना आवश्यक है। सिद्धान्त के अभाव में जीवन की जटिल आवश्यकताओं को समझना और उनसे निपटना कठिन होता है। सिद्धान्त जटिल वास्तविकताओं को संक्षिप्त रूप देकर उन्हें समझने में हमारी सहायता करते हैं।

विज्ञान के क्षेत्र में सिद्धान्त की निम्न प्रमुख भूमिका है:

1. **सिद्धान्त तथ्यों की सार्थकता प्रकट करने में सहायता करता है:** सिद्धान्त का प्रमुख कार्य हमारे शोध क्षेत्र को परिभाषित करने के साथ-साथ उनकी सार्थकता प्रकट करना है। सिद्धान्त के घेरे में ही तथ्यों की सार्थकता प्रकट होती है, अर्थात् कौन से तथ्य सार्थक हैं और कौन से निरर्थक।
2. **सिद्धान्त तथ्यों का संक्षिप्तीकरण करता है:** किसी समुदाय के जनसंख्या के ढेर सारे आंकड़ों (जन्म दर, मृत्यु दर) के आधार पर जब प्रजनन दर का परिकलन किया जाता है, तब यह प्रक्रिया आंकड़ों के संक्षिप्तीकरण को ही प्रकट करती है। जब हम कहते हैं कि "लकड़ियां पानी में तैरती हैं" तब हमारा यह सामान्यीकरण (सिद्धान्त) अनेकानेक लकड़ियों को पानी में तैरते हुए देखने पर ही तो निर्मित हुआ है।
3. **सिद्धान्त घटनाओं के व्यवस्थीकरण, वर्गीकरण और समाकलन (Integration) में सहायक होता है:** विज्ञान के तथ्यों को अवधारणाओं के आपसी संबंधों के माध्यम से ही अभिव्यक्त किया जाता है और ये अवधारणाएं सिद्धान्त की रचना में महत्वपूर्ण भूमिका अदा करती हैं। अवधारणाओं द्वारा ही घटनाओं को एक सूत्र में पिरोने, अर्थात् उन्हें व्यवस्थित रूप देने का कार्य किया जाता है। सिद्धान्त एक ही घटना संबंधी विभिन्न परिप्रेक्ष्यों में सुसम्बद्धता स्थापित करने में सहायता करता है।
4. **सिद्धान्त तथ्यों के बारे में भविष्योक्ति (Predication) करता है:** सिद्धान्त 'क्यों' के प्रश्न का उत्तर ही नहीं देता अपितु उन कारकों का संकेत भी देता है, जिनके कारण घटना उत्पन्न होने की संभावना होती है। अत:, सिद्धान्त किसी घटना के भविष्य में उत्पन्न होने की संभावनाओं पर प्रकाश डाल कर उसके नियंत्रण में सहायक होता है। किसी घटना पर नियंत्रण तभी प्राप्त किया जा सकता है, जब उसके बारे में हमें पहले से पता हो। मौसम विभाग द्वारा सुनामी, तूफान या अंधड़ आने की संभावना के प्रचार से जन-धन-पशु आदि के बचाव में सहायता मिलती है। सामाजिक विज्ञानों की शोध-विधियों की परिपक्वता में कमी होने के कारण

प्राकृतिक विज्ञानों की भांति मानव जीवन के बारे में अभी पूर्ण सटीक भविष्यवाणी संभव नहीं हो पाई हैं।

5. **सिद्धान्त हमारे ज्ञान की कमी को प्रदर्शित करता है:** ईसा के लगभग पांच सौ वर्षों पूर्व से ही विभिन्न दार्शनिकों का मत रहा है कि मानव समाज का जन्म 'पारस्परिक समझौतों' (Reciprocal Contracts) का परिणाम है। इसी के आधार पर सत्रहवीं शताब्दी में हॉब्स ने सामाजिक समझौते के सिद्धान्त का प्रतिपादन किया किन्तु, जब इस सिद्धान्त के बारे में खोजबीन की गई, तब तथ्यों द्वारा इस सिद्धान्त की पुष्टि नहीं हो पाई। इस तथ्य ने ज्ञान की कमी को प्रदर्शित किया। ज्ञान की कमी का एक अन्य उदाहरण अपराधशास्त्र के क्षेत्र से दिया जा सकता है। सदरलैंड के 'वैभिन्न्य संगति के सिद्धान्त' के पूर्व यह माना जाता था कि "अपराधी जन्मजात होते हैं", या "अपराधी मानसिक विकृति से ग्रस्त व्यक्ति होते हैं," या "अपराध गरीब तबके के लोगों के द्वारा किया जाता है", इन सभी धारणाओं को अपराध और अपराधी के क्षेत्र में हुई नई गवेषणाओं ने गलत साबित कर दिया है। समाजशास्त्रियों के अनुसार, अपराध की जड़ें स्वयं समाज और परिवार में हैं। अपराधी कुसंगति में बनते हैं, अपराधिक क्रियाओं को अन्य सामान्य क्रियाओं की भांति बुरे लोगों की संगति में सीखा जाता है। समाजशास्त्रियों की इस क्षेत्र में हुई गवेषणाओं ने हमारे ज्ञान की कमी को उजागर किया है। ये कमियां तभी प्रकट हो पाती हैं, जब तथ्यों को व्यवस्थित तथा संगठित रूप में प्रस्तुत किया गया हो।

सिद्धान्त और तथ्य के मध्य अन्तर्क्रिया
(Interaction between Theory and Fact)

इस अध्याय की शुरुआत में **ग्रीन** का उद्धृत कथन स्पष्ट रूप में विज्ञान की प्रकृति और प्रक्रिया पर प्रकाश डलता है। विज्ञान की जड़ें तथ्य और सिद्धान्त की अन्तर्क्रिया में गड़ी हुई हैं। दोनों में से किसी एक के अभाव में विज्ञान की गाड़ी आगे नहीं बढ़ सकती। दोनों एक दूसरे को पोषित करते हैं और पोषित होते हैं। यही कारण है कि एक कर्मनिष्ठ सच्चा वैज्ञानिक जीवनपर्यन्त तथ्यों के संकलन में जुटा रहता है ताकि वह स्थापित सिद्धान्तों की जांच पड़ताल कर उनकी कमियों को उजागर करे, उनमें आवश्यक हेरफेर कर परिष्करण करे और नए सिद्धान्तों की रचना करे। वैज्ञानिक तथ्यों की महत्ता किसी सिद्धान्त के संदर्भ में ही होती है, अन्यथा ये किसी माला के बिखरे हुए मणियों की भांति हैं। **वारनर सोम्बार्ट** ने इस संदर्भ में ठीक ही लिखा है, "तथ्य माला के मणियों की भांति होते हैं जिन्हें एक साथ रखने के लिए किसी सूत्र की जरूरत होती है।" जिस प्रकार बिखरे हुए मणियों का कोई विशेष महत्व नहीं होता, उसी प्रकार बिखरे हुए अस्त-व्यस्त एकल तथ्य भी महत्वहीन होते हैं।

सिद्धान्त और तथ्यों का आपसी संबंध पास्परिक लेन-देन का है। सिद्धान्तों की पुष्टि या रचना शोध द्वारा प्राप्त तथ्यों के द्वारा और तथ्यों की महत्ता सिद्धान्त के द्वारा प्रकट होती है। वैज्ञानिक सिद्धान्त, वास्तव में, अनेकानेक तथ्यों के आधार निर्मित निष्कर्ष ही तो होते

हैं, ये तथ्यों को संक्षिप्त रूप देते हैं। तथ्य से सिद्धान्त और सिद्धान्त से तथ्य का चक्र निरंतर घूमता रहता है। यह लेन-देन की एक निरन्तर प्रक्रिया है। बहुत पहले प्रसिद्ध दार्शनिक **कांट** ने कहा था, "सिद्धान्त के बिना तथ्य अंधे होते हैं और तथ्य के अभाव में सिद्धान्त खोखले होते हैं।" अतः विज्ञान के विकास के लिए दोनों का होना आवश्यक है। बिना किसी सिद्धान्त के विज्ञान कोई भविष्यवाणी (Prediction) नहीं कर सकता और बिना भविष्यवाणी के भौतिक और सामाजिक जगत पर नियंत्रण स्थापित करना दुष्कर है, जो विज्ञान का परम लक्ष्य है। तथ्यों के मात्र संकलन को विज्ञान नहीं कहते, जब तक उन्हें किसी सिद्धान्त के साथ नहीं जोड़ा जाता है। तथ्य अपनी कहानी (महत्व) खुद नहीं कह सकते हैं, वे मूक होते हैं। उनकी महत्ता तब प्रकट होती है, जब एक तथ्य को दूसरे तथ्य से जोड़ा जाता है। यह जोड़ा जाना ही सिद्धान्त की रचना करना है। जब हम यह कहते हैं कि बिजली का बल्ब रोशनी देता है तो यह एक तथ्य है, किन्तु इस तथ्य की महत्ता हमें तभी मालूम पड़ती है जब हमें यह पता चलता है कि बल्ब द्वारा रोशनी देने में दो तथ्य यथा विद्युतधारा (Electric Current) और बल्ब में लगा फिलामेंट काम (Filament) करते हैं। यदि दोनों में से एक में भी कोई कमी है तब बल्ब नहीं जलेगा, रोशनी नहीं होगी। इसी प्रकार जब हम यह कहते हैं कि भारत में जनसंख्या बढ़ रही है, यह तथ्य तभी महत्पूर्ण बनता है जब हम इसके साथ मृत्यु दर के घटने, जन्म दर के बढ़ने, गरीबी, बेरोजगारी और अपराधों के बढ़ने के आंकड़े जोड़ते हैं।

समाजशास्त्रीय सिद्धान्त और तथ्य : एक उदाहरण (Sociological Theory and Fact: An Example)

समाजशास्त्रियों के अध्ययन की विषय-वस्तु समाज, अर्थात् सामाजिक संबंध हैं। जब वे सामाजिक संबंधों का अध्ययन करते हैं, तब वे इन संबंधों के आनुभविक (Empirical) और सैद्धान्तिक (Theoretical) दोनों पहलुओं का अध्ययन करते हैं। आनुभविक पक्ष का संबंध तथ्यों के संकलन से है। इसके लिए वे सामाजिक व्यवहार का व्यवस्थित और सर्तकतापूर्वक प्रेक्षण करते हैं, ताकि वे विश्वसनीय तथ्यों को संकलित कर सकें। सैद्धान्तिक पक्ष का कार्य संकलित तथ्यों के विश्लेषण और निर्वचन या व्याख्या (Interpretation) से है। आत्महत्या संबंधी दुर्खाइम का बहुचर्चित अध्ययन समाजशास्त्रियों के लिए सैद्धान्तिक और आनुभविक दोनों पक्षों का एक आदर्श उदाहरण बताया जा सकता है। अपने इस अध्ययन में उन्होंने सामाजिक व्यवस्था और उसमें व्याप्त एकीकरण की समस्या के विश्लेषण की शुरुआत कुछ अनुमानों (Assumptions) से की है। वे कहते हैं कि सामाजिक एकीकरण (Social Integration) निश्चित तौर पर सामाजिक व्यवहार को गहरे रूप में प्रभावित करता है। उन्होंने इसी संदर्भ में आत्महत्या का विश्लेषण करते हुए कहा है कि आत्महत्या एक सामाजिक घटना है। इसे सामाजिक घटना सिद्ध करने के लिए दुर्खाइम ने धार्मिक सम्बद्धता, वैवाहिक प्रस्थिति (विवाहित, अविवाहित, विधुर, विधवा, परित्यक्ता), सेना में सहभागिता, राजनीतिक और आर्थिक स्थिरता संबंधी ढेर सारे आंकड़े एकत्रित किए और इन आंकड़ों के आधार पर उन्होंने कहा कि "आत्महत्या और सामाजिक एकीकरण में विपरीत (Inverse) संबंध है", अर्थात्

जितना ही अधिक एक व्यक्ति का समाज (परिवार) के साथ घनिष्ठ संबंध (लगाव) होगा उतनी ही उसमें आत्महत्या करने की प्रवृत्ति कम होगी। अपने इस अध्ययन के आधार पर निष्कर्ष तौर पर उन्होंने स्पष्ट कहा कि आत्महत्या को किसी विक्षिप्त व्यक्ति के व्यक्तिगत व्यवहार या मानसिक तनावों के रूप में देखना गलत है। यह व्यक्तिगत नहीं एक सामाजिक घटना है। अपने सामाजिक एकीकरण के सिद्धान्त का प्रयोग करते हुए उन्होंने बताया कि विवाहितों की अपेक्षा अविवाहित, संतान वाले दम्पतियों की अपेक्षा संततिहीन दम्पत्ति कैथोलिक की अपेक्षा प्रोटेस्टैंट धर्मावलम्बी अधिक आत्महत्या करते पाये गये हैं। अविवाहितों, संततिहीन, विधुर, विधवा और प्रोटेस्टैंट व्यक्तियों का समाज के साथ लगाव और जुड़ाव कम होता है। **दुर्खाइम** के अध्ययन का यह उदाहरण स्पष्ट तौर पर सिद्धान्त और तथ्य के आपसी संबंधों को उद्‌घाटित करता है।

इसी प्रकार, **दुखाईम** ने समूह व्यवहार के बारे में एक अन्य सिद्धान्त प्रतिपादित करते हुए कहा है, "सम्पूर्ण समूह का व्यवहार समूह को निर्मित करने वाले किसी भी एक सदस्य के व्यक्तिगत व्यवहार से भिन्न होता है।" जब व्यक्ति किसी समूह (जैसे भीड़) में होता है तब उसका व्यवहार भीड़ के माहौल से संचालित हो सकता है, जबकि संभव है कि अकेले रूप में वह इस प्रकार का व्यवहार प्रदर्शित न करे। सिद्धान्त का एक अन्य उदाहरण **लुई विर्थ** के अध्ययन से दिया जा सकता है। उन्होंने कहा है, "सामाजिक घटनाएं (संस्थाएं) उन्हीं कारणों (उद्देश्य) से निरंतर चालित नहीं होतीं, जिनके कारण उनका जन्म हुआ है।" यह सिद्धान्त 'भारतीय राष्ट्रीय कांग्रेस' दल पर सटीक लागू होता है। इस दल का जन्म (स्थापना) आजादी के पूर्व स्वतंत्रता प्राप्ति के मुख्य उद्देश्य से हुआ था, किन्तु स्वतंत्रता प्राप्ति के बाद भी यह दल आज तक अपना अस्तित्व बनाए हुए है। अब यह किन्हीं अन्य उद्देश्य/उद्देश्यों से चालित हो रहा है।

अन्त में **पर्सी एस. कोहेन** (Modern Social Theory, 1968) का यह कथन दृष्टव्य है कि "समाजशास्त्र में सिद्धान्त और शोध के बीच जो संबंध है, उसे संतोषजनक नहीं कहा जा सकता। समाजशास्त्र की वर्तमान स्थिति में आनुभविक समाजशास्त्रियों के समुदाय को चाहिये कि वे ऐसे न्यायालय का कार्य करें जिसमें प्रतिद्वन्द्वी तर्कों के आधार पर न्याय किया जाता है। कुछ छुटपुट छोटी-मोटी गवेषणाएं करके उनके आधार पर सामान्यीकरण करने की प्रवृति न तो ठीक है और न ही पर्याप्त।"

समाजशास्त्रीय नियम (Sociological Law)

समाजशास्त्र सहित सभी सामाजिक विज्ञानों में 'लॉ' (Law) शब्द का प्रयोग प्राकृतिक विज्ञानों के 'लॉ' (जैसे लॉ ऑफ ग्रैविटेशन) के अर्थ में प्रयोग नहीं होता। प्राकृतिक विज्ञानों के 'लॉ' पूर्ण अटलता, सटीकता, निश्चितता और कठोरता को प्रकट करने वाले होते हैं। सामाजिक विज्ञानों में 'लॉ' की ये विशेषताएं पूर्णतः लागू नहीं की जा सकतीं। अतः सामाजिक विज्ञानों में 'लॉ' के स्थान पर 'सिद्धान्त' (Theory) का ही प्रयोग किया जाता है। **मौरिस जिन्सबर्ग** ने लिखा है कि 'लॉज़' (Laws) मानव व्यवहार के बारे में अनुमानों (Assumptions) के आशय को प्रकट करते हैं, किन्तु ये अनुमान तथ्यों के साथ

कितना मेल खाते हैं, इसके लिए अधिक गवेषणा की जरूरत पड़ती है। समाजशास्त्रीय नियम (लॉ) का एक उदाहरण अपराधशास्त्र के क्षेत्र से **क्लिफोर्ड शॉ** के अध्ययन से दिया जा सकता है। शॉ के अनुसार, "किसी क्षेत्र में बाल अपराध की दर जितनी ऊंची होगी, उतनी ही उस क्षेत्र में आदतन अपराधियों की दर अधिक होगी।" इसी प्रकार **लेऑन फेस्टिंगर** ने अपने 'सम्बद्धता शक्ति सिद्धान्त' के आधार पर यह प्रतिपादित किया है कि "जितना ही कोई समूह सुसम्बद्ध (Cohesive) होगा, अर्थात् समूह में अधिकाधिक मैत्रीपूर्ण संबंध होंगे, उतनी ही उस समूह में संवाद/सम्प्रेषण की प्रक्रिया अधिक सक्रिय होगी, जिससे समूह के सदस्यों के मनोभावों, विचारों, मतों और व्यवहार में एकरूपता के पैदा होने की संभावना अधिक रहती है।"

अन्त में, यहाँ यह कहना अनुपयुक्त नहीं होगा कि सामाजिक विज्ञानों में अभी बहुत कम सिद्धान्तों की रचना हुई है। अभी अनुमान या अटकलबाजी (Speculations or Assumptions) ही अधिक हैं, और वास्तविक एवं सटीक सिद्धान्त न के बराबर हैं। यही नहीं, कई ऐसे सिद्धान्त (जैसे कुंठा आक्रमकता सिद्धान्त) भी हैं, जिन्हें आनुभविक आधार पर बहुत कम समर्थन मिला है।

5

पैराडाइम, मॉडल एवं सिद्धान्त
Paradigm, Model and Theory

सभी विज्ञानों (प्राकृतिक और सामाजिक) ने वैज्ञानिक ज्ञान को अधिकाधिक सटीक, प्रामाणिक और विश्वसनीय बनाने हेतु अनेकानेक विधियों, तकनीकों और उपकरणों को अपने-अपने क्षेत्र में विकसित किया है। पैराडाइम, मॉडल और सिद्धान्त तीनों ही विभिन्न प्रघटनाओं (Phenomena) की व्याख्या और विश्लेषण के ऐसे उपकरण (Tools) या विधियां हैं जिनका प्रयोग सभी विज्ञानों में अलग-अलग अर्थ और संदर्भ में किया गया है, किन्तु तीनों का मूल उद्देश्य ज्ञान प्राप्ति को सरल बना कर ज्ञान के मार्ग को प्रशस्त करना है। यहाँ हम तीनों के अर्थ, उपयोगिता और आपसी संबंधों पर संक्षेप में प्रकाश डालेगें।

पैराडाइम (Paradigm)

विचारों को व्यवस्थित तथा क्रमबद्ध रूप में एक सुसम्बद्ध खाके में रखने की विधा या क्रिया को पैराडाइम (विचारांकन) का नाम दिया गया है। इसके द्वारा गवेषणात्मक सामग्री के विश्लेषण हेतु प्रयोग की जाने वाली सभी पूर्वधारणाओं, अवधारणाओं, प्रत्ययों तथा आधारभूत प्रस्थापनाओं को एक निश्चित एवं स्पष्ट आकार दिया जाता है। समाजशास्त्र के आधुनिक कोश के सम्पादकों **थियोडोर्सन एवं थियोडोर्सन** ने पैराडाइम की व्याख्या करते हुए लिखा है कि "एक पैराडाइम विश्लेषण के किसी उपागम अथवा किसी एक प्रमुख क्षेत्र से संबंधित प्रमुख अवधारणाओं, अनुमानों, प्रस्थापनाओं, समस्याओं तथा शोध-विधियों की एक संक्षिप्त रूपरेखा को कहते हैं" उन्होंने आगे यह भी कहा है कि "सामान्यतः इस शब्द का प्रयोग किसी मॉडल या योजना के लिए किया जाता है।" **किनलॉक** ने लिखा है कि "किसी भी सिद्धांत की आधारशिला उसका अंतर्निहित पैराडाइम होता है, जिसकी रचना व्याख्यात्मक अवधारणाओं और अवधारणीकरणों द्वारा होती है। ये अवधारणाएं अथवा अवधारणीकरण (Conceptualization) इस बात का स्पष्टीकरण करते हैं कि घटनाएं किस प्रकार घटती और क्यों घटती हैं।"

पैराडाइम की अवधारणा को प्राकृतिक और सामाजिक विज्ञानों दोनों में प्रयोग करने की प्रेरणा देने का श्रेय **थोमस कुहन** की पुस्तक 'वैज्ञानिक क्रांति का स्वरूप' (1962) को जाता है। उन्होंने इसे परिभाषित करते हुए लिखा है, "एक पैराडाइम किसी वैज्ञानिक समुदाय के सदस्यों द्वारा अपनाए गए विश्वासों, मूल्यों और प्रविधियों (Techniques) का एक समूह है, जो उन वैज्ञानिकों के लिए मार्गदर्शक और व्याख्या के उस रूप जो उन्हें

स्वीकार्य है, का कार्य करता है।" सामाजिक विज्ञानों में, पैराडाइम शब्द का प्रयोग अधिकांशतः देखने के एक विशिष्ट दृष्टिकोण (Perspective) और कहीं-कहीं 'संदर्भ परिधि' (Frame of Reference) के अर्थ में हुआ है जिसकी रचना कुछ विशिष्ट अवधारणाओं, अनुमानों और अभिनितियों (Biases) के आधार पर होती है। समाजशास्त्र में पैराडाइम शब्द का प्रयोग **आर.के. मर्टन** के अलावा **फ्रेडरिक** ने अपनी पुस्तक 'ए सोसियोलॉजी ऑफ सोसियोलॉजी (1970), **रिज़र** ने 'सोसियोलॉजीः ए मल्टीपल पैराडाइम साइन्सेज' (1975) तथा **एम. डब्ल्यू. रायले** ने 'सोसियोलॉजिकल रिसर्च' (1963) पुस्तक में 'रिसर्च डिजाइन' के संदर्भ में किया है।

समाजशास्त्र में इस अवधारणा का सर्वप्रथम एवं प्रमुख रूप में प्रयोग **आर.के. मर्टन** (1957) ने समाजशास्त्रीय विश्लेषण के किसी क्षेत्र के संहिताकरण (Codification) के अर्थ में किया है। उनके अनुसार, "पैराडाइम सामाजिक संरचना में पाए जाने वाले एक निश्चित प्रतिमान अथवा एक निश्चित व्यवस्था का सूचक शब्द है। ... यह समाजशास्त्रीय विश्लेषण के किसी विशिष्ट क्षेत्र को सूत्रबद्ध करने की एक विधि है। इसमें अध्ययन क्षेत्र की सभी प्रमुख अवधारणाओं, अनुमानों, प्रस्थापनाओं, कार्यप्रणालियों और सैद्धांतिक उपागमों की समस्याओं को सम्मिलित किया जाता है।" मर्टन ने कुछ समाजशास्त्रीय विषयों को सूत्रबद्ध करने के उद्देश्य से प्रकार्यात्मक विश्लेषण संबंधी अपने पैराडाइम में निम्न विषयों को सम्मिलित किया है:

(i) सामाजिक भूमिकाएं, संस्थागत प्रतिमान और सामाजिक प्रक्रियाएं

(ii) प्रेरणाएं एवं उद्देश्य

(iii) वस्तुपरक परिणाम देने वाली अवधारणाएं

(iv) घटना के व्यक्त एवं अव्यक्त प्रकार्य

(v) घटना के प्रकार्य एवं अपकार्य

पैराडाइम की अवधारणा की उपरोक्त परिभाषाओं और विश्लेषण के आधार पर संक्षेप में यह कहा जा सकता है कि "एक पैराडाइम अन्वेषण-विधा का एक ऐसा शाब्दिक रेखांकन है, एक ऐसा वैचारिक खाका (Theoretical Framework) है जिसमें किसी शोध विषय से संबंधित प्रमुख अवधारणाओं, अनुमानों, प्रस्थापनाओं तथा शोध की विधियों एवं कार्यप्रणालियों को योजनाबद्ध रूप में प्रस्तुत किया जाता है।"

पैराडाइम के प्रमुख तत्व (Main Elements of Paradigm)

प्रत्येक पैराडाइम के निम्नलिखित प्रमुख छः तत्व होते हैं:

1. अवधारणाएं (Concepts)

अवधारणाएं किसी वस्तु, घटना अथवा प्रक्रिया के प्रेक्षण एवं बोध के आधार पर निर्मित विशिष्ट शब्द या संकेत होती हैं। पैराडाइम और सिद्धांत रचना में इनकी मुख्य भूमिका होती है। अवधारणाओं द्वारा मूर्त घटनाओं का अमूर्तीकरण कर उन्हें संक्षिप्त रूप दिया जाता है। ये पैराडाइम रचना के आवश्यक तत्व हैं। इनकी विस्तृत व्याख्या 'पद्धतिशास्त्र' वाले अध्याय में की गई है।

2. सिद्धांत (Theory)

यह पैराडाइम रचना का एक दूसरा अनिवार्य तत्व है। एक सिद्धांत किन्हीं तथ्यों या घटनाओं की व्याख्या करने वाला एक ऐसा कथन होता है, जिसकी रचना तार्किक रूप में अंतर्संबंधित और आनुभविक रूप में परीक्षणीय प्रस्थापनाओं (Propositions) के समूह द्वारा होती है। ध्यान रहे, सभी अवधारणाओं को आनुभविक परीक्षणों द्वारा प्रमाणित करना कठिन होता है, किन्तु सिद्धांत का परीक्षण एवं प्रमाणीकरण (सत्यापन) सम्भव है। प्रत्येक पैराडाइम के लिए एक सिद्धांत का होना जरूरी है (देखिये पद्धतिशास्त्र का अध्याय)।

3. आधारभूत धारणाएं (Basic Assumptions)

विभिन्न समाज वैज्ञानिकों की एक ही विषय के बारे में भिन्न-भिन्न धारणाएं हो सकती हैं। अतः एक वैज्ञानिक की उक्त विषय के बारे में क्या धारणाएं हैं, उन्हें शोध के पूर्व स्पष्ट करना आवश्यक है। सभी समाजशास्त्रीय पैराडाइम में (कुछ) अन्तर्निहित मूल्य होते हैं (ऐसी भावनाएं जो किसी वस्तु/घटना को अच्छी या बुरी के रूप में प्रदर्शित करती हैं), समाजशास्त्र में मूल्य-रहित पैराडाइम एक दिवास्वप्न है, उदाहरणार्थ, कुछ समाजशास्त्री यह मानते हैं कि मानव जन्मजात रूप में प्रतिस्पर्धी और आक्रामक होता है। जबकि कुछ इस धारणा के ठीक विपरीत यह मानते हैं कि मानव शांतिप्रिय और सहयोगी होता है। इसी प्रकार, कुछ समाजशास्त्री सामाजिक व्यवहार को व्यक्तियों अथवा समूहों के बीच मात्र एक विनिमय (Exchange) मानते हैं, जबकि अन्य समाजशास्त्री इसे कुछ स्वार्थों की तार्किक रूप में परिणति स्वीकार करते हैं। समाज वैज्ञानिकों की धारणाओं का विकास अर्थात् वे किन धारणाओं को मानते हैं, उनके आमुखीकरण (Orientation) पर निर्भर करता है। समाजशास्त्र में मूल्य-रहित पैराडाइम एक दिवास्वप्न है।

4. अध्ययन की समस्या को सुझाना (To Suggest Problem of Study)

पैराडाइम पर आधारित गवेषणा करने वाले वैज्ञानिक केवल उन्हीं समस्याओं और उनके समाधानों का अध्ययन करते हैं, जो किसी पैराडाइम के आधार पर निर्मित हैं। गवेषणा किन समस्याओं पर की जाए, यह निर्णय पैराडाइम के लक्षणों और तत्वों पर निर्भर करता है। सामाजिक आवश्यकताओं या सामाजिक प्रासंगिकता का इनसे कोई सरोकार नहीं होता।

5. सिद्धांतों की जांच करने की विधियों का निर्धारण करना (To Determine the Methods of Testing Theories)

अलग-अलग सिद्धांतों के परीक्षण के लिए भिन्न-भिन्न विधियों का प्रयोग किया जाता है। कहीं पर अवलोकन विधि, तो अन्य जगह पर साक्षात्कार विधि का प्रयोग उपयोगी हो सकता है। उपयुक्त विधि का चुनाव कई बातों पर निर्भर करता है, जैसे अध्ययन का क्षेत्र (लघु या विशाल), सूचनादाताओं की प्रकृति (अशिक्षित/शिक्षित, पुरुष/स्त्रियां, वृद्ध/युवा/बालक आदि) सूचनादाताओं की संस्कृति (जीवन शैली, आस्था के रूप, आदि)।

6. निर्वचन के नियमों की रचना करना (To Frame Rules of Interpretation)

निर्वचन से तात्पर्य नियमों की व्याख्या करने से है, अर्थात् व्याख्या का रूप क्या होगा – गुणात्मक अथवा परिमाणात्मक। यदि परिमाणात्मक रूप में व्याख्या की जाएगी तब कौन सी सांख्यिकीय विधियों का प्रयोग किया जाएगा और क्यों?

पैराडाइम के प्रकार (Types of Paradigms)

कुछ लोग मानते हैं कि जितने वैज्ञानिक हैं, उतने ही पैराडाइम हैं। पैराडाइम का यह अर्थ विश्व के देखने के दृष्टिकोण (विश्वदृष्टि) को प्रदर्शित करता है। इस दृष्टि से सभी समाज वैज्ञानिकों का विश्व (समाज) को देखने का अपना-अपना नजरिया है, अतः उनके पैराडाइम भी भिन्न हैं। कुछ लोगों ने समाज को उसकी संरचना और प्रकार्य के रूप में देखा है तो कुछ ने उसके उद्विकास के रूप में। कुछ समाजशास्त्रियों ने समाज को एक संतुलनकारी व्यवस्था के रूप में तो कुछ अन्य ने इसे एक संघर्षमय व्यवस्था के रूप देखा और समझा है। समाज को देखने के इन भिन्न दृष्टिकोणों के आधार पर हम मोटे रूप में तीन प्रकार के पैराडाइम बता सकते हैं:

रूढ़िवादी पैराडाइम (Conservative Paradigm)

इस पैराडाइम के अनुसरणकर्ता विद्वान समाजों को एक व्यवस्थित और समन्वित व्यवस्था के रूप में देखते हैं। ये विद्वान मानते हैं कि समाज एक ऐसे साझे मूल्यों की कार्यविधि से संचालित होते हैं, जिन्हें समाज के अधिकांश व्यवित मानते हैं। **पार्सन्स, होमन्स, दुर्खाइम** के सिद्धांत इसी कोटि में आते हैं। इन्हें मतैक्यतावादी सिद्धांतकार (Consensus Theoriest) के नाम से भी जाना जाता है।

उदारवादी पैराडाइम (Liberal Paradigm)

कुछेक समाजशास्त्री रूढ़िवादी और आमूल परिवर्तनवादी (रेडिकल) के बीच की अवस्था को स्वीकार करते हुए सम्पूर्ण समाजों का एक विस्तृत मॉडल प्रस्तुत नहीं करते, अपितु उन्होंने समाज की कुछ मध्यवर्ती प्रकृति की समस्याओं पर अपना ध्यान केन्द्रित किया है। ऐसे समाजशास्त्रियों को 'मध्यमार्गी सिद्धांतकार' (Middle Range Theoriest) कहा गया है। इस पैराडाइम के प्रमुख पैरोकार **आर.के. मर्टन** रहे हैं।

आमूल परिवर्तनवादी पैराडाइम (Radical Paradigm)

इस पैराडाइम के अनुसरणकर्ता विद्वान यह मानते हैं कि समाज में शोषक और शोषित वर्गों के बीच होने वाले संघर्ष के कारण हर समय अस्थिरता और परिवर्तन बना रहता है। अतः समाज का संचालन मतैक्यता से नहीं संघर्ष से होता है। इस पैराडाइम के प्रमुख पैरोकार **मार्क्स** रहे हैं।

पद्धतिशास्त्र (Methodology) की दृष्टि से निम्नलिखित तीन पैराडाइम्स का प्रयोग किया गया है:

प्रत्यक्षवादी पैराडाइम (Positivist Paradigm)

ऐन्द्रियक आधार पर प्राप्त ज्ञान को 'प्रत्यक्षवाद' का नाम दिया गया है। इस सिद्धांत के अनुसार यह माना जाता है कि वैज्ञानिक ज्ञान केवल आनुभविक आधार पर ही प्राप्त किया जा सकता है। तत्वज्ञान, अन्त:प्रज्ञा और ऐसे व्यक्तिगत अनुभव, जिनका परीक्षण नहीं किया जा सकता, उसे तथा शुद्धत: तार्किक विश्लेषण को वास्तविक (सत्य) ज्ञान की श्रेणी में नहीं रखा जा सकता है। जिसे आजकल विज्ञान या विज्ञानवाद कहा जाता है, वह प्रत्यक्षवाद का ही दूसरा नाम है।

सामाजिक विज्ञानों में प्रत्यक्षवादी ज्ञान की परम्परा **सेंट साइमन और अगस्त कोम्त** के समय से चली आ रही है। ज्ञान प्राप्ति की अन्य वैकल्पिक विधाओं – व्याख्यात्मक (Interpretation), वर्स्टहेन (Versthen) और आलोचनात्मक (Critical) – के विकास के साथ विज्ञानवादी विधा थोड़ी कमजोर अवश्य हुई है, तथापि शोध की एक मुख्य विधि के रूप में आज भी इसका वर्चस्व कायम है। अधिकांश समाज वैज्ञानिक अपने शोध अध्ययनों में इसी विधि का प्रयोग कर रहे हैं। प्रत्यक्षवादी (वैज्ञानिक) पैराडाइम की एक निश्चित शोध प्रक्रिया है, जिसका प्रयोग कर समाज वैज्ञानिक सामाजिक जीवन के आधारभूत नियमों की खोज में लगे हुए हैं। समाज कैसे संगठित होता और रहता है, समूह कैसे बनते और बिगड़ते हैं, संस्थाओं का निर्माण कैसे होता है, इनके क्या कार्य हैं, व्यक्ति समाज के नियमों को क्यों तोड़ता है, विचलन व्यवहार के क्या कारण हैं, लोग आत्महत्या क्यों करते हैं आदि-आदि अनेकानेक प्रश्नों के उत्तरों के लिए अधिकांश समाजशास्त्री वैज्ञानिक विधि का ही प्रयोग करते हैं।

प्रत्यक्षवादी पैराडाइम की यह स्पष्ट एवं दृड़ मान्यता है कि वस्तुपरक ज्ञान प्राप्त किया जा सकता है। विज्ञान के नियमों और कार्यविधि का कठोरता से पालन कर एक वैज्ञानिक मूल्य-तटस्थ रह सकता है। इस विधा में यह माना जाता है कि मानव एक विवेकशील प्राणी है, जिसकी कोई स्वतंत्र इच्छा नहीं होती तथा यथार्थ एक ऐसी वस्तुपरकता है जो सार्वभौमिक नियमों से चालित है और जिसे इन्द्रियों के द्वारा देखा-परखा जा सकता है। एक समाज वैज्ञानिक का कार्य है कि वह मानवीय व्यवहार को चालित करने वाले वैज्ञानिक नियमों की खोज करे। उसे मूल्य-निर्णयों, अर्थात् क्या अच्छा-बुरा है या क्या होना या नहीं होना चाहिए, से बचना चाहिए।

इस पैराडाइम की **हस्सर्ल और अल्फ्रेड शूज** जैसे नृजातिपद्धतिशास्त्री (Ethnomethodologists) और प्रघटनाशास्त्री (Phenomenologists), अन्तर्क्रियावादी (Interactionists) (वेबर, होमन्स आदि) और मार्क्सवादियों ने भारी आलोचना की है। उनकी आलोचना के मुख्य बिन्दु निम्न हैं:

1. यथार्थ को वस्तुपरक रूप में देखा-परखा और परिभाषित नहीं किया जा सकता।
2. इसमें घटना की व्याख्या की अवहेलना की जाती है।
3. यह जरूरत से ज्यादा परिमाणात्मक माप पर जोर देता है।
4. कई सामाजिक घटनाओं की परिमाणात्मक माप सम्भव ही नहीं है।
5. इसमें शोध के उद्देश्य (साध्य) की अपेक्षा शोध की विधि (साधन) पर अधिक जोर दिया जाता है।

6. सामाजिक विज्ञानों को प्राकृतिक विज्ञानों के समकक्ष रखने और मानने की प्रवृत्ति त्रुटिपूर्ण है, क्योंकि दोनों की विषय-वस्तु न केवल भिन्न है, अपितु उनकी प्रकृति भी भिन्न है। व्यक्तियों को भौतिक वस्तुओं की भांति 'पदार्थ' (Objects) मानना गलत है।

व्याख्यात्मक पैराडाइम (Interpretive Paradigm)

यह पैराडाइम सामाजिक घटनाओं या सामाजिक जीवन को अध्ययन करने के लिए 'बोध' या 'समझ' (Understanding) की विधि पर जोर देता है। सामाजिक जीवन को केवल बाहर से देख या सुन या परखकर ठीक प्रकार से नहीं समझा जा सकता। बाह्य घटनाओं में छुपे हुए कुछ कारण/कारक होते हैं और उन्हें समझने के लिए। वेबर ने वर्स्टहेन विधि का सुझाव दिया है। कुछ हेरफेर के साथ हस्सर्ल, शूज, ब्लूमर, जार्ज एच. मीड आदि ने भी मानवीय व्यवहार के आंतरिक पहलुओं (उद्देश्यों) को समझने पर जोर दिया है। यह पैराडाइम यथार्थ को व्यक्तिपरक मानता है, अर्थात् घटनाओं को देखने-समझने का हर व्यक्ति का अपना नजरिया होता है। हर व्यक्ति घटना की अपने ढंग से व्याख्या करता है। अतः सामाजिक जीवन को पूर्णतः प्रत्यक्षवादी वस्तुपरक ढंग से नहीं समझा जा सकता। इसके लिए घटना की तह में जाने और, उसमें पैठने की जरूरत है।

आलोचनात्मक पैराडाइम (Critical Paradigm)

सामाजिक विज्ञानों में आलोचना से तात्पर्य घटना संबंधी प्रच्छन्न (Implicit) पूर्वानुमानों, धारणाओं और मान्यताओं को उजागर करने से है। यह पैराडाइम घटनाओं पर पड़े आवरण को हटाकर उसके असली रूप को देखने पर जोर देता है। इस पैराडाइम की शुरुआत मार्क्स के विचारों से हुई। बाद में, इस परम्परा को आगे बढ़ाने में लुकाक्स, होरखीमर ग्रामशी, एडर्नो, मारकूज़ और हेबरमां जैसे विचारकों ने अमूल्य योगदान किया है। इस पैराडाइम की रचना संघर्ष सिद्धान्त, आलोचनात्मक (आमूल परिवर्तवादी) सिद्धान्त और महिलावाद संबंधी विचारों के समन्वय से हुई है।

यह पैराडाइम बहुत कुछ रूप में व्याख्यात्मक पैराडाइम से मिलता जुलता है। यह पैराडाइम घटना संबंधी मिथकों, मरीचिकाओं और भ्रमों से पर्दा हटाकर मानव की गरिमा को स्थापित करने, शोषण का अंत कर शोषित वर्ग (महिलाओं तथा समाज का दलित वर्ग) के सशक्तीकरण और विमुक्ति पर जोर देता है। प्रत्यक्षवाद की दृष्टि से यह मूल्य-ग्रसित पैराडाइम है। यह पैराडाइम व्यक्तियों को अपने भाग्य और यथार्थ का निर्माता मानता है। यह विज्ञान को मूल्य-मुक्त नहीं मानता। यही नहीं, इसमें यह माना जाता है कि विज्ञान की व्याख्याओं को बदला जा सकता है और यथार्थ प्रकृति द्वारा नहीं, अपितु व्यक्तियों द्वारा निर्मित होता है।

पैराडाइम के प्रकार्य, महत्व एवं उपयोगिता (Functions, Importance and Utility of Paradigm)

एक पैराडाइम किसी वस्तु या घटना को देखने का एक नजरिया है जिसके द्वारा एक वैज्ञानिक अपने शोध प्रक्रिया को नियोजित और विश्लेषित करता है। देखने और विश्लेषण के भिन्न नजरिए और नियोजन के कारण ही एक घटना या वस्तु के दो शोधकर्ताओं के परिणामों में भिन्नता देखी जाती है। उदाहरणार्थ, एक इमारत जो एक पहाड़ी के मध्य भाग की ऊँचाई पर बनी हुई है, उसे पहाड़ी के शीर्ष पर खड़े व्यक्ति द्वारा देखने तथा पहाड़ी के

तल पर खड़े व्यक्ति द्वारा देखने में अंतर होगा। यह अंतर दोनों व्यक्तियों की दो भिन्न स्थितियों में खड़े होने के कारण होता है। ये भिन्न स्थितियां (खड़े रहने के स्थान) दो भिन्न दृष्टिकोणों या नजरिए की रचना करती हैं। शोध की भाषा में इसे ही पैराडाइम कहते हैं। सामाजिक विज्ञानों में इसका एक सशक्त उदाहरण 'जनाधिक्य की समस्या' (Problem of Overpopulation) के बारे में माल्थस और मार्क्स का दिया जा सकता है, जिन्होंने इस एक ही समस्या की दो भिन्न ढंग से व्याख्या की है।

पैराडाइम की उपयोगिता बताते हुए कुहन ने अपने एक लेख 'समाजशास्त्र और सामाजिक विश्व' में लिखा है कि एक वैज्ञानिक पैराडाइम संज्ञानात्मक (Cognitive) और आदर्शात्मक (Normative) दोनों कार्य करता है, अर्थात् यह 'क्या है' और 'क्या होना चाहिए' दोनों कार्यों का संकेत देता है। उनके अनुसार एक वैज्ञानिक पैराडाइम के निम्नलिखित प्रमुख कार्य हैं:

1. पैराडाइम एक छनने का कार्य करता है, जिसके द्वारा उपयोगी और अनुपयोगी तथ्यों को अलग-अलग किया जा सकता है।
2. पैराडाइम शोध की सीमाओं का निर्धारण करता है, अर्थात् गवेषणा के लिए सार्थक और निरर्थक प्रश्नों में अंतर प्रकट करता है।
3. पैराडाइम समस्या के साथ-साथ उसके समाधान के तरीकों को इंगित करता है।
4. पैराडाइम घटना की व्याख्या करता है, अर्थात् घटना क्यों उत्पन्न हुई?
5. पैराडाइम शोध की नवीन विधियों, योजनाओं और तकनीकों को सुझाता है।
6. पैराडाइम किसी घटना को नवीनतम ढंग से देखने का एक विशिष्ट नजरिया देता है।

आर.के. मर्टन ने पैराडाइम के निम्नलिखित प्रकार्य बताए हैं:

प्रतीकात्मक उपयोगिता (Notional Utility)

एक पैराडाइम किसी विषय/समस्या से संबंधित प्रमुख अवधारणाओं तथा उनके पारस्परिक संबंधों को सुसम्बद्ध और संक्षिप्त रूप में प्रस्तुत करता है।

व्यावहारिक एवं तार्किक उपयोगिता (Pragmatic and Logical Utility)

पैराडाइम तथ्य (Fact), निगमित निष्कर्ष (Inference) तथा सैद्धांतिक परिणामों में भिन्नता प्रदर्शित करता है। यही नहीं, यह तार्किक रूप से अवैज्ञानिक प्राक्कल्पनाओं से शोधकर्ता को बचाता है।

सैद्धांतिक विवेचनाओं का संचयन (Cumulation of Theoretical Interpretation)

पैराडाइम सामाजिक घटनाओं की विवेचना का आधार प्रस्तुत करता है। इसके द्वारा अवधारणाओं को संक्षिप्त रूप देकर विवेचना के ढांचे का निर्माण किया जाता है।

व्यवस्थित प्रति-वर्गीकरण में सहायक (Facilitate Systematic Cross-Tabulation)

पैराडाइम संग्रहीत तथ्यों का व्यवस्थित रूप में वर्गीकरण करने में सहायता करता है।

गुणात्मक तथ्यों के विश्लेषण में सहायक (Assist in the Analysis of Qualitative Facts)

पैराडाइम गुणात्मक तथ्यों के विश्लेषण को कुछ सीमा तक परिमाणात्मक बनाकर उसे सटीकता प्रदान करता है।

पैराडाइम बदलाव (Paradigm Shift)

पैराडाइम, मूल रूप में देखने का एक चश्मा (Lens) है, जिसके द्वारा एक वैज्ञानिक अपने विश्व (अध्ययन की विषय-वस्तु) को देखता है। एक क्षेत्र के पैराडाइम का प्रयोग अन्य किसी दूसरे क्षेत्र में भी किया जा सकता है। उदाहरणार्थ, प्रसिद्ध भौतिकशास्त्री न्यूटन का पैराडाइम अठारहवीं और उन्नीसवीं शताब्दी में न केवल भौतिकशास्त्र में छाया रहा, अपितु इसने तत्कालीन राजनीतिक विचारों को भी प्रभावित किया। ऐसा माना जाता है कि 'सत्ता के विभाजन, नियंत्रण और संतुलन का सिद्धांत' जिसका प्रयोग अमरीकी संविधान में हुआ है, वह बहुत कुछ रूप में न्यूटन के क्रिया-प्रतिक्रिया के सिद्धांत पर आधारित है। किन्तु एक पैराडाइम की उपयोगिता हमेशा शाश्वत नहीं बनी रहती। ज्ञान के विकास के साथ-साथ पैराडाइम में बदलाव आता रहता है। अधिकांशत: यह स्थिति तब उत्पन्न होती है जब विद्यमान सिद्धांतों के द्वारा नवीन तथ्यों की व्याख्या करना कठिन हो जाता है, तब नवीन पैराडाइम पुराने पैराडाइम का स्थान ले लेता है। इसे ही पैराडाइम बदलाव कहते हैं।

कुहन का कहना है कि विज्ञान की प्रकृति विचारांकन (Paradigmatic) की होती है। किसी एक क्षेत्र में एक समय में एक पैराडाइम सर्वाधिक महत्वपूर्ण होता है, किन्तु नये तथ्यों के संदर्भ में यह पैराडाइम अपना महत्व खोता जाता है और कोई नया पैराडाइम उसका स्थान ले लेता है। उदाहरणार्थ, प्राकृतिक विज्ञानों में कभी न्यूटनवादी और आइंस्टीनवादी भौतिक विज्ञान का बोलबाला था किन्तु समय के साथ इनका सूरज ढ़लता गया। कुहन कहते हैं नवाचार (Innovation) तब होते हैं जब असंगत तथ्य घटनाओं की व्याख्या नहीं कर पाते। ऐसी स्थिति वैज्ञानिकों को अपने पुराने सिद्धान्तों और कार्यविधि पर सोचने के लिये बाध्य करती है। विचारों का यह संकट ही नये पैराडाइम को जन्म देता है।

भौतिक विज्ञानों में सामान्यत: एक ही पैराडाइम एक लम्बे समय तक चलता रहता है। न्यूटन का सापेक्षिता संबंधी पैराडाइम लगभग दो सौ वर्षों तक छाया रहा। बाद में, अलबर्ट आइंस्टीन ने इस में फेर-बदल किया। इस दृष्टि से समाजविज्ञानों (समाजशास्त्र) और भौतिक विज्ञानों में अंतर है। समाजशास्त्र में एक ही समय में कई पैराडाइम का प्रयोग किया गया है। भिन्न पैराडाइम विश्व (समाज) को देखने के एक वैकल्पिक नजरिए को प्रदर्शित करता हैं। मोटे रूप में, समाजशास्त्र में एक ओर एक ही समय में रूढ़िवादी, उदारवादी और अमूल परिवर्तनवादी (रेडिकल) पैराडाइमों का प्रयोग हुआ है तो दूसरी ओर पद्धतिशास्त्रीय दृष्टि से प्रत्यक्षवादी, व्याख्यात्मक (इंटरप्रेटिव) और आलोचनात्मक (क्रिटिकल) पैराडाइमों का भी प्रयोग हुआ। इस भिन्नता का प्रमुख कारण समाजशास्त्र के अध्ययन की विषय-वस्तु, अर्थात् समाज जिसमें निरंतर बदलाव आता रहता है।

पैराडाइम एवं मॉडल (Paradigm and Model)

पैराडाइम और मॉडल दोनों ही वैज्ञानिक अध्ययन और शोध के दो भिन्न उपकरण (Tools) या विधाएं हैं। सामाजिक विज्ञानों में इनका प्रयोग अभी नया-नया है। इन दोनों के

प्रयोग के संबंध में कुछ भ्रांतियां हैं। कई बार इन दोनों को पर्यायवाची मानकर एक-दूसरे के स्थान पर प्रयोग करने की भूल की जाती है। प्रसिद्ध समाजशास्त्री **आर.के. मर्टन** ने अपनी कृतियों में कई स्थानों पर पैराडाइम शब्द (Term) का 'प्रतिमान' (Pattern) और 'मॉडल' (Model) के अर्थों में प्रयोग कर समस्या को अधिक जटिल बना दिया है। इस प्रकार के भ्रांतिमूलक प्रयोग से यह प्रश्न खड़ा होता है कि क्या इन दोनों का एक ही अर्थ है या दोनों में अंतर है। वास्तव में, ये दोनों एक नहीं है, दोनों में अंतर है। यद्यपि यह अंतर इतना सूक्ष्म है कि दोनों को एक ही समझने की भूल की जाती है। ये दोनों ही 'विज्ञान के समाजशास्त्र' (Sociology of Science) के क्षेत्र में नवीनतम योगदानों पर प्रकाश डालते हैं।

इन दोनों में निकटता और दूरी को प्रदर्शित करते हुए **एफ.एन. कर्लिंगर** (1973) ने लिखा है कि "एक पैराडाइम एक मॉडल अथवा एक नमूना है। 'मॉडल' शब्द पैराडाइम का एक पर्यायवाची अल्श्य है, किन्तु एक मॉडल की भांति पैराडाइम मूल्यों का कोई संकेत नहीं होता।" कर्लिंगर के इन शब्दों से स्पष्ट है कि पैराडाइम और मॉडल मिलती-जुलती दो भिन्न शोध विधाएं हैं, किन्तु दोनों एक ही नहीं हैं। दोनों में सबसे बड़ा अंतर यह है कि मॉडल का निर्माण मूल्यों के आधार पर होता है जबकि पैराडाइम एक मूल्य रहित या मूल्य तटस्थ अवधारणा है। रेखाचित्र (Graph), चित्र (Pictures) और शाब्दिक रेखांकन (Illustrations) पैराडाइम के भिन्न रूप है। एक पैराडाइम के निर्माण में निम्न बातों का उल्लेख किया जाता है, जो मॉडल में नहीं होता:

1. अध्ययन की सामग्री
2. अध्ययन का क्षेत्र
3. अध्ययन की विधि
4. संकलित तथ्यों के विश्लेषण का स्वरूप

ये सभी बातें मॉडल और पैराडाइम में अंतर को प्रकट करती हैं।

प्रतिरूप/मॉडल (Model)

विज्ञान का प्रमुख लक्ष्य घटनाओं की व्याख्या और उनका स्पष्टीकरण करना है। किसी भी विज्ञान में हमें आज जो कुछ भी प्रगति दिखाई देती है, उसका अधिकांश श्रेय उस विज्ञान में व्याख्या करने और स्पष्टीकरण की क्षमता एवं प्रेरणा को जाता है। स्पष्टीकरण की इच्छा विज्ञान को आगे बढ़ाती है। समाज वैज्ञानिकों ने किसी घटना के स्पष्टीकरण हेतु कुछ ऐसी विधियों को उपयोगी पाया है जो सादृश्यता (Analogy) के विचार पर आधारित है। 'प्रतिरूप' या 'मॉडल' ऐसी ही एक विधि है, जो सादृश्यता के विचार पर आधारित है। सामाजिक विज्ञानों में प्रतिरूपों का प्रयोग किसी घटना के कुछ पक्षों को मॉडल के समतुल्य प्रदर्शित कर उसकी व्याख्या और तुलना करने का प्रयास किया गया है। इसके द्वारा किसी जटिल सामाजिक घटना या वस्तु को समझना आसान हो जाता है। एक इंजीनियर किसी पुल, बांध, नहर या इमारत को बनाने के पूर्व उसकी एक छोटी से प्रतिकृति या प्रतिरूप (मॉडल) तैयार करता है ताकि वह उसकी मुख्य-मुख्य बातों पर प्रकाश डाल सके और उससे संबंधित भावी कार्यों का अनुमान लगा सके। जहाज, कार, हवाई जहाज या इमारतों आदि के मॉडलों को हमने शीशे की अल्मारी में रखा हुआ कई

जगह देखा होगा। ये भौतिक प्रतिरूप (Physical Model) हैं। इस अर्थ में, भौतिक प्रतिरूप किसी वास्तविक विशाल वस्तु की एक लघु प्रतिकृति होता है। सामाजिक विज्ञानों में इस प्रकार के किसी प्रतिरूप का प्रयोग नहीं किया जाता है। समाजशास्त्र और अन्य सामाजिक विज्ञानों में समाज के प्रतिरूपों की रचना की गई है। चूंकि 'समाज' एक अमूर्त घटना है, अतः समाज के बनाए गए प्रतिरूप किसी दूसरी घटना का, जिसके साथ समाज की तुलना की जाती है, मात्र एक कल्पनात्मक या अनुमानात्मक चित्र होता है, जो अधिकांशतः मूर्त घटना के आधार पर निर्मित एक अमूर्तीकरण (Abstraction) है।

एक समाज वैज्ञानिक किसी समाज का किसी मूर्त वस्तु, जैसे कोई इमारत की भांति कोई लघु भौतिक मॉडल तो तैयार नहीं कर सकता, किन्तु सादृश्यता के विचार का सहारा लेते हुए किसी मूर्त वस्तु को देखकर समाज की एक ऐसी मानसिक अनुकृति या रूपरेखा अवश्य तैयार कर सकता है जिसके भाग-उपभाग और इनके आपसी संबंध एवं उनकी कार्यप्रणाली उस मूर्त वस्तु से मिलती-जुलती प्रतीत होती हो जो उस समाज को समझने में सहायक हो। मानव विज्ञान (Anthropology) के क्षेत्र में आदिम समाजों के अध्ययनों में इस प्रकार के मॉडल निर्माण का बहुत प्रयोग हुआ है।

'मॉडल' शब्द के भिन्न अर्थ (Different Meanings of the Term 'Model')

'मॉडल' शब्द का प्रयोग भिन्न संदर्भों में भिन्न अर्थों में किया गया है। परम्परागत रूप में, इसका संज्ञा, विशेषण और क्रिया तीनों ही अर्थों में प्रयोग किया गया है। संज्ञा के रूप में, मॉडल का प्रयोग प्रतिनिधित्व भाव को दर्शाता है। विशेषण के रूप में, इसका प्रयोग निपुणता के अर्थ-संदर्भ को प्रकट करता है और जब इसका प्रयोग क्रिया के रूप में किया जाता है तब मॉडल समानता के अर्थ को प्रकट करता है। इस प्रकार मॉडल शब्द प्रतिनिधित्वता, निपुणता और समानता के भाव को व्यक्त करने वाली एक अवधारणा है। यही कारण है कि अलग-अलग क्षेत्रों में इसका प्रयोग भिन्न अर्थों में किया गया है। नीति विज्ञानों में 'मॉडल' शब्द का प्रयोग आदर्श दशाओं या आदर्श तत्वों के प्रदर्शन के लिए किया जाता है। जब हम यह कहते हैं कि 'राम' हिन्दुओं के 'आदर्श पुरुष' हैं या अमुक छात्र एक 'आदर्श विद्यार्थी' है, तो ये उदाहरण इसी अर्थ को प्रकट करते हैं। चित्रकारी के संदर्भ में इसका प्रयोग उस व्यक्ति अथवा वस्तु को इंगित करने के अर्थ में किया जाता है जिसे देखकर एक चित्रकार अपने अभिकल्पित भावों को मूर्त रूप देता है। व्यावसायिक जगत (मॉडलिंग व्यवसाय) में आजकल मॉडल शब्द का प्रयोग ऐसे सुन्दर युवक-युवतियों के लिए किया जाता है, जो निर्माताओं की वस्तुओं का प्रदर्शन कर उनकी वस्तुओं की बिक्री बढ़ाने में सहायता करते हैं। मॉडल शब्द का प्रयोग किसी वस्तु की लघु प्रतिमा या अनुकृति के अर्थ में भी किया जाता है, जिसे 'भौतिक मॉडल' कहा जाता है और जिसका उल्लेख हमने ऊपर किया है। इसका प्रयोग रेखाचित्रों, रेखानुकृतियों या कहीं चित्रात्मक और भौतिक प्रतीकात्मक अभिव्यक्तियों के लिए भी किया गया है जिनके माध्यम से जटिल सिद्धान्तों को स्पष्ट करने का प्रयास किया जाता है। इस प्रकार के मॉडल्स का प्रयोग अर्थशास्त्र में खूब हुआ है। समाजशास्त्र में लघु समूह के पारस्परिक सामाजिक संबंधों के प्रतिमान को प्रदर्शित करने के लिए जो समाजमितीय चित्र (Sociogram) बनाए जाते हैं, उन्हें भी 'मॉडल' की संज्ञा दी गई है।

समाजशास्त्र तथा अन्य सामाजिक विज्ञानों में 'मॉडल' शब्द का प्रयोग किसी मूल वस्तु के प्रतीक (जैसे ताजमहल या मेट्रो ट्रेन का मॉडल) या एक आदर्श व्यक्ति (जैसे स्वामी विवेकानन्द या गांधीजी) के अर्थ में नहीं किया जाता है। संक्षेप में, समाज विज्ञानों, विशेषतः समाजशास्त्र में 'मॉडल' शब्द का प्रयोग एक विशेषण या प्रतिनिधित्वता के अर्थ में नहीं किया जाता। सामाजिक विज्ञानों में 'मॉडल' शब्द का प्रयोग एक ऐसी कार्यकारी बौद्धिक संरचना के लिए किया गया है जिसकी सहायता से सामाजिक जीवन, व्यवहार एवं दशाओं को सरलता से समझा जा सके। ये सामाजिक दशाएं (Social Conditions) वास्तविक और काल्पनिक दोनों प्रकार की हो सकती हैं। इसका प्रयोग सम्पूर्ण समाज या समाज की किसी प्रमुख घटना से सम्बन्धित तत्वों की प्रकृति और उनके पारस्परिक संबंधों के प्रतिमानों को प्रदर्शित करने व समझने के लिए किया जाता है। समाजशास्त्र में इसका प्रयोग सादृश्यता या उपमा के अर्थ में किया गया है, अर्थात् समाज या समाज का कोई अंग (भाग) किसी अन्य घटना/वस्तु से कितना मिलता-जुलता है। उल्लेखनीय है कि कोई भी मॉडल सम्पूर्ण घटना के कुछ सीमित पक्षों को ही प्रकट करता है क्योंकि किसी भी घटना अथवा विश्व को उसकी सम्पूर्णता में देखना कठिन है। अतः मॉडल यथार्थ की रचना के आंशिक सत्य को ही उजागर करता है।

मॉडल की परिभाषा (Definition of Model)

एक मॉडल प्रस्थापनाओं का एक ऐसा तार्किक पुंज या समूह (A Logical Set of Propositions) होता है जिसके द्वारा हम कुछ निष्कर्ष निकालते हैं। **जॉर्ज जे. ग्राहम** के अनुसार, "मॉडल वास्तविकता का एक अमूर्तीकरण है (An Abstraction of Reality) जिसकी रचना अध्ययन की जाने वाली घटना के सर्वाधिक महत्वपूर्ण सम्बन्धों को व्यवस्थित रूप में प्रदर्शित करने के उद्देश्य से की जाती है। प्रतिरूप किसी घटना या वस्तु के लघुरूप (Miniatures) होने की अपेक्षा उसके सरलीकृत चित्र होते हैं। मॉडल का कार्य किसी जटिल वस्तु/घटना को सरलतम रूप में प्रस्तुत करना है ताकि उसे आसानी से समझा जा सके। इस दृष्टि से, किसी जटिल वास्तविक समाज का मॉडल उसका एक सरलतम मानसिक चित्र होता है। अतः, एक मॉडल किसी घटना/वस्तु के अन्तर्सम्बन्धित भागों को किसी योजनाबद्ध ढांचे में प्रदर्शित करने वाली एक सरलीकृत एवं व्यवस्थित मानसिक विचारणा (Conceptualization) है।

मॉडल के प्रकार (Types of Models)

मॉडल कल्पना या अनुमान पर आधारित होते हैं और अलग-अलग व्यक्तियों के कल्पना या अनुमान के रूप (Form) भिन्न हो सकते हैं। वैज्ञानिक साहित्य में, इसीलिए कई प्रकार के प्रतिरूपों (Models) का प्रयोग हुआ है। सभी प्रकार के प्रतिरूपों को, मोटे रूप में, निम्नलिखित दो समूहों में विभाजित किया जा सकता है:

1. अ-गणितीय प्रतिरूप (Non-Mathematical Models)

ये एक प्रकार के अमूर्तीकरण (Abstractions) होते हैं, जिनका निर्माण किसी आदर्श प्रारूप (Ideal Type) या किसी औसत प्रारूप (Average Type) का प्रतिनिधित्व करने के उद्देश्य से किया जाता है। इनका मुख्य कार्य यह विवेचना करना होता है कि किस प्रकार वास्तविक संसार

के उदाहरण वास्तविकता के सरलीकृत रूप को प्रदर्शित करते हैं। सामाजिक विज्ञानों में अधिकांशतः इसी प्रकार के प्रतिरूपों का प्रयोग किया गया है, जिनका वर्णन-विश्लेषण आगे किया जाएगा। इन्हें 'भाषाई प्रतिरूप' (Linguistic Model) भी कहा गया है, क्योंकि ऐसे प्रतिरूपों की समस्त अभिव्यक्ति भाषा के माध्यम से ही होती है।

2. गणितीय प्रतिरूप (Mathematical Models)

जब किसी सिद्धान्त की व्याख्या शब्दों के स्थान पर अंकों (Numbers) के रूप में की जाती है, तब इसे 'गणितीय मॉडल' कहते हैं। इसमें सामाजिक क्रियाओं, अन्तर्क्रियाओं और घटनाओं की व्याख्या के लिए सांख्यिकी (Statistics) का प्रयोग किया जाता है। गणितीय मॉडल के द्वारा सामाजिक विज्ञानों में व्यक्तियों और उनके सामाजिक पारस्परिक संबंधों और सामाजिक घटनाओं को सुनिश्चित और विश्वसनीय बनाने के लिए उन्हें परिमाणात्मक रूप दिया जाता है। इसका प्रयोग 'अवकल समीकरण' (Differential Equation) के माध्यम से लघु समूहों में होने वाली अन्तर्क्रियाओं को, जिनका अध्ययन होमन्स ने किया है, अधिक सटीक रूप में प्रदर्शित किया जा सकता है। गणितीय प्रतिरूप घटनाओं की सांख्यिकीय नियमितताओं को प्रकट करते हैं। सांख्यिकीय प्रतिरूप (Statistical Model) गणितीय प्रतिरूप का ही एक महत्वपूर्ण रूप है, जो सांख्यिकीय परीक्षण पर आधारित होता है।

वैज्ञानिक शोध की एक विधि के रूप में प्रतिरूप रचना (Model Building) की शुरुआत गणितीय मॉडल्स से ही मानी जाती है जहाँ इसका सर्वप्रथम प्रयोग यांत्रिकी (Mechanics) के क्षेत्र में हुआ बताया गया है। किन्तु सामाजिक विज्ञानों में इस प्रकार के मॉडल का प्रयोग अभी बहुत कम हुआ है। कुछ समाज वैज्ञानिकों का कहना है कि गणितीय प्रतिरूप भौतिक विज्ञानों की भांति सामाजिक संबंधों को आंकिक रूप में प्रदर्शित करने के लिए उपयोगी नहीं है, क्योंकि इनका प्रयोग सामाजिक जीवन की तार्किक व्यवस्था अथवा प्रतिमानों की अभिव्यक्ति के लिए अर्थपूर्ण ढंग से नहीं किया जा सकता।

गणितीय प्रतिरूपों का मुख्य उद्देश्य किसी शोध या गवेषणा के निष्कर्षों को सटीक (Exact) बनाना है। यही कारण है कि आजकल सामाजिक विज्ञानों के कई क्षेत्रों, जैसे मतदान व्यवहार, लघु समूह, सम्प्रेषण, सीखने की प्रक्रिया आदि में इस प्रकार के मॉडल्स का प्रयोग किया जा रहा है। आजकल इनका प्रयोग नगर के आकार, आय, शब्द-आवृत्तियों और प्रकाशन की आवृत्तियों के वितरण को प्रदर्शित करने में किया जाने लगा है। सांख्यिकी के सामाजिक विज्ञानों, विशेषतः समाजशास्त्र में अधिकाधिक प्रयोग ने इनके चरित्र को ही बदल दिया है। अब इनके निष्कर्षों को विश्वसनीय माना जाने लगा है।

सामाजिक विज्ञानों में प्रयोग किए जाने वाले प्रतिरूप (Models Used in Social Sciences)

उपमात्मक मॉडल (Analogous Model)

सादृश्यता के विचार पर आधारित एक ऐसा प्रतिरूप जिसमें अध्ययन की जाने वाली घटना की कुछ विशेषताओं और किसी सर्वथा भिन्न घटना की विशेषताओं के बीच समानता प्रकट की जाती है, तब यह अभिव्यक्ति उपमा कहलाती है। किसी सुन्दर स्त्री के मुखड़े की तुलना चांद से करना उपमा का ही एक बहु प्रसिद्ध उदाहरण है। मॉडल के रूप में जब

उपमा का प्रयोग किया जाता है तब इस प्रक्रिया में किसी जटिल या अमूर्त व्यवस्था को समझने–समझाने के लिए किसी सरल और मूर्त व्यवस्था का सहारा लिया जाता है और इस सरल और मूर्त व्यवस्था को जटिल और अमूर्त व्यवस्था का मॉडल मान लिया जाता है, इसे ही उपमात्मक मॉडल का नाम दिया गया है।

समाजशास्त्र सहित कई सामाजिक विज्ञानों में इस मॉडल का खूब प्रयोग हुआ है। समाज के शरीर की प्राणी के शरीर (सावयव) या किसी मशीन की कार्यप्रणाली से तुलना करना उपमात्मक मॉडल के बहु प्रसिद्ध उदाहरण हैं। प्रारम्भिक समाज वैज्ञानिक **हरबर्ट स्पेन्सर** ने मानवीय समाज की कार्यप्रणाली को समझाने के लिए सावयविक मॉडल (Organisimic Model) का ही प्रयोग किया है। इसी प्रकार कुछ विचारकों ने उपमा के रूप में प्राणी के शरीर के स्थान पर मशीन की उपमा का प्रयोग किया है, इसे यांत्रिक मॉडल (Mechanical Model) के नाम से जाना जाता है।

अवधारणात्मक मॉडल (Conceptual Model)

यह एक ऐसा मॉडल है, जिसमें किसी वास्तविक वस्तु, जैसे प्राणी के शरीर या मशीन को मॉडल के रूप में प्रयोग नहीं किया जाता है, अपितु इसके स्थान पर किसी वैचारिक खाके या प्रतिमा का निर्माण किया जाता है और उसके साथ अध्ययन की जाने वाली घटना या वस्तु की तुलना की जाती है। सामाजिक विज्ञानों में सामाजिक विश्व (Social World) के मॉडल की रचना के लिए कई अंतर्संबंधित अवधारणाओं का प्रयोग किया गया है, जैसे संरचनात्मक–प्रकार्यात्मक (Structural-Functional Model) में प्रस्थिति, भूमिका, आदर्श नियम (Norms), सामाजिक नियंत्रण, समाजीकरण, आंतरीकरण, संतुलन, अनुकूल आदि के माध्यम से समाज की संरचना और उसके प्रकार्यों की व्याख्या की जाती है। समाजशास्त्र के उद्भव के प्रारम्भिक वर्षों में इस मॉडल और उद्विकासवादी (Evolutionary Model) का खूब प्रयोग हुआ है।

इस मॉडल में गणितीय मॉडल की भांति न तो अंकों या सांख्यिकी का प्रयोग किया जाता है और न ही इसमें परिमाणीकरण (Quantifications) का कोई उद्देश्य निहित होता है।

प्रतिमात्मक प्रतिरूप (Iconic Model)

अध्ययन की जाने वाली घटना की प्रत्यक्ष अनुकृति पर आधारित प्रतिरूप को प्रतिमात्मक मॉडल कहते हैं। अन्य प्रतिरूपों की भांति प्रतिमात्मक प्रतिरूप आनुभविक घटनाओं का प्रतिनिधित्व करता है, फिर भी इसकी प्रकृति मुख्यत: अमूर्तीकरण की ही होती है। इस प्रकार का मॉडल वास्तविक घटना से कुछ बातों में भिन्न होता है। **मैक्स वेबर** के आदर्श प्रारूप (Ideal Type) की धारणा तथा **मोरेनो** का समाजमितीय चित्र (Sociogram) इसी मॉडल के उदाहरण हैं। ये मॉडल सामान्यत: उपमात्मक मॉडल और सांकेतिक मॉडल से पूर्णत: भिन्न होते हैं।

सांकेतिक प्रतिरूप (Symbolic Model)

एक ऐसा प्रतिरूप, जो अवधारणाओं के एक समूह के तार्किक एवं सैद्धांतिक अन्तर्संबंधों पर आधारित होता है, उसे सांकेतिक प्रतिरूप कहा जाता है। इस प्रकार के प्रतिरूप की

रचना आनुभविक घटना की प्रत्यक्ष विशेषताओं पर आधारित नहीं होती। सामान्यतः सांकेतिक प्रतिरूप की प्रतिमात्मक तथा उपमात्मक प्रतिरूप से तुलना की जाती है।

सैद्धांतिक प्रतिरूप (Theoretical Model)

यह एक ऐसा मॉडल है जिसमें यह माना जाता है कि सामाजिक जीवन कुछ आधारभूत अनुमानों (Assumptions) पर आधारित है और ये अनुमान ये बताते हैं कि सामाजिक जीवन कैसे कार्य करता है। यह मॉडल सिद्धांत और शोध के बीच सेतु का कार्य करता है। इस प्रकार का मॉडल किसी विशिष्ट घटना के स्पष्टीकरण में सहायक होता है कि अमुक घटना क्यों घटी।

मॉडल्स की उपयोगिता एवं गुण (Utility and Advantages of Models)

शोध कार्य करते समय प्रत्येक वैज्ञानिक (सामाजिक और भौतिक वैज्ञानिक) अपने मस्तिष्क में अपनी शोध समस्या या विषय के बारे में एक विचार या धारणा लेकर चलता है। घटना या समस्या के बारे में यह सामान्य धारणा उसके बारे में उसके मस्तिष्क में एक मानसिक चित्र की रचना करती है कि उक्त वस्तु/घटना/समस्या का यथार्थ रूप क्या है, वह कैसे कार्य करती है, उसके क्या अंग-प्रत्यंग, भाग-उपभाग हैं, आदि-आदि। यथार्थ को प्रकट करने वाली इस मानसिक रचना या अनुकृति को ही प्रतिरूप (मॉडल) कहते हैं। इस प्रकार की मानसिक अनुकृतियों के माध्यम से यथार्थ में पाई जाने वाली घटना/वस्तु को समझना सरल हो जाता है। अतः मॉडल का मुख्य कार्य जटिल और अमूर्त यथार्थ को समझने में सहायता करना है। मॉडल के प्रमुख गुण/उपयोगिताएं निम्नलिखित हैं:

1. सैद्धान्तिक समस्याएं जो प्रायः जटिल और अमूर्त होती हैं, उन्हें सरल रूप में समझने में सहायता करना।
2. चिन्तन को एक निश्चित दिशा देकर शोध कार्य को व्यवस्थित रूप प्रदान करना।
3. रचनात्मक 'खेल' के रूप में नवीन सैद्धान्तिक सूझबूझ या सिद्धान्त निर्माण में सहायता देना।
4. सिद्धान्तों में कार्यरत विभिन्न चरों (Variables) के आपसी संबंधों को सरलता और गहनता से समझने में सहायता प्रदान करना, अर्थात् कौनसा प्रमुख कारक या चर किसी घटना के लिए उत्तरदायी है। इसके अतिरिक्त किसी कारक का अन्य कारकों के साथ क्या संबंध है, उक्त कारक का क्या सकारात्मक और नकारात्मक प्रभाव है आदि बातों को समझने में मॉडल सहायता करते हैं।
5. मॉडल के द्वारा सिद्धान्तों की वैचारिक सीमाओं का नियमन भी किया जाता है जो सार्थक और निरर्थक तथ्यों के चयन में शोधकर्ता की मदद करता है।
6. प्रेक्षण (Observation) तथा सैद्धान्तिक स्तरों के बीच सम्पर्क स्थापित करना।
7. मॉडल किसी घटना से जुड़ी हुई उन क्रियाओं को समझने में सहायता करते हैं, जो अपनी व्यापकता एवं विशालता के कारण अन्यथा सम्भव नहीं हो पाती हैं।

मॉडल्स के कार्य (Functions of Models)

1. मॉडल किसी एक व्यवस्था का किसी दूसरी मिलती-जुलती व्यवस्था से तुलना करने में सहायता करते हैं।
2. मॉडल किसी घटना/वस्तु के क्रमविन्यास या तारतम्य प्रदर्शित करने में एक उपयोगी साधन का कार्य करते हैं।
3. मॉडल हमारे ध्यान को एकाग्रचित करने का एक अच्छा तरीका है।
4. मॉडल समस्याएं इंगित कर शोध के मार्ग को प्रशस्त करते हैं।
5. मॉडल सार्थक तथ्य एकत्रित करने में सहायता करते हैं।
6. मॉडल उपयुक्त तथ्यों के संकलन और विश्लेषण की विधियों एवं तकनीकों के चयन में सहायता करते हैं।

मॉडल्स के अवगुण/कमजोरियां (Disadvantages/Weaknesses of Models)

कोई भी मॉडल किसी यथार्थ (मूल संदर्भ) की मात्र एक चयनात्मक छवि को प्रदर्शित करता है। इसकी रचना करते हुए इसमें मूल वस्तु/घटना के सभी पहलुओं को यथातथ्य में प्रदर्शित न करके कुछ पहलुओं को उभारा जाता है और कुछ को छोड़ दिया जाता है, अत: इसमें वास्तविकता के सभी गुण विद्यमान नहीं होते। मॉडल की यह सबसे बड़ी कमजोरी है। इसके प्रमुख अवगुण निम्नलिखित हैं:

1. मॉडल किसी घटना/वस्तु का अति सरलीकृत रूप है। यह यथार्थ को पूर्ण रूप से प्रतिबिम्बित नहीं करता।
2. मॉडल द्वारा सिद्धान्त के सम्पूर्ण प्रभाव को सीमित कर दिया जाता है।
3. मॉडल कभी-कभी विभिन्न चरों के बीच समय के आधार पर संबंधों को प्रदर्शित करते हैं जिनकी अपेक्षा नहीं की गई होती है।
4. मॉडल मात्र यह आभास देते हैं कि इसमें सभी तार्किक रूप से संगत आयामों को सम्मिलित कर लिया गया है।
5. मॉडल का यह दावा कि इसमें आनुभाविक वास्तविकता के सभी तत्वों को सम्मिलित कर लिया गया है, भ्रांतिपूर्ण होता है।
6. मॉडल की व्याख्या करने में गलतियां होना बहुत आसान होता है। सामाजिक विज्ञानों में बहुधा मॉडल की यह कमजोरी सामने आ जाती है।
7. एक मॉडल के आधार पर सभी सिद्धान्तों की व्याख्या संभव नहीं है। प्रत्येक मॉडल की अपनी कुछ सीमाएं होती हैं।

अन्त में, उपरोक्त अवगुणों और कमजोरियों के होते हुए भी सभी विज्ञानों में मॉडल निर्माण का कार्य निरंतर किया जा रहा है क्योंकि ये किसी भी जटिल घटना को सरल रूप में समझने-समझाने का यह एक अच्छा साधन है। एक साधारण बुद्धिवाला व्यक्ति भी मॉडल की सहायता से पेचीदा बातों को आसानी से समझ जाता है।

सामाजिक विज्ञानों में मॉडल रचना/निर्माण (Model Building in Social Sciences)

किसी भी जटिल व्यवस्था के अध्ययन के लिए कुछ सीमा तक उसके बारे में कल्पना कर उसे सरल बनाना आवश्यक होता है, ताकि उस व्यवस्था या संरचना को ठीक ढंग से समझा जा सके। इस सरल बनाने की प्रक्रिया को समझाने और उसका विवेचन करने के लिए जिस साधन का प्रयोग किया जाता है, उसे ही समाज वैज्ञानिकों ने 'मॉडल रचना/निर्माण' (मॉडल बिल्डिंग) का नाम दिया है। मॉडल वास्तविकता का एक ऐसा रूप है जो संदर्भित घटना या वस्तु के महत्वपूर्ण पहलुओं और संबंधों को सरल रूप में प्रदर्शित करता है। मॉडल वास्तविकता का केवल प्रतिनिधित्व करते हैं, वे वास्तविक नहीं होते। किन्तु उनका वास्तविकता पर आधारित होना जरूरी है। इनमें उन सभी महत्वपूर्ण सम्बद्ध पक्षों (आंकड़ों या मापों) को शामिल किया जाना चाहिए जो वास्तविकता को प्रकट करते हैं। यदि इन पक्षों को नजरअंदाज करते हैं, तब ऐसे मॉडल अवास्तविक और अनुमानों पर आधारित बन जाते हैं। फिर भी, ये वास्तविकता के विस्तृत एवं व्यापक स्वरूप को समझने में काफी महत्वपूर्ण होते हैं। ये वास्तविकता के प्रमुख पक्षों के विभिन्न भागों या अंगों के आपसी संबंधों को उजागर करने में सहायक होते हैं, अर्थात् वे इस बात पर प्रकाश डालते हैं कि कोई व्यवस्था या सरंचना कैसे बनती है तथा वह किस प्रकार कार्य करती है।

मॉडल निर्माण की प्रविधि (Technique) का उद्गम गणितशास्त्र से हुआ है। जहाँ इसका सर्वप्रथम प्रयोग यांत्रिकी (Mechanics) के क्षेत्र में किया गया। भौतिक विज्ञानों में आज हमें जो कुछ प्रगति दिखाई देती है, उसका मुख्य श्रेय गणित और सांख्यिकी के प्रयोग को जाता है। गणित अथवा सांख्यिकी (Statistics) का मुख्य कार्य निष्कर्षों को संक्षिप्त रूप देना और उन्हें सटीक (Exact) और निश्चित बनाना है। 'मॉडल' की इन्हीं विशेषताओं ने समाज वैज्ञानिकों के ध्यान को आकर्षित कर सामाजिक जीवन के अध्ययन के क्षेत्र में इनके प्रयोग की उन्हें प्रेरणा दी।

स्कॉट ग्रीअर ने लिखा है कि सामाजिक विज्ञानों में सामान्यत: प्रतिरूप (मॉडल) की संज्ञा का प्रयोग 'निर्देशक रूपकों' (Guiding Metaphors) के रूप में की जाती है, जिनकी रचना सादृश्यता के विचार पर आधारित है। अन्य संदर्भों में इनका प्रयोग किसी घटना के अन्तर्संबंधों के कुछ पक्षों को ज्ञात करने हेतु दिशा-निर्देशन के रूप में किया गया है। समाज विज्ञानों में समाज संबंधी कुछ प्रश्नों, जैसे समाज का निर्माण कैसे होता है, यह कैसे कार्य करता है और कैसे बना रहता है, मानव कैसे और क्यों आंदोलित होता है, सामाजिक सम्बन्ध कैसे बनते, टूटते और बिगड़ते हैं, आदि के उत्तर देने के लिए निम्नलिखित कुछ रूपकों का प्रयोग किया गया है:

1. सावयव का रूपक
2. खेल का रूपक
3. मशीन का रूपक
4. मौसम विज्ञान का रूपक

समाजशास्त्र और मानवशास्त्र में सावयव और मशीन के रूपक का खूब प्रयोग हुआ है। **स्पेन्सर** का सावयववादी मॉडल इसका एक महत्वपूर्ण उदाहरण है, जिसमें समाज की तुलना प्राणी के शरीर से की गई है। इसी के आधार पर 'सावयविक प्रतिरूप' (Organismic Model) का जन्म हुआ, जिसका आधार डार्विन का प्रसिद्ध विकासवादी मॉडल रहा है। प्राणीशास्त्र और भौतिकशास्त्र में प्रचलित व्यवस्था (System) की धारणा के आधार पर ही सामाजिक विज्ञानों, विशेषत: समाजशास्त्र में 'व्यवस्था मॉडल' (System Model) का प्रयोग हुआ है जिसके प्रणेता **टालकट पार्सन्स** रहे हैं। मानव विज्ञान (Anthropology) में **लीच** ने नातेदारी शब्दावली का मॉडल, **लेवीस्ट्रास** ने नातेदारी और विवाह में उपहारों के लेन-देन का 'विनिमय मॉडल' (Exchange Model), **ईवान्स प्रिचार्ड** का 'ऐतिहासिक मॉडल' और **रूथ बेनेडिक्ट** का 'सौन्दर्यवादी मॉडल' (Aesthetic Model) आदि इस दिशा में मॉडल बिल्डिंग के महत्वपूर्ण प्रयास बताए जा सकते हैं। **जार्ज हरबर्ट मीड** ने 'खेल के रूपक' का प्रयोग करते हुए कहा है कि सामाजिक जीवन खेल के समान है। उन्होंने बताया कि किसी खेल को ठीक प्रकार से खेलने के लिए जिस प्रकार खेल के नियम होते हैं और उन्हें समझा जाना आवश्यक होता है, उसी प्रकार सामाजिक जीवन के भी नियमाचार (Norms) हैं, उनको समझा जाना और आन्तरीकरण करना सामाजिक जीवन को निर्बाध रूप में चलाए रखने के लिए आवश्यक होता है।

सामाजिक विज्ञानों में पिछले कुछ वर्षों (द्वितीय विश्वयुद्ध के बाद) में होने वाले विकास का एक महत्वपूर्ण कारण इन विज्ञानों में गणितीय प्रतिरूपों का कुछ मात्रा में प्रयोग माना जाता है। **रॉबर्ट बेल्स** ने लघु समूहों के अंतर्क्रिया के प्रतिमानों के अपने अध्ययन में सांख्यिकी का सफल प्रयोग किया है। **हरबर्ट साइमन** ने अपनी पुस्तक 'मॉडल्स ऑफ मेन' में बताया है कि किस प्रकार गणितीय विज्ञानों के 'सेट सिद्धान्त' (Set Theory) का राजनीतिक सत्ता एवं अधिकार की व्याख्या में प्रयोग किया जा सकता है। 'सेट सिद्धान्त' के प्रतिरूप के आधार पर ही सामाजिक विज्ञानों में 'खेल सिद्धान्त' (Game Theory) के प्रतिरूप का विकास हुआ। इस मॉडल के आधार पर लाभ-हानि संबंधी विशिष्ट निर्णय किए जाते हैं।

प्राकृतिक विज्ञानों की भांति सामाजिक विज्ञानों में मॉडल निर्माण का कार्य बहुत कम हुआ है। मॉडल निर्माण की यह प्रक्रिया बहुत धीमी है। इसके साथ ही जो कुछ मॉडल निर्माण हुआ है, उसकी भी भारी आलोचना हुई है। समाजशास्त्र में समाज के जिन प्रतिरूपों का प्रयोग हुआ है, उनमें से अधिकांश को दूसरे क्षेत्रों से उपमाओं के रूप में लिया गया है। ये प्रतिरूप भी स्पष्ट नहीं हैं और इन्हें पूर्ण मान्यता नहीं मिल पाई है। समाजशास्त्रियों पर बहुधा यह आरोप लगाया गया है कि वे अभी तक एक शाब्दिक प्रतिरूप, एक प्रतिमा या अवधारणा तथा एक वैज्ञानिक सिद्धान्त के बीच भी स्पष्ट अंतर प्रदर्शित नहीं कर पाए हैं।

समाजशास्त्र में मुख्य रूप में निम्नलिखित दो प्रश्नों के समाधान हेतु प्रतिरूपों (Models) का निर्माण किया गया है:

1. सामाजिक व्यवस्था कैसे काम करती है और यह किस प्रकार चिरस्थाई है?

2. सामाजिक व्यवस्था में परिवर्तन कैसे और क्यों होता है?

इन प्रश्नों का उत्तर खोजने हेतु समाजशास्त्र में, मोटे रूप में, निम्नलिखित प्रमुख प्रतिरूपों का प्रयोग किया गया है:

(i) उद्‌विकासीय प्रतिरूप (Evolutionary Model)
(ii) सावयववादी या संरचना-प्रकार्यवादी प्रतिरूप (Organismic or Structural-Functional Model)
(iii) संतुलन या मतैक्य या समाकलन प्रतिरूप (Equilibrium or Consensus or Integration Model)
(iv) संघर्ष या भयमूलक प्रतिरूप (Conflict or Coercion Model)
(v) भौतिक विज्ञान प्रतिरूप (Physical Science Model)
(vi) सांख्यिकीय तथा गणितीय प्रतिरूप (Statistical and Mathematical Model)
(vii) सामाजिक अन्तर्क्रिया प्रतिरूप (Social Interaction Model)
(viii) खेल प्रतिरूप (Play Model)

उपरोक्त प्रमुख प्रतिरूपों के अलावा कई अन्य छोटे-मोटे प्रतिरूप भी हैं। इन सभी का विस्तृत वर्णन-विश्लेषण अन्यत्र किया गया है।

प्रतिरूप और सिद्धांत (Model and Theory)

बहुधा 'मॉडल' को सिद्धांत का पर्यायवाची मानकर दोनों का प्रयोग एक ही अर्थ में कर लिया जाता है। सिद्धांत के अर्थ में मॉडल के प्रयोगकर्ता मॉडल की अवधारणा को भौतिक रूप में देखने की अपेक्षा इसे अमूर्त रूप में देखते हैं। इस अर्थ में बहुधा मॉडल को एक 'तार्किक-निमनात्मक व्यवस्था' (Logico-Deductive System) के रूप में माना जाता है, किन्तु इस प्रकार का प्रयोग भ्रांतिमूलक है। इन दोनों का प्रयोग घटना की व्याख्या के लिए किया जाता है, किन्तु फिर भी दोनों को एक ही समझना हमारी भूल होगी।

इसमें संदेह नहीं है कि दोनों में स्पष्ट अंतर प्रदर्शित करना काफी कठिन है, क्योंकि दोनों एक-दूसरे से घनिष्ठ रूप में गुंथे हुए हैं तथापि दोनों शोध की भिन्न विधाएं, भिन्न उपकरण हैं। अर्थशास्त्री **पोपेणड्रियू** ने लिखा है कि "सिद्धांत एक ऐसी तार्किक-निगमनात्मक विधि है जिसे असत्य साबित किया जा सकता है। जब कि प्रतिरूप (मॉडल) एक ऐसी अमूर्त विचारणा या अवधारणा है, जिसे झुठलाया नहीं जा सकता, उसकी आनुभविक रूप में पुष्टि की जा सकती है। **कपालान** (1964) के अनुसार, 'प्रतिरूप' वैज्ञानिक रूपकों (Scientific Metaphors) के समान हैं और एक रूपक, एक सैद्धांतिक सूत्र (Formula) की भांति किसी सादृश्यता का एक वाक्य में संक्षिप्तीकरण होता है ... प्रतिरूपों की रचना किन्हीं सादृश्यताओं के आधार पर दो घटनाओं के बीच समानताओं को प्रदर्शित करने के लिए की जाती है।" सामान्यत: अपरीक्षित सिद्धांतों को प्रतिरूप कहा जाता है और जब प्रतिरूपों की परीक्षा करके उन्हें सिद्ध कर दिया जाता है, तब वे सिद्धांत बन जाते हैं।

प्रतिरूप (मॉडल) किसी घटना/वस्तु का मात्र वर्णन करते हैं, जबकि सिद्धांत का प्रयोग घटना के कारणों की व्याख्या के लिए किया जाता है। प्रतिरूपों का कार्य विश्लेषण अथवा मूल्यांकन करना नहीं है, यह कार्य सिद्धांत का है। प्रतिरूप कुछ सीमा तक प्राक्कल्पनाओं के परीक्षण में सहायता कर सकते हैं।

एक भौतिक प्रतिरूप किसी घटना अथवा वस्तु की संरचना के मुख्य भागों और उनके आपसी संबंधों के आधार पर निर्मित उसका एक कृत्रिम और सुविधाजनक लघुरूप होता है। भौतिकशास्त्र में सर्वप्रथम प्रयोग किया गया अणु (Atom) का प्रतिरूप इसका एक अच्छा उदाहरण है। अणु का प्रतिरूप यह प्रदर्शित करता है कि किस प्रकार अणु का प्रत्येक भाग दूसरे भागों से जुड़ा हुआ है। इसके विपरीत, सिद्धांत उन तत्वों तथा उनके संबंधों की व्याख्या करता है जिनसे प्रतिरूप की रचना हुई है। उदाहरणार्थ, कार्ल मार्क्स ने उन्नीसवीं शताब्दी के समाज की वर्ग संरचना के वर्णन हेतु एक प्रतिरूप प्रस्तुत किया था। इसी प्रतिरूप ने उसके मस्तिष्क में इन प्रश्नों को जन्म दिया कि इस वर्ग संरचना का जन्म कैसे हुआ और इसका भावी रूप किस प्रकार का होने की सम्भावना है। वर्ग संरचना संबंधी उनके 'क्यों' के प्रश्न की व्याख्या ने ही उनके सामाजिक वर्ग के सिद्धान्त को जन्म दिया, अर्थात् इस वर्ग संरचना के क्या कारण हैं।

मॉडल और सिद्धांत के आपसी संबंधों को आधुनिक चिकित्साशास्त्र के एक सिद्धांत के द्वारा अधिक स्पष्ट किया जा सकता है। यह माना जाता है कि 'रोगाणुओं के कारण बीमारियां उत्पन्न होती हैं।' बीमारियों के बारे में यह धारणा 'रोगाणु सिद्धांत' (Germ Theory) के नाम से जानी जाती है जो मूलतः बीमारियों के एक सामान्य प्रतिरूप (मॉडल) को प्रकट करती है। जब किसी विशिष्ट बीमारी, जैसे कैन्सर के कारणों की खोज करने का प्रयास किया जाता है, तब बीमारियों के उपरोक्त सामान्य मॉडल का प्रयोग करते हुए उक्त बीमारी के विशिष्ट रोगाणु को ढूंढ़ा जाता है और इस तरह विभिन्न बीमारियों के विशिष्ट सिद्धान्तों की रचना की जाती है। यही नहीं, विभिन्न बीमारियों के भिन्न कारणों की खोज संबंधी सिद्धान्त के साथ बीमारी की रोकथाम करने के उन तरीकों को खोज करने में भी मदद मिलती है जिनके द्वारा ऐसे रोगाणुओं को समाप्त किया जा सकें। अतः बीमारियों का रोगाणु संबंधी यह उदाहरण यह बताता है कि एक सामान्य मॉडल (बीमारियों का रोगाणु संबंधी मॉडल) से कई सिद्धान्तों (अलग-अलग बीमारियों के भिन्न रोगाणुओं की खोज) का जन्म हो सकता है।

सभी बीमारियों के लिए रोगाणु मॉडल का प्रयोग नहीं किया जा सकता। कुछ बीमारियां जैसे मनो-शारीरिक रुग्णता (मानसिक विकृति, पागलपन) का कारण कोई रोगाणु नहीं होता, अपितु कुछ अन्य कारण (रासायनिक परिवर्तन या आहार संबंधी असंतुलन आदि) हो सकते हैं। ऐसी बीमारियों के लिए एक अन्य मॉडल का निर्माण किया जाना चाहिए जो इन बीमारियों को स्पष्ट कर सके। अतः प्रतिरूप निर्माण विभिन्न घटनाओं की व्याख्या के एक महत्वपूर्ण साधन का कार्य करता है। सिद्धान्त क्या है, इनकी क्या विशेषताएं हैं, इनकी रचना कैसे होती है, इन सभी प्रश्नों का वर्णन-विश्लेषण 'तथ्य और सिद्धान्त' वाले अध्याय में किया गया है।

भाग 2

सामाजिक शोध की व्यूह-रचना

Strategy of Social Research

6

दत्तों/आंकड़ों के प्रकार एवं स्रोत
Types and Sources of Data

विज्ञान के महल की रचना वैज्ञानिक तथ्यों (दत्तों/आंकड़ों) से होती है। ये इस महल के लिए पानी, ईंट, चूना, पत्थर आदि सामग्री का काम करते हैं। किसी शोध विषय संबंधी संकलित सामग्री और सूचनाएं ही 'वैज्ञानिक तथ्य' (Scientific Facts) कहलाती हैं। इन्हीं तथ्यों के आधार पर वैज्ञानिक सिद्धांतों (Theories) और नियमों (Laws) की रचना होती है। विज्ञान का प्रमुख उद्देश्य घटनाओं के कारणों एवं प्रभावों (Cause and Effect) की खोज करना है। तथ्यों (Data) के संकलन के आधार पर ही कारण और प्रभाव की स्थापना की जाती है। विज्ञान में इन संकलित तथ्यों (Data) के आधार पर ही भविष्योक्ति (Prediction) की जाती हैं, न कि कल्पनाओं अथवा अनुमानों के आधार पर। इन तथ्यों (Data) के आधार पर ही विज्ञान आगे बढ़ता है।

दत्त सामग्री (समंक) का अर्थ एवं परिभाषा
(Meaning and Definition of Data)

अंग्रेजी के बहुवचन शब्द 'डाटा' (Data) के लिये हिन्दी में कई शब्दों, जैसे दत्त, समंक, आंकड़े, आधार सामग्री आदि का प्रयोग हुआ है। यही नहीं, कहीं-कहीं 'तथ्य' (Fact) और 'डाटा' (Data) शब्दों को पर्यायवाची मानकर एक दूसरे के स्थान पर भी प्रयोग किया गया है। यहाँ हम नीचे दोनों शब्दों के अर्थ एवं अन्तर को स्पष्ट करने का प्रयास करेंगे।

अंग्रेजी का 'डाटा' शब्द लेटिन के एकवचन 'डेटम' (Datum) शब्द से बना है जिसका शब्दिक अर्थ 'दी हुई वस्तु' (A Thing Given) से है। **थियोडॉरसन एवं थियोडॉरसन** (माडर्न डिक्शनरी ऑफ सोसियोलॉजी) के अनुसार, "अवलोकन अथवा मापन के द्वारा संकलित सूचनाएं जिनके द्वारा सामान्यीकरण या निष्कर्ष निकाले जाते हैं, उन्हें दत्त या डाटा कहा जाता है।"

द कॉनसाइज ऑक्सफोर्ड डिक्शनरी ऑफ सोसियोलॉजी (1994) में लिखा है कि 'डाटा' शब्द 'डेटम' शब्द का बहुवचन है, यह एक तथ्य (Fact) या सांख्यिक (Statistic) का संकेतक शब्द है।

अब हम 'तथ्य' (Fact) को परिभाषित करेंगें:

अमरीकी कॉलेज शब्दकोश के अनुसार 'जो घटना वास्तव में घटी है' (What has really happened) तथ्य कहलाती है। सामाजिक विज्ञानों में तथ्य मूर्त भौतिक

घटनाओं तक ही सीमित नही है, इनमें अमूर्त विचार, भावनाएं, विश्वास और मनोवृतियां भी शामिल होती हैं। ये सभी मनोवैज्ञानिक तथ्य हैं, किन्तु किसी भी सामाजिक क्रिया या व्यवहार को संचालित करने में इनकी महत्वपूर्ण भूमिका होती है, अतः इनकी अवहेलना नहीं की जा सकती।

पी.वी. यंग ने 'तथ्य' और 'समंक' (डाटा) में अंतर किया है। उन्होंने "ज्ञात अथवा उपलब्ध तथ्यों, आंकड़ों तथा सूचनाओं को समंक (डाटा) कहा है। सांख्यिकीय अर्थ में, समंक उस समस्त भूत और वर्तमान सामग्री को कहते हैं जो अध्ययन और विश्लेषण का आधार होती है।" समंक (डाटा) हमेशा संख्यात्मक (Numerical) होते हैं, जबकि तथ्य संख्यात्मक और विवरणात्मक दोनों प्रकार के हो सकते हैं। जीवन-इतिहास तथ्य की श्रेणी में आता है।

समाजशास्त्रीय संदर्भ में समंक ऐसे संख्यात्मक तथ्य हैं जिन्हें एक समाज वैज्ञानिक आनुभविक प्रक्रिया द्वारा एकत्रित करके उनका विश्लेषण और निर्वचन (व्याख्या) करता है और बाद में इसी के आधार पर सिद्धान्त की रचना करता है।

दत्तों के प्रकार (Types of Data)

दत्तों को सामान्य रूप में दो वर्गों में विभाजित किया जाता है:

1. प्राथमिक दत्त
2. द्वितीयक दत्त

प्राथमिक दत्त (Primary Data)

प्राथमिक दत्त वे मौलिक सूचनाएं तथा आंकड़े होते हैं, जिनका संकलन प्रथम बार किया गया है। प्रथम बार संकलित किए जाने के कारण ही इन्हें प्राथमिक दत्त कहा जाता है। इन दत्तों के एकत्रण के लिए शोधकर्ता विभिन्न क्षेत्रीय विधियों जैसे अवलोकन, साक्षात्कार, प्रश्नावली आदि का प्रयोग करता है। इस प्रकार के दत्त-संकलन के लिए शोधकर्ता घटनाओं का स्वयं अवलोकन करता है अथवा उन व्यक्तियों से संपर्क साधता है, जिनके पास इस प्रकार के दत्त होते हैं। वह ऐसे व्यक्तियों का साक्षात्कार करता है अथवा उन्हें प्रश्नावली भेजकर आवश्यक सूचनाएं भेजने के लिए प्रार्थना करता है। इन दत्तों की मुख्य विशेषता यह है कि शोधकर्ता स्वयं अथवा अपने सहायकों (प्रगणकों) द्वारा ऐसे दत्तों का संग्रहण करवाता है।

द्वितीयक दत्त (Secondary Data)

ये इस प्रकार के दत्त होते हैं जिनका संकलन पहले से किसी अन्य व्यक्ति अथवा संस्था द्वारा किया गया है और शोधकर्ता उन्हें अपने उद्देश्यों की पूर्ति हेतु प्रयोग करता है। ऐसे दत्तों का संग्रहण वह स्वयं नहीं करता, अपितु किसी अन्य उद्देश्य से संकलित की गई तथ्य दत्त-सामग्री का प्रयोग वह अपने लिए करता है। **फारकेस तथा रिचर** (1973) के शब्दों में, "द्वितीयक दत्त वे विद्यमान अथवा पूर्व संकलित दत्त हैं, जिनका संकलन सामाजिक शोधकर्ता के किसी विशिष्ट उद्देश्य के लिए नहीं किया गया है।" इनमें तीन प्रमुख प्रकार के

दत्त सम्मिलित होते हैं: लिखित प्रलेख, जन-माध्यमों द्वारा प्रचारित रिपोर्ट तथा सरकारी आलेख।

द्वितीयक दत्तों का प्रयोग सामान्यत: तब किया जाता है जब नए सिरे से सभी दत्तों को एकत्रित करना न तो आवश्यक होता है और न ही शोधकर्ता के सीमित साधनों के कारण यह सम्भव ही हो पाता है। जैसे, यदि किसी शोधकर्ता को किसी एक विशाल नगर की जनसंख्या की आवश्यकता है, तो वह यह जनसंख्या के आंकड़े जनगणना प्रतिवेदन या नगर परिषद के दस्तावेजों से प्राप्त कर सकता है। द्वितीयक दत्त सामग्री विभिन्न रूप में पहले से ही उपलब्ध होती है। इसमें आवश्यकतानुसार थोड़ा-बहुत परिवर्तन करके इसे एक शोधकर्ता अपने शोधकार्य में प्रयुक्त कर सकता है।

द्वितीयक तथा प्राथमिक दत्त सामग्री का यह अंतर सापेक्षिक है, अर्थात् एक शोधकर्ता के स्वयं द्वारा संकलित किए जाने के कारण जो समंक (दत्त) उसके लिए प्राथमिक सामग्री कहलाते हैं, वही सामग्री एक दूसरे शोधकर्ता के लिए द्वितीयक महत्व की होती है। प्रथम शोधकर्ता द्वारा संकलित दत्तों तथा सूचनाओं में 'मौलिकता' (Originality) का तत्व विद्यमान रहता है, क्योंकि उन दत्तों का संकलन उसके स्वयं के द्वारा किया गया होता है। द्वितीयक सामग्री में वह 'मौलिकता' समाप्त हो जाती है।

द्वितीयक दत्तों की अपेक्षा प्राथमिक दत्त अधिक विश्वसनीय तथा प्रामाणिक होते हैं। प्राथमिक दत्तों के संकलनकर्ता को दत्तों की विशेषताओं तथा संकलन की अवस्था में दत्तों में उत्पन्न हुई विकृति के सम्बन्ध में जो ज्ञान सहज ही प्राप्त होता है, वह ज्ञान द्वितीयक दत्तों के प्रयोगकर्ता को नहीं मिल पाता। प्राथमिक दत्तों का संकलनकर्ता कभी-कभी अपने शोध के उद्देश्यों के अनुसार उनमें काट-छांट करके अनावश्यक दत्तों को निकाल देता है, किन्तु कभी-कभी द्वितीयक दत्तों के संकलनकर्ता के लिए यह काट-छांट बहुत महंगी सिद्ध होती है। सम्भव है, प्राथमिक सामग्री के संकलनकर्ता के लिए जो दत्त निरर्थक साबित हुए हों, वे ही दत्त द्वितीयक दत्तों के संकलनकर्ता के लिए महत्वपूर्ण हो सकते हैं। अत: वह कभी-कभी प्राथमिक दत्तों के संकलनकर्ता द्वारा निकाले गए तथ्यों से अनायास ही वंचित रह जाता है। प्राथमिक तथ्यों में वास्तविकता तथा यथार्थता की मात्रा स्वभावत: अधिक होती है। द्वितीयक दत्तों में मौलिकता के अभाव के कारण एक शोधकर्ता उन्हें उतनी विश्वसनीयता से प्रयोग नहीं कर सकता, जितना वह उन दत्तों का प्रयोग करता है, जिन्हें उसने स्वयं संकलित किया है। द्वितीयक दत्तों की एक और सबसे बड़ी कमी उनका पुरानापन है। पुराने दत्तों के प्रयोग द्वारा वर्तमान की विवेचना विकृत और कठिन ही नहीं, अपितु अहितकर भी होती है।

दत्तों के स्रोत (Sources of Data)

दत्तों के स्रोतों को कई प्रकार से प्रस्तुत किया गया है। कुछ लोगों ने उपर्युक्त वर्णित दत्तों के प्रकारों के आधार पर ही दत्तों के स्रोतों के भी दो प्रकार बताए हैं: (1) प्राथमिक स्रोत, और (2) द्वितीयक स्रोत। **पीटर. एच. मन्न** (1968) ने लिखा है कि समाजशास्त्रीय तथ्य मुख्यत: दो स्रोतों से प्राप्त किए जाते हैं। एक स्रोत पुस्तकालय का आंतरिक संसार है तथा दूसरा स्रोत जीवित व्यक्तियों का बाह्य संसार। प्रो. मन्न ने प्रथम स्रोत को 'कागजी स्रोत'

(Paper Source) कहा है, जिसमें उन्होंने सभी प्रकार के प्रलेखीय स्रोतों (Documentary Sources) को सम्मिलित किया है। द्वितीय स्रोत को उन्होंने 'व्यक्ति स्रोत' (People Source) कहा है।

प्रो. लुण्डवर्ग (1951) ने सूचना स्रोतों के दो निम्न प्रकार बताए हैं:

(i) ऐतिहासिक स्रोत (Historical Source)

(अ) दस्तावेज, शिलालेख, स्तूप आदि।

(ब) खुदाई से प्राप्त पुरावशेष।

(ii) क्षेत्रीय स्रोत (Field Source)

(अ) जीवित व्यक्तियों से प्राप्त सूचनाएं।

(ब) क्रियाशील व्यवहारों का अवलोकन।

पी.वी. यंग (1956) ने दत्तों के स्रोतों के निम्नलिखित प्रमुख प्रकार तथा उप प्रकार बताए हैं:

1. क्षेत्रीय स्रोत (Field Source)

(अ) प्रत्यक्ष स्रोत (Direct Source)

(ब) अप्रत्यक्ष स्रोत (Indirect Source)

2. प्रलेखीय स्रोत (Documentary Source)

(अ) प्राथमिक स्रोत (Primary Source)

(ब) द्वितीयक स्रोत (Secondary Source)

प्रो. मन्न, लुण्डबर्ग तथा यंग के उपरोक्त स्रोतों के वर्गीकरण की योजनाओं को देखने से पता चलता है कि तीनों के वर्गीकरण लगभग एक से हैं। हम यहाँ यंग के वर्गीकरण का सहारा लेते हुए सूचनाओं के विभिन्न स्रोतों का वर्णन करेंगे।

क्षेत्रीय स्रोत (Field Sources)

क्षेत्रीय स्रोतों में वे जीवित व्यक्ति आते हैं, जिनके पास अध्ययन-घटना से सम्बन्धित सूचनाओं का भण्डार होता है अथवा जिनका घटना के साथ निकट का संबंध रहा होता है। ये ऐसे व्यक्ति होते हैं जिन्हें घटना के वर्तमान पहलुओं का ही नहीं अपितु उसके भूत के बारे में भी पर्याप्त ज्ञान होता है। क्षेत्रीय स्रोत में सामान्यत: दो प्रकार के व्यक्ति सम्मिलित होते हैं:

(अ) ऐसे व्यक्ति जो स्वयं घटना में सहभागी रहे हैं, जैसे जब एक अपराधी से उसके जीवन के सम्बन्ध में पूछताछ की जाती है, तब ऐसे व्यक्ति 'व्यक्तिगत स्रोत' (Personal Source) या 'प्रत्यक्ष स्रोत' (Direct Source) कहलाते हैं।

(ब) ऐसे व्यक्ति जिनके पास घटना से सम्बन्धित वांछित तथ्य होते हैं। साथ ही, इन व्यक्तियों के पास तथ्यों से सम्बन्धित तीक्ष्ण अंतर्दृष्टि भी होती है। इनमें विभिन्न व्यवसायों तथा व्यापारिक कार्यों में लगे हुए व्यक्तियों, लम्बी उम्र वाले निवासियों, समुदाय के नेताओं आदि को सम्मिलित किया जाता है। ये सभी व्यक्ति इस प्रकार के होते हैं, जिनके पास घटित घटनाओं की जानकारी का भण्डार होने की संभावना

होती है। अतएव, उपरोक्त उदाहरण में अपराधी के सम्बन्ध में जानकारी रखने वाले अन्य लोगों जैसे पड़ोसी, मित्र या परिवारजनों को 'अप्रत्यक्ष स्रोत' (Indirect Source) माना जाता है।

क्षेत्रीय स्रोत में वे सभी व्यक्ति सम्मिलित किए जाते हैं जिनसे घटना का प्रत्यक्ष अथवा अप्रत्यक्ष रूप में कोई न कोई संबंध रहा है। क्षेत्रीय स्रोतों से दत्त सामग्री एकत्रित करने के लिए सामान्यतः निम्न विधियों का प्रयोग किया जाता है:

1. सहभागिक तथा असहभागिक अवलोकन विधियां।
2. व्यक्तिगत साक्षात्कार विधि।
3. प्रश्नावली विधि।
4. गोष्ठियों का आयोजन।
5. पत्र व्यवहार, आदि।

इन सभी विधियों का विस्तृत वर्णन इसी पुस्तक में विभिन्न अध्यायों में किया गया है।

प्रलेखीय स्रोत (Documentary Sources)

साधारणतः एक समाज वैज्ञानिक अपने विषय से संबंधित तथ्यों, सूचनाओं तथा आंकड़ों का एकत्रण अध्ययन किए जाने वाले समूह के व्यक्तियों से प्रत्यक्ष-अप्रत्यक्ष रूप में स्वयं सम्पर्क स्थापित करके करता है। इसके लिए वह क्षेत्रीय विधियों यथा अवलोकन, साक्षात्कार, प्रश्नावली, आदि का प्रयोग करता है। किन्तु कई बार वह उपलब्ध लिखित स्रोतों का उपयोग कर आवश्यक तथ्यों का भी संग्रहण करता है। इस प्रकार, लिखित स्रोत शोध तथ्यों को प्राप्त करने का द्वितीय प्रमुख प्रकार है। लिखित स्रोत समाज वैज्ञानिक के वर्तमान समाज के अध्ययन में पूरक सामग्री का कार्य करते हैं तथा वैज्ञानिक सामान्यीकरणों के लिए प्रारम्भिक सामग्री प्रदान करते हैं। इसके अतिरिक्त, लिखित स्रोत उसे अपने अध्ययन की पृष्ठभूमि तैयार करने के लिए आवश्यक सामग्री भी प्रदान करते हैं। प्रलेखीय स्रोत न केवल समकालीन घटनाओं का वर्णन करते हैं अपितु उन घटनाओं की व्याख्या करने में भी सहायता करते हैं, जो बीत चुकी हैं। इन लिखित स्रोतों से घटनाओं के सम्बन्ध में जहाँ एक ओर तथ्य तथा आंकड़े प्राप्त होते हैं, वहाँ ये लिखित स्रोत किसी अन्य काल तथा स्थान की घटनाओं को समझने में हमारी मदद भी करते हैं।

सामान्यतः भूतकाल के दस्तावेजों का स्रोत सामग्री के रूप में प्रयोग सामान्यीकरण करने के लिए कम तथा वर्तमान की पृष्ठभूमि को चतुराई से समझाने के लिए अधिक किया जाता है। किसी भी संस्था के अध्ययन के लिए यह आवश्यक समझा जाता है कि उस संस्था की ऐतिहासिक पृष्ठभूमि को सर्वप्रथम जाना जाए। इसके लिए उस संस्था से सम्बन्धित प्रलेखीय सामग्री का यथासम्भव प्रयोग किया जाना आवश्यक हो जाता है। अतएव, प्रलेखीय सामग्री को प्रयोग करने के दो प्रमुख उद्देश्य हो सकते हैं: प्रथम, क्षेत्रीय अथवा प्राथमिक सामग्री को अद्यतन बनाने के लिए प्रलेखीय सामग्री का पूरक सामग्री के रूप में प्रयोग; एवं द्वितीय, प्रलेखीय सामग्री का स्वतंत्र रूप में प्रयोग।

प्रलेखीय सामग्री का स्वतंत्र रूप में प्रयोग किया जाना तब आवश्यक तथा सुविधाजनक होता है जब शोध सम्बन्धी आवश्यक तथ्य एवं आंकड़े पहले से ही लिखित सामग्री के किसी भी रूप में उपलब्ध होते हैं। यही नहीं, भूतकालीन घटनाओं अथवा कुछ समकालीन घटनाओं के सम्बन्ध में भी जब प्रत्यक्ष अथवा क्षेत्रीय विधियों का प्रयोग किया जाना असम्भव प्रतीत होता है, तब प्रलेखीय सामग्री का प्रयोग किया जाना ही आवश्यक हो जाता है।

प्रलेखीय स्रोत में सभी प्रकार की लिखित सामग्री सम्मिलित की जाती है, जिसमें अध्ययन की जाने वाली घटना के संबंध में आवश्यक जानकारी दी होती है। यह लिखित सामग्री प्रकाशित अथवा अप्रकाशित दोनों प्रकार की हो सकती है। प्रलेखीय स्रोत से साधारणतः द्वितीयक प्रकार के दत्त (Secondary Data) प्राप्त होते हैं। अतः कुछ विद्वानों ने प्रलेखीय स्रोत के लिए 'द्वितीयक स्रोत' (Secondary Source) शब्द का भी प्रयोग किया है। प्रलेखीय अथवा द्वितीयक स्रोत में कई प्रकार के आलेख तथा दस्तावेज सम्मिलित होते हैं। इन दस्तावेजों की भिन्न प्रकृति के कारण इन्हें कई प्रकार से वर्गीकृत किया गया है।

पी.वी. यंग ने प्रलेखीय स्रोतों को परिभाषित करते हुए लिखा है कि "सूचनाओं के प्रलेखीय स्रोत वे होते हैं, जिनमें समस्त प्रकाशित तथा अप्रकाशित दस्तावेज, रिपोर्ट, आंकड़े, पाण्डुलिपियां, पत्र, डायरियां, आदि सम्मिलित होते हैं।" यंग ने प्रलेखीय स्रोतों के दो प्रकार बताए हैं:

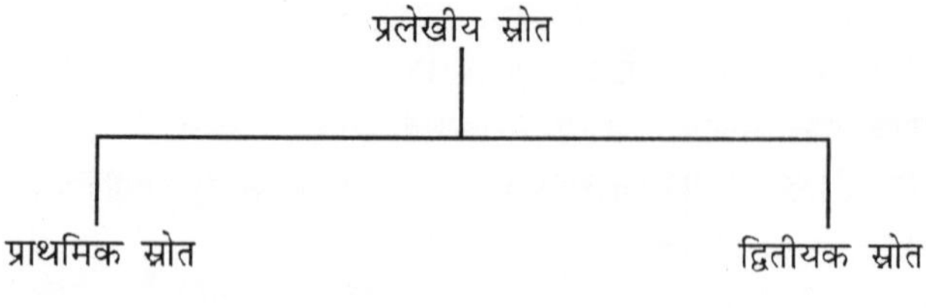

यह वर्गीकरण दस्तावेजों के स्रोतों (Sources of Documents) के आधार पर प्रस्तुत किया गया है।

प्राथमिक स्रोत (Primary Source)

प्राथमिक स्रोत प्रथम स्तर पर संकलित तथ्यों (दत्तों) को प्रदान करते हैं। ये इस प्रकार के मौलिक तथ्य होते हैं, जिन्हें संकलित तथा प्रचारित करने का उत्तरदायित्व उसी व्यक्ति का होता है जिसने तथ्यों को संग्रहीत किया है। प्राथमिक स्रोत का सबसे सुन्दर उदाहरण 'जनसंख्या रिपोर्ट' का दिया जा सकता है। प्राथमिक स्रोत की उपरोक्त परिभाषा से कभी-कभी यह अर्थ लगा लिया जाता है कि प्राथमिक स्रोत सामग्री का संकलनकर्ता स्वयं उसका लेखक होता है, किन्तु यह बात सही नहीं है। जनसंख्या प्रतिवेदन के लेखक-संकलनकर्ता के रूप में जनसंख्या आयुक्त का नाम छपा होता है, किन्तु इसका तात्पर्य यह नहीं है कि उसने स्वयं ने समस्त जनसंख्या का संकलन किया है। वास्तव में, वह

तो जनसंख्या विभाग का शीर्ष अधिकारी होता है, जिसके निर्देशन में जनसंख्या संकलन का कार्य सम्पादित किया जाता है। वह स्वयं तो एक परिवार के तथ्यों का भी संकलन नहीं करता। फिर भी जनसंख्या के आंकड़ों को प्राथमिक तथ्य ही माना जाता है, क्योंकि जनसंख्या विभाग, एक एकल कर्ता के रूप में दत्तों को संकलित तथा विश्लेषित करता है।

प्राथमिक स्रोत के आधार पर निर्मित प्रलेखीय सामग्री 'प्राथमिक प्रलेख अथवा दस्तावेज' (Primary Documents) कहलाते हैं। इन दस्तावेजों की यह विशेषता होती है कि ये ऐसे व्यक्तियों के आंखों देखा हाल (Eye-witness Accounts) पर निर्मित होते हैं, जिन्होंने किसी घटना अथवा व्यवहार को देखा है या अनुभव किया है। ऐतिहासिक घटना का आंखों देखा हाल अथवा शोधकर्ता द्वारा अपने शोध का वर्णन इसके उदाहरण बताए जा सकते हैं। किसी ऐसे प्रलेख को भी प्राथमिक स्रोत में सम्मिलित किया जा सकता है, जो शारीरिक रूप में आंखों देखे हाल के आधार पर न लिखा गया हो, किन्तु जो ऐसे व्यक्ति द्वारा लिखा गया हो जो घटित होने वाली घटनाओं के पर्याप्त करीब रहा हो तथा जिसे अपने कथनों की पुष्टि करने का पर्याप्त अवसर मिला हो या जिसकी जानकारी को किसी प्रकार भी तर्कसंगत तरीके से शंकास्पद नहीं सिद्ध किया जा सकता हो। एक युद्ध के दौरान सेना का सेनापति चाहे युद्ध के प्रत्येक पक्ष को अपनी आंखों से नहीं देख पाता है, किन्तु युद्ध के बारे में उसके द्वारा दी जाने वाली जानकारी को प्राथमिक स्रोत न मानना उपहासास्पद ही माना जाएगा।

द्वितीयक स्रोत (Secondary Source)

द्वितीयक तथ्य (दत्त) अथवा प्राप्त किए गए तथ्य (दत्त) वे स्रोत होते हैं जो प्राथमिक सूचना पर आधारित नहीं होते अपितु तथ्य के मौखिक अथवा लिखित वर्णन पर आधारित होते हैं। **जॉन मेज** के अनुसार "द्वितीयक स्रोतों की रचना कही-सुनी बातों तथा अप्रत्यक्ष साक्ष्यों के आधार पर निर्मित होती है।" इन स्रोतों की प्रामाणिकता सदा प्राथमिक स्रोतों पर निर्भर करती है। **प्रो. मन्न** ने लिखा है कि "ये द्वितीय स्तर पर प्राप्त किए गए तथ्य (दत्त) होते हैं, अर्थात् ये प्रथम बार संकलित किए गए तथ्य नहीं होते, अपितु अन्य लोगों के द्वारा संकलित मूल तथ्यों (दत्तों) के आधार पर निर्मित तथ्य (दत्त) होते हैं।" **यंग** ने भी लिखा कि "इन तथ्यों (दत्तों) को प्रयोग करने वाले तथा प्रथम बार में संकलित करने वाले लोग अलग-अलग होते हैं।" द्वितीयक स्रोत पर निर्मित प्रलेखीय सामग्री 'द्वितीयक प्रलेख' (Secondary Doucments) कहलाते हैं।

इन दोनों स्रोतों के मध्य अंतर करना सामान्यत: कठिन नहीं होता, यदि शोधकर्ता को तथ्यों के स्रोत के संबंध में पर्याप्त जानकारी होती है, जैसे 'आत्मचरित्र' (Autobiography) स्पष्टत: एक प्राथमिक दस्तावेज है, जबकि 'जीवनचरित्र' (Biography) को एक द्वितीयक दस्तावेज ही कहा जा सकता है। इन दोनों स्रोतों के मध्य स्पष्ट अंतर होते हुए भी कुछ दस्तावेजों अथवा प्रलेखों के संबंध में शंका अथवा विवाद उत्पन्न हो सकता है।

सिद्धांत: प्राथमिक स्रोतों को द्वितीयक स्रोतों की तुलना में अधिक महत्ता दी जाती है। किसी भी समाजशास्त्री के पास परिवार के इतिहास के लेखन के लिए इतना समय नहीं

होता कि वह इन विषयों पर सभी प्राथमिक स्रोत सामग्री का अध्ययन कर सके। यदि वह अध्ययन कर भी ले तो भी वह उसका आलोचनात्मक रूप से मूल्यांकन नहीं कर सकता। इससे स्पष्ट है कि उसे द्वितीयक स्रोतों का उपयोग करना आवश्यक हो जाता है। द्वितीयक स्रोत के कई गुण हैं:

1. **संक्षिप्तता:** एक अकेले द्वितीयक स्रोत में सैकड़ों प्राथमिक स्रोतों का सारांश होता है।
2. **आलोचनात्मकता:** द्वितीयक स्रोतों का दूसरा सम्भव गुण इनका आलोचनात्मक होना है। एक विशेषज्ञ के द्वारा लिखी गई लघु पुस्तिका (Pamphlet) पर्याप्त संख्या में विषय-सामग्री से सत्यता प्राप्त करके लिखी जा सकती है।
3. **समय की बचत:** द्वितीयक स्रोतों को प्रयोग करके एक शोधकर्ता सम्पूर्ण प्राथमिक स्रोतों को पढ़ने में लगने वाले समय तथा उनको मूल्यांकित करने के अत्यधिक कठिन तथा नाजुक कार्य दोनों से बच सकता है।

द्वितीयक स्रोतों के उपरोक्त गुणों के उपरान्त भी कुछ अवसर ऐसे आते हैं जब एक शोधकर्ता को प्राथमिक स्रोतों का प्रयोग करना ही ठीक होता है। ऐसी स्थिति में विषय सामग्री का कुछ भाग साक्षात्कार अथवा प्रत्यक्ष प्रेक्षण द्वारा तथा कुछ अन्य भाग सम्भवत: लिखित स्रोतों की जांच से प्राप्त होता है। समाजशास्त्र में उपलब्ध साहित्य की विवेचनाएं अधिकांश मामलों में यह अपेक्षा करती हैं कि अध्ययनकर्ता स्वयं प्राथमिक स्रोतों को पढ़े।

व्यक्तिगत तथा सार्वजनिक प्रलेख (दस्तावेज़)
(Personal and Public Documents)

प्रलेखीय सामग्री में प्राथमिक तथा द्वितीयक स्रोतों के उपरोक्त अंतर के अतिरिक्त भी प्रलेखों में संरचना की मात्रा तथा उनके लिखने के मूल उद्देश्य के आधार पर भिन्नता देखने को मिलती है। कुछ दस्तावेज सामाजिक शोध के उद्देश्य के अतिरिक्त किन्हीं अन्य उद्देश्यों के लिए भी लिखे गए हो सकते हैं। पत्र, डायरी, आत्मचरित्र जैसे व्यक्तिगत प्रलेखों के लिखने का एक निजी कारण होता है, जबकि किसी संस्था, व्यापारिक संगठन अथवा सरकारी प्रतिष्ठान द्वारा प्रलेखों को लिखवाने तथा उन्हें सुरक्षित रखने का उद्देश्य संस्था अथवा संगठन के कार्य को सुचारु रूप से चलाए रखना हो सकता है: **जॉन मेज** ने प्रलेखों को दो मोटे प्रकारों में विभाजित किया है: (1) व्यक्तिगत प्रलेख, एवं (2) सार्वजनिक प्रलेख।

व्यक्तिगत प्रलेख (Personal Documents)

व्यक्तिगत प्रलेखों का अध्ययन सहभागिक अवलोकन के समान है तथा अव्यक्तिगत प्रलेख, अर्थात् सार्वजनिक प्रलेख बहुत कुछ रूप में सर्वेक्षण-शोध से मिलते-जुलते हैं। सहभागिक अवलोकन की भांति व्यक्तिगत प्रलेखों के अध्ययन द्वारा एक शोधकर्ता घटनाओं की गहराई में जा सकता है। व्यक्तिगत प्रलेख प्राथमिक सूचना स्रोत होते हैं, अत: घनिष्ठता के द्वारा प्राप्त होने वाले सहभागिक अवलोकनकर्ता के बहुत कुछ लाभ व्यक्तिगत प्रलेखों के शोधकर्ता को भी प्राप्त हो जाते हैं। अव्यक्तिगत अथवा सार्वजनिक प्रलेखों के शोधकर्ता को सर्वेक्षण-शोध की भांति प्रतिचयन (Sampling) के प्रयोग के

लाभ मिल जाते हैं, जिसके अनुसार वह वृहत सार्वजनिक प्रलेखीय सामग्री में से अपने शोध के अनुरूप कुछ सामग्री का चयन कर सकता है।

जॉन मेज के अनुसार, "संकुचित अर्थ में, व्यक्तिगत प्रलेख किसी व्यक्ति द्वारा अपनी क्रियाओं, अनुभवों तथा विश्वासों का प्रथम पुरुष (First Person) में किया गया तात्कालिक वर्णन होता है।" व्यक्तिगत प्रलेखों के लेखक उन घटनाओं का वर्णन-विश्लेषण अपने दृष्टिकोणों तथा विश्वासों के अनुसार करते हैं जिसमें वे सहभागी रहे हैं। यही कारण है कि व्यक्तिगत प्रलेख अनिवार्यतः व्यक्तिपरक होते हैं। इनकी यह विशेषता ही इन्हें सार्वजनिक प्रलेखों से भिन्न करती है। व्यक्तिपरक होने के उपरान्त भी ऐसे प्रलेखों का सामाजिक शोध में अपना महत्व है। जहाँ एक ओर इन प्रलेखों द्वारा एक व्यक्ति के आंतरिक जीवन तथा मनोविज्ञान का पता चलता है, वहाँ ये प्रलेख सामाजिक प्रक्रियाओं को समझने के लिए आवश्यक सामग्री प्रदान करते हैं। **सैलिज** तथा उनके सहयोगी लेखकों के अनुसार व्यक्तिगत प्रलेखों की सबसे बड़ी विशेषता यह है कि "ये प्रलेख हमें दूसरे व्यक्तियों को समझने में उसी प्रकार अवसर प्रदान करते हैं, जिस प्रकार वे व्यक्ति स्वयं को देखते हैं।"

व्यक्तिगत प्रलेखों के रूप (Forms of Personal Documents)

व्यक्तिगत प्रलेखों में सामान्यतः आत्म-चरित्र, पत्र, डायरी, संस्मरण आदि सम्मिलित किए जाते हैं, किन्तु कुछ लेखकों ने इनके अतिरिक्त कई अन्य प्रकार की सामग्री को भी इनमें सम्मिलित किया है। इस विवादास्पद स्थिति का समाधान करते हुए **सैलिज, जहोदा** तथा उनके अन्य सहयोगी लेखकों ने व्यक्तिगत प्रलेखों के निर्धारण हेतु निम्न मानदण्ड सुझाए हैं:

1. लिखित प्रलेख।
2. लेखक की स्वयं की प्रेरणा के आधार पर रचित प्रलेख।
3. लेखक के व्यक्तिगत अनुभवों की झलक देने वाले प्रलेख।

इन मानदण्डों के अनुसार साक्षात्कार सामग्री या साहित्यिक सामग्री, कला के विभिन्न रूपों आदि को व्यक्तिगत प्रलेखों से भिन्न किया जा सकता है। अब यहाँ कुछ प्रमुख व्यक्तिगत प्रलेखों की विशेषताओं का वर्णन करेंगे:

जीवन-इतिहास (Life History)

जीवन-इतिहास किसी व्यक्ति विशेष की घटनाओं, विचारधारा, मनोवृत्ति, दृष्टिकोणों का विस्तृत वर्णन तो प्रस्तुत करते ही हैं, इसके साथ ही अप्रत्यक्ष रूप में इनके द्वारा उस समाज तथा समूह की झांकी भी देखने को मिलती है, जिसमें उनका जीवन बीता है। अतएव, जीवन-इतिहास द्वारा व्यक्ति और उसके समाज दोनों को समझने में सहायता मिलती है। व्यक्तिगत प्रलेखों के रूप में जीवन-इतिहास का सर्वाधिक महत्व है, क्योंकि ये व्यक्ति के अंतरंग जीवन की कई ऐसी बातों का चित्रण करते हैं जिन्हें अन्य स्रोतों से जानना प्रायः कठिन होता है। ऐसे इतिहास के द्वारा तत्कालीन घटनाओं, समस्याओं तथा प्रक्रियाओं के सम्बन्ध में लेखक के व्यक्तिगत मनोभावों तथा प्रतिक्रियाओं को जानने में भी मदद मिलती है।

जीवन-इतिहास का प्रयोग मुख्यतः दो अर्थों में किया गया है। संकुचित अर्थ में, जीवन-इतिहास का अभिप्राय विस्तृत आत्मकथा से है। किन्तु सामान्य अर्थ में, 'जीवन-इतिहास' पद का प्रयोग किसी भी प्रकार की जीवन-संबंधी सामग्री के लिए कर लिया जाता है। जीवन-इतिहास के दो प्रमुख रूप हैं:

आत्मकथा (Autobiography)

जीवन-इतिहास के ऐसे रूप को आत्मकथा कहा जाता है जिसमें एक व्यक्ति अपने जीवन के समस्त वृत्तान्तों को स्वयं लेखनीबद्ध करता है। इस प्रकार की आत्मकथाएं स्वप्रेरित भी हो सकती हैं या किसी अन्य व्यक्ति अथवा संस्था की प्रेरणा के फलस्वरूप लिखी जा सकती हैं। **डेंजिन** (1970) ने लिखा है कि "आत्मकथा प्रयोज्य व्यक्ति के आंतरिक जीवन को उजागर करती है, जो न पूर्णतः स्पष्ट होती है और न ही सार्वजनिक।"

जीवन चरित्र (Biography)

ये इस प्रकार की जीवनियां होती हैं जो किसी व्यक्ति के सम्बन्ध में किसी अन्य व्यक्ति के द्वारा लिखी जाती हैं, अर्थात् जीवन-इतिहास का लेखक तथा जीवन-इतिहास का नायक दो अलग-अलग व्यक्ति होते हैं। इस प्रकार के जीवन-इतिहास की रचना व्यक्तिगत साक्षात्कार, पत्र, संस्मरण तथा अन्य लिखित सामग्री के सम्पादन द्वारा की जाती है। सामान्यतः जीवन चरित्र उन्हीं व्यक्तियों के लिखे जाते हैं जिन्होंने जीवन के किसी क्षेत्र में प्रसिद्धि प्राप्त की है।

जीवन-इतिहास के इन दोनों ही रूपों का जहाँ एक ओर सामाजिक शोधकर्ता के लिए अत्यन्त महत्व है, वहाँ इनका प्रयोग करते समय अत्यन्त सतर्कता बरतनी चाहिए, क्योंकि इन प्रलेखीय स्रोतों के अपने दोष तथा सीमाएं हैं। आत्मकथाओं की सबसे बड़ी कमजोरी उनकी अतिरंजनापूर्ण अभिव्यक्ति है, अर्थात् प्रायः लेखक अपने संबंध में बढ़ा-चढ़ा कर लिखने के आदी होते हैं। वे अपने जीवन की उन घटनाओं का लम्बा वर्णन करते हैं, जो उनकी दृष्टि में महत्वपूर्ण रही हैं, किन्तु जीवन के उन क्षणों के वर्णन को वे उड़ा जाते हैं, जिनसे उनके मान-सम्मान अथवा प्रतिष्ठा को ठेस पहुँचती है। कुछ आत्मकथाओं का उद्देश्य आत्म-प्रचार अथवा किन्हीं सामाजिक, राजनीतिक, धार्मिक, सिद्धांतों का प्रचार मात्र होता है। इस प्रकार की आत्मकथा से जीवन की वास्तविकताओं का पता नहीं चल पाता। जीवन-इतिहास की शैलीगत विशेषता भी जीवन-तथ्यों को छुपाने या उजागर करने में महत्वपूर्ण भूमिका अदा कर सकती है।

डायरियां (Diaries)

जीवन की आंतरिक बातों को प्रकट करने में डायरियां विशेष महत्व रखती हैं, क्योंकि ये अध्ययन किए जाने वाले व्यक्ति के जीवन की प्राथमिक जानकारी उपलब्ध कराती हैं। **जॉन मेज** ने लिखा है कि "जन प्रदर्शन के भाव के भय से मुक्त होने के कारण डायरियां ऐसी घटनाओं तथा अनुभवों का उद्घाटन करती हैं, जिन्हें घटनाओं के घटित होने के समय महत्वपूर्ण माना गया है।" डायरियां एक व्यक्ति के जीवन की घटनाओं, भावनाओं तथा प्रतिक्रियाओं का एक वास्तविक संक्षित विवरण होता है। कुछ व्यक्ति प्रतिदिन के

जीवन को एक डायरी के रूप में उसी रूप में लिखते हैं, जिस प्रकार उन्होंने उस दिन को जिया या देखा है। इसमें वे अपने अनुभवों के साथ-साथ उन व्यक्तियों के संबंध में भी लिखते हैं जिनके साथ उनका जीवन बीता है। इस प्रकार डायरियां अन्य व्यक्तियों के जीवन की झलक पाने का एक अच्छा साधन होती हैं।

आलपोर्ट (1942) ने डायरियों के तीन प्रकार बताए हैं:

- *अंतरंग वृत्तांत (Intimate Journal) :* इस प्रकार की डायरियां अध्ययन किए जाने वाले व्यक्ति के एक लम्बी अवधि के अनुभवों का एक व्यक्तिपरक लेखा-जोखा होता है।
- *संस्मरण (Memoirs):* अपेक्षाकृत लघु अवधि के अनुभवों के लिखित विवरण को संस्मरण कहा जाता है। इस प्रकार के विवरण की प्रकृति अव्यक्तिगत (Impersonal) होती है और यह व्यक्ति के जीवन के वस्तुपरक लेखे-जोखे से बहुत कुछ मिलती-जुलती है। यात्रा वर्णन या किसी महत्वपूर्ण घटना का वर्णन जैसे द्वितीय विश्व युद्ध के **चर्चिल** के संस्मरण या महत्वपूर्ण लोगों के जेल के अनुभव आदि इसी श्रेणी में आते हैं।
- *रोजनामचा (Log Book):* इस प्रकार के आलेख की प्रकृति भी अव्यक्तिगत होती है। यह अध्ययन किए जाने वाले व्यक्ति की अत्यन्त सीमित अवधि की घटनाओं, यात्राओं, बैठकों, गोष्ठियों आदि का प्रतिदिन का लेखा-जोखा होता है।

डायरियों का प्रकाशन पाठकों को रोचक पाठ्य सामग्री तो उपलब्ध कराता ही है, किन्तु 'यात्रा वर्णन', जेल-जीवन का वृत्तांत, युद्ध के संस्मरण के रूप में लिखी गई डायरियां सामाजिक शोध की अमूल्य निधि का कार्य भी करती हैं। डायरियां सामान्यत: आत्मकथाओं से अधिक विश्वसनीय मानी जाती हैं, क्योंकि डायरी के लेखक को जनता की निगाहों में गिरने का भय नहीं रहता। आलपोर्ट द्वारा बताई गई प्रथम प्रकार की डायरी का उद्देश्य सामान्यत: 'स्वान्त सुखाय:' या मन के भार को हल्का करना होता है। अतएव डायरी लेखक घटनाओं को बढ़ा-चढ़ा कर या तोड़-मरोड़ कर नहीं लिखता। जो डायरियां प्रकाशन के उद्देश्य से नहीं लिखी जातीं, उनमें डायरी का लेखक अपनी गुप्त से गुप्त रहस्यमयी बातों को भी निस्संकोच लिख देता है।

किन्तु डायरियों का स्रोत-सामग्री के रूप में प्रयोग कई बार निराशा भी उत्पन्न कर देता है। **जॉन मेज** ने लिखा है, "ये जीवन की नाटकीय तथा संघर्षात्मक स्थितियों का अतिशयोक्तिपूर्ण वर्णन कर सकती हैं, जबकि कई महीनों के शांतिपूर्ण तथा सुखद क्षणों को इनमें समुचित स्थान नहीं दिया जाता है।" **आलपोर्ट** के अनुसार, "डायरियों में घटनाओं को पूर्णत: स्वीकार करके चला जाता है और बहुधा उन व्यक्तियों अथवा दशाओं का वर्णन करना भुला दिया जाता है, जिनके अस्तित्व तथा चरित्र के सम्बन्ध में डायरी के लेखक को मात्र अनुमान होता है।" मेज तथा आलपोर्ट द्वारा बताई गई इन कमियों के अतिरिक्त भी डायरियों में कई अन्य दोष देखने को मिलते हैं। रोजमर्रा थोड़ा-थोड़ा लिखे जाने के कारण डायरियों में कई बार क्रमबद्धता की कमी उत्पन्न हो जाती है। यही नहीं,

घटनाओं की असंबद्धता के कारण घटनाक्रम में तारतम्य बनाए रखना भी कठिन हो जाता है। प्रकाशन की प्रकट अथवा अप्रकट अभिलाषा के कारण डायरियां दिखावे की भावना से भी पूर्णतः मुक्त नहीं होती हैं। अतएव, इनमें भी आत्मचरित की भांति कल्पनाशीलता तथा अतिरंजना के दोष उत्पन्न हो सकते हैं।

डायरी, संस्मरण तथा आत्मचरित के मध्य स्पष्ट अंतर करना सरल कार्य नहीं है; क्योंकि ये ऐसे दस्तावेज हैं जिनमें एक दूसरे की झलक स्पष्ट-अस्पष्ट रूप में देखी जा सकती है। फिर भी कुछ मोटा अंतर बताते हुए हम कह सकते हैं कि डायरी का लेखन घटना के घटित होने के समय किया जाता है, जबकि संस्मरण लेखक के जीवन की किसी विशिष्ट अवधि की याददाश्तों को प्रस्तुत करते हैं, जिसमें लेखक ने स्वयं ने कोई मुख्य भूमिका नहीं निभाई है। इन दोनों से अलग आत्मचरित में लेखक द्वारा स्वयं के जीवन की घटनाओं का कालक्रमानुसार व्यवस्थित रूप में दिया गया ऐसा लेखा-जोखा होता है, जिसमें उसने स्वयं ने मुख्य भूमिका अदा की है।

पत्र (Letters)

पत्रों का प्रयोग इतिहासकारों और विशेषतः जीवनी लेखकों द्वारा बहुत किया गया है। समाज वैज्ञानिकों में शोध सामग्री के रूप में पत्रों का सर्वप्रथम प्रयोग **थॉमस तथा नैनकी** द्वारा पोलैण्ड के कृषकों के अध्ययन में किया गया। प्रसिद्ध व्यक्तियों के मध्य हुए पत्र व्यवहार का अध्ययन शैक्षिक तथा साहित्यिक दोनों दृष्टियों से कई वर्षों से किया जा रहा है। प्रसिद्ध नाटककार बनार्ड शॉ तथा पैट्रिक केम्पबेल के मध्य हुए पत्र व्यवहार के द्वारा नाटककार शॉ के व्यक्तिगत जीवन तथा उनकी जीवन दृष्टि को समझने में बहुत मदद मिली है। राजनीतिक इतिहासकारों के लिए प्रमुख राजनीतिक व्यक्तियों के मध्य हुआ पत्र व्यवहार महत्वपूर्ण स्रोत सामग्री प्रदान करता है। जवाहर लाल नेहरू और इंदिरा गांधी के बीच हुआ पत्र व्यवहार इसका एक अच्छा उदाहरण है।

पत्रों द्वारा सूचनादाताओं के विचारों तथा दृष्टिकोणों की समझने में सहायता मिलती है। पत्रों की व्यक्तिगत तथा गोपनीय प्रकृति के कारण इनके द्वारा प्रदान की गई सामग्री को विश्वसनीय माना जा सकता है। जीवन के कई अंतरंग तथा कोमल पक्षों के अध्ययन के लिए पत्रों का प्रयोग बहुत लाभकारी सिद्ध हुआ है। पत्रों के इन गुणों के साथ-साथ इनके कुछ दोष भी हैं। डायरी की भांति पत्रों में भी घटनाओं के वर्णन में क्रमबद्धता का अभाव होता है। व्यक्तिगत पत्रों को प्राप्त करना अपने आप में एक भारी कठिनाई है। जब कभी पत्र प्रचारात्मक उद्देश्य से लिखे जाते हैं, तब घटनाओं की सत्यता का पता लगाना कठिन हो जाता है। व्यक्तिपरक होने के कारण इनमें अभिनति (Bias) तथा पक्षपात का दोष भी आ जाता है।

व्यक्तिगत प्रलेखों की उपयोगिता (Value of Personal Documents)

सैलिज तथा उनके सहयोगियों के अनुसार, "सामान्यतः व्यक्तिगत प्रलेखों के उपयोग के तर्क अवलोकन विधियों की उपयोगिता के समान हैं। बाह्य व्यवहार के अध्ययन में जो कुछ अवलोकन विधियों से प्राप्त किया जा सकता है, वही सब कुछ आंतरिक अनुभवों के

अध्ययन में प्रलेखों के प्रयोग द्वारा प्राप्त कर सकते हैं।" जैसा पहले लिखा जा चुका है कि एक सामाजिक शोधकर्ता को प्रलेखों के प्रयोग द्वारा वही अंतर्दृष्टि प्राप्त हो जाती है, जो साधारणतः एक सहभागिक अवलोनकर्ता को एक समूह के अध्ययन से प्राप्त होती है। किन्तु जहाँ अवलोकनकर्ता को अवलोकन के अनेक अवसर मिलते हैं, वहाँ व्यक्तिगत प्रलेखों की संख्या अत्यन्त सीमित होती है। कभी-कभी तो व्यक्तिगत प्रलेख दुर्लभ होते हैं। अतएव, शोध में इनकी उपयोगिता का दायरा बहुत सीमित होता है।

व्यक्तिगत प्रलेखों के उपलब्ध होने के उपरान्त भी इनका प्रयोग अत्यन्त सावधानी से किया जाना चाहिए। इस सम्बन्ध में सबसे बड़ी समस्या इनकी प्रामाणिकता की उत्पन्न होती है, अर्थात् उपलब्ध प्रलेख किस सीमा तक प्रामाणिक हैं? किसी प्रलेख में जो कुछ लिखा हुआ है वह कहाँ तक सही है? व्यक्तिगत प्रलेखों में मिथ्या का प्रवेश दो प्रकार से हो सकता है:

1. कभी-कभी कुछ प्रलेख जान-बूझकर धोखा देने या गुमराह करने के लिए लिखे जाते हैं। ऐसे प्रलेखों के लेखक किसी अन्य व्यक्ति के जीवन से सम्बन्धित तथ्यों को संसार के समक्ष मूल प्रलेख की भांति प्रस्तुत करते हैं।
2. कुछ प्रलेखों में लेखकों द्वारा अनजाने में ही कुछ घटनाओं का गलत चित्रण हो जाता है।

मिथ्यावादी प्रलेखों को लिखने के कई उद्देश्य हो सकते हैं। यश या भौतिक लाभ की प्राप्ति के लिए, ईर्ष्या, निन्दा या हंसी-मजाक की भावना के वशीभूत होकर अथवा कभी-कभी मात्र साहित्यिक अठखेलियों के उद्देश्य से झूठे प्रलेखों की रचना की जाती है। कुछ वर्षों पूर्व, इंदिरा गांधी के जीवन की घटनाओं को लेकर **जॉन मथाई** द्वारा लिखी गई बहुप्रसिद्ध पुस्तक Reminiscences of Nehru Era इसी श्रेणी में आती है। इस पुस्तक में घटनाओं का जिस रोचक ढंग से वर्णन किया गया है, उससे पाठक को यह आभास हो सकता है कि वह शत-प्रतिशत सही है। किन्तु एक सामाजिक शोधकर्ता के लिए इसकी प्रामाणिकता की पुष्टि करना अत्यन्त कठिन है।

कई प्रलेखों की प्रामाणिकता स्वयं शोधकर्ता द्वारा उत्पन्न की गई विकृतियों के कारण संदिग्ध हो जाती है। ऐसा देखा गया है कि मानवशास्त्रीय अध्ययनों में भाषा की समस्या के कारण शोधकर्ता कभी-कभी घटनाक्रम के लेखन में भारी भूल कर जाता है। इसी प्रकार, उपलब्ध व्यक्तिगत प्रलेखों के विवेचन में शोधकर्ता द्वारा जानबूझकर विकृति उत्पन्न की जा सकती है।

प्रामाणिकता के अतिरिक्त व्यक्तिगत प्रलेखों के सम्बन्ध में एक और महत्वपूर्ण समस्या उत्पन्न होती है, वह है इनका सामान्यीकरण के लिए प्रयोग। व्यक्तिगत प्रलेखों से प्राप्त सूचनाएं किसी समाज अथवा समुदाय का कठिनतः ही प्रतिनिधित्व कर पाती हैं। ये सूचनाएं किसी व्यक्ति विशेष से सम्बन्धित होती हैं, अतएव इनके आधार पर सम्पूर्ण समाज अथवा किसी समूह के चरित्र के सम्बन्ध में कैसे सामान्यीकरण निकाले जा सकते हैं। यह कैसे मालूम किया जाए कि जिन प्रलेखों के लेखकों का विश्लेषण किया जा रहा है, वे उस समूह विशेष का पूर्णतः प्रतिनिधित्व करते हैं? यदि व्यक्ति की विशिष्टता की

समस्या का कोई समाधान निकल भी जाए, तब भी अपरिमित तथा बहुविध प्रलेखों में से शोध के लिए सार्थक प्रलेखों के चयन की समस्या अनेक कठिनाइयां उत्पन्न करती हैं।

सार्वजनिक प्रलेख या दस्तावेज़ (Public Documents)

प्रलेखीय स्रोत के रूप में व्यक्तिगत प्रलेखों के अतिरिक्त शोध सामग्री प्राप्त करने का एक प्रमुख स्रोत सार्वजनिक प्रलेख हैं। सार्वजनिक प्रलेखों की रचना किसी व्यक्ति विशेष द्वारा कुछ व्यक्तिगत एवं संकुचित उद्देश्यों के आधार पर न की जाकर किसी संस्था अथवा सरकार द्वारा सार्वजनिक हितों को ध्यान में रख कर की जाती है। अतएव, इन प्रलेखों का क्षेत्र अत्यन्त विस्तृत तथा विशाल होता है। साथ ही, ये प्रलेख व्यक्तिगत प्रलेखों की अपेक्षा अधिक विश्वसनीय होते हैं, क्योंकि ये किसी एक व्यक्ति के मान-सम्मान, ईर्ष्या, ऊंच-नीच की भावना से प्रेरित अथवा प्रभावित नहीं होते हैं। व्यक्ति-केन्द्रित न होने के कारण इस प्रकार के प्रलेख प्राय: अभिनति (Bias) तथा पक्षपात से मुक्त होते हैं।

सार्वजनिक प्रलेख प्रकाशित अथवा अप्रकाशित दोनों प्रकार के हो सकते हैं। सार्वजनिक हितों को ध्यान में रखते हुए कुछ प्रलेखों का प्रकाशन आवश्यक होता है और कुछ प्रलेखों की गोपनीय प्रकृति के कारण उन्हें अप्रकाशित ही रखा जाता है। उदाहरणार्थ, प्रतिरक्षा मंत्रालय द्वारा देश की रक्षा से संबंधित कई कमेटियों की रिपोर्टों का प्रकाशन इसीलिए नहीं किया जाता क्योंकि उनमें देश की रक्षा से सम्बन्धित कई गोपनीय मसले होते हैं। इसके विपरीत जन साधारण के हितार्थ कुछ दस्तावेजों का प्रकाशन संस्थाओं अथवा सरकारों द्वारा समय-समय पर किया जाता है, ताकि दस्तावेजों में उल्लिखित समस्याओं तथा उनके निदान के तरीकों के सम्बन्ध में हर आम आदमी को जानकारी मिल सके।

अब हम यहाँ कुछ प्रमुख सार्वजनिक प्रलेखों का संक्षिप्त वर्णन करेंगे:

जन आलेख (Public Records)

गोट्सचाक (1945) के अनुसार, "ये ऐसे प्रलेख होते हैं जिनका उद्देश्य किसी कार्य से सम्बन्धित निर्देशों को देना अथवा कार्य-व्यापार में लगे व्यक्तियों की याददाश्त में सहायता करना होता है।" विभिन्न सरकारी तथा गैर सरकारी संस्थाओं को अपने प्रतिदिन के काम-काज का प्रशासकीय तथा अन्य आवश्यकताओंवश आंकड़ों अथवा सूचनाओं के रूप में लिखित विवरण रखना पड़ता है। इसका सबसे महत्वपूर्ण उदाहरण संसद की कार्यवाही के लिखित विवरण से दिया जा सकता है। संसद में किसने, कब, क्या कहा? इन सब बातों का शब्दश: विवरण लिखित रूप में रखा जाता है ताकि उसका प्रयोग भविष्य में कभी भी किया जा सके। **वेब** (Webb, 1966) ने जन आलेखों के चार प्रमुख प्रकारों का वर्णन किया है:

1. वास्तविक आलेख (Actual Records)

कई संस्थाओं द्वारा किसी समुदाय की जनसंख्यात्मक विशेषताओं से सम्बन्धित आंकड़े संकलित किए जाते हैं। इन जनसंख्यात्मक आंकड़ों में जन्म तथा मृत्यु दर के अतिरिक्त विवाह तथा तलाक के आंकड़े भी एकत्रित किए जाते हैं। समाज वैज्ञानिकों द्वारा इन आंकड़ों का प्रयोग वर्णन तथा विश्लेषण, दोनों उद्देश्यों के लिए किया जाता है।

2. राजनीतिक तथा न्यायिक आलेख (Political and Judicial Records)

इसमें न्यायालयों के निर्णय, चुनाव सम्बन्धी आंकड़े, बजट सम्बन्धी निर्णय, सांसदों की क्रियाओं का विवरण आदि सम्मिलित किए जाते हैं। इस प्रकार के आंकड़ों के आधार पर समाज वैज्ञानिकों ने राजनीतिज्ञों तथा न्यायाधीशों के संबंध में कई महत्वपूर्ण अध्ययन किए हैं।

3. सरकारी आलेख (Government Records)

सरकारी तथा अर्द्ध सरकारी संस्थाओं द्वारा अनेक प्रकार के आंकड़े संकलित किए जाते हैं, जैसे अपराध संबंधी आंकड़े, शिक्षा संबंधी आंकड़े, आयात-निर्यात संबंधी आंकड़े, मौसम संबंधी तथ्य, आदि। दुर्खाइम ने आत्महत्या सम्बन्धी अपने अध्ययन में मौसम की रिपोर्टों का प्रयोग किया है। इसी प्रकार, लोम्ब्रासो ने भी मानवीय व्यवहार पर मौसम के पड़ने वाले प्रभाव के अपने अध्ययन में सरकारी आलेखों का प्रयोग किया है। भारत सरकार विभिन्न विषयों की संक्षिप्त जानकारी देने के लिए प्रति वर्ष 'भारत- 2001, 2002, 2003, ... 2012' के रूप में एक वार्षिक संदर्भ ग्रन्थ का प्रकाशन करती है। इसी प्रकार कई संस्थानों द्वारा भी वार्षिक संदर्भ ग्रन्थ या रिपोर्ट का प्रकाशन किया जाता है।

4. जनसंचार के साधन (Mass Media)

समाज वैज्ञानिकों के लिए तथ्यों को प्राप्त करने का यह सबसे सुलभ साधन है। इसमें विभिन्न प्रकार की विज्ञप्तियां, प्रतिवेदन, समाचार, सम्पादकीय तथा जन-संचार के साधनों द्वारा कई अन्य प्रकार की संचार-सामग्री सम्मिलित की जाती है। संवाददाताओं द्वारा घटनाओं के आंखों देखा हाल की समाचार पत्रों को भेजी गई खबरें सामाजिक शोधकर्ताओं के लिए मूल्यवान सामग्री का काम कर सकती हैं, किन्तु बहुधा अखबारों की खबरों की विश्वसनीयता संदिग्ध होने के कारण समाज वैज्ञानिक इनका प्रयोग बहुत कम करते हैं। संपादकों की काट-छांट की कैंची कई बार समाचारों के सशक्त अंशों को निकालकर समाचारों को विकृत और संदिग्ध बना देती है। अतएव, शोधकर्ता को जन-संचार के माध्यमों से प्राप्त सामग्री का प्रयोग करते समय अत्यधिक सतर्कता बरतने की आवश्यकता होती है।

प्रतिवेदन (Reports)

रिपोर्ट तथा रिकार्ड में अंतर है। रिपोर्ट का लेखन सामान्यत: किसी घटना के घटित होने के उपरान्त किया जाता है। इनका उद्देश्य मात्र याददाश्त को बनाए रखने में सहायता करना नहीं होता अपितु बहुधा ये प्रभाव डालने के उद्देश्य से लिखी जाती हैं और इनमें तीक्ष्णता की कमी होती है। रिकॉर्ड की अपेक्षा प्रतिवेदन (रिपोर्ट) आंतरिक रूप से कम विश्वसनीय होते हैं। प्रतिवेदनों में संगठनों के मुख्य व्यक्तियों के कार्य-कलापों का विवरण या उनकी क्रियाओं का औचित्य या उनकी विफलताओं को कम बताने का प्रयास किया जाता है। इनमें बहुधा घटना के सही-सही क्रमिक वर्णन का अभाव पाया जाता है। विभिन्न संस्थान समय-समय पर अपने कार्यों का विवरण प्रस्तुत करने के लिए प्रतिवेदनों का प्रकाशन करवाते रहते हैं। एक शोधार्थी के लिए इस प्रकार के प्रतिवेदन

बहुमूल्य सामग्री का काम करते हैं। ये प्रतिवेदन प्राथमिक तथा द्वितीयक दोनों प्रकार की स्रोत सामग्री के रूप में प्रयोग किए जाते हैं। सरकारी प्रतिवेदनों द्वारा हमेशा प्राथमिक स्रोत सामग्री प्राप्त होती है, किन्तु कभी-कभी ये प्रतिवेदन द्वितीयक स्रोत सामग्री पर आधारित होते हैं। भारत में दशाब्दिक जनगणना प्रतिवेदन से प्राप्त सामग्री का सामाजिक वैज्ञानिकों ने अपने शोध अध्ययनों में प्रचुर मात्रा में प्रयोग किया है। **आई.पी. देसाई** द्वारा भारतीय संयुक्त परिवार संबंधी कुछ निष्कर्ष दशाब्दिक जनगणना के विश्लेषण पर ही आधारित हैं।

अन्य सार्वजनिक प्रलेखीय सामग्री (Other Public Documentary Material)

आलेख तथा प्रतिवेदन के अलावा भी सार्वजनिक प्रलेखीय सामग्री प्राप्त करने के कई अन्य स्रोत हो सकते हैं। इसमें सरकारी गजेटियर लेखन, सांख्यिकीय विवरणिकाएं (Statistical Bulletins), दुर्लभ पाण्डुलिपियां आदि सम्मिलित की जा सकती हैं। व्यक्तियों को प्रकट करने वाली कलात्मक अभिव्यक्तियां भी जनप्रलेखों का रूप मानी जाती हैं। लोकथाओं, लोकगीतों तथा इसी प्रकार की अन्य सामग्री का सामाजिक मानवशास्त्रियों ने अपने अध्ययनों में भरपूर प्रयोग किया है। विभिन्न सार्वजनिक तथा ऐतिहासिक महत्व के स्थानों पर लिखी अथवा खुदी हुई (शिला-लेख) सामग्री भी प्रलेखीय सामग्री का ही एक रूप कहा जा सकता है। इस प्रकार की सामग्री प्राचीन घटनाओं तथा जन जीवन से सम्बन्धित महत्वपूर्ण समस्याओं की जानकारी प्रस्तुत करती है। एक समाज वैज्ञानिक के लिए ऐतिहासिक सामग्री का अपना एक विशेष महत्व होता है।

प्रलेखीय सामग्री के प्रयोग की समस्याएं (Problems of the Use of Documentary Material)

क्षेत्रीय शोध (Field Research) प्रारंभ करने के लिए अथवा उसके सहायक के रूप में सामाजिक विज्ञानों में उच्च स्तर की स्थाई प्रकृति की प्रलेखीय सामग्री का अत्यधिक महत्व है। आजकल क्षेत्रीय शोधकर्ताओं और पीएच.डी. करने वालों से यह अपेक्षा की जाती है कि वे क्षेत्रीय कार्य प्रारंभ करने से पूर्व पुस्तकालयों में बैठकर सर्वप्रथम अपने अध्ययन विषय से सम्बन्धित उपलब्ध प्रलेखीय सामग्री का गहन अध्ययन करें।

प्रलेखीय सामग्री का उनका यह अध्ययन उन्हें एक व्यावहारिक शोध अभिकल्प (Research Design) तैयार करने में सहायता प्रदान करता है। इस सम्बन्ध में **थॉमस एडिसन** का यह कथन उल्लेखनीय है: "जब कभी मैं कोई गवेषणा करना चाहता हूं तब मैं अपने कार्य की शुरुआत भूत में जो कुछ किया जा चुका है उसके सम्बन्ध में सब कुछ पढ़कर प्रारंभ करता हूं।" **यंग** ने द्वितीयक स्रोत सामग्री (प्रलेखीय) की निम्न उपयोगिताएं बताई हैं:

1. शोध में अंतर्दृष्टि प्रदान करने तथा सही प्रश्नों को पूछने में सहायता करना।
2. अध्ययन की विधियों के चयन में सहायता करना।
3. प्राक्कल्पना के निर्माण तथा परीक्षण में सहायता करना।
4. अनावश्यक पुनरावृत्ति से बचाव करना।

संक्षेप में, दूसरे व्यक्तियों के कार्यों तथा विचारों की समालोचना हमें अपने कार्यों तथा विचारों के दायरे को विस्तृत करने, समृद्ध करने तथा स्पष्ट करने में सहायता करती है। सामाजिक शोध में प्रलेखीय सामग्री की अनेक उपयोगिताएं होते हुए भी इसके प्रयोग की अनेक निम्नलिखित समस्याएं हैं:

प्रलेखों की उपलब्धता की समस्या (Problem of Availability of Documents)

सामाजिक शोध में प्रलेखीय सामग्री का समुचित प्रयोग किया जाना चाहिए, इसे नज़रअंदाज नहीं किया जा सकता, किन्तु इस सम्बन्ध में सबसे प्रमुख समस्या उनकी उपलब्धता की उत्पन्न होती है। कई प्रलेखों को प्राप्त करना सरल कार्य नहीं होता। विशेषतः गोपनीय प्रकृति के प्रलेखों को प्राप्त करना अत्यन्त कठिन होता है। प्रलेखों को प्राप्त करने के लिए सर्वप्रथम यह जानकारी होना आवश्यक है कि अमुख प्रलेख कहाँ से तथा कैसे प्राप्त किए जा सकते हैं। प्रलेखों का अध्ययन करने के लिए स्वीकृति प्राप्त करना भी एक समस्या है। कई बार व्यक्तिगत प्रलेखों के संग्राहक पढ़ने अथवा देखने की स्वीकृति नहीं देते। भारत में अभी हाल ही में 'सूचना के अधिकार' का कानून बनने के उपरान्त भी सरकारी विभागों से महत्वपूर्ण प्रलेखों को प्राप्त करना सरल कार्य नहीं है।

प्रामाणिकता की समस्या (Problem of Authenticity)

यदि किसी प्रकार प्रलेख उपलब्ध हो भी जाए, तब भी एक अन्य महत्वपूर्ण समस्या उनकी प्रामाणिकता की बनी रहती है, अर्थात् उपलब्ध प्रलेख प्रामाणिक हैं अथवा नहीं और यदि हैं तो किस सीमा तक प्रामाणिक हैं? सरकारी विभागों द्वारा संकलित आंकड़े काल्पनिक हो सकते हैं या संकलन स्तर पर जान-अंजान में की गई भूलों अथवा त्रुटियों के कारण उनमें विकृति उत्पन्न हो सकती है। इसी प्रकार, व्यक्तिगत प्रलेखों के लेखक जाने-अनजाने में घटनाओं के गलत चित्रण के दोषी हो सकते हैं। अतएव, सामाजिक वैज्ञानिकों ने प्रलेखीय सामग्री का प्रयोग करने हेतु अनेक चेतावनियां तथा सुझाव दिए हैं। प्रलेखीय स्रोतों से प्राप्त सामग्री का प्रयोग करने के पूर्व उनकी प्रामाणिकता की परीक्षा किया जाना आवश्यक है। इस सम्बन्ध में **चेपिन** (1920) ने निम्नलिखित कुछ महत्वपूर्ण प्रश्नों के उत्तर प्राप्त करना आवश्यक बताया है, जिनके आधार पर प्रलेखों की प्रामाणिकता की जांच की जा सकती है:

1. प्रलेखों की बाह्य विशेषताओं की जांच सम्बन्धी प्रश्न:
   (अ) लेखक के व्यक्तित्व, विचारधारा, क्रियाकलाप आदि की जांच
   (ब) स्रोतों का आलोचनात्मक वर्गीकरण
2. आंतरिक विशेषताओं की जांच सम्बन्धी प्रश्न:
   (अ) किसी विशिष्ट कथन से लेखक का क्या तात्पर्य है? इस कथन के शाब्दिक तथा भावार्थ अर्थों में क्या अंतर है?
   (ब) क्या कथन पूर्णतः सही है?

इन प्रश्नों के उत्तरों के आधार पर सामान्यतः एक शोधकर्ता संदिग्ध प्रलेखों के प्रयोग से अपने आपको बचा सकता है। वर्तमान प्रलेखों की अपेक्षा ऐतिहासिक प्रलेखों की जांच करना अधिक महत्वपूर्ण है, क्योंकि ऐतिहासिक सामग्री को झुठलाना आसान नहीं होता है।

अर्थ-निर्धारण की समस्या (Problem to Determine Meaning)

प्रामाणिकता की समस्या से जुड़ी हुई प्रलेखों के अर्थ-निर्धारण की समस्या उत्पन्न होती है। किसी प्रलेख का लेखक क्या कहना चाहता है, इतिहासकारों के लिए यह एक गम्भीर समस्या रहती है कि समय के साथ शब्दों के अर्थ बदलते रहने के कारण लेखक के शब्दों का वे क्या अर्थ लगाएं? बहुत कुछ यह समस्या सामाजिक मानवशास्त्रियों के समक्ष भी रहती है, जिन्हें किसी आदिवासी समाज के चित्रण के लिए अंग्रेजी अथवा अन्य भाषा का प्रयोग करना होता है। कई बार कुछ घटनाओं की दूसरी भाषा में व्याख्या करने के लिए समुचित शब्द नहीं मिल पाते हैं।

अर्थ-निरुपण (व्याख्या) की समस्या (Problem of Interpretation)

यह समस्या विशेष रूप से सांख्यिक विवरणों के सम्बन्ध में उत्पन्न होती है। **बाउले** (1945) ने इस सम्बन्ध में ठीक ही कहा है कि "प्रकाशित आंकड़ों को उनका बिना अर्थ तथा सीमाएं समझे ज्यों का त्यों स्वीकार कर लेना खतरे से खाली नहीं है। यह सदैव आवश्यक है कि उन पर आधारित किए जाने वाले तर्कों की समीक्षा कर ली जाए।" एक ही प्रकार के आंकड़ों के आधार पर दो शोधकर्ता भिन्न निष्कर्षों पर पहुंच सकते हैं। इस भिन्नता का मुख्य कारण घटनाओं को भिन्न रूप में परिभाषित किया जाना हो सकता है। परिभाषाओं की भिन्नता के कारण दो समूहों के आंकड़ों की तुलना करना भी कठिन होता हैं। सांख्यिकी की भांति ही, व्यक्तिगत प्रलेखों का अर्थ-निरुपण करना भी कठिन होता है। आजकल लिखित सामग्री के वैज्ञानिक विश्लेषण के लिए एक नवीन विधि का प्रयोग होने लगा है जिसे 'अंतर्वस्तु विश्लेषण विधि' (Content Analysis Method) कहते हैं। इस विधि द्वारा गुणात्मक सामग्री को परिमाणात्मक तथ्यों में परिणित कर घटनाओं का व्यवस्थित रूप में अध्ययन किया जा सकता है।

प्रलेखीय सामग्री सम्बन्धी इन समस्याओं और कमियों के होते हुए भी सामाजिक शोध में इनके योगदान की उपेक्षा नहीं की जा सकती। **जॉन मेज** (1953) ने लिखा है कि "मूल्यवान मानवीय सामग्री से ओतप्रोत अनेक प्रलेख विचारों के एक उर्वर स्रोत का कार्य करते हैं। स्वाभाविक व्यक्तिगत प्रलेख, समाचार पत्रों की रिपोर्ट, समितियों के कार्य-विवरण, व्यापारिक अथवा सरकारी कार्यालय की फाइलें–ये सभी प्रत्यक्ष अवलोकन तथा सामाजिक, प्रक्रियाओं में सहभागिता की आधारशिला तैयार करने में सहायता करते हैं और हमारे अनुभवों के आधार को विस्तृत बनाकर विश्लेषण को पूर्ण बनाते हैं।" किन्तु मेज ने इन तथ्यों के प्रयोग के सम्बन्ध में चेतावनी देते हुए यह भी कहा है कि "प्रलेखीय सामग्री शोध विषय की अधूरी कहानी ही कह पाती है। अतः इनका ऐसे विषयों के लिए प्रयोग किया जाना बुद्धिहीनता ही माना जाएगा, जहाँ इनसे न कोई आर्थिक बचत होती है और न संतुष्टि मिल पाती है।"

7

शोध अभिकल्प/प्रारूप
Research Design

किसी भी कार्य को मोटे रूप में दो प्रकार से सम्पादित किया जा सकता है, यथा अनियोजित (Unplanned) या नियोजित (Planned) रूप में। 'अनियोजित' या 'अनियोजन' से तात्पर्य बेतरतीब या अव्यवस्थित रूप में कार्य करने से है। इसमें कार्य के करने की कोई सुनिश्चित रूपरेखा और प्रक्रिया नहीं अपनाई जाती और कार्य के लक्ष्य, उद्देश्य, साधन और विधि आदि पर बिना सोच-विचार किए तत्काल मनमाने अनुसार कार्य को शुरू कर दिया जाता है। ऐसी स्थिति में कार्य में सफलता मिलने की कोई गारंटी नहीं होती, अर्थात् हम अपने लक्ष्य को प्राप्त कर भी सकते हैं या नहीं भी। इस प्रकार के कार्य सम्पादन में हमारी बहुत सी अनावश्यक ऊर्जा, समय और धन की हानि हो सकती है। अधिकांश लोगों का रोजमर्रा के काम करने का यही तरीका होता है।

इसके विपरीत 'नियोजित' (Planned) या 'नियोजन' से तात्पर्य कार्य करने की एक सुनिश्चित व्यवस्था और प्रक्रिया से है, जिसमें कार्य को शुरू करने के पूर्व उसके उद्देश्य (लक्ष्य), प्रयोजन, साधन और कार्यविधि पर सोच-विचार कर उसकी एक रूपरेखा तैयार की जाती है और तत्पश्चात कार्य की शुरुआत की जाती है ताकि कार्य करने के बीच में कोई समस्या उत्पन्न न हो और कार्य को आधी-अधूरी स्थिति में बन्द न करना पड़े। कार्य करने का यह 'नियोजित' तरीका हमें अपने लक्ष्य प्राप्ति का विश्वास देता है। इस तरीके को अपनाने से हमारी ऊर्जा, समय, और धन तीनों की भी अपेक्षाकृत कम हानि या खर्च होती है और हमारे सफल होने की संभावनाएं बढ़ जाती हैं। विज्ञान के क्षेत्र में शोध कार्य करने के इसी तरीके को अपनाया जाता है जिसे शोध अभिकल्प (Research Design) के नाम से जाना जाता है।

शोध अभिकल्प की परिभाषा
(Definition of Research Design)

एक वैज्ञानिक किसी भी विषय पर शोध करने के पूर्व उसकी एक रूपरेखा तैयार करता है, जिसे सामान्य भाषा में उक्त शोध कार्य का नक्शा (Blueprint) कहते हैं। यह नक्शा बहुत कुछ रूप में एक वास्तुकार (Architect) या एक इंजीनियर के नक्शे या खाके के समान ही होता है, जिसे ये लोग किसी मकान, अट्टालिका, भवन, पुल, सड़क आदि बनाने के

पूर्व बनाते हैं। यह नक्शा या खाका शुरुआत में कच्चा होता है, जिसमें किन्हीं कारणों से समय-समय पर फेरबदल किया जाता रहता है। इस प्रकार के नक्शे बनाने का मुख्य उद्देश्य निर्माण कार्य के मार्ग में आने वाली भावी कठिनाइयों का अनुमान लगाना और उनका समाधान ढूंढ़ने के साथ-साथ निर्माण कार्य के लागत व्यय, सामग्री, मजदूरी तथा अन्य कार्यकर्ताओं की अनुमानित संख्या, उपकरण और तकनीक (Tools and Techniques) तथा समयावधि के बारे में प्रारंभिक सोच-विचार करना होता है।

'रिसर्च डिजाइन' या शोध अभिकल्प वैज्ञानिक शोधकर्ता का अपने शोध कार्य का एक 'ब्लू प्रिन्ट' एक खाका, एक रूपरेखा होती है जो उसे अपने शोध मार्ग को निर्देशित कर अपने मार्ग से डगमगाने या विचलित होने से उसकी रक्षा करती है। **बी.एस. फिलिप्स** (1966) ने लिखा है कि "रिसर्च डिजाइन तथ्यों के संकलन, परिमापन तथा विश्लेषण हेतु बनाया गया एक नक्शा (Blueprint) होता है।" तथ्यों के संकलन की क्या विधि होगी, इनकी विश्वसनीयता का मापन कैसे किया जाएगा तथा उनके विश्लेषण के लिए कौन सा तरीका (गुणात्मक/परिणात्मक) अपनाया जाएगा, इस नक्शे में स्पष्ट किया जाता है। यह शोध कार्य की एक 'तार्किक रणनीति' (Logical Strategy) होती है, जो शोध रूपी युद्ध के संचालन में शोधकर्ता की मदद करती है।

शोध अभिकल्प या रिसर्च डिजाइन को कई अन्य रूप में भी परिभाषित किया गया है। कुछ विद्वानों ने इसे शोध की योजना मानते हुए इसकी व्यापक परिभाषाएं दी हैं; जैसे:

आर.ई. किर्क (1968) के अनुसार, "शोध अभिकल्प एक ऐसी योजना है जो यह बताती है कि तथ्यों का संकलन एवं विश्लेषण कैसे किया जाएगा।"

पी.वी. यंग (1977) ने लिखा है कि "एक शोध अभिकल्प किसी अनुसंधान की एक तार्किक एवं व्यवस्थित योजना तथा उसका निर्देशन है।"

एफ.एन. कर्लिंगर (1978) ने बताया है कि "शोध अभिकल्प गवेषणा की एक योजना, एक संरचना तथा एक व्यूह रचना होती है, जिसके द्वारा अनुसंधान के प्रश्नों के उत्तर तथा उनके प्रसरण को नियंत्रित किया जाता है।" कर्लिंगर ने योजना, संरचना और व्यूह रचना की निम्नलिखित शब्दों में व्याख्या की है:

शोध योजना (Research Plan) से तात्पर्य अनुसंधान की समस्त प्रक्रिया अथवा कार्यक्रम से है। इसमें शोध की प्राक्कल्पना की रचना (Formulation of Hypothesis) तथा इसके व्यावहारिक प्रयोग से लेकर तथ्य-सामग्री के संकलन, वर्गीकरण और विश्लेषण के अंतिम चरण तक की रूपरेखा दी गई होती है।

शोध संरचना (Research Structure) अर्थात् अनुसंधान के ढांचे में उन चरों (Variables) का उल्लेख किया जाता है, जिनका प्रयोग अनुसंधान में किया जाएगा। यह शोध की सम्पूर्ण योजना की अपेक्षा शोध के तथ्यों के विश्लेषण की प्रकृति पर अधिक जोर देती है।

शोध व्यूह रचना (Research Strategy) शोध के उद्देश्यों को प्राप्त करने और शोध की समस्याओं के निराकरण करने के तरीकों पर केन्द्रित होती है। अतः इसमें तथ्य-संकलन की विधियों (Methods) और उपकरणों (Tools) पर जोर दिया जाता है, जिनके द्वारा शोध के उद्देश्यों को प्राप्त किया जा सके।

व्यापक रूप में, जब रिसर्च डिजाइन को परिभाषित किया जाता है तब इसमें शोध की योजना, संरचना और व्यूह-रचना तीनों पर विचार किया जाता है। ये किसी भी अनुसंधान/गवेषणा के तीन प्रमुख पक्ष हैं।

उपरोक्त व्यापक परिभाषाओं के अलावा कुछेक ने 'रिसर्च डिजाइन' को मात्र शोध की विधियों संबंधी सोच-विचार तक सीमित रखा है। इसे संकुचित रूप में परिभाषित करते हुए **एम.डब्ल्यू. राइले** (1963) ने लिखा है कि "शोध अभिकल्प उपलब्ध विधियों के भंडार में से कुछ विशिष्ट विधियों के चुनाव को इंगित करता है।" इसके व्यापक अर्थों में, इसमें शोध-विधियों के चुनाव के अतिरिक्त संकलित तथ्यों के वर्गीकरण एवं विश्लेषण के आधार, तथ्यों के स्रोत, प्रतिचयन (Sampling) की मात्रा एवं विधि आदि को भी सम्मिलित किया जाता है।

आर.एल. एकॉफ जिन्होंने अपनी सम्पूर्ण पुस्तक ही 'सामाजिक शोध का अभिकल्प' (1963) नाम से लिखी है, उसमें सर्वप्रथम 'डिजाइन' शब्द की व्याख्या की गई है। उन्होंने बताया है कि "यह सुविचारित निर्णयों की एक ऐसी प्रक्रिया है जिनका शोध के दौरान कार्यान्वयन किया जाना है, ताकि कोई अप्रत्याशित स्थिति उत्पन्न होने के पूर्व ही उसे नियंत्रित किया जा सके।" शोध संबंधी ये निर्णय मुख्य रूप में अनुसंधान की विधि, उपकरण लागत-खर्च, समयावधि आदि से संबंधित होते हैं। शोध अभिकल्प की उपरोक्त सभी परिभाषाओं और उनकी व्याख्याओं का समाहार करते हुए कहा जा सकता है कि "एक शोध अभिकल्प (डिजाइन) किसी भी शोध परियोजना (Research Project) की एक तार्किक, व्यवस्थित एवं विस्तृत रूपरेखा (Detailed Outline) या कार्य-योजना है जो यह बताती है कि शोध कैसे की जाएगी।" इस व्याख्या में प्रयुक्त 'कैसे' शब्द गवेषणा संबंधी निम्नलिखित प्रश्नों पर सोच-विचार को रेखांकित करता है:

1. शोध की समस्या (Problem) या विषय क्या है?
2. शोध का क्या उद्देश्य (Purpose) और उसके उपयोग (Uses) क्या हैं?
3. शोध किस प्रकार (गवेषणात्मक/वर्णनात्मक/प्रयोगात्मक) की है?
4. शोध की प्रकृति (दस्तावेजी शोध, क्षेत्र-कार्य, अंतर्वस्तु विश्लेषण या अन्य) क्या है?
5. शोध की प्राक्कल्पना (Hypothesis), यदि कोई है, तो क्या है?
6. शोध के प्रमुख चर (Variables) क्या हैं?
7. शोध का क्षेत्र (जनसंख्यात्मक और भौगोलिक) क्या है?
8. शोध विषय संबंधी पूर्ववर्ती साहित्य या प्रतिवेदन (यदि उपलब्ध हैं) क्या हैं?
9. शोध के तथ्यों के स्रोत (Sources of Data) क्या हैं (प्राथमिक अथवा द्वितीयक स्रोत)?
10. शोध की प्रतिचयन योजना (Sampling Plan), अर्थात् प्रतिचयन की मात्रा (Size) और प्रतिचयन की विधि क्या है?
11. शोध के तथ्य संकलन की विधि (Method), अर्थात् प्रश्न-उत्तर (साक्षात्कार) अवलोकन आदि और उपकरण (Tools), अर्थात् प्रश्नावली, अनुसूची, साक्षात्कार प्रदर्शिका, प्रक्षेपी परीक्षण उपकरण या अन्य क्या हैं?

12. शोध संबंधी संसाधनों (धन, समय, छपाई, कम्प्यूटर, कार्यालय कर्मी, क्षेत्र कार्यकर्ता आदि) की क्या स्थिति है?
13. शोध संबंधी संकलित आंकड़ों का संकेतन (Coding), वर्गीकरण और सारणीकरण (हाथ से या कम्प्यूटर द्वारा) कैसे किया जाएगा?
14. शोध के विश्लेषण का क्या रूप (वर्णनात्मक या सांख्यिकीय) होगा?
15. शोध के निष्कर्षों का प्रस्तुतीकरण किनके लिए (आम जनता या विद्वतजनों) होगा?

शोध अभिकल्प के प्रकार्य और उपयोगिता (Functions and Utility of Reserarch Design)

शोध अभिकल्प का प्रमुख कार्य शोध की समस्त क्रिया को निर्देशित करना है ताकि शोध में कोई अड़चन या न्यवधान न पड़े और शोध कार्य निर्बाध रूप में चलता रहे। बिना सोच-विचार किए और शोध की रूपरेखा बनाए शोध कार्य में कई प्रकार की बाधाएं उत्पन्न हो सकती हैं। इन बाधाओं को टालने और शोध कार्य को सुचारु रुप से चलाए रखने के लिए ही शोध अभिकल्प की रचना की जाती है। किसी मकान को बनाते समय या किसी उद्योग की स्थापना करते समय जिस प्रकार मकान का मालिक या उद्योगपति मकान निर्माण या उद्योग की स्थापना के पूर्व मकान और उद्योग से जुड़े सार्थक प्रश्नों पर सोच-विचार कर आवश्यक निर्णय लेकर अपने कार्य में आगे बढ़ता है, उसी प्रकार एक शोधकर्ता को भी अपने शोध कार्य की एक रूपरेखा, एक नक्शा (Blueprint) बनाना जरूरी होता है। एक शोध अभिकल्प या शोध योजना के प्रमुख कार्य निम्नलिखित हैं:

शोध प्रश्नों के उत्तर देना (To Provide Answers to Research Questions)

इन प्रश्नों का उल्लेख हम ऊपर कर चुके हैं।

भिन्नता पर नियंत्रण करना (To Control Variance)

यह शोध अभिकल्प का एक तकनीकी पक्ष है। शोध अभिकल्प पर पड़ने वाले बाह्य प्रभावों को नियंत्रित कर शोध परिणामों में उत्पन्न होने वाली विसंगतियों से रक्षा की जा सकती है।

विकल्पों के चयन में सहायता करना (To Help in Choosing Alternatives)

किसी भी समस्या के समाधान के अनेक विकल्प हो सकते हैं। कौन सा विकल्प शोध समस्या के लिए सर्वाधिक उपयुक्त और प्रभावक (Effective) होगा, शोध अभिकल्प इस चयन प्रक्रिया में शोधकर्ता की मदद कर सकता है।

शोध की सीमाओं का निर्धारण करना (To Determine the Boundaries of Research)

शोध अभिकल्प शोधकर्ता के शोध की सीमाओं को निर्देशित करता है, अर्थात् किन तथ्यों का संकलन उसके लिए सार्थक होगा। सार्थक तथ्यों (Relevant Facts) से तात्पर्य ऐसे

तथ्यों से हैं जो शोध की प्राक्कल्पना से सीधे और घनिष्ठ रूप में जुड़े होते हैं और जो उसके परीक्षण के लिए आवश्यक होते हैं। अनावश्यक तथ्यों का संकलन समय और धन दोनों की हानि करता है।

असफलताओं के विरुद्ध बीमा (Insurance Against Failures)

अभिकल्प (Design) की रचना शोधकर्ता के रक्षा कवच का कार्य करता है। **एकॉफ** ने कहा है कि अभिकल्प एक प्रकार का बीमा है जो असफलताओं से शोधकर्ता की रक्षा करता है। यह शोध के प्रश्नों के प्रति उसे सतर्क कर यह बताता है कि उसे क्या करना है और क्या नहीं करना चाहिए। यह निरर्थक और फलहीन अन्वेषण की कमजोरियों से शोधकर्ता को बचाता है।

सीमित संसाधनों का समुचित उपयोग (Proper Use of Limited Resources)

शोध अभिकल्प समय और साधनों की बचत में सहायता करता है। यह शोधकर्ता को दिशा निर्देशित कर उन्हीं तथ्यों के संकलन पर केन्द्रित करता है जो शोध के लिए आवश्यक हैं। इससे शोधकर्ता के समय और संसाधनों की बचत होती है।

पूर्वगामी अध्ययन में सहायता (Helps in Conducting Pilot Study)

मुख्य अध्ययन के परीक्षण के तौर पर छोटे से प्रतिदर्श पर किया गया अन्वेषण पूर्वगामी अध्ययन कहलाता है। पूर्वगामी अध्ययन का प्रमुख कार्य उन शोध विधियों और उपकरणों का परीक्षण किया जाना है, जिनका प्रयोग मुख्य शोध में किया जाएगा। शोध अभिकल्प इस प्रकार के पूर्वगामी अध्ययन में भी शोधकर्ता की सहायता करता है।

अंत में, अति संक्षेप में, यह कहा जा सकता है कि शोध अभिकल्प का प्रमुख कार्य या उपयोगिता अनुसंधान को एक निश्चित दिशा देना है ताकि शोध के निष्कर्षों को अधिकाधिक वस्तुपरक, प्रामाणिक और विश्वसनीय बनाया जा सके।

शोध अभिकल्प के प्रकार (Types of Research Design)

अध्ययन के उद्देश्यों (Purpose of Study) के आधार पर शोध अभिकल्प या प्रारूप मोटे रूप में चार प्रकार के हो सकते हैं:

(i) गवेषात्मक शोध (Exploratory Research)

(ii) वर्णनात्मक शोध (Descriptive Research)

(iii) व्याख्यात्मक शोध (Explanatory Research)

(iv) निदानात्मक शोध (Diagnostic Research)

गवेषात्मक शोध अभिकल्प (Exploratory Research)

ऐसे शोध अध्ययन जिनका प्रमुख उद्देश्य किन्हीं घटनाओं के बारे में प्रारम्भिक जानकारी एकत्रित कर शोध की समस्या को स्पष्ट रूप देना होता है, गवेषात्मक शोध कहलाती हैं। इस प्रकार के अध्ययन सामान्यत: तब किए जाते हैं जब किसी विषय के बारे में हम शोध करना चाहते हैं, किन्तु हमारे पास उसके बारे में पर्याप्त जानकारी नहीं होती है। कई बार

देखा गया है कि कुछ घटनाओं को देख या सुनकर उनके अध्ययन का हमारा मानस बनता है, किन्तु उनके बारे में हम पूरी तरह से स्पष्ट नहीं होते कि वास्तविक समस्या क्या है। इस प्रश्न के समाधान के लिए ही घटना के बारे में जो थोड़ी बहुत जानकारी जुटाने का प्रयास (अध्ययन) किया जाता है, वही गवेषात्मक शोध कहलाती है। इस प्रकार की शोध का मुख्य उद्देश्य अनुभव प्राप्त करना है, ताकि उसके आधार पर विस्तृत शोध की जा सके।

मान लीजिए कोई शोधकर्ता 'आनन्द मार्ग' नामक धार्मिक आंदोलन या इसी प्रकार के किसी अन्य आंदोलन का अध्ययन करना चाहता है। 'आनन्द मार्ग' एक नया और गुमनाम सम्प्रदाय है, जिसके बारे में बहुत कम जानकारी उपलब्ध है। इसके लिए शोधकर्ता को 'आनन्द मार्ग' के बारे में मोटी-मोटी जानकारी, अर्थात् इसकी स्थापना-वर्ष, स्थापना का उद्देश्य, स्थापना करने वाले व्यक्ति का नाम, संगठन का स्वरूप, इससे संबंधित उपलब्ध साहित्य, सदस्यता की शर्तें, इसकी शाखाओं आदि की जानकारी जुटानी होगी। इस संस्था के बारे जुटाई गई यह प्रारम्भिक जानकारी इसके बारे में आगे की जाने वाली वृहत् शोध के आधार का कार्य करेगी। किसी विषय के बारे में इस प्रकार की प्रारम्भिक खोजबीन को ही गवेषात्मक शोध कहते हैं।

इस प्रकार के अध्ययनों के प्रमुख उद्देश्य निम्नलिखित हो सकते हैं:

(i) शोध विषय के बारे में प्रारम्भिक जानकारी जुटाना।

(ii) शोध विषय और इस पर आगामी वृहद् शोध के औचित्य और सम्भाव्यता का पता लगाना।

(iii) प्राक्कल्पना को विकसित करना।

(iv) शोधकर्ता की बेहतर जानकारी की जिज्ञासा और इच्छा की तुष्टि करना।

(v) शोध संबंधित अवधारणाओं को परिभाषित कर उन्हें चरों के रूप में परिणित करना।

(vi) शोध के विभिन्न आयामों को ज्ञात कर आगामी वृहद् शोध को एक निश्चित आकार देना और उसका दिशा निर्देशन करना।

(vii) विभिन्न शोध-विधियों और उपकरणों के प्रयोग की सम्भावनाओं पर विचार करना।

(viii) आगामी शोध की प्रक्रिया एवं प्राथमिकताओं का निर्धारण करना।

(ix) नए विचारों एवं दृष्टि बिन्दुओं की खोज करना।

गवेषात्मक अध्ययनों के प्रकार
(Types of Exploratory Studies)

सैलिज तथा अन्य (1976) ने इसके तीन प्रकार बताए हैं:

1. अध्ययन विषय से संबंधित साहित्य का सिंहावलोकन (Review of Literature Related to the Study)

एक शोधकर्ता को अपने विषय पर शोध कार्य शुरू करने के पहले उक्त विषय पर उपलब्ध साहित्य या शोध अध्ययनों का सर्वेक्षण (Survey) कर यह पता लगाना चाहिए कि इस विषय पर पहले क्या लिखा, सोचा और समझा गया है। साहित्य का यह सर्वेक्षण उसे आगामी वृहद् शोध की एक सुनिश्चित रूपरेखा बनाने के साथ-साथ प्राक्कल्पना की

रचना और शोध विधि के निर्धारण में मदद करेगा। साहित्य का सर्वेक्षण करते समय एक शोधार्थी को न केवल अपने विषय, अर्थात् समाजशास्त्र या राजनीतिशास्त्र या अर्थशास्त्र आदि के साहित्य का गहन अध्ययन करना चाहिए, अपितु अन्य विषय के क्षेत्र में भी प्रवेश कर उनके साहित्य पर भी गौर करना चाहिए। कभी-कभी रचनात्मक लेखकों, जैसे कहानी लेखक, उपन्यासकार, फिल्म तथा टी.वी. धारावाहिकों का अध्ययन भी महत्वपूर्ण सिद्ध हो सकता है।

2. अनुभव सर्वेक्षण (Experience Surveys)

साहित्य के अवलोकन के अतिरिक्त एक शोधकर्ता अपने अनुभव को अधिक व्यापक बनाने के लिए ऐसे विशेषज्ञ और अनुभवी व्यक्तियों, जिन्होंने पहले इस प्रकार के कोई अध्ययन किए हैं, या जिनका अच्छा किताबी ज्ञान है, उनसे अनौपचारिक और मुक्त वार्तालाप (साक्षात्कार) करके अध्ययन के क्षेत्र, सूचनादाताओं की प्रकृति और उनकी संस्कृति तथा शोध में आने वाली संभावित बाधाओं का पता लगा सकता है। अनुभवी व्यक्तियों से कभी-कभी ऐसी जानकारी प्राप्त हो सकती है, जिसके बारे में हम कभी सोच भी नहीं सकते।

3. वैयक्तिक अध्ययन (Case Studies)

कुछ व्यक्तियों के वैयक्तिक अध्ययन के उदाहरण शोधकर्ता को कई गूढ़ जानकारी दे सकते हैं। ऐसे उदाहरण विषय के बारे में सूक्ष्मदृष्टि (Insight) प्रदान करने में सक्षम होते हैं।

वर्णनात्मक शोध अभिकल्प (Descriptive Research Design)

वर्णनात्मक शोध का प्रमुख उद्देश्य किसी घटना, स्थिति या परिवेश का विस्तृत वर्णन करना होता है। **कापालान** (1964) ने लिखा है, "वैज्ञानिक क्रिया की वास्तविक शुरुआत घटनाओं के वर्णन से होती है। इसके बाद ही उनका समूहीकरण, वर्गीकरण और विश्लेषण किया जाता है।" यदि किसी शोधार्थी की किन्हीं व्यक्तियों या समुदाय के अध्ययन में रुचि है, तब वह उनसे सम्बन्धित तथ्यों जैसे आयु, लिंग, जाति, धर्म, नस्ल, शिक्षा, व्यवसाय और आय जैसे तथ्यों को संकलित करके उनका वर्णन कर सकता है। भारत तथा अन्यत्र मानवशास्त्रियों द्वारा किए गए प्रारम्भिक अधिकांश अध्ययन वर्णनात्मक प्रकार के ही थे, जिनमें किसी गांव अथवा किसी जनजाति की सम्पूर्ण संस्कृति का एक सर्वांगीण चित्र प्रस्तुत करने का प्रयास किया गया है। अर्थशास्त्र में भी यह प्रवृत्ति रही है और आज भी उद्योगों अथवा अन्य आर्थिक संस्थानों के 'केस स्टडी मैथड' द्वारा वर्णनात्मक अध्ययन किए जाते हैं जबकि अनेक अत्याधुनिक सांख्यिकीय विधियों और कम्प्यूटर का प्रचलन शुरू हो गया है। समाजशास्त्र के क्षेत्र में भी यदि पिछले पचास वर्षों में हुए शोध अध्ययनों का लेखा-जोखा तैयार किया जाए तब स्पष्ट रूप में यह तथ्य उजागर होगा कि इसमे भी अधिकांश शोध अध्ययनों की प्रवृत्ति मुख्यतः वर्णनात्मक रही है। यही नहीं, अभी भी समाजशास्त्रीय शोध वर्णनात्मक घेरे से बाहर नहीं आ पाई है।

वर्णनात्मक शोध में ऐसे तथ्यों की खोज पर अधिक बल दिया जाता है जो किन्हीं व्यक्तियों, समूहों या समुदायों की विशेषताओं (आयु, लिंग, जाति, धर्म, आय, व्यवसाय,

शिक्षा आदि) का पूर्णरूपेण वर्णन कर सकें, जैसे भारत में किस प्रकार के परिवार (एकाकी, अर्द्ध संयुक्त, पूर्ण संयुक्त) पाए जाते हैं? किसी गांव विशेष में कितने लोग (आयु, लिंग, धर्मानुसार) एड्स की बीमारी से ग्रस्त हैं? कितने लोग परिवार नियोजन के पक्ष/विपक्ष में हैं? कितने लोग मृत्युदंड के पक्ष/विपक्ष में हैं? कितने लोग 'इच्छा मृत्यु' के पक्ष/विपक्ष में हैं? इसी प्रकार के कई विषय हो सकते हैं, जिनके बारे में प्रासंगिक तथ्य एकत्रित किए जा सकते हैं। इस प्रकार के शोध अभिकल्प/प्रारूप की निम्नलिखित प्रमुख विशेषताएं हैं:

(i) मोटे रूप में, वर्णनात्मक शोध किसी विषय/समस्या से संबंधित 'क्या', 'कहाँ' और 'कितने' वाले प्रश्नों से संबंधित होती है।

(ii) प्रायः इस प्रकार की शोध प्राक्कल्पना रहित होती है। किन्तु इस प्रकार की शोध से एकत्रित तथ्यों के आधार पर प्राक्कल्पना की रचना और उनका परीक्षण किया जा सकता है।

(iii) इस प्रकार की शोध का मुख्य उद्देश्य किसी घटना, समस्या या विषय का वर्णन करना मात्र होता है।

(iv) इस प्रकार की शोध के आधार पर चरों (Variables) के सम्भावित संबंधों को प्रकट किया जा सकता है, जिसका प्रयोग बाद में 'विश्लेषणात्मक शोध' के लिए आधारशिला का कार्य करता है।

(v) सामान्यतः वर्णनात्मक शोध में एकल समयावधि ($स_1$) से संबंधित एक अकेली स्थिति ($प_1$) के तथ्यों का संकलन किया जाता है, किन्तु कभी-कभी एक अकेली स्थिति ($प_1$) से संबंधित दो समयावधि के तथ्यों का संकलन किया जाता है। एकल समयावधि वाला 'एक-खंडीय अभिकल्प' (One-cell Design) और दो समयावधि वाला 'द्वि-खंडीय अभिकल्प' (Two-cell Design) या 'दीर्घावधि अभिकल्प' (Longitudinal Design) कहलाता है। इन्हें चित्र रूप में इस प्रकार दर्शाया जा सकता है:

एक-खंडीय अभिकल्प

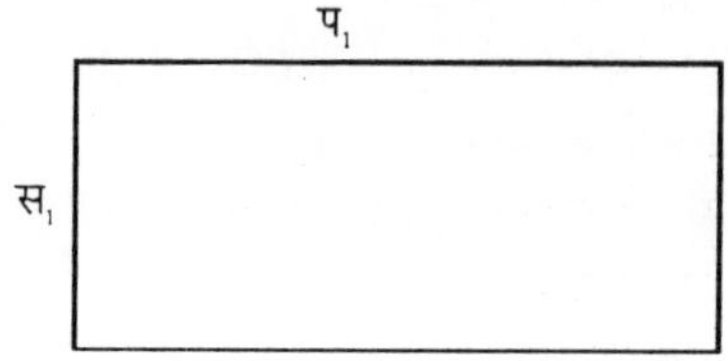

द्वि-खंडीय अभिकल्प

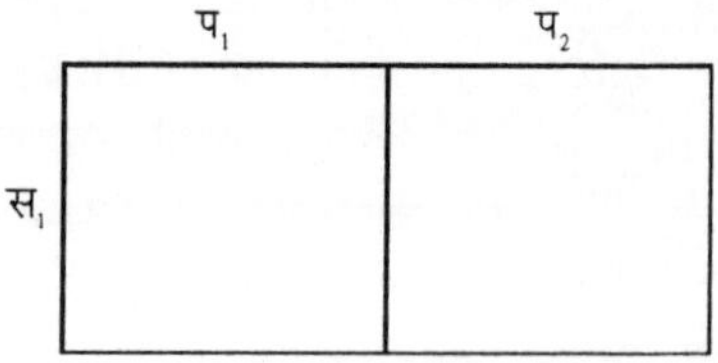

द्वि-खंडीय अभिकल्प में दो समय में एक ही घटना का अध्ययन किया जाता है, जैसे परिवारों के रूप का स्वतंत्रता के समय (1950) में और पचास साल बाद अर्थात् 2000 में अध्ययन करना। जब दो समयों के अध्ययनों की तुलना की जाती है, अर्थात् पूर्व और वर्तमान के तथ्यों का अध्ययन किया जाता है, तब यह 'कार्यान्तर शोध प्रारूप' (Ex-post Design) के नाम से जाना जाता है।

वर्णनात्मक शोध का मुख्य उद्देश्य भी गवेषात्मक शोध की भांति घटनाओं के विभिन्न पहलुओं के बारे में स्पष्टीकरण अथवा सही-सही जानकारी प्राप्त करना होता है। इस दृष्टि से इन दोनों प्रकार की शोध में विशेष अंतर नहीं है। फिर भी दोनों प्रकार के शोध अध्ययनों में थोड़ा अंतर है। वर्णनात्मक शोध में शोध संबंधी समस्या से संबंधित प्रश्नों की पूर्व जानकारी होती है, जब कि गवेषात्मक शोध में इसका अभाव होता है। यही नहीं, दोनों प्रकार की शोध में प्रयोग की जाने वाली तथ्य संकलन की विधियों में भी अंतर होता है।

वर्णनात्मक शोध की कार्यविधि
(Procedure of Descriptive Research)

वर्णनात्मक शोध का उद्देश्य किसी घटना या स्थिति का सम्पूर्ण एवं सही-सही चित्रण करना है। इस प्रकार के शोध अभिकल्प की रचना करते समय मितव्ययता (फिजूलखर्ची) और अभिनति (पक्षपात) से रक्षा करने हेतु शोध की निम्न प्रक्रिया अपनाई जानी आवश्यक है:

(i) अध्ययन के उद्देश्यों की स्पष्ट शब्दों में व्याख्या।

(ii) शोध-विधियों का निर्धारण तथा पूर्वगामी अध्ययन।

(iii) प्रतिदर्श (Sample) की मात्रा तथा इसकी चयन विधि का निर्धारण।

(iv) तथ्यों का संकलन और उनकी विश्वसनीयता एवं प्रामाणिकता की जांच।

(v) परिणामों का विश्लेषण।

उपरोक्त प्रक्रिया लगभग सभी अन्य प्रकार के शोध प्रारूपों में भी अपनाई जाती है।

व्याख्यात्मक शोध अभिकल्प (Explanatory Research Design)

सामाजिक शोध का उद्देश्य घटनाओं का वर्णन करना मात्र ही नहीं होता, अपितु उनकी व्याख्या करना भी होता है। 'व्याख्या' (Explanation) से तात्पर्य घटना के कारणों की खोज करना तथा उनका स्पष्टीकरण करना है, अर्थात् यह घटना 'क्यों' उत्पन्न हुई? या ऐसा क्यों या कैसे हुआ या होता है? वर्णनात्मक और व्याख्यात्मक शोध में अन्तर वर्णनात्मक और गवेषात्मक शोध में किसी घटना से संबंधित निम्न प्रश्नों का उत्तर देने का यत्न किया जाता है:

- क्या है? (What it is?)
- कहाँ है? (Where it is?)
- कब घटना घटी? (When it has happened?)
- कितने लोग? (How many people)

'क्या' के प्रश्न का उत्तर देते हुए शोधकर्ता व्यक्ति/समुदाय/घटना की विशेषताओं का वर्णन करता है, 'कहाँ' के उत्तर में घटना के घटने के स्थान का, 'कब' के उत्तर में घटना के समय किस वर्ष, महीने और दिन का और 'कितने लोग' के उत्तर में घटना में सम्मिलित या प्रभावित लोगों की संख्या की गणना की जाती है।

इन प्रश्नों से अलग, व्याख्यात्मक शोध में 'क्यों' (Why) और 'कैसे' (How) के प्रश्नों का उत्तर देते हुए 'क्या होगा' (What will be) के प्रश्न का उत्तर देने का भी प्रयास किया जाता है, अर्थात् भविष्योक्ति (Prediction) की जाती है। ध्यान रहे, ये प्रश्न उपरोक्त प्रश्नों के अतिरिक्त होते हैं, अर्थात् व्याख्यात्मक शोध में वर्णनात्मक प्रश्नों के उत्तर तो दिए ही जाते हैं, किन्तु इन प्रश्नों के साथ 'क्यों', और 'कैसे' और 'क्या होगा' के प्रश्न और जुड़ जाते हैं।

वर्णनात्मक और व्याख्यात्मक शोध में उपरोक्त अंतर के अलावा दोनों की व्यूह-रचना (Strategies) में भी अंतर होता है। व्यूह-रचना से तात्पर्य तथ्य संकलन के लिए अपनाई गई विधियों और उपकरणों से है। वर्णनात्मक शोध में सामान्यत: 'वैयक्तिक अध्ययन विधि' (Case Study Method) और 'सर्वेक्षण विधि' (Survey Method) का प्रयोग किया जाता है, जबकि व्याख्यात्मक शोध में सर्वेक्षण के अलावा प्रयोगात्मक विधि (Experimental Method) का भी प्रयोग किया जाता है, जिसका वर्णन हम आगे करेंगे।

वर्णनात्मक शोध में घटना से संबंधित चरों की खोज कर उनके बीच के सहसंबंधों पर प्रकाश डाला जाता है, किन्तु इन संबंधों की प्रामाणिकता का परीक्षण (Test of Validity) व्याख्यात्मक शोध द्वारा ही होता है। सैलिज तथा उनके सहयोगियों ने इसीलिए इस प्रकार की गवेषणाओं को प्राक्कल्पना परीक्षण शोध' (Hypothesis Testing Research) की संज्ञा दी है।

इन दोनों प्रकार की शोध प्रचनाओं में अर्थ-निरुपण (Interpretation) या व्याख्या की प्रक्रिया में भी अंतर है। वर्णनात्मक शोध एकलचरीय (Univariate) होती है, जबकि व्याख्यात्मक शोध द्विचरीय (Bivrariate) या बहुचरीय (Multivariate) होती है।

वर्णनात्मक और व्याख्यात्मक शोध के अंतर को निम्न सारणी के रूप में दर्शाया जा सकता है:

शोध अभिकल्प	*शोध प्रश्न*	*शोध व्यूह-रचना*	*अर्थ-निरुपण की प्रक्रिया*	*तथ्य संकलन की विधियां एवं उपकरण*
I. वर्णनात्मक शोध	क्या, कब, कहाँ, कितना	1. सर्वेक्षण 2. वैयक्तिक अध्ययन	एकलचरीय विश्लेषण	साक्षात्कार, अवलोकन तथा प्रश्नावली
II. व्याख्यात्मक शोध	कैसे, क्यों और क्या होगा	1. सर्वेक्षण 2. प्रयोग	1. द्विचरीय विश्लेषण 2. बहुचरीय विश्लेषण	अवलोकन, साक्षात्कार और प्रश्नावली एवं प्रयोगात्मक विधि

व्याख्यात्मक शोध के कार्य या उपयोगिता
(Functions or Utility of Explanatory Research)

सभी प्रकार की शोध, गवेषणा या अनुसंधान का उद्देश्य घटना से संबंधित हमारी समझ को सटीक बनाना तथा ज्ञान में वृद्धि करना (प्रमाणित ज्ञान को जोड़ना और वैज्ञानिक परीक्षण की कसौटी पर खरे नहीं उतरे ज्ञान को निष्कासित करना) है। व्याख्यात्मक शोध के प्रमुख कार्य निम्नलिखित हैं:

1. व्याख्या करना (To Explain)

घटनाओं का मात्र वर्णन या विवेचन करने से विज्ञान की आवश्यकताओं की पूर्ति नहीं होती, जब तक उनकी स्पष्ट व्याख्या नहीं की जाती है। व्याख्या में तीन कार्यों को सम्मिलित किया जाता है:

(अ) घटना/घटनाओं के कारणों को मालूम करना।

(ब) घटना से संबंधित चरों के बीच संबंधों का निर्धारण करना।

(स) प्राक्कल्पनाओं का परीक्षण करना।

2. सामान्यीकरण करना (To Generalize)

इस प्रकार की शोध में द्विचरीय या बहुचरीय विश्लेषण किया जाता है, अतएव इनके आधार पर ऐसी प्राक्कल्पनाओं की रचना की जा सकती है, जो सामान्य रूप में तर्कसंगत होती हैं।

3. भविष्योक्ति करना (To Predict)

सभी विज्ञानों का अंतिम लक्ष्य भूत और वर्तमान के आधार पर घटनाओं के भविष्यगत रूप का तथ्यात्मक चित्र प्रस्तुत करना है। घटना/घटनाओं के उत्पन्न होने के कारणों की जानकारी हो जाने के उपरान्त यह अनुमान लगाया जा सकता है कि आने वाले कल में (भविष्य में) इस घटना के उत्पन्न होने की क्या और कब सम्भावना है अथवा नहीं। इसके आधार पर घटना/समस्या के समाधान और निदान के बारे में आवश्यक कदम उठाने में मदद मिल सकती है।

व्याख्यात्मक शोध की कार्यविधि
(Procedure of Explanatory Research)

व्याख्यात्मक शोध का प्रमुख उद्देश्य किसी घटना के लक्षणों या कारणों को मालूम करना है, अतः इसके लिए कारण-प्रभाव (Cause and Effect) संबंधों को दर्शाने वाली किसी प्राक्कल्पना की रचना की जाती है, जैसे–

- धूम्रपान करने या तम्बाकू खाने से कैन्सर हो सकता है।
- ऐसे व्यक्ति जो आम खाने के अभ्यस्त नहीं है, उन्हें आम खाने से बदहजमी की शिकायत हो सकती है।
- किसी समूह में जितना ही ऊँचा किसी व्यक्ति का पद होता है, लगभग उसी मात्रा में उसके कार्यकलाप उस समूह के प्रतिमानों के अनुरूप होते हैं।

प्राक्कल्पना की रचना के बाद उसका परीक्षण (Test) कर उसकी पुष्टि या उसे अस्वीकार कर दिया जाता है। इस प्रकार की शोध में प्रयोगात्मक (Experimental) या अ-प्रयोगात्मक (Non-experimental) दोनों विधियों का प्रयोग किया जा सकता है। प्राकृतिक विज्ञानों में प्राक्कल्पना परीक्षण के लिए अधिकांशतः प्रयोगात्मक विधि का ही प्रयोग किया जाता है। सामाजिक विज्ञानों की विषय-वस्तु की विशिष्टता के कारण प्रयोगाशालाई प्रयोगों (Laboratory Experiments) की अपेक्षा क्षेत्रीय प्रयोगात्मक विधि

(Field Experimental Method) या सर्वेक्षण विधि (Survey Method) का ही प्रयोग अधिक किया जाता है। सर्वेक्षण-शोध कारण-प्रभाव की जांच का एक अ-प्रयोगात्मक तरीका है। अ-प्रयोगात्मक अध्ययनों में शोधकर्ता सहचर्यात्मक परिवर्तन (Concomitant Variation), घटनाक्रम का समय-अनुक्रम (Time Order of Occurance) तथा अन्य सम्भावित कारकों के निष्कासन की सुविधाओं का प्रयोग नहीं कर सकता है, जो वह प्रयोगात्मक अध्ययनों में आसानी से कर सकता है। प्रयोगात्मक अध्ययनों में घटना को प्रभावित करने वाले कारकों (Factors) को अपनी आवश्यकतानुसार नियंत्रित किया जा सकता है, जो अ-प्रयोगात्मक अध्ययनों में सामान्यत: सम्भव नहीं होता है। प्रयोगात्मक शोध का विस्तृत वर्णन अगले अध्याय में किया गया है।

निदानात्मक शोध अभिकल्प (Diagnostic Research Design)

शोध के उद्देश्यों के आधार पर उपरोक्त वर्णित तीन अभिकल्पों (गवेषात्मक, वर्णनात्मक और व्याख्यात्मक) के अतिरिक्त एक अन्य अभिकल्प है: निदानात्मक शोध अभिकल्प या प्रारूप। जहाँ व्याख्यात्मक शोध घटनाओं के कारणों को जानने के उद्देश्य से की जाती है, वहाँ निदानात्मक शोध समस्याओं के समाधान करने के मुख्य उद्देश्य से की जाती है। इस प्रकार की शोध मुख्यत: व्यावहारिक विज्ञानों जैसे 'सामाजिक कार्य' (Social Work) में की जाती है। इस प्रकार की शोध का उद्देश्य मात्र ज्ञान के लिए ज्ञान (Knowledge for Knowledge Sake) न होकर 'व्यावहारिक उपयोग के लिए ज्ञान' (Knowledge for Practical Use) होता है। एक चिकित्सक की भांति एक सामाजिक शोधकर्ता की रुचि भी किसी समस्या (शारीरिक/मानसिक/सामाजिक) के समाधान में होती है। अत: यह भी पहले समस्या के कारणों की खोजकर उसके समाधान के तरीकों या उपायों की खोज करता है, ताकि सामाजिक समस्या का वैज्ञानिक ढंग से समाधान किया जा सके। समस्या के समाधान के कई तरीके हो सकते हैं। एक शोधकर्ता निदानात्मक शोध के द्वारा ऐसे तरीकों को ढूंढ़ने का प्रयास करता है, जो प्रभावक होने के साथ-साथ ही कम समय एवं धन के व्यय से अधिक परिणाम देने वाले हों।

शोध व्यूह-रचना के आधार पर शोध अभिकल्प (Research Design on the Basis of Research Strategy)

शोध व्यूह-रचना से तात्पर्य यहाँ शोध की विधियों से है, जिसके आधार पर शोध रूपी युद्ध की वास्तविक लड़ाई लड़ी जाएगी। सामाजिक अनुसंधान के लिए कई विधियों (Methods), उपकरणों (Tools) और तकनीकों (Techniques) का प्रयोग किया जाता है। शोध प्रारंभ करने के पूर्व इनका निर्धारण भी किया जाना आवश्यक है। इनका निर्धारण अधिकांशत: शोध के उद्देश्य, शोध के क्षेत्र, सूचनादाताओं की संस्कृति और प्रकृति तथा शोध के लिए उपलब्ध धन और समय पर निर्भर करता है। सामान्यत: सामाजिक शोध में निम्नलिखित तीन विधियों (Methods) का प्रयोग किया जाता है:

1. सर्वेक्षण विधि (Survey Method)
2. वैयक्तिक (प्रकरण) अध्ययन विधि (Case Study Method)
3. प्रयोगात्मक विधि (Experimental Method)

विभिन्न शोध प्रारूपों (Research Formats) में भिन्न विधियों के प्रयोग को निम्न चार्ट द्वारा प्रदर्शित किया जा सकता है:

शोध अभिकल्प/प्रारूप (Research Design)

शोध प्रारूप (Research Format)	*शोध व्यूह-रचना (Research Strategy)*		
	सर्वेक्षण विधि	*वैयक्तिक अध्ययन विधि*	*प्रयोगात्मक विधि*
1. गवेषात्मक (Exploratory)	√	√	×
2. वर्णनात्मक (Descriptive)	√	√	×
3. व्याख्यात्मक (Explanatory)	√	×	√
4. निदानात्मक (Diagnostic)	√	√	√

सर्वेक्षण विधि, वैयक्तिक अध्ययन विधि और प्रयोगात्मक विधि का सविस्तार वर्णन आगे के अध्यायों में किया गया है।

एक आदर्श शोध अभिकल्प की रूपरेखा (An Outline of an Ideal Research Design)

किसी गवेषणा के विषय पर अनेक ढंग से अनेक प्रकार के 'रिसर्च डिजाइन' तैयार किए जा सकते हैं। शोध अभिकल्प का प्रारूप (Format) बहुत कुछ शोधकर्ता के उद्देश्य, समय, उपलब्ध साधन और उसके अभिमुखीकरण (Orientation) पर निर्भर करता है। अभिमुखीकरण से यहाँ तात्पर्य शोधकर्ता के उस विषय से है, जिसमें उसने प्रशिक्षण (Training) प्राप्त किया है। एक ही विषय पर राजनीतिशास्त्री और समाजशास्त्री द्वारा बनाए गए शोध अभिकल्पों में भिन्नता हो सकती है, क्योंकि दोनों के शोध विषय संबंधी परिप्रेक्ष्य में भिन्नता होती है। अतः दोनों के अन्वेषण संबंधी प्रश्न भी भिन्न होते हैं। एक ही विषय में भी अलग-अलग शोधकर्त्ताओं द्वारा भिन्न प्रकार के शोध अभिकल्प का प्रयोग करते देखा गया है। शोध अभिकल्प संबंधी यह भिन्नता होते हुए भी कुछ ऐसे आधारभूत सिद्धांत हैं, जिनका प्रयोग सभी सामाजिक विज्ञानों में गवेषणा-विशेष की जरूरतों को ध्यान में रखते हुए कुछ हेर-फेर के साथ किया जा सकता है। **पी.वी. यंग** ने एक आदर्श शोध अभिकल्प की निम्नलिखित रूपरेखा प्रस्तुत की है:

- प्राप्त की जाने वाली सूचनाओं (तथ्यों) के स्रोत का उल्लेख
- अध्ययन की प्रकृति पर विचार
- अध्ययन के उद्देश्य का निर्धारण एवं उल्लेख
- अध्ययन के भौगोलिक, सामाजिक और सांस्कृतिक क्षेत्र का उल्लेख
- अध्ययन के समयाकाल का उल्लेख
- अध्ययन के विभिन्न आयामों (Dimensions) का उल्लेख
- तथ्यों के संकलन की विधियों का उल्लेख
- तथ्यों का विश्लेषण

एम.डब्ल्यू. रायले (Sociological Research, 1963) ने शोध-विकल्पों (Research Alternatives) का एक निम्नलिखित 'शोध-परिरूप' (Research Paradigm) प्रस्तुत किया है। एक शोधार्थी को किसी भी प्रकार की सामाजिक शोध करने के पूर्व शोध संबंधी पहले वर्णित प्रश्नों को ध्यान में रखते हुए रायले के नीचे दिये गये विकल्पों को आधार बनाते हुए शोध की अपनी रूपरेखा तैयार करना चाहियेः

1. **शोध विषय की प्रकृति :** व्यक्तिशः भूमिका, अन्तर्संबंधित समूह सदस्यों के जोड़े, उप समूह, समूह, समाज या उनका कोई मिश्रित रूप।
2. **घटनाओं (प्रकरणों) की संख्या :** कोई अकेली घटना, कुछ चुनी हुई घटनाएं या कई चयनित घटनाएं।
3. **सामाजिक-कालिक परिवेश :** किसी समाज विशेष की समय विशेष की कोई घटना/घटनाएं या कई समाजों की घटनाएं।
4. **घटनाओं के चयन का आधार :** प्रतिनिधित्वपूर्ण प्रतिदर्श (Sample), या विश्लेषणात्मक या दोनों।
5. **समय-तत्व :** किसी समय विशेष से संबंधित स्थैतिक (Static) अध्ययन या विभिन्न समयों से संबंधित परिवर्तन की प्रक्रियाओं को दर्शाने वाले गत्यात्मक (Dynamic) अध्ययन।
6. **शोधकर्ता तथा अध्ययन की जाने वाली घटना पर नियंत्रण की मात्रा :** नियंत्रणहीन, अव्यवस्थित नियंत्रण या व्यवस्थित नियंत्रण।
7. **तथ्यों के मूल स्रोत :** नवीन (प्राथमिक) तथ्यों का संकलन या द्वितीयक (उपलब्ध तथ्य) तथ्यों का उपयोग।
8. **तथ्यों के संकलन की विधि :** अवलोकन (असहभागिक, सहभागिक या अन्य), प्रश्नोत्तर पर आधारित विधि (साक्षात्कार, प्रश्नावली) या दोनों का मिश्रित रूप।
9. **शोध में प्रयोग किए जाने वाले गुणों की संख्या :** एक, कुछ या कई गुण।
10. **एक अकेले गुण का अध्ययन :** अव्यवस्थित वर्णन, चरों का मापन।
11. **गुणों के बीच संबंधों का अध्ययन :** अव्यवस्थित वर्णन, व्यवस्थित विश्लेषण।
12. **व्यवस्था के गुणों का विश्लेषण :** एकल, सामूहिक।

8

प्राक्कल्पना/उपकल्पना
Hypothesis

"बिना किसी प्रत्याशित विचार के हम यह नहीं जान पाते कि हम किन तथ्यों की खोज कर रहे हैं और न ही यह समझ सकते हैं कि हमारी खोज हेतु क्या सार्थक और क्या निरर्थक है।"

–एम.आर. कोहेन (1930)

वैज्ञानिक शोध का प्रारंभ किन्ही विचारों से होता है और इन विचारों की उत्पत्ति किन्हीं घटनाओं के अवलोकन (Observation), या शान्त क्षणों के मनन या साहित्य के पठन-पाठन या स्वप्न जैसे अनेक स्रोतों से होती है। ये स्रोत व्यक्ति के मस्तिष्क में यह जिज्ञासा उत्पन्न करते है कि ऐसा क्यों और कैसे होता है। 'क्या', 'क्यों' और 'कैसे' के प्रश्नों से ही खोज या शोध की शुरुआत होती है। इन प्रश्नों के संभावित उत्तरों को ही शोध की भाषा में प्राक्कल्पना/उपकल्पना/परिकल्पना (Hypothesis) कहते हैं। ये संभावित उत्तर हमें घटना विशेष के बारे में नए सिरे से सोच-विचार के लिए प्रेरित करते हैं।

आज आतंकवाद आधुनिक युग की एक सबसे बड़ी समस्या है। इस विषय पर पूरे विश्व में काफी सोच-विचार चल रहा है। इस संबंध में कई प्रश्न या विचार उभर कर आए हैं। वे कौन व्यक्ति हैं जो आतंकवादी घटनाओं में अधिकांशत: लिप्त पाए गए हैं और इन घटनाओं को अंजाम देते हैं? इस बारे में कुछ लोगों का विचार है कि धर्मान्ध व्यक्ति आतंकवादी होते हैं, कुछेक का विचार है कि बेरोजगार व्यक्ति इस प्रकार की क्रियाओं में अधिक लिप्त होते हैं। इन क्रियाओं में पुरुषों को अधिक लिप्त पाया गया है। इस प्रकार के अनेक विचारों के आधार पर आतंकवाद को सामाजिक शोध का एक विषय बनाया जा सकता है और इससे जुड़ी इन प्राक्कल्पनाओं का परीक्षण किया जा सकता है:

प्राक्कल्पना 1 : स्त्रियों की अपेक्षा पुरुष आतंकवादी क्रियाओं में अधिक सक्रिय होते हैं।

प्राक्कल्पना 2 : बेरोजगार व्यक्तियों का आतंकवादी क्रियाओं के प्रति अधिक रुझान होता है।

प्राक्कल्पना 3 : धर्मान्ध व्यक्ति आतंकवादी होते हैं।

प्राक्कल्पना की परिभाषा (Definition of Hypothesis)

अत्यंत सरल अर्थ में, प्राक्कल्पना या उपकल्पना किसी प्रघटना (Phenomenon) के बारे में एक परीक्षण योग्य अनुमान (Guess) या अटकल (Hunch) या एक सुझावात्मक स्पष्टीकरण (Tentative Eyplanation) होता है। यह अनुमान या स्पष्टीकरण यह दर्शाता है कि इस प्रघटना के ये कारण हो सकते हैं, 'कि यह प्रघटना इस समय उत्पन्न हुई होगी', कि ऐसा भी हो सकता है, कि इसमें इतने व्यक्ति शामिल हो सकते हैं आदि-आदि। 'किशोर आयु में कुसंगति बड़े होने पर व्यक्ति को अभ्यस्त अपराधी बना सकती है', 'धूम्रपान कैन्सर को उत्पन्न करता है', 'धन की लिप्सा व्यक्ति को निष्ठुर बना देती है,' 'एकाकी व्यक्ति आत्महत्या अधिक करते है।' ये सभी कथन किन्ही प्रघटनाओं-अपराधत्व, कैन्सर, एकाकीपन और आत्महत्या के बारे में मोटे अनुमान हैं। ये अनुमान सही हैं या गलत, यह इनके परीक्षण से ही पता चल सकता है।

वेबस्टर कोश (1968) के अनुसार, "प्राक्कल्पना एक कामचलाऊ अनुमान है, जिसकी रचना इसके तार्किक अथवा अनुभवपरक परिणामों को निकालने और परीक्षण करने के लिए की जाती है।"

> **लुण्डबर्ग** (1951) ने कहा है कि "प्राक्कल्पना एक अस्थाई सामान्यीकरण है, जिसकी प्रामाणिकता का परीक्षण किया जाना बाकी है।"
>
> **बोगार्डस** ने लिखा है कि "प्राक्कल्पना परीक्षण की जाने वाली एक प्रस्थापना है।"
>
> **मन्न** के अनुसार, "प्राक्कल्पना एक अस्थाई अनुमान है।"

शोध की भाषा में प्राक्कल्पना की अभिव्यक्ति 'अगर' (If) और 'तब' (Then) में की जाती है जो कारण और प्रभाव को दर्शाती है। इस प्रकार का कथन दो या दो से अधिक चरों (Variables) के बीच संबंधों को प्रकट करने वाला होता है। जैसे, यदि A का संबंध B से है और B का संबंध C से है, तब A का संबंध C से भी हो सकता है।

उपरोक्त सभी परिभाषाएं निम्न **तीन** बातों पर जोर देती हैं:

1. एक प्राक्कल्पना किसी प्रघटना के बारे में एक अनुमानात्मक कथन होता है।
2. यह कथन किसी वस्तु, घटना, व्यक्ति या दशाओं के बीच अन्तर्संबंधों को दर्शाता है।
3. इस अन्तर्संबंध का आनुभविक आधार पर परीक्षण किया जा सकता है।

ऐसे कथन जिनका आनुभविक (Empirical) आधार पर परीक्षण करना संभव नही है, उन्हें वैज्ञानिक प्राक्कल्पना की श्रेणी में नहीं रखा जा सकता, जैसे 'बुरे कर्म करने वाले को मृत्यु के बाद नरक और अच्छे कर्म वाले को स्वर्ग मिलेगा', 'पूर्व जन्मों के कर्मों के आधार पर व्यक्ति गरीब या अमीर बनता है', 'इस जन्म में किए गए कर्म हमारे अगले जीवन को निर्धारित करते हैं' या 'आत्मा अजर-अमर है', 'आत्मा ही परमात्मा है', 'प्रभु पर विश्वास करने वाले को पापों से छुटकारा मिल जाता है', आदि-आदि। ये सभी कथन ऐसे हैं जिनका आनुभविक आधार पर वैज्ञानिक विधियों द्वारा परीक्षण नहीं किया जा

सकता। ये आध्यात्मिक दृष्टि से अच्छे कथन हो सकते है, किन्तु वैज्ञानिक दृष्टि से इनका कोई महत्व नहीं है, अतः ये प्राक्कल्पना नहीं बन सकते।

शोध में प्राक्कल्पना की महत्ता
(Importance of Hypothesis in Research)

कोहेन एवं नागेल (1934) ने लिखा है कि "हम किसी अन्वेषण में एक कदम भी आगे नहीं बढ़ा सकते यदि हम एक संभाव्य व्याख्या अथवा समस्या से उत्पन्न समाधान के विचार से प्रारंभ नहीं करते हैं।" किसी घटना के बारे में संभावित व्याख्या शोधार्थी को तथ्यों के जंगल में से केवल उन तथ्यों के संकलन में मदद करती है, जो शोध की समस्या के लिए प्रासंगिक हैं।

जिस प्रकार खेल के नियम होते हैं, वे मनमाने ढंग से नही खेले जाते और खिलाड़ियों को नियमों के अनुसार खेलना पड़ता है। उसी प्रकार वैज्ञानिक शोध रूपी खेलों के भी अपने नियम होते हैं। इन नियमों के अनुसार ही शोध का रागारंभ किसी विचार या प्रस्थापना, जिसे प्राक्कल्पना कहते हैं, से होता है। इसके परीक्षण के लिए सार्थक तथ्यों का संकलन और उनका विश्लेषण किया जाता है, तत्पश्चात् निष्कर्ष निकाले जाते हैं। अतः प्राक्कल्पना विज्ञान के खेलों के नियमों का ही एक अंग होती है।

सामाजिक शोध में प्राक्कल्पना के प्रमुख कार्य (Functions) निम्नलिखित हैं:

1. लक्ष्य निर्धारण (Determination of Goal)

गुडे एवं हट्ट के अनुसार, "एक प्राक्कल्पना यह बताती है कि हम किस चीज की खोज कर रहे हैं।" बिना स्पष्ट लक्ष्य के हम निरर्थक तथ्यों को एकत्रित कर अपना समय, धन और क्षमता को नष्ट कर सकते हैं। बिना प्राक्कल्पना के शोध करना विचारहीन इधर-उधर भटकने के समान है।

2. दिशा निर्देशन (Gives Direction to Research)

वॉन डलेन ने कहा है कि "प्राक्कल्पना एक शक्तिशाली आकाशदीप के समान है जो शोधकर्ता को मार्ग प्रदर्शित करती है। वह नाविक के कुतुबनुमा यंत्र की भांति है, जो शोधकर्ता के लिए दिशा निर्देशन का कार्य करती है।" प्राक्कल्पना लक्ष्य निर्धारण के साथ-साथ लक्ष्य को प्राप्त करने का रास्ता भी बताती है। मार्ग के बिना समुचित ज्ञान के लक्ष्य तक पहुंचना संदिग्ध रहता है। अतः प्राक्कल्पना साधन और साध्य दोनों है।

3. शोध क्षेत्र का परिसीमन (Delimitation of Area of Research)

प्राक्कल्पना का एक प्रमुख कार्य शोध के क्षेत्र को सीमित करना है, ताकि शोधकर्ता का पूरा ध्यान शोध क्षेत्र पर केन्द्रित हो सके तथा अप्रासंगिक तथ्यों के संकलन से बचाव हो सके। हमारी इन्द्रियों की सीमाएं हैं, वे अपरिमित या विशाल क्षेत्र का अध्ययन नहीं कर सकतीं। हमारी आंखें कुछ सीमा तक ही देख सकती हैं (यह बात अलग है कि टेलिस्कोप के माध्यम से हम बहुत दूरी तक देख सकते हैं) इसी प्रकार सुनने के लिए कानों की भी अपनी सीमाएं हैं।

4. तथ्यों को व्यवस्थित करना (Systematization of Facts)

तथ्यों के एकत्रण मात्र से शोध पूरी नहीं हो जाती, जब तक उन्हें शोध के किसी परिकल्पित सांचे में नहीं जमाया जाता और यह कार्य प्राक्कल्पना बखूबी करती है। प्राक्कल्पना विभिन्न प्रकार के तथ्यों के बीच संबंध स्थापित कर उन्हें एक आकार या रूप प्रदान करती है।

5. सिद्धान्त निर्माण में सहायक (Helps in Theory Building)

किसी भी शोध का प्रमुख एवं अंतिम उद्देश्य सिद्धान्त निर्माण करना होता है। शोध की शुरुआत एक विचार, एक प्रस्थापना, एक प्राक्कल्पना से होती है और इसका अंत सिद्धान्त के निर्माण से होता है।

यहाँ एक बात उल्लेखनीय है कि सभी शोध कार्यों की शुरुआत प्राक्कल्पना से नहीं होती। चार्ल्स बूथ, राऊन्ट्री, बाऊले के गरीबी के अध्ययन और लिण्ड एवं लिण्ड का 'मिडिलटाउन' का सर्वेक्षण इस तथ्य के द्योतक हैं कि ये सभी शोध कार्य बिना किसी पूर्व प्राक्कल्पना के शुरू किए गए थे। प्राकृतिक विज्ञानों के क्षेत्र से भी इसी प्रकार के ढेर सारे उदाहरण दिये जा सकते हैं। गुरुत्वाकर्षण शक्ति का सिद्धान्त, सापेक्षता का सिद्धान्त और आर्कमिडीज का सिद्धान्त का निर्माण बिना किसी आधुनिक अर्थों में प्रयोग की गई प्राक्कल्पना से हुआ है। कई सिद्धान्तों का जन्म संयोगवश और वैज्ञानिकों की सूझबूझ से हुआ है। एक्सरे, रेडियम, पैन्सलीन जैसी खोजों का आधार संयोग रहा है। इसका तात्पर्य यह नहीं है कि विज्ञान संयोग पर ही आधारित है। ज्ञानार्जन में संयोग का महत्वपूर्ण स्थान अवश्य है, किन्तु संयोग ही समस्त ज्ञान-विज्ञान का आधार है, यह कहना सही नहीं है।

वैज्ञानिक शोध कार्य का समारंभ पूर्व निर्मित प्राक्कल्पनाओं से या शोध के निष्कर्षों के रूप में प्राक्कल्पना निर्माण से हो सकता है। शोध प्रश्नों की रचना और पुनर्रचना एक निरंतर प्रक्रिया है। इस संबंध में **मैक्स वेबर** का यह कथन महत्वपूर्ण है: "प्रत्येक वैज्ञानिक उपलब्धि नवीन प्रश्नों को जन्म देती है और उनसे आगे बढ़ने तथा उन्हें गलत सिद्ध करने का आग्रह करती है।"

एक अच्छी प्राक्कल्पना के गुण (विशेषताएं)
(Qualities of a Good Hypothesis)

प्राक्कल्पना का जन्म विचारों से होता है, किन्तु मस्तिष्क में उठने वाले सभी विचार एक अच्छी प्राक्कल्पना नहीं बन पाते। जब तक ये किन्ही तथ्यों से पुष्ट नहीं होते तथा इन विचारों पर मापदण्ड के रूप में किसी कठोर अंकुश का प्रयोग नहीं किया जाता है। यह अंकुश ही वैज्ञानिक प्राक्कल्पना की दृष्टि से अच्छे विचारों और बुरे विचारों में भेद करता है। एक 'अच्छा' विचार कोरी कल्पना नहीं होता वरन् कुछ आनुभविक तथ्यों पर आधारित होता है। वे कौन से मापदण्ड हैं, जिनके आधार पर किसी विचार को एक 'अच्छी प्राक्कल्पना' कहा जा सकता है। एक अच्छी प्राक्कल्पना में निम्नलिखित गुण या विशेषताएं होनी आवश्यक हैं:

1. अवधारणात्मक स्पष्टता (Conceptual Clarity)

ऐसी प्राक्कल्पनाओं को ही शोध की दृष्टि से सार्थक माना जाता है, जिनमें अवधारणात्मक स्पष्टता होती है, अर्थात् (i) प्राक्कल्पना में प्रयोग की गई अवधारणाओं, जैसे शक्ति, (Power), उपलब्धि (Achievement), संयुक्त परिवार (Joint Family), सामाजिक वर्ग (Social Class), सामाजिक गतिशीलता (Social Mobility), जाति (Caste), संस्कृतीकरण (Sanskritization) आदि की स्पष्ट परिभाषाएं उपलब्ध हो, तथा (ii) ये परिभाषाएं सामान्य रूप से स्वीकृत हों तथा जिनका अर्थ दूसरे व्यक्ति भी समझते हों। उदाहरणार्थ, आक्रमकता "नैराश्य को जन्म देता है," (Frustration Causes Aggression) यह एक प्राक्कल्पना हो सकती है। इस प्राक्कल्पना में दो अवधारणाओं (Concepts), यथा 'नैराश्य' और 'आक्रमकता' का प्रयोग हुआ है, अत: इनकी स्पष्ट परिभाषा दिया जाना आवश्यक है, अर्थात् 'नैराश्य' और 'आक्रमकता' से हमारा क्या तात्पर्य है। अस्पष्ट अवधारणाओं वाली प्राक्कल्पनाओं का परीक्षण संभव नहीं होता, अत: उन्हें एक अच्छी प्राक्कल्पना नहीं कहा जा सकता।

2. अनुभवाश्रितता (Empirical Referent)

आनुभविक तथ्यों के आधार पर परीक्षण किए जाने वाले विचार ही एक अच्छी प्राक्कल्पना बन सकते हैं। मूल्य निर्णयों (Value Judgements) या नैतिकता की भावनाओं से ग्रस्त विचार एक अच्छी प्राक्कल्पना नहीं हो सकती, क्योंकि इनका आनुभविक तथ्यों के आधार पर परीक्षण नहीं किया जा सकता है, जैसे 'वेश्यावृति समाज पर कलंक है' या समलिंगी विवाह ठीक नहीं है या 'जाति प्रथा को समाप्त कर दिया जाना चाहिए' आदि। इस प्रकार के कथन पढ़ने-देखने में तो बहुत अच्छे लगते हैं किन्तु ये आदर्शात्मक हैं। समाजशास्त्र सहित किसी भी विज्ञान में 'अच्छा', 'बुरा', 'चाहिए' जैसे शब्दों का प्रयोग नहीं किया जाता। 'अच्छे बच्चे' या 'बुरे माता-पिता' मूल्यों से ग्रस्त शब्द हैं। प्राक्कल्पनाएं अनुभूतिमूलक हों, जिन्हें इन्द्रियों के आधार पर देखा-परखा जा सके।

3. विशिष्टता (Specificity)

प्राक्कल्पनाएं सामाजिक यथार्थ से संबंधित हों और उनके परीक्षण के लिए आवश्यक साक्ष्य उपलब्ध हों। यह कहना कि मैं बाल अपराध या जाति व्यवस्था का अध्ययन कर रहा हूं, यह एक अत्यंत सामान्य विचार है। बाल अपराध या जाति व्यवस्था बड़े व्यापक विषय हैं, आप इनके किस पक्ष का अध्ययन और किस उद्देश्य तथा क्षेत्र में कर रहे हैं, यह स्पष्ट किया जाना चाहिए। इस प्रकार की स्पष्टता एक सामान्य विचार को एक विशिष्ट प्राक्कल्पना में परिणित करने में सहायक होगी।

4. उपलब्ध प्रविधियों से संबंध (Related with Available Techniques)

एक प्राक्कल्पना बहुत अच्छी दिखाई दे सकती है, किन्तु यदि उसके परीक्षण के लिए उपयुक्त विधि या प्रविधि उपलब्ध नहीं है, तब ऐसी प्राक्कल्पना का कोई अर्थ नहीं रह जाता है। अत: एक अच्छी प्राक्कल्पना का उपलब्ध शोध विधियों के अनुरूप होना

आवश्यक है। चरों (Variables) के बीच कल्पित संबंध इस प्रकार होना चाहिए ताकि शोध की उपलब्ध विधियों द्वारा उन्हें प्रमाणित या उनका खंडन किया जा सके। अतः किसी भी शोध विषय पर विचार करने के साथ ही शोध की विधियों एवं प्रविधियों पर भी विचार किया जाना आवश्यक है। कभी-कभी कुछ प्राक्कल्पनाएं, जिनके परीक्षण की विधियां उपलब्ध नहीं हैं, नवीन विधियों की खोज को प्रेरित कर सकत हैं।

5. सरलता (Simplicity)

एक प्रयोगशील प्राक्कल्पना में सरलता का गुण भी होना चाहिए। प्राक्कल्पना की सरलता से तात्पर्य यह नहीं है कि वह जन-साधारण के समझने योग्य हो। एक सरल प्राक्कल्पना एक से अधिक कारक वाली न हो, ऐसी प्राक्कल्पना का परीक्षण कठिन होता है।

6. सिद्धान्त से सम्बद्धता (Related with Theory)

एक विज्ञान तभी संचयी हो सकता है, जब प्रत्येक शोध किसी न किसी विद्यमान सिद्धान्त के संशोधन में या नए सिद्धान्त के निर्माण में अपना योगदान करता हो। ज्ञान के विकास का यह ठोस आधार है। अतः एक अच्छी प्राक्कल्पना में 'सैद्धान्तिक सार्थकता' का गुण भी होना चाहिए।

दुर्खाइम के 'सामाजिक एकीकरण' (Social Integration) के सिद्धान्त ने निम्नलिखित कई प्राक्कल्पनाओं को जन्म दिया है, जैसे:

- विवाहितों की अपेक्षा अविवाहित अधिक आत्महत्या करते हैं।
- बच्चों सहित विवाहितों की अपेक्षा बच्चों रहित विवाहित अधिक आत्महत्या करते हैं।

इन प्राक्कल्पनाओं के परीक्षण से दुर्खाइम का उपरोक्त सिद्धान्त मजबूत हुआ है।

7. भविष्योक्ति की क्षमता (Power of Prediction)

किसी भी उपयोगी प्राक्कल्पना में पूर्व कथन का गुण भी होना चाहिए ताकि उसके आधार पर घटनाओं के बारे में भविष्यवाणी की जा सके। **कोहेन एवं नागेल** ने लिखा है कि ऐसी प्राक्कल्पना जो यह बता सके कि भविष्य में क्या होगा या क्या होने की संभावना है, एक अच्छी प्राक्कल्पना कही जाएगी।

8. परीक्षणीयता (Testability)

एक प्राक्कल्पना ऐसी होनी चाहिए जिसका परीक्षण संभव हो और जिसके आधार पर शोध प्रारूप (Research Design) का निर्माण किया जा सके।

प्राक्कल्पना के स्रोत (Sources of Hypothesis)

प्राक्कल्पना संबंधी विचार का जन्म जागते-सोते (स्वप्न) कभी भी, कहीं भी और किसी भी क्षण हो सकता है। जब कभी हम अकेले बैठे हों, किसी भी समारोह, मेले या संस्कारों के रीति-रिवाजों में भाग ले रहे हों, कुछ विचार हमारे मस्तिष्क में किन्ही घटनाओं को देख कर या उनके बारे में सुनकर उत्पन्न हो सकते हैं। बाद में ये विचार ही किसी उपयोगी

प्राक्कल्पना का आधार बन सकते हैं। न्यूटन का बहु प्रसिद्ध उदाहरण उपरोक्त विचारों की पुष्टि करता है कि जब वह सेव के वृक्ष के नीचे सो रहा था, तब यकायक एक सेव पेड़ से टूट कर नीचे गिरा। इस घटना ने उसके मस्तिष्क में यह प्रश्न उत्पन्न किया कि सेव नीचे ही क्यों गिरा, ऊपर क्यों नहीं गया। बस, यही विचार बाद में उसके 'गुरुत्वाकर्षण शक्ति के सिद्धान्त' का आधार बन गया।

प्राक्कल्पनाओं के अनेक स्रोत हैं। इनमें प्रमुख निम्नलिखित हैं:

1. अन्तःप्रज्ञा (Intuition)

जिसे हम साधारण भाषा में 'अन्तर्मन की आवाज' कहते हैं, वह अन्तःप्रज्ञा ही है। यह एक प्रकार की अन्तर्दृष्टि है, जो घटनाओं तथा वस्तुओं के प्रति मानव को एक प्रकार का ज्ञान प्रदान करती है। यह ज्ञान सही या गलत दोनों प्रकार का हो सकता है। प्राचीन ऋषि-मुनियों का बहुत सा ज्ञान इसी अन्तःप्रज्ञा पर आधारित था। हम अपने जीवन में बहुत से निर्णय भी अन्तःप्रज्ञा के आधार पर ही करते हैं। किन्तु वैज्ञानिक ज्ञान अथवा निष्कर्षों के स्रोत के रूप में अन्तःप्रज्ञा को एक सन्तोषप्रद साधन नहीं माना जा सकता, क्योंकि इस प्रकार के ज्ञान पर आधारित प्राक्कल्पनाओं का बहुधा आनुभविक परीक्षण संभव नहीं होता।

2. सामान्य संस्कृति (General Culture)

विज्ञान के विकास में हमारी रोजमर्रा की सामान्य संस्कृति (जीवन-शैली, आचार-विचार और विश्वास आदि) का भी योगदान है। यह प्राक्कल्पनाओं के विकास को तीन रूप में प्रभावित करती है: (i) सांस्कृतिक मूल्य, (ii) लोक विश्वास, और (iii) सामाजिक परिवर्तन।

(i) सांस्कृतिक मूल्य (Cultural Values)

प्रत्येक संस्कृति के अपने कुछ विशिष्ट मूल्य होते हैं, जो उस संस्कृति में ज्ञान-विज्ञान के प्रसार और शोध की दिशा का निर्धारण करते हैं। प्रत्येक जन समूह की अपनी विशिष्ट संस्कृति, अपने विशिष्ट सांस्कृतिक मूल्य होते हैं, जो उस जन समूह (समाज) के ज्ञान-विज्ञान को प्रभावित करते हैं। आधुनिक विज्ञान का विकास पश्चिमी संस्कृति में ही होने का प्रमुख कारण वहाँ की विशिष्ट संस्कृति है, जो कई अर्थों में भारतीय संस्कृति से भिन्न रही है। जहाँ पश्चिमी, विशेष रूप में अमरीकी संस्कृति व्यक्तिगत प्रसन्नता, गतिशीलता और प्रतिस्पर्धा पर जोर देती है, वहाँ भारतीय संस्कृति का आधार प्रमुखतः समूहवाद, स्थायित्व तथा सहयोग रहा है। यही कारण है कि जहाँ यौन सुख (Sexual Happiness), वैवाहिक सामंजस्य और पारिवारिक विघटन जैसे विषयों पर अमेरिका और पश्चिमी देशों में ढेर सारे अध्ययन हुए हैं, वहाँ ये अध्ययन भारत में गौण महत्व के रहने के कारण समाज वैज्ञानिकों ने इन विषयों पर कोई ध्यान नहीं दिया। जाति व्यवस्था और संयुक्त परिवार, ये दो संस्थाएं भारतीय समाज और संस्कृति के आधार स्तम्भ रहने के कारण यहाँ इन पर काफी शोध कार्य हुआ है और अब भी हो रहा है।

(ii) लोक विश्वास (Folk Beliefs)

प्रत्येक संस्कृति में कुछ ऐसे लोक विश्वास प्रचलित होते हैं, जिनके आधार पर कई शोध प्राक्कल्पनाएं जन्म ले सकती हैं। इन लोक विश्वासों की अभिव्यक्ति लोक कहावतों, सूक्तियों और धार्मिक आख्यानों द्वारा होती है। अपराधत्व संबंधी निम्न लोकोक्ति एक समाज वैज्ञानिक को शोध करने के लिए प्रेरित कर सकती है:

काना, खोड़ा, काबरा, सिर से गंजा होय,
इन से बातें तब करो, जब हाथ में डंडा होय।

यह लोकोक्ति लोम्ब्रोसी के अपराध संबंधी आनुवंशिक सिद्धान्त और शारीरिक विकृति की धारणा से मिलती-जुलती है। इसी प्रकार तुलसीदास जी का निम्नलिखित दोहा स्त्रियों पर किया गया एक कटाक्ष है जिसे आधार बना कर स्त्रियों की प्रवृतियों का अध्ययन किया जा सकता है:

ढोल, गंवार, पशु और नारी,
ये सब ताड़न के अधिकारी।

(iii) सामाजिक परिवर्तन (Social Change)

समयान्तर के साथ प्रत्येक समाज और संस्कृति में परिवर्तन होता है और यह परिवर्तन सामाजिक संबंधों को प्रभावित किए बिना नहीं रहता। हमने ऊपर लिखा है कि भारतीय समाज का आधार व्यक्तिगतता के स्थान पर सामूहिकता रहा है, अतः यहाँ पश्चिमी समाजों की भांति परिवारों की टूटने की समस्या नगण्य रही है। किन्तु औद्योगीकरण, शिक्षा तथा विज्ञान और तकनीकी के विकास ने सामूहिकता की भावना पर प्रहार किया है, जिसके कारण अब भारत में भी परिवार (संयुक्त परिवार) टूट रहे हैं, उनका आकार छोटा (एकाकी परिवार) होता जा रहा है। इस परिवर्तन ने न केवल परिवार के आकार को अपितु सामाजिक संबंधों को भी प्रभावित किया है, जिसके कारण पति-पत्नी, माता-पिता और संतानों के संबंधों में दरारें उत्पन्न हो गई हैं। जहाँ भारत में तलाक जैसी घटना को आश्चर्य से देखा जाता था, वहाँ अब यह धीरे-धीरे एक सामान्य घटना बनती जा रही है। न्यायालयों में तलाक के मामले दिन-प्रतिदिन बढ़ते जा रहे हैं। यह सब कुछ सामाजिक परिवर्तन का ही प्रभाव है। इस परिवर्तन ने परिवार जाति और सम्पूर्ण समाज संबंधी कई शोध प्राक्कल्पनाओं को जन्म दिया है, जैसे:

- जैसे-जैसे भारत में औद्योगीकरण बढ़ेगा, एकाकी परिवारों की संख्या में बढ़ोतरी होती जाएगी (के. डेविस)।
- औद्योगीकरण ने जातीय बाधाओं को तोड़ने की अपेक्षा जातीय चेतना को मजबूत किया है (एल.डी. लैक्स)।

3. वैज्ञानिक सिद्धान्त (Scientific Theories)

शोध की शुरुआत प्राक्कल्पना से होती है और इसका अंतिम लक्ष्य सिद्धान्त का निर्माण है। किन्तु, कभी-कभी गंगा उल्टी भी बहती है, अर्थात् पुराने सिद्धान्तों का नए परिवर्तनों के

संदर्भ में पुनः परीक्षण करना जरूरी हो जाता है और इस प्रकार एक शोधकर्ता तार्किक निर्गमन (Deductive Reasoning) की प्रक्रिया का प्रयोग कर पुराने सिद्धान्तों के आधार पर प्राक्कल्पनाओं की रचना कर उनका परीक्षण करता है। पुरानी मान्यता के आधार पर यह माना जाता था कि "द्रव्य का न निर्माण किया जा सकता और न ही उसका विनाश।" किन्तु इस मान्यता (सिद्धान्त) को सुप्रसिद्ध वैज्ञानिक अलबर्ट आइंस्टीन ने गलत सिद्ध कर यह प्रस्थापित किया कि "किसी भी द्रव्य को शक्ति में और शक्ति को द्रव्य में परिवर्तित किया जा सकता है।" प्रसिद्ध समाजशास्त्री दुर्खाइम के आत्महत्या संबंधी एकीकरण के सिद्धान्त ने कई भिन्न प्रकार के विपथगमन (Deviant) और असमायोजनात्मक (Maladjustment) व्यवहार संबंधी प्राक्कल्पनाओं को जन्म दिया है।

ध्यान रहे, विज्ञान में किसी भी सिद्धान्त को अटल या अंतिम सत्य नहीं माना जाता। ज्ञान-विज्ञान की प्रसार की प्रक्रिया में निरंतर अस्वीकरण, संशोधन, नवीनीकरण और परिवर्तन चलता रहता है। डाल्टन और आइन्स्टीन जैसे उच्च कोटि के विद्वानों के सिद्धान्तों का भी पुनरीक्षण किया जा रहा है। विज्ञान स्वयं नई प्राक्कल्पनाओं को जन्म देता है। विज्ञान का विद्यार्थी प्रयोगशाला में प्रयोग करते समय कई बार नए अनुभव प्राप्त करता है और ये अनुभव उसकी अग्रिम शोध में प्राक्कल्पना का कार्य करते हैं। संक्षेप में, यह कहा जा सकता है कि पुराने शोध के आधार पर निकाले गए निष्कर्ष या सिद्धान्त वैज्ञानिक उन्नति के संदर्भ में नई शोध हेतु प्राक्कल्पना का कार्य कर सकते हैं।

4. सादृश्यताएं (Analogies)

'समान पंखों वाले पक्षी एक स्थान पर एकत्रित होते हैं।' (Birds of the Same Feather Flock Together) पक्षियों के व्यवहार के बारे में यह एक बहुत पुरानी कहावत है, किन्तु यह कहावत बहुत कुछ रूप में मानवीय व्यवहार पर भी लागू होती है। सादृश्यताओं के आधार पर ही 'मानवीय पारिस्थितिक विज्ञान' (Human Ecology) का जन्म हुआ, जिसका जन्म स्रोत मूलतः वनस्पति विज्ञान और जीव विज्ञान की पारिस्थितिक विज्ञान की अवधारणा है। समाजशास्त्र के क्षेत्र में विपथगामी व्यवहार (Deviant Behaviour) के अध्ययन में शिकागो सम्प्रदाय के समाजशास्त्रियों ने इस 'इकोलोजी' की धारणा का खूब प्रयोग किया है। इसी प्रकार कर्ट लेविन का 'क्षेत्र सिद्धान्त' भौतिक जगत की कुछ सादृश्यताओं पर ही आधारित है।

5. व्यक्तिगत अनुभव (Personal Experience)

जैसा शुरू में लिखा गया है कि शोध संबंधी प्रारंभिक विचार (प्राक्कल्पना) कभी भी किसी के मस्तिष्क में जन्म ले सकते हैं। ये विचार एक साधारण व्यक्ति को बाद में 'वैज्ञानिक' का चोला पहना देते हैं। विज्ञान का इतिहास ढेर सारे उदाहरणों से भरा पड़ा है, जो यह बताते हैं कि किस प्रकार एक साधारण व्यक्ति का आनुभविक प्रेक्षण (Empirical Observation) शोध की एक प्राक्कल्पना बन गया और उसके आधार पर सिद्धान्तों का निर्माण हुआ। न्यूटन और वाटसन के बहुप्रसिद्ध उदाहरण इस तथ्य की पुष्टि करते हैं कि उनके व्यक्तिगत अनुभवों ने गुरुत्वाकर्षण शक्ति और भाप की शक्ति के सिद्धान्तों की रचना की है।

ध्यान रहे, इस प्रकार के विचार प्रत्येक मस्तिष्क में उत्पन्न नहीं होते, यद्यपि उन्हीं घटनाओं को सभी लोग देखते हैं और देखते रहे हैं। **जुलियन हक्सले** ने डार्विन के विकासवादी सिद्धान्त की उत्पत्ति के संदर्भ में कहा है कि किसी भी सिद्धान्त के जन्म के लिए 'सही' समय पर 'सही' व्यक्ति की जरूरत होती है।

6. साहित्य (Literature)

शोध की प्राक्कल्पनाओं का जन्म साहित्य (उपन्यास, कविता, व्यंग्य, दर्शन आदि) के साथ-साथ पुराने शोध अध्ययनों के निष्कर्षों से भी हो सकता है। जो बातें कुछ उपन्यासों में एक शताब्दी पूर्व मात्र कल्पना के रूप में लिखी गई थीं, वे आज साकार होती जा रही हैं। सुप्रसिद्ध उपन्यासकार आल्डुअस हक्सले ने उन्नीसवीं शताब्दी में लिखे एक उपन्यास 'नवीन साहसिक जगत' (The Brave New World) में भविष्य के बारे में उड़ान भरते हुए लिखा था कि भविष्य में विज्ञान इतना उन्नत हो जाएगा कि प्रयोगशालाओं में वीर्य और रज को मिला कर कृत्रिम रूप से बच्चे उत्पन्न किए जा सकेंगे, स्त्रियां प्रसूति व्यथा से मुक्ति पा सकेंगी। इस प्रकार, बहुत पहले संस्कृत लेखक कामन्दकी ने परिवार और विवाह व्यवस्था पर टिप्पणी करते हुए लिखा था कि परिवार एकाकी (Single) होंगे, उनमें बच्चों की संख्या कम होगी, मातृत्व ऐच्छिक तथा नियोजित (Planned) होगा, पति पत्नी की और पत्नी पति की प्रियतम वस्तु होगी, वे एक दूसरे के मित्र, बन्धु, निधि और जीवन होंगे। कुछेक वैज्ञानिकों ने काल्पनिक कही जाने वाली इन बातों को अपनी शोध का आधार बनाया है।

प्राक्कल्पनाओं के प्रकार (Types of Hypotheses)

सामाजिक विज्ञानों में कई प्रकार की प्राक्कल्पनाओं का प्रयोग किया जाता है। इन प्राक्कल्पनाओं को मोटे रूप में तीन वर्गों में विभाजित किया जा सकता है:

1. वर्णनात्मक प्राक्कल्पना (Descriptive Hypothesis)

ऐसी प्राक्कल्पनाएं जो किसी घटना, वस्तु अथवा व्यक्ति आदि की विशेषताओं को दर्शाती हैं, वर्णनात्मक प्राक्कल्पना कहलाती हैं, जैसे किसी कॉलेज के बीस प्रतिशत विद्यार्थी गुटका खाते हैं या किसी समुदाय में पांच वर्ष से नीचे के बालकों की संख्या तीस प्रतिशत है, या किसी कॉलेज के केवल दस प्रतिशत विद्यार्थी अखबार पढ़ते हैं। इस प्रकार की प्राक्कल्पनाओं वाले अध्ययनों में कुछ नए तथ्यों को संकलित कर प्राक्कल्पना की पुष्टि या उसका खंडन किया जाता है। ऐसी प्राक्कल्पनाओं का मुख्य उद्देश्य किसी घटना अथवा किसी समुदाय की विशेषताओं का वर्णन करना मात्र होता है। सांख्यिकीय अर्थों में, ऐसी प्राक्कल्पनाओं को 'एकचर प्राक्कल्पना' (Univariate Hypothesis) कहा जाता है जिसमें केवल एक चर (Variable) के वितरण को प्रदर्शित किया जाता है। समाजशास्त्र और मानवशास्त्र में विभिन्न जनजातीय समूहों और समुदायों के प्रारंभिक अध्ययन वर्णनात्मक प्रकार के ही थे।

इस प्रकार की प्राक्कल्पनाओं पर आधारित अध्ययनों का मुख्य उद्देश्य किसी विचार से संबंधित तथ्यों को जुटाकर प्राक्कल्पना का खंडन-मंडन करना मात्र होता है। इनमें से कुछ प्राक्कल्पनाएं आनुभविक समरूपताओं (Empirical Uniformities) या प्रवृत्तियों को

प्रदर्शित करने वाली होती हैं, अतः **गुडे एवं हट्ट** ने इन्हें 'अनुभवजन्य प्राक्कल्पना' (Empirical Hypothesis) कहा है क्योंकि ये हमारे रोजमर्रा के अनुभवों पर आधारित होती हैं। ऐसी प्राक्कल्पनाएं अत्यंत साधारण स्तर की होती हैं, जो केवल यह बताती हैं कि अमुक व्यवहार की यह प्रवृत्ति (Trend) है, किन्तु ये प्राक्कल्पनाएं उक्त व्यवहार के कारणों पर कोई प्रकाश नहीं डालती हैं। इस प्रकार की प्राक्कल्पनाओं की दूसरी कमजोरी यह होती है कि इनमें कोई 'विलक्षणता' नहीं होती, अर्थात् सभी व्यक्तियों को इस प्रकार के विचारों की लगभग जानकारी होती है। ये 'लोकज्ञान' पर आधारित होती हैं। यही कारण है कि समाजशास्त्र पर सामान्यतः 'लोकज्ञान' होने का आरोप जड़ा जाता है।

2. संबंधात्मक प्राक्कल्पना (Relational Hypothesis)

दो या दो से अधिक चरों (Variables) के बीच संबंधों को दर्शाने वाली प्राक्कल्पनाएं संबंधात्मक प्राक्कल्पनाएं कहलाती हैं। दुर्खाइम द्वारा आत्महत्या संबंधी निर्मित प्राक्कल्पनाएं इसी श्रेणी में आती हैं, जैसे:

- विवाहितों की अपेक्षा अविवाहित अधिक आत्महत्या करते हैं।
- केथॉलिक लोगों की अपेक्षा प्रोटेस्टेन्ट लोग अधिक आत्महत्या करते हैं। इन दोनों प्राक्कल्पनाओं में आत्महत्या की प्रवृत्ति को विवाह या धर्म के साथ जोड़ा गया है। इस प्रकार की कुछ अन्य प्राक्कल्पनाएं ये हो सकती हैं:
- वृद्ध व्यक्तियों का मानसिक स्वास्थ्य युवाओं की अपेक्षा कमजोर होता है।
- पुरुषों की अपेक्षा स्त्रियां अधिक धार्मिक होती हैं।
- पुरुषों की अपेक्षा स्त्रियां अधिक कर्मनिष्ठ होती हैं।
- गांवों की अपेक्षा नगरों में संयुक्त परिवार कम होते हैं।

संबंधात्मक प्राक्कल्पनाओं के निम्न चार रूप हो सकते हैं:

(i) X का Y से संबंध है।

(ii) Y पर X निर्भर है।

(iii) X में वृद्धि के साथ Y में कमी आती है।

(iv) X का Y से कोई संबंध नहीं है।

इसमें तीसरे प्रकार की प्राक्कल्पना घटना की व्याख्या बेहतर तरीके से करती है, अतः यह एक अच्छी प्राक्कल्पना है।

सांख्यिकीय दृष्टि से, संबंधात्मक प्राक्कल्पनाओं के दो प्रमुख रूप हैं:

(i) द्विचर प्राक्कल्पना (Bivariate Hypothesis)

प्राक्कल्पनाओं के ऊपर दिये गए सभी उदाहरण इसी श्रेणी में आते हैं। ऐसी प्राक्कल्पनाओं में दो चरों के बीच संबंध प्रकट किया जाता है। इसके कुछ अन्य उदाहरण इस प्रकार हैं:

- बढ़ती हुई जनसंख्या (घनत्व स्तर) अपराध की दर में भी वृद्धि करती है।
- बढ़ता हुआ औद्योगीकरण परिवार के आकार (संयुक्त से एकाकी) में परिवर्तन लाता है।
- भारत में प्रजातांत्रिक प्रक्रिया (चुनाव) ने जातीय निष्ठा में वृद्धि की है।

(ii) बहुचर प्राक्कल्पना (Multivariate Hypothesis)

दो से अधिक चरों के मध्य संबंधों को प्रदर्शित करने वाली प्राक्कल्पना को 'बहुचर प्राक्कल्पना' कहते हैं, जैसे किसी स्थान पर जितना ही अधिक जनसंख्या का घनत्व होगा, वहाँ नशीले पदार्थों (शराब, गांजा, मादक दवाएं आदि) के सेवन की प्रवृत्ति और अपराध की दर उतनी ही अधिक तथा शिक्षा का निम्न स्तर होगा। इस प्राक्कल्पना में जनसंख्या के घनत्व को तीन चरों नशीले पदार्थों, अपराध और शिक्षा के स्तर के साथ जोड़ा गया है।

इस प्रकार की प्राक्कल्पना को जटिल प्राक्कल्पना (Complex Hypothesis) भी कहा जाता है। ऐसी प्राक्कल्पनाओं में स्वतंत्र चर (Independent Variable) की संख्या आश्रित चर (Dependent Variable) से कम होती है। उपरोक्त उदाहरण में 'जनसंख्या का घनत्व' स्वतंत्र चर है, जो एक ही है और इस पर आश्रित चर तीन हैं (नशीले पदार्थ, अपराध और अशिक्षा)। स्वतंत्र चर में परिवर्तन आश्रित चरों को भी प्रभावित करता है। इस प्रकार की प्राक्कल्पना के कुछ अन्य उदाहरण ये हो सकते हैं:

- बालक की शैक्षणिक आकांक्षाओं पर माता-पिता की शिक्षा, आय और व्यवसाय का प्रभाव पड़ता है।
- शीर्ष गतिशीलता (Vertical Mobility), उच्च शिक्षा और आय एक व्यक्ति की सामाजिक प्रस्थिति (Social Status) को निर्धारित करती है।
- मानवीय जननक्षमता का निर्धारण समुदाय के आकार, धर्म, सम्पदा और क्षेत्र की भौगोलिक विशेषताओं द्वारा होता है।

3. कारणात्मक प्राक्कल्पना (Causal Hypothesis)

संबंधात्मक प्राक्कल्पना का एक रूप 'कारणात्मक प्राक्कल्पना' (Causal Hypothesis) के नाम से भी जाना जाता है, जिसमें विभिन्न चरों के बीच कारणात्मक संबंधों को प्रदर्शित किया जाता है। इसमें किसी विशिष्ट चर को अन्य चरों के उत्पन्न होने कारण या कारण के रूप में दर्शाया जाता है, जैसे "शैशवावस्था तथा बाल्यावस्था के अनुभव प्रौढ़ व्यक्तित्व के निर्धारण में महत्वपूर्ण भूमिका अदा करते हैं।" इसी प्रकार, दुर्खाइम की यह प्राक्कल्पना कि "किसी भी समूह में आत्महत्या की दर में अहंभाव की मात्रा के अनुसार परिवर्तन होता है।" ऊपर दिये गए बहुचरीय प्राक्कल्पना के उदाहरण भी कारणात्मक प्राक्कल्पनाएं ही हैं, जिनमें स्वतंत्र चर 'कारण' और आश्रित चर 'प्रभाव' को प्रकट करता है।

कारणात्मक संबंधों वाली प्राक्कल्पना यह प्रकट करती है कि एक विशिष्ट तत्व या घटना, अर्थात् (X) कई कारकों में से एक होता है, जो अन्य तत्व/तत्वों या घटना/घटनाओं अर्थात् (Y) को निर्धारित करता है। इस प्रकार की प्राक्कल्पनाओं का परीक्षण (Test) करने के लिए नियंत्रित प्रयोगों (Controlled Experiment) का भी प्रयोग किया जाता है, जिनमें एक कारक को छोड़ कर अन्य सभी कारकों के प्रभाव को नियंत्रित करके स्वतंत्र छोड़े गए कारक के प्रभाव को मालूम किया जाता है।

कुछ अन्य प्रकार की प्राक्कल्पनाएं

निष्प्रभावी/शून्य प्राक्कल्पना (Null Hypothesis)

'नल', अर्थात् निष्प्रभावी या शून्य एक ऐसी प्राक्कल्पना है, जिसके द्वारा दो या दो से अधिक चरों (Variables) के बीच शून्य (निष्प्रभावी) संबंधों को दर्शाया जाता है। शून्य संबंधों से तात्पर्य किसी प्रकार के संबंध या अन्तर न होने से है, जैसे X और Y के बीच कोई संबंध नहीं है, या यह कहना कि "स्त्रियों एवं पुरुषों की औसत बुद्धि में कोई अन्तर नही होता।" या "एक समूह का औसत (Average) शून्य के बराबर होता है," या "औसतों के बीच कोई अन्तर नहीं होता।" वास्तव में, 'शून्य प्राक्कल्पना' शोध प्राक्कल्पना का उल्टा रूप होता है जो शोध प्राक्कल्पना में प्रदर्शित चरों के बीच के संबंधों को नकारता है। किसी प्राक्कल्पना के उल्टे रूप को सिद्ध करना सरल होता है। प्रश्न उठता है कि इस प्रकार की प्राक्कल्पना का प्रयोग कब और क्यों किया जाता है। इस प्रश्न के उत्तर में कहा जा सकता है कि किसी घटना/वस्तु के बारे में 'सत्य' कहने की अपेक्षा 'झूठ' कहना आसान होता है। दूसरा, यह 'संभावना सिद्धान्त' पर आधारित है; अर्थात् यह या तो सत्य हो सकता है या फिर झूठ। यह दोनों नहीं हो सकते। तीसरा सामाजिक शोध में 'शून्य प्राक्कल्पना' का प्रयोग एक परिपाटी बन गया है, क्योंकि सामान्यत: यह अधिक सटीक (Exact) होती है तथा इसे नकारना आसान होता है।

शोध प्राक्कल्पना और शून्य प्राक्कल्पना के कुछ उदाहरण निम्नलिखित है:

1. शोध प्राक्कल्पना (H_1)–'पुरुषों की अपेक्षा स्त्रियां सिनेमा अधिक जाती हैं।'
   नल प्राक्कल्पना (H_0)–'स्त्रियों और पुरुषों की सिनेमा जाने की प्रवृत्ति में कोई अन्तर नहीं पाया जाता।'
2. शोध प्राक्कल्पना (H_2)–'टूटे हुए परिवार बाल अपराधों को जन्म देते हैं।'
   नल प्राक्कल्पना (H_0)–'टूटे हुए परिवारों और बाल अपराधों में कोई संबंध नहीं पाया जाता।'

'नल' प्राक्कल्पना का प्रयोग बहुधा प्रयोगात्मक स्थितियों में सांख्यिकीय सरलता की दृष्टि से किया जाता है। गैरेट ने कहा है कि 'नल' प्राक्कल्पना कानून के इस सिद्धान्त की पुष्टि करती है कि एक व्यक्ति तब तक निर्दोष है, जब तक उसे दोषी साबित नहीं कर दिया जाता है।

शोध प्राक्कल्पना (Research Hypothesis)

किसी सामाजिक तथ्य या घटना के बारे शोधकर्ता की प्रस्थापना (Proposition) या समस्या को शोध प्राक्कल्पना कहते हैं। इसमें घटना या तथ्य के विशिष्ट गुणों का उल्लेख नहीं होता। शोधकर्ता उक्त प्रस्थापना के बारे में यह अनुभव करता है कि यह 'सही' है और वह चाहता है कि इसे 'गलत' सिद्ध किया जाए। सामान्यत: शोध प्राक्कल्पनाओं की रचना किन्ही सिद्धान्तों के आधार पर होती है या इन प्राक्कल्पनाओं के आधार पर सिद्धान्तों की रचना की जाती है। दुर्खाइम के सामाजिक एकीकरण के सिद्धान्त (जिसका

उल्लेख पहले किया जा चुका है) के आधार पर आत्महत्या संबंधी प्राक्कल्पनाएं (इनका उल्लेख भी संबंधनात्मक प्राक्कल्पना के विवेचन में किया गया है) शोध प्राक्कल्पना के अच्छे उदाहरण हैं। कुछ अन्य उदाहरण ये हो सकते हैं:

- मुसलमानों की अपेक्षा ईसाइयों के कम संतानें होती हैं।
- गरीब विद्यार्थियों की अपेक्षा धनिक विद्यार्थी नशीले पदार्थों का सेवन अधिक करते हैं।

वैकल्पिक प्राक्कल्पना (Alternative Hypothesis)

'नल' प्राक्कल्पना की अस्वीकृति के उपरान्त जिस प्राक्कल्पना को स्वीकार किया जाता है, उसे वैकल्पिक प्राक्कल्पना कहते हैं। 'नल' और वैकल्पिक प्राक्कल्पनाओं का एक अत्यंत सरल उदाहरण 'सिक्के के उछालने' का दिया जा सकता है। किसी सिक्के को कई बार उछालने के बाद यह प्रश्न उत्पन्न हो सकता है कि सिक्का ठीक भी है अथवा नहीं। इस बारे में दो संभावनाएं हैं: (i) सिक्का ठीक है, एवं (ii) सिक्का ठीक नहीं है। इन दोनों वैकल्पिक निर्णयों में से शोधकर्ता को एक निर्णय लेना है। मान लीजिए, वह इस निर्णय से प्रारंभ करता है कि 'सिक्का ठीक है'। यह प्रारंभिक प्राक्कल्पना जिसे परीक्षण के लिए स्वीकार किया गया है, नल प्राक्कल्पना और दूसरी, अर्थात् सिक्का ठीक नहीं है, को वैकल्पिक प्राक्कल्पना कहा जाएगा। इन दोनों प्राक्कल्पनाओं के निम्नलिखित उदाहरण दिये जा सकते हैं:

- वैकल्पिक प्राक्कल्पना : पुरुषों की अपेक्षा स्त्रियां मंदिर अधिक जाती हैं।
- नल प्राक्कल्पना : पुरुषों और स्त्रियों में मंदिर जाने की प्रवृत्ति में कोई अन्तर नहीं पाया जाता है।

दार्शनिक **कार्ल पोपर** ने कहा है कि विज्ञान का वास्तविक आधार आनुभाविक रूप से (Empirically) किसी घटना का खंडन (Disprove) करने की संभावना है। इसी प्रकार, **ब्लालॉक** (Blalock) के अनुसार 'विज्ञान का कार्य किसी प्राक्कल्पना को सिद्ध करना नहीं है, अपितु खण्डन और अस्वीकार करना है।

कार्यवाहक (कार्यकारी) प्राक्कल्पना (Working Hypothesis)

शोध विषय के बारे में प्रारंभिक अनुमान को कार्यवाहक या कार्यकारी प्राक्कल्पना कहते हैं। इस प्राक्कल्पना की रचना की जरूरत तब पड़ती है जब हमें शोध विषय और उसके क्षेत्र की अधूरी (अपूर्ण) या बहुत कम जानकारी होती है, जिसके आधार पर एक पूर्णतः निश्चित प्राक्कल्पना बनाई जा सके। दक्षिणी और उत्तरी ध्रुवों या चांद और मंगल की खोज करने वालों ने अपनी खोज की शुरुआत इसी प्रकार की कार्यकारी प्राक्कल्पनाओं से की होगी। चांद या मंगल ग्रह पर पानी और ऑक्सीजन हो सकती है, यह एक कार्यकारी प्राक्कल्पना ही है।

कार्यकारी प्राक्कल्पना को हम मूल शोध प्राक्कल्पना का प्रथम कदम कह सकते हैं। चूंकि इस प्राक्कल्पना का कोई ठोस आधार नहीं होता, अतः इसे कुछ लेखकों ने एक 'चतुर अनुमान' (Perceptive Hunch) भी कहा है। **पॉलिन यंग** ने लिखा है कि "यह एक ऐसा पैना अनुमान या एक ऐसा अस्थाई, किन्तु महत्वपूर्ण विचार है जो किसी उपयोगी गवेषणा का आधार बन सकता है। इसे ही कार्यवाहक प्राक्कल्पना के नाम से जाना जाता

है।" इस प्रकार की प्राक्कल्पना का प्रयोग एक सुनिश्चित शोध योजना बनाने के एक आधार के रूप में किया जाता है। बिना इस प्रकार की प्राक्कल्पना के शोध अंधेरे में किसी वस्तु की खोज के समान है।

प्राक्कल्पना निर्माण में कठिनाइयां
(Difficulties in Formulating Hypothesis)

एक उपयोगी एवं परीक्षण योग्य प्राक्कल्पना की रचना करना सरल कार्य नहीं है। सामान्यतः एक शोध विद्यार्थी किसी विषय के बारे में उत्पन्न होने वाले अस्पष्ट विचारों को ही प्राक्कल्पना समझ बैठता है। कितने व्यक्ति 'गर्भ निरोध' के साधनों का उपयोग करते हैं या किसी क्षेत्र में कितने लोग कैन्सर की बीमारी से ग्रस्त हैं, ये प्राक्कल्पना नहीं हैं, ये शोध के कुछ विषय मात्र हैं। इन विषयों के आधार पर की गई शोध तथ्यों में वृद्धि मात्र करती है। इनके आधार पर किसी प्रकार के सामान्यीकरण (Generalization) और भविष्योक्ति (Prediction) नहीं की जा सकती जो कि किसी भी विज्ञान का अन्तिम लक्ष्य होता है। वैज्ञानिक शोध में इस प्रकार के अध्ययनों का सीमित महत्व होता है।

गुडे एवं हट्ट (1952) ने उपयोगी प्राक्कल्पना के निर्माण में निम्न कठिनाइयों का उल्लेख किया है:

1. एक स्पष्ट सैद्धान्तिक ढांचे (Theoretical Framework) या इसके ज्ञान का अभाव।
2. सैद्धान्तिक ढांचे को तार्किक ढंग से उपयोग करने की योग्यता का अभाव।
3. उपलब्ध शोध विधियों के संबंध में ज्ञान का अभाव।

सिद्धान्तों के आधार पर निर्मित प्राक्कल्पनाओं का वैज्ञानिक जगत में सर्वाधिक महत्व होता है। किन्तु, यदि किसी विज्ञान में पर्याप्त सिद्धान्तों का ही विकास नहीं हुआ है, जैसा कि हम समाजशास्त्र में देखते हैं, तब ऐसी प्राक्कल्पनाओं की रचना का प्रश्न ही नहीं उठता। शोधकर्ता को सैद्धान्तिक ढांचे और उपलब्ध शोध विधियों का ज्ञान होना भी आवश्यक है, जिनके आधार पर प्राक्कल्पना का परीक्षण किया जाना है। इनके अभाव में एक उपयोगी प्राक्कल्पना की रचना में कई कठिनाइयां उत्पन्न हो सकती हैं।

इन कठिनाइयों के अतिरिक्त प्राक्कल्पना निर्माण की कुछ अन्य समस्याएं भी हैं, वे इस प्रकार हैं:

(i) सामाजिक घटनाओं की परिवर्तनशीलता और जटिलता (Changeability and Complexity of Social Phenomena)
(ii) शोधकर्ता की अभिनति (Bias)
(iii) समूह केन्द्रितता का भाव (Feeling of Ethnocentrism)

सामाजिक घटनाओं को उत्पन्न करने वाले एकाधिक कारक होते हैं और वे भी स्थिर नहीं होते। यह स्थिति प्राक्कल्पना निर्माण की प्रक्रिया को जटिल बना देती है। प्राकृतिक विज्ञानों के विपरीत सामाजिक विज्ञानों में पूर्वाग्रह और पक्षपात की अत्यधिक समस्या रहती

है। इस कारण शोध के परिणाम अभिनतिपूर्ण (Biased) बन जाते हैं। इसके अतिरिक्त अपने समूह के प्रति अंधभक्ति की भावना भी एक उपयोगी प्राक्कल्पना निर्माण और उसके परीक्षण में भारी बाधा का काम करती है।

प्राक्कल्पना और सिद्धान्त (Hypothesis and Theory)

प्राक्कल्पना और सिद्धान्त दोनों घनिष्ठ रूप से एक दूसरे से संबंधित हैं, दोनों एक दूसरे की रचना में सहायक होते हैं, फिर भी दोनों को एक ही समझना भूल होगी। प्राक्कल्पना एक ऐसा कथन है जो किसी एकल घटना की व्याख्या करता है, जबकि एक सिद्धान्त चिन्तन की एक सम्पूर्ण प्रणाली है, जो घटनाओं के एक समूह की व्याख्या करता है। जब प्राक्कल्पना को बहुसंख्यक तथ्यों के द्वारा प्रमाणित कर दिया जाता है तब वह सिद्धान्त का रूप धारण कर लेती है। **विलियम जार्ज** (1936) ने लिखा है कि "व्यवहार में सिद्धान्त एक विस्तृत प्राक्कल्पना ही हैं, जिसमें एक साधारण प्राक्कल्पना की अपेक्षा अधिक प्रकार के तथ्य सम्मिलित होते हैं।" दुर्खाइम का 'एकीकरण का सिद्धान्त' इसका एक उदाहरण है, जिसके आधार पर कई प्राक्कल्पनाओं को निर्मित कर उनका परीक्षण किया गया है। सिद्धान्त से जुड़ी प्रस्थापनाओं (Propositions) का निरंतर आनुभविक आधार पर परीक्षण और संशोधन होता रहता है और इस प्रकार प्राक्कल्पना और सिद्धान्त दोनों में निरंतर लेन-देन चलता रहता है। प्राक्कल्पनाओं की उत्पत्ति के कई स्रोत हैं (जिनका वर्णन पहले इसी अध्याय में किया गया है) उनमें से सिद्धान्त भी एक स्रोत है, जिसके द्वारा निगमनात्मक तर्क (Deductive Logic) के आधार पर प्राक्कल्पनाओं की रचना की जाती है। तथ्यों के आधार पर इन प्राक्कल्पनाओं का परीक्षण कर सिद्धान्त की पुष्टि की जाती है।

9

प्रतिचयन विधि
Sampling Method

शोध की योजना बनाते समय शोध के क्षेत्र तथा अध्ययन की इकाइयों के बारे में भी सोच-विचार किया जाता है कि शोध का क्षेत्र क्या होगा तथा उक्त क्षेत्र की समस्त इकाइयों का अध्ययन किया जाएगा या उनमें से कुछ सीमित इकाइयों को छांट कर उन्हीं के अध्ययन से काम चल जाएगा। इन दोनों दृष्टिकोणों – समस्त इकाइयों का अध्ययन या कुछ इकाइयों के अध्ययन – के आधार पर वैज्ञानिक शोध में दो प्रकार की विधियों का प्रयोग किया जाता है:

1. संगणना विधि (Census Method)
2. प्रतिचयन विधि (Sampling Method)

संगणना विधि (Census Method)

अंग्रेजी के शब्द 'सेन्सस' का प्रयोग किसी जनसंख्या की समस्त इकाइयों की गणना के अर्थ में किया जाता है। इस दृष्टि से जब अध्ययन क्षेत्र की समस्त इकाइयों का अध्ययन किया जाता है, तब इसे 'संगणना विधि' कहते हैं। इस विधि का जन्म जनगणना (Census) से हुआ है, अतः जनगणना की भांति इस विधि में शोध क्षेत्र की किसी भी इकाई को अध्ययन से नहीं छोड़ा जाता है। उदाहरणार्थ, यदि हम किसी विद्यालय के विद्यार्थियों का या किसी कारखाने के मजदूरों का अध्ययन कर रहे हैं, तब उक्त विद्यालय के समस्त विद्यार्थी और इसी प्रकार कारखाने के समस्त मजदूर इस विधि के अनुसार हमारे अध्ययन की इकाइयां होंगे।

परिभाषाएं (Definitions)

इसिडोर चिन (1963) के अनुसार, "एक जनसंख्या के सभी तत्वों की गणना और/या प्रत्येक तत्व के बारे में प्राप्त की गई सूचना के आधार पर गुणों के निर्धारण को संगणना कहते हैं।"

केण्डाल एवं बकलैण्ड ने लिखा है, "सेन्सस शब्द का प्रयोग पूर्ण गणना के अर्थ में किया जाता है। यह अर्थ प्रतिदर्श (Sample) के साथ जुड़े हुए आंशिक गणना के अर्थ से भिन्न है।"

इस प्रकार, संगणना विधि शोध की एक ऐसी विशिष्ट पद्धति है, जिसमें शोध क्षेत्र की समस्त इकाइयों का अध्ययन किया जाता है। इस विधि का प्रयोग सामान्यत: तब किया जाता है, (1) जब पूर्णत: सटीक (Exact) और परिशुद्ध परिणाम अपेक्षित हों; (2) जब क्षेत्र छोटा हो, अर्थात् अध्ययन की इकाइयों की संख्या बहुत कम हो; तथा (3) जब अध्ययन का क्षेत्र अत्यधिक विषमतायुक्त (Heterogeneous) हो, अर्थात् अध्ययन की सभी इकाइयां विविध गुणों वाली हों।

इस विधि की सबसे बड़ी कमजोरी इसकी विशालता है। विशाल क्षेत्र की समस्त इकाइयों के अध्ययन के लिए अत्यधिक धन, समय और श्रम (कुशल अन्वेषक) की आवश्यकता पड़ती है। इकाइयों की बहुलता के कारण इसमें सूक्ष्म, विस्तृत और गहन अध्ययन संभव नहीं हो पाता है। इसके प्रयोग के लिए एक व्यापक संगठन की आवश्यकता पड़ती है जैसा कि हम भारत की दशाब्दिक जनगणना से जुड़े 'जनगणना विभाग' के रूप में देखते हैं।

उपरोक्त कमजोरियों के कारण सामाजिक शोध में इस विधि का प्रयोग बहुत कम किया जाता है। यह भी तब किया जाता है जब शोध का क्षेत्र छोटा और इकाइयों की संख्या बहुत कम होती है। वास्तव में, अनेक स्थितियों में संगणना के स्थान पर प्रतिचयन विधियों (Sampling Methods) से प्राप्त निष्कर्ष भी प्राय: परिशुद्ध और सटीक होते हैं। आधुनिक तकनीकी युग में नई से नई गणितीय विधियों और कम्प्यूटरों के प्रयोग से प्रतिदर्श की संभावित परिशुद्धता की मात्रा को आसानी से मालूम किया जा सकता है।

प्रतिचयन विधि (Sampling Method)

जहाँ संगणना विधि में शोध क्षेत्र की समस्त इकाइयों को अध्ययन का विषय बनाया जाता है, वहाँ प्रतिचयन विधि में शोध क्षेत्र की कुछ प्रतिनिधि इकाइयों का चुनाव कर उनका ही अध्ययन किया जाता है। इस विधि के प्रयोग ने संगणना विधि के भारी भरकम अध्ययन तथा साधनों के अपव्यय (धन, समय, श्रम आदि) से शोधकर्ताओं को निजात दिलाई है। इससे प्राप्त निष्कर्ष भी संगणना विधि से प्राप्त निष्कर्षों से मिलते-जुलते होते हैं। **बाऊले** (1915) ने सर्वप्रथम अपने सामाजिक सर्वेक्षणों में इस विधि (Random Sampling Method) का प्रयोग किया था। जहाँ **चार्ल्स बूथ** को गरीबी के अपने अध्ययन (जिसमें उन्होंने संगणना विधि का प्रयोग किया था) में सात वर्ष से अधिक समय लगा, वहाँ बाऊले ने अपने अध्ययन को प्रतिचयन विधि के द्वारा मात्र दो वर्षों में ही कर दिखाया। आज यह स्वीकार कर लिया गया है कि यदि प्रतिचयन विधि का प्रयोग विधिवत किया जाए तो एक लाख परिवारों वाले नगर में से मात्र दो या तीन प्रतिशत परिवारों का सर्वेक्षण करके पर्याप्त विश्वसनीय एवं यथार्थ परिणाम प्राप्त किए जा सकते हैं।

प्रतिचयन विधि का अर्थ (Meaning of Sampling Method)

शोध क्षेत्र की समस्त इकाइयों के अध्ययन की अपेक्षा जब उसमें से चयन करके कुछ इकाइयों का अध्ययन किया जाता है तब ऐसा अध्ययन 'प्रतिदर्श अध्ययन' (Sample Study) कहलाता है। **इ. एस बोगार्डस** (1954) के अनुसार, किसी पूर्व निश्चित योजना के अनुसार इकाइयों के समूह में से एक निश्चित प्रतिशत का चुनाव करना प्रतिचयन

कहलाता है। **पार्टेन** (1950) ने लिखा है कि "एक विशिष्ट समग्र (Universe) में से एक निश्चित संख्या में व्यक्तियों, प्रकरणों (Cases) या घटनाओं के चयन करने की प्रक्रिया या विधि को प्रतिचयन कहते हैं। सार रूप में, किसी भी गवेषणा हेतु उसके एक सम्पूर्ण समूह में से एक भाग या एक अंश के चयन की प्रक्रिया प्रतिचयन कहलाती है।"

एक प्रतिदर्श क्या है? (What is a Sample?)

गुडे एवं हट्ट (1952) के अनुसार, "एक प्रतिदर्श एक विशाल समूह का एक लघुतर प्रतिनिधि है।" **सिन पाओं येंग** (1955) के शब्दों में, "एक सांख्यिकीय प्रतिदर्श सम्पूर्ण का एक प्रतिनिधिक अंश है।" **मानहीम** (1977) ने लिखा है, "एक प्रतिदर्श जनसंख्या का वह भाग है, जिसका अध्ययन इसलिए किया जा रहा है ताकि सम्पूर्ण जनसंख्या के बारे में कुछ अनुमान लगाया जा सके।"

काल्विन स्मिद (1977) के अनुसार, "एक सांख्यिकीय प्रतिदर्श उस सम्पूर्ण समूह अथवा किसी संकलन का एक अतिलघु चित्र अथवा अभ्यंश है, जिसमें से प्रतिदर्श निकाला गया है।" यह सम्पूर्ण समूह 'जनसंख्या (Population), 'समग्र' (Universe) अथवा 'संभरण' (Supply) कहलाता है।

प्रतिचयन विधि की सम्पूर्ण धारणा मूलतः इस विश्वास पर आधारित है कि एक प्रतिदर्श (Sample) समग्र की वांछित विशेषताओं का प्रतिनिधित्व करने में सक्षम होता है।

प्रतिचयन विधि से संबंधित तकनीकी शब्दावली (Technical Terminology Relating to Sampling Method)

प्रतिचयन विधि को ठीक प्रकार से समझने के लिए यह आवश्यक है कि इससे संबंधित कुछ तकनीकी शब्दों (Terms) को सर्वप्रथम समझा जाए। कुछ शब्द ऐसे भी हैं, जिनका प्रयोग हम रोजमर्रा में करते हैं, किन्तु इस विधि के संदर्भ में जब इन्हीं शब्दों का प्रयोग किया जाता है तब उनका एक विशिष्ट अर्थ होता है:

जनसंख्या या समग्र (Population or Universe)

प्रतिचयन विधि के संदर्भ में 'जनसंख्या' शब्द का प्रयोग व्यक्तियों की जनगणना के अर्थ में नहीं किया जाता है। जनसंख्या से यहाँ तात्पर्य, उन सभी लोगों से है जिनमें एक विशिष्ट शोध समस्या के संदर्भ में वे सभी विशेषताएं पाई जाती हैं जिन्हें एक शोधकर्ता अध्ययन करना चाहता है। कुछ समाज वैज्ञानिकों ने जनसंख्या के स्थान पर 'समग्र' (Universe) शब्द का प्रयोग किया है। अंग्रेजी के 'यूनिवर्स' शब्द के लिए हिन्दी के कोशीय अर्थ में ब्रह्माण्ड या सृष्टि का प्रयोग किया जाता है, किन्तु प्रतिचयन प्रणाली के संदर्भ में एक शोधकर्ता का ब्रह्माण्ड या सृष्टि उसके अध्ययन क्षेत्र की समस्त इकाइयां होती हैं, अतः इकाइयों के इस समुच्च के लिए हिन्दी में 'समग्र' शब्द का प्रयोग किया जाता है।

समग्र (Universe)

'समग्र' की कुछ निश्चित शब्दों में परिभाषा करना कठिन है। यह शोधकर्ता द्वारा अपनाए गए मानदंडों पर निर्भर करता है और ये मानदंड प्रत्येक शोधकर्ता के लिए भिन्न हो सकते

हैं। समग्र का निर्धारण शोध के उद्देश्यों पर निर्भर करता है। किसी समूह की समस्त जनसंख्या को समग्र कहना उचित नहीं है। मतदान व्यवहार (Voting Behaviour) के अध्ययन में किसी देश की समस्त जनसंख्या को समग्र नहीं माना जा सकता क्योंकि किसी जनसंख्या के सभी व्यक्ति वोट देने के योग्य नहीं होते। इस प्रकार के अध्ययन में वे ही व्यक्ति समग्र में सम्मिलित किए जाएंगे जिन्हें उस देश के कानून के अनुसार वोट देने का अधिकार प्राप्त है। भारत में उन सभी व्यक्तियों को इस श्रेणी में सम्मिलित किया जाता है, जो रजिस्टर्ड मतदाता हैं, जो किसी निश्चित स्थान पर भारत में रह रहे हैं तथा जिन्होंने 21 वर्ष की आयु प्राप्त करली है। इस उदाहरण के विपरीत किसी नगर के उपभोक्ता-व्यवहार के अध्ययन में नगर के समस्त परिवारों को समग्र की एक इकाई माना जाएगा। अतः समग्र का निर्धारण मुख्यतः तीन बातों पर निर्भर करता है: (1) विषय-वस्तु (2) सीमा, और (3) समय।

काल्विन स्मिद (1977) ने इसे परिभाषित करते हुए लिखा है कि "एक सांख्यिकीय जनसंख्या अथवा समग्र में व्यक्तियों की विशेषताएं, गुण या व्यवहार, अथवा निर्जीव वस्तुएं जैसे मुद्रा, नगर या नगर का कोई भाग, परिवार या निवासीय मकान, किसी कारखाने की उत्पादन की प्रवृत्ति या देश के समस्त मतदाताओं के विचार आदि कुछ भी सम्मिलित हो सकता है।" अतः समग्र से तात्पर्य केवल व्यक्तियों के समूह से ही नहीं है, अपितु व्यक्तियों अथवा जड़ पदार्थों के किसी गुण अथवा प्रवृत्ति को भी समग्र कहा जा सकता है और इन्हें समग्र में सम्मिलित किया जा सकता है, यदि वह शोध का विषय है।

प्रतिदर्श इकाई (Sampling Unit)

समग्र का वह प्रत्येक तत्व (व्यक्ति या पदार्थ) जो प्रतिचयन का मुख्य लक्ष्य होता है, प्रतिदर्श इकाई कहलाता है। एक प्रतिदर्श इकाई एक अकेला प्रतिचयन तत्व (Sampling Element) हो सकता है या तत्वों का एक समूह हो सकता है। जैसे एक कारखाना, संस्था, एक गांव या शहर, एक क्लब या एक सम्पूर्ण राज्य भी विश्लेषण की इकाई हो सकता है। जननक्षमता के किसी अध्ययन में शिशु उत्पादन आयु वाली एक अकेली विवाहित स्त्री ही प्रतिचयन की इकाई होगी।

प्रतिदर्श ढांचा (Sampling Frame)

प्रतिदर्श के ढांचे से तात्पर्य समस्त इकाइयों की उस सम्पूर्ण सूची से है जिसमें से प्रतिदर्श का चयन किया जाता है। यह सूची समग्र की समस्त इकाइयों के एक व्यवस्थित क्रम के आधार पर निर्मित होती है।

प्रतिनिधिक प्रतिचयन के प्रमुख आधार
(Main Bases of Representative Sampling)

प्रतिचयन विधि का प्रयोग प्रत्येक स्थिति में नहीं किया जा सकता। एक प्रतिनिधिक प्रतिदर्श (Representative Sample) तब ही प्राप्त किया जा सकता है: (i) जब समग्र समरूपता लिए हो। यदि समग्र विषमतायुक्त (Heterogeneous) है, अर्थात् समग्र की

प्रत्येक इकाई के गुण-धर्म अन्य इकाइयों से भिन्न हों, तब ऐसे समग्र से प्रतिनिधिक इकाइयों का चुनाव कठिनता से ही किया जा सकता है। यहाँ समरूपता (Homogeneity) से तात्पर्य अध्ययन के उद्देश्य की दृष्टि से समग्र की इकाइयों में सजातीयता से है। उदाहरणार्थ, फलों के एक ऐसे टोकरे में से यदि हमें फलों का एक प्रतिदर्श निकालना है जिसमें बहुत थोड़ी-थोड़ी मात्रा में अलग-अलग फल (केले, चीकू, मौसमी, नारंगी, सेव आदि) भरे हों तब फलों का यह टोकरा विषमतायुक्त कहलाएगा। इस टोकरे से प्रतिनिधिक प्रतिदर्श फलों का चुनाव संभव नहीं होगा। अतः प्रतिनिधिक प्रतिदर्श के चयन की पहली शर्त समग्र का समरूप होना है। (ii) जब प्रतिनिधित्वपूर्ण चुनाव की संभावना हो, अर्थात् समग्र में से कुछ प्रतिनिधिक इकाइयों का चयन संभव हो। यह मुख्यतः प्रतिचयन की विधि पर निर्भर करता है। प्रतिचयन-विधि ऐसी होनी चाहिए जिसमें समग्र की प्रत्येक इकाई को चुने जाने (प्रतिदर्श में सम्मिलित होने) का समान अवसर प्राप्त हो। (iii) जब निष्कर्षों में पर्याप्त सटीकता हो। कोई भी प्रतिदर्श संगणना का मुकाबला नहीं कर सकता। जहाँ संगणना में निष्कर्षों में सौ प्रतिशत सटीक (Accurate) होने की संभावना रहती है, वहाँ प्रतिचयन विधि में इतनी सटीकता नहीं आ पाती। फिर भी यदि निष्कर्ष सौ प्रतिशत के आसपास, अर्थात् 90 या 95 प्रतिशत तक रहते हैं, तब ऐसे निष्कर्षों को पर्याप्त सटीक या परिशुद्ध कहा जा सकता है।

उपरोक्त मापदंडों (Criteria) के अतिरिक्त समग्र की सैद्धान्तिक परिभाषा और उसका वास्तविक चित्रण भी आवश्यक है। यदि हम किसी समुदाय के 'घरों' का अध्ययन करने जा रहे हैं, तब सर्व प्रथम यह स्पष्ट किया जाना चाहिए कि 'घरों' से हमारा क्या तात्पर्य है।

प्रतिदर्श के आकार का निर्धारण (Determination of Sample Size)

किसी भी शोध में प्रतिदर्श का आकार या मात्रा क्या होना चाहिए अर्थात् 1, 5, 10 या 15 प्रतिशत या इससे भी अधिक होना चाहिए, यह एक अत्यंत महत्वपूर्ण और प्रासंगिक प्रश्न है और इसका निश्चित उत्तर देना बड़ा कठिन है। सामाजिक शोध के संदर्भ में प्रतिदर्श के आकार/मात्रा का निर्धारण और भी कठिन होता है क्योंकि एक विषय को प्रभावित करने वाले कई कारक/चर (Variables) होते हैं। फिर भी, एक लघु प्रतिनिधिक प्रतिचयन का प्रयोग कर हम प्रतिदर्श की मात्रा का निर्धारण कर सकते हैं। एक अच्छे प्रतिदर्श की विशेषताएं बताते समय अगले पृष्ठों में यह बताया गया है कि प्रतिदर्श न तो इतना छोटा होना चाहिए कि एक प्रतिदर्श की मुख्य विशेषता अर्थात् प्रतिनिधित्वता ही समाप्त हो जाए और न इतना वह बड़ा होना चाहिए कि वह लगभग पूरा समग्र ही बन जाए और प्रतिदर्श के प्रमुख गुण – कम समय, कम लागत खर्च और कम श्रम का ही लोप हो जाए, अर्थात् 80 प्रतिशत के प्रतिदर्श की कोई महत्ता नहीं होती।

प्रतिदर्श के आकार का निर्धारण मुख्यतः निम्न बातों पर निर्भर करता है:

1. समग्र का आकार (लघु या विशाल) (Size of the Universe)
2. समग्र की प्रकृति (समरूप या विषमरूप) (Nature of the Universe)

3. अध्ययन का उद्देश्य (गवेषणात्मक, वर्णनात्मक या व्याख्यात्मक) (Objective of Study)
4. प्रतिदर्श इकाइयों की उपलब्धता (सुविधापूर्ण या कठिन) (Availability of Sample Units)
5. प्रतिदर्श पर लागत खर्च (Costs)
6. अपेक्षित सटीकता (Desired Exactness)
7. संभावित प्रतिचयन त्रुटि (Probable Sampling Error)
8. प्रतिचयन की विधि (Sampling Method)

प्रतिदर्श के आकार (मात्रा) के बारे में निर्णय उपरोक्त बातों के अलावा बहुत कुछ इस विषय पर निर्भर करता है कि शोधकर्ता को अध्ययन क्षेत्र के लोगों के बारे में कितनी जानकारी है। यदि वह जानता है कि जिस गांव का वह अध्ययन करने जा रहा है वहाँ लगभग एक ही जाति के लोग रहते हैं, लगभग सभी अनपढ़ हैं, सभी किसान हैं, सभी की आय लगभग समान है। ऐसे समग्र में एक छोटा प्रतिदर्श भी उपयोगी होगा किन्तु यदि उसी गांव में जाति, आय, व्यवसाय, शिक्षा आदि के आधार पर बड़ी विभिन्नता है, तब अपने प्रतिदर्श की प्रतिनिधित्वता को बढ़ाने के लिए उसे इन चरों को महत्व देते हुए अपने प्रतिदर्श की मात्रा में आवश्यक वृद्धि करना होगा, ताकि उसके सेम्पल में सभी प्रकार के लोगों को उचित प्रतिनिधित्व मिल सके।

कुछ सांख्यिकविदों ने समग्र में से प्रतिदर्श इकाइयों के चयन के लिए जिस प्रकार सारणियों (जैसे टिप्पेट सारणी) का निर्माण किया गया है, उसी प्रकार प्रतिदर्श के आकार (मात्रा) के बारे में निर्णय करने के लिए भी कुछ सारणियां बनाई गई हैं। इन सारणियों की सहायता से आसानी से प्रतिदर्श आकार (Sample Size) का निर्णय किया जा सकता है। इस प्रकार एक सारणी एक्हार्ट (Echardt, 1978) ने P, E और Z मूल्यों के आधार पर निर्मित की है। यहाँ P का तात्पर्य जनसंख्या (Population), E का तात्पर्य त्रुटि (Error) और Z का तात्पर्य विश्वसनीयता के स्तर (Confidence Level) से है।

इसी प्रकार, **क्रेजसी और मॉर्गन** (1970) ने एक सारणी का निर्माण किया है जिसमें प्रतिदर्श के आकार के निर्धारण के लिए किसी प्रकार के परिकलन (Calculation) की जरूरत नहीं होती। इस निम्नलिखित सारिणी का किसी भी निश्चित जनसंख्या पर प्रयोग किया जा सकता है:

N	*S*	*N*	*S*	*N*	*S*
10	10	220	140	1,200	291
15	14	230	144	1,300	297
20	19	240	148	1,400	302
25	24	250	152	1,500	306
30	28	260	155	1,600	310

लगातार...

...लगातार.

35	32	270	159	1,700	313
40	36	280	162	1,800	317
45	40	290	165	1,900	320
50	44	300	169	2,000	322
55	48	320	175	2,200	327
60	52	340	181	2,400	331
65	56	360	186	2,600	335
70	59	380	191	2,800	338
75	63	400	196	3,000	341
80	66	420	201	3,500	346
85	70	440	205	4,000	351
90	73	460	210	4,500	354
95	76	480	214	5,000	357
100	80	500	217	6,000	361
110	76	550	217	6,000	361
110	76	550	226	7,000	364
120	92	600	234	8,000	367
130	97	650	242	9,000	368
140	103	700	248	10,000	370
150	108	750	254	15,000	375
160	113	800	260	20,000	377
170	118	850	265	30,000	379
180	123	900	269	40,000	380
190	127	950	274	50,000	381
200	132	1,000	278	75,000	382
210	136	1,100	285	10,00,000	384

नोट: N जनसंख्या की मात्रा और S प्रतिदर्श की मात्रा को प्रदर्शित करते हैं।

एक उत्तम प्रतिदर्श की विशेषताएं (Characteristics of a Good Sample)

एक उत्तम प्रतिदर्श से तात्पर्य उसके प्रतिनिधित्वपूर्ण होने से है। **पार्टेन** (1950) ने एक आदर्श प्रतिदर्श की विशेषताएं बताते हुए लिखा है, "एक सर्वेक्षण में एक आदर्श प्रतिदर्श वह है जो कुशलता, प्रतिनिधित्वता, विश्वसनीयता और लचीलेपन के गुणों से युक्त हो। एक प्रतिदर्श इतना छोटा होना चाहिए कि अनावश्यक खर्चों से बचा जा सके तथा वह इतना बड़ा होना चाहिए ताकि असहनीय प्रतिदर्श त्रुटि (Sampling Error) का प्रतिकार किया जा सके।" पार्टेन के इस कथन के आधार पर एक उत्तम प्रतिदर्श की निम्नलिखित विशेषताएं बताई जा सकती हैं:

1. प्रतिनिधित्वता (Representativeness)

प्रतिनिधित्वता आदर्श प्रतिदर्श का एक अत्यावश्यक गुण है। 'प्रतिनिधित्वता' से तात्पर्य किसी जनसंख्या की समस्त विशेषताओं का समुचित ढंग से प्रदर्शन की क्षमता से है। एक प्रतिनिधिक प्रतिदर्श की यह विशेषता है कि उसमें वे सभी गुण उसी अनुपात में पाए जाते हैं जिस अनुपात में वे गुण समग्र में विद्यमान हैं, जिस में उस प्रतिदर्श का चुनाव किया गया है। यदि किसी विद्यालय में 25 प्रतिशत छात्राएं हैं तब प्रतिदर्श में 25 प्रतिशत छात्राओं का अनुपात होना आवश्यक है। एक प्रतिनिधिक प्रतिदर्श मुख्यत: निम्न बातों पर निर्भर करता है:

(i) समग्र का समरूप/सजातीय होना,
(ii) समग्र की एक स्पष्ट एवं निश्चित शब्दों में परिभाषा,
(iii) प्रतिदर्श सूची की सम्पूर्णता,
(iv) प्रतिदर्श की उपयुक्त विधि,
(v) प्रतिचयन त्रुटि (Sampling Error),
(vi) गैर-प्रतिचयन (व्यवस्थागत) त्रुटि (Non-Sampling Error)।

कलिंगर (1973) ने लिखा है, "शोध की दृष्टि से, प्रतिनिधित्व-पूर्ण प्रतिदर्श का अर्थ यह है कि समग्र की लगभग वे सभी विशेषताएं विद्यमान हैं जो शोध किए जाने वाले प्रश्न के संदर्भ में प्रासंगिक हैं।"

2. प्रतिदर्श की पर्याप्तता (Adequacy of the Sample)

एक उत्तम प्रतिदर्श का प्रतिनिधिक होने के साथ-साथ उसका पर्याप्त होना भी जरूरी है। "एक ऐसे प्रतिदर्श को पर्याप्त कहा जाएगा जो इतना यथेष्ट आकार का है कि वह अपनी विशेषताओं के स्थायित्व में विश्वास उत्पन्न कर सके।" (**गुडे एवं हट्ट**) इसी प्रकार **स्मिद** ने कहा है कि "उचित प्रकार से चुना गया अपेक्षाकृत छोटा प्रतिदर्श, त्रुटिपूर्ण बड़े प्रतिदर्श से अधिक विश्वसनीय हो सकता है।"

प्रतिदर्श कितना बड़ा या छोटा होना चाहिए, इसके बारे में कोई निश्चित नियम नहीं हैं, फिर भी यह ध्यान रखना चाहिए कि यह इतना बड़ा (जैसे 80 या 90 प्रतिशत) नहीं होना चाहिए कि यह पूरा समग्र ही बन जाए और न ही इतना छोटा होना चाहिए कि उसमें समग्र की सभी गुणों वाली इकाइयां सम्मिलित होने से वंचित रह जाए। साथ ही इसका निर्धारण करते समय परिणामों की शुद्धता एवं सटीकता का भी ध्यान रखा जाना चाहिए।

3. अभिनति से मुक्त (Free from Bias)

'अभिनति' से तात्पर्य पूर्वधारणा, पक्षपात अथवा पूर्वनिर्णय से है। एक उत्तम प्रतिदर्श के लिए उसका अभिनति मुक्त होना भी जरूरी है। सामान्यत: यह विशेषता सभी वैज्ञानिक विधियों पर लागू होती है। एक प्रतिदर्श में अभिनति किसी भी स्तर पर, जैसे अपूर्ण या त्रुटिपूर्ण प्रतिदर्श की सूची की रचना या संभावना रहित प्रतिदर्श विधि का चुनाव करते समय उत्पन्न हो सकती है। एक ऐसा प्रतिदर्श जो प्रतिचयन के मान्य सिद्धान्तों पर आधारित न होकर शोधकर्ता की सुविधा, रुचि, स्वेच्छा के अनुसार निकाला गया है, वह 'अभिनतिपूर्ण' (Biased) प्रतिदर्श कहलाएगा।

4. विश्वसनीयता (Reliability)

एक विश्वसनीय प्रतिदर्श से तात्पर्य ऐसे प्रतिदर्श से है जो तार्किक ज्ञान और अनुभवी व्यक्तियों के सामान्य ज्ञान की कसौटी पर खरा उतरता हो। विश्वसनीयता एक उत्तम प्रतिदर्श का एक प्रमुख गुण है।

5. लचीलापन (Flexibility)

कुछेक विद्वानों का मानना है कि एक उत्तम प्रतिदर्श में लचीलेपन का गुण भी आवश्यक है। लचीलेपन से तात्पर्य प्रतिनिधित्वता और पर्याप्तता के गुणों को बनाए रखते हुए प्रतिदर्श के आकार (Size) में सुविधानुसार घटा-बढ़ी करने से है।

प्रतिचयन के प्रमुख उद्देश्य एवं गुण
(Main Purposes and Merits of Sampling)

यह एक सामान्य बात है कि हम सामान्यतः किसी भी कार्य को करने के लिए ऐसा रास्ता खोजते हैं जिसमें कम से कम समय, लागत-खर्च और श्रम के अपव्यय के अधिकाधिक अच्छे परिणाम प्राप्त करना चाहते हैं। यही बात प्रतिचयन विधि पर भी लागू होती है। किसी बड़े समग्र की समस्त इकाइयों का अध्ययन करने में अत्यधिक समय (Time), लागत खर्च (Cost) के साथ-साथ काफी श्रम (Labour) और ऊर्जा (Energy) की जरूरत पड़ती है और कई बार हमारे पास ये सभी तत्व (Elements) या इनमें से एकाधिक तत्व उपलब्ध नहीं होते। ऐसी स्थिति में प्रतिचयन विधि का प्रयोग आवश्यक हो जाता है। यह विधि उपरोक्त सभी तत्वों में आवश्यक बचत करने में न केवल हमें सहायता प्रदान करती है, अपितु कम धन, समय और ऊर्जा के अपव्यय से हमें लगभग वही परिणाम उपलब्ध करवाने में कारगर सिद्ध हुई जो सम्पूर्ण समग्र के अध्ययन से प्राप्त होने की आशा होती है।

प्रतिचयन केवल विज्ञानों तक ही सीमित नहीं है, इसका हम रोजमर्रा के जीवन में भी किसी न किसी रूप में प्रयोग करते हैं। रोजमर्रा में जिसे हम 'नमूना लेने' की बात कहते हैं, वह आधुनिक तथाकथित प्रतिचयन विधि का अपरिष्कृत रूप ही तो है। गेहूँ की बोरी से परखी से निकाल कर कुछ गेहूँ के दानों को देखना, चावलों को पकाते समय बर्तन में से कुछ चावलों को चम्मच से निकाल कर उनके पके होने का अनुमान करना, किसी मरीज के रक्त की जांच करने के लिए उसके शरीर में से रक्त की कुछ बूंदों को निकाल कर परख करने की क्रिया प्रतिचयन के ही तो विभिन्न रूप हैं। इस प्रकार के ढेर सारे उदाहरण दिये जा सकते हैं जो यह बताते हैं कि प्रतिचयन का प्रयोग घरेलू जीवन से लेकर वैज्ञानिक शोध तक किसी न किसी रूप में किया जाता है।

प्रतिचयन का प्रयोग, या 'नमूना लेने' के पीछे मूल सिद्धान्त यह काम करता है कि हम 'कुछ' को देख कर 'सब कुछ' अनुमान करते हैं। वैज्ञानिक शब्दावली में इस 'कुछ' को प्रतिदर्श या सेम्पल और 'सब कुछ' को समग्र या जनसंख्या (Population) कहा जाता है। यह सिद्धान्त इस मान्यता पर आधारित है कि 'कुछ' या सेम्पल में 'सब कुछ' की सभी आधारभूत विशेषताओं का उचित प्रतिनिधित्व होता है। **रोसण्डर** ने कहा है कि "यदि

प्रतिदर्श का चुनाव पूरी सावधानी से किया जाए तो प्रतिचयन विधि न केवल सस्ती होती है, अपितु इसके द्वारा ऐसे परिणाम प्राप्त किए जा सकते हैं जो प्रायः सटीक (Exact) होते हैं और कभी-कभी तो ये संगणना (समस्त इकाइयों का अध्ययन) के परिणामों से भी अधिक सही होते हैं।"

उपरोक्त विश्लेषण के आधार पर प्रतिचयन विधि के प्रयोग के प्रमुख उद्देश्यों एवं गुणों को निम्नलिखित बिन्दुओं में प्रदर्शित किया जा सकता है:

1. समय एवं धन की बचत (Saving of Time and Money)
2. जनशक्ति या श्रम की बचत (Saving of Manpower and Labour)
3. गहन अध्ययन (Intensive Study)
4. अधिक सहयोग एवं प्रत्युत्तर की संभावना (Possibility of More Cooperation and Response Rate)
5. प्रशासनिक सुविधा (Administrative Convenience)
6. त्रुटियों की कम संभावना (Less Chances of Mistakes)
7. तथ्यों की पुनर्जांच की संभावना (Possibility of Rechecking of Data)
8. निष्कर्षों की परिशुद्धता में वृद्धि (Increase in the Accuracy of Results)
9. प्रतिचयन की अपरिहार्यता (Inescapability of Sampling)

अध्ययन का क्षेत्र जितना अधिक व्यापक और छितरा हुआ होगा, शोधकर्ता के लिए उतनी ही अधिक समस्याएं उत्पन्न होने का संभावनाएं बढ़ जाती हैं। छोटे क्षेत्र और सीमित इकाइयों का गहन अध्ययन किया जा सकता है और शीघ्र परिणाम दिये जा सकते हैं। एक शोधकर्ता अपनी समस्त शक्तियों को कुछ इकाइयों के अध्ययन पर केन्द्रित कर अच्छे परिणाम प्राप्त कर सकता है। सूचनादाताओं की कम संख्या होने के कारण उनके साथ बेहतर तालमेल और सहयोग प्राप्त होने की संभावना रहती है जिससे प्रत्युत्तर दर (Response Rate) में स्वतः वृद्धि हो जाती है। छोटा क्षेत्र या कम इकाइयों के अध्ययन के कारण कम अन्वेषकों (साक्षात्कारकर्ताओं) की जरूरत होगी, अतः उन पर आसानी से निगरानी और नियंत्रण किया जा सकता है। प्रतिदर्श अध्ययन अमूमन छोटे होते हैं, उनमें इकाइयों की संख्या कम होती है, अतः यदि कभी पुनः जांच की आवश्यकता होती है तो वह आसानी से की जा सकती है। जैसा ऊपर लिखा गया है कि यदि प्रतिदर्श ठीक प्रकार से निकाला गया है, तब इसके निष्कर्ष उतने ही प्रामाणिक और सटीक होते हैं, जितने समग्र की समस्त इकाइयों के आधार पर निकाले गए निष्कर्ष। सन् 1968 में अमेरिका में राष्ट्रपति के चुनाव के संबंध में दो संस्थानों (गैलप पोल और हैरिस पोल) द्वारा निकाले गए शत प्रतिशत सही निष्कर्ष इसका एक सुप्रसिद्ध उदाहरण है। भारत में भी संसदीय चुनावों का कुछ संस्थान अध्ययन करते हैं, किन्तु उनके निष्कर्षों में अभी वह सटीकता नहीं आ पाई है जो अमरीकी संस्थानों के निष्कर्षों में प्रायः देखी गई है। सटीकता बहुत कुछ एक उपयुक्त 'प्रतिदर्श प्रारूप' (Sample Format) पर निर्भर करती है।

अन्तः में, कभी-कभी शोध की ऐसी परिस्थितियां होती हैं कि उनमें प्रतिचयन का प्रयोग अपरिहार्य हो जाता है। जब हमें कम समय में एक विशाल समग्र के बारे कुछ जानना होता है, तब इस विधि के प्रयोग के अलावा हमारे पास अन्य कोई चारा नहीं होता। चुनाव सर्वेक्षणों में इसीलिए इसी विधि का प्रयोग किया जाता है। इसी प्रकार, जब शोध का क्षेत्र या समूह अत्यधिक विशाल होता है, ऐसी स्थिति में भी प्रतिचयन ही अध्ययन का एक उपाय होता है। उदाहरणार्थ, हम किसी बड़े नगर की विधवाओं या मानसिक रूप से विक्षिप्त व्यक्तियों या भिखारियों का अध्ययन करना चाहते हैं, तब नगर की सभी विधवाओं या पागलों या भिखारियों का अध्ययन संभव न होने के कारण प्रतिचयन विधि का प्रयोग ही अपरिहार्य हो जाता है।

प्रतिचयन की सीमाएं एवं समस्याएं (Limitations and Problems of Sampling)

प्रतिचयन के परिणाम तभी सटीक और विश्वसनीय प्राप्त होने की संभावना रहती है जब इसका प्रयोग अत्यंत सतर्कता और वैज्ञानिक तरीके से किया गया हो। अमेरिका और भारत में भी चुनाव सर्वेक्षणों में इसका प्रयोग किया जाता रहा है, किन्तु यदाकदा ही ऐसे सर्वेक्षणों के परिणाम पूर्णतः सटीक/सही निकले हैं। इसके कई कारण हैं। साथ ही इस विधि की अपनी कुछ समस्याएं एवं सीमाएं हैं, जिसके परिणामस्वरूप प्रतिचयन की सफलता संदिग्ध बन जाती है। ये सीमाएं एवं समस्याएं निम्नलिखित हैं:

1. अभिनति की समस्या (Problem of Bias)

सभी वैज्ञानिक विधियों की सफलता उनकी अभिनति से मुक्तता (Free from Bias) पर निर्भर करती है और यही बात प्रतिचयन पर भी लागू होती है। जहाँ कहीं थोड़ी-बहुत भी मानव के निर्णय की गुंजाइश होती है, वहाँ शोध में पक्षपात उत्पन्न होने की संभावना उत्पन्न हो सकती है। **काल्विन स्मिद** ने लिखा है कि "एक प्रतिदर्श जो प्रतिनिधिक नहीं है, वह एक अभिनतिपूर्ण प्रतिदर्श है।"

प्रतिचयन के दौरान निम्न दशाओं में पक्षपात (अभिनति) उत्पन्न होने की संभावना रहती है:

(i) जब संभावनाहीन विधियों का प्रयोग किया गया हो। वे सभी विधियां जो 'संभाव्यता के सिद्धान्त' (Principle of Probability) की अवहेलना करती हैं, संभावनाहीन विधियां कहलाती हैं। ऐसी विधियों के कारण प्रतिचयन प्रक्रिया के किसी भी स्तर पर अभिनति उत्पन्न हो सकती है;

(ii) जब प्रतिदर्श सूची अपूर्ण, अपर्याप्त, अयथार्थ या पुरानी हो;

(iii) जब समग्र के कुछ व्यक्तियों के बारे में जानकारी न हो या वे सहयोग से मना करते हों;

(iv) जब त्रुटिपूर्ण प्रतिचयन की तकनीक का प्रयोग किया गया हो; एवं

(v) जब शोधकर्ता अकुशल या अक्षम हो।

2. विषमतायुक्त समग्र से प्रतिचयन की समस्या (Problem of Sampling from Heterogeneous Universe)

यदि समग्र में पर्याप्त समरूपता (Homogeneity) नहीं है, अर्थात् समग्र की सभी इकाइयां एक-दूसरे से भिन्न हैं, तब प्रतिचयन का प्रयोग संभव नहीं होता। ऐसी स्थिति में, प्रतिचयन के स्थान पर संगणना विधि का प्रयोग ही अधिक उपयोगी होगा। उदाहरणार्थ, यदि हम निरस्त्रीकरण (Disarmament) के संबंध में किसी कक्षा के विद्यार्थियों के विचार जानना चाहते हैं, और हमारा विचार है कि इस विषय पर 'राष्ट्रीयता' के तत्व का प्रभाव पड़ सकता है, तब हमें छात्रों के एक ऐसे समग्र का अध्ययन करना होगा जिसमें सभी छात्रों की राष्ट्रीयता एक हो या फिर समग्र इतना बड़ा होना चाहिए कि विभिन्न राष्ट्रीयताओं के आधार पर विद्यार्थी समुदाय को कुछ उपवर्गों में विभाजित कर उनमें से स्तरित प्रतिचयन (Stratified Sampling) के द्वारा इकाइयों का चुनाव किया जा सके। किन्तु यदि हमारी कक्षा में केवल 15 छात्र हैं और वे सभी अलग-अलग देशों (राष्ट्रीयता) के हैं, तब इस प्रकार के विषम समग्र में से प्रतिचयन का प्रयोग सर्वथा अनुपयुक्त होगा। स्तरित प्रतिचयन का प्रयोग भी तभी संभव होगा जब विविधतापूर्ण समग्र को समरूप समूहों में विभाजित किया जा सके।

3. प्रतिनिधिक प्रतिदर्श के चुनाव की समस्या (Problem of Selecting Representative Sampling)

सामाजिक शोध में एक प्रतिनिधिक प्रतिदर्श का चुनाव करना एक बड़ी समस्या है क्योंकि भौतिक विज्ञानों की भांति सामाजिक विज्ञानों की विषय-वस्तु (मानवीय सामाजिक व्यवहार) में पूर्ण समरूपता नहीं पाई जाती। खून की एक बूंद पूरे शरीर के खून का प्रतिनिधित्व कर सकती है, किन्तु मानव के एक व्यवहार में उसके सम्पूर्ण व्यवहारों के प्रतिनिधिक होने की क्षमता कठिनतः ही होती है।

4. प्रतिदर्श के उपयुक्त आकार (मात्रा) के निर्धारण की समस्या (Problem of Determination of Proper Size of the Sample)

एक प्रतिदर्श कितना बड़ा या छोटा होना चाहिए, इस संबंध में निर्णय करना एक भारी समस्या है। कई अध्ययनों में मात्र दो प्रतिशत का प्रतिदर्श भी पर्याप्त हो सकता है जब कि अन्य अध्ययनों में दस प्रतिशत का प्रतिदर्श भी छोटा हो सकता है। प्रतिदर्श की इकाई और मात्रा के बारे में कोई सिद्धान्त नहीं है। यह बहुत कुछ अध्ययन के उद्देश्य, समग्र की प्रकृति और प्रतिचयन की विधि पर निर्भर करता।

5. विश्वसनीयता एवं प्रामाणिकता के माप की समस्या (Problem of Measurement of Reliability of Validity)

प्रतिदर्श की विश्वसनीयता एवं प्रामाणिकता की माप प्रतिदर्श त्रुटि (Sampling Error) के आधार पर की जाती है जिसमें कई प्रकार की गणितीय विधियों का प्रयोग किया जाता है। इन गणितीय विधियों का प्रयोग भी एक समस्या है। एक सामान्य व्यक्ति न तो इन्हें आसानी से समझ पाता है और न ही इनका प्रयोग कर सकता है।

उपरोक्त वर्णित समस्याओं के होते हुए भी यदि प्रतिचयन का प्रयोग एक औषधि की भांति अत्यंत सतर्कता से और वैज्ञानिकता के साथ किया जाए तो इससे वांछित यथार्थ परिणाम प्राप्त किए जा सकते हैं।

प्रतिचयन विधियों के प्रकार (Types of Sampling)

सामाजिक विज्ञानों में आजकल अनेक प्रतिचयन विधियों का प्रयोग किया जा रहा है। मोटे रूप में, इन सभी विधियों को दो प्रमुख प्रकारों में विभाजित कर सकते हैं:

1. संभाव्य या संभावनामूलक प्रतिचयन विधियां (Probability Sampling)
2. असंभाव्य या असंभावनामूलक प्रतिचयन विधियां (Non-probability Sampling)

कुछ विधियां ऐसी भी हैं जिनमें इन दोनों का मिश्रित रूप पाया जाता है, अर्थात् उनमें संभाव्यता के सिद्धान्त (Theory of Probability) का सीमित प्रयोग होता है। इन विधियों को 'सीमित संभावनामूलक विधियां' कहा जा सकता है।

संभावनामूलक या संभाव्य प्रतिचयन (Probability Sampling)

प्रतिदर्श में चयन किए जाने के 'संयोग' (Chance) को संभाव्यता कहा जाता है। इस प्रकार के प्रतिचयन की यह विशेषता है कि इसमें समग्र की प्रत्येक इकाई को चुने जाने की संभावना बराबर की रहती है, साथ ही इसमें सर्वाधिक प्रतिनिधिकता पाई जाती है जो एक अच्छे प्रतिदर्श की पहली शर्त है। यह विधि आजकल सामाजिक विज्ञानों के अलावा व्यापारिक अनुसंधानों में भी खूब प्रयोग की जा रही है। **ब्लैक एवं चैम्पियन** (1976) ने संभावनामूलक प्रतिचयन के प्रयोग की निम्न शर्तें बताई हैं:

(अ) अध्ययन क्षेत्र के व्यक्तियों की पूर्ण सूची की उपलब्धता;
(ब) समग्र की उपयुक्त परिभाषा और उसके आकार का पूर्व ज्ञान;
(स) अपेक्षित प्रतिदर्श की मात्रा की निश्चितता; एवं
(द) समग्र की प्रत्येक इकाई को चुने जाने का समान अवसर।

संभावनामूलक प्रतिचयन विधियों के रूप (Forms of Probability Sampling Methods)

संभावनामूलक प्रतिचयन विधियां कई प्रकार की हैं, इनमें मुख्य निम्नलिखित हैं:

1. साधारण दैव प्रतिचयन
2. स्तरित दैव प्रतिचयन
3. बहुचरणीय दैव प्रतिचयन
4. क्षेत्र/संभाग दैव प्रतिचयन

सीमित संभावनावाली विधियां:

5. व्यवस्थित (या अन्तराल) प्रतिचयन
6. ग्रिड विधि

साधारण दैव प्रतिचयन (Simple Random Sampling)

प्रतिदर्श चयन की एक ऐसी प्रक्रिया जिसमें समग्र की प्रत्येक इकाई को प्रतिदर्श में सम्मिलित किए जाने का समान अवसर प्राप्त होता है, साधारण दैव प्रतिचयन विधि कहलाती है। इस विधि में प्रतिदर्श का चयन पूर्णत: दैविक इच्छा या संयोग पर निर्भर करता है। (अंग्रेजी के 'रैंडम' शब्द का अर्थ भी संयोग ही है।) अंग्रेजी की कई पुस्तकों में 'रैंडम' और 'प्रॉबबिलिटी' दोनों को एक ही अर्थ में प्रयोग किया है, अत: दोनों की परिभाषाओं में भी समानता है। वास्तव में, रैंडम प्रतिचयन संभाव्य चयन की एक प्रक्रिया है। **पार्टेन** के अनुसार, "दैव प्रतिचयन एक ऐसी विधि है जिसका प्रयोग तब किया जाता है जब समग्र में से प्रत्येक व्यक्ति या इकाई को चुने जाने के समान अवसर प्राप्त होते हैं।" यदि किसी समग्र की 500 इकाइयों में से प्रत्येक इकाई को चुने जाने का 1/500वां अवसर प्राप्त होता है, तब हम इसे समान अवसर कह सकते हैं।

संभावनामूलक विधियों में 'दैवयोग' या 'संयोग' का विचार विशेष महत्व रखता है। इसे हम एक उदाहरण द्वारा समझ सकते हैं। यदि हम सिक्के को केवल एक बार उछालते हैं तब हम यह नहीं कह सकते कि सिक्का उल्टा या सीधा गिरेगा, किन्तु यदि हम उसी सिक्के को कई बार (एक हजार बार) उछालें तो हम निश्चित रूप से यह कह सकते हैं (भविष्योक्ति कर सकते हैं) कि वह कितनी बार उल्टा और कितनी बार सीधा गिरेगा, अर्थात् उसके उल्टे और सीधे गिरने की बराबर-बराबर की संभावना रहती है।

दैव प्रतिदर्श के चयन की प्रविधियां (Techniques of Selecting Random Sample)

दैव प्रतिचयन की प्रमुख प्रविधियां निम्नलिखित हैं:

1. लॉटरी पद्धति (Lottery Method): रैण्डम विधि की सर्वाधिक प्रचलित विधि लॉटरी पद्धति है जिसका प्रयोग हम रोजमर्रा में भी किसी न किसी रूप में करते हैं। दैनिक जीवन में लॉटरी विधि के प्रयोग किए जाने वाले इसके अपरिष्कृत रूप में आवश्यक सुधार कर इसे वैज्ञानिक क्षेत्र में अपनाया गया है। एक वैज्ञानिक प्रणाली के रूप में लॉटरी पद्धति का प्रयोग करते समय इसमें निम्न चरणों का प्रयोग किया जाता है:

(i) सर्वप्रथम, समग्र की समस्त इकाइयों की किसी भी क्रम के अनुसार एक सूची बनाई जाती है जिसे वैज्ञानिक भाषा में 'सेम्पलिंग फ्रेम' कहा जाता है।

(ii) द्वितीय चरण के रूप में प्रत्येक इकाई को एक क्रम संख्या देकर प्रत्येक इकाई की एक बहुत छोटे कागज की चिटें बना कर उन्हें इस प्रकार मोड़ या गोल कर दिया जाता है कि उन पर लिखी संख्या अथवा नाम या कोई संकेत चिटों को बिना खोले दिखाई न दे। मुड़ी हुई या गोल की गई इन चिटों को किसी ऐसे पात्र यथा थैला, बर्तन, ड्रम आदि में डाल दिया जाता है।

(iii) तृतीय चरण में चिटों से भरे हुए पात्र को खूब हिलाया जाता है और बाद में किसी निष्पक्ष व्यक्ति या बालक या स्वयं आंख बंद करके प्रतिदर्श की निर्धारित मात्रा के अनुसार पात्र में से एक-एक चिट/गोली को निकाला जाता है। ध्यान रहे कि दैनिक जीवन में प्रयोग की जाने वाली लॉटरी विधि की भांति इस विधि में प्रतिदर्श की

सम्पूर्ण मात्रा (जैसे आठ, दस या बारह) को एक बार ही मुट्ठी भर कर नहीं निकाला जाता है, अपितु प्रत्येक गोली/चिट निकालने के बाद पात्र को पुनः हिलाया-घुमाया जाता है ताकि नीचे पड़ी गोलियों को ऊपर आने और प्रतिदर्श में चुने जाने का अवसर मिल सके। यह प्रक्रिया (गोली निकालने और पात्र को हिलाने की) तब तक प्रयोग की जाती है जब तक निश्चित प्रतिदर्श की मात्रा के अनुसार सभी गोलियां निकाल नहीं ली जाती हैं। पात्र को बार-बार हिलाने या घुमाने के पीछे मूल उद्देश्य यही है कि कोई गोली/चिट नीचे कहीं अटकी हुई या कहीं चिपकी हुई रह गई हो तो उसे भी प्रतिदर्श में सम्मिलित होने का अवसर मिल जाए। जैसा ऊपर लिखा जा चुका है कि संभाव्य/रैण्डम विधि की मुख्य शर्त समग्र की प्रत्येक इकाई को चुने जाने का स्वतंत्र एवं समान अवसर प्राप्त होना है।

लॉटरी विधि प्रतिचयन की सबसे सरल और सुलभ विधि है। इसमें केवल कागज की चिटें और किसी पात्र की जरूरत पड़ती है जो आसानी से उपलब्ध हो जाती है। किन्तु, इस विधि का प्रयोग वहीं संभव है जहाँ समग्र छोटा हो, अन्यथा बड़े समग्र की सूची बनाने, ढेर सारी चिटें बनाने और मोड़ने व एक-एक निकालने में बहुत समय लगता हैं। अतः जब हमारे पास सेम्पल निकालने के लिए बहुत कम समय उपलब्ध हो तब इसका प्रयोग संभव नहीं हो पाता।

इस विधि की एक अन्य (सांख्यिकीय) कमजोरी यह है कि इसमें प्रत्येक इकाई की चिट निकाले जाने के बाद पात्र में गोलियों की संख्या घटती जाती है, अतः बची हुई इकाइयों के चुने जाने की संभावना बढ़ जाती है। अतः, आजकल 'स्थानापन्न रहित प्रतिचयन (Sampling Without Replacement) के स्थान पर 'स्थानापन्नयुक्त प्रतिचयन' (Sampling With Replacement) का प्रयोग किया जाता है। सिद्धान्ततः एक उत्तम प्रतिचयन विधि ऐसी होनी चाहिए जिसमें एक इकाई के चुने जाने का दूसरी इकाई के चुनाव पर कोई प्रभाव न पड़े।

मानव की भूलों एवं पक्षपातों की कमजोरियों के कारण आजकल लॉटरी विधि में यांत्रिक विधियों (कम्प्यूटर) और यांत्रिक ड्रम का प्रयोग किया जाता है। इन विधियों ने बड़े समग्र के अध्ययन को भी सुगम बना दिया है।

2. कार्ड विधि (Card Method): यह लॉटरी विधि का एक परिष्कृत रूप है। इसमें चिटों के स्थान पर प्रत्येक इकाई का एक कार्ड बनाया जाता है जिन्हें चुनने में आसानी होती है, साथ ही चिटों या गोलियों की भांति एक-दूसरे से चिपक जाने या पात्र को हिलाते समय इधर-उधर गिर जाने की आशंका कम रहती है।

3. रैण्डम अंकों वाली या टिप्पेट विधि (Method of Random Numbers or Tippet Method): लॉटरी विधि की कमजोरियों (चिटें बनाना या कार्ड बनाना, ड्रम से निकालना आदि) और कठिनाइयों को भांपते हुए कुछ सांख्यिकविदों ने पहले से ही 'रैण्डम अंकों' (Random Numbers) की एक तालिका उपलब्ध करवाने का भारी काम किया है। यह रैण्डम अंक तालिका लगभग सभी मानक सांख्यिकी पुस्तकों के पीछे लगी रहती है, (ये पुस्तिका के रूप में अलग से भी उपलब्ध हैं) जिसकी सहायता से प्रतिदर्श

निकालना बहुत सरल हो जाता है। इन तालिकाओं में टिप्पेट, केण्डाल एवं बेबिंगटन, रेण्ड कॉरपोरेशन तथा स्नेडेकोर की तालिकाएं प्रमुख हैं। इनमें से सर्वाधिक रूप में प्रसिद्ध एल.एच.सी. टिप्पेट द्वारा निर्मित 10,400 अंकों वाली तालिका का प्रयोग अधिकांश किए जाने के कारण इस विधि को 'टिप्पेट विधि' का नाम ही दे दिया गया है। इस विधि के प्रयोग के निम्नलिखित प्रमुख चरण हैं:

सर्वप्रथम 'रेण्डम अंकों वाली तालिका' (Random Number Table) को कहीं से प्राप्त किया जाता है। इस पुस्तिका के प्रत्येक पृष्ठ पर स्तम्भों और कतारों (Columns and Rows) में रेण्डम संख्याएं लिखी होती हैं। इनका कोई विशिष्ट क्रम नहीं होता और किसी भी संख्या की दूसरी संख्या की अपेक्षा अधिक बार पुनरावृत्ति नहीं होती है।

दूसरे चरण में इस तालिका के किसी भी पृष्ठ को अनायास ही खोल कर और उस पृष्ठ की किसी भी संख्या पर अनायास ही अंगुली या पेन का पाइन्ट रख कर उसी संख्या से प्रतिदर्श के निकालने की शुरुआत कर दी जाती है। जिस संख्या पर अंगुली रखी गई है वह प्रतिदर्श की पहली संख्या होगी। इसके बाद शोधकर्ता द्वारा स्तम्भ या कतार (अर्थात् ऊपर से नीचे या क्षैतिज या तिरछे क्रम) के किसी भी एक क्रम को अपना कर निश्चित संख्या में प्रतिदर्श संख्याओं का चयन कर लिया जाता है।

रेण्डम अंकतालिका

	कतार (Rows)						
	1	2	3	4	5	6	7
स्तम्भ (Columns)	10,097	32,533	76,250	13,586	34,673	54,876	80,959
	37,542	04,805	64,894	74,296	24,805	24,037	20,633
	08,422	68,353	19,645	09,303	23,209	02,560	15,953
	99,019	02,529	09,376	70,715	38,311	31,165	88,676
	12,807	99,170	80,157	36,147	64,032	36,653	98,951

मान लीजिए कि हमें किसी गांव के 500 परिवारों में से केवल 10 परिवारों का चयन करना है। इसके लिए हमने रेण्डम अंक तालिका पुस्तिका के जिस पृष्ठ को अनायास खोला, उस पर उपरोक्त संख्याएं लिखी हैं। हम बहुत आसानी से कुछ ही मिनटों में इस तालिका से दस परिवारों का चयन कर सकते हैं। चूंकि हमारा समग्र केवल 500 इकाइयों वाला है, अर्थात् इस समग्र की प्रत्येक इकाई को 1 से 500 अंक दिये गए हमने जिस पृष्ठ को खोला है, वे सभी संख्याएं 500 से अधिक हैं। पहली संख्या ही 10,097 है। यह संख्या हमारे समग्र की किसी भी इकाई को नहीं दी गई है। अतः इस रेण्डम अंकों वाली तालिका में से चुनाव करने के लिए ऊपर से नीचे के क्रम को अपनाते हुए पहली संख्या 100,97 में से पहले तीन अंकों (100) को छोड़ते हुए 97 अंक ले लेते हैं। यह अंक हमारे 500 परिवारों वाले समग्र में से किसी परिवार को दिया हुआ है, अतः हमारा

पहला प्रतिदर्श परिवार 97वें अंक वाला होगा। इसी प्रकार अन्य प्रतिदर्श का चुनाव निम्नवत होगा:

10097	32533
37542	04805
08422	68353
99019	02529
12807	99170

इस प्रकार 97, 42, 422, 19, 07, 33, 05, 353, 29 और 170 वाली संख्या वाले परिवार हमारे अध्ययन के प्रतिदर्श परिवार होंगे। ध्यान रहे, हमने उपरोक्त दूसरी संख्या (37542) में से 42 अंक को ही अपना प्रतिदर्श बनाया क्योंकि हमारे समग्र में हमने 542वां अंक किसी परिवार को नहीं दिया है। अत: हमने दो अंकों से ही प्रतिदर्श का चुनाव किया है। रेण्डम अंकों से प्रतिदर्श का चुनाव करते समय 500 से ऊपर की संख्याओं में से दांये हाथ से प्रारंभ करते हुए उन अंकों का चुनाव किया जाता है जो हमारे समग्र में हैं।

सामान्यत: एक शोधकर्ता से यह अपेक्षा की जाती है कि वह यह देखे की उसका समग्र दो अंकों वाला या तीन, चार यह अधिक अंकों वाला है, उसी के अनुसार वह रेण्डम अंकों की सारणी के उन पृष्ठों का प्रयोग करता है जिन पर दो या तीन अंक लिखे हों। रेण्डम अंक प्रणाली का प्रयोग करते समय निम्न नियमों का पालन किया जाना आवश्यक है:

(i) चुनाव का क्रम (ऊपर से नीचे या बायें से दायें) एक बार अपना लेने के बाद उसमें कोई परिवर्तन न किया जाये और प्रारंभ से अंत तक वही क्रम रखा जाये।

(ii) संख्याओं का लगातार चुनाव किया जाए, और बीच की किसी संख्या को अकारण न छोड़ा जाए।

(iii) चयन करते समय यदि एक ही संख्या दूसरी बार आ जाती है तो उसे छोड़ कर आगे की संख्या को चुना जाए।

(iv) समग्र की इकाइयों को दी गई संख्या के अनुरूप ही चुनाव किया जाना चाहिए।

दैव प्रतिचयन के गुण (Merits of Random Sampling)

साधारण दैव प्रतिचयन के प्रमुख गुण निम्नलिखित हैं:

1. साधारण दैव प्रतिचयन में समग्र की प्रत्येक इकाई को प्रतिदर्श में सम्मिलित होने का समान और स्वतंत्र अवसर प्राप्त होता है। इस विधि में संभाव्य प्रतिचयन के सभी गुण हैं।
2. इस विधि में प्रतिनिधित्वता के तत्व की पूर्ण रक्षा होती है, जो एक उत्तम प्रतिदर्श की प्रमुख विशेषता है।
3. इसमें अभिनति (Bias) के उत्पन्न होने की संभावना अन्य विधियों की अपेक्षा कम रहती है।
4. यह एक सरल विधि है जिसे आसानी से समझा और प्रयुक्त किया जा सकता है।

5. इस विधि में प्रतिदर्श त्रुटि की मात्रा बहुत कम होती है तथा इसका परिकलन (Calculation) भी सरल है।
6. यह स्तरित प्रतिचयन में होने वाली 'वर्गीकरण की त्रुटियों' से मुक्त है।

कर्लिंगर के अनुसार, "यह समस्त प्रणाली हमारे स्वयं के पूर्वाग्रहों (Prejudices) और अभिनतियों से मुक्त होने के कारण एक वस्तुपरक विधि (Objective Method) है।"

संक्षेप में, यह एक सरल, सुविधाजनक, निष्पक्ष, वस्तुपरक और प्रतिनिधिक प्रतिचयन विधि है।

दैव प्रतिचयन के अवगुण (Demerits of Random Sampling)

इस विधि की निम्नलिखित सीमाएं एवं अवगुण (दोष) हैं:

1. अत्यधिक विषमतायुक्त (Heterogenous) समग्र में इसका प्रयोग ठीक प्रकार से नहीं किया जा सकता।
2. सुविधा की दृष्टि से इसे एक सरल विधि नहीं कहा जा सकता क्योंकि एक विस्तुत क्षेत्र में प्रतिदर्श की इकाइयां फैली हो सकती हैं, जिनसे सम्पर्क स्थापित करने में अत्यधिक समय और धन की जरूरत पड़ सकती है।
3. यह विधि छोटे समग्र में से सभी इकाइयों के प्रतिदर्श में चुने जाने का कोई आश्वासन नहीं देती।

अर्द्ध-दैव प्रतिचयन विधियां (Quasi-Random Sampling Methods)

लॉटरी और रेण्डम अंक विधियों में संभाव्यता (Probability) के सिद्धान्त की पूर्ण रक्षा होती है, किन्तु कुछ ऐसी भी विधियां हैं जिनमें संभाव्यता के सिद्धान्त का आंशिक अथवा सीमित रूप में पालन होता है। इन्हें अर्द्ध दैव प्रतिचयन कहा गया है। इनके प्रमुख रूप निम्नलिखित हैं:

(i) नियमित अंकन विधि (Regular Marking Method): इस विधि में सर्वप्रथम समग्र की समस्त इकाइयों को एक निश्चित क्रम के अनुसार व्यवस्थित कर एक सूची तैयारी की जाती है। यह क्रम वर्णानुक्रम (Alphabetical), संख्यात्मक (Numerical) अथवा भौगोलिक (Geographical) या कुछ अन्य हो सकता है। बाद में, इस सूची में से एक नियमित अन्तराल (Regular Interval) के अनुसार निश्चित संख्या में प्रतिचयन इकाइयों का चुनाव किया जाता है। इसमें पहली इकाई का चुनाव सूची की प्रथम दस इकाइयों की गोलियां बना कर लॉटरी विधि से किया जाता है। तत्पश्चात चुनी हुई इस इकाई से शुरुआत करते हुए अन्य इकाइयों का चुनाव एक निश्चित अन्तराल से किया जाता है। इस अंतराल का निश्चय निम्न रूप में किया जाता है:

यदि हमारा समग्र 10,000 व्यक्तियों का है और हम केवल 100 व्यक्तियों का अध्ययन करना चाहते हैं, तब हमारा 'प्रतिदर्श अंश' (Sample Fraction) $\frac{10000}{100}$ वीं इकाई, अर्थात् 100 होगा। इस विधि के अनुसार अब लॉटरी विधि से चुनी गई प्रथम इकाई से शुरुआत करते हुए प्रत्येक 100वीं इकाई को सूची में से चयन कर लेंगे, जैसे यदि पहली

इकाई लॉटरी के द्वारा 5वीं आती है, तब बाद वाली इकाइयां 105, 205, 305, 405वीं होंगी। यह क्रम तब तक चलता रहेगा जब तक हमारे प्रतिदर्श मात्रा (Sample Size) जो कि 100 है, का चुनाव नहीं हो जाता है। इकाइयों का चयन करते समय किसी संख्या को नहीं छोड़ा जाता, किन्तु इसमें से यदि किसी संख्या की इकाई उपलब्ध नहीं है, तब इस संख्या के आगे आने वाली संख्या की इकाई को चुन लिया जाता है।

इस विधि को 'व्यवस्थित प्रतिचयन' (Systematic Sampling) भी कहते हैं क्योंकि इसमें इकाइयों का चुनाव एक पूर्व निश्चित व्यवस्था के अनुसार किया जाता है। नगर पथ प्रदर्शिका (City Guide) या टेलीफोन निर्देशिका (Telephone Directory) में से प्रत्येक दसवें नाम का चयन व्यवस्थित प्रतिचयन का ही एक उदाहरण है।

प्रमुख गुण

(i) एक सरल और सुविधाजनक विधि।

(ii) एक द्रुतगामी विधि।

(iii) इकाइयों को निकालने की त्रुटियां अपेक्षाकृत अमहत्वपूर्ण।

प्रमुख अवगुण

(i) इस विधि में दो संख्याओं के बीच की इकाइयों की पूर्ण अवहेलना के कारण अति-प्रतिनिधित्वता या अव-प्रतिनिधित्वता की संभावना रहती है।

(ii) इसमें प्रत्येक इकाई को चुने जाने का पूर्ण अवसर न मिलने के कारण इसे संभाव्य प्रतिचयन कहना ठीक नहीं है।

(ii) अनियमित अंकन विधि (Irregular Marking Method): नियमित अंकन विधि की भांति इसमें भी सर्वप्रथम समग्र की समस्त इकाइयों की एक सूची तैयार की जाती है, किन्तु इसमें इकाइयों का चुनाव अनियमित ढंग से किया जाता है। प्रतिदर्श-इकाइयों के बीच कोई निश्चित अन्तराल नहीं रखा जाता और शोधकर्ता प्रथम एवं अंतिम इकाई को छोड़ कर शेष इकाइयों पर अनियमित रूप में प्रतिदर्श की मात्रा के अनुसार बिना किसी इकाई विशेष पर ध्यान रखे हुए जल्दी-जल्दी निशान लगाता चला जाता है। निशान लगाई हुई ये इकाइयां ही प्रतिदर्श बन जाती हैं।

नियमित और अनियमित दोनों विधियों में सीमित संभाव्यता होती है, अतः इन्हें अर्द्ध दैव प्रतिचयन कहा जाता है।

ग्रिड विधि (Grid Method)

इस विधि का सर्वाधिक प्रयोग भूगोल में किया जाता है, जहाँ इकाई के रूप में क्षेत्रों का चुनाव किया जाता है। यह विधि लॉटरी विधि से पूर्णतः भिन्न है। इसमें क्षेत्रों के चुनाव के लिए सेल्यूलायड या किसी अन्य पदार्थ की बनी पारदर्शक 'ग्रिड प्लेटों' का प्रयोग किया जाता है। ये प्लेटें बाजार में उपलब्ध हैं। इन पर वर्गाकार खाने बने होते हैं। प्रत्येक खाने पर एक नम्बर लिखा होता है। इसका प्रयोग करते समय सबसे पहले दैव प्रतिचयन (लॉटरी या रेण्डम अंकविधि) की किसी विधि द्वारा खानों की संख्याओं को चुना जाता है। बाद में

ग्रिड प्लेट को अध्ययन किए जाने वाले मानचित्र पर रखा जाता है। चुनी गई संख्याएं जिन वर्गाकार खानों के नीचे आ जाती हैं, मानचित्र के वे क्षेत्र प्रतिदर्श की इकाइयां बन जाते हैं। उदाहरणार्थ, यदि दैव प्रतिचयन द्वारा 5, 8, 11, 18 अंक वाले प्रतिदर्श आते हैं, तब मानचित्र पर ग्रिड प्लेट रखने के उपरांत जिन क्षेत्रों पर उपरोक्त अंकों वाले खाने आते हैं, वे क्षेत्र हमारी प्रतिदर्श इकाइयां बन जाते हैं।

साधारण दैव प्रतिचयन का प्रत्यक्ष प्रयोग सामान्यत: वहीं किया जाता है, जहाँ समग्र छोटा तथा समरूप होता है। किन्तु, जब समग्र काफी बड़ा और विषमतायुक्त होता है, या जब समग्र की इकाइयों की सूची उपलब्ध नहीं होती, तब दैव प्रतिचयन के उन्नत स्वरूपों का प्रयोग किया जाता है। ये उन्नत स्वरूप (विधियां) साधारण दैव प्रतिचयन की प्रतिनिधित्वता की मात्रा में वृद्धि कर देती हैं, किन्तु इन सभी विधियों में भी अन्तत: प्रतिदर्श इकाइयों का चुनाव मूल दैव प्रतिचयन द्वारा ही किया जाता है। दैव प्रतिचयन की ये उन्नत या विशिष्ट विधियों निम्नलिखित हैं:

1. स्तरित दैव प्रतिचयन (Stratified Random Sampling)
2. बहुचरणीय दैव प्रतिचयन (Multistage Random Sampling)
3. संभाग या क्षेत्र दैव प्रतिचयन (Cluster or Area Random Sampling)

स्तरित दैव प्रतिचयन (Stratified Random Sampling)

जब समग्र विषमतायुक्त (Heterogenous) होता है तब उसे समरूप बनाने के लिए सर्वप्रथम सम्पूर्ण समग्र को कुछ समरूप वर्गों (Strata) या उप-समूहों (Sub-Groups) में विभाजित किया जाता है। बाद में इन वर्गों या उपसमूहों में से प्रत्येक से रेण्डम प्रतिचयन द्वारा प्रतिदर्श निकाला जाता है। ये वर्ग/उपसमूह किसी एक मानदंड (Criterion) या एकाधिक मानदंडों के सम्मिश्रण पर आधारित हो सकते हैं। **लेस्ली किस** (1970) ने इसे परिभाषित करते हुए लिखा है, "स्तरित प्रतिचयन एक जनसंख्या को उप जनसंख्याओं में विभाजित करने की एक विधि है। उप-जनसंख्याओं के आधार पर बने हुए समूह वर्ग कहलाते हैं। बाद में, ऐसे प्रत्येक वर्ग में से प्रतिदर्श का चुनाव किया जाता है।" ध्यान रहे, स्तरित प्रतिचयन में कोटिकरण (Ranking) का कोई महत्व नहीं होता।

स्तरित प्रतिचयन इस विचार पर आधारित है कि विविधता में भी अन्तर्निहित समरूपता होती है। इस अन्तर्निहित समरूपता को ध्यान में रखते हुए ही समग्र को इकाइयों की विशेषताओं जैसे लिंग, आय, व्यवसाय, वर्ग, शैक्षणिक स्तर, वर्ग, जाति, धर्म, निवासी-क्षेत्र आदि के आधार पर कुछ वर्गों में विभाजित किया जाता है। उदाहरणार्थ, परिवार नियोजन के किसी अध्ययन में एक गांव की जनसंख्या को आय, जाति, व्यवसाय और शिक्षा के वर्गों में विभाजित किया जा सकता है। ध्यान रहे, वर्गों का निर्माण किन मानदंडों (Criteria) के आधार पर किया जाए, यह शोध के उद्देश्य पर निर्भर करता है। एक शोध में व्यवसाय या आय के मानदंड प्रासंगिक हो सकते हैं, जबकि अन्य शोध में इनका कोई महत्व नहीं हो।

आनुपातिक एवं व्यानुपातिक प्रतिचयन (Proportionate and Disproportionate Sampling)

स्तरित प्रतिचयन के मोटे तौर पर दो रूप हैं: (i) आनुपातिक (Proportionate), और (ii) व्यानुपातिक (Disproportionate)। आनुपातिक स्तरित प्रतिचयन में प्रतिदर्श इकाइयों की मात्रा समग्र में उस वर्ग की कुछ इकाइयों के अनुपात में रखी जाती है। उदाहरणार्थ, किसी महाविद्यालय की कुल विद्यार्थी संख्या में यदि छात्राओं की संख्या बीस प्रतिशत है, तब लिंग के आधार पर प्रतिचयन करते समय 8:2 के अनुपात, अर्थात् 8 छात्र और 2 छात्राएं, में इकाइयों का चुनाव किया जाएगा। इसके विपरीत, व्यानुपातिक स्तरित प्रतिचयन में सभी समूहों में से समान संख्या में प्रतिदर्श इकाइयों का चुनाव किया जाता है। अत: इस प्रकार के प्रतिचयन में प्रतिदर्श इकाइयों की मात्रा समग्र में उसी वर्ग की इकाइयों के अनुपात में न होने के कारण इसे व्यानुपातिक प्रतिचयन कहते हैं। सामान्यत: आनुपातिक आधार पर इकाइयों के चुनाव को ही ठीक माना जाता है। आनुपातिक प्रतिचयन विधि का प्रयोग वहीं संभव है, जहाँ सम्पूर्ण समग्र में आयु, लिंग, व्यवसाय, आय जैसी विशेषताओं के बारे में पहले से जानकारी हो।

भारित स्तरित प्रतिचयन (Weighted Stratified Sampling)

इन दो प्रमुख रूपों के अतिरिक्त स्तरित प्रतिचयन का एक अन्य रूप भी है, जो भारित स्तरित प्रतिचयन (Weighted Stratified Sampling) के नाम से जाना जाता है। व्यानुपातिक प्रतिचयन में संभाव्य प्रतिदर्श प्राप्त नहीं किया जा सकता। इसमें कुछ वर्गों से अन्य वर्गों की अपेक्षा अधिक इकाइयों का चुनाव किए जाने की संभावना रहती है। इस समस्या का समाधान प्रतिदर्श की इकाइयों को उचित भार देकर किया जा सकता है। भारित प्रतिचयन में अधिक संख्या वाले वर्गों को अधिक भार देकर उनके प्रभाव में वृद्धि की जाती है। प्राय: यह भार उसी अनुपात में बढ़ाया जाता है, जिस अनुपात में वर्ग की इकाइयाँ समग्र में होती हैं। अत: यह विधि आनुपातिक और व्यानुपातिक दोनों विधियों का एक मिश्रित रूप कही जा सकती है।

उदाहरणार्थ, यदि एक ऐसा समग्र है जिसमें 1,000 हिन्दू, 800 मुसलमान तथा 200 ईसाई हैं। यदि हम प्रत्येक वर्ग में से दैव प्रतिदर्श विधि द्वारा 100 व्यक्तियों का चुनाव करते हैं, अर्थात् 100 हिन्दू, 100 मुसलमान तथा 100 ईसाई, तो यह एक व्यानुपातिक प्रतिदर्श होगा। जब हम इन तीनों वर्गों के प्रतिदर्श को एक संयुक्त प्रतिदर्श में सम्मिलित करते हैं, तब हम देखेंगे कि इकाइयों के चुनाव की संभावना में कितना बड़ा अन्तर है:

1. हिन्दुओं 1/10 संभाविता (प्रत्येक 10 हिन्दुओं में से 1 हिन्दू का चुनाव)
2. मुसलमान 1/8 संभावित (प्रत्येक 8 मुसलमानों में से 1 मुसलमान का चुनाव)
3. ईसाई 1/2 संभावित (प्रत्येक 2 ईसाइयों में से 1 ईसाई का चुनाव)

अत: इसमें प्रत्येक ईसाई को हिन्दू की अपेक्षा पांच गुणा तथा मुसलमान की अपेक्षा चार गुणा अधिक चुनाव की संभावना मिली है। इन तीनों समूहों को प्रतिदर्श में समानुपातिक रूप में प्रतिनिधित्व मिले, इसके लिए तीनों को असमान रूप में भारित किया जाना आवश्यक है। सामान्य रूप में, समानुपातिक प्रतिनिधित्व के लिए सर्वप्रथम एक

समूह की संभाविता को मालूम किया जाता है। बाद में चुनाव की संभाविता के ठीक विपरीत मात्रा के अनुरूप उन्हें भार प्रदान किया जाता है। उपरोक्त उदाहरण में, ईसाइयों को चुनाव की दो में से एक संभावना प्राप्त है, अतः ईसाई वर्ग को दो का भार दिया जाएगा। इसी प्रकार, हिन्दुओं के वर्ग को दस और मुसलमानों के वर्ग को आठ का भार दिया जाएगा। इस विशिष्ट उदाहरण में चूंकि इन सभी भारों को दो से भाग दिया जा सकता है, अतः अब उनका भार निम्नवत होगा:

समूह	**भार**	
हिन्दू	10/2	= 5
मुसलमान	8/2	= 4
ईसाई	2/2	= 1

प्रत्येक वर्ग का भार मालूम कर लिए जाने के बाद वर्ग की चुनी हुई अभारित इकाइयों को भार प्रदान करने के लिए इकाइयों को भार की संख्या से गुणा करके भारित किया जाता है। मान लीजिए, धर्म के आधार पर शैक्षणिक स्तर पर हमारे उपरोक्त अभारित आंकड़ों की सारणी का रूप निम्नवत होगा:

शैक्षणिक स्तर	*धर्म*		
	ईसाई	*मुसलमान*	*हिन्दू*
मिडिल	19	23	20
हाईस्कूल	21	38	40
कॉलेज	60	39	40
कुल	100	100	100

भारित सारणी

शैक्षणिक स्तर	*धर्म*		
	ईसाई	*मुसलमान*	*हिन्दू*
मिडिल	19×1=19	23×4=92	20×5=100
हाईस्कूल	21×1=21	38×4=152	40×5=200
कॉलेज	60×1=60	39×4=156	40×5=200
कुल	100	400	500

आनुपातिक एवं व्यानुपातिक प्रतिचयन के उदाहरण

कक्षा	*आनुपातिक प्रतिचयन*	
	विद्यार्थियों की कुल संख्या	*आनुपातिक प्रतिदर्श की मात्रा (प्रतिशत में)*
प्रथम वर्ष	400	40
द्वितीय वर्ष	300	30
तृतीय वर्ष	200	20
स्नात्कोत्तर	100	10
कुल	1,000	100

यदि किसी समग्र को सामाजिक-आर्थिक प्रस्थिति के आधार पर निम्नलिखित छह वर्गों में विभाजित किया जाता है तब उसमें से व्यानुपातिक स्तरित प्रतिचयन के अनुसार प्रतिदर्श निम्न तरीके से निकाला जाएगा:

व्यानुपातिक प्रतिचयन

	वर्ग	*प्रतिशत*
1	उच्च-उच्च वर्ग	15
2	निम्न-उच्च वर्ग	10
3	उच्च-मध्यम वर्ग	20
4	निम्न-मध्यम वर्ग	20
5	उच्च-निम्न वर्ग	10
6	निम्न-निम्न वर्ग	25
		100

उपरोक्त उदाहरण में प्रतिशत के आधार पर समग्र की कुल इकाइयों को उपवर्गों में विभाजित किया गया है। मान लीजिए, हमें इन उपवर्गों में से 60 इकाइयों के प्रतिदर्श का चयन करना है और इसके लिए हम व्यानुपाती प्रतिचयन विधि का प्रयोग करना चाहते हैं। यदि हम चाहें तो सभी वर्गों में से समान संख्या में, अर्थात् 10 प्रतिशत इकाइयों ले सकते हैं। चूंकि उप-वर्गों की संख्या 6 है, अतः हमारे द्वारा निर्धारित प्रतिदर्श की मात्रा, अर्थात् $6 \times 10 = 60$ हमें प्राप्त होगी, अर्थात् प्रत्येक उपवर्ग में से 1/6 इकाइयों के अनुसार चुनाव होगा। इससे स्पष्ट है कि उच्च-मध्यम, निम्न मध्यम और निम्न-निम्न वर्गों में से समग्र में इन वर्गों की इकाइयों के अनुपात से कम तथा अन्य बचे हुए तीन वर्गों में से अनुपात से अधिक चयन किया है। अतः स्तरित प्रतिचयन की यह विधि व्यानुपाती कहलायेगी।

व्यानुपाती प्रतिचयन विधि में एक शोधकर्ता चाहे तो प्रत्येक वर्ग को समान भार दे सकता है, अर्थात् प्रत्येक वर्ग में से समान मात्रा में इकाइयों का चुनाव कर सकता है अथवा कुछ वर्गों को अधिक और कुछ को कम भार दे सकता है, अर्थात् समग्र में कुछ वर्गों को उनके व्यानुपातिक वितरण के अनुसार वह पर्याप्त भार नहीं देता है।

वर्गों में विभाजन के मानदण्ड (Criteria for Division into Strata)

स्तरित प्रतिचयन की समस्त सफलता वर्गों के उचित विभाजन पर निर्भर करती है। उचित विभाजन ही प्रतिदर्श की प्रतिनिधिकता में वृद्धि का आश्वासन देता है। वर्गों का निर्माण करते समय निम्नलिखित मानदंडों को ध्यान में रखा जाना चाहिए:

1. विभाजन के मानदंड और अध्ययन किए जाने वाले चरों (Variables) के बीच सहसंबंध होना आवश्यक है। यदि हम किसी ऐसे कारक अथवा गुण के आधार पर समग्र को विभाजित करते हैं, जिसका शोध के विषय से कोई प्रत्यक्ष संबंध नहीं है, तब ऐसे प्रतिदर्श के यथार्थ होने में संदेह हो सकता है।

2. **गुडे एवं हट्ट** के अनुसार, विभाजन का जो मानदंड प्रयोग किया जा रहा है, वह इस प्रकार का न हो कि जिसके द्वारा इतने बड़े उप-प्रतिदर्श की आवश्यकता पड़े कि साधारण दैव प्रतिचयन द्वारा निर्धारित प्रतिदर्श की मात्रा में वृद्धि करनी पड़े।
3. वर्ग एकान्तिक होने चाहिए ताकि समग्र की प्रत्येक इकाई को किसी न किसी वर्ग में विभाजन का अवसर मिल सके और किसी भी इकाई को एक से अधिक वर्गों में विभाजन की द्विविधा उत्पन्न न हो। इसके अतिरिक्त विभिन्न वर्गों की इकाइयों का जोड़ समस्त समग्र की इकाइयों के जोड़ के बराबर होना चाहिए।
4. प्रत्येक वर्ग का आकार (Size) इतना बड़ा हो कि उसमें से दैव प्रतिचयन द्वारा इकाइयों का चुनाव किया जा सके, बहुत छोटे वर्ग में दैव प्रतिचयन का प्रयोग कठिनाई उत्पन्न कर सकता है।
5. वर्गों का निर्माण इस प्रकार हो ताकि एक वर्ग में आने वाली सभी इकाइयां समरूप हों, किन्तु वे दूसरे वर्गों की इकाइयों से भिन्न हों।
6. एकाधिक चरों वाली शोध में सर्वप्रथम सर्वाधिक महत्वपूर्ण चर के आधार स्तरीकरण किया जाना बेहतर होता है।

स्तरित प्रतिचयन के गुण (Merits of Stratified Sampling)

स्तरित प्रतिचयन को रैण्डम प्रतिचयन के सभी लाभ मिलते हैं, क्योंकि इकाइयों का चुनाव मूलत: रैण्डम विधि से ही किया जाता है, इसके अतिरिक्त अन्य लाभ निम्नलिखित हैं:

(i) इसके द्वारा प्रतिदर्श की प्रतिनिधित्वता बढ़ जाती है।

(ii) इसमें 'प्रतिचयन त्रुटि' (Sampling Error) की संभावना कम रहती है, अत: यह एक अधिक विश्वसनीय और यथार्थ प्रतिदर्श होता है।

(iii) यह विषमतायुक्त समग्र के लिए सर्वाधिक उपयुक्त विधि है।

(iv) इसमें समग्र के छोटे से छोटे वर्ग की इकाई को प्रतिदर्श में सम्मिलित होने का अवसर प्राप्त होता है।

(v) इसमें एक वर्ग में सभी इकाइयों के समान गुण वाली होने के कारण एक इकाई के स्थान पर दूसरी इकाई के बदलने की सुविधा होती है।

अवगुण (Demerits)

(i) इस विधि में सर्वप्रथम वर्गों का निर्माण करना होता है और यह तभी संभव है जब समग्र के समस्त गुण एवं विशेषताओं के बारे में शोधकर्ता को पूर्व ज्ञान हो।

(ii) यह साधारण प्रतिचयन की अपेक्षा अधिक जटिल, समय साध्य और श्रम साध्य विधि है। इसका प्रयोग बहुत बड़े समग्र (जैसे राष्ट्रीय स्तर के सर्वेक्षण) में संभव नहीं है।

(iii) इसमें उपयुक्त वर्गीकरण के अभाव में अभिनति (Bias) उत्पन्न होने की संभावना रहती है।

(iv) इसमें मिश्रित विशेषताओं वाली इकाइयों को वर्गों में विभ़ाजित करने की कठिनाई रहती है।

(v) इसमें प्रतिदर्श को सानुपातिक बनाने के प्रयासों में शोधकर्ता की रुचि प्रतिदर्श को प्रभावित कर सकती है।

(vi) इसमें बड़े सेम्पल की जरूरत होती है।

उपरोक्त कमियों और कठिनाइयों के कारण बड़े सर्वेक्षणों में आजकल स्तरित प्रतिचयन के स्थान पर संभाग (Cluster) या क्षेत्र प्रतिचयन (Area Sampling) का प्रयोग किया जाता है। संभाग प्रतिचयन और स्तरित प्रतिचयन में मुख्य अंतर यह है कि संभाग प्रतिचयन में समरूप समूह को विषमरूप इकाइयों में बांटा जाता है, जबकि स्तरित प्रतिचयन में विषमरूप समूह को समरूप इकाइयों में स्तरित किया जाता है।

क्षेत्र या संभाग प्रतिचयन (Area or Cluster Sampling)

शब्दकोषीय अर्थ में, 'कल्सटर' का अर्थ 'गुच्छा' या 'समूह' से है, अतः जब प्रतिदर्श की इकाइयों के रूप में इकाइयों के किसी समूह या क्षेत्र का चुनाव किया जाता है, तब इसे 'संभाग प्रतिचयन' कहते हैं। जब अध्ययन का क्षेत्र बहुत बड़ा और फैला हुआ होता है, तब ऐसे क्षेत्र में साधारण एवं स्तरित प्रतिचयन के प्रयोग में बहुत अधिक समय और बड़ी लागत-खर्च की जरूरत पड़ती है क्योंकि ऐसे बड़े क्षेत्र के सूचनादाताओं के अध्ययन के लिए अत्यधिक साक्षात्कारकर्ताओं और प्रशासनिक कर्मचारियों की जरूरत पड़ती है, जिन पर बड़ा खर्चा होता है। इन कारणों और कुछ अन्य कारणों से बड़े-बड़े सर्वेक्षण अध्ययनों में क्षेत्र या संभाग प्रतिचयन विधि का प्रयोग किया जाता है। संभाग प्रतिचयन में सर्वप्रथम सम्पूर्ण अध्ययन क्षेत्र को उप-क्षेत्रों में बांट दिया जाता है, जिन्हें 'संभाग' (Clusters) कहा जाता है। बाद में, साधारण देव प्रतिचयन विधि द्वारा कुछ संभागों को चुना जाता है। अन्ततः इन चुने हुए संभागों से साधारण दैव प्रतिचयन द्वारा प्रतिदर्श की इकाइयों का चुनाव कर इन व्यक्तिगत इकाइयों का अध्ययन किया जाता है। वास्तव में, यह साधारण दैव प्रतिचयन का ही एक विशिष्ट रूप है, जिसमें व्यक्तिगत इकाइयों (Individual Units) का प्रत्यक्ष चुनाव न करके प्रतिदर्श समूहों का चयन किया जाता है। ये समूह ही संभाग (Clusters) कहलाते हैं। ये संभाग किसी नगर के वार्ड, जनसंख्या खंड या भौगोलिक इकाई आदि कुछ भी हो सकते हैं। जब ये भौगोलिक इकाई होते हैं, तब इसे क्षेत्र प्रतिचयन (Area Sampling) कहते हैं। इस क्षेत्र प्रतिचयन विधि का प्रयोग मूलतः भूगोल विषय में कृषि क्षेत्रों के अध्ययन से प्रारंभ हुआ, किन्तु आजकल इसका प्रयोग सामाजिक विज्ञानों में भी किया जा रहा है। जनसांख्यिकी, परिस्थितिकीय अध्ययनों (Ecological Studies) और अपराधिक क्षेत्रों के अध्ययन में इस विधि का बहुत प्रयोग हुआ है।

इस विधि के प्रमुख गुण एवं अवगुण निम्नलिखित हैं:

(i) वृहत जनसंख्या या विशाल भौगोलिक क्षेत्रों के अध्ययन में यह विधि बहुत उपयोगी है।

(ii) इसमें साधारण दैव प्रतिचयन की अपेक्षा समय, धन और श्रम तीनों की बचत होती है।

(iii) इसमें सूचनादाताओं का एक दूसरे के साथ फेर-बदल किया जा सकता है।

(iv) इसमें लचीलापन संभव है।

(v) प्रशासनिक दृष्टि से यह एक सरल विधि है, क्योंकि व्यक्तियों की पहचान की जरूरत नहीं होती।

इस विधि की सबसे बड़ी कमजोरी (अवगुण) प्रतिनिधिक क्षेत्रों या संभागों के चुनाव की है। चुने हुए संभाग/क्षेत्र कहाँ तक समग्र का प्रतिनिधित्व कर पाएंगे, निश्चित तौर पर इस बारे में कहना कठिन है। समग्र के सभी क्षेत्र या संभाग समान आकार-प्रकार के होना कठिन है। उदाहरणार्थ, यदि हम किसी राज्य में से कुछ जिलों का चुनाव करते हैं, सभी जिलों का एक सा आकार-प्रकार का होना कठिन हैं। इस विधि में 'प्रतिचयन त्रुटि' (Sampling Error) की संभावना भी अधिक रहती है।

संभाग प्रतिचयन विधि को इस उदाहरण द्वारा समझा जा सकता है। मान लीजिए हमें एक ऐसे बड़े नगर का सर्वेक्षण करना है जिसमें लगभग बीस हजार परिवार रहते हैं। हमारे पास नगर के परिवारों की एक सूची भी उपलब्ध है। यदि हम इन परिवारों में से 200 परिवारों के एक प्रतिदर्श का चयन करना चाहते हैं तो इसके लिए हम किसी भी दैव प्रतिचयन तकनीक का प्रयोग कर सकते हैं, किन्तु इस प्रकार के प्रतिदर्श की इकाइयां संभव है सम्पूर्ण नगर में बिखरी हो सकती हैं। परिणामत: इन इकाइयों के साथ सम्पर्क स्थापित करने में हमें काफी असुविधा के साथ-साथ जाने-आने पर अत्यधिक खर्चा भी होगा। इस असुविधा और खर्चे से बचने के लिए हम नगर के किसी एक भाग या कुछ भागों की इकाइयों को अपना अध्ययन केन्द्र बना सकते हैं। यदि सम्पूर्ण नगर को 400 क्षेत्रों में इस प्रकार विभाजित किया जाए कि प्रत्येक क्षेत्र में 50 परिवार हों, तब प्रतिदर्श के 200 परिवारों के चयन के लिए एक सरल तरीका यह हो सकता है कि इन क्षेत्रों में से दैव प्रतिदर्श विधि (जैसे लॉटरी विधि) द्वारा किन्हीं चार क्षेत्रों को (प्रत्येक 100 में से एक परिवार के अनुसार) चयन कर इन चुने हुए क्षेत्रों के समस्त परिवारों (अर्थात् $50 \times 4 = 200$ परिवार) का अध्ययन किया जा सकता है। प्रतिदर्श के रूप में चुने गए ये क्षेत्र शोध की भाषा में 'संभाग' (Clusters) कहलाते हैं। इस विधि में सर्वेक्षणकर्ता को केवल चार क्षेत्रों (संभागों) के परिवारों पर ही अपनी क्षमताओं का प्रयोग करने से स्वाभाविक रूप में असुविधा और खर्चे दोनों में राहत मिल जाती है।

बहुचरणीय प्रतिचयन (Multi-Stage Sampling)

मोजर एवं कालटन ने लिखा है कि क्षेत्र संभाग प्रतिचयन मूलत: बहुचरणीय प्रतिचयन है। जब इकाइयों के सम्पूर्ण समूह को ही प्रतिदर्श के रूप में चुन लिया जाता है, तब यह चयन-प्रक्रिया संभाग प्रतिचयन (Cluster Sampling) कहलाती है, किन्तु जब प्रथम चरण में चुने हुए संभागों या क्षेत्रों में से किन्ही कारणों से पुन: उप-प्रतिदर्श (Sub Sample) लिया जाता है, तब यह प्रक्रिया 'बहुचरणीय प्रतिचयन' कहलाती है। वास्तव में, संभाग प्रतिचयन बहुचरणीय प्रतिचयन का ही एक विशिष्ट रूप है, जिसमें द्वितीय चरण में संभाग की शत-प्रतिशत इकाइयों को चुन लिया जाता है।

बहुचरणीय प्रतिचयन में कई चरणों में प्रतिदर्श का चुनाव कर अंतिम प्रतिदर्श का अध्ययन किया जाता है। इसमें प्रथम चरण में विशाल समग्र की जनसंख्या को बड़े समूहों में बांट कर कुछ समूहों का चुनाव किया जाता है। द्वितीय चरण में, इन चयनित समूहों में से उप-समूहों का, तृतीय चरण में चयनित उप-समूहों में से खंडों का और अंतिम चरण में इन चयनित खंडों में से व्यक्तिगत इकाइयों का चुनाव कर इनका अध्ययन किया जाता है।

कभी-कभी समूह और उपसमूहों में विभाजन का यह क्रम कई चरणों तक चल सकता है। इस प्रकार विशाल समग्र की जनसंख्या को इकाइयों के एक छोटे समूह में बदल दिया जाता है, जिसका अध्ययन आसानी से किया सकता है। विशाल समग्र में से अध्ययन की इकाइयों का अध्ययन न तो संभव होता है और न ही अपेक्षित। किसी अध्ययन में कितने चरणों का प्रयोग किया जाएगा, यह समूहों, उपसमूहों और खंडों की विशालता पर निर्भर करता है। प्रत्येक चरण में चुनाव के लिए दैव प्रतिचयन की किसी भी तकनीक यथा लॉटरी विधि, रैण्डम अंक प्रणाली आदि का प्रयोग किया जाता है। एकाधिक चरणों में प्रतिचयन के प्रयोग की यह प्रक्रिया ही बहुचरणीय प्रतिचयन कहलाती है।

इसका एक उदाहरण हम सम्पूर्ण भारत के अस्पतालों के मरीजों के किसी अध्ययन का दे सकते हैं। बहुचरणीय विधि का प्रयोग करते हुए हम अस्पताल और मरीजों का चुनाव करने के लिए भारत के राज्यों में से कुछ राज्यों का चुनाव, द्वितीय चरण में इन राज्यों में से कुछ जिलों का चुनाव और तृतीय चरण में जिले के अस्पतालों में से कुछ अस्पतालों का चुनाव कर इन चुने हुए अस्पतालों के सभी मरीजों का या कुछ मरीजों का अध्ययन कर सकते हैं। ये अस्पताल संभाग (Cluster) का काम करेंगे। सामान्यतः 'राष्ट्रीय प्रतिदर्श सर्वेक्षण' (National Sample Survey) में इसी विधि का प्रयोग करते हुए देश को राज्यों, जिलों, विकास खंडों और गांवों में विभाजित कर प्रत्येक स्तर पर दैव प्रतिचयन का प्रयोग करते हुए प्रतिदर्श का चयन किया जाता है और इस प्रकार विशाल अध्ययन के क्षेत्र को बहुत छोटे क्षेत्र में परिणित कर दिया जाता है, जिससे अध्ययन सरल हो जाता है। इस विधि को हम निम्न काल्पनिक चित्रों द्वारा प्रदर्शित कर सकते हैं:

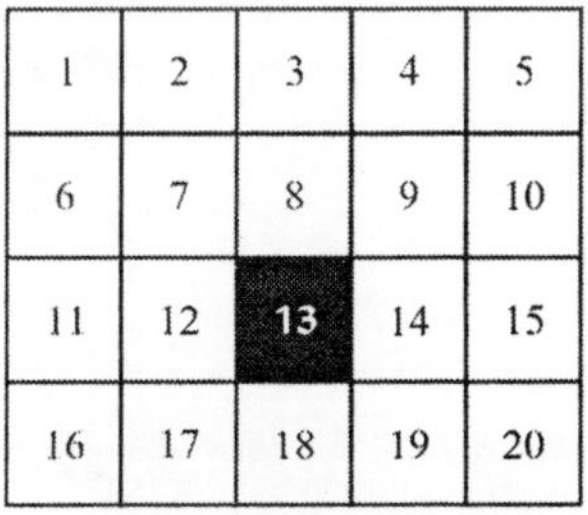

प्रथम चरण में खंड 13 का चुनाव

द्वितीय चरण पर उपखण्ड नं. 33 का चुनाव

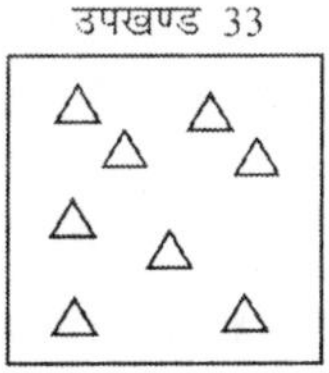

तृतीय स्तर पर उपखण्ड में से परिवारों का चुनाव

अधिकांश विस्तृत क्षेत्रीय गवेषणाओं तथा लगभग उन सभी सर्वेक्षणों में, जिनमें समग्र की अध्ययन की जाने वाली इकाइयां इधर-उधर बिखरी हुई होती हैं, बहुचरणीय प्रतिचयन विधि का प्रयोग किया जाता है। उपरोक्त चित्र से स्पष्ट है कि समग्र के बड़े होने कारण उसे सर्वप्रथम 20 खंडों में विभाजित किया गया है। यह विभाजन भौगोलिक, राजनैतिक, प्रशासनिक, सामाजिक अथवा किसी भी अन्य आधार पर किया जा सकता है जो अध्ययन की समस्या के अनुरूप हो। खंडों में विभाजन के उपरान्त, 20 खंडों में से दैव प्रतिदर्शन के द्वारा खंड नं. 13 का चुनाव किया गया। द्वितीय चरण में, खंड 13 को पुनः उपखण्डों में विभाजित करके 33 नम्बर के उपखण्ड का चुनाव किया गया है। तृतीय चरण

में उपखण्ड नं. 33 में से अन्तिम पारिवारिक इकाइयों का चुनाव किया गया। अत: इस प्रकार की एकाधिक चरणों में प्रतिदर्श के चयन की प्रक्रिया ही 'बहुचरणीय प्रतिचयन विधि' कहलाती है। सम्पूर्ण भारत में से कुछ प्रतिनिधित्वपूर्ण परिवारों के चुनाव के लिए इस विधि का प्रयोग करते हुए राज्यों को जिलों में और जिलों को विकास खण्डों में विभाजित करके प्रत्येक चरण पर कुछ एक इकाइयों का चुनाव करके विशाल समग्र को सीमित किया जा सकता है। जैसे:

राजस्थान	-	प्रदत्त अध्ययन क्षेत्र
↓		
जिले	-	प्रथम स्तर
↓		
विकास खंड	-	द्वितीय स्तर
↓		
गाँव	-	तृतीय स्तर
↓		
परिवार	-	चतुर्थ स्तर

बहुक्रमिक प्रतिचयन (Multi-phase Sampling)

बहुक्रमिक प्रतिचयन में भी प्रतिचयन की प्रक्रिया बहु-चरणीय प्रतिचयन की भांति ही होती है, अर्थात् प्राथमिक, द्वितीयक, तृतीयक और आगे भी कई चरणों में चयन का क्रम जारी रहता है। किन्तु, बहुक्रमिक प्रतिचयन की चयन-प्रक्रिया में दूसरे चरण की शुरुआत करने के पूर्व प्रथम चरण के प्रतिदर्श का समुचित मात्रा में अध्ययन किया जाता है। परिणायत: जहाँ बहुचरणीय प्रतिचयन में केवल अंतिम प्रतिदर्श का अध्ययन किया जाता है, वहाँ इसमें सभी प्रतिदर्शों का अध्ययन किया जाता है।

असंभावनामूलक (असंभाव्य) प्रतिचयन (Non-probability Sampling)

सामाजिक शोध के कई ऐसे विषय हैं (जैसे कैन्सर या एड्स ग्रस्त व्यक्ति, धूम्रपान करने वाले व्यक्ति, शराबी व्यक्ति, विधवाएं, प्रवासी व्यक्ति आदि-आदि) जिनमें संभाव्य विधि का प्रयोग दुष्कर और अनुपयुक्त रहता है। ऐसे विषयों के अध्ययन के लिए उद्देश्य को ध्यान में रखते हुए जानबूझ कर कैन्सर ग्रसित या एड्स ग्रसित प्रतिदर्श इकाइयों का चयन किया जाता है। इसमें किसी भी स्तर पर संभाव्य सिद्धान्त का प्रयोग नहीं किया जाता है, अत: इन विधियों से निकाले गए निष्कर्षों की विश्वसनीयता संदिग्ध रहती है, इसके साथ ही इनमें 'प्रतिदर्श-त्रुटि' का अनुमान लगाना भी कठिन होता है। असंभाव्य प्रतिचयन के मुख्य प्रकार निम्नलिखित हैं:

(i) उद्देश्यात्मक प्रतिचयन (Purposive Sampling)

(ii) सुविधामूलक प्रतिचयन (Convenience Sampling)

(iii) अभ्यंश प्रतिचयन (Quota Sampling)

(iv) हिमगेंद प्रतिचयन (Snowball Sampling)

उद्देश्यात्मक प्रतिचयन *(Purposive Sampling)*

जब शोधकर्ता किसी विशेष उद्देश्य को ध्यान में रखते हुए प्रतिदर्श-इकाइयों का सचेतन रूप में चयन करता है, तब इसे उद्देश्यात्मक प्रतिचयन या निर्णयमूलक प्रतिचयन (Judgement Sampling) कहते हैं। इस प्रकार की विधि में प्रतिदर्श-इकाइयों के चुनाव में शोधकर्ता का उद्देश्य, निर्णय या इच्छा ही सर्वोपरि होती है और संयोग के तत्व (Element of Chance) की अवहेलना की जाती है। यह विधि इस मान्यता पर आधारित है कि एक अच्छे निर्णय के द्वारा एक शोधकर्ता ऐसी प्रतिदर्श इकाइयों का चयन कर सकता है, जो उसके अध्ययन की आवश्यकताओं के अनुसार संतोषजनक हों। उदाहरणार्थ, किसी महाविद्यालय या विश्वविद्यालय के विद्यार्थियों में नशीली दवाओं और गुटके सेवन करने वालों, मद्यपान या धूम्रपान करने वाले विद्यार्थियों की आदतों, प्रवृत्तियों एवं इसके कारणों का अध्ययन करने में उद्देश्यात्मक प्रतिचयन का प्रयोग इसलिए लाभकारी सिद्ध हो सकता है कि इसमें शोध के उद्देश्यानुसार उन्हीं विद्यार्थियों में से चयन किया जाएगा जो उपरोक्त नशीले पदार्थों का प्रयोग करते हैं। यदि इस प्रकार के अध्ययन में हम किसी रेण्डम प्रतिचयन विधि का प्रयोग करते हैं तब संभव है कि हमारे प्रतिदर्श में उचित मात्रा में ऐसी इकाइयों का चयन ही नहीं हो पाये जो नशीले पदार्थों का प्रयोग करते हों। यही नहीं, रेण्डम (दैव प्रतिचयन) विधि से प्रतिदर्श में सभी इकाइयां किसी एक वर्ग, जाति या धर्म की सम्मिलित होने की संभावना हो सकती है। ऐसे प्रतिदर्श में अध्ययन की दृष्टि से प्रतिनिधित्वता की कमी आ सकती है। इसी प्रकार, यदि हम तलाक या अन्तर्जातीय विवाह की समस्याओं का अध्ययन करना चाहते हैं, तब हमें उन्हीं व्यक्तियों में से जानबूझ चुनाव करना होगा जिनमें तलाक हुआ है या जिन्होंने अन्तर्जातीय विवाह किया है। अति संक्षेप में, उद्देश्यात्मक प्रतिचयन में समग्र में से उन्हीं इकाइयों का चुनाव किया जाता है जो शोध के उद्देश्यों को पूरा करती हों या शोध की दृष्टि से विशेष महत्व रखती हों।

यह विधि व्यक्तिपरक (Subjective) अवश्य है, किन्तु इसमें शोधकर्ता से यह आशा की जाती है कि वह इकाइयों का चुनाव करते समय सभी प्रकार की इकाइयों का चयन कर प्रतिदर्श को अधिकाधिक प्रतिनिधिक बनाने का यत्न करे ताकि यथार्थ निष्कर्ष प्राप्त किए जा सकें। इस विधि में सामान्य रूप में एक ऐसी व्यूहरचना अपनाई जाती है ताकि उन्हीं इकाइयों का चुनाव किया जा सके जो कुछ विशिष्टता रखती हैं और जिनमें शोधकर्ता की रुचि है। इसमें यह माना जाता है कि चयन में निर्णय की त्रुटियां एक दूसरे को प्रति-संतुलित कर देती हैं।

गुण (Merits)

लगभग सभी असंभाव्य प्रतिचयन विधियों- उद्देश्यात्मक, सुविधाजनक, अभ्यंश और हिमगेंद प्रतिचयन के दो गुण प्रमुख हैं- सरलता और मितव्ययता। इन विधियों में साधारण दैव प्रतिचयन की भांति न तो सम्पूर्ण समग्र की कोई सूची बनाई जाती है और न ही लॉटरी विधि की भांति चयन हेतु गोलियां या कार्ड । इनका प्रयोग कहीं भी किया जा सकता है। इसमें इकाइयों का चुनाव जानबूझ कर किया जाता है, अतः अध्ययन इकाइयों का क्षेत्र

सीमित और लघु होता है। लघु क्षेत्र के अध्ययन में शोध के लागत-खर्च की बचत के साथ-साथ समय भी कम लगता है। यही नहीं, छोटे क्षेत्र का अध्ययन अधिक गहनता और सूक्ष्मता से भी किया जा सकता है। समग्र की इकाइयों की विशेषताओं से परिचित होने के कारण अधिक यथार्थ परिणाम प्राप्त होने की संभावना रहती है।

दोष *(Demerits)*

सांख्यिकविदों और समाज वैज्ञानिकों ने इस विधि में प्रतिनिधित्वता की समस्या, अभिनति की समस्या और प्रतिदर्श-त्रुटि के आकलन की समस्या को लेकर कटु आलोचना की है। यह विधि शोधकर्ता के निर्णय पर आधारित है, अतः व्यक्तिपरकता (Subjectivity) इसका प्रमुख अवगुण है।

सामान्यीकरणों की दृष्टि से उद्देश्यात्मक प्रतिचयन की अपेक्षा संभावनामूलक प्रतिचयन विधियां अधिक उपयुक्त और कार्यक्षम होती हैं। यह विधि समग्र के पूर्व ज्ञान की अपेक्षा पर आधारित है जो कई बार अपूर्ण होता है।

सुविधाजनक या सांयोगिक प्रतिचयन (Convenience or Accidental Sampling)

जब प्रतिदर्श का चुनाव शोधकर्ता द्वारा अपनी सुविधा के अनुसार किया जाता है, तब यह सुविधाजनक प्रतिचयन कहलाता है। इसमें शोधकर्ता उन सभी व्यक्तियों का अध्ययन (साक्षात्कार) करता है जो बहुत आसानी से उसे उपलब्ध हैं और साक्षात्कार देने के लिए तैयार हो जाते हैं। 'सहज उपलब्धता' इस प्रतिचयन विधि का मूलाधार है। इसे 'सांयोगिक प्रतिचयन' इसलिए कहा जाता है कि संयोगवश जो कोई भी व्यक्ति शोधकर्ता के सम्पर्क में आता है और सूचना देने के लिए तैयार हो जाता है, वह शोधकर्ता के अध्ययन के प्रतिदर्श की एक इकाई बन जाता है। टेलीविजन पर प्रसारित कार्यक्रमों, व्यावसायिक वस्तुओं के विज्ञापनों, चुनाव सर्वेक्षणों आदि में लोगों के दृष्टिकोण एवं विचारों को जानने के लिए बहुधा इस विधि का प्रयोग करते हुए सड़क पर चलते हुए लोगों, किसी प्रदर्शनी के लिए एकत्रित जनसमुदाय आदि में से कुछ व्यक्तियों का चयन कर उनका साक्षात्कार करने का प्रयास किया जाता है।

इस विधि का सबसे बड़ा गुण इसकी शीघ्रता (Quickness) तथा किफायती (Economical) होना है। इसमें प्रतिदर्श की प्रतिनिधित्वता की अपेक्षा इकाइयों की सहज उपलब्धता को ही विशेष महत्व दिया जाता है। इसमें प्रतिचयन के मूल सिद्धान्त 'संभाव्यता' (Probability) का कोई स्थान न होने के कारण यह एक अवैज्ञानिक और अपरिष्कृत विधि है। इसमें पग-पग पर पक्षपात का प्रवेश होने के कारण प्रतिदर्श के पूर्वाग्रह ग्रसित होने की संभावना रहती है। इस विधि की एक अन्य महत्वपूर्ण कमजोरी यह है कि इसमें 'मानक त्रुटि' (Standard Error) का गणितिक अनुमान लगाना कठिन है। इन कमियों और कमजोरियों के होते हुए भी इस विधि का प्रयोग किन्हीं मुद्दों के बारे में त्वरित परिणाम पाने के लिए बहुतायत में किया जाता है।

इस विधि का प्रयोग मुख्यतः शोध के प्रारंभिक चरणों, पूर्वगामी अध्ययनों (Pilot Studies) और परीक्षण सर्वेक्षणों (Test Surveys) में ही अधिक किया जाता है।

अभ्यंश प्रतिचयन (Quota Sampling)

यह विधि उद्देश्यात्मक विधि का ही एक विशिष्ट रूप है। इसमें दैव प्रतिचयन विधि का प्रयोग नहीं किया जाता और साक्षात्कारकर्ताओं पर कुछ प्रतिबंध लगा कर प्रतिदर्श के चुनाव के लिए उन्हीं के निर्णय पर छोड़ दिया जाता है। यहाँ 'प्रतिबंध' से तात्पर्य कुछ नियमों और निर्देशों के पालन से है। साक्षात्कारकर्ता से यह अपेक्षा की जाती है कि प्रतिचयन इकाइयों का चयन करते समय वह उन नियमों-निर्देशों का कठोरता से पालन करे ताकि प्रतिदर्श प्रतिनिधिक बना रहे। प्रतिदर्श इकाइयों के चुनाव के कुछ सामान्य नियम निम्नलिखित हैं:

(अ) प्रतिदर्श की एक निर्दिष्ट संख्या, अर्थात् साक्षात्कारकर्ता को कुल कितने व्यक्तियों का साक्षात्कार करना है।

(ब) निर्दिष्ट समूह का प्रतिदर्श इकाइयों की विशेषताओं के आधार पर विभाजन, अर्थात् व्यक्तियों का चयन करते समय आय, आयु, लिंग, जाति, सामाजिक-आर्थिक प्रस्थिति, धर्म, व्यवसाय आदि को ध्यान में रख कर व्यक्तियों का चयन करना। उपरोक्त विशेषताओं में से किन विशेषताओं को चयन का आधार बनाया जाएगा, यह शोध के उद्देश्य पर निर्भर करता है। जैसे चुनाव सर्वेक्षण में इस विधि का प्रयोग करते समय केवल वयस्क (18 वर्ष से ऊपर) व्यक्तियों का ही साक्षात्कार किया जाएगा। इसी प्रकार ऐसी वस्तु जो स्त्रियों से ही संबंधित है, जैसे 'सैनटरी पैड', उसके प्रयोग के बारे में सूचना एकत्रित करने के लिए स्त्रियों का ही साक्षात्कार किया जाएगा।

(स) सूचनादाताओं से सम्पर्क संबंधी निर्देश, अर्थात् साक्षात्कार कब (समय), कहाँ (स्थान) और कितने समय (अवधि) करना ठीक होगा। सम्पर्क करते समय साक्षात्कार की शुरुआत कैसे की जानी चाहिए आदि बातों के निर्देश दिये जाते हैं।

उपरोक्त नियमों-निर्देशों से स्पष्ट है कि जहाँ एक ओर साक्षात्कारकर्ता को सूचनादाताओं के चयन की स्वच्छंदता दी जाती है, वहाँ दूसरी ओर उपरोक्त निर्देश उसकी स्वच्छंदता पर प्रतिबंध का कार्य करते हैं।

गुण (Merits)

फ्रेंक येट्स ने लिखा है कि कोटा प्रतिचयन का प्रयोग सामान्यत: तब किया जाता है जब-

(अ) हमें कम समय में निष्कर्ष प्राप्त करने हों;

(ब) हमारे पास लागत-खर्च की राशि सीमित हो;

(स) हमारी रुचि उन व्यक्तियों के प्रतिशत में होने वाले परिवर्तनों में हो जो एक निश्चित विचार रखते हों।

येट्स के विचारों से स्पष्ट है कि इस विधि के प्रमुख गुण कम समय और खर्च में शीघ्र निष्कर्ष प्राप्त करना है। इसमें दैव प्रतिचयन की भांति प्रतिचयन की लम्बी प्रक्रिया - समग्र की सूची बनाना, लॉटरी निकालने के लिए गोलियां बनाना या लॉटरी मशीन की व्यवस्था करना आदि से नहीं गुजरना पड़ता।

अवगुण (Demerits)

इस विधि की सबसे बड़ी कमजोरी या दोष यह है कि इससे प्राप्त प्रतिदर्श की विश्वसनीयता और प्रतिनिधित्वता को आंकना असंभव है। अन्य असंभाव्य विधियों की भांति इसमें भी अभिनति (Bias), पूर्वाग्रह और पक्षपात की समस्या हर समय बनी रहती है। इनके अतिरिक्त, इसमें क्षेत्र-कार्यकर्ताओं पर कठोर नियंत्रण बनाए रखना भी कठिन है कि उन्होंने किस सीमा तक प्रतिचयन संबंधी नियम-निर्देशों का पालन किया है। इसमें 'प्रतिचयन-त्रुटि' (Sampling Error) का अनुमान लगाना भी कठिन होता है।

अन्त में, इस विधि के बारे में यह कहना उचित है कि जब कभी कम समय में मात्र अनुमानिक निष्कर्षों, (जो सही भी हो सकते हैं या पूर्णतः गलत भी, जैसा कि हम चुनाव सर्वेक्षणों में देखते हैं) को प्राप्त करना होता है, वहाँ अन्य असंभाव्य प्रतिचयन (Non-probability Sampling) की भांति अभ्यंश प्रतिचयन का प्रयोग हितकर सिद्ध हो सकता है।

हिमगेंद प्रतिचयन (Snowball Sampling)

असंभाव्य प्रतिचयन की यह एक ऐसी तकनीक/विधि है जिसमें शोधकर्ता अपना अध्ययन उन लोगों से शुरू करता है, जिनके बारे में उसे थोड़ी-बहुत यह जानकारी है कि ये लोग वे विशिष्ट विशेषताएं रखते हैं, जिनका अध्ययन वह करने जा रहा है। ऐसे लोगों से अध्ययन शुरुआत कर वह इन्हीं व्यक्तियों से यह जानकारी जुटाता है कि ऐसे अन्य लोग कौन हैं जिनमें यह विशेषता पाई जाती है। इस विधि में, एक से दूसरे के बारे में, दूसरे से तीसरे तथा अन्य के बारे में जानकारी जुटाई जाती है और यह क्रम आगे चलता रहता है। इस प्रकार प्रतिदर्श की मात्रा में तब तक बढ़ोतरी की जाती रहती है जब तक 'पर्याप्त' मात्रा में प्रतिदर्श की प्राप्ति नहीं हो जाती या आगे अन्य कोई ऐसा सूचनादाता नहीं मिलता जो उक्त विशेषता रखता हो और उसके पास शोध-विषय के बारे में पर्याप्त जानकारी हो। इसे 'हिमगेंद प्रतिचयन' इसलिए कहा जाता है कि बर्फ की गेंद (हिम) बनाने की प्रक्रिया की शुरुआत पहले थोड़ी से बर्फ से की जाती है। बाद में उसमें धीरे-धीरे और बर्फ जोड़ते जाते हैं और इस प्रकार यह बर्फ एक गेंद का आकार ले लेती है। इसी प्रकार, इस प्रतिचयन विधि में ऐसे दो-चार या कुछ अधिक व्यक्तियों से साक्षात्कार की शुरुआत की जाती है, जो शोध-विषय की दृष्टि से उपयुक्त होते हैं। इन्हीं व्यक्तियों से अन्य ऐसे व्यक्तियों के बारे में पूछा जाता है जो उक्त जानकारी रखते हैं। इस प्रकार बर्फ की गेंद में आकार में वृद्धि की भांति प्रतिदर्श का आकार बढ़ता जाता है।

इस विधि का सबसे उपयुक्त उदाहरण किसी घटना के बारे में पुलिस द्वारा आवश्यक जानकारी जुटाने की प्रक्रिया है। पुलिस किसी घटना की जानकारी शुरुआत में किन्हीं दो-चार व्यक्तियों से करती है, जो उक्त घटना में लिप्त रहे हैं या जिन्होंने उक्त घटना को देखा है। बाद में इन्हीं व्यक्तियों से अन्य व्यक्तियों के बारे में जानकारी जुटाती है जो घटना से किसी न किसी रूप में संबंधित रहे हैं। यह विधि संवेदनशील घटनाओं या अपराधी व्यक्तियों जैसे नशीली वस्तुओं का सेवन करने वाले लोगों शराबखोरों, जेबकतरों, चैन काटने वालों जैसे व्यक्तियों के बारे में जानकारी एकत्रित करने की एक अच्छी विधि है।

इस विधि का प्रयोग तब किया जाता है जब लक्षित व्यक्तियों के बारे में आवश्यक जानकारी नहीं होती या सूचनादाताओं से सम्पर्क साधने का अन्य कोई मार्ग दिखाई नहीं देता। अतः यह विधि ऐसे व्यक्तियों पर निर्भर करती है जो स्वयं उक्त क्रिया या व्यवहार में प्रत्यक्षतः लिप्त नहीं होते हैं जिसका अध्ययन किया जा रहा है, किन्तु उन्हें ऐसे व्यक्तियों के बारे में जानकारी होती है जो ऐसे व्यवहार/क्रिया में संलग्न होते हैं। इस विधि के प्रयोग के बारे में एक तर्क यह भी दिया जाता है कि एक पीड़ित व्यक्ति दूसरे पीड़ित व्यक्ति के साथ तो खुल कर बातचीत करने में हिचकिचाहट का अनुभव नहीं करता, किन्तु वह अजनबी से खुलकर बातचीत करने को सामान्यतः टाल देता है।

इस विधि का सबसे बड़ा लाभ प्रतिदर्श का छोटा आकार और कम लागत-खर्च (Costs) का होना है, किन्तु अभिनति (Bias) इस विधि का सबसे बड़ा दोष है। इस विधि में अभिनति तब आ जाती है जब एक व्यक्ति जिसे कोई अन्य व्यक्ति (जो प्रतिदर्श की इकाई है) भी जानता है उसमें पहले व्यक्ति के समान ही गुण होने की अधिक संभावना होती है।

स्वैच्छिक प्रतिचयन (Volunteer Sampling)

उपरोक्त असंभाव्य प्रतिचयन विधियों (उद्देश्यात्मक, सुविधाजनक, अभ्यंश और हिमगेंद प्रतिचयन) के अलावा एक अन्य प्रकार असंभाव्य प्रतिचयन विधि भी है। कई बार कुछ व्यक्ति स्वैच्छिक रूप में किसी विषय के बारे में जानकारी देने के लिए तैयार हो जाते हैं। जब ऐसे व्यक्तियों को प्रतिचयन की इकाई बनाया जाता है, तब इसे 'स्वैच्छिक प्रतिचयन' (Volunteer Sampling) कहते हैं। कभी-कभी संयोग से ऐसे व्यक्ति से अचानक मुलाकात हो जाती है जो हमारे अध्ययन विषय के बारे में जानकारी रखता है और वह हमें उक्त जानकारी देना चाहता है। इस प्रकार का व्यक्ति हमारे प्रतिदर्श की एक इकाई बन सकता है। इसे 'संयोगिक प्रतिचयन' (Accidental Sampling) भी कहा जाता है। सड़क पर चलते हुए किसी राहगीर से अपने अध्ययन से संबंधित सूचनाएं एकत्रित करना इसी प्रकार की प्रतिचयन विधि का एक उदाहरण है।

भाग 3

सामाजिक शोध की विधियां, प्रविधियां एवं उपकरण

Methods, Techniques and Tools of Social Research

10

सर्वेक्षण शोध
Survey Research

"किसी सर्वेक्षण की योजना, संगठन तथा उसका संचालन किसी व्यापार चलाने के समान है। दोनों के लिए विशेष लगन, चतुराई, प्रबंधन और विशेष अनुभव या उसी प्रकार के कार्य के प्रशिक्षण की जरूरत पड़ती है।"

—पार्टेन (1950)

समय तेजी से बदल रहा है। वह समय बीत गया जब राजा-महाराजा अथवा सामन्त-जागीरदार लोग अपनी सूचनाओं के लिए कुछ मुट्ठी भर लोगों (गांव के पटेल, चौकीदार, पटवारी तथा अन्य कारिन्दों) पर निर्भर रहा करते थे कि उनकी 'प्रजा' या 'जनता' उनके बारे में क्या सोचती है, क्या राय रखती है या उनकी प्रजा की दशा कैसी है? ये सूचना-सलाहकार लोग अपनी जगह बैठे-बैठे अपनी कल्पनाओं और निहित स्वार्थों के आधार पर सामंतों को सलाह-सूचना दिया करते थे। सामाजिक जीवन में उतरोत्तर बढ़ती हुई तार्किकीकरण (Rationalization) की प्रक्रिया के कारण किसी भी वास्तविक घटना के विषय में जनमत (Public Opinion) को जानने के लिए अब यह आवश्यक हो गया है कि उक्त घटना के बारे में यथार्थ और सटीक तथ्यों को एकत्रित किया जाए। अत: आजकल इस कार्य के लिए जिस विधि का प्रयोग किया जाता है, उसे 'सर्वेक्षण' कहा जाता है। सर्वेक्षण सामाजिक जीवन से संबंधित तथ्यों के एकत्रण की एक व्यवस्थित क्षेत्र कार्य विधि (Systematic Field Work Method) है।

'सर्वेक्षण' शब्द का प्रयोग ज्ञान की कई शाखाओं जैसे भूगोल, भूगर्भशास्त्र, इंजीनियरिंग और सामाजिक विज्ञानों में किया जाता है। विभिन्न विज्ञानों में इस शब्द का प्रयोग भिन्न अर्थ-संदर्भों में किया गया है। भूगोल में इस शब्द का प्रयोग धरातल की विशेषताओं को जानने, भूगर्भशास्त्र में भूतल में समाई हुई वस्तुओं की खोजबीन करने और सिविल इंजीनियरिंग में भूमापन आदि के लिए किया जाता है। सामाजिक विज्ञानों में सर्वेक्षण शब्द का प्रारंभिक प्रयोग उन्नीसवीं और बीसवीं शताब्दी में कई सामाजिक समस्याओं, विशेषत: गरीबी के अध्ययनों (समाजशास्त्र), आधुनिक जनमत सर्वेक्षणों-गेलप पोल (राजनीति विज्ञान), नगर नियोजन (लोक प्रशासन), बाजार अनुसंधान (व्यवसाय प्रबंधन), के अलावा विश्वविद्यालयों और केन्द्र एवं प्रान्तीय सरकारों द्वारा प्रवर्तित अनेक गवेषणाओं के भिन्न अर्थों में किया गया है। भारत का जनगणना

विभाग जनगणना के अलावा सामाजिक जीवन के कई विषयों पर 'राष्ट्रीय नमूना सर्वेक्षण' का आयोजन करता रहता है।

सर्वेक्षण क्या है? (What is Survey?)

व्युत्पत्तीय अर्थ में, अंग्रेजी का 'सर्वे' (Survey) शब्द दो शब्दों के मेल से बना है: (Sur + veeir = survey) 'सर' अर्थात् ऊपर और 'वीयर' अर्थात् देखना। इसके अनुसार, किसी घटना को ऊपर या बाह्य रूप में देखने, जांचने और पड़ताल करने को सर्वे कहते हैं। **ऑक्सफोर्ड यूनिवर्सल कोश** (1955) के अनुसार "किसी विशिष्ट उद्देश्य से सूक्ष्म रूप से देखने, परखने या निरीक्षण करने की प्रक्रिया सर्वेक्षण कहलाती है।" **वेबस्टर शब्दकोश** में 'वास्तविक जानकारी प्राप्त करने हेतु आलोचनात्मक निरीक्षण' को सर्वेक्षण कहा गया है।

हिन्दी का 'सर्वेक्षण' शब्द अंग्रेजी के 'सर्वे' शब्द का हिन्दी रूपान्तर है। हिन्दी भाषा के शब्द कोशों में सर्वेक्षण का अर्थ चारों ओर देखना, निरीक्षण करना, जांच-पड़ताल करना, माप-जोख, पैमाइश करना आदि दिया गया है। प्रतिदिन के जीवन में इस शब्द का प्रयोग किसी सम्पत्ति, मकान, संरचना, लेखा अथवा किन्हीं वस्तुओं की दशा, स्थिति, मूल्य, सीमाएं, धारण-अधिकार का निरीक्षण करने या उनके बारे में पता लगाने के लिए किया जाता है।

सामाजिक सर्वेक्षण की परिभाषा (Definition of Social Survey)

आधुनिक सामाजिक सर्वेक्षणों का इतिहास ब्रिटेन में अठारहवीं और उन्नीसवीं शताब्दी के प्रारम्भिक वर्षों में किए गए सामाजिक अध्ययनों से घनिष्ठ रूप में जुड़ा हुआ है। ये अध्ययन किसी समुदाय विशेष की तात्कालिक एवं व्याधिकीय समस्याओं (गरीबी, बेकारी, आवासीय दशाएं, अपराध आदि) के निदान एवं समाधान के उद्देश्यों को लेकर किए गए थे। आधुनिक सर्वेक्षणों की परिभाषा भी इसी अर्थ और संदर्भ में की गई है, जैसे, **फेयरचाइल्ड** (1955) द्वारा सम्पादित समाजशास्त्र कोश के अनुसार, "सर्वेक्षण एक सहकारी प्रयास है जिसमें वैज्ञानिक विधि का प्रयोग किसी विशिष्ट भौगोलिक सीमाओं में आबद्ध तथा कार्यशील तात्कालिक सामाजिक समस्याओं एवं दशाओं के अध्ययन तथा समाधान हेतु किया जाता है।"

इसी प्रकार, **ई.डब्ल्यू. बर्गेस** (1916) ने सर्वेक्षण को परिभाषित करते हुए लिखा है, "सर्वेक्षण किसी समुदाय की दशाओं एवं आवश्यकताओं का एक वैज्ञानिक अध्ययन है जो सामाजिक प्रगति का रचनात्मक कार्यक्रम बनाने के उद्देश्य से किया जाता है।"

पी.वी. यंग (1953) ने लगभग इन्हीं शब्दों का प्रयोग करते हुए लिखा है, "सामाजिक सर्वेक्षण किसी प्रचलित अथवा तात्कालिक समाज-व्याधिकीय प्रकृति की दशाओं में सुधार हेतु रचनात्मक कार्यक्रम बनाने के उद्देश्य से किए जाते हैं।"

अर्नोविच, कैलॉग, हैरिसन तथा थियोडॉर्सन आदि ने भी सामाजिक समस्याओं को केन्द्र में रखकर सामाजिक सर्वेक्षणों को इस प्रकार परिभाषित किया।

कुछेक विद्वानों के मतानुसार, सर्वेक्षण का प्रयोग समाज की असामान्य या व्याधिकीय दशाओं (सामाजिक समस्याओं) के साथ-साथ सामान्य दशाओं (समाज की

संरचना, प्रकृति, परिवर्तन, मूल्यों, विचारों, कार्य-कारण सम्बन्ध आदि) के अध्ययन के लिए भी किया जा सकता है। ऐसे लोगों ने सर्वेक्षण को निम्नलिखित शब्दों में परिभाषित किया है:

ए.एफ. वैल्स (1935) के अनुसार, "सामान्यत: सामाजिक सर्वेक्षण को एक क्षेत्र विशेष में रहने वाले व्यक्तियों के समूह की सामाजिक संस्थाओं तथा उनकी क्रियाओं के अध्ययन के रूप में परिभाषित किया जा सकता है।" इसी प्रकार, **सिन पाओ येंग** (1955) ने लिखा है, "एक सामाजिक सर्वेक्षण प्राय: व्यक्तियों के एक समूह की रचना, क्रियाओं तथा रहन-सहन की दशाओं की खोज है।" मार्क एब्राम्स और डी.सी. जोन्स ने भी इनसे मिलती-जुलती परिभाषाएं दी हैं।

उपरोक्त दोनों प्रकार की परिभाषाएं मुख्यत: सामाजिक सर्वेक्षण के उद्देश्यों (किसी समुदाय या समाज की सामान्य या असामान्य दशाओं के अध्ययन को केन्द्र में रखकर लिखी गई हैं। आजकल सामाजिक सर्वेक्षणों को सामाजिक शोध की एक ऐसी वैज्ञानिक पद्धति माना जाता है जिसका प्रयोग किसी भी उद्देश्य – विशुद्ध शोध (Pure Research) और व्यावहारिक शोध (Applied Research) दोनों के लिए किया जा सकता है। सामाजिक सर्वेक्षणों का उद्भव सामाजिक सुधार, उन्नति और कल्याण की भावनाओं के उद्देश्यों से प्रेरित था। यह उस समय की औद्योगीकरण जनित समस्याओं की मांग थी। ऐसे सर्वेक्षणों का उद्देश्य केवल तथ्य-खोज (Fact-Finding) नहीं था, किन्तु अब सर्वेक्षण को सामाजिक अन्वेषण की एक प्रतिष्ठित विधि माना जाने लगा है, जैसा कि **एच.एन. मोर्स** (1924) ने लिखा है, "एक सामाजिक सर्वेक्षण किसी सामाजिक दशा, समस्या अथवा जनसंख्या के किसी निश्चित उद्देश्यों हेतु वैज्ञानिक एवं व्यवस्थित रूप में विश्लेषण की एक विधि है।" **नाइल्स कारपेन्टर** के अनुसार, "मोटे रूप में, किसी चुने हुए समुदाय अथवा समूह की प्राथमिक गवेषणा या विश्लेषण करने अथवा उसके सामाजिक, आर्थिक और अन्य पक्षों के बीच समन्वय स्थापित करने की विधि को सामाजिक सर्वेक्षण कहते हैं।"

सर्वेक्षण शोध क्या है? (What is Survey Research?)

सामाजिक सर्वेक्षणों को वैज्ञानिक शोध की एक विशिष्ट विधि मानते हुए **कर्लिंगर** ने 18वीं-19वीं शताब्दी के प्रारम्भिक अध्ययनों को 'सामाजिक कल्याण अध्ययन' (Social Welfare Studies) माना है और ऐसे अध्ययनों के लिए उन्होंने 'दशामूलक सर्वेक्षण' (Status Survey) तथा आधुनिक सर्वेक्षणों के लिए 'सर्वेक्षण शोध' (Survey Research) शब्दों का प्रयोग कर पुराने और नए प्रकार के सर्वेक्षणों में स्पष्ट भेद किया है। उन्होंने स्पष्ट रूप में लिखा है कि "समाज वैज्ञानिक अर्थ में, सर्वेक्षण शोध पूर्णत: एक नई पद्धति है जिसका विकास बीसवीं शताब्दी में हुआ है।" सामाजिक शोध की विधियों पर लिखी गई आधुनिक पुस्तकों – **बेकस्टोर्स एवं हर्ष** (1963), **सी.वी. ग्लूक** (1967) तथा **ई.आर. बॉबी** (1973) – में 'सर्वेक्षण शोध' पद (Term) का ही प्रयोग किया गया है। आजकल सामाजिक सर्वेक्षण पद लगभग त्याग दिया गया है।

औपनहाइम (1956) के अनुसार, "(आधुनिक) सर्वेक्षण तथ्यों को संकलित करने का एक ऐसा नियोजित तरीका है जिसका प्रयोग तथ्यों का वर्णन-विश्लेषण करने या

भविष्योक्ति के उद्देश्य से किसी क्रिया का मार्गदर्शन करने अथवा किसी घटना के कारकों के बीच संबंधों को ज्ञात करने हेतु किया जाता है।"

सर्वेक्षण शोध सामाजिक अनुसंधान की एक ऐसी वैज्ञानिक विधि है जिसके द्वारा किसी चयनित समुदाय या समूह की सामान्य दशाओं (संरचना, प्रकृति, परिवर्तन आदि) और/या असामान्य (व्याधिकीय) दशाओं (गरीबी, बेकारी, अपराध आदि) के बारे में लोगों के तथ्यों के साथ-साथ विचार, मूल्य और दृष्टिकोण संबंधी जानकारी एकत्रित की जाती है।

इन एकत्रित तथ्यों का प्रयोग किसी समस्या के कारण जानने, उनके निदान ढूंढ़ने, सामाजिक सुधार और पुनर्निर्माण की कोई योजना बनाने आदि उद्देश्यों के लिए किया जा सकता है।

सर्वेक्षण शोध की प्रकृति एवं विशेषताएं (Nature and Characteristics of Survey Research)

सर्वेक्षण विवरणात्मक एवं व्याख्यात्मक क्षेत्र अनुसंधान (Field Research) की एक ऐसी विधि है जिसमें किसी विशिष्ट सामाजिक क्षेत्र से संबंधित प्राथमिक एवं परिमाणात्मक तथ्य एकत्रित किए जाते हैं। यह वैयक्तिक अध्ययन विधि (Case Study Method) से भिन्न है जिसमें अधिकांशतः गुणात्मक प्रकृति के तथ्यों का एकत्रण किया जाता है। यह प्रायोगिक विधि (Experimental Method) से भी भिन्न है जिसमें तथ्यों की खोज के लिए कृत्रिम प्रयोगशाला का प्रयोग किया जाता है। सर्वेक्षण शोध में अन्वेषक को क्षेत्र में जाकर आंकड़े एकत्रित करने होते हैं। किसी गांव में कितने लोग बेरोजगार है, कितने बी.पी.एल. परिवार रहते हैं, कितने लोगों के पास टी.वी. है, आदि प्रश्नों के उत्तरों के लिए उक्त गांव का सर्वेक्षण कर आंकड़े जुटाने होंगे। आधुनिक सर्वेक्षणों की प्रमुख विशेषताएं निम्नलिखित हैं:

1. आधुनिक सर्वेक्षणों में अधिकांशतः प्रतिचयन विधियों (Sampling Methods) का प्रयोग किया जाता है। एक बड़े समुदाय में से कुछ व्यक्तियों को चुनकर उनका अध्ययन किया जाता है। इस प्रकार के अध्ययन द्वारा निकाले गए निष्कर्ष सम्पूर्ण समुदाय के प्रतिनिधि माने जाते हैं।
2. आधुनिक सर्वेक्षणों में संकलित तथ्यों का मात्र वर्णन (Description) ही नहीं किया जाता, अपितु उनका विश्लेषण (Analysis) कर विभिन्न चरों (Variables) के बीच सहसम्बन्धों को ज्ञात किया जाता है और उनके बीच कार्य-कारण संबंधों को स्थापित करने का प्रयास भी किया जाता है। कई सर्वेक्षण किसी प्राक्कल्पना (Hypothesis) करने के उद्देश्य से भी किए जाते हैं।
3. आधुनिक सर्वेक्षणों की प्रकृति पूर्णतः वैज्ञानिक होती है। इसमें तथ्य संकलन की आधुनिक विधियों और तकनीकों यथा साक्षात्कार अनुसूची, डाक प्रश्नावली, साक्षात्कार प्रदर्शिका आदि के साथ-साथ अवलोकन विधि का भी प्रयोग किया जाता है जहाँ कहीं इसकी जरूरत होती है।

4. आधुनिक सर्वेक्षणों में निष्कर्षों को अभिनति (Bias) रहित और अधिकाधिक सटीक बनाने के लिए अत्याधुनिक सांख्यिकीय विधियों और कम्प्यूटर जैसी तकनीकी उपकरणों का प्रयोग किया जाने लगा है। इन विधियों में मानकीकरण (Standardization) पर विशेष रूप से ध्यान दिया जाता है ताकि प्राप्त निष्कर्षों को वर्गों और संख्याओं में प्रदर्शित कर उनका परिमाणीकरण (Quantification) किया जा सके। परिमाणीकरण आधुनिक विज्ञान की एक प्रमुख विशेषता है।
5. आजकल वृहद् सर्वेक्षण विभिन्न विज्ञानों के विशेषज्ञों के सहयोग द्वारा सम्पन्न किए जाते हैं। इस प्रकार के सर्वेक्षण 'अन्तर्विज्ञानीय शोध' (Interdisciplinary Research) कहलाते हैं। ऐसे सर्वेक्षणों को सम्पादित करने के लिए आजकल कई व्यावसायिक संस्थाओं और संगठनों की स्थापना हो गई है जो कुछ धनराशि लेकर सर्वेक्षण के लिए अपनी सेवाएं देती हैं। इन संस्थाओं के पास प्रशिक्षित सर्वेक्षक होते हैं जो यह कार्य कुशलतापूर्वक सम्पादित करते हैं।

सामाजिक सर्वेक्षणों के उद्देश्य एवं उपादेयता (Objectives and Usefulness of Social Surveys)

मोजर ने लिखा है, "एक सर्वेक्षण का उद्देश्य जन-जीवन के किसी पक्ष (सामाजिक, आर्थिक, राजनीतिक) से संबंधित प्रशासकीय आवश्यकता हेतु तथ्यों की जानकारी एकत्रित करना मात्र हो सकता है, अथवा किसी समुदाय की सामाजिक समस्याओं के समाधान, सामाजिक पुनर्निर्माण, सुधार अथवा प्रगति के किसी कार्यक्रम हेतु तथ्यों का संकलन हो सकता है, या कार्य-कारण संबंधों की खोज हो सकता है, अथवा किसी समाजशास्त्रीय सिद्धान्त के कुछ पक्षों पर नवीन प्रकाश डालने हेतु सामाजिक सर्वेक्षण किए जा सकते हैं।"

मोजर के उपरोक्त विचारों से स्पष्ट है कि सामाजिक सर्वेक्षण अनेकानेक उद्देश्यों को लेकर किए जा सकते हैं। कभी-कभी किसी सर्वेक्षक की तथ्य संकलन करने की सनक मात्र से भी सर्वेक्षण किए जाते हैं। प्रत्येक सर्वेक्षण का कोई न कोई उद्देश्य अवश्य होता है। अठारहवीं और उन्नीसवीं शताब्दी में बूथ, बाउले और राउन्ट्री आदि विद्वानों द्वारा किए गए सर्वेक्षणों का मुख्य उद्देश्य किन्हीं सामाजिक समस्याओं (अधिकांशत: गरीबी और आवास की समस्याएं) के समाधान के उद्देश्य से किए गए थे। **नाइल्स कारपेन्टर** ने सामाजिक सर्वेक्षणों के दो प्रमुख उद्देश्य बताए हैं: (1) किसी घटना से संबंधित वैज्ञानिक रूप में तथ्य संकलन, एवं (2) किसी समुदाय या समूह की जीवन-दशाओं तथा कार्यों में सुधार की किसी योजना हेतु तथ्य संकलन।

मोटे रूप में, सर्वेक्षण कौन (Who), कैसे (How) और क्यों (Why) जैसे प्रश्नों के उत्तर पाने के लिए किए जाते हैं। उदाहरणार्थ, यदि हम यह जानना चाहते हैं कि वे कौन व्यक्ति हैं जिनके पास मकान या साइकिल नहीं हैं? उनके व्यवसाय, आय, शिक्षा, जाति क्या हैं? वे कौन व्यक्ति हैं जो सिगरेट पीते हैं या मादक दवाओं का प्रयोग करते हैं और क्यों करते हैं? दहेज या मृत्युदंड कानून के बारे में लोगों के क्या विचार हैं, कितने व्यक्ति

परिवार नियोजन साधनों का प्रयोग करते हैं, इसी प्रकार के अनेक प्रश्नों के उत्तर पाने के लिए सर्वेक्षण विधि का प्रयोग किया जा सकता है।

संक्षेप में, सामाजिक सर्वेक्षणों के निम्नलिखित प्रमुख उद्देश्य हो सकते हैं:

1. सामाजिक जीवन से संबंधित तथ्यों का संकलन
2. सामाजिक समस्याओं का अध्ययन एवं समाधान
3. सामाजिक पुनर्निर्माण संबंधी नीतियों का निर्माण
4. प्राक्कल्पना (Hypothesis) की रचना या परीक्षण
5. किसी घटना के कार्य-कारण संबंधों की खोज
6. सामाजिक सिद्धान्तों का सत्यापन (Verification)

सामाजिक सर्वेक्षणों की विषय-वस्तु (Contents of Social Surveys)

मोजर एवं कालटन (1972) ने सर्वेक्षणों की विषय-वस्तु को चार भागों में विभाजित किया है:

जनसमुदाय की जनसंख्यात्मक विशेषताओं का अध्ययन

जनसंख्यात्मक विशेषताओं से तात्पर्य समुदाय या किसी समूह (जैसे परिवार) की रचना, उसका आकार-प्रकार, सदस्यों की वैवाहिक प्रस्थिति (विवाहित/अविवाहित), आयु, लिंग व्यवसाय, आय आदि से होता है। भारत तथा अन्य देशों में एक निश्चित अवधि (भारत में दस वर्ष) के बाद जनसंख्यात्मक आंकड़ों का संकलन किया जाता है जिसके आधार पर जन्म-मृत्यु दर को आंकना तथा कार्यशील जनसंख्या व स्त्री-पुरुष अनुपात जैसे तथ्यों का पता लगाना होता है।

समुदाय के सामाजिक परिवेश का अध्ययन

ऐसे सभी सामाजिक-आर्थिक कारक, जैसे शिक्षा, जाति, धर्म, व्यवसाय, आय, आवास की दशाएं, सामुदायिक जीवन (पड़ोस, साथी-संगी) के साथ-साथ सामुदायिक सुविधाएं, जैसे निशुल्क चिकित्सा व्यवस्था या बेरोजगारी भत्ता आदि इसके अंतर्गत आते हैं।

समुदाय के क्रिया-कलापों का अध्ययन

किसी समुदाय के व्यक्ति क्या करते हैं, उनके आमोद-प्रमोद के क्या साधन हैं, अपने अवकाश के क्षणों का वे किस प्रकार प्रयोग करते हैं, वे टी.वी. पर कौनसा प्रोग्राम देखते हैं, वे किन वस्तुओं पर खर्च करते हैं, वे कौन से समाचार-पत्र तथा पत्र-पत्रिकाएं पढ़ते हैं, जैसे प्रश्न समुदाय के क्रिया-कलापों की श्रेणी में आते हैं।

व्यक्तियों के विचारों तथा मनोवृत्तियों का अध्ययन

आजकल सर्वेक्षण विधि का प्रयोग सामाजिक, आर्थिक, और राजनीतिक विभिन्न मुद्दों के बारे में लोगों के विचारों या उनके दृष्टिकोणों को मालूम करने के लिए बहुदा किया जाता है ताकि उनके आधार पर किन्हीं योजनाओं का क्रियान्वयन या किन्हीं नीतियों का निर्माण किया जा सके। इस प्रकार के सर्वेक्षणों में 'जनमत सर्वेक्षण' (Public Opinion) अथवा 'चुनाव सर्वेक्षण' (Election Survey) बहुत प्रसिद्ध हैं।

अंत में, सर्वेक्षणों के द्वारा किसी घटना को प्रभावित करने वाले चरों (Variables) की मात्रा तथा उनके आपसी संबंधों का पता लगाया जा सकता है। इसके द्वारा प्राक्कल्पना का परीक्षण कर वैकल्पिक प्राक्कल्पना का निर्धारण भी किया जा सकता है।

सामाजिक सर्वेक्षणों की उपयोगिता (Utility of Social Surveys)

सामाजिक सर्वेक्षणों की तुलना प्रायः प्राकृतिक विज्ञानों की प्रायोगिक विधि (Experimental Method) से की जाती है। प्राकृतिक विज्ञानों में जिन तथ्यों को प्राप्त करने के लिए प्रायोगिक विधि का प्रयोग किया जाता है, उसी प्रकार के तथ्यों को प्राप्त करने के लिए सामाजिक विज्ञानों में सर्वेक्षण विधि का प्रयोग किया जाता है। सर्वेक्षण विधि की प्रमुख उपयोगिताएं (गुण) निम्नलिखित हैं:

1. यथार्थ सूचनाओं का संकलन
2. घटना का प्रत्यक्ष ज्ञान
3. तथ्यों का परीक्षण तथा पुनर्परीक्षण करना
4. घटनाओं का अपने स्वाभाविक परिवेश में अध्ययन
5. मनोवैज्ञानिक तथ्यों (विचार, भावनाएं, मूल्यों) का अध्ययन
6. प्राक्कल्पना का निर्माण एवं परीक्षण
7. व्यावहारिक उपयोगिताएं - विघटनकारी तत्वों की जानकारी, सामाजिक समस्याओं का समाधान, सामाजिक सुधार एवं कल्याण की योजना के निर्माण में सहायक, विभिन्न मुद्दों पर जनमत मालूम करना आदि।

सर्वेक्षण विधि की सीमाएं (Limitations of Survey Method)

सर्वेक्षण विधि ज्ञान के सभी क्षेत्रों में बहुत लोकप्रिय हो गई है। आजकल इसका प्रयोग मामूली से उद्देश्य के लिए भी किया जा रहा है। बाजार अनुसंधान के क्षेत्र में छोटी-बड़ी व्यापारिक संस्थाएं अपने किसी नए उत्पाद की सफलता के लिए सर्वेक्षण का सहारा लेकर अपने उत्पाद की तकनीक, उसकी क्वालिटी और बिक्री की व्यूह रचना में हेर-फेर करती रहती हैं। इस विधि की अनेकानेक उपयोगिताएं एवं गुण के होते हुए भी इसकी अपनी सीमाएं एवं कमजोरियां हैं:

गहन अध्ययनों के लिए अनुपयुक्त

सर्वेक्षण के द्वारा अधिकांशतः 'हां' या 'ना' वाले सतही उत्तर प्राप्त किए जाते हैं। मानव जीवन को केवल 'हां' या 'ना' या काला और सफेद के रूप में समझना कठिन है। यह वास्तविकता का अत्यधिक सरलीकरण ही नहीं, अपितु एक भ्रान्ति भी है। मानव जीवन की गहराइयों में जाने के लिए यह विधि सर्वथा अनुपयुक्त है।

अमूर्त एवं भावात्मक घटना के अध्ययन के लिए अनुपयुक्त

मनोवैज्ञानिक तथा व्यक्तिगत तथ्यों की सटीक जानकारी सर्वेक्षण विधि द्वारा कठिनतः ही प्राप्त की जा सकती है। किसी नजदीकी रिश्तेदार की मृत्यु के अवसर पर एक व्यक्ति कैसा अनुभव कर रहा है, उसके मस्तिष्क में किस प्रकार के भाव आ-जा रहे हैं, इसे

सर्वेक्षण तकनीक से ठीक प्रकार से जानना कठिन है। इसी प्रकार, बहुत सी घटनाएं ऐसी होती हैं जिन्हें एक व्यक्ति न तो खुला सा बता पाता है और न ही उन्हें देखने देता है। इस प्रकार की घटनाओं के अध्ययन के लिए वैयक्तिक अध्ययन विधि (Case Study Method) अधिक उपयुक्त है जिसमें सूचनादाता के मन को खोजबीन प्रश्नों (Probe Questions) द्वारा कुरेदा जा सकता है।

अत्यधिक समय एवं धन खर्च करने वाली विधि

अन्य विधियों की अपेक्षा इसमें धन, समय और ऊर्जा तीनों की अधिक आवश्यकता पड़ती है। सर्वेक्षण की योजना बनाने से लेकर उसकी रिपोर्ट तैयार करने तक बहुत समय लगने के साथ-साथ धन खर्च होता है। प्रश्नावली को छपवाने, अन्वेषकों के वेतन, यात्रा-व्यय, प्रशिक्षण, आदि पर बहुत खर्च आता है। अतः इस विधि का प्रयोग तभी किया जााता है जब धन, समय और अन्य साधनों के साथ-साथ प्रशिक्षित अन्वेषक (Investigators) उपलब्ध होते हैं।

संदेहास्पद विश्वसनीयता एवं प्रामाणिकता

कई बार देखा गया है कि सर्वेक्षण से प्राप्त निष्कर्ष वास्तविकता से मेल नहीं खाते या उनकी प्रामाणिकता संदेहास्पद होती है। ऐसा तब होता है जब तथ्य एकत्रण करने वाले अन्वेषक पूर्णतः प्रशिक्षित नहीं होते या उनकी सर्वेक्षण कार्य में कोई रुचि नहीं होती या सर्वेक्षण का सेम्पल त्रुटिपूर्ण होता है या प्रश्नावली/अनुसूची ठीक प्रकार से नहीं बनी होती या तथ्यों के विश्लेषण में कोई कमी या किसी स्तर पर अभिनति (Bias) आने की सम्भावना उत्पन्न होती है।

मानव का अध्ययन जड़ तथा अचेतन पदार्थों की भांति नहीं किया जा सकता। यही नहीं, एक मानव की प्रकृति दूसरे मानव यहाँ तक कि जुड़वा बालकों की प्रकृति भी समान नहीं होती। अतः सर्वेक्षण कार्य की कठोरता के कारण कई बार सही तथ्यों के संकलन में संदेह उत्पन्न होता है। सर्वेक्षण विधि के द्वारा मानव जीवन के मौलिक स्वभाव का पता लगाना कठिन होता है। अतः इसके आधार पर सैद्धान्तीकरण की सम्भावनाएं सीमित होती हैं।

सामाजिक सर्वेक्षण और सामाजिक शोध (Social Survey and Social Research)

बहुधा सामाजिक सर्वेक्षण और सामाजिक शोध (अनुसंधान) को एक ही समझ लिया जाता है, किन्तु यह सही नहीं है। दोनों में भारी अंतर है। सामाजिक सर्वेक्षण सामाजिक शोध की अन्य कई विधियों (ऐतिहासिक विधि, प्रलेखीय विधि, वैयक्तिक अध्ययन विधि, विषय-वस्तु विश्लेषण विधि, तुलनात्मक विधि आदि) की भांति तथ्य संकलन की एक विधि है। सामाजिक सर्वेक्षण सम्पूर्ण (Whole) सामाजिक शोध का एक भाग (Part) मात्र है। अतः दोनों को एक ही समझना भारी भूल है। इन दोनों के अंतर को संक्षेप में, निम्नलिखित रूप में प्रदर्शित किया जा सकता है:

1. सामाजिक शोध का मुख्य उद्देश्य मानव के सामाजिक जीवन के संबंध में ज्ञान प्राप्ति है या प्राप्त ज्ञान में संशोधन, परिष्करण और परिवर्द्धन करना है, जबकि सामाजिक

सर्वेक्षणों का उद्देश्य शोध की एक विधि के रूप में तात्कालिक समस्याओं के बारे में जानकारी जुटाकर उसका समाधान ढूंढ़ना या सामाजिक कल्याण की किसी योजना के क्रियान्वयन में सहायता करना होता है। सामाजिक जीवन को परिचालित करने वाले नियमों को पता लगाना ही सामाजिक शोध का मूल लक्ष्य होता है।

2. सामाजिक शोध "क्यों" या "कैसे" के प्रश्नों (कार्य-कारण संबंधो को मालूम करने) के उत्तरों की खोज के लिये की जाती है, जबकि सामाजिक सर्वेक्षण का आयोजन "क्या", "कब" और "कहां" के प्रश्नों के उत्तर देने के लिए किया जाता है।
3. सामाजिक सर्वेक्षण मुख्यत: किसी समस्या विशेष के निदान, समाधान या नीति-निर्माण के उद्देश्य से किए जाते हैं। जब यह उद्देश्य पूरा हो जाता है तब सर्वेक्षण प्राय: बंद कर दिए जाते हैं। किन्तु शोध मानवीय व्यवहार के मौलिक तथ्यों की खोज के लिए की जाती है, अत: इस प्रकार की शोध निरंतर चलती रहती है। संक्षेप में, जहाँ सामाजिक सर्वेक्षण तात्कालिक उद्देश्यों पर केन्द्रित होते हैं, वहाँ सामाजिक शोध के दीर्घावधि उद्देश्य होते हैं।
4. सामाजिक सर्वेक्षण अधिकांशत: व्यावहारिक एवं उपयोगितावादी उद्देश्यों (किसी समस्या के निदान या समाधान) से प्रेरित होते हैं, जबकि सामाजिक शोध का प्रमुख प्रयोजन 'ज्ञान के लिए ज्ञान' (Knowlege for Knowledge Sake) होता है। इस प्रकार के ज्ञान का कोई व्यावहारिक उपयोग होगा अथवा नहीं, एक अन्वेषक का इस प्रश्न से कोई सरोकार नहीं होता। यह बात अलग है कि खोजे हुए ज्ञान का प्रयोग देर-सवेर रचनात्मक अथवा विनाशात्मक क्षेत्र में किया जाता है। सामाजिक शोध सामाजिक सम्बन्धों की गुत्थियों को समझने और सुलझाने तथा मानव जीवन को अधिकाधिक सुखकर बनाने के उद्देश्य से की जाती हैं।
5. सामाजिक शोध का क्षेत्र अत्यधिक विस्तृत एवं व्यापक होता है। इसके निष्कर्ष किसी एक समूह या समुदाय ही नहीं अपितु सम्पूर्ण मानव समाज पर लागू किए जाने योग्य होते हैं, क्योंकि ये मानव की मूल प्रकृति और प्रवृत्ति पर प्रकाश डालने वाले होते हैं। आज आतंकवाद एक ऐसी घटना बन गया है जो सभी देशों और समाजों से संबंधित है। इस घटना ने समूचे मानव समुदाय को सोचने-समझने के लिए बाध्य किया है। अत: इस घटना के कारणों को जानने के उद्देश्य से किया गया अध्ययन शोध की श्रेणी में रखा जा सकता है। इसके विपरीत सामाजिक सर्वेक्षणों का क्षेत्र, किसी समूह या समुदाय विशेष तक सीमित होता है। किसी समुदाय की जीवन-शैली क्या है, क्या और कब खाते-पीते हैं, उनके व्यवसाय, आय क्या है, परिवार के क्या रूप हैं, किसी विषय विशेष के बारे में उनकी क्या सोच है, उनकी क्या रुचियां हैं, वे कौन सा अखबार पढ़ते हैं, जैसे मुद्दे ही सामान्यत: सर्वेक्षण-शोध की विषय-वस्तु होते हैं।
6. सामाजिक शोध की प्रकृति गहन एवं सूक्ष्म होती है। इसमें घटनाओं का बारीकी से अध्ययन कर किसी प्राक्कल्पना से संबंधित विभिन्न चरों (Variables) के बीच संबंधों की खोजकर सिद्धान्त निर्माण किया जाता है। इसके विपरीत सामाजिक सर्वेक्षणों की प्रकृति सामान्य रूप में हल्की-फुल्की होती है। अधिकांशत: इनके द्वारा

'क्या' के प्रश्न के उत्तर पाने के लिए परिमाणात्मक तथ्यों का संकलन किया जाता है। सर्वेक्षण सामान्यत: बिना प्राक्कल्पना के शुरू किए जाते हैं किन्तु संकलित तथ्यों के आधार पर प्राक्कल्पनाओं की रचना की जा सकती है। सर्वेक्षणों के लिए प्राक्कल्पना का होना आवश्यक नहीं है। सामाजिक शोध की शुरुआत किसी प्राक्कल्पना के परीक्षण के उद्देश्य से होती है।

सर्वेक्षण की प्रक्रिया और उसका आयोजन (Process and Planning of Survey)

किसी उद्योग-धंधे को शुरू करने के पूर्व एक उद्योगपति कई बातों पर सोच-विचार करता है, जैसे कितनी पूंजी, कितने श्रमिक और कितने अन्य कार्यकर्ताओं की जरूरत होगी, क्या-क्या प्रारम्भिक खर्चें होंगे, आदि। उसी प्रकार सर्वेक्षण की शुरुआत करने के पूर्व भी शोधकर्ता को सर्वेक्षण के आर्थिक, तकनीकी और मानवीय पक्ष पर सोच-विचार करना जरूरी होता है। यह सोच-विचार ही सर्वेक्षण की योजना कहलाती है। सुव्यवस्थित योजना के अभाव में दोनों ही क्षेत्रों में उद्योग और सर्वेक्षण ही नहीं, अपितु किसी भी कार्य की सफलता संदिग्ध और अनिश्चित रहती है। योजना भावी परिस्थितियों और समस्याओं के पूर्वावलोकन और पूर्वालोचन का अवसर प्रदान करती है। इसी को दूरदर्शिता कहते हैं।

आयोजन या नियोजन (Planning) सुनिश्चित लक्ष्यों के संदर्भ में सीमित साधनों को संगठित करने की एक विधि है ताकि उनसे अधिकाधिक लाभ या उपयोगिता प्राप्त की जा सके। इसकी तीन प्रमुख विशेषताएं हैं, (1) लक्ष्य निर्धारण, (2) प्राथमिकताओं को निश्चित करना, और (3) लक्ष्योनुरूप उपयुक्त एवं उपलब्ध साधनों (Means) एवं संसाधनों (Resources) का चयन और समुचित उपयोग। सर्वेक्षण की योजना के संदर्भ में हम इसे सर्वेक्षण का एक खाका या नक्शा कह सकते हैं जिसमें सर्वेक्षण के उद्देश्य से लेकर सर्वेक्षण के निष्कर्ष निकालने और उसका प्रतिवेदन (Report) तैयार करने तक की सम्पूर्ण रूपरेखा दी गई होती है।

एक सर्वेक्षण के चरण (Stages in a Survey)

सर्वेक्षण की प्रक्रिया वैज्ञानिक शोध की विभिन्न क्रियाओं की एक व्यापक योजना होती है। सर्वेक्षण की इस योजना को 'सर्वेक्षण प्रारूप' (Survey Design) कहा जाता है। इस प्रारूप के कई चरण हैं जिनका सविस्तार वर्णन-विश्लेषण सामाजिक शोध संबंधी अध्याय में किया गया है। यहाँ हम उन चरणों का सविस्तार विवेचन करेंगे जो विशेष रूप से सर्वेक्षण शोध में ही प्रयोग किए जाते हैं:

सिन पाओ येंग ने सर्वेक्षण की समस्त प्रक्रिया के चार प्रमुख चरण बताए हैं: (1) सर्वेक्षण की योजना, (2) तथ्यों का संकलन, (3) तथ्यों का विश्लेषण, और (4) निष्कर्षों का प्रस्तुतीकरण। सर्वेक्षण की योजना में उन्होंने निम्नलिखित सात बातों को सम्मिलित करने का सुझाव दिया है:

(i) उद्देश्य का निर्धारण

(ii) सर्वेक्षण योजना दल का गठन

(iii) क्षेत्र निर्धारण
(iv) कार्य-सारिणी तथा बजट बनना
(v) अध्ययन विधियों का चुनाव
(vi) कर्मचारियों तथा क्षेत्र कार्यकर्ताओं का चुनाव व प्रशिक्षण
(vii) सर्वेक्षण हेतु समुदाय को तैयार करना

मोजर एवं कालटन ने सर्वेक्षण आयोजन (Survey Planning) के तीन प्रमुख चरण बताए हैं: (1) प्रारम्भिक अध्ययन, (2) मुख्य आयोजन संबंधी बातें, और (3) पूर्व परीक्षण एवं पूर्व सर्वेक्षण। कुछ अन्य लेखकों जैसे मोर्स, पार्टेन, और ओपेनहाइम आदि ने भी अपनी-अपनी पुस्तकों में सर्वेक्षण की प्रक्रिया या योजना का वर्णन अपने ढंग से किया है। इन सभी के वर्णन के आधार पर हम सर्वेक्षण की प्रक्रिया को मोटे रूप में चार चरणों में विभाजित कर सकते हैं:

(i) सर्वेक्षण आयोजन
(ii) क्षेत्र कार्य (तथ्यों का संकलन)
(iii) तथ्यों का वर्गीकरण एवं विश्लेषण
(iv) सामान्यीकरण एवं प्रतिवेदन (रिपोर्ट) लेखन

सर्वेक्षण आयोजन (Survey Planning)

वृहद् आधार पर किए जाने सर्वेक्षणों में सर्वेक्षण आयोजन में कई बातों पर विचार किया जाता है, जिनमें प्रमुख बातें निम्नलिखित हैं:

प्रारम्भिक अध्ययन (Preparatory Study)

सर्वेक्षण की योजना को सुनिश्चित आकार देने के लिए यह आवश्यक है कि हमारे अध्ययन विषय से संबंधित उपलब्ध साहित्य तथा अन्य स्रोतों का सर्वप्रथम निरीक्षण-परीक्षण किया जाए। इसके साथ ही हमारे अध्ययन-क्षेत्र के सूचनादाताओं तथा अन्य संबंधित व्यक्तियों से बातचीत की जाए। हमारा यह प्रथम कदम अपने अध्ययन क्षेत्र, सेम्पल की मात्रा (Size) को निश्चित करने, प्राक्कल्पना निर्माण, प्रश्नावली/अनुसूची के प्रश्नों को बनाने के साथ-साथ सर्वेक्षण मार्ग में आने वाली भावी कठिनाइयों के बारे में भी हमारी मदद करेगा।

सर्वेक्षण की समस्या और उद्देश्य का प्रतिपादन (Stating the Problem and the Objectives)

उपलब्ध साहित्य के अध्ययन और समीक्षा के बाद सर्वेक्षण के उद्देश्य सहित समस्या का स्पष्ट शब्दों में विवेचन किया जाता है कि सर्वेक्षण का हमारा उद्देश्य क्या है, हम सर्वेक्षण क्यों कर रहे हैं, हमारे निष्कर्षों का उपयोग क्या होगा, आदि। सर्वेक्षण की समस्या के प्रतिपादन के लिए वैचारिक स्पष्टता का होना आवश्यक है। काल्पनिक समस्या वैज्ञानिक शोध का आधार नहीं बन सकती।

सामाजिक सर्वेक्षण प्राक्कल्पना रहित और प्राक्कल्पना सहित दोनों रूप में किए जा सकते हैं। सर्वेक्षण मुख्यतः तथ्यों का संकलन कर किसी समस्या की जानकारी एकत्रित करने या

उसके समाधान के उद्देश्य से किए जाते हैं। इस प्रकार के सर्वेक्षणों से प्राप्त तथ्यों के आधार पर प्राक्कल्पना (Hypothesis) की रचना की जा सकती है। इसके विपरीत, प्राक्कल्पना सहित सर्वेक्षणों में पहले से ही कोई प्राक्कल्पना होती है और सर्वेक्षण उक्त प्राक्कल्पना की जांच (Test) करने के उद्देश्य से किया जाता है। एक प्राक्कल्पना दो चरों (Variables) के बीच संबंधों (कारण-प्रभाव संबंध) को प्रकट करने वाला एक कथन होता है, जैसे "विवाहित व्यक्तियों की अपेक्षा अविवाहित व्यक्ति अधिक आत्महत्या करते हैं "या" होस्टल में रहने वाले विद्यार्थी अन्य विद्यार्थियों की अपेक्षा कम अंकों से पास होते हैं।"

अतः सर्वेक्षण शोध का प्रारंभ सर्वेक्षण की समस्या के संक्षेप में विवेचन से होता है और इसी में सर्वेक्षण के उद्देश्य की भी व्याख्या की जाती है। सर्वेक्षण की समस्या और उद्देश्य में थोड़ा अंतर है। समस्या एक व्यापक शब्द है जब कि उद्देश्य में समस्या की व्याख्या उसके निश्चित लक्ष्य और उपलब्ध समय, धन और संसाधनों (विधियों) के संदर्भ में की जाती है।

यह सुनिश्चित उद्देश्य समस्त शोध कार्य का मार्गदर्शन करता है। इन दोनों (समस्या और उद्देश्य) में अंतर को हम एक उदाहरण द्वारा स्पष्ट कर सकते हैं। वृद्ध व्यक्तियों का सर्वेक्षण करते समय यह कहना कि मैं 'वृद्ध व्यक्तियों का अध्ययन' कर रहा हूँ। यह कथन सर्वेक्षण की समस्या को तो इंगित करता है, किन्तु अध्ययन के उद्देश्य को नहीं। वृद्ध व्यक्तियों का अध्ययन कई उद्देश्य और दृष्टिकोणों से किया जा सकता है। जब शरीरशास्त्री (Physiologist) वृद्धों का अध्ययन करता है तब उसके अध्ययन का उद्देश्य वृद्धों के शरीर में आए बदलाव और समस्याओं तक सीमित होता है। इसी प्रकार, जब एक समाजशास्त्री वृद्धों की रहन-सहन की दशाओं के अध्ययन की बात करता है, तब यह उसके सर्वेक्षण-शोध की समस्या है, किन्तु उसे इस अध्ययन के उद्देश्य के साथ-साथ यह स्पष्ट करना भी जरूरी है कि उसकी दृष्टि में 'वृद्ध' कौन व्यक्ति हैं, अर्थात् वह किस आयु के व्यक्तियों को वृद्ध की श्रेणी में सम्मिलित कर रहा हैं। इसके अतिरिक्त उसे यह भी स्पष्ट करना चाहिए कि 'रहन-सहन की दशाओं' से उसका क्या तात्पर्य है, इसमें वह किन-किन बातों को सम्मिलित कर रहा है और इस अध्ययन का उद्देश्य क्या है?

उपरोक्त उदाहरण से स्पष्ट है कि सर्वेक्षण की समस्या, जिसका रूप काफी व्यापक होता है और जो 'क्या' के प्रश्न का उत्तर देती है, और सर्वेक्षण के उद्देश्य में अंतर होता है, जो 'क्यों' के प्रश्न का उत्तर है। एक विषय का अध्ययन कई दृष्टिकोणों से किया जा सकता है, उसके कई पक्ष (Aspects) हो सकते हैं। अध्ययन का उद्देश्य ही समस्या के पक्ष का निर्धारण करता है। कई सर्वेक्षणों का उद्देश्य केवल ज्ञान प्राप्ति की दृष्टि से किए जाते हैं जब कि अन्य सर्वेक्षणों के तथ्यों का उपयोग किसी समस्या के समाधान या किसी नीति निर्माण हो सकता है।

कुछेक विद्वानों (यथा, मोजर एवं कालटन) का मत है कि सर्वेक्षण के उद्देश्य के साथ ही सर्वेक्षण में प्रयोग की जानी पद्धति, तकनीक और विधियों का भी उल्लेख किया जाना चाहिए।

अध्ययन क्षेत्र का निर्धारण (Determination of Area of Study)

सर्वेक्षण शोध को प्रारंभ किए जाने के पूर्व अन्वेषण के क्षेत्र का निर्धारण तीन दृष्टियों से किया जाना आवश्यक है: (1) भौगोलिक या प्रादेशिक क्षेत्र, (2) जनसंख्यात्मक क्षेत्र अर्थात् सम्पूर्ण जनसंख्या या उसका केवल आंशिक भाग, और (3) सामाजिक क्षेत्र अर्थात् धर्म, जाति, लिंग, शिक्षा आदि चरों के आधार पर अध्ययन क्षेत्र का परिसीमन। अध्ययन क्षेत्र का इस प्रकार का निर्धारण अन्वेषक को अनावश्यक तथ्यों के संकलन से बचाने के साथ ही उसके समय, श्रम और लागत खर्च में बचत करेगा। क्षेत्र का निर्धारण अन्वेषक के इधर-उधर भटकने पर नियंत्रण में सहायक होता है।

अध्ययन पद्धति का चुनाव और उपकरण का निर्माण (Selection of Method of Study and the Preparation of Tool)

सामाजिक शोध में कई विधियों का प्रयोग किया जाता है। अलग-अलग विषयों के लिए अलग-अलग विधियों का प्रयोग उपयुक्त होता है। अध्ययन किए जाने वाले विषय के लिए कौनसी विधि सर्वाधिक उपयुक्त होगी, यह सर्वेक्षण के विषय, क्षेत्र, उपलब्ध साधन, समय और क्षेत्र कार्यकर्त्ताओं (Field Workers) की क्षमता आदि बातों पर निर्भर करता है। मोटे रूप में,आजकल सर्वेक्षण-शोध में निम्नलिखित विधियों मे से एक या संयुक्त विधियों का प्रयोग किया जाता है:

1. साक्षात्कार विधि (Interview Method)
2. अवलोकन विधि (Observation Method)
3. डाक-प्रश्नावली (Mailed Questionnaire)
4. टेलीफोन सर्वेक्षण (Telephone Survey)
5. टी.वी. या इन्टरनेट सर्वेक्षण (TV or Internet Survey)

अशिक्षित सूचनादाताओं के लिए डाक प्रश्नावली का प्रयोग नहीं किया जा सकता, किन्तु विस्तृत क्षेत्र में बिखरे हुए शिक्षित सूचनादाताओं के लिए इस विधि का चुनाव किया जा सकता है। यदि सूचनादाता गूंगे-बहरे और अंधे हैं या कम उम्र के शिशु हैं, तब ऐसे व्यक्तियों के व्यवहारों के अध्ययन के लिए अवलोकन ही सर्वाधिक उपयुक्त विधि हो सकती है, क्योंकि वे न बोल सकते हैं, न सुन सकते हैं और न ही देख सकते हैं। इसी प्रकार, सामूहिक कृत्यों, संस्कार सम्पादन तथा इसी प्रकार के अन्य क्रिया कलापों (जैसे, भीड़ व्यवहार) के अध्ययन के लिए अवलोकन विधि का प्रयोग उपयोगी होता है।

सर्वेक्षण शोध की उपरोक्त विधियों के चुनाव के बाद इनसे संबंधित उपकरणों – प्रश्नावली, साक्षात्कार अनुसूची और प्रदर्शिका या अवलोकन अनुसूची - की रचना की जाती है। इन उपकरणों की रचना एक तकनीकी विशेषज्ञता की मांग करती है। कुछ प्रश्नों को बनाने मात्र से प्रश्नावली की रचना नहीं हो जाती है। सर्वेक्षण कार्य की सफलता बहुत सीमा तक दोषरहित इन उपकरणों पर निर्भर करती है। इन उपकरणों का सविस्तार वर्णन आगे अलग-अलग अध्यायों में किया गया है।

प्रतिदर्श का चुनाव (Selection of Sample)

जैसे कि ऊपर लिखा गया है कि सर्वेक्षण का क्षेत्र का निर्धारण करते समय यह निश्चित किया जाता है कि अध्ययन के क्षेत्र (कोई नगर, गांव, समुदाय या समूह) की समस्त इकाइयों का अध्ययन किया जाएगा या उसके किसी प्रतिनिधि आंशिक भाग का। समस्त इकाइयों का अध्ययन 'संगणना विधि' (Census Method) और कुछ इकाइयों का अध्ययन 'प्रतिचयन विधि' (Sampling Method) कहलाता है। प्रतिनिधि प्रतिदर्श इकाइयों का चुनाव करते समय निम्नलिखित प्रश्नों का उत्तर दिया जाना आवश्यक है:

(अ) प्रतिदर्श (Sample) के चुनाव की विधि क्या होगी?

(ब) प्रतिदर्श की मात्रा (Size) क्या होगी? दो या पांच प्रतिशत या अधिक।

(स) प्रतिदर्श की सर्वाधिक उपयुक्त इकाइयां कौन सी होंगी? व्यक्ति, समूह, घर, परिवार, वार्ड, जिला या अन्य।

(द) प्रतिदर्श फ्रेम (Sample Frame) का क्या होगा?

(इ) अप्रत्युत्तर (Non-response) की समस्या का किस प्रकार समाधान किया जाएगा?

तकनीकी आविष्कारों (कम्प्यूटर आदि) के कारण आजकल प्रतिचयन विधियों में बहुत परिष्करण हो गया है, अतः इनके आधार पर संगणना विधि की भांति ही सटीक निष्कर्ष निकालने में भारी मदद मिली है। इन परिष्कृत विधियों के प्रयोग के द्वारा 'प्रतिदर्श त्रुटि' (Sampling Error) की गणना आसान हो गई है।

कार्य-सारणी तथा बजट का निर्माण (Preparation of Work Schedule and Budget)

अन्य बातों के साथ सर्वेक्षण की कार्य-सारणी और बजट का निर्माण भी सर्वेक्षण की योजना का प्रमुख अंग हैं। सर्वेक्षण की कार्य-सारणी से तात्पर्य सर्वेक्षण में लगने वाले समय के अनुमान से है। यदि साक्षात्कार विधि का प्रयोग किया जा रहा है तब यह अनुमान एक सूचनादाता के साथ साक्षात्कार में लगने वाले समय के आधार पर किया जा सकता है। इसी प्रकार, सर्वेक्षण कार्य पर खर्च होने वाली लागत का अनुमान भी आवश्यक है। बजट का निर्माण करते समय न केवल खर्चे का (अनुसूची छपाई का खर्च, यात्रा व्यय, वेतन, क्षेत्र कार्य संबंधी अन्य खर्चे आदि) अनुमान, अपितु आय के स्रोतों (यदि सर्वेक्षण किसी संस्था/संगठन द्वारा संचालित है) पर भी विचार किया जाना चाहिए।

सर्वेक्षण समिति का संगठन (Organization of Survey Body)

वृहद् आधार पर किए जाने वाले सर्वेक्षणों में केन्द्रीय सर्वेक्षण संगठन का गठन किया जाता है जिसे 'योजना समिति' कहते हैं। यह समिति सर्वेक्षण कार्य के विभिन्न मुद्दों का निर्धारण, संचालन और नियंत्रण करती है। यदि सर्वेक्षण का कार्य बड़ा होता है तब इस समिति की सहायतार्थ एकाधिक उपसमिति का भी गठन किया जाता है। यह योजना समिति ही क्षेत्र कार्यकर्ताओं का चयन और उन्हें प्रशिक्षित भी करती है।

पूर्व-परीक्षण एवं पूर्वगामी सर्वेक्षण (Pre-test and Pilot Survey)

मुख्य सर्वेक्षण के पूर्व सर्वेक्षण की समस्त प्रक्रिया, विधि, उपकरण और गवेषकों के कार्य करने के ढंग (Investigators) की जांच की जाती है ताकि सर्वेक्षण की सफलता

आश्वस्त की जा सके। यह कार्य पूर्व-प्रशिक्षण और पूर्वगामी सर्वेक्षण द्वारा सम्पादित किया जाता है। पूर्व-परीक्षण द्वारा अध्ययन के उपकरण की जांच की जाती है और पूर्वगामी सर्वेक्षण के द्वारा मुख्य सर्वेक्षण की समस्त प्रक्रिया की लघु आधार पर जांच की जाती है। यह एक प्रकार से मुख्य सर्वेक्षण का 'रिहर्सल' होता है। इन दोनों ही प्रक्रियाओं का प्रधान उद्देश्य मुख्य सर्वेक्षण के द्वारा विश्वसनीय और प्रामाणिक आंकड़ों का संकलन करना है।

समुदाय को सर्वेक्षण हेतु तैयार करना
(Preparing the Community for Survey)

येंग ने इसे भी 'सर्वेक्षण योजना' का अंग मानकर इसे सर्वेक्षण-कार्य का अंतिम चरण बताया है। सर्वेक्षण की सफलता उस समुदाय के समुचित सहयोग पर भी निर्भर करती है, जिसका अध्ययन किया जा रहा है। अतः सर्वेक्षण शुरू करने के पूर्व समुदाय को मानसिक और सामाजिक रूप में तैयार करना भी जरूरी है। इसके लिए संदेशवाहन के साधनों जैसे अखबारों या टी.वी., सिनेमा, प्रदर्शनी आदि का सहारा लिया जा सकता है। दशाब्दिक जनगणना के पूर्व इन प्रचार साधनों में विज्ञापन द्वारा जनता में जनगणना के प्रति जागरूकता पैदा की जाती है ताकि जब प्रगणक (Enumerators) या गवेषक सूचनाएं लेने उनके घर पहुँचे, तब वे निसंकोच सूचनाएं देने के लिए तैयार हों। इन साधनों द्वारा सर्वेक्षण के उद्देश्य तथा कार्यक्रम का प्रचार कर सर्वेक्षण के प्रति समुदाय के व्यक्तियों में विश्वास पैदा किया जाता है। समुदाय को तैयार करने के लिए समुदाय के मुखियाओं और प्रभावशाली व्यक्तियों से मिलकर या सभा-संगोष्ठी का आयोजन करके भी सर्वेक्षण की जानकारी दी जा सकती है और उनसे सर्वेक्षण कार्य में आवश्यक सहयोग की प्रार्थना की जा सकती है।

सर्वेक्षण की उपरोक्त योजना वृहद् आधार पर किए जाने वाले सर्वेक्षणों पर ही लागू होती है और इसमें भी आवश्यकतानुसार संशोधन-परिवर्तन किया जा सकता है। प्रत्येक सर्वेक्षण का अपना विशिष्ट उद्देश्य और अध्ययन किए जाने वाले समुदाय की अपनी विशिष्टताएं होती हैं, उसे ध्यान में रखकर ही सर्वेक्षण की योजना बनाई जानी चाहिए। उपरोक्त सर्वेक्षण की योजना मात्र एक मार्गदर्शन (Guideline) हेतु रूपरेखा है।

ऊपर हमने सर्वेक्षण की योजना का विवेचन किया। अब हम सर्वेक्षण के अन्य चरणों – तथ्यों का संकलन, तथ्यों की प्रोसेसिंग, वर्गीकरण एवं विश्लेषण और निष्कर्षों का प्रदर्शन का विवेचन करेंगे।

क्षेत्र-कार्य: तथ्यों का संकलन (Fieldwork: Collection of Facts)

सर्वेक्षण योजना कार्य किसी कक्ष में बैठकर सम्पन्न किया जाता है। पूर्वगामी सर्वेक्षण को छोड़कर इसकी समस्त प्रकृति वैचारिक (Theoretical) होती है। वास्तविक सर्वेक्षण क्षेत्र-कार्य (Fieldwork) से शुरू होता है। क्षेत्र-कार्य के द्वारा अन्वेषक आवश्यक तथ्यों का संकलन करता है। इसके लिए वह उन विधियों का प्रयोग करता है जिसका चयन उसने सर्वेक्षण की योजना बनाते समय किया है।

तथ्य संकलन करते समय निम्नलिखित बातों पर विशेष रूप से ध्यान दिया जाना चाहिए:

1. सार्थक तथ्यों (data) का संकलन।
2. अप्रत्याशित कठिनाइयों का साहस एवं धैर्यपूर्वक सामना करना।
3. गवेषकों पर कड़ी नजर।
4. असंगत तथ्यों की पुनः जांच।
5. अप्रत्युत्तर दर और प्रतिदर्श-त्रुटियों (Sampling Errors) को कम से कम करने की कोशिश।

तथ्यों की प्रोसेसिंग तथा विश्लेषण (Processing and Analysis of Data)

तथ्यों का एकत्रण करने के बाद सर्वेक्षण की इति नहीं हो जाती। कहा गया है कि "तथ्यों का संकलन मात्र विज्ञान नहीं है।" संकलित तथ्य किसी हीरे की खान से निकाले गए अनघड़ पत्थरों तथा अन्य वस्तुओं के ढेर के समान होता है। इन पत्थरों और वस्तुओं को अर्थपूर्ण और महत्वपूर्ण बनाने के लिए उनकी अलग-अलग विशेषताओं, आकार, रंग आदि के आधार पर छंटाई कर उन्हें अलग-अलग समूहों में बांटा जाता है और इनमें से हीरे वाले पत्थरों को अन्य पत्थरों से अलग कर उनकी पुनः छंटाई की जाती है। लगभग इसी प्रकार की प्रक्रिया सर्वेक्षण के संकलित तथ्यों में अपनाई जाती है जिसे मोटे रूप में 'प्रोसेसिंग' कहते हैं। तथ्यों की प्रोसेसिंग में निम्न क्रियाओं को सम्मिलित किया जाता है:

(अ) तथ्यों का सम्पादन (Editing of Data)
(ब) तथ्यों का संकेतन (Coding of Data)
(स) तथ्यों का वर्गीकरण तथा सारणीकरण (Classification and Tabulation of Data)
(द) तथ्यों का निर्वचन एवं सामान्यीकरण (Interpretation and Generalization of Data)

इनका विस्तृत वर्णन अन्यत्र अलग अध्याय में किया गया है। यहाँ संक्षेप में इनकी जानकारी दी जा रही है।

तथ्यों का सम्पादन

तथ्यों के सम्पादन से तात्पर्य डाक प्रश्नावली या अनुसूची या टेलीफोन साक्षात्कार में रह गई कमियों, त्रुटियों या किसी अन्य अस्पष्टता में सुधार करने से है। तथ्यों का सम्पादन यह सुनिश्चित करता है कि प्रश्नावली/अनुसूची में दी गई सूचनाएं सही हैं तथा इनका उपयुक्त रूप में वर्गीकरण किया जा सकेगा।

जैसे किसी सूचनादाता ने अपनी आयु 42 वर्ष बताई, किन्तु यह आयु उसी के द्वारा बताई गई उसकी जन्म-तिथि से मेल नहीं खाती। ऐसी स्थिति में सूचनादाता से पुनः स्पष्टीकरण, यदि सम्भव हो, तो लिया जाना चाहिए। जहाँ कहीं प्रश्नावलियों या अनुसूची के प्रश्न उत्तर देने से छूट गए हों, उन्हें यथासम्भव पूर्ण किया जाना भी तथ्यों के सम्पादन का ही अंग है।

तथ्यों का संकेतन

यह एक तकनीकी प्रक्रिया है और सामान्यतः उसी समय सम्पादित की जाती है जब प्रश्नों की रचना की जाती है। संकेतन से तात्पर्य प्रश्नों के उत्तरों को अर्थपूर्ण वर्गों (Meaningful

Categories) में विभाजित कर उन्हें अंकित मूल्य (Numerical Values) या कोई संख्या (Number) देने से है। जब कभी प्रश्नों की रचना करते समय संकेतन का कार्य नहीं किया जाता है, तब यह काम क्षेत्र कार्य समाप्त करने के बाद किया जाता है। उदाहरणार्थ, प्रश्नावली/अनुसूची के निम्न प्रश्नों का इस प्रकार संकेतन किया जा सकता है:

		उत्तर			
प्रश्न संख्या 1	लिंग	स्त्री		पुरुष	
		1		2	
प्रश्न संख्या 2	वैवाहिक आयु	विवाहित	अविवाहित	विधवा/विधुर	तलाकशुदा
		1	2	3	4

उपरोक्त उदाहरण में प्रश्न के उत्तरों के नीचे दी गई संख्याएं, यथा 1, 2, 3, 4 आदि संकेतन सख्याएं हैं। इन संकेतन संख्याओं के आधार पर ही प्रश्नावलियों की सूचनाओं को कम्प्यूटर की सहायता से कुल संख्या की गणना की जाती है। जैसा ऊपर लिखा गया है कि यह एक तकनीकी प्रक्रिया है, अतः इसमें अत्यंत दक्षता, अनुभव और योग्यता की आवश्यकता होती है।

तथ्यों का वर्गीकरण एवं सारणीकरण

तथ्यों के संकलन के बाद उनकी विशेषताओं, यथा लिंग, आयु, आय, व्यवसाय, धर्म, जाति के विभिन्न चरों (Variables) और प्रत्युत्तरों के रूपों (Forms of Responses) के आधार पर उनका वर्गीकरण और सारणीयन किया जाता है, जैसे किसी प्रश्न के उत्तरों को हां या ना के दो अलग-अलग समूहों में बांटा जाता है। तथ्यों के सुव्यवस्थित वर्गीकरण के बाद ही उनका वैज्ञानिक विश्लेषण संभव हो पाता है। **येंग** ने कहा है कि "स्थान, समय, संबंधों, व्यवहार अथवा कार्य या दृष्टिकोण के अनुसार तथ्य सामग्री को समूहों में बांटने की प्रक्रिया को ही वर्गीकरण कहते हैं।"

तथ्यों के वर्गीकरण के बाद उन्हें उपयुक्त सारणियों में जमाया जाता है ताकि उनके आधार पर आवृत्तियों, प्रतिशतों और औसतों का परिकलन (Calculation) किया जा सके। आजकल यह समस्त कार्य हाथ से करने (Manually) के स्थान पर तकनीकी उपकरणों (कम्प्यूटरों) के द्वारा किया जाता है। सारणीयन से वर्गीकृत तथ्य अधिक स्पष्ट, बोधगम्य और तुलना करने योग्य हो जाते हैं।

तथ्यों का निर्वचन एवं सामान्यीकरण

"तथ्य स्वयं अपने बारे में कुछ नहीं बोलते" (Facts do not Speak for Themselves), इनकी महत्ता प्रकट करने के लिए इनका निर्वचन/व्याख्या (Interpretation) करने की जरूरत होती है। किसी समुदाय के आंकड़ों को लिंग (स्त्री/पुरुष) के आधार वर्गीकृत करने के बाद उनका विवेचन करते हुए यह बताना पड़ता है कि अमुक समुदाय में स्त्रियों की संख्या की अपेक्षा पुरुषों की संख्या अधिक है और प्रति हजार के हिसाब से स्त्रियों की

संख्या कम है। यदि जनसंख्या के परिवर्तन की यही प्रवृत्ति रही तो आगे दस वर्षों में स्त्री-पुरुषों के अनुपात में बहुत विषमता उत्पन्न हो सकती है। इस प्रकार का निष्कर्ष ही 'सामान्यीकरण' कहलाता है। "सामान्यीकरण एक ऐसा कथन होता है जो दो या दो से अधिक घटनाओं के बीच एक सार्वभौमिक संबंध की उपस्थिति को दर्शाता है।" अधिकांश सामाजिक गवेषणाओं का प्रमुख उद्देश्य इस प्रकार के सामान्यीकरण या व्यवहार संबंधी सामान्य नियमों का प्रतिपादन करना होता है।

निष्कर्षों का प्रदर्शन (Presentation of Findings)

सर्वेक्षण की रिपोर्ट तैयार करना तथा उन्हें जनसाधारण या विषय विशेषज्ञों के समक्ष प्रस्तुत करना सर्वेक्षण का अंतिम चरण है। रिपोर्ट तैयार करना एक अत्यंत तर्कपूर्ण कार्य है जिसमें सर्वेक्षण के उद्देश्य, अध्ययन क्षेत्र, सर्वेक्षण पद्धति और प्रतिदर्श के चुनाव की तार्किक व्याख्या के साथ अंत में सर्वेक्षण से प्राप्त निष्कर्षों को इस ढंग से प्रस्तुत किया जाता है कि एक सामान्य व्यक्ति भी उसे आसानी से समझ सके। किन्तु, यदि सर्वेक्षण शोध के निष्कर्ष जनसाधारण से संबंधित न होकर किन्हीं विषय-विशेषज्ञों से संबंधित हैं तब इस प्रकार की रिपोर्ट में विषय विशेष की तकनीकी शब्दावली, अवधारणाओं आदि का प्रयोग किया जाना चाहिए। रिपोर्ट के अंत में संदर्भ ग्रंथों की सूची, प्रश्नावली/अनुसूची/साक्षात्कार निर्देशिका की एक प्रति अन्य प्रपत्रों के साथ संलग्न की जानी चाहिए।

पूर्व-परीक्षण तथा पूर्वगामी सर्वेक्षण (Pre-test and Pilot Survey)

मानव की यह स्वाभाविक प्रवृत्ति है कि वह अपने प्रत्येक कार्य में अधिकाधिक सफलता प्राप्त करना चाहता है। इस सफलता के लिए वह ऐसी युक्तियों, विधियों, कार्यप्रणालियों और उपकरणों का प्रयोग करता है जो उसे सफलता के लिए आश्वस्त कर सकें। प्रतिदिन के जीवन से इसके अनेक उदाहरण दिए जा सकते हैं। एक औषधि खोजकर्ता या निर्माता किसी औषधि को बनाने के बाद कुछ जानवरों और इंसानों पर परीक्षण कर यह देखता है कि उक्त औषधि कितनी कारगर है, इसके क्या परोक्ष एवं प्रत्यक्ष प्रभाव पड़ने की सम्भावनाएं हैं, इसकी क्या लागत आएगी, आदि। इस प्रकार के परीक्षण पर खरी उतरने पर ही उक्त औषधि को बाजार में सामान्य जन के उपयोग के लिए जारी किया जाता हैं। यही बात वृहद् आधार पर किए जाने वाले सर्वेक्षणों पर लागू होती है कि सर्वेक्षण कार्य में प्रयोग किए जाने वाले उपकरण (साक्षात्कार अनुसूची, डाक प्रश्नावली, अवलोकन अनुसूची आदि) तथा प्रतिचयन विधि और उसकी मात्रा (Sample Method and its Size) आदि कहाँ तक उपयुक्त और सटीक होंगे। मुख्य सर्वेक्षण (Main Survey) के पूर्व जांच के उद्देश्य को लेकर लघु आधार पर किए गए सर्वेक्षण को ही पूर्वगामी सर्वेक्षण और इसके विभिन्न पहलुओं की अलग-अलग जांच को पूर्व परीक्षण कहा जाता है।

पूर्व-परीक्षण और पूर्वगामी सर्वेक्षण क्या है? (What is Pre-test and Pilot Survey?)

ए.एल. एकॉफ (1961) के अनुसार, "पूर्व-परीक्षण वैकल्पिक शोध प्रारूपों (Research Designs), उपकरणों तथा योजनाओं का एक सीमित अध्ययन है जिसका उद्देश्य यह

निश्चित करना है कि कौन सा विकल्प सबसे अधिक उपयुक्त और कार्यक्षम रहेगा।" इसी प्रकार, **ई.आर. बॉबे** (1973) ने लिखा है, "शोध प्रारूप के किन्हीं एक या दो पक्षों की प्रारम्भिक जांच-परख को पूर्व-परीक्षण कहते हैं।"

पूर्वगामी सर्वेक्षण (Pilot Survey) को परिभाषित करते हुए **टी.एफ. हौल्ट** (1969) ने लिखा है, "पूर्वगामी सर्वेक्षण लघु स्तर पर किया गया एक ऐसा अध्ययन है जिसका उद्देश्य वृहद् स्तर पर किए जाने वाले नियोजित सर्वेक्षण में सुधार की दृष्टि से सूचनाएं एकत्रित करना होता है।" पूर्वगामी अध्ययन मुख्य अध्ययन की एक लघु स्तरीय प्रतिकृति (Replica) और एक पूर्वाभ्यास (Rehearsal) होता है। इसके द्वारा मुख्य सर्वेक्षण में प्रयोग किए जाने वाले उपकरण की जांच के साथ-साथ उसकी प्रशासनात्मक और संगठनात्मक समस्याओं और उत्तरदाताओं (Respondents) के बारे में जानकारी हासिल करना होता है। **मोजर और कालटन** (Moser and Kalton, 1980) ने पूर्वगामी सर्वेक्षण की नाटक से उपमा देते हुए लिखा है, "यह एक रंगमंचीय 'वेशभूषा पूर्वाभ्यास' (Dress Rehearsal) की भांति है। "रंगमंचीय पूर्वाभ्यास की भांति पूर्वगामी सर्वेक्षणों को भी कई प्रारम्भिक परीक्षणों और प्रयासों के दौर से गुजरना पड़ता है।

सार रूप में, पूर्वगामी अध्ययन (सर्वेक्षण) लघु आकारीय होते हैं जिनका उद्देश्य मुख्य सर्वेक्षण (Main Survey), जो वृहद् आधार पर किए जाते हैं, के प्रत्येक पहलू (सर्वेक्षण की योजना बनाने से लेकर, उपकरण, प्रतिचयन विधि तथा सर्वेक्षण से प्राप्त तथ्यों के विश्लेषण तक) की जांच करना होता है। यह जांच मुख्य सर्वेक्षण करने के पूर्व की जाती है ताकि सर्वेक्षण मार्ग में आने वाली बाधाओं और सर्वेक्षण की कमियों को पहले ही दूर किया जा सके। यह 'भूल और सुधार' (Trial and Error) का एक ऐसा तरीका है जिसके द्वारा सफल-प्रयासों की पुनरावृत्ति और त्रुटियों को दूर किया जा सके। **ब्लैक एवं चैम्पियन** (1976) ने इस प्रकार के सर्वेक्षणों को 'परीक्षण गवेषणाएं' (Trial Investigations) कहा है।

पूर्व-परीक्षण और पूर्वगामी सर्वेक्षण में अंतर (Difference Between Pre-test and Pilot Survey)

यहाँ एक बात स्पष्ट किया जाना आवश्यक है। पूर्व-परीक्षण और पूर्वगामी सर्वेक्षण इन दोनों प्रक्रियाओं का मुख्य उद्देश्य एक ही है: 'जांच करना'। ये दोनों प्रक्रियाएं मुख्य सर्वेक्षण-अध्ययन के पूर्व ही सम्पादित की जाती हैं। कई लेखकों ने इन दोनों अवधारणाओं के बीच कोई अंतर प्रदर्शित नहीं किया है। किसी लेखक ने पूर्व-परीक्षण शब्द का तो किसी ने पूर्वगामी सर्वेक्षण या पूर्वगामी अध्ययन (Pilot Study) शब्द का प्रयोग किया है। मोजर एवं कालटन ने अवश्य सर्वेक्षण की जांच संबंधी सम्पूर्ण प्रक्रिया को दो भागों में बांटा है। उन्होंने सर्वेक्षण योजना संबंधी विभिन्न पहलुओं की अलग-अलग लघु रूप में की जाने वाली शुरुआती जांच को 'पूर्व-परीक्षण' (Pre-test) और विस्तृत योजना की एक साथ जांच को 'पूर्वगामी सर्वेक्षण' (Pilot Survey) कहा है। अत: मोजर और कालटन के अनुसार, पूर्व-परीक्षण का क्षेत्र पूर्वगामी सर्वेक्षण से छोटा होता है। जब सर्वेक्षण के मात्र

किसी उपकरण, अर्थात् अनुसूची या प्रश्नावली या प्रतिचयन विधि की ही जांच की जाती है, तब इसे पूर्व-परीक्षण कहते हैं, किन्तु जब इन उपकरणों के साथ प्रतिचयन विधि और उसके आकार (Sampling Method and its Size) और मुख्य सर्वेक्षण में प्रयोग की जाने वाली सम्पूर्ण कार्य-विधि की भी जांच की जाती है, तब यह पूर्वगामी सर्वेक्षण कहलाता है। जैसा कि ऊपर कहा गया है कि पूर्वगामी सर्वेक्षण पूरी तौर पर मुख्य सर्वेक्षण की भांति लघु आधार पर सम्पन्न किया जाता है, इसीलिए इसे मुख्य सर्वेक्षण का 'लघु प्रतिरूप' कहा गया है। इसमें न केवल उपकरणों की जांच, प्रतिदर्श (Sample) की पर्याप्तता की जांच, प्रतिदर्श विधि की उपयुक्तता की जांच, तथ्यों के संकलन और विश्लेषण में आने वाली कठिनाइयों का अनुमान, उत्तरदाताओं की प्रकृति, सर्वेक्षण कार्य में लगने वाले समय और धन तथा अन्य संसाधनों का अनुमान, कार्यकर्त्ताओं की क्षमता की जानकारी आदि सभी पहलुओं पर सोच-विचार किया जाता है। संक्षेप में, पूर्वगामी सर्वेक्षण में शोध की समस्त प्रक्रिया की जांच की जाती है। इसके विपरीत, पूर्व-परीक्षण में सर्वेक्षण प्रक्रिया के किन्ही एक या दो विषयों की ही जांच की जाती है, इसमें पूर्वगामी सर्वेक्षण की भांति औपचारिकता नहीं होती।

पूर्वगामी सर्वेक्षणों और पूर्व-परीक्षणों के उद्देश्य (Purposes of Pilot Surveys and Pre-tests)

पूर्वगामी अध्ययनों के उद्देश्य अलग-अलग सर्वेक्षणों के अलग-अलग होते हैं। यह शोध के प्रकार और उसकी पद्धति पर निर्भर करता है। वैयक्तिक अध्ययन प्रणाली की जांच का उद्देश्य सर्वेक्षण शोध से भिन्न हो सकता है, किन्तु सभी प्रकार के पूर्वगामी अध्ययनों का उद्देश्य शोध अध्ययन संबंधी सार्थक तथ्यों का संग्रहण कर शोध कार्य को सफल बनाना है। पूर्वगामी सर्वेक्षण और पूर्व परीक्षण के प्रमुख उद्देश्य निम्नलिखित होते हैं:

विकल्पों का चुनाव (Choice of Alternatives)

मुख्य सर्वेक्षण के पूर्व की गई जांच उपकरण (Tools), विधि (Methods) और प्रणाली (Procedure) के उपलब्ध भंडार में से सर्वाधिक उपयुक्त तथा श्रेष्ठ विकल्प को चुनने में मदद करती है।

सर्वेक्षण उपकरणों की जांच (Test of Survey Tools)

उपकरण की उपयुक्तता और आवश्यक तथ्यों के संकलन की क्षमता सर्वेक्षण की सफलता की गारंटी है। उपकरणों की पूर्व जांच द्वारा यह मालूम किया जा सकता है कि प्रश्नावली/अनुसूची में कौनसे प्रश्न अनावश्यक या निरर्थक हैं, कौन से आवश्यक प्रश्न छूट गए हैं, प्रश्नों की रचना में कौनसी तकनीकी त्रुटियां रह गई हैं, ऐसे कौन से प्रश्न हैं जो सूचनादाता ठीक प्रकार से समझ नहीं पा रहे हैं, प्रश्नावली/अनुसूची अनावश्यक रूप से बहुत बड़ी तो नहीं हो गई है, एक प्रश्नावली/अनुसूची के भरने में कितना समय लगने की सम्भावना है, आदि विषयों के बारे की गई जांच-पड़ताल से हम आश्वस्त हो सकते हैं कि हमारा शोध कार्य कहाँ तक सफल होगा।

प्रतिदर्श प्रारूप का परीक्षण (Test Sample Design)

एक अच्छे प्रतिदर्श की सबसे बड़ी विशेषता है कि वह सम्पूर्ण समग्र का प्रतिनिधित्व करने वाला हो। पूर्वगामी सर्वेक्षण के द्वारा मुख्य सर्वेक्षण में प्रयोग की जाने वाली प्रतिचयन विधि की उपयुक्तता (Adequacy) के साथ-साथ प्रतिदर्श की मात्रा (Sample Size) की जांच कर इनमें आवश्यक फेरबदल किया जा सकता है और उसे प्रतिनिधित्वपूर्ण प्रतिदर्श (Representative Sample) बनाया जा सकता है। इस परीक्षण द्वारा समग्र की सूची, जिसमें से प्रतिदर्श निकाला जाना है, की अद्यतनता (updation) का पता भी लगाया जा सकता है।

समग्र की विशेषताओं की जानकारी (Knowledge about the Characteristics of the Universe)

पूर्वगामी सर्वेक्षण से सम्पूर्ण समग्र की विशेषताओं की जानकारी हो जाती है, अर्थात् अध्ययन क्षेत्र कितना बड़ा है, सूचनादाताओं की प्रकृति (उनकी भाषा, उनकी आदतें, जीवन-शैली आदि) के अतिरिक्त समग्र की सजातीयता की जानकारी हो जाती है जो मुख्य सर्वेक्षण की सफलता के लिए आवश्यक है।

क्षेत्र कार्यकर्त्ताओं की जांच (Test of Field Workers)

जब सर्वेक्षण वृहद् आधार पर किया जाता है और जिसमें कई क्षेत्र कार्यकर्त्ताओं (साक्षात्कारकर्त्ताओं) की जरूरत पड़ती है, तब क्षेत्र कार्यकर्त्ताओं का प्रशिक्षित होना आवश्यक है। इन लोगों की कार्यक्षमता पर ही सर्वेक्षण की सफलता निर्भर करती है। पूर्वगामी सर्वेक्षण द्वारा क्षेत्र कार्यकर्त्ताओं की कार्यक्षमता की जांच के अलावा यह उनके लिए एक अभ्यास (Exercise) का काम भी करता है।

अप्रत्युत्तर दर का अनुमान (Estimation of Non-response Rate)

पूर्वगामी सर्वेक्षण द्वारा यह जानकारी भी हासिल की जा सकती है कि प्रश्नावलियां कितने प्रतिशत लौटकर आने की सम्भावना है, कितने लोग साक्षात्कार के लिए उपलब्ध हो सकेंगे, इस जानकारी के आधार पर प्रतिदर्श की मात्रा को घटाया-बढ़ाया जा सकता है।

सम्भावित समय और खर्चे का अनुमान (Estimation of Probable Time and Cost)

मुख्य सर्वेक्षण में कितना समय लगने और कितना व्यय होने की सम्भावना है, इसका अनुमान भी पूर्वगामी सर्वेक्षण द्वारा लगाया जा सकता है। प्रश्नावली को छपवाने, भेजने और मंगाने पर कितना व्यय हो सकता है, एक साक्षात्कार में कितना समय लगता है, साक्षात्कारकर्त्ता पर व्यय (आने-जाने, ठहरने तथा वेतन खर्च आदि) होने की अनुमानित राशि और समय की जानकारी भी पूर्वगामी सर्वेक्षण द्वारा मिल सकती है।

सांख्यिकीय त्रुटि का अनुमान (Estimation of Statistical Error)

एक सर्वेक्षण की सफलता सांख्यिकीय त्रुटि पर भी निर्भर करती है। जहाँ सर्वेक्षण के परिणामों में अभिनति (Bias) और पक्षपात के आने की सम्भावना अधिक होती है, वहीं

'सांख्यिकीय त्रुटि' की मात्रा स्वाभाविक रूप से बढ़ जाती है। पूर्वगामी सर्वेक्षण द्वारा सांख्यिकीय त्रुटि' का अनुमान लगाया जा सकता है, जिसके आधार पर मुख्य सर्वेक्षण के प्रारूप (Design) में आवश्यकतानुसार फेरबदल किया जा सकता है।

तथ्यों के वर्गीकरण की योजना में सहायक
(Helpful in Planning the Classification of Data)

पूर्वगामी सर्वेक्षण शोधकर्त्ता को तथ्यों के वर्गीकरण की एक कार्यवाहक योजना बनाने में भी सहायता करता है, अर्थात् संकलित तथ्यों का वर्गीकरण कैसे किया जाएगा और क्या यह वर्गीकरण ठीक होगा?

संक्षेप में, पूर्वगामी सर्वेक्षण और उपकरणों का पूर्व-परीक्षण मुख्य अध्ययन की सफलता में वृद्धि के साथ-साथ पथ प्रदर्शक का कार्य करता है। यह सर्वेक्षण मार्ग में उत्पन्न होने वाली बाधाओं और समस्याओं के प्रति शोधकर्ता को सावधान करता है।

वैज्ञानिक सामाजिक सर्वेक्षणों का इतिहास
(History of Scientific Social Surveys)

सामाजिक सर्वेक्षण सामाजिक शोध की एक महत्वपूर्ण विधि है। तथ्य (Data) संकलन की एक वैज्ञानिक विधि के रूप में इसका प्रयोग सर्वप्रथम उन्नीसवीं शताब्दी में ब्रिटेन में औद्योगीकरण के फलस्वरूप उत्पन्न शहरी जीवन की बिगड़ती हुई सामाजिक दशाओं और समस्याओं के समाधान के उद्देश्य से हुआ। **ए.एफ. वैल्स** (1935) के अनुसार, स्थानिक सर्वेक्षणों की शुरुआत श्रमिक वर्ग की गरीबी और समुदाय की प्रकृति एवं समस्याओं को जानने के उद्देश्य से हुई। एक व्यवस्थित विधि के रूप में सर्वेक्षण विधि के सर्वप्रथम प्रयोग का श्रेय फ्रांसीसी समाज सुधारक **ली प्ले** (1806–1822) तथा उनके साथियों का जाता है, यद्यपि इसके पूर्व **जॉन हावर्ड** (1726–1790) ने जेल व्यवस्था तथा जेल के कैदियों के जीवन से संबंधित वस्तुपरक तथ्यों के संकलन के लिए इसी प्रकार की विधि का प्रयोग किया था जिसे बाद में 'सहभागिक अवलोकन विधि' का नाम दिया गया। **लीप्ले** ने सर्वेक्षण विधि का प्रयोग परिवारों की प्रकृति और संगठन को समझने तथा परिवारों के बजट (आय-व्यय पत्र) बनाने में किया। ली प्ले के अध्ययनों ने सामाजिक संगठन संबंधी सिद्धान्तों की खोज करने और सामाजिक सुधार की योजना बनाने में भारी योगदान किया। ली प्ले से प्रभावित होकर **कार्ल मार्क्स** के सहयोगी **अर्नेस्ट एंजिल** (1821–1896) ने भी अपने सिद्धान्तों की व्यावहारिकता की जांच हेतु परिवारों के बजट का प्रयोग किया। परिवार की आय तथा विभिन्न वर्गों (धनिक तथा गरीब वर्ग) की इच्छाओं और खर्चों में क्या सहसम्बन्ध हैं, आय की बढ़ोत्तरी या घटोत्तरी किस प्रकार गरीबों और धनिकों की खर्चे की मदों एवं इच्छाओं को प्रभावित करती हैं, जैसे प्रश्नों संबंधी तथ्यों को जुटाकर वे 'एंजिल के उपभोग नियम' (Engel's Law of Consumption) के नाम से ख्यात हुए।

ब्रिटेन में शुरू हुए सामाजिक सर्वेक्षण धीरे-धीरे एक आंदोलन के रूप में सारे यूरोप में फैल गए। प्रारंभ में इनका रूप दशाब्दिक जनगणनाओं जैसा ही था जिनमें गरीबी, शिक्षा और स्वास्थ्य संबंधी आंकड़े एकत्रित किए जाते थे। सन 1842 में **एडविन चडविक** ने

ग्रट ब्रिटेन के श्रमिकों के स्वास्थ्य संबंधी आंकड़ों को एकत्रित कर एक रिपोर्ट प्रकाशित की। यह सरकार द्वारा प्रवर्तित पहला सर्वेक्षण था। इसी काल में, **चार्ल्स डिकिन्स** जैसे प्रसिद्ध साहित्यकार के सहयोगियों ने अपने समाजों के कुछ वर्णनात्मक-काल्पनिक अध्ययन भी किए। सन् 1862 में **हेनरी मेहियू** का 'लंडन लेबर एंड द लंडन पूअर' नामक अध्ययन प्रकाशित हुआ।

उन्नीसवीं शताब्दी में व्यक्तिगत आधार पर कुछ लोगों द्वारा ऐसे सर्वेक्षण किए गए जो बाद में सामाजिक सर्वेक्षणों के इतिहास में महत्वपूर्ण बन गए। इनमें चार्ल्स बूथ, बी.एस. राउन्ट्री, ए.एल. बाउले के सर्वेक्षण प्रमुख स्थान रखते हैं।

चार्ल्स बूथ (Charles Booth, 1840–1916)

बूथ को वैज्ञानिक सामाजिक सर्वेक्षण का पिता माना जाता है। उन्होंने लंदन के गरीबों के जीवन का अध्ययन कर 'लाइफ एंड लेबर ऑफ द पीपल ऑफ लंडन' नामक ग्रंथ के 17 भागों में प्रामाणिक आंकड़े प्रकाशित किए। आय, व्यवसाय, निवास स्थान आदि तथ्यों के आधार पर उन्होंने सर्वप्रथम गरीबी की अवधारणा प्रस्तुत की। इस अध्ययन के लिए आंकड़े जुटाने के लिए बूथ ने 'सहभागिक अवलोकन विधि' और 'औपचारिक व्यक्तिगत साक्षात्कार विधि' दोनों का प्रयोग किया।

बी.एस. राउन्ट्री (B.S. Rowntree, 1899–1936)

चार्ल्स बूथ का अनुसरण करते हुए राउन्ट्री ने यार्क नगर के गरीबों का अध्ययन कर 'पावर्टी–ए स्टडी ऑफ टाउन लाइफ' (1902) नामक पुस्तक का प्रकाशन किया। इस अध्ययन में उन्होंने प्रत्यक्ष साक्षात्कार विधि का प्रयोग किया। सन 1935 में उन्होंने पुन: यार्क नगर का अध्ययन कर लोगों के रहन–सहन में होने वाले परिवर्तनों और उनके सामाजिक आर्थिक जीवन पर पड़ने वाले प्रभावों को लेकर 'पावर्टी एंड प्रोग्रेस' (1941) नामक ग्रंथ का प्रकाशन किया।

आर्थर बाऊले (Arthur Bowley)

बाऊले ने भी गरीबी का एक अध्ययन किया। उन्होंने अपने सर्वेक्षण में सर्वप्रथम 'प्रतिदर्श विधि' (Sampling Method) का प्रयोग कर 'लिवलीहूड एंड पॉवर्टी' (1915) नाम से अपने निष्कर्षों को प्रकाशित किया। राउन्ट्री की भांति बाऊले ने दस वर्ष के उपरान्त पुन: उसी समुदाय का अध्ययन कर यह बताने का प्रयास किया कि क्या गरीबी में कोई कमी आई है।

सामाजिक समस्याओं के वैज्ञानिक अध्ययन की यह प्रवृत्ति ब्रिटेन तक ही सीमित नहीं रही। इन सर्वेक्षणों ने यूरोप के अन्य देशों, यथा जर्मनी, फ्रांस तथा इटली आदि में इसी प्रकार के सर्वेक्षणों का मार्ग प्रशस्त किया। जर्मनी में **कार्ल मार्क्स** ने डाक प्रश्नावली की सहायता से पच्चीस हजार फ्रांसीसी मजदूरों के शोषण का अध्ययन किया। ऐसा माना जाता है कि प्रसिद्ध समाज वैज्ञानिक **मैक्स वेबर** ने भी प्रोटेस्टेंट आचार-व्यवहार के अपने अध्ययन में सर्वेक्षण विधि का प्रयोग किया। बीसवीं सदी के तीसरे दशक में ब्रिटेन तथा अन्य यूरोपीय देशों में इस प्रकार के सर्वेक्षणों की बाढ़ आ गई। इन सर्वेक्षणों में **फोर्ड** का साऊथमपट्टन का सर्वेक्षण 'वर्क एंड वेल्थ इन मॉडर्न पोर्ट' (1934) और **स्मिथ** (1928) का लंदन शहर का सर्वेक्षण बहुप्रसिद्ध है।

अमेरिका में सामाजिक सर्वेक्षण आंदोलन (Social Survey Movement in USA)

निस्संदेह सामाजिक सर्वेक्षणों का जन्म ब्रिटेन में हुआ किन्तु इनका तीव्र गति से विकास अमेरिका में हुआ। अमेरिका में हुए कुछ बहु प्रसिद्ध प्रारंभिक सर्वेक्षणों के उदाहरण नीचे दिए जा रहे हैं:

जैकब रीज़ (Jacob Riis)

रीज़ ने सन 1890 में अमेरिका के प्रमुख नगर न्यूयार्क का निर्धनता, गंदगी तथा अन्य समस्याओं को लेकर एक सर्वेक्षण किया जो 'हाऊ द अदर हॉफ लिव्ज़' और 'बैटल विद द स्लम्स' के नामों से प्रकाशित हुए।

लिण्ड एंड लिण्ड (Lynd and Lynd)

लिण्ड द्वयों द्वारा किए गए 'मिडिलटाऊन' (1929) के सर्वेक्षण का सामाजिक शोध में विशेष स्थान है। लिण्ड द्वयों ने 'शिकागो स्कूल' के समुदाय अध्ययन के मॉडल का प्रयोग किया। ऐसा कहा जाता है आजकल जिन्हें 'समाजशास्त्रीय सर्वेक्षण' कहा जाता है, उनकी शुरुआत लिण्ड द्वयों के अध्ययनों से ही हुई है। लिण्ड द्वयों ने मिडिलटाउन का पहला सर्वेक्षण 1929 में और दूसरा 1937 में 'मिडिलटाउन इन ट्रांजिशन' के नाम से किया।

लिण्ड द्वयों के अध्ययन के पैटर्न पर **वार्नर एवं लंट** ने 1941 में 'एक आधुनिक समुदाय का सामुदायिक जीवन' के नाम से अध्ययन की शुरुआत की। इस प्रकार के अध्ययनों का 'यांकिसिटी–ए न्यू इंग्लैण्ड टाउन' नामक ग्रंथमाला के रूप में बाद में प्रकाशन हुआ।

पॉल कैलॉग (Paul Kellogg)

कैलॉग ने नगरीकरण के प्रभावों का जानने के लिए पिट्सबर्ग नामक शहर का सन 1909 में अध्ययन किया। इस अध्ययन की यह विशेषता थी कि इसमें 'अन्तर्विज्ञानीय उपागम' (Interdisciplinary Approach) का प्रयोग किया गया, जिसमें समाजशास्त्रियों के अलावा अर्थशास्त्रियों ने भी भाग लिया।

शिकागो विश्वविद्यालय द्वारा सर्वेक्षण

अमेरिका में समाजशास्त्र के प्रवर्तन और विकास में शिकागो विश्वविद्यालय की एक विशिष्ट भूमिका रही है। **रॉबर्ट ई. पार्क** के नेतृत्व में यहाँ कई विश्लेषणात्मक अध्ययन किए गए। इन अध्ययनों द्वारा जिस वैचारिक परम्परा का विकास हुआ, उसे बाद में 'शिकागो स्कूल' के नाम से प्रसिद्धि मिली। शिकागो स्कूल द्वारा प्रवर्तित सर्वेक्षणों में मुख्यत: 'पारिस्थितिकीय उपागम' (Ecological Approach) का प्रयोग किया गया। इन अध्ययनों में मुख्यत: कुछ विशिष्ट सामाजिक क्रियाओं को शोध का विषय बनाया गया। **नैल्स एंडरसन** का 'होबो' (1923) का अध्ययन, **थ्रैसर** का गिरोह का अध्ययन (The Gang, 1927), **जोरबॉ** का गंदी बस्तियों का अध्ययन (The Gold Coast and the Slum, 1929) और **शॉ एवं मैके** का बाल अपराधियों का अध्ययन (Delinquency Areas, 1929) इसी प्रकार के शोध अध्ययनों के कुछ उदाहरण है। इन अध्ययनों के द्वारा

समाजशास्त्र में कई नई अवधारणाओं, जैसे 'संक्रान्तिक क्षेत्र' (Zone in Transition) और 'अनुक्रमण' (Succession) का सूत्रपात हुआ।

ब्रिटेन के बाद अमेरिका में सामाजिक सर्वेक्षणों का सर्वाधिक विकास हुआ। इसका प्रमुख कारण वहाँ इस प्रकार के शोध अध्ययनों को विभिन्न संस्थाओं द्वारा आर्थिक सहायता के रूप में प्रोत्साहन दिया जाता रहा है। इनमें प्रमुख संस्थाएं निम्नलिखित है:

1. अमेरिका का जनगणना विभाग
2. व्यापारिक जनमत संग्रह संस्थाएं
3. विश्वविद्यालय तथा अन्य शोध संस्थाएं

अमेरिका का जनगणना ब्यूरो प्रतिदर्श निकालने तथा तथ्यों का संकलन करने में हर स्तर पर शोधकर्त्ताओं की मदद करता है जिसके कारण व्यक्तिगत स्तर पर किए जाने वाले अध्ययन भी आसान हो जाते हैं। पिछले कुछ वर्षों से अमेरिका में कई ऐसी शोध संस्थाओं का विकास हुआ है जो व्यावसायिक स्तर पर आंकड़े एकत्रित करने का कार्य करती हैं। इसमें **जार्ज गैलप, एल्मों रोपर और लुई हैरिस** की संस्थाओं ने बहुत नाम कमाया है। बाजार सर्वेक्षण (Market Surveys) तथा चुनाव सर्वेक्षण करवाना इन संस्थाओं का प्रमुख कार्य क्षेत्र रहा है।

सर्वेक्षण-शोध को अधुनातम बनाने और परिष्कृत करने में अमरीकी विश्वविद्यालयों का प्रमुख योगदान रहा है। इस संबंध में **एस.ए. स्टाऊफर और पी.एफ लेजार्सफेल्ड** का नाम विशेष उल्लेखनीय है। इन दोनों ने अमेरिका में कई 'सर्वेक्षणा शोध केन्द्रों' की स्थापना की है, जहाँ सर्वेक्षण का व्यावहारिक प्रशिक्षण देने की भी व्यवस्था है।

भारत में सर्वेक्षण शोध (Survey Research in India)

भारत में आधुनिक वैज्ञानिक सामाजिक सर्वेक्षणों का विकास, वास्तव में, बहुत कुछ मात्रा में अंग्रेजों के भारत में आगमन के इतिहास से जुड़ा है। किन्तु, भारत के सामाजिक-आर्थिक दशाओं के इतिहास में ऐसे प्रमाण मिलते हैं कि अति प्राचीन काल से ही सुनियोजित रूप में यहाँ आंकड़े एकत्रित करने की परिपाटी रही है। चाणक्य का 'अर्थशास्त्र' और अकबर की 'आइने अकबरी' इस तथ्य की पुष्टि करते हैं। फिर भी, यह कहना उचित है कि ब्रिटिश काल के पूर्व आंकड़े एकत्रित करने के कार्य में आज जैसी वैज्ञानिकता नहीं थी। तथ्य संकलन की विधियां आज जैसी परिष्कृत, परिपक्व और व्यवस्थित नहीं थीं। सामाजिक शोध की एक वैज्ञानिक विधि के रूप में आधुनिक सर्वेक्षण विधि का आयात भारत में ब्रिटेन से ही हुआ है। ब्रिटिश शासन की जड़ों को भारत में मजबूत करने के लिए तत्कालीन ब्रिटिश शासकों को यहाँ की संस्कृति और समाज के बारे में जानकारी की आवश्यकता थी। इस राजनीतिक आवश्यकता और शासकों की दूरदर्शिता की भावना ने उन्हें यहाँ के निवासियों के सामाजिक-आर्थिक तथ्य जुटाने के लिए प्रोत्साहित किया। इस कार्य की शुरुआत जनगणना और अनेक आयोगों (अकाल आयोग (1860), कृषि आयोग (1928), श्रम आयोग (1928), और विश्वविद्यालय आयोग (1902)) के गठन द्वारा हुई।

आधुनिक दशाब्दिक जनगणना का कार्य भारत में सन 1891 से शुरू हुआ। तब से प्रति दसवें वर्ष यह कार्य व्यवस्थित रूप में किया जा रहा है। इस कार्य के लिए एक स्थाई जनगणना निदेशालय की स्थापना की गई। यह निदेशालय जनगणना संकलन, वर्गीकरण, विश्लेषण तथा उसके प्रकाशन के साथ ही कुछ सामाजिक-आर्थिक विषयों पर स्वतंत्र रूप से 'सेम्पल सर्वे' का कार्य भी करता है। इसके अलावा जनगणना विभाग द्वारा गजेटियर (Gazetteer) लेखन का कार्य भी किया जाता है।

जनगणना विभाग के अतिरिक्त कुछ विद्वानों ने व्यक्तिगत स्तर पर भारतीय जन-जीवन से संबंधित महत्वपूर्ण सामग्री जुटाने का कार्य किया है जिनमें विशेष उल्लेखनीय अध्ययन हैं:

1.	Risley	:	The People of India
2.	O'Molley	:	Eastern India
3.	Russel	:	Central India
4.	Thurston	:	Southern India
5.	Cook	:	North India

इसी काल में, भारतीय जातियों और जनजातियों के वैज्ञानिक अध्ययनों की शुरुआत देशी और विदेशी मानव वैज्ञानिकों द्वारा की गई जिनमें प्रमुख अध्ययन निम्नलिखित हैं:

जातियों से संबंधित प्रमुख अध्ययन

1.	Sherring, M.A.	:	Hindu Tribes and Castes (1881)
2.	Nesfield, J.C.	:	Brief View of Caste System of North-West Provinces and Oudha (1885)
3.	Ibbetson, M.	:	Jats (1901)
4.	Ketkar, S.V.	:	History of Caste in India (1909)
5.	Briggs, G.	:	The Chamars (1920)
6.	Blunt, E.A.H.	:	The Caste System of Nothern India (1931)
7.	Dutta, N.K.	:	Origin and Growth of Caste in India (1931)
8.	Hutton, J.H.	:	Caste in India (1946)
9.	Aiyappan, A.	:	Iravans and Culture Change (1945)
10.	Senart, E.	:	Caste in India (1930)

जनजातियों से सम्बंधित प्रमुख अध्ययन

1.	Rivers, W.H.R.	:	The Todas (1906)
2.	Gurdon, P.R.T.	:	The Khasis (1914)
3.	Mills, J.P.	:	The Lhota Nagas, (1922), The Ao Nagas (1926), the Rengma Nagas (1937)
4.	Playfair, A.	:	The Garo (1926)

5. Parry, N.E.	:	The Lakhers (1932)
6. Shakespeare, J.	:	The Lushei Kuki Clans (1912)
7. Grigson, M.V.	:	The Mundas of Bastar (1938)
8. Roy, S.C.	:	The Mundas and Their Country (1912)
9. Roy, S.C.	:	The Oraons of Chota Nagpur (1915)
10. Roy, S.C.	:	The Birhor (1925)
11. Roy, S.C.	:	The Hill Bhuiyas of Orissa (1935)
12. Roy, S.C.	:	The Kharias (1937)
13. Hutton, J.A.	:	The Angami Nagas (1921)
14. Furrer-Haimendorf, C. von	:	The Naked Nagas (1946)
15. Furrer-Haimendorf, C. von	:	The Chenchu (1943)
16. Furrer-Haimendorf, C. von	:	The Reddis of Bison Hills (1945)
17. Chatterji and Das	:	The Hos of Seraikella (1927)
18. Elvin, V.	:	The Baiaga (1939)
19. Singh, Inderjit	:	The Gondwana and the Gonds (1944)

जातियों और जनजातियों के उपरोक्त अध्ययनों के अतिरिक्त इसी काल में कुछ विद्वानों ने गांवों के अध्ययन (Village Studies) भी किए जिनमें प्रमुख अध्ययन निम्नलिखित हैं:

1. Maine, H.	:	Village Communities in East and West (1889)
2. Powell, B.	:	The Origin and Growth of Village Communities in India (1899)
3. Slater, G.	:	Some South Indian Villages (1918)

उपरोक्त सभी अध्ययन ब्रिटिश काल के हैं। इन अध्ययनों में उद्विकासीय, ऐतिहासिक, राजनीतिक और आर्थिक दृष्टि से भारत के ग्रामीण समाज का चित्र प्रस्तुत करने का प्रयास किया गया था।

ब्रिटिशकालीन अध्ययनों की कुछ महत्वपूर्ण विशेषताएं (Some Important Characteristics of Studies of British Period)

इस काल में किए गए सभी अध्ययनों के लिए 'सामाजिक सर्वेक्षण' शब्द का प्रयोग भूल होगी। जिस अर्थ में आजकल सामाजिक सर्वेक्षण शब्द का प्रयोग किया जाता है, इन अध्ययनों में उक्त पद्धति का प्रयोग नगण्य ही था। ये सभी अध्ययन (जाति, जनजाति और गांव) मानवविज्ञान (Anthropology) की नृजाति लेखन (Ehnographic) परम्परा से अधिक प्रभावित थे। इन अध्ययनों की प्रकृति मुख्यत: वर्णनात्मक (Descriptive) थी जिसमें किसी एक विषय को लेकर एक विस्तृत लेख (Monograph) लिखने की प्रवृत्ति होती है। इस काल में जो थोड़े-बहुत सर्वेक्षण हुए हैं, वे अधिकांशत: अकाल, ऋणग्रस्तता,

खेती की जोत, मजदूरी आदि आर्थिक प्रकृति की तात्कालिक समस्याओं को लेकर अर्थशास्त्रियों द्वारा किए गए थे।

इस अवधि में सम्पन्न किए गए सामाजिक अध्ययनों की एक भारी कमजोरी यह रही कि तथ्य संकलन के लिए प्रशिक्षित अन्वेषकों की अपेक्षा सरकारी कर्मचारियों जैसे पटवारी, पटेल, चौकीदार, पुलिस के सिपाही आदि का ही अधिक प्रयोग किया गया। इन लोगों को सामाजिक शोध की आधुनिक तकनीकों, यथा साक्षात्कार विधियों, अवलोकन विधियों और प्रश्नावली तकनीक का बहुत कम ज्ञान था। उस समय तक भारत में सर्वेक्षण की इन आधुनिक विधियों का प्रयोग बहुत कम हो पाया था। ब्रिटिश शासकों के कुछ निहित स्वार्थ थे। उनकी रुचि केवल कुछ राजनीतिक उद्देश्यों (कुशलतापूर्वक शासन चलाना) की पूर्ति हेतु तथ्यों के संकलन तक सीमित थी। अतः स्वतंत्रता पूर्व तक भारत में सर्वेक्षण-शोध की गति बहुत मंथर रही।

स्वतंत्रता के उपरान्त भारत में सामाजिक शोध (Social Research in India After Independence)

भारत में आधुनिक सामाजिक सर्वेक्षण शोध का प्रसार द्वितीय महायुद्ध के बाद और विशेषतः स्वतंत्रता (सन 1947 में) के उपरान्त हो पाया। लोक कल्याणकारी भावनाओं से ओतप्रोत भारत की लोकतंत्रीय सरकार के समक्ष विभिन्न सामाजिक-आर्थिक समस्याओं के समाधान के साथ-साथ देश के चतुर्मुखी विकास की भारी भरकम समस्या थी। इसके लिए अनेक योजनाओं का सूत्रपात हुआ। इन योजनाओं को सफल बनाने के लिए यह आवश्यक समझा गया कि इन योजनाओं के कार्यान्वयन के पूर्व आवश्यक तथ्यों का संग्रहण किया जाए ताकि समस्या की प्रकृति, क्षेत्र, सीमा, कारणों आदि की जानकारी हो सके। यही नहीं, योजनाओं के कार्यान्वयन के बाद इनके मूल्यांकन हेतु भी तथ्यों के संकलन को आवश्यक माना गया कि योजनाएं कहाँ तक सफल रहीं, योजनाओं में क्या-क्या रुकावटें आईं, इन रुकावटों को दूर करने के लिए किन उपायों की जरूरत है आदि। अतः ब्रिटेन के पद चिन्हों पर चलते हुए भारत में भी प्रारम्भिक सामाजिक सर्वेक्षणों की शुरुआत तात्कालिक प्रकृति की सामाजिक समस्याओं के निदान, समाधान तथा पुनर्निर्माण की योजनाओं के मुख्य उद्देश्य से हुई।

योजनाबद्ध विकास की आवश्यकता से प्रेरित भारत की सरकार ने सरकारी स्तर पर अनेक सर्वेक्षणों का आयोजन किया। यही नहीं, कई निजी संस्थाओं और व्यक्तिगत स्तर पर किए जाने सर्वेक्षणों के व्यक्तियों को आर्थिक सहायता देकर उन्हें प्रोत्साहित किया गया। इसी दिशा में सरकार ने सन 1950 में 'नेशनल सेम्पल सर्वे निदेशालय' की स्थापना की। इस संस्थान का प्रमुख कार्य योजना आयोग को पंचवर्षीय योजनाओं और सामुदायिक विकास योजनाओं के निर्माण के लिए आवश्यक तथ्यों को जुटाने में मदद करना था। इस निदेशालय ने जन-जीवन के विभिन्न पक्षों जैसे परिवार के रूप, आकार, परिवार का बजट, बेरोजगारी, ग्रामीण खेतिहर मजदूरों की समस्या आदि मुद्दों को लेकर अनेक सर्वेक्षण किए हैं।

भारत में सामाजिक शोध एवं सर्वेक्षण के प्रवर्तन में विश्वविद्यालय आयोग की 'शोध कार्यक्रम समिति' (Research Programme Committee) ने भी महत्वपूर्ण भूमिका अदा की है। इस संस्था की स्थापना के पूर्व अधिकांश सर्वेक्षण अध्ययन वैयक्तिक आधार पर व्यक्तिगत साधनों की सीमाओं में सम्पन्न किए जाते थे। यह स्थिति एक व्यक्ति को अपने सीमित साधनों के कारण लघु प्रतिदर्श (Sample) के आधार पर निष्कर्ष निकालने के लिए बाध्य करती थी, जैसा कि हम अधिकांश पी.एच.डी. उपाधि के शोध प्रबंधों में देखते हैं। इस प्रकार की शोध परियोजनाओं ने भारत में वैज्ञानिक शोध को अग्रसर करने में तो सहायता की, किन्तु इन परियोजनाओं के द्वारा निकाले गए निष्कर्षों का सीमित मूल्य ही अधिक होता है।

1950–60 की अवधि में 'शोध कार्यक्रम समिति' ने भारत के विभिन्न भागों में इक्कीस नगरों के सामाजिक-आर्थिक सर्वेक्षणों का प्रवर्तन किया। इनमें प्रमुख अध्ययन हैं:पूना (1956), बड़ौदा (1957), हैदराबाद (1957), जमशेदपुर (1959), हुबली (1959), कानपुर (1960), लखनऊ (1961), गोरखपुर (1965) और सूरत। इन अध्ययनों में विशेषतः आर्थिक तथ्यों पर ही अधिक बल दिया गया। कुछेक अध्ययनों में जनसंख्या की समस्या और बढ़ती हुई नगरीकरण की प्रक्रिया पर भी प्रकाश डाला गया है। इन नगरीय अध्ययनों के अलावा नगरीय क्षेत्रों की सामाजिक समस्याओं, यथा बेकारी, भिक्षावृत्ति, अपराध, बाल अपराध, गन्दी बस्ती, मकानों की दशाएं, विद्यार्थी असंतोष जैसे विषयों पर भी विभिन्न लोगों के द्वारा कुछेक सर्वेक्षण किए गए हैं। ये अध्ययन पुस्तकों और पत्र-पत्रिकाओं में लेखों के रूप में प्रकाशित हुए हैं।

स्वतंत्रता के उपरान्त गांवों के कुछ अध्ययनों में सामाजिक सर्वेक्षण विधि का प्रयोग किया गया है, किन्तु अधिकांश ग्रामीण अध्ययनों में मानवशास्त्रीय उपागम (Anthropological Approach) का ही अधिक प्रयोग किया गया है। इस संबंध में श्रीनिवास का रामपुरा, दूबे का शमीरपेठ, ऑस्कर लेविस का रानीखेड़ा और रामपुर, ओपलर और सिंह का सेनापुर, मेक्किम मेरिऑट का किशनगढ़ी, कोहन का माधोपुर, चौहान का राणावतों की सादड़ी, मजूमदार का मोहना और दुद्धी, बील्स का गोपालपुर, गफ़ का कुम्बापेट्टी, घूर्ये का लोनीकंद, आंद्रे बेतेई का श्रीपुरम के अध्ययन विशेष उल्लेखनीय हैं। इन सभी अध्ययनों में मानवशास्त्रीय क्षेत्र कार्य विधि का प्रयोग करते हुए 'सम्पूर्णतावादी उपागम' (Holistic Approach) को अपनाया गया, अर्थात् गांव को एक अकेली एकल इकाई मानते हुए उसे 'सम्पूर्ण' (Whole) मानकर अध्ययन किया गया। आधुनिक सर्वेक्षण शोध में प्रयोग की जाने वाली विधियां यथा संरचित साक्षात्कार (जिसमें अनुसूची की सहायता से साक्षात्कार किए जाते हैं) और प्रश्नावली आदि का प्रयोग शायद ही किसी शोधकर्ता ने अपने अध्ययन में किया हो।

कुछ ग्रामीण अध्ययनों में सर्वेक्षण विधि का प्रयोग किया गया है, जैसेः

- Mukerjee and Gupta : A Pilot Study of Fourteen Villages (1959)
- S.C. Gupta : An Economic Survey of Shamaspur Village (1959)

भारत के संदर्भ में सर्वेक्षण विधि की उपयोगिता और उपयुक्तता पर संदेह व्यक्त करते हुए **रूडॉल्फ एवं रूडॉल्फ** (1958) ने लिखा है कि "क्या भारत में अधिकांशतः व्यक्तियों के कोई विचार भी हैं, जिन्हें वे किन्हीं विषयों के बारे में बता सकते हैं। क्या इन विचारों को जानने के लिए भारत में व्यक्ति एक उपयुक्त इकाई है।" इसी प्रकार, **एल्डर** ने भी भारत में सर्वेक्षण शोध की सीमित उपयोगिता की बात कही हैं। भारत में किए गए अपने अध्ययनों के अनुभवों को इन शब्दों में व्यक्त किया है "सर्वेक्षण-शोध विधियों की भारतीय परिवेश में बहुत कम उपयोगिता है। मैं स्वयं तथ्य संकलन तथा विश्लेषण की कई विधियों में से इसे एक विधि के रूप में ही प्रयोग करना इसलिए ठीक समझता हूं ताकि एक विधि की सशक्तता की कमी को दूसरी विधि की सशक्तता से पूरा किया जा सके।"

रूडॉल्फ एवं रूडॉल्फ तथा एल्डर के उपरोक्त विचार भारत में हो रहे सामाजिक सर्वेक्षणों के संबंध में कई प्रश्न खड़े करते हैं। भारत की अधिकांश जनता छोटे-छोटे बिखरे हुए गांवों में रहती है और उनमें से अधिकांश लोग अनपढ़ है और जो पढ़े हुए हैं वे भी सामाजिक सर्वेक्षणों की उपयोगिता को नहीं जानते। सामाजिक सर्वेक्षण की आधुनिक विधियों, यथा डाक प्रश्नावली, संरचित साक्षात्कार (जिसमें अनुसूची का प्रयोग किया जाता है), टेलीफोन और टीवी साक्षात्कार आदि का प्रयोग वहीं पर उपयुक्त कहा जा सकता है जहाँ के लोग अधिकाधिक पढ़े-लिखे हों, सर्वेक्षण विषय से संबंधित जानकारी रखते हों और साथ ही वे निस्संकोच अपने विचारों को बताने के लिए तैयार भी हों। भारत में इस प्रकार की आदर्श स्थिति का अब (रूडाल्फ के विचार 1958 के हैं) भी अभाव है। अनपढ़ ही क्या, शिक्षित लोग भी सर्वेक्षण के लिए आए अन्वेषक से ठीक तरह से बात करना पसंद नहीं करते, वे इस प्रकार के सर्वेक्षणों की महत्ता और इनके संबंध में अपने दायित्वों को नहीं समझते। शिक्षित लोगों को भेजी गई या वितरित की गई प्रश्नावलियां भी पूरी भरी हुई बहुत कम लौट कर आती हैं। अतः इन परिस्थितियों में आज भी भारत में सर्वेक्षण शोध की सफलता संदिग्ध है।

वाई.बी. डामले (1965) ने इन सर्वेक्षणों की एक अन्य कमी की ओर ध्यान आकर्षित किया है। उन्होंने कहा है कि "सर्वेक्षण शोध में सैद्धान्तिक परिष्करण का भी अभाव देखा गया है।" यह सर्वविदित है कि भारत में अधिकांश सर्वेक्षण मात्र वर्णनात्मक (Descriptive) और खोजी (Exploratory) स्तर के हुए हैं, उनमें सैद्धान्तिक विश्लेषण का प्रायः अभाव देखा गया है। इन सर्वेक्षणों में भी प्रशिक्षित प्रगणकों का प्रयोग बहुत कम हुआ है। अतः ऐसे सर्वेक्षण अध्ययनों के आधार पर कठिनतः ही कोई सैद्धान्तिक सामान्यीकरण सम्भव है।

11

प्रकरण/वैयक्तिक अध्ययन शोध
Case Study Research

"ज्ञान का समारंभ विशिष्ट जानकारी से होता है, चाहे वह ज्ञान वैज्ञानिक हो अथवा न हो ... एकल इकाई का अध्ययन सामान्यीकृत ज्ञान के तोरण द्वार तथा अंतिम बिन्दु पर अवस्थित है और ऐसे ज्ञान में निरंतर वृद्धि होती रहती है।"

–गोर्डन आल्पोर्ट (1935)

किसी एक घटना (साम्प्रदायिक दंगा) या किसी एक व्यक्ति के सामाजिक व्यक्तिगत व्यवहार (आत्महत्या या हत्या) या किसी वस्तु (मोबाइल) के प्रभाव को अनायास देख कर मानव मस्तिष्क में विचारों की आंधी उत्पन्न हो सकती है और वह यह सोचने लगता है कि ऐसा क्यों हुआ, इसके क्या कारण हैं, या इस घटना या वस्तु का क्या रूप है? यही घटना, व्यवहार या वस्तु बाद में कई घटनाओं और कई व्यक्तियों के व्यवहारों को देखने-समझने, उनकी प्रकृति का विश्लेषण करने और उनके आधार पर सामान्यीकरण (Generalisation) प्रस्तुत करने या सिद्धान्त की रचना करने में सहायक होते हैं। इसी आधार पर सामाजिक शोध में एकल घटना या व्यवहार के सयास वैज्ञानिक अध्ययन करने के जिस उपागम (Approach) का प्रयोग किया जाता है, उसे वैयक्तिक या एकल शोध का नाम दिया गया है।

सामाजिक शोध में दो प्रकार के तथ्यों का प्रयोग किया जाता है: (1) परिमाणात्मक (Quantitative Facts), और (2) गुणात्मक तथ्य (Qualitative Facts)। परिमाणात्मक तथ्यों को माप की इकाइयों के आधार पर संख्याओं (Numbers) में प्रदर्शित किया जाता है, जैसे व्यक्ति की आयु को वर्षों, महीनों, दिनों की कालिक इकाइयों (जैसे 26 वर्ष 8 महीने 10 दिन) में प्रस्तुत किया जाता है। इसी प्रकार व्यक्ति की लम्बाई और आय को भी अंकों में प्रदर्शित किया जा सकता है। परिमाणात्मक तथ्यों को नापा-तोला जा सकता है। इनके मापने-तोलने के निश्चित उपकरण होते हैं, जैसे शरीर के तापक्रम को मापने के लिए थर्मामीटर होता है। इसके विपरीत गुणात्मक तथ्य ऐसे तथ्य होते हैं जिन्हें संख्याओं या अंकों में व्यक्त नहीं किया जा सकता और जिन्हें किन्ही वर्णित विशेषताओं के आधार पर पहचाना जाता है, जैसे व्यक्ति के लिंग या नस्ल (Race) को अंकों में अभिव्यक्त नहीं किया जा सकता। लिंग को स्त्री और पुरुष के दो वर्गों में और नस्ल को कॉकेसाइड, मंगोलाइड और नीग्रोआइड के तीन वर्गों में बांट कर प्रदर्शित किया जाता है।

अधिकांश सामाजिक घटनाओं की प्रकृति गुणात्मक (Qualitative) होती है जिन्हें निश्चित माप की इकाइयों के आधार पर मापा-जोखा नहीं जा सकता। जब हम किसी व्यक्ति से किसी 'मोहन' के मिजाज या स्वभाव के बारे में पूछते हैं तब वह ऐसा कुछ जवाब ही तो हमें देता है कि मोहन बड़ा हंसमुख, मिलनसार, बड़ों को सम्मान देने वाला, दयावान, दुख-दर्द में काम आने वाला लड़का आदि-आदि है। क्या हम इन विशेषताओं को अंकों में प्रदर्शित कर सकते हैं? आज की तारीख में हमारे पास इन विशेषताओं को मापने का न तो कोई निश्चित पैमाना है और न ही कोई उपकरण या संयंत्र। सामाजिक विज्ञानों में ऐसी विशेषताओं का अध्ययन करने के लिए ही गुणात्मक विश्लेषण किया जाता है और इसके लिए एकल (वैयक्तिक) अध्ययन शोध का प्रयोग किया जाता है।

यदि हम यह जानना चाहते हैं कि कितने लोग सिगरेट पीते हैं, इनमें से कितने स्त्री और पुरुष हैं, इनमें से कितने लोगों को कैन्सर है, कितने लोग परिवार नियोजन के साधनों का प्रयोग करते हैं, कितने व्यक्ति रोजाना देवालय (मंदिर, मस्जिद, चर्च या अन्य) जाते हैं, तब इन प्रश्नों के उत्तरों की खोज के लिए हम 'सर्वेक्षण विधि' (Survey Method) का प्रयोग कर सकते हैं। इस विधि का प्रयोग अधिकांशतः ऐसे परिमाणात्मक तथ्यों के एकत्रण के लिए ही किया जाता है जिनका क्षेत्र काफी विस्तृत होता है, अतः इसे 'विस्तृत क्षेत्रीय विधि' (Macroscopic Method) भी कहते हैं। किन्तु जब हम यह जानना चाहते हैं कि अमुक व्यक्ति अपराधी कैसे बना या अमुक व्यक्ति ने आत्महत्या क्यों की या हिन्दू और मुसलमानों में दुराव-टकराहट (संघर्ष) के क्या कारण हैं या अमुक व्यक्ति की प्रकृति (स्वभाव) कैसा है या एक गांव की पंचायत कैसे काम कर रही है? इन प्रश्नों के उतरों की खोज के लिए सामान्यतः वैयक्तिक (एकल) शोध उपागम का प्रयोग किया जाता है।

अतः सामाजिक शोध में मोटे रूप में दो उपागमों (Approach) का प्रयोग किया जाता है: (1) सर्वेक्षण शोध उपागम, और (2) वैयक्तिक (अध्ययन) शोध उपागम। जब हमें संख्यात्मक (मात्रात्मक) तथ्यों की जरूरत होती है, जिनके उदाहरण ऊपर दिए गए हैं, तब सर्वेक्षण शोध का प्रयोग किया जाता है। किन्तु जब तथ्यों की प्रकृति गुणात्मक होती है, तब वैयक्तिक शोध उपागम का प्रयोग श्रेयष्कर होता है। इन दो प्रमुख उपागमों के अतिरिक्त 'प्रयोगात्मक उपागम' और 'विषय वस्तु विश्लेषण उपागम' का भी जहाँ-तहाँ प्रयोग किया जाता है।

प्रकरण/वैयक्तिक अध्ययन शोध क्या है?
(What is Case Study Research?)

किसी विशिष्ट इकाई के गहन, विस्तृत एवं सर्वांगीण अध्ययन की विधि को वैयक्तिक या एकल प्रकरण अध्ययन शोध कहते हैं। यह इकाई कोई एक व्यक्ति, एक संस्था, एक समूह, एक समुदाय, एक संगठन, एक घटना, एक समिति या कोई कार्यकलाप हो सकती है। इसमें इकाई के सम्पूर्ण जीवन-चक्र या जीवन की मात्र एक घटना का अध्ययन हो सकता है। यहाँ सर्वांगीण अध्ययन से तात्पर्य अध्ययन के लिए चुनी गई इकाई के सभी पहलुओं और पक्षों के बारे में वर्तमान और विगत (ऐतिहासिक) तथ्यों के संकलन से है।

समुदायों के अध्ययन में एक गांव, एक जनजाति, एक गन्दी बस्ती, एक धार्मिक पंथ और यहाँ तक कि एक सम्पूर्ण संस्कृति को भी अध्ययन की एक इकाई माना जा सकता है।

अध्ययन की इकाई कुछ भी हो सकती है, किन्तु उसे किसी विशिष्ट परिस्थितियों के संदर्भ में अपने आप में एक सम्पूर्ण समष्टि माना जाता है। सम्पूर्णता का निर्धारण विचारों के अमूर्तीकरण द्वारा किया जाता है। किसी एक प्रकरण (Case) में एक व्यक्ति के किसी विशिष्ट व्यवहार (जैसे अपराधी व्यवहार) को सम्पूर्णता के रूप में देखा जा सकता है, तो अन्य प्रकरण में, सामूहिक व्यवहार की किसी घटना (जैसे कोई दंगा) को एक सम्पूर्णता के रूप में एक 'केस' माना जा सकता है। महाविद्यालयों में रोजाना होने वाली हड़तालों की घटनाओं के कारणों को जानने के लिए किसी एक या दो महाविद्यालयों की हड़तालों को 'एक केस' मान कर अध्ययन किया जा सकता है। 'नरेगा में भ्रष्टाचार' या 'पंचायतों में स्त्रियों को दिए गए अधिकार' जैसे विषयों के पड़ताल के लिए कुछ जिलों की कुछ पंचायतों को या एक ही जिले की एकाधिक पंचायतों को एक केस मान कर अध्ययन किया जा सकता है।

परिभाषाएं (Definitions)

पी.वी. यंग (1977) के अनुसार, "किसी एक सामाजिक इकाई के जीवन की गहन छानबीन और विश्लेषण को वैयक्तिक (एकल प्रकरण) अध्ययन शोध विधि कहते हैं।"

बीसेंज एवं बीसेंज (1964) ने लिखा है कि "वैयक्तिक (एकल प्रकरण) अध्ययन विधि गुणात्मक विश्लेषण (Qualitative Analysis) का एक रूप है जिसके द्वारा एक व्यक्ति, एक घटना या एक संस्था का अत्यधिक सतर्कता से सर्वांगीण अध्ययन किया जाता है।"

ऑक्सफोर्ड शब्दकोश (1994) के अनुसार, "यह शोध का एक प्रारूप (Design) है जिसमें अध्ययन विषय के रूप में कोई एक प्रकरण (Case) अथवा समुदायों, सामाजिक समूहों, नियोजकों, घटनाओं, जीवन इतिहासों, परिवारों, कार्य समूहों, भूमिकाओं, या संबंधों, जैसी एक सामाजिक इकाई के कुछ चयनित उदाहरणों को लिया जाता है... और इसमें अध्ययन के लिए अनेक प्रकार की विधियों का प्रयोग किया जाता है।"

यिन (1989) के अनुसार, एक वैयक्तिक (एकल प्रकरण) अध्ययन एक आनुभविक जांच-पड़ताल की विधि है जिसमें किसी वर्तमान घटना की उसके वास्तविक जीवन संदर्भ में तब खोजबीन की जाती है जब घटना और उसके संदर्भ के बीच की सीमाओं के बारे में स्पष्ट ज्ञान नहीं होता और इसमें साक्ष्यों के बहुविधि स्रोतों का उपयोग किया जाता है।" यिन की इस परिभाषा में केवल 'वर्तमान घटना' के अध्ययन की ही बात कही गई है, जबकि एकल प्रकरण अध्ययन विधि का प्रयोग किसी विगत घटना या ऐतिहासिक घटना के अध्ययन में भी किया जा सकता है।

एकल प्रकरण/वैयक्तिक अध्ययन शोध एक शोध प्रारूप के रूप में (Case Study Research as a Research Design)

कुछ लोगों का मानना है कि वैयक्तिक या एकल अध्ययन (Case Study) को तथ्य संकलन की एक विधि (Method) कहना उपयुक्त नहीं है, क्योंकि इसमें तथ्य संकलन

के लिए ढेर सारी विधियों, यथा साक्षात्कार से लेकर सहभागिक अवलोकन और दस्तावेजी स्रोतों आदि सभी का प्रयोग किया जाता है। वास्तव में, यह एक शोध प्रारूप (Research Design), एक शोध व्यूह-रचना (Research Strategy) या तथ्यों को देखने का एक उपागम (Approach) है, जिसमें अध्ययन की इकाई को उसकी 'समग्रता' (Wholeness) में देखा जाता है। एक शोध प्रारूप के रूप में, अन्वेषण की यह एक ऐसी तार्किक एवं व्यवस्थित विधा है जो यह बताती है कि तथ्यों का संकलन कैसे किया जाएगा, किन विधियों का प्रयोग किया जाएगा, तथ्यों के क्या स्रोत होंगे तथा तथ्यों के विश्लेषण का क्या रूप होगा, आदि। अतः एक शोध प्रारूप के रूप में, यह तथ्यों के संकलन से लेकर तथ्यों के विश्लेषण और सामान्यीकरण का एक सैद्धान्तिक ढांचा (Theoretical Framework) प्रदर्शित कर शोधकर्ता का मार्ग दर्शन करती है।

प्रकरण/वैयक्तिक अध्ययन शोध का संक्षिप्त इतिहास (A Brief History of Case Study Research)

समाजशास्त्रीय जगत में एक व्यवस्थित विधि के रूप में इसका सर्वप्रथम प्रयोग **थॉमस एवं नैनकी** (1918) ने अमेरिका और पोलैन्ड के किसानों के अपने तुलनात्मक अध्ययन (The Polish Peasant in Europe and America) में किया था। इस अध्ययन में उन्होंने किसानों की आत्मकथाओं, जीवन चरित्र, डायरियों तथा व्यक्तिगत साक्षात्कार का प्रयोग कर किसानों के सामाजिक व्यवहारों के बाह्य और मानसिक रूपों का सूक्ष्म विश्लेषण किया है। इस विधि को सर्वाधिक प्रसिद्धि **क्लिफोर्ड शॉ** के अध्ययन 'द जैक रोलर' (1930) से मिली है। इन अध्ययनों के पूर्व इस विधि का प्रयोग फ्रांसीसी समाज वैज्ञानिक **फ्रेडरिक लीप्ले** और प्रारंभिक समाजशास्त्री हरर्बट स्पेन्सर ने भी अपने अध्ययनों किया था। बाल अपराधियों के अध्ययन में इस विधि का सर्वप्रथम प्रयोग करने वाले मनोचिकित्सक **विलयम हीले** थे जिन्होंने एक हजार बाल अपराधियों के अपने अध्ययन के आधार पर कहा था कि "सांख्यिकी कभी पूर्ण कहानी नहीं कह सकती।" **नेल्स एन्डरसन** ने अपने 'होबो' समुदाय के अध्ययन, वारनर तथा उनके साथियों ने 'द यांकी सिटी' नाम से प्रकाशित पुस्तक में बहुत सारे प्रकरणों (Cases) का अध्ययन प्रस्तुत किया है।

आजकल इस विधि का प्रयोग कई क्षेत्रों में किया जा रहा है। मानवशास्त्री **कोरा डूबोइस, रॉबर्ट रेडफील्ड, ऑस्कर लेविस** आदि ने इस विधि का प्रयोग गांव और जनजातियों के अध्ययन में सफलतापूर्वक किया है।

एकल प्रकरण/वैयक्तिक अध्ययन शोध की विशेषताएं (Characteristics of Case Study Research)

'केस स्टडी विधि' कई बातों में अन्य विधियों (जैसे प्रायोगिक विधि) से भिन्न है। यह भिन्नता इस विधि की निम्नलिखित प्रमुख विशेषताओं में देखी जा सकती है:

(i) यह किसी सामाजिक इकाई या घटना का अध्ययन उसकी पूर्ण समग्रता (Wholeness) में करती है ताकि उस इकाई के एकात्मक चरित्र का संरक्षण हो सके। यहाँ 'पूर्ण समग्रता' से तात्पर्य उक्त इकाई के सम्पूर्ण परिवेश (ऐतिहासिक, भौगोलिक, आर्थिक एवं सामाजिक) विभिन्न पक्षों (Aspects) और चरों

(Variable) से है जो उस इकाई को बनाते और प्रभावित करते हैं। इसमें घटनाओं को उसके केवल वर्तमान परिप्रेक्ष्य ही नहीं, उनके भूत और भविष्य के संदर्भ में भी देखा जाता है।

(ii) यह बहुधा एकल इकाई (Single Unit) का अध्ययन करती है। यह सामाजिक इकाई कुछ भी हो सकती है: एक व्यक्ति, एक समूह/समुदाय/संस्था/संगठन या फिर एक सामाजिक घटना, आदि। इस इकाई के सम्पूर्ण जीवन चक्र (Life Cycle) या उसके किसी एक भाग का अध्ययन भी हो सकता है।

(iii) इसमें अध्ययन का बहुधा गुणात्मक विश्लेषण (Qualitative Analysis) के तरीके को अपनाया जाता है जिसमें इकाई के वर्णन (Description) पर अधिक जोर दिया जाता है। कभी-कभी व्याख्या के लिए संख्यात्मक तथ्यों को भी प्रदर्शित किया जाता है।

(iv) यह अध्ययन की एक विधि न होकर विधियों की एक विधि है जिसमें विभिन्न प्रकार तथ्यों के संकलन के लिए कई विधियों, तकनीकों और उपकरणों का प्रयोग किया जाता है। इसलिए इसे एक विधि (Method) नहीं कहा जाकर एक शोध प्रारूप (Research Design) कहना अधिक उपयुक्त है। बहुधा इसमें असंरचित गहन साक्षात्कार, सहभागिक अवलोकन, क्षेत्र-कार्य (Fieldwork), दस्तावेजों का विषय-वस्तु विश्लेषण (Content Analysis of Documents) आदि का प्रयोग किया जाता है। इनका चयन शोध की इकाई की प्रकृति पर निर्भर करता है।

(v) इसमें तथ्यों के संकलन के लिए प्राथमिक और द्वितीयक, लिखित दस्तावेजों जैसे डायरी, पत्र, जीवन, इतिहास, संस्मरण, सरकारी/गैर सरकारी आलेख (Records) और जनसंचार के साधन जैसे अनेक स्रोतों (Sources) का प्रयोग कर 'केस स्टडी' को हर तरह से प्रामाणिक एवं विश्वसनीय और सटीक बनाने का प्रयास किया जाता है।

(vi) इसमें शोध इकाई के गहन अध्ययन के लिए कभी-कभी शोधकर्ता 'भूमिका धारण' (Role Taking) की तकनीक को भी अपनाता है ताकि वह शोध इकाई के सदस्यों के अनुभवों एवं विचारों को उन्हीं के दृष्टिकोण से समझ सके। यह तकनीक अन्वेषक को कर्ता (Actor) के जीवन में झांकने का अवसर देती है।

(vii) इस विधि में घटना के बारे में सुनी-सुनाई बातों पर विश्वास न कर के घटना का उसके प्राकृतिक परिवेश में अध्ययन किया जाता है। प्राकृतिक परिवेश से तात्पर्य जहाँ घटना घटित हुई है। किसी अपराधी के अपराधी जीवन का अध्ययन करते समय उस व्यक्ति के जन्म स्थल, संगी-साथी, स्कूली जीवन, पारिवारिक जीवन, रहवासी बस्ती का जीवन, व्यवसाय की चरित्रगत विशेषताएं, व्यावसायिक साथीगण आदि सभी को ध्यान में रखकर महत्वपूर्ण व्यक्तियों से पूछताछ कर तथ्य जुटाए जाते हैं।

प्रकरण/वैयक्तिक अध्ययन शोध के प्रकार (Types of Case Study Research)

वैयक्तिक अध्ययन के कई प्रकार हो सकते हैं। **प्लेट** (1988) ने 'विशिष्ट से अधिक सामान्य केन्द्र' के सिद्धान्त के आधार पर तीन प्रकार के वैयक्तिक अध्ययनों की चर्चा की है:

भावमूलक वैयक्तिक अध्ययन (Ideographic Case Studies)

इस प्रकार के शोध में अध्ययन किए जाने वाले 'केस' का चयन उसके आंतरिक महत्व के कारण किया जाता है। इसमें प्रकरण (केस) की व्यापकता, अर्थात् सामान्य घटना के रूप में महत्ता पर बल नहीं दिया जाता।

निर्देशात्मक वैयक्तिक अध्ययन (Indicative Case Studies)

ये इस प्रकार के अध्ययन होते हैं जो यह प्रदर्शित करते हैं कि इनकी कुछ आंतरिक विशेषताएं अन्य स्थितियों को समझने में सहायक हो सकती हैं। ऐसे अध्ययन इसी प्रकार के अन्य प्रकरणों के अध्ययनों के लिए मार्गदर्शन का काम करते हैं।

प्रतिनिधिक वैयक्तिक अध्ययन (Representative Case Studies)

इस प्रकार के अध्ययनों में प्रकरण (Case) का चुनाव कठोर मापदंडों के आधार पर किया जाता है ताकि ऐसा अध्ययन इसी प्रकार के प्रकरणों (Cases) का पूर्ण रूप से प्रतिनिधि बन सके।

उपरोक्त वैयक्तिक अध्ययनों के अतिरिक्त अध्ययन के उद्देश्यों और उनमें प्रयोग की जाने वाली विधियों के आधार पर वैयक्तिक अध्ययनों को निम्नलिखित समूहों में बांटा जा सकता है:

जीवनचरितीय वैयक्तिक अध्ययन (Biographical Case Studies)

इस प्रकार के वैयक्तिक अध्ययनों का उद्देश्य किसी व्यक्ति/संस्था/संगठन के सम्पूर्ण जीवन-चक्र (जन्म से लेकर वर्तमान तक) का समयोपरि वर्णन करना होता है। यदि हम किसी राजनीतिक संगठन (जैसे कांग्रस या भाजपा या भाकपा) का अध्ययन कर रहे हैं तब हमें इनके स्थापना संबंधी ऐसे अध्ययनों के लिए ऐतिहासिक दस्तावेजों (सरकारी/गैर-सरकारी) को जुटाना होगा और साथ ही ऐसे व्यक्तियों का साक्षात्कार करना होगा जिन्होंने उक्त संगठन को उसकी स्थापना से लेकर आज तक के विकास को देखा एवं जीया है।

जब कभी किसी व्यक्ति विशेष को वैयक्तिक अध्ययन का विषय बनाया जाता है तब उस व्यक्ति से प्रत्यक्ष साक्षात्कार के अलावा उससे संबंधित व्यक्तियों (पारिवारिक सदस्यों, स्कूल-कॉलेज के सहपाठीगण, तथा अध्यापकगण, व्यावसायिक साथियों, रहवासी क्षेत्र के व्यक्तियों) से भी साक्षात्कार कर तथ्य जुटाए जाते हैं। अपराधियों के अधिकांश अध्ययन इसी श्रेणी में आते हैं।

प्रेक्षणात्मक वैयक्तिक अध्ययन (Observational Case Studies)

इस प्रकार के अध्ययन में घटना या समूह की गतिविधियों का उनके प्राकृतिक परिवेश में अवलोकन किया जाता है। इसमें सहभागिक और असहभागिक दोनों विधियों का प्रयोग किया जा सकता है। सामाजिक मानवशास्त्र के क्षेत्र में गांवों और जनजातियों के अध्ययनों में इस विधि का प्रयोग सफलतापूर्वक किया गया है।

मौखिक ऐतिहासिक वैयक्तिक अध्ययन (Oral History Case Studies)

ये बहुधा प्रथम पुरुष वृत्तांत प्रकृति के अध्ययन होते हैं जिनमें किसी एक व्यक्ति से किसी विषय विशेष के बारे में कई बैठकों में एक लम्बा साक्षात्कार कर तथ्यों का संकलन किया जाता है। यह 'भूली-बिसरी यादों' के प्रकार का साक्षात्कार होता है जिसमें व्यक्ति से बीती हुई घटना, जैसे भारत के स्वतंत्रता आंदोलन या द्वितीय विश्व युद्ध के बारे में अपने अनुभव बताने के लिए कहा जाता है। वृद्ध व्यक्तियों के जीवन और उनकी समस्याओं को जानने में बहुधा इस तकनीक का प्रयोग किया जाता है।

परिस्थितिमूलक वैयक्तिक अध्ययन (Situational Case Studies)

इस प्रकार के अध्ययनों में किसी घटना विशेष, जैसे कोई साम्प्रदायिक दंगा, मुंबई का 9/11 का आतंकी हमला, किसी धार्मिक उत्सव के अवसर पर घटी कोई दुर्घटना आदि को शोध का विषय बना कर उन व्यक्तियों का साक्षात्कार किया जाता है जो उक्त घटना/दुर्घटना में सहभागी और/या चश्मदीद गवाह रहे हैं। ऐसे व्यक्तियों से उक्त घटना की शुरुआत होने, उसके बढ़ने, उसमें भाग लेने वाले, पुलिस के आने और उनके द्वारा की गई कार्यवाही, किसी राजनीतिक नेता या समाज के गणमान्य व्यक्तियों की उक्त घटना में भूमिका, मीडिया कर्मियों के पहुंचने आदि के बारे में बातचीत की जाती है। ये सारी बातें उक्त घटना का एक निष्पक्ष लेखा-जोखा प्रस्तुत करने में सहायक होती हैं।

नैदानिक वैयक्तिक अध्ययन (Clinical Case Studies)

कुछ वैयक्तिक अध्ययन शुद्धतः नैदानिक उद्देश्य से किए जाते हैं। ऐसे अध्ययन किसी समस्या विशेष (जैसे, नरेगा योजना में भ्रष्टाचार या जेल में बढ़ती हुई गुण्डागर्दी की हिंसात्मक घटनाएं) के उपचार और समाधान तथा संस्था विशेष की कार्य प्रणाली में सुधार लाने के उद्देश्यों से प्रेरित होती है। इस प्रकार के अध्ययनों में संस्था विशेष के भविष्यगत स्वरूप पर भी प्रकाश डाला जाता है।

मनोविज्ञान और समाजशास्त्र के क्षेत्र में इस प्रकार के अध्ययन बाल-अपराध, जेल के कैदियों, मानसिक बीमारियों से ग्रस्त व्यक्तियों, स्कूल के दुराग्रही बालकों, सुधार गृह की महिलाओं आदि विषयों से संबंधित लोगों पर खूब किए गए हैं। **पीटर टाउन सेन्ड** ने गरीबी के अपने अध्ययन में व्यक्तिगत पारिवारिक इतिहासों का प्रयोग किया है।

प्रकरण/वैयक्तिक अध्ययनों के उद्देश्य एवं महत्ता (Purposes and Value of Case Studies)

वैयक्तिक अध्ययन शोध प्रारूप (Design) का प्रयोग क्यों और कब किया जाता है, इसके क्या उद्देश्य हैं तथा सामाजिक शोध में वैयक्तिक तथ्यों (Case Data) की क्या महत्ता है, अब हम इन प्रश्नों पर विचार करेंगे। यह सही है कि किसी एक विशिष्ट प्रकरण (Case) के आधार पर सामान्य सिद्धान्तों की रचना नहीं की जा सकती, किन्तु ऐसे प्रकरण विस्तृत शोध का मार्ग अवश्य प्रशस्त करते हैं। एक प्रकरण (Case) के अध्ययन को अमूर्त ज्ञान (Abstract Knowledge) के तोरण द्वार के साथ-साथ अंतिम लक्ष्य समझा जाना चाहिए। किन्तु मूर्त और विशिष्ट की व्याख्या के योगदान द्वारा ही अमूर्त ज्ञान (सिद्धान्तों) में निरंतर

वृद्धि होती है। **सी.एच. कूले** ने लिखा है, "वैयक्तिक अध्ययन विधि हमारी अनुभूति की क्षमता को गहन बनाती है तथा जीवन के प्रति स्पष्ट अन्तर्दृष्टि प्रदान करती है। इसके द्वारा व्यवहार का अध्ययन अप्रत्यक्ष और अमूर्त दृष्टिकोण की अपेक्षा प्रत्यक्ष रूप से किया जाता है।" **गुडे एवं हट्ट** के अनुसार, वैयक्तिक शोध अध्ययन द्वारा प्रदान की गई अन्तर्दृष्टि की गहनता बाद में वृहत स्तरीय अध्ययनों के लिए उपयोगी प्राक्कल्पनाओं को जन्म देती है।

एक मनुष्य और दूसरे मनुष्य में शारीरिक और मानसिक आधार पर भिन्नताएं होते हुए भी कुछ बातों में (अपवादों को छोड़कर) समानताएं पाई गई हैं और इसी आधार पर मनोवैज्ञानिक **आल्पोर्ट** ने कहा है कि मानव प्रकृति के बारे में कुछ कथन मोटे रूप में सभी व्यक्तियों, समुदाय के प्रत्येक सदस्य पर लागू होते हैं। वैयक्तिक शोध की आधारशिला भी सभी मनुष्यों की कुछ बातों में समानताएं ही है।

इस विधि के निम्नलिखित प्रमुख गुण हैं:

1. गवेषणात्मक शोध का एक माध्यम (A Vehicle for Exploratory Research)
2. प्राक्कल्पना निर्माण में सहायक (Helps in Developing Hypothesis)
3. व्यक्तिपरक अनुभवों के अध्ययन में सहायक (Helps in Studying Subjective Experiences)
4. चरों के बीच संभावित संबंधों पर प्रकाश (Throw Light on Possible Relationships between Variables)
5. नए शोध उपकरणों की खोज में सहायक (Assists in Developing New Research Tools)
6. शोध के नए क्षेत्रों की खोज में सहायक (Assists in Exploring New Areas of inquiries)
7. सामाजिक प्रक्रियाओं के अध्ययन में सहायक (Helps in Studying Social Processes)
8. अन्तर्दृष्टि-उद्दीपन की एक विधि (A Method of Insight Stimulating)
9. सिद्धान्तों के जांच की एक कसौटी (A Touchstone to Evaluate Theories)
10. शोध इकाई के व्यक्तिगत चरित्र का अनुरक्षण (Preservation of Individual Character of Research Unit)
11. अवधारणों का स्पष्टीकरण (Explanation of Concepts)
12. कार्य-कारण संबंधों को समझने में सहायक (Assits in Understanding Cause-effect Relationships)
13. सांख्यिकीय तथ्यों की महत्ता को समझने में सहायक (Helps in Understanding the Value of Statistical Data)

संक्षेप में, इस विधि के अनेकानेक गुण हैं जो किसी विषय के व्यापक अध्ययन के पूर्व शोध के प्रारंभिक चरण के रूप में इस विधि के उपयोग का समर्थन करते हैं। सामाजिक जीवन को ठीक प्रकार से समझने के लिए लोगों के व्यक्तिगत अनुभवों को

जानना आवश्यक है। यही कारण है कि **मैक्स वेबर** ने अपने समाजशास्त्र में सामाजिक क्रिया और उसके पीछे छुपे अर्थ को समझने पर बल दिया क्योंकि हर व्यक्ति का जीवन को जीने और विभिन्न कार्यकलापों को सम्पादित करने का अपना दृष्टिकोण होता है। **थॉमस एवं नैनकी** जिन्हें इस विधि को सर्वप्रथम एक व्यवस्थित रूप में प्रयोग करने का श्रेय दिया जाता है, इस विधि से प्राप्त तथ्यों को 'पूर्ण समाजशास्त्रीय सामग्री' (Perfect Sociological Material) कहा है। यह विधि हमारी अन्तर्दृष्टि का उद्दीपन करती है। प्रसिद्ध मनोचिकित्सक **फ्रायड** द्वारा मानसिक रोगियों के जीवन इतिहास के अध्ययनों ने उन्हें सामाजिक जीवन संबंधी कई मसले सुलझाने में मदद की है। एक तलाकशुदा व्यक्ति, एक जेबकतरे, अपराधी गिरोह के किसी सदस्य, एक अल्पसंख्यक समूह के सदस्य या किसी दलित व्यक्ति की जीवन-गाथा हमारे व्यक्तिगत अनुभव में बहुत सी बातें जोड़ और घटा देती है। **हॉबर्ड बेकर** ने इस विधि को स्वर्ण की शुद्धता को परखने की 'कसौटी' की भांति मानवीय सिद्धान्तों की परख करने वाली कसौटी की संज्ञा दी है। इस विधि से प्राप्त सामग्री अमूर्त अवधारणाओं को समझने में सहायता करती है। सामान्यत: अमूर्त सिद्धान्तों की अपेक्षा व्यावहारिक उदाहरण। हम जल्दी समझ जाते हैं।

वैयक्तिक अध्ययन शोध प्रारूप की सीमाएं एवं दोष Limitations and Demerits of Case Study Research Design)

इस विधि की अनेक उपयोगिताएं, गुण एवं महत्ता होते हुए भी (जिनका वर्णन ऊपर किया गया है) इसकी बहुत आलोचना हुई है। इसकी वैज्ञानिक प्रकृति पर आरोप लगाए गए हैं। **रीड बेन** (1929) ने इस विधि पर टिप्पणी करते हुए लिखा है, "इस विधि के द्वारा हम अवैयक्तिक, सार्वभौमिक, नैतिकताहीन, व्यावहारिकता रहित तथा पुनरावृत्तिमूलक घटनाओं को प्राप्त नहीं कर सकते।" इस विधि के प्रमुख दोष निम्नलिखित हैं:

सीमित सामान्यीकरण (Limited Generalisations)

यह कहा जाता है कि यह विधि ढेर सारी तथ्य सामग्री उपलब्ध करवाती है, किन्तु इस तथ्य सामग्री में सामान्यीकरण की क्षमता न के बराबर होती है। एक या कुछ प्रकरणों (Cases) के अध्ययन के आधार पर सामान्यीकरण की रचना खतरे से खाली नहीं होती। सामान्यीकरण प्रतिनिधिक इकाइयों के अध्ययन के आधार पर ही संभव है।

व्यक्तिपरक अभिनति की संभावना (Possiblity of Subjective Bias)

इस विधि की सबसे बड़ी कमजोरी शोधकर्ता के व्यक्तिगत पक्षपातों की है जिसके कारण समस्त अध्ययन दोषपूर्ण बन जाता है। ये व्यक्तिगत पक्षपात अध्ययन की इकाई के चुनाव से लेकर तथ्य संकलन के स्रोतों तक छाये रहते हैं। चयनात्मकता में अभिनति की एक स्वाभाविक प्रवृत्ति विद्यमान होती है।

अत्यधिक समय खर्चीली विधि (Most Time-Consuming Method)

अन्य विधियों की अपेक्षा इसमें अधिक समय लगता है। कई बार बीच में साक्षात्कार का क्रम टूट जाता है, समय पर आवश्यक दस्तावेज नहीं मिल पाते, सूचनादाता सूचना देने से मना कर देता है। ऐसी समस्याओं के कारण बहुत सा समय व्यर्थ बर्बाद हो जाता है।

संदेहपूर्ण विश्वसनीयता (Doubtful Reliability)

इस विधि में विश्वसनीय (पक्षपात रहित) तथ्यों को एकत्रित करना कठिन होता है। सूचनादाता द्वारा जो कुछ बताया गया है, वह कहां तक सही है, इसकी जांच करना बड़ा कठिन है।

तुलना का अभाव (Lack of Comparability)

तुलना वहीं संभव है जहाँ तुलनीय इकाइयों में कुछ बातों में समानता हो। अध्ययन की इकाइयां यदि प्रतिनिधिक (Representative) नहीं हैं और वे विशिष्ट और असामान्य प्रकृति वाली हैं, तब ऐसे प्रकरणों के आधार पर तुलना नहीं की जा सकती । प्रत्येक व्यक्ति या संस्था या घटना कई बातों में अपने आप में अनुपम और विशिष्ट होती है, अतः उनके आधार पर तुलना करना कठिन होता है।

व्यवस्थापन का अभाव (Lack of Systematisation)

इस विधि में शोधकर्ता (साक्षात्कारकर्ता या अवलोकनकर्ता) और सूचनादाता पर पर्याप्त नियंत्रण न होने के कारण क्रमबद्धता का अभाव पाया जाता है। सात्क्षात्कार विधि और अवलोकन विधि की समस्त कमजोरियां इस विधि की भी कमजोरियां हैं। सहभागिक अवलोकन में प्रेक्षक के प्रभाव (Observer's Effect) के कारण वस्तुपरक तथ्यों का संकलन क्षीण हो जाता है (देखिए 'अवलोकन' अध्याय में सहभागिक अवलोकन)। तथ्य संकलन के समय कभी-कभी अन्वेषक सूचनादाताओं के जीवन में इतना डूब जाता है कि वह अपनी एक वैज्ञानिक गवेषक होने की भूमिका को ही भूल जाता है।

गुणात्मक अध्ययन विधि (Qualitative Study Method)

इस अध्याय के शुरुआत में ही इस विधि की विशेषताओं में यह बताया गया है कि शोध का यह प्रारूप गुणात्मक है। इसमें सूचनादाता अपना इतिहास अपने शब्दों में कहता है, अतः अन्वेषक को ही तार्किक अवधारणाओं, वैज्ञानिक विश्लेषण की इकाइयों के बारे में सूचनादाता के कथनों से ही अनुमान लगाना पड़ता है।

प्राक्कल्पनाओं का परीक्षण संभव नहीं (Testing of Hypothesis Not Possible)

इस विधि के द्वारा प्राक्कल्पनाओं को विकसित करने में तो मदद मिलती है, किन्तु इसके द्वारा उनकी जांच नहीं की जा सकती। एक इकाई का अध्ययन हमें व्यक्ति के जीवन में झांकने का अवसर तो देता है, किन्तु उसके आधार पर घटना से संबंधित विभिन्न चरों (Variables) के बीच के कारणात्मक संबंधों का परीक्षण नहीं किया जा सकता। अतः यह विधि शोध के प्रारंभिक चरणों के लिए ही उपयुक्त है, बाद के चरणों में इसका प्रयोग सफलतापूर्वक नहीं किया जा सकता।

सांख्यिक-अभिमुखी लेखकों (Statistical-Oriented Writers) ने तो यहाँ तक कहा कि यह अपने आप में कोई वैज्ञानिक विधि नहीं है, इसका अपना खुद का कोई वजूद नहीं है। यह तो अनेक विधियों की एक विधि है।

इस विधि की उपरोक्त आलोचनाओं, सीमाओं और कमजोरियों के बावजूद स्वयं आलोचकों ने यह स्वीकार किया है कि मोटे तौर पर, वैयक्तिक अध्ययन बहुत सी प्राक्कल्पनाओं को जन्म देते हैं, जिनका बाद में वृहद आधार पर परीक्षण कर विज्ञान के भंडार के कुछ सामान्यीकृत ज्ञान (Generalized Knowledge) में वृद्धि की जा सकती है। कटु आलोचक **रीड बैन** ने भी इस विधि के बारे में अपने विचारों में बाद में भारी संशोधन कर कहा है कि इस विधि द्वारा प्राप्त प्रकरण तथ्य (Case Data) समस्याओं के निदान, चिकित्सा और व्यावहारिक समाधान में बहुत उपयोगी सिद्ध हुए हैं। आजकल इस विधि का प्रयोग मनोवैज्ञानिक, मनोचिकित्सकों, मानवशास्त्रियों, लोक प्रशासकों, सैन्य एवं औद्योगिक समाजशास्त्रियों द्वारा प्रचुर मात्रा में किया जा रहा है।

प्रकरण/वैयक्तिक अध्ययन शोध और सर्वेक्षण शोध में अन्तर (Difference between Case Study Research and Survey Research)

जैसा पहले लिखा गया है कि सामाजिक शोध में मोटे रूप में दो प्रकार के शोध प्रारूपों (Research Designs) का प्रयोग किया जाता है। ये हैं वैयक्तिक शोध प्रारूप और सर्वेक्षण शोध प्रारूप। इनके अलावा प्रयोगात्मक शोध प्रारूप (Experimental Research Design) और विषय-वस्तु विश्लेषण का प्रयोग भी किया जाता है। वैयक्तिक शोध और सर्वेक्षण शोध में मूलभूत अन्तर उनके अध्ययन के दृष्टिकोण का है। दोनों में अध्ययन किए जाने वाली घटना के सामाजिक कारकों पर भिन्न रूप में विचार किया जाता है। इसके अलावा दोनों में अन्तर के मुख्य बिन्दु निम्नलिखित हैं:

1. वैयक्तिक शोध की प्रकृति अधिकांशतः गुणात्मक एवं वर्णनात्मक होती है, जबकि सर्वेक्षण शोध परिमाणात्मक तथ्यों के संकलन और विश्लेषण पर बल देता है।
2. सर्वेक्षण शोध में औपचारिकता अधिक होती है जबकि वैयक्तिक शोध अनौपचारिक होता है। औपचारिकता से तात्पर्य सर्वेक्षण की विधि, समय, अवधि, स्थान, प्रश्नों की भाषा व क्रम (यदि प्रश्नावली/अनुसूची का प्रयोग किया जा रहा है) आदि सुनिश्चित एवं पूर्वनिश्चित होते हैं।
3. वैयक्तिक शोध 'सामाजिक खुर्दबीन' (Social Microscope) का काम करता है, जब कि सर्वेक्षण शोध की प्रकृति 'वृहद क्षेत्रीय' (Macroscopic) होती है। 'सामाजिक खुर्दबीन' से तात्पर्य किसी घटना के सभी पक्षों का सूक्ष्मता और गहराई से अध्ययन करने (Intensive Study) से है।
4. सर्वेक्षण शोध में अध्ययन किए जाने वाले समुदाय के बारे में पूर्व जानकारी होती है, जबकि वैयक्तिक शोध में इस प्रकार की जानकारी नहीं होती।
5. वैयक्तिक शोध में एक या कुछ इकाइयों का और सर्वेक्षण शोध में अनेक इकाइयों का अध्ययन किया जाता है, जो इधर-उधर फैली हो सकती हैं।

6. सर्वेक्षण शोध में अध्ययन की इकाइयों का बड़े समग्र में से प्रतिचयन विधि से चयन किया जाता है, जबकि वैयक्तिक शोध में प्रतिचयन विधि के प्रयोग की जरूरत ही नहीं पड़ती।
7. वैयक्तिक शोध में वर्तमान पर विगत और भविष्यगत दोनों कारकों के प्रभाव को आंकने के लिए घटनाओं की पृष्ठभूमि, संदर्भ परिधि और भावनात्मक एवं परिस्थितिजन्य कारकों को भी पर्याप्त महत्व दिया जाता है, जब कि सर्वेक्षण शोध का सारा ध्यान (Focus) वर्तमान पर होता है।
8. सर्वेक्षण शोध में अध्ययन की इकाई की व्यक्तिगत विशेषताओं की अवहेलना की जाती है, जबकि वैयक्तिक शोध की प्रत्येक इकाई को एक समष्टि (Holistic) मानकर उसकी सामान्य और विशिष्ट दोनों विशेषताओं का अध्ययन किया जाता है।
9. सर्वेक्षण शोध के निष्कर्ष सांख्यिकीय एवं गणितीय नियमों पर आधारित होने के कारण अधिक प्रामाणिक (Valid) और विश्वसनीय (Reliable) होते हैं और इनका परीक्षण भी संभव है। किन्तु, यह विशेषता वैयक्तिक शोध के निष्कषों पर लागू नहीं होती। ये निष्कर्ष प्राय: सामान्य ज्ञान और तर्क पर आधारित होते हैं।

उपरोक्त अन्तर वास्तविकता की अपेक्षा कृत्रिम अधिक है। **बिल्टन तथा अन्य** (1987) ने लिखा है कि वैयक्तिक शोध एक इस प्रकार का विशिष्ट प्रारूप (Design) है जिसमें सर्वेक्षण शोध और अवलोकन विधियों दोनों का प्रयोग किया जा सकता है। इसी प्रकार, **नॉरमेन ब्लैकी** (2000) ने कहा है कि "वैयक्तिक अध्ययन दोनों प्रकार के प्रारूपों (सर्वेक्षण और प्रयोगात्मक) की कुछ विशेषताओं का सम्मिश्रण करता है।"

रीड बेन (1927) ने बहुत पहले इन दोनों शोध प्रारूपों के आपसी संबंधों के बारे में बहुत महत्वपूर्ण टिप्पणी करते हुए लिखा था कि "इन दोनों के आपसी संबंधों को 'या' के स्थान पर 'और' के रूप देखा जाना चाहिए।" ये दोनों विधियां एक दूसरे की पूरक हैं। आजकल किसी विषय का अध्ययन सर्वेक्षण शोध के साथ-साथ शोध की कुछ इकाइयों का अध्ययन वैयक्तिक शोध द्वारा भी किया जाने लगा है। इस प्रकार दोनों विधियों द्वारा निकाले गए निष्कर्षों की प्रामाणिकता की जांच एक दूसरे से हो जाती है। **पी.वी. यंग** ने मौल्कन समुदाय के अपने एक अध्ययन में इन दोनों विधियों का प्रयोग किया है। भारत में भी कुछेक शोधकर्ताओं ने अपने सर्वेक्षणों के निष्कर्षों को प्रामाणिक सिद्ध करने के लिए उसी क्षेत्र की कुछ इकाइयों का वैयक्तिक शोध द्वारा अध्ययन किया है।

वैयक्तिक अध्ययन का एक प्रारूप
(A Format of a Case Study)

किसी भी वैयक्तिक अध्ययन में किन-किन बातों को सम्मिलित किया जाना चाहिए, इसके प्रमुख चरण क्या हैं, आदि बातों पर सोच-विचार ही वैयक्तिक अध्ययन का प्रारूप (Format) कहलाता है। मोटे रूप में, इसे हम वैयक्तिक अध्ययन की योजना (Planning) कह सकते हैं। इसमें शोध के उन सभी सामान्य चरणों का प्रयोग किया जाता है जिनका

उल्लेख सामाजिक शोध अध्याय या सर्वेक्षण की योजना में किया गया है। फिर भी, शोध विधि का यह प्रारूप (Design) अन्य विधियों के प्रारूपों से कुछ भिन्न है, जिनका उल्लेख हम नीचे कर रहे हैं।

वैयक्तिक अध्ययन विधि का कोई मानक (Standard) फॉर्मेट नहीं है जिसका प्रयोग प्रत्येक केस स्टडी में यथावत किया जा सके। सभी शोध विषयों की प्रकृति अलग-अलग होती है, अतः उनकी प्रकृति और शोध के उद्देश्यों का ध्यान में रखते हुए तथ्यों के स्रोतों, तथ्य संकलन की विधियों, विश्लेषण के रूपों और अध्ययन के परिणामों को प्रस्तुत किए जाने (प्रतिवेदन तैयार करना) आदि पर विचार कर इसे तैयार किया जाना चाहिये। फिर भी, वैयक्तिक अध्ययन विधि के प्रयोगकर्ता से आशा की जाती है कि वह नीचे दिये गये निर्देशों का कठोरता से पालन करे।

सामान्यतः वैयक्तिक अध्ययन शोध के दो प्रमुख रूप हो सकते हैं:

एकल व्यक्ति का अध्ययन (Study of an Individual)

इसमें किसी अपराधी, व्यापारी या व्यवसायी, किसी साधु या सत, किसी नेता, किसी बीमा कम्पनी या बैंक का कर्मचारी आदि किसी व्यक्ति को सम्मिलित किया जा सकता है।

किसी समूह या संस्था का अध्ययन (Study of a Group or an Institution)

इसमें कोई समुदाय (गांव, जाति, जनजाति) कोई संगठन (धार्मिक संगठन जैसे आर्य समाज, विद्यार्थी परिषद, मजदूर संघ, राजनीतिक दल आदि) या कोई संस्था (शिक्षण संस्था, धार्मिक संस्था) आदि हो सकते हैं।

दोनों प्रकार के अध्ययनों में शोध प्रारूप (Research Design) सर्वथा भिन्न होगा। यही नहीं, प्रकरण (Case) की प्रकृति के अनुसार भी प्रारूप में थोड़ा अन्तर हो सकता है, जैसे अपराधी और किसी साधु का अध्ययन करते समय या किसी गांव और संस्था के अध्ययन में शोध प्रारूप में प्रकरण (Case) की विशिष्ट विशेषताओं के अनुसार सामान्य शोध प्रारूप में फेरबदल किया जाना आवश्यक है ताकि प्रकरण की विशेषताओं को अध्ययन में सम्मिलित किया जा सके।

यहाँ नीचे वैयक्तिक शोध प्रारूप की एक सामान्य रूपरेखा दी जा रही है, जिसे प्रकरण की विशेषताओं के अनुसार फेरबदल कर प्रयोग किया जा सकता है:

अध्ययन के लिए प्रकरण का चयन (Selection of a Case for Study)

वैयक्तिक शोध का प्रथम चरण अन्वेषण हेतु एक उपयुक्त प्रकरण के बारे में जानकारी हासिल करके उसका चयन करना है। मोटे रूप में, यह निम्नलिखित बातों पर निर्भर करता है:

(i) जहाँ तक संभव हो, चयनित प्रकरण (Case) ऐसा हो जो अन्य इसी प्रकार के प्रकरणों का प्रतिनिधित्व करने वाला है, अर्थात् उसमें वे सभी विशेषताएं हों जो अन्य इकाइयों में विद्यमान हैं। यदि हम किसी गांव का अध्ययन करने जा रहे हैं, तब

यह गांव उस क्षेत्र की संस्कृति और अर्थव्यवस्था का प्रतिनिधित्व करने वाला होना चाहिए। कुछ समाज वैज्ञानिकों ने प्रकरण प्रतिनिधित्वता के मुद्दे को गौण माना है। भारत में भी श्रीनिवास, आंद्र बेतेई, डी.एन. मजूमदार, एल्विन आदि ने लघु समाजों (गांव या जनजाति) के अध्ययन में प्रतिनिधित्वता के निर्देश का पालन नहीं किया है। **मिचैल** ने माना है कि किसी 'विशिष्ट' (Typical) प्रकरण के चयन की कोई खास उपयोगिता नहीं है।

(ii) प्रकरण चयन का करते समय अध्ययन के उद्देश्यों पर भी ध्यान दिया जाना चाहिए:

(अ) क्या किसी घटना का अध्ययन करने के लिए उसके बारे में गहन जानकारी एकत्रित करने हेतु सामान्य स्थिति का अध्ययन किया जा रहा है?

(ब) क्या अध्ययन किसी विशिष्ट संस्था या संगठन की समस्याओं के समाधान के उद्देश्य से किया जा रहा है?

(स) क्या अध्ययन किसी संस्था/संगठन के उन कारकों की खोज करने के लिए किया जा रहा है जो उसके बढ़िया काम के लिए उत्तरदायी रहे हैं?

एक बार जब प्रकरण का चुनाव कर लिया गया तब उस प्रकरण के बारे में उपलब्ध स्रोतों के माध्यम से उसकी पृष्ठभूमि के बारे में आवश्यक जानकारी जुटानी चाहिए। यह जानकारी जुटाते समय कौन, क्या, कहाँ, कब और कैसे जैसे प्रश्नों को आधार बनाना ठीक रहता है।

तथ्य (समंक) संकलन (Data Collection)

अध्ययन के प्रकरण का चुनाव करने के बाद तथ्य संकलन के चरण की शुरुआत होती है। विश्वसनीय तथ्यों के संकलन के लिए तथ्य संकलन की एक विवेकपूर्ण मिली-जुली विधि का होना आवश्यक है। चूंकि अधिकांश प्रकरण अध्ययनों (Case Studies) की प्रकृति गुणात्मक एवं वर्णनात्मक होती है, अतः इसके लिए गहन खोजपूर्ण साक्षात्कार (Depth Interview), सहभागिक अवलोकन, खुले प्रश्न, सरकारी/गैर-सरकारी दस्तावेजों का निरीक्षण आदि का प्रयोग श्रेयष्कर होता है। अधिकांशत प्रकरणों में, प्रारंभिक तथ्यों का संकलन की शुरुआत अध्ययन किए जाने वाले परिवेश में व्यक्तिगत वार्तालाप और अन्तर्क्रियाओं द्वारा किया जाता है। यदि किसी व्यक्ति के जीवन इतिहास का अध्ययन किया जा रहा है तब इसे अधिक प्रामाणिक बनाने के लिए अवलोकन, सांख्यिक और ऐतिहासिक तथ्यों के द्वारा संपूरक किया जाना आवश्यक है।

तथ्यों (समंकों) का विश्लेषण (Analysis of Data)

तथ्यों के व्यवस्थित विश्लेषण द्वारा शोधकर्ता को पेचीदा स्थितियों और समस्याओं के बारे में जानकारी हासिल होती है। वह उसके आधार पर समस्या या स्थिति को प्रभावित करने वाले कारकों तक पहुंचने का यत्न करता है और इसी के दौरान समस्या या उसके समाधान के बारे में विभिन्न प्राक्कल्पनाओं की रचना करता है जो किसी भी प्रकरण अध्ययन (Case Study) का मुख्य लक्ष्य होता है। वास्तव में, वैयक्तिक अध्ययन के प्रारूप में तथ्यों

का संकलन, उनका विश्लेषण और उनका निर्वचन (व्याख्या) एक चक्र के रूप में निरंतर चलता रहता है, जब तक कि निष्कर्षों की निष्पत्ति नहीं हो जाती है।

प्रकरण अध्ययन संबंधी निष्कर्षों का सामान्यीकरण (Generalization of Case Study Findings)

किसी भी शोध का मुख्य उद्देश्य निष्कर्षों के आधार पर सामान्यीकरण की रचना (सामान्य नियमों का प्रतिपादन) होता है। यद्यपि, एक प्रकरण या कुछ प्रकरणों के अध्ययन के आधार पर सामान्यीकरण करना वैज्ञानिक दृष्टि से ठीक नहीं है, किन्तु निष्कर्षों के आधार पर कुछ प्राक्कल्पनाओं की रचना अवश्य की जा सकती है, जो आगे के शोध के लिए एक कदम हो सकता है। इन प्राक्कल्पनाओं का शोध द्वारा अन्य प्रकरणों पर परीक्षण कर सामान्यीकरण किया जाना सरल हो जाता है। कई बार केवल एक प्रकरण के अध्ययन ने शोध में नई प्रवृत्तियों को जन्म दिया है। भारत में श्रीनिवास द्वारा, दक्षिण के रामपुरा गांव के अध्ययन के आधार पर विकसित 'संस्कृतीकरण' की अवधारणा का बाद में कई शोधकर्ताओं ने अपने-अपने क्षेत्र के गांवों के अध्ययन में परीक्षण किया है। इस प्रकार, प्रो. श्रीनिवास ने भारत में गांवों के अध्ययन की एक नई प्रवृत्ति का सूत्रपात किया है।

वैयक्तिक अध्ययन करने हेतु आवश्यक दिशा-निर्देश (Guidelines for Preparing a Case Study)

जैसा ऊपर बताया गया है कि केस स्टडी के दो प्रमुख फॉर्मेट हो सकते हैं:(1) एकल व्यक्ति का अध्ययन, एवं (2) किसी समूह या संस्था का अध्ययन। यहाँ हम इन दोनों प्रकार के अध्ययनों संबंधी आवश्यक सामान्य दिशा-निर्देश नीचे दे रहे हैं, जिनका अपने प्रयोजन के अनुसार कुछ संशोधन-परिवर्द्धन के साथ एक शोधकर्ता प्रयोग कर सकता है:

किसी अपराधी का अध्ययन

1. परिचयात्मक जानकारी – नाम, आयु, शिक्षा, व्यवसाय, आय, धर्म, जाति आदि।
2. पारिवारिक पृष्ठभूमि – माता-पिता, भाई-बहिनों के अलावा अन्य सगे-संबंधियों के बारे में जानकारी, परिवार के आय का स्रोत और कुल आय, परिवार में शिक्षा, परिवार की प्रकृति (पितृसत्तात्मक या मातृसत्तात्मक), परिवार के रहवास (निवास) की प्रकृति (ग्रामीण, नगरीय, गंदी बस्ती)
3. आदतें - सिगरेट-बीड़ी पीना, मादक द्रव्यों का सेवन, सिनेमा, वेश्यावृत्ति आदि।
4. बस्ती तथा आस-पड़ोस (Neighbourhood) की प्रकृति।
5. मित्र-मंडली, सहपाठीगण, कार्यस्थल के सहयोगीगण।
6. शारीरिक-मानसिक बीमारी संबंधी जानकारी
7. अपराध संबंधी जानकारी:
   (अ) अपराध की आवृत्ति - प्रथम, द्वितीय या अनेक
   (ब) अपराध का रूप - चोरी, डाकाजनी, हत्या, धोखाधड़ी तस्करी, वेश्यावृत्ति, अन्य।
   (स) प्रथम अपराध के समय आयु।

(द) अकेले में अपराध या किसी गिरोह के सदस्य के रूप में अपराध।

(इ) कितनी बार जेल (जेल में किन अपराधियों से मेल-मिलाप)

8. जीवन के प्रति दृष्टिकोण - पश्चाताप, जेल से छूटने पर भावी कार्यक्रम।

उपरोक्त दिशा-निर्देशों का प्रयोग अपराधी के अलावा किसी साधु-संत-साध्वी किसी उद्योगपति, किसी वृद्धजन, किसी नेता या शिक्षक आदि के अध्ययन में केस की प्रकृति के अनुसार कुछ हेर-फेर के साथ किया जा सकता है। व्यक्तिगत प्रकरणों में अध्यित केस की समस्त सामाजीकरण की प्रक्रिया (बाल्यावस्था से वयस्कावस्था तक), व्यवहार विशेष को अपनाने या बाध्य किए जाने की परिस्थितियों और कारणों की गहराई में जाने के लिए गहन खोजबीन (Probing) की जरूरत पड़ती है। इसके लिए व्यक्ति के अलावा उसके मित्र-साथी, सगे-संबंधी, परिवार के सदस्यों और आस पड़ोस के व्यक्तियों से भी पूछताछ किया जाना आवश्यक है। व्यक्तित्व के निर्माण और संस्कृति के हस्तान्तरण में उपरोक्त सभी व्यक्तियों की भी महत्वपूर्ण भूमिका होती है। किसी व्यवहार विशेष का अध्ययन करते समय उक्त व्यवहार को किसी सामाजिक प्रेरक तत्व या परिस्थितियों की प्रतिक्रियाओं के क्रम के रूप में समझा जाना चाहिए।

किसी संस्था या संगठन का अध्ययन

संस्था का इतिहास

1. स्थापना समय – तारीख, माह और वर्ष
2. संस्थापक का नाम, शिक्षा, आयु, जाति, धर्म, आय, व्यवसाय आदि
3. स्थापना के उद्देश्य (सामाजिक, राजनीतिक, आर्थिक, अन्य) एवं परिस्थितियां। स्थापना के समय अन्य सदस्य गण तथा उनकी जानकारी।

संस्था का संगठन

4. संस्था का आर्थिक पक्ष – आय के स्रोत, सम्पत्ति, सदस्यता शुल्क, सदस्यता के रूप (आजीवन, नियमित, अनियमित) आादि।
5. कार्यकारिणी का रूप – अध्यक्ष, मंत्री, कोषाध्यक्ष आदि।
6. कार्यकारिणी का गठन और इनके दायित्व – चुनाव या मनोनयन या दोनों, चुनाव की अवधि, गुटबाजी।

संस्था की क्रियाशीलता

7. कार्यकलाप–दैनिक, विशिष्ट, सालाना।

संस्था की उपलब्धियां एवं नकारात्मक पक्ष

8. सामाजिक, आर्थिक या/और राजनीतिक क्षेत्र संबंधी उपलब्धियां।
9. संस्था की सीमाएं एवं दोष।

12

अवलोकन/प्रेक्षण शोध
Observation Research

"विज्ञान का समारंभ अवलोकन से होता है और इसे अंतिम प्रामाणिकता की जांच के लिए अन्ततः अवलोकन पर ही लौटना पड़ता है।"

–गुडे एवं हट्ट (1952)

हमारे बहुत से वैज्ञानिक ज्ञान की शुरुआत रोजमर्रा के साधारण अवलोकन के अनुभवों के आधार पर ही हुई है। सभी जानते हैं कि गुरुत्वाकर्षण शक्ति के नियम की खोज की कहानी न्यूटन द्वारा सेव के फल को पेड़ से नीचे गिरते हुए देखने की घटना से जुड़ी है, जब वह सेव के पेड़ के नीचे सो रहा था। इसी प्रकार, भाप की असीम शक्ति के बारे में जेम्स वाट का ज्ञान चाय की केतली में खौलते हुए पानी से उसके ढक्कन के उछलने का परिणाम है। दैनिक जीवन की घटनाओं के अवलोकन द्वारा अनेक वैज्ञानिक सिद्धान्तों और सूत्रों का जन्म हुआ है। वैज्ञानिकों द्वारा शताब्दियों तक किए गए व्यवस्थित अवलोकन/प्रेक्षण के आधार पर अधिकांश वैज्ञानिक ज्ञान का संचय हुआ है।

अतः एक शोध विधि के रूप में अवलोकन अति प्राचीन के साथ-साथ एक अत्याधुनिक विधि भी है। इसे अधिकाधिक वस्तुपरक और विश्वसनीय (ये विज्ञान के दो प्रमुख तत्व हैं) बनाने हेतु आजकल अनेकानेक नए-नए यंत्रों और उपकरणों का प्रयोग किया जा रहा है।

वैज्ञानिक अवलोकन (Scientific Observation)

अवलोकन का साधारण अर्थ है, देखना, निरीक्षण करना या निहारना। यह सामान्य अवलोकन है, जो प्रायः अव्यवस्थित, निरुद्देश्य और बेतरतीब होता है। निद्रावस्था को छोड़ कर हमारे नेत्र निरन्तर कुछ न कुछ देखने में व्यस्त रहते हैं, किन्तु हमारे 'सामान्य देखने' और 'वैज्ञानिक रूप में देखने' में अन्तर है। जो कुछ हम सामान्य रूप में देखते हैं, वह पूर्णतः सही और सटीक हो, जरूरी नहीं है। कई बार हम अखबारों या पत्रिकाओं में किसी घटना का 'आंखों देखा हाल' और लेखकों के यात्रा वृत्तांत पढ़ते हैं। इनमें भी अधिकांशतः आंखों का ही प्रयोग किया गया होता है, किन्तु फिर भी इन्हें 'वैज्ञानिक अवलोकन' की श्रेणी में नहीं रखा जा सकता, क्योंकि इस प्रकार की 'रिपोर्टिंग' और वर्णनों में

'वस्तुनिष्ठता' (Objectivity) का प्राय: अभाव होता है, जो वैज्ञानिक अवलोकन की एक महत्वपूर्ण विशेषता है। यात्रा वर्णन यात्री के व्यक्तिगत दृष्टिकोण से बहुधा रंगे होते हैं। उन्हें मनोरंजक बनाने के लिए पर्यटक (लेखक) अधिकांशत: उन्हीं स्थानों, वस्तुओं और घटनाओं का वर्णन करता है, जो उसे रुचिकर लगे हैं। अत: ऐसे वर्णित वृत्तांत (Subjective) व्यक्तिनिष्ठ बन जाते हैं।

वैज्ञानिक अवलोकन की विशेषताएं (Characteristics of Scientific Observation)

1. वैज्ञानिक अवलोकन का एक विशिष्ट उद्देश्य होता है।
2. यह व्यवस्थित (क्रमबद्ध) और नियोजित तरीके से किया जाता है।
3. इसका घटना के किसी निश्चित पहलू पर फोकस (सकेन्द्रण) होता है।
4. इसमें कभी-कभी वैज्ञानिक उपकरणों, जैसे कैमरा आदि का प्रयोग कर परिणामों को सुनिश्चितता प्रदान की जाती है।
5. प्रामाणिकता और विश्वसनीयता बनाए रखने के लिए अवलोकनकर्ता पर आवश्यक नियंत्रण लगाया जाता है, अर्थात् अवलोकन का समय, अवधि, आवृत्ति, स्थान, यंत्रों के प्रयोग आदि के बारे में अवलोकनकर्ता को निश्चित दिशानिर्देश दिये जाते हैं।
6. वैज्ञानिक अवलोकन को तत्काल क्रमवार लिखा जाता है ताकि कोई बात भूल में न रह जाए।
7. वैज्ञानिक अवलोकन की प्रक्रिया में भौतिक और मानसिक दोनों प्रक्रियाएं सम्मिलित होती हैं। किसी घटना को नेत्रों से देखने (भौतिक) के साथ-साथ उसे मानसिक रूप से समझने का प्रयास भी किया जाता है।

वैज्ञानिक अवलोकन की उपरोक्त विशेषताएं सामान्य रूप से देखने (Seeing) या निहारने (Looking at) को ऐसे अवलोकन से अलग करती हैं, जिसे एक वैज्ञानिक प्रयोग करता है। एक कवि का किसी फूल को देखना और उसकी सुन्दरता की प्रशंसा में किसी कविता की रचना करना तथा एक वनस्पतिशास्त्री के द्वारा उसी फूल का अवलोकन कर उसके उत्पत्ति, विकास और विनाश संबंधी गुणों का वर्णन-विश्लेषण करने में बड़ा अन्तर है। कवि द्वारा फूल का वर्णन व्यक्तिनिष्ठ होता है, जो कि एक कवि और दूसरे कवि के वर्णन में अन्तर हो सकता है। किन्तु वनस्पतिशास्त्री का उसी फूल का विश्लेषण वस्तुपरक होने के कारण वह दूसरे वनस्पतिशास्त्री से प्राय: मिलता-जुलता होगा।

वैज्ञानिक अवलोकन का अर्थ एवं परिभाषा (Meaning and Definition of Scientific Observation)

ऑक्सफोर्ड शब्दकोश के अनुसार, "प्रकृति में घटित घटनाओं के कारणों, प्रभावों, तथा उनके पारस्परिक संबंधों को यथावत रूप में देखने तथा उनको प्रलेखित करने की विधि अवलोकन कहलाती है।"

इसी प्रकार, **वेबेस्टर कोश** (1949) के अनुसार, "किसी तथ्य अथवा घटना को जानने अथवा देखने की क्रिया को अवलोकन कहते हैं।"

पी.वी. यंग ने लिखा है, "व्यवस्थित रूप में देखने की प्रक्रिया को अवलोकन कहते हैं।"

ए. वूल्फ ने इसकी एक महती एवं विस्तृत परिभाषा देते हुए कहा है, "वस्तुओं तथा घटनाओं, उनकी विशेषताओं एवं उनके मूर्त संबंधों को समझने और उनके बारे में हमारे मानसिक अनुभवों की प्रत्यक्ष चेतना को जानने की प्रक्रिया को अवलोकन कहते हैं।"

वूल्फ की यह परिभाषा अवलोकन विधि को अन्य विधियों, विशेषत: साक्षात्कार विधि से अलग करती है। इस विधि के द्वारा घटना को मात्र देखा ही नहीं जाता, अपितु उसकी विशेषताओं और संबंधों को समझने का प्रयास भी किया जाता है।

'देखना' अवलोकन विधि का मूल तत्व अवश्य है, किन्तु यह 'देखना' वैज्ञानिक दृष्टि से तभी सार्थक होता है जब यह व्यवस्थित हो, साथ ही इसमें घटना को समझने, अर्थात् उसके कारण एवं प्रभाव को जानने की जिज्ञासा भी निहित हो। अत: वैज्ञानिक अवलोकन के भौतिक आयाम 'देखना' के साथ तीन मनोवैज्ञानिक पक्ष भी हैं:

उत्तेजना (Sensation) ⟶ ध्यान (Attention) ⟶ अनुभूति (Perception)

जब हमारी आँखों के सामने कोई घटना घटती है तब हमारे मस्तिष्क में एक प्रकार की उत्तेजना उत्पन्न होती है। यह उत्तेजना या सनसनी हमारे ध्यान को उक्त घटना या वस्तु पर केन्द्रित कर घटना की वास्तविकता के बारे में हमें अनुभूति प्रदान करती है।

ये आयाम इस तथ्य पर बल देते हैं कि वैज्ञानिक अवलोकन की प्रक्रिया घटना को भौतिक रूप में देखने के साथ-साथ मानसिक रूप में उसके प्रत्यक्षीकरण पर जोर देती है।

अवलोकन तथा साक्षात्कार (Observation and Interview)

अवलोकन विधि शोध तथ्यों को संकलित करने की एक प्रत्यक्ष विधि है। इसमें वाणी एवं श्रवण (कानों) की अपेक्षा चक्षुओं को अधिक महत्व दिया जाता है। **पालिन यंग** ने इसी बात को स्वीकार करते हुए कहा है कि अवलोकन में चक्षुओं का प्रयोग ही मुख्य है। इसमें वार्तालाप (साक्षात्कार), जो वाणी एवं कानों पर आधारित होता है, गौण है। इसका तात्पर्य यह नहीं है कि किसी घटना को देखते समय शोधकर्ता किसी से बातचीत नहीं सकता या कानों में अंगुली डाल कर उन्हें बन्द कर लेता है। जहाँ कहीं बोलने और सुनने की जरूरत पड़ती है, वह इन दोनों क्रियाओं का भी प्रयोग अपने प्रेक्षण को अधिक विश्वसनीय एवं प्रामाणिक बनाने के लिए समयानुसार करता है। बोलने और सुनने की प्रक्रियाएं देखने की प्रक्रिया के सहायक के रूप में ही प्रयोग की जाती हैं, किन्तु अवलोकन शोध में 'देखने' की प्रक्रिया ही सर्वोपरि होती है।

अवलोकन विधि के प्रकार (Types of Observation Method)

अवलोकन विधि को मोटे रूप में दो आधारों पर विभाजित किया गया है: (1) अवलोकन की तकनीक, और (2) अवलोकन में अन्वेषक की भूमिका।

1. अवलोकन की तकनीक के आधार पर अवलोकन विधि के दो मोटे प्रकार बताए गए हैं: (अ) नियंत्रित अवलोकन, और (ब) अनियंत्रित अवलोकन। हमारा अधिकांश अवलोकन अनियंत्रित प्रकार का ही होता है, अर्थात् अध्यित घटना या समूह तथा अन्वेषक दोनों पर किसी प्रकार के नियंत्रण का प्रयोग नहीं किया जाता। सामाजिक विज्ञानों के अध्ययन की विषय-वस्तु स्वयं मानव व उसका सामाजिक संसार है और उन्हें पशु-पक्षियों व पेड़-पौधों की भांति नियंत्रित नहीं किया जा सकता। नियंत्रित अवलोकन की अवधारणा सामाजिक शोध में भौतिक विज्ञानों से ली गई है, ताकि शोध के निष्कर्षों को अधिकाधिक विश्वसनीय और प्रामाणिक बनाया जा सके। इस विधि में घटना या/और अन्वेषक दोनों को नियंत्रित करने का प्रयास किया जाता है। कहीं-कहीं इसके लिए प्रायोगिक (Experimental) विधि का प्रयोग भी किया जाता है।
2. कुछ समाज वैज्ञानिकों ने अवलोकन विधि का विश्लेषण अवलोकनकर्ता की भूमिका के आधार पर किया है, जिसे वह अध्ययन करते समय अपनाता है, वे इस प्रकार हैं:

बेकर एवं गीर	*रेमंड गोल्ड*	*गुडे एवं हट्ट*
1. वास्तविक सदस्य	1. पूर्णतः सहभागिक	1. सहभागिक
2. सदस्य होने का दावा	2. प्रेक्षक के रूप में सहभागिक	2. असहभागिक
3. तटस्थ प्रेक्षक	3. सहभागिक के रूप में प्रेक्षक	3. अर्द्ध सहभागिक
	4. पूर्णतः प्रेक्षक	

इनके अलावा भी वर्गीकरण की कई अन्य योजनाएं प्रस्तुत की गई हैं। हम यहाँ गुडे एवं हट्ट की योजना को आधार बनाते हुए इन भूमिकाओं के विभिन्न पहलुओं, गुण, दोष एवं सीमाओं का वर्णन-विश्लेषण करेंगे। उपरोक्त सभी भूमिकाएं अध्ययन की जाने वाली घटना/समूह की प्रकृति एवं अवलोकन के अवसर पर निर्भर करती हैं। इन भूमिकाओं में से अन्वेषक किसी एक अथवा मिश्रित भूमिका को अपना सकता है। वह मात्र एक दर्शक/तमाशबीन बन सकता है, वह एक उत्सुक किन्तु एक निष्क्रिय श्रोता हो सकता है या वह समुदाय के एक सक्रिय किन्तु गुप्त सामाजिक सदस्य की भूमिका अपना सकता है।

अनियंत्रित/सरल अवलोकन (Uncontrolled/Simple Observation)

घटनाओं में बिना हेरफेर किए उनकी स्वाभाविक स्थिति/परिवेश में अध्ययन करने की विधि को अनियंत्रित या सरल/सहज अवलोकन कहते हैं। इस प्रकार के अवलोकन में किसी भी प्रकार के नियंत्रण का प्रयोग नहीं किया जाता है। अवलोकनकर्ता को अपनी इच्छानुसार अवलोकन के स्थान, समय, अवधि, दशाओं, अवलोकन सामग्री आदि के चयन, प्रलेखन आदि की स्वतंत्रता होती है। इसीलिए कुछ लेखकों ने इसे अव्यवस्थित (Unsystematic) और असंरचित (Unstructured) अवलोकन विधि भी कहा है।

वास्तव में, अधिकांश वैज्ञानिक अवलोकन की शुरुआत सहज/अनियंत्रित अवलोकन के द्वारा ही हुई है। जेम्स वाट (भाप की शक्ति का नियम) और न्यूटन (गुरुत्वाकर्षण शक्ति का नियम) के अनुसंधान इसी के प्रमुख उदाहरण हैं। प्राकृतिक घटनाओं की भांति

मानव के सामाजिक संबंधों के बारे में उपलब्ध अधिकांश ज्ञान भी अनियंत्रित अवलोकन विधि का ही प्रतिफल है।

अनियंत्रित/असंरचित अवलोकन की उपयोगिता
Utility of Uncontrolled/Unstructured Observation)

मानव जीवन की घटनाओं को प्राकृतिक घटनाओं की भांति नियंत्रित करना सरल नहीं है। यही नहीं, इन घटनाओं पर नियंत्रण करने से उनमें अस्वाभाविकता आ सकती है। इसके कारण प्रामाणिकता की समस्या उत्पन्न हो सकती है। **यंग** ने लिखा है कि "जीवन की ऐसी बहुत कम घटनाएं हैं जिनका नियंत्रित या अस्वाभाविक दशाओं में ठीक प्रकार से अध्ययन किया जा सकता है। बहुधा हमें उस समय ही अवलोकन करना पड़ता है जब अवलोकन किया जाना सार्थक होता है।" इस प्रकार के अवलोकन के कई लाभ/उपयोगिताएं हैं। इसके द्वारा प्राक्कल्पना की रचना और उसकी उपयुक्तता की जांच की जा सकती है। इस प्रकार का अवलोकन अधिक व्यवस्थित (संरचित) अवलोकन के लिए आधारशिला का काम करता है। यह विधि सामाजिक जीवन की जटिलताओं के अध्ययन का जितना सूक्ष्म, प्रत्यक्ष और गहनता से अध्ययन करने का अवसर देती है, उतना किसी अन्य विधि से संभव नहीं है।

अनियंत्रित/असंरचित अवलोकन के दोष
(Defects of Uncontrolled/Unstructured Observation)

इस प्रकार की अवलोकन विधि की सबसे बड़ी कमजोरी अवलोकनकर्ता का भावावेश में बह जाना है। वह कभी-कभी अपने मनोवेगों के ज्वार को ही वास्तविक ज्ञान समझने की भूल कर बैठता है। इसकी दूसरी कमजोरी अवलोकनकर्ता की अभिनति (Bias of the Observer) है। अवलोकन की इकाइयों, सामग्री, समय, अवधि और स्थान के चयन में अवलोकनकर्ता का व्यक्तिगत पक्षपात आने की संभावना रहती है। व्यक्तिपरक व्याख्या (Subjective Interpretation) की समस्या इसकी तीसरी कमजोरी है। अवलोकनकर्ता पर किसी प्रकार का नियंत्रण न होने के कारण वह घटनाओं की व्याख्या अपने ढंग से करता है। चतुर्थ, सांख्यकीय विश्लेषण का अभाव इसकी एक अन्य प्रमुख कमजोरी है। घटनाओं का सांख्यकीय विश्लेषण निष्कर्षों में वैज्ञानिकता का संचार कर देता है। पंचम, इस प्रकार के अवलोकन से प्राप्त तथ्यों की प्रकृति अधिकांशतः गुणात्मक (Qualitative) होती है, जिनके आधार पर तुलना करना साधारणतः कठिन होता है। तुलनाएं वैज्ञानिक विश्लेषण का आधार होती हैं। इस विधि में देखी गई घटनाओं को तत्काल नोट करने (लिखने) की कई बार निश्चित व्यवस्था न होने के कारण स्मृति संबंधी दोष उत्पन्न हो जाता है, जिसके कारण तथ्यों की विश्वसनीयता और प्रामाणिकता संदेहास्पद बन जाती है।

***नियंत्रित/संरचित अवलोकन* (Controlled/Structured Observation)**

अवलोकन में नियंत्रण अथवा नियंत्रित अवलोकन से तात्पर्य एक ऐसी विधि से है जिसमें अवलोकन प्रविधियों का मानकीकरण (Standardization) किया जाता है तथा कुछ अध्ययनों में प्रायोगिक स्थिति में चरों (Variables) पर नियंत्रण भी लगाया जाता है (गुडे

एवं हट्ट)। **पीटर मन्न** के अनुसार, "नियंत्रण से हमारा तात्पर्य वैज्ञानिक परिशुद्धता की दृष्टि से किसी सीमा तक अवलोकन को मानकीकृत करना है।" इस प्रकार के अवलोकन को व्यवस्थित अवलोकन (Systematic Observation) या संरचित अवलोकन (Structured Observation) भी कहा गया है, क्योंकि इसमें अध्ययन की जाने वाली घटना का मनमाने ढंग से अवलोकन न किया जाकर योजनाबद्ध ढंग से किया जाता है। योजनाबद्ध से तात्पर्य अवलोकन किए जाने वाले व्यक्ति, उनके व्यवहार-प्रकारों, स्थान, समय, अवधि आदि को अवलोकन के पूर्व सुनिश्चित कर लिया जाता है। इसमें अवलोकनकर्ता को अवलोकन के सुनिश्चित नियमों का पालन करना पड़ता है। वह अवलोकित सामग्री को तत्काल प्रलेखित (Record) करता है, ताकि बाद में वह कुछ भूल न जाए। इस कार्य के लिए सामान्यत: प्रेक्षण अनुसूची (Observation Schedule) तथा संकेतन योजना (Coding Scheme) का प्रयोग किया जाता है, जिसमें उन व्यवहार-प्रकारों को निर्दिष्ट किया जाता है, जिनका प्रेक्षण किया जाना है।

अवलोकन में नियंत्रण (Controls in Observation)

अवलोकन को कई तरह से नियंत्रित किया जा सकता है। उदाहरणार्थ, रसायनशास्त्र और भौतिकशास्त्र जैसे भौतिक विज्ञानों में प्रयोगात्मक विधि का प्रयोग करते हुए अवलोकन की प्रक्रिया पर भी कठोर नियंत्रण लगा दिये जाते हैं, किन्तु प्रयोगात्मक विधि ही नियंत्रित अवलोकन की एक मात्र विधि नहीं है। सामाजिक विज्ञानों में भौतिक विज्ञानों की भांति मानव के सामाजिक जीवन पर नियंत्रण लगाना संभव नहीं है। साधारणत: सामाजिक अनुसंधान में नियंत्रण का दो रूप में प्रयोग किया जाता है: (i) सामाजिक घटना पर नियंत्रण, व (ii) अवलोकनकर्ता (शोधकर्ता) पर नियंत्रण।

सामाजिक घटना पर नियंत्रण (Control over Social Phenomenon)

यह विधि भौतिक विज्ञानों की प्रायोगिक विधि (Experimental Method) से मिलती-जुलती है। इस प्रकार के अवलोकन में अध्ययन की जाने वाली घटना को प्रभावित करने वाले कुछ चरों (Variables) को प्रयोगात्मक स्थिति में नियंत्रित करके एक या अधिक कारकों के प्रभाव को जानने का प्रयास किया जाता है। **रॉबर्ट बेल्स** ने हार्वर्ड विश्वविद्यालय में अन्तर्क्रिया की प्रक्रिया के अपने अध्ययनों में प्रयोगशालाई अवलोकन तकनीक का एक प्रयोग किया था। अध्ययन किए जाने वाले लोगों को एक सभा कक्ष में बिठा कर एकतरफा शीशे (One-way Glass) के माध्यम से उनकी कुछ निश्चित क्रियाओं को देखे जाने और नोट करने के साथ-साथ उनके वार्तालाप को टेपरिकार्डर द्वारा रिकार्ड किया गया। इस प्रकार के कुछ प्रयोग कारखानों के मजदूरों की उत्पादकता, थकान, कार्यक्षमता आदि मापने में, शिशु शालाओं, बालकों के विद्यालयों में उनकी प्रवृतियों और कार्यकलापों के अध्ययन में किये गये हैं। फिर भी, सामाजिक विज्ञानों में प्रयोगात्मक विधि के प्रयोग की सीमित संभावनाएं हैं। प्रयोगशाला में किसी रसायन पर प्रयोग करते समय उक्त रसायन को यह पता नहीं होता कि उस पर कोई प्रयोग किया जा रहा है। किन्तु, मानव प्राणी इस बारे में सजग होते हैं कि उन पर कोई प्रयोग किया जा रहा है और उनकी

यह चेतना उनके व्यवहार में परिवर्तन ला सकती है। यही नहीं, अधिकांश सामाजिक घटनाएं प्रायोगिक विधि के उपयुक्त नहीं होतीं और न ही उनमें स्वेच्छानुसार कोई परिवर्तन और नियंत्रण संभव है।

अवलोकनकर्ता पर नियंत्रण (Control over the Observer)

गुडे एवं हट्ट ने लिखा है कि "सामाजिक शोध में अवलोकन की जाने वाली सामग्री (मानवीय व्यवहार) पर तो नियंत्रण लगाना कठिन है, किन्तु कम से कम अवलोकनकर्ता पर तो नियंत्रण लगाया ही जा सकता है।" प्राकृतिक विज्ञानों जैसे खगोलशास्त्री भी अपनी इच्छानुसार चांद-सितारों, जो उसके अध्ययन की विषय-वस्तु होते हैं, को अपनी इच्छानुसार नियंत्रित कर परिचालित नहीं कर सकता। इसी प्रकार, भूगर्भशास्त्री और तुलनात्मक मनोवैज्ञानिक भी अध्ययन की जाने वाली घटनाओं को नियंत्रित नहीं कर सकता। ये सभी वैज्ञानिक प्राकृतिक परिवेश में ही अपनी शोध सामग्री का अध्ययन करते हैं। अवलोकन को अधिकाधिक प्रामाणिक बनाने के लिए अवलोकनकर्ता पर नियंत्रण लगाया जाता है।

सामाजिक शोध में अवलोकनकर्ता पर नियंत्रण हेतु सामान्यतः निम्न साधनों, प्रक्रियाओं तथा उपकरणों का प्रयोग किया जाता है:

1. अवलोकन की समस्त प्रक्रिया की एक निश्चित एवं व्यवस्थित योजना का निर्माण।
2. अवलोकन की दशाओं, यथा समय, अवधि, स्थान, इकाइयों, व्यवहार प्रकारों की परिभाषा एवं उनका चयन।
3. अवलोकन अनुसूची का यथासंभव प्रयोग।
4. जहाँ कहीं संभव हो, वहाँ यांत्रिक विधियों जैसे मूवी कैमरा, टेप रिकार्डर, स्टॉप वाच, अवलोकन दर्पण आदि का प्रयोग।
5. अवलोकन सामग्री को लिखे जाने (Record) की तत्काल व्यवस्था।
6. अवलोकनकर्ता की सहभागिता पर पर्याप्त नियंत्रण।

नियंत्रित अवलोकन प्रयोगशाला (Laboratory) तथा क्षेत्र (Field) दोनों स्थितियों में किया जा सकता है। इन दोनों ही स्थितियों में घटना को प्रभावित करने वाले बाह्य तथा आंतरिक चरों (Variables) पर अधिकाधिक नियंत्रण स्थापित करके उनके कारण और प्रभाव (Cause and Effect) के संबंधों को मालूम करने का प्रयास किया जाता है। प्रयोगशालाई अध्ययन में कृत्रिम स्थितियों का निर्माण करना पड़ता है, जबकि क्षेत्र अध्ययनों में प्रयोग प्राकृतिक परिवेश में ही किया जाता है। प्राकृतिक विज्ञानों की भांति सामाजिक विज्ञानों में प्रयोगशालाई अवलोकन अध्ययन कठिनतः ही किए जा सकते हैं, क्योंकि एक समाज वैज्ञानिक भौतिक सामग्री (जो प्रायः अचेतन, निश्चेष्ट और जड़ होती है) की भांति मानवीय सामग्री को अपने प्रयोग की जरूरतों के अनुसार नियंत्रित एवं परिचालित नहीं कर सकता। मानव में चेतना, इच्छा और भावना होती है, अतः मानवीय व्यवहार पर प्रयोग करते समय प्रायोगिक समूह के व्यक्तियों का प्रयोग के प्रति सचेत हो जाना स्वाभाविक है, जिससे उनके स्वाभाविक व्यवहार में परिवर्तन आ सकता है।

नियंत्रित अवलोकन के अपने गुण, दोष और सीमाएं हैं। जहाँ एक ओर यह विधि वस्तुपरकता की मात्रा में वृद्धि करती है, वहीं मानवीय व्यवहार में कृत्रिमता के उत्पन्न होने के भय से शोध का उद्देश्य निष्फल हो जाता है। इसमें संदेह नहीं है कि परिमापन (Measurement) विज्ञान की एक महत्वपूर्ण आवश्यकता है, जो प्रायोगिक अध्ययनों से प्राप्त की जा सकती है, किन्तु मानवीय व्यवहार का अध्ययन बहुधा अनियंत्रित स्थिति में किया जाना ही अधिक लाभप्रद होता है।

सहभागिक अवलोकन (Participant Observation)

सहभागिक अवलोकन सामाजिक घटनाओं के अध्ययन की एक ऐसी विधि है, जिसमें अन्वेषणकर्ता (अवलोकनकर्ता) अध्ययन किए जाने वाले समूह (समुदाय) का एक अंतरंग सदस्य बन कर समूह की सभी अथवा कुछेक क्रियाओं में सक्रिय रूप में भाग लेता हुआ समूह के कार्यकलापों का अध्ययन करता है। वह अपनी शोधकर्ता की भूमिका को पूर्णतः गुप्त रखने का हरसंभव प्रयास करता है। समूह का अंतरंग सदस्य बनने के लिए अन्वेषक, समूह की किसी अस्थाई भूमिका, जिसका उल्लेख आगे किया गया है, को अपनाकर समूह में कुछ समय के लिए रहना और घुलना-मिलना पड़ता है। अपनी अस्थाई भूमिका के द्वारा शोधकर्ता अध्ययन किए जाने वाले लोगों को अपनी असली भूमिका (अन्वेषणकर्ता की) मालूम नहीं होने देता और इस प्रकार वह अन्वेषणकर्ता के प्रभाव (Observer's Effect) से बचने की कोशिश करता है।

सहभागिक अवलोकन विधि इस सिद्धान्त पर आधारित है कि किसी भी सामाजिक घटना का अध्ययन तभी ठीक प्रकार से किया जा सकता है, जब उसमें बाह्य और आन्तरिक दोनों दृष्टियों का समावेश हो। इस प्रकार, सहभागिक सदस्य के रूप में आन्तरिक दृष्टि और एक शोधकर्ता के रूप में बाह्य दृष्टि, अर्थात् दोनों दृष्टियों से वह समूह का सूक्ष्म अध्ययन करने में सफल हो सकता है। यहाँ आंतरिक दृष्टि से तात्पर्य शोधकर्ता द्वारा समूह के स्वार्थों और इच्छाओं को अपनाने से है ताकि वह समूह के सदस्यों के साथ तालमेल बिठा सके। किन्तु साथ ही शोधकर्ता के रूप में उसे एक तटस्थ अवलोकनकर्ता और विश्लेषक बना रहना भी आवश्यक है, ताकि वह एक तटस्थ दर्शक के रूप में उनकी क्रियाओं को देख और समझ सके, यह उसकी बाह्य दृष्टि है। वास्तव में एक सहभागिक अवलोकनकर्ता की भूमिका पानी में एक कमल की भांति होती है, जो पानी में रहते हुए भी अपने ऊपर पानी को ठहरने नहीं देता है। सामाजिक शोध में सहभागिक अवलोकन विधि के प्रयोग के पीछे मुख्यतः यही धारणा काम करती है। **सिन पाओं येंग** (1949) ने लिखा है कि "व्यक्तियों के आंतरिक जीवन की गहराइयों में पहुँचने, उनके समूह में उत्पन्न तथा प्रवाहित होने वाले मानवीय मनोभावों को जानने, उनके तनावों एवं सामाजिक दूरियों के संबंध में ज्ञान प्रप्ति के लिए अवलोकनकर्ता को उस समूह में रहकर और उस समूह के जीवन के क्रियाकलापों में भाग लेकर एक सहभागिक अवलोकन की भूमिका को अपनाना होता है।"

सहभागिक अवलोकन की परिभाषाएं
(Definitions of Participant Observation)

लुण्डबर्ग (1951) के अनुसार, "इस विधि में अवलोकनकर्ता अध्ययन किए जाने वाले समूह का एक नजदीकी सदस्य बन जाता है, वह उस समूह में रच-बस जाता है और उस समूह की भौतिक क्रियाओं में भाग लेता है।" **पी.वी. यंग** ने इसे अनियंत्रित अवलोकन का एक रूप मानते हुए कहा है कि इस विधि में अवलोकनकर्ता अध्ययन किए जाने वाले समूह में रहता है और उनके जीवन की गतिविधियों में भाग लेता है। **फोरकेस एवं रिचर** (1973) कहते हैं, "सहभागिक अवलोकन में शोधकर्ता अध्ययन किए जाने वाले समूह का सदस्य बन जाता है। सदस्य बन जाने के पीछे उसकी मूल भावना यह रहती है कि वह समूह की सूक्ष्म विशेषताओं को जान सके, जो कि समूह के बाहर रहकर संभव नहीं हो पाता है" **मोजर एवं कालटन** (1958) ने लिखा है, "अवलोकनकर्ता अध्ययन किए जाने वाले समूह एवं संगठन के रोजमर्रा के जीवन में घटने वाली घटनाओं में भाग लेता है। वह यह देखता है कि समुदाय में क्या-क्या होता है, वे किस प्रकार व्यवहार करते हैं तथा घटित घटनाओं के प्रति लोगों की क्या प्रतिक्रियाएं हैं, वे लोग घटनाओं का क्या अर्थ लगाते हैं, इन सभी बातों को जानने के लिए अवलोकनकर्ता उनसे बातचीत भी करता है।" मोजर एवं कालटन की इस व्याख्या से स्पष्ट है कि सहभागिक अवलोकनकर्ता अवलोकन करते समय केवल नेत्रों के प्रयोग तक ही अपने अध्ययन को सीमित नहीं रखता, अपितु घटना की तह में जाने के लिए वह जहाँ-तहाँ जिह्वा (वाणी) और कानों का भी प्रयोग करता है, अर्थात् एक सतर्क शोधकर्ता आवश्यकतानुसार समूह के सदस्यों से बातचीत कर घटनाओं और प्रतीकों के अर्थों को भी जानने का प्रयास करता है। प्रतीकों के अर्थ बिना वार्तालाप के स्पष्ट नहीं हो पाते। अतः सहभागिक अवलोकन अनौपचारिक साक्षात्कार और अवलोकन दोनों विधियों का एक सम्मिश्रण है।

सहभागिक अवलोकन विधि का इतिहास
(History of Participant Observation Method)

सामाजिक अन्वेषण में प्रत्यक्ष विधियों (असहभागिक अवलोकन और साक्षात्कार) की कमियों और कमजोरियों को ताड़ते हुए **ई.सी. लिण्डमैन** ने अपनी पुस्तक 'सोशल डिस्कवरी' (1924) में सर्वप्रथम सहभागिक अवलोकन विधि को प्रस्तावित किया। उन्होंने लिखा कि औपचारिक प्रश्नों पर आधारित साक्षात्कार विधि के द्वारा समस्या के तल में नहीं पहुँचा जा सकता। सामाजिक अन्तर्क्रियाओं के पीछे छुपे व्यक्तिपरक तथ्य एक असहभागिक अवलोकनकर्ता की आँखों से प्रायः ओझल हो जाते हैं। अतः इन व्यक्तिपरक तथ्यों को जानने के लिए सहभागिक अवलोकन की विधि का प्रयोग आवश्यक हो जाता है। इस विधि के द्वारा ही किसी भी समूह के जीवन का सम्पूर्ण चित्रण संभव हो सकता है। सामाजिक क्रिया के इस व्यक्तिपरक पहलू को जानने हेतु ही प्रसिद्ध समाज वैज्ञानिक **मैक्स वेबर** ने 'वर्स्टहेन विधि' (Vershthen Method) के प्रयोग का सुझाव दिया है। यह व्यक्तिपरक बोध (Subjective Understanding) की एक विधि है। जिसके द्वारा कर्त्ता

की क्रियाओं का कर्त्ता के दृष्टिकोण से अध्ययन किया जाता है और इसमें सहभागिक अवलोकन की विधि बड़ी मदद करती है।

लिण्डमैन द्वारा प्रस्तावित सहभागिक अवलोकन विधि का प्रयोग बाद में सामाजिक मानवशास्त्र (आदिवासियों, जनजातियों के अध्ययन) और समाजशास्त्र के क्षेत्र में (ग्रामीण/नगरीय समुदायों, पेशेवर समूहों, औद्योगिक समूहों आदि) में खूब किया गया है। सामाजिक मानवशास्त्र के क्षेत्र में प्रारंभिक मानवशास्त्री **रेडक्लिफ ब्राऊन** का अण्डमान द्वीप वासियों और **मालिनोवस्की** का प्रशान्त सागर के अर्गोनट लोगों का अध्ययन इसके सुप्रसिद्ध उदाहरण हैं। इनके अलावा रेमन्ड फर्थ, मारग्रेट मीड आदि ने भी जनजातियों के अपने अध्ययनों में इस विधि का प्रयोग किया है। भारत में मानवशास्त्र के क्षेत्र में सुप्रसिद्ध मानवशास्त्री **एल्विन** (मुरिया जनजाति) तथा **मजूमदार** (हो जनजाति) ने अपने अध्ययनों में इस विधि का प्रयोग किया है। बाद में ग्रामीण समाजशास्त्र के क्षेत्र में **एम.एन. श्रीनिवास** ने रामपुरा गांव और **आन्द्रे बेतेई** ने श्रीपुरम गांव के अध्ययन में सहभागिक अवलोकन विधि का प्रयोग किया है।

अमेरिका तथा कुछ पश्चिमी देशों में सहभागिक अवलोकन का प्रयोग नगरीय क्षेत्र के कुछ व्यावसायिक/पेशेवर समूहों के अलावा कुछ संस्थाओं और औद्योगिक समूहों के अध्ययनों में किया गया है। इसके कुछ प्रसिद्ध उदाहरण हैं: जॉन हॉवर्ड का जेल के कैदियों का, नेल्स ऐन्डरसन का होबो लोगों का, विलियम व्हिटे का गली के नुक्कड़ के लड़कों का, पॉल क्रेसी का टैक्सी डान्स हॉल का, सदरलैण्ड का पेशेवर चोरों तथा समलैंगिकों का, लोफलैण्ड का नशाखोरों का, डेविड का हिप्पियों का, पोप का नशील दवाओं के सेवन करने वालों का, सुडनों का अस्पतालों का, गोल्डनर का कारखानों के मजदूरों का, जैकशन का स्कूलों और गौफमैन का शरणाग्रहों का, लिओ फेस्टिंगर का धार्मिक सम्प्रदाय का, रसूमसेन तथा फ्रैंचन का एस्किमों का और जॉन हॉवर्ड ग्रिफिन का काले लोगों का अध्ययन विशेष उल्लेखनीय हैं।

सहभागिता की मात्रा एवं रूप (Degree and Mode of Participation)

सहभागिक अवलोकन विधि में अवलोकनकर्ता से यह आशा की जाती है कि वह अध्ययन किए जाने वाले समूह (समुदाय) का एक सदस्य बने। सदस्य बनने की प्रक्रिया कुछ महत्वपूर्ण प्रश्नों को जन्म देती है: (i) शोधकर्ता को किस सीमा तक समूह की गतिविधियों में भाग लेना चाहिए? (ii) शोधकर्ता की भूमिका प्रकट अथवा प्रच्छन्न (गुप्त) होनी चाहिए, एवं (ii) शोधकर्ता की क्या भूमिका होनी चाहिए?

शोधकर्ता की सहभागिता की मात्रा के बारे में समाज वैज्ञानिकों में भारी मतभेद हैं। कुछेक पूर्ण सहभागिता (समूह में पूर्णतः घुलामिला देना) के पक्ष में हैं, वहीं दूसरे समाज वैज्ञानिकों ने सीमित (अर्द्ध सहभागिता या तटस्थ प्रेक्षक) सहभागिता की बात कही है। यहाँ हम इस संबंध में कुछ अग्रणी शोध वैज्ञानिकों के विचारों को उद्धृत करेंगे:

जॉन मैज (1953) ने पूर्ण सहभागिक (Complete Participant) अवलोकनकर्ता का एक आदर्श चित्र खींचते हुए लिखा है कि "जब अवलोकनकर्ता के हृदय की धड़कनें

समूह के अन्य सदस्यों की धड़कनों के समान धड़कने लगती हैं, तथा वह दूरस्थ प्रयोगशाला से आए एक तटस्थ अन्वेषक की भांति अनजान नहीं बना रहता, तब यह समझना चाहिए कि उसने एक सहभागिक अवलोकनकर्ता कहलाने का अधिकार प्राप्त कर लिया है।" मैज के ये शब्द अवलोकनकर्ता के समूह के साथ रागात्मक एकीकरण पर जोर देते हैं, अर्थात् अन्वेषक को समूह में अपने आपको इस प्रकार घुलामिला देना चाहिए कि उसकी भावनाएं समूह की भावनाओं से मिल कर एक हो जाएं।

रेमंड गोल्ड (1969) ने सहभागिक की व्याख्या इस प्रकार की है, "क्षेत्र अनुसंधान में पूर्ण सहभागिक अवलोकनकर्ता की वास्तविक पहचान और उद्देश्य उन लोगों को नहीं मालूम होने दिया जाता, जिनका अवलोकन किया जा रहा है। वह उनके जीवन के सभी क्षेत्रों में हरसंभव रूप में भाग लेता है, उनके साथ अन्तर्क्रिया करता है।"

जॉन मैज और रेमंड गोल्ड के उपरोक्त विचार पूर्ण सहभागिता की विधि के बारे में कई प्रश्न और समस्याएं उत्पन्न करते हैं:

1. क्या एक अन्वेषक के लिए उपरोक्त वर्णित पूर्ण सहभागिता संभव है?
2. क्या नैतिक दृष्टि से यह उचित है कि अन्वेषक एक गुप्तचर की भांति अपनी पहचान को छुपाए रखें?
3. क्या अन्वेषक को अध्ययन किए जाने वाले समूह में अपने अस्तित्व को पूर्णतः विलीन कर देना चाहिए?

एक सहभागिक अवलोकनकर्ता से वह अपेक्षा की जाती है कि वह एक 'निर्लिप्त दृष्टा' (Passive Observer) बना रहे। किन्तु यह स्थिति अत्यंत कठिन है। इस प्रकार का कोई भी अवलोकनकर्ता अध्यित घटना से भावनात्मक स्तर पर पूर्णतः अप्रभावित हुए नहीं रह सकता।

पूर्ण सहभागिता न तो संभव है, न ही यह वैज्ञानिक और नैतिक दोनों दृष्टिकोणों से उचित ही है। किसी समूह में जॉन मैज के अर्थों में पूर्ण सहभागिक होना अत्यंत दुष्कर एवं श्रम-साध्य कार्य है।

एक अवलोकनकर्ता के लिए किसी समूह का अंतरंग सदस्य बनना सरल कार्य नहीं है, यदि समूह के सदस्य उसे अपने समूह में प्रवेश की अनुमति न दें। इसी के साथ अन्वेषणकर्ता के लिए भी अध्यित समूह के सभी कार्यकलापों में भाग लेना और उनके रंग-ढंग में घुला-मिला देना अत्यंत कठिन कार्य है। उदाहरणार्थ, किसी परिवार का इस विधि के द्वारा अध्ययन किए जाने के लिए उस परिवार का किस प्रकार एक अंतरंग सदस्य बना जाए, एक विचारणीय प्रश्न है।

क्या सामाजिक शोधकर्ता को एक गुप्तचर की भूमिका अपनानी चाहिए, यह एक नैतिक प्रश्न है, जिस पर समाज वैज्ञानिक बंटे हुए है। **पी.एच. मन्न** (1968) ने गुप्तचर की भूमिका के प्रति सहमति प्रकट करते हुए लिखा है कि "आदर्शतः एक सहभागिक अवलोकनकर्ता वास्तव में एक गुप्तचर होता है।" क्या यह नैतिक है कि हम अपने अध्ययन के उद्देश्य से लोगों को धोखा देकर अपनी वास्तविक पहचान को गुप्त रखें। क्या विज्ञान के

हित या शोध के वैज्ञानिक मूल्य इसकी स्वीकृति देते हैं? इस प्रश्न पर समाज विज्ञानों के कई सम्मेलनों में विचार हुआ है और इस बारे में कुछ नियमाचार भी बनाए गए हैं, किन्तु वे अस्पष्ट और असमंजसपूर्ण हैं। सामाजिक शोध में प्रच्छन्न (Covert) और प्रकट (Overt) दोनों ही भूमिकाओं का प्रयोग किया गया है। **जॉन हावार्ड** ने जेल में केदियों के अध्ययन में, **नेल्स ऐन्डरसन** ने होबो लोगों के अध्ययन में और **पॉल क्रेसी** ने नर्तकों के सामाजिक जीवन के अध्ययन में गुप्त अवलोकनकर्ता की भूमिका का प्रयोग किया है।

नैतिकता की समस्या के साथ वैज्ञानिकता का प्रश्न भी जुड़ा हुआ है। यदि अध्ययन किए जाने वाले लोगों को बाद में शोधकर्ता की भूमिका के बारे में पता चल जाता है तब शोधकर्ता की स्थिति संकट में पड़ सकती है, साथ ही लोगों के व्यवहार में भी परिवर्तन आ सकता है और स्वाभाविक व्यवहार के अध्ययन का लक्ष्य ही खटाई में पड़ सकता है। पूर्ण सहभागिक बन जाने के कारण एक तटस्थ अवलोकनकर्ता के जो लाभ मिलते हैं, वे प्राय: समाप्त हो जाते हैं। अत्यधिक घुलमिल जाने के कारण निष्कर्षों में पक्षपात और अभिनति (Bias) उत्पन्न हो सकती है। अन्वेषक की उपस्थिति अन्वेषण की विषय-वस्तु को प्रभावित कर सकती है। ये कुछ ऐसी समस्याएं हैं, जो इस विधि की वैज्ञानिकता को ही चुनौती देती हैं। गुप्तचर की भूमिका से जुड़ी नैतिकता और वैज्ञानिकता की समस्या के कारण समाज वैज्ञानिकों के दूसरे समूह ने अन्वेषक की 'प्रकट भूमिका' (Overt Role) की बात कही है। ये वैज्ञानिक यह मानते हैं कि अन्वेषक को शोध के उद्देश्य और अपने बारे में समूह को बता देना चाहिए। **मारग्रेट स्टैसी** ने लिखा है कि "व्यावहारिक और नैतिकता दोनों की दृष्टि से सहभागिता प्रकट होनी चाहिए।" यह बात सही है कि प्रकट अवलोकनकर्ता को वे लाभ प्राप्त नहीं हो पाते जो एक प्रच्छन्न (गुप्त) अवलोकनकर्ता को प्राप्त होते हैं। किन्तु, गुप्त अवलोकनकर्ता के अपने संकट भी हैं।

सहभागिक अवलोकनकर्ता की भूमिकाएं (Roles of Participant Observer)

किसी भी मानव समुदाय का एक सहभागिक और अंतरंग सदस्य बनने के लिए अन्वेषक को ऐसी किसी उपयुक्त भूमिका को अपनाना पड़ता है, जो अध्यित समूह के अनुरूप हो तथा अध्ययन किए जाने वाले समूह के सदस्य उस भूमिका में अन्वेषणकर्ता को आसानी से स्वीकार कर सकें। किसी गाँव का अध्ययन करते समय एक अन्वेषक शिक्षक, ग्राम सेवक, दुकानदार, संत, महात्मा, पंडित (ज्योतिषी) आदि की भूमिका अपनाकर गांव के लोगों में घुलमिल सकता है। किसी परिवार का इस विधि द्वारा अध्ययन करते समय अन्वेषक उस परिवार के आसपास के किसी मकान या उसी मकान में एक किरायेदार की हैसियत से रह कर परिवार के सदस्यों के क्रियाकलापों को नजदीक से देख सकता है। अन्वेषक की क्या भूमिका होगी, यह सब कुछ समूह की विशेषताओं, अन्वेषक की क्षमताओं और अन्वेषण की परिस्थितियों पर निर्भर करता है। सहभागिक अवलोकनकर्ता की भूमिका का चयन करते समय यह ध्यान रखा जाना चाहिए कि भूमिका ऐसी हो जो समुदाय के सदस्यों को मान्य हो, इसके साथ ही इस भूमिका के द्वारा समुदाय के जीवन में कोई व्यवधान पड़ने की संभावना न हो। **फ्लोरेन्स क्लॉरखा** (1940) ने न्यू मैक्सिको के एक स्पेनिश भाषी गांव के अध्ययन के अपने अनुभव के आधार पर लिखा है कि

"सहभागिक अवलोकन की तकनीक का प्रयोग करते समय यह ध्यान रखा जाना आवश्यक है कि न केवल अन्वेषक अपने आपको सहभागिक समझे, अपितु अध्यित समुदाय के व्यक्ति भी उसे समूह के एक सदस्य के रूप में स्वीकार करें, किन्तु साथ ही शोधकर्ता को एक बाह्य अवलोकनकर्ता की भूमिका को पूर्णतः नहीं छोड़ना चाहिए।" इन विचारों से स्पष्ट है कि सहभागिक अवलोकनकर्ता को अध्यित समूह में इतना नहीं घुलामिला देना चाहिए कि वह अन्वेषक की अपनी भूमिका को ही भूल जाए। **जॉन बेनेट** ने अपने एक लेख 'द स्टडी' ऑफ कल्चर्स' (1948) में सहभागिक अवलोकन संबंधी अनेक महत्वपूर्ण सुझाव दिये हैं। उन्होंने एक सुझाव यह भी दिया है कि यदि अन्वेषणकर्ता की पत्नी और बच्चे भी हैं तो उन्हें भी अन्वेषक को अपने शोध क्षेत्र में ले जाना चाहिए। उसकी पत्नी द्वारा उसे वे सूचनाएं प्राप्त करने में मदद मिल सकती है जो वह स्वयं एकत्रित नहीं कर सकता। यही नहीं, विवाहित पुरुष के रूप में उसकी स्थिति समूह में अधिक निरापद बन सकती है।

सहभागिक अवलोकन के गुण (Merits of Participant Observation)

जे. ह्यूजेज (1976) ने सहभागिक अवलोकन की विधि पर टिप्पणी करते हुए लिखा है कि "मानव प्राणी वस्तुएं नहीं हैं जिनका अध्ययन चूहों, पेड़-पौधों अथवा चट्टानों की भांति किया जा सके, अपितु वे मूल्यांकन करने वाले, अर्थ लगाने वाले प्राणी हैं जिन्हें विचारशील व्यक्ति के रूप में जाना जाता है। समाजशास्त्र में अर्थपूर्ण क्रिया और इनके बोध, व्याख्या, विश्लेषण का अध्ययन किया जाता है, अतः सामाजिक घटनाओं के क्षेत्र में किसी भी प्रकार के प्रत्यक्षवादी अर्थ का आरोपण मानवीय अस्तित्व की मूल प्रकृति को विकृत करना है।" ह्यूजेज के इन विचारों से स्पष्ट है कि सामाजिक विज्ञानों में सहभागिक अवलोकन का प्रयोग अन्य विधियों की अपेक्षा आवश्यक है। इस विधि के प्रमुख गुण निम्नलिखित हैं:

(i) ***स्वाभाविक व्यवहार का अध्ययन (Study of Natural Behaviour):*** मानवीय व्यवहार का अपने स्वाभाविक परिवेश और स्वाभाविक स्थिति में किया गया अध्ययन अधिक मूल्यवान होता है और यह सहभागिक अवलोकन विधि द्वारा संभव है। अन्य विधियों में समूह में शोधकर्ता की उपस्थिति से सदस्यों के व्यवहार में परिवर्तन तथा बनावटीपन आने की संभावना रहती है।

(ii) ***गहन एवं सूक्ष्म अध्ययन (Intensive and Minute Study):*** अध्यित समूह में कोई न कोई भूमिका अदा करने के कारण इस विधि में अन्वेषक को समूह के सदस्यों के व्यवहार को सूक्ष्म रूप से निकट से देखने एवं उसकी गहराई में जाने का पूरा अवसर मिलता है, जो एक सामान्य तटस्थ अवलोकनकर्ता को प्राप्त नहीं हो पाता।

(iii) ***विस्तृत सूचनाओं का संकलन (Collection of Wide Range of Facts):*** अन्य विधियों की अपेक्षा इस तकनीक से अधिक सूचनाएं प्राप्त होती हैं। इसके द्वारा घटनाओं की पूर्ववर्ती और बाद की घटनाओं को देखने का अवसर मिलता है।

(iv) ***तथ्यों की विश्वसनीयता (Reliability of Facts):*** घटनाओं के घटने के समय अन्वेषक के उपस्थित होने के कारण संकलित तथ्यों की विश्वसनीयता में वृद्धि हो

जाती है। विश्वसनीयता वैज्ञानिक तथ्यों की एक महत्वपूर्ण विशेषता है। देखी हुई घटना और सुनी-सुनाई घटना के तथ्यों में अन्तर होता है। देखी हुई घटना को झुठलाना प्रायः कठिन होता है।

(v) ***वास्तविकता को जानने का अवसर* (Opportunity to Understand Reality):** यह विधि घटना को देखने के साथ-साथ उसके आंतरिक स्वरूप को जानने का अवसर भी देती है। किसी समाज में किसी प्रथा, रीति-रिवाज या परम्परा का पालन क्यों किया जा रहा है, इसकी जानकारी एक तटस्थ सामान्य अवलोकनकर्ता को नहीं हो पाती। अपराधी समूहों (सट्टा खेलने वालों, चोरी-डाका डालने वालों, नशीली दवाओं का सेवन करने वालों, वेश्यावृत्ति करने वालों आदि) के अध्ययन के लिए यह एक सर्वोत्तम विधि है, यद्यपि इन समूहों का सदस्य बनना न तो आसान है और न ही खतरे से खाली होता है।

सहभागिक अवलोकन के अवगुण (Demerits of Participant Observation)

सहभागिक अवलोकन के भारी गुण होते हुए भी इसे पूर्णतः दोषमुक्त नहीं कहा जा सकता। इसके प्रमुख अवगुण निम्नलिखित हैं:

(i) ***वस्तुपरकता की क्षति* (Loss of Objectivity):** समूह के सदस्यों के साथ आत्मीयता और घनिष्ठता के कारण वस्तुपरकता में कमी उत्पन्न होने की संभावना रहती है। समूह के साथ लगाव की भावना के कारण अन्वेषक के भावनाओं में बह जाने का भय रहता है। अध्यित समूह के किसी व्यक्ति की मृत्यु के अवसर पर शोक विह्वलता की स्थिति में अन्वेषक कई रीति-रिवाजों को देखना और नोट करना भूल सकता है। यही बात क्रोध और स्नेहिल क्षणों में भी संभव है।

(ii) ***अजनबीपन के लाभ में कमी* (Loss of Stranger's Value):** अजनबी होने का अपना लाभ है। अजनबी या बाहरी व्यक्ति को कभी-कभी ऐसी बातें जानने का अवसर मिल जाता है, जो एक समूह के सक्रिय सदस्य की आँखों से ओझल हो जाती हैं। बाहरी व्यक्ति के रूप में अन्वेषक में जो जिज्ञासा भाव होता है, वह समूह के एक सक्रिय सदस्य में प्रायः समाप्त हो जाता है। लोग अपरिचित (बाहरी) व्यक्ति के सामने अधिक खुल कर व्यवहार करते हैं, क्योंकि उन्हें अपनी सामाजिक प्रतिष्ठा को ठेस लगने का भय नहीं होता। **विलियन व्हिटे** (1943) ने इसे 'अपरिचितता के लाभ का अभाव' कहा है।

(iii) ***अनुभवों की सीमाओं का संकुचन* (Narrow Range of Experience):** एक अवलोकनकर्ता को सहभागिक बनने के लिए किसी न किसी भूमिका (शिक्षक, समाजसेवी, संत-महात्मा आदि) को अपनाना पड़ता है। इस भूमिका के कारण उसके साथी-संगियों का एक समूह बन जाता है, जिसके कारण उसके अनुभव अपनी इस मित्र-मंडली तक सीमित हो जाते हैं। वह समुदाय के अन्य व्यक्तियों से कट जाता है। भारत के किसी गांव का अध्ययन करते समय यदि अन्वेषक सवर्ण और उच्च प्रस्थिति वाले लोगों के साथ अधिक उठता-बैठता है तो स्वाभाविक रूप

से समुदाय के दलित लोगों के जीवन को नजदीकी से देखने एवं समझने से वह वंचित रह सकता है।

अन्वेषक के द्वारा अपनाई गई कोई भी भूमिका उसके दृष्टिकोण को प्रभावित किए बिना नहीं रहती। **रायले** (1963) ने इसे 'अभिनतिपूर्ण दृष्टि का प्रभाव' कहा है।

(iv) ***तथ्यों की प्रामाणिकता में कमी (Loss of Validity of Data):*** इस विधि के द्वारा प्राप्त तथ्यों की प्रामाणिकता की जाँच अन्य अन्वेषकों द्वारा किया जाना कठिन होता है, क्योंकि प्रत्येक सहभागिक अवलोकनकर्ता के अपने विशिष्ट अनुभव होते हैं। **मोजर एवं कालटन** ने लिखा है कि "यह एक अत्यंत व्यक्तिगत विधि है। इसके द्वारा एक ही घटना के अवलोकन परिणाम समान हों, यह जरूरी नहीं हैं।"

(v) ***अत्यधिक धन क्षमता एवं समय खर्चीली विधि (Most Money, Energy and Time-Consuming Method):*** अन्य विधियों (साक्षात्कार, असहभागिक अवलोकन) की अपेक्षा इसमें अधिक समय, क्षमता और धन की जरूरत पड़ती है। एक लम्बे समय तक घटनाओं के घटने का इन्तजार करना पड़ता है। इसका प्रयोग एक योग्य अवलोकनकर्ता ही कर सकता है।

(vi) ***भूमिका-सामंजस्य में कठिनाई (Difficulty in Role Adjustment):*** सहभागिक अवलोकनकर्ता को एक साथ दो भूमिकाओं (अन्वेषक और सहभागिक बनने के लिए अपनाई गई शिक्षक, दुकानदार आदि की अस्थाई भूमिका) का सम्पादन करना और उनमें संतुलन बनाए रखना पड़ता है। यह अत्यंत कठिन कार्य है। समूह के साथ अत्यधिक भावात्मक एकीकरण, जो कि सहभागिक अवलोकन की मांग होती है, होने के कारण वैज्ञानिक दृष्टिकोण के समाप्त हो जाने का खतरा रहता है। कई स्थितियों में ये दोनों बातें संभव नहीं होतीं। ऐसी स्थिति 'भूमिका संघर्ष' उत्पन्न कर सकती है जिसके कारण अवलोकन के निष्कर्ष प्रभावित हो सकते हैं। **मोजर** ने लिखा है कि यह एक व्यक्ति प्रधान विधि है। अतः इसकी सफलता बहुत कुछ अवलोकनकर्ता के व्यक्तिगत गुणों (कुशलता, सुझबूझ) पर निर्भर करती है।

अंत में, सहभागिक विधि के प्रयोग में अत्यंत धैर्य (Patience), सावधानी (Care) और निर्लिप्तता (Detachment) की जरूरत होती है। ये इस विधि के आवश्यक तत्व हैं, किन्तु इन्हें प्राप्त करना अत्यंत कठिन है।

(vii) ***सर्वांग दृष्टिकोण का अभाव (Loss of Holistic Viewpoint):*** **फारकेस एवं रिचर** ने लिखा है कि अत्यधिक आत्मीय सदस्य बन जाने के कारण घटनाओं को उनकी सम्पूर्णता में देखने का भाव प्रायः समाप्त हो जाता है। इस संबंध में एक पुरानी कहावत बड़ी सटीक प्रतीत होती है, "पेड़ों को देखते समय हम कभी-कभी जंगल की वास्तविकता (सौन्दर्य) को देखना भूल जाते हैं।" संक्षेप में, एक सहभागिक अवलोकनकर्ता का नजरिया समुदाय के उपसमूह (जाति या धर्म विशेष) तक सीमित हो जाता है, जिसके साथ वह अधिक उठता-बैठता है, घुलमिल जाता है।

सहभागिक अवलोकन की सीमाएं (Limitations of Participant Observation)

उपरोक्त अवगुणों (कमियों) के अलावा सहभागिक अवलोकन विधि की कुछ सीमाएं भी हैं जो निम्नलिखित हैं:

(i) ***सभी जगह सहभागिता संभव नहीं (Everywhere Participation not Possible):*** इस विधि का प्रयोग सभी प्रकार की घटनाओं के अध्ययन में संभव नहीं है। शोध की कई स्थितियां ऐसी होती हैं, जिनमें एक बाहरी व्यक्ति किसी समूह का असली सदस्य नहीं बन सकता। अपराधी गिरोह, पुलिस या सेना की टुकड़ी, वेश्याओं अथवा भिखारियों के समूह का सहभागिक सदस्य बनना सरल नहीं है, यद्यपि कुछ समाज वैज्ञानिकों ने इन समूहों के अपने अध्ययनों में इस विधि का प्रयोग कर अपने धैर्य और विलक्षण विशेषताओं का परिचय दिया है।

शोधकर्ता की आयु, लिंग और भिन्न सांस्कृतिक पृष्ठभूमि भी इस विधि के प्रयोग को सीमित कर देती है। पुरुषों के समूह में स्त्री अन्वेषक द्वारा, सफेद व्यक्तियों के समूह में काले अन्वेषक द्वारा, पर-संस्कृति समूह के अध्ययन में भिन्न भाषा-भाषी और संस्कृति वाले अन्वेषक द्वारा सहभागिक बनना असंभव नहीं तो कठिन अवश्य होता है। इसके अलावा शिशुओं और बालकों के व्यवहारों के अध्ययन में इस विधि का प्रयोग नहीं किया जा सकता। कोई भी अन्वेषक अन्वेषण के उद्देश्य से अस्थाई रूप में अपनी बाल्यावस्था में नहीं लौट सकता।

(ii) ***अवलोकन का तत्काल प्रलेखन संभव नहीं (Immediate Recording of Observation not Possible):*** इस विधि में घटनाओं को तत्काल नोट करना संभव नहीं होता। नोट करने की क्रिया समूह के सदस्यों को अन्वेषक के प्रति सजग बना कर उसके प्रति संदेह भी उत्पन्न कर सकती है। बाद में लिखे गए वृत्तांतों में स्मृति की विकृति के उत्पन्न होने की संभावना बनी रहती है। प्रत्येक व्यक्ति की याददाश्त तीक्ष्ण नहीं होती।

उपरोक्त वर्णन-विश्लेषण से स्पष्ट है कि सहभागिक अवलोकन को पूर्णत: विश्वसनीय तथा वस्तुपरक विधि नहीं कहा जा सकता। इसका प्रयोग शोध की प्रारंभिक अवस्था (गवेषणात्मक स्तर पर) में किया जा सकता है। यह विधि अवधारणाओं के स्पष्टीकरण और प्राक्कल्पनाओं की रचना के लिए एक उपयोगी विधि है।

***असहभागिक अवलोकन* (Non-Participant Observation)**

सहभागिक अवलोकन सामाजिक शोध की अवश्यमेव एक अच्छी तकनीक है जिसके द्वारा घटनाओं की गहराई में जाकर सूक्ष्म एवं विश्वसनीय जानकारी जुटाई जा सकती है, किन्तु जैसा ऊपर बताया गया है कि इस विधि की अपनी कुछ सीमाएं तथा कमजोरियां हैं, जिसके कारण सामाजिक जीवन के कई क्षेत्रों में इसका प्रयोग संभव नहीं हो पाता। अत: ऐसे क्षेत्रों और स्थितियों में असहभागिक अवलोकन विधि का प्रयोग आवश्यक हो जाता

है। असहभागिक अवलोकन विधि में अन्वेषक अध्ययन किए जाने वाले समूह का सक्रिय सदस्य नहीं बनता और न ही वह समूह के किन्हीं कार्यकलापों में भाग लेता है, वह एक अपरिचित तथा मूक दर्शक की भांति घटनाओं को अपनी स्वाभाविक स्थिति में घटते हुए देखता है। किसी चौराहे पर खड़े होकर मदारी के खेल को देखना, खेल के मैदान में खिलाड़ियों की क्रियाओं को देखना, किसी समुदाय के लोगों को किसी देवालय में आराधना करते हुए देखना, जीवन-पथ के संस्कारों (जन्म, विवाह, मृत्यु) से जुड़े क्रियाकलापों को देखना आदि इसी विधि के कुछ उदाहरण हैं। **रेमण्ड गोल्ड** ने इसे 'पूर्ण प्रेक्षक (Complete Observer) की भूमिका कहा है, जिसमें अवलोकनकर्ता घटना में किसी भी प्रकार से सम्मिलित हुए बिना सामाजिक प्रक्रियाओं का अवलोकन करता है। **सिनपाओ येंग** ने इसे निरुद्देश्य 'इधर-उधर घूमने वाली विधि' (Loafing Method) कहा है। **फॉरकेस एवं रिचर** ने कहा है कि असहभागिक अवलोकन में अन्वेषक अपनी पहचान को छुपाता नहीं है। वह समूह के लोगों को अपनी पहचान के साथ-साथ अन्वेषण के अपने उद्देश्य को भी बता देता है।

सहभागिक और असहभागिक अवलोकन के अन्तर को इस उपमा से सरलता से समझा जा सकता है: "किसी नदी के किनारे खड़े होकर जब हम नदी के बहाव को देखते हैं और जब हम नदी में तैरते हुए उसके बहाव की शक्ति का अनुभव करते हैं, इन दोनों क्रियाओं में भारी अन्तर है। किनारे खड़े होकर पानी को देखना एक असहभागिक अवलोकनकर्त्ता के दृष्टिकोण को इंगित करता है, जब कि पानी में स्वयं तैरते और गोते लगाते हुए पानी के बहाव की शक्ति का अनुभव सहभागिक अवलोकनकर्त्ता के दृष्टिकोण (Viewpoint) को प्रकट करता है।"

असहभागिक अवलोकन दो प्रकार का हो सकता है:

(i) स्वाभाविक परिवेश में असहभागिक अवलोकन

(ii) प्रयोगात्मक स्थितियों में असहभागिक अवलोकन

हमारा अधिकांश अवलोकन स्वाभाविक परिवेश में किया जाने वाला असहभागिक प्रकार का ही होता है। सड़क के नुक्कड़ पर खड़े होकर युवाओं के क्रियाकलापों को देखना, बस स्टेण्ड या रेल्वे की टिकट खिड़की या स्टेशन पर यात्रियों के व्यवहारों को देखना असहभागिक प्रकार का ही अवलोकन है। इस प्रकार के अवलोकन में 'अवलोकनकर्ता के प्रभाव' के पड़ने की संभावना न के बराबर रहती है।

असहभागिक अवलोकन प्रयोगात्मक स्थितियों में भी किया जा सकता है। इस प्रकार के अवलोकन में कृत्रिम परिवेश का निर्माण किया जाता है। बालकों के व्यवहारों का अध्ययन करने के लिए उन्हें किसी प्रयोगशाला के कमरे में लाकर उनकी क्रियाओं को एकतरफा शीशे (One-way Mirror) के द्वारा देखा जा सकता है। इस प्रकार के शीशे या परदे के प्रयोग से अध्ययन किए जाने वाले लोगों के व्यवहार पर कोई प्रभाव नहीं पड़ता है। समूह के लोग यथावत अपने क्रियाकलापों में व्यस्त रहते हैं।

असहभागिक अवलोकन के गुण (Merits of Non-Participant Observation)

असहभागिक अवलोकन सहभागिक अवलोकन की लगभग पूर्णतः विपरीत विधि है। इसके द्वारा सामान्यतः वे लाभ प्राप्त होते हैं, जो विशेषतः सहभागिक अवलोकन की सीमाओं, दोषों एवं कमजोरियों से उत्पन्न होते हैं, जैसे:

(i) ***अभिनति तथा पक्षपात की कम संभावना:*** इस विधि में अन्वेषक का अध्यित समूह और घटनाचक्र से प्रत्यक्ष कोई लगाव नहीं होने के कारण निष्कर्षों में अभिनति (Bias) और व्यक्तिपरकता के उत्पन्न होने की संभावना बहुत कम रहती है।

(ii) ***समय, कार्यक्षमता और धन की बचत:*** सहभागिक अवलोकन लम्बी अवधि तक चलने के कारण समय, कार्यक्षमता और धन तीनों की ही अधिक जरूरत पड़ती है, जो कि इस विधि में बच जाते हैं। किसी समूह में सहभागिक बनने में काफी समय लगता है।

(iii) ***अजनबीपन (अपरिचित) होने का लाभ:*** अजनबी और अपरिचित रह कर एक अन्वेषक कई बार ऐसी बातें जान लेता है, जो एक परिचित व्यक्ति को प्राप्त नहीं हो पातीं। अपने ही व्यक्तियों के सामने असामाजिक या समाज विरोधी व्यवहार करने से लोग हिचकिचाते और शर्म का अनुभव करते हैं।

(iv) ***अनुभवों में बढ़ोतरी:*** किसी बड़े समुदाय का अध्ययन करते समय एक असहभागिक अन्वेषक विभिन्न समूहों के साथ अपने सम्पर्क बना कर सम्पूर्ण समुदाय के बारे में अधिक जानकारी एकत्रित कर सकता है, जबकि सहभागिक अन्वेषक की जानकारी समुदाय के कुछ समूहों तक ही सीमित रहती है, जिनके साथ उसका अधिक सम्पर्क और संबंध रहता है।

असहभागिक अवलोकन के अवगुण
(Demerits of Non-Participant Observation)

इस विधि के प्रमुख अवगुण (कमजोरियां) निम्नलिखित हैं:

(i) ***अवलोकनकर्ता का प्रभाव:*** जहाँ अपरिचितता के कुछ लाभ हैं, वहाँ इसके कुछ दोष भी हैं। अन्वेषक की उपस्थिति का प्रभाव पड़े बिना नहीं रहता। किसी कार्यालय या किसी नर्सरी स्कूल में किसी अपरिचित व्यक्ति के प्रवेश मात्र से कार्मिकों या शिशुओं के व्यवहार में परिवर्तन आ जाता है, वे सचेत और सावधान हो जाते हैं। यह स्थिति स्वाभाविक व्यवहार के अध्ययन को बाधित कर देती है।

(ii) ***सतही ज्ञान:*** इस विधि द्वारा घटनाओं के बाह्य स्वरूप को तो देखा जा सकता है, किन्तु उनके कारणों, अर्थों और भावनाओं को नहीं जाना जा सकता। आन्तरिक संबंधों और प्रक्रियाओं को जानने के लिए यह एक अपर्याप्त विधि है।

(iii) ***व्यक्तिपरक अध्ययन:*** इस विधि में अन्वेषक घटनाओं को समूह के सदस्यों के दृष्टिकोण से देखने की अपेक्षा अपने दृष्टिकोण से देखता है जिसके कारण निष्कर्षों में व्यक्तिपरकता (Subjectivity) का दोष आ जाता है।

अर्द्ध-सहभागिक अवलोकन (*Quasi-Participant Observation*)

गुडे एवं हट्ट ने सहभागिक और असहभागिक अवलोकन के बीच की एक अन्य प्रकार की विधि का सुझाव दिया है, जिसे उन्होंने 'अर्द्ध-सहभागिक अवलोकन' का नाम दिया है। पूर्णत: असहभागिक अवलोकन प्राय: कठिन होता है, अत: असहभागिक अवलोकन सामान्यत: अर्द्ध-सहभागिक अवलोकन बन जाता है।

अर्द्ध सहभागिक अवलोकन एक ऐसी विधि है जिसमें अन्वेषक किसी समूह का बाहरी और आन्तरिक दोनों प्रकार का सदस्य होता है। वह समूह की किन्हीं क्रियाओं में सक्रिय रूप से भाग लेता है तो कहीं वह मात्र एक दर्शक-श्रोता बन कर एक तटस्थ अवलोकनकर्ता बन जाता है। इस प्रकार वह सहभागिक और असहभागिक दोनों भूमिकाओं का यथासंभव आवश्यकतानुसार प्रयोग करता है। जैसा सहभागिक अवलोकन के विवेचन में बताया गया है कि पूर्ण सहभागिता न तो संभव है और न ही व्यावहारिक। सहभागिक अवलोकन में कई स्थितियां ऐसी आती हैं जहाँ एक अन्वेषक को एक तटस्थ अवलोकनकर्ता और साक्षात्कारकर्ता की भूमिका से ही अपने आपको संतुष्ट रखना पड़ता है। जनजातियों या ग्रामीण समुदायों का अध्ययन करते समय नृत्य, संगीत देवी-देवताओं की आराधना और जादू-टोने की क्रियाओं के समय एक सहभागिक अन्वेषक को एक तटस्थ दर्शक की भूमिका अपनानी पड़ती है।

विलियम व्हिटे ने अपने प्रसिद्ध अध्ययन 'नुक्कड़ का समाज' (Street Corner Society) के अनुभवों के आधार पर अर्द्ध सहभागिक विधि के प्रयोग का सुझाव देते समय लिखा है कि "हमारे समाज की जटिलताओं के कारण पूर्णरूपेण एकीकरण की धारणा अव्यावहारिक है। समाज के किसी एक वर्ग के साथ एकीकरण (घनिष्टता) से अन्वेषक का अन्य वर्गों से संबंध समाप्त हो जाता है। अत:, अर्द्ध-तटस्थ स्थिति बनाए रखना ही अधिक फलप्रद होता है।" सामाजिक शोध में अवलोकन की इन दोहरी भूमिकाओं (सहभागिक और असहभागिक) का प्रयोग अनेक अध्ययनों में किया गया है। **लीप्ले** ने मजदूर परिवारों, **लिण्ड** ने मिडिलटाउन, **बेकर** ने चिकित्सा के विद्यार्थियों, **व्हिटे** ने नुक्कड़ के लोगों और **श्रीनिवास** ने रामपुरा गाँव के अध्ययन में अर्द्ध-सहभागिक अवलोकन विधि का ही प्रयोग किया है। **गुडे एवं हट्ट** ने मछुआरों के अध्ययन में इस विधि के प्रयोग का बड़ा ही सुन्दर चित्रण करते हुए लिखा है कि अन्वेषक मछुआरों की मछली पकड़ने की सभी क्रियाओं में तो सक्रिय सदस्य की भूमिका निभाता है, किन्तु उनके धार्मिक उत्सव के अवसर पर वह पूर्ण तटस्थ दर्शक बन कर उनकी क्रियाओं को मात्र देखता रहता है।

सामूहिक अवलोकन (*Mass Observation*)

किसी घटना का अवलोकन-अध्ययन दो स्तरों पर किया जा सकता है: व्यक्तिगत स्तर और सामूहिक स्तर। व्यक्तिगत स्तर पर अकेला अन्वेषक किसी घटना का अवलोकन करता है। सामूहिक अवलोकन में एकाधिक अन्वेषक एक ही घटना का एक ही समय पर किन्तु अलग-अलग रूप में अध्ययन करते हैं। ये अन्वेषक एक ही विषय अथवा अनेक विषयों के विशेषज्ञ हो सकते हैं। जब अध्ययनकर्ताओं के समूह द्वारा एक ही घटना या समस्या का

एक साथ एक ही समय पर अवलोकन किया जाता है, तब इस विधि को सामूहिक अवलोकन कहते हैं।

सामूहिक अवलोकन और समूह अवलोकन में अन्तर है। सामूहिक अवलोकन में अन्वेषकों की संख्या एकाधिक होती है, जबकि समूह अवलोकन में अन्वेषक एक ही होता है, किन्तु अध्ययन किए जाने वाले लोगों की संख्या अधिक होती है। अतः समूह अवलोकन और सामूहिक अवलोकन को एक ही समझने की भूल नहीं की जानी चाहिए।

सामूहिक अवलोकन की विधि का प्रयोग अवलोकन के निष्कर्षों को अधिकाधिक विश्वसनीय और प्रामाणिक बनाने के लिए किया जाता है। व्यक्तिगत स्तर पर किए गए अवलोकन में किन्हीं बातों के छूटने की आशंका के साथ-साथ पक्षपात तथा अभिनति (Bias) के आ जाने की संभावना रहती है। अकेले अन्वेषक द्वारा घटना के अवलोकन में उसकी रुचि या अरुचि का प्रभाव पड़ सकता है, अर्थात् घटना के जिस पक्ष में उसकी रुचि है, उन्हें गंभीर होकर वह देखेगा और दूसरे पक्षों को वह नजरअंदाज कर सकता है। इन दोषों पर नियंत्रण पाने के लिए ही सामूहिक अवलोकन विधि का प्रयोग किया जाता है। एक अन्वेषक के निष्कर्षों का दूसरे अन्वेषकों के निष्कर्षों से मिलान कर सही परिणामों पर पहुँचा जा सकता है।

सामूहिक अवलोकन विधि का प्रयोग सर्वप्रथम सन् 1937 में इंग्लैण्ड में **टॉम हैरीसन और जॉन मैज** ने वहाँ के निवासियों के रहन-सहन, आदतों और विचारों को जानने में किया था। इसका एक अन्य प्रयोग सन् 1944 में जमैका निवासियों के अध्ययन में भी किया गया है।

यह विधि नियंत्रित और अनियंत्रित अवलोकन विधियों का मिश्रित रूप है। अन्वेषकों को नियंत्रित करने और अवलोकन प्रक्रिया में समरूपता बनाए रखने की दृष्टि से उन्हें 'अवलोकन सूचियां' (Observation Schedules) दी जाती हैं, ताकि वे अपने अवलोकन कार्य में अपनी रुचि/अरुचि के कारण भटक न जाएं। अवलोकन सूची में उन विषयों/कार्यों/व्यवहारों का संकेत दिया जाता है, जिनका उन्हें अवलोकन करना है। अन्वेषकों को अवलोकन की पूर्ण स्वतंत्रता दी जाती है, साथ ही उन्हें अवलोकन प्रक्रिया के दौरान देखी गई महत्वपूर्ण बातों को संक्षेप में नोट करने के निर्देष भी दिये जाते हैं।

सामूहिक अवलोकन तथा अन्तरानुशासन अनुसंधान (Mass Observation and Interdisciplinary Research)

जैसा ऊपर लिखा गया है सामूहिक अवलोकन में एकाधिक अन्वेषक होते हैं। ये अन्वेषक एक ही विषय या अलग-अलग विषयों के हो सकते हैं। जब अलग-अलग विषयों (मनोविज्ञान, मानवशास्त्र, अर्थशास्त्र, राजनीति विज्ञान, इतिहास आदि) के विशेषज्ञ मिल कर किसी घटना, समुदाय या समस्या का अपने-अपने दृष्टिकोण से अध्ययन करते हैं, तब इस प्रकार का अन्वेषण 'सहकारी अनुसंधान' (Cooperative Research) या अन्तरानुशासन/अन्तराविषयक अनुसंधान (Interdisciplinary Research) कहलाता है। इस प्रकार की शोध में अलग-अलग विषय-विशेषज्ञों द्वारा

संकलित सामग्री पर विचार-विमर्श के लिए गोष्ठियां आयोजित कर एक समन्वित दृष्टिकोण विकसित करने का यत्न किया जाता है। भारत में इस विधि का एक प्रयोग **एस.सी. दुबे** द्वारा अपने अध्ययन 'भारतीय गाँव' (1955) में किया गया था, जिसमें समाज वैज्ञानिकों के अलावा पशुचिकित्सकों, कृषि विशेषज्ञों आदि को भी सम्मिलित किया गया था। इस प्रकार की शोध एक अकेले अन्वेषक द्वारा किए गए अध्ययन से निःसंदेह श्रेष्ठ होती है, क्योंकि एक अकेले अन्वेषक की अपनी सीमाएं होती हैं। बहुत से अन्वेषकों द्वारा एकत्रित सूचनाओं की मात्रा तो अधिक होती ही है, साथ ही ऐसी सूचनाओं का प्रति-परीक्षण (Cross-Examination) कर उनकी प्रामाणिकता और विश्वसनीयता को भी आंका जा सकता है।

अवलोकन विधि के गुण एवं महत्ता (Merits and Importance of Observation Method)

इस अध्याय की शुरुआत में दिया गया गुडे एवं हट्ट का उद्धरण वैज्ञानिक शोध में अवलोकन विधि की महत्ता को अति संक्षेप में प्रकट करने में सक्षम है। सभी वैज्ञानिक - भौतिक और सामाजिक, यह मानते हैं कि अवलोकन सभी वैज्ञानिक अन्वेषणों की एक आधारभूत विधि है। वैज्ञानिक ज्ञान की शुरुआत प्रेक्षण अनुभवों से ही होती है। किन्तु इसकी महत्ता विज्ञान के प्रारंभिक चरण तक ही सीमित नहीं है, अपितु सिद्धान्तों की सत्यता की परीक्षा भी जीवन की वास्तविक घटनाओं को देखने से ही होती है, अर्थात् जिन सिद्धान्तों का निर्माण किया गया है, वे वास्तविक संसार में लागू होते हैं या नहीं, इनकी प्रामाणिकता की जाँच के लिए अन्ततः अवलोकन/प्रेक्षण विधि का ही सहारा लिया जाता है। वास्तविक संसार की घटनाओं के आधार पर निर्मित सिद्धान्त यदि खरा उतरता है, तब ही विज्ञान के क्षेत्र में उक्त सिद्धान्त को स्वीकार किया जाता है।

सामाजिक शोध में अवलोकन विधि का विशेष महत्व है। यह विधि मानवीय व्यवहार की गुत्थियों को जितनी सरलता से प्रकट करती है, उतनी अन्य कोई विधि नहीं कर पाती। इस विधि के प्रमुख गुण निम्नलिखित हैं:

अध्ययन की प्रत्यक्ष विधि (Direct Method of Study)

इस विधि में अन्वेषक स्वयं घटनास्थल पर जाकर घटनाओं का अवलोकन कर घटना को देख और समझ सकता है। साक्षात्कार की भांति इस विधि में अन्वेषक को सूचनादाता के अनुभवों, स्मृतियों तथा उत्तरों पर निर्भर नहीं रहना पड़ता। सहभागिक अवलोकन विधि में अन्वेषक बहुधा एक लम्बे समय तक अध्यित समूह के लोगों के साथ रहता है, उठता-बैठता, उनके अनेक क्रियाकलापों में भाग लेता है, इसके कारण उसे समूह के आन्तरिक जीवन में झांकने का जो मौका मिलता है, आधा घंटा या इससे कुछ अधिक समय साक्षात्कार करने वाले अन्वेषक को वह लाभ प्राप्त नहीं हो पाते।

मानव जीवन का स्वाभाविक अध्ययन (Natural Study of Human Life)

अवलोकन विधि द्वारा घटना के अध्ययन में जो स्वाभाविकता आती है, वह किसी भी अन्य विधि द्वारा संभव नहीं है। जीवन की कई घटनाएं ऐसी होती हैं, जो हमारी चेतना के घेरे से

बाहर होती हैं और जिन्हें हम कोई महत्व नहीं देते, अवलोकन विधि ऐसी घटनाओं को भी देखने-समझने का अवसर देती है। मानवशास्त्रियों ने पर-संस्कृतियों के अवलोकन-अध्ययनों में ऐसी घटनाओं को देखा है और उनका वर्णन किया है, जिन्हें वहाँ के निवासी बताना भूल गए या बताना नहीं चाहते थे, क्योंकि उनकी दृष्टि में वे महत्वहीन घटनाएं थीं, जब कि शोध की दृष्टि में वे घटनाएं बहुत महत्वपूर्ण थीं।

गहन अध्ययन (Deep Study)

अवलोकन विधि किन्हीं घटनाओं को मात्र देखने का ही मौका नहीं देती, अपितु घटना के पीछे छुपे अर्थों, समूह की भावनाओं, विचारों और क्रियाओं को उनके परिवेश के संदर्भ सहित समझने का अवसर भी देती है। घटना की गहराई में जाने के लिए घटना की पृष्ठभूमि को देखना जरूरी होता है। यही कारण है कि हत्या या आत्महत्या की वारदात के सूक्ष्मता से अध्ययन के लिए पुलिस अभियुक्तों से मात्र पूछताछ ही नहीं करती, अपितु वे घटनास्थल को भी देखने जाते हैं, जिसे पुलिसिया भाषा में 'मौका-मुआयना' कहा जाता है।

शब्दहीन व्यवहार के अध्ययन की अत्युत्तम विधि (Superior Method for the Study of Non-Verbal Behaviour)

शिशुओं, बालकों और बधिर व्यक्तियों (जो बोल नहीं पाते) उनके व्यवहारों के अध्ययन की यह अत्युत्तम विधि है। ये सभी व्यक्ति अपनी भावनाओं को शाब्दिक रूप में अभिव्यक्त करने में अक्षम होते हैं। इन व्यक्तियों के अलावा भी यह विधि ऐसे व्यक्तियों के अध्ययन में अधिक लाभप्रद पाई गई है, जो अपनी बातों को शाब्दिक रूप में अभिव्यक्त करने से घबराते या कतराते हैं। यही नहीं, इस विधि से उन लोगों के बारे में भी सूचनाएं एकत्रित की जा सकती हैं, जो सूचना देने में असमर्थ या अनिच्छुक हैं।

अपेक्षाकृत कम खर्चीली विधि (Relatively Inexpensive Method)

कुछ वैज्ञानिकों, यथा **बाबी** (1998) एवं **सारंताकोज** (1998) ने इस विधि को अन्य विधियों की अपेक्षा कम खर्चीली माना है। किन्तु, यह इस बात पर निर्भर करता है कि अन्वेषक केवल सरल अवलोकन (Simple Observation) विधि का ही प्रयोग करता है। इसके विपरीत, सहभागिक अवलोकन विधि में श्रम, समय और धन तीनों की ही अधिक जरूरत पड़ती है।

प्रामाणिकता और विश्वसनीयता (Validity and Reliability)

सुनी-सुनाई घटना का वृत्तांत झूठा हो सकता है, किन्तु देखी गई घटना के झूठी होने संभावना बहुत कम होती है। साक्षात्कार विधि में सूचनादाताओं की स्मरण-शक्ति पर विश्वास करना पड़ता है, जो त्रुटिपूर्ण हो सकती है, किन्तु अवलोकन विधि इस प्रकार के दुर्गुणों से प्रायः मुक्त होती है। अतः अवलोकन विधि में विश्वसनीयता और प्रामाणिकता दोनों पाई जाती हैं।

अवलोकन विधि की सीमाएं एवं दोष (Limitations and Weaknesses of Observation Method)

शोध अध्ययनों की दृष्टि से अवलोकन विधि का लगभग सभी विज्ञानों में सर्वाधिक प्रयोग किया जाता है, क्योंकि इसकी कई उपयोगिताएं हैं। किन्तु उपयोगिताओं के साथ-साथ इस

विधि की कुछ सीमाएं एवं कमजोरियां भी हैं जिनका उल्लेख अवलोकन के अलग-अलग रूपों के साथ पहले किया गया है। इस विधि का हर जगह और प्रत्येक प्रकार की सामाजिक घटना के अध्ययन के लिए प्रयोग नहीं किया जा सकता। इसकी सीमाओं पर **पी.वी. यंग** की यह टिप्पणी अत्यंत महत्वपूर्ण है कि "सभी घटनाएं अवलोकन का स्वतंत्र अवसर नहीं देती, सभी घटनाओं के समय अवलोकनकर्ता उपस्थित नहीं होता और सभी घटनाओं का अध्ययन अवलोकन विधियों द्वारा किया जाना संभव भी नहीं हैं" श्रीमती यंग का यह कथन अवलोकन विधि की निम्नलिखित तीन प्रमुख सीमाओं को इंगित करता है:

कुछ घटनाओं के निर्बाध अवलोकन पर रोक

सभी घटनाएं ऐसी नहीं होतीं, जिनका अवलोकन स्वतंत्र रूप में किया जा सकता हो। स्त्री-पुरुषों के सहवास संबंधों को सहज भाव से नहीं देखा जा सकता। जिन समाजों को उन्मुक्त कहा जाता है, वहाँ भी मैथुन क्रियाओं को देखे जाने को ठीक नहीं समझा जाता है। इसी प्रकार, पारिवारिक कलह (पति-पत्नी के झगड़े) की घटनाओं को भी देखना कठिन होता है।

अवलोकनकर्ता की अनुपस्थिति

अध्ययन की जाने वाली सभी घटनाओं के घटने के समय अवलोकनकर्ता उपस्थित नहीं होता। अवलोकन की जाने वाली घटना हमारी इच्छानुसार निर्धारित समय पर उत्पन्न हों, यह आवश्यक नहीं है। अत: ऐतिहासिक घटनाओं तथा युद्ध, भूकम्प, भूचाल, बाढ़ जैसी घटनाओं का ब्यौरा जानने के लिए यह विधि सर्वथा अनुपयुक्त है।

कुछ घटनाओं के लिए अवलोकन विधि का अनुपयुक्त होना

व्यक्तियों के विचारों, विश्वासों, मनोवृत्तियों और मूल्यों को देखा नहीं जा सकता। ये सभी अमूर्त घटनाएं हैं। इन्हें जानने के लिए हमें व्यक्तियों से पूछताछ (साक्षात्कार) करनी ही होगी। इसी प्रकार, एक लम्बे काल तक चलने वाली प्रक्रियाओं और निरंतरताओं के लिए अवलोकन विधि एक अनुपयुक्त विधि है। सामाजिक परिवर्तन संबंधी कई अध्ययनों में इस विधि का प्रयोग नहीं किया जा सकता।

इन सीमाओं के अतिरिक्त इस विधि के कुछ अन्य दोष निम्नलिखित हैं:

ज्ञानेन्द्रियों की सीमाएं (Inadequacies of Sense Organs)

अवलोकन में मुख्यत: नेत्रों का प्रयोग किया जाता है और इनकी अपनी सीमाएं हैं। एक सीमा तक ही हम घटनाओं को देख सकते हैं, चाहे हम किन्हीं यंत्रों का ही प्रयोग क्यों न करें। विशाल समूह की सभी घटनाओं को एक साथ नहीं देखा जा सकता। यही नहीं, एक ही घटना के कई पक्ष होते हैं और एक बार में एक या कुछ पक्षों को ही ठीक प्रकार से देखा जा सकता है। सभी पक्षों को एक साथ देखना कठिन है। अत: नेत्रों की सीमाएं हमारे अध्ययन के निष्कर्षों को कमजोर बना सकती हैं।

इसके अतिरिक्त, हमारी ज्ञानेन्द्रियां (नेत्र) बड़े ही चयनात्मक, अनिश्चित और अत्यंत चंचल रूप में कार्य करती हैं। जिन बातों में हमारी रुचि होती हैं, उन्हें वे देखती हैं, अन्य को छोड़ देती है। एक ही घटना के बारे में विभिन्न लोगों द्वारा न्यायालय में दिये गए

पूर्णतः विरोधी बयान और अलग-अलग अखबारों में छपी उक्त घटना के विभिन्न विवरण इस बात की पुष्टि करते हैं कि आँखें चयनात्मक (Selectively) और चंचल रूप में देखने का कार्य करती हैं। मनोवैज्ञानिकों ने अपने अध्ययनों के आधार पर बताया है कि एक व्यक्ति किसी विशिष्ट अवसर पर जो कुछ देखता है, वह उसके उस समय के मस्तिष्क और शरीर की दशा पर निर्भर करता है।

अवलोकनकर्ता का प्रभाव (Observer's Effect)

सामाजिक विज्ञानों में शोध की एक सबसे बड़ी समस्या यह है कि अध्ययन की जाने वाली घटना या समूह को अन्वेषक के प्रभाव से पूर्णतः मुक्त नहीं रखा जा सकता, परिणामतः घटना या समूह के व्यवहार में परिवर्तन आ जाता है और घटना की स्वाभाविकता नष्ट हो जाती है। प्राकृतिक विज्ञान इस समस्या से मुक्त हैं। चांद-सितारों, चट्टानों या किसी लवण के अध्ययन पर अन्वेषक की उपस्थिति का कोई प्रभाव नहीं पड़ता।

यही नहीं, अन्वेषक वही चीजें देखता है जिसमें उसकी रुचि होती है, उसका बहुत सा अवलोकन उसकी संदर्भ परिधि (Frame of Reference) चालित होता है। कभी-कभी उसकी भावनाएं इतनी प्रबल हो जाती हैं कि अनियंत्रित अवलोकन से उसे यह आभास होने लगता है कि जो कुछ वह देख रहा है या देखा है, उससे अधिक तो वह पहले से ही जानता है।

अवलोकन विधि की उपरोक्त सीमाओं और दोषों के होते हुए भी यह शोध की एक महत्वपूर्ण और आधारभूत विधि है। सभी क्षेत्रों में अधिकांश वैज्ञानिक ज्ञान का संचय इसी विधि के द्वारा हुआ है। प्राकृतिक विज्ञानों में इस विधि में काफी परिमार्जन हो चुका है। इसके द्वारा निकाले गए निष्कर्षों को सटीक एवं सुनिश्चित बनाने के लिए आजकल अनेक वैज्ञानिक उपकरणों का प्रयोग होने लगा है। सामाजिक विज्ञानों में अभी इस प्रकार के यंत्रों एवं उपकरणों की कमी है। शरीर के तापक्रम को सटीक मापने के लिए हमारे पास थर्मामीटर का यंत्र है, किन्तु भावनाओं (स्नेह, दया, करुणा, ईर्ष्या, प्रेम की प्रगाढ़ता आदि) को मापने के लिए समाज वैज्ञानिकों के पास अभी इस प्रकार के कोई यंत्र या उपकरण नहीं है। इसीलिए सामाजिक विज्ञानों में अवलोकन विधि व्यवहार के प्रतिमानों या प्रवृत्तियों को तो प्रदर्शित कर पाती है, किन्तु उनकी महत्ता को उजागर करने में इसकी उपयोगिता सीमित है।

13

साक्षात्कार शोध
Interview Research

"यदि हम यह जानना चाहते हैं कि व्यक्ति कैसा महसूस करते हैं, उनके क्या अनुभव हैं, उनकी क्या यादें हैं, उनकी क्या भावनाएँ तथा प्रेरणाएँ हैं और वे क्यों एक विशिष्ट रूप से व्यवहार करते हैं, तो हम उनसे पूछ क्यों नहीं लेते।"

–गोर्डन आलपोर्ट (1942)

मानव के सामाजिक व्यवहार के कई ऐसे रूप हैं, जिन्हें देखा नहीं जा सकता या उन्हें मात्र देख कर समझा नहीं जा सकता। ऐसे व्यवहारों के अध्ययन में अवलोकन विधि का प्रयोग प्रायः निष्फल रहता है। किसी के आँसू अपार हर्ष के हैं या घोर विषाद के, किसी घटना के बारे में व्यक्तियों की क्या सोच है, किसी मुद्दे के बारे में वे क्या राय रखते हैं, जैसे विषयों की जानकारी व्यक्तियों के चेहरे को देखने मात्र से नहीं हो सकती। इन विषयों की वास्तविकता के बारे में जानने के लिए हमें उनसे पूछताछ या वार्तालाप करना ही होगा।

साक्षात्कार शोध (Interview Research)

सामान्य वार्तालाप, बातचीत या पूछताछ और शोध की दृष्टि से किए गए वार्तालाप या पूछताछ, जिसे शोध की भाषा में 'साक्षात्कार' कहा जाता है, में अन्तर है। वकील अपने मुवक्किल से, डॉक्टर रोगी से, ग्राहक दुकानदार से, पुलिस अधिकारी अपराधी से और इसी प्रकार पिता अपने पुत्र से किन्हीं मसलों पर पूछताछ करते हैं। यह पूछताछ साक्षात्कार शोध नहीं है। साक्षात्कार केवल वार्तालाप नहीं है। दो या दो से अधिक व्यक्तियों के बीच होनी वाली मात्र बातचीत को भी साक्षात्कार नहीं कहते। आजकल 'इन्टरव्यू' या साक्षात्कार शब्द का प्रयोग अधिकांशतः कर्मचारियों की भर्ती के लिए भी किया जाता है। इस प्रकार के साक्षात्कार का उद्देश्य सामान्यतः आवेदनकर्ता की किसी पद के लिए उपयुक्तता, क्षमता, कार्यकुशलता आदि के बारे में जांच करना होता है। उपरोक्त प्रकार के साक्षात्कार सामान्य बातचीत के उदाहरण हैं। ये शोध की एक प्रविधि के रूप में प्रयोग किए गए गए साक्षात्कार से भिन्न होते हैं।

सामाजिक शोध की विधि के रूप में प्रयोग किया गया साक्षात्कार एक निश्चित उद्देश्य को लेकर नियोजित ढंग से किया जाता है। इसमें साक्षात्कारकर्ता अपने सूचनादाता से क्रमवार कुछ निश्चित प्रश्न पूछ कर उनके उत्तरों को तत्काल या कभी-कभी बाद में

नोट करता है। इसमें साक्षात्कारकर्ता और सूचनादाता की प्रस्थितियां नौकरी के लिए किए गए साक्षात्कार या पुलिस द्वारा अपराधी से की गई पूछताछ के लिए अपनाई गई प्रस्थितियों से भिन्न होती हैं। शोध साक्षात्कार में साक्षात्कारकर्ता और सूचनादाता की प्रस्थितियां ऊँची-नीची या 'साहब-मातहत' की नहीं होतीं, जैसी कि पुलिस और अपराधी या नौकरी के साक्षात्कार में होती हैं। शोध साक्षात्कार में 'प्रस्थिति की समानता' होती है। अतः सूचनादाता में साक्षात्कारकर्ता का कोई भय नहीं होता। साक्षात्कार के दौरान दोनों व्यक्ति समान प्रस्थिति के आधार पर एक दूसरे के साथ व्यवहार करते हैं।

साक्षात्कार शोध का अर्थ एवं परिभाषा (Meaning and Definition of Interview Research)

अंग्रेजी का शब्द 'इन्टरव्यू' दो शब्दों के मेल से बना है: 'इन्टर' अर्थात अन्तः या आन्तरिक और 'व्यूह' का अर्थ दृष्टि या देखने से है। दोनों के जोड़ से अन्तः + दृष्टि = 'अन्तर्दृष्टि' शब्द की रचना होती है। दार्शनिक अर्थों में, अन्तर्दृष्टि का अर्थ मानवीय तथ्यों की गहराई में जाने से है। एक समाज वैज्ञानिक मानवीय विचार, मूल्यों, विश्वासों, दृष्टिकोण आदि को जानने में अन्तर्दृष्टि का प्रयोग करता है। ये सभी समाज-मनोवैज्ञानिक तथ्य हैं, जो प्रत्यक्ष-अप्रत्यक्ष रूप में मानवीय सामाजिक व्यवहार को प्रभावित और संचालित करते हैं।

साक्षात्कार की कुछ परिभाषाएं इस प्रकार हैं:

"साक्षात्कार आमने-सामने की स्थिति में किया गया ऐसा वार्तालाप है, जिसमें एक व्यक्ति दूसरे से सूचनाएं एकत्रित करता है।"

–एन.के. डेंजिन

"साक्षात्कार प्रत्यक्ष मौखिक आदान-प्रदान है, जिसमें एक व्यक्ति, अर्थात् साक्षात्कारकर्ता किसी अन्य व्यक्ति अथवा व्यक्तियों से सूचनाएं या उनके विचारों अथवा विश्वासों संबंधी अभिव्यक्तियों को जानने का प्रयास करता है।"

–मैकॉबी एवं मैकॉबी (1954)

"सूचना एकत्रित करने हेतु अन्वेषक तथा सूचनादाता के बीच होने वाले वार्तालाप को साक्षात्कार कहते हैं।"

–थियोडॉरसन एवं थियोडॉरसन (1970)

"दो व्यक्तियों के बीच वार्तालाप जो शोध-सार्थक सूचनाएं एकत्रित करने के विशिष्ट उद्देश्य से साक्षात्कारकर्त्ता द्वारा शुरू किया जाता है। यह उन विषयों पर केन्द्रित होता है जो शोध के उद्देश्यों के वर्णन और व्याख्या से निर्देशित होती है।"

-गार्डनर एवं एरॉनसन (1975)

"साक्षात्कार क्षेत्र-कार्य की एक ऐसी विधि है, जिसके द्वारा एक व्यक्ति या अधिक व्यक्तियों के व्यवहारों का अवलोकन करने, उनके कथनों (उत्तरों) को लिखने तथा सामाजिक अथवा सामूहिक अन्तर्क्रिया के परिणामों का अध्ययन करने में प्रयोग किया जाता है।"

–सिन पाओ येंग (1955)

येंग की यह परिभाषा बहुत विस्तृत है। इसमें सूचनाएं एकत्रित करने के लिए वार्तालाप करने के अलावा अवलोकन करने की बात भी कही गई है। यह सही है कि साक्षात्कार में नेत्रों के प्रयोग की अपेक्षा मौखिक प्रश्न-उत्तर पर अधिक जोर दिया जाता है, किन्तु इसका तात्पर्य यह नहीं है कि प्रश्न-उत्तर की प्रक्रिया के दौरान अन्वेषक अपनी आँखें बन्द कर लेता है या वह सूचनादाता या सूचनादाताओं के व्यवहार के बारे में जो कुछ देखता है, उसे नजरअंदाज कर देता है। देखी गई घटनाएं सूचनादाताओं के द्वारा दिये गए उत्तरों की प्रामाणिकता की पुष्टि में सहायक का कार्य कर सकती हैं।

उपरोक्त विवेचन के आधार पर यह कहा जा सकता है कि "शोध साक्षात्कार किसी गवेषणा से संबंधित आवश्यक तथ्यों के संकलन की एक ऐसी तकनीक है जिसमें शोधकर्ता (साक्षात्कारकर्ता) प्रत्यक्ष या अप्रत्यक्ष सम्पर्क द्वारा सूचनादाता से मौखिक संवाद या वार्तालाप के माध्यम से सूचनाएं एकत्रित करता है।" यह मौखिक संवाद अधिकांशतः प्रश्न-उत्तर के रूप में होता है। इसमें साक्षात्कारकर्ता कम बोलता है और सूचनादाता को ही अधिक बोलने का अवसर दिया जाता है।

साक्षात्कार विधि की विशेषताएं
(Characteristics of Interview Method)

उपरोक्त परिभाषाओं के आधार पर यह कहा जा सकता है कि साक्षात्कार सामाजिक शोध की एक ऐसी प्रविधि है, जिसके द्वारा अन्वेषक (साक्षात्कारकर्ता) शोध संबंधी सूचनाएं (तथ्य) एकत्रित करने के लिए सूचनादाताओं से पूर्व नियोजित मौखिक-शाब्दिक वार्तालाप करता है। यह वार्तालाप प्रत्यक्ष (आमने-सामने) या अप्रत्यक्ष (टेलीफोन/मोबाइल द्वारा) हो सकता है। इस विधि की प्रमुख विशेषताएं निम्नलिखित हैं:

1. दो या दो से अधिक व्यक्तियों के बीच सामाजिक अन्तर्क्रिया तथा निश्चित विषय पर सूचनाएं एकत्रित करने के उद्देश्य से वार्तालाप।
2. अवलोकन की अपेक्षा मौखिक-शब्दिक प्रेरक (Oral-Verbal Stimuli) के द्वारा सूचनाओं (तथ्यों) का एकत्रण।
3. अधिकांशतः अमूर्त तथ्यों (विचारों, भावनाओं, विश्वासों, प्रेरणाओं आदि) के संग्रहण में प्रयोग।
4. साक्षात्कार अनुसूची (Schedule) तथा साक्षात्कार प्रदर्शिका (Guide) का प्रयोग।
5. पूर्ण नियोजित - निश्चित समय, स्थान और निश्चित ढंग से क्रमवार प्रश्नों को पूछना और यथासंभव उत्तरों को तत्काल नोट करना।
6. सामाजिक शोध की एक विशिष्ट विधि: इस विधि का प्रयोग प्राकृतिक या भौतिक विज्ञानों में नहीं होता, जिनकी अध्ययन की विषय-वस्तु जड़, अचेतन या निर्जीव होती है, जिनसे बातचीत नहीं की जा सकती है।

साक्षात्कार के उद्देश्य (Objectives of Interview)

साक्षात्कार विधि का प्रयोग सामान्यतः शोध विषयक ऐसी सूचनाओं के एकत्रण के लिए किया जाता है, जिनको देखा नहीं जा सकता या जहाँ अवलोकन विधि विफल हो जाती है।

मानव का अधिकांश सामाजिक व्यवहार उसके विश्वासों, मूल्यों, भावनाओं, आशा-प्रत्याशाओं से चालित और नियंत्रित होता है। इन तथ्यों को जानने की यह एक अत्युत्तम विधि है। साक्षात्कार के द्वारा मानव-स्वभाव तथा व्यक्तित्व के आंतरिक पहलुओं और घटनाओं के कारणों को जानने में मदद मिलती है। इस विधि के प्रयोग के प्रमुख उद्देश्य इस प्रकार हैं:

प्राक्कल्पनाओं की रचना (To Develop Hypotheses)

सूचनादाताओं से उन्मुक्त वार्तालाप कई प्रकार के विचारों को जन्म देता है, जो मानवीय प्रेरणाओं और सामाजिक अन्तर्क्रियाओं से संबंधित प्राक्कल्पनाओं को विकसित करने में सहायक होती हैं।

किसी घटना से संबंधित चरों की खोज (To Find Variables)

सामाजिक घटनाओं से संबंधित कई कारक ऐसे होते हैं, जिन्हें देखा नहीं जा सकता। ऐसे कारकों/चरों (Variables) को मालूम करने में इस विधि का प्रयोग किया जाता है। यही नहीं, यह विधि विभिन्न चरों के बीच सहसंबंधों की खोज में भी सहायता करती है।

अन्य विधियों से प्राप्त सामग्री का संशोधन एवं प्रमाणीकरण (To Amend and Validate Data Collected Through other Methods)

इस विधि का प्रयोग अन्य विधियों की एक सहायक या पूरक विधि के रूप में भी किया जाता है। अन्य विधियों से प्राप्त तथ्य/सूचनाएं कहाँ तक सही हैं, ऐसी सूचनाओं की प्रामाणिकता की जांच के लिए भी यह विधि उपयोगी सिद्ध हुई है।

साक्षात्कार विधि के प्रकार (Types of Interview Method)

सामाजिक शोध में उन्मुक्त वार्तालाप से लेकर पूर्णतः नियोजित प्रकार की कई साक्षात्कार प्रविधियों का प्रयोग किया जाता है। प्रत्यक्ष आमने-सामने की स्थिति से लेकर आजकल डाक द्वारा या टेलीफोन या टीवी पर साक्षात्कार किए जाने लगे हैं। साक्षात्कार के उद्देश्य, विधि, अवधि, संरचना और भाग लेने वालों की संख्या के आधार पर साक्षात्कार के निम्नलिखित प्रमुख रूप बताए जा सकते हैं:

उद्देश्य	*तकनीक*	*अवधि*	*भाग लेने वालों की संख्या*
1. निदानात्मक साक्षात्कार	1. संरचित साक्षात्कार	1. अल्पावधि साक्षात्कार	1. व्यक्तिगत साक्षात्कार
2. उपचारात्मक साक्षात्कार	2. असंरचित साक्षात्कार	2. दीर्घावधि साक्षात्कार	2. सामूहिक साक्षात्कार
3. शोध साक्षात्कार	3. अर्द्धसंरचित साक्षात्कार	3. पुनरावृत्ति साक्षात्कार	

इन सभी प्रकार के साक्षात्कारों का संक्षिप्त विवरण नीचे दिया जा रहा है:

निदानात्मक साक्षात्कार (Diagnostic Interview)

बीमार व्यक्ति के रोग को मालूम करने के लिए जिस प्रकार एक चिकित्सक रोगी से पूछताछ करके रोग के बारे में जानकारी हासिल करता है, उसी प्रकार एक समाज वैज्ञानिक

सामाजिक समस्या के निदान के लिए लोगों से पूछताछ कर उसके कारणों, उत्पन्न करने वाली परिस्थितियों और प्रक्रियाओं को मालूम करता है, ताकि समस्या या रोग का निवारण किया जा सके। ऐसे साक्षात्कारों का मुख्य उद्देश्य सूचनादाताओं के नैराश्य और विरोध को जानना होता है।

उपचारात्मक साक्षात्कार (Treatment Interview)

कुछ साक्षात्कार समस्या के कारणों को जानने की अपेक्षा उसके उपचार, अर्थात् समस्या के समाधान के उद्देश्य से किए जाते हैं। ऐसे साक्षात्कारों में समस्या के समाधान के बारे में सुझाव लिए जाते हैं।

शोध साक्षात्कार (Research Interview)

जब साक्षात्कार का उद्देश्य किसी समस्या के कारणों को जानने या उसके समाधान के बारे में सुझाव प्राप्त करने की अपेक्षा सामाजिक जीवन के किसी पक्ष के बारे में नवीन और मौलिक ज्ञान प्राप्त करना होता है, तब इसे शोध साक्षात्कार कहा जाता है।

शोध हेतु अनौपचारिक उन्मुक्त वार्तालाप से लेकर पूर्व नियोजित प्रकार के औपचारिक साक्षात्कार की तकनीक का प्रयोग किया जाता है। कहाँ कौन सी तकनीक उपयुक्त होगी, यह साक्षात्कार के उद्देश्य, उपलब्ध समय और साधनों के साथ-साथ सूचनादाताओं की प्रकृति पर निर्भर करता है। इस प्रकार के साक्षात्कार संरचित, असंरचित या अर्द्धसंरचित हो सकते हैं:

संरचित साक्षात्कार (Structured Interview)

यह साक्षात्कार की एक ऐसी तकनीक है जिसमें साक्षाकार करने के पूर्व साक्षात्कार की समस्त प्रक्रिया, अर्थात् साक्षात्कार की अवधि, स्थान और समय से लेकर साक्षात्कार के दौरान पूछे जाने वाले प्रश्नों के आकार-प्रकार और उनके क्रम आदि का निर्धारण (संरचना) कर लिया जाता है। पूछे जाने वाले प्रश्नों की एक सूची भी बना ली जाती है, जिसे 'साक्षात्कार अनुसूची' कहते हैं (इसका विस्तृत विवरण आगे के अध्याय में किया गया है)।

साक्षात्कारकर्ता से अपेक्षा की जाती है कि वह पूर्णतः तटस्थ रह कर अनुसूची में दिये गए प्रश्नों को सभी सूचनादाताओं से एक ही क्रम में पूछे, उनमें कोई जोड़-तोड़ न करे। उसे प्रश्नों के क्रम, वाक्यांश और भाषा में परिवर्तन करने की स्वतंत्रता नहीं दी जाती है। इस प्रकार के साक्षात्कारों के लिए औपचारिक साक्षात्कार (Formal Interview), नियंत्रित साक्षात्कार (Controlled Interview), निर्देशित साक्षात्कार (Directed Interview) और मानकीकृत साक्षात्कार (Standardized Interview) जैसी कई शब्दावली का प्रयोग किया गया है।

संरचित साक्षात्कारों का प्रयोग अधिकांशतः सतही तथा ऐसी सूचनाओं के एकत्रण के लिए किया जाता है जिसके आधार पर सांख्यिकीय माप प्रदर्शित करनी होती है। यदि हम यह जानना चाहते हैं कि किसी समुदाय में कितने व्यक्ति शिक्षित/अशिक्षित हैं, कितने स्त्री/पुरुष हैं, कितने बालक, युवा, प्रौढ़ और वृद्ध हैं, कितने परिवार संयुक्त/एकाकी हैं, कितने व्यक्ति किसी मुद्दे के पक्ष/विपक्ष में हैं, आदि, तब हम साक्षात्कार की इस तकनीक का प्रयोग कर सकते हैं। आजकल बाजार-अनुसंधान, चुनाव-सर्वेक्षण, मैथुन (Sex) सर्वेक्षण आदि विषयों में इसी विधि का प्रयोग किया जा रहा है।

इस प्रकार की साक्षात्कार तकनीक की विशेषता यह है कि इसके द्वारा साक्षात्कार सामग्री का मानकीकरण (Standardization) हो जाता है। सभी सूचनादाताओं से एक से प्रश्न पूछने के कारण 'साक्षात्कारकर्ता के पक्षपात' (Interviewer's Bias) के प्रवेश की संभावनाएं बहुत कम हो जाती हैं। इस विधि की प्रमुख कमजोरी इसका सतही प्रकार की सूचनाएं प्राप्त करने तक इसका सीमांकन है। इसके द्वारा समस्या की गहराई में जाना कठिन है, जहाँ प्रश्न के साथ-साथ प्रति-प्रश्न (Cross-Questions) करने की जरूरत होती है।

असंरचित साक्षात्कार (Unstructured Interview)

संरचित साक्षात्कार तकनीक की भांति इसमें पूर्व निर्धारित प्रश्नों की अनुसूची का प्रयोग नहीं किया जाता और न ही साक्षात्कार को औपचारिक (समय, स्थान, प्रश्नों की शब्द रचना, आदि का निर्धारण) बंधनों में बांधा जाता है। अन्वेषक को पूर्ण स्वतंत्रता होती है कि शोध समस्या से संबंधित सूचनाओं के एकत्रण के लिए अपने हिसाब से वह प्रश्नों की तत्काल रचना करे। इस प्रकार के साक्षात्कार की प्रकृति बहुत कुछ कहानी सुनने-सुनाने जैसी होती है, जिसमें कहानी सुनने वाले कम बोलते हैं और सुनाने वाला ही ज्यादा बोलता है। अन्वेषक बहुत कम प्रश्न पूछता है, उसका जोर सूचनादाता के उत्तरों के सुनने पर अधिक होता है।

इस विधि में साक्षात्कारकर्ता बहुत कम प्रश्न पूछता है। वह अनावश्यक रूप में टोका-टाकी भी नहीं करता है। ऐसे साक्षात्कारों में अन्वेषक की भूमिका प्रश्नकर्ता की अपेक्षा एक अच्छे श्रवणकर्ता या सुझावकर्ता की ही अधिक होती है। एक सुझावकर्ता के रूप में वह सूचनादाता के समक्ष विषय को इस ढ़ंग से रखता है कि सूचनादाता अपनी बातें (शोध विषय से संबंधित) बताने के लिए तैयार हो जाए।

इस प्रकार के साक्षात्कार का प्रयोग तब किया जाता है जब सूचनादाता की दबी हुई भावनाओं, आकांक्षाओं अथवा विचारों को जानने का उद्देश्य होता है, जिनके बारे में कभी-कभी स्वयं सूचनादाता को भी स्पष्ट जानकारी नहीं होती है। मनोचिकित्सा और मनोविश्लेषण के क्षेत्र में इसी प्रकार के साक्षात्कार के माध्यम से सूचनादाता (मानसिक रोगियों) की आंतरिक बातों को मालूम किया जाता है। 'गहन साक्षात्कार' (Depth Interview) और 'अनिर्दिष्ट साक्षात्कार' (Non-directive Interview) असंरचित साक्षात्कार के ही विशिष्ट रूप हैं। गहन साक्षात्कार की प्रकृति साधारण असंरचित साक्षात्कारों से थोड़ी भिन्न होती है। ऐसे साक्षात्कार करते समय सर्वप्रथम एक ऐसे वातावरण की रचना की जाती है कि टेप-रिकार्डर का स्विच दबाने की भांति सूचनादाता अपने विगत जीवन की घटनाओं को स्वतः बताने लगता है। इसमें संरचित साक्षात्कार विधि की भांति सूचनादाता से निश्चित प्रश्न-उत्तर नहीं किए जाते, अपितु उसे शोध विषय से सम्बन्धित बातों को कहने के लिए उकसाया जाता है। जब कभी सूचनादाता किन्हीं कारणों से बोलना बन्द कर देता है, तब उसे पुनः बोलने और आगे की बात बताने के लिए अन्वेषक बहुधा ऐसे शब्दों का प्रयोग कर उसे सहारा देता है जैसे हां, आप अभी यह बता रहे थे, तो, "फिर बाद में क्या हुआ", या "ऐसा कब और क्यों हुआ", आदि-आदि। इस

प्रकार के साक्षात्कार में शोधकर्ता हर संभव यह प्रयास करता है कि वार्ता का तारतम्य टूटने न पाए और साक्षात्कार की धाराप्रवाहिकता जारी रहे। साक्षात्कारकर्ता की भूमिका ऐसे साक्षात्कारों के दौरान एक अच्छे 'सहानुभूत श्रवणकर्ता' (Patient Listener) की ही अधिक होती है, वह स्वयं कम से कम बोलता है और सूचनादाता की बातों को एकाग्रचित्त होकर सुनता है। इस प्रकार के साक्षात्कारों में बहुधा 'साक्षात्कार प्रदर्शिका' (Interview Guide) का प्रयोग किया जाता है। इस प्रदर्शिका में साक्षात्कार विषय की मोटी-मोटी जानकारी तथा साक्षात्कार करने संबंधी कुछ निर्देश लिखे होते हैं, जिनके पालन की अन्वेषक से आशा की जाती है।

ऐसे साक्षात्कारों में जो प्रश्न किए जाते हैं, वे 'खोजबीन वाले प्रश्न' (Probe Questions) कहलाते हैं। ऐसे प्रश्न साधारणतः छोटे होते हैं, जिनके द्वारा मनोभावनाओं को कुरेदने का प्रयास किया जाता है। खोजबीन प्रश्नों के द्वारा अनेकार्थी उत्तरों के स्पष्टीकरण की मांग की जाती है। अस्पृश्य (दलित) जातियों और अल्पसंख्यकों के प्रति लोगों के मनोभावों और दृष्टिकोणों को जानने के लिए कुछ शोधार्थियों ने इस तकनीक का प्रयोग किया है।

सामाजिक विज्ञानों में असंरचित साक्षात्कार की तकनीक का प्रयोग सर्वप्रथम मानवशास्त्र के क्षेत्र में आदिवासियों और जनजातियों के अध्ययनों में किया गया है। सामाजिक शोध के क्षेत्र में कुछ दशकों पूर्व प्रचलित **हैराल्ड गारफिंकल** द्वारा प्रवर्तित नृजाति पद्धति (Ethnomethodology) इसी तकनीक पर जोर देती है।

असंरचित साक्षात्कार विधि के अपने कुछ गुण-अवगुण दोनों हैं। इस विधि की सर्वाधिक महत्वपूर्ण विशेषता इसके लचीलेपन के साथ-साथ अन्वेषक को दी गई पर्याप्त स्वतंत्रता है। यह एक प्रकार से सहज बातचीत के रूप में होता है, जिसके कारण अधिक विश्वसनीय सूचनाएं प्राप्त करने की संभावना रहती है। **मर्टन** ने लिखा है कि इस प्रकार के साक्षात्कार सूचनादाता की घटनाओं की अपनी परिभाषा, उनके प्रति दृष्टिकोण और प्रतिक्रियाएं जानने में बहुत महत्वपूर्ण होते हैं। इस विधि की प्रमुख सीमाएं और अवगुण यह हैं कि इसकी तकनीक के लचीलेपन के कारण विभिन्न सूचनादाताओं से प्राप्त तथ्यों की तुलना नहीं की जा सकती। अन्वेषक पर कोई नियंत्रण न होने के कारण तथ्यों की विश्वसनीयता संदिग्ध बन जाती है। इस विधि द्वारा प्राप्त तथ्यों का परिमाणीकरण करना कठिन होता है। इसमें अधिक समय, विशिष्ट कुशलता और सूझबूझ की जरूरत पड़ती है। एक प्रशिक्षित साक्षात्कारकर्ता ही इस तकनीक का प्रयोग कर सूचनादाता से आवश्यक सूचनाएं निकलवा सकता है। इसकी एक अन्य कमजोरी साक्षात्कारकर्ता की अभिनति (Interviewer's Bias) की है। साक्षात्कारकर्ता पर कोई नियंत्रण न होने के कारण वह स्वच्छंद रूप में मनमाने प्रश्न पूछता है। कभी-कभी अन्वेषक इतना भावविह्वल हो जाता है कि वह सूचनाओं को सुनना और नोट करना ही भूल सकता है।

अर्द्ध-संरचित साक्षात्कार (Semi-Structured Interview)

यह तकनीक पूर्ण संरचित और पूर्ण असंरचित प्रकार के साक्षात्कारों के बीच की है। इसमें दोनों की कुछ-कुछ विशेषताएं होती हैं। **फिलिप्स** के अनुसार अर्द्ध संरचित साक्षात्कार में

कुछ प्रश्न तो पूर्व निश्चित पूछने पड़ते हैं, किन्तु इन प्रश्नों से प्राप्त प्रत्युत्तरों की गहराई में जाने के लिए अन्वेषक को कुछ खोजबीन पूर्ण प्रश्न (Probe Questions) करने की स्वतंत्रता होती है। इस विधि का प्रयोग मर्टन ने 'केन्द्रित साक्षात्कार' की अपनी तकनीक में किया है।

केन्द्रित साक्षात्कार (Focussed Interview)

केन्द्रित साक्षात्कार, संरचित और असंरचित दोनों प्रकार की साक्षात्कार विधियों का एक मिश्रित रूप है। असंरचित साक्षात्कार में साक्षात्कारकर्ता के पक्षपात (Bias) की समस्या के उत्पन्न होने की काफी संभावना रहती है। इस समस्या के समाधान के रूप में ही केन्द्रित साक्षात्कार का जन्म हुआ जिसका सर्वप्रथम प्रयोग सन् 1946 में **आर.के. मर्टन** तथा उनके साथियों ने जन संचार के साधनों (रेडियो, दूरदर्शन, समाचार पत्र आदि) के समाज मनोवैज्ञानिक प्रभावों को जानने में किया। **थियोडॉरसन और थियोडॉरसन** ने इस विधि को परिभाषित करते हुए लिखा है, "यह साक्षात्कार की एक ऐसी तकनीक है, जिसमें सूचनादाता के जीवन में घटित किसी विशिष्ट घटना अथवा स्थिति से सम्बन्धित कुछ चुने हुए पहलुओं पर उसके ध्यान को केन्द्रित कर प्रश्न पूछे जाते हैं।" मर्टन ने द्वितीय विश्व युद्ध के बारे में लोगों के अनुभवों एवं प्रतिक्रियाओं को जानने में इस विधि का प्रयोग किया है। उन्होंने ऐसे सूचनादाताओं का चयन किया, जो द्वितीय विश्व युद्ध की घटनाओं में किसी न किसी रूप में सहभागी रहे थे। ऐसे लोगों को द्वितीय विश्व युद्ध संबंधी फिल्म दिखलाई गई ताकि उनके स्मृति पटल पर वे घटनाएं पुनः सजीव हो उठें, जिन्हें उन्होंने देखा है। इसके बाद उनके ध्यान को उन घटनाओं पर केन्द्रित कर प्रश्न पूछे गए ताकि उनकी प्रतिक्रियाओं को जाना जा सके। इस विधि का प्रयोग किसी फिल्म, नाटक या पुस्तक के प्रभाव को जानने में किया जा सकता है।

इस विधि की प्रमुख प्रक्रिया एवं विशेषताएं निम्नलिखित हैं:

1. इस विधि में साक्षात्कार हेतु उन्हीं व्यक्तियों का चुनाव किया जाता है जो अध्ययन की जाने वाली घटना (जैसे फिल्म देखना, किसी दुर्घटना या उपद्रव के समय उपस्थित रहना) में किसी न किसी रूप में सहभागी रहे हैं।
2. इस विधि के दूसरे चरण में अध्यित घटना का विश्लेषण कर एक प्रारूप तैयार किया जाता है। इस प्रारूप में उन प्रश्नों को सम्मिलित किया जाता है, जो सूचनादाताओं से पूछे जाने हैं।
3. इसके तीसरे चरण में एक साक्षात्कार निर्देशिका की रचना की जाती है। इसमें उन प्रसंगों का उल्लेख होता है जिनके बारे में प्रश्न पूछे जाने हैं।
4. अंतिम चरण में चुने हुए सूचनादाताओं से प्रश्न पूछ कर घटना के प्रति उनकी भावनाओं, विचारों और दृष्टिकोण को जानने का प्रयास किया जाता है।

केन्द्रित साक्षात्कार की तकनीक प्राकृतिक विज्ञानों की प्रायोगिक विधि से कई बातों में मिलती-जुलती है, अतः इसे सामाजिक विज्ञानों की प्रायोगिक विधि भी कहा जाता है।

व्यक्तिगत साक्षात्कार (Individual Interview)

यह इस प्रकार का साक्षात्कार होता है, जिसमें साक्षात्कारकर्ता एक बार में एक सूचनादाता से ही साक्षात्कार करता है। इसका प्रयोग तब किया जाता है, जब सूचनाओं की प्रकृति निजी (Personal) प्रकार की होती है। इस प्रकार के साक्षात्कार के प्रमुख गुण हैं: (अ) साक्षात्कार की अन्य विधियों की तुलना में इसके द्वारा अधिक सटीक सूचना मिलने की संभावना रहती है। (ब) व्यक्तिगत साक्षात्कार संवेदनशील मुद्दों के बारे में जानने की अधिक उपयुक्त विधि है। (स) इस प्रकार के साक्षात्कार में सूचनादाता से व्यक्तिगत सम्पर्क स्थापित हो जाने के कारण उससे दूसरी या तीसरी बार मिल कर अपूर्ण सूचनाओं को प्राप्त किया जा सकता है।

व्यक्तिगत साक्षात्कार की सबसे बड़ी कमजोरी इसमें उत्पन्न व्यक्तिगत पक्षपात/अभिनति की समस्या है। सूचनादाता से व्यक्तिगत सम्पर्क के कारण कभी-कभी वह प्रतिष्ठावश झूठ बोल सकता है। इसमें समय, श्रम और धन तीनों की बहुत जरूरत पड़ती है।

सामूहिक अवलोकन (Group Intervew)

इसमें एकाधिक सूचनादाताओं का एक साथ साक्षात्कार किया जाता है। इसमें साक्षात्कारकर्ता एक होता है, किन्तु सूचनादाता एक समूह में होते हैं, जिनकी संख्या दो या दो से अधिक हो सकती है। जैसे एक परिवार के सभी व्यक्ति, एक कक्षा के सभी या कुछ विद्यार्थी, एक गांव के कुछ ग्रामीण जन। अन्वेषक के प्रश्नों का उत्तर समूह का कोई भी व्यक्ति दे सकता है। प्रश्न किसी व्यक्ति विशेष से संबंधित न होकर सम्पूर्ण समूह से संबंधित होते हैं। किसी गांव की जनसंख्या, उपज, परिवारों की संख्या आदि की जानकारी एकत्रित करने के लिए गांव की चौपाल या किसी चाय की दुकान पर बैठे ग्रामीणजनों से इस प्रकार का साक्षात्कार किया जा सकता है। ऐसे प्रश्नों की प्रकृति वैयक्तिक या निजी (Personal) प्रकार की न होने के कारण समूह का कोई भी व्यक्ति उत्तर दे सकता है।

समूह साक्षात्कार का प्रमुख गुण यह है कि इससे समय, ऊर्जा और धन कम खर्च कर व्यापक सूचनाएं एकत्रित की जा सकती है। संकलित सूचनाओं की प्रामाणिकता की परख तत्काल समूह के दूसरे व्यक्तियों द्वारा हो जाती है। इस प्रकार के साक्षात्कार की कुछ सीमाएं भी हैं। व्यक्तिगत या निजी प्रकृति की सूचनाओं के लिए समूह साक्षात्कार सर्वथा अनुपयुक्त है। कोई भी व्यक्ति अपने वैवाहिक जीवन की सफलता-असफलता के बारे में अन्य व्यक्तियों की उपस्थिति में बात करना पसंद नहीं करेगा। गहन अध्ययनों में भी यह विधि अनुपयुक्त है। किसी समूह के बारे में छोटी-मोटी जानकारी एकत्र करने के लिए ही यह विधि उपयुक्त हो सकती है।

अवधि के आधार पर साक्षात्कार के प्रकार (Interview Based on Time Period)

अवधि (Period) के आधार पर साक्षात्कार अल्पावधि, दीर्घावधि, पुनरावर्तक और पैनल प्रकार के हो सकते हैं। 'अल्पावधि साक्षात्कार' (Short Tiine Interviews) में कम समय (अनुमानतः कुछ मिनटों से आधा घंटे तक) लगता है। टेलीफोन पर किए जाने वाले साक्षात्कार इसी श्रेणी में आते हैं। ऐसे साक्षात्कार कई बार एक-दो प्रश्न पूछ कर एक-दो

मिनट में ही निबट जाते हैं। इनके द्वारा सामान्यतः सतही सूचनाएं एकत्रित की जाती हैं। पश्चिमी देशों और अमेरिका में ऐसे साक्षात्कारों का काफी प्रचलन है, किन्तु भारत में शिक्षा और फोन की उपलब्धता की कमी के कारण अभी ऐसे साक्षात्कार बहुत कम किए जाते हैं। जब सूचनाओं की प्रकृति गहन और जटिल होती हैं, तब 'दीर्घावधि साक्षात्कार' (Long-Time Interview) का प्रयोग किया जाता है जो कई बार घंटों, दिनों और महीनों तक रुक-रुक कर चलते रहते हैं। मनोचिकित्सा के क्षेत्र में रोगी से ऐसे साक्षात्कारों के द्वारा अवचेतन में बैठी हुई बातों को निकलवाने के लिए प्रायः ऐसे लम्बे साक्षात्कारों का प्रयोग किया जाता है। ऐसे साक्षात्कार कई बैठकों में पूरे किए जाते हैं।

किसी घटना के प्रभाव और परिवर्तन को जानने के लिए 'पुनरावर्तक साक्षात्कार' (Repetitive Interview) किए जाते हैं। ऐसे साक्षात्कार सर्वेक्षणों में सूचनादाताओं के एक निश्चित समूह से एक निश्चित अवधि के बाद बार-बार साक्षात्कार करके घटना के प्रभाव एवं परिवर्तन को मालूम किया जाता है। इन्हें 'पैनल साक्षात्कार' या 'पैनल सर्वेक्षण' (Panel Interview or Survey) भी कहा जाता है, क्योंकि इसमें सूचनादाताओं के एक ही समूह से दो या अधिक बार एक नियमित अंतराल के बाद साक्षात्कार किया जाता है। यदि विभिन्न स्तरों पर भिन्न सूचनादाताओं से एक से प्रश्न पूछे जाते हैं, तब इसे 'प्रवृत्ति अध्ययन' (Trend Study) कहते हैं।

जब साक्षात्कार आमने-सामने की स्थिति में किया जाता है, अर्थात् साक्षात्कारकर्ता और सूचनादाता दोनों एक दूसरे के सामने उपस्थित रहते हैं, तब इसे 'वैयक्तिक साक्षात्कार' (Personal Interview) कहते हैं। किन्तु जब सूचना एकत्रण के लिए किसी माध्यम, जैसे टेलीफोन या कम्प्यूटर आदि का प्रयोग किया जाता है, तब यह 'अ-वैयक्तिक साक्षात्कार' (Non-personal Interview) कहलाता है।

साक्षात्कार शोध की प्रक्रिया या तकनीक (Process or Technique of Interview Research)

जैसा प्रारंभ में लिखा गया है कि शोधसाक्षात्कार सामान्य वार्तालाप या नौकरी या किसी अन्य उद्देश्य से किए जाने वाले साक्षात्कार से सर्वथा भिन्न है। इसकी एक निश्चित तकनीक है, एक निश्चित प्रक्रिया है जिसे एक शोधकर्ता को प्रयोग करना जरूरी होता है। इस प्रक्रिया के निम्नलिखित प्रमुख चरण हैं:

1. साक्षात्कार के बारे में प्रारंभिक सोच-विचार
2. साक्षात्कार की प्रक्रिया की शुरुआत
3. साक्षात्कार का समापन
4. साक्षात्कार सामग्री का आलेखन

साक्षात्कार के बारे में प्रारंभिक सोच-विचार (Preparatory Thinking about the Interview)

साक्षात्कार का उद्देश्य और विषय क्या हैं, सूचनादाताओं की प्रकृति क्या है, अर्थात् वे पुरुष/स्त्री, शिक्षित/अशिक्षित, ग्रामीण/नगरीय, बालक/युवा/वृद्ध में से क्या हैं, उनकी क्या जाति, धर्म और व्यवसाय है? ये विषय ऐसे हैं जिन पर सोच-विचार कर साक्षात्कार की

प्रविधि का चुनाव किया जाता है। इन्हीं के आधार पर साक्षात्कार के समय और स्थान को निश्चित किया जाता है। ये ऐसे विषय हैं जिन पर साक्षात्कार करने के पूर्व सोच-विचार कर साक्षात्कार को सफल बनाना सुनिश्चित किया जाता है। सूचनादाताओं की संस्कृति और व्यक्तित्व के बारे में जानकारी जुटाते समय यह ध्यान रखा जाना चाहिए कि सूचनादाताओं से कब और कहाँ सम्पर्क स्थापित करना ठीक होगा। भारतीय ग्रामीण-जन सामान्यतः सवेरे-सवेरे काम पर (खेत-खलिहान) निकल पड़ते हैं, अतः उनसे सुबह या दोपहर में साक्षात्कार करना संभव नहीं हो सकता। गंदी बस्तियों का अध्ययन करते समय इन बस्तियों में ही साक्षात्कार करना उपयुक्त होगा, ताकि जो कुछ वहाँ के निवासी बताते हैं, उन्हें आखों से देख कर सूचनाओं की प्रामाणिकता की जांच भी की जा सकती है। सूचनादाताओं का चयन भी सोच-विचार का एक प्रमुख मुद्दा है। ऐसे सूचनादाताओं को ही साक्षात्कार में सम्मिलित किया जाना चाहिए, जिनके पास हमारे शोध विषय से संबंधित अधिकाधिक सूचनाएं हैं। सूचनादाताओं की प्रकृति उनके चयन की पद्धति (Sampling Method) को भी सुनिश्चित करती है और इस पर भी विचार किया जाना आवश्यक है।

साक्षात्कार की प्रारंभिक तैयारी के समय ही साक्षात्कार के उपकरण - साक्षात्कार अनुसूची (Interview Schedule) या साक्षात्कार निर्देशिका (Interview Guide) – का चुनाव और उसकी रचना पर भी विचार किया जाना आवश्यक है। संरचित साक्षात्कार विधि के लिए 'साक्षात्कार अनुसूची' और असंरचित साक्षात्कार हेतु 'साक्षात्कार निर्देशिका' का चुनाव उपयुक्त रहता है। साक्षात्कार अनुसूची क्रमबद्ध प्रश्नों की एक सूची होती है, जिसका प्रयोग साक्षात्कारकर्ता साक्षात्कार के दौरान करता है। साक्षात्कारकर्ता इस सूची में लिखे प्रश्नों को सूचनादाता से पूछ कर उनके उत्तरों को शब्दशः प्रश्नों के साथ दी गई खाली जगह पर नोट करता है। इसके विपरीत, साक्षात्कार निर्देशिका में प्रश्नों के स्थान पर शोध विषय से संबंधित कुछ बिन्दु (Points) लिखे होते हैं, जो अन्वेषक का प्रश्न पूछने में पथ-प्रदर्शन करते हैं, उसे यह याद दिलाते रहते हैं कि उसे किन-किन प्रसंगों के बारे में जानकारी एकत्रित करनी है। इन दोनों शोध उपकरणों का सविस्तार वर्णन आगे 'अनुसंधान के उपकरण' अध्याय में किया जाएगा।

साक्षात्कार प्रक्रिया *(Process of Interview)*

साक्षात्कार की प्रारंभिक बातों पर सोच-विचार और आवश्यक तैयारी कर लेने के बाद साक्षात्कार की मूल प्रक्रिया की शुरुआत की जाती है। साक्षात्कार का संचालन कैसे किया जाएगा, आजकल इसके लिए एक छपी हुई 'साक्षात्कार नियमावली' (Interview Manual) शोध संस्थाओं में उपलब्ध होती है। इसमें सूचनादाताओं से सम्पर्क की समस्या तथा साक्षात्कार संबंधी अन्य निर्देश दिये होते हैं। इन निर्देशों में मोटे रूप में इन बातों का उल्लेख किया गया होता है:

प्रारंभिक सम्पर्क (Initial Contact)

सूचनादाताओं के चयन और उनके निवासस्थान या कार्यस्थल को मालूम करने के बाद उनके साथ सम्पर्क स्थापित किया जाता है। इसके लिए उन्हें पत्र, टेलीफोन या अन्य साधनों द्वारा

साक्षात्कार करने की सूचना देकर उनसे साक्षात्कार के लिए समय देने का निवेदन किया जाता है। यदि उन्हें पत्र लिखा जाता है तब इस पत्र में साक्षात्कार के विषय और उद्देश्य का संक्षेप में हवाला दिया जाता है। (इस प्रकार के पत्र का प्रारूप अगले अध्याय में दिया गया है) घर या कार्य-स्थल या अन्य स्थान पर जहाँ सूचनादाता उपस्थित हो, उसे अपने आने की उपयुक्त साधन द्वारा (बिजली की घंटी बजा कर या किवाड़ खड़खड़ा कर) सूचना देकर शिष्टाचार के सामान्य नियमों का पालन करते हुए सूचनादाता के सांस्कृतिक प्रतिमान के अनुरूप मैत्रीवत भाव से अभिवादन कर साक्षात्कारकर्ता को संक्षेप में अपना परिचय देना चाहिए। तत्पश्चात उसे साक्षात्कार के उद्देश्य को अति संक्षेप में किन्तु स्पष्ट शब्दों में इस प्रकार समझाना चाहिए ताकि सूचनादाता साक्षात्कार के लिए तैयार हो जाए। ये सब बातें सूचनादाता को आपके प्रति आश्वस्त करेंगी। प्रारंभिक सम्पर्क की सफलता साक्षात्कार के आगे के कार्य को सरल बना देती है। सामान्यतः ऐसा कहा जाता है कि "श्रीगणेश अच्छा हो तो समझिए आधा काम हो गया" (Well Begun is Half Done)। इसी समय सूचनादाता को यह कह कर आश्वस्त किया जाना चाहिए कि आपका चयन कैसे हुआ और आपके द्वारा दी गई सूचना पूर्णतः गुप्त रखी जाएगी। आपका नाम कहीं नहीं दिया जाएगा।

साक्षात्कार का संचालन (Conducting the Interview)

साक्षात्कार एक सामाजिक अन्तर्क्रिया है, अतः इसकी समस्त प्रक्रिया की रचना इस प्रकार की जानी चाहिए, ताकि दोनों के बीच वार्तालाप (प्रश्न-उत्तर) का क्रम निर्बाध गति से धीरे-धीरे आगे बढ़ता चला जाए। इसके लिए साक्षात्कारकर्ता को निम्नलिखित आवश्यक नियमों एवं निर्देशों का पालन करना चाहिए:

1. साक्षात्कार प्रारंभ करने के पूर्व ऐसे वातावरण का निर्माण किया जाना चाहिए जहाँ सूचनादाता को प्रत्युत्तर देने में किसी प्रकार की हिचकिचाहट का अनुभव न हो। जहाँ तक संभव हो, वह एकान्त स्थान हो।
2. साक्षात्कार का प्रारंभ किन प्रश्नों से किया जाए, यह साक्षात्कार के उद्देश्य के साथ-साथ साक्षात्कार के लिए अपनाई गई विधि (संरचित या असंरचित) पर निर्भर करता है। संरचित साक्षात्कार में प्रश्नों के लिए सोच-विचार नहीं करना पड़ता, क्योंकि इसमें पहले से ही निर्मित प्रश्नों की अनुसूची तैयारी होती है और साक्षात्कारकर्ता इस अनुसूची की सहायता से क्रमानुसार प्रश्न पूछता और उत्तर नोट करता चला जाता है। किन्तु, जब असंरचित साक्षात्कार की प्रकृति गहन और अनिर्दिशित प्रकार की होती है, तब साक्षात्कारकर्ता को अत्यंत सतर्क रह कर समय के अनुरूप बात छेड़ते हुए सरल और सामान्य प्रश्नों जैसे नाम, जाति, धर्म, व्यवसाय, आय आदि से शुरुआत करनी चाहिए। कभी-कभी इन प्रश्नों के बारे में जानकारी आखिर में भी हासिल करने की परिपाटी है। गंभीर और विवादास्पद प्रश्नों को धीरे-धीरे बाद में पूछना चाहिए।
3. आदेशात्मक, उपदेशात्मक, निषेधात्मक तथा इसी प्रकार के सुझावात्मक प्रश्नों से जहाँ तक संभव हो, बचा जाना चाहिए। इसी के साथ दोहरे और बहुअर्थक प्रश्नों का

प्रयोग भी नहीं किया जाना चाहिए। जिन प्रश्नों से सूचनादाता के नाराज होने, सम्मान या प्रतिष्ठा को ठेस पहुँचने की संभावना हो, उन्हें प्रत्यक्ष रूप से नहीं पूछना चाहिए।

4. साक्षात्कार का प्रवाह रुके नहीं, इसके लिए प्रश्नों के क्रम में तार्किक संगति होना आवश्यक है, अर्थात् दूसरा प्रश्न पहले प्रश्न से जुड़ा हुआ हो। एक व्यक्ति से उसकी संतानों के बारे में कुछ पूछने के बाद यह प्रश्न करना कि क्या आप विवाहित हैं, एक हास्यास्पद और मूर्खतापूर्ण प्रश्न होगा। इसके लिए प्रश्नों का क्रम निम्न प्रकार से होना चाहिए:

   (अ) क्या आप विवाहित हैं? हां/नहीं

   सूचनादाता के 'हां' कहने के बाद संतान के बारे में प्रश्न किया जाना चाहिए:

   (ब) आपकी कितनी संतान हैं?

5. एक अच्छे साक्षात्कारकर्ता के लिए 'सहानुभूत श्रवणकर्ता' (Sympathetic Listener) होना आवश्यक है, अर्थात् वह सुने अधिक और बोले बहुत कम। उसे बीच-बीच में टोका-टाकी से भी बचना चाहिए। धैर्य और विनम्रता, आत्म-नियंत्रण और आत्मानुशासन एक अनुभवी साक्षात्कारकर्ता के प्रमुख गुण हैं। **पी.वी. यंग** ने कहा है, "जिज्ञासा, सम्मान और समझ के साथ धैर्य से सुनने की योग्यता सम्प्रेषण का द्वार खोलती है।"

6. एक निपुण साक्षात्कारकर्ता के लिए एक अच्छे श्रवणकर्ता का होना ही पर्याप्त नहीं है, उसे यह भी ध्यान रखना चाहिए कि सूचनादाता विषय से बाहर नहीं जा रहा है, निरर्थक और अनर्गल वार्तालाप में समय नष्ट नहीं कर रहा है। ऐसी स्थिति को बदलने और सूचनादाता को पुनः शोध विषय पर लाने के लिए बड़ी सतर्कता बरतनी चाहिए। ऐसे क्षणों में निम्नलिखित वाक्यांशों का प्रयोग हितकर सिद्ध हो सकता है:

   "हां, आप इस बारे में .... मुझे कुछ बता रहे थे"

   "तो इसके बाद क्या हुआ"

   "आपका इस बारे में क्या अनुभव रहा"

   "आपने अभी-अभी कहा कि .... क्या"

   "ऐसी घटना पहले भी कभी घटी है?"

इस प्रकार के शब्द वार्तालाप की धारा को बनाए रखते हैं और वार्तालाप को मन्द और नीरस नहीं होने देते। कभी-कभी गहन साक्षात्कार के समय सूचनादाता अपने जीवन की कुछ बातों को बताते समय भावावेश में बह जाता है (रोने लगता है या क्रोधित हो जाता है, या रुक जाता है), इन क्षणों में एक कुशल साक्षात्कारकर्ता से आशा की जाती है कि वह सूचनादाता के साथ अपनापन जताते हुए उसे पुनः अपनी बातें कहने के लिए प्रोत्साहित करे।

7. गहन साक्षात्कारों में ऐसे प्रश्न नहीं किए जाने चाहिए जिनके उत्तर 'हाँ' या 'नां' में आते हों। यह पूछने की अपेक्षा कि "क्या आप इस बारे में जानते हैं?" यह पूछना अधिक ठीक होगा कि "इस बारे में आप क्या जानते हैं?"

साक्षात्कार का नियंत्रण एवं जांच
(Controlling and Validating the Interview)

एक साक्षात्कारकर्ता को एक 'शांत श्रवणकर्ता' के साथ-साथ एक 'विश्लेषक श्रवणकर्ता' भी होना आवश्यक है। धाराप्रवाह वार्तालाप के प्रत्येक मोड़ पर उसे यह ध्यान रखना चाहिए कि उसे जो बातें बताई जा रही हैं, वे सही तथा विश्वसनीय भी हैं या नहीं। सूचनाओं की आंतरिक संगति और प्रामाणिकता की जांच के लिए 'खोजपूर्ण प्रश्न' (Probe Questions) अथवा 'प्रति-प्रश्न' (Cross-Questions) का सहारा लिया जा सकता है।

एक प्रसिद्ध मानवशास्त्री ने स्पष्ट कहा है कि जब तक साक्षात्कारकर्ता व्यक्तिपरक तथ्यों के बारे में पूर्णतः सचेत नहीं रहते, तब तक उनका कार्य वैज्ञानिक उद्देश्यों की दृष्टि से निरर्थक, अपरिमार्जित, अपरिष्कृत और निरर्थक रहता है।

साक्षात्कार का समापन (Closing the Interview)

साक्षात्कार का अंतिम चरण भी उतना ही महत्वपूर्ण है, जितना कि प्रारंभिक सम्पर्क चरण। वार्तालाप को धीरे-धीरे समाप्ति की ओर बढ़ाना चाहिए। यकायक वार्तालाप की समाप्ति सूचनादाता में संदेह और आश्चर्य का भाव उत्पन्न कर सकती है कि यह क्या हुआ। जहाँ तक संभव हो साक्षात्कार की एक बैठक लम्बी न हो अन्यथा सूचनादाता थकान और उदासीनता अनुभव कर सकता है। एक कुशल साक्षात्कारकर्ता सूचनादाता के मुखाकृति के भावों को ताड़कर, कोई बहाना बनाकर साक्षात्कार को तत्काल रोक देता है और किसी अन्य दिन का समय लेकर अलविदा कर लेता है।

साक्षात्कार संबंधी सभी आवश्यक सूचनाएं मिल जाने के उपरान्त साक्षात्कारकर्ता को सूचनादाता के प्रति कृतज्ञता ज्ञापित करनी चाहिए। इसके लिए वह निम्नलिखित शब्दों का प्रयोग कर सकता है:

"मैने आपका अमूल्य समय लिया, इसके लिए मैं आप का अत्यंत आभारी हूं।"

"आपने मुझे जो सहयोग दिया, उसे मैं कभी नहीं भुला सकता" आदि-आदि। इन शब्द के साथ हंसमुख चेहरे से सूचनादाता को अभिवादन करते हुए विदा लेनी चाहिए।

साक्षात्कार सामग्री का आलेखन (Recording the Interview Data)

जिन साक्षात्कारों में अनुसूची का प्रयोग किया जाता है, उनमें प्रत्युत्तरों को लिखने की कोई समस्या नहीं होती। व्यक्तिगत (संरचित) साक्षात्कार में साक्षात्कारकर्ता सूचनादाता के उत्तरों को प्रश्नों के साथ उत्तरों के लिए दी गई जगहों में उन्हें तत्काल नोट करता चला जाता है। गहन (असंरचित) साक्षात्कार में सूचनादाता को बड़ी सतर्कता से सूचनादाता के उत्तरों को सूचनादाता के सामने या परोक्ष में अति संक्षिप्त में नोट करना चाहिए। कहानी प्रकार के साक्षात्कारों में सूचनादाता के समक्ष ही उत्तरों को नोट करने से वार्तालाप के टूटने का आशंका रहती है। सामान्यतः एक कुशल साक्षात्कारकर्ता से यह अपेक्षा की जाती है कि वह अपनी स्मरण शक्ति का प्रयोग करते हुए सूचनादाता द्वारा बताई गई बातों को बाद में, किन्तु अति शीघ्र नोट करे ताकि वह बताई गई बातों को भूल न जाए। किन्तु उसे साक्षात्कार के बीच अति संक्षेप में (संकेत लिपि में यदि साक्षात्कारकर्ता को उसका ज्ञान

हो) नोटस् ले लेने चाहिए। आजकल इस प्रकार के साक्षात्कारों को शब्दश: नोट करने के लिए टेप रिकॉर्डर यंत्र का प्रयोग किया जाता है, यदि सूचनादाता इसकी स्वीकृति देता है।

साक्षात्कार विधि के गुण (Merits of Interview Method)

साक्षात्कार विधि मौखिक शाब्दिक (Oral Verbal) और लिखित शाब्दिक (Written Verbal) रूप में सूचनाएं प्राप्त करने की सामाजिक अनुसंधान की एक महत्वपूर्ण विधि है। शाब्दिक व्यवहार की अपनी विशिष्ट महत्ता है। इसके द्वारा जो सूचनाएं प्राप्त होती हैं, उन्हें अवलोकन या अन्य विधियों से कठिनत: ही प्राप्त किया जा सकता है। एक प्राकृतिक वैज्ञानिक अपनी विषय-वस्तु, जो प्राय: जड़ या अचेतन होती है, से बातचीत नहीं कर सकता। यह सुविधा एक वैज्ञानिक को केवल मानव प्राणी के अध्ययन में ही प्राप्त होती हैं। इस विधि के प्रमुख गुण निम्नलिखित हैं:

(i) ***अमूर्त मनोवैज्ञानिक तथ्यों का अध्ययन (Study of Abstract Psychological Facts):*** मानवीय व्यवहार के अध्ययन में मनोवैज्ञानिक तथ्यों, यथा आकांक्षाओं, भावनाओं, संवेगों, विचारों, विश्वासों और मूल्यों का विशिष्ट महत्व है। ये तथ्य मानवीय व्यवहार के संचालन में प्रेरकों (Stimuli) का कार्य करते हैं। ये तथ्य अमूर्त होते हैं जिन्हें देखा नहीं जा सकता। अत: ये सभी प्रकार की अवलोकन विधियों की सीमाओं से परे हैं। इस अध्याय के प्रारंभ में दिया गया गोर्डन आल्पोर्ट का उद्धरण सटीक रूप में इन तथ्यों के बारे में साक्षात्कार विधि की महत्ता को दर्शाता है।

(ii) ***भूतकालीन तथा निजी घटनाओं का अध्ययन (Study of Past and Personal Events):*** बीती हुई घटनाओं (जैसे द्वितीय महायुद्ध) को अब देखा नहीं जा सकता और न ही उनकी पुनरावृति संभव है। इसी प्रकार, निजी जीवन (Personal Life) से जुड़ी घटनाओं जैसे संभोग क्रियाओं को देखा नहीं जा सकता। ऐसी घटनाओं के बारे में जानने के लिए उन व्यक्तियों का साक्षात्कार किया जा सकता है जो उन घटनाओं में प्रत्यक्ष या परोक्ष किसी रूप में सहभागी रहे हों। इसी प्रकार, ऐसी कई घटनाएं होती हैं जिन्हें देखा तो जा सकता है, किन्तु शोधकर्ता घटना के घटित होते समय उपस्थित नहीं होता या कभी-कभी उपस्थित होने पर भी घटनाओं की आन्तरिक बातों (जैसे उसकी उत्पत्ति के कारण) की जानकारी नहीं हो पाती, जब तक उनके बारे में पूछताछ नहीं कर ली जाती है। ऐसी घटनाओं के अध्ययन के लिए अवलोकन के स्थान पर साक्षात्कार विधि ही सर्वाधिक उपयुक्त होती है।

(iii) ***शब्दहीन व्यवहारों के अवलोकन का सुअवसर (Opportunity to Observe Non-Verbal Behaviour):*** यह विधि सूचनादाताओं से बातचीत के साथ-साथ उनके वास्तविक शब्दहीन व्यवहारों को नजदीकी से देखने-समझने का अवसर भी देती है। असहभागिता अवलोकन विधि में सामान्यत: अन्वेषक को सूचनादाता से बातचीत का अवसर नहीं मिलता। इसके विपरीत, साक्षात्कार विधि से सूचनादाता द्वारा दी गई सूचनाओं की प्रामाणिकता की जांच तत्काल अवलोकन द्वारा हो सकती है। अत: यह विधि अवलोकन विधि के पूरक का काम भी करती है।

(iv) ***तथ्यों का सत्यापन (Verification of Interview Data):*** सूचनादाता से जो सूचनाएं मिली हैं, उनका सत्यापन 'खोजबीन प्रश्नों' (Probe Questions) द्वारा तत्काल संभव है। अपूर्ण सूचनाओं को अतिरिक्त प्रश्नों द्वारा पूर्ण किया जा सकता है। प्रति-प्रश्नों (Cross-Questions) के द्वारा विरोधाभासी प्रत्युत्तरों की जांच की जा सकती है। एक कुशल साक्षात्कारकर्ता साक्षात्कार के समय ही सूचनादाता के सच-झूठ को ताड़ सकता है।

(v) ***विभिन्न प्रकार की सूचनाओं की एक लचीली विधि (A Flexible Method of Securing Various Types of Informations):*** यह एक ऐसी विधि है जिसमें प्रत्येक सूचनादाता की प्रकृति के अनुसार हेर-फेर कर अधिकाधिक सूचनाएं एकत्रित की जा सकती हैं। इसके द्वारा व्यक्तिगत सूचनाओं जैसे आय, शिक्षा, धर्म, जाति, व्यवसाय आदि से लेकर अव्यक्तिगत सूचनाएं भी एकत्रित की जा सकती हैं।

(vi) ***ऊँची प्रत्युत्तर दर (High Response Rate):*** डाक प्रश्नावली तथा अन्य विधियों की अपेक्षा व्यक्तिगत आमने-सामने की स्थिति में किए गए साक्षात्कार से अधिक सूचनाएं प्राप्त होती हैं। बहुत कम सूचनादाता सूचना देने से मना करते हैं, अतः इस विधि में 'अप्रत्युत्तर दर' (Non-response Rate) बहुत कम होती है।

साक्षात्कार विधि की सीमाएं एवं कमजोरियां (Limitations and Weaknesses of Interview Method)

साक्षात्कार विधि की सबसे बड़ी सीमा इसका गूंगे-बहरों और शिशुओं पर प्रयोग करने में कठिनाई है। ये लोग बोलने में अक्षम होते हैं। इसी के साथ, मानसिक रूप से विक्षिप्त (पागल) व्यक्तियों से ठीक प्रकार से बातचीत करना भी मुश्किल है। यदि शोध का क्षेत्र काफी व्यापक है और सूचनादाता बिखरे हुए हैं, तब सभी सूचनादाताओं से सम्पर्क स्थापित करना और उन्हें साक्षात्कार देने के लिए तैयार करना सरल कार्य नहीं है। प्राप्त सूचनाओं की विश्वसनीयता और प्रामाणिकता की परख भी एक टेढ़ी खीर है।

पी.वी. यंग ने लिखा है, "सूचनादाताओं के समझदार होने पर भी वे दोषपूर्ण अनुभूति, दोषपूर्ण याददाश्त, सूक्ष्मदृष्टि की कमी तथा स्पष्ट अभिव्यक्ति की अयोग्यता के अवगुणों से ग्रसित हो सकते हैं।" यहाँ इन सभी दोषों तथा साक्षात्कार संचालन से जुड़ी अन्य समस्याओं पर संक्षेप में विचार करेंगे:

(1) ***दोषपूर्ण याददाश्त (Faulty Memory):*** साक्षात्कार की सूचनाएं याददाश्त पर निर्भर करती हैं और प्रत्येक व्यक्ति की याददाश्त अच्छी नहीं होती। याददाश्त संबंधी यह दोष सूचनादाता और साक्षात्कारकर्ता दोनों पर समान रूप से लागू होता हैं। असंरचित गहन साक्षात्कारों के दौरान अन्वेषक द्वारा लम्बी वार्ता के कुछ अंशों को भूलने की संभावना को पूर्णतः खारिज नहीं किया जा सकता। इसी प्रकार, बहुत पुरानी घटनाओं का वर्णन करते समय सूचनादाता कुछ बातें भूल सकता है।

(2) ***दोषपूर्ण अनुभूति (Faulty Perception):*** अन्वेषक सूचनादाता के कथनों के बारे में क्या सोचता है, उनका वह क्या अर्थ लगाता है, इस बारे में दोनों के मतों में अन्तर

हो सकता है। एक ही बात, घटना अथवा शब्द का अर्थ दोनों अलग-अलग लगा सकते हैं। इसका कारण दोनों के मूल्यों और संस्कृतियों में भिन्नता हो सकती है।

(3) ***हीनता की भावना (Feeling of Inferiority):*** साक्षात्कार शोध की प्रक्रिया सरल नहीं है। सूचनादाता को सूचना देने के लिए तैयार करने को कभी-कभी साक्षात्कारकर्ता को ऐसे खुशामद भरे शब्दों का प्रयोग करना पड़ता है, जो उसके आत्म-सम्मान को ठेस पहुंचा सकते हैं। इसके कारण उसमें हीनता की भावना उत्पन्न हो कर तथ्य संकलन की प्रक्रिया को विकृत बना सकती है।

(4) ***झूठी प्रतिष्ठा का भाव (False Notion of Prestige):*** पहचान के भय के कारण कई बार कई सूचनादाता गलत और अपूर्ण उत्तर देते हैं। झूठी प्रतिष्ठावश बहुत कम व्यक्तियों में निडर और निर्भय होकर समाज के प्रचलित विश्वासों के विरुद्ध अपने विचार प्रकट करने का साहस होता है। दहेज की समस्या हो या आरक्षण की, अधिकांश व्यक्ति इनके विरोध में अपने विचार प्रकट नहीं करते हैं या इनसे संबंधित प्रश्नों के उत्तर गोलमाल भाषा में देते हैं, ताकि समाज में उनकी प्रतिष्ठा को कोई आँच नहीं आए।

(5) ***स्पष्ट अभिव्यक्ति का अभाव (Lack of Clear Expression):*** सभी व्यक्तियों की अभिव्यक्ति समान नहीं होती, वे अपने बारे या घटना के बारे में जानते हुए भी उन बातों को स्पष्ट रूप में व्यक्त नहीं कर पाते। मनोविश्लेषण से ज्ञात हुआ है कि कई लोग अपने कार्यों की प्रेरणाओं के बारे में या तो स्पष्ट रूप में जानते नहीं हैं या उन्हें बताने के लिए उनके पास उपयुक्त भाषा या शब्द नहीं होते हैं।

(6) ***सामाजिक पृष्ठभूमि की भिन्नता (Difference in Social Background):*** सूचनादाता और साक्षात्कारकर्ता की भिन्न पृष्ठभूमि और संस्कृति भी सफल साक्षात्कार में अवरोध उत्पन्न कर सकती है। भिन्न भाषा, भिन्न रहन-सहन और भिन्न आचार-व्यवहार के कारण साक्षात्कारकर्ता सूचनादाता से वे बातें नहीं निकलवा पाता, जो शोध के आवश्यक तथ्य हैं। साक्षात्कार विधि की इस कमजोरी का कई मानव वैज्ञानिकों ने अपने शोध अनुभवों में उल्लेख किया जिन्होंने अपने देश से बाहर अन्य देश और समुदायों का अध्ययन किया है। साक्षात्कारकर्ता की जाति, धर्म, लिंग जैसे चर (Variables) भी सूचनादाताओं के साथ स्वच्छंद मेल-मिलाप को प्रभावित करते हैं। एक दलित जाति का साक्षात्कारकर्ता सवर्ण जाति के किसी सूचनादाता से वार्तालाप करने में असहज हो सकता है।

(7) ***अधिक धन, समय और ऊर्जा खर्च करने वाली विधि (More Time, Energy and Money Consuming Method):*** अन्य विधियों, विशेषत: डाक प्रश्नावली की अपेक्षा साक्षात्कार करने में अधिक समय, ऊर्जा और धन की जरूरत पड़ती है। शोध संबंधी सूचनाएं प्राप्त करने के लिए कई बार सूचनादाता के साथ कई लम्बी बैठकें करनी पड़ती हैं। यदि सूचनादाता बड़ी तादाद में और बड़े क्षेत्र में बिखरे हुए हों, तब उनका साक्षात्कार करने में काफी समय के साथ-साथ काफी यात्रा व्यय भी आता है।

जहाँ प्रश्नावली विधि में सूचनादाताओं को प्रश्नावली भेजने और मंगाने में मामूली डाक-खर्च आता है और अन्वेषक की साधारण कुशलता से काम चल जाता है, वहीं साक्षात्कार विधि में पर्याप्त मात्रा में धन की जरूरत पड़ती है। यह विधि कुशल एवं प्रशिक्षित साक्षात्कारकर्ताओं की मांग करती है जिन पर काफी धन खर्च होता है।

(8) ***साक्षात्कारकर्ता की अभिनति (Interviewer's Bias):*** किसी भी प्रकार की अभिनति या पक्षपात वैज्ञानिक ज्ञान के मार्ग में सबसे बड़ा अवरोध है। यदि कोई साक्षात्कारकर्ता किसी अभिनति से ग्रस्त है तो वह जाने-अजाने में सूचनादाता से वही प्रश्न ऐसे ढंग से पूछेगा जो उसकी रुचि के साथ मेल खाते हों। **हाइमैन** (1954) ने अपनी पुस्तक Interviewing in Social Research (1954) में ऐसी कई अभिनतियों का उल्लेख किया है, जिनके कारण साक्षात्कार के तथ्य विकृत हो सकते हैं।

साक्षात्कारकर्ता की वेशभूषा, आवाज, चेहरा, हावभाव, उसकी आशाएं-प्रत्याशाएं, उसकी रुचियां आदि साक्षात्कार में अभिनति उत्पन्न करने के प्रमुख स्रोत हैं। एक साक्षात्कारकर्ता के प्रश्न पूछने का क्या ढंग है, उसकी आवाज में मधुरता है या कर्कशता, उसके चेहरे के क्या हावभाव हैं, उसने कैसी वेशभूषा पहन रखी है, आदि तत्व साक्षात्कार को प्रभावित किए बिना नहीं रहते हैं। एक सुन्दर हँसमुख चेहरे वाली महिला को स्वाभाविक तौर पर अन्य पुरुषों या महिलाओं की अपेक्षा सूचनादाताओं से सम्पर्क साधने में सफलता मिलने की अधिक संभावना रहती है।

साक्षात्कार विधि की उपरोक्त कमजोरियों एवं सीमाओं के होते हुए भी सामाजिक शोध की यह एक अपरिहार्य और महत्वपूर्ण विधि है। इस विधि में व्यक्ति की आंतरिक बातों को मालूम करने की जो क्षमता है, वह अन्य विधियों में नहीं हैं। साक्षात्कार विधि पर हुई शोध के आधार पर यह कहा जा सकता है कि इस विधि की सीमाओं और कमजोरियों पर साक्षात्कारकर्ता की निपुणता और कुशलता के द्वारा अंकुश लगाया जा सकता है। साक्षात्कार विधि की बहुत कुछ सफलता एक उपयुक्त शोध प्रारूप (Research Design) तथा साक्षात्कार की कला दोनों पर निर्भर करती है। शोध प्रारूप तैयार करते समय साक्षात्कार की उपरोक्त कमजोरियों पर नियंत्रण लगाया जा सकता है।

एक अच्छे साक्षात्कारकर्ता की विशेषताएं (Characteristics of a Good Interviewer)

साक्षात्कार कैसे किया जाना चाहिए, इस बारे में समाज वैज्ञानिकों ने कई निर्देशक सिद्धान्त (Directive Principles) प्रतिपादित किए हैं, जो साक्षात्कार विधि की वैज्ञानिक प्रकृति पर प्रकाश डालते हैं। किन्तु सफल साक्षात्कार इन वैज्ञानिक सिद्धान्तों के साथ-साथ साक्षात्कारकर्ता की कुछ व्यक्तिगत विशेषताओं (Personal Qualities) पर भी निर्भर करता है। एक साक्षात्कारकर्ता को साक्षात्कार के सिद्धान्तों की पूरी जानकारी और प्रशिक्षित होने पर भी उसमें यदि निम्नलिखित व्यक्तिगत गुण नहीं हैं, तब कई बार वह सूचनादाताओं से आवश्यक एवं सार्थक सूचनाएं प्राप्त करने में प्रायः असफल रहता है। ये गुण हैं:

1. प्रभावशाली एवं आकर्षक व्यक्तित्व।
2. प्रीतिकर व्यवहार - विनम्र, संवेदनशील, सौम्य, सुसभ्य, सहनशील, धैर्य आदि।
3. लचीलापन (Flexibility) और अनुकूलनशीलता (Adaptability)
4. एक शांत एवं सहानुभूत किन्तु विश्लेषक श्रवणकर्ता (Analylatic Listener)।
5. बौद्धिक ईमानदारी एवं निष्पक्षता।
6. वाक्पटु एवं हाजिर जवाबी।
7. व्यावहारिक मनोविज्ञान का ज्ञाता।

उपरोक्त गुणों के साथ साक्षात्कारकर्ता की वेशभूषा, शारीरिक गठन, उसकी मुखाकृति के हावभाव एवं अभिवादन का ढंग ऐसा हो कि सूचनादाता सहज ही उसके प्रति आकर्षित हो जाए। एक हँसमुख चेहरा लोगों के साथ शीघ्र एवं घनिष्ठ संबंध स्थापित करने में मदद कर सकता है। मैली-कुचैली और फटी-पुरानी वेशभूषा और बिखरे हुए अव्यवस्थित बाल सामान्यतः लोगों में विकर्षण (Repulsion) का कारण बन सकते हैं। किन्तु एक सहभागिक अन्वेषक या साक्षात्कारकर्ता की वेशभूषा अनावश्यक रूप में तड़क-भड़क वाली भी नहीं होनी चाहिए और जहाँ तक संभव हो वह सूचनादाताओं की संस्कृति एवं वेशभूषा से मिलती-जुलती हो। इन बाहरी गुणों के अतिरिक्त एक कुशल साक्षात्कारकर्ता के पास प्रखर बुद्धि, सूझबूझ सामान्य ज्ञान (Commonsense) और चतुर आँख का होना जरूरी है, ताकि वह समय और स्थिति के अनुरूप अपने-आपको ढाल सके। इसके लिए उसमें लचीलापन होना आवश्यक है।

अन्त में, यह कहना उपयुक्त होगा कि "साक्षात्कार करना कुछ वैज्ञानिक सिद्धान्तों द्वारा निर्देशित एक कला है" (Interviewing is an art governed by certain scientific principles)। यह कथन इस बात को रेखांकित करता है कि साक्षात्कार की तकनीक में वैज्ञानिकता के साथ-साथ कला का भी पुट होना चाहिए। यह साक्षात्कारकर्ता की कला ही है कि वह सूचनादाता को प्रतिकूल दशाओं में भी सूचना देने के लिए तैयार कर सके। सूचनादाता में सूचना देने के लिए आवश्यक विश्वास पैदा करना प्रत्येक अन्वेषक के बस की बात नहीं होती। वह ऐसो सौहार्द एवं मैत्रीपूर्ण वातावरण की रचना करता है कि सूचनादाता स्वतः प्रामाणिक एवं विश्वसनीय सूचनाएं देना प्रारंभ कर दे। इस कारण एक कुशल अन्वेषक के लिए साक्षात्कार की कला में निपुण होना पहली और एक आवश्यक शर्त है।

14

सामाजिक शोध के उपकरणः प्रश्नावली, साक्षात्कार अनुसूची तथा साक्षात्कार निर्देशिका

Tools of Social Research: Questionnaire, Interview Schedule and Interview Guide

सामान्यतः पद्धति/विधि (Method), प्रविधि (Technique) और उपकरण (Tools) शब्दों का प्रयोग एक ही अर्थ में (पर्यायवाची रूप में, Interchangeably) कर लिया जाता है। किन्तु, ये तीन भिन्न विधाएं हैं। इनमें अन्तर किया जाना आवश्यक है। इन तीनों में क्या भेद है, इसका विस्तृत वर्णन पद्धतिशास्त्र (Methodology) वाले अध्याय में किया गया है। उपकरण वे साधन होते हैं, जो किसी विधि या प्रविधि के सहायक के रूप में शोध संबंधी तथ्यों के संकलन में सहायता प्रदान करते हैं। ये स्वयं विधि या प्रविधि नहीं होते, अपितु ये मात्र उनके एक अंग होते हैं। प्राकृतिक विज्ञानों में, जैसे अवलोकन (Observation) के सहायक के रूप में सूक्ष्मदर्शक यंत्र (Microscope) या दूरदर्शक यंत्र (Telescope) का प्रयोग किया जाता है, उसी प्रकार सामाजिक विज्ञानों में सामाजिक तथ्यों को एकत्र करने के लिए सूक्ष्मदर्शक यंत्र और दूरदर्शक यंत्र की भांति कुछ उपकरणों का प्रयोग किया जाता है। प्रश्नावली, साक्षात्कार अनुसूची और साक्षात्कार निर्देशिका ऐसे ही तीन प्रमुख उपकरण हैं। ये प्रश्न-उत्तर (मौखिक-शाब्दिक) तकनीक पर आधारित हैं। इनके अतिरिक्त, चक्षु आधारित विधियों के सहायक के रूप में अवलोकन अनुसूची, टेपरिकार्डर, केमरा, विभिन्न प्रकार की घड़ियाँ, पारदर्शक शीशे और एकतरफा पर्दो का प्रयोग किया जाता है। इनका वर्णन-विश्लेषण अवलोकन प्रविधि वाले अध्याय में किया गया है।

प्रश्न-उत्तर की तकनीक का प्रयोग प्रत्यक्ष एवं परोक्ष दो रूप में किया जाता है। प्रत्यक्ष तकनीक में सभी प्रकार की साक्षात्कार विधियां और अप्रत्यक्ष तकनीक में सभी प्रकार की प्रक्षेपण विधियां (Projective Techniques) आती हैं। इस अध्याय में प्रत्यक्ष प्रश्न-उत्तर तकनीक पर आधारित उपकरणों का ही वर्णन किया गया है। प्रत्यक्ष प्रश्न-उत्तर पर आधारित विधियां भी दो प्रकार की हैं: व्यक्तिगत (Personal) और अव्यक्तिगत (Impersonal)। व्यक्तिगत में अनुसूची व निर्देशिका और अव्यक्तिगत में प्रश्नावली का प्रयोग किया जाता है। व्यक्तिगत में सूचनादाता और शोधकर्ता के बीच आमने-सामने

(Face-to-Face) का संबंध होता है जबकि अव्यक्तिगत में इन दोनों के बीच परोक्ष संबंध होता है, अर्थात् सूचनादाता के समक्ष शोधकर्ता व्यक्तिगत रूप में उपस्थित नहीं होता और प्रश्नावली के माध्यम से अव्यक्तिगत संबंध स्थापित करता है।

प्रश्नावली (Questionnaire)

प्रश्नावली प्रश्नों की एक सूची या तालिका होती है जिसमें एक निश्चित क्रम में प्रश्न लिखे, छपे या टाइप किए हुए होते हैं। इस सूची को सूचनादाता के पास भरने के लिए (प्रश्नों के उत्तर लिखने के लिए) डाक, संदेशवाहक या अन्य किसी जरिए से भेज दिया जाता है या व्यक्तिगत रूप में दे दिया जाता है। जब प्रश्नावली को सूचनादाता के पास डाक द्वारा भेजा जाता है, तब इसे डाक प्रश्नावली (Mailed Questionnaire) के नाम से जाना जाता है। सामान्यतः इस सूची के साथ एक पत्र भी भेजा जाता है जिसे सहगामी पत्र (Accompanying Letter) कहते हैं। इस पत्र में सूचनादाता से प्रश्नावली को भरने तथा उसे शीघ्र लौटाने के लिए निवेदन किया जाता है। प्रश्नावली का प्रयोग सामान्यतः तब किया जाता है जब सूचनादाताओं की संख्या काफी होती है, और वे छितरे हुए होते हैं जिनसे व्यक्तिगत तौर पर सम्पर्क करना कठिन होता है और जब तथ्यों का सांख्यकीय विश्लेषण करना होता है।

परिभाषाएं (Definitions)

गुडे एवं हट्ट (1952) के अनुसार, "सामान्यतः प्रश्नावली शब्द एक ऐसी विधि का संकेत देता है, जिसमें एक सूची (फार्म) के प्रयोग द्वारा प्रश्नों के उत्तर प्राप्त किए जाते हैं। यह सूची सूचनादाता स्वयं भरता है।" **यंग** ने लिखा है, "प्रश्नावली बहुसंख्य, विभिन्न और बिखरे हुए व्यक्तियों के समूहों से तथ्यों के प्राप्त करने के लिए तैयार की जाती है। इसे सहगामी पत्र के साथ सूचनादाता के पास प्रत्युत्तर देने के लिए डाक द्वारा भेज दिया जाता है।" **कर्लिंगर** के शब्दों में, "प्रश्नावली शब्द का प्रयोग ऐसे उपकरण के लिए किया जाता है जिसमें प्रश्न या कथन (Statements) लिखे होते हैं। सूचनादाता से इनका उत्तर देने के लिए कहा जाता है।"

कैथराइन कैप्ट ने लिखा है, "प्रश्नावली शब्द का प्रयोग सभी प्रकार के सामग्री संकलन की सूचियों के लिए किया जाता है। इसका प्रयोग डाक द्वारा भेजने में और व्यक्तिगत साक्षात्कार दोनों में किया जाता है।" कैप्ट ने साक्षात्कार अनुसूची और डाक प्रश्नावली दोनों को समानार्थक माना है।

ब्लैक एवं चेम्पियन (1976) ने डाक प्रश्नावली के साथ-साथ 'स्वभरित आपने-सामने की प्रश्नावली' (Self-Administered Face-to-Face Questionnaire) का भी वर्णन किया है। यह ऐसी प्रश्नावली होती है, जिसे सूचनादाता अन्वेषक की उपस्थिति में स्वयं भरता है। यह साक्षात्कार अनुसूची से भिन्न होती है।

प्रश्नावली की विशेषताएं (Characteristics of Questionnaire)

प्रश्नावली प्राथमिक सूचनाएं एकत्रित करने की एक परोक्ष एवं अव्यक्तिगत विधि है, क्योंकि इसमें अन्वेषक का सूचनादाता से प्रत्यक्ष (आमने-सामने) संबंध नही होता। इस विधि का प्रयोग करना तब अधिक उपयुक्त होता है:

1. जब व्यक्तियों के निजी जीवन से संबंधित सूचनाएं एकत्रित करनी हों,
2. जब सूचनादाताओं की संख्या बहुत हो और वे एक व्यापक क्षेत्र में बिखरे हुए हों,
3. जब सूचनादाता शिक्षित और उत्तर देने की क्षमता रखते हो,
4. जब सूचनादाताओं में शोध-सर्वेक्षण के प्रति चेतना हो, एवं
5. जब तथ्यों का परिमाणीकरण (Quantification) करने की जरूरत हो।

आजकल सामाजिक, राजनीतिक (जनमत), आर्थिक (बाजार अनुसंधान) सर्वेक्षणों में इस विधि का प्रयोग बहुत किया जा रहा है। कुछ प्रसिद्ध पत्रिकाएं *(इण्डिया टूडे, आउटलुक* आदि) प्रति वर्ष किन्हीं सामाजिक, आर्थिक और राजनीतिक विषयों को लेकर इस प्रकार के सर्वेक्षणों की रिपोर्ट प्रकाशित रहती हैं।

प्रश्नावली के प्रकार (Types of Questionnaire)

प्रश्नावली कई प्रकार हैं। पोस्टकार्ड पर छपी छोटी से छोटी प्रश्नावली (जिसमें एक या दो प्रश्न होते हैं) से लेकर 5-6 पृष्ठों या कभी-कभी 9-10 पृष्ठों की हो सकती है। विषय-वस्तु और रचना की दृष्टि से इसके निम्न प्रमुख रूप बताये जा सकते हैं:

1. विषय-वस्तु
   (अ) तथ्यमूलक प्रश्नावली (Fact-Finding Questionnaire)
   (ब) मत तथा मनोवृत्ति प्रधान प्रश्नावली (Opionion and Attitude Questionnaire)
   (स) मिश्रित प्रश्नावली (Mixed Questionnaire)
2. रचना
   (क) संरचित प्रश्नावली (Structured Questionnaire)
   (ख) असंरचित प्रश्नावली (Unstructured Questionnaire)

तथ्य प्रधान या तथ्यात्मक प्रश्नावली (Factual Questionnaire) वे होती हैं, जिनमें सूचनादाताओं की आयु, धर्म, जाति, शिक्षा, व्यवसाय, आय, वैवाहिक स्तर, परिवार का रूप (एकाकी या संयुक्त), संतानों की संख्या आदि तथ्यों का एकत्रण किया जाता है। किन्तु, जब किसी विषय से संबंधित व्यक्तियों के विचारों, मनोभावों, मतों या दृष्टिकोणों को जानने के लिए प्रश्नावली बनाई जाती है, तब यह 'मत और मनोवृत्तिमूलक प्रश्नावली' (Questionnaire of Opinion and Attitude) कहलाती है। किसी भी सामाजिक शोध में दोनों प्रकार के तथ्यों की जरूरत होती है। अतः सामान्यतः 'मिश्रित प्रश्नावली' का प्रयोग किया जाता है, जिसमें तथ्यमूलक और मनोवृत्तिमूलक दोनों प्रकार के प्रश्न होते हैं।

उदाहरण

तथ्यमूलक प्रश्न

(1) आपकी क्या आयु है? ....

(2) आपका वैवाहिक स्तर क्या है? विवाहित/अविवाहित

मनोवृत्तिमूलक प्रश्न

(3) क्या आप पुनर्जन्म की धारणा में विश्वास करते हैं? हाँ/नहीं

(4) क्या आप आरक्षण के पक्ष में हैं? पक्ष/विपक्ष/तटस्थ

कुछ पद्धति विज्ञानियों (गुडे एवं हट्ट, पी.वी. यंग, सैलिज, जहोडा एवं कूक) ने प्रश्नों की रचना एवं बनावट के आधार पर प्रश्नावली के विभिन्न रूपों का वर्णन किया है। इस आधार पर उन्होंने संरचित एवं असंरचित प्रश्नावली में भेद किया है। ऐसी प्रश्नावली जिसमें प्रश्नों की भाषा, शब्द, वाक्यांश और क्रम का निर्धारण पूर्व निश्चित होता है, उसे संरचित प्रश्नावली कहते हैं। डाक प्रश्नावली और साक्षात्कार अनुसूची इसी के दो भिन्न रूप हैं। संरचित प्रश्नावली के प्रमुख प्रकार निम्नलिखित हैं:

प्रतिबंधित प्रश्नावली (Closed Questionnaire)

ऐसी प्रश्नावली जिसमें प्रतिबंधित या बन्द प्रश्नों का प्रयोग अधिक किया जाता है, प्रतिबंधित प्रश्नावली कहलाती है। प्रतिबंधित प्रश्न वे होते हैं, जिनमें प्रश्नों के संभावित वैकल्पिक उत्तर पहले से लिखे होते हैं और सूचनादाता को इन संभावित उत्तरों में से अपनी सम्मति प्रकट करने वाले उत्तर पर (✓) निशान लगाने को कहा जाता है। इसका सबसे सरल उदाहरण 'हाँ' (Yes) और 'ना' (No) वाले प्रश्नों का दिया जा सकता है, जैसे क्या आप दहेज प्रथा के पक्ष में हैं? हाँ/ना

प्रतिबंधित प्रश्न कई प्रकार के हो सकते हैं- द्वन्द्वात्मक प्रश्न, बहुवैकल्पिक प्रश्न, अनुक्रम सूचक प्रश्न आदि। इनका उदाहरण सहित सविस्तार वर्णन आगे 'प्रश्नों के प्रकार' शीर्षक में किया गया है।

प्रतिबंधित प्रश्नावली का प्रयोग सामान्यत: तब किया जाता है जब वर्गीकृत तथ्यों की जरूरत होती है। इस प्रकार के प्रश्नों से प्राप्त उत्तरों का बाद में वर्गीकरण नहीं किया जाता।

मुक्त प्रश्नावली (Open Form Questionnaire)

जिन प्रश्नावलियों में सूचनादाता को उत्तर देने की पूर्ण स्वतंत्रता दी जाती है, उन्हें मुक्त प्रश्नावली कहते हैं। इस प्रकार के प्रश्नों की यह विशेषता होती है कि इनके द्वारा प्राप्त उत्तर स्वतंत्र होने के साथ-साथ स्वत:स्फूर्त (Spontaneous) होते हैं, जो सूचनादाता के भावों के अधिक निकट होते हैं। सूचनादाता चाहे तो ऐसे प्रश्नों के उत्तर केवल एक दो शब्दों में या फिर सविरतार अपने ढंग से अपनी भाषा में दे सकता है।

उदाहरण

- आरक्षण के संबंध में आपके क्या विचार हैं ....

  ....

या

- आतंकवाद को कैसे समाप्त किया जा सकता है ....

  ....

ऐसे प्रश्नों की रचना करते समय उत्तर लिखने के लिए प्रश्नों के साथ पर्याप्त जगह छोड़ी जाती है।

चित्रमय प्रश्नावली (Pictorial Questionnaire)

यह प्रतिबंधित प्रश्नावली का ही एक विशिष्ट रूप है, जिसमें प्रश्नों के संभावित उत्तर शब्दों के स्थान पर चित्रों के रूप दिये होते हैं। सूचनादाता को अपनी सम्मति प्रकट करने वाले चित्र पर निशान (✓) लगाने को कहा जाता है। निरक्षर, कमजोर बुद्धि वाले या गूंगे व्यक्तियों के अध्ययन में चित्रमय प्रश्नों का प्रयोग लाभप्रद होता है। चित्रों का स्वाभाविक आकर्षण उत्तरदाताओं के लिए प्रेरणा का काम करता है।

मिश्रित प्रश्नावली (Mixed Questionnaire)

जिन प्रश्नावलियों में सभी प्रकार के प्रश्नों (प्रतिबंधित, मुक्त और चित्रमय) का प्रयोग किया जाता है, मिश्रित प्रश्नावली कहलाती हैं।

असंरचित प्रश्नावली (Unstructured Questionnaire)

ऐसी प्रश्नावली, जिसमें पूर्व निर्धारित एवं पूर्व नियोजित प्रश्न नहीं होते और जिनकी भाषा, शब्द, वाक्यांश आदि का निर्धारण साक्षात्कार करते समय तत्काल किया जाता है, असंरचित प्रश्नावली कहलाती हैं। वास्तव में, इसे प्रश्नावली कहना उपयुक्त नहीं है, क्योंकि प्रश्नावली की भांति यह पूर्व लिखित नहीं होती। इसका प्रयोग सामान्यतः गहन मनोविश्लेषणात्मक और अनौपचारिक साक्षात्कार के समय किया जाता है। इस प्रकार के साक्षात्कारों में प्रश्नावली के स्थान पर 'साक्षात्कार निर्देशिका' (Interview Guide) का प्रयोग किया जाता हैं, जिसमें प्रश्नों के स्थान पर साक्षात्कार के विषय संबंधी कुछ महत्वपूर्ण बिन्दु एवं निर्देश लिखे होते हैं, जिनका साक्षात्कार के समय ध्यान रखना जरूरी होता है, ताकि साक्षात्कार के समय उन मुद्दों को भुला न दिया जाए।

प्रश्नावली तकनीक के गुण (Merits of Questionnaire Technique)

प्रश्नावली का प्रयोग अधिकांशतः तब किया जाता है जब परिमाणात्मक तथ्यों (Quantitative Facts) की आवश्यकता होती है, अर्थात् जब हम यह जानना चाहते हैं कि किसी कॉलेज में कितने विद्यार्थी सिगरेट पीते हैं या मादक दवाओं का प्रयोग करते हैं या किसी समुदाय के कितने लोग (स्त्री-पुरुष) परिवार नियोजन के साधनों का प्रयोग करते हैं। ऐसे विषयों के बारे में आंकड़े (Data) जुटाने के लिए प्रश्नावली को सर्वोत्तम विधि माना जाता है। इसके प्रमुख गुण निम्नलिखित हैं:

(1) ***वृहत एवं विभिन्न जनसमुदाय का अध्ययन:*** विस्तृत क्षेत्र में बिखरे हुए अधिसंख्य लोगों के जीवन के किसी भी पक्ष के बारे में जानकारी एकत्रण की यह एक सरलतम एवं शीघ्रगामी विधि है।

(2) ***अल्पतम खर्च:*** अवलोकन अथवा साक्षात्कार विधियों की अपेक्षा इसमें शोध-व्यय अल्पतम होता है। "प्रश्नावली को डाक द्वारा भेजा जा सकता है किन्तु साक्षात्कारकर्ता को नहीं।" (सैलिज व अन्य)।

(3) ***सुविधाजनक:*** यह विधि अन्वेषक और सूचनादाता दोनों के लिए सुविधाजनक होती है। अन्वेषक को सूचनादाता के साक्षात्कार के लिए लम्बा इंतजार नहीं करना

पड़ता। इसी प्रकार, सूचनादाता अपनी सुविधा के अनुसार प्रश्नावली को भरकर भेज देता है।

(4) ***न्यूनतम समय:*** कम समय में अधिकतम सूचनाएं प्राप्त करने की यह सरलतम विधि है। व्यक्तिगत साक्षात्कार में एक-एक सूचनादाता से मिल कर साक्षात्कार करने और अनुसूची भरने में काफी समय और श्रम की जरूरत पड़ती है।

(5) ***अज्ञातपन एवं स्वतंत्र सूचनाएं:*** अवलोकन और साक्षात्कार के समय अन्वेषक के उपस्थित रहने के कारण सूचनादाता स्वतंत्र रूप से निजी प्रकृति की कई सूचनाएं छुपा जाता है या ऐसी सूचना देने में हिचकिचाहट का अनुभव करता है। संभोग की संतुष्टि के बारे में भारतीय महिला अन्वेषक द्वारा पूछे गए प्रश्नों के उत्तर कठिनत: ही आमने-सामने की स्थिति में खुल कर दे पाती है, किन्तु वही महिला ऐसे प्रश्नों के उत्तरों को प्रश्नावली में लिखने में कम हिचकिचाहट अनुभव करती है, क्योंकि प्रश्नावली का कागज निर्जीव होता है। प्रश्नावली को गुमनाम बनाने के लिए कई बार सूचनादाता का नाम, पता आदि नहीं पूछा जाता।

(6) ***अधिक प्रामाणिक सूचनाएं:*** साक्षात्कार की स्थिति में सूचनादाता दबाव में रहता है, वह प्रश्नों के उत्तरों के बारे में ठीक प्रकार से सोच नहीं पाता और मनमाने उत्तर दे देता है। प्रश्नावली भरते समय सूचनादाता पर ऐसा कोई दबाव नहीं रहता और वह ठीक प्रकार से सोच-विचार कर प्रश्नों के उत्तर लिख सकता है। अत: साक्षात्कार के उत्तरों की अपेक्षा प्रश्नावली में लिखे गए उत्तरों के अधिक प्रामाणिक होने की संभावना रहती है।

(7) ***तुलनात्मकता:*** प्रश्नावली के आधार पर प्राप्त उत्तरों के तुलनात्मक अध्ययन किए जा सकते हैं। तुलनाएं वहीं संभव होती हैं, जहाँ तथ्यों का संकलन सभी स्थानों पर समान विधि से किया गया हो। जब सभी शोधकर्ता एक सी प्रश्नावली का प्रयोग कर रहे होते हैं, तब उनके निष्कर्षों की तुलना की जा सकती है। साक्षात्कार विधि में इस प्रकार की समरूपता बनाए रखना कठिन होता है।

प्रश्नावली विधि की कमजोरियां एवं सीमाएं (Weaknesses and Limitations of Questionnaire Method)

प्रश्नावली विस्तृत क्षेत्र में फैले हुए बहुसंख्यक शिक्षित सूचनादाताओं से सूचना प्राप्ति की एक महत्वपूर्ण विधि है, किन्तु कई स्थितियों में इसका प्रयोग नहीं किया जा सकता। इसकी अपनी कुछ सीमाएं एवं कमजोरियां हैं, जैसे:

(i) ***अशिक्षित लोगों के लिए अनुपयुक्त:*** इस विधि का प्रयोग साक्षर लोगों में ही किया जा सकता है। निरक्षरों के लिए यह विधि 'काला अक्षर भैंस बराबर' के समान है। भारत में अब भी अशिक्षित लोग अधिक हैं, इसलिए यहाँ इसका प्रयोग कठिनत: ही किया जा सकता है।

(ii) ***कुछ विशिष्ट प्रकार के उत्तरदाताओं के लिए ही उपयोगी:*** सूचनादाताओं का साक्षर होना ही पर्याप्त नहीं है, अपितु वे प्रश्नावली को भरने और लौटाने को भी

तैयार हों, यह जरूरी है। इसका प्रयोग वहीं सफल रूप से किया जा सकता है, जहाँ सूचनादाता सामाजिक शोध के प्रति जागरूक हों, जो प्रश्नावली को भरने और समय पर लौटाने का अपना दायित्व समझते हों। इसी के साथ सूचनादाताओं को अध्ययन-विषय की जानकारी होना भी आवश्यक है अन्यथा लोग इसे रद्दी की टोकरी में फेंक देते हैं।

(iii) ***गहन अध्ययन के लिए अनुपयुक्त:*** व्यक्तिगत सम्पर्क न होने के कारण खोजबीन वाले और अतिरिक्त सूचना देने वाले प्रश्न इस विधि में नहीं किए जा सकते, जिसके कारण कई बार महत्वपूर्ण सूचनाएं रह जाती हैं। साक्षात्कार में पारस्परिक उत्तेजना, भावात्मक सम्पर्क और खोद-खोद कर प्रश्न करने की जो सुविधा मिलती है, वह इस विधि में शोधकर्त्ता को नहीं मिल पाती है।

(iv) ***ऊँची अप्रत्युत्तर दर:*** प्राय: देखा गया है कि कई स्मरण पत्रों के उपरान्त भी बहुत कम प्रश्नावलियां (लगभग 30 से 50 प्रतिशत) लौट कर आती हैं। अत: उच्च अप्रत्युत्तर दर (High Non-Response Rate) के दोष के कारण शोध के उपकरण के रूप में इस विधि की सीमित उपयोगिता है।

(v) ***अपर्याप्त एवं अपूर्ण सूचनाएं:*** किसी प्रश्नावली का लौट कर आ जाना इस बात का आश्वासन नहीं देता कि प्रश्नावली में सभी वांछित सूचनाएं सूचनादाता द्वारा दे दी गई हैं। प्राय: देखा गया है कि सूचनादाता जल्दी में प्रश्नावली को भर कर लौटा देता है, जिसके कारण कई प्रश्नों के छूट जाने या अपूर्ण उत्तर देने की समस्या बन जाती है। एक ओर प्रश्नावलियों का कम संख्या में लौट कर आना और दूसरी ओर लौट कर आई आधी-अधूरी प्रश्नावलियां समस्या को द्विगणित कर देती है।

(vi) ***विश्वसनीयता का अभाव:*** प्रश्नावली द्वारा प्राप्त सूचनाओं की विश्वसनीयता भी संदिग्ध हो सकती है। सूचनादाताओं ने किस सीमा तक प्रश्नों को ठीक समझा है, उनका क्या अर्थ लगाया है, इनकी जांच करना अत्यंत कठिन है। व्यक्तिगत सम्पर्क (साक्षात्कार विधि) में यह समस्या कम ही रहती है।

(vii) ***सूचना प्राप्ति में विलम्ब:*** सूचनादाता पर प्रश्नावली को लौटाने के बारे में कोई नियंत्रण न होने के कारण वह अपनी सुविधानुसार प्रश्नावली को लौटाता है, जिसके कारण कई बार सूचनाएं इतनी पुरानी हो जाती हैं कि शोध कार्य में उनका प्रयोग बेकार हो जाता है।

(viii) ***असुन्दर लेख:*** सभी सूचनादाताओं का लेखन ठीक नहीं होता। अपठनीय (अस्पष्ट) और असुन्दर लेखा (Bad Hand Writing) को पढ़ना और समझना भी प्रश्नावली की एक महत्वपूर्ण समस्या है।

प्रश्नावली विधि की उपरोक्त कमजोरियों के होते हुए भी आजकल यूरोप, अमेरिका और कुछ विकासशील देशों में जानकारियों को एकत्र करने के लिए इसका प्रयोग बहुतायत में किया जा रहा है। इसकी कमियों व कमजोरियों को कम करने के लिए आजकल नए-नए प्रयोग किए जा रहे हैं।

साक्षात्कार अनुसूची (Interview Schedule)

प्रश्नावली और अनुसूची दोनों ही प्रश्न-उत्तर की तकनीक पर आधारित विधियां हैं। प्रश्नावली को स्वयं सूचनादाता भरता है, अतः इसे 'स्वभरित प्रश्नावली' (Self-Administered Questionnaire) या 'डाक प्रश्नावली' (Mailed Questionnaire) भी कहा जाता है। अनुसूची भी मूलरूप में प्रश्नावली का ही एक विशिष्ट रूप है, जिसका प्रयोग प्रत्यक्ष साक्षात्कार (आमने-सामने की स्थिति) में किया जाता है। इसमें अन्वेषक (साक्षात्कारकर्ता) सूचनादाता से अनुसूची में लिखे प्रश्नों को पूछ कर उनके उत्तर स्वयं भरता है। ऐसी प्रश्नावली को सामान्यतः 'साक्षात्कार अनुसूची' (Interview Schedule) का नाम दिया गया है।

कुछ लेखकों ने प्रश्नावली और अनुसूची दोनों शब्दों का प्रयोग पर्यायवाची शब्दों के रूप में किया है। वास्तव में, इन दोनों की बनावट, रचना और सैद्धान्तिक आधार में विशेष अन्तर नहीं है, अतः दोनों शब्दों को समानार्थक मान कर एक दूसरे के स्थान पर प्रयोग कर लिया गया है।

परिभाषाएं (Definitions)

गुडे एवं हट्ट के अनुसार, "सामान्यतः अनुसूची शब्द (Term) का प्रयोग प्रश्नों के एक ऐसे समूह के लिए किया जाता है, जो साक्षात्कारकर्ता द्वारा दूसरे व्यक्ति से आमने-सामने की स्थिति में पूछे और उत्तर लिखे जाते हैं।" **यंग** ने लिखा है कि "यह गणना की एक विधि है जिसका प्रयोग औपचारिक एवं मानकीकृत (Standardized) गवेषणाओं में विभिन्न प्रकार के परिमाणात्मक तथ्यों (Quantitative Facts) के संकलन हेतु किया जाता है।"

के.डी. बैली (1978) ने प्रश्नावली और अनुसूची में अन्तर प्रदर्शित करते हुए लिखा है कि "एक प्रश्नावली को सामान्यतः डाक द्वारा भेजा जाता है या सूचनादाता को दे दिया जाता है, जिसे उसे साक्षात्कारकर्ता की सहायता के बिना भरना होता है, किन्तु जिस उपकरण को प्रत्यक्षतः सूचनादाता को नहीं दिया जाता है तथा जिसे सूचनादाता से प्रश्न पूछ कर साक्षात्कारकर्ता स्वयं भरता है, उसे सामान्यतः 'साक्षात्कार अनुसूची' कहा जाता है।"

अनुसूची के प्रकार (Types of Schedule)

सामाजिक शोध में कई प्रकार की अनुसूचियों का प्रयोग किया गया है। इसके प्रमुख प्रकार निम्नलिखित हैं:

अवलोकन अनुसूची (Observation Schedule)

अवलोकन विधि का वर्णन करते समय बताया गया है कि अवलोकन को व्यवस्थित बनाने के लिए कुछ उपकरणों और यंत्रों का प्रयोग किया जाता है। अवलोकन अनुसूची ऐसा ही एक उपकरण है, जिसका प्रयोग अवलोकन के समय अन्वेषक करता है। इसमें किसी प्रकार के प्रश्न नहीं होते, अपितु कुछ प्रसंग होते हैं, जो सूचनादाताओं की क्रियाओं को देखने में अन्वेषक की मदद करते हैं कि सूचनादाता क्या कर रहा है? निष्क्रिय बैठा या खड़ा है, गप्पें मार रहा है, खेल रहा है, किसी पेय (चाय, काफी, शर्बत) का रसास्वादन कर रहा है, आदि-आदि।

यह सूची प्रायः सारणी (Table) के रूप में होती है जो शोध प्रसंगों के अनुसार कई शीर्षक/उपशीर्षकों में बंटी होती है। किसी नर्सरी स्कूल के बालकों के व्यवहारों के अवलोकन हेतु कुछ हेर-फेर के साथ निम्न तालिका का प्रयोग किया जा सकता है:

अवलोकन अनुसूची

(नर्सरी के बालकों के व्यवहारों का अवलोकन)

घंटे	*बालकों के नाम*	*व्यवहार प्रतिमान*						
		निष्क्रिय	*खेलना कूदना*	*शोर मचाना*	*इधर-उधर घूमना*	*चित्रों को देखना*	*पढ़ाई में मग्न*	*अन्य क्रियाएं*
प्रथम घंटा	1. रमेश 2. मोहन 3. रेखा 4. सुनिता							
द्वितीय घंटा	1. रमेश 2. मोहन 3. रेखा 4. सुनिता							
तृतीय घंटा	1. रमेश 2. मोहन 3. रेखा 4. सुनिता							
चतुर्थ घंटा	1. रमेश 2. मोहन 3. रेखा 4. सुनिता							

जैसा ऊपर लिखा गया है कि अवलोकन अनुसूची का प्रमुख कार्य अवलोकन को व्यवस्थित बनना है। इसके द्वारा अवलोकनकर्ता को नियंत्रित कर कुछ विशिष्ट व्यक्तियों की कुछ विशिष्ट क्रियाओं को ही नोट करने के निर्देश दिये जाते हैं। जब अवलोकनकर्ता एकाधिक होते हैं, तब उनके अवलोकन को समरूप बनाने के लिए यह एक उपयोगी विधि है। इसके द्वारा अवलोकन की प्रामाणिकता की परख एक दूसरे के अवलोकन के निष्कर्षों से की जा सकती हैं। संक्षेप में, यह अन्वेषक के स्वेच्छानुसार अवलोकन पर अंकुश का कार्य करती है।

साक्षात्कार अनुसूची **(Interview Schedule)**

संरचित प्रश्नों की ऐसी सूची जिसका प्रयोग प्रत्यक्ष (आमने-सामने) साक्षात्कार के दौरान इसमें लिखे प्रश्नों को सूचनादाता से पूछ कर स्वयं साक्षात्कारकर्ता यथास्थान सूची में उनके उत्तरों को नोट करता है, साक्षात्कार अनुसूची कहलाती है। इस सूची का प्रमुख उद्देश्य विभिन्न अन्वेषकों द्वारा अपने सूचनादाताओं से समरूप प्रश्न पूछना है, ताकि सभी

सूचनादाता प्रश्नों का एक ही अर्थ लगाएं। समरूप प्रश्नों से तात्पर्य ऐसे प्रश्नों से है जिनकी भाषा (शब्द, शैली, वाक्यांश) और क्रम समान हो। वह डाक प्रश्नावली से इस अर्थ में भिन्न होती है कि जहाँ साक्षात्कार अनुसूची को साक्षात्कारकर्ता स्वयं भरता है, वहीं प्रश्नावली को सूचनादाता द्वारा भरा जाता है। साधारणतः प्रश्नावली का प्रयोग शिक्षित सूचनादाताओं में ही किया जाता है, जो प्रश्न को पढ़ कर स्वयं उत्तर लिख सकें। साक्षात्कार अनुसूची शिक्षित और अशिक्षित दोनों ही प्रकार के सूचनादाताओं के लिए तैयार की जा सकती है। प्रश्नावली और साक्षात्कार अनुसूची दोनों से प्राप्त सूचनाओं का वर्गीकरण एवं सारणीयन करके तथ्यों का सांख्यिकीय विश्लेषण किया जा सकता है।

प्रलेखीय अनुसूची (Document Schedule)

लिखित स्रोतों (सरकारी एवं गैर-सरकारी दस्तावेज, व्यक्तिगत इतिहास आदि) से प्राप्त मूक तथ्यों के संकलन हेतु जिस सूची का प्रयोग किया जाता है, उसे प्रलेखीय अनुसूची कहते हैं। इस प्रकार की अनुसूचियों का प्रयोग सामान्यतः तब किया जाता है जब सूचनाएं केवल प्रलेखीय स्रोतों से ही प्राप्त होने की संभावना रहती है। अपराधियों का अध्ययन करते समय अपराधियों की संख्या, उनकी आय, व्यवसाय, शिक्षा जैसी सूचनाओं को जेल के दस्तावेजों से प्राप्त किया जा सकता है। मृत व्यक्तियों के बारे में उनकी डायरी, आत्मकथा, जीवन इतिहास या पत्रों से जानकारी प्राप्त की जा सकती है।

इस प्रकार की अनुसूची का प्रयोग स्वतंत्र या साक्षात्कार अनुसूची के सहायक या अनुपूरक दोनों रूप में किया जा सकता है।

संस्थात्मक सर्वेक्षण अनुसूची (Institutional Survey Schedule)

ऐसी तालिका, जिसका प्रयोग संस्थाओं के आंतरिक एवं बाह्य कार्यकलापों एवं समस्याओं के अध्ययन के लिए बनाई और प्रयुक्त की जाती है, संस्थात्मक सर्वेक्षण अनुसूची कहलाती है। जनगणना अनुसूची और राष्ट्रीय प्रतिदर्श सर्वेक्षण अनुसूची (National Sample Survey Schedule) इसके प्रमुख उदाहरण हैं। आजकल सामाजिक जीवन के विभिन्न क्षेत्रों में कई 'गैर-सरकारी संगठन' (NGOs) कार्य कर रहे हैं। इनकी कार्यप्रणालियों और कार्यकलापों के अध्ययन के लिए ऐसी अनुसूची बना कर अध्ययन किए जाने वाले विषय (पर्यावरण, संगीत एवं नृत्य, शिक्षा आदि) से जुड़ी संस्थाओं को भेज कर आवश्यक सूचनाएं एकत्रित की जा सकती है। किसी गैर-सरकारी संगठन को मान्यता और अनुदान देने के लिए सरकार इसी प्रकार की निर्मित अनुसूची के द्वारा उक्त संगठन के बारे में तथ्य एकत्रित करती है।

प्रमापन अनुसूची (Rating Schedule)

किसी विशिष्ट विषय पर लोगों के विचार, विश्वास, दृष्टिकोण या राय (Opinion) जानने के लिए प्रयुक्त प्रश्नों के समूहों को प्रमापन अनुसूची कहते हैं। इस प्रकार की अनुसूची में विभिन्न उत्तरों को क्रमिक महत्व देकर 1, 2, 3, 4 आदि की संख्या में प्रकट किया जाता है, अर्थात् कोई व्यक्ति किसी विषय को कितना पसंद/नापसंद करता है या उसके पक्ष/विपक्ष में है। ऐसे प्रश्नों के द्वारा उसके दृष्टिकोण को मापा जाता है, जैसे:

- सरकारी कर्मचारियों की सेवानिवृत्ति की आयु को 65 वर्ष कर दिया जाना चाहिए: पूर्णतः सहमत/सहमत/अनिश्चित/असहमत/पूर्णतः असहमत
- इस प्रकार की अनुसूचियों का अनेक मनोवैज्ञानिकों एवं समाजशास्त्रियों ने सामाजिक दूरी, मनोवृत्ति एवं अभिवृत्ति मापने में अपने अध्ययनों में किया है। इसका विस्तृत वर्णन-विश्लेषण 'प्रमापन तकनीकों' के अध्याय में किया गया है।

उपरोक्त अनुसूचियों के अलावा शोध की विषय-वस्तु (Content) के आधार पर तीन प्रकार की सूचियां हो सकती हैं:

(i) तथ्यमूलक अनुसूची (Factual Schedule)

(ii) मनोवृत्ति एवं मतमूलक अनुसूची (Attitude and Opinion Schedule)

(iii) संस्थात्मक व्यवहार अनुसूची (Institutional Behaviour Schedule)

सामान्यतः प्रश्नावलियों और अनुसूचियों में दोनों प्रकार के (तथ्यमूलक और मनोवृत्ति मूलक) प्रश्न सम्मिलित किए जाते हैं।

साक्षात्कार अनुसूची के गुण (Merits of Interview Schedule)

साक्षात्कार अनुसूची के प्रमुख गुण निम्नलिखित हैं:

(1) ***सभी प्रकार के सूचनादाताओं के लिए उपयुक्त:*** इस विधि का प्रयोग शिक्षित/अशिक्षित, ग्रामीण/नगरीय, बालक, युवा या वृद्ध तथा अंधे सभी प्रकार के सूचनादाताओं के लिए किया जा सकता है।

(2) ***उच्च प्रत्युत्तर दर:*** साक्षात्कारकर्ता के उपस्थित रहने के कारण सूचनादाता द्वारा भय, संदेह या भ्रम के कारण उत्तर न दिये जाने या संकोच करने की समस्या का तत्काल निवारण कर उसे सूचना देने के लिए तैयार किया जा सकता है। परिणामतः अप्रत्युत्तर दर कम हो जाती है। अतः प्रश्नावली की अपेक्षा इस विधि में प्रत्युत्तर की दर ऊँची होती हैं। व्यक्तिगत सम्पर्क के द्वारा अन्वेषक और सूचनादाता के बीच जो पारस्परिक आदान-प्रदान और मधुरता उत्पन्न होती है, वह प्रश्नावली नहीं कर पाती है, जो निर्जीव होती है।

(3) ***प्राप्त सूचनाओं का सत्यापन संभव:*** प्राप्त सूचनाएं कहाँ तक सही हैं, इसका पता इस विधि में तत्काल कुछ अतिरिक्त प्रश्न पूछ कर किया जा सकता है। यही नहीं, साक्षात्कारकर्ता की उपस्थिति द्वारा सूचनादाता के गोलमाल या निरर्थक उत्तर देने की प्रवृत्ति को भी नियंत्रित किया जा सकता है। इस विधि में अन्वेषक को अवलोकन का अवसर भी प्राप्त होता है जिससे सूचनाओं की सत्यता को मालूम किया जा सकता है। अवलोकन द्वारा अन्वेषक यह देख सकता है कि सूचनादाता द्वारा दी गई सूचना वास्तविक परिस्थितियों से मेल खाती है या नहीं।

(4) ***परिमाणात्मक विश्लेषण में सहायक:*** अनुसूची द्वारा प्राप्त तथ्यों का वर्गीकरण एवं सारणीयन करना सरल होता है। किसी प्रश्न के उत्तर में कितने लोगों ने पक्ष/विपक्ष या सहमति/असहमति प्रकट की है, इसका अनुमान अनुसूची के प्रश्नों के उत्तरों के सांख्यिकीय विश्लेषण द्वारा किया जा सकता है।

(5) ***अन्य गुण:*** साक्षात्कार अनुसूची अन्वेषक के अनर्गल वार्तालाप पर अंकुश लगाती है, क्योंकि उसे वही प्रश्न पूछने होते हैं, जो अनुसूची में लिखे हैं। अनुसूची में अन्वेषक सूचनादाता के उत्तरों को तत्काल यथास्थान लिख लेता है, ताकि बाद में वह भूल न जाए। सभी की स्मरण शक्ति एक सी नहीं होती। सूचनाओं के भूल जाने के कारण शोध के तथ्यों की प्रामाणिकता संदिग्ध हो सकती है।

साक्षात्कार अनुसूची के दोष (Demerits of Interview Schedule)

(i) ***सीमित क्षेत्र का अध्ययन:*** प्रश्नावली की भांति अनुसूची का प्रयोग विस्तृत एवं विशाल क्षेत्र में बिखरे हुए सूचनादाताओं के लिए नहीं किया जा सकता है।

(ii) ***अधिक समय, श्रम एवं धन व्यय करने वाली विधि:*** प्रश्नावली की अपेक्षा सूचनाएं एकत्रित करने में अधिक समय एवं श्रम की जरूरत पड़ती है। इसके साथ ही, यह एक महंगी विधि है, क्योंकि साक्षात्कारकर्ताओं के वेतन, प्रशिक्षण, यात्रा-व्यय आदि पर काफी खर्चा आता है।

(iii) ***अभिनति की समस्या:*** साक्षात्कारकर्ता प्रश्नों को उसी भाषा और क्रम में पूछेगा, कोई गारन्टी नहीं है। यह अप्रत्यक्षत: 'साक्षात्कारकर्ता की अभिनति की समस्या" (Problem of Interviewer's Bias) को उत्पन्न कर सकती है। साक्षात्कारकर्ता द्वारा प्रश्न पूछने, उत्तर सुनने और फिर उन्हें नोट करने में भी जाने-अनजाने में भूल हो सकती है। साक्षात्कारकर्ता का व्यक्तित्व भी उत्तरों को प्रभावित कर सकता है।

(iv) ***एक अच्छी अनुसूची/प्रश्नावली निर्माण की समस्या:*** एक अच्छी प्रश्नावली/अनुसूची के दो प्रमुख गुण हैं: सटीक सम्प्रेषण (Exact Communication) और सटीक प्रत्युत्तर (Exact Response)। ये दोनों गुण प्रश्नावली/अनुसूची की बनावट, प्रश्नों के वाक्यांश एवं शैली पर निर्भर करते हैं। प्रश्नावली/अनुसूची में प्रश्न इस ढंग से पूछे जाने चाहिए कि वे अन्वेषक के उद्देश्य को सूचनादाता तक पहुँचा सकें और उससे यथार्थ सूचनाएं प्राप्त कर सकें।

(v) ***सम्पर्क की समस्या:*** सूचनादाता के साथ सम्पर्क स्थापित करना और उसे साक्षात्कार के लिए तैयार करना भी एक बड़ी समस्या है। कई बार प्रतिदर्श (Sample) में आए सूचनादाता उत्तर देने के लिए तैयार नहीं होते या उन्हें मनाने में काफी समय लग सकता है।

संक्षेप में, यह विधि वहीं सफल हो सकती है जहाँ सूचनादाता सीमित हों, संसाधनों की प्रचुर मात्रा में उपलब्धता हो तथा प्रशिक्षित साक्षात्कारकर्ता भी उपलब्ध हों। विदेशों में (अमेरिका) सूचनादाताओं को सूचना देने के लिए तैयार करने हेतु कुछ धन-राशि भी दी जाती है। यह उनके अमूल्य समय में से कुछ समय लेने की हानि के बतौर दी जाती है।

प्रश्नावली और अनुसूची में अन्तर
(Difference between Questionnaire and Schedule)

सामाजिक शोध में प्रश्नावली और अनुसूची शब्दों का प्रयोग तथ्य संकलन के दो विशिष्ट उपकरणों (Tools) के रूप में किया जाता है। रचना और बनावट की दृष्टि से दोनों में काफी समानता है, किन्तु प्रयोग की दृष्टि से दोनों भिन्नता है। **सिन पाओ येंग** (1953) ने दोनों की समानता और भिन्नता को निम्न शब्दों में अभिव्यक्त किया है:

"प्रश्नावली और अनुसूची दोनों में प्रकटतः काफी समानता है क्योंकि दोनों में सभी उत्तरदाताओं के लिए एक से ही ढंग से निर्मित प्रश्न होते हैं, जो किसी केन्द्रीय समस्या या समस्याओं से तार्किक रूप से सम्बन्धित होते हैं, किन्तु फिर भी इन दोनों में यह अन्तर है कि प्रश्नावली को अन्वेषक द्वारा बिना किसी प्रत्यक्ष मौखिक स्पष्टीकरण दिये स्वयं उत्तरदाता द्वारा भरा जाता है, जबकि अनुसूची को स्वयं अन्वेषक द्वारा उत्तरदाता से प्रश्न पूछने और उनके उत्तरों को उसी में लिखने के लिए प्रयोग में लाया जाता है।"

प्रश्नावली और अनुसूची में जो अन्तर है, वह दोनों के विवेचन में पिछले पृष्ठों में स्पष्ट किया जा चुका है, फिर भी इन दोनों के अन्तर को अति संक्षेप में निम्न बिन्दुओं में दर्शाया जा सकता है:

अन्तर का आधार	*साक्षात्कार अनुसूची*	*डाक प्रश्नावली*
1. शोध का उद्देश्य	गहन अध्ययन	सामान्य एवं निजी प्रकृति की सूचनाएं
2. क्षेत्र	(अ) सीमित (लघु) जनसंख्या (ब) शिक्षित और अशिक्षित दोनों प्रकार के सूचनादाता	(अ) विस्तृत बिखरी हुई विशाल जनसंख्या (ब) केवल शिक्षित व्यक्तियों के लिए
3. प्रश्नों के प्रकार	प्रतिबंधित प्रश्नों की अपेक्षा मुक्त प्रश्नों का अधिक प्रयोग	मुक्त और प्रतिबंधित दोनों प्रकार के सरल प्रश्न
4. प्रेषणीयता	साक्षात्कारकर्ताओं के द्वारा भरा जाना	सूचनादाताओं के पास भेज कर उन्हीं के द्वारा भरा जाना
5. सूचनाओं का सत्यापन	अवलोकन और गहन एवं अतिरिक्त प्रश्नों द्वारा सत्यापन	प्रत्यक्ष सम्पर्क के अभाव के कारण सूचनाओं का सत्यापन असंभव
6. प्रत्युत्तर दर	उच्च प्रत्युत्तर दर	अपेक्षाकृत निम्न प्रत्युत्तर दर
7. समय तथा खर्च	अधिक समय और धन का व्यय	अपेक्षाकृत कम खर्च एवं कम समय

प्रश्नावली/अनुसूची की रचना संबंधी प्रमुख तत्व
(Main Elements for the Framing of Questionnaire/Schedule)

जैसा ऊपर लिखा गया है कि अनुसूची और प्रश्नावली में रचना या बनावट में कोई विशेष अन्तर नहीं है, दोनों का प्रारूप (Format) लगभग समान होता है, अतः यहाँ दोनों की रचना प्रक्रिया और प्रारूप पर विचार करते समय 'प्रश्नावली' शब्द का ही प्रयोग करेंगे।

इन दोनों उपकरणों की सफलता इनकी रचना (Construction) पर निर्भर करती है। **केथराइन गोर्डन केप्ट** ने इनकी रचना संबंधी दो प्रमुख तत्वों पर जोर दिया है: (i) सटीक सम्प्रेषण, और (ii) सटीक प्रत्युत्तर।

(1) सही या सटीक सम्प्रेषण (Accurate Communication)

केप्ट ने लिखा है, "जब उत्तरदाता प्रश्न का वही अर्थ लगाता है जो अन्वेषक मानता है, तब समझिए कि आपका सम्प्रेषण हो गया।" दूसरे शब्दों में सटीक या सही सम्प्रेषण से तात्पर्य यह है कि प्रश्नों की रचना में ऐसे शब्दों एवं वाक्याशों का प्रयोग किया जाना चाहिए कि उक्त प्रश्न को बनाने वाले (अन्वेषक) और सुनने या पढ़ने वाले (उत्तरदाता) के अर्थों में समानता हो। यह एक अच्छी प्रश्नावली/अनुसूची का एक आवश्यक गुण और प्राथमिक शर्त है। यदि प्रश्न का वास्तविक भाव उत्तरदाता तक नहीं पहुँच पाता, तब सटीक या सही प्रत्युत्तर की आशा करना व्यर्थ ही होगा।

(2) सटीक प्रत्युत्तर (Accurate Response)

एक उत्तम प्रश्नावली में सटीक सम्प्रेषण के साथ-साथ सटीक प्रत्युत्तर का गुण भी होना चाहिए। सटीक या सही प्रत्युत्तर से तात्पर्य उत्तरदाता द्वारा दिये जाने वाले ऐसे उत्तर से है, जो अनुसंधान की आवश्यकता और अर्थों के अनुरूप हो। केवल उत्तर देने के लिए दिये गए गोलमोल या भ्रममूलक अस्पष्ट उत्तर का शोध की दृष्टि से कोई महत्व नहीं होता। ऐसे उत्तर निरर्थक होते हैं। सटीक या सही प्रत्युत्तर का अर्थ यह कदापि नहीं है कि उत्तरदाता ऐसा उत्तर दे, जो शोधकर्ता की इच्छा के अनुकूल हो या उसके दृष्टिकोण से मेल खाता हो।

सटीक सम्प्रेषण और सटीक प्रत्युत्तर मुख्यतः निम्न बातों पर निर्भर करता है:

1. प्रश्नों की विषय-वस्तु
2. प्रश्नों की शब्द रचना
3. प्रत्युत्तर के रूप
4. प्रश्न-क्रम
5. प्रश्नावली की रचना-प्रक्रिया

प्रश्नों की विषय-वस्तु (Question Content)

प्रश्नों की विषय-वस्तु अध्ययन के उद्देश्य पर निर्भर करती है। विषय-वस्तु से तात्पर्य शोध के प्रमुख और गौण मुद्दे/मुद्दों और इनका कौन सा पहलू कितना महत्वपूर्ण है, प्रश्नों की प्रकृति, रूप, संख्या आदि का निर्धारण इन्हीं के द्वारा होता है। विषय-वस्तु के बारे में स्पष्ट जानकारी करने के लिए अन्वेषक को अपने शोध विषय से संबंधित उपलब्ध साहित्य के अध्ययन के साथ-साथ विषय-विशेषज्ञों और ऐसे मित्रों से विचार-विनिमय करना चाहिए जो शोध विषय और शोध की प्रक्रिया का अनुभव रखते हों। शोध के मुद्दों पर बिना सोच-विचार किए जल्दी में बनाई गई प्रश्नावली/अनुसूची अपूर्ण और त्रुटिपूर्ण बन सकती है, जिसमें कुछ आवश्यक प्रश्नों के छूटने और निरर्थक प्रश्नों के सम्मिलित हो जाने की आशंका रहती है। प्रश्नों की विषय-वस्तु पर विचार करते समय निम्न बिन्दुओं पर ध्यान दिया जाना जरूरी है:

(क) क्या यह प्रश्न अनिवार्य है?

(ख) इस प्रश्न से संबंधित अन्य वैकल्पिक प्रश्न क्या हो सकते हैं?

(ग) सर्वाधिक महत्वपूर्ण कौन से प्रश्न हैं?

(घ) क्या उत्तरदाताओं के पास इन प्रश्नों की पर्याप्त सूचनाएं हैं?

(ङ) क्या ये प्रश्न विश्लेषण (वर्गीकरण, सारणीयन) के योग्य हैं?

अटकिनसन (1967) ने प्रश्नों की विषय-वस्तु के आधार पर तीन प्रकार के प्रश्न बताये हैं: (i) तथ्यात्मक प्रश्न - ऐसे प्रश्न जो तथ्यों (आयु, लिंग, आय आदि) से संबंधित होते हैं, (ii) मत (Opinion) सूचक प्रश्न - ऐसे प्रश्न जो सूचनादाता के किसी विषय पर दृष्टिकोण को प्रकट करने वाले होते हैं, एवं (iii) ज्ञान (Knowledge) सूचक प्रश्न - ऐसे प्रश्न जो किसी विषय विशेष पर सूचनादाता के ज्ञान को प्रकट करते हैं।

प्रश्नों की शब्द रचना (Question Wording)

एक प्रश्नावली की सम्पूर्ण सफलता प्रश्नों की शब्द रचना पर निर्भर करती है। प्रश्नावली की रचना में प्रश्नों की भाषा, शब्दावली, शैली और वाक्य-विन्यास आदि पर अत्यधिक सोच-विचार किया जाना चाहिए। इस संबंध में पद्धतिशास्त्रियों (Methodologists) ने निम्न कुछ सुझाव/निर्देश दिये हैं:

प्रश्न कैसे होने चाहिए?

- प्रश्न छोटे, स्पष्ट, सार्थक और सीधे होने चाहिए।
- प्रश्नों की भाषा सरल, सुरुचिपूर्ण और प्रभावशाली होनी चाहिए।
- प्रश्नों की रचना इस प्रकार की जानी चाहिए ताकि उत्तरदाता को कम से कम सोचने और लिखने की आवश्यकता हो। इसके लिए 'हाँ' या 'ना' या वैकल्पिक उत्तर वाले प्रश्नों को अच्छा माना जाता है। ऐसे प्रश्नों का वर्गीकरण और सारणीयन करना भी आसान होता है।
- भावनाओं की तीव्रता को मालूम करने के लिए पैमाना सूचक प्रश्न अच्छे होते हैं। जैसे क्या आप पूर्णतः सहमत/सहमत/तटस्थ/पूर्णतः असहमत/असहमत हैं।
- प्रश्न सूचनादाता के ज्ञान के स्तर के अनुरूप होने चाहिए।
- प्रतिबंधित (Closed) प्रश्नों का प्रयोग करते समय प्रश्नों के सभी संभावित वैकल्पिक उत्तरों के साथ-साथ अन्त में 'कोई अन्य' (Any Other) का भी उल्लेख होना चाहिए।
- संवेदनशील विषयों और व्यक्तिगत जीवन से जुड़ी घटनाओं (तलाक, शारीरिक विकृति, नशावृति) से सम्बन्धित प्रश्नों की भाषा तथा उनकी रचना पर विशेष ध्यान दिये जाने की जरूरत है ताकि अहम रक्षा (Ego Defense) की समस्या को न्यूनतम किया जा सके।
- प्रश्न निश्चित एवं निर्दिष्ट होने चाहिए। सामान्य प्रश्नों की अपेक्षा विशिष्ट प्रश्न अधिक वास्तविक सूचना प्रदान करने वाले होते हैं।
- प्रश्नों का सटीक उत्तर (Exact Answer) प्राप्त करने के लिए समय, स्थान अथवा संदर्भ का स्पष्ट विवरण दिया जाना चाहिए।
- कुछ प्रश्न ऐसे होने चाहिए जो सूचनाओं की विश्वसनीयता तथा यथार्थता की परख करने वाले हों।

- विवादास्पद प्रश्नों को तोड़ कर टुकड़ों में पूछा जाना चाहिए ताकि अन्वेषक शोध समस्या के विभिन्न पहलुओं के प्रति सूचनादाता की भावनाओं की तीव्रता का अनुमान लगा सके।

प्रश्न कैसे नहीं होने चाहिए?

(i) अस्पष्ट या अनिदिष्ट प्रश्न (Vague or Ambigous Questions)

ये ऐसे प्रश्न होते हैं जो प्रत्येक सूचनादाता के मस्तिष्क में भिन्न प्रतिक्रियाएं उत्पन्न करते हैं, जिसके कारण वे अपने-अपने ढंग से उत्तर देने के लिए प्रेरित होते हैं। जैसे, "आप किस प्रकार की चाय पीते हैं?" इस प्रश्न में 'प्रकार' शब्द अस्पष्ट है। इसका उत्तर देते समय कुछ उत्तरदाता चाय का ब्रान्ड (ब्रुकबोंड, लिप्टन, ताजमहल या अन्य), कुछेक दूध वाली या बिना दूध वाली, कुछेक हल्की (Light) या भारी (Strong) या अन्य उत्तर भी दे सकते हैं।

(ii) बहुअर्थक प्रश्न (Multi-Meaning Questions)

ऐसे प्रश्न जिनके एकाधिक उत्तर हो सकते हों, बहुअर्थक प्रश्न कहलाते हैं, जैसे "यह वर्ष आपके लिए कैसा रहा?" इस प्रश्न का आर्थिक, वैवाहिक, सुख, स्वास्थ्य, सामाजिक प्रस्थिति आदि की दृष्टि से एक ही सूचनादाता या अलग-अलग सूचनादाताओं के भिन्न उत्तर हो सकते हैं। वे इस प्रश्न का अलग-अलग अर्थ लगा सकते हैं।

(iii) जटिल, अमूर्त एवं अनिश्चित प्रश्न (Comple, Abstract and Uncertain Questions)

शब्दाडम्बर तथा तकनीकी शब्दों का प्रयोग प्रश्नों को जटिल बना देता है। इसी प्रकार, 'नियमित' या 'कभी-कभी' जैसे शब्द अनिश्चिता के भाव को दर्शाते हैं। अतः ऐसे प्रश्नों की उत्तर प्राप्ति संदिग्ध रहती है। इसी प्रकार 'क्यों' वाले प्रश्न भी अनिश्चित प्रकृति वाले होते हैं, जैसे "आप कल रात सिनेमा क्यों गए थे?"

(iv) निर्देशक प्रश्न (Leading Questions)

ऐसे प्रश्न जो सूचनादाता को किसी विशिष्ट उत्तर देने का संकेत देते हैं, निर्देशक प्रश्न कहलाते हैं। जैसे यदि किसी व्यक्ति से उसकी आहार की प्रवृत्ति जानने के लिए इस ढंग से प्रश्न किया जाए कि "मैं नहीं समझता कि आप मांसाहारी हैं?" इस प्रश्न में ही उसे 'हां' में उत्तर देने का संकेत छुपा है। प्रश्नों का यह रूप सूचनादाता को एक विशेष प्रकार का उत्तर देने के लिए प्रवृत्त करता है। **मोज़र** के अनुसार "एक निर्देशक प्रश्न सूचनादाता को एक विशिष्ट उत्तर देने की ओर मोड़ देता है।"

इसी प्रकार, जब किसी प्रश्न के साथ किसी प्रतिष्ठित व्यक्ति, विचारक, समाज सुधारक या संत-मुनि का नाम जोड़ कर पूछा जाता है तब ऐसा प्रश्न भी 'निर्देशक प्रश्न' बन जाता है। जैसे, अस्पृश्यता के बारे में जानकारी हासिल करते समय गांधी जी के नाम को जोड़ कर इस ढंग से प्रश्न किया जाए कि "गांधीजी के अनुसार अस्पृश्यता समाज पर एक कलंक है," इस बारे में आपके क्या विचार हैं? बिरला ही व्यक्ति गांधी जी के विचारों के विपरीत अपनी राय प्रकट करेगा। अतः ऐसे निर्देशक प्रकृति वाले प्रश्नों को प्रश्नावली में सम्मिलित नहीं किया जाना चाहिए। ऐसे प्रश्नों के उत्तर प्रश्नों में ही छुपे होते हैं।

(v) अधूरे एवं अपर्याप्त प्रश्न (Incomplete and Inadequate Questions)

"क्या आप कॉलेज की कैन्टीन से संतुष्ट हैं?" यह एक आधा-अधूरा प्रश्न है। असंतुष्ट होने के कई कारण, यथा कैन्टीन की सेवाएं, वस्तुओं की गुणवत्ता, वस्तुओं की कीमत आदि हो सकते हैं। आपके प्रश्न पूछने का मंतव्य क्या है, इसे स्पष्ट किया जाना चाहिए।

(vi) द्विनाली प्रश्न (Double-Barrelled Questions)

ऐसे प्रश्न जिनमें दो या अधिक प्रश्न जुड़े होते हैं, जैसे क्या आप एस.सी., एस.टी., ओ.बी.सी., आर्थिक रूप से कमजोर सवर्ण वर्ग और स्त्रियों को आरक्षण देने के पक्ष में हैं? इस प्रश्न को टुकड़ों में बांट कर पूछा जाना चाहिए। इस प्रश्न के शब्द उत्तरदाता को असमंजस में डाल सकते हैं।

(vii) कुछ अन्य प्रश्न (Some Other Questions)

स्वीकृत आदर्शों, व्यक्तिगत जीवन, कल्पनात्मक एवं विवादास्पद विषयों से संबंधित प्रश्न जहाँ तक संभव हो, प्रश्नावली में नहीं पूछे जाने चाहिए। व्यक्ति के चरित्र से जुड़े प्रश्न या गुप्त बातों को जानने संबंधी प्रश्नों के प्रत्यक्ष उत्तर देने में प्रायः सूचनादाता हिचकिचाते हैं। विवादास्पद प्रश्नों से सूचनादाता के नाराज होने की आशंका भी रहती है।

शोध विषय से असम्बन्धित या अप्रत्यक्ष रूप से संबंधित प्रश्नों को सम्मिलित करना व्यर्थ होता है। ऐसे प्रश्न समय और श्रम दोनों को नष्ट करने वाले होते हैं।

उपरोक्त नियमों के साथ प्रश्नों को बनाते समय निम्न शब्दों या शब्दावली के प्रयोग से भी बचना चाहिए:

(अ) ऐसे मुहावरे या अप्रचलित शब्द जो किसी स्थान विशेष में ही प्रचलित हैं।
(ब) व्यक्तिपरक या सापेक्ष शब्द जैसे अच्छा, बुरा, उत्तम, निकृष्ट, बहुधा, प्रायः आदि।
(स) रूढ़िबद्ध शब्द जैसे तानाशाह, साम्यवादी, फासिस्ट, लालफीताशाही आदि।
(द) किसी विज्ञान विशेष से जुड़े तकनीकी शब्द जैसे आन्तरीकरण, समाजीकरण, तादात्मीकरण, आदि।

प्रत्युत्तर के रूप (Forms of Response)

प्रश्नावली/अनुसूची की रचना प्रक्रिया पर काफी शोध कार्य हुआ है। ऐसा देखा गया है कि प्रश्नों को बनाते समय जो कुछ प्रश्न शोधकर्ता के मस्तिष्क में उभरते हैं, उन्हें वह प्रश्नावली में सम्मिलित कर लेता है, चाहे उस प्रश्न की शोध विषय के लिए कोई सार्थकता हो या न हो। यही नहीं, वह प्रश्नों के प्रत्युत्तर के रूपों पर भी कोई सोच-विचार नहीं करता कि उसे किस प्रकार के उत्तरों की जरूरत है। सटीक एवं सुनिश्चित उत्तर प्राप्त करने के लिए प्रत्युत्तरों का संक्षिप्त तथा शोध विषय के अनुरूप होना आवश्यक है। **जॉन मैज** (1953) ने प्रश्नों की संरचना के आधार पर प्रत्युत्तरों के दो प्रमुख स्वरूपों का विवेचन किया है:

असंरचित या मुक्त प्रश्न
(Unstructured or Open-Ended Questions)

ये ऐसे प्रश्न होते हैं जिनमें सूचनादाता को अपने शब्दों में उत्तर देने की पूर्ण स्वतंत्रता होती है, वह चाहे प्रश्न का उत्तर कुछ शब्दों में या कई शब्दों में एक लम्बा उत्तर दे सकता है, जैसे:

(अ) दहेज प्रथा के बारे में आपके क्या विचार हैं?

(ब) क्या आरक्षण प्रणाली को जारी रखा जाना चाहिए?

(स) वृद्धावस्था की क्या समस्याएं हैं?

(द) टी.वी. पर दिखाए जाने वाले 'बालिका वधू' सीरियल के बारे में आपकी क्या सोच है?

इस प्रकार के प्रश्नों के आगे पर्याप्त खाली जगह छोड़ी जाती है ताकि सूचनादाता उक्त प्रश्न के बारे में अपने शब्दों में विचार व्यक्त कर सकता है। ऐसे प्रश्नों के वैकल्पिक संभावित उत्तर नहीं दिये जाते। मुक्त प्रश्नों के अपने गुण एवं अवगुण हैं।

गुण (Merits)

1. मुक्त प्रश्न उत्तरदाता को खुल कर अपनी बात, अपने विचार या अपनी राय अपने ढंग से, अपने शब्दों में व्यक्त करने का अवसर देते हैं।
2. बन्द प्रश्नों की भांति मुक्त प्रश्न सूचनादाता को किसी घेरे में बांध कर उसे उत्तरों के पूर्व निश्चित समूह में से चुनाव करने के लिए बाध्य नहीं करते हैं।
3. शोध के प्रारंभिक स्तर पर ऐसे प्रश्न काफी महत्वपूर्ण हैं, जब शोधकर्ता को किन्हीं प्रश्नों के सभी संभावित उत्तरों की जानकारी नहीं होती। इनके आधार पर बाद में प्रत्युत्तरों की श्रेणियों का निर्धारण किया जा सकता है।
4. इन प्रश्नों के द्वारा सूचनादाता के सूक्ष्म एवं महत्वपूर्ण विचारों को आसानी से जाना जा सकता है, क्योंकि ऐसे प्रश्नों के उत्तरों के दौरान वह बहुत सी ऐसी बातें कह जाता है जो प्रतिबंधित (बन्द) प्रश्नों के द्वारा संभव नहीं हो पाती हैं।
5. जटिल मुद्दों के उत्तरों को कुछ उत्तर-श्रेणियों में विभाजित करना कठिन होता है, अतः ऐसे मुद्दों के लिए मुक्त प्रश्न ही अधिक उपयुक्त होते हैं।
6. इस प्रकार के प्रश्न आत्म अभिव्यंजना तथा रचनात्मकता को प्रोत्साहित करते हैं।

अवगुण (Demerits)

1. कई बार ऐसे प्रश्नों के उत्तर शोध की दृष्टि से निरर्थक होते हैं।
2. ऐसे प्रश्नों के उत्तरों का वर्गीकरण और संकेतन (Coding) करना कठिन होता है, अतः इनके आधार पर किसी प्रकार का सांख्यिकीय (परिमाणात्मक) विश्लेषण या तुलना करना भी दुष्कर होता है।
3. कई अशिक्षित या अर्द्धशिक्षित व्यक्ति ऐसे प्रश्नों के उत्तरों के रूप में अपनी भावनाओं को अभिव्यक्त करने में कठिनाई अनुभव करते हैं।

4. ऐसे प्रश्नों के उत्तर प्राप्त करने में काफी समय और श्रम लगता है, अतः अप्रत्युत्तर दर (Non-response Rate) में बढ़ोत्तरी हो सकती है।
5. ये प्रश्न उत्तरदाता की उच्च बौद्धिक क्षमता की मांग करते हैं। मुक्त प्रश्नों की उपरोक्त कमजोरियों के कारण इनका प्रयोग गवेषणा के प्रारंभिक स्तर पर करना ही हितकर होता है। ये प्रश्न बाद में प्रतिबंधित प्रश्नों के वैकल्पिक उत्तरों की रचना में सहायता करते हैं।

पूर्ण संरचित या प्रतिबंधित (बन्द) प्रश्न (Fully Structured or Closed Questions)

ये निश्चित चुनाव वाले प्रश्न होते हैं, जिनमें प्रश्नों के साथ सूचनादाता को कुछ संभावित वैकल्पिक उत्तर सुझाए जाते हैं। सूचनादाता को इन उत्तरों में से अपने विचारों से मिलते-जुलते उत्तर को चुनने के लिये कहा जाता है। इन्हें प्रतिबंधित या बन्द प्रश्न इसलिए कहा जाता है कि इनमें सूचनादाता के प्रत्युत्तर के दायरे को वैकल्पिक उत्तरों द्वारा सीमित कर दिया जाता है।

उदाहरणार्थ:

- क्या आप अन्तर्जातीय विवाह के पक्ष में हैं? हाँ/नहीं
- क्या विद्यार्थियों को राजनीति में भाग लेना चाहिए? हाँ/नहीं
- क्या आप रोजाना पान खाते हैं? हाँ/नहीं
- यदि हाँ, तो कितनी बार? एक-दो बार/तीन-चार बार/पाँच बार या अधिक।
- क्या आप सिगरेट पीते हैं?
- यदि हां, तो दिन में कितनी बार? एक-दो बार/तीन-चार बार/एक पैकेट या अधिक

गुण (Merits)

1. प्रतिबंधित प्रश्नों के उत्तरों का संकेतन, वर्गीकरण और सांख्यिकीय एवं तुलनात्मक विश्लेषण सुविधाजनक होता है।
2. सूचनादाता को ऐसे प्रश्नों के उत्तरों के लिए अधिक सोचना नहीं पड़ता है, अतः प्रश्नावली को भरने में कम समय लगता है।
3. प्रतिबंधित प्रश्नों के द्वारा संवेदनशील विषयों के बारे में पूछे गये प्रश्नों के अधिक उत्तर मिलने की संभावना रहती है।
4. प्रश्नों के साथ संभावित उत्तर लिखे होने के कारण निरर्थक उत्तरों से बचाव हो जाता है।
5. ऐसे प्रश्नों की प्रत्युत्तर दर (Response Rate) काफी ऊँची होती है।
6. ऐसे प्रश्नों में अपूर्ण या अपर्याप्त उत्तरों की संभावना नहीं रहती।

अवगुण (Demerits)

1. इन प्रश्नों की सबसे बड़ी कमजोरी यह है कि इनमें सूचनादाता को अपने विचारों को स्पष्ट करने का अवसर नहीं मिलता।

2. कई बार प्रत्युत्तर की दी गई श्रेणियों (Categories) में सूचनादाता को अपना उत्तर नहीं मिल पाता या वह इन श्रेणियों में अन्तर करने में असमर्थ होता है।
3. सूचनादाता कई बार दिये गये उत्तरों के प्रति उदासीन हो किसी भी उत्तर पर निशान लगा देता है, जो उसके वास्तविक विचार से मेल नहीं खाते।
4. उत्तरदाता की थोड़ी भूल के कारण एक उत्तर के स्थान पर दूसरे उत्तर पर निशान लग सकता है जो उत्तर को विकृत बना देती है।

प्रतिबंधित प्रश्नों के प्रकार (Types of Closed Questions)

प्रतिबंधित या बन्द प्रश्नों के मुख्य प्रकार निम्नलिखित हैं:

द्वन्द्वात्मक प्रश्न (Dichotomous Questions)

जब किसी प्रश्न के दो संभावित वैकल्पिक उत्तरों जैसे, हाँ/ना, सत्य/असत्य, स्वीकार/अस्वीकार, पसंद/नापसंद आदि में से उत्तरदाता को किसी एक उत्तर को चुनने के लिए कहा जाता है, तब ऐसे प्रश्न द्वन्द्वात्मक प्रश्न कहलाते हैं, जैसे

- क्या आपने पिछले संसदीय चुनावों (2009) में वोट दिया था? हाँ/नहीं
- क्या आप राजनीति में रुचि रखते हैं? हाँ/नहीं
- क्या आपको दहेज उन्मूलन अधिनियम के बारे में पता है? हाँ/नहीं

द्वन्द्वात्मक प्रश्न अन्य संरचित प्रश्नों की भांति सरल होते हैं। इनका सांख्यिकीय विश्लेषण करना भी अत्यधिक सुविधाजनक होता है। इन प्रश्नों की सबसे बड़ी कमजोरी यह है कि इनके द्वारा विस्तृत एवं पर्याप्त सूचनाएं नहीं मिल पातीं, क्योंकि सूचनादाता को दो वैकल्पिक उत्तरों में से ही किसी एक का चुनाव करना पड़ता है।

बहु-वैकल्पिक प्रश्न (Multiple Choice Questions)

ऐसे प्रश्न जिनके साथ संभावित उत्तरों के कई विकल्प दिये होते हैं और उत्तरदाता को उनमें से किसी एक विकल्प को चुनने के लिए कहा जाता है, उन्हें बहु-वैकल्पिक प्रश्न कहते हैं।

उदाहरणार्थ:

- आपकी वैवाहिक प्रस्थिति क्या है?
  (विवाहित/विधवा/तलाकशुदा/परित्यक्त/अविवाहित)
- आपकी दृष्टि में विवाह क्या है?
  (एक ईश्वरोक्त अटूट बन्धन/एक समझौता/एक मैत्रीय संबंध/कोई अन्य)
- आपकी सम्मति में जीवन-साथी का चुनाव किन व्यक्तियों द्वारा होना चाहिए?
  (माता-पिता/माता-पिता, किन्तु लड़के-लड़की की सम्मति से/लड़के-लड़की, किन्तु माता-पिता की सम्मति से/स्वयं लड़के-लड़की द्वारा।)

बहु-वैकल्पिक प्रश्न तथ्यात्मक (Factual) या अभिमत (Opinion) प्रकट करने वाले दोनों प्रकार के हो सकते हैं। मत या दृष्टिकोण प्रकट करने वाले प्रश्नों में सामान्यत: निम्नलिखित तीन, चार या पाँच वैकल्पिक श्रेणियों का प्रयोग किया जाता है:

(i) पक्ष/विपक्ष/तटस्थ

(ii) सर्वोत्तम/उत्तम/ठीक-ठीक/घटिया/निकृष्ट

(iii) नियमित/कभी-कभी/कठिनतः कभी/कभी नहीं

(iv) पूर्णतः सहमत/सहमत/तटस्थ/असहमत/पूर्णतः असहमत

(v) अत्यधिक महत्वपूर्ण/महत्वपूर्ण/कुछ-कुछ महत्वपूर्ण/अमहत्वपूर्ण/नहीं जानता

प्रत्युत्तर की उपरोक्त श्रेणियों का प्रयोग करते हुए निम्न रूप में प्रश्न किए जा सकते हैं:

- क्या आप मृत्युदंड के पक्ष में हैं? पक्ष/विपक्ष/तटस्थ
- "व्यवस्था में आमूलचूल परिवर्तन किए बिना भ्रष्टाचार समाप्त करना कठिन है" पूर्णतः स्वीकार/स्वीकार/तटस्थ/अस्वीकार/पूर्णतः अस्वीकार
- क्या स्त्रियों को सेना में भर्ती किया जाना चाहिए? हाँ/नहीं/नहीं जानता

ऐसे प्रश्नों की सबसे बड़ी कमजोरी उत्तरों के अनेक विकल्प होना है, जिनके कारण सूचनादाता कई बार असमंजस में पड़ जाता है। इसके अलावा कई बार विकल्पों में बहुत कम अन्तर होता है या वे अस्पष्ट हो सकते हैं जिसके कारण उत्तरदाता सही विकल्प चुनने में स्वयं को असमर्थ अनुभव कर सकता है, जैसे 'बहुत पक्ष में' और 'बहुत-बहुत पक्ष में' के बीच स्पष्ट अन्तर करना कठिन है।

बहु-वैकल्पिक प्रश्नों को बहुधा 'कैफिटिरिया प्रश्न' (Cafeteria Questions) भी कहते हैं। जिस प्रकार किसी कैफे (खाने-पीने का स्थान) में व्यक्ति को अपनी इच्छानुसार खाद्य वस्तुओं या पेय पदार्थों को चुनने की स्वतंत्रता होती है, यही स्वतंत्रता उत्तरदाता को प्रश्न के दिये गए उत्तरों के विकल्पों में से किसी एक को चुनने की दी जाती है।

अनुक्रम-सूचक प्रश्न (Ranking Questions)

बहु-वैकल्पिक प्रश्नों के समान इन प्रश्नों के भी कई वैकल्पिक उत्तर दिये होते हैं, किन्तु इनमें से किसी एक वैकल्पिक उत्तर को न चुन कर (जैसा बहु-वैकल्पिक प्रश्नों में किया जाता है) सभी वैकल्पिक उत्तरों के संबंध में प्राथमिकता के क्रम में अपनी पसन्दगी प्रकट करनी होती है। अपनी पसन्दगी जाहिर करने के लिए उत्तरदाता को वैकल्पिक उत्तरों के आगे 1, 2, 3, 4, 5 के अंकों को लगाने के लिए कहा जाता है, जैसे:

1. समाचार पत्र पढ़ते समय आपकी रुचि किन सूचनाओं में होती है, अपनी रुचि को निम्नलिखित सूचनाओं में से अपनी प्राथमिकता के क्रम में 1, 2, 3, 4, 5 लिख कर सूचित कीजिए:

विविध सूचनाएं	*वरीयता क्रम*
अन्तरराष्ट्रीय सूचनाएं	
स्थानीय सूचनाएं	
राष्ट्रीय सूचनाएं	
प्रान्तीय सूचनाएं	
खेलकूद संबंधी सूचनाएं	

2. जीवन साथी का चुनाव करते समय निम्नलिखित मानकों में से आप किन मानकों को महत्व देना पसंद करेंगे। अपनी पसंदगी को वरीयता के क्रम (1, 2, 3, 4, 5, 6, 7, 8 ...) में प्रकट कीजिए:

मानक	*वरीयता क्रम*
शिक्षा	
धर्म	
जाति	
सुन्दरता	
व्यवसाय	
आयु	
रिश्तेदारी	
स्वास्थ्य	
चरित्र	
गृहकार्य में दक्षता	
आय	
सम्पत्ति	
ग्रामीण/नगरीय पृष्ठभूमि	
अन्य	

अनुक्रम-सूचक प्रश्नों में यह देखा गया है कि सूचनादाता के चयन पर बहुधा सूची में दिये गए उत्तर-क्रम का प्रभाव पड़े बिना नहीं रहता। इस अभिनति (Bias) से बचने के लिए ऐसे प्रश्नों के स्थान पर कई बार मुक्त प्रश्नों का प्रयोग ही अधिक हितकर रहता है।

कुछ अन्य प्रकार के प्रश्न (Some Other Types of Questions)

आनुषंगिक प्रश्न (Contingency Questions): ऐसे प्रश्न जिनकी सार्थकता सूचनादाता से किसी मुद्दे या विषय पर पूछे गए छनने प्रकार के प्रश्न (Screening Question) के उत्तर द्वारा निर्धारित होती है या उस पर निर्भर करती है, आनुषंगिक प्रश्न कहलाते हैं। इन्हें 'फिल्टर प्रश्न' (Filter Question) भी कहते हैं। ऐसे प्रश्न पूर्व में पूछे गए प्रश्न से जुड़े होते हैं, अर्थात् पहले पूछे गए प्रश्न के उत्तर के बाद ही दूसरा प्रश्न किया जाता है, जैसे किसी व्यक्ति से उसकी संतानों की संख्या पूछने के पूर्व यह पूछना जरूरी है कि वह विवाहित है अथवा नहीं। यदि वह विवाहित नहीं है, तब संतान संबंधी प्रश्न पूछना निरर्थक होगा, जैसे:

- क्या आप विवाहित हैं? हां/नहीं

  यदि हां, तो आपकी कितनी संतान हैं? लड़के......................लड़की....................

- क्या आप शराब पीते हैं? हां/नहीं

  यदि हां, तो शराब पीने की आपकी आवृत्ति क्या है:

  रोजाना/सप्ताह में एक-दो बार/महीने में एक-दो बार/केवल वार त्यौहार या उत्सव पर

इन्हें 'फिल्टर प्रश्न' इसीलिए कहा जाता है कि पहला प्रश्न इसमें 'छनने' (Filter) का काम करता है। पहले प्रश्न का उत्तर 'हां' में आने पर ही दूसरा प्रश्न किया जाता है, अन्यथा नहीं।

मुक्त या बन्द प्रश्नों (Open or Closed Questions) में कौन से प्रश्न अच्छे होते हैं, इनमें से किन प्रश्नों को वरीयता (Preference) दी जानी चाहिए, यह कई बातों पर निर्भर करता है। प्रश्नों की उपयुक्तता (Suitability) मोटे रूप में निम्न तीन मानदंडों द्वारा निर्धारित होती है:

1. शोध का उद्देश्य और विषय की प्रकृति
2. उत्तरदाता का शैक्षणिक एवं सूचना स्तर
3. प्रत्युत्तर की सम्प्रेषणीयता (Communicability)

प्रश्न-क्रम (Question Sequence)

प्रश्नावली अथवा अनुसूची की रचना में प्रश्नों की भाषा के साथ-साथ प्रश्नों का क्रम निर्धारण भी महत्वपूर्ण है। यह भी सूचनादाता के उत्तरों को प्रभावित कर सकता है। कौन से प्रश्न पहले और कौन से बाद में किए जाने चाहिए, इस संबंध में कोई निश्चित नियम नहीं हैं। फिर भी प्रश्नों को अनुसूची या प्रश्नावली में जमाते समय इस प्रकार व्यवस्थित किया जाना चाहिए कि वे तर्कसंगत प्रतीत हों। प्रश्नावली के निर्माण संबंधी अभी तक जो शोध कार्य हुआ है, उसके आधार पर प्रश्न-क्रम संबंधित निम्नलिखित मानदंड निश्चित किए गए हैं:

1. जहाँ तक संभव हो, विषय से संबंधित मुक्त प्रश्न (Open Questions) पहले और प्रतिबंधित प्रश्नों (Closed Questions) को बाद में पूछा जाना चाहिए। यह क्रम सूचनादाता को विषय के बारे में अपनी बात खुल कर कहने का मौका देता है। पद्धतिशास्त्रीय दृष्टि से किसी विषय की शुरुआत मुक्त प्रश्नों से करके धीरे-धीरे प्रतिबंधित (बहु-वैकल्पिक) प्रश्नों की ओर अग्रसर होना उपयुक्त होता है।
2. विवाद रहित सरलतम प्रश्नों से शुरुआत की जानी चाहिए। इस संबंध में 'सरलता से जटिलता की ओर' के नियम का पालन उपयोगी होता है।
3. रोचक एवं आकर्षक प्रश्न प्रारंभ में किए जाने चाहिए ताकि उत्तरदाता में शोध विषय के प्रति रुचि उत्पन्न हो सके।
4. संवेदनशील, भावप्रवण, कोमल प्रसंगों से संबंधित व्यक्तिगत प्रकृति वाले प्रश्न (जैसे कामतुष्टि (Sex Satisfaction) या विवाहेत्तर (Extra-Marital) संबंधों से जुड़े प्रश्न) बाद में, संभवत: प्रश्नावली/अनुसूची के मध्य भाग में किए जाने चाहिए।
5. विशिष्ट प्रश्नों की अपेक्षा सामान्य प्रश्नों को पहले पूछा जाना चाहिए। इसे 'फनेल तकनीक' (Funel Technique) कहते हैं। (फनेल या कीप एक प्रकार का उपकरण

होता है जिसका ऊपर का मुँह चौड़ा और धीरे-धीरे यह सकड़ा होता जाता है) फनेल तकनीक से तात्पर्य प्रश्नों के एक विशिष्ट प्रकार के क्रम से है, जिसमें शुरुआत में ऐसे सामान्य प्रश्न किए जाते हैं, जो शोध विषय से अप्रत्यक्ष रूप से जुड़े हुए हैं। बाद में, धीरे-धीरे उन विशिष्ट प्रश्नों को पूछा जाता है, जो विषय से प्रत्यक्ष रूप से जुड़े होते हैं। इस तकनीक को अपनाते समय यह भी ध्यान रखा जाना चाहिए कि विषय से जुड़े महत्वपूर्ण प्रश्नों को न शुरुआत में और न ही अन्त में पूछा जाना चाहिए।

6. प्रश्नों को तार्किक क्रम में पूछा जाना चाहिए। जैसे सूचनादाता से उसकी संतानों की संख्या पूछने के पहले यह पूछना जरूरी है कि वह विवाहित है या नहीं। इस प्रकार के प्रश्न 'फिल्टर प्रश्न' कहलाते हैं। फिल्टर प्रश्न (Filter Question) इस बात का निर्धारण करते हैं कि बाद के प्रश्न सूचनादाता से पूछे जाने चाहिए या नहीं। धूम्रपान की प्रवृत्ति के बारे में जानकारी हासिल करने के लिए सूचनादाता से यह पूछना कि वह एक दिन में कितनी सिगरेट/बीड़ी पीता है, पहले यह पूछना जरूरी है कि वह धूम्रपान करता भी है या नहीं। ऐसे प्रश्नों में दूसरा प्रश्न पहले प्रश्न पर आधारित होता है। प्रश्नों का क्रम ऐसा होना चाहिए कि उत्तरदाता के मस्तिष्क में बाद वाले प्रश्नों के बारे में पहले से ही कोई प्रतिक्रिया उत्पन्न न होने पाये।
7. प्रश्नों का क्रम नदी के प्रवाह की भांति धीमी गति से चलना चाहिए। विषयांतर बहुत धीरे-धीरे और अपनी स्वाभाविक गति से होना चाहिए ताकि सूचनादाता को अटपटा न लगे।
8. प्रश्नों का समूहीकरण करना उपयुक्त होता है, अर्थात् एक विषय से सम्बन्धित सभी प्रश्न एक जगह पूछे जाने चाहिए। जैसे पारिवारिक जीवन या धर्म से संबंधित सभी प्रश्नों को अलग-अलग दो समूहों में रख कर पूछा जाना चाहिए।
9. प्रश्नों का समूहीकरण करते समय विषय-क्रम के साथ-साथ काल-क्रम को भी ध्यान में रखा जाना आवश्यक है।
10. प्रश्न क्रम के बारे में एक महत्वपूर्ण विवाद यह बना हुआ है कि तथ्यान्वेषी (Factual) प्रश्न (जैसे शिक्षा, जाति, धर्म, आय, व्यवसाय आदि) पहले पूछे जाने चाहिए या मनोवृत्तिमूलक (Attitudinal) या मतसूचक (Opinion) प्रश्न (जैसे क्या आप पुनर्जन्म में विश्वास करते हैं?) इस संबंध में अनेक समाज वैज्ञानिकों ने तथ्यान्वेषी प्रश्नों को पहले पूछे जाने का सुझाव दिया है। भारत में अधिकांश सामाजिक शोध अध्ययनों में इसी परिपाटी को अपनाया गया है।
11. कुछ प्रश्न ऐसे होते हैं जिनकी सार्थकता पहले पूछे गये प्रश्न से जुड़ी होती। यदि पहले प्रश्न का उत्तर 'ना' में है, तब उससे जुड़ा दूसरा प्रश्न नहीं पूछा जाना चाहिये। ऐसे प्रश्नों को 'प्रासंगिक प्रश्न' (Contingency Question) कहते हैं। इस प्रकार के प्रश्न का एक उदाहरण यह दिया जा सकता है कि यदि सूचनादाता ने हमारे विवाहित/अविवाहित प्रश्न का उत्तर 'ना' में दिया है, अर्थात् यदि वह

अविवाहित है तब उससे बाद में यह पूछना कि उसकी कितनी संताने हैं ऐसा प्रश्न करना न केवल निरर्थक है, अपितु हास्यास्पद भी होगा। ऐसे प्रश्न से सूचनादाता नाराज भी हो सकता है। ऐसे प्रश्न ऊपर वर्णित 'फनेल' या 'फिल्टर' प्रश्नों से मिलते-जुलते हैं।

अन्त में, निष्कर्ष तौर पर यह कहा जा सकता है कि प्रश्नावली/अनुसूची एक माला की भांति और प्रत्येक प्रश्न मणियों की भांति एक दूसरे से सम्बद्ध होता है। सम्पूर्ण प्रश्नावली एक इकाई (एक माला) के रूप में नज़र आए, इसके लिए प्रश्नों में आन्तरिक संगति और पारस्परिक सम्बद्धता का होना आवश्यक है।

प्रश्नावली/अनुसूची की रचना प्रक्रिया (Process of Construction of Questionnaire/Schedule)

अभी तक हमने प्रश्नावली/अनुसूची के सैद्धान्तिक पक्ष (परिभाषा, प्रकार, गुण-अवगुण आदि) पर विचार किया है, अब हम इसके व्यावहारिक पक्ष, अर्थात् प्रश्नावली का निर्माण कैसे किया जाता है, पर प्रकाश डालेंगे:

प्रश्नावली/अनुसूची प्रपत्र निर्माण की तैयारी

प्रपत्र तैयार करने के पूर्व शोध विषय, इसके विभिन्न पक्ष, शोध क्षेत्र, सूचनादाताओं के शैक्षणिक स्तर आदि पर गहराई से सोच-विचार करना प्रश्नावली रचना प्रक्रिया का प्रथम चरण है। यह सोच-विचार एक ओर अनावश्यक प्रश्नों के सम्मिलित करने तथा आवश्यक प्रश्नों के छूट जाने से हमारी रक्षा करेगा। इसी स्तर पर प्रश्नावली के रूप, यथा मुक्त/प्रतिबंधित/चित्रमय/मिश्रित प्रश्नों का निर्धारण भी किया जाना आवश्यक है।

प्रश्नावली के प्रथम प्रारूप (Draft) का आलेखन

प्रश्नावली की रचना के दूसरे चरण में प्रश्नों के निर्माण का वास्तविक कार्य प्रारंभ होता है। प्रश्न बनाते समय शोधकर्ता के मस्तिष्क में जो भी शोध विषयक प्रश्न उभरे हैं, उन्हें किसी कागज पर नोट करते जाना चाहिए। इस प्रकार प्रश्नावली के प्रथम प्रारूप की रचना हो जाएगी।

प्रश्नों का पुनर्परीक्षण तथा संशोधन

प्रथम प्रारूप तैयार करने के बाद निर्मित प्रश्नों की समीक्षा की जानी चाहिए। समीक्षा कार्य में कई बातें सम्मिलित की जाती हैं, यथा प्रश्नों की भाषा, शैली एवं वाक्य विन्यास, प्रश्नों की सार्थकता, अनावश्यक प्रश्नों को निकालना और छूट गए प्रश्नों को सम्मिलित करना, प्रश्नों का प्रसंगानुसार समूहीकरण कर उन्हें विभिन्न शीर्षकों के अन्तर्गत तार्किक रूप में क्रमबद्ध करना आदि। अनावश्यक प्रश्नों के बचाव हेतु 'मूक सारणियों' (Dummy Tables) का प्रयोग ठीक रहता है। प्रश्नों को इस ढंग से क्रमबद्ध किया जाना चाहिए ताकि एक प्रश्न और दूसरे प्रश्न तथा एक प्रसंग और दूसरे प्रसंग में तालमेल बना रहे। एक सुव्यवस्थित प्रश्नावली द्वारा सभी प्रश्नों के उत्तरों के प्राप्त होने की अधिक संभावना रहती है।

प्रश्नावली/अनुसूची की वैधता (Validity) की जांच तथा अंतिम प्रारूप की रचना

प्रश्नों की रचना में काफी सावधानी बरतने के बाद भी कुछेक त्रुटियों के रहने की संभावना रहती है, अतः इनकी वैधता की जांच आवश्यक हो जाती है। वैधता की जांच से तात्पर्य है कि क्या प्रश्नावली या अनुसूची द्वारा वास्तव में वे सूचनाएं प्राप्त हो सकेगी, जिन उद्देश्यों के लिए इन उपकरणों की रचना की गई है। इस जाँच के लिए सूचनादाताओं के एक छोटे से नमूने (Sample) पर 'पूर्व परीक्षण' (Pretesting) का आयोजन हितकर होता है। प्रश्नावली/अनुसूची की कमियों या त्रुटियों को दूर करने के उद्देश्य से एक छोटे से समूह में प्रश्नावली वितरित कर शोध के पूर्व इन उपकरणों की जो जाँच की जाती है, उसे पूर्व परीक्षण कहते हैं। यह जाँच वास्तविक सूचनादाताओं पर न करके इनसे मिलते-जुलते व्यक्तियों पर उसी रूप में की जाती है, जिस प्रकार वास्तविक अध्ययन किया जाने वाला है। इस जाँच के बाद अनावश्यक प्रश्नों को हटा कर और आवश्यक प्रश्नों को सम्मिलित कर तथा प्रश्नों संबंधी अन्य त्रुटियों में संशोधन कर प्रश्नावली/अनुसूची का अंतिम प्रारूप तैयार किया जाता है।

प्रश्नावली की लम्बाई

एक छोटी प्रश्नावली में लम्बी प्रश्नावली की अपेक्षा उत्तर पाने की अधिक संभावना रहती है। अधिक लम्बी प्रश्नावली उत्तरदाताओं में उकताहट और नीरसता उत्पन्न कर सकती है। एक प्रश्नावली कितनी लम्बी होनी चाहिए, इस बारे में कोई निश्चित नियम नहीं है, किन्तु शोध अध्ययन बताते है कि एक अच्छी प्रश्नावली को भरने में 20-30 मिनट से अधिक समय नहीं लगना चाहिए।

प्रश्नावली/अनुसूची की भौतिक बनावट

प्रश्नावली की भौतिक बनावट, अर्थात इसके आकार, कागज, छपाई आदि का भी एक निश्चित महत्व है। हल्के कागज पर असुन्दर टाइप और बेतरतीब रूप में छपी प्रश्नावली के अनाकर्षक होने के कारण कई बार सूचनादाता उस पर ध्यान नहीं देता और कभी-कभी ऐसी प्रश्नावली को वह रद्दी की टोकरी में फेंक देता है। अतः अनुसूची की अपेक्षा प्रश्नावली के आकार, रूप-रंग, छपाई आदि विषयों पर भी समुचित ध्यान दिया आवश्यक है। ध्यान रहे, डाक प्रश्नावली को भरने के लिए सूचनादाता के पास भेज दिया जाता है, अतः भौतिक रूप से उसका आकर्षक होना बहुत महत्वपूर्ण है।

प्रश्नावली का क्या आकार हो, इस बारे में कोई निश्चित नियम नहीं हैं। आकार का निर्धारण रिक्त सारणियों की संख्या और उनकी लम्बाई तथा चौड़ाई को ध्यान में रख कर किया जाना ठीक रहता है। आजकल सामान्यतः 8"×12" या 9"×11" के आकार की प्रश्नावली का ही अधिक प्रयोग किया जाता है। छोटी अनुसूची का आकार 4"×6" या 3"×5" का हो सकता है।

प्रश्नावली/अनुसूची की छपाई में प्रयोग किया जाने वाला कागज उत्तम किस्म का हो ताकि उस पर ठीक प्रकार उत्तर लिखा जा सके। कागज टिकाऊ भी होना चाहिए, जिसे

लम्बे समय तक सुरक्षित रखा जा सके। भिन्न विषयों के लिए अलग-अलग रंगों के कागज का प्रयोग आकर्षक होने के साथ-साथ विश्लेषण की प्रक्रिया के लिए भी सुविधाजनक होता है।

प्रश्नावली को छपवाते समय उचित हाशिया, सुन्दर और भिन्न-भिन्न प्रकार के टाइपों का प्रयोग, यथा स्थान बड़े टाइपों (Bold Letters) का प्रयोग, मुक्त प्रश्नों के उत्तरों के लिए यथोचित छोड़ी गई जगह, प्रतिबंधित प्रश्नों के उत्तरों को एक सीध में देने की व्यवस्था जैसे विषयों पर ध्यान दिये जाने से प्रश्नावली/अनुसूची आकर्षक बन जाती है। टाइप (अक्षरों) का चुनाव करते समय यह ध्यान रखा जाना चाहिए कि वे भौंडे न लगें और पठनीयता में कोई व्यवधान उत्पन्न न हो। गिचपिच छपाई से पढ़ने में कठिनाई होती है। आवश्यकतानुसार शीर्षकों और उपशीर्षकों के लिए भिन्न स्याही या अक्षरों का प्रयोग किया जा सकता है। प्रश्नावली की छपाई संबंधी उपरोक्त बातें सूचनादाता पर मनोवैज्ञानिक प्रभाव डालती हैं।

सहगामी और अनुगामी पत्र (Accompanying and Follow-up Letters)

प्राय: डाक प्रश्नावली और कभी-कभी साक्षात्कार अनुसूची का प्रयोग करते समय सर्वेक्षण में सहायता देने के लिए सूचनादाताओं को जो पत्र लिखा जाता है, उसे सहगामी पत्र कहते हैं। डाक प्रश्नावली में इस पत्र को प्रश्नावली के साथ संलग्न कर दिया जाता है, किन्तु व्यक्तिगत साक्षात्कार में इस पत्र को साक्षात्कार किए जाने के कुछ दिनों पूर्व डाक, कोरियर या किसी अन्य माध्यम से भेज दिया जाता है। इस पत्र में शोध-संस्थान का संक्षिप्त परिचय, शोध का उद्देश्य, सूचनादाता का सर्वेक्षण हेतु कैसे चुनाव किया गया, शोध की उपयोगिता आदि का उल्लेख करते हुए सूचनादाताओं से प्रश्नावली को भरने तथा उसे एक निश्चित अवधि (तारीख) तक लौटाने का अनुरोध किया जाता है। इस पत्र में प्रश्नावली को भरने संबंधी कुछ निर्देश भी संक्षेप में दिये जाते हैं। सूचनादाताओं का सहयोग प्राप्त करने के लिए इस पत्र के अंतिम वाक्य के रूप में दी गई सूचनाओं को पूर्णत: गुप्त रखने तथा उनका प्रयोग केवल शोध के प्रयोजनों हेतु उपयोग (नाम को गुमनाम रखने) करने का आश्वासन दिया जाता है। इस प्रकार का आश्वासन प्रश्नावली की प्रत्युत्तर दर को बढ़ा देता है। इस पत्र की भाषा संक्षिप्त और शैली प्रभावपूर्ण होनी चाहिए।

प्रश्नावली भेजने के उपरांत कुछ समय प्रतीक्षा के बाद सूचनादाताओं को प्रश्नावली लौटाने के लिए जो स्मरण पत्र लिखे जाते हैं, वे अनुगामी पत्र कहलाते हैं। इन पत्रों द्वारा सूचनादाताओं से प्रश्नावली लौटाने के लिए अनुनय-निवेदन किया जाता है। कई बार, इन स्मरण पत्रों के साथ प्रश्नावली की एक प्रति पुन: भेजी जाती है, ताकि यदि पहली प्रश्नावली खो गई हो तब वह दूसरी प्रति को भर कर शीघ्र भेज दे।

सहगामी पत्र के मजमून का एक उदाहरण नीचे दिया जा रहा है, इसमें आवश्यकतानुसार फेर-बदल किया जा सकता है:

भारतीय जनमत सर्वेक्षण संस्थान

जवाहरलाल नेहरू मार्ग, जयपुर

दिनांक ....

प्रिय महोदय,

यह संस्थान 'भारतीय अभिजन और सामाजिक परिवर्तन' विषय पर एक सामाजिक गवेषणा कर रहा है। इस गवेषणा का मुख्य उद्देश्य विभिन्न सामाजिक, आर्थिक और राजनीतिक मुद्दों पर भारतीय अभिजनों (Indian Elites) के विचारों और दृष्टिकोणों को जानना तथा सामाजिक परिवर्तन में उनकी भूमिका को आंकना है। स्थानीय अभिजनों की बनाई गई सूची में से निकाले गए सेम्पल की एक इकाई आप भी हैं। आपसे अनुरोध है कि इस पत्र के साथ नत्थी प्रश्नावली को शीघ्रतिशीघ्र भरकर दिनांक .... तक जवाबी लिफाफे में लौटा कर इस शोध कार्य में सहयोग प्रदान कर हमें अनुग्रहीत करें।

यहाँ यह लिखना अनुपयुक्त न होगा कि आप द्वारा प्रदान की गई समस्त सूचनाएं पूर्णतः गुप्त रखी जाएंगी और इनका प्रयोग केवल शोध हेतु ही किया जाएगा।

अपेक्षित सहयोग के लिए धन्यवाद सहित,

आपका

(..)

प्रश्नावली/अनुसूची का सम्पादन (Editing of Questionnaire and Schedule)

जब भरी हुई प्रश्नावलियां या अनुसूचियां लौट आती हैं, तब सर्वप्रथम यह जांच करना आवश्यक हो जाता है कि कितनी प्रश्नावलियां/अनुसूचियां लौट कर आईं और अप्रत्युत्तर दर (Non-response Rate) कितनी रही। यदि यह दर संभावित दर से कम होती है, तब सूचनादाताओं से प्रश्नावली लौटाने हेतु एक अन्तिम आग्रह किया जाता है। यदि इस आग्रह के उपरान्त भी समुचित मात्रा में प्रश्नावलियां लौट कर नहीं आती, तब बहुत कम (लगभग 10-15 प्रतिशत) प्रश्नावलियों के आधार पर कोई भी निष्कर्ष निकालना खतरे से खाली नहीं होगा और ऐसे निष्कर्षों की विश्वसनीयता भी संदेहजनक रहेगी।

प्रश्नावलियों का लौट कर आना ही महत्वपूर्ण नहीं है, यह भी देखा जाना चाहिए कि लौट कर आई प्रश्नावलियां में कितनी पूरी भरी हुई हैं और कितनी अपूर्ण और त्रुटिपूर्ण हैं। ऐसी प्रश्नावलियां का सूक्ष्म निरीक्षण कर उनमें रह गई कमियों को ठीक किया जाता है और कभी-कभी उन्हें सूचनादाता को लौटा कर स्पष्टीकरण की मांग की जाती है। यह समस्त प्रक्रिया सम्पादन कहलाती है। सम्पादन की प्रक्रिया के दौरान ही उत्तरों को संकेत संख्या (Code Number) दी जाती है। यह प्रक्रिया संकेतन (Coding) कहलाती है।

साक्षात्कार निर्देशिका (Interview Guide)

प्रत्यक्ष साक्षात्कार में अनुसूची के अतिरिक्त एक अन्य शोध उपकरण का भी प्रयोग किया जाता है, जिसे साक्षात्कार निर्देशिका (प्रदर्शिका) कहते हैं। यह किसी बड़े शहर

के मार्गों की जानकारी देने वाली 'रोड गाइड' की भांति होती है, जो साक्षात्कार के मार्ग को प्रशस्त करने में अन्वेषक की सहायता करती है। इस 'गाइड' का प्रयोग दो अर्थों में किया गया है। प्रथम अर्थ में, साक्षात्कार प्रदर्शिका शोध प्रसंगों से संबंधित बिन्दुओं की एक सूची (List of Points) होती है, जो असंरचित (गहन) साक्षात्कार के दौरान अन्वेषक के लिए याददाश्ती (Memory Tickler) का काम करती है कि कहीं अन्वेषक किन्हीं शोध प्रसंगों के बारे में सूचना लेने के बारे में भूल न जाए। निर्देशिका का मुख्य उद्देश्य साक्षात्कार वार्तालाप के क्रम को चालू रखना तथा आगे वार्तालाप करने हेतु नए प्रसंगों को सुझाना है। इसमें साक्षात्कार अनुसूची की भांति पूर्व निर्मित क्रमवार निश्चित प्रश्न नहीं होते, अपितु अध्ययन विषय से संबंधित कुछ महत्वपूर्ण प्रसंगों का अति संक्षेप में बिन्दुओं (Points) के रूप में उल्लेख किया जाता है, जिनके विषय में सूचनादाता से सूचनाएं एकत्रित की जाती हैं।

दूसरे अर्थ में, इसका प्रयोग साक्षात्कार अनुसूची के एक ऐसे सहायक उपकरण के रूप में किया गया है, जिसमें साक्षात्कार करने संबंधी नियम एवं दिशा-निर्देश लिखे होते हैं जो साक्षात्कारकर्ताओं को सर्वेक्षण के दौरान प्रश्नों के अर्थ समझने और उन्हें पूछने में उनकी मदद करते हैं। जनगणना कार्य में लगे प्रगणकों को इस प्रकार की एक निर्देशिका दी जाती है जिसमें विभिन्न प्रश्नों के बारे में स्पष्टीकरण दिये होते हैं। ऐसी निर्देशिका का प्रयोग तब किया जाता है, जब वृहत स्तर पर सर्वेक्षण शोध कार्य किया जाता है और जिसमें साक्षात्कार प्रक्रिया में एकरूपता बनाए रखना जरूरी होता है।

जब इसका प्रयोग प्रथम अर्थ में शोध विषय संबंधी संक्षिप्त बिन्दुओं के रूप में किया जाता है तब इसकी उपयोगिता साक्षात्कार को मुख्य प्रसंगों पर केन्द्रित कर विषयांतर से बचाव करना, अनर्गल एवं निरर्थक वार्तालाप पर रोक लगाना, श्रम, धन और समय की बर्बादी पर नियंत्रण लगाना होता है। जब किसी वृहत क्षेत्र में अनेक साक्षात्कारकर्ताओं का प्रयोग किया जाता है तब विभिन्न साक्षात्कारकर्ताओं में तालमेल बिठाने तथा तुलनात्मक तथ्यों का एकत्रण करने में इस प्रकार की गाइड बहुत मदद करती है। तुलनाएं तभी की जा सकती हैं जब विभिन्न साक्षात्कारकर्ताओं की तथ्य संकलन की विधि में समानता हो। जीवन इतिहास (Life History) संबंधी परिमाणात्मक अध्ययनों में यह पूर्व निश्चित एवं यथार्थ तथ्यों के संकलन में सहायता करती है। संरचित और असंरचित दोनों ही प्रकार के साक्षात्कारों में 'इन्टरव्यू गाइड' का प्रयोग सूचनादाता की दृष्टि से बचा कर बड़ी सावधानी से इस ढंग से किया जाता है कि सूचनादाता गाइड के बारे में अनावश्यक रूप में सशंकित न हो जाए। साक्षात्कारकर्ता की थोड़ी सी असावधानी निर्देशिका के मूल उद्देश्य को नष्ट कर सकती है। **आर.के. मर्टन** ने लिखा है कि 'जब किसी साक्षात्कार में बार-बार गाइड को देख कर प्रश्न किए जाते हैं, तब आत्माभिव्यक्ति की स्वाभाविकता तथा वास्तविकता दोनों समाप्त हो जाती हैं। इसके अतिरिक्त, जब साक्षात्कारकर्ता का समस्त ध्यान निर्देशिका पर टिका रहता है तब वह सूचनादाता की बातों को ध्यान से सुनने और समझने से वंचित हो सकता है और वह सूचनादाता की बातों तथा उसके द्वारा उठाए गए मुद्दों का ठीक प्रकार से जवाब नहीं दे पाता है।"

असंरचित (अनिर्दिष्ट) साक्षात्कार की प्रक्रिया के दौरान अन्वेषकों से यह आशा नहीं की जाती कि वे सूचनादाता के उत्तरों को तत्काल नोट करें। उनकी यह क्रिया वार्तालाप के क्रम को भंग कर सकती है। साक्षात्कार निर्देशिका में सूचनादाता के उत्तरों को नोट करने की कोई स्पष्ट व्यवस्था नहीं होती, फिर भी जब कभी अन्वेषक को सूचनादाता की किसी बात को नोट करना जरूरी होता है तब वह सूचनादाता की आंख बचा कर यह कार्य बड़ी सावधानी से कर सकता है।

साक्षात्कार निर्देशिका के प्रयोग का एक उदाहरण (An Example of the Use of Interview Guide)

पी.वी. यंग ने एक सौ वयस्क अपराधियों के अपने शोध अध्ययन में एक मौखिक साक्षात्कार प्रदर्शिका का प्रयोग करते समय प्रत्येक अपराधी से साक्षात्कार वार्तालाप की शुरुआत निम्न शब्दों से की:

"हमारा विचार है कि अपराध के लिए कुछ निश्चित दशाएं उत्तरदायी होती हैं, जो व्यक्ति को अपराध करने के लिए प्रेरित या बाध्य करती हैं। आपके मामले में वे कौन सी दशाएं रही हैं, जिन्होंने आपको अपराध करने के लिए बाध्य किया है?"

इन शब्दों को सुन कर अपराधियों ने अपनी-अपनी जीवन गाथा को सुनाना शुरू किया। जब कभी कोई अपराधी बीच में कहीं रुक जाता, तब वार्तालाप के क्रम को चालू रखने के लिए यंग ने बीच-बीच में निम्न वाक्यांशों का प्रयोग किया:

"मुझे आपके घर, काम, स्कूल जीवन के अतिरिक्त उन महत्वपूर्ण बातों का भी कृपया ब्यौरा दीजिए जिनका आपके जीवन पर प्रभाव पड़ा और उनके बारे में आपके क्या अनुभव रहे?"

- आप किन बातों को अच्छा या बुरा समझते रहे?
- आप किन-किन लोगों के सम्पर्क में आए और उनके प्रति आपकी क्या प्रतिक्रियाएं रहीं?
- उन व्यक्तियों के बारे में भी मुझे थोड़ा बताइए जिन्होंने आपको अपने बारे में सोचने-समझने, काम करने और स्कूल जाने के लिए प्रेरित किया।
- आपने अभी जिन घटनाओं का उल्लेख किया, उनके बारे में आपकी क्या सोच है और ऐसा क्यों?

इसी प्रकार के कुछ अन्य प्रश्न भी किए गए। साक्षात्कार संबंधी उपरोक्त टिप्पणियों के पीछे मूल उद्देश्य अपराधी व्यक्ति के आंतरिक जीवन की बातों को निकलवाना और उसके अनुभवों की प्रतिक्रिया को जानना रहा है। जहाँ कहीं, सूचनादाता अपनी बात बताते हुए रुक जाता था, वहाँ उसे पुनः अपनी बात कहने के लिए निम्न शब्दों का प्रयोग किया गया:

- हाँ, तो आप अभी यह बता रहे थे ....।
- आप इस विषय के बारे में क्या सोचते हैं? ....।
- आपकी दृष्टि में क्या यह व्यवहार/क्रिया .... ठीक थी?

- इस समस्त घटना के बारे में आपका क्या दृष्टिकोण है? ....।
- आपके लिए .... घटना का क्या महत्व रखती थी? या आपके लिए उक्त घटना क्या अर्थ रखती है? आदि, आदि।

वार्तालाप की शुरुआत करने के पूर्व प्रत्येक अपराधी को इन शब्दों से आश्वस्त किया गया कि आप द्वारा कही हुई बातों को किसी को नहीं बताया जाएगा, आप पूर्णत: भयमुक्त और स्वतंत्र होकर अपनी बात कहें। इन शब्दों का अपराधियों पर सकारात्मक प्रभाव पड़ा। वे समझ गए कि यह साक्षात्कार 'पुलिस रिकॉर्ड' की दृष्टि से नहीं किया जा रहा है। साक्षात्कार का समस्त वातावरण 'ऑफिशियल' और निरंकुशतावादी की अपेक्षा मैत्रीपूर्ण हो जाने के कारण अपराधी अपनी गुप्त बातें भी बताने के लिए तैयार हो गए।

वैवाहिक तनाव या तलाक हेतु साक्षात्कार प्रदर्शिका का एक मॉडल

- अध्ययन किए जाने वाले व्यक्ति (स्त्री/पुरुष) की पारिवारिक पृष्ठभूमि, धर्म, जाति, वर्ग, शिक्षा, व्यवसाय, आय, संतानों की संख्या।
- किसी विवाहित स्त्री का साक्षात्कार करते समय उसके जन्मित परिवार की पृष्ठभूमि, ग्रामीण/नगरीय/अन्य।
- वर्तमान निवास - ग्रामीण/नगरीय, समुदाय एवं पड़ोस की प्रकृति।
- कार्य स्थल का परिवेश, कार्य की प्रकृति, कार्य का समय (दिन/रात), कार्य की अवधि।
- कार्य के प्रति पति तथा परिवार के अन्य सदस्यों (सास-श्वसुर, जेठ-जिठानी आदि) का दृष्टिकोण।
- विवाह के समय आयु व शिक्षा (जीवन साथी सहित)
- जीवन साथी के चुनाव का ढंग - स्वयं के द्वारा, माता-पिता द्वारा, अन्य।
- जीवन साथी का शारीरिक गठन।
- दोनों के व्यवहार संबंधी विशेषताएं - क्रोधी, संवेगात्मक, अस्थिर मस्तिष्क, लोभी, कंजूस, छिद्रान्वेषी, खर्चीला, अनुत्तरदायी, हठीला, उदासीन, निरंकुश, समतावादी, आदि।
- पारिवारिक सदस्यों (सास-श्वसुर, जेठ-जिठानी, अन्य) का उसके प्रति व्यवहार।
- आदतें - मद्यपान, धूम्रपान, पान, जर्दा का प्रयोग, रात को देर से घर आना।
- किसी अन्य स्त्री से संबंध।
- किसी अन्य व्यक्ति का प्रभाव।
- यौन संबंध - संतुष्ट/असंतुष्ट।
- मित्रगण।
- अवकाश का उपयोग।
- सास/श्वसुर, ननद या अन्य व्यक्तियों का हस्तक्षेप।

- पर्दा प्रथा (वार्तालाप की स्वतंत्रता)।
- वैवाहिक जीवन (अवधि)।
- जीवन के प्रति दृष्टिकोण - हताशा/उत्साहपूर्ण।

वैवाहिक तनाव या तलाक के उपरोक्त मॉडल में आवश्यकतानुसार सूचनादाता के अनुसार कुछ बिन्दु जोड़े या घटाए जा सकते हैं।

प्रश्नावली का एक नमूना

अभिजातवर्ग तथा भारतवर्ष में सामाजिक परिवर्तन

(पारम्परिकता तथा आधुनिकता का एक अध्ययन: एक स्थानीय परिस्थिति, जयपुर)

The Elite and Social Change in India

(A Study of Tradition and Modernity: A Local Situation, Jaipur)

परिचयात्मक प्रश्न (Identification Questions)

- नाम ....
- आयु ....
- जाति ....
- वैवाहिक स्थिति ....विवाहित/अविवाहित/विधुर/विधवा/तलाकशुदा
- शिक्षा, व्यवसाय, निवास स्थान तथा आय:

पीढ़ी	*शिक्षा*	*व्यवसाय*	*आय*	*निवास स्थान*
पितामह	....	....	....	....
पिता	....	....	....	....
स्वयं	....	....	....	....

- आप जयपुर में कितने समय से रह रहे हैं?

विवाह और परिवार (Marriage and Family)

- आपकी दृष्टि में लड़के अथवा लड़की का विवाह किस आयु में किया जाना चाहिए?

  लड़की आयु .... लड़का आयु ....
- अपने लड़के या लड़की के जीवन-साथी का चुनाव करते समय आप निम्न में से किन-किन बातों पर विचार करेंगे?

  (अ) गोत्र आदि टालना अत्यावश्यक/आवश्यक/आवश्यक नहीं

  (आ) जन्म-कुण्डली का मिलवाना अत्यावश्यक/आवश्यक/आवश्यक नहीं

(इ) अपनी जाति का ध्यान रखना अत्यावश्यक/आवश्यक/आवश्यक नहीं

(ई) अन्य कोई अत्यावश्यक/आवश्यक/आवश्यक नहीं

- आप अपनी लड़की अथवा लड़के का विवाह - संबंध तय करते समय निम्नलिखित मानकों (Criteria) के लिए अपनी प्राथमिकता का क्रम बताइए? 1, 2, 3, 4, 5 ....

लड़का	*लड़की*
पारिवारिक प्रस्थिति	गृह कार्य में दक्षता
स्वास्थ्य	शिक्षा
चरित्र	आयु
नौकरी/व्यवसाय का रूप	परिवार की प्रस्थिति
आय	सौन्दर्य कामकाजी
शारीरिक विशेषताएं	चरित्र
आयु	स्वास्थ्य
भाई-बहिन	संगीत व ललित कला में निपुणता
अन्य	सीने-पिरोने के काम में दक्षता
	भाई-बहिन
	अन्य

- क्या आपके विचारानुसार अपनी सन्तान के जीवन-साथी का चुनाव
  (अ) माता-पिता द्वारा हो
  (आ) माता-पिता व लड़के/लड़की दोनों की राय से हो
  (इ) चुनाव में लड़के तथा लड़की को पूर्ण स्वतंत्रता हो?
  (ई) अन्य
- क्या आप विवाह से पूर्व युवा लड़के व लड़कियों (सगे-सम्बन्धियों के अतिरिक्त) को स्वेच्छा-मिलन की स्वतंत्रता देना पसन्द करेंगे?
  (अ) पूर्ण स्वतंत्रता
  (आ) सीमित स्वतंत्रता
  (इ) बिल्कुल स्वतंत्रता नहीं
- क्या आप विवाह संबंधी निम्न प्रथाओं को आवश्यक समझते हैं?

(अ)	सगाई की रस्म	अत्यावश्यक/आवश्यक/आवश्यक नहीं/गलत
(आ)	बारात	अत्यावश्यक/आवश्यक/आवश्यक नहीं/गलत
(इ)	दहेज-प्रथा	अत्यावश्यक/आवश्यक/आवश्यक नहीं/गलत
(ई)	कन्या-शुल्क	अत्यावश्यक/आवश्यक/आवश्यक नहीं/गलत
(उ)	विवाह-भोज	अत्यावश्यक/आवश्यक/आवश्यक नहीं/गलत
(ऊ)	गौना-प्रथा	अत्यावश्यक/आवश्यक/आवश्यक नहीं/गलत

- क्या आपके विचारानुसार विवाह:
  (अ) एक समझौता (Contract) है।
  (आ) एक ईश्वरोक्त अटूट-बन्धन है।
  (इ) एक मैत्री संबंध (Companionship) है।
- यदि आपके दृष्टिकोण में विवाह एक ईश्वरोक्त अटूट बन्धन नहीं हैं तो विवाह बन्धन को किन परिस्थितियों में भंग किया (तोड़ा) जा सकता है?
  (अ) ....
  (आ) ....
  (इ) ....
  (ई) ....
- विवाह संबंधी निम्न आदर्शों में से आप किसे चुनेंगे?
  (अ) विवाह-पूर्व प्रेम
  (आ) विवाह-उपरांत प्रेम
- आपके दृष्टिकोण से एक आदर्श परिवार का संरचनात्मक स्वरूप क्या होना चाहिए?
  (अ) संयुक्त परिवार ....
  (आ) अर्ध संयुक्त परिवार ....
  (इ) एकाकी परिवार ....
- एक आदर्श परिवार में संतान की कितनी संख्या होनी चाहिए?
  पुत्र.................................
  पुत्री ....
- संयुक्त परिवार संबंधी निम्न कथनों (Statements) में से कौन से कथन आपके विचारों के अधिक अनुरूप हैं:
  (अ) संयुक्त परिवार की उपयोगिता आज समाप्त हो गई है।
  (आ) संयुक्त परिवार की सुरक्षा अनिवार्य है।
  (इ) संयुक्त परिवार के लाभ इसके दोषों से अधिक हैं।
  (ई) जितनी जल्दी संयुक्त परिवार प्रणाली खत्म हो जाए, उतना ही अच्छा है।

स्त्रियों की प्रस्थिति (Status of Women)

- क्या आपकी दृष्टि में स्त्रियों को निम्न अधिकार दिये जाने चाहिए?

गृहस्थ के वित्तीय मसलों संबंधी अधिकार	पूर्ण अधिकार/सीमित अधिकार/अधिकार नहीं
गृहस्थ की दिनचर्या की वस्तुओं के खरीद संबंधी अधिकार	पूर्ण अधिकार/सीमित अधिकार/अधिकार नहीं
बालकों को शिक्षा-दीक्षा संबंधी अधिकार	पूर्ण अधिकार/सीमित अधिकार/अधिकार नहीं
संतान के विवाह हेतु जीवन साथी के चुनाव का अधिकार	पूर्ण अधिकार/सीमित अधिकार/अधिकार नहीं
सम्पति के विभाजन में अधिकार	पूर्ण अधिकार/सीमित अधिकार/अधिकार नहीं
अन्य गृहस्थियों के साथ संबंध संबंधी अधिकार	पूर्ण अधिकार/सीमित अधिकार/अधिकार नहीं

- क्या आपकी दृष्टि में स्त्रियों को विवाहोपरान्त निम्न स्वतंत्रताएं दी जानी चाहिए?

(अ) स्वतंत्र रूप में विचरण की स्वतंत्रता

(1) क्लब	हां/नहीं
(2) सिनेमा	हां/नहीं
(3) उद्यान	हां/नहीं
(4) जलपान गृह	हां/नहीं
(5) भजन कीर्तन के स्थानों पर जाने की स्वतंत्रता	हां/नहीं
(आ) राजनीतिक पार्टियों की गतिविधियों में भाग लेने की स्वतंत्रता	हां/नहीं
(इ) विवाहोपरान्त शिक्षा प्राप्ति की स्वतंत्रता	हां/नहीं

- विवाह के पूर्व तथा पश्चात स्त्रियों के नौकरी या व्यवसाय करने के प्रति आपका क्या दृष्टिकोण है?

(अ) विवाह से पूर्व — पसंद/नापसंद/उदासीन/कोई अभिमत नहीं

(आ) विवाहोपरान्त — पसंद/नापसंद/उदासीन/कोई अभिमत नहीं

- आपकी दृष्टि में स्त्रियों को किस स्तर तक शिक्षा दिलवानी चाहिए?

(1) हाई स्कूल या इससे नीचे

(2) स्नातक तक

(3) स्नातकोत्तर तथा उच्च

जाति व्यवस्था (Caste System)

- क्या आप अपनी जाति के अतिरिक्त दूसरी जाति वालों के साथ निम्न व्यवहार करना पसंद करेंगे?

क्रम	*व्यवहार-प्रतिमान*	*कुछ जातियों के साथ (जाति का उल्लेख करें)*	*सभी जातियों के साथ*
1.	विवाह करना	....	....
2.	भोजन करना	....	....
3.	बात-चीत करना	....	....
4.	घरों पर आना जाना	....	....

- आप अपनी संतान (पुत्र/पुत्री) को क्या बनाना पसंद करेंगे? पुत्र पुत्री

(अ) डॉक्टर

(आ) इजींनियर

(इ) वकील

(ई) अध्यापक/लेक्चरर

(उ) प्रशासनिक अधिकारी

(ऊ) सी.ए.
(ए) व्यापारी
(ऐ) परम्परागत घरेलू व्यवसायी
(ओ) अन्य (व्यवसाय का नाम लिखें)

- क्या आप अपने पुत्र/पुत्री को व्यवसाय चुनने की स्वतंत्रता देंगे? हां/नहीं
- जाति संबंधी निम्न कथनों (Statements) में से किसी एक कथन पर सही (✓) का निशान लगा कर अपना मत प्रकट करें:

(अ) जाति एक बुरी प्रथा है, अतः इसे खत्म कर दिया जाना चाहिए।
(आ) जाति व्यवस्था का अधःपतन हो गया है, अतः इसे अपना मौलिक रूप प्रदान करने का प्रयत्न किया जाना चाहिए।
(इ) जाति व्यवस्था हिन्दू संस्कृति का अत्यावश्यक अंग है, अतः इसमें कुछ सुधार कर इसे बनाए रखा जाना चाहिए।

- चुनाव के दौरान मतदान करते समय आप उम्मीदवार की निम्न-विशेषताओं में से किन्हें प्राथमिकता देंगे? क्रम बताइए- 1, 2, 3, 4, 5, 6 ....।

(अ) योग्यता (कर्मठता)
(आ) धर्म
(इ) जाति
(ई) व्यवसाय
(उ) राजनीतिक पार्टी से संबंध
(ऊ) निकट के रिश्तेदार
(ए) शिक्षा
(ऐ) सामाजिकता

धर्म (Religion)

- क्या आप धर्म संबंधी निम्न विचारों में विश्वास रखते हैं?

(अ) ईश्वर की विद्यमानता हां/नहीं
(आ) आत्मा का अस्तित्व हां/नहीं
(इ) नरक-स्वर्ग की धारणा हां/नहीं
(ई) मोक्ष हां/नहीं
(उ) मूर्तिपूजा हां/नहीं
(ऊ) प्रेतात्माओं का अस्तित्व हां/नहीं
(ए) पुनर्जन्म का सिद्धान्त हां/नहीं

- क्या आपका यह विश्वास है कि पिछले जन्म के कर्म व्यक्ति के वर्तमान जीवन की दिशा निर्धारित करते हैं? हां/नहीं

- क्या आपका इसमें विश्वास है कि व्यक्ति को मोक्ष उसके सद्कर्मों द्वारा ही प्राप्त होता है? हां/नहीं
- क्या आप इसमें विश्वास करते हैं कि व्यक्ति को अपने कर्मों का फल अवश्य मिलता है। हां/नहीं
- क्या आपका यह विश्वास है कि मनुष्य स्वयं अपने भाग्य का निर्माता है? हां/नहीं
- क्या आप निम्न धार्मिक क्रियाओं तथा संस्कारों में विश्वास करते हैं: हां/नहीं
  (अ) तीर्थ यात्रा में हां/नहीं
  (आ) पर्व तथा त्योहार में हां/नहीं
  (इ) श्राद्ध व तर्पण में हां/नहीं
  (ई) मृतक भोज में हां/नहीं
  (उ) दैनिक पाठ-पूजा में हां/नहीं
  (ऊ) मुण्डन संस्कार में हां/नहीं
  (ए) दान-दक्षिणा में हां/नहीं
  (ऐ) जनेऊ संस्कार में हां/नहीं
- क्या आप निम्न विचारों में विश्वास करते हैं:
  (अ) शुभ-अशुभ दिन में हां/नहीं
  (आ) बिल्ली के रास्ता काटने में हां/नहीं
  (इ) छींक में हां/नहीं
  (ई) नजर लगने में हां/नहीं
  (उ) ताबीज में हां/नहीं
  (ऊ) बीमारी में झाड़-फूँक में हां/नहीं
  (ए) हस्त रेखा ज्ञान में हां/नहीं
  (ऐ) ज्योतिष शास्त्र में हां/नहीं
- धर्म और राजनीति संबंधी निम्न कथनों में से किसी एक कथन पर सही (✓) का निशान लगा कर अपना मत प्रकट करें:
  - धर्म और राजनीति का निकट का संबंध है।
  - धर्म और राजनीति का दूर का संबंध है।
  - धर्म और राजनीति में कोई संबंध नहीं है।

धर्मनिरपेक्ष मूल्य (Secular Values)

युद्ध तथा शान्ति

- क्या आप यह विश्वास करते हैं कि:
  (अ) युद्ध अपरिहार्य है। हां/नहीं
  (आ) विश्व की समस्याओं का निदान सिर्फ युद्ध के द्वारा संभव है। हां/नहीं

(इ) निरस्त्रीकरण संसार में बढ़ते हुए तनाव को कम करने में सहायक होगा। हां/नहीं

(ई) भारत को आणविक शस्त्रों का निर्माण करना चाहिए। हां/नहीं

- क्या आपके विचार में विश्व में

(अ) शांति अवश्यम्भावी है तथा अंतिम विजय शांति की होगी। हां/नहीं

(आ) शांति अस्थाई है। हां/नहीं

(इ) शांति असम्भव है। हां/नहीं

- क्या आपके विचारानुसार अहिंसात्मक प्रणाली को व्यवहार में लागू किया जाना सम्भव है?

पूर्णरूपेण संभव है/आंशिक रूप में सम्भव है/असम्भव है

मानव जीवन संबंधी मूल्य

- आपकी दृष्टि गें सांसारिक समस्याओं का निदान किसके द्वारा सम्भव है? अपने मत को (✓) के निशान लगाकर प्रकट करें।

(अ) केवल धर्म के द्वारा

(आ) केवल विज्ञान के द्वारा

(इ) धर्म व विज्ञान दोनों के द्वारा।

- आपकी दृष्टि में मानव जीवन

प्रगति कर रहा है/अधोगति की ओर उन्मुख है/स्थिर है।

- क्या आप यह विश्वास करते हैं कि 'विश्व समाज' अथवा 'विश्व राज्य' की स्थापना निम्न उपायों द्वारा संभव है?

(अ) शांतिपूर्ण सह-अस्तित्व द्वारा हां/नहीं

(आ) अन्तरराष्ट्रीय सरकार द्वारा हां/नहीं

(इ) परमार्थ जीवन की भावना द्वारा हां/नहीं

(ई) कानून और समता की भावना द्वारा हां/नहीं

(उ) अन्य हां/नहीं

15

अन्तर्वस्तु विश्लेषण शोध
Content Analysis Research

"संचार या सम्प्रेषण सभ्यता का हृदय है"

–कुहन (1963)

मानवीय व्यवहार का अध्ययन कई प्रकार से किया जा सकता है। हम उनके व्यवहारों और गतिविधयों का अवलोकन (Observation) कर सकते हैं, उनका साक्षात्कार (Interview) कर सकते हैं, उन्हें प्रश्नावली (Questionnaire) भरने को दे सकते हैं, उन पर प्रयोगशाला में परीक्षण (Experiment) कर सकते हैं, उन पर प्रक्षेपी विधियों (Projective Techniques) का प्रयोग कर सकते हैं। ये सभी समाजशास्त्रीय तथ्यों के संकलन की प्रत्यक्ष विधियां (Direct Methods) हैं। किन्तु, कई ऐसे शोध विषय और स्थितियां होती हैं जिनके अध्ययन में इन विधियों का प्रयोग सम्भव नहीं होता या इनके द्वारा संकलित तथ्य विश्वसनीय नहीं होते। ऐसी स्थिति में कुछ अन्य विधियों का प्रयोग किया जाता है जिन्हें अप्रत्यक्ष विधियों (Indirect Methods) कहा गया है। 'अन्तर्वस्तु विश्लेषण विधि' इसी वर्ग में आती है। इस विधि में 'प्रयोज्य' (Subject) या 'सूचनादाता' (Informant) से प्रत्यक्ष सरोकार न रखते हुए उसके विचारों, विश्वासों, मतों (Opinion) को दूसरे माध्यमों से जाना जाता है। इनमें से कुछ माध्यम तथ्य संकलन के 'द्वैतीयक स्रोत" (Secondary Source) की श्रेणी में आते हैं। इन माध्यमों में प्रमुखत: 'प्रिन्ट मीडिया' (Print Media) और 'ऑडियो-विजुअल' (श्रव्य-दृश्य) माध्यमों को सम्मिलित किया जाता है जो संचार/सम्प्रेषण (Communication) के प्रमुख साधन हैं। इनके अलावा अन्तर्वस्तु विश्लेषण विधि का प्रयोग ऐतिहासिक और पुरातात्विक सामग्री के अध्ययन में भी किया जाता है।

अन्तर्वस्तु विश्लेषण (Content Analysis)

सामाजिक विज्ञानों में जब शोध सामग्री शाब्दिक, सांकेतिक या गुणात्मक प्रकृति की होती है, तब इस प्रकार की सामग्री को व्यवस्थित (Systematic) बनाने, उसका वर्गीकरण करने हेतु जिस विधि का प्रयोग किया जाता है, उसे 'अन्तर्वस्तु विश्लेषण विधि' के नाम से जाना जाता है। **पी.वी. यंग** (1977) के अनुसार, "यह साक्षात्कारों, प्रश्नावलियों, अनुसूचियों तथा अन्य लिखित एवं मौखिक अभिव्यक्तियों द्वारा प्राप्त शोध तथ्यों (सामग्री) की

विषय-वस्तु के व्यवस्थित, वस्तुपरक और परिमाणात्मक वर्णन-विश्लेषण की एक शोध विधि है।"

बर्लसन (1952) ने इसे परिभाषित करते हुए लिखा है, "अन्तर्वस्तु विश्लेषण शोध की एक ऐसी विधि है जिसके द्वारा संचार में व्यक्त विषय-वस्तु का वस्तुपरक, व्यवस्थित और परिमाणात्मक विश्लेषण किया जाता है।" इसी प्रकार, **होलेस्टी** (1968) के अनुसार, "अन्तर्वस्तु विश्लेषण एक ऐसी तकनीक है जिसके द्वारा व्यवस्थित एवं वस्तुपरक तरीके से संदेशों की विशिष्ट विशेषताओं के अर्थ को ज्ञात किया जाता है।" **एलेन ब्रायमैन** (2001) के अनुसार, "अन्तर्वस्तु विश्लेषण दस्तावेजों और अवतरणों (Texts) के विश्लेषण का एक ऐसा उपागम या तरीका है जिसके द्वारा पूर्व निर्धारित श्रेणियों में व्यवस्थित एवं पुनरावृति योग्य ढंग से अन्तर्वस्तु का परिमाणन किया जाता है।"

उपरोक्त परिभाषाओं से स्पष्ट है कि इस विधि का प्रयोग मुख्यत: संचार सामग्री के विश्लेषण में किया जाता है। संचार या सम्प्रेषण (Communication) का माध्यम मुद्रित सामग्री या दृश्यगत सामग्री कुछ भी हो सकती है। मुद्रित सामग्री (Print Material) में अखबार, पत्र-पत्रिकाएं, पैम्फलेट, पुस्तकें, सरकारी/गैर-सरकारी प्रलेख (दस्तावेज), डायरियां, क्षेत्र प्रलेख, बैठकों की कार्यवाई, आदि आती हैं तथा श्रव्य-दृश्यगत सामग्री (Audio-visual Material) में रेडियो, टी.वी., फिल्म, इंटरनेट से प्राप्त संचार सामग्री हो सकती है। संक्षेप में, इन संचार माध्यमों से प्राप्त सामग्री के वस्तुपरक, व्यवस्थित और परिमाणात्मक विश्लेषण को ही 'अन्तर्वस्तु विश्लेषण' कहते हैं।

अन्तर्वस्तु विश्लेषण विधि की विशेषताएं
(Characteristics of Content Analysis)

अन्तर्वस्तु विश्लेषण की उपरोक्त सभी परिभाषाओं में इस विधि की तीन प्रमुख विशेषताओं पर जोर दिया गया है। ये हैं:

1. वस्तुपरकता (Objectivity)

वस्तुपरकता प्रत्येक वैज्ञानिक विधि की एक प्रमुख विशेषता है। वस्तुपरकता से तात्पर्य ऐसे विश्लेषण से है जो किन्हीं निश्चित नियमों के आधार पर किया जाता है। जब विभिन्न शोधकर्ता समान संचार-संदेशों या दस्तावेजों का अध्ययन करते हैं तब उनके निष्कर्षों में भी समानता होना आवश्यक है। यह वस्तुपरकता की जांच की एक प्रमुख कसौटी है।

संचार की विषय-वस्तु का विश्लेषण करते समय वर्गीकरण की क्या योजना होगी, अर्थात् वर्ग 'अ' को वर्ग 'ब' से अलग करने के मापदंड क्या होंगे? इनकी क्या परिभाषाएं होंगी? अन्तर्वस्तु की इकाई (शब्द, कथानक, कथ्य आदि) के संबंध में निर्णय किन मापदंडों के आधार पर किया जाएगा? इन प्रश्नों के बारे में निर्णय करते समय स्पष्ट एवं सुनिश्चित नियम-निर्देशों का पालन करना जरूरी है। ये नियम-निर्देश शोधकर्ता की अभिनति (Bias) को नियंत्रित कर शोध-निष्कर्षों को वस्तुपरक बनाते हैं।

तथ्यों के चयन के मान्य मापदंड एवं निर्देश शोधकर्ता की मनमानी प्रकृति पर नियंत्रण लगा विश्लेषण को वस्तुपरक बनाने में उसकी सहायता करते हैं। मापदंडों की शर्त के कारण शोधकर्ता अपने अध्ययन में ऐसे तथ्यों का समावेश नहीं कर पाता जो उसकी प्राक्कल्पना का उसकी इच्छानुसार समर्थन करने वाले होते हैं।

2. व्यवस्थितता (Systematic)

'व्यवस्थितता' शोध की एक सुनिश्चित कार्य प्रणाली पर जोर देती है, अर्थात् शोध की क्या प्रक्रिया होगी, इसके क्या चरण होंगे? इन चरणों में क्रमबद्धता होना आवश्यक है।

3. परिमाणीकरण (Quantification)

'परिमाणीकरण' या 'परिमाणन' की प्रक्रिया विषय-वस्तु की गणना और सांख्यिकीय वर्गीकरण पर जोर देती है, अर्थात् संचार की विषय--वस्तु को निश्चित संख्यात्मक रूप में (Numerical) प्रस्तुत किया जाए। संख्यात्मकता विशाल शोध सामग्री को संक्षिप्त रूप प्रदान कर उसे तुलना योग्य बनाती है। संख्यात्मक तथ्यों को समझना भी सरल होता है। जब हम यह कहते हैं कि भारत में 70 प्रतिशत पुरुष और 30 प्रतिशत स्त्रियां शिक्षित हैं, तब हमारा यह कथन पारमाणात्मकता को ही प्रकट करता है।

उपरोक्त तीन प्रमुख विशेषताओं के अतिरिक्त इस विधि की कुछ अन्य विशेषताएं निम्नलिखित हैं:

4. सामान्यता (Generality)

शोध-अध्ययन के निष्कर्षों की सैद्धान्तिक सार्थकता होना भी जरूरी है। पूर्णतः वर्णनात्मक अध्ययनों का कोई विशेष महत्व नहीं होता। ऐसे अध्ययन वैज्ञानिकता की कसौटी पर खरे नहीं उतरते। यदि हम किसी उपन्यास लेखक की पुस्तकों की विषय-वस्तु के विश्लेषण द्वारा यह निष्कर्ष निकालते हैं कि उक्त लेखक ने अपनी पुस्तकों में 'गरीबी' शब्द का 250 बार प्रयोग किया है, इस प्रकार के विश्लेषण का तब तक कोई विशेष मूल्य नहीं होगा, जब तक हम इस शब्द को विषय-वस्तु की कुछ अन्य विशेषताओं अथवा कथानक के पात्रों के चरित्रों आदि के साथ नहीं जोड़ते हैं। संचार की विषय-वस्तु का कोई भी तथ्य तब तक अर्थहीन रहता है जब तक उसे किसी अन्य तथ्य के साथ नहीं जोड़ा जाता है और तथ्यों को जोड़ने का यह कार्य सिद्धान्त द्वारा किया जाता है।

5. संचार की विषय-वस्तु विश्लेषण की विधि (A Method of Analysis of Communication Content)

'संचार' की विषय-वस्तु से तात्पर्य उन संकेतों (जो मौखिक, संगीतात्मक, चित्रात्मक, मूर्तिपरक या मुखाभावात्मक हो सकते हैं) के पीछे छुपे अर्थ से है जिसके द्वारा सम्प्रेषण किया जाता है। हमारा अधिकांश संप्रेषण शाब्दिक या प्रतीकात्मक व्यवहार के द्वारा होता है। इस शाब्दिक संप्रेषण का रूप लिखित या मौखिक हो सकता है। क्या बोला जाता है अथवा क्या लिखा जाता है, इसका मानव जीवन पर गहरा प्रभाव पड़ता है। अतः मानवीय व्यवहार के अध्ययन में संप्रेषण की अन्तर्वस्तु का अध्ययन आवश्यक है। यहाँ 'अन्तर्वस्तु' से तात्पर्य उन साधनों से है जिनके द्वारा एक व्यक्ति अथवा कोई समूह दूसरे व्यक्ति या समूह को विचाराभिव्यक्ति करता है।

सम्प्रेषण का मानवीय अन्तर्क्रिया में केन्द्रीय स्थान है। सभी समूहों, संस्थाओं, संगठनों और यहाँ तक कि राष्ट्रों का अस्तित्व भी सम्प्रेषण पर आधारित है। सम्प्रेषण की कमी के कारण सभी प्रकार के संबंधों (पति-पत्नी के संबंधों से लेकर अन्तरराष्ट्रीय संबंधों तक) में व्यवधान उत्पन्न हो जाता है, व्यवस्थाओं का अस्तित्व डगमगाने लगता है। यही कारण है कि **कुहन** (1963) ने इसे सभ्यता का हृदय कहा है। अतः मानवीय इतिहास, व्यवहार, विचार, कला और संस्थाओं के अध्येता के लिए सम्प्रेषण की प्रक्रियाओं और निष्पत्तियों का अध्ययन आवश्यक है। संप्रेषण में केन्द्रीय स्थान विषय-वस्तु का होता है और इसी का अध्ययन अन्तर्वस्तु विश्लेषण विधि द्वारा किया जाता है।

6. द्वितीयक तथ्यों के विश्लेषण की एक विधि (A Method of Analysing Secondary Data)

इस विधि द्वारा द्वितीयक स्रोतों जैसे दस्तावेज, (सरकारी या गैर-सरकारी) अखबार, पत्रिकाओं में छपे लेख, पुस्तक, पत्र, डायरियों आदि से प्राप्त तथ्यों का विश्लेषण किया जाता है। इस विश्लेषण की प्रक्रिया में तथ्यों का संकेतन, वर्गीकरण और सारणीकरण करके निष्कर्ष निकाले जाते हैं। द्वितीयक तथ्य वे होते हैं जिनका संकलन अन्य शोधकर्ताओं द्वारा किसी अन्य उद्देश्य से किया गया होता है। शोधकर्त्ता को इस प्रकार के ढेर सारे तथ्य विश्लेषण के लिए उपलब्ध हो सकते हैं।

7. यह गुणात्मक और परिमाणात्मक दोनों प्रकार की एक विधि है (It is Both a Qualitative and Quantitative Technique)

एकहार्ड और अरमन्न (1977) के अनुसार, एक गुणात्मक विधि के रूप में अन्तर्वस्तु विश्लेषण मनोभावों, प्रेरणाओं और मूल्यों जैसी व्यक्तिपरक सूचनाओं का अध्ययन करता है, जबकि एक परिमाणात्मक विधि के रूप में इसका प्रयोग किसी घटना की समय-आवृत्ति या समय-अवधि के निर्धारण में किया जाता हैं। एक परिमाणात्मक विधि के रूप में इसके द्वारा व्यक्तियों और समूहों के आचरण, उद्देश्यों, विचारधाराओं, भावनाओं और मूल्यों के बारे में पता लगाया जाता है।

अन्तर्वस्तु विश्लेषणः एक संक्षिप्त इतिहास (Content Analysis: A Brief History)

'अन्तर्वस्तु विश्लेषण शोध' नामक इस नवीन विधि का विकास अभी कुछ दशाब्दियों पूर्व ही हुआ है। इसके द्वारा जन-संचार के साधनों (रेडियो, टी.वी., समाचार पत्र, पत्रिकाएं, व्याख्यान, प्रतिवेदन और प्रलेख आदि) के माध्यम से प्रचारित एवं प्रसारित गुणात्मक प्रकृति की विषय-सामग्री को वैज्ञानिक (वस्तुपरक) तथ्यों में बदलने का प्रयास किया जाता है। यद्यपि इसके पूर्व भी इतिहासकार और साहित्य समालोचक आदि अपने-अपने क्षेत्र की सामग्री का विश्लेषण करते रहे हैं, किन्तु उनके विश्लेषण में आज की इस नवीन विधि की भांति व्यवस्थितता और वस्तुपरकता की कमी थी। उनका विश्लेषण अपरिष्कृत, व्यक्तिपरक और अवैज्ञानिक अधिक था।

इस विधि का विकास मूलतः आधुनिक सामूहिक संचार के बढ़ते हुए साधनों से हुआ है। इसका सर्वप्रथम प्रयोग पत्रकारिता के क्षेत्र में और बाद में समाजशास्त्र में हुआ। ऐसा माना जाता है कि इसका सर्वप्रथम प्रयोग **मेलकोम विल्ले** ने सन 1926 में समाचार पत्रों की विषय-सामग्री के विश्लेषण में किया। लगभग इसी समय सन 1930 में **वुडलैंड** ने अमरीकी प्रातःकालीन समाचार पत्रों की विषय-सामग्री (विशेषतः विदेश के समाचारों) के विश्लेषण में इस विधि का प्रयोग किया। इस प्रकार के सभी अध्ययनों में विषय-सामग्री के विश्लेषण में प्रत्यक्ष वर्गों (Categories) जैसे राजनीति, खेलकूद, घरेलू समस्या, श्रम, अपराध और तलाक आदि का प्रयोग किया गया। समाचार पत्रों के अलावा साहित्य के क्षेत्र में अंग्रेजी गद्य व पद्य की विभिन्न शैलियों की विशेषताओं के विश्लेषण में भी इस विधि का बहुत प्रयोग किया गया।

इस विधि का प्रयोग धीरे-धीरे राजनीति विज्ञान और जनमत अध्ययनों में भी किया जाने लगा। सन 1930 के बाद **एच.डी. लासवैल** तथा उनके साथियों ने अपने कई अध्ययनों में इस विधि का प्रयोग किया। लगभग इसी समय कोलम्बिया विश्वविद्यालय में **पॉल.एफ. लेजार्सफील्ड** के नेतृत्व में रेडियो द्वारा प्रसारित सामग्री के विश्लेषण का कार्य प्रारंभ हुआ। द्वितीय महायुद्ध की कालावधि में कई सरकारी विभागों ने जनसंचार के विश्लेषण में रुचि प्रदर्शित की। आजकल इस विधि का प्रयोग अधिकांशतः निम्न क्षेत्रों में प्रमुख रूप में किया जा रहा हैं:

(i) व्यक्तिगत दस्तावेजों का विश्लेषण

(ii) असंरचित (Unstructured) साक्षात्कारों का विश्लेषण

(iii) प्रक्षेपी परीक्षणों (Projective Tests) के प्रत्युत्तरों का विश्लेषण

(iv) रोगियों के निदानात्मक दस्तावेजों का विश्लेषण

अन्तर्वस्तु विश्लेषण के उद्देश्य और महत्त्व
(Purposes and Importance of Content Analysis)

"कौन, किसको, क्या, क्यों, कैसे और किस प्रभाव से कहता है?" (Who says, what to whom, why, how and with what effect?), यह वाक्य संप्रेषण शोध के मुख्य उद्देश्यों को प्रश्न के रूप में सार रूप में प्रस्तुत करता है। अन्तर्वस्तु की सार्थकता क्या है, इसके क्या कारण है, यह सूचना कौन प्रदान कर सकता है, लोगों पर इसका क्या प्रभाव पड़ता है, जैसे प्रश्नों के द्वारा संचार के कारणों और प्रभाव को जानने का प्रयास किया जाता है। **सैलिज, जहोदा तथा अन्य** (1973) ने अन्तर्वस्तु विश्लेषण विश्लेषण के निम्नलिखित प्रमुख उद्देश्य बताए हैं:

1. अन्तर्वस्तु की विशेषताओं को मालूम करना
(To Ascertain the Characteristics of Content)

- सम्प्रेषण की अन्तर्वस्तु की प्रवृत्तियों का वर्णन करना।
- विद्वता के विकास को मालूम करना।

- सम्प्रेषण के प्रतिमानों का वर्णन करना।
- संदेशों के प्रति जनसमूह की ज्ञात विशेषताओं को जोड़ना।
- मीडिया या संचार के स्तरों की तुलना करना।
- अन्तर्वस्तु के संचार में अन्तरराष्ट्रीय भिन्नताओं को उजागर करना।
- मानदंडों के विपरीत संचार की विषय-वस्तु का पता लगाना।
- संचार के मापदंडों की रचना करना और उन्हें लागू करना।
- तकनीकी शोध प्रक्रियाओं में सहायता करना।
- प्रचार की तकनीकों का उद्घाटन एवं विश्लेषण करना।
- संचार-सामग्री की पठनीयता को मापना।
- शैलीगत विशेषताओं की खोज करना।
- किसी पुस्तक, आलेख या दस्तावेज़ के वास्तविक लेखक का पता लगाना।
- लेखकों के व्यक्तित्व की विशेषताओं को ज्ञात करना।

2. विषय-वस्तु के कारणों को पता लगाना (To Ascertain the Causes of Content)

- सम्प्रेषणकर्त्ताओं के अभिप्रायों तथा अन्य विशेषताओं की पहचान करना।
- प्रचार के अस्तित्व की खोज करना।
- व्यक्तियों और समूहों की मनोवैज्ञानिक दशाओं का निर्धारण करना।
- राजनीतिक और सैनिक खुफियागीरी का पता लगाना।
- संस्कृति और सांस्कृतिक परिवर्तन के विभिन्न पहलुओं को मालूम करना।
- वैधानिक साक्ष्य उपलब्ध कराना।

3. अन्तर्वस्तु के प्रभावों को जानना (To Ascertain the Effects of Content)

- समुदायों के मनोभावों, हितों और मूल्यों को ज्ञात करना।
- ध्यान के केन्द्र को उजागर करना।
- संचार के प्रति विचारात्मक और व्यवहारात्मक प्रतिक्रिया का वर्णन करना।
- संचार के प्रति प्रतिक्रिया का पता लगाना।

अन्तर्वस्तु विश्लेषण शोध के उपरोक्त विषयों को देखने से स्पष्ट है कि इस विधि का प्रयोग अनेक प्रकार की समस्याओं के अध्ययन में किया जा सकता है। जहाँ इस विधि का प्रयोग अन्तरराष्ट्रीय महत्व के मसलों को सुलझने में किया जा सकता है, वहीं प्रचार-माध्यमों का जनता पर पड़ने वाले प्रभावों के अध्ययन में इस विधि का महत्वपूर्ण योगदान है। अति संक्षेप में, इस विधि का प्रयोग व्यक्तित्व की विशेषताओं को जानने, जनमत का पता लगाने, सामाजिक-सांस्कृतिक परिवर्तन की प्रवृत्ति को ज्ञात करने में सफलतापूर्वक किया जा सकता है। इस विधि का प्रयोग मनोचिकित्सा के क्षेत्र में भी किया गया है। व्यक्तियों के व्यक्तिगत लेखन तथा पत्र, डायरी, लेख, कविता आदि के द्वारा व्यक्तित्व का विश्लेषण कर उनकी मानसिक ग्रंथियों और मनोविक्षिप्ता का पता लगाने का

प्रयत्न किया जाता है। अभी हाल कुछ शिक्षण बोर्डों तथा केन्द्रीय सरकार द्वारा गठित शिक्षण संस्थानों द्वारा प्राइमरी कक्षाओं की पुस्तकों से कुछ ऐसी विषय-सामग्री को हटाया गया है जिनका बालाकों के व्यवहार पर निर्देशात्मक प्रभाव पड़ने की संभावना व्यक्त की गई थी।

अन्तर्वस्तु विश्लेषण विधि की प्रक्रिया
(Process of the Method of Content Analysis)

अभी तक हमने अन्तर्वस्तु विश्लेषण विधि के सैद्धान्तिक पक्ष पर विचार किया, अर्थात् अन्तर्वस्तु विश्लेषण क्या है, इसकी क्या आवश्यकता है, इसके क्या प्रयोजन एवं महत्ता है आदि। एक शोधकर्ता के लिए इस विधि की परिभाषा, उपयोग, महत्ता आदि जानना इतना जरूरी नहीं होता जितना कि इसकी कार्यविधि को जानना, अर्थात् अन्तर्वस्तु विश्लेषण कैसे किया जाता है, इसकी प्रक्रिया के क्या-क्या प्रमुख चरण हैं, इसकी क्या बाधाएं, सीमाएं और समस्याएं हैं, इसे सफल रूप में प्रयोग करने के लिए किन-किन बातों पर ध्यान दिया जाना चाहिए। अब हम इन प्रश्नों पर विचार करेंगे।

मोटे रूप में, इस विधि में उसी प्रक्रिया एवं शोध के चरणों का प्रयोग कुछ हेर-फेर के साथ किया जाता है जो शोध की अन्य वैज्ञानिक विधियों में किया जाता है जिनका सविस्तार वर्णन इसी पुस्तक में अन्यत्र किया गया है। फिर भी पाठकों की सुविधा के लिए संक्षेप में उक्त प्रक्रिया के महत्वपूर्ण चरणों का उल्लेख नीचे किया जा रहा है:

1. शोध के क्षेत्र का चयन
2. शोध की समस्या का स्पष्टीकरण एवं प्राक्कल्पना की रचना
3. शोध प्रारूप (Research Design) की रचना तथ्य संकलन की विधि, प्रतिचयन (Sampling) की विधि एवं उसके आकार (Size), तथ्यों के विश्लेषण के रूप, संकेतीकरण (Coding) और वर्गीकरण की योजना आदि का निर्धारण
4. तथ्यों की व्याख्या एवं निष्कर्षों का प्रस्तुतीकरण

अब हम उन चरणों का उल्लेख करेंगे, जो विशेष रूप से इस विधि में प्रयोग किए जाते हैं:

1. अध्ययन विषय का चयन और क्षेत्र का निर्धारण
2. संचार के माध्यम – मीडिया का चयन
3. विश्लेषण की इकाइयों की परिभाषा एवं चयन
4. अन्तर्वस्तु के वर्गों की रचना
5. इकाइयों का चुनाव
6. अन्तर्वस्तु का विश्लेषण

अध्ययन विषय का चयन (Selection of the Topic of Study)

अन्य शोध विधियों की भांति, अन्तर्वस्तु विश्लेषण का भी प्रथम चरण शोध अध्ययन के विषय का चयन करना और अध्ययन क्षेत्र, जिसे शोध की भाषा में समग्र (Universe)

कहा जाता है, का निर्धारण करना होता है। इस प्रकार की किसी शोध का विषय स्त्रियों की प्रस्थिति या जीवन-साथी के चयन का बदलता रूप या वृद्ध व्यक्तियों की समस्याएं, आत्महत्या या भ्रष्टाचार की बढ़ती घटनाएं आदि कुछ भी हो सकता है।

शोध के विषय और क्षेत्र के निर्धारण के बाद शोध-समस्या को निश्चित शब्दों में परिभाषित किया जाता है और यदि आवश्यक हो तो प्राक्कल्पना की रचना भी इसी स्तर पर की जाती है।

संचार के माध्यम 'मीडिया' का चयन (Selection of Means of Communication – Media)

शोध के विषय का चयन करने के बाद यह निर्धारित किया जाता है कि अन्तर्वस्तु विश्लेषण का आधार या माध्यम क्या होगा जिसमें से तथ्यों का संकलन किया जाएगा। संचार के माध्यमों के रूप में लिखित सामग्री (अखबार, पुस्तकें, पत्रिकाएं, दस्तावेज आदि), रेडियो, टेलीविजन (टी.वी.) चलचित्र हो सकते हैं। मीडिया का चुनाव – चाक्षुष, श्रवणीय या लिखित - हमारे शोध विषय की प्रकृति और शोध के उद्देश्य पर निर्भर करता है, अर्थात् शोध के तथ्यों के संकलन के लिए कौन सा संचार साधन सर्वाधिक उपयुक्त होगा। सामूहिक विवाह संबंधी किसी अध्ययन के लिए विभिन्न जातियों के संगठनों द्वारा प्रकाशित पत्र-पत्रिकाओं के अलावा इस प्रकार के विवाहों के अवसर पर प्रकाशित 'स्मारिका' को संचार का माध्यम बनाया जा सकता है। इसी प्रकार जीवन-साथी के चयन संबंधी अध्ययन के लिए हिन्दी, अंग्रेजी या किसी अन्य भाषा में प्रकाशित अखबारों में प्रकाशित वैवाहिक विज्ञापनों को संचार का माध्यम बनाया जा सकता है। इस प्रकार का एक अध्ययन प्रसिद्ध समाजशास्त्री योगेश अटल द्वारा साठ के दशक में किया गया था।

विश्लेषण की इकाइयों की परिभाषा एवं चयन (Defining and Selecting Units of Analysis)

अन्तर्वस्तु विश्लेषण के तीसरे चरण में विश्लेषण की इकाइयों को परिभाषित किया जाता है जिनके आधार पर अन्तर्वस्तु का वर्गीकरण किया जाएगा। इसके बाद विश्लेषण की इकाइयों का चयन किया जाता है। यह इस पद्धति का सबसे महत्वपूर्ण चरण है। विश्लेषण की इकाइयों के निम्नलिखित पांच प्रमुख प्रकार हैं:

शब्द (Words)

अन्तर्वस्तु शोध में 'शब्द' को सबसे सरल और सबसे छोटी इकाई माना जाता है। अध्ययन की जाने वाली लिखित अथवा मौखिक सामग्री – लेख, समाचार, वार्ता, भाषण आदि में कुछ विशिष्ट शब्दों जैसे 'महंगाई' या 'भ्रष्टाचार' या प्रमुख प्रतीकों की आवृत्ति कितनी हुई, इन्हें पृथक-पृथक रूप में गिना जाता है और इनके आधार पर महंगाई या भ्रष्टाचार के बारे में निष्कर्ष निकाले जाते हैं।

'शब्द' इकाई का विस्तृत प्रयोग तीन प्रकार के अध्ययनों – साहित्यिक शैली, राजनीतिक प्रतीकों और पुस्तकों की पठनीयता के विश्लेषण में बहुत हुआ है।

कथ्य (Theme)

विश्लेषण की एक इकाई के रूप में शब्द के बाद कथ्य या प्रसंग के अध्ययन को इस विधि में सर्वाधिक महत्व दिया जाता है। यह 'शब्द' से बड़ी इकाई होती है। संचार में अभिव्यक्त किसी भी विचार को कथ्य या प्रसंग कहते हैं, जैसे 'प्रजातन्त्र एक अच्छी व्यवस्था है।' विश्लेषण की एक इकाई के रूप में कथ्य से तात्पर्य किसी लेख या दस्तावेज की प्रमुख विषय-वस्तु से है। कथ्य की अभिव्यक्ति किसी बड़े वाक्य, वाक्यांश, कथन या अनुच्छेद आदि में हो सकती है। कथ्य-इकाई का प्रयोग अधिकांशतः जनमत पर संचार माध्यमों के पड़ने वाले प्रभावों के अध्ययन में किया गया है।

चरित्र (Character)

कहानी, उपन्यास, नाटक, रेडियो रूपक या टी.वी. धारावाहिक (Serial) के विश्लेषण में चरित्रों/पात्रों को विश्लेषण की इकाई बनाया जा सकता है। इसमें शोधकर्ता शब्दों या वाक्यों के स्थान पर संचार-सामग्री में पात्रों की गणना करता है।

मद (Item)

अन्तर्वस्तु विश्लेषण में मद/अदद का प्रयोग भी किया जाता है। मद के रूप में कोई सम्पूर्ण पुस्तक, पत्रिका, लेख, कहानी, भाषण, सम्पादकीय वक्तव्य, रेडियो/टी.वी. प्रोग्राम आदि हो सकता है। मद-इकाई (Item-Unit) के द्वारा संचार-सामग्री का वर्गीकरण किया जाता है। भिन्न-भिन्न संचार माध्यमों के मद भी भिन्न हो सकते हैं।

स्थान एवं समय की माप (Space and Time Measures)

अन्तर्वस्तु का वर्गीकरण भौतिक अवधारणाओं, जैसे मुद्रित सामग्री को इंचों, पृष्ठों, पंक्तियों, पैराग्राफ आदि के आधार पर और टी.वी. या रेडियो द्वारा प्रसारित सामग्री की समय-अवधि के आधार पर माप की जाती है।

किसी एक देश के किसी प्रमुख समाचार पत्र में किसी अन्य देश से संबंधित समाचारों को कितना छापा जाता है, या किसी दैनिक सामचार पत्र का किस राजनीतिक विचारधारा (दल) के प्रति रुझान है, यह जानने के लिए उक्त समाचार पत्र में इन विषयों से संबंधित मुद्रित सामग्री की उपरोक्त आधार पर माप की जा सकती है। इसी प्रकार रेडियो या टी.वी. पर प्रसारित सूचनाओं की माप के लिए मिनट और सैकन्ड को विश्लेषण की इकाई के रूप में प्रयुक्त किया जा सकता है। किसी फिल्म की अवधि की माप की व्याख्या फुटों के आधार पर की जाती है।

समय तथा स्थान की इकाइयों का प्रयोग करते समय सूचनाओं का प्रकाशन या प्रसारण सम्पूर्ण सामग्री में किस स्थान (जैसे समाचार पत्र के मुखपृष्ठ पर या दूसरे-तीसरे पृष्ठ पर) या किस समय (टी.वी. या रेडियो पर सर्वोत्तम (Prime) समय पर प्रसारण) पर किया गया है, इसका ध्यान रखा जाना भी आवश्यक है।

उपरोक्त वर्णित विश्लेषण की इकाइयों में से किस इकाई का चयन किया जाए, यह कई बातों पर निर्भर करता है। किसी उपन्यास के विश्लेषण में पात्र (Character) और मद

(Item) दोनों का प्रयोग किया जा सकता है। एक ही अध्ययन में एक से अधिक विश्लेषण-इकाइयों का प्रयोग उपयोगी सिद्ध हो सकता है।

अन्तर्वस्तु के वर्गों की रचना (Developing Content Categories)

अन्तर्वस्तु विश्लेषण के चतुर्थ चरण पर अध्ययन सामग्री के वर्गीकरण करने के लिए वर्ग-रचना (Category Construction) की जाती है। **बर्लसन** (1952) ने विश्लेषण सामग्री के दो वर्गों का सुझाव दिया है:

'क्या कहा गया है, वाले वर्ग' ('What is said' categories)

इसमें संचार की विषय-वस्तु 'क्या' है, के प्रश्न पर विचार किया जाता है। इसमें निम्नलिखित विषयों को सम्मिलित किया जाता है:

विषय-वस्तु भेद

संचार की विषय-वस्तु क्या है?

स्तर-भेद

संचार की दिशा क्या है? जैसे नैतिक/अनैतिक, साहसी/डरपोक/हर्ष/दुख।

मूल्य-भेद

संचार में निहित मूल्यों का आधार क्या है? जैसे व्यक्ति क्या प्राप्त करना चाहते हैं – धन, सुख, प्रेम, सामाजिक सम्मान, स्वास्थ्य आदि।

व्यक्तित्व-भेद

भेद व्यक्तियों के वैयक्तिक (Individual) तथा मनोवैज्ञानिक गुण, जैसे अहंमवादी/परार्थवादी, अन्तर्मुखी/बहिर्मुखी, आधुनिक/परम्परावादी।

पात्र-भेद

मुख्य पात्र/ सहायक मात्र, नायक/खलनायक।

स्रोत-भेद

संचार का स्रोत क्या है? जैसे पार्टी का पत्र, घोषणा पत्र, रचनाएं आदि।

वर्ग-भेद

संचार की सामग्री किस वर्ग के लिए है? जैसे विद्यार्थियों या मजदूरों या पूंजीपतियों के लिए/बालकों युवा या वृद्ध व्यक्तियों के लिए।

स्थान-भेद

घटना-स्थल कहाँ है? जैसे जिला, राज्य, देश या विदेश।

समय-भेद

घटना का क्या समय रहा है? जैसे स्वतंत्रता के पूर्व या बाद में।

पद्धति-भेद

संचार के लक्ष्यों को प्राप्त करने की कौनसी विधि रही है?

'कैसे कहा गया वाले वर्ग' *('How it is said' categories)*

संचार कैसे किया जाएगा, इसके क्या रूप (Forms) और प्रकार (Types) होंगे, जैसे:

संचार माध्यम के प्रकार

संचार का कौनसा माध्यम है? अखबार, रेडियो, टी.वी., भाषण या अन्य।

कथन के रूप

कथनों का संरचनात्मक स्वरूप क्या है? जैसे सरल/जटिल कथन, प्रत्यक्ष/ अप्रत्यक्ष कथन, कल्पनात्मक/तथ्यात्मक कथन।

भावना-भेद

संचार किस भावना से किया गया है?

चरित्र-भेद

संचार-सामग्री को किस रूप में प्रस्तुत किया गया है? जैसे उपदेशात्मक/प्रचारात्मक।

अन्तुर्वस्तु के वर्गीकरण की कई योजनाएं हो सकती हैं। **मोट** (1942) ने अखबारों की प्रवृत्तियों (Trends) का विश्लेषण के लिए निम्नलिखित वर्गों का प्रयोग किया है: (i) विदेशी समाचार तथा रूपक, (ii) वाशिंगटन समाचार, (iii) जन समस्याएं, (iv) प्रधान सम्पादकीय, (v) व्यापार, वित्तीय समाचार, (vi) खेलकूद (vii) समाज, (viii) स्त्रियों से संबंधित समाचार, (ix) चलचित्र, नाटक, पुस्तक, कला आदि, (x) रेडियो-विज्ञप्ति तथा सूचनाएं, (x) कॉमिक्स, और (xi) अन्य चित्र।

प्रोथो (1956) ने राष्ट्रपति के भाषणों में मूल्यों की तुलना करने के लिए निम्नलिखित वर्गों का प्रयोग किया: (i) सरकारी मदद, (ii) किफायत तथा कार्यकुशलता, (iii) अमेरिका में समृद्धि, (iv) शांति, (v) कानून पालन, (vi) प्रगति, (vii) सामुदायिक सहयोग, (viii) सरकारी विधान, (ix) वर्ग, (x) आर्थिक सहायता, (xi) सामाजिक आशावाद, (xii) राष्ट्रीय शक्ति, (xiii) बाह्य आक्रमण की चुनौती, और (xiv) दल।

इकाइयों का चुनाव (Sampling of Units)

जब संचार सामग्री काफी तादाद में होती है, तब प्रतिचयन (Sampling) करना आवश्यक हो जाता है। सामान्यत: अन्तर्वस्तु विश्लेषण में इकाइयों के चुनाव के लिये बहुस्तरीय प्रतिचयन का प्रयोग किया जाता है। मोटे रूप में, यह चयन तीन स्तरों पर होता है:

स्रोत का प्रतिचयन *(Sampling of Source)*

सबसे पहले अध्ययन के स्रोत (अखबार, फिल्म, पुस्तकें, पत्रिकाएं आदि) का चयन किया जाता है। यदि अखबारों को अध्ययन-सामग्री के स्रोत के रूप में चुना जाता है, तब किस अखबार (हिन्दी/अंग्रेजी, दैनिक/साप्ताहिक) को शोध का आधार बनाया जाएगा। सभी भाषाओं में सैकड़ों अखबार छपते हैं, उनमें से किस अखबार को चुना जायेगा और क्यों? चयन के लिए क़िसी भी वैज्ञानिक प्रतिचयन विधि का प्रयोग किया जा सकता है।

तारीखों का प्रतिचयन *(Sampling of Dates)*

सरल अर्थों में, तारीखों के चयन से तात्पर्य अध्ययन की अवधि से है। क्या किसी वर्ष के सभी महीनों के सभी दिनों के अखबारों की विषय-सामग्री का अध्ययन किया जाएगा या उक्त वर्ष के केवल एक या कुछ महीनों के कुछ दिनों का अध्ययन किया जाएगा।

तारीखों के चुनाव का दूसरा अर्थ यह भी हो सकता है कि अध्ययन के लिए चुने गए शीर्षक (Title) में से कितने विचारणीय मुद्दों (Issues) को सम्मिलित किया जाएगा। शीर्षक से तात्पर्य यहाँ संचार के माध्यम, यथा रेडियो, टी.वी, फिल्म, अखबार आदि से है और मुद्दों का अर्थ अखबारों, फिल्मों, टी.वी./रेडियो कार्यक्रमों की संख्या से है।

अन्तर्वस्तु का प्रतिचयन *(Sampling of Content)*

अन्तर्वस्तु के प्रतिचयन से तात्पर्य संचार के विभिन्न पहलुओं के विश्लेषण से है। इसका निर्णय चुने गए संचार माध्यम के किसी पक्ष की विशिष्टता पर निर्भर करता है। यदि हम किसी अखबार की नीति (Policy) या विचारधारा का अध्ययन करना चाहते हैं, तब इसके लिए अखबार के सम्पादकीय, मुखपृष्ठ के शीर्षक, कहानी, मुख्य लेखों आदि को विश्लेषण की इकाई के रूप में चुना जा सकता है। ये इकाइयां उक्त अखबार की रीति-नीति और विचारधारा को स्पष्ट कर सकती हैं।

अन्तर्वस्तु का चयन करते समय उसके कुछ भौतिक तत्वों पर ध्यान दिया जाना आवश्यक है। यहाँ हम तीन प्रमुख संचार माध्यमों के प्रमुख भौतिक तत्वों का उल्लेख कर रहे हैं:

अखबार (लिखित)	*रेडियो (श्रव्य)*	*फिल्म/टीवी (चाक्षुष)*
लम्बाई-चौड़ाई (इंचों में)	लम्बाई (मिनिट, सेकिन्डों में)	लम्बाई (मिनिट, सेकिन्डों में)
स्थान	क्रम	क्रम
पृष्ठ संख्या	शैली/लहजा	रंग
शीर्षक के अक्षरों की माप	ध्वनि	शैली
मुद्रण अक्षरों में अंतराल	संगीत	ध्वनि
रंग का प्रयोग		संगीत
चित्रों का प्रयोग		

अन्तर्वस्तु का विश्लेषण (Analysis of the Content)

यह इस विधि का एक सर्वाधिक महत्वपूर्ण चरण है। विश्लेषण की इकाइयों, वर्गों के निर्धारण तथा संचार के माध्यम एवं सामग्री के चयन के बाद इस चरण की शुरुआत होती है। सुविधा की दृष्टि से इसे तीन भागों में विभक्त कर सकते हैं:

(i) अन्तर्वस्तु का वर्गों में विभाजन (Classifying the Content into Categories)

निर्धारित किए गए वर्गों में सर्वप्रथम संचार-सामग्री का विभाजन किया जाता है। उदाहरणार्थ, किसी संदेश, वक्तव्य या कथन को पक्ष, विपक्ष और तटस्थ के तीन वर्गों में विभाजित किया जा सकता है।

(ii) परिमाणीकरण (Quantification)

अन्तर्वस्तु की इकाइयों (शब्द, वाक्य, पात्र आदि) को वर्गों में विभाजित कर उनकी गणना की जाती है। यह प्रक्रिया संचार की गुणात्मक सामग्री को परिमाणात्मक तथ्यों में बदल देती है। परिमाणीकरण विज्ञान की एक प्रमुख विशेषता के अलावा एक प्रमुख आवश्यकता है। गणितीय सहायता द्वारा शोध-सामग्री के विशाल ढेर को संक्षिप्त बना दिया जाता है। छोटे-छोटे आंकड़ों को आसानी से समझा जा सकता है।

(iii) संकलित तथ्यों का निर्वचन (व्याख्या) तथा निष्कर्ष निकालना (Interpretation of Collected Data and Drawing the Results)

परिमाणात्मक माप द्वारा संकलित तथ्यों के गुण एवं विशेषताएं स्पष्ट हो जाती हैं जिनके आधार पर तुलना की जा सकती है। संचार शोध के परिणाम संचार-सामग्री की आवृत्ति (Frequency) के आधार पर निकाले जाते हैं और बाद में इन्हें एक प्रतिवेदन (रिपोर्ट) के रूप में प्रस्तुत किया जाता है।

अन्तर्वस्तु विश्लेषण के गुण (Merits of Content Analysis)

प्रथम, अन्तर्वस्तु विश्लेषण का सबसे बड़ा गुण यह है कि यह एक अदृश्य (Unobtrusive) तथा अप्रतिक्रियात्मक (Non-Reactive) विधि है, अर्थात् इस विधि का अध्ययन किए जाने वाले प्रयोज्य (Subject) पर कोई प्रभाव नहीं पड़ता और न ही प्रयोज्य शोध प्रक्रिया और शोधकर्ता को किसी रूप में प्रभावित कर सकता है। शोध की प्रत्यक्ष विधियां – साक्षात्कार, अवलोकन, प्रयोग आदि में शोधकर्ता का प्रयोज्य के साथ सीधा संबंध होता है। प्रत्यक्ष विधियों के प्रयोग में कई बार अस्वाभाविकता और कृत्रिमता उत्पन्न हो जाने के कारण वास्तविक तथ्यों का संकलन कठिन होता है। यह अस्वाभाविकता शोधकर्ता की उपस्थिति या बाह्य परिवेश जहाँ साक्षात्कार या अवलोकन किया जा रहा है, के प्रभाव से उत्पन्न हो सकती है।

द्वितीय, इसका दूसरा बड़ा गुण यह है कि जहाँ प्रत्यक्ष विधियों के विफल होने का भय होता है, अर्थात् जहाँ सूचनादाता साक्षात्कार के लिए तैयार नहीं होते या सूचनादाता उपलब्ध नहीं हैं, जैसे सूचनादाता जीवित ही नहीं है या वे बहुत दूर रहते हैं, या उनके व्यवहार का अवलोकन सम्भव नहीं है, किन्तु उनके बारे में कुछ दस्तावेज, फिल्म या अन्य सामग्री उपलब्ध है, तब सूचनादाता से संबंधित द्वितीयक सामग्री का प्रयोग कर उनके बारे में परिणाम निकाले जा सकते हैं। अज्ञात लेखकों के बारे में जानकारी हासिल करना, शत्रु द्वारा किए गए प्रचार के बारे में निष्कर्ष निकालना, अन्तरराष्ट्रीय संकट की स्थिति में नेताओं के विचारों को जानने के लिए यह विधि बहुत उपयोगी सिद्ध हुई है।

तृतीय, यह विधि ऐतिहासिक और पुरातात्विक शोध (प्राचीन-अर्वाचीन सभ्यताएं) में भी एक उपयोगी एवं विश्वसनीय विधि सिद्ध हुई है। ऐसे व्यक्ति (जैसे चर्चिल, सिकंदर, बाबर, महाराणा प्रताप, गांधी, हिटलर, चर्चिल आदि) जो अब हमारे प्रश्नों के उत्तर देने के लिए उपलबध नहीं हैं या किसी काल विशेष में विवाह, परिवार, राज्य या

सामाजिक मूल्यों का क्या रूप था, इन विषयों की व्यवस्थित जानकारी इस विधि द्वारा उपलब्ध लिखित सामग्री के विश्लेषण से प्राप्त की जा सकती है।

चतुर्थ, इस विधि को अन्य विधियों की एक पूरक या किसी शोध के प्रारम्भिक विचार/प्राक्कल्पना की रचना के लिए भी प्रयोग किया जा सकता है। एक चीनी कहावत है कि "अच्छी से अच्छी याददास्त से भी धुंधली लिखावट साफ होती है।" एक शोधकर्ता प्रश्नावली/साक्षात्कार से प्राप्त तथ्यों की तुलना या उनकी प्रामाणिकता की जांच इस विधि के द्वारा प्राप्त तथ्यों से कर सकता है।

पंचम, इस विधि का प्रयोग ऐसे सामाजिक समूहों के अध्ययन में भी किया जा सकता है जिनके साथ सम्पर्क स्थापित करना दुष्कर होता है। यही नहीं, इस विधि की पुनरावृत्ति भी की जा सकती है जब कि कई बार घटना विशेष ही समाप्त हो जाती है या सूचनादाता बार-बार उन्हीं प्रश्नों का उत्तर देने के लिए तैयार नहीं होता।

षष्ठम, जहां कहीं प्रयोज्य (सूचनादाता) की स्वयं की भाषा का अध्ययन महत्वपूर्ण होता है, वहाँ इस विधि का प्रयोग किया जाना आवश्यक होता है। मनोविश्लेषणात्मक साक्षात्कारों, प्रक्षेपी विधियों (Projective Techniques) से प्राप्त तथ्यों अथवा कई अन्य प्रकार के प्रलेखी (दस्तावेजी) तथ्यों के विश्लेषण में इस विधि की निर्विवाद उपयोगिता सिद्ध हुई है।

अन्तर्वस्तु विश्लेषण शोध की समस्याएं
(Problems of Content Analysis Research)

सामाजिक शोध की यह एक अप्रत्यक्ष विधि है। सामान्यतः इसका प्रयोग ऐसे विषयों के अध्ययन में ही किया जाता है जहाँ अन्य विधियों का प्रयोग संभव नहीं होता। इस विधि की सबसे बड़ी कठिनाई संचार-सामग्री की गुणात्मक प्रकृति है जिसके कारण विश्वसनीय, यथार्थ और वस्तुपरक निष्कर्ष निकालना एक भारी समस्या है। ये समस्याएं कभी-कभी तब सामने आती हैं जब समान प्रलेखों (Documents) के अध्ययन में दो शोधकर्त्ताओं के निष्कर्षों में भिन्नता प्रकट होती है। इसके अतिरिक्त, इस विधि को सभी प्रलेखों के अध्ययन के लिए भी एक उपयुक्त विधि नहीं कहा जा सकता। कोई कथन (Statement) कहाँ तक सही है या किसी कविता में कौन से सौन्दर्यात्मक गुण हैं, इनका निर्धारण इस विधि से ठीक-ठीक प्रकार नहीं किया जा सकता। इस विधि की प्रमुख समस्या वस्तुपरकता से जुड़ी हुई है जिसका संक्षेप में वर्णन नीचे किया गया है।

वस्तुपरकता की समस्या (Problem of Objectivity)

चूंकि संचार की विषय-वस्तु का विश्लेषण किसी व्यक्ति विशेष (शोधकर्त्ता) द्वारा किया जाता है, ऐसी अवस्था में वस्तुपरकता को बनाए रखना, अर्थात् उसके विचार, मूल्य आदि निष्कर्षों को प्रभावित नहीं करेंगे, इसकी क्या गारंटी है। यह सही है कि इस विधि में संचार सामग्री का विधिवत प्रतिचयन, वर्गीकरण और गणना की जाती है, तथापि यह समस्त कार्य अकेले शोधकर्त्ता द्वारा किया जाता है, अतः अन्तर्वस्तु विश्लेषण की समस्त प्रक्रिया में पग-पग पर अभिनति (Bias) आने का भय बना रहता है।

बर्लसन (1952) ने अन्तर्वस्तु विश्लेषण में वस्तुपरकता को बनाए रखने के लिए निम्नलिखित पांच बातों का अपनाए जाने का सुझाव दिया है:

1. नियम आधारित प्रक्रिया (Rule-guided Procedure)
2. व्यवस्थित प्रक्रिया (Systematic Procedure)
3. परिमाणन (Quantification)
4. गुणात्मक विश्लेषण को पर्याप्त महत्व (Adequate Importance to Qualitative Analysis)
5. केवल व्यक्त संचार की विषय-वस्तु का मूल्यांकन (Assessment of only the Manifest Content to Communication)

कुछ समाज वैज्ञानिकों ने इस विधि की विभिन्न समस्याओं के समाधान हेतु 'अन्तर्ज्ञान' (Intuition) के उपयोग का भी सुझाव दिया है। ऐसे वैज्ञानिकों द्वारा 'अन्तर्ज्ञान' को मानव की छठी ज्ञानेन्द्रिय (Sixth Sense Organ) के रूप में स्वीकार किया गया है। किन्तु, अन्तर्ज्ञान की अपनी सीमाएं हैं। इसे वस्तुपरकता तथा साक्ष्य (Evidence) का विकल्प नहीं माना जा सकता। इसके द्वारा व्यक्तिपरकता (Subjectivity) के ही अधिक संचार होने की सम्भावना रहती है। अन्तर्ज्ञान के प्रयोग में एक अन्य बड़ी कठिनाई 'भाषा की जटिलता' की है। एक कुशल अन्तर्दृष्टा तथा प्रशिक्षित शोधकर्त्ता के समक्ष भी अपनी शोध-सामग्री का अधिकाधिक उपयोग करने की कठिनाई रहती है, यदि वह व्यवस्थित (Systematic) विधियों का प्रयोग नहीं करता।

उपरोक्त कठिनाइयों के कारण, निष्कर्षतः यह कहा जा सकता है कि अन्तर्वस्तु विश्लेषण विधि का प्रयोग तभी किया जाना चाहिए जब अध्ययन की समस्या इस विधि की ही अपेक्षा रखती है, अर्थात् जब शोध की प्रत्यक्ष विधियां (साक्षात्कार, प्रश्नावली, अवलोकन) किसी विषय के अध्ययन में विफल रहती हैं या जब अन्य विधियों की अपेक्षा किसी शोध-विषय के लिए यही एक मात्र सर्वाधिक उपयुक्त विधि हो।

अन्तर्वस्तु विश्लेषण विधि के कुछ उदाहरण
(Few Examples of Content Analysis Method)

अन्तर्वस्तु विश्लेषण विधि का प्रयोग कई क्षेत्रों में किया गया है, तथापि अभी इस क्षेत्र में कुछ सीमित अध्ययन ही हुए हैं। यहाँ हम महत्वपूर्ण अध्ययनों के कुछ उदाहरण नीचे दे रहे हैं जो उन शोधकर्त्ताओं को, जो इस विधि का प्रयोग करने में रुचि रखते हैं, सहायक सिद्ध हो सकते हैं:

1. अर्नहेम (1944) द्वारा 'दैनिक रेडियो माला' का एक अध्ययन
(The World of the Daytime Serial)

शोध प्राक्कल्पनाएं (Research Hypotheses)

- गीत-नाट्य द्वारा किस प्रकार का (स्वस्थ/अस्वस्थ) मानसिक खाद्य प्रस्तुत किया जाता है?

- गीत-नाट्य द्वारा किस प्रकार के सामाजिक जीवन को चित्रित किया जाता है?
- गीत-नाट्य द्वारा किन मनोवृत्तियों का संचार किया जाता है?

शोध प्रारूप (Research Design)

- उपर्युक्त प्राक्कल्पनाओं के परीक्षण हेतु 43 रेडियो कार्यक्रमों का आकस्मिक चुनाव किया गया।
- प्रात: आठ बजे से सायंकाल छह बजे तक के सभी रेडियो कार्यक्रमों का अध्ययन।

विश्लेषण (Analysis)

- कार्यक्रमों की उपस्थिति एवं उनकी संख्याओं की गणना
- प्रमुख पात्रों की सामाजिक प्रतिष्ठा के स्तर का लेखन
- संकलित सामग्री का विवाह, उद्यम, अपराध, रोग/स्वास्थ्य आदि वर्गों में विभाजन
- नैतिक मूल्यांकन

परिणाम (Results)

- रेडिया कार्यक्रमों का अमरीकी पुरुषों की अपेक्षा स्त्रियों पर अधिक प्रभाव
- कार्यक्रमों द्वारा महिला आवश्यकताओं की तुष्टि

2. बालकों की पुस्तकों का एक अध्ययन

प्रो. चाइल्ड तथा उनके साथियों ने 1970 में बालकों की पुस्तकों के अध्ययन में अन्तर्वस्तु विधि का प्रयोग किया। इसके उद्देश्य और शोध-प्रारूप निम्न थे:

शोध का उद्देश्य

वे कौन से विषय रहे हैं जिनकी बालकों की पुस्तकों में सर्वाधिक चर्चा की गई और उनका बालकों के व्यक्तित्व पर क्या प्रभाव पड़ा।

शोध प्रारूप

- 1930 से 1970 तक प्रकाशित लगभग 30 पुस्तकों का एकत्रण
- उनमें वर्णित कहानियों (लगभग 914 कहानियां) के प्रभावकारी पात्रों का चयन
- कहानी के मंतव्यों (उद्देश्यों) (लगभग 3,409 मंतव्यों) का विश्लेषण
- मंतव्यों का चरित्र, व्यवहार, परिवेश, परिणाम और कथा-भेद के वर्गों में विभाजन

3. बाल साहित्य के इसी प्रकार के अपने अध्ययन में **आर.के. मर्टन** ने 1936 में इसी विधि का प्रयोग कर 'राष्ट्रीयता' के लक्षणों को जानने का प्रयास किया।
4. **लासवैल** (Lasswell) द्वारा इस विधि से रूस के 'मई दिवस' का अध्ययन। उन्होंने इस दिन लगाये जाने वाले नारों का अध्ययन कर यह बताया कि नारों में समय-समय पर क्या परिवर्तन आए हैं। इन नारों की प्रचारात्मक सामग्री 1924 से 1943 तक अन्तरराष्ट्रीय क्रांतिकारी प्रतीकों से हटकर राष्ट्रीय प्रतीकों की ओर अधिक झुकती गई है।

5. **बेकर** ने 1930 एवं 1932 में इस विधि का प्रयोग समाजशास्त्र के विभिन्न विषयों के प्रति बदलते हुए रुझान के अपने अध्ययन में किया। इसी प्रकार का एक अध्ययन शानास ने 1945 में किया। उन्होंने इसके अध्ययन के लिए 'अमेरिकन जर्नल ऑफ सोसिऑलॉजी' में छपे हुए लेखों को अपना आधार बनाया। मनोविज्ञान के क्षेत्र में ऐसा एक अध्ययन **आल्पोर्ट** द्वारा किया गया। भारत में अभी हाल (2001) भारत की एक मात्र समाजशास्त्र विषय की प्रतिष्ठित पत्रिका (Sociological Bulletin) में पिछले तीस वर्षों में छपे लेखों के आधार पर समाजशास्त्र की प्रवृतियों का पता लगाने के लिये किये गये एक अध्ययन में इस विधि का प्रयोग किया गया है। इसी प्रकार का एक अध्ययन 'सामाजिक कार्य' (Social Work) संबंधी लेखों की प्रवृति के विश्लेषण का हुआ है।
6. संचार के माध्यमों की तुलना करने के लिए इस विधि का प्रयोग हुआ है। विभिन्न प्रकार के संचार-माध्यम एक ही विषय को भिन्न रूप में प्रस्तुत करते हैं। इन्हें भिन्न प्रकार के लोग देखते और पढ़ते हैं। किसी उपन्यास के आधार पर जब कोई फिल्म बनाई जाती है, तब दोनों के सम्प्रेषण में क्या अंतर आ जाता है, इस विषय को लेकर **असहीम** (1950) ने ऐसे 24 उपन्यासों का अध्ययन किया जिनके आधार पर फिल्में बनाई गई थीं। अपने इस अध्ययन में असहीम ने वार्तालाप, चरित्र चित्रण, दृश्य, प्रकृति वर्णन, घटना क्रम व भाषा को अपने विश्लेषण का आधार बनाया। उन्होंने अपने अध्ययन के निष्कर्ष के रूप में बताया कि बहुत कम फिल्में ही उपन्यासों में वर्णित कथ्य (Theme) के साथ पूर्णत: तालमेल बिठा पाईं।
7. **डोवरिंग** (1954) ने स्वीडन में 18वीं शताब्दी में छपी एक पुस्तक 'जीयों के गीत' नामक पुस्तक का अन्तर्वस्तु विश्लेषण कर बताया कि इस पुस्तक के 90 भजन-गीतों ने जनता में राज्य के प्रति विद्रोह की आग फैलाने में मदद की।
8. **बर्कमैन** (1963) ने इस विधि के प्रयोग द्वारा इस प्राक्कल्पना का परीक्षण करने का यत्न किया कि 'क्या किसी जनसमूह की सामाजिक-आर्थिक प्रस्थिति विज्ञापन के स्वरूप को प्रभावित करती हैं?'

16

प्रक्षेपी शोध
Projective Research

मानवीय सामाजिक व्यवहार बड़ा जटिल एवं पेचीदा है। यह कई गांठों और गुत्थियों से भरा पड़ा है जो दिखाई नहीं देती। इसे समझना आसान नहीं है। यह हिमशैल (Iceberg) की भांति है, जिसका तीन-चौथाई भाग समुद्र मे डूबा होता है और केवल एक-चौथाई भाग ही बाहर नजर आता है जिसके कारण कभी-कभी जहाज धोखा खा जाते हैं और क्षतिग्रस्त हो डूब जाते हैं। इसी प्रकार बाह्य दिखने वाले मानवीय सामाजिक व्यवहार के पीछे भी अन्तर्धारा के रूप में कई तत्व और प्रक्रियाएं कार्यरत होती हैं जो उसे प्रभावित करती हैं, उसे रूप-स्वरूप देती हैं। मानवीय व्यवहार के केवल बाह्य स्वरूप को देखकर उसके अन्तर्निहित कारणों और उसकी वास्तविकता को मालूम करना कठिन होता है। इसीलिए सामाजिक शोध में कई प्रकार की विधियों का प्रयोग किया जाता है ताकि मानवीय सामाजिक व्यवहार की वास्तविकता का पता लगाया जा सके।

सामाजिक शोध संबंधी सूचनाएं (तथ्य) एकत्रित करने के लिए, मोटे रूप में, दो प्रकार की विधियों का प्रयोग किया जाता है। कुछ सूचनाएं ऐसी होती हैं जिन्हें सूचनादाता (Informants) बिना किसी हिचकिचाहट और अविश्वास के दे देते हैं। ऐसी सूचनाएं जिन्हें सूचनादाता देने के लिए तैयार होते हैं और उन सूचनाओं को देने के लिए वे सक्षम भी होते हैं, उन्हें एकत्रित करने के लिए जिन विधियों का प्रयोग किया जाता है, उन्हें प्रत्यक्ष विधियां (Direct Methods) कहते हैं। इनमें अवलोकन, प्रत्यक्ष साक्षात्कार, अप्रत्यक्ष साक्षात्कार (प्रश्नावली) आदि हैं। इन विधियों के अपने गुण, अवगुण और कमजोरियां हैं जिनका विश्लेषण इनसे संबंधित अध्यायों में किया गया है। इनका प्रयोग शोध के प्रत्येक विषय के लिए नहीं किया जा सकता। व्यक्तियों के विश्वास, भावनाएं, अनुभूतियां (Perceptions), प्रेरणाएं, मनोवृत्तियां आदि कुछ ऐसे विषय हैं जिन्हें देखा नहीं जा सकता। यहाँ अवलोकन विधि प्राय: नाकाम हो जाती है, इनके बारे में प्रत्यक्ष वार्तालाप (साक्षात्कार) तो किया जा सकता है, किन्तु सूचनादाता उनके बारे में स्वयं कितना जानता है और वह इनके बारे में जो कुछ बताता है, वह कहाँ तक सही या गलत है, यह एक टेढ़ा, किन्तु महत्वपूर्ण प्रश्न है। मानवीय सामाजिक व्यवहार को संचालित करने में इन विषयों की महती भूमिका होती है। ये प्रेरक (Stimuli) का काम करते हैं। इन्हें बिना जाने मानव के सामाजिक व्यवहार को समझना कठिन है। इन्हें समझने के लिए ही सामाजिक शोध में

परोक्ष विधियों (Indirect Methods) का प्रयोग किया जाता है। इनमें मुख्यत: विभिन्न प्रकार की प्रक्षेपी तकनीकें (Projective Techniques) तथा अन्य प्रच्छन्न विधियां (Disguised Methods) को सम्मिलित किया गया है।

अप्रत्यक्ष विधियों द्वारा उन मनोभावों को मालूम किया जाता है जो (अ) असामाजिक होती हैं तथा एक व्यक्ति सार्वजनिक रूप से उन्हें प्रकट करने से डरता है; एवं (ब) इन मनोभावों के कुछ ऐसे तत्व होते हैं जो व्यक्तिगत मूल्यों और मापदंडों के अनुरूप न होने के कारण दब चुके हैं, अत: इन्हें चेतना में तत्काल नहीं लाया जा सकता।

कभी-कभी ऐसा भी होता है कि सूचनादाता के पास सूचनाएं होती हैं, किन्तु वह अपेक्षित सूचनाएं इसलिए नहीं दे पाता क्योंकि वह अपनी भावनाओं को सही शब्दों में अभिव्यक्त नहीं कर सकता। ऐसे व्यक्ति कई बार यह जानने में भी असमर्थ होते हैं कि उनकी भावनाएं क्या हैं। प्रत्यक्ष विधियों (प्रत्यक्ष साक्षात्कार) की इन्हीं कमजोरियों के कारण अप्रत्यक्ष विधियों (प्रक्षेपी शोध तकनीकों) का प्रयोग किया जाता है। ये विधियां अधिकांशत: सूचनादाता की स्वयं की जानकारी देने की क्षमता और इच्छा से स्वतंत्र होती हैं।

'प्रक्षेपण' क्या है? (What is Projection?)

'प्रोजेक्शन' शब्द और इससे जुड़े विचार सामाजिक विज्ञानों में भौतिकशास्त्र और गणित से आए हैं। यदि हम सिनेमा की मशीन का सूक्ष्म रूप से अवलोकन करें तो हमें 'प्रक्षेपण' (Projection) शब्द को समझने में आसानी होगी। आर्क लेम्प के द्वारा सिनेमा की मशीन के अंदर प्रकाश की तीव्र किरणें डाली जाती हैं। ये किरणें जब मशीन में लगी पारदर्शक फिल्म पर पड़ती हैं, तब फिल्म पर बनी हुई आकृतियां प्रकाश किरणों की सहायता से सामने लगे परदे पर हमें साफ नजर आने लगती हैं। विज्ञान की भाषा में इसी प्रक्रिया को 'प्रोजेक्शन' कहा जाता है, अर्थात् प्रकाश की किरणों के द्वारा फिल्म पर अंकित चित्रों का पर्दे पर प्रक्षेपण हो जाता है। इस प्रक्रिया को हम निम्नांकित चित्र द्वारा प्रदर्शित कर सकते हैं।

प्रक्षेपण चित्र

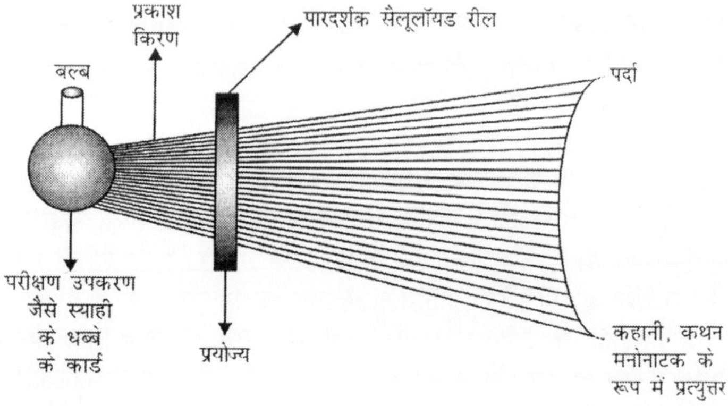

प्रक्षेपी परीक्षणों की कार्यविधि
(Mechanism of Projective Tests)

प्रकाश किरणें जब किसी पारदर्शक (Transparent) वस्तु को भेदती हुई उसके प्रतिबिम्ब सहित सामने किसी अन्य वस्तु पर पड़ती हैं, तब इसी प्रक्रिया को प्रक्षेपण कहते हैं। प्रक्षेपण में तीन वस्तुएं होती हैं जो इस प्रक्रिया को पूर्ण बनाती हैं:

1. बल्ब (Lamp): परीक्षण उपकरण (जैसे स्याही के धब्बे के कार्ड)
2. फिल्म (रील) या सैलूलॉयड: प्रयोज्य (Subject) (वह व्यक्ति जिस पर परीक्षण किया जा रहा है)
3. पर्दा: कथन या कहानी के रूप में प्रयोज्य के प्रत्युत्तर

सामाजिक विज्ञानों के क्षेत्र में इसका सर्वप्रथम और सर्वाधिक प्रयोग मनोविज्ञान में हुआ है। मनोविज्ञान में इसका प्रयोग मुख्यत: दो अर्थों में हुआ हैं: प्रथम अर्थ में, जिसे 'शास्त्रीय प्रक्षेपण' (Classic Projection) के नाम से जाना जाता है, इसका एक रक्षा युक्ति (Defense Mechanism) के रूप में प्रयोग हुआ है। यह मनोविश्लेषण सिद्धान्त की एक प्रमुख अवधारणा है जिसका प्रयोग प्रसिद्ध मनोविश्लेषणवादी फ्रॉयड (1911) ने एक ऐसे तंत्र के लिए किया है जिसके द्वारा एक भ्रमोन्मादी या विभ्रमित (Paranoid) व्यक्ति आत्म-निंदा एवं आत्म-संशय की स्थिति से बचाव करने के लिए अपनी प्रवृत्तियों को दूसरों पर आरोपित करता है। फ्रायड के अनुसार, जब एक अशान्त व्यक्ति अपने आपको अस्वीकार्य या अवांछनीय आवेगों और उद्वेगों से घिरा पाता है तब वह इनसे अपनी रक्षा करने के लिए (अर्थात् तनावों को कम करने और चिन्ताओं को दूर करने) इन मनोभावों को अपने बाह्य संसार के किसी दूसरे व्यक्ति/व्यक्तियों पर आरोपित करता है। ऐसे व्यक्ति अपनी गलतियों या भूलों को अपने अंदर देखने के स्थान पर बाह्य संसार (दूसरे व्यक्तियों, वस्तुओं आदि) में देखते हैं। यह प्रक्रिया ही शास्त्रीय प्रक्षेपण कहलाती है। संक्षेप में, प्रक्षेपण हमारे अचेतन मन की व्यक्तिगत सामंजस्य बिठाने हेतु प्रयोग की गई एक आत्मरक्षार्थ युक्ति है। अचेतन मन वेदना के भाव को अधिक समय तक नहीं रख पाता है। मानव की यह स्वाभाविक प्रवृत्ति है कि वह अधिकांशत: किसी बाह्य विषय-वस्तु की व्याख्या अपने ही मनोभावों, विचारों, इच्छाओं या प्रेरणाओं के अनुसार करता है। इसकी अभिव्यक्ति निम्न पद में भी हुई है:

"जाकी रही भावना जैसी, हरि मूरत देखी तिन तैसी।"

दूसरे अर्थ में, प्रक्षेपण का प्रयोग 'सामान्यीकृत प्रक्षेपण' (Generalized Projection) के अर्थ में हुआ है। प्रक्षेपण मनस्तापी तथा मनोविक्षिप्त रोगियों या ऐसे व्यक्ति जो तीव्र मानसिक तनावों की स्थिति में होते हैं, को मनोरोगों या तनावों से मुक्ति दिलवाने की रक्षात्मक युक्ति मात्र ही नहीं है, जैसा कि उपरोक्त शास्त्रीय प्रक्षेपण में माना गया है, अपितु यह सामान्य और व्याधिकीय दोनों प्रकार के व्यक्तियों के विकास में महत्वपूर्ण भूमिका अदा करने वाली एक प्रक्रिया है। स्वयं फ्रायड, जिन्होंने इसका प्रयोग

मनोविश्लेषण के क्षेत्र में प्रचुर मात्रा में किया है, ने माना है कि यह प्रक्रिया रचनात्मक कार्यों के लिए भी महत्वपूर्ण रही है। इस प्रक्रिया की अभिव्यक्ति हम लेखन क्रिया (साहित्य), चित्रकला (पेंटिंग), नृत्य, संगीत जैसी सृजनात्मक क्रियाओं में देख सकते हैं। इन क्रियाओं में संलग्न व्यक्ति अधिकांशतः सामान्य व्यक्ति होते हैं जो अपने जीवन की अनुभूतियों को इनके माध्यम से प्रकट करते हैं। सामान्यीकृत प्रक्षेपण की धारणा के अनुसार प्रक्षेपण को एक ऐसी सामान्य प्रक्रिया माना जाता है जिसके द्वारा एक व्यक्ति की आंतरिक दशाएं या गुण उसके बाहरी संसार के अनुभवों और उसकी व्याख्या को प्रभावित करते हैं। **काज एवं शैंक** ने लिखा है, "प्रक्षेपण एक व्यक्ति की अपनी प्रतिक्रियाओं के प्रति किए गए ऐसे प्रत्युत्तर हैं जैसे वे स्वयं उससे संबंधित न होकर बाह्य संसार के अंग हों।" प्रक्षेपण की इस धारणा के आधार पर ही प्रक्षेपण विधियों का विकास हुआ है ताकि मानव के अंतरंग संसार में प्रवेश किया जा सके।

आल्पोर्ट ने लिखा है, "जब व्यक्ति की भावनात्मक दशा का परिवेश की अपनी व्याख्या में अनजाने में ही परावर्तन (अभिव्यक्त) हो जाता है, तब इसे हम प्रक्षेपण कहते हैं।" जब कभी हम रुग्न अवस्था में होते हैं, हमारे सिर या किसी अन्य अंग में दर्द होता है, तब हम कई बार यह कह देते हैं कि आज मौसम बड़ा खराब है। यह प्रक्षेपण ही तो है। मौसम के माध्यम से हमने अपनी आंतरिक भावनाओं को ही तो अभिव्यक्त किया होता है। सोते समय जो हम स्वप्न देखते हैं, वह भी एक प्रकार का प्रक्षेपण है। स्वप्न के रूप में हमारी असंतृप्त कामनाएं अपने आपको अभिव्यक्त कर देती हैं। इसी प्रकार, एक व्यक्ति दूसरों से जो चाहता है, वह न पा सकने के कारण अपने मनस प्रतिबिम्ब को दूसरों पर थोप कर अपने दोषों को दूसरों पर आरोपित करता है। संक्षेप में, अपनी स्वयं की इच्छाओं या विशेषताओं को अचेतन रूप में दूसरों पर आरोपण की प्रक्रिया ही प्रक्षेपण कहलाती है।

अत:, प्रक्षेपण छद्म आत्म (Pseudo-self) अभिव्यक्ति का एक रूप है। यह दोहरी अभिव्यक्ति का एक प्रकार है। इसमें एक व्यक्ति दूसरे व्यक्ति के रूप में अपनी कल्पना करता है और वह अपने वास्तविक रूप को बाह्य रूप में देख कर किसी दोष या प्रशंसा के भाव को अनुभव करता है।

प्रक्षेपी तकनीक से क्या तात्पर्य है?
(What is Meant by Projective Technique?)

प्रक्षेपण के बारे में ऊपर दिए गए विवरण से यह स्पष्ट है कि प्रक्षेपण शोध विधियों की शुरुआत सूचनादाता की आंतरिक भावनाओं के बारे में जानने हेतु मनोचिकित्सा और नैदानिक मनोविज्ञान (Clinical Psychology) से हुई है। इन विधियों का सर्वप्रथम प्रयोग ऐसे मनोवैज्ञानिकों और मनोचिकित्सकों द्वारा किया गया जो भावनात्मक गड़बड़ियों से ग्रस्त रुग्न व्यक्तियों के निदान और उपचार से सम्बन्धित थे। इन विधियों द्वारा व्यक्ति की व्यक्तित्व संरचना, उसकी भावनात्मक जरूरतों, उसके मानसिक स्वास्थ्य, उसके तनावों और ग्रंथियों (Complexes) को जानने तथा इनका एक विस्तृत चित्र तैयार करने का प्रयास किया जाता है।

आजकल इस विधि का प्रयोग अधिकांशतः सूचनादाताओं की काम-भावनाओं (Sex) के बारे में उनके विचारों और मनोवृत्तियों को जानने में किया जा रहा है, क्यों कि सूचनादाता इस विषय से संबंधित प्रत्यक्ष प्रश्नों के उत्तर देने में हिचकिचाता है, संकोच करता है और समाज के भय से डरता है। इन कारणों से प्रत्यक्ष प्रश्नों के उत्तर सही नहीं आ पाते।

आधुनिक अर्थों में इसका प्रयोग सर्वप्रथम **एल.के. फ्रैंक** (1939) ने किया है, यद्यपि फ्रैंक के पहले इसका प्रयोग बहुप्रसिद्ध मनोवैज्ञानिक **कार्ल युंग** ने सन् 1918 में किया था, जिन्होंने 'शब्द साहचर्य परीक्षण' (Word Association Test) की शुरुआत की। इसके बाद 'स्याही के धब्बे परीक्षण' (Ink-blots Test) का प्रयोग **हरमैन रोर्शाख** ने किया। फ्रैंक ने इसे परिभाषित करते हुए लिखा है, "प्रक्षेपण विधि व्यक्ति के आंतरिक संसार को जानने का एक अप्रत्यक्ष तरीका है जिसके द्वारा उसकी व्यक्तिगत अनुभूतियों, उसके अंतरंग संसार, उसके अनुभवों और विचारों को जानने का प्रयास किया जाता है।" यह एक ऐसी विधि है जिसके द्वारा एक व्यक्ति की आंतरिक दशाओं (मनोवृत्तियों, मनोभावों, आवेगों, प्रेरणाओं, मूल्यों और जरूरतों) को जानने का यत्न किया जाता है जिन्हें वह बाहरी वस्तुओं पर प्रक्षेपित करता है। इन्हें जानने के लिए सभी प्रक्षेपण तकनीकों में अध्ययन किए जाने वाले व्यक्ति (प्रयोज्य) के समक्ष एक प्रेरक स्थिति पैदा की जाती है या एक उद्दीपक (Stimulus) जैसे स्याही के धब्बे प्रस्तुत किया जाता है, जिसके माध्यम से प्रयोज्य की आंतरिक स्थिति का पता लगाने का प्रयास किया जाता है। यह प्रेरक/उद्दीपक प्रयोज्य के लिए वही अर्थ नहीं रखता जो अर्थ शोधकर्त्ता ने शोध की दृष्टि से निश्चित किया है। प्रयोज्य के समक्ष उक्त उद्दीपक को प्रस्तुत करके यह पूछा जाता है कि यह क्या है, वह इसके बारे में कुछ बताए। प्रयोज्य को इस प्रकार के परीक्षण के बारे में यह आभास नहीं होने दिया जाता है कि उस पर कोई परीक्षण किया जा रहा है, उससे किस वस्तु, घटना, व्यक्ति के बारे में पूछा जा रहा है और क्यों? यहीं नहीं, प्रयोज्य को यह भी मालूम नहीं होता कि उद्दीपक के बारे में दिए गए उसके उत्तर का शोधकर्त्ता क्या अर्थ लगाएगा। उद्दीपक इतने अस्पष्ट, असंरचित और अनेकार्थक होते हैं कि शोधकर्त्ता के अतिरिक्त अन्य किसी व्यक्ति (प्रयोज्य) को इसके अनुमानित अर्थ और उद्देश्य की जानकारी नहीं होती। प्रसिद्ध मनोवैज्ञानिक **टी.डब्ल्यू. अर्डर्नो** (1950) ने अपने 'ऑथॉरिटेरिअन पॅरसनिलिटी' के अध्ययन के समय प्रयोज्यों से निम्न प्रश्न पूछे हैं:

1. आप किन मृतक और जीवित महापुरुषों की सर्वाधिक प्रशंसा करते हैं?
2. आप किन अपराधों को सर्वाधिक निकृष्ट मानते हैं जो एक व्यक्ति कर सकता है?
3. यदि आपको यह आभास हो जाये कि अब आप छः महिनों से अधिक नहीं जीयेंगे, तब आप इस अवधि को कैसे बिताना पसंद करेंगे?

कर्लिंगर (1964) के अनुसार, प्रक्षेपण तकनीक इस मूलभूत सिद्धान्त पर टिकी हुई है कि उद्दीपक/प्रेरक जितना अधिक असंरचित और अस्पष्ट होगा, उतनी ही अधिक मात्रा में एक प्रयोज्य अपने मनोभावों, आवेगों और मूल्यों का प्रक्षेपण करेगा। अत्यधिक स्पष्ट प्रेरक के माध्यम से, जैसा कि हम प्रश्नावली के प्रश्नों द्वारा व्यक्ति के व्यक्तित्व का अंकन

करने का प्रयास करते हैं, व्यक्तित्व का सही मूल्यांकन नहीं हो पाता। सूचनादाता कई बातों को जानबूझ का छुपा जाता है। इसीलिए, प्रक्षेपण की इस अप्रत्यक्ष विधि का प्रयोग किया जाता है। इस विधि में प्रयोज्य से जो कुछ पूछा जाता है, वे प्रश्न छद्म (Disguised) होते हैं, अतः प्रयोज्य द्वारा उन प्रश्नों के चेतन या अचेतन रूप में सही उत्तर देने की सम्भावना रहती है। **जैकनुंड** (1988) ने लिखा है, "प्रक्षेपण तकनीक प्रश्न पूछने का एक अप्रत्यक्ष तरीका है जो सूचनादाता को अपनी भावनाओं और विश्वासों को किसी तीसरे व्यक्ति, किसी निर्जीव वस्तु या किसी कार्य-स्थिति पर प्रक्षेपण का अवसर देता है।"

प्रक्षेपी विधियों (तकनीकों) की विशेषताएं (Characteristics of Projective Techniques)

प्रक्षेपण शोध विधियां अन्य प्रत्यक्ष विधियों से कई अर्थों में भिन्न हैं। यह भिन्नता इनकी निम्नलिखित प्रमुख विशेषताओं से प्रकट होती है:

1. प्रक्षेपण विधियां तथ्यों के संकलन का एक अप्रत्यक्ष तरीका है। इन विधियों में सूचनादाता से विषय से संबंधित प्रत्यक्ष प्रश्न नहीं पूछे जाते।
2. प्रश्नों की बनावट अस्पष्ट और बहुअर्थक होती है, जिसमें गोलमाल भाषा का प्रयोग किया जाता है ताकि सूचनादाता परीक्षण (Tests) के मूल मंतव्य (Purpose) को समझ नहीं सकें कि उससे ऐसा क्यों पूछा जा रहा है।
3. प्रश्नों की प्रकृति मुक्त प्रकार (Open Ended) की और असंरचित (Unstructured) होती है। खुले प्रश्न होने के कारण सूचनादाता अपनी इच्छानुसार प्रश्नों के उत्तर अपनी भाषा में देने के लिए स्वतंत्र होता है। सामान्य प्रश्नावली की भांति प्रश्नों के सीमित वैकल्पिक उत्तर नहीं लिखे होते हैं।
4. सभी प्रकार के प्रक्षेपण परीक्षणों में किसी न किसी प्रकार के प्रेरक/उद्दीपक (Stimuli), जैसे स्याही के धब्बे, चित्र, गुड़ियाओं आदि का प्रयोग किया जाता है। ये प्रेरक पूर्णतः अस्पष्ट और बहुअर्थक होते हैं। उदाहरणार्थ, स्याही के धब्बों को आसानी से देखा जा सकता है, किन्तु जब प्रयोज्य से यह पूछा जाता है कि ये धब्बे क्या इंगित करते हैं, या ये क्या प्रकट करते हैं, तब यह प्रेरक (धब्बे) अस्पष्ट बन जाते हैं। इन प्रेरकों के माध्यम से प्रयोज्य से प्रश्न कर उत्तर हासिल करने का प्रयत्न किया जाता है।
5. प्रयोज्य (जिस पर परीक्षण किया जा रहा है) को यह पता नहीं होता कि उसका किसी विषय पर अध्ययन किया जा रहा है। अतः उसके अभिनतिग्रस्त (Biased) होने का प्रश्न नहीं उठता और जो कुछ उसके अचेतन मन में होता है, उसे बिना लाग-लपेट के वह बता देता है। उदाहरणार्थ, स्याही के धब्बों को यदि प्रयोज्य दो व्यक्तियों के बीच की लड़ाई के रूप में व्याख्या करता है, तब उसे यह पता नहीं होता कि परीक्षणकर्त्ता इसका अर्थ उत्तरदाता के लड़ाकू होने से लगाएगा।

   सामान्यतः इन परीक्षणों में प्रयोज्य को यह ज्ञात नहीं होता कि परीक्षणकर्त्ता किस मनोवैज्ञानिक चर (Psychological Variable) का अध्ययन कर रहा है और न ही उसे यह पता होता है कि परीक्षणकर्त्ता की रुचि उसके किस प्रकार के प्रत्युत्तर में है।

6. प्रक्षेपण विधियां बहुआयामी युक्तियां हैं। इनका प्रयोग भिन्न प्रकार के कई आनुभविक प्रयोजनों के लिए हुआ है। ऐसा शायद ही कोई मनोवैज्ञानिक चर होगा जिसके अध्ययन में इन विधियों का प्रयोग नहीं किया गया हो। मनोचिकित्सा से लेकर व्यक्तित्व के विभिन्न पहलुओं की जांच-परख में इसका प्रयोग किया गया है।
7. प्रक्षेपण विधियों का एक पक्ष काल्पनिकता (Fantasy) से संबंधित है। इनके द्वारा हमें जो उत्तर मिलते हैं, कभी-कभी हम उनकी कल्पना भी नहीं कर सकते। अधिकांश विधियों में प्रयोज्य के समक्ष 'यदि ऐसा हो' के रूप में प्रश्न कर उसे उत्तर देने के लिए उद्वेलित किया जाता है। कभी-कभी उसे किसी स्थिति विशेष में अपने बारे में कल्पना करने के लिए कहा जाता है और पूछा जाता है कि वह इस स्थिति में क्या करेगा।
8. इन प्रत्युत्तरों से जुड़े काल्पनिक पक्षों के बारे में यहाँ यह बताया जाना भी उपयुक्त होगा कि प्रयोज्य के उत्तर न सही होते हैं और न ही गलत, क्योंकि परीक्षण सामग्री (प्रेरक) का कोई निश्चित अर्थ नहीं होता। चूंकि इन विधियों का मूल उद्देश्य उत्तरदाता के विचारों को जानना होता है, अतः परीक्षणकर्ता प्रयोज्य के प्रत्येक उत्तर को सही मानकर उसमें से अर्थ (Inference) निकालता है।

प्रक्षेपी विधियों की महत्ता
(Importance of Projective Techniques)

ऐसा माना जाता है कि प्रक्षेपण विधियां व्यक्तियों के उन लक्षणों तक पहुंचने और समझने के अत्यंत कुशल एवं कारगर तरीके हैं, जिन तक पहुंचना कठिन है। यही नहीं, कई मामलों में यह भी देखा गया है कि स्वयं व्यक्ति ही अपने उन लक्षणों (विचारों, मनोभावों, दृष्टिकोणों आदि) के बारे में अनभिज्ञ होते हैं कि किसी अमुक विषय पर उनके क्या विचार हैं, क्या वे उसके पक्ष में हैं या विपक्ष में। ये विधियां व्यक्ति के व्यक्तित्व के निजी, प्रच्छन्न, गुप्त, अचेतन तत्वों का निर्वचन (व्याख्या) करने में सर्वाधिक उपयुक्त पाई गई हैं। इन विधियों द्वारा व्यक्तित्व का सर्वांगीण विवेचन सम्भव है। ये विधियां एक व्यक्ति का उसकी सम्पूर्णता में अध्ययन करने में सहायता करती हैं। इनके द्वारा जो तथ्य प्राप्त किए जाते हैं, वे अन्य पारम्परिक विधियों से प्राप्त विधियों से न केवल भिन्न होते हैं, अपितु वे गुणात्मकता और परिमाणात्मक दोनों दृष्टि से बहुत विपुल और मूल्यवान होते हैं। इन विधियों के प्रमुख लाभ (Advantages) या उपयोग (Uses) निम्नलिखित हैं:

1. ये विधियां तुलनात्मक रूप में अन्य (प्रत्यक्ष) विधियों की अपेक्षा प्रच्छन्न (Disguised) होने के कारण अ-प्रतिक्रियात्मक होती हैं, अतः सूचनादाता को यह पता नहीं लग पाता कि उसके प्रत्युत्तरों का क्या अर्थ निकाला जाएगा या इनका क्या प्रभाव पड़ेगा।
2. अपनी भावनाओं या मनोवृत्तियों के बारे में आमने-सामने बातचीत करने की अपेक्षा व्यक्ति इन्हें अप्रत्यक्ष रूप में अभिव्यक्त करने में हिचकिचाहट अनुभव नहीं करते।
3. प्रयोज्य चाहते हुए भी कभी-कभी वह अपनी भावनाओं और मनोवृत्तियों को अभिव्यक्त करने में असमर्थ रहता है। उसे उपयुक्त शब्द और भाषा की कमी का

अनुभव होता है, जिसके द्वारा वह अपनी भावनाओं को शोधकर्त्ता के समक्ष अभिव्यक्त नहीं कर पाता। प्रक्षेपण विधियों में प्रयोज्य के समक्ष यह समस्या उत्पन्न नहीं होती।

4. प्रश्नावली या प्रत्यक्ष साक्षात्कार की अपेक्षा प्रक्षेपण विधियों से प्राप्त सामग्री बहुत विस्तृत और बहुआयामी होती हैं।
5. कई बार देखा गया है कि सूचनादाता किसी विषय पर प्रत्यक्ष साक्षात्कार के लिए तैयार नहीं होता या प्रश्नावली नहीं भरता, किन्तु वह प्रक्षेपण परीक्षणों (Tests) के लिए तैयार हो जाता है, क्योंकि उसे शोध के मूल विषय के बारे में कोई जानकारी नहीं होती।
6. व्यक्तित्व के लक्षणों के बारे में जो जानकारी इन विधियों से प्राप्त होती है, वह प्रत्यक्ष विधियों से प्राप्त जानकारी से अधिक विश्वसनीय और प्रामाणिक होती है। व्यक्तित्व अध्ययनों में व्यक्तिगत साक्षात्कार और मानवीय दस्तावेज़ों से प्राप्त तथ्यों की विश्वसनीयता को परखने और इनमें रही कमियों को पूरा करने में भी प्रक्षेपण विधियां सफल सिद्ध हुई हैं।
7. इन विधियों के माध्यम से ऐसी इच्छाओं, प्रेरणाओं, अपेक्षाओं, आकांक्षाओं और उद्वेगों को जाना जा सकता है, जिन्हें जानबूझ कर दबा दिया गया है या जो स्वत: किन्हीं कारणों से व्यक्ति के अन्त:स्थल में दब गई हैं

इन विधियों का सबसे बड़ा गुण यह है कि इसमें प्रयोज्य के पक्षपात, अभिनति, भ्रांत धारणाएं, अतिरंजित विचार नहीं आ पाते, क्योंकि परीक्षण के लिए जिन उपकरणों, सामग्री और प्रक्रिया का प्रयोग किया जाता है, वे अस्पष्ट और देखने में अर्थहीन होती हैं। प्रयोज्य को इन परीक्षणों के वास्तविक उद्देश्य की जानकारी भी नहीं होती। इन गुणों के कारण शोधकर्त्ता प्रयोज्य के बारे में ऐसी बातें जानने में समर्थ और सफल हो जाता है, जो अन्य किसी प्रत्यक्ष विधि (साक्षात्कार, अवलोकन, प्रश्नावली आदि) से सम्भव नहीं हो पाती हैं।

प्रक्षेपण विधियों का प्रयोग निम्न विषयों के अध्ययन में सफलतापूर्वक किया जा सकता है:

1. ऐसे मनोभाव जिनका अन्य विधियों से अध्ययन करना या उन तक पहुंचना कठिन होता है;
2. प्रेरणाएं;
3. व्यक्तित्व संरचना;
4. व्यक्ति की जरूरतें एवं अपेक्षाएं; एवं
5. आशाएं एवं आकांक्षाएं।

प्रक्षेपी विधियों के प्रकार (Types of Projective Techniques)

प्रक्षेपीय विधियां कई प्रकार की हैं। इन्हें अलग-अलग लोगों ने अपने ढंग से विभाजित और समूहीकृत किया है। **कैम्पबैल** (1950), **कैटेल** (1951), **फ्रैंक** (1939, 1948), **सारजेंट**

(1945) आदि ने अपने-अपने वर्गीकरण की योजनाएं प्रस्तुत की हैं। इन विभिन्न योजनाओं में वर्गीकरण के निम्नलिखित मुख्य आधारों का प्रयोग किया गया है:

(i) परीक्षण सामग्री के लक्षण
(ii) परीक्षण रचना की तकनीक
(iii) परीक्षण की व्याख्या का तरीका
(iv) परीक्षण के उद्देश्य
(v) परीक्षण करने की कार्यविधि
(vi) प्रत्युत्तर के रूप

लिंडजे (1959) ने 'प्रत्युत्तर के रूप' (Types of Response) को सर्वाधिक महत्वपूर्ण आधार मानते हुए प्रक्षेपी विधियों के पांच सामान्य प्रकार बताए हैं, जिनमें सभी प्रक्षेपण परीक्षणों को वर्गीकृत किया जा सकता है:

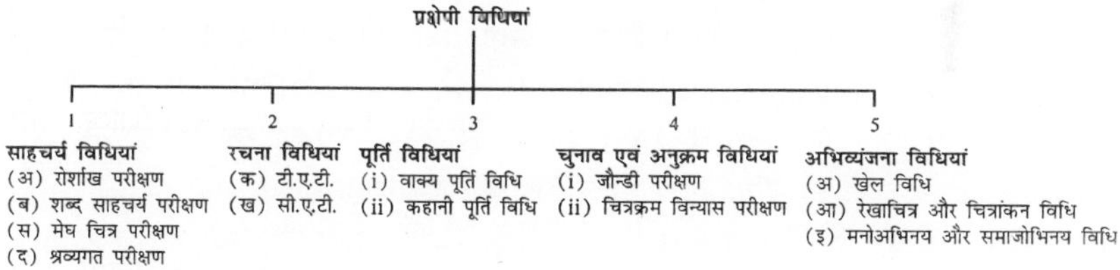

1. साहचर्य विधियां
2. रचना विधियां
3. पूर्ति विधियां
4. चुनाव अथवा अनुक्रम विधियां
5. अभिव्यंजना विधियां

ध्यान रहे, सभी प्रक्षेपी परीक्षणों को स्पष्ट रूप से उपरोक्त वर्गों में नहीं रखा जा सकता। यथार्थ विश्व का अपना रूप है, जिसके कारण अस्पष्टता और एक दूसरे में घुल-मिल जाना स्वाभाविक है, अर्थात् कई प्रक्षेपी परीक्षण ऐसे हैं, जिनमें उपर्युक्त इंगित एकाधिक वर्ग के गुण मिलने के कारण उन्हें एकाधिक वर्गों में विभाजित किया जा सकता है। यहाँ हम उपरोक्त वर्गीकरण की योजना के अनुसार विभिन्न प्रक्षेपी विधियों का संक्षेप में वर्णन-विश्लेषण करेंगे:

साहचर्य विधियां (Association Techniques)

इन विधियों में प्रयोज्य के समक्ष किसी प्रेरक (Stimulus) सामग्री को प्रस्तुत किया जाता है और उससे कहा जाता है कि इसे देखने के उपरान्त उसके मस्तिष्क में जो सबसे पहला शब्द, विचार या कल्पना उत्पन्न होती है, उसे बताएं। प्रयोज्य (Subject) को इन विधियों में सोचने-समझने या विवेक का प्रयोग करने का अवसर नहीं दिया जाता है, उसे तत्काल

अपनी प्रतिक्रिया देने के लिए कहा जाता है चाहे उसका शब्द या विचार अतार्किक या असंगत ही क्यों न हो। प्रत्युत्तर के इस रूप के आधार पर कई तकनीकों का विकास हुआ है, जिनमें प्रमुख निम्नलिखित हैं:

(अ) रोर्शाख स्याही के धब्बे का परीक्षण

(ब) शब्द साहचर्य परीक्षण

(स) मेघ चित्र परीक्षण

(द) श्रव्यगत प्रक्षेपी परीक्षण

रोर्शाख स्याही के धब्बे परीक्षण (Rorschach Inkblot Test)

यह सबसे अधिक प्रयोग की जाने वाली एक प्रक्षेपी विधि है जिसका विकास स्वीडन के मनोचिकित्सक हरमन रोर्शाख ने सन 1932 में किया था। इस विधि में दस मानक कार्डों का प्रयोग किया जाता है। ये मानक कार्ड स्याही सोख पेपर (Blotting Paper) के बने होते हैं जिन पर बेतरतीब स्याही के धब्बे बने होते हैं जो एक आकृति का रूप ले लेते हैं। इन्हें प्रक्षेपी परीक्षणों में प्रयोग किया जाता है। स्याही से बने इन चित्र-आकृतियों में एक प्रकार की सममिति (Symmetrical) तो होती है, किन्तु वे अर्थहीन होते हैं। बाह्‌य रूप से अर्थहीन दिखने वाले इन धब्बों के चित्रों को प्रयोज्य (सूचनादाता) को दिखा कर उससे इसमें अर्थ ढूंढ़ने के लिए कहा जाता है। प्रयोज्य से पूछा जाता है कि वह धब्बों के किस भाग को महत्व देता है, उस भाग में वह क्या देखता है, उसका वह क्या अर्थ लगाता है। यदि वह धब्बों की इन आकृतियों में किसी जानवर की शक्ल का अनुभव करता है, तब उससे पूछा जाता है कि क्या वह जानवर बैठा है, खड़ा है, चल रहा है आदि। प्रयोज्य इन चित्रों में जानवर के अलावा मनुष्य, प्रकृति या किसी वस्तु के बारे में भी बता सकता है।

प्रयोज्य जो कुछ बताता है, उसे तत्काल नोट कर लिया जाता है प्रयोज्य के इस मौखिक विवरण के आधार पर रंग, गति, पशु, मनुष्य, वस्तु तथा अन्य बातों का वस्तुपरक रूप में मूल्यांकन कर प्रयोज्य के अचेतन मनोभावों, विचारों एवं भावनात्मक ग्रन्थियों (Complexes) का पता लगाने का यत्न किया जाता है। प्रयोज्य के प्रत्युत्तरों के आधार पर जो निष्कर्ष निकाले जाते हैं, उन्हें 'साइकोग्राम' (Psychogram) कहते हैं।

रोर्शाख ने जिन दस कार्डों का प्रयोग किया वे सफेद रंग के अलावा, गहरे भूरे रंग, लाल और पीले रंग के भी थे। इन कार्डों को सरलता से जटिलता के क्रम में व्यवस्थित कर प्रत्येक प्रयोज्य को एक-एक कार्ड दिखा कर पूछा गया कि वे इनमें क्या देख रहे हैं । यदि प्रयोज्य इन धब्बों में मानव आकृति का अनुभव करता है तब इसका अर्थ यह लगाया गया कि प्रयोज्य कल्पनाशील अधिक है, किन्तु यदि उसने किसी पशु आकृति के बारे में बताया तब इसे प्रयोज्य की चिन्तन और बौद्धिक योग्यता के निम्न स्तर के रूप में अनुमान लगाया गया। इसी प्रकार प्रयोज्य के अन्य उत्तरों की व्याख्याएं (Interpretation) एक मानक कुंजी (Standard Key) के आधार की गईं।

ये परीक्षण प्रारंभ में मनोचिकित्सा के क्षेत्र में प्रायोगिक (Experimental) आधार पर किए गए। आजकल इन परीक्षणों का प्रयोग कई सामाजिक विज्ञानों में किया जा रहा है।

इस प्रकार के परीक्षणों की सबसे बड़ी समस्या प्रयोज्य (सूचनादाता) के प्रत्युत्तरों की व्याख्या करने संबंधी है और यह समस्या सभी प्रक्षेपी विधियों से संबंधित है। ऐसा देखा गया है कि एक ही प्रत्युत्तर की व्याख्या में विभिन्न वैज्ञानिकों के निष्कर्ष भिन्न होते हैं। प्रत्युत्तरों को मापने के सर्वमान्य मानदंडों का विकास अभी तक नहीं हो पाया है। इन परीक्षणों में विश्वसनीयता और वैधता की समस्या होते हुए भी **बैक** ने इन्हें व्यक्तित्व के अध्ययन में महत्वपूर्ण बताया है। **शेफर एवं शौबेन** ने कहा है कि इन परीक्षणों द्वारा मानसिक रोगों से ग्रस्त जितने व्यक्तियों का अभी तक अध्ययन हुआ है, उनके परिणाम बहुत संतोषजनक रहे हैं। अन्य प्रक्षेपी विधियों की अपेक्षा इस विधि का सर्वाधिक प्रयोग हुआ है और इस पर शोधकार्य भी खूब हुआ है।

शब्द साहचर्य परीक्षण (Word Association Test)

इस परीक्षण में प्रयोज्य (सूचनादाता) को कुछ शब्दों की एक सूची दी जाती है, जिसे वह एक के बाद एक पढ़ता है। दिए गए शब्दों को पढ़ने के बाद शोधकर्त्ता उसके सामने एक 'प्रेरक शब्द' (Stimulus Word) बोलता है और प्रयोज्य से यह पूछता है कि इस शब्द को सुनने के बाद उसके मस्तिष्क में तत्काल उक्त शब्द के साथ दूसरा कौन सा शब्द उत्पन्न हुआ। शोधकर्त्ता प्रयोज्य द्वारा बताए गए शब्द और बताने में लगने वाले समय दोनों को नोट करता है। उदाहरणार्थ, शोधकर्त्ता प्रेरक शब्द के रूप में यदि 'काला' (Black) बोलता है। सम्भव है प्रयोज्य इस शब्द की प्रतिक्रिया स्वरूप 'सफेद' (White) बोल सकता है, या 'नीग्रो' कह सकता है। इसी प्रकार, यदि 'प्रेरक शब्द' के रूप में 'भारत' बोला जाता है, तब प्रयोज्य इस शब्द के साथ 'गरीब' या 'समाजवाद' या 'जनसंख्या' शब्दों के रूप में अपनी प्रतिक्रिया व्यक्त कर सकता है। ध्यान रहे, इसमें पहली प्रतिक्रिया को ही महत्व दिया जाता है। प्रयोज्य के इन उत्तरों की मानक कुंजी के आधार पर व्याख्या की जाती है। **लिण्डजे** ने कहा है कि यदि किसी प्रयोज्य ने बहुत जल्दी, किन्तु बहुत मंद स्वरों में अपनी प्रतिक्रिया व्यक्त की है, तब यह माना जाता है कि यह व्यक्ति अशान्त व्यक्तित्व (Disturbed Personality) वाला है।

यह विधि अन्य प्रक्षेपी विधियों की अपेक्षा सुगम और वस्तुपरक है। इसमें प्रत्युत्तरों की गणना करना सरल है। इसका प्रयोग व्यक्तित्व के किसी भी लक्षण के अध्ययन में किया जा सकता है। इसकी प्रमुख कमजोरियां निम्नलिखित हैं:

(i) इसके द्वारा प्रयोज्य से बहुत कम सूचनाएं प्राप्त होती हैं तथा किसी एक शब्द के बोलने पर सम्पूर्ण व्यक्तित्व का अंकन करना कठिन है।

(ii) इस विधि में भाषा की भी एक प्रमुख समस्या है, क्योंकि जिस भाषा में प्रेरक शब्द बोले जाते हैं, यह आवश्यक नहीं कि प्रयोज्य भी उसे समझता हो।

(iii) यह सम्भव है कि प्रयोज्य प्रेरक शब्द की प्रतिक्रिया में कोई ऐसा ऊल-जलूल शब्द बोले जिसका कोई अर्थ नहीं हो।

(iv) यह भी सम्भव है कि प्रयोज्य बिल्कुल उत्तर न दें या बहुत देर बाद दे।

मेघ-चित्र साहचर्य परीक्षण (Cloud Picture Association Test)

साहचर्य विधियों की एक बहुचर्चित विधि 'मेघ-चित्र परीक्षण' है, किन्तु इसका प्रयोग बहुत कम हुआ है। इस विधि का विकास **स्ट्राव** (1932) ने किया, किन्तु इसे व्यवस्थित रूप में प्रयोग का श्रेय **स्टर्न** (1938) को जाता है। यह विधि रोर्शाख विधि का संशोधित रूप है। इसमें स्टर्न ने बादलों के तीन चित्र बनाए और इन्हें प्रयोज्य को दिखाकर उनकी प्रतिक्रिया को नोट किया गया। इस विधि का प्रयोग अधिकांशतः बालकों के अध्ययन में किया गया। स्टर्न ने रोर्शाख और मेघ चित्र परीक्षण दोनों विधियों का साथ-साथ प्रयोग किया और कहा कि 'मेघ-चित्र परीक्षण' द्वारा रोर्शाख विधि की अपेक्षा अधिक प्रकार की प्रतिक्रियाएं प्राप्त हुईं।

इस प्रकार के परीक्षण में प्रयोज्य को एक ही समय पर बादलों के कई चित्र दिखाए जाते हैं और उससे पूछा जाता है कि इन चित्रों में वह किन आकृतियों को बना देखता है। परीक्षणकर्त्ता प्रयोज्य द्वारा दिए गए उत्तरों को नोट करने के साथ-साथ उसकी ध्वनि और उसके बाह्य व्यवहार को भी नोट करता जाता है।

श्रव्यगत प्रक्षेपी परीक्षण (Auditory Projective Test)

इस विधि में प्रेरक (Stimulus) के रूप में किसी वस्तु को दिखाने के स्थान पर किन्ही ध्वनियों को सुनने का प्रयोग किया जाता है। इस प्रकार का एक परीक्षण **स्कीनर** ने किया, जिसमें उन्होंने अपने प्रयोज्यों को कुछ ऐसी ध्वनियां सुनाई जो पूर्णतः स्पष्ट नहीं थीं और उनसे पूछा गया कि ये ध्वनियां किनकी हैं और इनमें क्या कहा गया है।

इस विधि का प्रयोग अभी बहुत कम हुआ है, किन्तु कुछ मामलों, जैसे अंधे व्यक्तियों के अध्ययन में यह एक उत्तम विधि है, क्योंकि इन व्यक्तियों का अध्ययन दृश्यगत (चित्र आधारित) प्रेरकों द्वारा किया जाना सम्भव नहीं है।

रचना विधियां (Construction Techniques)

रचना विधियों में दी गई वस्तु से किसी चीज के बारे में प्रयोज्य से रचना करने के लिए कहा जाता है। इस रचना का रूप कहानी लेखन, चित्र बनाना या अन्य कोई कलात्मक रूप हो सकता है। इसमें प्रयोज्यों को कुछ अधूरी कहानी सुनाई जाती है या अधूरे वाक्य बोलकर उन्हें पूरा करने के लिए कहा जाता है। इसके दो प्रमुख रूप हैं: (क) कथामूलक प्रत्यक्षानुभव परीक्षण, और (ख) बालक प्रत्यक्षानुभव परीक्षण।

कथामूलक प्रत्यक्षानुभव परीक्षण (Thematic Apperception Test or TAT)

इस परीक्षण का सर्वप्रथम प्रयोग **मुरे एवं मॉर्गन** (1935) ने किया। इसे अंग्रेजी में अधिकांशतः इसके लघु नाम टी.ए.टी. (TAT) के नाम से जाना जाता है। इस परीक्षण में प्रयोज्य (सूचनादाता) को शोध विषय से संबंधित कुछ अस्पष्ट चित्र दिखए जाते हैं और उनसे यह पूछा जाता है कि इन चित्रों में क्या हो रहा है, वे इन चित्रों में क्या देख रहे हैं? वे जो कुछ इन चित्रों में देख रहे हैं, उसे पांच मिनट में कहानी के रूप में लिखें। कहानी लिखने संबंधी निम्नलिखित निर्देश दिए जाते हैं:

(अ) चित्र में जो घटना दिखाई दे रही है, उसका पूर्ण इतिहास क्या है?
(ब) वर्तमान में इस चित्र में क्या होता दिखाई दे रहा है?
(स) चित्र में कौन-कौन लोग हैं, वे क्या सोच रहे हैं?
(द) इस घटना के अंत या परिणाम की क्या सम्भावना है?

प्रयोज्य द्वारा जो कहानी लिखी जाती है, वह एक या दो वाक्यों में या एक पेज में भी हो सकती है, किन्तु इसका प्रारंभ, मध्य और अंत तीनों होना आवश्यक है। प्रयोज्य द्वारा लिखी कहानी को उसकी स्वयं की कहानी माना जाता है। इस परीक्षण में ऐसा माना जाता है कि प्रयोज्य कहानी के रूप में जो कुछ लिखता है वह उसकी आंतरिक दशा (मोटे रूप में उसके व्यक्तित्व) का प्रक्षेपण या अमूर्तीकरण ही है। चित्र और कहानी के बीच का अंश उसके व्यक्तित्व को ही परिलक्षित करता है। एक पूर्णतः प्रशिक्षित मनोवैज्ञानिक चित्रों या कहानी के विश्लेषण के आधार पर व्यक्ति के व्यक्तित्व के लक्षणों, यथा मनोवृत्तियों, प्रेरणाओं, मूल्यों, आशा-प्रत्याशाओं, इच्छाओं, लक्ष्यों और भय को जान सकता है।

एक ही चित्र को देखकर अलग-अलग व्यक्ति उसका भिन्न अर्थ लगा सकते हैं। उदाहरणार्थ, एक ऐसा चित्र हो सकता है जिसमें एक युवा स्त्री खड़ी हुई है, जिसका सिर झुका हुआ है, उसने अपने एक हाथ से अपने चेहरे को ढक रखा है और उसका दूसरा हाथ आगे दरवाजे पर है। जब यह चित्र एक स्त्री को दिखाया जाता है तब वह इस चित्र को देखकर यह कहानी कह सकती है: "एक युवा स्त्री चिल्ला रही है कि उसे अभी-अभी पता चला है कि उसका प्रेमी लड़ाई में मारा गया। वह धीरे-धीरे अपनी भावनाओं को नियंत्रित कर लेगी और भावी जीवन सुखी जीएगी। किन्तु, वह अपने पहले प्यार, खोए हुए प्यार को हर समय याद रखेगी।"

जब यही चित्र एक पुरुष को दिखाया जाता है तब वह यह कह सकता है कि, "यह एक ऐसी महिला का चित्र है जिसका अपने पति से अभी-अभी झगड़ा हुआ है जो रोने-धोने के द्वारा लोगों की सहानुभूति चाहती है। पति महोदय घर में सामंजस्य और शांति बनाए रखने के लिए उससे अनुनय-निवेदन कर सकते हैं और वह चिल्लाना (रोना-पीटना) बंद कर सकती है।"

एक ही चित्र को देखने पर उपरोक्त दो प्रतिक्रियाओं (कहानी के रूप में) में कितनी भिन्नता हो सकती है, वह उपरोक्त दोनों की कहानियों से स्पष्ट है। एक मनोवैज्ञानिक इन कहानियों की व्याख्या इस प्रकार कर सकता है: "पहली प्रयोज्य एक स्त्री है जो किसी दूसरे व्यक्ति के प्रति बहुत संवेदनशील और भावुक हो सकती है। वह अपने बहुत कठोर अहं के द्वारा अपने जीवन की समस्याओं को सुलझाने में सफल हो सकती है।" दूसरा प्रयोज्य जो कि एक पुरुष है, वह यह कह सकता है कि स्त्रियां बड़ी चालबाज होती हैं। वह उनसे घृणा करने के साथ-साथ उनसे डरता भी है। वह अपनी पत्नी और मां में समरूपता देखता है।

टी.ए.टी. परीक्षणों का प्रयोग कई व्यक्तियों द्वारा भिन्न उद्देश्यों के लिए किया गया है। **प्रोशेन्सकी** (1943) द्वारा श्रमिकों के व्यक्तित्व को मापने, **फ्रॉम** (1941) ने युद्ध को रोकने के बारे में लोगों के विचार जानने, **एडर्नो** (1950) द्वारा निरंकुश व्यक्तित्व के लक्षणों को मालूम करने और नस्लवाद विरोधी भावनाओं को जानने और **लोब्लोविज़ और रीजमैन** द्वारा मनोवृत्तियों को मापने में किया गया है। टी.ए.टी. जैसे चित्रों का प्रयोग **स्मिथ** (1954) द्वारा बाजार अनुसंधान में भी किया गया है।

विनफ्रेड मेक्लरॉय द्वारा निर्मित और **आर.डब्ल्यू. पिकफोर्ड** (1963) द्वारा प्रकाशित प्रक्षेपी चित्रों के चार उदाहरण यहाँ दिये जा रहे हैं। विनफ्रेंड ने 120 चित्र बनाये और उन्हें 'अ' और 'ब' की दो सूचियों में बांटा। इन चित्रों में सहोदरों, मां-बाप, मित्रों, जानवरों तथा अन्य व्यक्तियों के साथ खेल, अकेलापन, संघर्ष, आक्रमकता, भय, सहानुभूति, कामवृति जैसी अनेक स्थितियों में संबंधों को प्रदर्शित किया गया है। ये चित्र प्रक्षेपण की तकनीक को समझने में सहायक होगें।

चित्रों की व्याख्या

1. माँ के साथ एक बालक
2. एक बालक का दोनों माता-पिता के साथ संबंध
3. प्रेत छाया और दो बालक
4. माता-पिता के बीच मारपीट और दो बालक

प्रक्षेपी चित्र

(Projective Pictures)

बालक प्रत्याक्षानुभव परीक्षण (Children Apperception Test or CAT)

इस प्रकार के कुछ चित्र बच्चों के व्यक्तित्व को आंकने के लिए बनाए गए हैं जिन्हें बालक-बालिकाओं को दिखाकर उनके व्यक्तित्व के लक्षणों को जाना जाता है। इसमें भी टी.ए.टी. की समस्त प्रक्रिया का प्रयोग किया जाता है।

पूर्ति विधियां (Completion Techniques)

इस प्रकार की विधियों में प्रयोज्य (Subject) या उत्तरदाता को कुछ अधूरी स्थितियां दी जाती हैं और उसे उन्हें पूरा करने के लिए कहा जाता है। इन अधूरी स्थितियों में कोई अधूरी कहानी या कोई अधूरा वाक्य हो सकता है। पूर्ति विधियों में सर्वाधिक प्रयोग की जाने वाली विधि 'वाक्य पूर्ती विधि' (Sentence Completion Technique) है। यह विधि उपरोक्त वर्णित 'शब्द साहचर्य विधि' का ही एक भिन्न रूप है। 'वाक्य पूर्ति विधि' सामान्यत: रोर्शाख परीक्षण या टी.ए.टी. से अधिक संरचित होती है।

इस विधि में किसी वाक्य के पहले कुछ शब्द दिए होते हैं और प्रयोज्य को बाद के बाकी शब्दों को अपनी ओर से जोड़कर वाक्य को पूरा करने के लिए कहा जाता है। **ओपनहाइम** (1966) ने एक मानसिक रोग अस्पताल की नर्सों के अपने एक अध्ययन में निम्न अधूरे वाक्यों का प्रयोग किया:

(अ) "मैं चाहती हूं कि डॉक्टरों को ...."

(ब) "ऐसे रोगी जो असंयमी या व्यभिचारी हैं ...."

उपरोक्त अधूरे वाक्यों के पूरा किए जाने के द्वारा डॉक्टरों और मरीजों के प्रति नर्सों की अभिवृत्तियों (Attitudes) को जानने का प्रयास किया गया था। भारत के प्रति लोगों की अभिवृत्ति को जानने के लिए एक अध्ययन में निम्नलिखित अधूरे वाक्य का प्रयोग किया गया है:

"भारत में मुझे एक खास बात लगती है कि यह एक .... देश है।" इस खाली जगह में प्रयोज्य/उत्तरदाता कुछ भी भर सकता है। इसके द्वारा उत्तरदाता के भारत के बारे में विचार ज्ञात हो सकते हैं। इस प्रकार के टैस्ट से उत्तरदाता के सहयोग, संघर्ष संबंधी विचारों को आसानी से जाना जा सकता है। इन परीक्षणों में उत्तरदाता को यह निर्देश दिए जाते हैं कि जो शब्द सबसे पहले उसके मस्तिष्क में आता है, वह उसे ही तत्काल लिखे। उसे सोचने-समझने का समय नहीं दिया जाता है।

केर्र (1953) ने इस विधि का प्रयोग अंग्रेजों के राष्ट्र के प्रति रूढ़बद्ध विचारों (Stereotypes) को जानने में किया है।

वाक्य पूर्ति विधि से मिलती-जुलती एक अन्य विधि है जो 'कहानी पूर्ति विधि' के नाम से जानी जाती है। इसमें उत्तरदाता को एक अधूरी कहानी देकर उसे पूरा करने के लिए कहा जाता है। प्रयोज्य कहानी के अंत को सुखमय बनाता है या दुखमय, इसी आधार पर उसके व्यक्तित्व को आंकने का प्रयास किया जाता है। यह परीक्षण बहुत लम्बा होता है। **मरे और सारजेंट** ने ऐसे कुछ टैस्ट किए हैं।

चयन अथवा अनुक्रम विधियां (Choice or Ordering Techniques)

रोर्शाख तथा अन्य प्रक्षेपी विधियों की सबसे बड़ी कमजोरी उनकी व्यक्तिपरकता और गुणात्मकता है। इनकी इन कमजोरियों को दूर करने, अर्थात् इन्हें वस्तुपरक (Objective) और परिमाणात्मक (Quantitative) बनाने के लिए कुछ नवीन प्रक्षेपी विधियों का प्रयोग हुआ है। इनमें प्रमुख दो प्रमुख विधियां हैं:

जौंडी परीक्षण (The Szondi Test)

इस विधि का सर्वप्रथम प्रयोग हंगरी के मनोवैज्ञानिक **जौंडी** ने सन् 1930 में किया। बाद में इस विधि का प्रयोग उन्हीं के एक मशहूर विद्यार्थी **सुसन डेरी** ने किया। इस परीक्षण में 48 ऐसे चित्र होते हैं जिनमें आठ प्रकार की स्थितियों को प्रदर्शित करने के लिए व्यक्तियों की मुखाकृतियों के भिन्न चित्र होते हैं। एक स्थिति को प्रदर्शित करने वाले छः चित्र होते हैं। इन चित्रों को आठ-आठ के समूह में एक निश्चित क्रम में प्रयोज्यों को दिखाया जाता है। प्रत्येक समूह में प्रत्येक स्थिति को प्रदर्शित करने वाला एक चित्र होता है। प्रयोज्य से कहा जाता है कि वह इन चित्रों को देखकर दो ऐसे चित्रों को चुने जिन्हें वह सर्वाधिक पसंद करता है तथा दो ऐसे चित्र छांटे जो उसे सर्वाधिक नापसंद हैं या जिनसे उसे घृणा है। इस प्रक्रिया में 12 चित्र ऐसे आ जाएंगे जिन्हें वह सर्वाधिक पसंद करता है और 12 चित्र वे होंगे जो उसे सर्वाधिक नापसंद हैं। इन पसंद और नापसंद चित्रों में से प्रयोज्य को पुनः चार-चार चित्र पसंद-नापसंद करने के लिए कहा जाता है। इस प्रकार के परीक्षण से तीन प्रकार की विचारधाराएं सामने आती हैं:

(i) सकारात्मक विचारधारा

(ii) नकारात्मक विचारधारा

(iii) तटस्थ विचारधारा

जौंडी के अनुसार, नकारात्मक विचारधारा संघर्ष को, तटस्थ दृष्टिकोण तनाव और विरोधी भावनाओं को तथा सकारात्मक दृष्टि संतोष को प्रकट करने वाली होती है।

चित्र क्रमविन्यास परीक्षण (The Picture Arrangement Test)

इस टैस्ट का प्रयोग सर्वप्रथम **टोमकिन्स तथा हॉर्न** ने किया। टी.ए.टी. का प्रयोग करते समय उनके मस्तिष्क में इस टैस्ट के विचार का जन्म हुआ। इस टैस्ट में कुल 25 चित्र होते हैं तथा प्रत्येक चित्र में तीन तस्वीरें होती हैं जिनमें विभिन्न घटनाओं के चित्र बने होते हैं। प्रयोज्य से कहा जाता है कि वह चित्रों को घटनाओं के घटित होने के क्रम में जमाए, अर्थात् जो घटना पहले हुई, उस चित्र को प्रथम और इसी प्रकार अन्य चित्रों को घटना के क्रम के अनुसार दूसरे, तीसरे, चतुर्थ ... स्थानों पर रखे। तत्पश्चात प्रत्येक चित्र में प्रदर्शित घटना के बारे में अपनी बात कहे। प्रयोज्य के उत्तरों के आधार पर उसके सामाजिक अनुस्थापन (Social Orientation), आशावादिता और निराशावादिता, सामाजिक आदर्शों का अनुपालन आदि का पता लगाया जाता है।

अभिव्यंजना विधियां *(Expressive Techniques)*

अभिव्यंजना प्रक्षेपी विधियों में प्रयोज्य (Subject) को खेलने, नृत्य करने, चित्रांकन करने या भूमिका सम्पादन करने के लिए कहा जाता है। ये विधियां इस धारणा पर आधारित हैं कि प्रयोज्य इस प्रकार के परीक्षणों में अपने आपको उद्‌घाटित कर देता है। नृत्य, खेल या चित्रांकन भावनाओं को अभिव्यक्त करने के अच्छे माध्यम माने जाते हैं। अभिव्यंजना विधियों के प्रमुख रूप निम्नलिखित हैं:

(अ) खेल विधि

(आ) रेखाचित्र बनाने और चित्रांकन की विधि

(इ) मनोअभिनय और समाजोभिनय विधि

खेल विधि (Play Technique)

अधिकांश विधियां, जिनका ऊपर वर्णन किया गया है, उनका शुरुआती दौर में वयस्कों पर प्रयोग किया गया था। बाद में उनमें संशोधन करके उनका बालकों पर प्रयोग किया गया। इसके विपरीत कुछ विधियों को विशेष रूप से बालकों के अध्ययन के लिए ही तैयार किया गया; उनमें खेल विधि, जो विशिष्ट रूप में 'गुड़िया खेल परीक्षण' (Doll Play Test) के नाम से जानी जाती है, सर्वाधिक प्रचलित एक विधि है। इस विधि में, उन बच्चों को, जिन पर परीक्षण किया जा रहा है, उन्हें कुछ गुड़ियाएं या खिलौने खेलने के लिए दिए जाते हैं, जिनमें दोनों लिंगों (स्त्री-पुरुष) के शिशु या वयस्क गुड़ियाएं शामिल होती हैं या विभिन्न नस्ल (काले और गोरे) या जाति समूहों की गुड़ियाएं शामिल होती हैं। अध्ययन किए जाने वाले बच्चों को इन गुड़ियाओं या खिलौनों को पूर्ण स्वतंत्रता से खेलने के लिए दिया जाता है। वे इन गुड़ियों के साथ कैसा व्यवहार करते हैं, उन्हें कैसे जमाते और रखते हैं, इसके द्वारा इन बच्चों की मनोवृत्तियों, पूर्वाग्रहों (Prejudices) आदि का पता लगाया जाता है। इस विधि में कभी-कभी बालकों से यह पूछा जाता है कि किसी विशिष्ट परिस्थिति में ये गुड़ियाएं क्या करेंगी। परीक्षणकर्त्ता यह देखता रहता है कि कौन सा बच्चा किस खिलौने या गुड़िया को लेता है, वह उसके प्रति क्या प्रतिक्रिया करता है (मारता है, फेंकता है, पुचकारता है, उसको चूमता है, उसकी साफ-सफाई करता है, उसके साथ वह क्या बातचीत करता है, आदि-आदि) इन प्रतिक्रियाओं द्वारा उसकी पसंद-नापसंद और सांस्कृतिक मूल्यों का पता चलता है। जिस प्रकार बच्चे गुड़ियाओं के साथ अन्तर्क्रिया करते हैं, उनसे व्यवहार करते हैं, उसी प्रकार के व्यवहार की उनसे अपेक्षा की जाती है। पूर्वाग्रहों के अध्ययन में परीक्षणकर्त्ता बच्चों को काले और गोरे, व्यापारी, ब्राह्मण और मेहतर, हिन्दू, मुस्लिम, ईसाई, सिख आदि की भिन्न गुड़ियाएं देकर बड़ी सतर्कता से बच्चों के व्यवहारों का निरीक्षण कर उनके पूर्वाग्रहों को मालुम करता है।

रेखाचित्र बनाने और चित्रांकन करने की विधि (Drawing and Painting Technique)

इस विधि में प्रयोज्य से किन्हीं विषयों पर चित्र बनाने के लिए कहा जाता है। बनाए गए चित्रों में प्रदर्शित व्यक्तियों के हाव-भाव, रंगों के प्रयोग से प्रयोज्य के मनोभावों को जानने

का प्रयास किया जाता है। चित्र में प्रयोज्य क्या-क्या बनाता है: मकान, झोंपड़ी, पहाड़, स्त्री-पुरुष, बालक, पेड़-पौधे, पक्षी आदि, उसके माध्यम से प्रयोज्य के व्यक्तित्व को आंका जाता है। कभी-कभी इस विधि में परीक्षणकर्त्ता किसी एक लिंग के व्यक्ति (जैसे पुरुष) का चित्र खींचता है और प्रयोज्य से दूसरे लिंग (जैसे स्त्री) के व्यक्ति का चित्र बनाने के लिए कहा जाता है।

चित्रांकन प्रक्षेपी विधि का प्रयोग लम्बे समय से किया जा रहा है। इस विधि का प्रयोग कलाकार के व्यक्तित्व और प्रतिभा को आंकने के लिए किया जाता रहा है।

मनोभिनय और समाजोभिनय विधियां (Psychodrama and Sociodrama Techniques)

इन विधियों में प्रयोज्य से यह कहा जाता है कि वह किसी नाटक में अपने लिए किसी उपयुक्त पात्र की भूमिका का चयन करे। यदि प्रयोज्य स्वयं अपनी भूमिका अदा करता है, तब यह 'मनोअभिनय' (Psychodrama) कहलाता है। इसके विपरीत, यदि वह दूसरों की भूमिका अदा करता है, तब इसे 'समाजोभिनय' (Sociodrama) कहा जाता है। उदाहरणार्थ, किसी प्रयोज्य से किसी अन्य धार्मिक या नस्लीय समूह के अपने सहयोगी या अपने किसी अध्यापक की भूमिका अदा करने के लिए कहा जा सकता है (अर्थात् जब मालिक किसी गलती के लिए उसे अपनी सफाई देने के लिए पूछता है, तब वह अपने साथी की तरह किस प्रकार सफाई देगा) प्रयोज्य ने किस भूमिका का चयन किया है, वह इस भूमिका का किस प्रकार निर्वाह करता है, वह भूमिकाओं को अदा करते समय भूमिकाओं के साथ किस इतिहास को जोड़ता है। इसी प्रकार, कभी-कभी अध्ययनकर्त्ता स्वयं किसी नाटक में अभिनय करता है और वह ऐसे संवाद बोलता है जिससे प्रयोज्य के विचार खुल कर सामने आ जाते हैं। ये सभी स्थितियां प्रयोज्य के आंतरिक मनोभावों और मोटे रूप में उसके सम्पूर्ण व्यक्तित्व को समझने में सहायता करती हैं।

कभी-कभी विद्यालयों और महाविद्यालयों में 'स्वांगिक संसद' (Mock Parliament) का आयोजन किया जाता है जिसमें विभिन्न विद्यार्थी अध्यक्ष, प्रधानमंत्री, अन्य मंत्रीगण, विपक्षी नेता और संसद के अन्य सदस्यों की भूमिका अदा करते हैं। यह समाजोभिनय का ही एक उदाहरण है।

मनोभिनय मूलत: मानसिक चिकित्सा की एक विधि है। इसका अन्वेषण **मोरेनो** द्वारा किया गया। इस युक्ति से 'मानसिक कॅथार्सिस' (Mental Catharisis) किया जाता है। 'कैथार्सिस' से तात्पर्य संवेगों के शमन या छुटकारा पाने से है ताकि अन्तर्निहित तनावों और चिन्ताओं को कम किया जा सके। मनोभिनय तीव्र एवं प्रभावशाली कामुक इच्छाओं और विद्रोह को अभिव्यक्त करने की एक युक्ति है। इस अभिव्यक्ति या अभिव्यंजना से आंतरिक तनाव, दबाव एवं भारीपन हल्का हो जाता है। दबी हुई इच्छाओं को अभिव्यक्ति न मिलने के कारण व्यक्ति खोया-खोया रहता है और वह मानसिक रूप से विक्षिप्त व्यक्ति के हावभाव प्रकट करता है। वह इस बोझ से हर समय बेचैन रहता है। मनोचिकित्सक इस

मानसिक बोझ को हल्का करने के लिए ही कई बार मनोअभिनय की युक्ति का प्रयोग करते हैं।

इन विधियों की सबसे बड़ी विशेषता यह है कि इनमें अन्य प्रक्षेपी विधियों की तरह कागज-पेन/पेन्सिल का प्रयोग नहीं करना पड़ता और न ही किन्हीं प्रश्नों के उत्तर देने के लिए प्रयोज्य को सोच-विचार करना पड़ता है। इन विधियों के द्वारा प्रयोज्य के अन्तःस्थल तक पहुंचा जा सकता है। प्रयोज्य अनजाने में वह सब कुछ कह जाता है जो वह अपनी सामान्य अवस्था में नहीं बताता या बताने में हिचकिचाहट अनुभव करता है। इस विधि में काफी समय लगता है तथा यह एक अत्यंत व्यक्तिपरक विधि है। ये इस विधि की प्रमुख कमजोरियां हैं।

प्रक्षेपी विधियों के गुण (Merits of Projective Techniques)

प्रक्षेपी विधियों की सबसे बड़ी विशेषता यह है, ये विधियां प्रत्यक्ष विधियों (साक्षात्कार, अवलोकन आदि) की अपेक्षा प्रच्छन्न (Disguised) होती है, अतः अ-प्रतिक्रियात्मक होती है। प्रयोज्य (सूचनादाता) इस बात से अनभिज्ञ रहता है कि उसके उत्तरों का क्या अर्थ लगाया जाएगा। लोग प्रत्यक्ष साक्षात्कार या प्रश्नावली की अपेक्षा इन विधियों में अपनी भावनाओं और विचारों को अभिव्यक्त करने में हिचकिचाहट का अनुभव नहीं करते। कई ऐसे विषय होते हैं जिनके बारे में लोग बात करने या उनके बारे में सही-सही सूचना देने से कतराते हैं। भारतीय परिवेश में समाजीकरण हुए पति-पत्नी अपने अतरंग जीवन (जैसे यौन जीवन) के बारे में सामान्य रूप में खुलकर बात नहीं करते। जब उनसे यह पूछा जाता है कि क्या वे अपने मैथुन जीवन से संतुष्ट हैं या क्या वे अपने पारिवारिक जीवन से सुखी हैं? इसी प्रकार, एक कामकाजी महिला से जब अपने मालिक (Boss) के उसके प्रति व्यवहार के बारे में पूछा जाता है, तब वह या तो इस प्रश्न को टाल जाती है या फिर उसका अस्पष्ट और गोलमाल उत्तर देती है। अतः जब शोधकर्त्ता यह अनुभव करता है कि सूचनादाता ऐसे विषयों पर प्रत्यक्ष बातचीत करना पसंद नहीं करेगा, जिनके बारे में उसे यह संदेह है कि उसके विचार वर्तमान विचार-प्रवाह के विपरीत हैं या उसे स्वयं को उक्त विषयों के बारे में अपने मनोभावों की वास्तविक प्रकृति का ज्ञान न हो, तब ऐसी परिस्थितियों में सामाजिक शोध की अप्रत्यक्ष विधियों (सभी प्रक्षेपी विधियां) का प्रयोग लाभकर होता है। प्रक्षेपी विधियां द्वारा सूचनादाता के चेतन और ज्ञानात्मक संसार से परे जाकर उसके अन्तःस्थल (अवचेतन मन) तक पहुंचने का प्रयास किया जाता है, जहाँ उसकी अतृप्त मनोकामनाएं दबी पड़ी रहती हैं। इन विधियों द्वारा सूचनादाता को अपने अचेतन मनोभावों एवं अनुभवों को प्रक्षेपण द्वारा बाहर निकालने का अवसर मिलता है।

प्रक्षेपी विधियों का प्रयोग मुख्यतः निम्न विषयों के अध्ययन में उपयोगी सिद्ध हो सकता है:

1. ऐसे सामाजिक मनोभाव जिनका प्रत्यक्ष विधियों (साक्षात्कार, प्रश्नावली आदि) से अध्ययन नहीं किया जा सकता या सूचनादाता उनके बारे में बात करने से कतराता है।

2. व्यक्तित्व के ऐसे आंतरिक लक्षणों (विशेषताओं) का अध्ययन जहाँ अन्य विधियां प्राय: विफल हो जाती हैं।
3. इन विधियां द्वारा मन के चेतन तथा अचेतन दोनों पक्षों का अध्ययन किया जा सकता है। अचेतन मन की बातों को जानने की यह सर्वोत्तम विधि है।
4. इन विधियों का प्रयोग सामान्य और असमान्य (मनोग्रंथियों से ग्रस्त व्यक्ति जैसे पागल, मनोविक्षिप्त व्यक्ति) दोनों प्रकार के व्यक्तियों के अध्ययन में किया जा सकता है।
5. इन विधियों द्वारा ऐसी इच्छाओं (Desires), प्रेरणाओं (Motives), अपेक्षाओं (Expectations), आकांक्षाओं (Aspirations), उद्वेगों (Drives) आदि को जाना जा सकता है जिन्हें जानबूझ कर दबा दिया गया होता है या जो स्वत: किन्हीं कारणों से व्यक्ति के अन्त:स्थल में दब गई हैं।
6. कई सूचनादाता किन्हीं विषयों के बारे में बातचीत करने के लिए तैयार हो जाते हैं, वे उन विषयों के बारे में अपनी भावनाओं और विचारों को बताना भी चाहते हैं, किन्तु उनकी अभिव्यक्ति इतनी कमजोर होती है कि वे सही-सही ढंग से बता नहीं पाते। ऐसी स्थिति में प्रक्षेपी विधि का प्रयोग किया जा सकता है।

इन विधियों का सबसे बड़ा गुण यह है कि इनमें प्रयोज्य (Subject) के पक्षपात, अभिनति (Bias), भ्रांत धारणाएं तथा रंजित विचार नहीं आ पाते, क्योंकि परीक्षण के लिए जिन उपकरणों (Tools), सामग्री (Material) तथा प्रक्रिया (Process) का प्रयोग किया जाता है, वे अस्पष्ट और बाह्य रूप में अर्थहीन प्रतीत होती हैं। यही नहीं, प्रयोज्य को इन परीक्षणों (Tests) के वास्तविक उद्देश्य का भी ज्ञान नहीं होता।

फ्रायड के अनुसार, प्रक्षेपी विधियों का सैद्धान्तिक आधार अचेतन मन और उससे संबंधित रक्षा-युक्तियां हैं जिनका प्रयोग व्यक्ति अपने अहं के बचाव के लिए करता है। ऐसा माना गया है कि मानव मस्तिष्क का दसवां भाग अचेतन होता है जो मानव की विभिन्न क्रियाओं को प्रभावित करता है। प्रत्यक्ष विधियों द्वारा इस अचेतन मस्तिष्क के बारे में कुछ भी नहीं जाना जा सकता। अतएव, व्यक्तित्व के इस अदृश्य एवं छुपे हुए प्रभावक तत्व के अध्ययन के लिए ही प्रक्षेपी विधियों के प्रयोग की शुरुआत हुई है।

प्रक्षेपी विधियों की सीमाएं व कमजोरियां
(Limitations and Shortcomings of Projective Techniques)

इसमें कोई संदेह नहीं है कि वैयक्तिक (Individual) और निजी (Personal) प्रकृति की सूचनाओं और तथ्यों को एकत्रित करने के लिए प्रक्षेपी विधियां सामाजिक और मनोवैज्ञानिक अनुसंधान में काफी उपयोगी सिद्ध हुई हैं, तथापि इन परीक्षणों की अपनी सीमाएं एवं कमजोरियां भी हैं। सर्वाधिक प्रमुख समस्या इन विधियों से प्राप्त तथ्यों की विश्वसनीयता (Reliability) और वैधता (Validity) की है, अर्थात् इन विधियों के आधार पर निकाले गए निष्कर्ष कहाँ तक वैध (प्रामाणिक) और विश्वसनीय हैं। यह

समस्या सामाजिक शोध की सभी विधियों के लिए एक भारी चुनौती हैं। सूचनादाता द्वारा दिए गए उत्तरों की व्याख्या (Interpretation) करनी पड़ती है, उनसे अर्थ निकालना पड़ता है। इस प्रक्रिया में व्यक्तिपरकता (Subjectivity) आ जाने की आशंका हर समय बनी रहती है। सूचनादाता के किसी प्रत्युत्तर का क्या वास्तविक अर्थ है, इस संबंध में वैज्ञानिकों में एकमत्यता होना कठिन है। यही कारण है कि कभी-कभी दो समान वैज्ञानिक समान तथ्यों की भिन्न व्याख्याएं करते देखे जाते हैं।

यह भी सम्भव है कि शोधकर्त्ता और प्रयोज्य/सूचनादाता दोनों में से किसी एक या दोनों के पूर्वाग्रस्त हो जाने पर सम्पूर्ण निष्कर्ष गलत हो सकते हैं। कई बार जब प्रयोज्य को परीक्षण के उद्देश्य का पता चल जाता है तो वह उत्तर देने में सतर्क हो सकता है और जानबूझ कर उत्तरों को विकृत कर सकता है, अर्थात् वह उन बातों को छुपा सकता है जिन्हें उसे बताना चाहिए। कई बार परीक्षणों की जटिलता के कारण प्रयोज्य ठीक-ठीक प्रकार से अपनी शाब्दिक अथवा अन्य प्रकार की अभिव्यक्ति में विफल हो सकता है।

शोधकर्त्ता तथा प्रयोज्य की संस्कृति और भाषा का अंतर भी प्रक्षेपी परीक्षणों की एक बहुत बड़ी सीमा है। यदि शोधकर्त्ता सूचनादाता की भाषा नहीं समझता तब सभी शाब्दिक विधियां विफल हो जाती हैं। **लिंडजे** ने विभिन्न संस्कृतियों की अपनी शोध में शाब्दिक प्रक्षेपी विधियों की बहुत सी कमजोरियां बताई हैं।

प्रक्षेपी विधियों की वैधता के बारे में भी कई प्रश्न खड़े किए गए हैं कि ये विधियां किस सीमा तक व्यक्ति के उन मनोवैज्ञानिक लक्षणों को जानने और मापने में सक्षम हैं, जिनका अध्ययन प्रत्यक्ष विधियों (साक्षात्कार, प्रश्नावली) से सरलता से किया जा सकता है। **कैम्पबैल** (1950) ने अपने एक लेख में लिखा है कि बहुत कम ऐसे साक्ष्य उपलब्ध हैं जो इस बात की पुष्टि करते हैं कि अप्रत्यक्ष प्रश्न प्रत्यक्ष प्रश्नों की अपेक्षा अधिक प्रामाणिक तथ्य उपलब्ध करवा सकते हैं।

इन कमजोरियों के अतिरिक्त प्रक्षेपी परीक्षणों में जिस प्रेरक (परीक्षण उपकरण) का प्रयोग किया जा रहा है, वह कहाँ तक शोध के उद्देश्य तक पहुंचने में शोधकर्त्ता की मदद करता है, उसकी जांच कैसे की जाए, यह एक चुनौतीपूर्ण विकट समस्या है।

अन्त में, उपर्युक्त सीमाओं और कठिनाइयों के होते हुए भी समाज वैज्ञानिकों का मत है कि इन विधियों द्वारा व्यक्ति के मनोविज्ञान की ऐसी विशेषताओं का अधययन किया जा सकता है जिन्हें सूचनादाता साधारणतः प्रत्यक्ष रूप में नहीं बता पाता है। अतः यदि इन विधियों को अन्य विधियों की पूरक या सहायक विधियों के रूप में प्रयोग किया जाए तो इनसे वस्तुपरक एवं महत्वपूर्ण शोध सामग्री जुटाई जा सकती है। इनके द्वारा निकाले गए निष्कर्षों की अन्य विधियों से निकाले गए निष्कर्षों से तुलना कर इनकी विश्वसनीयता की जांच-परख की जा सकती है।

17

प्रयोगात्मक शोध

Experimental Research

"प्रायोगिक प्रेक्षण ऐसे अनुभव होते हैं जिनकी सतर्कतापूर्वक योजना पहले से बना ली जाती है। उनका प्रारूप इस प्रकार बनाया जाता है ताकि वे नवीन ज्ञान का एक ठोस आधार बन सकें।"

–फिशर

प्राकृतिक विज्ञानों की प्रयोगात्मक विधि सामाजिक वैज्ञानिकों के लिए एक लम्बे अर्से से ईर्ष्या का विषय बनी हुई है। इस विषय ने विज्ञान की इन दोनों शाखाओं के मध्य एक गहरी खाई का निर्माण किया है। कुछ व्यक्ति इस विचार के पोषक रहे हैं कि सामाजिक विज्ञानों की जटिल तथा गतिशील विषय-वस्तु की प्रकृति के कारण समाज वैज्ञानिकों के लिए प्रयोगात्मकता संभव ही नहीं है। यही नहीं, इन लोगों का कहना है कि क्या समाजशास्त्र में भी ऐसी कोई प्रयोगशाला हो सकती है जिसमें मानव पर चूहों, बन्दरों या खरगोश आदि की भाँति मनमाने रूप में प्रयोग किया जा सकता है। सामाजिक विज्ञानों में प्रयोगात्मक विधि के अगुआ तथा विशेषज्ञ माने जाने वाले **एफ.एस. चेपिन** (1947) ने लगभग छह दशक पूर्व इस चुनौती को स्वीकारते हुए नियंत्रित दशाओं में कुछ अवलोकनात्मक अध्ययन किए और आधुनिक विज्ञान की प्रयोगात्मक विधि की सामाजिक विज्ञानों में आधारशिला रखी। उन्होंने कहा कि केवल तार्किक आधार पर वैज्ञानिक समस्याओं का समाधान करना, विभिन्न विधियों की उपयुक्तता की जाँच करना, अथवा संकलित तथ्यों की सटीकता का न्र्धिारण करना प्राय: असंभव है। उनकी दृष्टि में, इन समस्याओं का निदान प्रयोगात्मक विधि में ढूंढ़ा जा सकता है।

प्रयोगात्मक विधि विज्ञान की एक आदर्श शोध विधि है क्योंकि इसमें लगभग वे सभी गुण पाए जाते हैं जो सामान्यत: एक वैज्ञानिक विधि में होने चाहिए। इसका प्रयोग विशिष्ट समस्याओं के अध्ययन हेतु किया जाता है। घटनाओं के वर्णन एवं विश्लेषण के लिए वैयक्तिक अध्ययन विधि तथा सर्वेक्षण विधि आदि का प्रयोग किया जाता है, किन्तु जब अध्ययन का उद्देश्य घटनाओं की व्याख्या (Explanation) करना होता है या कारणात्मक प्रकृति की किसी प्राक्कल्पना का परीक्षण करना होता है, तब प्रयोगात्मक विधि का प्रयोग किया जाता है। यद्यपि प्राक्कल्पना के परीक्षण के लिए कुछ विशिष्ट प्रकार के सर्वेक्षणों का भी प्रयोग किया जाता है, किन्तु विभिन्न चरों (Variables) के

मध्य संबंधों को जानने के लिए प्रयोगात्मक विधि अध्ययन का एक सर्वोत्तम अभिकल्प (Design) है। इस अभिकल्प के द्वारा अन्य अभिकल्पों (वैयक्तिक अध्ययन अभिकल्प अथवा सर्वेक्षण अभिकल्प) की अपेक्षा कारणात्मक अनुमानों को प्राप्त करने के अधिक विश्वसनीय आधार होते हैं। **सैलिज तथा उनके सहयोगियों** (1963) ने लिखा है कि "एक प्रयोगात्मक अभिकल्प विभिन्न प्रकार के साक्ष्यों को एक साथ उपलब्ध करवाकर अधिक निश्चितता तथा कार्यक्षमता प्रदान करता है।"

प्रयोग क्या है? (What is Experiment?)

प्रयोगात्मक अभिकल्प को साधारणतः प्राकृतिक विज्ञानों में प्रयुक्त 'प्रयोग' (Experiment) की अवधारणा के अर्थ में मान लिया जाता है किन्तु सामाजिक विज्ञानों में प्रयोगात्मक अभिकल्प की अवधारणा को प्राकृतिक विज्ञानों की प्रयोगशालाई विधि के अर्थ में प्रयुक्त किया जाना संभव नहीं है। सामाजिक विज्ञानों में 'प्रयोग' का अर्थ साक्ष्य संकलन की एक ऐसी वैज्ञानिक विधि से है जिसके आधार पर चरों के मध्य संबंधों की परीक्षा की जा सके। जैसा कि **सैलिज व उनके सहयोगियों** ने लिखा है, "मोटे तौर पर, एक प्रयोग साक्ष्य संकलन के संगठन का एक ऐसा तरीका है जिसके आधार पर किसी प्राक्कल्पना को स्वीकार अथवा अस्वीकार किया जा सकता है।"

सामाजिक विज्ञानों में प्रयोगात्मक अभिकल्प के प्रणेता चैपिन ने स्पष्ट रूप में यह स्वीकार किया है कि प्राकृतिक विज्ञानों की भाँति घटना के सभी प्रभावक कारकों को नियंत्रित करना या उनमें फेर-बदल करना सामाजिक विज्ञानों में संभव नहीं है। सामाजिक विज्ञानोां में 'नियंत्रण' का प्रयोग 'नियंत्रित समूह अध्ययनों' के अर्थ में किया जाता है जिसमें किसी घटना का नियंत्रित दशाओं में अध्ययन करने का प्रयास किया जाता है। सामाजिक विज्ञानों में प्रयोगात्मक अभिकल्प की अवधारणा को स्पष्ट करते हुए **चैपिन** ने लिखा है, "प्रयोगात्मक अभिकल्प की अवधारणा मानवीय संबंधों के ऐसे व्यवस्थित अध्ययन को इंगित करती है जिसमें नियंत्रित दशाओं में अवलोकन किया जाता है।"

एफ. एन. कर्लिंगर ने प्रयोग की परिभाषा निम्न शब्दों में की है: "प्रयोग का अर्थ एक ऐसे प्रकार के वैज्ञानिक शोध से है जिसमें शोधकर्ता एक अथवा अधिक स्वतंत्र चरों (Independent Variables) को परिचालित तथा नियंत्रित कर आश्रित चर या चरों (Dependent Variables) का अवलोकन कर यह पता लगाता है कि स्वतंत्र चर के परिचालन स्वरूप आश्रित चर में क्या भिन्नता उत्पन्न हुई।"

उपरोक्त परिभाषा में स्वतंत्र और आश्रित चर शब्दों का प्रयोग हुआ है। अतः सर्वप्रथम 'चर' शब्द को परिभाषित करते हुए हम स्वतंत्र और आश्रित चर की व्याख्या करेंगें। एक चर/परिवर्त्य (Variable) किसी भी अवधारणा (Concept) की एक ऐसी विशेषता है जिसकी माप की जा सकती है। **पालिन यंग** (1977) के अनुसार, "एक चर (परिवर्त्य) एक ऐसी मात्रा या गुण है जिसमें विभिन्न संख्यात्मक मूल्य अथवा वर्ग सन्निहित होते हैं।" समय, आयु, लिंग, आय, सामाजिक वर्ग, जाति, राजनीतिक दल की सदस्यता आदि चरों के ही कुछ उदाहरण हैं। वैज्ञानिक शोध में सामान्यतः दो प्रकार के

चरों का प्रयोग किया जाता है, यथा स्वतंत्र चर, एवं आश्रित चर। इनके अतिरिक्त, कभी-कभी एक अन्य चर का भी प्रयोग किया जाता है जिसे 'मध्यवर्ती चर' कहते हैं।

1. *स्वतंत्र चर (Independent Variable):* जिस चर के द्वारा शोधकर्ता घटना की व्याख्या करना चाहता है, उसे 'स्वतंत्र चर' कहते हैं। प्रयोगात्मक शोध में इन स्वतंत्र चरों को ही 'परीक्षण चर' (Test Variable) या 'प्रयोगात्मक चर' (Experimental Variable) कहा जाता है।
2. *आश्रित चर (Dependent Variable):* स्वतंत्र चर के प्रत्याशित प्रभाव को 'आश्रित चर' कहा जाता है। आश्रित चर अपने परिणामों के लिए स्वतंत्र चरों पर ही निर्भर करते हैं, इसीलिए इन्हें 'आश्रित चर' कहा जाता है।
3. *मध्यवर्ती चर (Intervening Variable):* स्वतंत्र तथा आश्रित चरों के मध्य कार्यरत चर को 'मध्यवर्ती चर' कहते हैं।

प्रयोगात्मक शोध इस प्रकार की जाती है ताकि घटनाओं के बीच कारणात्मक संबंधों (Causal Relations) की जांच की जा सके। कारणात्मक संबंधों से तात्पर्य दो चरों के बीच पाए जाने वाले 'कारण-प्रभाव' (Cause-Effect) संबंधों से है। इसमें एक चर (जो कोई विशेषता/लक्षण या घटना होती है) जैसे 'एक्स' (X) किस प्रकार दूसरे चर (यह भी कोई विशेषता/लक्षण या कोई घटना होती है) अर्थात् 'वाई' (Y) को प्रभावित या निर्धारित करता है, की जांच की जाती है। जब हम यह कहते हैं कि 'वाई' (Y) का कारण 'एक्स' (X) है ('X' is a cause of 'Y') तब इसमें 'एक्स' चर जिसे हम 'वाई' का कारण समझते हैं, वह 'स्वतंत्र चर' या 'प्रयोगात्मक चर' है, और दूसरा चर अर्थात् 'वाई' जो 'एक्स' का प्रभाव है, इसे 'आश्रित चर' कहा जाता है। इस प्रकार के कारणात्मक संबंधों के आधार पर निर्मित कथन (जैसे 'धूम्रपान कैंसर को उत्पन्न करता है') को 'कारणात्मक प्राक्कल्पना' (Causal Hypothesis) कहा जाता है।

एक शोधकर्ता कारणात्मक संबंधों के परीक्षण हेतु स्वतंत्र चर में अपनी इच्छानुसार परिवर्तन (घटाना, बढ़ाना, हेरफेर करना) कर यह मालूम करने का प्रयास करता है कि स्वतंत्र चर के प्रभाव स्वरूप आश्रित चर में क्या परिवर्तन हुआ। इस प्रभाव को मालूम करने के लिए वह आश्रित चर की विभिन्न समय पर जांच द्वारा माप करता है।

प्रयोगात्मक अध्ययनों के स्वरूप
(Forms of Experimental Studies)

प्रयोगात्मक अध्ययनों का मूल तत्व 'नियंत्रण' है। इसका प्रयोग चार रूपों में किया जाता है:

1. प्रायोगिक दशाओं पर नियंत्रण (संभवतः प्रयोगशाला का प्रयोग)
2. प्रयोग को प्रभावित करने वाले बाह्य कारकों पर नियंत्रण
3. प्रयोगात्मक चर (Experimental Variable) पर नियंत्रण
4. आश्रित चर (Dependent Variable) पर नियंत्रण

नियंत्रण के आधार पर प्रयोगात्मक शोध अध्ययनों के तीन प्रमुख रूप बताये जा सकते हैं:

1. प्रयोगशालाई प्रयोग
2. क्षेत्रीय प्रयोग
3. प्राकृतिक प्रयोग

प्रयोगशालाई प्रयोग (Laboratory Experiments)

इस प्रकार के शोध अध्ययनों में घटनाओं का अध्ययन प्रयोगशालाई स्थिति में कृत्रिम परिवेश का निर्माण करके किया जाता है। ऐसे अध्ययनों की प्रमुख विशेषता यह है कि इनमें घटना पर पड़ने वाले बाह्य कारकों के प्रभावों को अधिकाधिक नियंत्रित करने का प्रयास किया जाता है। इस प्रकार की गवेषणाओं में नियंत्रित परिवेश, अर्थात् प्रयोगशाला में ऐसी दशाओं को उत्पन्न किया जाता है जो प्राकृतिक परिवेश की भाँति दिखाई दें। नियंत्रित परिवेश का निर्माण इसलिए किया जाता है ताकि अध्ययन की जाने वाली घटना पर बाह्य कारकों के प्रभाव को रोका जा सके तथा परीक्षण कारक (Test Factor) के प्रभाव को आंका जा सके।

एक आदर्श प्रयोग में शोधकर्ता को प्रयोज्यों (Subjects) को* प्रायोगिक समूहों में विभाजित करने की सुविधा प्राप्त होती है। किन्तु सामाजिक विज्ञानों में कठिनतः ही एक शोधकर्ता को यह आदर्श स्थिति मिल पाती है। एक शोधकर्ता को जब प्रयोज्यों को प्रायोगिक समूहों में विभाजन की सुविधा नहीं मिलती, तब ऐसे अध्ययनों को 'प्रायोगिक अध्ययन' तो कह सकते हैं, किन्तु इन्हें 'आदर्श प्रयोग' नहीं कह सकते।

प्रयोगशाला प्रयोगों के गुण एवं दोष (Strengths and Weaknesses of Laboratory Experiments)

प्रयोगशाला शोध में सापेक्षतः पूर्ण नियंत्रण की संभावना रहती है। यह इस पद्धति का एक अन्तर्निहित तथा महत्वपूर्ण गुण है। इसमें शोधकर्ता शोध परिस्थितियों को रोजमर्रा के जीवन से अलग रख कर घटना पर पड़ने वाले बाह्य कारकों के अनेक प्रभावों से मुक्त रख सकता है। शोध-परिस्थितियों के नियंत्रण के अतिरिक्त एक शोधकर्ता साधारणतः स्वतंत्र चरों का प्रयोग स्वेच्छानुसार कर सकता है। प्रयोगशालाई शोध में शोधकर्ता को एक सुविधा यह भी रहती है कि वह चरों की परिचलानात्मक परिभाषाओं (Operational Definitons) में अत्यधिक निश्चितता ला सकता है। यह सुविधा सामान्यतः क्षेत्रीय शोधकर्ता को नहीं मिल पाती हैं।

प्रयोगशाला शोध का सबसे बड़ा लाभ इनकी पुनरावृति (Repetion) की सुविधा है। यदि शोधकर्ता चाहे तो प्रयोगों की पुनरावृति करके उनकी प्रामाणिकता का परीक्षण कर सकता है। इस प्रकार की शोध से यथातथ्य (Precise) परिणाम प्राप्त किए जा सकते हैं जो स्पष्ट, परिशुद्ध तथा सुनिश्चित होते हैं।

---

* प्रायोगिक शोध के संदर्भ में "प्रयोज्य" शब्द उन व्यक्तियों या समूहों के लिये किया जाता है जिन पर प्रयोग किया जा रहा है।

प्रयोगशाला शोध के उपरोक्त गुणों के साथ-साथ इसकी कुछ कमजोरियाँ भी हैं। इस विधि का सबसे बड़ा दोष संभवतः स्वतंत्र चरों में निश्चितता का अभाव है। चूंकि प्रयोगशालाई परिस्थितियों का निर्माण कुछ विशिष्ट उद्देश्यों की पूर्ति के लिए किया जाता है, अतः स्वतंत्र चरों के परिचालन (हेरफर) में अस्वाभाविकता उत्पन्न हो जाने के कारण परिणामों में संदेहास्पदता बनी रहती है। जैसे किसी रोगी में प्रयोगशालाई परिस्थितियों में हृदय-प्रत्यारोपण के परिणाम काफी सुखद तथा सफल हो सकते हैं, किन्तु जब ऐसे रोगी को स्वाभाविक स्थितियों में रखा जाता है, तब हृदय-प्रत्यारोपण विफल सिद्ध हो सकता है। प्रयोगशाला के कृत्रिम पर्यावरण में परीक्षण चर के दोष व गुण स्पष्ट प्रकट नहीं हो पाते। प्रयोगशाला की कृत्रिमता इस प्रकार के अभिकल्प का गुण एवं दोष दोनों है।

सामाजिक विज्ञानों में जब प्रयोगशाला पद्धति का प्रयोग किया जाता है तब दो प्रकार के पक्षपात या अभिनति उत्पन्न होने की आशंका बनी रहती है। पहली अभिनति (Bias) प्रयोज्यों के द्वारा उत्पन्न होती है। इस प्रकार के प्रयोगों में प्रयोज्यों (Subjects) को पहले से यह जानकारी हो सकती है कि उनके व्यवहार का अवलोकन किया जा रहा है या उन पर प्रयोग किया जा रहा है। परिणामतः, वे ऐसे प्रयोगों में उसी प्रकार का व्यवहार करना प्रारंभ कर सकते हैं जैसी उनसे आशा की जाती है। यह स्थिति प्रयोगशाला पद्धति में अभिनति (Bias) उत्पन्न कर देती है। दूसरी अभिनति स्वयं प्रयोगकर्ता के द्वारा उत्पन्न हो सकती है। प्रयोगकर्ता प्रयोगों के परिणामों के गलत अर्थ लगा सकता है। यही नहीं, उसकी पूर्व धारणाएँ परिणामों को प्रभावित कर सकती हैं। प्रयोगशाला का कृत्रिम परिवेश भी प्रयोज्यों के व्यवहार को प्रभावित कर सकता है।

क्षेत्रीय प्रयोग (Field Experiments)

सामान्यतः प्रयोगात्मक शोध को केवल प्रयोगशाला की विधि के रूप में ही जाना जाता है, किन्तु यह बात सही नहीं है। प्रयोगशाला के अतिरिक्त प्रयोग क्षेत्रीय परिस्थितियों में भी किए जा सकते हैं। इस प्रकार के प्रयोग में प्रयोगशालाई शोध की भाँति नियंत्रित भौतिक परिस्थितियों का निर्माण नहीं किया जाता। क्षेत्रीय प्रयोग वास्तविक अथवा स्वाभाविक स्थितियों में किए गए ऐसे शोध अध्ययन है जिनमें शोधकर्ता एकाधिक स्वतंत्र चरों का परिचालन क्षेत्रीय परिस्थितियों के अनुरूप सतर्कतापूर्ण नियंत्रित दशाओं में करता है। प्रयोगशालाई प्रयोग में दशाओं को पूर्ण नियंत्रित रखा जाता है जबकि क्षेत्रीय शोध में दशाओं को उतना ही नियंत्रित किया जाता है, जितना शोध-परिस्थितियों के अनुसार आवश्यक होता है। अतः नियंत्रण का तत्व दोनों प्रकार के प्रयोगों का मूलाधार है, किन्तु क्षेत्रीय शोध में परिस्थितियों के अनुसार इसमें थोड़ी-बहुत छूट दी जा सकती है।

दोनों प्रकार के प्रयोग में सुस्पष्ट अन्तर बताना कठिन है। जो कुछ अन्तर दिखाई देता है वह अधिकांशतः नियंत्रण की मात्रा का अन्तर है, अर्थात् एक में नियंत्रण की मात्रा अधिक होती है तथा दूसरे में कम। अतएव, कई बार यह कहना कठिन होता है कि अमुक अध्ययन 'प्रयोगशालाई प्रयोग' है अथवा 'क्षेत्रीय प्रयोग'।

क्षेत्रीय प्रयोगों के गुण एवं दोष
(Strengths and Weaknesses of Field Experiments)

सामाजिक विज्ञानों में प्रयोगशालाई प्रयोग विधि का प्रयोग कठिनत: ही संभव है क्योंकि इसमें मानव तथा उसके सामाजिक परिवेश पर प्राकृतिक घटनाओं की भाँति पूर्ण नियंत्रण प्राप्त करना अत्यन्त कठिन है और नियंत्रण प्रायोगिक अध्ययनों की प्राथमिक आवश्यकता है। यह सही है कि मानव प्राणी को निरंकुश एवं मनमाने ढंग से भौतिक रूप में परिचालित नहीं किया जा सकता, तथापि मानवीय संबंधों का नियंत्रित दशाओं में अध्ययन कुछ सीमा तक संभव बनाया जा सकता है। हेर-फेर या परिचालन (Manipulation) प्रयोगात्मक विधि की एक आवश्यकता होते हुए भी इसका प्रमुख तत्व नहीं है। इसका प्रमुख तत्व है नियंत्रित माप, और नियंत्रित माप के लिए प्रयोगशालाई परिस्थितियों का होना अत्यावश्यक नहीं है। स्वाभाविक परिस्थितियों में भी घटना की नियंत्रित माप की जा सकती है। अत: सामाजिक विज्ञानों में प्रयोगात्मक शोध की धारणा का प्रयोग भौतिक प्रयोगशालाई अर्थ में प्रयुक्त न करके 'नियंत्रित समूह अध्ययनों' के अर्थ में ही अधिक की जाती है।

सामाजिक मनोविज्ञान, समाजशास्त्र तथा शिक्षाशास्त्र आदि में अधिकांश शैक्षिक अध्ययन क्षेत्रीय प्रयोगों के रूप में स्कूल के अहातों तथा वास्तविक कक्षाओं में ही किए गए हैं। शोध की ऐसी स्वाभाविक परिस्थितियों में स्वतंत्र चरों का परिचालन (हेरफेर) तथा चुनाव तो सामान्यत: संभव हो ही जाता है, साथ ही कुछ सीमा तक नियंत्रण भी प्राप्त किया जा सकता है। एक ऐसा अध्ययन **कोच तथा फ्रेंच** द्वारा 1948 में किया गया था जिसमें परिवर्तन में बाधा डालने वाले कारकों का अध्ययन किया गया। इसके लिए इस प्राक्कल्पना का परीक्षण किया गया कि "क्या सभी स्तरों पर मजदूरों को सहभागी बनाने से परिवर्तन में उत्पन्न होने वाले अवरोधों को कम किया जा सकता है"? इस प्राक्कल्पना के परीक्षण के लिए तीन समूहों का निर्माण किया गया। एक समूह को नियंत्रित रखा गया तथा दो समूहों में मजदूरों को सभी स्तरों पर सहभागी बनाया गया। नियंत्रित समूह के मजदूरों को किसी भी स्तर पर सहभागिक नहीं बनाया गया। परीक्षण के उपरान्त यह पाया गया कि जिन समूहों में मजदूरों को उत्पादन की प्रक्रिया के विभिन्न स्तरों पर सहभागी बनाया गया, उनमें परिवर्तन किये जाने पर न केवल बहुत कम अवरोध उत्पन्न हुए, अपितु ऐसे समूहों में उत्पादन में वृद्धि भी हुई। इस परीक्षण से इस तथ्य की पुष्टि हुई कि किसी भी समूह के सदस्यों में जितनी अधिक सहभागिता की मात्रा होगी, उतनी ही उनमें परिवर्तन में अवरोध उत्पन्न करने की मात्रा कम होगी। यह समस्त परीक्षण 'क्षेत्र-प्रयोग पद्धति' के आधार पर मजदूरों के वास्तविक परिवेश, अर्थात् कारखाने में ही किया गया था। प्रयोगशाला पद्धति की भाँति इसमें भी 'स्वतंत्र चर' (सहभागिता) का प्रयोग किया गया जो प्रायोगिक पद्धति की एक महत्वपूर्ण आवश्यकता होती है।

क्षेत्र-प्रयोगों में यद्यपि शोधकर्ता को स्वतंत्र चरों के हेरफेर या परिचालन की सुविधा प्राप्त होती है, फिर भी ऐसे प्रयोग में शोधकर्ता के सामने यह समस्या बनी रहती है कि कहीं अनियंत्रित परिवेश संबंधी चरों का प्रभाव स्वतंत्र चर के प्रभावों से घुलमिल न जाए। क्षेत्र-प्रयोगों की यह सबसे बड़ी कमजोरी होती है कि इनमें प्रयोगशालाई प्रयोगों की भाँति

आंतरिक तथा बाह्य कारकों पर कठोर नियंत्रण नहीं हो पाता है। प्रयोगशालाई प्रयोग अत्यन्त कठोर नियंत्रित दशाओं में किए जाते हैं, अतः उनमें अतिरिक्त स्वतंत्र चरों का प्रभाव पड़ने की आशंका नहीं रहती है। क्षेत्र-प्रयोगों के परिणामों में उतनी सटीकता (Exactness) नहीं आ पाती, जितनी प्रयोगशाला के प्रयोगों में देखने को मिलती है।

क्षेत्र-प्रयोगों की उपरोक्त कमजोरियों के होते हुए भी सामाजिक विज्ञानों के लिए ऐसे प्रयोग उपयोगी सिद्ध हुए हैं। सामाजिक घटनाओं का अध्ययन उनके प्राकृतिक परिवेश में ही करना अधिक उपयोगी हो सकता है। साथ ही उनका अध्ययन उसी समय किया जाना चाहिए जब घटनाएँ स्वाभाविक रूप में घटती हैं। क्षेत्र-प्रयोगों में एक शोधकर्ता को ये दोनों सुविधाएँ प्राप्त होती हैं। प्राकृतिक परिवेश में किए गए प्रयोगों के परिणामों में अधिक विश्वसनीयता रहती है क्योंकि क्षेत्र-प्रयोग की अवस्था में चरों के प्रभाव में जो निश्चितता आ पाती है वह प्रयोगशाला के प्रयोग की स्थिति में नहीं होती।

सामाजिक घटनाएँ अत्यन्त जटिल होती हैं। जटिल सामाजिक प्रक्रियाओं तथा परिवर्तनों का अध्ययन वास्तविक जीवन की परिस्थितियों में ही करना उपयोगी होता है। लघु समूहों की गतिशीलता तथा अन्तर्क्रियाओं के कई अध्ययन क्षेत्र-प्रयोग पद्धति के आधार पर कुशलता से सम्पन्न किए गए हैं। इनका प्रयोग सिद्धान्त के परीक्षण तथा व्यावहारिक समस्याओं के समाधान दोनों के लिए किया जा सकता है। वृहद् प्राक्कल्पनाओं के परीक्षण में भी क्षेत्र-प्रयोगों का प्रयोग सरलता से किया जा सकता है।

प्राकृतिक प्रयोग (Natural Experiments)

क्षेत्र-प्रयोगों में प्रयोगशालाई प्रयोगों की भांति कृत्रिम परिवेश की रचना नहीं की जाती। जीवन की ऐसी वास्तविक स्थितियों में ही क्षेत्र-प्रयोग किए जाते हैं जहाँ प्रायोगिक एवं नियंत्रित समूहों की रचना करना और किसी एक समूह में प्रेरक कारक को लागू करना संभव होता है। क्षेत्र-शोध में प्रयोगशालाई प्रयोग की अपेक्षा शोध की परिस्थितियों पर नियंत्रण कम होता है, फिर भी शोध के ऐसे कई विषय हैं जहाँ क्षेत्र शोध करना संभव नहीं होता । ऐसी स्थिति में प्राकृतिक प्रयोग विधि का प्रयोग किया जाता है। प्राकृतिक प्रयोग विधि में संसार में स्वाभाविक रूप में घटने वाली घटनाओं का अध्ययन यथावत (बिना हेरफर के) किया जाता है। इसमें ऐसे दो या अधिक ऐसे समूहों का तुलनात्मक अध्ययन किया जाता है जिसमें एक में प्रेरक कारक का प्रयोग किया गया है और दूसरे समूह/समूहों में नहीं किया गया है।

भारत में 'सामुदायिक विकास योजनाओं' (सीडीपी) के प्रभावों को जानने के लिये एस.सी. दूबे ने एक इसी प्रकार का अध्ययन किया था। जो 'भारत के बदलते हुए गांव' के नाम से छपा है। इस अध्ययन में दो प्रकार के गांवो को चुना गया। ऐसे गांव जिनमें सीडीपी कार्यक्रम प्रारंभ किये गये। और दूसरे प्रकार के गांव ऐसे थे जिनमें इस प्रकार की योजनाएं प्रारंभ नहीं की गई थी। बाद में दोनों प्रकार के गांवों की तुलना कर सीडीपी के प्रभावों को आंका गया।

प्रयोगात्मक अध्ययनों की कार्यविधि (Procedure of Experimental Studies)

प्रयोगात्मक अध्ययनों में सर्वप्रथम ऐसे व्यक्तियों का चयन किया जाता है जो सभी दृष्टियों से लगभग समान विशेषताएं रखते हों। इन व्यक्तियों को दो समूहों, यथा नियंत्रित समूह (Control Group) और प्रायोगिक समूह (Experimental Group) में यादृच्छीकरण (दैव प्रतिचयन विधि) की प्रक्रिया के आधार पर बांटा जाता है। नियंत्रित समूह में किसी प्रकार का परिवर्तन नहीं किया जाता है। इसे 'नियंत्रित समूह' इसलिए कहा जाता है क्योंकि इस समूह को परिवर्तन के बाह्य करक या प्रेरक (Stimulus) के प्रभाव से मुक्त रखा जाता है। इसके बाद प्रायोगिक समूह में परीक्षण-चर (Test Variable), जिसे प्रेरक भी कहा जाता है, का प्रयोग करके उसके प्रभाव को आंका जाता है। अन्त में, दोनों समूहों (नियंत्रित और प्रायोगिक) की तुलना कर आश्रित चर में उत्पन्न परिवर्तन की मात्रा की माप की तुलना की जाती है।

सामाजिक स्थितियों पर नियंत्रण प्राप्त करने के लिए प्रयोगात्मक अध्ययनों में समान विशेषताओं वाले व्यक्तियों के समूहों के चयन की प्रक्रिया अत्यन्त महत्वपूर्ण है। कारणात्मक प्रकृति की प्राक्कल्पना का यदि प्रायोगिक विधि से परीक्षण किया जाना है तब दोनों समूहों - प्रयोगात्मक तथा नियंत्रित - का प्रारंभ में एक जैसा होना आवश्यक है। यदि प्रारंभ में ही दोनों समूह एक जैसे न हों तो यह जानना कठिन हो जाएगा कि परीक्षण के उपरान्त पाया गया अन्तर परीक्षण कारक के कारण उत्पन्न हुआ या यह अन्तर पहले से ही था। अतएव, किसी भी अभिकल्प में जिसमें प्रयोज्यों के दो या अधिक समूहों की तुलना की जाती है तथा जिसमें प्रयोगात्मक कारक का प्रयोग किया जाता है, उन समूहों का परीक्षण कारक के प्रयोग करने के पूर्व समान होना आवश्यक है। किन्तु, इसके लिए प्रयोगकर्ता का मात्र अनुमान लगा लेना ही पर्याप्त नहीं है, अपितु उसे यह सिद्ध करना चाहिए कि दोनों समूह समान विशेषताओं को प्रदर्शित करते हैं। दो बिल्कुल एक जैसे समूहों की रचना करना या उन्हें खोज निकालना प्राय: असंभव है। फिर भी, निम्नलिखित विधियों के द्वारा समान विशेषताओं वाले समूहों का चयन किया जा सकता है:

1. यादृच्छीकरण (Randomization)

किसी समग्र (Universe) के व्यक्तियों को प्रायोगिक तथा नियंत्रित समूहों में यादृच्छ (संयोगिक) रूप में बांटने की यह विधि 'साधारण दैव प्रतिचयन विधि' के सिद्धान्तों पर ही आधारित है। प्रयोज्यों को बांटने की इस विधि में प्रत्येक प्रयोज्य (Subject) को किसी भी समूह में चुने जाने के समान अवसर प्राप्त होते हैं। इस विधि में चयन का ढंग ऐसा होता है कि शोधकर्ता जाने-अनजाने में स्वयं कोई निर्णय नहीं ले सकता है। एक सिक्का उछाल कर इस विधि का प्रयोग हम कर सकते हैं। मान लें, हमें एक कक्षा के छात्रों को दो समूहों में विभाजित करना है। इसके लिए हम प्रत्येक छात्र के लिए एक-एक बार सिक्का उछालें। उछालने के पूर्व हम यह तय कर लें कि यदि 'चित' (Head) आएगा तो हम उस छात्र को प्रयोगात्मक समूह में और यदि 'पट' (Tail) आता है तो नियंत्रित समूह में रखेंगे।

इस प्रकार कक्षा के सभी छात्रों को दो समूहों में बांट सकते हैं। प्रयोज्यों को विभिन्न समूहों में बांटने के लिए दैव प्रतिचयन (Random Sampling) की हम किसी भी अन्य विधि का प्रयोग भी कर सकते हैं। इन विधियों का सविस्तार वर्णन प्रतिचयन अध्याय में किया जा चुका है।

सामाजिक विज्ञानों में व्यक्तियों को विभिन्न समूहों में बांटा जाना इतना सरल नहीं है जितना सामान्यत: समझा जाता है। एक समाज वैज्ञानिक हर समय इस स्थिति में नहीं होता कि वह प्रयोज्यों को विभिन्न समूहों अथवा स्थितियों में बांट सके। इसके लिए कभी-कभी उसे यादृच्छ (संयोगिक) चुनाव की आदर्श तथा वास्तविक परिस्थितियों के मध्य तालमेल बिठाने की आवश्यकता पड़ सकती है।

2. सुमेलन (Matching)

जहाँ कहीं यादृच्छीकरण का प्रयोग संभव है, इसके संबंध में सामान्यत: यह माना जाता है कि यह विधि आश्रित चर संबंधी अन्तरों को सीमित कर देती है, फिर भी प्रयोग की दृष्टि से इस विधि को त्रुटि रहित सर्वगुण सम्पन्न विधि नहीं कहा जा सकता है। शोध की कुशलता की दृष्टि से यह आवश्यक है कि प्रयोग, परीक्षण कारक के संबंध में सही-सही अन्तरों को प्रदर्शित करे, चाहे अन्य कारकों के द्वारा उत्पन्न ये अन्तर कितने ही सूक्ष्म क्यों न हों। अतएव, दो या अधिक समूहों को अधिकाधिक समान बनाने के लिए एक अन्य विधि का प्रयोग किया जाता है, जिसे सुमेलन कहा जाता है।

सुमेलन का अर्थ है मेल-मिलाना या एक जैसा बनाना। सुमेलन की प्रक्रिया द्वारा कुछ ज्ञात महत्वपूर्ण कारकों के आधार पर मेल मिलाकर प्रयोगात्मक और नियंत्रित समूहों को एक जैसा बनाने का प्रयास किया जाता है। सुमेलन का आधार ऐसे ज्ञात कारक होते हैं जिनका हम प्रयोग से निष्कासन या विलोपन करना चाहते हैं।

यादृच्छीकरण द्वारा दोनों समूहों को संभावित कारकों के आधार पर लगभग एक जैसा बनाने का प्रयत्न किया जाता है, किन्तु फिर भी उनमें कुछ अन्तर रह जाते हैं। सुमेलन की प्रक्रिया द्वारा इस कमी को दूर करने का यत्न किया जाता है। सभी कारकों के अन्तर को दूर करना तो कठिन है, किन्तु कुछ महत्वपूर्ण कारकों के आधार पर दो या अधिक समूहों में सुमेल बिठाया जा सकता है। सुमेलन की प्रक्रिया द्वारा अन्य कारकों के प्रभाव को नियंत्रित करके प्रयोग को अधिकाधिक तार्किक बनाया जा सकता है। सुमेलन के लिए सामान्यत: दो विधियों का प्रयोग किया जाता है:

(i) व्यक्तिश: सुमेलन (Individual Matching)

इस विधि में प्रत्येक व्यक्ति का एक अन्य समान व्यक्ति ढूंढ़ने का यत्न किया जाता है, ताकि दोनों ऐसे व्यक्तियों को दो अलग-अलग समूहों में रखकर समान समूहों की रचना की जा सके। व्यक्तियों के मध्य यह समानता कुछ निश्चित कारकों के आधार पर निश्चित की जाती है।

ध्यान रहे कि, यादृच्छीकरण और सुमेलन दो अलग-अलग प्रक्रियाएँ हैं। सुमेलन का प्रयोग यादृच्छीकरण के स्थान पर नहीं, बल्कि साथ-साथ किया जाता है ताकि दोनों समूहों

में अधिकाधिक समानता लाई जा सके। सुमेलन के आधार पर जब हमें दो व्यक्ति एक जैसे मिल जाते हैं, उसके बाद हम यादृच्छीकरण की प्रक्रिया द्वारा (जैसे सिक्का उछाल कर) उन्हें प्रयोगात्मक और नियंत्रित समूहों में बाँट देते हैं। उदाहरणार्थ, यदि सुमेलन का आधार जाति है तो एक ही जाति वाले दो व्यक्तियों को चुन लिया जाता है। यह सुमेलन की प्रक्रिया हुई। इसके बाद सिक्का उछाल कर दोनों व्यक्तियों को अलग-अलग समूहों में बाँट देते हैं।

व्यक्तिशः सुमेलन में कई कठिनाइयाँ आती हैं। प्रथम, यदि सुमेलन अतिसूक्ष्म तथा कई कारकों के आधार पर करना है तब अत्यधिक संख्या में प्रयोज्यों का होना आवश्यक है ताकि पर्याप्त मात्रा में जोड़े बनाए जा सकें। छोटे समूह में एक जैसे व्यक्तियों का मिलना कठिन होता है। द्वितीय, अनेक संभावित कारकों में से कौन से कारण सुमेलन के लिए अत्यधिक महत्वपूर्ण हैं, यह जानना भी बहुधा कठिन होता है। तृतीय, सुमेलन के लिए कारकों की पर्याप्त माप करना भी बहुधा कठिन होता है।

(ii) समूह वितरण सुमेलन (*Group Distribution Matching*)

व्यक्तिशः सुमेलन की प्रक्रिया में अनेक व्यक्तियों के छूट जाने की संभावना रहती है, क्योंकि कभी-कभी ऐसे व्यक्तियों का कोई अन्य समान व्यक्ति नहीं मिलता। इस कमी को 'आवृत्ति वितरण सुमेलन' की प्रक्रिया के द्वारा दूर करने का प्रयास किया जाता है। इस प्रक्रिया में यह यत्न किया जाता है कि अध्ययन किए जाने वाले कारक का वितरण प्रयोगात्मक तथा नियंत्रित दोनों समूहों में एक जैसा हो। इसमें व्यक्तिशः आधार पर सुमेलन न करके समूह आधार पर सुमेलन किया जाता है। उदाहरणार्थ, यदि आयु को एक प्रभावक कारक के रूप में स्वीकार किया जाता है, तब शोधकर्ता यह देखने का प्रयास करता है कि दोनों समूहों के व्यक्तियों की औसत आयु में समानता है तथा दोनों समूहों में आयु वितरण समान रूप में हुआ है। इसी प्रकार, अन्य सार्थक कारकों के संबंध में भी दोनों समूहों में समानता लाने का प्रयास किया जाता है। इस विधि में भी यादृच्छीकरण के प्रयोग द्वारा व्यक्तियों को दोनों समूहों में बांटा जाता है।

वितरण के आधार पर सुमेलन का सबसे बड़ा दोष यह है कि यद्यपि इसमें सुमेलन एक-एक कारक के आधार पर किया जाता है, अतएव कभी-कभी यह संभावना रहती है कि समूहों में इन्हीं कारकों के योग के आधार पर सुमेलन ठीक प्रकार से न हुआ हो। इस कमी को दूर करने के लिए औसत के साथ-साथ आवृत्ति वितरण के अन्य मापों, जैसे 'मानक विचलन' (Standard Deviation) आदि का भी प्रयोग किया जाना चाहिए।

जब कभी किसी प्रकार के सुमेलन के प्रयोग की संभावना नहीं रहती, तब दो समूहों का चुनाव न करके एक ही समूह का प्रयोग किया जाता है। इसमें समूह का प्रत्येक व्यक्ति अपने स्वयं के लिए नियंत्रण का कार्य करता है। इस प्रकार के प्रयोगों में एक समूह को चुनकर उसकी माप परीक्षण कारक के प्रयोग करने के पूर्व और पश्चात् दोनों बार की जाती है। दोनों मापों के मध्य प्रकट अन्तर को परीक्षण कारक का प्रभाव माना जाता है। इस अभिकल्प का विस्तृत वर्णन आगे किया गया है।

प्रयोगात्मक शोध प्रारूपों (अभिकल्पों) के प्रकार (Types of Experimental Designs)

प्रयोगात्मक अभिकल्पों के अनेक प्रकार हैं। अलग-अलग लेखकों ने अपनी योजनानुसार इन्हें कई भिन्न श्रेणियों (Categories) में बांटा है। मोटे रूप में, आश्रित चर में उत्पन्न हुए परिवर्तन की माप के आधार पर इन्हें दो वर्गों में रखा जा सकता है:

1. केवल 'पश्चात् माप' वाले प्रयोग
2. 'पूर्व-पश्चात् माप' वाले प्रयोग

इन दोनों प्रकार के प्रयोगों में मुख्य अन्तर यह है कि पहले वर्ग वाले प्रयोगों में आश्रित चर की माप केवल एक बार ही की जाती है, जबकि दूसरे वर्ग वाले प्रयोगों में आश्रित चर को परीक्षण के पूर्व और बाद में दोनों बार मापा जाता है।

उपरोक्त अभिकल्पों के अतिरिक्त कुछ ऐसे अध्ययन भी किए गए हैं जिनमें प्रयोगात्मक अभिकल्प की मुख्य विशेषता 'नियंत्रण' का अभाव होता है, किन्तु इनमें प्रयोगात्मक अभिकल्प की कुछ अन्य विशेषताएं पाई जाती हैं। ऐसे अध्ययन प्रयोगात्मक अध्ययनों से मिलते-जुलते होते हैं, किन्तु इन्हें प्रयोगात्मक अध्ययन नहीं कहा जा सकता। इन अध्ययनों को हम 'अर्द्ध प्रयोगात्मक अध्ययन' (Semi/Quasi-Experimental Design) का नाम दे सकते हैं। ये मुख्यतः तीन प्रकार के होते हैं:

(i) कार्यान्तर परीक्षण (Ex-Post-Facto Experiment)
(ii) पेनल अध्ययन (Panel Studies)
(iii) प्रवृत्ति अध्ययन (Trend Studies)

अब हम नीचे उपरोक्त सभी प्रकार के शोध प्रारूपों का संक्षेप में वर्णन-विश्लेषण करेंगे:

'केवल-पश्चात्' वाले प्रयोग ('After-Only' Experiments)

इस प्रकार के प्रयोगों में प्रयोगात्मक अभिकल्प की सामान्य कार्यविधि के अनुसार दो समूहों, यथा (i) प्रयोगात्मक समूह (Experimental Group), और (ii) नियंत्रित समूह (Control Group) की रचना की जाती है। तत्पश्चात प्रयोगात्मक समूह में परीक्षण चर (Test Variable) का प्रभाव डाला जाता है, किन्तु नियंत्रित समूह को इस प्रभाव से पूर्णतः मुक्त रखा जाता है। प्रयोग के दौरान या अन्त में आश्रित चर में आए परिवर्तन की दोनों समूहों में माप की जाती है और दोनों समूहों में आश्रित चर संबंधी अंतर को परीक्षण चर का प्रभाव माना जाता है।

इस प्रयोग को 'केवल-पश्चात्' परीक्षण इसलिए कहा जाता है कि इसमें परीक्षण केवल एक बार ही किया जाता है और वह भी प्रयोगात्मक चर के प्रयोगात्मक समूह में प्रवेश करवाने के बाद। इस प्रकार के प्रयोगों में दोनों ही समूहों में पूर्व-परीक्षण (Pre-tests) नहीं किए जाते। दोनों समूहों के पश्चात परीक्षणों के बाद जब तुलना की जाती है और परीक्षणात्मक समूह में यदि कोई अन्तर पाया जाता है तब इस अन्तर को

प्रयोगात्मक चर का प्रभाव माना जाता है। इस अभिकल्प की सबसे बड़ी विशेषता यह है कि इसमें बार-बार किए जाने वाले परीक्षणों के प्रभावों को समाप्त कर दिया जाता है जो कि अन्य अभिकल्पों में (पूर्व और पश्चात् प्रयोगों) किए जाते हैं।

उदाहरणार्थ, यदि कोई शोधकर्ता किसी प्रजातिवादी फिल्म के प्रजातिक पूर्वाग्रहों (Racial Prejudices) पर पड़ने वाले प्रभावों का अध्ययन करना चाहता है, तो वह दो समान समूहों (Matching Groups) का चुनाव करके इस प्रकार का प्रयोग कर सकता है जिसमें एक समूह को फिल्म दिखाई जाए, किन्तु दूसरे को नहीं। बाद में, दोनों समूहों के व्यक्तियों से साक्षात्कार करके दोनों समूहों की तुलना की जा सकती है। यदि इस तुलना के द्वारा दोनों समूहों में भारी अन्तर प्रदर्शित होता है, तो इसे प्रयोज्यों के पूर्वाग्रहों पर फिल्म का प्रभाव माना जा सकता है। इस प्रकार का एक प्रयोग द्वितीय महायुद्ध के समय अमेरिका में एक फिल्म 'ब्रिटेन की लड़ाई' (The Battle of Britain) दिखा कर किया गया था। इसमें सेना की विभिन्न टुकड़ियों को मिला कर दो समूह बनाए गए थे। ये समूह शिक्षा, आयु, परीक्षाफल, जन्म स्थान, प्रशिक्षण स्तर आदि तत्वों के आधार पर समान थे। प्रयोगात्मक तथा नियंत्रित समूह को निश्चित करने के लिए सिक्के उछालने की विधि का प्रयोग किया गया, अर्थात् किसे प्रयोगात्मक समूह माना जाए। फिल्म केवल प्रयोगात्मक समूह को दिखाई गई। लगभग एक सप्ताह के बाद दोनों समूहों के व्यक्तियों से एक प्रश्नावली भरवाई गई। ध्यान रहे, सैनिकों को यह पता नहीं होने दिया गया कि उन पर कोई प्रयोग किया जा रहा है। अन्त में, दोनों समूहों के उत्तरों के अन्तर के आधार पर फिल्म के प्रभाव को मालूम किया गया।

'केवल-पश्चात्' प्रयोग के प्रमुख चरण

	चरण	*प्रयोगात्मक समूह*	*नियंत्रित समूह*
1.	प्रयोज्यों का चुनावः सुमेलन तथा यादृच्छीकरण	✓	✓
2.	प्रयोगात्मक दशाएँ: सुमेलन तथा यादृच्छीकरण	✓	✓
3.	पूर्व-परीक्षण	×	×
4.	परीक्षण प्रेरक का प्रभाव (परीक्षण कारक)	✓	×
5.	पश्चात्-परीक्षण	✓	✓

इस प्रकार के परीक्षण में पहले से ही यह मान कर चला जाता है कि दोनों समूह प्रत्येक दृष्टि से एक-दूसरे के समान हैं, अतएव इनका पूर्व परीक्षण नहीं किया जाता। किन्तु, सामाजिक शोध में प्रत्येक दृष्टि से समान समूहों का मिलना अत्यन्त कठिन है। बिना पूर्व परीक्षण के प्रयोज्यों में आए परिवर्तन की मात्रा निश्चित करना कठिन है। इसके अतिरिक्त, यह निश्चित करना कठिन है कि परीक्षणात्मक समूह में उत्पन्न परिवर्तन प्रयोग के फलस्वरूप उत्पन्न हुआ है अथवा दोनों समूहों की प्रारंभिक असमानता या बाह्य शक्तियों के कारण।

'पूर्व-पश्चात्' वाले प्रयोग (Before-After Experiments)

जैसा कि इसके नाम से विदित है कि इस प्रकार के अभिकल्प में पूर्व-परीक्षण (Pre-test) और पश्चात्-परीक्षण (Post-test) दोनों किए जाते हैं। इस प्रकार के प्रयोग के कई रूप हैं। इसके लगभग सभी रूपों में प्रयोगात्मक समूह तो सदा विद्यमान होता है, किन्तु नियंत्रित समूह कभी होता है और कभी नहीं। यहीं नहीं, नियंत्रित समूहों तथा प्रयोगात्मक चरों की संख्या में भिन्नता होने के कारण भी इस अभिकल्प के कई रूप हो गए हैं। यहाँ 'पूर्व-पश्चात्' वाले प्रयोगों के कुछ प्रमुख रूपों का वर्णन नीचे किया गया है:

नियंत्रित समूह विहीन पूर्व-पश्चात् प्रयोग (Before-After Experiment with No Control Group)

'पूर्व-पश्चात्' प्रयोगात्मक अभिकल्प का यह सबसे सरल रूप है जिसमें केवल एक प्रयोगात्मक समूह होता है। इसीलिए, इसे एक समूह वाला 'पूर्व-पश्चात्' परीक्षण भी कहा जाता है। इस प्रयोग की यह विशेषता है कि इसमें नियंत्रित समूह नहीं होता। एक ही समूह में प्रयोग के पहले और बाद के अन्तर को प्रयोगात्मक चर का प्रभाव मान लिया जाता है। रोज़मर्रा के जीवन में हम इस प्रकार के प्रयोग का जाने-अनजाने में प्रयोग करते रहते हैं। जैसे, किसी व्यक्ति का जब पेट दुखने लगता है तो वह इसके निदान के रूप में एक दवा लेता है। दवा से कुछ देर बाद पेट ठीक हो जाता है। सामान्यतः वह दवा के प्रभाव को पेट की समस्या के समाधान के रूप में मान लेता है। वैज्ञानिक शोध में इस प्रकार के प्रयोगों पर आधारित अनुमानों को पूर्णतः प्रामाणिक नहीं माना जाता। इस प्रकार के अभिकल्प का सामान्यतः तभी प्रयोग किया जाता है, जब नियंत्रित समूह का निर्माण करना संभव नहीं होता।

इस अभिकल्प में निम्न चरणों का प्रयोग किया जाता है:

चरण	*प्रयोगात्मक समूह*
1. प्रयोज्यों का चुनावः सुमेलन तथा यादृच्छीकरण	✓
2. प्रयोगात्मक दशाएँ: सुमेलन तथा यादृच्छीकरण	✓
3. पूर्व-परीक्षण	✓
4. परीक्षण प्रेरक का प्रभाव (परीक्षण कारक)	✓
5. पश्चात्-परीक्षण	✓

इस अभिकल्प में प्रत्येक प्रयोज्य अपने स्वयं के नियंत्रण का कार्य करता है। आश्रित चर पर स्वतंत्र चर के पूर्व-पश्चात् की स्थिति को स्वतंत्र चर के प्रभाव के रूप में स्वीकार किया जाता है, जैसा कि निम्नलिखित चित्र से प्रकट होता है:

प्रयोगात्मक समूह	X_1	X_2

$$d = x_2 - x_1$$

संकेत (Notations):

x_1 : प्रयोगात्मक समूह के पूर्व परीक्षण के समय की स्थिति।

x_2 : प्रयोगात्मक समूह के परीक्षण के उपरान्त की स्थिति।

d : दोनों स्थितियों का अन्तर।

इस प्रकार के अभिकल्प की निम्नलिखित कमजोरियां हैं:

1. इसमें पूर्व और पश्चात् परीक्षणों के मध्य उत्पन्न बाह्य कारकों के प्रभाव को परीक्षण कारक के प्रभाव से पृथक करना कठिन होता है।
2. इसमें पूर्व परीक्षण की स्थिति और परीक्षण कारक के मध्य महत्वपूर्ण अन्तर्क्रिया के अभाव में पूर्णतः सही निष्कर्ष प्राप्त नहीं किए जा सकते।
3. अन्य प्रयोगों की भांति इसमें भी पूर्व-परीक्षण प्रयोज्यों को प्रभावित कर सकता है।

एक नियंत्रित समूह वाला 'पूर्व-पश्चात् परीक्षण' *(The Before-After Experiment with One Control Group)*

प्रयोगात्मक अभिकल्प का यह एक सर्वाधिक प्रचलित रूप है। इसमें प्रयोगात्मक तथा नियंत्रित दोनों प्रकार के समूहों का चुनाव किया जाता है और दोनों में 'पूर्व एवं पश्चात्' आश्रित चर की माप की जाती है। इस प्रकार परीक्षण के पूर्व के परिणाम तथा परीक्षण के बाद के परिणामों में जो अन्तर दृष्टिगत होता है, उसे प्रयोगात्मक चर का प्रभाव माना जाता है। ध्यान रहे, इसमें प्रयोगात्मक चर का प्रयोग केवल एक ही समूह, अर्थात् प्रयोगात्मक समूह पर ही किया जाता है। इस परीक्षण में निम्नलिखित चरणों का प्रयोग किया जाता है:

	चरण	*प्रयोगात्मक समूह*	*नियंत्रित समूह*
1.	प्रयोज्यों का चुनावः सुमेलन तथा यादृच्छीकरण	✓	✓
2.	प्रयोगात्मक दशाएँ: सुमेलन तथा यादृच्छीकरण	✓	✓
3.	पूर्व-परीक्षण	✓	✓
4.	परीक्षण प्रेरक का प्रभाव (परीक्षण कारक)	✓	×
5.	पश्चात् परीक्षण	✓	✓

इस अभिकल्प का सर्वाधिक प्रयोग किए जाने के कारण इसे 'क्लैसिकल प्रयोगात्मक अभिकल्प' (Classical Experimental Design) भी कहा गया है। **स्टाऊफर** ने द्वितीय महायुद्ध के समय सैनिकों की मनोवृतियों में परिवर्तन लाने के लिए प्रशिक्षण फिल्म की प्रभावकता को मापने हेतु इसी अभिकल्प का प्रयोग किया है। इसे हम निम्न रूप में भी प्रदर्शित कर सकते हैं:

	पूर्व	पश्चात्
प्रयोगात्मक समूह	X_1	X_2
नियंत्रित समूह	X_1'	X_2'

तुलना

पश्चात् पूर्व

$$d = X_2 - X_1$$

$$d' = X_2' - X_1'$$

संकेत (Notations):

X_1 : प्रयोगात्मक समूह की पूर्व स्थिति

X_2 : प्रयोगात्मक समूह की प्रयोगात्मक चर के प्रयोग के बाद की स्थिति

X_1' : नियंत्रित समूह की पूर्व स्थिति

X_2' : नियंत्रित समूह के बाद की स्थिति

d : प्रयोगात्मक समूह की दोनों स्थितियों में अन्तर

d' : नियंत्रित समूह की दोनों स्थितियों में अन्तर

इस प्रकार के अभिकल्प का प्रयोग तभी संभव है जब दो समान (एक से) समूह उपलब्ध हैं अथवा बनाए जा सकते हैं। इस अभिकल्प की प्रमुख कमजोरियाँ निम्नलिखित हैं:

1. पूर्व एवं पश्चात् प्रेक्षण की लम्बी अवधि में बाह्य कारकों के प्रभाव की संभावना।
2. प्रयोज्यों (Subjects) द्वारा प्रयोग के उद्देश्य की जानकारी के कारण तथ्यों में पक्षपात (Bias) के उत्पन्न होने की संभावना।

यद्यपि इस अभिकल्प का प्रयोग करते समय प्रयोज्यों को प्रयोग की जानकारी नहीं होने दी जाती, तथापि इस प्रकार की संदेहात्मक स्थिति कुछ समय तक ही चल सकती है और फिर 'शोध में नैतिकता के प्रश्न' के कारण सभी प्रयोगात्मक अभिकल्पों की अपनी सीमाएँ हैं। एक लम्बी अवधि तक बाह्य कारकों के प्रभाव को रोक पाना भी कठिन है। इन कमजोरियों के कारण प्रयोगात्मक अन्तर में परीक्षण प्रेरक (Test Stimulus) के प्रभाव के साथ बाह्य अथवा अनियंत्रित कारकों का प्रभाव भी जुड़ सकता है। जब कभी तत्कालीन घटनाओं तथा प्रयोगात्मक चर में किसी प्रकार की अन्तर्क्रिया उत्पन्न हो जाती है, तब एक नियंत्रित समूह वाले 'पूर्व-पश्चात् परीक्षण' के द्वारा निश्चित रूप में प्रयोगात्मक चर के प्रभाव को आंकना कठिन होता है, क्योंकि इस अभिकल्प के द्वारा इस प्रकार की अन्तर्क्रिया के प्रभाव को खोजना कठिन है। इस कमजोरी को दूर करने के उपाय के रूप में दो या दो से अधिक नियंत्रित समूहों के प्रयोग की खोज की गई है, जिसका वर्णन आगे किया गया है।

अदल-बदल समूहों वाला 'पूर्व-पश्चात् परीक्षण'
(The Before-After Experiment with Interchangeable Groups)

प्रारंभिक माप के प्रभावों को नगण्य करने की दृष्टि से एक उपाय यह किया जा सकता है कि दो समूहों में से एक समूह की माप प्रयोगात्मक कारक के प्रयोग करने के पूर्व तथा दूसरे की माप प्रयोगात्मक कारक के प्रयोग करने के उपरान्त की जा सकती है। 'पूर्व' माप सामान्यत: नियंत्रित समूह में की जाती है, प्रयोगात्मक समूह में नहीं। प्रयोगात्मक कारक का प्रभाव प्रयोगात्मक समूह पर डाला जाता है और बाद में इसकी माप की जाती है। दोनों समूहों के मापों का अन्तर प्रयोगात्मक चर का प्रभाव माना जाता है।

इस प्रयोग में भी अन्य 'पूर्व-पश्चात् परीक्षणों' की भाँति दोनों समूहों का चयन उस जनसंख्यात्मक समूह से किया जाता है जिस पर प्रयोगात्मक कारक के प्रभाव को आँकना होता है। यह चयन संयोगिक अथवा यादृच्छीकरण (Randomization) की विधि के द्वारा

किया जाता है, ताकि यह विश्वास किया जा सके कि दोनों समूहों में प्रयोगात्मक कारक के प्रभाव डालने के पूर्व एक निश्चित मात्रा से अधिक अन्तर नहीं है। अतएव, इन दोनों समूहों का प्रयोग एक दूसरे के स्थान पर अदल-बदल के रूप में किया जा सकता है। दोनों समूहों की समानता को स्थापित करने के लिए यादृच्छीकरण के साथ-साथ सुमेलन (Matching) की विधि का प्रयोग भी किया जा सकता है।

इस अभिकल्प के उपरोक्त वर्णन से यह स्पष्ट है कि इसमें दोनों समूहों में प्रयोग के पूर्व और पश्चात् माप नहीं की जाती है जैसा कि द्वितीय 'क्लैसिक अभिकल्प' में की जाती है। एक में 'पूर्व' और दूसरे में 'पश्चात्' माप की जाती है। इसका एक विशेष लाभ है। कभी-कभी पहली माप दूसरी माप को प्रभावित कर सकती है, क्योंकि दूसरी माप के समय प्रयोज्य (Subject) को प्रयोग की जानकारी हो जाने के कारण वह जानबूझ कर प्रयोग के तथ्यों को विकृत कर सकता है। जैसे हम किसी समूह के व्यक्तियों से दो बार भिन्न समय पर साक्षात्कार करें तो संभव है कि दूसरी बार व्यक्ति वे ही उत्तर दे दें जो उन्होंने पहली बार दिये थे, चाहे इन दोनों साक्षात्कारों के अन्तराल में कोई परिवर्तन ही क्यों न आया हो। इस प्रकार 'पूर्व' माप से 'पश्चात्' माप प्रभावित हो सकती है। यह अभिकल्प इसी समस्या का एक समाधान है। चूंकि दोनों समूह प्रारंभ में समान होते हैं, अतः यह मानना तर्कसंगत होगा कि प्रयोगात्मक समूह के लोगों से भी यदि पहले प्रश्न पूछे गए होते तो लगभग वे ही उत्तर मिलते जो नियंत्रित समूह के व्यक्तियों से प्राप्त हुए हैं।

इस प्रकार के एक अभिकल्प का प्रयोग सिनसिनाटी नगर (अमेरिका) में संयुक्त राष्ट्र संघ के संबंध में किए गए विज्ञापन अभियान के एक अध्ययन में किया गया था। इसमें एक हजार व्यक्तियों के दो समान समूहों का चयन सिनसिनाटी नगर में से किया गया। इसमें से एक की माप विज्ञापन अभियान के प्रारंभ करने के पूर्व और दूसरे की माप दो माह पश्चात की गई। इस अभियान की प्रभावकता को आँकने के लिए बाद में दोनों समूहों की तुलना की गई। इस प्रकार के अभिकल्प को **कैम्पबेल** ने 'ऑफसेट पूर्व पश्चात्' (Offset Before-After) की संज्ञा दी है।

इस अभिकल्प में निम्न चरणों का प्रयोग किया जाता है:

चरण	*प्रयोगात्मक समूह*	*नियंत्रित समूह*
1. प्रयोज्यों का चुनाव: यादृच्छीकरण एवं सुमेलन	✓	✓
2. प्रयोगात्मक दशाएँ: यादृच्छीकरण एवं सुमेलन	✓	✓
3. पूर्व परीक्षण	×	✓
4. परीक्षण प्रेरक का प्रभाव	✓	कभी-कभी
5. पश्चात् परीक्षण	✓	✓

उपरोक्त वर्णित अभिकल्पों की भाँति यह अभिकल्प भी बाह्य कारकों तथा दोनों मापों के बीच उत्पन्न होने वाली घटनाओं के प्रभाव से बच नहीं पाता है। उपरोक्त उदाहरण में यह निश्चित रूप से कहना कठिन है कि प्रयोगात्मक समूह में जो परिवर्तन आया है, वह विज्ञापन अभियान के फलस्वरूप उत्पन्न हुआ है या संसार की अन्य घटनाओं के कारण या दोनों के फलस्वरूप।

दो नियंत्रित समूहों वाला 'पूर्व-पश्चात्' परीक्षण
(The Before-After Experiment with Two Control Groups)

यह अभिकल्प पिछले दो अभिकल्पों, अर्थात् 'क्लैसिक अभिकल्प' तथा 'अदल-बदल समूहों वाले अभिकल्प' के मिश्रित स्वरूप को प्रकट करता है। पिछले अभिकल्प में जैसा बताया गया है कि कभी-कभी 'पूर्व' माप 'पश्चात्' माप को प्रभावित कर देती है; यही नहीं, कभी-कभी यह 'पूर्व' माप प्रयोगात्मक कारक को भी प्रभावित कर देती है। ऐसी स्थिति में प्रयोगात्मक कारक के विशुद्ध प्रभाव को आँकना कठिन होता है। इस अभिकल्प के द्वारा हम प्रयोगात्मक चर के प्रभाव को प्राथमिक माप से पृथक कर सकते हैं, चाहे उन दोनों में अन्तर्क्रिया ही क्यों न हुई हो। यह हम एक नियंत्रित समूह के स्थान पर दो नियंत्रित समूहों के प्रयोग द्वारा कर सकते हैं, अर्थात् इस अभिकल्प में प्रयोगात्मक समूह तो एक ही होता है, किन्तु नियंत्रित समूह दो होते हैं। अन्य अभिकल्पों की भाँति प्रयोगात्मक तथा दोनों नियंत्रित समूहों का चुनाव इस ढंग से किया जाता है ताकि प्रयोग के पूर्व लगभग ये सभी समूह समान प्रकृति वाले हों। समूहों के चुनाव के बाद प्रयोगात्मक समूह में 'पूर्व' एवं 'पश्चात्' दोनों माप की जाती है। प्रथम नियंत्रित समूह में भी 'पूर्व' एवं 'पश्चात्' माप की जाती है। प्रयोगात्मक समूह पर परीक्षण कारक का प्रभाव डाला जाता है, किन्तु प्रथम नियंत्रित समूह पर नहीं। द्वितीय नियंत्रित समूह में 'पूर्व' माप नहीं की जाती, किन्तु इस पर परीक्षण कारक के प्रभाव को डाला जाता है और 'पश्चात' माप भी की जाती है। वास्तव में, यह अभिकल्प क्लैसिक पूर्व पश्चात् अभिकल्प का ही एक विस्तृत स्वरूप है जिसका प्रयोग सर्वप्रथम **आर. एल. सोलोमन** (1949) ने किया। अतएव, इसे 'दो नियंत्रित समूहों वाला सोलोमन अभिकल्प' भी कहते हैं।

इस अभिकल्प के उपरोक्त चरणों को संक्षेप में निम्न रूप में प्रदर्शित कर सकते हैं:

चरण	*प्रयोगात्मक समूह*	*नियंत्रित समूह (1)*	*नियंत्रित समूह (2)*
1. प्रयोज्यों का चुनाव: यादृच्छीकरण एवं सुमेलन	✓	✓	✓
2. प्रयोगात्मक दशाएं: यादृच्छीकरण एवं सुमेलन	✓	✓	✓
3. पूर्व परीक्षण	✓	✓	×
4. परीक्षण प्रेरक का प्रभाव	✓	×	✓
5. पश्चात्-परीक्षण	✓	✓	✓
अन्तर	D	D_1	D_2

जैसा उपरोक्त वर्णन से स्पष्ट है कि इसमें द्वितीय नियंत्रित समूह की 'पूर्व' माप नहीं की जाती, फिर भी यह मान लिया जाता है कि तीनों समूह प्रयोग के पूर्व लगभग एक जैसे थे। इसमें प्रयोगात्मक समूह और प्रथम नियंत्रित समूह के 'पूर्व' माप की औसत को द्वितीय समूह की 'पूर्व' माप का अनुमान मान लिया जाता है। इस द्वितीय नियंत्रित समूह पर प्रयोगात्मक कारक का प्रभाव डाला जाता है, किन्तु इसमें प्रयोगात्मक समूह की भाँति 'पूर्व' माप और प्रयोगात्मक कारक के मध्य अन्तर्क्रिया उत्पन्न होने की संभावना नहीं

रहती, क्योंकि इसमें 'पूर्व' माप ही नहीं की जाती है। साथ ही 'पूर्व' माप द्वारा 'पश्चात्' माप के प्रभावित होने की भी संभावना नहीं रहती। इसीलिए इस समूह के 'पूर्व' और 'पश्चात' मापों का अन्तर प्रयोगात्मक कारक के विशुद्ध प्रभाव को प्रकट करता है।

प्रथम नियंत्रित समूह पर परीक्षण कारक का प्रयोग न किए जाने के कारण अन्तर्क्रिया के प्रभाव की संभावना नहीं रहती। अतएव, यदि यह माना जाए कि अन्य संभावित बाहरी कारकों का प्रभाव नगण्य है और प्रथम नियंत्रित समूह में 'पूर्व' और 'पश्चात्' मापों में यदि कोई अन्तर आता है तब वह 'पूर्व' माप के प्रभाव से हो सकता है।

प्रयोगात्मक समूह पर परीक्षण चर का प्रभाव डाला जाता है जिसकी 'पूर्व' माप भी की गई है, अतएव इसमें अन्तर्क्रिया के प्रभाव की संभावना भी रहती है। इस समूह में 'पूर्व' तथा 'पश्चात्' मापों का अन्तर इन तीनों प्रभावों का योग माना जा सकता है।

यदि यह मानना तर्कसंगत है कि समकालीन घटनाओं तथा विकास की प्रक्रियाओं का किसी अध्ययन में कोई विशेष प्रभाव नहीं पड़ता तब दो नियंत्रित समूह वाले 'पूर्व-पश्चात्' परीक्षण को संक्षेप में इस प्रकार प्रस्तुत किया जा सकता है:

1. द्वितीय नियंत्रित समूह में 'पूर्व' एवं 'पश्चात्' मापों में अन्तर (D_2) का एक मात्र कारण परीक्षण कारक का प्रभाव हो सकता है।
2. प्रथम नियंत्रित समूह में 'पूर्व' एवं 'पश्चात्' मापों में अन्तर (D_1) का एक मात्र कारण पूर्व माप का प्रभाव हो सकता है।
3. यदि प्रयोगात्मक समूह के 'पूर्व' एवं 'पश्चात्' माप का अन्तर (D) दोनों नियंत्रित समूहों (D_1+D_2) के जोड़ से भिन्न होता है, तो इसे परीक्षण चर तथा पूर्व परीक्षण के मध्य हुई अन्तर्क्रिया का प्रभाव माना जाना चाहिए। यह अन्तर्क्रिया परीक्षण चर के प्रभाव को कम या अधिक कर सकती है। सोलोमन ने अन्तर्क्रिया (I) के अनुमान के लिए निम्नलिखित सूत्र दिया है:

   $I = D - (D_1+D_2)$

यह सामान्य रूप में स्वीकार किया गया है कि सोलोमन का यह अभिकल्प काफी ठीक है, फिर भी इसका प्रयोग बहुत कम किया गया है। जो कुछ थोड़े-बहुत अध्ययन इस अभिकल्प के आधार पर किए गए हैं, उनमें अन्तर्क्रिया का प्रभाव बहुत ज्यादा देखा गया है।

तीन नियंत्रित समूहों वाला 'पूर्व-पश्चात् परीक्षण' *(The Before-After Experiment with three Control Groups)*

सोलोमन ने समकालीन घटनाओं तथा विकास की प्रक्रियाओं के पड़ने वाले प्रभावों से रक्षा करने के लिए दो नियंत्रित समूहों वाले अभिकल्प से भी अधिक विस्तृत एक अन्य अभिकल्प के प्रयोग का सुझाव दिया है जिसमें तीन नियंत्रित समूहों का प्रयोग किया जाता है। इसमें जो नया तृतीय नियंत्रित समूह होता है, उसकी न तो 'पूर्व' माप की जाती है और न ही उस पर परीक्षण कारक का प्रभाव डाला जाता है, इसमें केवल 'पश्चात्' माप की जाती है। इस प्रकार इस समूह की 'पश्चात्' माप पर समकालीन और विकासात्मक आदि संभावित चरों का प्रभाव तो होता है, किन्तु 'पूर्व' माप और प्रयोगात्मक चर का प्रभाव नहीं होता। अन्य बातें सभी दो नियंत्रित समूहों वाले अभिकल्प के समान ही होती हैं:

चरण	*प्रयोगात्मक समूह*	*नियंत्रित समूह (1)*	*नियंत्रित समूह (2)*	*नियंत्रित समूह (3)*
1. प्रयोज्यों का चुनाव	✓	✓	✓	✓
2. प्रयोगात्मक दशाएँ	✓	✓	✓	✓
3. पूर्व-परीक्षण	✓	✓	×	×
4. परीक्षण प्रेरक का प्रभाव	✓	×	✓	×
5. पश्चात्-परीक्षण	✓	✓	✓	✓
अन्तर	D	D_1	D_2	D_3

इस अभिकल्प में तृतीय नियंत्रित समूह के परिवर्तन को (अर्थात् 'पूर्व' एवं 'पश्चात्' माप का अन्तर (D_3)) समकालीन घटनाओं और विकासात्मक प्रक्रियाओं के प्रभाव का परिणाम माना जाता है क्योंकि इसमें न तो 'पूर्व' माप की जाती है और न ही परीक्षण चर का प्रभाव डाला जाता है। द्वितीय नियंत्रित समूह में परिवर्तन परीक्षण कारक तथा समकालीन घटनाओं अथवा विकासात्मक प्रक्रियाओं के कारण; तथा प्रथम नियंत्रित समूह में पूर्व परीक्षण तथा विकासात्मक प्रक्रियाओं अथवा समकालीन घटनाओं का परिणाम माना जाता है। अकेले परीक्षण कारक (चर) के प्रभाव को तृतीय नियंत्रित समूह के परिवर्तन को द्वितीय नियंत्रित समूह के परिवर्तन में से घटा कर मालूम किया जा सकता है, जैसे:

परीक्षण कारक का प्रभाव $= D_2 - D_3$

प्रयोगात्मक समूह में उत्पन्न हुआ परिवर्तन किस सीमा तक पूर्व परीक्षण, परीक्षण कारक, अनियंत्रित घटनाओं, अथवा विभिन्न कारकों के मध्य अन्तर्क्रिया से प्रभावित हुआ है, इसका निर्धारण इस समूह के परिवर्तन को अन्य समूहों में आए परिवर्तनों से तुलना करके किया जा सकता है।

सैलिज तथा उनके सहयोगियों ने लिखा है कि तीन नियंत्रित समूहों वाला अभिकल्प वास्तव में एक में ही दो प्रयोग करने की भाँति है, अर्थात् इसमें दो बार प्रयोग किए जाते हैं। प्रयोगात्मक समूह तथा प्रथम नियंत्रित समूह वाला प्रयोग 'क्लैसिकल अभिकल्प' (Classical Design) को प्रकट करता है, तथा द्वितीय तथा तृतीय नियंत्रित समूह वाला प्रयोग 'केवल पश्चात्' (After Only) अभिकल्प का प्रतिनिधित्व करता है। यदि दोनों प्रयोगों के परिणामों में समानता दिखाई देती है, तब हम इन परिणामों को एक प्रयोग की अपेक्षा अधिक विश्वसनीय मान सकते हैं, क्योंकि ये दोनों प्रयोग एक-दूसरे की जाँच का काम करते हैं।

दो प्रयोगात्मक समूहों के साथ एक नियंत्रित समूह वाला अभिकल्प (Two Experimental Groups with One Control Group Design)

उपरोक्त वर्णित सभी अभिकल्पों में एक प्रयोगात्मक समूह का प्रयोग किया जाता है। इस प्रकार के परीक्षणों से प्राप्त तथ्यों के आधार पर सीमित निष्कर्ष ही निकाले जा सकते हैं। इन सभी परीक्षणों के द्वारा केवल यह पता चलता है कि परीक्षण कारक की उपस्थिति तथा अनुपस्थिति का सापेक्षिक प्रभाव क्या पड़ता है, किन्तु इन अभिकल्पों द्वारा परीक्षण कारक

की मात्रा में परिवर्तन के प्रभाव को नहीं आँका जा सकता, क्योंकि इन सभी में केवल एक ही प्रयोगात्मक समूह होता है। अतः परीक्षण कारक की मात्रा में परिवर्तन के प्रभाव को मालूम करने के लिए एकाधिक प्रयोगात्मक समूहों का प्रयोग किया जाता है। उदाहरणार्थ, यदि परीक्षण कारक के रूप में किसी फिल्म का प्रयोग किया जा रहा है, तो दो प्रयोगात्मक समूहों में फिल्म की लम्बाई में अन्तर डाला जा सकता है; अर्थात् एक प्रयोगात्मक समूह को पूरी फिल्म तथा दूसरे को आधी अथवा तीन-चौथाई फिल्म दिखा कर इनके परिणामों की तुलना नियंत्रित समूह के परिणामों से की जा सकती है।

इस प्रकार के अभिकल्प को 'यादृच्छीकृत समूहों वाला अभिकल्प' (Randomized Groups Design) भी कहते हैं। इस अभिकल्प के अनुसार प्रयोज्यों को तीनों समूहों (अर्थात् दो प्रयोगात्मक और एक नियंत्रित समूह) में यादृच्छीकरण (संयोगिक आधार पर) द्वारा बाँट दिया जाता है। इस अभिकल्प की कार्यविधि निम्नलिखित है:

चरण	*प्रयोगात्मक समूह I*	*प्रयोगात्मक समूह II*	*नियंत्रित समूह*
1. प्रयोज्यों का चुनावः यादृच्छीकरण	✓	✓	✓
2. प्रयोगात्मक दशाएँ: सुमेलन और यादृच्छीकरण	✓	✓	✓
3. पूर्व-परीक्षण (माप)	✓	✓	✓
4. परीक्षण प्रेरक (कारक) का प्रभाव	✓	✓	×
5. पश्चात्-परीक्षण (माप)	✓	✓	✓

इस अभिकल्प की उपरोक्त कार्यविधि से स्पष्ट है कि परीक्षण कारक का प्रयोग दोनों प्रयोगात्मक समूहों में किया जाता है, किन्तु नियंत्रित समूह में नहीं। इस अभिकल्प की सबसे बड़ी विशेषता यह है कि परीक्षण कारक की मात्रा दोनों प्रयोगात्मक समूह में भिन्न होती है। जैसे यदि परीक्षण कारक 'धूम्रपान करना' है तो एक समूह अत्यधिक धूम्रपान करने वालों का तथा दूसरा प्रयोगात्मक समूह कम धूम्रपान करने वालों का होगा तथा नियंत्रित समूह धूम्रपान न करने वालों का होगा।

कारकीय अभिकल्प (Factorial Design)

उपरोक्त सभी अभिकल्पों में केवल एक परीक्षण चर या परिवर्त्य (Test Variable) वाली प्राक्कल्पना के प्रभाव को आँकने का प्रयास किया गया है, किन्तु कभी-कभी दो या अधिक चर एक साथ सक्रिय होते हैं। इनके संयुक्त प्रभाव के अध्ययन के लिए जिस अभिकल्प का प्रयोग किया जाता है, उसे 'कारकीय अभिकल्प' (Factorial Design) कहते हैं। यह अभिकल्प उपरोक्त वर्णित अभिकल्पों से जटिल होता है तथा इसमें कई प्रयोगात्मक समूहों का प्रयोग किया जाता है। इस अभिकल्प में दो या दो से अधिक स्वतंत्र चर होते हैं और इनमें से प्रत्येक को दो या अधिक रूप में परिवर्तित किया जाता है। चरों का प्रत्येक समिश्रण (Combination) एक पृथक प्रयोगात्मक दशा को प्रदर्शित करता है। जब कभी केवल दो स्वतंत्र चरों का प्रयोग किया जाता है और इनमें से प्रत्येक चर के केवल दो मूल्य (Values) होते हैं, तब दोनों चरों के सभी समिश्रणों को प्रदर्शित करने के

लिए कम से कम चार प्रयोगात्मक समूहों की आवश्यकता होती है। उदाहरणार्थ, यदि हम शराब तथा गाँजे के संयुक्त प्रभाव के संबंध में प्रयोग करना चाहते हैं, तब एक चर तो शराब की मात्रा (कम अथवा अधिक) होगी और दूसरा चर गाँजे की मात्रा (कम या अधिक) होगी। इसके आधार पर चार प्रयोगात्मक समूहों की रचना की जाएगी:

1. अधिक गांजा तथा अधिक शराब लेने वाला समूह
2. अधिक गांजा, किन्तु कम शराब लेने वाला समूह
3. कम गांजा तथा कम शराब लेने वाला समूह
4. कम गांजा, किन्तु अधिक शराब लेने वाला समूह

अन्य प्रयोगात्मक अभिकल्पों की भाँति इन चारों प्रयोगात्मक समूहों में समान प्रयोज्य, समान प्रयोगात्मक दशाएं होती हैं, तथा सभी में पूर्व तथा पश्चात् परीक्षण किए जाते हैं। इस अभिकल्प की प्रमुख विशेषता यह है कि इसमें निष्कर्षों के आकलन के लिए सांख्यिकी की एक बहुप्रसिद्ध विधि 'प्रसरण का विश्लेषण' (Analysis of Variance) का प्रयोग किया जा सकता है। इसके द्वारा न केवल प्रत्येक स्वतंत्र चर के पृथक कारणात्मक प्रभाव को मालूम किया जा सकता है, अपितु दो चरों संयुक्त प्रभाव से उत्पन्न अन्तर्क्रिया के प्रभाव को भी जाना जा सकता है। संक्षेप में, यह अभिकल्प दो या दो से अधिक स्वतंत्र चरों वाली प्राक्कल्पना के संयुक्त प्रभाव के आकलन के लिए सर्वथा उपयुक्त है।

प्रयोगात्मक अभिकल्प के गुण
(Merits of Experimental Design)

प्रयोगात्मक अभिकल्प के एक प्रमुख प्रणेता **फिशर** ने कहा है, "प्रायोगिक प्रेक्षण (Observation) ऐसे अनुभव होते हैं जिनकी सतर्कतापूर्वक योजना पहले से तैयार कर ली जाती है तथा उनका प्रारूप (Format) इस प्रकार बनाया जाता है ताकि वे नवीन ज्ञान का एक ठोस आधार बन सकें।" फिशर का यह कथन प्रयोगों की महत्ता को प्रकट करता है। प्रयोगात्मक अभिकल्प के प्रमुख गुण निम्नलिखित हैं:

(i) कारणात्मकता का निर्धारण (Establishing Causality)

यह माना जाता है कि सामाजिक शोध में कारणात्मक संबंधों के प्रदर्शन अथवा सिद्ध करने का यह एक सर्वाधिक अच्छा तरीका है। प्रयोग के द्वारा शोधकर्ता आश्रित चर की मात्रा का निर्धारण कर सकता है। उसे जिस कारक (चर) के प्रति सर्वाधिक संदेह होता है वह उसका प्रयोग एक स्वतंत्र चर के रूप में कर सकता है। संक्षेप में, एक शोधकर्ता किसी घटना संबंधी विभिन्न कारकों के प्रभावों को प्रयोग के द्वारा मालूम कर सकता है। सामाजिक विज्ञानों में चरों के संबंधों के बारे में जानने और अमूर्त प्राक्कल्पनाओं के परीक्षण के लिए प्रयोग सबसे अधिक प्रामाणिक तथा विश्वसनीय विधि है।

(ii) नियंत्रण (Control)

एक शुद्ध प्रयोग में पूर्ण नियंत्रण की सुविधा प्राप्त होती है। तथ्यों के विश्लेषण तथा प्राक्कल्पना परीक्षण में नियंत्रण एक महत्वपूर्ण तत्व है। नियंत्रित प्रयोगों में बाह्य कारकों के

प्रभाव को सीमित किया जा सकता है, ताकि परीक्षण कारक के प्रभाव को ठीक-ठीक मापा जा सके। किसी भी प्रयोग में जितनी अधिक नियंत्रण की संभावना होगी, एक शोधकर्ता उतना ही अधिक अपने निष्कर्षों के प्रति आश्वस्त हो सकता है।

(iii) दीर्घकालीन विश्लेषण (Longitudinal Analysis)

प्रयोगात्मक अध्ययन सामान्यतः लम्बी अवधि वाले होते हैं। अतः, इनके द्वारा बाह्य कारकों के प्रभावों को नियंत्रित करके दो विभिन्न समय में होने वाले परिवर्तनों को मालूम किया जा सकता है।

प्रयोगात्मक अभिकल्प के दोष (Demerits of Experimental Design)

प्रयोगात्मक विधि विज्ञान की एक आदर्शात्मक विधि होते हुए भी अवगुणों से मुक्त नहीं कही जा सकती। यह बात सामाजिक विज्ञानों पर विशेष रूप से लागू होती है। सामाजिक विज्ञानों की विषय-वस्तु स्वयं मानव और उसका सामाजिक संसार है। क्या प्राकृतिक विज्ञानों की विषय-वस्तु की भाँति मानव को भी प्रयोगशालाई परिवेश में नियंत्रित किया जा सकता है? क्या निरे प्रयोग के उद्देश्य से मानव और उसके सामाजिक परिवेश में मनमाने रूप में फेर-बदल संभव है? आज जब मानव के हितों के लिए निरीह पशुओं (बंदर, चूहे, खरगोश आदि) पर किए जाने वाले प्रयोगों पर भी प्रश्न चिन्ह लगाए जा रहे हैं, तब नैतिकता की दृष्टि से मानव प्राणी पर इस प्रकार के प्रयोग कहाँ तक उचित कहे जा सकते हैं? ये कुछ प्रश्न हैं जो सामाजिक विज्ञानों में प्रयोगात्मक शोध को कुछ सीमाओं में बाँधते हैं। इन प्रश्नों के उत्तरों को अति संक्षेप में हम निम्न बिन्दुओं में समाहित कर सकते हैं:

(i) कृत्रिम परिवेश (Artificial Environment)

सामाजिक विज्ञानों में प्राकृतिक परिवेश पर पर्याप्त नियंत्रण स्थापित किया जाना एक समस्या है। इस समस्या के समाधान के रूप में ही प्रयोगशालाई कृत्रिम परिवेश का निर्माण किया जाता है ताकि आवश्यक नियंत्रण का प्रयोग किया जा सके। दुर्भाग्यवश, सामाजिक व्यवहारों को उनके प्राकृतिक एवं स्वाभाविक परिवेश से अलग कर पूर्णतः परिवर्तित परिवेश में अध्ययन करना अत्यन्त कठिन है। यही नहीं, क्या व्यक्तियों को इस प्रकार के परिवेश में रहने के लिए बाध्य किया जा सकता है, या क्या प्रयोग हेतु मूक प्राणियों की भांति उन्हें विशिष्ट रूप में व्यवहार करने के लिए दबाव डाल कर जोर-जबरदस्ती की जा सकती है? यदि यह सब कुछ संभव भी है तो क्या इस प्रकार के प्रयोगों से प्राप्त निष्कर्षों में पर्याप्त विश्वसनीयता तथा प्रामाणिकता होगी? जरा इस उदाहरण पर विचार कीजिए कि क्या दंगों के कारणों को जानने के लिए प्रयोगाशालाई वातावरण में कृत्रिम दंगे करवा कर अध्ययन करना ठीक होगा? वास्तव में, प्रयोगशालाई स्थिति में दंगे करवा कर उनके कारणों को जानना समस्या का समाधान नहीं कहा जा सकता। यही कारण है कि सामाजिक विज्ञानों में प्राकृतिक विज्ञानों के अर्थ में न तो चारदीवारी में बंद प्रयोगशाला का निर्माण किया जा सकता और न ही उन पर उस भाँति प्रयोग किया जा सकता है।

(ii) नैतिकता का प्रश्न (Ethical Consideration)

कृत्रिम परिवेश की समस्या के साथ जुड़ी हुई एक अन्य समस्या नैतिकता की है। सामाजिक विज्ञानों में कुछ प्रयोग व्यावहारिक होते हुए भी हमारे सामाजिक मूल्य ऐसे प्रयोगों को करने की अनुमति नहीं देते। उदाहरणार्थ, तलाक का तलाकशुदा व्यक्तियों के बालकों पर क्या प्रभाव पड़ता है, इसे जानने के लिए हम किसी सुखी दम्पती को तलाक लेने के लिए बाध्य नहीं कर सकते। इसी प्रकार यह जानने के लिए कि कोई समूह कितनी शीघ्रता से साम्यवादी अथवा पूंजीवादी विचारों का पोषक बन सकता है, हम किसी समूह को छाँट कर उसे अन्य प्रभावों से दूर रखते हुए फिर अपनी इच्छानुसार उसमें परिवर्तन करें, अर्थात् उस समूह पर पूंजीवादी अथवा साम्यवादी प्रभाव को डालें। यह सब कुछ संभव होते हुए भी हमारे कुछ सामाजिक मूल्य हमें यह सब कुछ करने की स्वीकृति नहीं देते क्योंकि हमें केवल अपने किसी प्रयोग के लिए किसी मानव समूह को साम्यवादी तथा पूंजीवादी नहीं बनाना चाहिए। प्रयोगों के लिए व्यक्तियों को कृत्रिम परिवेश में प्रतिबंधित रखना क्या उन्हें जेल में रखने की भाँति नहीं है और क्या यह असंवैधानिक तथा अनैतिक नहीं है?

आजकल प्रयोगों के संबंध में नैतिकता का यह प्रश्न प्राकृतिक विज्ञानों में भी उठ खड़ा हुआ है। अभी हाल ही में कुछ पत्र तथा पत्रिकाओं में छपे लेखों में यह प्रश्न खड़ा किया गया है कि अनेक प्रकार के प्रयोगों के लिए बन्दर, खरगोश, मेंढ़क या चूहों की जान लेना कहाँ तक उचित है?

(iii) प्रयोगकर्ता का प्रभाव (Experimenter's Effect)

प्रयोग एक 'प्रतिक्रियात्मक विधि' (Reactive Method) है क्योंकि इसमें प्रयोगकर्ता की आकांक्षाएं प्रयोग के परिणामों को प्रभावित कर सकती हैं। प्रयोगकर्ता की आकांक्षाओं का आभास प्रयोज्यों को अचेतन रूप में हो जाता है और वे उन आकांक्षाओं के अनुरूप अपने आप को ढालने का प्रयास कर करते हैं। यही नहीं, प्रयोगकर्ता प्रयोग के परिणामों को उनकी गलत व्याख्या करके भी प्रभावित कर सकता है।

(iv) नियंत्रण का अभाव (Lack of Control)

सामाजिक विज्ञानों में एक प्रयोगकर्ता हर समय दुविधा की स्थिति में रहता है। यदि वह प्रयोगशालाई विधि का प्रयोग करते हुए अपने प्रयोज्यों को प्रयोगशाला में लाता है तो प्रयोगशाला का कृत्रिम परिवेश प्रयोज्यों के व्यवहारों में परिवर्तन किए बिना नहीं रहता। इसके विपरीत, यदि वह प्राकृतिक परिवेश में अपने प्रयोज्यों पर प्रयोग करता है, तब प्रयोग को चुनौती देने वाले सभी बाह्य कारकों के नियंत्रण की समस्या उत्पन्न हो जाती है। इन समस्याओं के कारण सामाजिक विज्ञानों में अन्य विज्ञानों की अपेक्षा प्रायोगिक विधि का प्रयोग बहुत कम किया जाता है।

समाजशास्त्र में अधिकांश रूप में समूहों का अध्ययन किया जाता है। जितना बड़ा समूह होगा, उतनी ही अधिक उस समूह का प्रयोगशाला में अध्ययन करने तथा बाह्य कारकों को नियंत्रित करने की समस्या होगी। एक छोटे से समूह पर तो प्रयोगशाला में प्रयोग करना संभव है, किन्तु सम्पूर्ण भारत अथवा उसके किसी एक प्रान्त या किसी एक

गांव के जनसमुदाय को भी प्रयोगशालाई परिस्थितियों में नियंत्रित करना असंभव है। यही कारण है कि प्रायोगिक विधि का सर्वाधिक प्रयोग मनोविज्ञान के क्षेत्र में किया जाता है, जहाँ सामान्यत: एक समय में एक व्यक्ति या कुछ व्यक्तियों का अध्ययन किया जाता है।

(v) चरों के विभिन्न प्रभाव (Differential Effects of Variables)

प्रायोगिक विधि की आलोचना इस आधार पर भी की जाती है कि इसमें दो चरों के संबंधों का अध्ययन करते समय अन्य चरों के प्रभाव को आँखों से ओझल कर दिया जाता है। वास्तव में, चरों का अलग-अलग संदर्भ में अलग-अलग प्रभाव होता है। जैसे किसी एक स्थिति में सत्तावादी नेतृत्व प्रभावशाली होता है, किन्तु दूसरी परिस्थिति में यह प्रभावहीन हो सकता है। अतएव, प्रायोगिक विधि में कृत्रिम ढंग से चरों को अलग-अलग करने की नीति से सामाजिक विज्ञानों में सार्थक परिणाम प्राप्त करना प्राय: कठिन होता है।

अन्त में, यह कहा जा सकता है कि प्रायोगिक विधि की उपरोक्त कठिनाइयों के कारण इसका प्रयोग सामाजिक विज्ञानों में प्रचुर मात्रा में नहीं किया जा सकता और न ही सभी प्रकार के सामाजिक व्यवहारों को नियंत्रित किया जाना संभव है। **चैपिन** (1947) ने ठीक ही कहा है कि "अध्ययन हेतु सतर्कतापूर्वक घटनाओं का चुनाव, प्रयोगात्मक तथा नियंत्रित समूहों का संभाव्यता के सिद्धान्त के आधार पर चुनाव तथा एक समूह के व्यक्तियों का दूसरे समूह के व्यक्तियों के साथ मिलान के आधार पर हम उसी प्रकार के परिणाम प्राप्त कर सकते हैं जिस प्रकार के परिणाम प्राकृतिक विज्ञानों में कठोर नियंत्रित प्रयोगों द्वारा प्राप्त किए जाते हैं।" चैपिन द्वारा प्रायोगिक विधि की कठिनाइयों को स्वीकार करते हुए भी उनके नेतृत्व में कई शोधकर्ताओं ने कुछ सफल प्रयोग किए हैं। स्वयं चैपिन ने इस विधि का प्रयोग सीरिया में 'ग्रामीण स्वास्थ्य कार्यक्रम' के प्रभावों को आँकने, मिनियापोलिस में सार्वजनिक आवास गृहों के प्रभावों को मालूम करने, विस्कोंसिन विश्वविद्यालय में छात्र-परामर्श केन्द्र के प्रभावों का पता लगाने तथा न्यूयार्क नगर के बाल अपराधियों के सामाजिक सुधार हेतु प्रारंभ किए गए कार्यक्रम के परिणामों को मालूम करने के लिए किया है।

अर्द्ध-प्रयोगात्मक अभिकल्प
(Semi-Experimental Designs)

प्रयोगात्मक अभिकल्प अन्य सभी प्रकार के अभिकल्पों के लिए एक आदर्श मॉडल का कार्य करता है, क्योंकि इसके द्वारा प्राप्त तथ्यों की सुनिश्चित जाँच की जा सकती है। किन्तु, इसका प्रयोग हर स्थान पर और हर समय संभव नहीं है। कुछ दशाएं ऐसी होती हैं जिनमें सूचनादाताओं को स्वेच्छानुसार (मनमाने रूप में) न तो समूहों (प्रयोगात्मक और नियंत्रित समूहों) में बाँटा जा सकता है और न ही प्रयोग की दशाओं में कोई परिवर्तन किया जाना या किसी एक समूह (नियंत्रित समूह) तक परीक्षण प्रेरक को सीमित रखना संभव होता है। इन सीमाओं के कारण प्रयोगात्मक शोध की प्रमुख शर्तों - नियंत्रण, तुलना तथा हेरफेर या परिचालन (Manipulation) का प्रयोग शुद्ध प्रयोगात्मक अर्थों में किया जाना

कठिन हो जाता है। यही नहीं, अधिकांश सामाजिक प्रक्रियाएं ऐसी होती हैं जिनका एक लम्बी अवधि तक अध्ययन करने की आवश्यकता होती है। इस दौरान मानव प्रयोज्यों (Subjects) को प्रयोग की नियंत्रित दशाओं में बाँधे रखना संभव नहीं है। प्रयोगात्मक अभिकल्प की इन सीमाओं तथा कठिनाइयों के कारण अर्द्ध प्रयोगात्मक अभिकल्प का एक विकल्प के रूप में प्रयोग किया जाता है जिसमें मानवीय व्यवहारों का अध्ययन प्रयोगात्मक प्रयोगशाला के बजाय प्राकृतिक परिवेश में किया जाता है।

अर्द्ध-प्रयोगात्मक अभिकल्प में तथ्यों का संकलन प्रयोगों की अपेक्षा अन्य विधियों (जैसे सर्वेक्षण-विधि) से किया जाता है। इन विधियों में प्रयोगकर्ता का परीक्षण प्रेरक (कारक) पर कोई नियंत्रण नहीं होता। अतएव, वह जानबूझ कर इसका प्रभाव प्रयोज्यों पर भौतिक अथवा अन्य किसी तरीके से नहीं डाल सकता। तथ्य संकलन स्तर पर नियंत्रण का जो अभाव हो जाता है, इसकी पूर्ति समाज वैज्ञानिक तथ्यों की विश्लेषण की परिष्कृत विधियों के प्रयोग द्वारा करके अपने अध्ययन को प्रयोगात्मक अभिकल्प के मॉडल के अधिकाधिक समकक्ष बनाने का प्रयास करता है। शुद्ध प्रयोगात्मक अभिकल्प की भाँति इस प्रकार के अध्ययनों में प्रयोज्यों को विभिन्न समूहों (प्रयोगात्मक तथा नियंत्रित समूह) में न बाँटा जाता है और न ही उनमें से किसी एक समूह पर प्रयोगात्मक कारक का प्रभाव डाला जाता है। इसके स्थान पर अर्द्ध-प्रयोगात्मक अध्ययनों में व्यक्तियों के ऐसे समूहों की तलाश की जाती है जिनमें अध्ययन किए जाने वाले कारणात्मक चर के संबंध में विभिन्नता मिलती हो, अर्थात् जिनमें से किसी एक समूह पर कारणात्मक चर का प्रभाव पड़ चुका है और दूसरे पर उस चर का प्रभाव अभी पड़ा नहीं है, या पड़ने वाला है। इसी अध्याय में पहले वर्णित एस.सी. दूबे का सी.डी.पी. कार्यक्रम के प्रभावों का अध्ययन इस संबंध में एक उल्लेखनीय उदाहरण है।

कार्यान्तर परीक्षण (Ex-Post-Facto Experiment)

इस अभिकल्प को 'कार्यान्तर परीक्षण' इसलिए कहा जाता है क्योंकि यह प्रयोग किसी घटना के घटित होने अथवा कारणात्मक प्रेरक (Causal Stimulus) के प्रभावी होने के उपरान्त किया जाता है। इस प्रकार के अध्ययनों में किसी वर्तमान प्रभाव के कारणों को जानने के लिए इसके अनुमानित कारकों की खोज भूतकाल में की जाती है। कुछ घटनाएं ऐसी होती हैं जिनके प्रभावों को जानने के लिए उनकी पुनरावृत्ति नहीं की जा सकती। अतएव, ऐसी घटनाओं के अध्ययन के लिए दो या दो से अधिक ऐसे समूहों की तलाश की जाती है जिनमें से किसी एक में उक्त घटना घट चुकी है, किन्तु दूसरे में अभी घटी नहीं है या घटने की संभावना है। तुलना की दृष्टि से इन दोनों समूहों का अन्य बातों में एक दूसरे के अनुरूप होना आवश्यक है। बाद में, दोनों समूहों की तुलना करके घटना के कारण-प्रभावों को मालूम किया जाता है।

भूतकालीन घटनाओं के संबंध में जानने के लिए इस अभिकल्प में उपलब्ध प्रलेखीय स्रोतों का प्रयोग किया जाता है। जहाँ कहीं साक्षात्कार संभव होता है वहाँ सूचनादाताओं के साक्षात्कारों के आधार पर भूतकालीन घटना को निर्मित करने का प्रयास

किया जाता है। उदाहरणार्थ, यदि कोई शोधकर्ता भारतीय सैनिकों की चीन के साथ युद्ध (1962) के अवसर पर लगी हुई उनकी ड्यूटी का उसके राजनीतिक विचारों पर प्रभाव जानना चाहता है, तो वह चीन की लड़ाई में भाग लेने वाले सैनिकों से उसके वर्तमान राजनीतिक विचार तथा इस युद्ध में भाग लेने के पहले के विचारों को पूछ सकता है। इस प्रकार के भूतकालीन प्रश्नों की सबसे बड़ी कमी यह होती है कि इसमें सूचनादाता की याददास्त के कमजोर होने के कारण कुछ बातें भुलाई जा सकती हैं या उनमें विकृति उत्पन्न हो सकती है।

कार्यान्तर परीक्षण को शुद्ध प्रायोगिक अभिकल्प कहना भूल होगी, क्योंकि इस परीक्षण में प्रयोगात्मक अभिकल्प के वे सभी तत्व नहीं पाए जाते जिनका उल्लेख पहले किया जा चुका है।

कार्यान्तर शोध में शोधकर्ता प्रयोज्यों का प्रयोग अपनी स्वेच्छा के अनुसार नहीं कर सकता है क्योंकि स्वतंत्र चर का प्रभाव प्रयोज्यों पर पहले ही पड़ चुका होता है। अत:, ऐसे अध्ययनों में शोधकर्ता आश्रित चर के अध्ययन से प्रारंभ करता है तथा आश्रित चर पर स्वतंत्र चर के संभावित प्रभाव का अध्ययन पूर्वकालिक समयावधि में करता है।

परिभाषा के अनुसार अर्द्ध-प्रयोगात्मक अभिकल्प में प्रयोगकर्ता उन सभी बातों पर नियंत्रण स्थापित नहीं कर पाता जिनका उल्लेख ऊपर किया गया है। कार्यान्तर परीक्षण में प्रयोगकर्ता प्रथम कारक को पूर्ण नियंत्रित नहीं कर सकता। इसी प्रकार प्रयोगात्मक चर पर भी उसका कोई नियंत्रण नहीं होता। इस अभिकल्प में प्रयोगकर्ता का नियंत्रण चतुर्थ कारक पर अवश्यमेव रहता है जिसके कारण वह आश्रित चर का 'पश्चात् परीक्षण' कर सकता है। प्रयोगात्मक अभिकल्प की भाँति इसमें पूर्व परीक्षण भी संभव नहीं होता।

कार्यान्तर परीक्षणों की सबसे बड़ी कठिनाई ऐसे दो समान समूहों के ढूंढ़ने की है जिनमें अनुमानित आश्रित चर के संबंध में प्रारंभिक रूप में समानता पाई जाती हो। द्वितीय, इस प्रकार की शोध में उन्हीं विषयों तथा समस्याओं का अध्ययन किया जा सकता है जिनके संबंध में पुराने दस्तावेज उपलब्ध होते हैं। प्रयोज्य की मृत्यु हो जाने या उसके अन्य स्थान पर चले जाने के कारण दोनों तुलनात्मक समूहों के पुराने दस्तावेज कुछ समय के उपरान्त मिलना कठिन हो सकता है।

पेनल अभिकल्प (Panel Design)

इस प्रकार के अध्ययन 'पूर्व-पश्चात्' अभिकल्प से काफी मिलते-जुलते होते हैं। 'पूर्व-पश्चात्' परीक्षणों में दो समान समूहों का होना आवश्यक है, किन्तु जब दो समान समूह उपलब्ध नहीं हो पाते, तब पेनल अभिकल्प का प्रयोग किया जाता है। इसे 'समय-क्रमिक अभिकल्प' (Time-Series Design) या लम्बी अवधिवाला अभिकल्प (Longitudinal Design) भी कहते हैं, क्योंकि इसमें एक ही समूह की तुलना दो या दो से अधिक बार अलग-अलग समय पर कुछ अवधि के अन्तराल से अध्ययन करके की जाती है। जैसे, किसी विषय पर सैनिकों की मनोवृत्ति को जानने के लिए सैनिकों के एक समूह से एक समय पर उक्त विषय पर साक्षात्कार किया जाता है। तत्पश्चात, उसी सैनिक

समूह का परीक्षण कुछ समय के उपरान्त पुनः किया जाता है। दोनों समयों पर किए गए परीक्षणों की तुलना करके सैनिकों की मनोवृत्ति में आने वाले परिवर्तन को आँका जाता है। इस अभिकल्प को निम्न रूप में प्रदर्शित किया जा सकता है:

X_1	X_2
1 जनवरी 80	31 जुलाई 80

अन्तर (d) = $X_2 - X_1$

पेनल अभिकल्प प्रवृत्तियों (Trends) के अध्ययन में अत्यन्त उपयोगी सिद्ध हुए हैं। राजनीतिक वैज्ञानिकों ने इस प्रकार के अध्ययनों का प्रयोग राजनीतिक अभियानों (Political Campaign) के प्रभाव को जानने के लिए प्रचुर मात्रा में किया है। दो विभिन्न समयों के बीच राजनीतिक नेताओं के भाषण, रैली या अन्य किसी राजनीतिक क्रिया के द्वारा किसी समूह के व्यक्तियों में क्या परिवर्तन आता है, यह जानने के लिए बहुधा पेनल अध्ययनों का प्रयोग किया जाता है। अमरीका में पेनल अध्ययनों का प्रयोग चुनाव-परिणामों के संबंध में भविष्योक्ति करने के लिए भी किया गया है। **लेजार्सफील्ड, बर्लसन गाडत** आदि ने सन 1944 में इस तकनीक का प्रयोग अमरीका के राष्ट्रपति के चुनाव के समय मत-निर्माण के अध्ययन में किया था।

पेनल अध्ययनों की सबसे बड़ी कठिनाई एक ऐसे समूह का चुनाव करने की है जिसके व्यक्ति एक लम्बी अवधि तक एक निश्चित अन्तराल के बाद बार-बार सूचना देने के लिए तैयार हों। इसमें कुछ सूचनादाता प्रारंभ में तो सूचना देने के अपनी सहमति दे देते हैं, किन्तु बाद में वे मना कर सकते हैं या वे स्थान परिवर्तन करके कहीं अन्य स्थान पर जा सकते हैं। इन अध्ययनों की दूसरी प्रमुख समस्या 'पेनल अनुबंधन' (Panel Conditioning) की है जिसके अनुसार सूचनादाता बाद के साक्षात्कारों के समय निष्चेष्ठता, उदासीनता अथवा असहयोग का प्रदर्शन कर सकता है और एक से उत्तर दे सकता है।

फिर भी, यह अभिकल्प 'कार्यान्तर परीक्षणों' से अधिक निश्चित होता है क्योंकि इसमें 'कार्यान्तर परीक्षणों' की भाँति सूचनादाता की याददास्त पर भरोसा न करके एक लम्बी अवधि में प्रत्यक्ष माप की जाती है। 'कार्यान्तर डिजाइन' में सामाजिक प्रक्रियाओं और परिवर्तन का अध्ययन संभव नहीं होता क्योंकि सामाजिक प्रक्रियाएं एक लम्बी अवधि तक चलती रहती हैं किन्तु पेनल अध्ययन इस प्रकार के अध्ययनों के लिये सर्वाधिक उपयुक्त कहे जा सकते हैं।

प्रवृत्ति अध्ययन (Trend Study)

पेनल अध्ययनों की उपरोक्त समस्याओं के कारण एक भिन्न प्रकार के पेनल अभिकल्प का प्रयोग किया जाता है, जिसमें हर बार एक ही समूह का अध्ययन नहीं किया जाकर समान समूहों का प्रयोग किया जाता है, इन्हें 'प्रवृति अध्ययन' के नाम से जाता है। इस प्रकार के अध्ययनों में अध्ययन किए जाने वाले समग्र में से दो या अधिक प्रतिदर्श समूहों का चुनाव किया जाता है और एक समूह का अध्ययन एक बार ही किया जाता है। कुछ

समय के बाद दूसरे समूह का अध्ययन करके पहले समूह के साथ इसकी तुलना की जाती है। जैसे, हम सैनिकों के एक समूह, जो भारत में रहते हैं, की तुलना सैनिकों के दूसरे समूह, जो भारत के बाहर किसी अन्य देश में तैनात हैं, से समान प्रश्न पूछ कर सकते हैं। इस प्रकार के अध्ययनों की यह एक पूर्वावश्यकता है कि ये दोनों समूह श्रेणी, पद, सेवाकाल, आयु आदि बातों में पूर्णतः एक दूसरे के समान हों। इस अभिकल्प को निम्न रूप में प्रदर्शित किया जा सकता है:

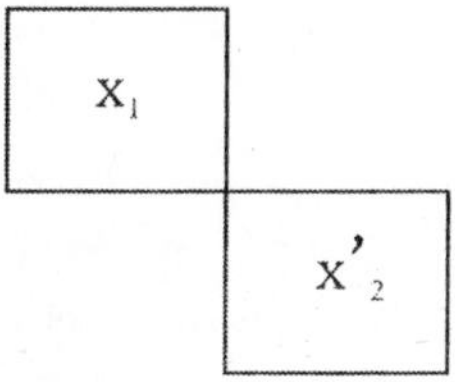

<u>संकेत</u>

X_1 तथा X_2 : दो भिन्न समूह

X तथा X' : दो भिन्न समयावधि

इस प्रकार के शोध अभिकल्प का प्रयोग बहुधा सरकारी विभागों द्वारा जनसंख्यात्मक विशेषताओं जैसे, जन्मदर, मृत्युदर, तलाक दर, अपराध दर, परिवार के आकार आदि में परिवर्तनों को जानने के लिए किया जाता है। अमरीका में गैलप तथा हैरिस द्वारा जनमत सर्वेक्षणों में इस प्रकार के अध्ययनों का प्रयोग खूब किया गया है। अत्यधिक खर्चे के कारण पहले इस प्रकार के अध्ययनों का प्रयोग नहीं किया जाता था, किन्तु आजकल मनोवृत्ति तथा मूल्यों में होने वाले परिवर्तनों को आँकने के लिए इस प्रकार के अध्ययन महत्वपूर्ण बन गए हैं। इन अध्ययनों की सबसे बड़ी कमजोरी इनकी आंतरिक प्रामाणिकता की समस्या है।

18

प्रमापन तथा पैमाना प्रविधियां
Measurement and Scaling Techniques

"सभी विज्ञान अधिकाधिक निश्चितता की दिशा की ओर बढ़ रहे हैं। इसके कई रूप हैं, उनमें से एक प्रमुख रूप प्रमापन है।"

–गुडे एवं हट्ट (1952)

वैज्ञानिक शोध में प्रमापन का एक विशिष्ट स्थान है। अतः सामाजिक शोध को अधिकाधिक सटीक और सुनिश्चित बनाने के लिए प्रमापन का प्रयोग आवश्यक है। इसीलिए एक शोधकर्ता अपने निष्कर्षों, प्रस्थापनाओं (Propositions) और सिद्धान्तों के परीक्षण हेतु प्रमापन का प्रयोग करता है। हर क्षेत्र में अपनी विषय-वस्तु की विशिष्ट प्रकृति के अनुरूप आजकल प्रमापन की अलग-अलग विधाओं एवं यंत्रों का प्रयोग किया जा रहा है। चिकित्सा के क्षेत्र में बुखार को मापने, रक्तचाप, खून और मल-मूल आदि की जांच करने के लिए भिन्न यंत्रों और प्रक्रियाओं का प्रयोग किया जाता है, ताकि मरीज के निदान के बारे में एक निश्चित निष्कर्ष पर पहुँचा जा सके। सामाजिक जीवन की घटनाओं के बारे में भी आजकल कुछ प्रमापन विधियों का प्रयोग होने लगा है। आधुनिक युवाओं की अपने भावी जीवन-साथी के प्रति क्या चाहत या वरीयताएं हैं, वे कैसा जीवन-साथी चाहते हैं या एक व्यक्ति किसी दूसरे व्यक्ति 'अ' को कितना प्यार करता है या उससे कितनी घृणा करता है, इन घटनाओं की जांच-पड़ताल के लिए हमें प्रमापन विधियों का प्रयोग करना होगा। 'कैसा जीवन-साथी' या 'कितना प्यार या घृणा' या 'कितना लगाव' की जानकारी प्राप्त करने के लिए ही सामाजिक विज्ञानों में प्रमापन विधियों के प्रयोग की शुरुआत हुई।

प्रमापन या स्केलिंग क्या है?
(What is Measurement or Scaling?)

फोरकेस एवं रिचर (1973) के अनुसार, "प्रमापन से तात्पर्य किसी घटना के मूल्यों को ज्ञात करने से है जो किन्हीं चरों/परिवर्त्यों (Variable) में निहित होते हैं। ये मूल्य किन्हीं संख्यात्मक संकेतों द्वारा प्रदर्शित किए जाते हैं।" **जॉन गाल्टूंग** (1967) के शब्दों में, "संख्याओं के एक समूह के रूप में मूल्यों के प्रदर्शन को प्रमापन कहते हैं।" **ननले** ने लिखा है कि वस्तुओं या घटनाओं को नियमानुसार संकेतांक (लेबल, संख्या आदि) प्रदान

करने की प्रक्रिया से अधिक प्रमापन और कुछ नहीं है।" कुछ मामलों में वस्तुओं और घटनाओं को जो हम संकेतांक देते हैं, उनका कोई परिमाणात्मक अर्थ नहीं होता, जैसे हम व्यक्तियों की आँखों के रंगों (भूरी, सफेद या काली) के आधार पर उन्हें वर्गों में बांटते हैं। इन्हें मापा जाना कठिन है किन्तु, अन्य मामलों जैसे लोगों की प्रतिदिन की उत्पादकता को संख्या में प्रदर्शित कर सकते हैं। ध्यान रहे, जब कभी हम व्यक्ति या वस्तु को मापने की बात करते हैं, तब हमारा तात्पर्य उनके गुणों (Attributes) को मापने से होता है। उदाहरणार्थ, जब हम व्यक्ति के कद (लम्बाई) की माप करते हैं, तब यह कहना गलत होगा कि हमने व्यक्ति को मापा है। हमने व्यक्ति को नहीं उसकी लम्बाई को मापा है जो उसके कई गुणों में से मात्र एक है। अतः व्यक्ति और उसकी कोई विशेषता (गुण) एक ही चीज नहीं है। इन्हें एक ही समझना भूल होगी। व्यक्ति की लम्बाई के अतिरिक्त व्यक्ति के वजन की माप भी हो सकती है, यह उसका दूसरा गुण (Attribute) है।

'स्केलिंग' शब्द का प्रयोग दो भिन्न, किन्तु आपस में जुड़े हुए अर्थों में किया गया है। पहले अर्थ में, इसका प्रयोग मापने के किसी भौतिक उपकरण, जैसे थर्मामीटर, बैरोमीटर, इंच-टैप, तुला-बाट आदि के लिए किया जाता है। ये सभी विभिन्न वस्तुओं/घटनाओं या तत्वों को मापने के 'मापन उपकरण' (Measuring Instruments) हैं। द्वितीय अर्थ में, प्रमापन से तात्पर्य मापन उपकरणों पर अंकित क्रमवार अंकों या संकेतों से है। **कलिंगर** (1964) के अनुसार, "एक स्केल संकेतों या अंको (Numbers) का एक समूह है जिसे इस प्रकार निर्मित किया जाता है ताकि इन संकेतों अथवा अंकों को नियमानुसार उन व्यक्तियों (अथवा उनके व्यवहारों) पर निर्धारित किया जा सके जिन पर वह स्केल प्रयोग किया जा रहा है।" **बर्नाड एस फिलिप्स** (1960) के शब्दों में, "प्रमापन (स्कैलिंग) से तात्पर्य घटनाओं या वस्तुओं की विशेषताओं को शब्द/अंक या कोई अन्य संकेत प्रदान करने से है।" थर्मामीटर पर अंकों के रूप में अंशांकन एक प्रकार का प्रमापन ही तो है।

वास्तव में, स्केलिंग का द्वितीय अर्थ, अर्थात् अंशांकन ही अधिक महत्वपूर्ण है जो किसी घटना या वस्तु के गुणों को परिमाण में परिवर्तित करके उसे एक निश्चित अर्थ प्रदान करता है। यदि थर्मामीटर पर अंक अंकित नहीं हों या किसी इंच-टैप पर क्रमवार कोई निशान न लिखे हों, तब वे मात्र भौतिक उपकरण हैं, अतः प्रमापन की दृष्टि से उनका कोई महत्व नहीं होता। पैमाने के द्वारा घटना के विभिन्न गुणों को व्यवस्थित किया जाता है। इसके द्वारा संख्या की विशेषताओं, अर्थात् योगशीलता को प्रदर्शित किया जाता है। संख्या की विशेषता से 'तात्पर्य इकाइयों की योगशीलता' (जैसे $1+1=2$, $2+1=3$ आदि) तथा संख्यात्मक व्यवस्था जैसे संख्या 2 संख्या 1 से बड़ी है और इसी प्रकार संख्या 3 संख्या 2 से बड़ी है, से होता है। संख्या की ये विशेषताएँ ही वस्तु के गुण (जैसे तापक्रम) का निर्धारण करती हैं।

सामाजिक विज्ञानों में, 'स्केल' शब्द का प्रयोग उन 'शाब्दिक बिन्दुओं' के समूह के लिए किया जाता है जिनके प्रत्येक बिन्दु के प्रति एक सूचनादाता से स्वीकृति या अस्वीकृति अथवा किन्हीं अन्य प्रत्युत्तरों के रूप में अपने मत को प्रकट करने के लिए

कहा जाता है। प्रत्युत्तरदाता से यह आशा की जाती है कि वह स्केल पर निश्चित किए गए बिन्दुओं, जो शाब्दिक रूप में होते हैं, में से किसी एक बिन्दु का चयन करते हुए विषय विशेष के बारे में अपनी राय व्यक्त करे। प्रश्नावली, साक्षात्कार अनुसूची, प्रेक्षण अनुसूची (Observation Schedule) में कुछ ऐसे विषय (Item) दिये होते हैं, जिनके बारे में उत्तरदाता से अपने निश्चित मत पर निशान लगाने के लिए कहा जाता है।

प्रमापों के प्रकार (Types of Scales)

जहाँ तक प्रमापों या पैमानों का प्रश्न है, संभवतः कई प्रकार के पैमाने उपलब्ध हैं। विभिन्न वस्तुओं और घटनाओं की विशेषताओं में भिन्नता होती है। इसी कारण, इन विशेषताओं को मापने के लिए भिन्न पैमानों का प्रयोग किया जाता है। बुखार मापने के लिए प्रयोग किए जाने वाले उपकरण (थर्मामीटर) और उस पर अंकित पैमाने का प्रयोग व्यक्ति की लम्बाई नापने में नहीं किया जा सकता। इसके लिए हमें इंच-टैप की जरूरत पड़ती है। एक पुस्तक की लम्बाई, चौड़ाई और मोटाई को मापने का एक पैमाना होता है जबकि उसी पुस्तक के वजन को मापने के लिए दूसरे पैमाने की जरूरत होती है।

प्रमापों का वर्गीकरण कई तरीकों से किया गया है। मोटे रूप में, इस वर्गीकरण के लिए निम्न तीन प्रमुख आधारों का प्रयोग किया जाता है:

1. अनुमाप का स्तर
2. अनुमाप की विषय-वस्तु
3. अनुमाप की प्रविधि

अनुमाप का स्तर (Levels of Measurement)

इस आधार पर **एस.एस. स्टीवेन्स** (1951) ने पैमानों को निम्नलिखित चार स्तरों में विभाजित किया है:

(क) सांकेतिक पैमाना (Nominal Scale)
(ख) क्रमसूचक पैमाना (Ordinal Scale)
(ग) अन्तर्वर्ती पैमाना (Interval Scale)
(घ) आनुपातिक पैमाना (Ratio Scale)

स्केलों के उपरोक्त वर्गीकरण के अतिरिक्त भी कई अन्य वर्गीकरण हैं, जिनका वर्णन-विश्लेषण हम आगे करेंगे।

सांकेतिक पैमाना (Nominal Scale)

उपरोक्त चारों पैमानों में यह सबसे हल्के स्तर का पैमाना है। इसमें घटनाओं, व्यक्तियों, वस्तुओं आदि को उनके नामों के आधार पर मात्र वर्गों में विभाजित किया जाता है, जैसे धर्म के आधार पर व्यक्तियों को हिन्दू, मुस्लिम, ईसाई आदि में वर्गीकृत किया जाता है। पुरुष-स्त्री, गरीब-अमीर, शिक्षित-अशिक्षित, बालक, युवा, वृद्ध या हां/ना भी इसी प्रकार की श्रेणियां (Categories) हैं। ये श्रेणियां केवल वर्गों का संकेत देती हैं। इनमें किसी प्रकार का क्रम विन्यास (Rank Order) नहीं होता। अतः सांकेतिक पैमानों को बहुधा,

'वर्ग मूलक पैमाना' (Classificatory Scale) भी कहते हैं। सभी प्रकार के 'बिन्दु पैमाने' इसी श्रेणी में आते हैं।

क्रमसूचक पैमाना (Ordinal Scale)

यह दूसरे स्तर का पैमाना है जिसमें घटनाओं या वस्तुओं को कम-अधिक, अच्छा-बुरा, उच्च-निम्न में विभाजित किया जाता है, जैसे धर्म के प्रति व्यक्ति की प्रतिबद्धता या रुझान को अत्यधिक, साधारण और बहुत कम के वर्गों में बांटा जा सकता है। इस पैमाने में किसी प्रश्न के संभावित उत्तरों को वर्गों में बांट कर उन्हें एक अधिक्रम (Hierarchy) में जमाया जाता है, जैसे किसी कथन या किसी प्रश्न के प्रति सूचनादाता की सहमति को बढ़ते हुए या घटते हुए क्रम में निम्न पाँच बिन्दुओं के रूप में दर्शाया जा सकता है, उदाहरणार्थ:

कथन: हिंसा द्वारा किसी समस्या का समाधान नहीं किया जा सकता है:

पूर्णतः सहमत/ सहमत/ असहमत/पूर्णतः असहमत/अनिश्चित

4 3 2 1 0

इस स्केल में प्रत्येक बिन्दु को एक संख्या दी जाती है। उपरोक्त उदाहरण में पूर्णतः सहमत को 4, सहमत को 3, असहमत को 2, पूर्णतः असहमत को 1 और अनिश्चित को 0 संख्याएं दी गई हैं। लिकर्ट स्केल इसका एक उदाहरण है, जिसका सविस्तार वर्णन आगे किया गया है।

अन्तर्वर्ती पैमाना (Interval Scale)

अन्तर्वर्ती पैमाने में भी बिन्दुओं को क्रमिक रूप में (बढ़ते या घटते हुए क्रम में) जमाया जाता है, किन्तु इसमें एक बिन्दु और दूसरे बिन्दु के बीच की दूरी समान होती है। शरीर के तापक्रम की माप के लिए प्रयोग किए जाने वाला थर्मामीटर इसका ही एक रूप है, जिसमें तापक्रम सूचक बिन्दु 'सेन्टीग्रेड' में दिये होते हैं। थर्मामीटर के इन मापसूचक बिन्दुओं के बराबर की दूरी होती है, अर्थात् पाँच डिग्री और छह डिग्री का अन्तर वही होगा जो सात और आठ डिग्री के बीच होता है। इसी प्रकार 20-25 आयु वर्ग का अन्तर 50-55 आयु वर्ग के समान ही होता है।

आनुपातिक पैमाना (Ratio Scale)

इस पैमाने में माप की शुरुआत पूर्ण शून्य बिन्दु से होती है। तापक्रम को मापने का शतांशिक पैमाना आनुपातिक पैमाने का ही एक उदाहरण है। यह पैमाना दो मूल्यों के एक-दूसरे के साथ अनुपात को दर्शाता है। लिंग के आधार पर जनसंख्या का प्रदर्शन इसी पैमाने द्वारा (अर्थात् 1000:937) किया जाता है। इसमें 1,000 पुरुषों की संख्या और 937 स्त्रियों की संख्या को दर्शाया गया है। इसे कभी-कभी 'निरपेक्ष पैमाना' (Absolute Scale) भी कहा जाता है।

उपरोक्त चारों पैमानों के अन्तर को अति संक्षेप में उनके प्रकार्यों के आधार पर निम्न रूप में प्रदर्शित किया जा सकता है:

प्रमापन-पैमाने

पैमाने (Scales)	*मुख्य प्रकार्य (Main Function)*
1. सांकेतिक (Nominal)	समानता का निर्धारण
2. क्रमसूचक (Ordinal)	कम या अधिक का निर्धारण
3. अन्तर्वर्ती (Interval)	अन्तर या अन्तराल की समानता का निर्धारण
4. आनुपातिक (Ratio)	अनुपात की समानता का निर्धारण

यहाँ यह दृष्टव्य है कि उपरोक्त सभी पैमानों में सांकेतिक स्केल की प्रकृति गुणात्मक होती है। इस स्केल को छोड़कर अन्य तीनों स्केल (क्रमसूचक, अन्तर्वर्ती और अनुपातिक) परिमाणात्मक होते हैं। परिमाणात्मक न होने के कारण कुछ लोगों का कहना है कि सांकेतिक पैमाना किसी प्रकार का मापन नहीं है, अत: अन्य तीन पैमानों को ही प्रमापन (Measurement) मानना चाहिए।

पैमानों के कुछ अन्य रूप

अंक पैमाने (Point Scales)

इस प्रकार के पैमानों में कुछ इस प्रकार के शब्दों अथवा दशाओं का प्रयोग किया जाता है जिनके प्रति व्यक्तियों के मनोभावों को जानना होता है। इन सभी शब्दों अथवा दशाओं को एक-एक अंक प्रदान किया जाता है। तत्पश्चात सूचनादाताओं से इन शब्दों या दशाओं के प्रति अपनी प्रतिक्रिया 'सहमति' (✓) अथवा 'असहमति' (×) के रूप में व्यक्त करने के लिए कहा जाता है। बाद में सही के संकेतों को जोड़ कर सूचनादाताओं की मनोवृत्ति का अनुमान किया जाता है। गलत के निशान अथवा छोड़े गए स्थानों को 'असहमति' माना जाता है। इस पैमाने का एक उदाहरण नीचे दिया जा रहा है:

- क्या आप निम्न बातों को पसंद करते हैं?

यदि 'हां' तो उसके आगे सही का निशान (✓) और 'नहीं' पसंद करते हैं तो क्रॉस का निशान (×) लगाकर अपनी सम्मति प्रकट करें:

(1) एक विवाह .... (2) बहु विवाह .... (3) पाठ-पूजा .... (4) नाच-गाना .... (5) तीर्थ यात्रा .... (6) यौन स्वच्छंदता .... (7) परिवार नियोजन .... (8) होटलियरिंग ....।

उपरोक्त पैमाने के आधार पर आधुनिकता और पारम्परिकता के संबंध में लोगों की धारणाओं का पता लगाया जा सकता है।

अंक पैमानों की सबसे बड़ी कमजोरी ऐसे द्वन्द्वात्मक शब्दों या दशाओं को खोजना है, जिनमें से सूचनादाता एक का चुनाव कर सके। एक दशा के ठीक विपरीत दशा क्या हो सकती है और उसे किस उपयुक्त शब्द से व्यक्त किया जा सकता है, इसे मालूम करना एक जटिल समस्या है। ऐसे पैमानों द्वारा उन व्यक्तियों की मनोवृत्ति को मालूम करना कठिन है जो मिश्रित सम्मति, अर्थात् न 'हां' में और न 'ना' में अपनी राय रखते हैं। इनके

द्वारा 'मनोभावों' की तीव्रता (Intensity) का पता नहीं चल पाता, जैसे एक व्यक्ति धार्मिक तो है किन्तु वह कितना धार्मिक है, यह नहीं पता पड़ता है।

निर्धारण पैमाना (Rating Scale)

मनोवृत्तियों की भिन्न तीव्रता या मात्रा को मापने के लिए जिन पैमानों (लिकर्ट, गटमैन आदि) का प्रयोग किया जाता है, उन्हें निर्धारण स्केल कहा गया है। जब किसी घटना के प्रति व्यक्ति की सम्मति द्विभाजी, अर्थात् मात्र हाँ या ना, अथवा पसंद या नापसंद में नहीं होती, अपितु उसकी मात्रा में अन्तर होता है, तब ऐसे पैमाने का प्रयोग किया जाता है। इस दृष्टि से यह पैमाना 'बिन्दु पैमाने (Point Scale) से भिन्न है जिसमें मनोवृत्ति की तीव्रता (Intensity) को नहीं मापा जाता है। उदाहरणार्थ, 'दहेज' के प्रति व्यक्तियों के दृष्टिकोण को मात्र पक्ष या विपक्ष के दो वर्गों में ही नहीं बांटा जा सकता। कुछ व्यक्ति ऐसे भी हो सकते हैं जिनका दृष्टिकोण दहेज के प्रति कुछ-कुछ अनुकूल हो सकता है। परीक्षा में ग्रेड या अंक देने की प्रणाली 'रेटिंग स्केल' का ही उदाहरण है जिसके द्वारा विद्यार्थी की श्रेष्ठता की माप की जाती है। संभवतः 'रेटिंग स्केल' सर्वाधिक प्रयोग किए जाने वाले पैमाना-उपकरण हैं। इन्हें अन्य पैमानों की अपेक्षा आसानी से बनाया जा सकता है तथा इन्हें समझना भी सरल है। रेटिंग स्केल के पाँच मुख्य प्रकार हैं:

(अ) जांच-सूची निर्धारण पैमाना

(ब) बाध्यतामूलक चयन निर्धारण पैमाना

(स) श्रेणी-सूचक निर्धारण पैमाना

(द) आंकिक निर्धारण पैमाना

(इ) आलेखीय/ग्राफीय निर्धारण पैमाना

उपरोक्त सभी पैमाने एक दूसरे से मिलते-जुलते हैं, किन्तु कुछ अर्थों में इनमें भिन्नता भी पाई जाती है।

जांच-सूची निर्धारण पैमाने (Check-list Rating Scales)

एक व्यक्ति की किसी मुद्दे के बारे में मनोवृत्ति की माप करने का सबसे सरल तरीका यह है कि उक्त मुद्दे के बारे में उससे यह पूछा जाए कि तुम इसके बारे में क्या विचार रखते हो। उदाहणार्थ, विवाह के बारे में व्यक्ति के विचारों को जानने के लिए उसके समक्ष निम्न तीन कथन प्रस्तुत कर यह पूछा जा सकता कि तुम्हारे विचार में विवाह क्या है। इनमें से किसी एक पर सही का निशान लगा कर अपनी सम्मति प्रकट करें:

(i) विवाह एक धार्मिक अटूट संबंध है।

(ii) विवाह एक सामाजिक अनुबंध है।

(iii) विवाह मात्र एक मैत्रीय संबंध है।

जांच-सूची पैमाने के प्रश्न का एक अन्य निम्न रूप यह भी हो सकता है:

"वास्तविक प्रसन्नता प्राप्त करना बहुत कठिन है"

पूर्णतः सहमत/सहमत/अनिश्चित/असहमत/पूर्णतः असहमत

यह पैमाना ऊपर वर्णित **'क्रमसूचक पैमाने'** का ही एक दूसरा नाम है।

बाध्यतामूलक चयन निर्धारण पैमाना (Forced Choice Rating Scale)

साक्षात्कार अथवा प्रश्नावली में शोधकर्ता बहुधा बाध्यतामूलक चयन की तकनीक का प्रयोग करते हैं। सूचनादाताओं के समक्ष एक प्रश्न के कई संभावित उत्तरों को रख कर उनसे इनमें से किसी एक उत्तर का चयन करने के लिए कहा जाता है। उनके उत्तर 'सांकेतिक पैमाने' के रूप में हाँ या नहीं हो सकता है, जैसे क्या आप कॉफी पीते हैं: हाँ/ना या 'क्रमसूचक पैमाने' के रूप में उत्तर का रूप यह हो सकता है: एक दिन में आप कितनी बार कॉफी पीते हैं?

चार से अधिक बार/तीन बार/दो बार/एक बार/बिल्कुल नहीं

श्रेणी-सूचक निर्धारण पैमाना (Rank Order Rating Scale)

श्रेणी-सूचक पैमाने से तात्पर्य ऐसे पैमाने से है जिसमें किसी श्रेणी विशेष का कुछ अन्य श्रेणियों से तुलना कर उसे एक निश्चित स्थान दिया जाता है। इस पैमाने में स्वयं प्रयोज्य (Subject) को इकाइयों के युग्मों में से तुलनात्मक निर्णय करने के लिये कहा जाता है। इन निर्णयों के आधार पर जो क्रमांकित पैमाना तैयार होता है, उसे ही श्रेणी-सूचक पैमाने के नाम से जाना जाता है। प्रजातीय पक्षपात को मापने के लिये **होरोविज** ने जिस विधि का प्रयोग किया है, वह इसी पैमाने का एक उदाहरण है।

जब निर्धारक (Rater) को किसी गुण (विशेषता) के आधार पर स्वयं को श्रेणी देने के लिये कहा जाता है, तब इसे 'स्व-निर्धारण पैमाना' (Self-Rating Scale) कहा जाता है।

आंकिक निर्धारण पैमाना (Numerical Rating Scale)

जब कभी किसी वस्तु या घटना की माप के निर्धारण में अंकों (Numbers) का सहारा लिया जाता है, तब इस प्रकार का पैमाना आंकिक निर्धारण पैमाना कहलाता है। स्कूलों या विश्वविद्यालयों द्वारा परीक्षार्थियों की शैक्षणिक योग्यता के निर्धारण में इसी पैमाने का प्रयोग किया जाता है। उद्योग के क्षेत्र में कर्मचारियों/कार्मिकों की निपुणता के निर्धारण में भी आंकिक पैमानों का प्रयोग किया जाता है। इस पैमाने के द्वारा व्यक्तियों के कार्य निष्पादन का वस्तुपरक (Objective) मूल्यांकन संभव है। इस पैमाने में किसी व्यक्ति का मूल्यांकन करते समय कुल अंकों में से जो अंक दिये जाते हैं, जैसे कुल अंक 100 में से 35 अंक, यह व्यक्ति का मूल्यांकन होता है।

आलेखीय ग्राफीय निर्धारण पैमाना (Graphic Rating Scale)

कभी-कभी चित्रीय पैमाने का प्रयोग किया जाता है जिसमें दो चरम बिन्दुओं (पूर्ण सहमत से पूर्ण असहमत) के बीच रेखा खींच कर उस रेखा पर व्यक्ति की मनोवृत्ति या विचार को दर्शाया जाता है। यह पैमाना एक सीधी रेखा या थर्मामीटर की भांति किसी चित्र का रूप ले सकता है जिसमें एक नियमित अन्तराल के बाद निशान बने होते हैं। अमेरिका में गैलप नाम की संस्था ने चुनाव सर्वेक्षणों में इस विधि का प्रयोग करते हुए दस चौखानों का प्रयोग किया। इन चौखानों को एक-दूसरे के ऊपर बनाया गया। इनमें से पाँच चौखानों को सफेद रंग से बना कर उन्हें धन-चिन्ह (Plus) और नीचे वाले पाँच को काले रंग से बना कर ऋण-चिन्ह (Minus) दिये गए। सूचनादाताओं से इन चौखानों को बता कर विषय विशेष पर उनकी मनोवृत्ति की स्थिति को बताने के लिए कहा गया, जैसे:

आप अपनी माँ के प्रति अपने दृष्टिकोण को निम्न चौखानों में से कहाँ रखेंगे:

स्नेही एवं सहृदयी .... हृदयहीन या बेदर्द

निस्स्वार्थी .... स्वार्थी

धैर्यवान .... अधीर

सुयोग्य/कार्यक्षम .... अयोग्य/असमर्थ

प्रसन्नचित/जिन्दादिल .... शाँत/उदासीन

आत्म विश्वास से भरी हुई .... हमेशा चिन्तित

थर्सटन पैमाना (Thurstone Scale)

यह मनोवृत्तियों (Attitudes) को मापने का एक ऐसा पैमाना है जिसका विकास **एल.एल. थर्सटन** द्वारा अमेरिका में सन् 1920 के दशक में किया गया था। अत: यह पैमाना उन्हीं के नाम से जाना जाता है। चूंकि इसमें अन्तर्वर्ती पैमाने (Interval Scale) का प्रयोग किया जाता है, अत: इसे कभी-कभी "थर्सटन की सम-अन्तर्वर्ती विधि" (Thurstone Method of Equal Appearing Intervals) के नाम से जाना जाता है। इस पैमाने में यह माना जाता है कि एक व्यक्ति किसी कथन को स्वीकार या अस्वीकार कर सकता है। इसमें पूर्ण सहमति को पैमाने के एक छोर पर और पूर्ण असहमति को पैमाने के दूसरे छोड़ पर दर्शाया जाता है और इन दोनों के बची औसत या तटस्थ स्थिति को पैमाने के मध्य में प्रदर्शित किया जाता है।

थर्सटन पैमाने की रचना प्रक्रिया

थर्सटन पैमाने को बनाने हेतु निम्न रचना प्रक्रिया अपनाई जाती है:

(i) इसमें सर्वप्रथम अध्ययन विषय से संबंधित ऐसे कथनों (Statements) को संकलित किया जाता है जो पूर्ण पक्ष से पूर्ण विपक्ष के भाव को प्रदर्शित करने वाले हों। थर्सटन ने चर्च के प्रति लोगों की राय को जानने के लिए 130 ऐसे कथनों को चुना जो चर्च के प्रति व्यक्तियों की मनोवृत्ति के विभिन्न स्तरों को प्रकट करने वाले थे।

(ii) कथनों के संकलन के बाद उनका सम्पादन किया जाता है। सम्पादन करते समय ऐसे कथनों को निकाल दिया जाता है जो निरर्थक, अस्पष्ट या अध्ययन विषय से संबंधित न हों। जहाँ तक संभव हो, कथन सरल, संक्षिप्त, निश्चित और स्पष्ट हों।

(iii) कथनों के सम्पादन के बाद इनका मूल्यांकन किया जाता है, अर्थात् प्रत्येक कथन को एक मूल्य दिया जाता है। इसे 'पैमाना मूल्य' (Scale Value) कहते हैं। पैमाना मूल्य से तात्पर्य ऐसे मूल्य से है जिसे अधिकांश निर्णायकों ने कथनों को अपने क्रम में औसत स्थान दिया है। पैमाना मूल्य निकालने के लिए विभिन्न मूल्यों से मध्यका (Median) को मालूम किया जाता है।

(iv) कथनों को मूल्य देने के लिए कुछ निर्णायकों को चुना जाता है और उन्हें पक्ष, विपक्ष तथा तटस्थ के भावों के आधार पर सभी कथनों को 1 से 11 के क्रम में (कभी-कभी 9 या 13 का क्रम) विभाजित करने के लिए कहा जाता है। यह क्रम एक निरंतरता (Continuum) का रूप ले लेता है। बाद में कथनों के बहुमत के आधार पर उसे पैमाने के क्रम में व्यवस्थित कर दिया जाता है।

इस पैमाने की मुख्य समस्या पैमाने के लिए उपयुक्त कथनों के चुनाव करने, अनुक्रम निर्धारित करने और कथनों की संख्या को निश्चित करने की है। इसी के साथ विशेषज्ञ-निर्णायकों (कम से कम 15 निर्णायक) को चुनना, कथनों को श्रेणियों में विभाजित करना और बाद में पैमाना मूल्य निकालना इस पैमाने की कुछ अन्य समस्याएं हैं। इस पैमाने में काफी समय लगता है तथा काफी ऊर्जा की जरूरत पड़ती है, अतः आजकल इस पैमाने का प्रयोग नहीं किया जाता।

लिकर्ट पैमाना (Likert Scale)

थर्सटन पैमाने की कमियों और समस्याओं का ताड़ते हुए **एल. एल. लिकर्ट** ने 1932 में मनोवृतियों और सम्मति को मापने के लिए जिस पैमाने को विकसित किया, वह उन्हीं के नाम से (लिकर्ट पैमाना) जाना जाता है। इस पैमाने के द्वारा विभिन्न कथनों की सापेक्षिक तीव्रता (Relative Intensity) का निर्धारण किया जाता है। यह पैमाना थसर्टन पैमाने से मिलता-जुलता है, किन्तु इसमें 'पैमाना मूल्य' निकालने की भिन्न विधि का प्रयोग किया जाता है। लिकर्ट ने अपनी इस विधि का प्रयोग साम्राज्यवाद, अन्तर्राष्ट्रीयतावाद और प्रजातिवाद जैसे विषयों के प्रति लोगों की मनोवृतियों की पड़ताल करने में किया था।

लिकर्ट पैमाने की कार्यविधि

लिकर्ट स्केल थर्सटन पैमाने से बहुत सरल है। लिकर्ट स्केल में निर्णायकों की सम्मति का प्रयोग नहीं किया जाता। इसकी कार्यविधि के प्रमुख चरण निम्नलिखित हैं:

कथनों का चुनाव

इस स्केल में भी अध्ययन विषय से संबंधित सभी संभावित कथनों का चुनाव किया जाता है। इस चुनाव के लिए पत्र-पत्रिकाएं, पुस्तक, चलचित्र और मीडिया के अन्य साधनों आदि का स्रोत सामग्री के रूप में प्रयोग किया जाता है। ये कथन अति सकारात्मक से अति नकारात्मक मनोभावों को प्रकट करने वाले होने चाहिए। सामान्यतः इस पैमाने को बनाने के लिए 15 कथन पर्याप्त होते हैं।

वर्गों का निर्माण

साधारणतः इस पैमाने में पाँच वर्ग और कभी-कभी तीन या सात वर्गों का भी प्रयोग किया जाता है। पाँच वर्गों के पैमाने के तीन उदाहरण नीचे दिये जा रहे हैं:

(1) पूर्ण सहमति/सहमति/अनिश्चित या तटस्थ/असहमति/पूर्ण असहमति

(2) रोजाना/कभी-कभी/वार-त्योहार/बहुत कम/कभी नहीं

(3) दृढ़ अनुमोदन/अनुमोदन/अनिश्चित/विरोध/दृढ़ विरोध

पैमाना मूल्य प्रदान करना

लिकर्ट स्केल की रचना प्रक्रिया के तीसरे चरण पर पैमाना मूल्य निर्धारण किया जाता है जो एक जटिल प्रक्रिया है। सामान्यतः उपरोक्त पाँचों वर्गों को 1, 2, 3, 4 और 5 या 5, 4, 3, 2 और 1 अंक क्रमशः प्रदान किया जाता है, जैसे:

पूर्ण सहमति/ सहमति/ अनिश्चित/ असहमति/ पूर्ण असहमति

5 4 3 2 1

पैमाना मूल्य प्रदान करने की उपरोक्त विधि पूर्णतः स्वैच्छिक है। उपरोक्त दोनों विधियों में से किसी एक का चुनाव किया जा सकता है। इस पैमाने मूल्य के आधार पर अधिक अंक प्राप्त करने वाले को कथन के पक्ष में और कम अंक वाले व्यक्ति को विषय के विपक्ष में माना जाता है।

पैमाने का प्रयोग

संकलित किए गए कथनों के प्रति लोगों के मनोभावों को जानने के लिए लोगों के सामने उन कथनों को रखा जाता है और प्रत्येक व्यक्ति से अपनी प्रतिक्रिया को उपरोक्त उदाहरणों में प्रदर्शित वर्गों में से किसी एक पर सही का निशान (✓) लगा कर व्यक्त करने के लिए कहा जाता है, जैसे:

- क्या आप शराब का सेवन करते हैं?
  रोजाना/कभी-कभी/वार-त्योहार/बहुत कम/कभी नहीं
- क्या आप मंदिर जाते हैं?
  रोजाना/कभी-कभी/वार-त्योहार/बहुत कम/कभी नहीं
- विद्यार्थियों को राजनीति में भाग नहीं लेना चाहिए:
  पूर्ण सहमत/सहमत/अनिश्चित/असहमत/पूर्णतः असहमत

उपरोक्त उत्तरों को पैमाना मूल्य प्रदान कर प्राप्तांकों को श्रेणीबद्ध किया जाता है। सबसे छोटी संख्या सबसे ऊपर रखी जाती है। तत्पश्चात् समस्त श्रेणी को चार चतुर्थकों में विभाजित कर प्रथम और अंतिम पच्चीस प्रतिशत इकाइयों को चुन कर उन्हें आवृत्ति (Frequency) के रूप में जमाया जाता है। भार को मूल्य मानते हुए दो चतुर्थ समूह के माध्य (Median) को ज्ञात किया जाता है। इन दोनों चतुर्थ समूहों के माध्य का जो अन्तर होता है, वही पैमाना मूल्य होता है।

लिकर्ट पैमाना थर्सटन पैमाने की अपेक्षा अधिक विश्वसनीय माना जाता है। इसमें निर्णायकों की जरूरत नहीं पड़ती। विषय से संबंधित कथनों के चुनाव के बाद इन कथनों के प्रति अध्यित व्यक्तियों की सीधी प्रतिक्रियाओं को मालूम किया जाता है। अतः इसमें कथन अपने आप में एक स्केल बन जाता है और सभी कथनों को मिलाकर सम्पूर्ण पैमाना बनाया जाता है। इस पैमाने की विश्वसनीयता की जांच अन्य विधियों से की जा सकती है।

इस पैमाने की दो बड़ी कमजोरियां हैं। प्रथम, इस पैमाने में 'गटमैन पैमाने' (इसकी आगे व्याख्या की गई है) की अपेक्षा पुनर्प्रयोग की क्षमता कम होती है। द्वितीय, यह पैमाना थर्सटन की भांति 'अन्तर्वर्ती पैमाना' (Interval Scale) तो अवश्य है, किन्तु कितना अन्तर्वर्ती है, इसकी जांच संभव नहीं है।

गटमैन पैमाना (Guttman Scale)

कई शोधकर्त्ताओं ने थर्सटन और लिकर्ट पर टिप्पणी करते हुए कहा है कि इन पैमानों द्वारा अध्ययन किये जाने वाले मुद्दे या घटना के विभिन्न पक्षों संबंधी जो कथन (Statements)

होते हैं, वे दो या अधिक पैमानों से संबंधित होते हैं, अतः उन्हें 'बहु-आयामी पैमाना' (Multi-dimensional Scale) माना जाना चाहिये। इस प्रकार के पैमाने में प्रयोज्य (Subject) के प्रत्युत्तरों के ऐसे कथनों में बंट जाने की काफी संभावना रहती है जिनके पैमाने मूल्य (Scale Value) में काफी अंतर होता है। इस समस्या के निवारण हेतु गटमैन ने एक नई तकनीक (विधि) को विकसित किया। इस विधि का मुख्य उद्देश्य यह जानकारी हासिल करना है कि जिस विषय-वस्तु (मनोवृति या गुण) का अध्ययन किया जा रहा है, वह वास्तव में एक आयामी (Uni-dimensional) है। अतः गटमैन का कहना है कि एक आयामी विषय-वस्तु का थर्सटन या लिर्कट विधियों से अध्ययन निरर्थक है। उन्होंने इस प्रकार की विषय-वस्तु के अध्ययन के लिये जो पैमाना बनाया, वह 'गटमैन पैमाने' (1944) या 'स्केलोग्राम विश्लेषण' (Scalogram Analysis) के नाम से जाना जाता है। इस पैमाने में द्विभाजी मदों (Dichotomous Items) के एक समूह का निर्माण किया जाता है जिसकी संरचना एक आयामी और संचयी होती है। इसमें किसी उच्च (जटिल) विषय के प्रति सकारात्मक प्रत्युत्तरों को अन्य सभी निम्न (सरल) विषयों के प्रति उत्तर मान कर व्यक्तिगत प्रत्युत्तर का एक प्रतिमान तैयार कर लिया जाता है। इसमें कितनी भी संख्या के प्रयोज्यों के सभी प्रत्युत्तरों को निम्न प्रतिमान में जमाया जा सकता है:

सम्पूर्ण प्राप्तांक	*कथन*	*मदों के बारे में 'हां'*		*कथन*	*मदों के बारे में 'नां' कहा*	
(Score)	*3*	*2*	*1*	*3*	*2*	*1*
3	x	x	x			
2		x	x	x		
1			x	x	x	
0				x	x	x

इसे निम्न उदाहरण से स्पष्ट किया जा सकता है: नीचे कुछ विषयों पर प्रयोज्यों से उनकी सहमति या असहमति प्रकट करने के लिये कहा जा सकता है:

1. सहशिक्षा दीर्घकाल में बाद में वैवाहिक सामंजस्य बिठाने में मदद करती है। सहमत/असहमत
2. माता-पिता को अपनी संतानों को सहशिक्षण संस्थाओं में पढ़ने के लिये भेजना चाहिये। सहमत/असहमत
3. कानून के द्वारा सहशिक्षा को अनिवार्य कर दिया जाना चाहिये। सहमत/असहमत

यदि उपरोक्त कथन पूरी तरह से संचयी पैमाने को प्रदर्शित करता है, तब सभी प्रयोज्यों को पैमाने पर प्राप्तांक 2 होंगे जो इसमें विश्वास करते है कि सह शिक्षा दोनों ही लिंगों के व्यक्तियों को वैवाहिक जीवन में समायोजन में सहायता करती है तथा जो इस कथन में भी विश्वास करते हैं कि माता-पिता को अपनी संतानों को सहशिक्षा वाली संस्थाओं में भेजना चाहिये, किन्तु तीसरे कथन को वे नकार सकते हैं।

इस पैमाने को बनाने की जो विधि अपनाई जाती है, वह थर्सटन और लिकर्ट पैमानों से मिलती-जुलती है किन्तु इसमें कथनों या विषयों (Items) को एक सूची में पैमाने मूल्य के

अनुसार से जमाया जाता है। इस सूची को बाद में प्रश्नावली में दो भागों में विभाजित कर दिया जाता है। सभी सम विषयों को एक भाग में और विषम विषय को दूसरे भाग में रखा जाता है।

इस स्केल की कुछ कमजोरियां ये हैं: (1) एक आयामी स्केल को जटिल वस्तुओं, घटनाओं या विषयों के बारे में व्यक्तियों की मनोवृतियों को जानने का कठिनत: ही एक विश्वसनीय तरीका माना जा सकता है। अत: इसके आधार पर व्यक्तियों के व्यवहारों के बारे में भविष्यवाणी नहीं की जा सकती है; एवं (2) यह स्केल कुछ व्यक्तियों के लिये एक-आयामी हो सकता है किन्तु सभी के नहीं।

सामाजिक दूरी पैमाने (Social Distance Scales)

सभी व्यक्तियों के साथ हमारे संबंध एक समान नहीं होते। कुछ व्यक्तियों के साथ हमारे घनिष्ठ संबंध होते हैं। ऐसे लोगों को हम निकटतम व्यक्ति मानते हैं, जबकि कुछेक के साथ केवल सतही संबंध होते हैं जिन्हें हम दुआ-सलाम या मेल-मुलाकाती संबंध कहते हैं। इनके अलावा कुछ व्यक्तियों या समूहों के साथ हमारे शत्रुतापूर्ण और आक्रोश से भरे संबंध होते हैं। ऐसो व्यक्ति सामाजिक दृष्टि से हमसे काफी दूर होते हैं। कौन से व्यक्ति हमारी निकटतम श्रेणी में आते हैं और कौन से हमसे बहुत दूर की श्रेणी में आते हैं, इन्हें मापने के लिए ही समाज वैज्ञानिकों ने सामाजिक दूरी पैमानों की रचना की है।

सामाजिक दूरी क्या है? (What is Social Distance?)

सामाजिक दूरी और भौतिक दूरी दोनों में अन्तर है। एक व्यक्ति भौतिक रूप से हमारे पड़ौस में रहते हुए भी वह हमारे दिलों से बहुत दूर हो सकता है, अर्थात् उसके साथ हमारे कोई संबंध, यहाँ तक कि दुआ-सलाम या अभिवादन के संबंध भी नहीं होते जैसा कि हम आजकल महानगरों की बड़ी-बड़ी अट्टालिकाओं में बने फ्लैटों के निवासियों के बीच देखते हैं। भौतिक दूरी को आसानी से मापा जा सकता है, इसके निश्चित पैमाने (इंच, मीटर आदि) हैं। किन्तु, सामाजिक निकटता और दूरी को मापना बड़ा कठिन है। इसकी माप के लिए जो पैमाने बनाए गए हैं, उनमें भी वह निश्चितता और सटीकता नहीं है जो भौतिक दूरी के माप के पैमानों में होती है।

सामाजिक दूरी से हमारा क्या तात्पर्य है, यह जानना आवश्यक है। **राबर्ट ई. पार्क** (1902) के अनुसार, "यह मिलनसारिता और घनिष्ठता के स्तरों और अंशों का एक ऐसा अनुक्रम होता है जिसके द्वारा सामाजिक संबंधों की विशेषताओं को प्रकट किया जाता है।" इस अनुक्रम के एक ओर पर हमदर्दी, निकटता, सौहार्द और घनिष्ठता को दर्शाने वाले संबंध होते हैं और दूसरी ओर घृणा, उदासीनता, नाराजगी, शत्रुता और परित्यकता जैसे भावों को दर्शाया जाता है। सामाजिक संबंधों और मनोभावों की इस निकटता या दूरी (दिलों के नजदीक या दिलों से दूर) को जानने के लिए जिन पैमानों का प्रयोग किया जाता है, इन्हें ही सामाजिक दूरी पैमाना कहा गया है। सामाजिक विज्ञानों में इस प्रकार के दो प्रमुख पैमानों का प्रयोग किया गया है:

1. बोगार्डस का सामाजिक दूरी पैमाना
2. मोरीनो एवं जैनिग्ज़ का समाजमितीय पैमाना

बोगार्डस का सामाजिक दूरी पैमाना (*Bogardus Social Distance Scale*)

बोगार्डस ने अमरीकियों और अलबेनियाई लोगों के बीच संबंधों (निकटता और दूरी) की जांच-पड़ताल के लिए 1920-30 के बीच एक सामाजिक दूरी पैमाने की रचना की। ये दोनों समुदाय अमेरिका में एक स्थान पर रहते हुए भी कुछ मामलों में एक दूसरे को नहीं चाहते थे। अपने इस अध्ययन के आधार पर उन्होंने यह माना कि विवाह के संबंध अन्य सभी संबंधों जैसे पड़ोस में रहने, एक ही मकान में रहने, एक साथ एक जगह काम करने, एक साथ भोजन करने आदि के संबंधों से सर्वाधिक निकट और घनिष्ठ संबंध होते हैं।

पैमाने को बनाते समय बोगार्डस ने सर्वप्रथम कुछ ऐसे संबंधों का चुनाव किया जिनके द्वारा सामाजिक दूरी को मापा जा सके, जैसे विवाह करना, मित्र बनाना, पड़ोस में रहना, साथ-साथ भोजन करना आदि। इन संबंधों को एक अनुक्रम में रखा जाता है, अर्थात् सर्वाधिक निकटता प्रदर्शित करने वाले संबंधों (जैसे विवाह करना) को पैमाने के एक छोर पर तथा सर्वाधिक दूरी, अर्थात् विद्वेष और घृणा को दर्शाने वाले संबंधों (जैसे देश निकाला देना) को पैमाने के दूसरे छोर पर रखा गया। उदाहरणार्थ:

1	2	3	4	5	6	7
विवाह करना	मित्र बनाना	पड़ोस में रहना	एक ही कार्यालय में काम करना	अपने देश में एक नागरिक के रूप में स्वीकार करना	अपने देश में एक यात्री के रूप में स्वीकार करना	देश निकाला देना

उपरोक्त अनुक्रम तैयार करने के बाद लोगों से इनके बारे में अपनी राय पूछी जाती है और उन्हें बिना सोच-विचार और देर लगाए इन संबंधों के बारे में तत्काल अपनी प्रथम प्रतिक्रिया प्रकट करने के लिए कहा जाता है। बोगार्डस ने इस पैमाने का प्रयोग अमरीकी लोगों की अंग्रेज, स्वीडिश, पॉलिस, कोरियाई, तुर्की और चीनी लोगों के साथ संबंधों की जांच-पड़ताल में किया है। यह सात बिन्दु पैमाना कहलाता है।

इस पैमाने की प्रमुख कमजोरियाँ निम्नलिखित हैं:

(i) पैमाने के बिन्दुओं के मध्य समान दूरी बनाए रखने की एक भारी समस्या रहती है। प्रत्येक अगला बिन्दु पीछे वाले बिन्दु से अनिवार्यत: 'उच्च' होता है। **किम्बाल यंग** के अनुसार, यह पैमाना 'सम अन्तराल' (Equal Appearing Interval) की जरूरतों को पूरा नहीं करता।

(ii) यह पैमाना कहाँ तक विश्वसनीय है, इसकी जांच केवल परीक्षा/पुनर्परीक्षा द्वारा ही संभव है जो एक अत्यंत कष्ट एवं समय साध्य प्रक्रिया है।

(iii) इस पैमाने में एक प्रेरक तत्व का ही प्रभाव रहता है जिसके कारण इसमें अस्पष्टता बनी रहती है।

(iv) इस पैमाने की सबसे बड़ी कमजोरी यह है कि इसमें निश्चित तौर पर यह नहीं कहा जा सकता कि विभिन्न समाजों के व्यक्तियों के प्रति व्यक्त उत्तर उनकी वास्तविक

भावना को अभिव्यक्त करते ही हों। कभी-कभी व्यक्ति दूसरे समाज के एक या दो-तीन व्यक्तियों के साथ उसके संबंधों के आधार पर ही उक्त सम्पूर्ण समाज के बारे में अपनी राय बना लेते हैं। भारत के संदर्भ में किसी जाति विशेष का नाम लेते ही उस जाति के कुछेक व्यक्ति जिनसे हमारा कोई परिचय रहा है, हमारे मस्तिष्क में उभर कर आ जाते हैं और हम उन्हीं के आधार पर सम्पूर्ण जाति के बारे में अपनी राय व्यक्त कर देते हैं। भारत में जातीय संबंधों की पड़ताल के लिए कुछेक समाज वैज्ञानिकों ने इस विधि का प्रयोग किया है।

संस्थात्मक व्यवहार तथा सामाजिक सांस्कृतिक घटनाओं को मापने के लिए उपरोक्त स्केलों से कुछ भिन्न स्केलों का प्रयोग किया गया है। बाल अपराध में पारिवारिक परिवेश की भूमिका तथा बालकों के बुद्धिफल (IQ) को मापने के लिए अलग-अलग स्केलों का प्रयोग किया जाता है ताकि इन दोनों में से अपराधी प्रवृत्ति को उत्पन्न करने वाले कारक की पहचान की जा सके। संस्थागत और सामाजिक-सांस्कृतिक घटनाओं को मापने हेतु प्रयोग किए जाने वाले प्रमुख स्केल निम्नलिखित हैं:

(क) सामाजिक प्रस्थिति मापक स्केल चैपिन, गटमैन तथा मोरिनो-जैनिग्स का 'समाज मितीय स्केल' इसी में आते हैं।

(ख) सामाजिक सूचकांक (Index) और प्राप्तांक स्केल - जैलिनी का 'मिलनसारिता पैमाना', हार्ट शौर्न का 'सामाजिक स्थायित्व पैमाना', लुण्डवर्ग का 'सामाजिक घनिष्ठता पैमाना' और जैलिनी का 'नैतिकता मापक पैमाना'।

अनुमाप के विषय-वस्तु की प्रकृति (Nature of Content of Scale)

कुछ समाज वैज्ञानिकों जैसे लुण्डबर्ग और स्मिद ने अनुमाप की जाने वाली विषय-वस्तु के आधार पर स्केलों का वर्गीकरण किया है। सामाजिक घटनाएं मोटे रूप में दो प्रकार की होती हैं: (i) व्यक्तिगत घटनाएं, और (ii) सामाजिक-सांस्कृतिक घटनाएं।

इन दोनों प्रकार की घटनाओं की प्रकृति भिन्न होने के कारण इनके माप के लिए अलग-अलग प्रकार के स्केलों की जरूरत पड़ती है। व्यक्तिगत घटनाओं में व्यक्ति के व्यवहार तथा उसके व्यक्तित्व से संबंधित कार्यकलापों को सम्मिलित किया जाता है। इन घटनाओं के मापन के लिए ही कुछ विशिष्ट प्रकार के पैमानों की रचना की गई है, जैसे मनोवृत्ति मापक स्केल, नैतिकता मापक स्केल, चरित्र मापक स्केल, सामाजिक सहभागिता मापक स्केल, मनोतंत्रिका मापक स्केल, आदि।

टिप्पणी: पैमाना निर्माण के बारे में उपरोक्त सरलीकृत विवरण अत्यंत प्रारंभिक प्रकार का है। इसमें पैमाना निर्माण की तकनीकों की मात्र एक संक्षिप्त रूपरेखा दी गई है। ऐसे शोधकर्ता, जो अपनी शोध में किन्हीं पैमानों का प्रयोग करना चाहते हैं, उन्हें 'स्केलिंग प्रविधियों' पर अंग्रेजी में प्रकाशित मानक पुस्तकों का अध्ययन करना चाहिए।

समाजमिति (Sociometry)

समाजशास्त्रियों के अध्ययन का प्रमुख विषय मानव की सामाजिक अन्तर्क्रियाएं और इनके आधार पर बनने वाले सामाजिक संबंध और सामाजिक समूह की संरचना हैं। इसके लिए

वे अन्तर्क्रियाओं के क्रम, दिशा, आकर्षण-विकर्षण, घृणा, प्रेम, उदासीनता जैसी अन्तर्क्रियाओं के साथ-साथ किसी समूह में लोगों की प्रस्थिति, नेतृत्व के रूप आदि का भी अध्ययन करते हैं। इन सभी बातों के अध्ययन के लिए कई विधियों का प्रयोग किया गया है, इनमें से एक प्रमुख विधि 'समाजमिति' है। समूह की संरचना, अर्थात् कौन किसको चाहता है, समूह का सबसे चहेता व्यक्ति (नेता) कौन है, ऐसा कौन सा व्यक्ति है जिसे समूह का कोई व्यक्ति नहीं चाहता आदि बातों को जानने के लिए ही जिस विधि का प्रयोग किया गया है, उसे समाजमिति का नाम दिया गया है।

इस विधि की रचना **मौरिनो एवं जैनिग्ज** (1934) ने अपनी पुस्तक Who Shall Survive? में सामाजिक दूरी के एक पैमाने के रूप में की थी, अतः कभी-कभी यह विधि उन्हीं के नाम से भी जानी जाती है। जैनिग्ज ने लिखा है कि इस विधि के द्वारा किसी समय विशेष पर किसी समूह के सदस्यों के संबंधों और सम्पूर्ण ढांचे को एक ग्राफ की सहायता से प्रदर्शित किया जा सकता है। मौरिनो ने इस विधि का प्रयोग सर्वप्रथम न्यूयॉर्क के एक प्रशिक्षण स्कूल की किशोरियों में किया था। इसमें 500 लड़कियां थीं जो 16 झोपड़ियों में रह रही थीं। इन लड़कियों में बहुधा आपस में कहा-सुनी और कभी-कभी मारपीट हो जाया करती थी। इस प्रकार के असहयोगात्मक और असामंजस्यपूर्ण व्यवहार का समाधान निकालने के लिए ही मौरिनो ने इस विधि का प्रयोग किया। प्रत्येक लड़की को एक गुप्त स्लिप देकर यह कहा गया कि वे इस स्लिप पर पाँच उन सहपाठिनों के नाम वरीयता के आधार पर लिखें जिन्हें वे अपनी झोपड़ी में साथिन, कार्य स्थल पर साथिन या भोजन के समय साथिन बनाना पसंद करेंगी। इनके साथ ही वे पाँच उन लड़कियों के नाम भी लिखें जिनके साथ वे बहुत कम या किसी भी प्रकार के संबंध नहीं रखना चाहती हैं। इन स्लिपों के उत्तरों के आधार पर ऐसी लड़कियों को मालूम किया गया। जिनका एक समूह था और जो एक-दूसरे को बहुत चाहती थीं। उनके उत्तरों के आधार पर लड़कियों की झोंपड़ियों में हेर-फेर किया गया ताकि लड़कियों के बीच तनाव और कटुतापूर्ण वातावरण में सुधार किया जा सके। मौरिनो ने बाद में इस विधि का प्रयोग एक जेल के कैदियों पर भी किया जिनमें आए दिन मारपीट, गाली-गलौच होता रहता था और जेल का वातावरण विषाद और संकटपूर्ण बना रहता था। अपने अध्ययनों के आधार पर मौरिनो ने यह निष्कर्ष निकाला कि सर्वाधिक सामंजस्यपूर्ण समूह वे होते हैं, जिनके सदस्यों में स्वाभाविक रूप में बन्धुता की भावना (Brotherhood) होती है।

समाजमिति की परिभाषा (Definition of Sociometry)

ऊरी बोन फेन ब्रैन्नर (1958) के अनुसार, "समाजमिति समूहों में व्यक्तियों के बीच स्वीकार और अस्वीकार की मात्रा की माप के द्वारा सामाजिक प्रस्थिति, संरचना और विकास को जानने, विश्लेषण करने और मूल्यांकन करने की एक विधि है। **जे. जे. फ्रैज** ने कहा है कि "यह एक ऐसी विधि है जिसके द्वारा किसी समूह के व्यक्तियों के बीच आकर्षण और विकर्षण की माप के माध्यम से सामाजिक समाकृति (संरचना) की गवेषणा के साथ-साथ उसके परिचालन को मालूम किया जा सकता है।"

गार्डनर और लिन्डजे (1968) ने लिखा है, "समाजमितीय पैमाना एक ऐसी विधि है जिसके द्वारा एक समूह के सदस्यों में पाए जाने वाले आकर्षण और विकर्षण को मालूम किया जा सकता है।" इसमें सामान्यतः समूह के प्रत्येक सदस्य से गुप्त रूप में यह पूछा जाता है कि वह समूह के किन व्यक्तियों के साथ कौन से क्रियाकलापों में भाग लेना और कौन से क्रियाकलापों में भाग नहीं लेना पसंद करेगा। यह विधि यह बताती है कि हमारे संबंध किसी समूह के सभी व्यक्तियों के साथ एक समान नहीं होते। कुछ व्यक्तियों के साथ हम उठना-बैठना, खाना-पीना, साथ-साथ काम करना और उनके साथ रहना पसंद करते हैं, जबकि कुछेक के साथ उपरोक्त में से कुछ संबंध तो बनाना चाहते हैं, किन्तु कुछ अन्य संबंध बनाना बिल्कुल पसंद नहीं करते।

समाजमिति की कार्यविधि (Procedure of Sociometry)

इस विधि का प्रयोग अत्यंत सरल है। इसमें सर्वप्रथम एक प्रश्नावली तैयार की जाती है या पर्चियों (Slips) की सहायता से उत्तरदाताओं के उत्तरों को मालूम किगा जाता है। उत्तरदाताओं को सर्वप्रथम इन पर्चियों पर अपना नाम लिखने के लिए कहा जाता है। तत्पश्चात उन्हें अपने समूह के सदस्यों में से उन व्यक्तियों के नाम प्राथमिकता (वरीयता) के क्रम में लिखने को कहा जाता है जिनके साथ वे किन्हीं कार्यकलापों या स्थितियों में संबंध बनाए रखना चाहते/चाहती हैं। उदाहरणार्थ, किसी समूह के प्रत्येक व्यक्ति से यह कहा जा सकता है कि वे उस समूह के सदस्यों में से किन व्यक्तियों के साथ खेलना, पढ़ना, खाना-पीना, एक ही कमरे में साथ-साथ रहना या कोई अन्य व्यवहार करना पसंद करेंगे। मैत्रीय संबंधों या लोकप्रियता को जानने के लिए उनसे यह पूछा जा सकता है कि समूह के सदस्यों में से आपका सबसे अच्छा (प्रिय) मित्र कौन है? या समूह में सर्वाधिक लोकप्रिय (Popular) व्यक्ति कौन है? कभी-कभी उत्तरदाता को जितने व्यक्ति वह चुनना चाहता है, उतने व्यक्ति चुनने की स्वंतत्रता दी जाती है, किन्तु बहुधा उसे सीमित संख्या में ही चुनने के लिए कहा जाता है। ध्यान रहे, उत्तरदाता को यह चुनाव प्राथमिकता के आधार पर करने के लिए कहा जाता है, अर्थात् जिसे वह सर्वाधिक चाहता या चाहती है, उसे पहले क्रम पर, उससे कम चाहने वाले को दूसरे क्रम पर और इसी प्रकार आगे के क्रम का निर्धारण किया जाता है।

समाजमिति विधि के प्रयोग में यह जरूरी नहीं है कि उत्तरों को प्राप्त करने के लिए प्रश्नावली या पर्चियों का ही प्रयोग किया जाए इसमें किसी अन्य वैकल्पिक तरीके का प्रयोग भी किया जा सकता है। शोधकर्ता अध्ययन किए जाने वाले व्यक्तियों के व्यवहारों का अवलोकन कर, उनके साथ उठ-बैठ और बातचीत करके भी तथ्यों को जुटा सकता है।

प्रश्नावली अथवा पर्चियों (Slips) की सहायता से प्राप्त उत्तरों के विश्लेषण के लिए निम्न दो विधियों का प्रयोग किया जाता है:

1. समाजमितीय मैट्रिक्स (Sociometry Metrix)
2. समाजमितीय चित्र (Sociogram)

समाजमितीय मैट्रिक्स (Sociometry Metrix)

प्रश्नावली या पर्चियों द्वारा संकलित तथ्यों के विश्लेषण के लिए एक सारिणी (Table) की रचना की जाती है, जिसे शोध-शब्दावली में 'समाजमितीय मैट्रिक्स' कहा जाता है। इस सारिणी में अध्ययन किए जाने वाले समूह के समस्त सदस्यों के नाम दोनों तरफ, अर्थात् स्तम्भ (Columns) तथा कतारों (Rows) में लिखे जाते हैं। तत्पश्चात प्रश्नावली/पर्ची द्वारा प्राप्त उत्तरों के आधार पर चुने जाने वाले और न चुने जाने वालों को सारणी में इंगित किया जाता है। इसके लिए सामान्यत: चुने जाने वालों के लिए (1) तथा न चुने जाने वालों के लिए (0) संकेतों का प्रयोग किया जाता है। इस सारणी का एक उदाहरण नीचे दिया जा रहा है:

मान लीजिये, हम किसी महाविद्यालय के राजनीतिशास्त्र के एम.ए. के विद्यार्थियों के बीच पारस्परिक मैत्रीभाव, सद्भाव और वैमनस्य या घृणा को मालूम करना चाहते हैं, अर्थात् कौन किसको चाहता है और किसे नहीं चाहता या उससे घृणा करता है। इसके लिए हमें कक्षा के प्रत्येक छात्र को एक पर्ची देनी होगी और उनसे कहेंगें कि वे प्राथमिकता के आधार पर अपने सहपाठी समूह में से किन्हीं तीन सहपाठियों को चुनें, अर्थात् जिन्हें वे सर्वाधिक चाहते हैं, उसका नाम नम्बर 1 पर लिखें। उसके बाद उस सहपाठी का नाम लिखें जिसे वे नम्बर 1 से कम चाहते हैं और इसी प्रकार तीसरे का नाम लिखें जो नम्बर 2 से उसे कम प्रिय है। इस प्रश्न के प्राप्त उत्तरों को हम निम्न सारणी में इस प्रकार प्रदर्शित करेंगे:

समाजमितीय सारिणी

चयन करने वाले व्यक्ति	*चुनाव किए जाने वाले व्यक्ति*												
	ए	*बी*	*सी*	*डी*	*ई*	*एफ*	*जी*	*एच*	*आई*	*जे*	*के*	*एल*	*कुल*
ए		2		1							3		
बी			3	2				1					
सी	1			3				2					
डी		2				3		1					
ई	2			1			3						
एफ			2		1				3				
जी			1	2							3		
एच	3			1					2				
आई		1		2			3						
जे		2		3		1							
के		2		1					3				
एल		3		1							2		
प्रथम प्राथमिकता	1	1	1	5	1	1	–	2	–	–	–		12
द्वितीय प्राथमिकता	1	4	1	3	–	–	–	1	1	–	1	–	12
तृतीय प्राथमिकता	1	1	1	2	–	1	2	–	2	–	2	–	12
कुल	3	6	3	10	1	2	2	3	3	0	3	0	–

उपरोक्त सारिणी की कुल संख्याओं को देखने से यह स्पष्ट है कि 'डी' व्यक्ति को सर्वाधिक प्राथमिकताएं मिली हैं। वह समूह के अधिकांश व्यक्तियों का चहेता व्यक्ति है। इस पैमाने से केवल यही नहीं मालूम होता कि किस समूह में कौन व्यक्ति आकर्षण का प्रमुख केन्द्र बना हुआ है, अर्थात् कौन सर्वाधिक लोकप्रिय है, अपितु इसके द्वारा सम्पूर्ण समूह की संरचना (Structure) का भी पता चलता है, अर्थात् समूह में कितने गुट (Factions) हैं और कौन ऐसा व्यक्ति है, जिसे समूह का कोई भी व्यक्ति नहीं चाहता है। उपरोक्त सारिणी में 'जे' और 'एल' ऐसे व्यक्ति हैं, जिन्हें किसी ने नहीं चुना है, अर्थात् इन्हें कोई नहीं चाहता है।

मैट्रिक्स का विशेषत: गणितीय विश्लेषण और समन्वयन में प्रयोग किया जाता है। गुटों, पारस्परिक चयनों, तथा समूह संरचना के अन्य पक्षों को मालूम और विश्लेषण करने की दृष्टि से यह विधि 'सोसियोग्राम' की अपेक्षा कम महत्व रखती है।

समाजमितीय चित्र (Sociogram)

उपरोक्त 'समाजमितीय मैट्रिक्स' विधि के अतिरिक समाजमितीय तथ्यों का विश्लेषण एवं प्रदर्शन करने की एक अन्य विधि है, जिसे 'सोसियोग्राम' कहते हैं। इसमें तथ्यों के विश्लेषण के लिए सारणी न बना कर तथ्यों को चित्र के माध्यम से प्रदर्शित किया जाता है। सारणी की अपेक्षा इस चित्र में अधिक बोधगम्यता है, अर्थात् इसे आसानी से समझा जा सकता है। इस विधि को कभी-कभी स्वतंत्र रूप में या फिर कभी समाजमितीय मैट्रिक्स के एक सहायक के रूप में प्रयोग किया जाता है।

इस विधि में चुनाव के स्वरूप को अधिकांशत: एक चित्र के माध्यम से प्रस्तुत किया जाता है। इसमें समूह के प्रत्येक सदस्य को दर्शाने के लिए लघु गोले (O) या त्रिकोण (Δ) का प्रयोग किया जाता है और चयन को (अर्थात् पसदंगी) को इन गोलों या त्रिकोण के मध्य खींची गई रेखाओं से प्रदर्शित किया जाता है। इस प्रकार की रेखाओं द्वारा समूह संरचना को प्रदर्शित करने के तरीके को ही 'सोसियोग्राम' कहा गया है।

सोसियोग्राम बनाने की कार्यविधि

समाजमितीय चित्र बनाने के लिए सबसे पहले उतने छोटे गोले अथवा त्रिकोण बना लिए जाते हैं, जितने समूह में सदस्य होते हैं। बाद में इन्हें अण्डाकार रूप में या किसी अन्य रूप में जमा दिया जाता है। उसके बाद पर्चियों अथवा प्रश्नावली के उत्तरों के प्राथमिकता (वरीयता) के क्रम के आधार पर (जिनके द्वारा हमने पसंदगी अथवा नापसंदगी को मालूम किया है) चयन करने वाले व्यक्ति से चुने जाने वाले व्यक्ति तक तीर की भांति एक रेखा खींची जाती है। संभव है कि हमारा यह प्रयास अधिक संतोषजनक न हो, क्योंकि इस अन्डाकार स्वरूप में बहुत सी रेखाएं एक दूसरे को काटती हुई दिखाई दे सकती हैं। अत: अब दूसरे चरण में इन त्रिकोणों अथवा गोलों को एक अर्थपूर्ण ढंग से व्यवस्थित करने का प्रयास किया जाता है। अब उस गोले को सबके बीच में रखा जाता है, जिसे सर्वाधिक मत प्राप्त हुए हैं और इसके चारों ओर उन सब अन्य गोलों को जमा दिया जाता है, जिन्होंने उक्त सर्वप्रिय व्यक्ति को चुना है, या उस (सर्वप्रिय) व्यक्ति ने किसी व्यक्ति को चुना है। इसके बाद, उस व्यक्ति के गोले

को जमाया जाता है जिसने प्रथम सर्वप्रिय व्यक्ति से दूसरे नम्बर पर मत प्राप्त किए हैं और फिर इसके चाहने वालों के गोलों को जमाया जाता है। तत्पश्चात किनारे पर उन व्यक्तियों के गोलों को जमाया जाता है, जिन्होंने उपरोक्त अत्यधिक दोनों सर्वप्रिय व्यक्तियों को चुनने वाले व्यक्तियों में से किसी एक व्यक्ति को चुना है।

इस प्रकार के रेखीय प्रदर्शन में सामान्यत: जिस विधि का प्रयोग किया जाता है, वह निम्नलिखित है:

1. एक-तरफा चुनाव के लिए एक ऐसी रेखा का प्रयोग किया जा सकता है, जिसका एक सिरा तीर की भांति बना होता है। इस प्रकार का तीर दो व्यक्तियों के मध्य ऐसे संबंध को प्रदर्शित करता है, जिसमें एक व्यक्ति (अ), दूसरे व्यक्ति (ब) को चाहता है, किन्तु दूसरा व्यक्ति (ब) पहले व्यक्ति (अ) को नहीं चाहता, जैसे:

2. द्वितरफा (पारस्परिक) संबंधों के प्रदर्शन के लिए रेखा के दोनों सिरों पर तीर का निशान होता है, जैसे:

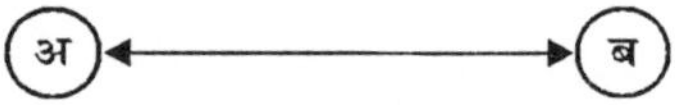

3. जंजीरनुमा संबंधों को निम्न रूप में प्रदर्शित किया जाता है, जैसे:

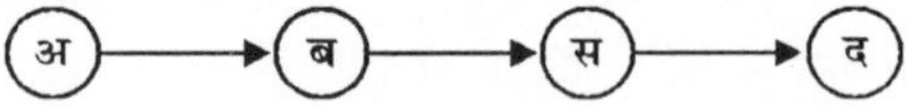

4. 'बहिष्कृत' व्यक्ति को प्रदर्शित करने के लिए कटी हुई रेखाओं का प्रयोग किया जाता है, जैसे:

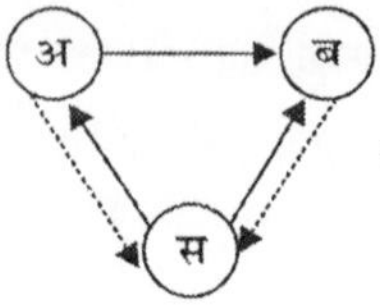

इसमें (स) बहिष्कृत व्यक्ति हैं।

5. 'एकाकी' व्यक्ति का प्रदर्शन इस प्रकार किया जाता है:

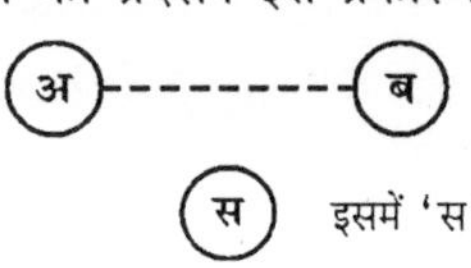

इसमें 'स' एकाकी व्यक्ति है।

6. 'उपेक्षित' व्यक्ति को निम्न रूप में प्रदर्शित किया जाता हैं:

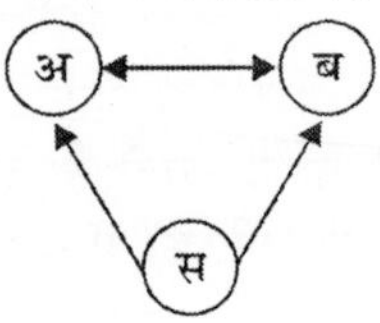

समाजमिती की विशिष्ट शब्दावली (Specialized Terminology of Sociometry)

समाजमितीय विधि के अधिकाधिक प्रयोग के साथ-साथ धीरे-धीरे इसकी कुछ विशिष्ट शब्दावली का विकास होता गया है। एक समूह की संरचना के अध्ययन में जो शब्दावली आजकल अत्यधिक प्रसिद्ध हुई है, उसके कुछ विशिष्ट शब्दों (Terms) को नीचे दिया जा रहा है:

लोकप्रिय नेता (Popular Star)

समूह के उन सदस्यों को 'लोकप्रिय नेता' की संज्ञा दी जाती है, जिन्हें समाजमितीय परीक्षण में समूह के अधिकांश व्यक्तियों ने पसंद किया है। किसी एक समूह में एक या अधिक ऐसे व्यक्ति हो सकते हैं, जिनका समूह के बहुसंख्यक सदस्यों ने चयन किया है।

एकाकी व्यक्ति (Isolate)

किसी भी समूह में हम कुछ ऐसे व्यक्तियों को देख सकते हैं, जिन्हें किसी व्यक्ति ने नहीं चुना है या कठिनतः ही किसी एक ने उसे पसंद किया है। ऐसे व्यक्तियों को 'एकाकी व्यक्ति' कहा जाता है। संक्षेप में, एकाकी व्यक्ति वह होता है जिसे समाजमितीय परीक्षण में किसी ने नहीं चुना है।

बहिष्कृत (Rejected)

यह एक ऐसा व्यक्ति होता है जिसे समाजमितीय परीक्षण में नकारात्मक मत मिले होते हैं, अर्थात् जिससे लोग घृणा करते हैं या दोस्ती करना पसंद नहीं करते।

उपेक्षित (Neglected)

'उपेक्षित' शब्द उस व्यक्ति के लिए प्रयुक्त किया जाता है जिसे समाजमितीय परीक्षण में अपेक्षाकृत बहुत कम मत मिले होते हैं, अर्थात् बहुत कम व्यक्तियों ने उसे पसन्द किया है।

पारस्परिक चुनाव या जोड़े (Mutual Choice or Pairs)

किसी समाजमितीय परीक्षण में जब दो व्यक्ति एक दूसरे को पसंद करते हैं, तब इसे पारस्परिक चुनाव अथवा जोड़ा कहा जाता है।

समाजमितीय गुट (Sociometric Clique)

एक समूह में कई गिरोह या उप-समूह या जंजीरनुमा (एक-दूसरे से बंधे हुए) गुट हो सकते हैं, जो समाजमितीय परीक्षण में आपस में अपने गुट के सदस्यों के प्रति ही अपनी पसंदगी प्रकट करते हैं। ऐसी स्थिति यह प्रकट करती है कि एक गुट के सदस्य अपने गुट से बाहर के व्यक्ति को बहुत कम पसंद करते हैं।

समाजमितीय दलबन्दी (Sociometric Cleavages)

जब दो या दो से अधिक उप-समूह (गुट) आपस में एक दूसरे को कम चाहते हों तब यह स्थिति समाजमितीय दलबन्दी को प्रकट करती है। इसका एक उदाहरण यह दिया जा सकता है कि प्राथमिक विद्यालय के बालकों में यह प्रवृत्ति बहुत अधिक होती है कि

लड़के कम लड़कियों को और लड़कियां बहुत कम लड़कों को चुनती हैं। यह स्थिति लिंग के आधार पर निर्मित दलबन्दी की भावना को प्रदर्शित करती है।

सोसियोग्राम विधि का एक उदाहरण

संकेत

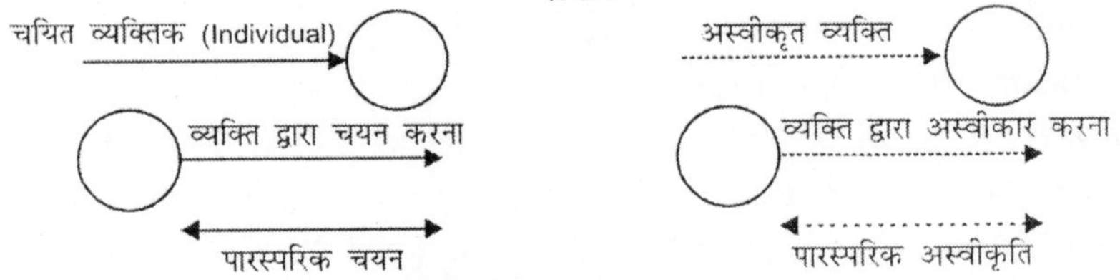

संबंधों के प्रतिमानों का रूप

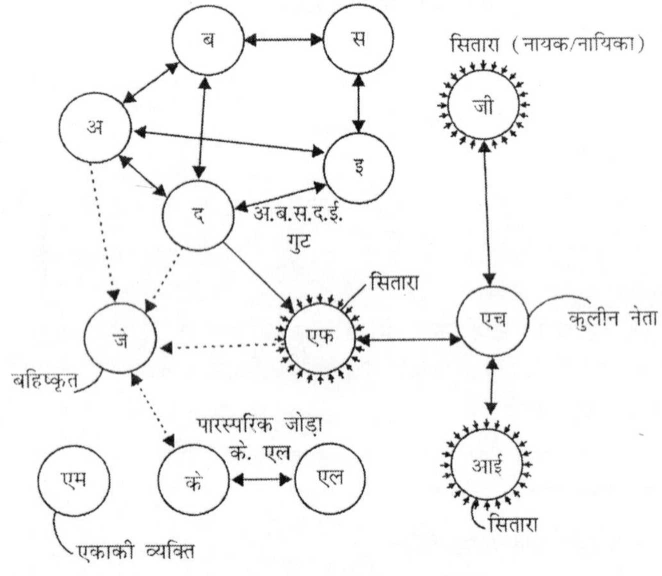

समाजमिति के उपयोग (Uses of Sociometry)

1. सामाजिक अन्तर्क्रिया का अध्ययन (Study of Social Interactions)

समाजमिति के द्वारा किसी भी समूह के सदस्यों के मध्य पाई जाने वाली सामाजिक अन्तर्क्रियाओं का अध्ययन किया जा सकता है। तथ्यों का संकलन इस प्रकार किया जाता है ताकि यह पता लगाया जा सके कि समूह के किन सदस्यों अथवा उपसमूहों के मध्य अन्तर्क्रिया विद्यमान है और किन के मध्य अन्तर्क्रिया का अभाव है। यह अन्तर्क्रिया व्यवहारमूलक हो सकती है या प्रत्याशित अथवा आकांक्षित अथवा काल्पनिक हो सकती है। अध्ययन की जाने वाली सामाजिक अन्तर्क्रियाओं का रूप विभिन्न प्रकार के सामाजिक

व्यवहारों में से कोई एक हो सकता है, जैसे व्यक्तियों के साथ उठना-बैठना, बात-चीत करना, खाना-पीना, खरीद-बेच, खेलना, पड़ोसी के रूप में रहना, मित्र बनाना आदि। मूलतः यह विधि किसी समूह में क्रिया-प्रतिक्रिया की दिशा, क्रम, आकर्षण-विकर्षण, उदासीनता-प्रसन्नता आदि विषयों का प्रदर्शन करती है।

2. समूह की संरचना का अध्ययन (Study of Social Structure of the Group)

समाजमितीय तथ्यों के द्वारा सम्पूर्ण समूह की संरचना, अर्थात् समूह के सदस्यों की प्रस्थिति तथा भूमिका के साथ-साथ सम्पूर्ण समूह के सामाजिक संबंधों के ताने-बाने का पता लगाया जा सकता है। एक व्यक्ति की समूह में क्या स्थिति है, समूह में कितने उपसमूह (गुट) हैं, इन उपसमूहों के मध्य किस प्रकार के संबंध हैं, समूह में एकता की मात्रा कितनी और किस प्रकार की है, आदि का अध्ययन समाजमितीय विधि द्वारा बड़ी कुशलता से किया जा सकता है। नेतृत्व संबंधी अध्ययनों, प्रजातिक समूहों के आपसी संबंधों के अध्ययनों और प्रयोगात्मक कारक के समूह की संरचना पर पड़ने वाले प्रभाव के अध्ययनों में समाजमितीय तथ्यों का प्रयोग सफलतापूर्वक किया गया है।

3. सामाजिक प्रस्थिति का अध्ययन (Study of Social Status)

सामाजिक अन्तर्क्रिया तथा समूह की संरचना के अध्ययन के साथ इस विधि के द्वारा व्यक्ति की समूह में क्या प्रस्थिति है, समूह के कितने व्यक्ति उसे पसंद अथवा नापसंद करते हैं, क्या वह समूह का एक सर्वप्रिय नेता है, या एक उपेक्षित अथवा बहिष्कृत व्यक्ति, आदि समस्याओं के समाधान के लिए इस विधि का प्रयोग किया जा सकता है। संक्षेप में, इस विधि के द्वारा व्यक्ति की किसी समूह विशेष में सामाजिक प्रतिष्ठा की मात्रा को जानने में सहायता मिलती है।

समाजमिति की दोनों विधियों, यथा सोसियोग्राम और सोसियोमेट्रिक्स का प्रयोग आजकल कई क्षेत्रों जैसे बालकों के स्कूलों, सेना, उद्योग, हवाई कम्पनियों आदि में बहुत किया जा रहा है। इसके प्रयोग द्वारा संस्थानों के कुशल संचालन में मदद मिलती है। कुछ राजनीतिक शोधकर्ताओं ने इसका प्रयोग समुदाय की शक्ति संरचना (Power Structure) और नेतृत्व प्रतिमान (Leadership Pattern) को जानने-समझने में भी किया है। **जैलेनी** ने मिलनसारिता, सामाजिक प्रस्थिति और मनोबल के समाजमितीय अध्ययनों में इन्डेक्स (Index) का प्रयोग किया है। इसी प्रकार, लुण्डबर्ग और स्टील ने अन्तर्क्रिया और घनिष्ठता की माप करने में इसका प्रयोग किया है।

समाजमिति विधि की समस्याएं (Problems of Sociometric Technique)

समाजमिति की सबसे बड़ी समस्या है विश्वसनीय सूचनाओं को प्राप्त करना। यह समस्या सूचना प्राप्ति की सभी विधियों - मनोवृत्ति पैमाने, वैयक्तिक अध्ययन विधि तथा प्रश्नावली विधि आदि के साथ जुड़ी हुई है। अतः समाजमिति विधि को विभिन्न स्थितियों के साथ तालमेल बिठाते हुए इसका बहुत सतर्कता से प्रयोग करने की जरूरत होती है। **लुण्डबर्ग** ने

एक गांव के अध्ययन में इस विधि का प्रयोग करते समय व्यक्तियों से पूछे जाने वाले प्रश्नों में काफी काट-छांट कर इसका प्रयोग किया। उद्योग क्षेत्र में इस विधि का प्रयोग करते हुए **जे.एच. जैकब्स** ने बताया है कि व्यक्तिगत भावनाओं से जुड़ी सूचनाओं को व्यक्तियों से निकलवाने के लिए साक्षात्कारकर्ताओं को बहुत सतर्कता बरतनी चाहिए। सटीक सूचनाएं प्राप्त करने के लिए सूचनादाताओं में भारी विश्वास उत्पन्न करने की आवश्यकता पड़ती है अन्यथा सूचनादाता चलताऊ ढंग से प्रश्नों के उत्तर दे सकता है।

प्रमापन की कुछ प्रमुख समस्याएं (Major Problems of Scaling)

किसी घटना को मापने के लिए पैमाना तैयार करना सरल कार्य नहीं है। यह बात भौतिक घटनाओं की अपेक्षा सामाजिक घटनाओं पर अधिक लागू होती है। भौतिक और प्राकृतिक वस्तुओं की पैमाइश अपेक्षाकृत सरल होती है, क्योंकि उनके गुणों में शीघ्रता से परिवर्तन नहीं होता। अधिकांश भौतिक घटनाएं मूर्त और परिमाणात्मक प्रकृति की होती हैं, जिन्हें मापा जाना संभव है। यही कारण है कि आज भौतिक वस्तुओं अथवा घटनाओं को मापने के लिए अनेक प्रकार के पैमानों का आविष्कार किया जा चुका है। इसके विपरीत, सामाजिक घटनाएं अमूर्त, जटिल तथा परिवर्तशील होती हैं, अत: इनका माप किया जाना असंभव नहीं तो कम से कम कठिन अवश्य है। सामाजिक घटनाओं के माप हेतु पैमाना बनाने में सामाजिक घटनाओं की गुणात्मक प्रवृत्ति तो एक समस्या है ही, किन्तु इसके अतिरिक्त कुछ अन्य समस्याएं भी है, जिनका उल्लेख **गुडे तथा हट्ट** ने अपनी पुस्तक में किया है। ये समस्याएं सामाजिक विज्ञानों में प्रयोग किए जाने वाले सभी पैमानों पर न्यूनाधिक रूप में लागू होती हैं:

1. अनुक्रम की समस्या
2. प्रमाप की विश्वसनीयता की समस्या
3. प्रमाप की प्रामाणिकता की समस्या
4. मदों के भारण की समस्या
5. मदों की प्रकृति की समस्या
6. इकाइयों की समानता की समस्या

1. अनुक्रम की समस्या (Problem of Continuum)

किसी भी तथ्य अथवा घटना, जिसके माप के लिए हम पैमाना बनाना चाहते हैं, उसके लिए सर्वप्रथम अनुक्रम को निश्चित करने की समस्या आती है। इसके लिए सर्वप्रथम यह देखना होता है कि वह तथ्य अथवा घटना मापने योग्य है भी या नहीं। जो घटना मापने योग्य ही नहीं, उसमें अनुक्रम की खोज निरर्थक होगी। प्रमापन के लिए यह आवश्यक है कि किसी न किसी प्रकार का उसमें अनुक्रम हो। इस अनुक्रम की प्रकृति उन मदों (Items) की विशेषताओं पर निर्भर करती है, जिन्हें पैमाने को बनाने के लिए चुना गया है। अत: तार्किक दृष्टि से असंबंधित मदों को एक पैमाने में सम्मलित नहीं किया जा सकता है और यदि उन्हें सम्मिलित किया जाता है तो संभव है कि वे अनुक्रम में अव्यवस्था उत्पन्न कर दें। परिणामत: किसी भी पैमाने बनाने की सर्वप्रथम आवश्यकता यह है कि हमें उस

विषय का पूर्ण ज्ञान हो, चाहे पैमाने के लिए हम किसी भी विधि का प्रयोग करें। हमें यह ज्ञान होना आवश्यक है कि हम किस तथ्य को परिमाणात्मक रूप में मापने जा रहे हैं। उदाहरणार्थ, यदि हम 'आवासन की पर्याप्तता' (Adequacy of Housing) संबंधी कोई पैमाना बनाना चाहते हैं तो उसके लिए हमें सर्वप्रथम निम्नलिखित कदम उठाने होंगे: (1) 'आवासन की पर्याप्तता' की परिभाषा, अर्थात् इससे हमारा क्या तात्पर्य है। (2) 'आवासन की पर्याप्तता' का अनुक्रम तैयार करने के लिए मदों (Items) का निर्धारण किया जाना चाहिये। इन दोनों चरणों के लिए यह आवश्यक है कि हमें मकानों तथा उनकी समस्याओं के संबंध में पूर्ण ज्ञान हो। अनुक्रम का निर्धारण करते समय एक और बात का ध्यान रखा जाना चाहिए कि जिस जनसंख्या का हमें माप करना है उसकी प्रकृति क्या है। यह संभव है कि मनोवृत्ति का एक अनुक्रम एक समूह पर लागू होता हो, किन्तु दूसरे पर नहीं। इसी प्रकार, वे मदें जो जयपुर में आवासन की पर्याप्तता को मापने में सक्षम हों, मुम्बई में उनकी सार्थकता संदिग्ध हो सकती है। अतः एक पैमाने का अत्यन्त सावधानी से प्रयोग किया जाना चाहिए तथा हमेशा उसे अस्थाई माना जाना चाहिए जब उसका प्रयोग किसी नवीन और विभिन्न जनसंख्या समूह पर किया जा रहा हो।

2. पैमाने की विश्वसनीयता (Reliability of Scale)

शोध विधि और पैमाने विश्वसनीय तथा प्रामाणिक होना विज्ञान की मुख्य शर्त है। इनके अभाव में विज्ञान मात्र एक दिखावा बन कर रह जाता है। यदि प्रमापन के परिणाम एक व्यक्ति से दूसरे व्यक्ति में बदलते रहते हैं तब ऐसे प्रमाप (पैमाने) को विश्वसनीय नहीं कहा जा सकता। यही नहीं, यदि उसी पैमाने को एक ही वस्तु के मापने के लिए भिन्न समय पर प्रयोग किया जाता है और यदि परिणामों में भिन्नता आती है, तब भी स्केल विश्वसनीय नहीं कहा जाएगा। उदाहरणार्थ, यदि एक व्यक्ति एक वस्तु की लम्बाई की माप दो भिन्न समय पर (दिन के 12 बजे और रात्रि के 10 बजे) पर किसी रूलर की सहायता से करता है और दोनों समय के परिणामों में भिन्नता आती है, तब ऐसा रूलर (पैमाना) विश्वसनीय नहीं हो सकता। संभव है यह रूलर दिन और रात्रि के तापक्रम से प्रभावित होकर घटता-बढ़ता हो। **कपालन** (1964) के अनुसार, "अपरिवर्तनीय दशाओं में निकाले गये निष्कर्षों की यदि बार-बार पुनरावृति करने पर भी वे ही निष्कर्ष आते हैं तब इसे प्रमापन की विश्वसनीयता कहा जाता है।"

विश्वसनीयता को परिभाषित करते हुए **गुडे तथा हट्ट** ने लिखा है कि "एक पैमाना तभी विश्वसनीय माना जाएगा जब उसे एक ही प्रतिदर्श (सेम्पल) पर बार-बार प्रयोग किए जाने के उपरान्त भी प्रत्येक बार समान परिणाम प्रकट करता हो।" दूसरे शब्दों में तथ्य संकलन की कोई भी विधि (Method) या पैमाना (Scale) तभी विश्वसनीय होगा जब समान दशाओं में एकाधिक शोधकर्ताओं के द्वारा वही विधि या पैमाना प्रयोग किए जाने के उपरान्त भी समान परिणाम आते हों। संक्षेप में, विश्वसनीयता से तात्पर्य पैमाने के उपकरण की स्थाई एवं समान परिणाम देने की क्षमता से है। एक कपड़े का व्यापारी कपड़े को मापने के लिए मीटर का, दर्जी इंच-टेप का और एक किराना व्यापारी किलोग्राम के उपकरणों का प्रयोग करता है। मापने के इन उपकरणों का विश्वसनीय होना आवश्यक है।

विश्वसनीयता के दो प्रमुख मापदंड हैं:

(i) ***स्थायित्व:*** यह विचार इस धारणा पर आधारित है कि यदि दो शोधकर्ता समान प्रमापन विधियों का प्रयोग करते हैं, तब समान वस्तुओं के प्रमापन परिणाम समान आने चाहिए।

(ii) ***आन्तरिक संगति:*** यह विचार इस धारणा पर आधारित है कि पैमाने में प्रयोग की गई मदें (Items) उन सब मदों का मात्र एक प्रतिदर्श (Sample) है, जिनका इस पैमाने में प्रयोग किया जा सकता था।

यहाँ एक बात विशेष उल्लेखनीय है कि 'समान परिणाम' की धारणा इस तथ्य के साथ जुड़ी हुई है कि पैमाना किस सीमा तक 'रैन्डम' अथवा 'परिवर्ती त्रुटि' (Variable Error) से मुक्त है। यह संभव है कि कभी-कभी प्रमापन उपकरण में 'वेरिअेबल त्रुटि' निहित हो। चूंकि सामाजिक विज्ञानों में अनुमापन की प्रकृति अप्रत्यक्ष होती है, अत: जब सामाजिक परिवर्त्यों/चरों को मापा जाता है, तब ये त्रुटियां भौतिक परिवर्त्यों को मापे जाने से अधिक होती हैं। अस्पष्ट निर्देश, क्षणिक भुलक्कड़पन तथा कुछ प्राविधिक कठिनाइयां (जैसे, प्रश्नावली में उत्तरों को लिखते समय पेन की निब का टूट जाना या पेन्सिल की नोक का टूट जाना) जैसे कारक 'वेरिअेबल त्रुटि' को उत्पन्न कर सकते हैं। ये 'वेरिअेबल त्रुटियां' इसलिए कहलाती हैं क्योंकि इन त्रुटियों में व्यक्ति से व्यक्ति में भिन्नता आती रहती है। यही नहीं, एक ही व्यक्ति पर बार-बार परीक्षण करते समय प्रत्येक बार इन त्रुटियों की मात्रा में भिन्नता आ जाती है।

विश्वसनीयता के माप की विधियां (Methods of Measuring Reliability)

विश्वसनीयता की माप के लिए सामान्यत: निम्न तीन परीक्षणों का प्रयोग किया जाता है:

(i) ***परीक्षा-पुनर्परीक्षा विधि (Test-Retest Method):*** जैसा कि नाम से ही विदित है कि इस विधि में एक ही जन समुदाय पर एक पैमाने को दो बार भिन्न समय पर प्रयोग किया जाता है और उनसे प्राप्त परिणामों की तुलना की जाती है। यदि दोनों परिणामों में बहुत कुछ समानता मिलती है, तो ऐसे पैमाने को विश्वसनीय माना जा सकता है। इस विधि की दो प्रमुख सीमाएं हैं: (अ) जिस व्यक्ति का एक बार परीक्षण किया गया है, वह स्वयं ही दूसरी बार के परीक्षण को प्रभावित कर सकता है। यदि प्रमापन उपकरण के रूप में प्रश्नावली का प्रयोग किया गया है, ऐसी दशा में उत्तरदाता कुछ विशिष्ट प्रश्नों को याद रख कर दूसरी बार पूछे जाने पर वही प्रत्युत्तर दे सकता है जो उसने पहली बार दिये हैं और इस प्रकार वह विश्वसनीयता की अनुमानित मात्रा में अप्रत्याशित रूप में वृद्धि कर सकता है। (ब) मानवीय गुणों तथा घटनाओं में निरन्तर परिवर्तन होता रहता है। यह संभव है कि दोनों परीक्षणों के मध्यांतर में ही मानवीय घटनाओं में कुछ परिवर्तन आ गए हों। ऐसे परिवर्तन विश्वसनीयता के अनुमान में कमी उत्पन्न कर देते हैं। इन दोनों दशाओं में या तो विश्वसनीयता बढ़ जाती है या घट जाती है और कई बार यह निश्चित करना कठिन होता है कि वास्तव में इन दोनों में से कौन सी दशा उत्पन्न हुई है।

वास्तव में, मानवीय व्यवहार के अध्ययन में बहुधा यह विधि प्रयोग किए जाने योग्य नहीं है। एक ही व्यक्ति पर इस विधि द्वारा बार-बार परीक्षण करने से उसमें रोष उत्पन्न होना स्वाभाविक है। वे दूसरी बार परीक्षण किए जाने के प्रति सशंकित हो सकते हैं और दूसरी बार उन्हीं प्रश्नों के उत्तर निश्चेष्ट भाव से देकर विश्वसनीयता की मात्रा को प्रभावित कर सकते हैं।

(ii) ***विविध अथवा समानान्तर स्वरूप विधि (Multiple or Parallel Forms Method):*** परीक्षा-पुनर्परीक्षा की उपरोक्त निहित कमियों को नियंत्रित करने का एक तरीका यह है कि विविध अथवा समानान्तर स्वरूपों का प्रयोग किया जाए। इस विधि में एक ही पैमाने के दो रूप तैयार किए जाते हैं, जिन्हें एक-दूसरे के समानान्तर माना जाता है। पैमाने के इन दोनों रूपों को व्यक्तियों अथवा वस्तुओं के एक समूह पर (एक के बाद दूसरे को) प्रयोग किया जाता है। तत्पश्चात् पैमाने के दोनों रूपों से प्राप्त परिणामों की तुलना करके विश्वसनीयता आंकी जाती है। यदि दोनों पैमानों के परिणामों में पर्याप्त समानता मिलती है, तो पैमाने को विश्वसनीय समझा जाता है।

इस विधि की कुछ अपनी समस्याएं हैं। यह कैसे मालूम किया जाए कि पैमाने के दोनों रूप वास्तव में समान हैं। साथ ही यह विधि पूर्णतः परीक्षा-पुनर्परीक्षा विधि में उत्पन्न होने वाले प्रभावों की समस्या का समाधान नहीं कर पाती है। मानवीय व्यवहार से संबंधित किन्हीं मुद्दों पर किए गए प्रश्नों के प्रथम उत्तर संभवतः दूसरी बार उन्हीं प्रश्नों के उत्तरों को प्रभावित कर सकते हैं।

(iii) ***अर्द्धक विधि (Split-Half Method):*** यह विधि दूसरी विधि का संशोधित स्वरूप है। इसमें पैमाने को अजानरूप में दो भागों में बांट लिया जाता है और पैमाने के प्रत्येक भाग को एक पृथक पैमाना मानकर एक ही समूह पर प्रयोग किया जाता है। यदि दोनों भागों द्वारा प्राप्त परिणामों में पर्याप्त सहसंबंध (समानता) पाया जाता है तो पैमाने को विश्वसनीय माना जाता है। इस विधि में यह मान कर चला जाता है कि सम्पूर्ण पैमाना इस प्रकार बना होना चाहिए कि उसका कोई भी आधा भाग सम्पूर्ण का पर्याप्त रूप में प्रतिनिधित्व कर सके।

गुडे तथा हट्ट ने इस विधि को उपरोक्त दोनों विधियों की अपेक्षा अधिक उत्तम कहा है, क्योंकि इसमें पैमाने को दो बार प्रयोग नहीं करना पड़ता है।

3. पैमाने की प्रामाणिकता की समस्या (Problem of Validity of Scale)

यथोचित विश्वसनीयता, पैमाने का एक आवश्यक गुण है तो दूसरा आवश्यक गुण उसकी वैधता अथवा प्रामाणिकता है। प्रामाणिकता की समस्या इसलिए उत्पन्न होती है क्योंकि सामाजिक विज्ञानों में, केवल अपवादों को छोड़कर, अनुमापन अप्रत्यक्ष रूप में किया जाता है। इन दशाओं में, शोधकर्ता कभी भी पूर्णतः निश्चित नहीं रहता कि वह उन्हीं गुणों को माप रहा है जिन्हें उसे मापना है। इसलिए प्रामाणिकता अथवा वैधता का विचार इस प्रश्न से जुड़ा हुआ है कि "क्या वह उसी चीज को माप रहा है, जिसके संबंध में उसने सोचा है?"

उदाहरणार्थ, क्या चुनाव परिणाम राजनीतिक विकास को मापते हैं? क्या यह कथन अलगाव (Alienation) को प्रकट करता है कि, 'यह संसार सत्ता में रहने वाले कुछ व्यक्तियों द्वारा चलाया जा रहा है और एक साधारण व्यक्ति इसमें कुछ नहीं करता या कर सकता है।' इन उदाहरणों से स्पष्ट है कि किसी न किसी प्रकार के साक्ष्यों को एकत्रित करना हमेशा आवश्यक है जो यह विश्वास दिला सके कि जो पैमाना प्रयोग किया जा रहा है वह वास्तव में उस वस्तु की पैमाइश कर सकने में सक्षम है जिसकी माप उसके द्वारा की जानी है।

गुडे एवं हट्ट ने लिखा है कि "एक पैमाने को तभी प्रामाणिक कहा जाएगा जब वह वास्तव में वही गुण मापता है, जिस गुण को मापने के लिए उसे बनाया गया है।" अतः सामाजिक दूरी को मापने के लिए बनाया गया पैमाना यदि सामाजिक दूरी न माप कर कुछ और चीज मापता है तो ऐसा पैमाना प्रामाणिक नहीं कहा जा सकता। इसी प्रकार, सामाजिक प्रस्थिति (Social Status), स्वास्थ्य दशाएं या किसी संस्था की कार्यक्षमता को मापने के लिए बनाए गए पैमाने ऐसे होने चाहिए कि वे इन घटनाओं को माप सकें।

वैधता चार प्रकार की होती है:

(i) ***प्रत्यक्ष वैधता (Face Validity):*** जब स्केल उसी गुण की माप करता है जिसके लिये स्केल निर्मित किया गया है, तब इसे प्रत्यक्ष वैधता कहते हैं। सामान्यतः एक शोधकर्त्ता को इस प्रत्यक्ष वैधता पर ही निर्भर रहना पड़ता है जो कई मामलों में सही नहीं होती। इस प्रकार की वैधता संबंधी निर्णय आनुभविक साक्ष्यों पर आधारित न होकर शोधकर्त्ता के व्यक्तिपरक निर्णय पर आधारित होता है।

(ii) ***विषय-वस्तु वैधता (Content Validity):*** यदि प्रमापन उपकरण अध्ययन किये जाने वाले विषय से जुड़े सभी मुद्दों की पर्याप्त मात्र में मात्रा करता है, तब यह विषय-वस्तु वैधता कहलाती है। इसका निर्णय विशेषज्ञों या निर्णायकों के समूह द्वारा किया जाता है। यदि सामाजिक प्रस्थिति के किसी माप में व्यक्ति के रहन-सहन के स्तर और निवास के रूप को सम्मिलित नहीं किया गया है, तब ऐसे प्रमापन उपकरण को विषय-वस्तु की दृष्टि से वैध नहीं माना जा सकता।

(iii) ***कसौटी-संबंधी वैधता (Criterion-Related Validity):*** कसौटी संबंधी वैधता प्रमापन उपकरण की क्षमता से संबंधित है कि यह उपकरण वर्तमान दशा या दशाओं के बारे में किस सीमा तक भविष्यवाणी कर सकता है या अनुमानों को बता सकता है। यदि उपकरण अनुमानों की कसौटी पर खरा उतरता है, तब इसे एक सक्षम प्रमापन उपकरण कहा जा सकता है।

(iv) ***कल्पित वैधता (Construct Validity):*** यदि प्रमापन उपकरण द्वारा निकाले गये निष्कर्ष अन्य उपलब्ध उपकरणों से निकाले गये निष्कर्षों से मेल खाते हैं, तब इसे कल्पित या निर्मित वैधता कहते हैं। कल्पित वैधता में अवधारणाओं संबंधी वैचारिक तर्क आनुभविक साक्ष्यों के अनुरूप होते हैं।

यदि कोई पैमाना प्रामाणिक है तो हमें उसकी विश्वसनीयता के संबंध में चिन्ता नहीं करनी चाहिए। जितना एक पैमाना अविश्वसनीय होगा, उतनी ही उसमें प्रामाणिकता की भी कमी होगी। किन्तु यह आवश्यक नहीं है कि जो पैमाना विश्वसनीय है, वह प्रामाणिक भी

हो, क्योंकि यह संभव है कि वह पैमाना वह सब कुछ नहीं मापता हो जिसे मापने के लिए उसे बनाया गया है। वास्तव में, यह कहना सरल है कि प्रामाणिकता किसे कहते हैं किन्तु व्यावहारिक रूप में इसकी पैमाइश करना अत्यन्त कठिन है।

प्रामाणिकता की जांच की विधियां (Methods of Testing Validity)

सामान्यत: किसी भी शोध विधि की प्रामाणिकता (वैधता) को मालूम करने के लिए निम्न चार विधियों का प्रयोग किया जाता है:

(i) ***तार्किक वैधता (Logical Validity):*** यह विधि यद्यपि सबसे कम सन्तोषप्रद है किन्तु सामाजिक विज्ञानों में इसी विधि का साधारणत: सर्वाधिक प्रयोग होता है। इस विधि के अनुसार, एक पैमाने को तब वैध मान लिया जाता है, यदि वह पैमाना शोधकर्ता को ठीक नजर आता है। अत: इस पैमाने में, शोधकर्ता के निर्णय को ही प्रमुखता दी जाती है। ऐसा माना जाता है कि शोधकर्ता का निर्णय उसके अर्जित अनुभव पर आधारित होता है। **गुडे तथा हट्ट** ने इस विधि को 'तार्किक वैधता' कहा है। तार्किक वैधता से तात्पर्य पैमाना तर्क तथा सामान्य ज्ञान दोनों पर आधारित होना चाहिये। इस विधि की सबसे बड़ी कमजोरी यह है कि यह विधि शोधकर्ता के व्यक्तिपरक अनुभव पर पूर्णत: आधारित होती है। यह संभव है कि एक शोधकर्ता और दूसरे शोधकर्ता के तर्क और सामान्य ज्ञान में अन्तर हो। अत: ऐसी विधि पर अधिक निर्भर रहना उचित नहीं है।

(ii) ***पंचों की राय (Jury Opinion):*** यह विधि प्रथम विधि अर्थात् 'तार्किक वैधता' का संशोधित रूप है। इसमें एक व्यक्ति (शोधकर्ता) के तर्क अथवा सामान्य ज्ञान पर न निर्भर रह कर, पैमाने की वैधता की जांच में, कुछ विशेषज्ञों या पंचों के निर्णय को महत्व दिया जाता है। इस विधि के अन्तर्गत एक पैमाने द्वारा प्राप्त परिणामों को उस विषय के एकाधिक निष्णात विशेषज्ञों के सामने रखा जाता है और उनमें से अधिकतर विशेषज्ञों की राय में यदि वे परिणाम ठीक हैं, तो पैमाने को ठीक मान लिया जाता है।

जैसा बताया जा चुका है कि यह विधि प्रथम विधि का ही संशोधित स्वरूप है, अत: इसमें भी लगभग वे ही कमियां उत्पन्न होने की संभावना बनी रहती है जो प्रथम विधि में हैं। विशेषज्ञों की सामान्य राय हर समय सही ही हो, इसे केवल संभावना ही कहा जा सकता है।

(iii) ***परिचित समूह (Known Groups):*** इस विधि में सबसे पहले ऐसे समूहों को चुना जाता है जिनकी विशेषताओं से हम पूर्व-परिचित हैं। यदि कोई पैमाना व्यक्तियों की 'धार्मिकता' को मापने के लिए बनाया जाता है, तब इसकी प्रामाणिकता को आंकने के लिए हम ऐसे दो या अधिक समूहों को चुनेंगे, जिनकी धार्मिक मनोवृत्ति के संबंध में हमें पूर्व ज्ञान है, अर्थात् उनमें से एक समूह अति धार्मिक है और दूसरा समूह प्रथम समूह से पूर्णत: विपरीत है। तत्पश्चात, हम 'धार्मिकता' के निर्मित किए गए पैमाने को इन समूह पर प्रयोग कर यह देखेंगे कि यदि परिणाम हमारी परिचित

विशेषताओं के अनुरूप हैं तब हम ऐसे पैमाने को वैध मान सकते हैं। किन्तु यह विधि भी पूर्णतः दोषरहित नहीं कही जा सकती। 'धार्मिकता' और 'अधार्मिकता' को मापने के लिए बनाए गए मापदण्ड कहाँ तक ठीक हैं? क्या पूजा-पाठ, धर्म-कीर्तन तथा रोजाना मन्दिर जाने की क्रियाओं के आधार पर ही किसी व्यक्ति को धार्मिक कहा जा सकता है। यह संभव है कि एक व्यक्ति इन सभी क्रियाओं को किसी अन्य उद्देश्य से सम्पादित करता हो।

(iv) ***स्वतंत्र मापदण्ड (Independent Criteria):*** **गुडे तथा हट्ट** ने वैधता की जांच की चतुर्थ विधि 'स्वतंत्र मापदण्ड' की बताई है। इसके अनुसार पैमाने को किसी सम्पूर्ण घटना पर एक साथ प्रयोग न करके उसके विभिन्न अंगों पर अलग-अलग रूप में प्रयोग किया जाता है। यदि सभी के परिणाम समान होते हैं तो पैमाने को प्रामाणिक माना जाता है। उदाहरणार्थ, सामाजिक प्रस्थिति की माप के कई मापदण्ड हो सकते हैं, जैसे शिक्षा, आर्थिक स्थिति, मिलनसारिता, सत्ता आदि। पैमाने के इन सभी मानकों को एक साथ प्रयोग न करके यदि अलग-अलग रूप में प्रयोग करके देखा जाता है और सभी के परिणाम न्यूनाधिक रूप में समान होते हैं तो पैमाना वैध माना जाता है। इस विधि की सबसे बड़ी कमजोरी यह है कि पैमाने के सभी मानकों का एक सा महत्व नहीं होता। सामाजिक प्रस्थिति का निर्धारण करने में किसी एक व्यक्ति के लिए शिक्षा महत्वपूर्ण हो सकती है तो दूसरे व्यक्ति के लिए आर्थिक दशा।

4. मदों (मुद्दों) के भारण की समस्या (Problem of Weighting of Items)

वास्तव में, मदों के भार की समस्या पैमाने की प्रामाणिकता के साथ जुड़ी हुई है। यदि मदों को उचित भार दिया जा सके तो यह पैमाने की प्रामाणिकता में वृद्धि कर देती है। किन्तु यह समस्या सभी प्रकार के पैमानों की नहीं है। प्रमापन (Scaling) का मुख्य उद्देश्य ही वस्तु/घटना की अनेक गुणात्मक विशेषताओं को परिमाणात्मक विशेषताओं में परिणित करना होता है। इस संबंध में एक महत्वपूर्ण प्रश्न उत्पन्न होता है वह यह है कि क्या किसी पैमाने की सभी मदें समान महत्ववाली होती हैं और यदि यह बात सही नहीं है तो फिर इस असमानता को कैसे स्वीकार किया जा सकता है। अतः मदों की इस असमानता को दूर करने के लिए मदों के महत्व के अनुसार उन्हें उचित भार प्रदान किया जाता है। भार प्रदान करने के लिए उन्हीं तीन विधियों का प्रयोग किया जाता है जो पैमाने की प्रामाणिकता की जांच के लिए प्रयुक्त की जाती हैं। ये विधियां हैं: (1) परिचित समूह, (2) स्वतंत्र मापदण्ड, एवं (3) सम्पूर्ण पैमाना।

5. मदों की प्रकृति की समस्या (Problem of Nature of Items)

यह समस्या भी मूलतः पैमाने की वैधता की समस्या को ही प्रकट करती है। एक पैमाने की मदों की प्रकृति क्या हो, इसका निर्धारण किया जाना एक समस्या है। कुछ लोगों का कहना है कि तथाकथित 'पेपर-पेन्सिल' परीक्षणों को प्रामाणिकता का वैध उपकरण नहीं कहा जा सकता। अतः इनके स्थान पर कुछ अन्य अप्रत्यक्ष विधियों, जैसे 'प्रक्षेपण विधियाँ' (Projective Techniques) के प्रयोग का सुझाव दिया गया

है। इस विधि में यह आशा की जाती है कि सूचनादाता के प्रत्युत्तर उसकी भावनाओं के काफी अनुरूप होंगे तथा इसमें अन्य विधियों की भांति अभिनति (Bias) अथवा पूर्वाग्रह (Prejudice) की मात्रा कम होगी। प्रक्षेपण विधियों का प्रयोग मनोवैज्ञानिकों द्वारा बहुत किया गया है और अब धीरे-धीरे समाजशास्त्री तथा अन्य समाज वैज्ञानिक भी प्रक्षेपण विधियों का प्रयोग करने लगे हैं।

***6. इकाइयों की समानता की समस्या** (Problem of Equality of Units)*

प्रमापन के साथ एक और समस्या जुड़ी हुई है और वह है किसी अनुक्रम पर इकाइयों को व्यवस्थित अथवा श्रेणीबद्ध करने की। इकाइयों के संबंध में सर्वप्रथम यह निश्चित करना होता है कि किसी पैमाने के लिए अमुक इकाई दूसरी इकाई से उच्च प्रकार की है और यदि वह उच्च प्रकार की है तो यह दूसरी इकाई से कितनी ऊंची है।

एक उत्तम पैमाने की महत्वपूर्ण विशेषताऐं (Important Characteristics of a Good Scale)

विश्वसनीयता (Reliability)

एक पैमाने की विश्वसनीयता उसका एक प्राथमिक गुण है। यदि समान स्थितियों में प्रयोग किए जाने पर पैमाने से अलग-अलग परिणाम प्राप्त होते हैं तो ऐसे पैमाने को विश्वसनीय नहीं कहा जा सकता। विश्वसनीयता की परख करने की कई विधियां हैं, जिनका विश्लेषण हम पहले कर चुके हैं।

वैधता या प्रामाणिकता (Validity)

वैधता की परिभाषा के अनुसार, एक पैमाना उस तथ्य की उचित माप कर सके जिसके लिए उस पैमाने का निर्माण किया गया है। सामाजिक घटनाओं की माप किया जाना सरल कार्य नहीं है। यदि किसी पैमाने से इस प्रकार की घटनाओं की माप की भी जाती है तो प्रश्न उत्पन्न होता है कि क्या वह पैमाना प्रामाणिक है। प्रामाणिकता की जांच की कई विधियां हैं, किन्तु सर्वसाधारण विधि हमारे सामान्य और तार्किक ज्ञान अथवा अनुभव के द्वारा निष्कर्षो की पुष्टि किया जाना है। यदि प्राप्त निष्कर्ष हमारे सामान्य और तार्किक ज्ञान की कसौटी पर खरे उतरते हैं, तब हम ऐसे पैमाने को वैध मान सकते हैं।

सरलता (Simplicity)

पैमाना सामान्यत: ऐसा होना चाहिए जिसका महत्व साधारण व्यक्ति भी सरलता से समझ सके। सरल पैमाने का उपयोग अधिकाधिक किए जाने से उसमें परिमार्जन और संशोधन के अधिक अवसर होंगे।

सार्वभौमिकता (Universality)

सरलता के साथ-साथ पैमाने का प्रयोग व्यापक होना चाहिए। पैमाना ऐसा न हो जिसे किसी एक क्षेत्र, संस्कृति अथवा देश में ही प्रयोग किया जा सके। भौतिक पैमानों की सबसे बड़ी विशेषता उनकी सार्वभौमिक प्रकृति है। संसार में किसी भी स्थान पर मानव के

शारीरिक तापक्रम की माप के लिए थर्मामीटर का प्रयोग किया जाता है। अभी तक सामाजिक विज्ञानों में प्रयुक्त पैमानों में वह व्यापकता (सार्वभौमिकता) नहीं आ पाई है, जो भौतिक पैमानों में पाई जाती है। उदाहरणार्थ, बोगार्डस का 'सामाजिक दूरी' पैमाना अथवा मोरीनो के 'समाजमितीय' पैमाने का प्रयोग अभी कुछ देशों तक ही सीमित है। भारतीय जाति भेद की समस्या के अध्ययन में इन पैमानों की अभी तक सीमित उपयोगिता ही सिद्ध हो सकी है।

व्यावहारिकता (Practicality)

पैमाने का व्यावहारिक होना भी आवश्यक है, अर्थात् पैमाने के निर्माण के लिए जिन तथ्यों की आवश्यकता है, वे उपलब्ध हों तथा उनका संकलन तथा गणना किया जाना संभव हो। यदि पैमाने में ऐसे अमूर्त तथ्य सम्मिलित कर लिए जाते हैं जिनकी जांच संभव नहीं हैं, तब ऐसा पैमाना व्यावहारिक नहीं होगा। अतः एक पैमाने का विश्वसनीय तथा प्रामाणिक होना ही आवश्यक नहीं है, अपितु वह व्यावहारिक भी होना चाहिए। यदि कोई पैमाना किन्हीं कारणों से प्रयोग नहीं किया जा सकता, तब उसे व्यावहारिक पैमाना नहीं कहा जा सकता। व्यावहारिकता के लिए यह भी आवश्यक है कि पैमाने में जिन विषयों को सम्मिलित किया जाए, वे स्वीकृत आदर्शों पर आधारित होने चाहिए। प्रत्येक समाज में विभिन्न तथ्यों के कुछ स्वीकृत आदर्श अथवा मापदण्ड होते हैं। अतः जहाँ तक संभव हो, पैमाना उन्हीं स्वीकृत मापदण्डों तथा आदर्शों के अनुरूप होना चाहिए। रहन-सहन के स्तर को मापते समय उस समाज में प्रचलित रहन-सहन के मापदण्डों का ही प्रयोग किया जाना चाहिए।

भारण की औचित्यता (Suitability of Weightage)

पैमाने में सम्मिलित प्रत्येक तथ्य को समुचित भार दिये जाने की भी व्यवस्था होनी चाहिए। पैमाने में सम्मिलित किए गए विषय यदि समान महत्व के न हों, तो उन्हें समान बनाने के लिए उनके महत्व के अनुसार भार प्रदान किया जाता है। उदाहरणार्थ, सामाजिक स्तर के पैमाने में एक खाट का होना वही महत्व नहीं रखता जितना एक डबल बैड का होना। अतएव, निश्चित ही डबल बैड को अधिक भार प्रदान करना आवश्यक है।

सामाजिक विज्ञानों में प्रमापन
(Measurement in Social Sciences)

निश्चितता, यथार्थता और सटीकता किसी भी विज्ञान की परिपक्वता और प्रगति के द्योतक तत्व हैं। इन तत्वों को प्राप्त करने के लिए वैज्ञानिक अपनी विषय-वस्तु की माप करते हैं ताकि उनकी प्रामाणिकता की परीक्षा और पुनर्परीक्षा की जा सके। यही कारण है कि भौतिक वैज्ञानिकों की भांति समाज वैज्ञानिकों ने भी अपने सामाजिक-मनोवैज्ञानिक तथ्यों यथा विश्वास, मनोवृत्ति, व्यक्तित्व, जनमत, रुचि, बुद्धिमत्ता आदि को मापने के लिए अनेक प्रकार के पैमानों की खोज की है और यह खोज अभी जारी है। प्रमापन द्वारा समाज वैज्ञानिक अपने गुणात्मक तथ्यों को परिमाणात्मक रूप देकर अधिकाधिक सटीक (Exact) बनाने का प्रयास करते हैं। समाजशास्त्र के क्षेत्र में जाति-प्रजाति संबंधों, मैत्रीय

संबंधों, पति-पत्नी संबंधों, उद्योगपति और श्रमिकों के आपसी संबंधों को मापने के कई पैमाने विकसित किए गए हैं। इसी प्रकार, शिक्षा के क्षेत्र में उपलब्धि (Achievement) और बुद्धिमत्ता (Intelligence) के पैमानों द्वारा प्रतिभावान विद्यार्थियों की खोज करने का प्रयास किया गया है।

पिछले वर्षों से सामाजिक विज्ञानों में प्रमापन के उपकरणों के विकास पर अत्यधिक बल दिया जा रहा है। फलस्वरूप, सामाजिक घटनाओं को मापने के लिए अनेकानेक पैमानों, जैसे सामाजिक दूरी को मापने के लिए बोगार्डस स्केल, मनोवृत्तियों और रुचि को मापने के लिए लिकर्ट, गेटमेन और थर्सटन पैमाने, मैत्रीय संबंधों, गुटबाजी, नेतृत्व आदि को मालूम करने के लिए समाजमिति आदि का विकास किया गया है। यह बात अलग है कि इन पैमानों में अभी वह सटीकता और परिशुद्धता नहीं आ पाई है जो हम भौतिक घटनाओं को मापने वाले पैमानों में देखते हैं। यही नहीं, अभी इन पैमानों को सार्वभौमिक मान्यता भी नहीं मिल पाई है। इन समस्याओं का एक मूल कारण सामाजिक विज्ञानों की विषय-वस्तु की विशिष्ट प्रकृति - गुणात्मकता (Qualitative), व्यक्तिपरकता (Subjectivity), परिवर्तनशीलता (Changeability) आदि का होना है। इन समस्याओं ने पैमानों के निर्माण में अनेक बाधाएं उपस्थित की हैं। यहाँ हम कुछ उन कठिनाइयों का वर्णन करेंगे जो एक समाज वैज्ञानिक के समक्ष पैमानों के निर्माण के समय आती हैं:

1. सामाजिक घटनाओं की अमूर्तता (Abstractness)

अधिकांश सामाजिक घटनाएं अमूर्त होती हैं, जिन्हें ज्ञानेन्द्रियों द्वारा देखा-परखा या अध्ययन किया जाना आसान नहीं होता। भौतिक घटनाओं या तथ्यों को इन्द्रियों द्वारा देखा-परखा जा सकता है, जबकि सामाजिक घटनाओं को उन्हें प्रकट करने वाले शब्दों के प्रतीकों द्वारा ही अनुभव किया जा सकता है। परम्परा, प्रेम, घृणा, सामाजिक स्थिति, सामाजिक मूल्य आदि सामाजिक घटनाएं अमूर्त ही नहीं, अपितु गुणात्मक प्रकृति की भी होती हैं। अतएव, एक तो अमूर्त होने के कारण हम उन्हें देख नहीं सकते, दूसरे गुणात्मकता के कारण उनकी माप किया जाना संभव नहीं होता। गुणात्मक तथ्यों को परिमाणात्मक तथ्यों में परिवर्तित करना सामाजिक विज्ञानों की एक मुख्य समस्या है।

2. सामाजिक घटनाओं की जटिलता (Complexity)

सामाजिक घटनाएं इतने अधिक तथा विविध कारणों का परिणाम होती हैं कि उनमें से किसी एक प्रमुख कारक के प्रभाव का पता लगाना अत्यन्त दुष्कर कार्य है। पैमाने के निर्माण के लिए किस कारक को महत्व दिया जाए, यह एक कठिन समस्या है। ये कारक आपस में इतने घुले-मिले होते हैं कि इनकी अलग-अलग माप किया जाना संभव नहीं होता।

3. सामाजिक घटनाओं में विषमता (Heterogeneity)

मानवीय घटनाओं में सर्वाधिक विषमता पाई जाती है। उसमें सामाजिक परम्पराएं, संस्कृति, रीति-रिवाज, विचार, धर्म, भाषा, जाति आदि न जाने कितने विभेद उत्पन्न करने वाले कारक हैं, जो अनेक मानव समूह और समुदायों का निर्माण करते हैं। यह विभिन्नता न केवल एक समूह और दूसरे समूह में देखने को मिलती है, अपितु एक समूह के सदस्यों

के विश्वासों, विचारों, मूल्यों आदि में भी अन्तर पाया जाता है। अतः एक समूह के लिए निर्मित किया गया पैमाना दूसरे समूह पर अक्षरशः प्रयोग नहीं किया जा सकता। उदाहरणार्थ, सामाजिक प्रस्थिति का पैमाना जो ब्रिटेन के निवासियों के लिए बनाया गया हो, उसे भारतीयों पर यथावत प्रयोग नहीं किया जा सकता क्योंकि सामाजिक प्रस्थिति के मानक और मापदण्ड दोनों देशों के अलग-अलग हैं।

4. सामाजिक घटनाओं की परिवर्तनशीलता (Changeability)

मानवीय व्यवहार की यह एक महत्वपूर्ण विशेषता है कि वह स्थिर नहीं रहता, उसमें निरन्तर न्यूनाधिक मात्रा में परिवर्तन होते रहते हैं। इसीलिए मानवीय व्यवहार को परिवर्तनशील कहा जाता है। किसी विषय के संबंध में आज जो विचार हैं, वे ही कल रहेंगे, ऐसा कहना कठिन है। अतः जो पैमाना किसी समस्या विशेष पर आज लागू होता है, वह कल भी बदली हुई परिस्थितियों में लागू होगा, कठिनतः ही यह संभव होगा। अतः सामाजिक विज्ञानों में पैमाना निर्माण करना अत्यन्त कठिन है।

5. सामाजिक मूल्यों के सार्वभौमिक माप का अभाव (Lack of Universal Measure)

सामाजिक मूल्यों की माप के लिए कोई सर्वसम्मत तथा सर्वप्रचलित माप उपलब्ध नहीं है। जिस प्रकार आर्थिक क्षेत्र में, वस्तुओं की माप हेतु द्रव्य एक सार्वभौमिक माप है, किन्तु सामाजिक मूल्यों के लिए इस प्रकार का कोई माप उपलब्ध नहीं है। ऐसे माप के अभाव के कारण सामाजिक तथ्यों का मूल्याकंन व्यक्ति अपने-अपने दृष्टिकोण तथा समझ के अनुसार करते हैं। अतः किसी वैध सर्वमान्य पैमाने का निर्माण एक कठिन समस्या है। उदाहरणार्थ, चोरी और घूसखोरी दोनों में से देश के लिए कौन सा अधिक घातक है, इसका निर्णय सर्वमान्य मूल्यों के अभाव में कैसे किया जा सकता है।

6. प्रायोगिक विधि के प्रयोग की कठिनाई (Difficulty in the Use of Experimental Method)

सामाजिक शोध में प्रायोगिक विधि के प्रयोग की अपनी सीमाएं हैं जिनका उल्लेख अन्यत्र किया गया है। प्रायोगिक विधि का प्रयोग न किए जा सकने के कारण किसी भी घटना के संबंध में सही-सही ज्ञान मालूम करना अत्यन्त कठिन होता है। ऐसी स्थिति में सामाजिक घटनाओं की संख्यात्मक माप करना तो और भी कठिन हो जाता है।

उपरोक्त कठिनाइयों को समाज वैज्ञानिकों ने सामाजिक शोध की चुनौतियों के रूप में स्वीकार किया है और वे अपने निरन्तर प्रयासों द्वारा प्रमापन की नवीन से नवीन विधियों का विकास कर सामाजिक शोध को अधिकाधिक वैज्ञानिक बनाने में संलग्न हैं।

प्रमापन के गुण और उपयोगिताएं (Merits and Utilities of Scaling)

प्रमापन क्यों किया जाता है? प्रमापन के क्या गुण या उपयोगिताएं हैं? ये दोनों प्रश्न लगभग समान हैं। किसी घटना, वस्तु या तत्व के बारे में सुनिश्चित, प्रामाणिक और सटीक ज्ञान

प्राप्त करने के लिए प्रमापन एक आवश्यकता है। एक वैज्ञानिक अपने शोध निष्कर्षों की तुलना दूसरे वैज्ञानिक के निष्कर्षों के साथ तभी कर सकता है जब दोनों की शोध विधियों और प्रमापन उपकरणों में समानता हो। समान मापकों के द्वारा घटनाओं की समानताओं और भिन्नताओं, उनकी संख्या या मात्रा तथा उनमें होने वाले परिवर्तनों और उनके कारकों को व्यवस्थित रूप में ज्ञात किया जा सकता है। जब हम किसी मरीज के बुखार के बारे में यह कहते हैं कि 'इसे 100° बुखार है', निश्चित रूप में यह कथन इस कथन से अधिक स्पष्ट और सुनिश्चित है कि 'इसे थोड़ा बुखार है।' इसी प्रकार, जब हम दो परिवारों या समुदायों के सदस्यों के बीच पाई जाने वाली घनिष्ठता के बारे में किसी घनिष्ठता मापक पैमाने के द्वारा माप कर यह कहते हैं कि 'अ' परिवार या समुदाय में, 10.2 घनिष्ठता है, जबकि 'ब' परिवार या समुदाय में मात्र 6.4 घनिष्ठता है। इससे यह प्रकट होता है कि 'अ' परिवार के सदस्यों में 'ब' परिवार के सदस्यों की अपेक्षा एक-दूसरे के प्रति अधिक सम्मान, तालमेल, कार्यों का विभाजन और सामंजस्य है। घनिष्ठता की मात्रा का अंकों में प्रदर्शन निश्चित रूप से अधिक सुस्पष्टता प्रदान करता है जब हम यह कहते हैं कि इस परिवार में उस परिवार की अपेक्षा कम या अधिक घनिष्ठता है। मापन के द्वारा किसी प्रघटना की विशेषताओं, जैसे उसकी तीव्रता, वितरण, प्रभाव में उत्पन्न हुआ परिवर्तन आसानी से प्रकट हो जाता है जैसा कि हम थर्मामीटर से बुखार को माप कर यह कहते हैं कि दो घंटे पूर्व मरीज को 100.4° बुखार था और अब इसे 100° बुखार है।

प्रमापन के प्रमुख गुण या कार्य (उपयोगिताएं) निम्नलिखित हैं:

1. ***सामाजिक तथा मनोवैज्ञानिक घटनाओं का आनुभविक आधार पर वर्णन:*** वर्णनात्मक शोध परिकल्प का प्रमुख उद्देश्य सामाजिक परिवेश तथा उस परिवेश के निवासियों का सविस्तार वर्णन करना है। एक मानव वैज्ञानिक का कार्य किसी जनजाति अथवा किसी जनसमुदाय के क्रियाकलापों, व्यवहारों तथा रीति-रिवाजों का वर्णन करना होता है। इस प्रकार के वर्णनात्मक शोध को सही तथा सुनिश्चित बनाने के लिए प्रमापन विधियां अत्यन्त उपयोगी सिद्ध हुई हैं। एक शोधकर्ता अपने संकलित तथ्यों का वर्गीकरण तथा उन्हें श्रेणीबद्ध भी करना चाहता है, ताकि उनकी तुलना अन्य शोधकताओं के तथ्यों से की जा सके। इस वर्गीकरण की प्रक्रिया में विभिन्न प्रकार की प्रमापन विधियों का सफल प्रयोग किया गया है। वर्गीकरण के ये तथ्य प्राक्कल्पनाओं की रचना और अन्ततः सिद्धान्तों के निर्माण में सहायक होते हैं।

   वर्णनात्मक शोध में लिंग, आयु, आय, व्यवसाय आदि सांख्यिकीय तथ्यों के द्वारा एक शोधकर्ता लिंग अनुपात, विवाह की औसत आयु, परिवार के सदस्यों की औसत संख्या, अध्यित समुदाय के सदस्यों का मुख्य व्यवहार, धर्म तथा जातीय आधार पर समुदाय की वर्ग संरचना का अध्ययन करता है।

2. ***तथ्यों को सांख्यिकीय विधियों द्वारा अध्ययन योग्य बनाना:*** प्रमापन का दूसरा मुख्य कार्य यह है कि घटनाओं को इस रूप में प्रदर्शित करना ताकि उन्हें सांख्यिकीय विधियों द्वारा जांचा-परखा जा सके। सामाजिक तथ्यों के प्राप्त करने की कई विधियां हैं, जैसे साक्षात्कार, प्रश्नावली, प्रेक्षण आदि। तथ्यों के संकलन के बाद

उनका विश्लेषण किया जाता है। इसके लिए तथ्यों का वर्गीकरण तथा सारणीयन करना आवश्यक होता है। सामाजिक घटनाओं के संबंध में संकलित तथ्यों को परिमाणात्मक रूप देने के लिए सूचनाओं को अंक प्रदान किए जाते हैं। सूचनाओं को अंक प्रदान करना सांख्यिकीय दृष्टि से अत्यावश्यक है, क्योंकि इनके आधार पर तथ्यों को सरलता से गणितीय रूप में प्रदर्शित किया जा सकता है। सभी सांख्यिकीय विधियां इस अनुमान पर आधारित हैं कि तथ्य इस प्रकार के हों कि उनका परिमाणीकरण किया जा सके। अतः तथ्यों को आंकिक रूप प्रदान किया जाना सांख्यिकीय विधियों की परम आवश्यकता है।

3. ***प्राक्कल्पना तथा सिद्धान्त निर्माण में सहायक:*** शोध प्रक्रिया का एक महत्वपूर्ण उद्देश्य प्राक्कल्पनाओं (Hypothesis) के द्वारा सिद्धान्तों का परीक्षण करना होता है। सिद्धान्त वे युक्तियां हैं जिनके द्वारा सामाजिक-मनोवैज्ञानिक घटनाओं की व्याख्या की जाती है तथा उनके आधार पर भविष्यवाणी की जाती है। शोधकर्ता अपनी बहुत सी प्राक्कल्पनाओं की रचना इन सिद्धान्तों के द्वारा ही करता है। वह अपने चरों (Variables) को परीक्षण योग्य बनाने के लिए उन्हें आंकिक तथ्यों में परिवर्तित करता है ताकि उनका सांख्यिकीय आधार पर परीक्षण किया जा सके। प्रमापन विधियां गुणात्मक तथ्यों को परिमाणात्मक तथ्यों में परिणित कर सुनिश्चित प्राक्कल्पनाओं को जन्म देती हैं, जिनका वस्तुपरक परीक्षण किया जाना संभव होता है।

4. ***तुलना अथवा अन्तर प्रदर्शित करने के एक साधन के रूप में:*** प्रमापन का एक मुख्य कार्य यह है कि यह शोधकर्ता को तथ्यों की विशेषताओं की विभिन्नता के आधार पर तुलना करने योग्य बनाती है। मान लीजिये कि किसी कमरे में बहुत सी टेबल पड़ी हैं। हम यह जानना चाहते हैं कि इनमें से कौन सी टेबल सबसे लम्बी है। इसके लिए हम रूलर अथवा इंच-टेप के द्वारा टेबलों की लम्बाई नाप कर सबसे लम्बी टेबल मालूम कर सकते हैं। इसी प्रकार, एक समूह के व्यक्तियों में से सबसे अधिक वजन वाले व्यक्ति को मालूम करने के लिए उन व्यक्तियों के वजन की माप कर सकते हैं।

   सामाजिक विज्ञानों में, बहुधा हमारे समक्ष यह समस्या उत्पन्न होती है कि एक समूह दूसरे समूहों में कितनी भिन्नता है और इस भिन्नता का क्या रूप है? जैसे, क्या स्त्रियां पुरुषों की अपेक्षा अधिक बुद्धिमान होती हैं? क्या पुराने अध्यापकों की अपेक्षा नए अध्यापक अधिक निपुण तथा कार्यशील होते हैं? क्या ऐसे परिवारों के बालकों में अपराधवृत्ति अधिक होती है, जो मातापिता विहीन होते हैं? इन सभी प्रश्नों के समाधान के लिए सर्वप्रथम परिवर्त्यों (चरों) की माप करना आवश्यक होता है। उपरोक्त प्रश्नों में बुद्धिमत्ता, निपुणता तथा अपराधवृत्ति जैसे चरों (Variables) की माप के आधार पर ही दो समूहों के सही अन्तर को प्रकट किया जा सकता है। चरों की माप के आधार पर ही व्यक्तियों अथवा वस्तुओं को वर्गों में विभाजित कर सकते हैं। अतः प्रमापन वर्गीकरण का कार्य भी करता है।

5. ***वैज्ञानिक परिपक्वता प्राप्त करने हेतुः*** **गुडे एवं हट्ट** ने लिखा है कि "सभी विज्ञानों का परम लक्ष्य अधिकाधिक स्पष्टता की दिशा में अग्रसर होना है। विज्ञान का प्रमुख कार्य गुत्थियों को सुलझा कर उन्हें स्पष्ट करना है।" प्रमापन के द्वारा उलझे हुए अस्पष्ट तथ्यों को व्यवस्थित कर उन्हें एक सूत्र में बांधा जाता है ताकि वे समझने योग्य बन जाते हैं। प्रमापन (Scaling) परिपक्व विज्ञान की एक प्रमुख विशेषता है।

प्रमापन के अवगुण (Demerits of Scaling)

समाजशास्त्रीय पैमानों की जहाँ उपरोक्त वर्णित उपयोगिताएं हैं, वहाँ दूसरी ओर इनके अवगुण (कमजोरियां) भी हैं जो इनकी रचना में आड़े आती हैं। इनके रचना की प्रमुख कठिनाइयां निम्नलिखित बताई जा सकती हैं:

1. एकरूपता की समस्या (Problem of Uniformity)

एक ऐसा समान प्रमाप बनाना सबसे बड़ी समस्या है जिसका सभी प्रकार के सूचनादाताओं (उत्तरदाताओं) पर प्रयोग किया जा सके। यह समस्या केवल तकनीकी ही नहीं है, अपितु यह सामाजिक विज्ञानों के मूल दर्शन से संबंधित है। पैमानों और सूचकों (Indices) के बारे में सबसे बड़ा विवाद यह रहा है कि क्या शोधकर्ता को सूचनादाताओं के व्यक्तिपरक निर्णयों पर पूर्णतः विश्वास करना चाहिए या क्या उसे अकेले रूप में या निर्णायकों की सहायता से, निष्कर्ष निकालना चाहिए, जैसा कि थर्सटन स्केल में किया जाता है।

2. विश्वसनीयता तथा प्रामाणिकता की समस्या (Problems of Reliability and Validity)

इन दोनों समस्याओं का विस्तृत विश्लेषण 'प्रमापन की समस्याएं' शीर्षक में किया जा चुका है। थर्सटन स्केल में कथनों को चुनने, निर्णायकों का चयन करने तथा स्केल को मानकीकृत (Standardize) करने की भारी समस्या के कारण स्केल की विश्वसनीयता संदिग्ध रहती है। इसी प्रकार स्केल की प्रामाणिकता की जांच करना भी एक भारी समस्या है। स्केल की प्रामाणिकता से तात्पर्य यह है कि क्या स्केल उसी घटना या वस्तु की माप करने में सक्षम है जिसके लिए स्केल निर्मित किया गया है। सामान्यतः एक शोधकर्ता को 'प्रत्यक्ष प्रामाणिकता' (Face Validity) पर ही आश्रित रहना पड़ता है, जो कई मामलों में सही नहीं होती। सही प्रामाणिकता की जांच के लिए आनुभविक या व्यावहारिक प्रामाणिकता (Empirical or Pragmatic Validity) का होना भी जरूरी है। व्यावहारिक रूप में, विश्वसनीयता और प्रामाणिकता की समस्याएं आपस में गुंथी हुई हैं। एक में वृद्धि या कमी दूसरे को भी प्रभावित करती है।

अन्त में, यहाँ यह लिखना अनावश्यक नहीं होगा कि सामाजिक विज्ञानों में प्रमापन का प्रयोग कहाँ तक उपयुक्त हैं? कुछ समाजशास्त्रियों की मान्यता है कि सामाजिक संबंधों, विचारों, विश्वासों, मनोभावों, व्यवहारों के विभिन्न रूपों आदि को मापना बड़ा कठिन है। एक व्यक्ति कितना धार्मिक है या धर्मनिरपेक्ष है या वह अपनी पत्नी और संतानों को कितना प्यार

करता है, या उसे अपने पड़ोसी से कितना लगाव या घृणा है, क्या इन तत्वों की सही-सही माप की जा सकती है। अभी तक इनकी माप के लिए सामाजिक वैज्ञानिकों के पास न तो कोई स्केल है और न ही थर्मामीटर, बैरोमीटर जैसे सटीक उपकरण।

इस संबंध में एक और अत्यंत महत्वपूर्ण प्रश्न है, क्या कोई विज्ञान अपनी विषय-वस्तु को निश्चित रूप में माप सकता है या उसका परिमाण कर सकता है? विज्ञान में इतनी उन्नति होने के बाद भी यह अभी तक एक अनसुलझा विवाद है।

पैमानों के कुछ प्रयोग (Some Application of Scales)

अनेक समस्याओं और कठिनाइयों के होते हुए भी समाजशास्त्र, मनोविज्ञान और जनांकिकी (जनगणनाशास्त्र) में पैमानों का प्रयोग कई विषयों में बहुत किया गया है। मनोविज्ञानियों ने व्यक्तित्व परीक्षणों, बुद्धिफल परीक्षणों (IQ Tests), व्यावसायिक रुझान परीक्षणों, आत्म-धारणा (Self-Concept) परीक्षणों तथा निरंकुशता परीक्षणों में पैमानों का प्रयोग सफलतापूर्वक किया है। इन पैमानों को समाज मनोविज्ञानियों ने मनोविज्ञानियों से लिया है। जनगणनाविदों (Demographers) ने पैमानों का प्रयोग नगरीकरण और औद्योगीकरण तथा जीवन स्तर के सूचकों (Indices) की रचना में किया है।

समाजशास्त्रियों ने निम्नलिखित प्रमुख विषयों में पैमानों का प्रयोग किया है:

(i) अलगाव और मानकशून्यता
(ii) उपलब्धि प्रेरक
(iii) सात्मीकरण
(iv) वर्ग चेतना
(v) सामाजिक घनिष्ठता
(vi) अनुरूपता एवं विचलन
(vii) अपराध एवं उपचार
(viii) परिवार में पारस्परिक संबंध
(ix) पारिवारिक घनिष्ठता
(x) भेदभाव और पूर्वाग्रह
(xi) कार्य संतुष्टि
(xii) नेतृत्व के गुण
(xiii) वैवाहिक संतुष्टि
(xiv) राजनीतिक रुझान

भाग 4

तथ्यों का संसाधिकरण

Processing of Data

19

तथ्यों का विश्लेषण एवं प्रतिवेदन लेखन

Analysis of Facts and Report Writing

"जिस प्रकार किसी मकान का निर्माण पत्थरों से होता है, उसी प्रकार विज्ञान की रचना तथ्यों से होती है। किन्तु तथ्यों के संकलन मात्र को उसी रूप में विज्ञान नहीं कहा जाता जिस प्रकार पत्थरों के ढेर को मकान नहीं कहा जाता है।"

—पॉइनकेयर

पहले यह बताया जा चुका है कि किसी भी शोध कार्य में तथ्यों का संकलन करने मात्र से ही शोध कार्य की इतिश्री नहीं हो जाती, अपितु यह तो शोधकार्य की वास्तविक शुरुआत है। तथ्यों तथा समंकों (Data) के एकत्रण से भी अधिक महत्वपूर्ण उनका विश्लेषण तथा व्याख्या करना है, जिसके आधार पर शोध के अंतिम निष्कर्ष प्राप्त किए जाते हैं। संकलित तथ्य अपने आप में कोई महत्व नहीं रखते। वे निर्जीव होते हैं। विश्लेषण और व्याख्या के द्वारा ही एक शोधकर्ता इन निर्जीव तथ्यों में प्राण-प्रतिष्ठा कर उन्हें सजीव बनाता है, अर्थात् उन्हें एक अर्थ प्रदान करता है। निर्जीव तथ्यों के संकलित भण्डार में से वह विश्लेषण की प्रक्रिया द्वारा सार्थक तथा निरर्थक तथ्यों को अलग-अलग करता है। उनके आपसी संबंधों को उजागर करने तथा तुलना करने के लिए वह उन्हें वर्गीकृत तथा समूहीकृत करता है। एक शोधकर्ता यह समस्त कार्य इस मान्यता के आधार पर करता है कि यदि वह संकलित तथ्यों को किसी निश्चित योजना के अनुसार व्यवस्थित कर लेता है, तो वह इनके आधार पर शोध के सामान्य निष्कर्षों तक पहुँचने में सफल हो सकता है।

तथ्यों के विश्लेषण की महत्ता
(Importance of Analysis of Facts)

विज्ञान तथा मानविकी ज्ञान में एक सबसे बड़ा अन्तर यह है कि विज्ञान में विचारों अथवा तथ्यों को सिद्ध करने या सत्यापित करने का प्रयास किया जाता है। वैज्ञानिक समुदाय सहज ही उन तथ्यों को स्वीकार कर लेता है, जिनके संबंध में पर्याप्त साक्ष्य उपलब्ध होते हैं। अतएव, किसी भी प्राक्कल्पना की स्वीकृति अथवा अस्वीकृति इस बात पर निर्भर करती है कि उसके संबंध में कितने साक्ष्य उपलब्ध हैं। तथ्यों के विश्लेषण की विधियों का प्रमुख उद्देश्य यही है कि संकलित तथ्यों को साक्ष्यों के रूप में प्रस्तुत करें, ताकि संदेहात्मक स्थिति में अन्य वैज्ञानिक उन तथ्यों की परीक्षा कर सकें। विश्लेषण की विधियों के प्रयोग द्वारा ही एक वैज्ञानिक संकलित तथ्यों की वास्तविक प्रकृति के संबंध में निर्णय कर पाता

है। चूंकि इन विधियों के संबंध में वैज्ञानिकों में काफी एकमत्यता है, अतः अन्य वैज्ञानिक भी बहुधा इन विधियों द्वारा निकाले हुए निष्कर्षों को स्वीकार कर लेते हैं।

प्रसिद्ध समाजशास्त्री **कार्ट राईट मिल्स** ने शोध में विश्लेषण की महत्ता पर प्रकाश डालते हुए लिखा है कि "विचारों, तथ्यों, अंकों, समंकों आदि के द्वारा तुम एक ऐसे लघु विश्व के निर्माण में लगे हुए हो जिसमें वे सभी मुख्य तत्व समाहित हैं जो तुम्हारे काम के लिए आवश्यक हैं; तुम उन्हें व्यवस्थित ढंग से यथा स्थान रखते हो तथा प्रत्येक भाग में होने वाले परिवर्तनों के अनुसार उनमें निरन्तर समायोजन करते रहते हो। इस प्रकार के विश्व में केवल रहने के लिए यह जानना आवश्यक है कि तुम्हें किन विचारों, तथ्यों और अंकों की आवश्यकता है।" मिल्स के विचारों से स्पष्ट है कि संकलित तथ्यों के पीछे स्वयं तथ्यों तथा समंकों से भी अधिक महत्वपूर्ण तथा रहस्योद्घाटक और कुछ भी है। एक शोधकर्ता का कार्य वास्तव में तथ्यों के पीछे इस छुपे हुए अर्थ को ही ढूँढ़ना है। **पी.वी. यंग** (1977) ने तथ्यों के विश्लेषण को 'शोध का सृजनात्मक पक्ष' (The Creative Aspect of Research) कहा है। उनके अनुसार "तथ्य स्वयं कुछ नहीं कहते, वे मूक होते हैं। उन्हें व्यवस्थित विश्लेषण द्वारा मुखरित किया जाता है।"

यह सही है कि तथ्य शोध की कच्ची सामग्री होते हैं। किन्तु इस कच्ची सामग्री को जब तक क्रमबद्ध नहीं किया जाता तब तक ये निरर्थक ही होते हैं। वास्तव में, संकलित तथ्य तो किसी निर्माणाधीन मकान में प्रयोग किए जाने वाली वस्तुओं जैसे ईंट, चूना, पत्थर आदि के ढेर की भाँति होते हैं। किन्तु जिस प्रकार इन वस्तुओं के ढेर मात्र से किसी मकान की रचना नहीं होती, जब तक व्यवस्थित रूप में उन्हें जमाया नहीं जाता, उसी प्रकार मात्र तथ्यों के संकलन से शोध के प्रामाणिक निष्कर्ष निकालना कठिन है। अतः तथ्यों का विश्लेषण तथा उनकी व्याख्या वैज्ञानिक शोध की आधारभूत आवश्यकता है, जिसके द्वारा तथ्यों को व्यवस्थित करके एक आकार प्रदान किया जाता है।

तथ्यों के विश्लेषण का अर्थ (Meaning of Analysis of Facts)

सभी तथ्य तथा समंक न तो समान महत्व के होते हैं और न ही स्वतंत्र। वे कई चीजों पर आश्रित होते हैं। उनके कई स्रोत होते हैं तथा उनका आकार भी भिन्न होता है। तथ्य कभी सरल नहीं होते। उनकी जटिलता शोध-मार्ग में कई समस्याएं उत्पन्न करती है। उनमें व्यक्तिपरकता तथा वस्तुपरकता दोनों पाई जाती है। तथ्यों की ये विशेषताएँ उनके विश्लेषण तथा व्याख्या पर बल देती हैं। विश्लेषण एवं व्याख्या के द्वारा उनकी प्रकृति स्पष्ट हो जाती है। विश्लेषण (वर्गीकरण, सारणीकरण) व्याख्या (Interpretation) की पूर्व क्रिया है।

कर्लिंगर (1978) ने लिखा है कि "विश्लेषण का तात्पर्य शोध प्रश्नों के उत्तरों को प्राप्त करने के लिए तथ्यों का वर्गीकरण, क्रमबद्ध करना, समन्वयन तथा संक्षिप्तीकरण है। विश्लेषण का उद्देश्य तथ्यों को बोधगम्य तथा व्याख्या योग्य बनाना है, ताकि शोध समस्याओं के संबंधों का अध्ययन तथा जाँच की जा सके।"

संक्षेप में, समंको के विश्लेषण से तात्पर्य संकलित सूचनाओं (तथ्यों) को अर्थपूर्ण बनाने तथा उनके बाह्य आवरण के पीछे छुपे अर्थ को ढूंढने से है।

विश्लेषण प्रक्रिया के प्रमुख चरण
(Main Steps in Analysis Process)

विशाल तथ्यों के ढेर को विश्लेषण के योग्य बनाने के लिए उनका संक्षिप्तीकरण किया जाना आवश्यक है, क्योंकि बिना संक्षिप्तीकरण के शोध के निष्कर्षों को प्राप्त करना और समझना कठिन है। **सैलिज तथा उनके सहयोगियों** (1963) ने लिखा है कि "विश्लेषण की प्रक्रिया का उद्देश्य समस्त संकलित तथ्यों का इस रूप में संक्षिप्तीकरण करना है, ताकि उनके आधार पर शोध-प्रश्नों के प्रत्युत्तर दिये जा सके। इस संक्षिप्तीकरण के लिए एक शोधकर्ता को कई छोटी-मोटी अनुक्रियाएं प्रयोग करना पड़ता है। सामान्यत: संकलित तथ्यों को संक्षिप्त आकार देने के लिए निम्न चरणों अथवा अनुक्रियाओं (Operations) का प्रयोग किया जाता है।"

1. सामग्री का सम्पादन (Editing)
2. वर्गीकरण तथा संकेतन (Classification and Coding)
3. सारणीयन/सारणीकरण (Tabulation)
4. निर्वचन या व्याख्या तथा साधारणीकरण (Interpretation and Generalization)

1. सम्पादन (Editing)

शोध-उपकरणों जैसे प्रश्नावली, अनुसूची आदि की सहायता से प्राप्त सामग्री में प्राय: कई अशुद्धियाँ अथवा अव्यवस्थित तथ्यों के रहने की संभावनाएँ बनी रहती हैं। इसका कारण प्रगणकों की लापरवाही, उदासीनता या पक्षपात आदि हो सकता है। कभी-कभी उपकरणों की गलत रचना के कारण भी निरर्थक अथवा भ्रामक आंकड़े संकलित हो जाते हैं। अत: विश्लेषण की प्रक्रिया का प्रथम चरण यही होता है कि संकलित आँकड़ों का कुशलतापूर्वक सम्पादन किया जाए। सम्पादन का अति संक्षिप्त अर्थ 'सूक्ष्म तथा सतर्कतापूर्वक सामग्री का अनुवीक्षण' (Minute and Careful Examination of Data) करना है। अनुवीक्षण का उद्देश्य तथ्यों में रह गई अशुद्धियों का सुधार तथा कमियों को पूरा करना है, ताकि यथार्थ निष्कर्ष निकाले जा सकें। यह प्रक्रिया बहुत कुछ पत्र-पत्रिकाओं के सम्पादन कार्य से मिलती-जुलती है। जिस प्रकार किसी अखबार का सम्पादक किसी रचना को छापने से पहले उसमें आवश्यक काट-छाँट करता है, अशुद्धियों का सुधार करता है तथा रचना को अद्यतन बनाने का प्रयास करता है; उसी प्रकार, एक शोधकर्ता संकलित सामग्री के आधार पर निष्कर्ष निकालने के लिए अशुद्धियों व त्रुटियों की विधिवत जाँच करके उनमें आवश्यक संशोधन करता है। कभी-कभी संकलित सामग्री इतनी दोषपूर्ण होती है कि उनके आधार पर विश्लेषण करना असंभव हो जाता है।

सम्पादन क्रिया के प्रमुख तत्व (Main Elements of Editing)

(i) पूर्णता (Completeness)

सम्पादन के द्वारा अनुसूचियों अथवा प्रश्नावलियों में अपूर्ण रह गए उत्तरों को पूर्ण बनाने का प्रयास किया जाता है। इसके लिए कभी-कभी प्रश्नावलियों को पुन: सूचनादाताओं के पास

भेजा जाता है या व्यक्तिगत सम्पर्क के द्वारा अधूरी रह गई सूचनाओं को प्राप्त करने का प्रयास किया जाता है।

(ii) पठनीयता (Legibility)

कुछ लोगों का लेखन कार्य इतना खराब होता है कि यदि उनसे उनका लिखा हुआ लेख ही बाद में पढ़ने के लिए कहा जाए, तो वे स्वयं भी उसे नहीं पढ़ पाते हैं। अतएव, विश्लेषण-क्रिया के लिए यह आवश्यक है कि अपठनीय लेखन को सर्व प्रथम पठनीय बनाया जाए।

(iii) सुसंगतता (Consistency)

कभी-कभी प्रश्नों के उत्तरों में सुसंगतता का अभाव होता है, अर्थात् सूचनादाता ने एक प्रश्न के उत्तर में एक स्थान पर कुछ उत्तर दिया है और उसी प्रश्न से संबंधित अन्य प्रश्न का उत्तर किसी अन्य स्थान पर कुछ दिया है। ऐसी दशा में दोनों उत्तरों में आवश्यक ताल-मेल बिठाना आवश्यक हो जाता है। उत्तरों में आपस में विरोधाभास होने पर विश्वसनीय उत्तर के संबंध में निर्णय करना होता है और असंगत तथ्यों के आधार पर भ्रामक निष्कर्षों के प्राप्त होने की संभावना बढ़ जाती है।

(iv) समरूपता (Uniformity)

सम्पादन के स्तर पर यह जाँच भी की जानी चाहिए कि साक्षात्कारकर्ताओं तथा सूचनादाताओं ने प्रश्नों तथा निर्देशों के समान अर्थ लगाए हैं। यदि प्रश्नों के समझने या समझाने में किसी प्रकार की भिन्नता उत्पन्न होती है, तब ऐसे तथ्यों के आधार पर सही निष्कर्षों पर पहुँचना कठिन होगा।

(v) सटीकता (Accuracy)

एक शोधकर्ता का कार्य मात्र तथ्यों अथवा समंकों को एकत्रित करना ही नहीं है, अपितु ऐसे समंकों को प्राप्त करना है जो सटीक भी हों। कभी-कभी अनुसूचियाँ भरते समय प्रगणक जोड़-बाकी आदि की गलती कर जाते हैं या कोई खाना भरना ही भूल जाते हैं या गलत खाने में उत्तर भर देते हैं। ऐसी अवस्था में एक शोधकर्ता का सर्वप्रथम कार्य जाँच करके उपरोक्त सभी बातों के विषय में आश्वस्त होना है। परिशुद्धता की दृष्टि से निरर्थक सामग्री को अलग किया जाना भी आवश्यक है, ताकि वांछित सामग्री ही विश्लेषण हेतु रह जाए।

(vi) उपयुक्तता (Suitability)

सम्पादन कार्य करते समय तथ्यों की उपयुक्तता की जाँच भी किया जाना आवश्यक है, अर्थात् संकलित तथ्य शोध के उद्देश्यों के अनुरूप हैं अथवा नहीं। महत्वपूर्ण दिखने वाले तथ्य भी अध्ययन के उद्देश्यों के अनुकूल न होने के कारण निरर्थक होते हैं।

अन्त में, यह कहा जा सकता है कि सम्पादन के कार्य को अत्यंत सरल तथा महत्वहीन कार्य नहीं समझा जाना चाहिए। इसके लिए अत्यन्त कुशलता, योग्यता, सतर्कता तथा वैज्ञानिक वस्तुपरकता की आवश्यकता होती है। सम्पादन दो रूप में किया जा सकता

है: प्रथम विधि के अनुसार सभी प्रश्नावलियों में कुछ प्रश्नों अर्थात् प्रथम, द्वितीय तथा तृतीय प्रश्नों की जाँच एक साथ कर ली जाए। दूसरी विधि के अनुसार, एक-एक प्रश्नावली को लेकर उसकी शुरू से लेकर अन्त तक एक साथ जाँच की जाए। इस विधि के द्वारा विभिन्न प्रश्नों के दिये गए उत्तरों में सुसंगतता की जाँच सरलता से हो जाती है।

2. वर्गीकरण (Classification)

काल्विन स्मिद के अनुसार, "तथ्यों का वर्गीकरण किसी भी प्रकार के वैज्ञानिक विश्लेषण का मुख्य आधार है।" तथ्यों के सम्पादन के बाद विश्लेषण के लिए तथ्यों का वर्गीकरण किया जाना आवश्यक है। वर्गीकरण की प्रक्रिया के द्वारा सामग्री की विशाल मात्रा को इस ढंग से संक्षिप्त करने का प्रयास किया जाता है, ताकि सामग्री की विशिष्ट प्रकृति स्पष्ट रूप में दृष्टिगोचर हो सके। वर्गीकरण की सहायता से शोध सामग्री के अव्यवस्थित ढेर को एक व्यवस्थित आकार प्रदान किया जाता है। वर्गीकरण का मुख्य उद्देश्य अनेकानेक व्यक्तिगत उत्तरों को कम से कम समूहों में वर्गीकृत करके उन्हें सरल एवं बोधगम्य बनाना है। उदाहरणार्थ, यदि किसी शोधकर्ता ने कई हजार व्यक्तियों की व्यवसाय संबंधी सूचना को एकत्रित किया है, तो इस ढेर सारी व्यक्तिगत सूचना को कुछ समूहों में समूहीकृत करना ही वास्तव में वर्गीकरण कहलाता है। इसके लिए सर्वप्रथम कुछ वर्गों (Categories) का निर्माण किया जाता है और बाद में प्रत्येक सूचनादाता के प्रत्युत्तर को उन वर्गों के अनुसार वर्गीकृत किया जाता है। व्यवसाय संबंधी सूचना एकत्रण के उपरोक्त उदाहरण में प्रत्येक सूचनादाता ने वकील, अध्यापक, डाक्टर, तेली, धोबी, मोची, लुहार, सुथार, सुनार, कारीगर, दलाल, दुकानदार, नौकरी आदि अनेक व्यवसायों में से अपना कोई एक व्यवसाय बताया हो सकता है। इस ढेर सारी सूचनाओं का तब तक विश्लेषण किया जाना संभव नहीं है, जब तक इस सामग्री को कुछ व्यवस्थित वर्गों में सीमित नहीं किया जाता है। व्यवसाय संबंधी इस सामग्री को संक्षिप्त बनाने के लिए वर्गीकरण की निम्न योजना का प्रयोग किया जा सकता है:

1. व्यवसायी तथा व्यवस्थापक वर्ग - वकील, अध्यापक, दलाल, दुकानदार आदि।
2. तकनीकी विशेषज्ञ वर्ग - इंजीनियर, डाक्टर आदि।
3. निपुण सेवी वर्ग - धोबी, नाई, सुनार, सुथार, तेली, मोची आदि।
4. अनिपुण मजदूर वर्ग - खेतिहर मजदूर, मिल मजदूर आदि।

व्यवसाय संबंधी वर्गों की उपरोक्त योजना के अतिरिक्त किसी अन्य योजना का भी प्रयोग किया जा सकता है। वर्गों की सभी योजनाओं का मूल उद्देश्य विशाल शोध-सामग्री को संक्षिप्त आकार प्रदान करना है।

वर्गीकरण की परिभाषा (Definition of Classification)

तथ्यों को अर्थपूर्ण समूहों में विभाजित करने की प्रक्रिया को वर्गीकरण कहते हैं। यह विभाजन तथ्यों की समानता तथा विभिन्नता के आधार पर किया जाता है, अर्थात् समान तथ्यों को एक समूह में तथा विभिन्न तथ्यों को उनकी समानताओं के आधार पर अन्य समूह में रखा जाता है।

कौन्नोर के शब्दों में, "वर्गीकरण तथ्यों को (वास्तविक अथवा कल्पित) उनकी समानताओं एवं सादृश्यताओं के आधार पर समूहों तथा वर्गों में क्रमबद्ध करने की एक प्रक्रिया है जिससे व्यक्तिगत इकाइयों की विविधता के मध्य पाए जाने वाले गुणों की एकता व्यक्त हो जाती है।"

वर्गीकरण के मुख्य लक्षण *(Main Features of Classification)*

1. वर्गीकरण के द्वारा एकत्रित तथ्यों अथवा समंकों को विभिन्न वर्गों में बाँटा जाता है, जैसे किसी स्थान की जनसंख्या को लिंग, आयु, साक्षरता आदि के आधार पर वर्गों में विभाजित करना।
2. वर्गीकरण का प्रमुख आधार विभिन्नता में एकता स्थापित करना है। अतः वर्गीकरण करते समय यह ध्यान रखा जाता है कि इकाइयों की विभिन्नता में उनकी एकता स्पष्ट हो जाए।
3. वर्गीकरण की सहायता से तथ्यों को सजातीय समूह में विभाजित कर दिया जाता है, अर्थात् समान गुण-धर्म वाले तथ्यों को एक वर्ग में और भिन्न गुण वाले तथ्यों को दूसरे समूह में बांट दिया जाता है।
4. वर्गीकरण का प्रमुख आधार इकाइयों की भिन्नता है। यदि सभी इकाइयाँ समान हों, तब वर्गीकरण का प्रश्न ही उत्पन्न नहीं होता, जैसे किसी समुदाय में सभी पुरुष हैं, तब ऐसे समुदाय का लिंग के आधार पर वर्गीकरण नहीं किया जा सकता। अतएव, वर्गीकरण की प्रथम शर्त तथ्यों में विभिन्नताओं का होना है।

   वर्गीकरण की योजना अध्ययन की प्रकृति, तथ्यों की पूर्णता तथा परिशुद्धता, तथ्यों में शोधकर्ता की अन्तर्दृष्टि तथा सांख्यिकीय विधियों की प्रयोग करने के उसके प्रशिक्षण आदि तत्वों पर निर्भर करती है।

वर्गीकरण के उद्देश्य *(Objectives of Classification)*

वर्गीकरण के निम्नलिखित प्रमुख उद्देश्य हैं:

(i) संक्षिप्तता (Briefness)

वर्गीकरण का मुख्य उद्देश्य शोध-सामग्री की जटिलता को दूर करके उसे सरल एवं संक्षिप्त बनाना है। संक्षिप्त आँकड़ों को समझना कठिन नहीं होता। साथ ही, वर्गीकृत तथ्यों को समझने में अधिक मानसिक परिश्रम भी नहीं करना पड़ता है।

(ii) तुलना (Comparison)

वर्गीकरण के द्वारा तुलनात्मक अध्ययन किया जा सकता है। उदाहरणार्थ, यदि दो देशों के अपराध के आँकड़ों को विभिन्न वर्गों में बाँट दिया जाए, तो तुलनात्मक रूप में यह बताया जा सकता है कि किस देश में किस प्रकार के अपराध अधिक होते हैं।

(iii) स्पष्टता (Clarity)

वर्गीकरण के द्वारा तथ्यों की समानता तथा असमानता स्पष्ट हो जाती है। समान गुण वाले तथ्य एक साथ रखे जाते हैं, जैसे साक्षर, निरक्षर, विवाहित और अविवाहित आदि।

(iv) सारणीयन में सहायता (To Help in Tabulation)

सारणीयन की प्रक्रिया बहुत-कुछ मात्रा में वर्गीकरण पर ही निर्भर करती है। यदि तथ्यों के विभाजन के लिए किन्हीं वर्गों का निर्माण ही नहीं किया गया है, ऐसी अवस्था में सारणीयन असंभव है।

(v) विश्लेषण तथा व्याख्या (Analysis and Interpretation)

विश्लेषण एवं व्याख्या को सरल बनाने के लिए ही वर्गीकरण किया जाता है। तार्किक आधार पर शोध-सामग्री के विभिन्न वर्गों में विभाजन के द्वारा ही विश्लेषण एवं व्याख्या संभव हो पाती है। सांख्यिकीय विधियों, अर्थात् विभिन्न माध्यों तथा विचलन का प्रयोग भी तथ्यों के वर्गीकरण द्वारा ही संभव है।

अन्त में, अति संक्षेप में यह कहा जा सकता है कि वर्गीकरण की सहायता से अव्यवस्थित तथ्यों के ढेर को एक जीवन मिल जाता है। वे आकर्षक लगने लगते हैं। बेकार लगने वाले तथ्य भी उपयोगी एवं महत्वपूर्ण हो जाते हैं। **पी.वी. यंग** ने कहा है कि "वर्गीकरण की उपयोगिता तुलनात्मक तथ्यों के ढेर को अपेक्षाकृत कुछ वर्गों में समूहीकृत करने में निहित है। इकाइयों की संख्या में कमी से सामग्री का अधिक आसानी से विश्लेषण किया जा सकता है तथा उनका सार सरलता से समझ में आ जाता है।"

वर्गों का निर्माण (Establishment of Categories)

संरचित सामग्री (Structured Material) का वर्गीकरण किया जाना कठिन नहीं होता, क्योंकि उनमें तथ्यों के वर्गीकरण की योजना पहले से ही दी होती है। इसीलिए द्वन्द्वात्मक अथवा बहु वैकल्पिक प्रश्नों के उत्तरों का वर्गीकरण सरल होता है। इसी प्रकार, ऐसे अवलोकन अध्ययन जिनमें अवलोकन के लिए पहले से कोई निश्चित योजना दी होती है, उनका वर्गीकरण करना कोई समस्या नहीं होती। किन्तु असंरचित शोध-सामग्री के लिए वर्गों का निर्माण करना एक समस्या है। वैयक्तिक इतिहास, असंरचित साक्षात्कार तथा अवलोकन, उग्रवादियों के भाषण जैसी सामग्री का वर्गीकरण करना एक जटिल कार्य है। विशेष रूप से गवेषात्मक अध्ययनों (Exploratory Studies) में यह समस्या उत्पन्न होने की संभावना अधिक रहती है, क्योकि इन अध्ययनों में बहुधा कोई प्राक्कल्पना नहीं होती है। तथ्यों के संकलन के समय शोधकर्ता को यह पता नहीं होता कि अध्ययन के कौन से आयाम सर्वाधिक महत्वपूर्ण हैं।

गवेषात्मक अध्ययनों में तथ्यों का विश्लेषण करते समय सर्वप्रथम ऐसी 'कार्यकारी प्राक्कल्पना' (Working Hypothesis) का निर्माण किया जाता है जो वर्गीकरण का आधार प्रदान कर सके। इसके लिए शोधकर्ता समस्त सामग्री का सतर्कतापूर्वक अध्ययन करता है। इस कार्य में वह कई तरीकों का प्रयोग कर सकता है, जैसे:

1. यदि संभव हो तो शोधकर्ता अध्ययन किए जाने वाले समूह के विपरीत प्रकार के समूह के संबंध में सामग्री एकत्रित करे। यह सामग्री उसे दोनों समूहों के मध्य पाए जाने वाले महत्वपूर्ण अन्तरों को स्पष्ट करने में सहायक होगी, जैसे- हत्या के अपराधियों का अध्ययन करते समय यदि शोधकर्ता अन्य अपराधियों की व्यक्तिगत

सामग्री का भी अध्ययन करता है, तो उसे दोनों प्रकार के अपराधियों में भिन्नता जानने में मदद मिलेगी।

2. यदि संभव हो तो एक समान लोगों को एक समूह में बाँट दिया जाए और फिर देखा जाए कि विभिन्न समूहों के लोगों में क्या समानताएँ और विषमताएँ हैं।
3. कार्यकारी प्राक्कल्पनाओं की रचना का एक तरीका यह हो सकता है कि सामान्य ज्ञान अथवा सैद्धान्तिक प्रत्याशाओं की दृष्टि से संकलित सामग्री में कौनसी बात अनोखी है। इस अनोखी घटना की संभावित व्याख्याओं को ढूँढ़ने का प्रयास किया जाना चाहिए।

कर्लिंगर ने लिखा है कि "वर्गीकरण, विभाजन का ही दूसरा नाम है, अर्थात् एक विभाजन अथवा उप विभाजन को ही एक वर्ग कहते हैं।" यदि वस्तुओं के किसी समूह को किसी रूप में वर्गीकृत किया जाता है तो इसका अर्थ यही है कि किसी नियम के अनुसार उक्त वस्तुओं के समूह का विभाजन किया गया है। उदाहरणार्थ, एक सर्वेक्षण में व्यक्तियों से पूछा गया कि इस बस्ती में कैसे लोग रहते हैं? इस प्रश्न का प्रत्युत्तर विभिन्न लोगों ने अलग-अलग ढंग से दिया। जैसे कुछ व्यक्तियों ने यह कहा कि इस बस्ती में मेरे जैसे गरीब लोग रहते हैं। कुछ ने कहा कि इसमें ब्राह्मण, कोली, राजपूत आदि रहते हैं। कुछ का जवाब था कि इसमें सभी प्रकार के व्यक्ति (हिन्दू, मुसलमान, ईसाई) रहते हैं, आदि-आदि। इन प्रत्युत्तरों से स्पष्ट है कि यदि हमें इन सब प्रत्युत्तरों को शोध के लिए सार्थक बनाना है, तब हमें इन प्रत्युत्तरों का कुछ सीमित वर्गों में समूहीकरण करना होगा। किन्तु इस समूहीकरण, अर्थात् सार्थक वर्गों के निर्माण के लिए हमें सर्वप्रथम वर्गीकरण के कुछ नियम अथवा सिद्धान्तों का चयन करना होगा। यदि हमने शोध की कोई प्राक्कल्पना बनाई है, तब वह प्राक्कल्पना या शोध का उद्देश्य वर्गीकरण के सिद्धान्तों का उचित आधार प्रदान कर सकता है। जैसे, उपरोक्त अध्ययन में यदि हमें जातीय भेदों के प्रति लोगों की जागरूकता को मालूम करना है तो जाति को वर्गीकरण के सिद्धान्त के रूप में स्वीकार करके बस्ती के लोगों को विभिन्न जातियों में विभाजित कर सकते हैं। इस प्रकार विभिन्न जातियों का एक अलग-अलग वर्ग बन जाएगा जिसे शोध की भाषा में 'श्रेणी समूह' (Category Set) कहा जाता है।

वर्गीकरण के नियम (Rules of Categorization)

पी.वी. यंग ने लिखा है, "एक वैज्ञानिक व्यक्ति एक अजेय वर्गीकरणकर्ता तथा संगठनकर्ता होता है। जैसे ही वह तथ्यों का संकलन करता है, वह वर्गीकरण की कोई न कोई योजना बना लेता है।" श्रेणी-समूहों की रचना करते समय निम्न नियमों का पालन किया जाना चाहिए-

(i) शोध समस्या तथा उद्देश्य के अनुरूप
(In Accordance with the Research Problem and Purpose)

श्रेणी समूहों का निर्माण शोध की समस्या तथा उद्देश्य के अनुरूप होना चाहिए। यदि वर्गीकरण शोध समस्या की आवश्यकताओं के अनुरूप नहीं किया गया है तो शोध प्रश्नों के पर्याप्त उत्तरों के प्राप्त होने की संभावना नहीं रहती। इसके लिए एक शोधकर्ता को

बार-बार स्वयं से यह पूछना चाहिए कि क्या उसका विश्लेषण का प्रारूप शोध समस्या के अनुरूप है? क्या उसके विश्लेषण की योजना शोध की प्राक्कल्पना के परीक्षण के लिए पर्याप्त है? जैसे यदि हमारी शोध समस्या है "धार्मिक शिक्षा बालकों की नैतिक विशेषताओं में वृद्धि करती है।" इस समस्या के आधार पर प्राक्कल्पना का निर्माण करते समय हम धार्मिक शिक्षा की परिभाषा 'संकीर्ण स्कूल शिक्षा' के रूप में तथा नैतिक विशेषताओं की परिभाषा 'ईमानदारी' के रूप में कर सकते हैं। इन परिभाषाओं के आधार पर यह प्राक्कल्पना बनाई जा सकती है कि "संकीर्ण विचारधारा वाले विद्यालयों में पढ़े हुए बालक सार्वजनिक स्कूलों में पढ़े हुए बालकों से अधिक ईमानदार होते हैं।" इस प्राक्कल्पना के परीक्षण के लिए सबसे सरल आवृति विश्लेषण का रूप निम्न हो सकता है:

विद्यालय का प्रकार	*आवृतियाँ*	
	ईमानदार	*बेईमान*
1. संकीर्ण विचारधारा वाले स्कूल		
2. सार्वजनिक (उदारता वाले) स्कूल		

(ii) वर्ग-समूहों की एकान्तिकता (Exclusiveness of Categories)

वर्ग-समूहों का निर्माण करते समय यह ध्यान रखा जाना चाहिए कि वर्ग पूर्णतः पारस्परिक रूप में एकान्तिक (Exclusive) तथा स्वतंत्र हों। एकान्तिकता से तात्पर्य यह है कि वर्गों की रचना इस प्रकार की जाए ताकि समग्र की प्रत्येक इकाई किसी एक वर्ग में ही वर्गीकृत हो। वर्गों में अतिव्यापकता (Overlapping) का अवगुण नहीं होना चाहिए जो इकाइयों का वर्गीकरण करते समय यह असमंजस पैदा कर दे कि अमुक इकाई को इस वर्ग में रखें या उस वर्ग में। जैसे यदि आपने धर्म संबंधी सूचनाओं के वर्गीकरण के लिए प्रोटेस्टेन्ट, ईसाई, बौद्ध, मुसलमान, हिन्दू के वर्ग-समूहों की रचना की है, तो इस रचना में प्रोटेस्टेन्ट तथा ईसाई के वर्ग एकान्तिक नहीं कहे जा सकते, क्योंकि एक प्रोटेस्टेन्ट भी ईसाई ही होता है। अतः इस प्रकार के वर्ग वर्गीकरण की प्रक्रिया में असमंजस पैदा कर देते हैं। संक्षेप में, एक तथ्य का एक से अधिक बार वर्गीकरण किया जाना संभव नहीं होना चाहिए।

(iii) निश्चित तथा स्पष्ट वर्गीकरण
(Clear and Unambiguous Classification)

वर्गीकरण करते समय चरों की परिभाषा निश्चित तथा स्पष्ट होनी चाहिए। उपरोक्त उदाहरण में यह स्पष्ट किया जाना आवश्यक है कि हिन्दू अथवा मुसलमान हम किस व्यक्ति को कहेंगे। इसी प्रकार बालकों की 'ईमानदारी' का हमारा क्या मापदण्ड है।

(iv) सर्वांगीण वर्ग-समूह (Exhaustive Categories)

वर्ग समूह सर्वांगीण होने चाहिए, अर्थात् प्रत्येक तथ्य किसी न किसी वर्ग में अवश्य वर्गीकृत हो जाए। यदि धार्मिक तथ्यों का वर्गीकरण करते समय हिन्दू धर्म समूह की रचना नहीं की गई है, तो हिन्दू कहने वाले व्यक्तियों को वर्गीकृत करना कठिन हो जाएगा। वर्गीकृत इकाइयों का योग समस्त इकाइयों के योग के बराबर होना चाहिए।

सर्वांगीणता के गुण को पूरा किया जाना हर समय संभव नहीं होता। कुछ चरों, जैसे लिंग (Sex) के संबंध में कोई समस्या उत्पन्न नहीं होती, क्योंकि प्रत्येक व्यक्ति या तो स्त्री है अथवा पुरुष। किन्तु अन्य चरों के संबंध में कई बार यह वर्गीकरण करना इतना सरल नहीं होता है। कई बार वर्गीकरण की योजना में नवीन तथ्यों के संदर्भ में नए वर्गों की रचना करना आवश्यक हो जाता है।

(v) स्थाई वर्गीकरण (Stable Classification)

एक अच्छे वर्गीकरण का यह आवश्यक गुण है कि वर्गीकरण की योजना में पर्याप्त स्थाइत्व हो, अर्थात् जिस तथ्य को आज किसी आधार पर एक वर्ग में रखा गया है, उसे ही कल किसी अन्य वर्ग में वर्गीकृत किया जाना आवश्यक न हो जाए। तुलनात्मक अध्ययनों के लिए अस्थाई वर्गीकरण कई कठिनाइयाँ उत्पन्न कर देता है।

(vi) लचीला वर्गीकरण (Flexible Classification)

एक अच्छे वर्गीकरण की योजना के लिए यह भी आवश्यक है कि उसमें परिवर्तित परिस्थितियों के साथ सामंजस्य करने की क्षमता हो। समयानुसार वर्गीकरण की योजनाओं में परिवर्तन किया जाना आवश्यक हो जाता है।

(vii) वर्गीकरण के एक सिद्धान्त पर आधारित
(Bases on a Single Classificatory Principle)

वर्ग-समूहों की रचना वर्गीकरण के किसी एक सिद्धान्त पर आधारित होनी चाहिए। जब हम हज़ारों प्रत्युत्तरों को कुछ सीमित वर्गों में विभाजित करना चाहते हैं, तब इसके लिए यह आवश्यक है कि वर्गीकरण के किसी एक सिद्धान्त का प्रयोग किया जाए। वर्गीकरण के इस सिद्धान्त की रचना शोध की प्राक्कल्पना अथवा उद्देश्य पर निर्भर करती है। वर्गीकरण के एक सिद्धान्त से तात्पर्य यही है कि विश्लेषण के किसी भी प्रारूप में प्रत्येक चर (Variable) को अलग मानना चाहिए, क्योंकि प्रत्येक चर एक पृथक आयाम को प्रकट करता है। जैसे, यदि कोई शोधकर्ता सामाजिक वर्ग, लिंग तथा नशीली वस्तुओं के सेवन के मध्य संबंधों की जाँच कर रहा है तो उसे सामाजिक वर्ग तथा लिंग को समस्या का एक आयाम मान कर दोनों को एक वर्ग में समूहीकृत नहीं करना चाहिए।

वर्गीकरण के प्रकार या विधियाँ
(Types or Methods of Classification)

सामाजिक तथ्य प्रमुखतः दो प्रकार के होते हैं: (1) वर्णनात्मक, व (2) संख्यात्मक। इन दोनों तथ्यों की भिन्न प्रकृति के कारण इनके वर्गीकरण के लिए भिन्न विधियों का प्रयोग किया जाता है। यहाँ इन दोनों तथ्यों की प्रकृति का अति संक्षेप में वर्णन करने के पश्चात इनके वर्गीकरण की विधियों पर प्रकाश डालेंगे:

1. वर्णनात्मक तथ्य (Descriptive Data)

वर्णनात्मक तथ्यों की प्रत्यक्ष माप नहीं की जा सकती है, क्योंकि इनकी प्रकृति गुणात्मक (Qualitative) होती है। ऐसे तथ्यों की गणना केवल उनकी उपस्थिति अथवा अनुपस्थिति के आधार पर ही की जाती है। उदाहरणार्थ लिंग, धर्म, साक्षरता, वैवाहिक स्थिति, जाति

और सामाजिक वर्ग आदि ऐसे वर्णनात्मक या गुणात्मक तथ्य हैं, जिनकी प्रत्यक्ष माप असंभव है। इन तथ्यों के संबंध में केवल यह निर्धारित किया जा सकता है कि किसी समुदाय में कितने 'साक्षर' और कितने 'निरक्षर' तथा कितने 'विवाहित' हैं और कितने 'अविवाहित' हैं। ऐसे तत्वों को 'गुण' (Attributes) कहते हैं।

वर्णनात्मक (गुणात्मक) शोध में तथ्यों के रूप में शब्द (Words) होते हैं और इन्हीं के आधार पर विश्लेषण किया जाता है। ये शब्द साक्षात्कार के दौरान सूचनादाताओं द्वारा बताये गये हो सकते हैं या दस्तावेजी विश्लेषण में किसी दस्तावेज में लिखे हो सकते हैं। इस प्रकार के तथ्यों के विश्लेषण में इन शब्दों के अर्थों को समझ कर प्रतिमानों की रचना की जाती है।

2. संख्यात्मक तथ्य (Numerical Data)

वर्णनात्मक तथ्यों के विपरीत संख्यात्मक, तथ्यों की प्रत्यक्ष माप की जा सकती है, जैसे आय, आयु, समय प्रजननता (Fertility), समूह का आकार आदि। इन घटनाओं को अंकों में प्रदर्शित किया जा सकता है। इन दो प्रकार के तथ्यों के आधार पर वर्गीकरण की निम्न दो विधियों का प्रयोग किया जाता है:

गुणात्मक वर्गीकरण (Qualitative Classification)

जब तथ्यों को वर्णनात्मक विशेषताओं या गुणों जैसे, साक्षरता, धर्म, व्यवसाय आदि के आधार पर विभिन्न वर्गों में बाँटा जाता है, तो यह विभाजन गुणात्मक वर्गीकरण कहलाता है। यह दो प्रकार का होता है:

(i) ***सरल अथवा द्वन्द्वात्मक वर्गीकरण (Simple or Dichotomous Classification):*** जब एक गुण की उपस्थिति या अनुपस्थिति के आधार पर तथ्यों को दो वर्गों में विभाजित किया जाता है, तो ऐसे विभाजन को द्वन्द्वात्मक या सरल वर्गीकरण कहते हैं। इस प्रकार के विभाजन से तथ्यों की अन्तर्निहित विभेद स्पष्ट हो जाते हैं। स्त्री-पुरुष, शिक्षित-अशिक्षित, स्वस्थ-अस्वस्थ आदि सरल वर्गीकरण के ही कुछ उदाहरण हैं।

(ii) ***बहुगुणी वर्गीकरण (Manifold Classification):*** इस प्रकार के वर्गीकरण में तथ्यों को एक से अधिक गुणों के आधार पर विभाजित किया जाता है। ऐसे वर्गीकरण में दो से अधिक वर्ग बनते हैं। इसमें पहले एक गुण के आधार पर वर्गों का निर्माण किया जाता है। फिर किसी अन्य गुण के आधार पर प्रत्येक वर्ग को उपवर्गों में विभाजित किया जाता है और इस प्रकार विभाजन का यह क्रम किसी अन्य गुण के आधार पर आगे बढ़ता जाता है। जैसे:

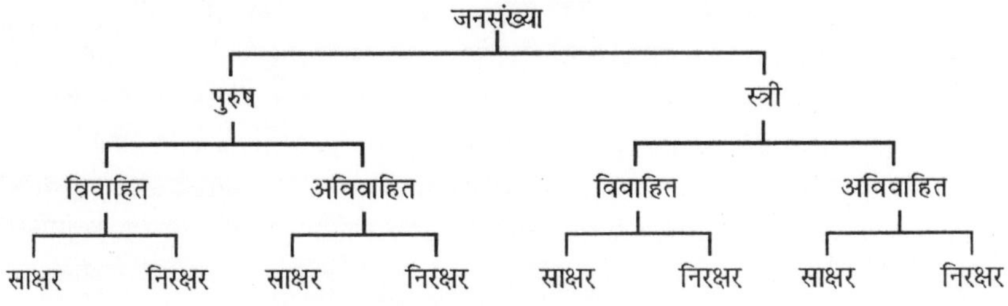

गुणात्मक वर्गीकरण सरल होता है। इसमें शोधकर्ता प्रायः अपनी स्वेच्छा अथवा शोध के उद्देश्य के अधार पर वर्गों का निर्माण करता है। इस प्रकार के वर्गीकरण में दो बातों का विशेष रूप से ध्यान रखना पड़ता है:

(i) ***निश्चित आधार:*** गुणों की स्पष्ट परिभाषा होनी चाहिए, जिससे उनकी उपस्थिति तथा अनुपस्थिति भ्रम रहित हो। जैसे- यदि वयस्क तथा अवयस्क के दो वर्गों का निर्माण किया गया हो, तो वयस्कता की आयु का निर्धारण किया जाना आवश्यक है। इस प्रकार के अभाव में कभी-कभी यह निश्चित करना कठिन हो जाता है कि किसी इकाई को किस वर्ग में रखा जाए।

(ii) ***परिवर्तनों का ज्ञान:*** एकत्रित तथ्यों में परिवर्तन संभव है। अतएव, गुणों में होने वाले परिवर्तनों, जैसे अविवाहित व्यक्ति का विवाहित होना, के विषय में पर्याप्त ज्ञान होना आवश्यक है।

परिमाणात्मक (मात्रात्मक) वर्गीकरण (Quantitative Classification)

जब तथ्यों का संकलन किसी मापन योग्य गुण के आधार पर संभव होता है, तब ऐसे तथ्यों का वर्गीकरण संख्या के आधार किया जाता है। आय, आयु, भार, लम्बाई, चौड़ाई आदि ऐसे ही कुछ गुण हैं, जिन्हें संख्या में प्रकट किया जा सकता है। यह वर्गीकरण आवृत्ति वितरण के आधार पर किया जाता है जो कि तथ्यों के विस्तार को प्रकट करता है। मात्रात्मक वर्गीकरण के निम्नलिखित प्रकार हैं:

(i) ***खंडित श्रेणियाँ (Discrete Series):*** कुछ तथ्यों के मूल्य निश्चित और खंडित होते हैं; अर्थात् एक मूल्य और दूसरे मूल्य के बीच सुनिश्चित अन्तर होता है। ये अधिकतर पूर्णांकों में होते हैं, जैसे- परिवार के सदस्यों की संख्या 1, 2, 3, 4 .... आदि। इस प्रकार के तथ्यों को दशमलव बिन्दुओं में प्रकट नहीं किया जा सकता, अर्थात् किसी परिवार में 3.5 सदस्य नहीं हो सकते। मकान के कमरों की संख्या, अपराधों की संख्या, क्रिकेट के रनों की संख्या, आदि खंडित तथ्य ही हैं।

(ii) ***सतत अथवा अखंडित श्रेणियाँ (Continuous Series):*** यह खंडित श्रेणी के बिल्कुल विपरीत होती हैं। इनमें विभिन्न पदों के मूल्यों में निरन्तरता या अविच्छिन्नता (Continuity) होती है। इस प्रकार की श्रेणियों अथवा वर्गों का निर्माण तब किया जाता है जब संकलित तथ्यों की कुल संख्या बहुत अधिक हो और सबसे छोटे व सबसे बड़े मूल्य में अत्यधिक अन्तर हो। ऐसे तथ्यों का वर्गीकरण सामान्यतः वर्गान्तरों (Class Intervals) के अनुसार किया जाता है। संकलित तथ्यों की सबसे छोटी और सबसे बड़ी संख्या को ध्यान में रखते हुए सभी समंकों को सुविधानुसार अलग-अलग वर्गों में बाँट दिया जाता है। वर्गों की सीमाओं का निर्धारण तथ्यों की प्रकृति तथा शोध के उद्देश्यों के आधार पर किया जाता है। वर्गों में सम्मिलित होने वाली संख्या को वर्ग आवृत्ति के रूप में लिख दिया जाता है। वर्गों में प्रस्तुत किए जाने पर मूल्यों के यथार्थ माप स्पष्ट नहीं होते। प्रत्येक मूल्य को किसी एक वर्ग में स्थान प्राप्त होता है।

खण्डित तथा अखण्डित वर्गों के उदाहरण

खंडित आवृत्ति वितरण		*अखंडित आवृत्ति वितरण*	
बालकों की संख्या	*परिवारों की संख्या*	*विद्यार्थियों का वज़न (किलोग्राम में)*	*विद्यार्थियों की संख्या*
1	5	40–45	10
2	8	45–50	25
3	15	50–55	37
4	20	55–60	18
योग	48	योग	90

वर्गान्तरों के अनुसार वर्गीकरण करते समय शोधकर्ता के समक्ष निम्न समस्याएं आती हैं, जिनका उचित समाधान होना आवश्यक है:

(i) वर्गान्तरों की संख्या के निर्धारण की समस्या

(ii) वर्ग विस्तार के निर्धारण समस्या

(iii) वर्ग सीमाओं के निर्धारण की समस्या

(iv) आवृत्तियों के विन्यास की समस्या

3. संकेतीकरण (Coding)

वास्तव में, संकेतीकरण वर्गीकरण की प्रक्रिया का ही एक भाग है। कुछ समाज वैज्ञानिकों की पाठ्य पुस्तकों में इन दोनों अवधारणाओं का प्रयोग एक दूसरे के स्थानापन्न के रूप में भी किया गया है। किन्तु संकेतन या संकेतीकरण की क्रिया वर्गीकरण की अपेक्षा अधिक तकनीकी क्रिया है। वर्गीकरण में तो शोध-सामग्री को अर्थपूर्ण वर्गों में बाँटा जाता है, जबकि संकेतन की प्रक्रिया में इस बाँटी हुई सामग्री को और अधिक सूक्ष्म तथा संक्षिप्त बनाने के लिए उसे संकेतों (Symbols) में परिणित किया जाता है। जैसा कि **सैलिज तथा उनके सहयोगियों** ने लिखा है कि "संकेतन के द्वारा कच्ची सामग्री को संकेतों में, बहुधा अंकों में बदला जाता है ताकि आसानी से उनकी गणना तथा सारणीयन किया जा सके।"

गुडे तथा हट्ट ने भी संकेतन को वर्गीकरण का ही एक अंग मानते हुए लिखा है कि "संकेतन एक ऐसी प्रक्रिया है जिसके द्वारा तथ्यों को वर्गों में व्यवस्थित किया जाता है तथा प्रत्येक तथ्य को उसके वर्गानुसार एक संख्या या संकेत प्रदान किया जाता है। इस प्रकार संकेतों की गणना के द्वारा हमें किसी वर्ग में तथ्यों की कुल संख्या का पता चल जाता है। किन्तु, आधारभूत प्रक्रिया तो वास्तव में वर्गीकरण की है।"

संकेतन के उद्देश्य (Objectives of Coding)

वाक्यों अथवा वर्णमाला के शब्दों की अपेक्षा अंकों को याद रखना अथवा उनका संग्रह करना अधिक सरल होता है। इसी कारण शब्दों तथा वाक्यों के रूप में प्राप्त हुई सामग्री को अंकों में परिणित किया जाता है। संकेतन की प्रक्रिया द्वारा प्रत्येक उत्तर को एक संकेत-संख्या प्रदान की जाती है। जैसे, किसी प्रश्नावली के आयु तथा भाषा संबंधी प्रश्नों के उत्तरों को निम्न संकेत-संख्या प्रदान की जा सकती है:

प्र.सं.	प्रत्युत्तर-वर्ग	संकेत संख्या
3 (आयु)	18–20	1
	21–25	2
	26–30	3
	31–35	4
	35 से ऊपर	5
	अप्रत्युत्तर	9
4 (भाषा)	राजस्थानी	1
	हिन्दी	2
	उर्दू	3
	पंजाबी	4
	अप्रत्युत्तर	9

उपरोक्त उदाहरण में उत्तरों को जो संकेत-संख्या प्रदान की गई है, वह पूर्णतः स्वैच्छिक (Arbitrary) है। शोधकर्ता किसी भी प्रत्युत्तर को कोई भी संख्या प्रदान कर सकते हैं। उस संख्या का वे क्या अर्थ लगाते हैं, उसके लिए वे पूर्णतः स्वतंत्र होते हैं। किन्तु कुछ ऐसे तथ्यों के लिए जिनका प्रयोग कई अध्ययनों में होता है, उनके लिए स्थाई संकेत संख्याओं का प्रयोग होने लगा है। आजकल इसके लिये कोड बुक, कोड शीट और कम्प्यूटर कार्ड का प्रयोग किया जाता है।

संकेतन के द्वारा स्थान की समस्या (Space Problem) का भी आसानी से समाधान किया जा सकता है। संकलित तथ्यों को विहंगम दृष्टि प्रदान करने के लिए कभी-कभी सार-सूचियां (Summary Sheets) बनाई जाती हैं। इन सार-सूचियों में लम्बे-लम्बे शीर्षकों के स्थान पर संकेत संख्या का प्रयोग करके स्थान की बचत की जा सकती है, जैसेः

सूचनादाता		धर्म				लिंग		जाति					व्यवसाय					
		1	2	3	4	1	2	1	2	3	4	5	1	2	3	4	5	6
1.	मोहन																	
2.	सोहन																	
3.	विमला																	
4.	कमल																	
5.	जॉन																	
6.	सफी																	

उपरोक्त 'सार-सूची' में धर्म, जाति, व्यवसाय के विभिन्न रूपों को न लिख कर उनके स्थान पर उनको प्रदान की गई संकेत संख्या लिख दी गई है, ताकि एक ही कागज में अनेक प्रश्नों के उत्तरों को सार-रूप में प्रस्तुत किया जा सके।

जटिल प्रति-सारणीयन (Cross-Tabulation) के लिए तथ्यों का संकेतन एक प्रमुख आवश्यकता है। तथ्य जितने जटिल होंगे, संकेतन की उतनी ही अधिक आवश्यकता होगी। संकेतन के द्वारा तथ्यों को संकेतों के रूप में परिणित कर दिये जाने के कारण

उनकी आड़ी-सारणी सरलता से बनाई जा सकती है। संक्षेप में, संकेतीकरण का मुख्य उद्देश्य समय की बचत करना तथा विश्लेषण के कार्य को सरल बनाना है।

संकेतीकरण कब किया जाना चाहिए? (At What Stage to Code?)

किसी भी अध्ययन में संकेतीकरण का कार्य किसी भी स्तर पर किया जा सकता है। प्रश्नावली बनाते समय से लेकर सारणीयन करने के पूर्व तक यह कार्य कभी भी किया जा सकता है। प्रश्नावली बनाते समय जो संकेतन किया जाता है, वह 'पूर्व संकेतन' (Pre-coding) कहलाता है तथा प्रश्नावली से प्राप्त उत्तरों का जो संकेतन किया जाता है, उसे 'पश्चात् संकेतन' (Post-coding) कहते हैं। पूर्व संकेतन का प्रयोग उन्हीं प्रश्नों पर किया जा सकता है, जिनके उत्तरों के वर्गों के संबंध में हमें पूर्व ज्ञान होता है। सामान्यत: ऐसे प्रश्नों की प्रकृति या तो प्रतिबंधित (Closed) होती है: जैसे 'हाँ', 'नहीं', 'नहीं जानता' या जिन प्रश्नों के उत्तर पहले से ही अंकों में आने की संभावना रहती है, जैसे बच्चों की संख्या या आयु। प्रतिबंधित प्रश्नों के विपरीत मुक्त प्रश्नों (Open Questions) के उत्तरों के संबंध में बहुधा कोई निश्चितता नहीं होती। ऐसे प्रश्नों का संकेतन प्रश्नावलियों के लौटने के उपरान्त कुछ उत्तरदाताओं के उत्तरों को देखने के बाद ही किया जा सकता है। मुक्त प्रश्नों का संकेतीकरण करने के पूर्व उनका वर्गीकरण किया जाना आवश्यक है।

संकेतीकरण का कार्य सूचनादाता, साक्षात्कारकर्ता अथवा कार्यालय के संकेतकर्ताओं द्वारा किया जा सकता है। यदि प्रश्नावली में संरचित प्रश्न हैं, अर्थात् उत्तरों के संभावित विकल्प दिये हुए हैं, तब ऐसी स्थिति में उत्तरदाताओं को चुने हुए उत्तरों के सामने दी हुई संकेत संख्या के चारों ओर घेरा बनाने के लिए कहा जा सकता है। इस प्रकार सूचनादाता स्वयं संकेतीकरण कर देता है। सूचनादाता द्वारा संकेतीकरण का एक उदाहरण यह हो सकता है।

1. आपके लिंग के अनुसार किसी एक पर घेरा लगाइये:
   (i) स्त्री
   (ii) पुरुष

प्रत्युत्तरों को जब इस रूप में संकेतन कर दिया जाता है, तब उनका सारणीयन करना बहुत सरल हो जाता है। इस प्रकार के प्रत्युत्तरों का 'पंच कार्डों (Punch Cards) के द्वारा सीधा कम्प्यूटर पर भी सारणीयन किया जा सकता है। जब साक्षात्कारकर्ताओं द्वारा सूचना एकत्रित की जाती है, तब साक्षात्कारकर्ताओं को संकेतीकरण के लिए कहा जा सकता है। जैसे ही सूचनादाता प्रश्न का उत्तर देता है, साक्षात्कारकर्ता को उसके उत्तर के अनुरूप उसकी संकेत संख्या पर घेरा लगाना होता है। इन दोनों ही स्थितियों में पूर्व सांकेतिक प्रश्नों की आवश्यकता होती है।

जब प्रश्नावली में मुक्त प्रश्न दिये होते हैं, तब ऐसे प्रश्नों के संकेतीकरण का कार्य कार्यालय में संकेतकर्ताओं द्वारा किया जाता है जो संकेतीकरण-कार्य के विशेषज्ञ होते हैं। इस प्रकार के प्रश्नों का संकेतन करने के लिए स्पष्ट निर्देशों का होना आवश्यक है।

संकेतीकरण में विश्वसनीयता की समस्याएं
(Problems of Reliability in Coding)

संकेतन की विश्वसनीयता शोध सामग्री के कुशल सम्पादन, संकेतन-योजना की उपयुक्ता तथा संकेतनकर्ताओं की क्षमता तथा सतर्कता पर निर्भर करती है। संकेतन की बहुत सी समस्याएं अपर्याप्त, अपूर्ण, अस्पष्ट, संगतिहीन तथा अनुपयुक्त शोध-सामग्री के कारण उत्पन्न होती हैं। इन समस्याओं का निदान कुछ सीमा तक तथ्यों के कुशल सम्पादन के द्वारा किया जा सकता है। सम्पादन के द्वारा न केवल संकेतन की समस्याओं को दूर करने में सहायता मिलती है, अपितु इसके द्वारा तथ्यों के स्तर में भी काफी मात्रा में सुधार किया जा सकता है।

संकेतन की योजना, अर्थात् वर्गों की रचना से भी उत्पन्न संकेतीकरण में कठिनाइयाँ हो सकती हैं। वर्गों को बनाते समय आदर्श-वर्ग निर्माण के नियमों का यदि प्रयोग नहीं किया गया है, तब वर्गीकरण में कठिनाइयाँ आती हैं। संकेतीकरण की योजना का अध्ययन की समस्या तथा सिद्धान्त से पूरा तालमेल होना आवश्यक है।

विश्वसनीय संकेतीकरण के लिए संकेतनकर्ताओं का प्रशिक्षण भी आवश्यक है। उन्हें उदाहरणों द्वारा संकेतन की सम्पूर्ण योजना की जानकारी दी जानी चाहिए। संकेतनकर्ताओं को नमूने के तौर पर कुछ संकेतन करवा कर उनकी परीक्षा ली जानी चाहिए।

4. सारणीयन/सारणीकरण (Tabulation)

सम्पादन तथा वर्गीकरण की प्रक्रियायों द्वारा यह निश्चित किया जाता है कि व्यक्तिगत प्रश्नतालिकाओं (प्रश्नावलियों) से जो सूचनाएं प्राप्त हुई हैं वे सही हैं तथा उनका ठीक प्रकार से वर्गीकरण कर लिया गया है। इसके बाद, सभी प्रश्नतालिकाओं के प्रत्युत्तरों को एक साथ जोड़ कर यह मालूम किया जाता है कि कितने सूचनादाताओं ने अमुक प्रश्न का उत्तर 'हां' अथवा 'ना' में दिया है, गणना की यह प्रक्रिया ही सारणीयन कहलाती है। **सैलिज तथा उनके सहयोगियों** ने लिखा है कि "सारणीयण में मुख्य कार्य गणना ही है ताकि इसके आधार पर यह निर्धारित किया जा सके कि विभिन्न वर्गों में व्यक्तिगत सूचनाओं की संख्या कितनी है।"

किसी भी शोध कार्य में सारणीयन वर्गीकरण के बाद का कदम है। वर्गीकरण के बिना तथ्यों का सारणीयन करना संभव नहीं होता। वर्गीकरण के द्वारा व्यक्तिगत तथ्यों की ही प्रकृति स्पष्ट हो पाती है, किन्तु वैज्ञानिक विश्लेषण में व्यक्तिगत तथ्यों की अपेक्षा सामूहिक तथ्यों का महत्व अधिक होता है। किसी प्रश्न के प्रत्युत्तर के रूप में किसी अमुक व्यक्ति ने क्या कहा है वह इतना महत्व नहीं रखता, जितना कि अध्ययन-क्षेत्र के सभी व्यक्तियों ने उस प्रश्न का क्या प्रत्युत्तर दिया है, वह अधिक महत्वपूर्ण है। इस प्रकार के सामूहिक तथ्यों की प्राप्ति हमें सारणीयन की प्रक्रिया द्वारा ही प्राप्त हो पाती है। संक्षिप्त में, सारणीयन के द्वारा व्यक्तिगत तथ्यों की सामूहिक रूप प्रदान किया जाता है। इसके लिए व्यक्तिगत तथ्यों को समूहों में परिणित करते हुए उन्हें स्तम्भों (Columns) और पंक्तियों (Rows) में जमाया जाता है। तथ्यों को जमाने अथवा क्रमबद्ध करने की यह प्रक्रिया ही

सारणीयन कहलाती है। **कोन्नोरके** शब्दों में, "सारणीयन किसी विचाराधीन समस्या को स्पष्ट करने के उद्देश्य से किया जाने वाला सांख्यिकीय तथ्यों का क्रमबद्ध एवं सुव्यवस्थित प्रस्तुतीकरण है।" **ग्रेगरी एव वार्ड** के अनुसार, "सारणीयन वर्गीकृत आँकड़ों को सारणी के रूप में संक्षिप्त करने की प्रविधि है ताकि आँकड़ों को सुगमता से समझा जा सके और उसके आधार पर तुलना की जा सके।" यह आंकड़ों के संकलन और अंतिम विश्लेषण के बीच की एक महत्वपूर्ण प्रक्रिया है।

सारणीयन के उद्देश्य तथा उपयोगिता (Objects and Utility of Tabulation)

वर्गीकरण तथा सारणीयन दोनों ही सामग्री विश्लेषण की प्रक्रियाएं हैं; अतएव दोनों के उद्देश्यों में भी काफी समानता है। दोनों ही मूलतः सामग्री को अधिकाधिक स्पष्ट तथा बोधगम्य बनाने की दृष्टि से सम्पन्न की जाती हैं। स्वयं के प्रयोग अथवा किसी अन्य व्यक्ति के प्रयोग, दोनों के लिए यह आवश्यक है कि समंकों अथवा तथ्यों को उचित रूप में प्रस्तुत किया जाए। सामान्यतः इस कार्य के लिए सारणियों का प्रयोग किया जाता है। सारणीयन के प्रमुख उद्देश्य निम्न हैं:

(i) ***व्यवस्थित प्रस्तुतीकरण (Systematic Presentation):*** सारणीयन का प्रमुख उद्देश्य वर्गीकृत शोध-सामग्री द्वारा व्यक्त की गई सूचना को क्रमबद्ध व सुव्यवस्थित रूप में प्रस्तुत करना है। सारणियों में समंकों को दोनों ओर से यथा ऊपर से नीचे और बाँयीं से दाहिनी ओर सरलतापूर्वक पढ़ा जा सकता है।

(ii) ***विशेषताओं का स्पष्टीकरण (Exhibition of Characteristics):*** सुनिश्चित स्तंभों तथा पंक्तियों में समस्त शोध-सामग्री को जमा देने से तथ्यों की महत्वपूर्ण विशेषताएं स्वयं उजागर होने लगती हैं। सारणीयन के द्वारा संकलित तथ्यों की आन्तरिक तार्किकता को स्पष्ट करने में सहायता मिलती है।

(iii) ***तुलना में सुविधा (Comparisons Possible):*** सारणीयन की सहायता से तथ्यों की तुलना सरलता से की जा सकती है। **होरेस सिक्राइस्ट** ने लिखा है, "सारणियाँ वे साधन हैं जिनके द्वारा वर्गीकरण द्वारा किए गए विश्लेषण को स्थाई रूप प्रदान किया जाता है" तथा समान एवं तुलनीय तथ्यों को उचित स्थान पर रखा जाता है।

(iv) ***तथ्यों का संक्षिप्तीकरण (Briefness of Data):*** वर्गीकरण की अपेक्षा सारणियाँ तथ्यों को संक्षिप्त करने में अधिक सहायता करती हैं। सारणी की सहायता से न्यूनतम स्थान में अधिकतम एवं व्यवस्थित ढंग से तथ्यों को प्रस्तुत किया जा सकता है। तथ्यों का संक्षिप्तीकरण समय और क्षमता दोनों की बचत करता है। **पी.वी. यंग** ने सारणीयन को 'सांख्यिकी की आशुलिपि' (Shorthand of Statistics) कहा है।

(v) ***सांख्यिकीय विवेचन (Statistical Analysis):*** समंकों को सारणीबद्ध करने से गणन-क्रियाएं, अर्थात् जोड़ना, घटाना आदि सरल हो जाती हैं और अशुद्धियों का भी

सरलता से पता चल जाता है। यही नहीं, सांख्यिकीय माध्य (Averages) आदि का परिकलन सारणीबद्ध तथ्यों से सुगम हो जाता है। समंकों के चित्रमय अथवा आरेखीय प्रदर्शनों के लिए भी सारणियों का होना आवश्यक है।

सारणियों के प्रकार (Types of Tables)

सारणियाँ कई प्रकार की होती हैं। उनके वर्गीकरण के कई आधार हो सकते हैं। प्रमुखतः सारणियों का वर्गीकरण निम्न आधारों पर किया जा सकता है:

1. उद्देश्य के आधार पर	(अ) सामान्य उद्देश्यीय सारणी (ब) विशिष्ट उद्देश्यीय सारणी
2. रचना के आधार पर	(क) सरल सारणी (ख) जटिल सारणी

सामान्य उद्देश्यीय सारणी (General Purpose Table)

इस प्रकार की सारणियाँ विभिन्न प्रकार की विशाल स्रोत सामग्री को सरल तथा बोधगम्य ढंग से प्रदर्शित करने के उद्देश्य से बनाई जाती हैं। ऐसी सारणियों को मूल सारणी, प्राथमिक सारणी अथवा संदर्भ सारणी भी कहते हैं। **क्रॉक्सटन तथा काउडेन** के अनुसार, सामान्य उद्देश्यीय अथवा संदर्भ सारणी का प्राथमिक तथा प्रायः एकमात्र उद्देश्य तथ्यों को इस ढंग से प्रस्तुत करना है ताकि व्यक्तिगत इकाइयों को पाठक आसानी से ढूंढ सकें। वास्तव में, इस प्रकार की सारणी का कोई विशिष्ट उद्देश्य नहीं होता है। ये सारणियाँ अत्यधिक विस्तृत होती हैं और प्रायः ऐसी सारणियाँ प्रतिवेदनों (Reports) के साथ संलग्न होती हैं। जनगणना प्रतिवेदन तथा सरकारी एवं गैर सरकारी संस्थानों के प्रतिवेदनों के साथ इस प्रकार की अनेक सारणियों को देखा जा सकता है। इस प्रकार की सारणियों का मूल उद्देश्य तथ्यों को यथावत रूप में प्रदर्शित करना होता है।

विशिष्ट उद्देश्यीय सारणी (Specific Purpose Table)

काल्विन स्मिद के अनुसार इस प्रकार की सारणियाँ सांख्यकीय विश्लेषण में कुछ तत्वों को प्रदर्शित करने या विभिन्न तथ्यों के मध्य पाए जाने वाले महत्वपूर्ण संबंधों के उद्‌घाटन के उद्देश्य से बनाई जाती हैं। विशिष्ट उद्देश्यीय सारणियों के उदाहरण हम शोध-प्रबन्धों तथा शोध लेखों में देख सकते हैं जिनमें सारणियों को ही विश्लेषण का प्रमुख आधार बनाया जाता है।

सरल सारणी (Simple Table)

सरल सारणी में तथ्यों के किसी एक लक्षण या गुण को ही प्रदर्शित किया जाता है। इसीलिए इसे 'एक-गुणीय सारणी' या 'एकवर्ती सारणी' (Single or One-way Table) भी कहा जाता है। शोध की सामग्री को सारणी के रूप में प्रदर्शित करने का यह सबसे सरल तरीका है। इसमें एक स्तम्भ (Column) में किसी गुण (Attribute) की विभिन्न विशेषताओं को प्रदर्शित करके दूसरे स्तंभ में विशेषताओं के सामने उस घटना की आवृत्तियों (Frequencies) को लिखा जाता है। जैसे:

सत्ता के आधार पर परिवारों के स्वरूप

सत्ता का स्वरूप	*परिवारों की संख्या*
1. प्रजातांत्रिक परिवार	1,525
2. निरंकुश परिवार	402
3. मिश्रित परिवार	698
कुल परिवार	2,625

इस प्रकार की सारणी बनाना आसान होने के कारण ही इसे सरल सारणी कहते हैं। एक चर (Variable) के आधार पर बनी ऐसी आवृत्ति-वितरण सारणी को बहुधा 'एकचरीय आवृत्ति वितरण सारणी' (Univariate Frequency Distribution Table) भी कहते हैं। इस प्रकार की सारणियों को बनाने के लिए शोधकर्ता को अध्ययन किए जाने वाले चर के वर्गों का निर्माण करके प्रत्येक वर्ग की इकाइयों की संख्या की मात्र गणना करनी होती है।

जटिल सारणी (Complex Table)

जैसा नाम से ही विदित है कि इसमें तथ्यों के एकाधिक गुण अथवा लक्षणों को एक साथ प्रदर्शित किया जाता है, ताकि उनके आपसी संबंधों को प्रकट किया जा सके। प्रदर्शित गुणों की संख्या के अनुसार जटिल सारणी के निम्न रूप हो सकते हैं:

(i) ***द्विगुणीय सारणी (Double or Two Way Table):*** जब एक ही सारणी में किसी एक घटना अथवा तथ्य से संबंधित दो गुणों अथवा विशेषताओं का प्रदर्शन किया जाता है, तब ऐसी सारणी को द्विगुणीय सारणी कहते हैं। उदाहरणार्थ, उपरोक्त उदाहरण में सत्ता के स्वरूप के साथ-साथ धर्म के आधार पर परिवारों की संख्या को प्रदर्शित करना चाहें, तो यह द्विगुणीय सारणी का रूप ले लेगी। जैसे:

सत्ता के स्वरूप तथा धर्म के अनुसार परिवारों का वितरण

सत्ता का स्वरूप	*धर्म*			
	हिन्दू	*मुसलमान*	*ईसाई*	*योग*
1. प्रजातांत्रिक परिवार	489	320	716	1,525
2. निरंकुश परिवार	200	146	56	402
3. मिश्रित परिवार	411	198	89	698
परिवारों का योग	1100	664	861	2,625

उपरोक्त सारणी से स्पष्ट है कि इसमें दो परिवर्त्यों (चरों), अर्थात् सत्ता का स्वरूप तथा धर्म के आधार पर परिवार की संख्या को प्रदर्शित किया गया है। अतः जब दो चरों के आपसी संबंधों को प्रकट करना होता है, तब द्विगुणी सारणी का प्रयोग किया जाता है। इस प्रकार की सारणी के आधार पर किया गया विश्लेषण 'द्विचरीय विश्लेषण' (Bivariate Analysis) कहलाता है।

(ii) ***त्रिगुणीय सारणी (Treble or Three-way Table):*** इस प्रकार की सारणी में किसी तथ्य से संबंधित तीन गुणों को प्रदर्शित किया जाता है, ताकि इनके आपसी संबंधों की तुलना की जा सके, जैसे:

सत्ता के स्वरूप, धर्म तथा निवासस्थान के अनुसार परिवारों का वितरण

सत्ता का स्वरूप	धर्म									योग
	हिन्दू			मुसलमान			ईसाई			
	ग्रामीण	नगरीय	योग	ग्रामीण	नगरीय	योग	ग्रामीण	नगरीय	योग	
1. प्रजातांत्रिक परिवार	106	383	489	80	240	320	246	470	716	1,525
2. निरंकुश परिवार	156	44	200	96	50	146	42	14	56	402
3. मिश्रित परिवार	302	109	411	72	126	198	26	63	89	698
योग	564	536	1,100	248	416	664	314	547	861	2,625

उपरोक्त सारणी में परिवारों के वितरण को तीन गुणों, अर्थात् सत्ता, धर्म तथा निवास स्थान के आधार पर प्रदर्शित किया गया है। ऐसी सारणियाँ 'त्रिचरीय विश्लेषण' (Trivariate Analysis) में सहायक होती हैं। किसी एक सारणी में सामान्यत: तीन गुणों से अधिक गुणों का प्रदर्शन ठीक नहीं होता।

(iii) बहुगुणीय सारणी (Manifold Table): जब किसी सारणी के द्वारा किसी घटना के अनेक परस्पर संबंधित गुण-विशेषताओं को एक साथ प्रदर्शित किया जाता है, तो इसे बहुगुणीय सारणी कहते हैं। सामाजिक घटनाओं की एकाधिक विशेषताएं तथा कारण होते हैं। ऐसे कारणों अथवा विशेषताओं को संक्षिप्त में जानने के लिए बहुगुणीय सारणियों का प्रयोग किया जाता है। ऐसी सारणियाँ 'बहुचरीय विश्लेषण' (Multivariate Analysis) को सरल बना देती हैं।

संकाय, लिंग, निवास स्थान तथा वैवाहिक स्थिति के अनुसार विद्यार्थियों की संख्या

संकाय	लड़के						लड़कियाँ						योग
	ग्रामीण			नगरीय			ग्रामीण			नगरीय			
	विवाहित	अविवाहित	योग	विवाहित	अविवाहित	योग	विवाहित	अविवाहित	योग	विवाहित	अविवाहित	योग	
1. कला													
2. वाणिज्य													
3. विज्ञान													
4. विधि													
योग													

उपरोक्त सारणी में विद्यार्थियों के चार गुणों, यथा संकाय, लिंग, निवास स्थान तथा वैवाहिक स्थिति को प्रदर्शित किया गया है। इसे अन्य गुणों के प्रदर्शन हेतु और बढ़ाया जा सकता है। किन्तु जैसे-जैसे सारणी में प्रस्तुत विशेषताओं की संख्या बढ़ती जाती है, उसमें जटिलता आती जाती है।

सारणी रचना के नियम (Rules for Constructing of Tables)

एक अच्छी सारणी की रचना पर्याप्त सीमा तक शोधकर्ता की योग्यता, सामान्य विवेक, अनुभव, कार्यकुशलता आदि पर निर्भर करती है, फिर भी सारणियों की रचना मनमाने ढंग से नहीं की जा सकती है। सारणी-रचना एक तकनीकी कार्य है। **हार्पर** ने कहा है, "सारणी की रचना कई अर्थों में एक कला है। पंक्तियों तथा स्तम्भों को मात्र बना लेना इसके लिये पर्याप्त नहीं है।" इनकी रचना के कुछ निश्चित नियम (Rules) तथा तरीके (Procedure) हैं, जिनका सारणी-रचना के समय पालन किया जाना आवश्यक है। यद्यपि इन नियमों तथा तरीकों के संबंध में पूर्णतः मानकीकरण नहीं हो पाया है, फिर भी सारणी - रचना के कुछ सामान्य रूप में स्वीकृत सिद्धान्त तथा परिपाटियाँ हैं, जिनका कठोर रूप में अनुसरण किया जाना चाहिए:

शीर्षक (Title)

प्रत्येक सारणी का एक अति संक्षिप्त, स्पष्ट तथा स्वयं में पूर्ण शीर्षक होना चाहिए। यह शीर्षक सारणी की विषय-वस्तु की विशेषताओं का उचित रूप में प्रतिनिधित्व करने वाला तथा बिना संदर्भ के सारणी को बोधगम्य बनाने की क्षमता रखने वाला हो। जहाँ तक संभव हो इस शीर्षक में 'कब', 'क्या' और 'कहाँ' के प्रश्नों का समाधान निहित हो; अर्थात् तथ्य किस विषय से संबंधित हैं, किस समय के हैं और कहाँ (स्थान) के हैं। शीर्षक के संबंध में एक बात विशेष ध्यान रखने योग्य है कि शीर्षक न बहुत बड़ा हो और न बहुत ही छोटा हो जिससे शीर्षक का मन्तव्य ही समाप्त हो जाए। शीर्षक मोटे अक्षरों में सारणी के ऊपर लिखा होना चाहिए।

स्तंभों तथा पंक्तियों का आकार (Size of Columns and Rows)

सारणी के लम्बवत खाने स्तंभ (Columns) तथा आड़े खाने पंक्तियाँ (Rows) कहलाते हैं। स्तंभों तथा पंक्तियों की संख्या प्रस्तुत सामग्री, शोध के उद्देश्य तथा कागज के आकार पर निर्भर करती है। अत्यधिक खाने होने से समस्या जटिल एवं अस्पष्ट हो जाती है। प्रसंग के स्पष्टीकरण के लिए खानों की क्रम-संख्या लिखना आवश्यक है।

उप-शीर्षक (Sub-Headings)

स्तंभों के शीर्षक 'कैप्शन' (Captions) तथा पंक्तियों के शीर्षक 'स्टब' (Stubs) कहलाते हैं। सारणी में विभिन्न स्तंम्भों तथा पंक्तियों के अनुशीर्षक दिये जाने की उचित व्यवस्था होनी चाहिए। ये अनुशीर्षक स्पष्ट किन्तु संक्षिप्त होने चाहिए।

रेखाएं (Rulings)

सारणी के सभी खण्ड अथवा खाने समान महत्व नहीं रखते। कुछ खाने अन्य खानों की अपेक्षा अधिक महत्वपूर्ण होते हैं। अतएव, खानों की महत्ता के अनुसार रेखाओं की गहराई अथवा मोटाई का निश्चय किया जाना आवश्यक है। महत्वपूर्ण खानों को मोटी या दोहरी रेखाओं से बनाना चाहिए, ताकि पाठक को उनकी विशिष्टता तुरंत ध्यान में आ सके। कम महत्व वाले तथ्यों के लिए हल्की रेखाओं का प्रयोग करना चाहिए। प्रायः मुख्य वर्गों को गहरी रेखाओं द्वारा तथा उपवर्गों को पतली रेखाओं द्वारा प्रदर्शित किया जाता है।

तुलना (Comparison)

सारणी में ऐसी व्यवस्था होनी चाहिए कि तथ्यों का तुलनात्मक अध्ययन किया जा सके। तुलना योग्य तथ्यों को सारणी में पास-पास दिखाया जाना चाहिए।

स्रोत एवं टिप्पणियाँ (Source and Footnotes)

सारणी के नीचे तथ्यों के स्रोत का उल्लेख किया जाना चाहिए ताकि यह ज्ञात हो जाए कि उक्त तथ्य कहाँ से उद्धृत किए गए हैं। इसी प्रकार, यदि तथ्यों के स्पष्टीकरण के लिए कोई सूचना देना आवश्यक है, तब टिप्पणियों का प्रयोग सारणी के नीचे किया जाना चाहिए। टिप्पणियों को देते समय विभिन्न चिन्हों जैसे (*) (+), (#) आदि का प्रयोग यथास्थान किया जाना चाहिए। तथ्यों के स्रोत से सारणी की विश्वसनीयता बढ़ जाती है।

विशेष महत्व (Special Emphasis)

विभिन्न वर्गों को उनके सापेक्षिक महत्व के अनुसार अलग-अलग अक्षरों, अंतराल अथवा चिन्हों द्वारा प्रदर्शित किया जाना चाहिए।

योग (Total)

सारणियों में योग तथा अन्तर्योग को इस प्रकार दिखाया जाना चाहिए ताकि स्तंभों और पंक्तियों के योग की आपस में जाँच हो जाए। यदि स्तंभों को कई उपवर्गों में विभाजित किया गया है तो प्रत्येक उपवर्ग की जोड़ भी यथास्थान देना चाहिए।

वर्गों की व्यवस्था (Arrangement of Categories)

सारणी में वर्गों की व्यवस्था कालिक, भौगोलिक, वर्णक्रम अथवा मात्रात्मक आधार पर की जा सकती है। कालक्रमिक माला को नीचे से ऊपर या ऊपर से नीचे अथवा बाँये से दाँये या दाँये से बाये जमाई जा सकती है। कालिक-माला (Time Series) को छोड़ कर वर्गों को नियम के अनुसार, मात्रात्मक आधार पर ही जमाना चाहिए। यदि महत्ता का क्रम कोई विशेष महत्व नहीं रखता है, तब ऐसी माला को भौगोलिक क्रम में जमाया जा सकता है। सामान्य सारणियों में बहुधा वर्णमाला के क्रम का प्रयोग किया जाता है। किसी भी सारणी में वर्गों की वास्तविक व्यवस्था, वास्तव में, तथ्यों तथा संबंधों को दी जाने वाली महत्ता पर निर्भर करती है।

विविध तथ्य (Miscellaneous Items)

विविध तथा अपवादिक तथ्यों को सामान्यतः सारणी की अंतिम पंक्ति में प्रदर्शित किया जाता है।

संकेताक्षर (Abbreviation)

जहाँ तक संभव हो, सारणी में संकेताक्षरों तथा तदैव चिह्न (") का प्रयोग नहीं किया जाना चाहिए।

अन्त में, **हैरी जरोम** के शब्दों में, "एक उच्च कोटि की सारणी तैयार करने के लिए एक सांख्यिक को यह स्पष्ट जानकारी होनी चाहिए कि उसे किन तथ्यों को प्रस्तुत करना

है, किन विषमताओं को महत्व देना है तथा किन-किन बातों पर विशेष बल देना है। इसके अतिरिक्त, उसे सारणी रचना की यांत्रिक तकनीक का भी ज्ञान होना चाहिए। .... एक उत्तम सारणी निपुणता व प्रविधि की एक सफलता है तथा स्पष्ट रूप से प्रस्तुत अधिकतम सूचना तथा स्थान की मितव्ययता की सर्वोत्कृष्ट कृति है।"

सारणी के मुख्य भागों को प्रदर्शित करने वाला एक प्रारूप (A Model Representing Main Parts of a Table)

सारणी शीर्षक (Title)

पंक्ति शीर्षक (Stub Box)	उपशीर्षक (Caption)	उपशीर्षक (Caption)	योग (Total)
अनुशीर्षक (Stub) -------------- -------------- --------------			
योग (Total)			

पंक्तियाँ (Rows) →

स्तंभ (Columns)

टिप्पणी (Footnotes) स्रोत (Source)

सारणीयन की विधियाँ (Methods of Tabulation)

सारणीकरण का काम पूर्णतः हाथ से अथवा मशीन (कम्प्यूटर) से हो सकता है। प्रत्येक विधि के अपने गुण तथा दोष हैं। हाथ से सारणीकरण का कार्य सामान्यतः उस स्थिति में सस्ता तथा कम समय खर्च करने वाला होता है जब अध्ययन की इकाइयाँ बहुत कम होती हैं, या जब गणना की दृष्टि से वर्गों की संख्या कम होती है, या जब बहुत अधिक 'द्विक-सारणियाँ' (Cross-Tables) नहीं बनानी होती हैं। किन्तु जैसे ही इकाइयों तथा द्विक-सारिणयों की संख्या में वृद्धि होती है, ऐसी स्थिति में सारणीकरण में मशीनों का प्रयोग अधिक सस्ता होता जाता है। कौन सी विभि किसी अध्ययन के लिए अधिक उपयुक्त होगी, इसका निर्धारण बहुत कुछ मात्रा में द्विक सारणियों की मात्रा पर निर्भर करता है।

हाथ से सारणीकरण (Hand Tabulation)

हाथ से सारणीकरण का कार्य अत्यन्त सरल है, जिसमें किसी विशेष तकनीकी ज्ञान अथवा कुशलता की आवश्यकता नहीं होती। इस विधि में प्रश्नावली अथवा अनुसूची में से पूर्व निर्मित वर्गों के अनुसार इकाइयों को छाँटने (Sorting) तथा गिनने का कार्य (Counting) हाथ से किया जाता है। जब तथ्य छोटे-छोटे कार्डों अथवा कागज पर अंकित होते हैं, तब उनकी अलग-अलग ढेरियाँ बना कर उनकी गिनती कर ली जाती है। यांत्रिक सारणीकरण के पूर्व इस विधि का ही अधिकतर प्रयोग किया जाता था। हाथ द्वारा सारणीकरण की

दूसरी विधि में इकाइयों को छाँटने तथा गिनने के लिए एक खाली सारणी बनाई जाती है, जिसे सांख्यकीय भाषा में 'टैली शीट' (Tally Sheet) कहते हैं। इस टैली शीट में कुछ स्तंभ तथा पंक्तियाँ होती हैं, जिनके उपयुक्त शीर्षक दिये होते हैं। जैसे, हमें किसी जनसमुदाय में विभिन्न आय-वर्गों के अनुसार इकाइयों के वितरण को ज्ञात करना है। तब आय-वर्गों को पंक्ति में प्रदर्शित करके प्रत्येक सूचनादाता द्वारा बताई गई आय के अनुसार उसके वर्ग के सामने (जिसमें उसकी आय आती है) एक खड़ी रेखा खींच दी जाती है। किसी भी वर्ग में चार खड़ी रेखा हो जाने पर पाँचवीं रेखा सीधी न खींच कर पिछली चार रेखाओं को आड़ी काटती हुई खींची जाती है। इससे रेखाओं को गिनना सरल हो जाता है। जब सभी सूचनादाताओं की आय संबंधी सूचना को उनके वर्गानुसार रेखाओं में परिणित करने का कार्य समाप्त हो जाता है, तब प्रत्येक वर्ग के सामने खींची गई रेखाओं को गिनकर उनके जोड़ को लिख दिया जाता है। इसका एक उदाहरण नीचे प्रस्तुत है:

आय-वर्ग	*सारणीयण*	*आवृति*
0 - 100	𝍸 𝍸 𝍷𝍷𝍷𝍷	14
101 - 200	𝍸 𝍸 𝍸 𝍷𝍷	17
201 - 300	𝍸 𝍸 𝍸 𝍸 𝍸 𝍷	26
301 - 400	𝍸 𝍸	10
401 - 500	𝍷𝍷𝍷	3
इकाइयों की कुल संख्या		70

उपरोक्त विधि का प्रयोग करते हुए विभिन्न वर्गों की आवृतियाँ उनके सामने लिखकर सारणियाँ बना ली जाती हैं। द्विक-सारणी (Cross-Table) बनाने के लिए एक परिवर्त्य (चर) के अनुसार प्रत्येक वर्ग में आने वाली इकाइयों को पुनः दूसरे परिवर्त्य के वर्ग में छाँटना होगा। जैसे पहले शिक्षा संबंधी आवृति सारणी बनाने के लिए सारे उत्तरदाताओं को 'निरक्षर', 'प्राथमिक', 'माध्यमिक' आदि वर्गों में बाँटना होगा। बाद में, प्रत्येक शिक्षा संबंधी वर्गों के अनुसार लोगों की प्रश्नावलियों को निम्न, मध्यम तथा उच्च आय के वर्गों के अनुसार छाँटना होगा।

मशीन द्वारा सारणीकरण (Mechanical Tabulation)

जैसा ऊपर बताया जा चुका है कि जब इकाइयों तथा वर्गों की संख्या अधिक होती है तब हाथ द्वारा सारणीकरण न केवल महंगा तथा समय खर्च करने वाला होता है, अपितु अत्यधिक श्रम साध्य भी होता है। ऐसी स्थिति में यांत्रिक सारणीकरण की विधि का प्रयोग किया जाता है। यांत्रिक सारणीकरण में निम्न क्रियाएं की जाती हैं:

(i) ***संकेतन (Codification):*** इस प्रक्रिया का विस्तृत वर्णन हम पहले कर चुके हैं। संक्षेप में, इस क्रिया के अन्तर्गत प्रश्नावली अथवा अनुसूची में प्रविष्ट सूचना को संकेतांकों (Code Numbers) में परिणित किया जाता है।

(ii) ***संकेतांकों को कार्डों पर दर्ज करना (Transcription):*** प्रश्नावलियों की सूचनाओं को संकेतांकों में बदलने के उपरान्त इन संकेतांकों को छेद-दार कार्डों (Punch Cards) पर ले जाया जाता है। प्रत्येक सूचना के संकेतांकों के अनुसार इन कार्डों पर छेद कर दिये जाते हैं। प्रत्येक सूचनादाता का एक अलग कार्ड होता है। प्रत्येक कार्ड में 0 से 9 तक अंक के अनेक कॉलम होते हैं। सूचना से संबंधित संकेतांकों को 'की पंच' (Key Punch) द्वारा काट कर छेद कर दिया जाता है।

(iii) ***परीक्षण (Verification):*** सूचना को कार्डों पर उतारने के बाद त्रुटियों की जाँच करने के लिए परीक्षण पंच (Verifying Punch) द्वारा यह देखा जाता है कि कार्डों में छेद आवश्यकतानुसार ठीक हुए हैं अथवा नहीं।

(iv) ***कार्डों को छांटना (Sorting of Cards):*** परीक्षण के बाद कार्डों को उनके विभिन्न गुणों के अनुसार छांट लिया जाता है। यह सारा कार्य मशीन के द्वारा सम्पादित किया जाता है।

(v) ***गणना (Counting):*** छंटे हुए कार्डों की विभिन्न गुणानुसार गणना करके इकाइयों की संख्या ज्ञात कर ली जाती है। यह गणना भी मशीन द्वारा की जाती है।

(vi) ***सारणीयन (Tabulation):*** अन्त में, इस गणना के आधार पर मशीन की सहायता से ही सारणियाँ बना ली जाती हैं।

उपरोक्त वर्णन से स्पष्ट है कि कुछ क्रियाएं हाथ तथा मशीन द्वारा सारणीकरण की दोनों विधियों में सम्पादित की जाती हैं, किन्तु कुछ अन्य क्रियाएं जैसे कार्डों में छेद करना और उनका परीक्षण करना यांत्रिक विधि में अतिरिक्त करना होता है। हाथ द्वारा सारणीकरण की अपेक्षा यांत्रिक सारणीकरण एक अधिक विशिष्ट विधि है, अतः इसमें एक कुशल एवं प्रशिक्षित सारणीकार (Tabulator) की आवश्यकता होती है।

आजकल भारत में कई व्यापारिक संस्थाएं कुछ शुल्क लेकर सारणीकरण के इस कार्य को मशीनों द्वारा बहुत कम समय में सम्पादित कर देती हैं। यह सही है कि इन मशीनों का किराया बहुत होता है, किन्तु शोध कार्य में समय की महत्ता को देखते हुए यह कीमत खलती नहीं है।

व्याख्या तथा सामान्यीकरण (Interpretation and Generalization)

तथ्यों के संकलन, वर्गीकरण तथा सारणीयन की प्रक्रियाओं द्वारा हम सर्वेक्षण शोध के अन्तिम चरण पर पहुँच जाते हैं। वर्गीकरण तथा सारणीयन द्वारा तथ्यों को मुख्यतः संक्षिप्त आकार प्रदान किया जाता है, ताकि उसके आधार पर विश्लेषण-कार्य आसानी से सम्पन्न किया जा सके। शोध कार्य यहीं समाप्त नहीं हो जाता। वास्तव में, किसी भी शोध का अन्तिम लक्ष्य तथ्यों का विवेचन तथा व्याख्या करके सामान्य नियमों या सिद्धान्तों की रचना करना है। विश्लेषण प्रक्रिया के वर्गीकरण, संकेतन तथा सारणीकरण के चरण हमें शोध के इस अन्तिम लक्ष्य की ओर अग्रसर करते हैं। तथ्यों की विवेचना अथवा व्याख्या शोध का सबसे जटिल तथा दक्षतापूर्ण कार्य है। विश्लेषण प्रक्रिया के अन्य कार्यों को बिना किसी कठिनाई के सामान्य योग्यता वाला व्यक्ति भी सम्पादित कर सकता है, किन्तु तथ्यों के विवेचन के लिए विशेष योग्यता तथा निपुणता की आवश्यकता होती है। तथ्यों के

विवेचन अथवा व्याख्या का कार्य अत्यधिक तकनीकी कार्य है। यह मुख्यत: सांख्यकीय पुस्तकों का विषय-क्षेत्र है, जिसका विस्तृत वर्णन आसानी से सांख्यकी की किसी भी प्रामाणिक पाठ्य पुस्तक में मिल सकता है। अतएव, हम अति संक्षेप में विश्लेषण के इस चरण अर्थात् तथ्यों की व्याख्या (Interpretation) पर यहाँ विचार करेंगे:

तथ्यों की व्याख्या का अर्थ (Meaning of Interpretation of Data)

विश्लेषण तथा व्याख्या की प्रक्रियाओं को स्पष्ट करते हुए **सैलिज तथा उनके साथियों** ने लिखा है कि "विश्लेषण का उद्देश्य तथ्यों को इस प्रकार संक्षिप्त रूप देना है ताकि उनके आधार पर शोध प्रश्नों के उत्तर दिये जा सकें। व्याख्या का उद्देश्य इन उत्तरों को अन्य उपलब्ध ज्ञान के साथ जोड़ कर इनके गूढ़ अर्थों को खोज निकालना है।" इन दोनों प्रक्रियाओं में घनिष्ठ संबंध है, किन्तु किसी अध्ययन में दोनों का क्या रूप होगा, यह अध्ययन की प्रकृति पर निर्भर करता है। ये दोनों प्रक्रियाएं आपस में एक दूसरे से इस प्रकार गुंथी हुई हैं कि वास्तव में व्याख्या की प्रक्रिया एक अलग क्रिया न होकर विश्लेषण की प्रक्रिया के ही एक विशिष्ट अंग के रूप में प्रकट होती है। प्रसिद्ध सांख्यिकीविद **टिप्पेट** के अनुसार, "सांख्यिकीय व्याख्या किसी विशिष्ट क्षेत्र की गवेषणा से संबंधित तथ्यों के समूह में से तार्किक निष्कर्ष निकालने की एक प्रक्रिया है।"

विभिन्न तथ्यों के बीच कार्य-कारण संबंधों (Cause-Effect Relationship) की खोज और सहसंबंधों की स्थापना को व्याख्या कहा जाता है। व्याख्या से ही ज्ञान-विज्ञान की उन्नति होती है और वैज्ञानिक सिद्धान्तों और नियमों को स्थापित किया जाता है।

विश्लेषण तथा व्याख्या की मुख्य विशेषताएं (Main Characteristics of Analysis and Interpretation)

विश्लेषण की अ-परिमाणात्मक विधियों का महत्व (Importance of Non-quantified Methods of Analysis)

सामान्य रूप में यह समझा जाता है कि विश्लेषण तथा व्याख्या का कार्य अनिवार्यत: सांख्यिकीय आधार पर ही सम्पन्न किया जा सकता है, यह बात सामाजिक शोध पर पूर्णत: चरितार्थ नहीं होती। जब अध्ययन का केन्द्र किसी समूह की विशेषताओं की अपेक्षा कोई एक व्यक्ति होता है, तब साधारणत: विश्लेषण तथा व्याख्या के लिए अ-परिमाणात्मक विधियों (Non-quantitative Methods) का प्रयोग ही अधिक पसंद किया जाता है। यही नहीं, सामूहिक विशेषताओं की जानकारी एकत्रित करने वाले सामाजिक सर्वेक्षणों में भी अ-परिमाणात्मक विधियों अथवा गुणात्मक विश्लेषण (Qualitative Analysis) की विशिष्ट भूमिका होती है।

अ-परिमाणात्मक तथ्यों का प्रयोग (Use of Non-quantified Data)

सामाजिक शोध में अ-परिमाणात्मक तथ्यों की अपनी विशिष्ट महत्ता होती है। यही कारण है कि पूर्णत: परिमाणात्मक विश्लेषण वाले शोध-प्रबंधों में हमें अ-परिमाणात्मक अथवा अपरिष्कृत सामग्री (Raw Data) के उद्धरण के रूप में दिये गए अनेक उदाहरण देखने को मिलते हैं। **सैलिज तथा उनके साथियों** ने अपरिष्कृत सामग्री के महत्व पर प्रकाश डालते

हुए लिखा है कि इसमें तनिक भी संदेह नहीं है कि इस प्रकार की सामग्री को सम्मिलित किए जाने से सामाजिक विज्ञानों के दस्तावेजों (शोध प्रबंधों) की बोधगम्यता में वृद्धि होती है ... विश्लेषण के दौरान अपरिष्कृत सामग्री के प्रयोग की दो विशिष्ट उपयोगिताएं हैं: (i) किसी वर्ग के साथ जुड़े हुए अर्थ को स्पष्ट करना, एवं (ii) नवीन अन्तर्दृष्टि प्रदान करना।

सांख्यिकीय वर्णन (Statistical Description)

जिस प्रक्रिया को विश्लेषण कहा जाता है, उसके साथ कई छोटी-मोटी उप-प्रक्रियाएं जुड़ी हुई हैं। ये उप-प्रक्रियाएं, वास्तव में, विश्लेषण का प्रमुख अंग होती हैं। इन उप-प्रक्रियाओं में सांख्यिकीय वितरण को मालूम करना, चित्र तथा रेखाचित्रों की रचना करना, विभिन्न मापों जैसे, माध्यों, अपकिरण की माप, प्रतिशत, सह संबंधों जैसी मापों का परिकलन आदि सम्मिलित हैं। इन विधियों के प्रयोग द्वारा जो विश्लेषण किया जाता है, वह वास्तव में 'तथ्यों का सांख्यिकीय वर्णन' ही होता है।

तथ्यों के एकत्रण के उपरान्त, सांख्यिकीय विश्लेषण के प्रथम चरण के रूप में तथ्यों के सांख्यकीय वितरण को मालूम किया जाता है। इसके लिए प्रत्येक प्रश्न के दिये गए उत्तरों के आधार पर 'आवृत्ति वितरण सारणी' (Frequency Distribution Table) बनाई जाती है, अर्थात् अध्ययन किए जाने वाले समूह के कितने व्यक्तियों ने किसी प्रश्न का प्रत्युत्तर 'हाँ' या 'ना' में या किसी अन्य रूप में दिया है। इन आवृत्तियों को बाद में अनुपात अथवा प्रतिशत में बदला जा सकता है। यदि शोधकर्ता किसी समुदाय की विशिष्ट विशेषताओं को जानना चाहता है तो वह औसत द्वारा यह मालूम कर सकता है। औसत निकालने के लिए कई प्रकार की विधियों जैसे, माध्य, मध्यका, बहुलक आदि उपलब्ध हैं। औसत की कौन सी विधि अधिक उपयुक्त होगी, इसका निश्चिय शोधकर्ता को करना होगा। औसत के सहारे जहाँ एक ओर किसी समूह के विशिष्ट लक्षण ज्ञात किए जा सकते हैं, वहाँ यह दो समूहों की तुलना करने में सहायता भी करता है। सांख्यिकीय भाषा में औसत निकालने को 'केन्द्रीय प्रवृत्ति की माप' (Measure of Central Tendency) कहते हैं। इसके उपरान्त तथ्यों के विस्तार को जानने के लिए अपकिरण की मापों (Measures of Dispersion) का परिकलन किया जा सकता है।

तथ्यों के सांख्यिकीय वर्णन की उपरोक्त विधियाँ अत्यधिक प्रारंभिक उपकरण हैं। किसी भी सामाजिक सर्वेक्षण के प्रतिवेदन में सामान्यतः हम इन विधियों का प्रयोग देख सकते हैं। विश्लेषण के कार्य में कभी-कभी विभिन्न परिवर्त्यों के संबंधों को भी ज्ञात किया जाता है। इसके लिए 'द्विक-सारिणयों' (Cross-Tabules) का प्रयोग हितकर होता है। जब शोधकर्ता यह ज्ञात करना चाहता है कि दो चरों (Variables) के साहचर्य का रूप सकारात्मक है अथवा नकारात्मक, या साहचर्य है या नहीं और यदि है तो उसकी तीव्रता या मात्रा कितनी है, इसका पता लगाने के लिए सांख्यिकी की बहुत विधियाँ हैं। इनमें प्रमुख 'काई वर्ग परीक्षण', सहसंबंध तथा स्थिति क्रम सहसंबंध आदि विधियाँ हैं। संक्षेप में, एक गुण और दूसरे गुण या गुणों के आपसी संबंधों को सांख्यिकीय विधियों के माध्यम से ज्ञात किया जा सकता है। इन गुण साहचर्यों को जानने के लिए आजकल कम्प्यूटर का प्रयोग किया जाने लगा है।

सांख्यिकीय अनुमान (Statistical Inference)

तथ्यों का सांख्यिकीय वर्णन-विश्लेषण प्रक्रिया का एक पक्ष है। इसका दूसरा और सर्वाधिक महत्वपूर्ण पक्ष प्राप्त तथ्यों के आधार पर अनुमानों को प्राप्त करना है। हमारी शोध बहुधा एक प्रतिदर्श (Sample) के अध्ययन पर आधारित होती है, किन्तु हमारा उद्देश्य तो समष्टि (समग्र) के विषय में जानना होता है। इसके लिए एक शोधकर्ता को प्रतिदर्श के आँकड़ों के आधार पर समष्टि के विषय में अनुमान लगाना होता है। समष्टि (Universe) के विषय में अनुमान लगाने की प्रक्रिया को ही 'सामान्यीकरण' (Generalization) कहा जाता है।

प्रतिदर्श के आधार पर प्राप्त किए गए अनुमानों को जब समष्टि पर चरितार्थ किया जाता है तब कई प्रकार की समस्याएं उत्पन्न होती हैं। शोधकर्ता को सर्वप्रथम इसके लिए जनसंख्या की विशेषताओं के साथ-साथ प्रतिचयन की त्रुटियों (Sampling Errors) का अनुमान लगाना होता है। ये दोनों ही विषय अत्यधिक कठिन तथा तकनीकी विषय हैं, जिनका विस्तृत ज्ञान सांख्यिकी की पाठ्य पुस्तकों से प्राप्त किया जा सकता है।

अनुमान अथवा सामान्यीकरण की समस्याएँ कुछ अन्य क्षेत्रों में भी उत्पन्न हो सकती हैं। जैसे किसी एक सर्वेक्षण में दो चरों (Variables) के मध्य सहसंबंध को सांख्यिकीय विधियों से ज्ञात करना सरल हो सकता है, किन्तु तार्किक आधार पर इन संबंधों को सिद्ध करना बहुधा कठिन होता है। इसी प्रकार, सांख्यिकीय परीक्षणों द्वारा किन्हीं समूहों में अन्तर मिलने या किन्ही चरों में साहचर्य प्रदर्शित किए जाने के आधार पर कार्य-कारण संबंधों (Cause-Effect Relationship) को सिद्ध नहीं किया जा सकता। दो परिवर्त्यों (चरों) में साहचर्य होना ही कार्य-कारण संबंध को सिद्ध नहीं करता।

दो या दो से अधिक चरों के मध्य साहचर्य का अध्ययन करना तब तक सरल है, जब तक शोधकर्ता को केवल उनके साहचर्य की मात्रा तथा दिशा को मालूम करना होता है। किन्तु जैसे ही शोधकर्ता इसके अर्थ तथा कार्य-कारण संबंधों को जानने का प्रयत्न करता है, तब कठिनाइयाँ उत्पन्न होनी शुरू हो जाती हैं। कार्य-कारण संबंधों को सिद्ध करने के लिए तृतीय परिवर्त्य के प्रभाव का निष्कासन करना जरूरी हो जाता है। इस प्रकार के संबंधों को सिद्ध करने के लिए बहुधा प्रयोगात्मक अभिकल्प (Experimental Design) तथा बहुचरीय विश्लेषण (Multivariate Analysis) की आवश्यकता होती है। तथ्यों के सांख्यिकीय विश्लेषण के संबंध में **सैलिज तथा उनके सहयोगियों** ने जो चेतावनी दी है, उसे यहाँ उद्धृत करना समीचीन होगा: "चूंकि सांख्यिकीय कथन हमेशा संभाव्यता के कथन होते हैं, अत: किसी भी प्राक्कल्पना की सत्यता के स्वीकार अथवा अस्वीकार करने वाले निर्णय के लिए हम मात्र सांख्यिकीय साक्ष्यों पर विश्वास नहीं कर सकते। शोध निष्कर्षों की व्याख्या में विश्वास के लिए मात्र परिणामों की विश्वसनीयता में सांख्यिकीय विश्वास की ही आवश्यकता नहीं होती; अपितु इसके साथ-साथ शोध के पूर्वानुमानों की प्रामाणिकता संबंधी साक्ष्यों की भी जरूरत होती है।"

प्रस्तुति अथवा प्रतिवेदन लेखन
(Presentation or Report Writing)

किसी भी शोध कार्य का अन्तिम चरण उसकी उपलब्धियों तथा परिणामों को किसी भी प्रकार के प्रतिवेदन के रूप में प्रस्तुत करना है। प्रतिवेदन एक प्रकार से सम्पूर्ण शोध-प्रक्रिया का प्रारंभ से अंत तक का एक लिखित लेखा-जोखा होता है। प्रतिवेदन का क्या स्वरूप होना चाहिए, यह उन पाठकों की प्रकृति पर निर्भर करेगा, जिनके लिए प्रतिवेदन तैयार किया जा रहा है। "प्रतिवेदन का उद्देश्य स्वयं से सम्प्रेषण करना नहीं है, अपितु पाठकगण से सम्प्रेषण करना है"; अर्थात् प्रतिवेदन को तैयार करते समय पाठकगणों की प्रकृति का ध्यान रखा जाना आवश्यक है, ताकि शोध के निष्कर्षों से पाठकगणों को प्रतिवेदन की सहायता से अवगत कराया जा सके। मोटे रूप में, दो प्रकार के पाठकगण हो सकते हैं: (1) जन-साधारण, और (2) वैज्ञानिक समुदाय। किसी विभाग अथवा व्यापारिक संस्था के द्वारा प्रवर्तित सर्वेक्षण के प्रतिवेदन का स्वरूप एक निजी दस्तावेज का होता है, अतएव उसमें कई बातों जैसे सर्वेक्षण की पद्धति आदि का उल्लेख करने की कोई आवश्यकता नहीं होती। इसके विपरीत, यदि सर्वेक्षण का प्रतिवेदन साथी-वैज्ञानिकों की दृष्टि से लिखा जा रहा है, तब उसका रूप सामान्यजन अथवा प्रशासकगण के लिए लिखे गए प्रतिवेदन से भिन्न होगा। वैज्ञानिक समुदाय के लिए तैयार किए जाना वाला प्रतिवेदन सामान्य जन समुदाय के प्रतिवेदन की अपेक्षा अधिक औपचारिक तथा तकनीकी होगा।

पाठकगणों की प्रकृति कैसी भी हो, किसी भी प्रतिवेदन की योजना तैयार करते समय मुख्यत: दो बातों पर ध्यान दिया जाना चाहिए:

(i) अध्ययन के संबंध में पाठकगण क्या जानना चाहते हैं?

(ii) इस सूचना को पाठकगणों तक किस प्रकार भली-भाँति पहुँचाया जाए?

प्रतिवेदन तैयार करने के सामान्य उद्देश्य
(Purposes of Preparing the Report)

गुडे तथा हट्ट ने एक पुस्तक से कुछ पंक्तियों को उद्धृत करते हुए लिखा है कि प्रतिवेदन तैयार करना अनुसंधान का अंतिम चरण है, और "इसका उद्देश्य इच्छुक व्यक्तियों तक अध्ययन के परिणामों को पर्याप्त विस्तार के साथ और इस प्रकार क्रमबद्ध रूप में पहुँचाना है ताकि प्रत्येक पाठक तथ्यों को समझ सके तथा अपने लिए निष्कर्षों की प्रामाणिकता का निर्धारण कर सके।" मोटे रूप में शोध प्रतिवेदन निम्नलिखित उद्देश्यों को लेकर लिखा जाता है:

1. ज्ञान के प्रसार में योगदान
(Contribution to the Advancement of Knowledge)

ज्ञान का गागर विभिन्न शोधकर्ताओं की छोटी-छोटी शोध द्वारा भरा जाता है। किन्तु यदि शोधकर्ता किसी शोध के निष्कर्षों को अपने आप तक ही सीमित रखते हैं, तो इससे ज्ञान का प्रसार रुक जाता है। यदि शोधकर्ता यह चाहता है कि उसके शोध प्रयासों का प्रतिफल

दूसरे व्यक्तियों को भी मिले, तो इसके लिए यह आवश्यक है कि वह अपने शोध निष्कर्षों को प्रतिवेदन के रूप में प्रस्तुत करे। प्रतिवेदन द्वारा शोध का प्रचार व प्रसार होता है। वह व्यक्तिगत धरोहर के स्थान पर सामाजिक विरासत (Social Heritage) का रूप ग्रहण कर लेती है। संसार के किसी भी भाग में कोई भी शोध हो, प्रतिवेदन लेखन के बाद वह शोध संसार के वैज्ञानिक कोश का एक अंग बन जाती है।

2. अन्य शोधों के मार्ग को प्रशस्त करना (To pave way for other Researches)

वर्तमान शोध के निष्कर्ष भावी शोध का आधार बन सकते हैं। प्रतिवेदन लेखन द्वारा किसी क्षेत्र में हुई शोध की सीमाओं का आसानी से पता चल जाता है। अमुक क्षेत्र में कितना शोध कार्य हुआ है? उक्त शोध क्षेत्र के किस अंग पर शोध कार्य किए जाने की संभावनाएं हैं? शोध प्रतिवेदनों द्वारा अग्रिम शोध के विषय को ढूंढ़ने में भी सहायता मिलती है। जहाँ एक ओर शोध प्रतिवेदन अन्य शोधों के मार्ग को प्रशस्त करती हैं, वहाँ दूसरी ओर ये किसी क्षेत्र में शोध की अनावश्यक पुनरावृत्ति को रोक कर शोधकर्ता के समय, धन तथा क्षमता को नष्ट होने से बचाती हैं।

3. व्यावहारिक उपयोगिता (Practical Utility)

सैद्धान्तिक तथा शैक्षिक दृष्टि से ही नहीं, व्यावहारिक दृष्टि से भी शोध प्रतिवेदनों का महत्व है। यदि कोई शोध विषय जन सामान्य की दृष्टि से महत्वपूर्ण है तो मानवता की भावनावश उसके निष्कर्षों को लोगों को बताना आवश्यक हो जाता है। इसी प्रकार, यदि किसी सर्वेक्षण के प्रतिवेदन के आधार पर कोई सरकारी अथवा गैर सरकारी कार्यवाही होनी है, तो कहीं इसके अभाव में वह कार्य रुक न जाए, इसलिए प्रतिवेदन को तैयार करना जरूरी हो जाता है। प्रतिवेदनों का लेखन बहुजन हितार्थ की भावना से तो प्रेरित होता ही है, किन्तु इससे स्वांत सुखाय: की भावना की भी तुष्टि होती है, क्योंकि प्रतिवेदन लेखन का कार्य लेखक को आत्म गौरव का सुख भी प्रदान करता है।

4. शोध प्रक्रिया की जटिलताओं का उद्घाटन (To Reveal the Intricacy of Research Process)

शोध प्रतिवेदनों का मुख्य उद्देश्य अध्ययन के निष्कर्षों को व्यवस्थित रूप में प्रस्तुत करना है, ताकि संकलित तथ्यों की विशेषताओं को प्रकाश में लाया जा सके। इसके अतिरिक्त शोध प्रतिवेदनों द्वारा शोध प्रक्रिया की समस्याओं पर भी प्रकाश डाला जा सकता है, ताकि अगला शोधार्थी उन समस्याओं के प्रति पर्याप्त सावधानी बरत सके। इस प्रकार प्रतिवेदनों द्वारा शोध मार्ग की जटिलताओं का उद्घाटन करने में सहायता मिलती है।

5. वैधता की जाँच (Test of Validity)

किसी शोध के निष्कर्ष कहाँ तक प्रामाणिक हैं, इसकी जाँच तभी संभव है जब शोध के निष्कर्षों को प्रतिवेदन के रूप में प्रस्तुत किया गया हो। यदि किसी भी अन्य शोधार्थी को किसी शोध के निष्कर्षों के प्रति संदेह उत्पन्न होता है, तो वह स्वयं उस शोध की पुनरावृत्ति करके पहले शोध के निष्कर्षों की परीक्षा-पुनर्परीक्षा कर सकता है। किन्तु

निष्कर्षों की यह जाँच तभी संभव हो सकती है, जब पहले शोध के निष्कर्ष प्रतिवेदन के रूप में उपलब्ध हों। कभी-कभी प्रतिवेदन के विहंगावलोकन से ही यह पता चल जाता है कि शोध के निष्कर्ष विश्वास योग्य हैं अथवा नहीं। शोध के निष्कर्ष किस प्रकार के तथ्यों पर आधारित हैं, तथ्यों के संकलन के स्रोत प्रामाणिक हैं अथवा नहीं, तथ्यों के संकलन के लिए किन विधियों का प्रयोग हुआ, आदि बातों की जानकारी प्रतिवेदन से मालूम करके निष्कर्षों की प्रामाणिकता का अनुमान लगाया जा सकता है। शोध प्रतिवेदन के प्रकाशन के बाद पाठक स्वयं शोधकर्ता की शोध-विषय में गहराई का पता लगा सकते हैं।

6. तुलनात्मक अध्ययन (Comparative Study)

शोध की पुनरावृति के कई उद्देश्य हो सकते हैं। इनमें दो उद्देश्य प्रमुख हैं: प्रथम, वैधता की जांच या पुनर्परीक्षण जिसका उल्लेख ऊपर किया गया है एवं द्वितीय, तुलनात्मक अध्ययन। यदि मतदान व्यवहार का कोई अध्ययन अमेरिका में हुआ है, तब समान शोध अभिकल्प और विधियों का प्रयोग कर भारत में इस प्रकार के अध्ययन की पुनरावृति कर दोनों अध्ययनों के निष्कर्षों में साम्य और वैषम्य तथ्यों का पता लगाया जा सकता है।

गुडे तथा हट्ट ने प्रतिवेदन की महत्ता पर प्रकाश डालते हुए लिखा है कि "चूंकि वैज्ञानिक प्रतिवेदन से यह आशा की जाती है कि वह प्रमाणयोग्य ज्ञान के संचित भण्डार का एक अंग बने। अत: इसे प्रस्तुत किया जाना इसलिए आवश्यक हो जाता है ताकि इससे तथ्यों की पुनरावृत्ति की जा सके, इसकी तर्कसंगतता को सिद्ध किया जा सके, तथा इसकी महत्ता को मालूम किया जा सके।"

शोध प्रतिवेदन की रूपरेखा (Outlines of the Research Report)

शोध प्रतिवेदन का क्या स्वरूप होना चाहिए, इसमें किन विषयों को उल्लेख किया जाना चाहिए, इन विषयों का प्रतिवेदन में क्या क्रम-विन्यास होना चाहिए, आदि बातों के संबंध में सामाजिक वैज्ञानिकों में भारी मतभेद है। फिर भी, शोध के परिणामों को वैज्ञानिक समुदाय के समक्ष प्रस्तुत करने के लिए कुछ रूढ़ कार्यविधियों का विकास हुआ है, जिनका प्रमुख उद्देश्य सम्प्रेषण को अधिकाधिक सहज एवं सरल बनाना है। एक समाज वैज्ञानिक प्रतिवेदन में निम्नलिखित विषयों का उल्लेख आजकल आवश्यक माना जाने लगा है:

समस्या का वर्णन (Statement of the Problem)

इसे हम शोध प्रतिवेदन की प्रस्तावना अथवा प्राक्कथन भी कह सकते हैं। शोध प्रतिवेदनों का समारंभ सामान्यत: अध्ययन विषय के सामान्य शब्दों में प्रस्तुतीकरण से होता है। यहाँ पाठक को अति संक्षेप तथा सरल शब्दों में अध्ययन विषय की पृष्ठभूमि तथा आवश्यकता से परिचित कराया जाता है। उक्त विषय की शुरुआत का क्या इतिहास है, इसका अध्ययन किया जाना क्यों आवश्यक है, इस अध्ययन से कौन-कौन से सैद्धान्तिक तथा व्यावहारिक लाभों की आशा है, आदि विषयों पर प्रकाश डाला जाता है।

शोध का उद्देश्य (Purpose of Study)

शोध की प्रकृति गवेषात्मक (Exploratory) या वर्णनात्मक (Descriptive) अथवा विश्लेषणात्मक (Analytical) या कुछ अन्य प्रकार की हो सकती है। इसे स्पष्ट करते हुए शोध के उद्दश्यों का उल्लेख किया जाना चाहिये, अर्थात् यह शोध क्यों की जा रही है। यदि शोध किसी प्राक्कल्पना को लेकर की गई है, तो उसे स्पष्ट शब्दों में पाठकों के सामने प्रस्तुत करना चाहिए। प्राक्कल्पना का स्पष्टीकरण शोध के उद्देश्यों को संक्षेप में समझने में सहायक होगा। कार्य-कारणात्मक प्रकार की शोध प्राक्कल्पना से संबंधित विभिन्न चरों (Variables) तथा अवधारणाओं (Concepts) को भी स्पष्ट करना आवश्यक है।

'संयुक्त राष्ट्र के सांख्यिकी कार्यालय' ने सन् 1964 में सर्वेक्षणों के प्रतिवेदनों के संबंध में सुझाव देते हुए लिखा है कि "प्रतिवेदनों में सर्वेक्षण के सामान्य उद्देश्यों, सर्वेक्षण की दृष्टि से स्वीकार किए जाने योग्य त्रुटियों की मात्रा (Margin of Errors) तथा परिणामों को प्रयोग किए जाने की संभावनाओं का उल्लेख किया जाना चाहिए। इस प्रतिवेदन में यह भी स्पष्टीकरण होना चाहिए कि सर्वेक्षण किस प्रकार का है।"

क्षेत्र का वर्णन (Description of the Coverage)

सर्वेक्षण किस भौगोलिक प्रदेश, सामाजिक वर्ग, समुदाय का किया गया है, इसका निश्चित शब्दों में वर्णन किया जाना चाहिए। उदाहरणार्थ, किसी जनसमुदाय के जनसंख्यात्मक सर्वेक्षण में किन व्यक्तियों को सम्मिलित किया गया है और किन्हें नहीं। जैसे क्या किसी छात्रावास या होटल में रहने वाले व्यक्तियों को इस प्रकार के सर्वेक्षण में सम्मिलित किया गया है? इसी प्रकार, क्या घुमन्तु व्यक्तियों को ऐसे समुदाय का अंग माना गया है, आदि। संक्षेप में, क्षेत्र की सीमाओं के वर्णन में भौगोलिक, सामाजिक, जनसंख्यात्मक, आर्थिक आदि सभी विशेषताओं का वर्णन किया जाना आवश्यक है।

अध्ययन की पद्धतियाँ (Methods of Study)

प्रतिवेदन में, शोध में प्रयुक्त की गई सभी विधियों, तकनीकों तथा उपकरणों का सविस्तार विवरण होना चाहिए। सामान्यजन की दृष्टि से लिखी गई रिपोर्ट में इस विषय को नजरअन्दाज़ किया जा सकता है, क्योंकि सामान्यजन की इसमें कोई विशेष रुचि नहीं होती कि तथ्यों के संकलन के लिए किन विधियों व तकनीकों का प्रयोग किया गया है। किन्तु एक वैज्ञानिक प्रतिवेदन में इन सब बातों का उल्लेख होना इसलिए आवश्यक है कि संदेहात्मक स्थितियों में उन्हीं विधियों का प्रयोग करके प्राप्त निष्कर्षों की परीक्षा की जा सकती है। विधियों तथा तकनीकों के वर्णन में उनकी उपयुक्तता तथा तर्कसंगतता पर भी प्रकाश डाला जाना चाहिए, अर्थात् क्यों अमुक पद्धति को ही तथ्यों के संकलन के लिए उपयुक्त समझा गया।

प्रतिवेदन के इस भाग में ही तथ्यों के स्रोतों के चुनाव संबंधी चर्चा भी की जानी चाहिए। यथासंभव प्रश्नावली, अथवा अनुसूची की प्रति को परिशिष्ट के रूप में संलग्न करना ठीक समझा जाता है। यदि तथ्य संकलन के लिए किसी प्रमापन (Scale) का प्रयोग किया गया है, तो उसकी रचना का सविस्तार वर्णन दिया जाना आवश्यक है।

प्रतिदर्श चुनाव (Sample Selection)

सामान्यतः वृहत सर्वेक्षण शोधों में प्रतिदर्श का प्रयोग किया जाता है। ऐसी स्थिति में, प्रतिदर्श के चुनाव की विधि तथा उसकी तार्किकता के उल्लेख के साथ-साथ प्रतिदर्श के आकार का वर्णन भी किया जाना चाहिए। इस संबंध में समग्र (Universe) की विशेषताओं का संक्षिप्त वर्णन भी किया जा सकता है।

विश्लेषण तथा व्याख्या (Analysis and Interpretation)

प्रतिवेदन का यह सबसे मुख्य भाग है, जिसमें संकलित तथ्यों को विषयानुसार विभिन्न अध्यायों अथवा अनुभागों में प्रस्तुत किया जाता है। इस प्रस्तुतीकरण के लिए वर्गीकरण तथा सारणीयन की विभिन्न योजनाओं का प्रयोग किया जाता है। तथ्यों की विशिष्ट विशेषताओं पर बल देने के लिए आवश्यकतानुसार जहाँ-तहाँ चित्रों, रेखाचित्रों, चार्टों का भी प्रयोग किया जाना चाहिए। अन्त में, शोध अध्ययन की उपलब्धियों की सैद्धान्तिक चर्चा प्रस्तुत की जाती है। शोध हेतु बनाई गई मूल प्राक्कल्पना सिद्ध हुई अथवा मिथ्या, यहाँ यह बताना भी आवश्यक है। यदि संकलित तथ्यों के संदर्भ में प्रस्तुत प्राक्कल्पना में सुधार की आवश्यकता है तो उसे कारणों सहित समझाया जाना चाहिए।

यदि सांख्यिकीय परीक्षणों का प्रयोग किया गया है, तो उनके सार्थकता के स्तर, साहचर्य के मूल्य आदि को भी बताना चाहिए। तथ्यों का विश्लेषण करते समय 'अप्रत्युत्तर की दर' (Non-Response Rate) तथा उसके निष्कर्षों पर संभावित प्रभाव को भी बताना चाहिए।

सर्वेक्षण शोध के निष्कर्षों को विश्वसनीय बनाने के लिये एक, दो या अधिक व्यक्तियों के वैयक्तिक इतिहास (Case History) दिये जा सकते हैं उदाहरणार्थ, 'वृद्ध व्यक्तियों की समस्याओं' के किसी अध्ययन में प्रतिवेदन के परिशिष्ट भाग में दो-चार वृद्ध व्यक्तियों के ब्योरेवार अध्ययन को जोड़ा जा सकता है। इससे शोध अध्ययन के मूल्य में वृद्धि हो जाती है।

प्रभावों का वर्णन (Discussion of Implications)

किसी शोध के मन्तव्य को स्पष्ट करने के लिए केवल उसकी उपब्धियों की चर्चा ही पर्याप्त नहीं है, अपितु मानवीय व्यवहार की सामान्य समझ के लिए पाठक उस शोध के प्रभावों को जानने में रुचि रखता है। शोध के प्रभावों के वर्णन में मुख्यतः तीन बातों का समावेश किया जाना आवश्यक है:

(अ) प्रस्तुत शोध के निष्कर्ष किस सीमा तक समान स्थितियों में चरितार्थ होने की संभावना है।

(ब) शोध की वे कौन सी विशिष्ट परिस्थितियाँ हैं जो निष्कर्षों का सामान्यीकरण किए जाने को सीमित करती हैं।

(स) प्रतिवेदन के इस भाग में अनुत्तरित प्रश्नों का उल्लेख किया जाना चाहिए, शोध के कौन से मुद्दों के उत्तर प्राप्त नहीं हो सके हैं। साथ ही, शोध के दौरान उत्पन्न हुए नवीन प्रश्न तथा उनके अध्ययन के सुझावों का वर्णन भी किया जाना चाहिए।

प्रतिवेदन के अन्त में, अतिसंक्षेप में सम्पूर्ण प्रतिवेदन का सारांश प्रस्तुत करने की भी परिपाटी है। वैज्ञानिक प्रतिवेदनों में सहयोगी वैज्ञानिकों की दृष्टि से शोध की सीमाओं तथा समस्याओं को भी दिया जाता है।

प्रतिवेदन लेखन संबंधी कुछ आवश्यक निर्देश (Some Directions for Report Writing)

शोध प्रतिवेदन तैयार करना एक अत्यन्त तकनीकी कार्य है। यह कार्य इतना सरल नहीं है, जितना सामान्य रूप में इसके संबंध में समझा जाता है। एक प्रतिवेदन को तैयार करते समय मोटे रूप में निम्न विषयों पर ध्यान दिया जाना आवश्यक है:

पाठकगणों की प्रकृति (Nature of the Audience)

जैसा सर्वप्रथम बताया जा चुका है कि शोध प्रतिवेदन का रूप पाठकों की प्रकृति पर निर्भर करता है। सामान्यजन अथवा वैज्ञानिक समुदाय के लिए लिखी गई रिपोर्ट में अन्तर होना स्वाभाविक है। अत: प्रतिवेदन को लिखने के पूर्व सर्वप्रथम यह निश्चित किया जाना आवश्यक है कि प्रतिवेदन किन व्यक्तियों के लिए लिखा जा रहा है।

भाषा व शैली (Language and Style)

प्रतिवेदन के पाठकगणों की प्रकृति तथा विशेषताओं को जान लेने के उपरान्त ही प्रतिवेदन की भाषा तथा शैली का निर्धारण किया जाना चाहिए। सामान्यजन के समक्ष शोध के निष्कर्षों को प्रस्तुत किए जाने वाले प्रतिवेदन की भाषा अत्यन्त सरल तथा बोधगम्य होनी चाहिए। जहाँ तक संभव हो ऐसे प्रतिवेदन में तकनीकी भाषा तथा जटिल शब्दों या वैज्ञानिक शब्दावली का प्रयोग नहीं किया जाना चाहिए। वैज्ञानिक समुदाय हेतु लिखी जाने वाली रिपोर्ट में कभी-कभी पारिभाषिक शब्दावली की समस्या उत्पन्न हो सकती है। यह समस्या विशेषरूप से सामाजिक विज्ञानों में है, जिनमें प्रामाणिक वैज्ञानिक शब्दावली का विकास अभी पूर्णत: नहीं हो पाया है। आज भी सामाजिक विज्ञानों में कई ऐसे शब्द तथा अवधारणाएँ हैं, जिनका प्रयोग भिन्न समाज वैज्ञानिकों द्वारा भिन्न रूप में किया जाता है।

प्रतिवेदन की भाषा एवं शैली के संबंध में एक बात और विशेष उल्लेखनीय है। एक वैज्ञानिक प्रतिवेदन को लिखते समय काल्पनिक तथा मुहावरेदार भाषा का प्रयोग नहीं किया जाना चाहिए। जहाँ तक संभव हो वैज्ञानिक प्रतिवेदन में शब्दाडम्बरों का प्रयोग करके भाषा को क्लिष्ट तथा जटिल न बनाया जाए। प्रतिवेदन की विषय-वस्तु शब्दाडम्बर के जाल में छुप जाती है। ऐसे प्रतिवेदन सही सम्प्रेषण के अपने मूल मंतव्य को खो देते हैं। समाजशास्त्रीय शोध प्रतिवेदनों पर विशेषत: यह बात चरितार्थ होती है, क्योंकि समाजशास्त्र का विकास साहित्यिक तथा दार्शनिक पृष्ठभूमि से हुआ है। शैली की दृष्टि से एक प्रतिवेदन में साहित्यिक तथा सुरुचिपूर्णता का गुण होना आवश्यक है, किन्तु इसका तात्पर्य यह नहीं है कि प्रतिवेदन में अनावश्यक विशेषणों का प्रयोग करके अस्वाभाविकता अथवा काल्पनिकता की बढ़ोत्तरी की जाए। अनुभवी लेखक प्रतिवेदन को लिखते समय उसके एक-एक वाक्य और शब्द का चुनाव माप-तोल करके करते हैं, ताकि वे ठीक अर्थ को सम्प्रेषित कर सकें। व्याकरण की दृष्टि से प्रतिवेदन की भाषा सरल तथा सुगठित होनी चाहिए।

विस्तृत रूपरेखा (Detailed Outline)

प्रतिवेदन लिखने के पूर्व उसकी यदि विस्तृत रूपरेखा तैयार कर ली जाए, तो ठीक रहता है। इससे प्रतिवेदन में क्रमबद्धता का सूत्रपात तो हो ही जाता है, साथ ही अनावश्यक ब्योरे से प्रतिवेदन को बोझिल बनाने से बचाव भी हो जाता है। यह रूपरेखा किसी भी तथ्य के रह जाने की संभावनाओं को भी सीमित कर देती है। **सैलिज तथा उनके सहयोगियों** के अनुसार, "विस्तृत रूपरेखा की रचना एक व्यक्ति के ध्यान को सर्वप्रथम इस बात पर पूर्णतः केन्द्रित करने का प्रयास करती है कि प्रतिवेदन में क्या कहना है, बिना इस बात का विचार किए कि इसे कैसे कहना है।" इस कथन से यह स्पष्ट है कि प्रतिवेदन-लेखन में प्रतिवेदन की विषय-वस्तु सर्वाधिक महत्वपूर्ण स्थान रखती है। इसलिए प्रतिवेदन को तैयार करते समय उसका पहले एक खाका तैयार कर लिया जाना चाहिए। यही नहीं, मूल प्रतिवेदन के लेखन के पूर्व संभवतः उसका प्रथम प्रारूप (First Draft) तैयार किया जाना चाहिए। तथ्यों को संकलित करने के तुरन्त बाद ही इस प्रथम प्रारूप को तैयार कर लिया जाना चाहिए, ताकि शोध कार्य की कोई बात छूटने न पाए। बाद में, इस प्रथम प्रारूप में आवश्यकतानुसार संशोधन करके मूल प्रतिवेदन को एक सुरुचिपूर्ण प्रलेख में परिणित किया जा सकता है। इसके लिए प्रतिवेदन के वाक्य विन्यास, शब्द तथा पैराग्राफ की रचना में परिवर्तन किया जाता है।

स्पष्ट प्रस्तुतीकरण की यांत्रिक युक्तियाँ (Mechanical Aids to Clear Presentation)

गुडे तथा हट्ट ने लिखा है कि "यद्यपि उत्तम प्रतिवेदन के लिए एक सुव्यवस्थित अध्ययन का होना ही सर्वाधिक महत्वपूर्ण है, तथापि कुछ ऐसी सामान्य युक्तियाँ है, जो प्रतिवेदन को अधिकाधिक स्पष्ट करने में सहायता करती हैं।" इन युक्तियों में प्रमुख निम्नलिखित हैं:

पाद टिप्पणियाँ (Footnotes)

प्रतिवेदन में आवश्यकतानुसार जहाँ-तहाँ पाद-टिप्पणियों का दिया जाना आवश्यक है। ये टिप्पणियाँ प्रतिवेदन के तथ्यों की विश्वसनीयता तथा प्रामाणिकता में वृद्धि करती हैं। पाद-टिप्पणियों को देने के नियमों के संबंध में ज्ञान होना आवश्यक है। पाद-टिप्पणियों के द्वारा पूर्व शोधकर्ताओं के प्रति आभार प्रदर्शन किया जाता है, जिन्होंने उक्त शोध के क्षेत्र में अपना योगदान किया है। "प्रत्येक वैज्ञानिक प्रगति पूर्व शोध कार्य के आधार पर ही होती है और वास्तव में पाद टिप्पणियाँ पूर्वज बौद्धिकजनों के प्रति हमारी श्रद्धा का प्रतीक है।"

उप-शीर्षक (Sub-headings)

प्रतिवेदन को अधिकाधिक स्पष्ट और आकर्षक बनाने के लिए एक दूसरी युक्ति के रूप में शीर्षकों तथा उप-शीर्षकों का प्रयोग किया जाना चाहिए। उप-शीर्षक पाठक का ध्यान तुरन्त अपनी ओर आकर्षित करके प्रतिवेदन की विषय-वस्तु को संक्षिप्त में प्रस्तुत करने में सहायता करते हैं। इनके द्वारा सम्पूर्ण प्रतिवेदन का विवरण कुछ भागों तथा उप-विभागों में विभाजित हो जाता है, जो अन्ततः प्रतिवेदन को एक संगठित रूप प्रदान करने में सहायक

सिद्ध होता हैं। बहुत कम पाठकों की याददाश्त इतनी तेज होती है कि वे प्रतिवेदन के सम्पूर्ण विवरण को याद रख सकें। ये शीर्षक तथा उप-शीर्षक प्रतिवेदन की मूल बातों को याद रखने में पाठक को सहायता करते हैं।

मानचित्र, चार्ट तथा रेखाचित्र (Maps, Charts and Graphs)

ये ऐसी युक्तियाँ हैं, जिनके द्वारा जटित से जटिल सांख्यिकीय सारणियों को ऐसे रूप में परिणित कर दिया जाता है जिन्हें सरलता से समझा जा सकता है। तथ्यों का आंकिक प्रदर्शन स्वभावतः नीरसता उत्पन्न करता है, अतः इसे सरस बनाने के लिए मानचित्र, चार्ट तथा रेखाचित्रों और जहाँ-तहाँ संभव एवं आवश्यक हो, छायाचित्रों (Photographs) आदि का प्रयोग करना चाहिए। इनके द्वारा निष्कर्षों का प्रस्तुतीकरण और अधिक बोधगम्य हो जाता है। इनकी उपयोगिता के संबंध विस्तृत रूप में अन्यत्र विचार किया गया है।

तकनीकी बातों का प्रस्तुतीकरण (Presentation of Technical Details)

एक वैज्ञानिक समुदाय के लिए लिखे गए शोध प्रतिवेदन में शोध प्रक्रिया तथा शोध विधियों का उल्लेख किया जाना आवश्यक है। प्रतिचयन प्रणाली (Sampling Methods), प्रतिदर्श पद्धति, प्रतिदर्श का आकार आदि का विवरण भी प्रतिवेदन में होना चाहिए। किसी विधि तथा प्रविधि को स्वीकार तथा अस्वीकार किए जाने की तार्किकता का वर्णन भी दिया जाना हितकर होता है। लिखित अथवा अलिखित स्रोतों या साक्षात्कार आदि विधियों के प्रयोग में क्या-क्या कठिनाइयाँ आईं, उन्हें भी रिपोर्ट में दर्शाया जाना चाहिए। इसके साथ ही उक्त शोध की सीमाओं का वर्णन भी करना चाहिए। इस संबंध में विशेषतः प्रतिदर्श त्रुटियों (Sampling Errors) का उल्लेख करना भी आवश्यक है।

20

परिमाणन और सांख्यिकी का प्रयोग
Quantification and the Use of Statistics

"जहाँ कहीं परिमाणात्मक तथ्यों (Quantitative Facts) का प्रयोग सम्भव है, वहाँ वैज्ञानिक उद्देश्यों की दृष्टि से सामाजिक तथ्यों की परिमाणात्मक अभिव्यक्ति को वरीयता दी जानी चाहिए। परिमाणात्मक तथ्य व्यक्तिगत पक्षपात को बहुत कम कर देते हैं। वे अन्य शोधकर्ताओं द्वारा ऐसे तथ्यों के सत्यापन किए जाने के अवसरों को भी बढ़ा देते हैं। ऐसे तथ्य त्रुटियों को कम करने के साथ-साथ त्रुटियों की मात्रा को भी उजागर करते हैं। परिमाणात्मक तथ्य वर्णनात्मक शब्दों के अनिश्चित अर्थों का निश्चित गणितीय संकेतों द्वारा प्रतिस्थापन करते हैं।"

—स्टुअर्ट ए. राइस

परिमाणन (Quantification) विज्ञान की एक महत्वपूर्ण विशेषता है। इसके द्वारा वैज्ञानिक निष्कर्षों को सूक्ष्म और निश्चित बनाया जाता है। परिमाणात्मक तथ्य ज्ञान को स्पष्ट करने और उसे सटीक (Exact) बनाने में हमारी मदद करते हैं। इस बारे में **लार्ड कॉल्विन** का कथन उल्लेखनीय है, "जिस विषय के बारे में आप बात कर रहे हैं, यदि आप उसकी माप कर सकते हैं और उसे संख्याओं में प्रदर्शित कर सकते हैं तो उसके बारे में आप कुछ जानते हैं। किन्तु जब आप उस विषय की माप नहीं कर सकते, अर्थात् संख्याओं के रूप में उसे नहीं प्रकट कर सकते तब आपका ऐसा ज्ञान सतही प्रकार का और अल्प एवं असंतोषजनक प्रकृति का है। इस प्रकार का ज्ञान प्रारम्भिक हो सकता है, किन्तु कठिनतः ही इसे आप विज्ञान स्तरीय कह सकते हैं।"

उपरोक्त दोनों ही उद्धरण विज्ञान में परिमाणन की महत्ता को प्रकट करने में पर्याप्त है। ज्ञान और विज्ञान के क्षेत्र में आज हम जो कुछ प्रगति देखते हैं, वह परिमाणन का ही परिणाम है। खगोलशास्त्र, भौतिकशास्त्र और रसायनशास्त्र को प्रायः सटीक विज्ञान (Exact Sciences) इसीलिए कहा जाता है, क्योंकि इनके तथ्य अनुमानों और गुणात्मक विश्लेषण पर आधारित नहीं होते। इन विज्ञानों में सर्वाधिक परिमाणन हुआ है।

परिमाणन क्या है? (What is Quantification?)

अति साधारण अर्थ में, परिमाणन गणना की एक क्रिया है। जब हम किसी घटना या वस्तु की जानकारी प्राप्त करने के लिए उसकी प्रत्येक इकाई की आवृत्ति को गिनते हैं, तब

गिनने की यह क्रिया ही परिमाणन कहलाती है। शोध की भाषा में, घटनाओं को आंकिक मूल्य (Numerical Value) प्रदान करने की प्रक्रिया को परिमाणन कहते हैं। गणना करने या आंकिक मूल्य प्रदान करने के कई रूप हो सकते हैं जो इसकी उपयोगिता और यथार्थता पर निर्भर करते हैं।

विज्ञान का संबंध किसी घटना से जुड़े चरों (Variables) से होता है। एक चर एक तथ्य होता है जिसके एकाधिक मूल्य होते हैं। किसी भी तथ्य के कम से कम दो मूल्य होते हैं, जैसे कोई भी वस्तु (तथ्य) गर्म हो सकती है या ठंडी हो सकती है, सफेद हो सकती है या काली। किन्तु, यदि हम इन मूल्यों (ठंडा या गर्म, काला अथवा सफेद) की सूक्ष्म रूप से जांच करें तब हम देखेंगे कि वस्तु के ठंडेपन या कालेपन की मात्रा को कई मूल्यों में विभाजित किया जा सकता है। परिमाणन की प्रक्रिया के द्वारा इन मूल्यों को मापकर सटीक अंकों में प्रदर्शित किया जा सकता है। एक समय था जब व्यक्ति के बुखार का अनुमान केवल शब्दों के रूप में ही प्रकट किया जाता था और कहा जाता था कि अमुक व्यक्ति को बहुत तेज या थोड़ा सा बुखार है, किन्तु आज बुखार के मापने के यंत्र (थर्मामीटर) ने बुखार मापने की इस समस्या को हल कर दिया है। अब हम थर्मामीटर के द्वारा उक्त व्यक्ति के शारीरिक तापक्रम को अंशों (Degrees) में प्रदर्शित कर सकते हैं। शारीरिक तापक्रम को मापने और उसे अंकों में प्रकट करने की यह प्रक्रिया ही परिमाणन हैं। इस प्रक्रिया ने बुखार (शारीरिक तापक्रम) के बारे में अस्पष्टता और अनिश्चितता को समाप्त कर दिया। परिमाणन की यह प्रक्रिया विभिन्न चरों के बीच सहसंबंधों को ज्ञात करने और अन्ततः उनकी सुनिश्चित व्याख्या और भविष्योक्ति करने में सहायता करती है।

सामाजिक जीवन में सांख्यिकी (Statistics in Social Life)

तथ्यों को परिमाणात्मक रूप देने में सांख्यिकी (Statistics) की महत्वपूर्ण भूमिका होती है। सांख्यिकी गणितीय तकनीकों (Mathematical Techniques) का एक समूह है, जिसका प्रयोग अंकों (Numbers) के रूप में सूचनाओं (तथ्यों) को व्यवस्थित करने, विश्लेषण करने और व्याख्या (निर्वचन) करने (Interpretation) में किया जाता है। यही कारण है कि समाज वैज्ञानिक भी गवेषणा के अपने परिणामों को अधिकाधिक वस्तुपरक और सटीक बनाने के लिए सांख्यिकीय विधियों का प्रयोग करते हैं। सांख्यिकी की सहायता से किसी भी विचार या समस्या को समझना आसान हो जाता है। विवाह, जन्म, मृत्यु, अपराध, बेकारी, भिक्षावृत्ति या वेश्यावृत्ति जैसी सामाजिक घटनाओं को तब तक बिना अंकों के प्रयोग किये आसानी से समझा जा सकता है जब तक वे एक छोटे परिवार या समुदाय के लोगों तक सीमित हों। किन्तु, यदि परिवार या समुदाय के लोगों की संख्या एक सौ या इससे भी अधिक हो, तब लोगों की व्यक्तिगत विशेषताओं को जानना प्रायः कठिन हो जाता है। वास्तव में, किसी भी घटना की संख्या यदि अधिक न हो तो उनके लिए सामान्यीकरण की जरूरत भी नहीं पड़ती, क्योंकि मानव मस्तिष्क उन्हें अलग-अलग तथा व्यक्तिशः समझने में सक्षम है। किन्तु, जब सरलता से समझी जाने वाली वस्तुओं

अथवा घटनाओं की लघु संख्या के स्थान उनका वृहत समूह होता है तब मानसिक रूप में उनको व्यक्तिशः समझना प्रायः असम्भव हो जाता है। परिणामतः हमें उनकी एकाधिक विशेषताओं के आधार पर उनका सामूहिक रूप में ही अध्ययन करना आवश्यक हो जाता है।

बाइबिल में एक स्थान पर ऐसा वर्णन किया गया है जिसमें एक गड़रिया अपनी भेड़ों को दिए गए उनके नाम से आवाज देता है। इस वर्णन से ऐसा प्रतीत होता है कि शायद उस गड़रिए की भेड़ों का झुंड बहुत छोटा था, तभी उसके लिए भेड़ों को उनके नाम से आवाज देना सम्भव हुआ होगा। किन्तु जब हम आज आस्ट्रेलिया या अमेरिका के किसी गड़रिए की बात करते हैं, जिसके पास भेड़ों का एक बहुत बड़ा झुंड (सैकड़ों की संख्या में) होता है, तब ऐसे गड़रिए के लिए प्रत्येक भेड़ को नाम देना और उनके नाम से पुकारना शायद ही सम्भव हो। यही बात बहुत बड़े परिवार के सदस्यों (100 से अधिक) पर लागू होती है। यदि ऐसे परिवार का महा पड़-दादा या पड़-दादी जीवित है तो शायद ही वह सभी सदस्यों को उनके नाम से याद रख पाए। ये उदाहरण यह बताते हैं कि कम संख्या के व्यक्तियों, घटनाओं अथवा वस्तुओं को व्यक्तिशः जानना और याद रखना सरल है। किन्तु जैसे-जैसे घटनाओं, वस्तुओं या व्यक्तियों की संख्या में वृद्धि होती जाती है, तब उन्हें व्यक्तिशः आधार की अपेक्षा सामूहिक आधार पर जानने हेतु उनकी गणना करना, वर्गीकरण करना और उन्हें संक्षिप्त रूप देने की प्रक्रियाओं का प्रयोग करना आवश्यक हो जाता है। समूहीकरण की इस प्रक्रिया में घटनाओं का व्यक्तिगत अस्तित्व अज्ञातता में विलीन हो जाता है। अतएव, विश्लेषण और भविष्यकथन हेतु जब व्यक्तिगत उपागम की अपर्याप्तता और अनुपयुक्तता प्रकट हुई होगी, तब ऐसी विधियों का विकास किया गया जिनके द्वारा बहुत बड़ी संख्याओं या आंकड़ों को लघु रूप दिया जा सके। सांख्यिकी (Statistics) और प्रतिचयन विधियां (Sampling Methods) वृहत आंकड़ों को संक्षिप्त रूप देने की ही विधियां हैं।

यह सही है कि हम अपने व्यक्तिगत जीवन में व्यक्तिगत विचारों, विवाहों, जन्म-मृत्यु और अनेक व्यक्तिगत घटनाओं को अधिक महत्व देते हैं, किन्तु सामूहिक जीवन को समझने और उसके बारे में भविष्योक्ति करने के लिए आजकल हम परिमाणात्मक विधियों, जैसे जनमत संग्रह, प्रतिचयन व कई अन्य सांख्यिकीय विधियों का प्रयोग करने लगे हैं। इनसे प्राप्त निष्कर्ष काफी सीमा तक सफल और संतोषप्रद रहे है। इन विधियों से प्राप्त निष्कर्ष प्रायः 'सम्भाविता के सिद्धान्त' (Theory of Probability) पर आधारित होते हैं।

समंक संकलन का कार्य अत्यंत प्राचीन कार्य से चला आ रहा है। ऐसा माना जाता है कि ईसा से लगभग तीन हजार वर्ष पूर्व मिस्र में यह कार्य होता था। पिरामिड निर्माण के समय देश की जनसंख्या और सम्पति के आंकड़े एकत्रित करने के साक्ष्य मिले हैं। यह निर्विवाद सत्य है कि मानव मस्तिष्क अनेकानेक घटनाओं को एक लम्बे समय तक याद नही रख पाता। अतः उन्हें सरल बनाने और समझने के लिये संक्षिप्त करने की युक्तियों का प्रयोग का अविष्कार किया गया होगा। सांख्यिकी की युक्ति इसी का प्रतिफल है।

समाजशास्त्र में सांख्यिकी की महत्ता एवं उपयोग
(Uses and Importance of Statistics in Sociology)

समाजशास्त्र की परिमाणात्मक मापन में शुरू से रुचि रही है। समाजशास्त्र के प्रवर्तक विद्वान **ऑगस्ट कॉम्त** ने इस बात पर जोर दिया है कि समाजशास्त्र को एक सटीक विज्ञान बनाने के लिए इसके आधार का गणितीय होना जरूरी है और इसी उद्देश्य को लेकर 'सामाजिक सांख्यिकी' (Social Statistics) का जन्म हुआ। मानवीय तथ्यों के संकलन एवं विश्लेषण में गणित के प्रयोग को सामाजिक सांख्यिकी कहते हैं। सांख्यिकीय विधियां ऐसे वस्तुपरक तथ्यों को प्रदर्शित करती हैं जिनकी किसी तरीके से गणना या उनकी माप की जा सके।

'सामाजिक सांख्यिकी' के शुरुआती प्रयोगकर्ता **अर्नस्ट एंजिल** (मार्क्स के सहयोगी) ने **ली प्ले** द्वारा संकलित आंकड़ों के आधार पर ही श्रमिक वर्ग के परिवारों के आय और उपभोग संबंधी कुछ नियमों (Laws) का प्रतिपादन किया। उन्नीसवीं सदी के अंतिम चरण में **चार्ल्स बूथ** ने पूर्वी लंदन के श्रमिक वर्ग के रहन-सहन और कार्यस्थल की दशाओं का एक यादगार सर्वेक्षण (दस जिल्दों में) प्रकाशित किया था। अमेरिका में 'पीट्सबर्ग सर्वेक्षण' (1907-08) के द्वारा सामाजिक सांख्यिकी के संकलन की शुरुआत हुई। इस सर्वेक्षण द्वारा पीट्सबर्ग के लोगों के रहवास, स्वास्थ्य, आमोद-प्रमोद और मनोरंजन, उद्योग, आव्रजन, शिक्षा, धर्म, कल्याण संस्थाओं, अपराध और अपचार जैसे कई विषयों के आंकड़े एकत्रित किए गए।

सांख्यिकी की महत्ता को बताते हुए **वॉलिस एवं रॉबर्ट्स** ने लिखा है कि यह एक ऐसा उपकरण (Tool) है, जिसका प्रयोग उन सभी समस्याओं पर प्रहार करने के लिए किया जा सकता है, जो आनुभविक गवेषणा के लगभग प्रत्येक क्षेत्र में उत्पन्न होती हैं।" **एम.एम. ब्लेचर** ने बहुत संक्षेप में सांख्यिकी के बारे में कहा है कि "हम सांख्यिकी में रहते हैं।" (We Live in Statistics)। कुछ विद्वानों ने इसे 'मानव कल्याण का अंकगणित कहा है।' परिवर्तनों के अध्ययन में सांख्यिकी के महत्व को बताते हुए **बोड्डिंगटन** ने कहा है, "सांख्यिकीय अनुसंधान का मुख्य उद्देश्य भूतकालीन एवं वर्तमान तथ्यों की तुलना करके यह ज्ञात करना है कि जो भी परिवर्तन हुए हैं, उनके क्या कारण रहे हैं और उनके क्या परिणाम भविष्य में हो सकते हैं।" **जॉनसन और जैकसन** के शब्दों में, "सांख्यिकीय विधियों का वास्तविक प्रयोजन तथ्यों और संख्याओं के महत्व को दर्शाना, अज्ञात को जानना और वर्तमान दशा पर प्रकाश डालना है।"

विद्वानों के उपरोक्त विचारों के आधार पर सांख्यिकी के समस्त उपयोगों को निम्न बिन्दुओं में प्रस्तुत किया जा सकता है:

1. विभिन्न तथ्यों को संख्यात्मक रूप में प्रकट करना।
2. विशाल एवं जटिल तथ्यों को संक्षिप्त रूप देकर सरल एवं समझने योग्य बनाना।
3. तुलनात्मक अध्ययन में सहायता करना।
4. व्यक्तिगत ज्ञान एवं अनुभव में वृद्धि करना।

5. तथ्यों को निश्चयात्मक स्वरूप प्रदान करना।
6. भविष्योक्ति करने में सहायता करना।
7. नीतियों के निर्माण में सहायता करना।
8. विभिन्न तथ्यों के बीच पाये जाने वाले कार्य-कारण संबंधों को स्पष्ट करना।
9. प्रस्थापित सिद्धान्तों और नियमों की जांच करने में सहायता करना।
10. सामाजिक व अन्य समस्याओं के विस्तार एवं घनत्व को जानने में सहायता करना।

सांख्यिकी की सीमाएं (Limitations of Statistics)

सांख्यिकी या आंकड़ों की अपनी सीमाएं हैं। ये एक सीमा तक ही उपयोगी होते हैं। गणितीय तर्क के बारे में जो यह कहा जाता है कि "सांख्यिकी के द्वारा किसी भी मुद्दे को सिद्ध किया जा सकता है" (Anything can be proved by statistics), यह सही नहीं है। संख्याएं किसी घटना या मुद्दे की कभी भी पूरी कहानी नहीं कह सकतीं, वे आंकड़ों के पीछे छुपी बात को बताने में अक्षम हैं। सांख्यिकी या आंकड़े तभी उपयोगी होते हैं जब वे पूर्णतः निश्चित, और सुस्पष्ट हों और उनके आधार पर प्रमाणीय तुलना करना सम्भव हो। यदि संख्याएं किसी घटना की वास्तविक स्थिति का चित्रण नहीं कर पातीं, तब ऐसी संख्याएं भ्रामक होती हैं। ऐसी स्थिति तब उत्पन्न होती है, जब संख्याएं किन्हीं व्यक्ति विशेष के हित साधने के लिए एकत्रित की गई होती हैं या झूठी सूचना पर आधारित होती हैं। तथ्यों की सत्यता तथ्यों के संकलन की विधियों पर भी निर्भर करती है।

यहाँ यह ध्यान रहे कि सांख्यिकी में समूहों का अध्ययन होता है, व्यक्तियों का नहीं। यह सही है कि व्यक्तिगत इकाइयों के अध्ययन से ही समूह या समग्र का अध्ययन किया जाता है, किन्तु इसके निष्कर्ष सदैव एक औसत तथा समूह की पद्धति का आभास देते हैं। सांख्यिकी सदैव संख्यात्मक तथ्य का अध्ययन करती है, गुणात्मक तथ्यों का नहीं। सांख्यिकीय निष्कर्षों के लिए यह आवश्यक है कि जिन समंकों से निष्कर्ष निकाले जाएं, वे सजातीय (Homogenous) हों तथा उनमें एकरूपता होना आवश्यक है। उल्लेखनीय है कि सांख्यिकीय नियम केवल औसतन सत्य होते हैं और वह भी केवल दीर्घ अवधि में। अतः सांख्यिकीय माध्यम से निकाले गए निष्कर्ष पूर्णतः प्रामाणिक नहीं हो सकते, जब तक इनकी जांच अन्य विधियों (निगमन विधि या अन्तरावलोकन विधि) से नहीं कर ली जाती है।

संकलित सांख्यिकी की जांच या मूल्यांकन के लिए निम्न बातें जानना आवश्यक हैं:

1. प्राथमिक तथ्यों का संकलन किसने किया है?
2. क्या तथ्यों के प्रगणक (Enumerators) प्रशिक्षित थे?
3. क्या सूचनादाताओं ने स्वेच्छा से अपनी सूचनाएं दी हैं?
4. सूचनाओं का वर्गीकरण और सारणीयन किन व्यक्तियों ने किया है?
5. क्या वर्गीकरण और सारणीकरण की मशीनें (कम्प्यूटर) पूर्णतः ठीक थीं?
6. परिणामों को निकालने और प्रकाशित करने संबंधी किन नियंत्रणों का प्रयोग किया गया है?

सांख्यिकी औसत संबंधी कुछ प्रमुख पारिभाषिक शब्द (Some Key Terms Relating to Statistical Averages)

सांख्यिकीय औसतों के बारे में विस्तृत रूप से लिखने के पूर्व इनमें प्रयोग किए जाने वाले कुछ प्रमुख पारिभाषिक शब्दों के अर्थ को जानना आवश्यक है। इनकी अति संक्षिप्त जानकारी नीचे दी जा रही है:

चर या परिवर्त्य (Variable)

पी.वी. यंग के अनुसार, "एक चर/परिवर्त्य ऐसी कोई विशेषता या मात्रा होता है, जिसके भिन्न आंकिक मूल्य या श्रेणियां होती हैं।" शिक्षा, व्यवसाय, समय, आयु, वेतन, कीमतें, बुद्धिफल परीक्षण के राजनीतिक दल के प्रति वरीयता और लिंग, जाति, प्रजाति आदि परिवर्त्य के कुछ उदाहरण हैं। एक परिवर्त्य में एकाधिक मूल्य या विशेषताएं पाई जाती हैं। 'लिंग' इकाइयों की संख्या के रूप में चर नहीं है, यह पुरुष और स्त्री की भिन्न श्रेणियों (Categories) के रूप में एक चर है। इसी प्रकार, राजनीतिक वरीयता को इकाइयों (Units) में विभाजित नहीं किया जा सकता, किन्तु कांग्रेस, भाजपा, सी.पी.आई., डी.एम.के., सपा, बसपा आदि के आधार पर इनमें भिन्नता प्रदर्शित की जा सकती है। इसके विपरीत, आय, आयु और समय में अंकों (Numbers) के आधार पर भिन्नता प्रकट की जा सकती है। संक्षेप में, कुछ चरों की भिन्नता को अंकों में प्रदर्शित किया जा सकता है, जबकि अन्य चरों में उनकी विशेषताओं के आधार पर भिन्नता प्रकट की जाती है।

सामान्यत: सांख्यिकीय तथ्य दो प्रकार के होते हैं: (अ) अंकात्मक (Numerical), और (ब) वर्णनात्मक (Descriptive)। ऐसे तथ्य जिनकी प्रत्यक्ष माप सम्भव है और जिन्हें संख्यात्मक रूप में प्रदर्शित किया जा सकता है, उन्हें अंकात्मक (आंकिक) तथ्य कहते हैं, जैसे आयु, आय, लम्बाई-चौड़ाई, वेतन, उत्पादन आदि। इसके विपरीत, कुछ ऐसे तथ्य भी होते हैं जिनकी अंकात्मक माप या प्रत्यक्ष माप सम्भव नहीं है। ऐसे तथ्यों का उनके गुणों (विशेषताओं) के आधार पर विश्लेषण किया जाता है। इस प्रकार के तथ्यों को वर्णनात्मक कहते हैं। दूसरे शब्दों में, पहले प्रकार के तथ्यों को परिमाणात्मक (Quantitative) और दूसरे प्रकार के तथ्यों को गुणात्मक (Qualitative) कहते हैं। इन परिमाणात्मक या गुणात्मक तथ्यों में परिवर्तित होने की प्रवृत्ति होती है, इसे ही इन्हें चर या परिवर्त्य कहा गया है। **जॉन एवं मुएलर और कार्ल एफ. सुशेलर** ने लिखा है कि "किसी वस्तु या घटना जिसके क्रमिक प्रेक्षणों में परिमाण (मात्र) या गुण में भिन्नता आ सकती है, उसे चर या परिवर्त्य कहा जा सकता है।"

ये परिवर्त्य दो प्रकार के होते हैं: स्वतंत्र (Independent) और आश्रित (Dependent)। परिमाणात्मक चरों को प्राय: आश्रित तथा गुणात्मक चरों को स्वतंत्र या चल परिवर्त्य माना जाता है। क्योंकि यह माना जाता है कि किसी घटना या वस्तु के गुणात्मक पहलुओं (विशेषताओं) में परिवर्तन आने से परिमाणात्मक तथ्यों में भी परिवर्तन आ जाता है, किन्तु इसके विपरीत भी सही हो सकता है। अत: दोनों प्रकार के परिवर्त्यों को प्राय: परिस्थितियों के अनुसार स्वतंत्र और आश्रित परिवर्त्य माना जाता है और एक दूसरे का एक दूसरे के स्थान पर प्रयोग किया जाता है।

परिवर्त्यों से संबंधित कुछ अन्य बातें भी हैं, जिनका स्पष्टीकरण आवश्यक है। किसी परिवर्त्य द्वारा प्रदर्शित मूल्यों को चल मूल्य (Variate Values) कहते हैं। जब इन्हें सामूहिक योग (Aggregate) के रूप में देखा जाता है तब ये एक क्रममाला (Series) का रूप धारण कर लेती हैं। परिमाणात्मक रूप में परिभाषित परिवर्त्यों के बारे में यह माना जाता है कि इनमें या तो सभी चल मूल्य (Variate Values) हैं या कुछ भी नहीं।

परिमाणात्मक रूप में परिभाषित परिवर्त्यों में बहुधा खंडित (Discrete) और अखंडित (Continuous) के रूप में अंतर किया जाता है। एक अखंडित परिवर्त्य में निम्न और उच्च के बीच सम्भावित मूल्यों के असीमित मूल्य हो सकते हैं। एक खंडित परिवर्त्य को निश्चित मूल्यों की एक माला के रूप में परिभाषित किया जाता है, जिनके बीच में चल मूल्यों की कोई सम्भावना नहीं होती है। आयु, भार और तापक्रम अखंडित परिवर्त्यों के तथा लोग, घर और वाहन खंडित परिवर्त्यों के उदाहरण हैं।

आवृत्ति वितरण (Frequency Distribution)

वे परिवर्त्य जिन्हें उनकी मात्रा या माप के आधार पर वर्गीकृत किया जाता है, बहुधा उन्हें आवृत्ति वितरण के रूप में व्यवस्थित किया जाता है। इसका एक सरल उदाहरण नीचे दिया जा रहा है:

अंक	*विद्यार्थियों की संख्या (आवृत्ति)*
0—10	5
10—20	7
20—30	15
30—40	20
40—50	18

समग्र में पाए जाने वाले पदों (Items) की जिस वर्ग में जितनी बार पुनरावृत्ति होती है या वह पद जितनी बार आता है, वह उस वर्ग की आवृत्ति (Frequency) कहलाती है। इसे प्राय: सारणी में अंग्रेजी के f द्वारा व्यक्त किया जाता है। कभी-कभी वर्गों की आवृत्ति अलग-अलग व्यक्त करने के स्थान पर संचयी रूप में व्यक्त की जाती है, इसे संचयी आवृत्ति (Cumulative Frequency) कहते हैं और इसे सारणी में cf शब्द द्वारा व्यक्त किया जाता है। आवृत्ति वितरण की रचना करते समय सर्वप्रथम तीन बातों का निर्धारण किया जाना आवश्यक है: (i) प्रयोग किए जाने वाले वर्गान्तरों (Class Intervals) की संख्या, (ii) वर्गान्तरों का विस्तार (Size), और (iii) वर्ग सीमाएं।

(i) वर्गान्तरों की संख्या के संबंध में कोई निश्चित नियम नहीं है। फिर भी, सामान्यत: यह ध्यान रखना चाहिए कि वर्गान्तरों की संख्या न तो बहुत अधिक हो और न ही बहुत कम। **पी.वी. यंग** के अनुसार, वर्गान्तरों की संख्या 8 या 10 से न कम हो और न 18 या 20 से अधिक हो। यह बहुत कुछ अध्ययन किए जाने वाले तथ्यों की प्रकृति तथा प्रकरणों (Cases) की संख्या पर निर्भर करता है। मूल तथ्यों की स्पष्ट

समझ के लिए यह आवश्यक है कि प्रत्येक एकल प्रकरण को बहुधा परिमाण के आधार पर आरोही या अवरोही (Ascending or Descending) क्रम में जमाया जाता है। इस प्रकार का वर्गीकरण क्रम विन्यास (Array) कहलाता है। तथ्यों के उच्च और निम्न मूल्यों के साथ-साथ उनकी विशिष्ट विशेषताओं को ध्यान में रखते हुए अंतरालों की संख्या का निर्धारण आसान हो जाता है।

(ii) कुछ तथ्यों के लिए यह आवश्यक है कि तथ्यों के बीच का अंतराल (Interval) की मात्रा एकसमान हो। यह तब अधिक आवश्यक हो जाता है जब तथ्यों की दूसरे तथ्यों के साथ तुलना की जानी होती है। जहाँ तक सम्भव हो, यह अंतराल 3 या 7 की अपेक्षा 5 और 10 के सरल आंकिक वर्गों में होना चाहिए। वर्ग-विस्तार निकालने के लिए निम्न सूत्र का प्रयोग किया जाता है:

$$\text{वर्ग-विस्तार} = \frac{\textit{समय का सबसे बड़ा मूल्य − सबसे छोटा मूल्य}}{\textit{वर्गान्तरों की संख्या}}$$

कभी-कभी इस सूत्र से निकाला गया वर्ग विस्तार पूर्णांक में नहीं आता। ऐसी स्थिति में दशमलव में आने पर उसे पूर्णांक मान लिया जाना चाहिए अन्यथा गणना क्रिया कठिन हो सकती है।

(iii) जिन तथ्यों को संख्याओं द्वारा प्रदर्शित किया जा सकता है, उनका वर्गीकरण संख्यात्मक रूप में वर्गान्तरों के आधार पर किया जाता है। वर्गान्तरों में वर्गीकरण करते समय यह स्मरण रहे कि समग्र का प्रत्येक पद या इकाई वर्गीकरण के अंतर्गत आ जाना चाहिए। वर्गान्तर की रचना प्रायः समग्र की सबसे छोटी तथा सबसे बड़ी संख्या को ध्यान में रखकर की जाती है। प्रत्येक वर्गान्तर की निचली सीमा (Lower Limit) को l_1 के द्वारा और ऊपरी सीमा (Upper Limit) को l_2 के द्वारा व्यक्त किया जाता है। इन दोनों के अंतर या विस्तार को वर्ग विस्तार (Magnitude) कहते हैं, जिसे i द्वारा व्यक्त किया जाता है।

वर्गान्तर दो प्रकार के होते हैं: (i) अपवर्जक (Exclusive), और (ii) समावेशक (Inclusive)। पहले प्रकार के वर्गान्तर की ऊपरी सीमा उससे अगले वर्गान्तर की निचली सीमा के बराबर होती है। सैद्धान्तिक रूप से उपरोक्त उदाहरण को अपवर्जक वर्गान्तर के रूप को निम्न रूप में प्रदर्शित कर सकते हैं:

0–10 के नीचे		0–9.99
10–20 के नीचे		10–19.99
20–30 के नीचे	अथवा	20–29.99
30–40 के नीचे		30–39.99
40–50 के नीचे		40–49.99

इस वर्गान्तर को अपवर्जक इसलिए कहा जाता है कि यदि कोई पद या मूल्य किसी वर्गान्तर की ऊपरी सीमा के बराबर होता है, तब वह पद या मूल्य उस वर्ग में सम्मिलित न होकर उससे अगले वर्गान्तर में सम्मिलित किया जाता है।

समावेशक (Inclusive) वर्गान्तरों में दो बातों पर विशेष ध्यान दिया जाना चाहिए: (क) किसी वर्गान्तर की ऊपरी सीमा उससे अगले वर्गान्तर की निचली सीमा के बराबर न हो, तथा (ख) इन दोनों में अधिकतम अंतर एक संख्या का हो, जैसे:

0–9		1–10		0–9.5
10–19		11–20		9.5–19.5
20–29	अथवा	21–30	अथवा	19.5–29.5
30–39		31–40		29.5–39.5
40–49		41–50		39.5–49.5

इस प्रकार यदि किसी विद्यार्थी को 9.6 अंक प्राप्त हुए हैं तो वह प्रथम वर्गान्तर में सम्मिलित न किया जाकर द्वितीय वर्गान्तर 10–19 अथवा 9.5–19.5 में सम्मिलित किया जाएगा।

इस प्रकार के वर्गान्तर का आधार यह है कि प्रत्येक वर्ग की ऊपरी सीमा 0.5 तक की इकाइयों को ही सम्मिलित करती है, किन्तु उससे अधिक मूल्य के पद अगले वर्गान्तर में रखे जाते हैं।

सांख्यिकीय श्रेणियां (Statistical Series)

तथ्यों को वर्गीकृत किए जाने के बाद उन्हें सांख्यिकीय सारणियों में जमाया जाता है। सांख्यिकीय सारणियों को 'सांख्यिकी की आशुलिपि' (Shortand of Statistics) कहा गया है। तथ्यों या पदों का तर्कपूर्ण एवं व्यवस्थित क्रम में जमाया जाना सांख्यिकीय श्रेणी या माला कहलाता है। ये तीन प्रकार की होती हैं:

कालक्रमिक श्रेणियां (Time Series)

समय के आधार पर वर्गीकृत समंकों (Data) के व्यवस्थित क्रम को कालक्रमिक श्रेणी या माला कहते हैं। इस प्रकार की श्रेणियों (मालाओं) की रचना वर्ष, माह, सप्ताह या प्रतिदिन के आधार पर की जाती हैं, जैसे:

भारत की जनसंख्या, 1901–2001

वर्ष	*जनसंख्या (करोड़ में)*
1901	238
1911	252
1921	251
1931	278
1941	318
1951	361
1961	439
1971	548
1981	683
1991	846
2001	1028

दशानुसार श्रेणियां (Condition Series)

इस प्रकार की श्रेणी में समंकों का वर्गीकरण किसी दशा में होने वाले परिवर्तन के आधार पर किया जाता है। आय, व्यवसाय, आयु, लम्बाई, भार आदि के आधार पर निर्मित श्रेणियां इसी वर्ग में आती हैं।

स्थानानुसार श्रेणियां (Spatial Series)

जब समंकों को स्थान या भौगोलिक आधार पर वर्गीकृत आधार पर व्यवस्थित किया जाता है, तब इन्हें स्थानानुसार श्रेणियां कहते हैं, जैसे विभिन्न देशों में किसी वर्ष विशेष में कॉलेज में पढ़ने वाले छात्रों की संख्या के प्रदर्शन के लिए बनाई गई सारिणी इसी श्रेणी में आती है।

उपरोक्त श्रेणियों के अतिरिक्त बनावट के आधार पर तीन प्रकार की श्रेणियां होती हैं:

(i) व्यक्तिगत श्रेणी (Individual Series)

(ii) खंडित श्रेणी (Discrete Series)

(iii) अखंडित श्रेणी (Continuous Series)

व्यक्तिगत श्रेणी में प्रत्येक पद को व्यक्तिगत तथा स्वतंत्र रूप से महत्व दिया जाता है। दूसरे शब्दों में, प्रत्येक पद की माप व्यक्तिगत आधार पर की जाती है। उसे किसी समूह या वर्ग में नहीं रखा जाता है। उदाहरणार्थ, किसी कक्षा के 10 छात्रों के गणित में प्राप्त अंकों को निम्न रूप में रखा जाता है:

क्रम संख्या	*प्राप्तांक*
1	15
2	22
3	18
4	55
5	40
6	54
7	60
8	42
9	48
10	55

जब किसी श्रेणी में माप और अंतर निश्चित तथा पूर्णांकों में होते हैं, तब ऐसी श्रेणी को खंडित श्रेणी कहते हैं। उदाहरणार्थ, व्यक्ति दुर्घटना, बच्चों की संख्या या पृष्ठों की संख्या आदि ऐसी ही इकाइयां हैं, जिनके विस्तार को टुकड़ों (Fractions) में प्रदर्शित नहीं किया जा सकता। निम्न सारिणी खंडित श्रेणी का एक उदाहरण है:

प्रति परिवार बच्चों की संख्या (m)	*परिवारों की संख्या (f)*
0	6
1	12
2	40
3	32
4	10
5	9

खंडित श्रेणी के विपरीत, अखंडित श्रेणी के अंतर्गत पदों को कुछ निश्चित वर्गों में रखा जाता है। वर्गों के रूप में रखे जाने वाले पद मूल्य अपने यथार्थ मूल्य अथवा व्यक्तिगत मूल्य को बनाए नहीं रख पाते, क्योंकि प्रत्येक पद किसी निश्चित वर्ग के अंतर्गत ही रखा जाता है। इस प्रकार निर्मित वर्गान्तरों की सततता टूटने नहीं पाती, अर्थात् जहाँ एक वर्ग समाप्त होता है, वहीं से दूसरा वर्ग प्रारंभ हो जाता है, उदाहरणार्थ:

आयु (m)	*व्यक्तियों की संख्या (f)*
20-30	8
30-40	18
40-50	30
50-60	28
60-70	20
70 से ऊपर	6

अखण्डित श्रेणी का प्रयोग वहाँ अधिक किया जाता है, जहाँ पद मूल्यों का विस्तार काफी होता है। खंडित और अखण्डित श्रेणी में मूलभूत अंतर यह है कि खंडित श्रेणी में पद या मूल्य यथार्थ माप लिए होते हैं, जब कि अखण्डित में ऐसा नहीं होता है। खंडित में प्रत्येक पद निश्चित आकार और पूर्णांक में होता है, जबकि अखंडित में दो पदों को वर्गान्तरों के रूप में रखा जाता है। दोनों में बनावट की दृष्टि से भी अंतर होता है। खंडित में इकाइयों का मूल्य (Size) तथा उनकी तत्संबंधी आवृत्तियां (Corresponding Frequencies) होती हैं, जबकि अखंडित में वर्गान्तर (Class Interval) तथा उनकी तत्संबंधी आवृत्तियां होती हैं। प्राय: अखंडित श्रेणी का प्रयोग मजदूरी, लम्बाई, आय, आयु, भार, उत्पादन तथा उपभोग संबंधी तथ्यों को प्रदर्शित करने में अधिक किया जाता है।

सांख्यिकीय माध्य (Statistical Averages)

किसी भी सामाजिक घटना का सटीक अध्ययन के लिए सांख्यिकीय विधियों का प्रयोग किया जाता है। इसके लिए सर्वप्रथम अध्यित घटना या समस्या से संबंधित आंकड़ों का एकत्रण, वर्गीकरण और सारणीयन किया जाता है, ताकि आंकड़ों को सरल और आसानी से समझने योग्य बनाया जा सके तथा उनके आधार पर निष्कर्ष निकाले जा सकें। ये प्रक्रियाएं सांख्यिकीय विश्लेषण के प्रारम्भिक चरण हैं। किन्तु इनसे आंकड़ों की सभी विशेषताएं स्पष्ट नहीं हो पातीं। इसके अतिरिक्त मानव-मस्तिष्क इतना सक्षम नहीं है कि वह इन जटिल आंकड़ों को सारणी के रूप में याद रख सके या उनके आधार पर किसी निष्कर्ष पर पहुंच सके। अत: समंकों के लक्षणों को कम से कम अंकों में सारांश रूप में प्रस्तुत करने के लिए एक अनुसंधानकर्ता सांख्यिकीय माध्यों का सहारा लेता है। इन माध्यों के परिकलन द्वारा वह अध्यित घटना या समस्या से संबंधित केन्द्रीय प्रवृत्ति (Central Tendency) को ज्ञात करता है जिसे औसत (Average) कहा जाता है।

घोष एवं चौधरी के अनुसार, "एक औसत एक एकल सरल अभिव्यक्ति है, जिसमें किसी जटिल समूह या वृहद संख्याओं के वास्तविक परिणाम केन्द्रित होते हैं।"

आज के अत्यंत व्यस्त एवं आपाधापी युग में यह सम्भव नहीं है कि एक व्यक्ति भारी भरकम आंकड़ों को देखकर उनसे कुछ निष्कर्ष निकाल सके और अपने जीवन में उनका प्रयोग करे। तथ्यों की जटिलता को कम करने और उन्हें तुलना योग्य बनाने के लिए ही सांख्यिकीय रीतियों और युक्तियों का प्रयोग किया जाता है। यही कारण है कि आजकल सांख्यिकीय विधियों का प्रयोग न केवल आर्थिक और व्यापारिक क्षेत्रों में अपितु सामाजिक विज्ञानों के सभी क्षेत्रों-सामाजिक और राजनीतिक में भी किया जा रहा है। सांख्यिकीय विधियों में वे सभी रीतियां और युक्तियां आती हैं, जिनका प्रयोग तथ्यों के संकलन से लेकर निष्कर्ष निकालने के लिए किया जाता है।

माध्य (Average)

अंग्रेजी के शब्द 'ऐवॅरिज' के लिए हिन्दी में सामान्य रूप में 'औसत' शब्द का प्रयोग किया जाता है, किन्तु सांख्यिकी विज्ञान के संदर्भ में इसके लिए 'माध्य' शब्द का प्रयोग किया गया है। माध्य किसी समंक माला के उच्चतम और निम्नतम चरम मूल्यों के बीच का ऐसा मूल्य (संख्या) होता है, जो सभी मूल्यों का प्रतिनिधित्व करता है। **क्राक्सटन व काउडेन** के शब्दों में, "माध्य समंकों के विस्तार के अंतर्गत स्थित ऐसा मूल्य है, जिसका प्रयोग समंक माला के सभी मूल्यों का प्रतिनिधित्व करने के लिए किया जाता है।" माध्य को 'केन्द्रीय प्रवृत्ति का माप' (Measure of Central Tendency) भी कहा जाता है, क्योंकि यह सदैव समंकमाला के विस्तार के मध्य में स्थित होता है और इसके आसपास अधिकांश मूल्यों के जमाव की प्रवृत्ति पाई जाती है। केन्द्रीय प्रवृत्ति एक सांख्यिकीय गणना होती है जिसका परिकलन कुछ निश्चित मदों अथवा समंकों के विशिष्ट तथा स्वतंत्र अवलोकनों अथवा मापों के आधार पर किया जाता है। इसका उद्देश्य इन अवलोकनों का प्रतिनिधित्व करना होता है।

जब हम यह जानना चाहते हैं कि किसी मुद्दे या समस्या के प्रति लोग क्या औसत विचार रखते हैं, या वह कौन सी इकाई है जो विभिन्न इकाइयों का अधिकाधिक प्रतिनिधित्व करती है या उसमें अधिकाधिक इकाइयों के गुण विद्यमान हैं, तब माध्य का प्रयोग किया जाता है। इन सभी प्रश्नों का उत्तर केन्द्रीय प्रवृत्ति की माप द्वारा आसानी से दिया जा सकता है। **एलहन्स** ने लिखा है कि "माध्य एक ऐसी संख्या होती है जिसका प्रयोग सम्पूर्ण श्रेणियों का प्रतिनिधित्व करने के लिए किया जाता है। यह श्रेणी में न तो न्यूनतम मूल्य वाली संख्या होती है और न ही उच्चतम मूल्य वाली संख्या, अपितु यह संख्या इन दोनों सीमाओं के बीच का मूल्य होता है। सम्भवतः इस संख्या की स्थिति केन्द्र में होती है, जहाँ समंकमाला की अधिकांश इकाइयां समूहित होती हैं।"

माध्यों के उद्देश्य एवं उपयोगिता (Objectives and Utility of Averages)

सामाजिक शोध में माध्यों अथवा केन्द्रीय प्रवृत्तियों की माप का अत्यधिक महत्व है, क्योंकि व्यक्तिगत इकाइयों के आधार पर निश्चित निष्कर्ष नहीं निकाले जा सकते। अतएव, सामूहिक अध्ययन करना आवश्यक हो जाता है। सामूहिक अध्ययन की विशेषताओं को संक्षिप्त में

प्रस्तुत करने के लिए माध्यों का प्रयोग आवश्यक होता है। माध्यों की सहायता से समंक-माला के सभी मूल्यों का सार प्रकट किया जा सकता है। सांख्यिकी में व्यक्तिगत इकाइयों का अलग-अलग कोई महत्व नहीं होता। माध्यों द्वारा सभी इकाइयों में सामूहिक रूप में पाए जाने वाले मुख्य लक्षण स्पष्ट हो जाते हैं तथा उनकी तुलना भी सरल हो जाती है। जैसे, व्यक्ति विशेष की आयु अथवा आय का ज्ञान किसी समाज के अध्ययन में कोई महत्व नहीं रखता, किन्तु उस समाज के लोगों की औसत आय अथवा आयु का ज्ञान उक्त समाज की विशेषताएं जानने के लिए उपयोगी हो सकता है। **एल्हेन्स** ने सांख्यिकीय विश्लेषण में माध्यों की महत्ता को निम्न शब्दों में अभिव्यक्त किया है: "केन्द्रीय प्रवृत्ति की माप अथवा माध्य ऐसे विशाल सांख्यिकीय तथ्यों के लिए विहंगम दृष्टि प्रदान करते हैं, जिन्हें सामान्यत: आसानी से नहीं समझा जा सकता है।"

माध्यों के निम्न प्रमुख उद्देश्य व कार्य हैं, जो इसकी उपयोगिता पर पर्याप्त प्रकाश डालते हैं:

सामग्री को संक्षिप्त रूप प्रदान करना (Briefness of Data)

माध्य सारणीबद्ध समंक सामग्री को एक सारगर्भित व संक्षिप्त रूप प्रदान करते हैं जिससे उन्हें सरलता पूर्वक याद रखा जा सकता है। इनके द्वारा समस्त इकाइयों के सामान्य आकार का सहज ही ज्ञान हो जाता है। उदाहरणार्थ, एक कक्षा के सभी छात्रों के अंकों को याद रखना कठिन है, परंतु यदि उनके अंकों से माध्य अंक ज्ञात कर लिए जाएं जो कि एक ही संख्या होगी (जैसे 50% माध्य अंक) तो इसे याद रखना तथा समझना सरल होगा।

तुलनात्मक अध्ययन में सहायक (Comparative Study)

समस्त मौलिक अंकों को याद रखकर उनके आधार पर तथ्यों की पारस्परिक तुलना कर सकना प्राय: सम्भव नहीं होता, किन्तु माध्यों की सहायता से सम्बद्ध तथ्यों की तुलना सरलतापूर्वक की जा सकती है। जैसे, भारत और पाकिस्तान की औसत प्रति व्यक्ति आय की तुलना सरलता से की जा सकती है तथा किसी निष्कर्ष पर पहुंचा जा सकता है। माध्य मूल्य की खोज के पीछे एक प्रमुख उद्देश्य दो या अधिक समूहों के बीच तुलना करना रहा है। माध्य समूह को संक्षिप्त रूप में प्रकट करते हैं, अत: तुलना करना सरल हो जाता है।

विश्लेषण का आधार (Basis of Analysis)

किसी भी समस्या का अध्ययन के लिए उसका अंकात्मक विश्लेषण किया जाता है और यह विश्लेषण माध्यों के बिना सम्भव नहीं हैं। संख्यात्मक विश्लेषण के लिए माध्य आधार प्रदान करते हैं। माध्यों के द्वारा विभिन्न मदों के बीच पाए जाने वाले संबंधों तथा अनुपात की जानकारी की जा सकती है।

समग्र का प्रतिनिधित्व करना (To Represent the Universe)

माध्य एक ऐसी संख्या होती है, जो सम्पूर्ण श्रेणी का प्रतिनिधित्व करती है। इसके आधार पर पूरे समूह के बारे में निष्कर्ष निकाले जा सकते हैं। **जी.पी. वाटकिन्स** ने लिखा है कि "माध्य समंकों का यदि अर्थ नहीं भी है, फिर भी यह निचोड़ अवश्य है।"

मार्गदर्शन करना (To Guide)

माध्य के रूप में ऐसा मूल्य प्राप्त होता है जो भावी योजनाओं, क्रियाओं व नीतियों के आधारस्वरूप का कार्य करता है। जैसे, माध्य से यह प्रकट होता है कि एक भारतीय की औसत आयु लगभग 52 वर्ष है, जबकि संसार के कई विकसित देशों की इससे बहुत अधिक है। इससे हम इस निष्कर्ष पर पहुंचते हैं कि यहाँ के जीवन की दशाओं में सुधार की आवश्यकता है।

सरल परिकलन (Simple Calculation)

सांख्यिकी की अन्य युक्तियों एवं विधियों की अपेक्षा माध्य निकालना व समझना अत्यंत सरल होता है। साधारण गणित के सूत्रों के माध्य आसानी से निकाले जा सकते हैं। आजकल छोटी कक्षाओं में विद्यार्थियों को औसत निकालना व समझना सिखाया जाता है। सांख्यिकीय माध्य इनसे थोड़ा भिन्न है।

अतः हम कह सकते हैं कि माध्य समंक समूह का एक संक्षिप्त एवं सरल चित्र प्रस्तुत करता है तथा उसकी सभी सामान्य विशेषताओं को प्रकट करता है। माध्यों के आधार पर ही समस्त सांख्यिकीय गणनाएं की जाती हैं तथा इनके आधार पर तुलनात्मक अध्ययन द्वारा सटीक निष्कर्षों तक पहुंचा जा सकता है। इतना ही नहीं, जीवन के प्रत्येक क्षेत्र में नियोजन तथा नीति निर्धारण के लिए माध्य आधारशिला तथा मार्गदर्शक का कार्य करते हैं। यह समस्याओं के अध्ययन और समाधान की एक मूलभूत विधि है।

एक आदर्श माध्य के आवश्यक तत्व (Essentials of an Ideal Average)

माध्य कई प्रकार के होते हैं जिनके अपने गुण व दोष हैं तथा उपयुक्तताएं हैं। कोई एक माध्य सभी परिस्थितियों में प्रयोग नहीं किया जा सकता है। एक आदर्श माध्य में निम्नलिखित गुण होने आवश्यक हैं:

स्पष्टतः परिभाषित (Clearly Defined)

आदर्श माध्य स्पष्ट एवं निश्चित होना चाहिए। उसका केवल एक ही अर्थ लगाया जाना चाहिए। उसे बीजगणितीय सूत्र से इस प्रकार परिभाषित करना चाहिए कि सभी परिस्थितियों में एक ही निष्कर्ष निकाले जाएं, अर्थात् उसकी गणना में किसी भी व्यक्ति को अनुमान लगाने की गुंजाइश नहीं होनी चाहिए अन्यथा उस पर व्यक्तिगत प्रवृत्तियों का प्रभाव पड़ेगा और गलत निष्कर्ष निकलने की सम्भावना रहेगी।

समझने व गणना करने में सरल (Simple in Understanding and Calculation)

एक आदर्श माध्य वह माना जाता है, जो सामान्य व्यक्ति के समझ में भी बिना किसी कठिनाई के सरलता से आ जाए तथा जिसकी गणना करना भी आसान हो। ऐसा माध्य ही अधिक लोकप्रिय होता है तथा सांख्यिकीय दृष्टि से उसी की ज्यादा उपयोगिता होती है। कुछ माध्यों के परिकलन में जटिल विधियों का प्रयोग होने के कारण उनका अधिक प्रयोग नहीं किया जाता है।

सम्पूर्ण सामग्री समूह का प्रतिनिधित्व (Representation of Whole group of Data)

माध्य ऐसा होना चाहिए जिसमें समूह की वे सभी विशेषताएं सूक्ष्म और संक्षिप्त रूप में आ जाएं, जो विस्तृत रूप में सम्पूर्ण सामग्री में विद्यमान हैं।

बीजगणितीय विवेचन के योग्य (Competent for Algebraically Analysis)

एक आदर्श माध्य में ऐसी गणितीय विशेषताएं होनी चाहिए, जिससे उसका समस्याओं के गहन अध्ययन में बीजगणितीय विवेचन सम्भव हो सके। जिन माध्यों का बीजगणितीय विवेचन नहीं होता है, उनकी उपयोगिता सीमित हो जाती है। बीजगणितीय विवेचन से तात्पर्य यह है कि जैसे दो या अधिक समूहों के माध्य ज्ञात हों, तो उनकी सहायता से उन समूहों का सम्मिलित माध्य निकाला जा सके। ऐसे माध्य का सर्वाधिक प्रयोग होता है।

अनावश्यक रूप से प्रतिदर्शों (Sampling) के उतार-चढ़ावों से प्रभावित नहीं हों (Not Affected Unnecessarily by the Changes in Sampling)

एक अच्छे माध्य की एक विशेषता यह भी है कि प्रतिदर्श में परिवर्तन करने के उपरान्त भी माध्य पर उसका कम प्रभाव पड़े। इसका तात्पर्य यह है कि यदि एक समूह से विभिन्न प्रतिदर्श चुनकर माध्य निकाले जाएं तो उन माध्यों में अत्यधिक अंतर नहीं होना चाहिए। ऐसे ही माध्य को आदर्श माध्य कहा जाता है।

माध्यों के प्रकार (Types of Averages)

सांख्यिकीय माध्य जिन्हें विभिन्न समस्याओं के अध्ययन में उपयोग किया जाता है, वे कई प्रकार के होते हैं, उन्हें निम्न प्रकार से वर्गीकृत किया जा सकता है:

1. स्थिति सम्बन्धी माध्य (Positional Averages)
   (अ) बहुलक या भूयिष्ठक (Mode)
   (ब) मध्यका (Median)
2. गणितीय माध्य (Mathematical Averages)
   (अ) समान्तर माध्य (Arithematic Average or Mean)
   (ब) गुणोत्तर माध्य (Geometric Average)
   (स) हरात्मक माध्य (Harmonic Average)
   (द) द्विघातीय माध्य (Quadratic Average)
3. व्यापारिक माध्य (Business Averages)
   (अ) चल माध्य (Moving Average)
   (ब) प्रगतिशील माध्य (Progressive Average)
   (स) संग्रथित माध्य (Composite Average)

यहाँ उन्हीं माध्यों का विश्लेषण किया गया है जिनका प्रयोग सामाजिक शोध में मुख्यतः किया जाता है।

स्थिति सम्बन्धी माध्य (Positional Averages)

इन माध्यों का श्रेणियों में जो स्थान होता है उसी के आधार पर इनका निर्धारण किया जाता है। सर्वप्रथम, क्रम संख्या के आधार पर इस प्रकार के माध्य की स्थिति ज्ञात की जाती है और उस क्रम संख्या से सम्बन्धित मूल्य को निरीक्षण द्वारा निकाल लिया जाता है। यही माध्य होता है। इस प्रकार के माध्यों में भूयिष्ठिक (Mode) तथा मध्यका (Median) का समावेश होता है।

भूयिष्ठक अथवा बहुलक (Mode)

भूयिष्ठक अथवा बहुलक किसी श्रेणी में वह मूल्य होता है जो समंकमाला में सबसे अधिक बार आता हो, अर्थात् जिसकी आवृत्ति सबसे अधिक हो। दूसरे शब्दों में, किसी समंक माला में जिस मूल्य की आवृत्ति सर्वाधिक होती है, उसे भूयिष्ठिक कहते हैं। **क्राक्सटन तथा काउडेन** के अनुसार, "एक समंक माला का भूयिष्ठक वह मूल्य है जिसके निकट श्रेणी की इकाइयां अधिक से अधिक केन्द्रित होती हैं, उसे मूल्यों की श्रेणी में सबसे अधिक प्रतिरूपी मूल्य माना जा सकता है।" उदाहरणार्थ, जब हम कहते हैं कि किसी कारखाने के मजदूरों की भूयिष्ठक मजदूरी रु. 50 है तो इसका अर्थ यह हुआ कि उस कारखाने में सबसे अधिक संख्या पचास रुपए मजदूरी पाने वालों की है। हम अपने दैनिक जीवन में ज्ञात या अज्ञात में इसका प्रयोग करते रहते हैं। इसका प्रयोग मुख्यतः आर्थिक जोत, जूतों की औसत साइज, तैयार वस्त्रों (पेंट, कुरता, पजामा आदि) की औसत लम्बाई या बहुलक मजदूरी आदि को ज्ञात करने में किया जाता है।

भूयिष्ठक की विशेषताएं (Characteristics of Mode)

1. बहुलक या भूयिष्ठक किसी समंकमाला का सबसे अधिक मूल्य वाला पद नहीं होता है, अपितु यह वह मूल्य होता है जो उस समंकमाला में सर्वाधिक बार आता है। अतएव, यह समंकमाला का सबसे छोटा मूल्य भी हो सकता है।
2. किसी समंकमाला में से बहुलक को ज्ञात करने के लिए पदों के मूल्यों की अपेक्षा उनकी आवृत्ति को महत्व दिया जाता है।
3. किसी समंकमाला में समान आवृत्ति वाले अनेक पद मूल्य हो सकते हैं। ऐसी स्थिति में बहुलक एकाधिक हो सकते हैं।

भूयिष्ठक का परिकलन (Computation of Mode)

अधिकतम आवृत्ति वाला मूल्य होने के कारण भूयिष्ठक का निर्धारण अपेक्षाकृत बहुत सरल होता है और कभी-कभी तो श्रेणी के निरीक्षण मात्र से ही इसका निर्धारण किया जा सकता है। विभिन्न प्रकार के आवृत्ति बन्टनों में भूयिष्ठक का निर्धारण निम्न प्रकार किया जाता है:

व्यक्तिगत श्रेणियों में भूयिष्ठक का निर्धारण (Location of Mode in Individual Series)

व्यक्तिगत श्रेणियों में भूयिष्ठक का निर्धारण निम्न तीन विधियों द्वारा किया जाता है:

1. निरीक्षण द्वारा
2. खण्डित अथवा सतत मालाओं में बदलकर
3. मध्यका तथा समान्तर माध्य के आधार पर

निरीक्षण द्वारा

इस विधि में केवल निरीक्षण द्वारा यह निश्चित किया जाता है कि श्रेणी में कौन सा मूल्य सबसे अधिक बार आया है, जो मूल्य सबसे अधिक बार आया है, वही भूयिष्ठक होगा।

उदाहरण 1: यदि किसी कक्षा में 20 छात्रों की आयु निम्न हैं: 17, 15, 18, 20, 22, 24, 21, 17, 16, 15, 21, 22, 23, 22, 18, 22, 17, 22, 19 और 20।

निरीक्षण विधि का प्रयोग करते हुए भूयिष्ठिक ज्ञात करने के लिए सर्वप्रथम उपर्युक्त आयु-श्रेणी को क्रम से जमाया जाएगा, तब हमें साधारण निरीक्षण द्वारा ही ज्ञात हो जाएगा कि भूयिष्ठिक 22 वर्ष है क्योंकि उपर्युक्त आयु-श्रेणी में 5 छात्रों की आयु 22 वर्ष है, अन्य आयु वाले छात्रों की संख्या इससे कम है और 22 वर्ष के छात्रों की आवृत्ति सर्वाधिक है।

उपरोक्त उदाहरण व्यक्तिगत श्रेणी (Individual Series) का है। जिस प्रकार व्यक्तिगत श्रेणी में निरीक्षण द्वारा भूयिष्ठिक ज्ञात किया जाता है, उसी प्रकार खंडित श्रेणी में भी भूयिष्ठिक ज्ञात किया जाता है। केवल इस श्रेणी में निम्न विशेषताएं होती हैं: (1) नियमित मदमाला (Regular Series), और (2) सजातीय इकाइयां (Homogenous Units)।

खण्डित अथवा सतत मालाओं में बदलकर

जब व्यक्तिगत श्रेणी के अनेक मूल्य दो या दो से अधिक बार पाए जाते हैं, तब उन्हें आरोही क्रम में रखकर उनकी आवृत्ति उनके सामने लिख दी जाती है। उसके बाद यह देखा जाता है कि किस मूल्य की आवृत्ति सबसे अधिक है, वही मूल्य भूयिष्ठक मूल्य होता है। यदि श्रेणी में कोई भी व्यक्तिगत मूल्य एक से अधिक बार न पाया जाता हो, तो उसे सतत माला में बदलकर अधिकतम आवृत्ति वाला वर्गान्तर ज्ञात कर लिया जाता है। उसके बाद एक सूत्र के द्वारा भूयिष्ठक मूल्य ज्ञात किया जाता है। इस सूत्र को आगे समझाया गया है।

मध्यका (Median) तथा समान्तर माध्य (Arithmatic Mean) के आधार पर

किसी व्यक्तिगत श्रेणी का समान्तर माध्य तथा मध्यका ज्ञात करके भी भूयिष्ठक का निर्धारण किया जा सकता है। यह इन तीनों में पारस्परिक सम्बन्ध पर आधारित है। इसके लिए निम्न सूत्र काम में लिया जा सकता है:

$$Z = 3M - 2\overline{X}$$

खण्डित श्रेणी में भूयिष्ठक का निर्धारण (Location of Mode in Discrete Series)

खण्डित श्रेणी में भूयिष्ठक निकालने की निम्न तीन विधियों का प्रयोग किया जाता है:

1. निरीक्षण विधि (Observation Method)
2. समूहन विधि (Grouping Method)
3. तीन आवृत्तियों के जोड़ की विधि (By Adding Three Frequencies)

निरीक्षण विधि (Observation Method)

नियमित आवृत्ति वितरण वाली श्रेणियों में भूयिष्ठिक का ज्ञान केवल निरीक्षण मात्र से ही हो जाता है। ऐसी श्रेणियों में सर्वाधिक आवृत्ति वाला मूल्य ही भूयिष्ठक होता है। नियमित आवृत्ति वितरण का तात्पर्य ऐसी श्रेणी से होता है, जिसमें आरम्भ से आवृत्तियां निरन्तर बढ़ती रहें, अधिकतम आवृत्ति केन्द्र में हो और उसके बाद से आवृत्तियां निरन्तर घटती रहें। परंतु दैनिक जीवन में इस प्रकार की श्रेणियां प्रायः नहीं मिलती हैं। इसलिए निरीक्षण विधि द्वारा निकाले गए भूयिष्ठिक की समूहन विधि से जांच किया जाना आवश्यक है।

समूहन विधि (Grouping Method)

जहाँ पर आवृत्तियों का क्रम अनियमित होता है, वहाँ समूहन विधि द्वारा भूयिष्ठिक ज्ञात किया जाता है। इस विधि में निम्नलिखित प्रक्रिया का अनुसरण किया जाता है: (अ) समूहीकरण सारणी बनाना, (ब) विश्लेषण सारणी बनाना, और (स) भूयिष्ठक ज्ञात करना।

(अ) समूहीकरण सारणी (Group Table) बनाना: खंडित श्रेणी की स्थिति में सर्वप्रथम आवृत्तियों का समूहीकरण किया जाता है। सामान्यतया, समूहन के लिए 6 खाने बनाकर एक सारणी बना लेते हैं। खाने 6 से अधिक भी बनाए जा सकते हैं, अगर तीन-तीन अथवा चार-चार में समूहन किया जाता है, किन्तु दो-दो और तीन-तीन का समूहन ही पर्याप्त होता है।

प्रथम खाने में दी हुई आवृत्तियां को लिखा जाता है तथा अधिकतम आवृत्ति को चिन्हित किया जाता है। ये आवृत्तियां प्रश्न में दी गई होती हैं।

दूसरे खाने में दो-दो आवृत्तियों को लेकर उनका योग लगाते हैं और उनमे से सबसे बड़ी संख्या को चिन्हित किया जाता है।

तीसरे खाने में प्रथम आवृत्ति को छोड़कर दो-दो का जोड़ लगाते हैं और सबसे बड़ी संख्या को चिन्हित किया जाता है।

चौथे खाने में प्रारंभ में तीन-तीन आवृत्तियों का जोड़ लगाते हैं और सबसे बड़ी संख्या को चिन्हित किया जाता है।

पांचवे खाने में प्रथम आवृत्ति को छोड़कर आगे तीन-तीन आवृत्तियों का जोड़ लिखते हैं और सबसे बड़ी संख्या को चिन्हित किया जाता है।

छठे खाने में प्रथम दो आवृत्तियों को छोड़कर तीन-तीन को जोड़ते जाते हैं और अधिकतम अंक को चिन्हित किया जाता है।

टिप्पणी

यहाँ यह स्मरणीय है कि जोड़ आवृत्तियों (Frequencies) का किया जाता है, न कि मूल्यों (Size of Items) का।

प्रत्येक समूहन के अंत में यदि दो-दो अथवा तीन-तीन का समूह नहीं बनता है, तो बची आवृत्तियों को छोड़ देते हैं और इस प्रकार दो-दो के दो समूह तथा तीन-तीन के तीन समूह बन जाते हैं। इसके पश्चात् प्रत्येक खाने में अधिकतम अंक के आधार पर विश्लेषण तालिका तैयार करके अथवा अधिकतम आवृत्तियों से सम्बद्ध मूल्यों पर चिह्न लगाकर उनकी गणना करके भूयिष्ठक ज्ञात कर लिया जाता है। इस प्रकार, समूहन का उद्देश्य अनियमित आवृत्ति वाली श्रेणी में आवृत्तियों का जमाव बिन्दु मालूम करना होता है।

उदाहरण 2: निम्न अंकों से समूहन विधि से बहुलक ज्ञात कीजिए:

अंक	10	15	20	25	30	35	40	42	44	46
छात्रों की संख्या	4	6	10	15	16	13	17	4	2	1

हल: समूहन द्वारा बहुलक निर्धारण

समूहन सारणी (Group Table)

अंक	छात्रों की संख्या (आवृत्ति)						अधिकतम आवृत्तियों की संख्या	
	(i)	(ii)	(iii)	(iv)	(v)	(vi)		
10	4	} 10		} 20				
15	6		} 16		} 31			
20	10	} 25				} (41)	/	1
25	15		} (31)	} (44)			///	3
30	16	} (29)			} (46)		卌	5
35	13		} 30			} 34	///	3
40	(17)	} 21		} 23			//	2
42	4		} 6		} 34			
44	2	} 3						
46	1							

(ब) विश्लेषण सारणी (Analysis Table): यह सारणी उपरोक्त सारणी के विभिन्न खानों में रेखांकित (Underlined) या मोटी की गई संख्याओं के आधार पर निम्न रूप में बनाई जाती है:

स्तम्भ (Column)	*पद-मूल्य (Size of items)*									
	10	*15*	*20*	*25*	*30*	*35*	*40*	*42*	*44*	*46*
(i)							1			
(ii)					1	1				
(iii)				1	1					
(iv)				1	1	1				
(v)					1	1	1			
(vi)			1	1	1					
आवृत्ति	—	—	1	3	5	3	2			

(स) भूयिष्ठक ज्ञात करना: उपर्युक्त विश्लेषण सारणी अथवा समूह सारणी के अंत वाले दो-दो खानों से (दोनों में से कोई सी विधि काम में ले सकते हैं) मालूम पड़ता है कि प्राप्तांक 30 सबसे अधिक बार आया है, अर्थात् 5 बार, इसलिए भूयिष्ठक प्राप्तांक 30 हुए। निरीक्षण से प्राप्तांक 40 भूयिष्ठक लगता है क्योंकि उसकी आवृत्ति सबसे अधिक है, परंतु वह समूहन के बाद गलत साबित हुआ। ध्यान रहे कि भूयिष्ठक वहीं होता है, जहाँ आवृत्तियों का अत्यधिक केन्द्रीयकरण होता है।

तीन आवृत्तियों की जोड़ विधि (By Adding three Frequencies)

आवृत्ति वितरणों में भूयिष्ठिक ज्ञात करने की एक सरल विधि और भी है, जिसे भूयिष्ठक निर्धारण की संक्षिप्त विधि कहते हैं। इस विधि में बड़ी आवृत्ति वाले जिन पदों के भूयिष्ठक होने की सम्भावना होती है, उनकी आवृत्ति में आगे वाली तथा पीछे वाली आवृत्तियों को जोड़ा जाता है। इस प्रकार तीन आवृत्तियों को जोड़कर योगफलों की तुलना की जाती है और सर्वाधिक योगफल सम्बन्धित मूल्य ही भूयिष्ठक होता है। निम्न उदाहरण में इस विधि का प्रयोग समझाया गया है:

उदाहरण 3: निम्न अंकों से भूयिष्ठक ज्ञात कीजिए:

पदों का मूल्य	3	4	5	6	7	8	9	10
आवृत्ति	5	6	7	8	9	8	9	6

हल: तीन आवृत्तियों के जोड़ की विधि द्वारा भूयिष्ठक का निर्धारण:

सम्भावित भूयिष्ठक मूल्य	7	9
सम्भावित भूयिष्ठक मूल्य की पिछली आवृत्ति	8	8
सम्भावित भूयिष्ठक मूल्य की आवृत्ति	9	9
सम्भावित भूयिष्ठक मूल्य की अगली आवृत्ति	8	6
	25	23

उपरोक्त दोनों योगफलों की तुलना से स्पष्ट होता है कि योगफल 25 से सम्बद्ध मूल्य 7 भूयिष्ठक है।

किन्तु यहाँ यह ध्यान रखना चाहिए कि भूयिष्ठक ज्ञात करने की उपरोक्त विधि प्रत्येक दशा में सही नहीं उतरती है। इस कारण इसका प्रयोग बहुत कम किया जाता है। भूयिष्ठक का मूल्य समूहन विधि से ही निकालना उपयुक्त रहता है। समूहीकरण विधि द्वारा भी कभी दो या तीन पद समान आवृत्ति वाले आ जाते हैं, ऐसी श्रेणियों को द्विभूयिष्ठक, त्रिभूयिष्ठक अथवा बहु भूयिष्ठक वाली श्रेणियां कहते हैं। किन्तु ऐसी स्थिति में उपरोक्त तीन जोड़ वाली विधि से भूयिष्ठक का निर्धारण किया जाता है। यदि इस विधि का प्रयोग करने पर दो पद समान योग वाले आ जाएं तो वे द्विभूयिष्ठक मालाएं कहलाती हैं।

सतत मालाओं में भूयिष्ठक का निर्धारण (Location of Mode in Continuous Series)

सतत मालाओं में भूयिष्ठक निश्चित करने के लिए हमें खण्डित माला की तरह सर्वप्रथम निरीक्षण द्वारा ज्ञात करना होगा कि सबसे अधिक आवृत्ति वाला कौनसा वर्ग है। यदि आवृत्ति वितरण नियमित हो तो जिस वर्ग की सबसे अधिक आवृत्ति होगी वही भूयिष्ठक वर्ग होगा। परंतु ऐसी श्रेणी जिसमें आवृत्ति वितरण नियमित न हों, सबसे अधिक आवृत्ति वाले वर्ग एक से अधिक हों तो निरीक्षण द्वारा भूयिष्ठक ज्ञात नहीं किया जा सकता है, ऐसी दशा में खण्डित माला की तरह ही उपरोक्त समूहन विधि द्वारा भूयिष्ठक वर्ग निश्चित किया जाएगा।

वर्ग निश्चित हो जाने के बाद भूयिष्ठक-वर्ग में भूयिष्ठक के सुनिश्चित मूल्य का निर्धारण अन्तर्गणन सूत्रों द्वारा किया जाता है भूयिष्ठक का यह अन्तर्गणन इस मान्यता पर आधारित है कि भूयिष्ठक मूल्य भूयिष्ठक वर्ग के संलग्न वर्गों की आवृत्तियों से समान रूप से प्रभावित होता है। इसलिए यह आवश्यक है कि श्रेणी के विभिन्न वर्ग आरोही-अवरोही क्रम में आबद्ध हों तथा सभी वर्ग-विस्तार समान हो। यदि सब वर्गों का वर्ग विस्तार समान रखना सम्भव हो तो कम से कम भूयिष्ठक वर्ग तथा उसके संलग्न निकटवर्ती वर्गों का वर्ग विस्तार तो अवश्य समान कर लिए जाएं। भूयिष्ठक निर्धारण के लिए निम्न सूत्रों का प्रयोग किया जाता है:

1. आरोही श्रेणियों में

$$Z = L_1 + \frac{\Delta_1}{\Delta_1 + \Delta_2} \times i \quad (\pm \text{ चिन्हों की अवहेलना})$$

इस सूत्र में प्रयुक्त विभिन्न चिन्हों का अर्थ निम्न प्रकार है:

Z = भूयिष्ठक या बहुलक

L_1 = भूयिष्ठक वर्ग की निम्न सीमा

L_2 = भूयिष्ठक वर्ग की उच्च सीमा

$\Delta_1 = f_1 - f_0$ तथा $\Delta_2 = f_1 - f_2$

f_1 = भूयिष्ठक वर्ग की आवृत्ति

f_0 = भूयिष्ठक वर्ग के पहले वाले वर्ग की आवृत्ति

f_2 = भूयिष्ठक वर्ग के बाद वाले वर्ग की आवृत्ति

i = भूयिष्ठक वर्ग का विस्तार

इस सूत्र में Δ_1 तथा Δ_2 की गणना करते समय ऋणात्मक चिन्हों को ध्यान में नहीं रखा जाता है।

2. अवरोही श्रेणियों में

$$Z = L_2 - \frac{\Delta_1}{\Delta_1 + \Delta_2} \times i \quad (\pm \text{ चिन्हों की अवहेलना})$$

सभी चिन्हों का अर्थ उपर्युक्त वर्णित निर्देशों के अनुसार ही है।

इन सूत्रों में चूंकि ऋणात्मक चिन्हों की उपेक्षा की जाती है, अतएव बीजगणितीय दृष्टि से ये सूत्र अवैज्ञानिक प्रतीत होते हैं। इसलिए इनके स्थान पर निम्न सूत्र का प्रयोग किया जा सकता है:

3. $$\boldsymbol{Z = L_1 + \frac{f_1 - f_0}{2f_1 - f_0 - f_2} \times i}$$ (आरोही क्रम में)

$$Z = L_2 - \frac{f_1 - f_0}{2f_1 - f_0 - f_2} \times i$$ (अवरोही क्रम में)

f_1, f_0 तथा f_2 का तात्पर्य ऊपर बताए गए अनुसार ही है, किन्तु जब आवृत्ति वितरण अनियमित हो, अर्थात् विशेषकर जब भूयिष्ठक-वर्ग की आवृत्ति से इसके पहले वाले या बाद वाले वर्ग की आवृत्ति अधिक हो तो उपरोक्त सूत्र का प्रयोग करने से भूयिष्ठक, भूयिष्ठक-वर्ग की सीमाओं से बाहर निर्धारित होता है, जो प्रायः गलत होता है। अतः ऐसी परिस्थिति में निम्न सूत्रों का प्रयोग किया जाना चाहिए:

4. $$\boldsymbol{Z = L_1 + \frac{f_2}{f_0 + f_2} \times i}$$ (आरोही क्रम में)

इस सूत्र का प्रयोग तब किया जाता है जब आवृत्तियों का वितरण अनियमित हो,

अथवा

Mode = Median – 2 (Arithmatic Mean)

भूयिष्ठक = मध्यका – 2 (समान्तर मध्यक)

$$Z = L_2 - \frac{f_2}{f_0 + f_2}$$ (अवरोही क्रम में)

इन सूत्रों में प्रयोग किए गए संकेताक्षरों L_1, L_2, f_1, f_0, f_2 तथा i का अर्थ पूर्व वर्णित निर्देश के अनुसार ही है।

उदाहरण 4

निम्न समंकों से भूयिष्ठक मजदूरी ज्ञात कीजिए:

मजदूरी रु. में	0–10	10–20	20–30	30–40	40–50	50–60	60–70
मजदूरों की सं.	6	10	12	16	13	8	7

हलः

समूहन सारिणी

मजदूरी वर्ग	श्रमिक संख्या (आवृत्ति) (1)	(2)	(3)	(4)	(5)	(6)
0–10	6	16 (0–20)		28 (0–30)		
10–20	10		22 (10–30)		38 (10–40)	
20–30	12	28 (20–40)				41 (20–50)
30–40	16		29 (30–50)	37 (30–60)		
40–50	13	21 (40–60)			28 (40–70)	
50–60	8		15 (50–70)			
60–70	7					

विश्लेषण तालिका

स्तम्भ (Column)	*पद-मूल्य* 0–10	*10–20*	*20–30*	*30–40*	*40–50*	*50–60*	*60–70*
(1)				1			
(2)			1	1			
(3)				1	1		
(4)				1	1	1	
(5)		1	1	1			
(6)			1	1	1		
योग		1	3	6	3	1	

उपरोक्त सारणी से ज्ञात होता है कि 30–40 वाला वर्ग भूयिष्ठक वर्ग है, क्योंकि इसकी आवृत्ति सबसे अधिक है।

अन्तर्गणन सूत्रानुसार सुनिश्चित मूल्य निम्न प्रकार ज्ञात किया जाएगा–

$$Z = L_1 + \frac{\Delta_1}{\Delta_1 + \Delta_2} \times i$$

इस सूत्र में संकेतों का प्रयोग इस प्रकार हुआ है:

Z = भूयिष्ठक

$\Delta_1 = f_1 - f_0$ अर्थात् $(16 - 12) = 4$

$\Delta_2 = f_1 - f_2$ अर्थात् $(16 - 13) = 3$

$L_1 = 30$

$i = (20 - 30) = 10$

मूल्य प्रतिस्थापित करने पर

$$= 30 + \frac{4}{4+3} \times 10$$

$$= 30 + \frac{4}{7} \times 10$$

$$= 30 + \frac{40}{7}$$

$$= 30 + 5.71$$

$$= 35.71 \text{ रु.}$$

इसमें बहुलक उपरोक्त सूत्र सं. 2 से भी ज्ञात किया जा सकता है।

उदाहरण 5

निम्न अंकों से भूयिष्ठक ज्ञात कीजिए:

केन्द्रीय आकार	2.5	7.5	12.5	17.5	22.5	27.5	32.5	37.5
आवृत्ति	5	9	13	21	20	15	8	3

वर्गान्तर के स्थान पर जब केन्द्रीय आकार अर्थात् मध्य-मूल्य दिया होता है तब बहुलक की गणना निम्न प्रकार से की जाती है:

हलः

समूहन सारणी

वर्ग विस्तार	आवृति (i)	(ii)	(iii)	(iv)	(v)	(vi)	अधिकतम आवृत्तियों की संख्या	
0–5	5	14		27				
5–10	9		22		43		I	1
10–15	13	34				54	II	2
15–20	21		41	56			~~IIII~~	5
20–25	20	35			43		~~IIII~~	5
25–30	15		23			24	III	3
30–35	8	11					I	1
35–40	3							

उपर्युक्त तालिका से स्पष्ट होता है कि 15–20 तथा 20–25 दोनों वर्गों की आवृत्ति अधिकतम है। अतः इन दोनों में से अधिकतम आवृत्ति छांटने के लिए निम्न विधि अपनाई जाती है:

	सम्भावित भूयिष्ठक वर्ग 15–20	20–25
सम्भावित भूयिष्ठक वर्ग से पहले वाले वर्ग की आवृत्ति	13	21
सम्भावित भूयिष्ठक वर्ग की आवृत्ति	21	20
सम्भावित भूयिष्ठक वर्ग के बाद वाले वर्ग की आवृत्ति	20	15
	54	56

इस प्रकार 20–25 वाला वर्ग आवृत्ति कम होते हुए भी भूयिष्ठक निकालने में काम में लाया जाएगा, क्योंकि दोनों की तीनों आवृत्तियों के योग में इसका योग अधिक है।

चूंकि 20–25 वाले वर्ग के पहले वाले वर्ग की आवृत्ति अधिक है, अतः निम्न सूत्र का प्रयोग अधिक उपयुक्त होगा:

$$Z = L_1 + \frac{f_2}{f_0 + f_2} \times i$$

$$= 20 + \frac{15}{21+15} \times 5$$

$$= 20 + \frac{75}{36}$$

$$= 20 + 2.08$$

$$= 22.08$$

भूयिष्ठक के गुण (Merits of Mode)

1. ***सरल एवं लोकप्रियः*** इसको समझना एवं परिकलन करना सरल है।
2. ***चरम मूल्यों का न्यूनतम प्रभावः*** इस पर सीमान्त पदों (उच्चतम और निम्नतम) का बहुत कम प्रभाव होता है।
3. ***बिन्दु रेखीय विधि द्वारा निर्धारणः*** इसका निर्धारण बिन्दु रेखीय रीति (Graphic Method) से भी किया जा सकता है।
4. ***सभी मदों की जानकारी आवश्यक नहीं:*** इसे जानने के लिए श्रेणी की सभी मदों की जानकारी आवश्यक नहीं है। केवल भूयिष्ठक वर्ग के आस-पास की आवृत्तियां ही ज्ञात होनी चाहिए।
5. ***श्रेणी का महत्वपूर्ण मापः*** भूयिष्ठक किसी भी पदमाला का वास्तविक और महत्वपूर्ण माप है, क्योंकि यह समूह में दिए गए मूल्यों में से एक ही मूल्य होता है।
6. ***प्रतिनिधि माध्यः*** यह प्रायः प्रतिनिधि माध्य होता है क्योंकि इसका सम्बन्ध बहुमत से होता है।

भूयिष्ठक के दोष (Demerits of Mode)

1. ***अनिश्चितः*** भूयिष्ठक हमेशा निश्चित नहीं होता है। कभी-कभी एक श्रेणी में दो या दो से अधिक भूयिष्ठक आ जाते हैं।
2. ***सभी मूल्यों पर आधारित नहीं:*** यह श्रेणी के सभी मदों पर आधारित नहीं है, क्योंकि सीमान्त मूल्यों का भूयिष्ठक पर कोई प्रभाव नहीं पड़ता। सभी मूल्यों पर आधारित न होने के कारण इसे प्रतिनिधि मूल्य नहीं कहा जा सकता है।
3. ***बीजगणितीय (Algebraic) विवेचना सम्भव नहीं:*** भूयिष्ठक से बीजगणितीय विवेचन नहीं किया जा सकता है, क्योंकि यह सभी मदों पर आधारित नहीं है।
4. ***अनुपयुक्त मापः*** भूयिष्ठक एक अनुपयुक्त माप है। कभी-कभी तो यह ऐसे निष्कर्ष को बतलाता है जो वास्तविकता से बहुत दूर होते हैं।

भूयिष्ठक में उपरोक्त दोष होते हुए भी इसका सभी क्षेत्रों में काफी प्रयोग होता है। प्रजातन्त्र के युग में बहुमत के आधार पर ही प्रतिनिधि का चुनाव होता है। इसी प्रकार इसका प्रयोग जलवायु विभाग भी तापमान, वर्षा, वायुगति आदि के आधार पर प्रत्येक क्षेत्र में भूयिष्ठक स्थानों के निर्धारण में करता है। तैयार (Ready-Made) वस्तुओं के निर्माता बहुलक माप के आधार पर ही अपने ग्राहकों के मापों का निर्धारण करके सिले हुए कपड़े, जूते, टोपी, चुड़ियों आदि का निर्माण करते हैं।

मध्यका (Median)

मध्यका भी एक स्थिति सम्बन्धी माध्य है। यह उस पद का वास्तविक या अनुमानित मूल्य होता है, जो किसी आरोही या अवरोही क्रम में आबद्ध श्रेणी को दो बराबर भागों में विभाजित करता है। एक ओर के सब पद उससे कम मूल्य के तथा दूसरी ओर के सब पद उससे अधिक मूल्य के होते हैं। **कोनर** के शब्दों में, "मध्यका एक समंक माला का वह

चल मूल्य है जो समूह को बराबर भागों में इस प्रकार बांटता है कि एक भाग के सारे मूल्य दूसरे भाग से कम होते हैं।" उदाहरणार्थ, 5 छात्रों ने गणित में 50 में से क्रमशः 17, 22, 30, 34, 40 अंक प्राप्त किए हैं तो माध्यका मूल्य 30 होगा, क्योंकि वह तीसरे पद का मूल्य है, जो बिल्कुल मध्य में स्थित है और पहले तथा दूसरे छात्रों के अंक इससे कम तथा चौथे एवं पांचवे के अंक इससे अधिक हैं।

मध्यका की विशेषताएं (Characteristics of Median)

1. मध्यका सम्पूर्ण पद माला को दो भागों में विभाजित करने वाला ऐसा मूल्य होता है, जिससे एक भाग में इससे कम और दूसरे में इससे अधिक मूल्य होते हैं।
2. किसी पद माला में बीच वाली राशि या स्वयं मध्यका नहीं होता, वह तो मध्यका का मापदण्ड (Scale of Measurement) है। मध्यका तो बीच वाले पद के मूल्य को कहते हैं।
3. मध्यका की गणना के लिए पद माला को आरोही अथवा अवरोही क्रम में व्यवस्थित करना आवश्यक होता है।

मध्यका का परिकलन (Calculation of Median)

1. व्यक्तिगत समंकमाला (Individual Series) में मध्यका ज्ञात करने के लिए निम्न चरणों का प्रयोग किया जाता है:
   (i) सबसे पहले श्रेणी को आरोही या अवरोही क्रम में व्यवस्थित किया जाता है। मूल्यों की क्रम-संख्याएं भी साथ-साथ लिखते रहनी चाहिए।
   (ii) समंकमाला को क्रमबद्ध करने के बाद निम्न सूत्र का प्रयोग करके मध्यका का निर्धारण किया जाता है:

   $M = \text{Size of} \left(\frac{N+1}{2}\right)^{th} \text{item}$ या $\frac{N+1}{2}$ वें पद का मान

   इस सूत्र में प्रयोग किये गये संकेताक्षरों के निम्न अर्थ हैं:

   $M =$ मध्यका

   $N =$ मदों की संख्या

   (iii) यदि श्रेणी में कुल मदों की संख्या सम (Even) हो तो $\left(\frac{N+1}{2}\right)$ वां मध्यका नहीं होगा, क्योंकि ऐसी संख्या पूर्णांक नहीं होती। ऐसी स्थिति में निम्न सूत्र द्वारा मध्यका ज्ञात की जाती है, जैसे यदि 8.5वां मद आता है, तब:

   $\text{Size of 8.5th item} = \frac{\text{Size of 8th item} + \text{Size of 9th item}}{2}$ निकालकर

   मध्यका का निर्धारण किया जाता है।

उदाहरण 6

निम्न 7 मजदूरों की मध्यका मजदूरी ज्ञात कीजिए: रु. 80, 70, 110, 120, 115, 114, 100

हलः

क्रम संख्या	*पद-मूल्य*
1	70
2	80
3	100
4	110
5	114
6	115
7	120
N = 7	

$$M = \text{Size of} \left(\frac{N+1}{2}\right)^{th} \text{item} = \frac{7+1}{2} = 4\text{th item}$$

अतः मध्यका = 110 रु. मजदूरी होगी क्योंकि वह चौथे मद का मूल्य है।

उदाहरण 7

निम्न समंकों से मध्यका ज्ञात कीजिए:

रोल नं.	1	2	3	4	5	6	7	8	9	10
अंक	10	27	24	12	25	27	20	15	18	29

हलः

क्रम संख्या	*प्राप्तांक*
1	10
2	12
3	15
4	18
5	20
6	24
7	25
8	27
9	27
10	29

$$M = \text{Size of} \left(\frac{N+1}{2}\right)^{th} \text{item} = \text{Size of} \left(\frac{10+1}{2}\right)^{th} \text{item} = \frac{11}{2} = \text{Size of 5.5th}$$

item

5.5 वें मद के मूल्य को निम्न प्रकार से निकालेंगे:

$$\text{Size of 5.5th item} = \frac{\text{Size of 5th item} + \text{Size of 6th item}}{2}$$

$$\frac{20+24}{2} = \frac{44}{2} = 22$$

अत: मध्यका (Median) = 22 अंक

2. **खंडित मालाओं में मध्यका का परिकलन** (Calculation of Median in Discrete Series)

सैद्धान्तिक रूप से व्यक्तिगत और खंडित श्रेणी में मध्यका निकालने की विधि में कोई विशेष अंतर नहीं है। खंडित मालाओं में मध्यका ज्ञात करने के लिए निम्न प्रक्रियाओं का प्रयोग किया जाता है:

1. प्राय: खण्डित मालाएं व्यवस्थित क्रम में ही होती हैं, यदि ऐसा न हो तब सर्व प्रथम उन्हें भी आरोही क्रम में व्यवस्थित किया जाता है।
2. इसके बाद श्रेणी की आवृत्तियों की संचयी आवृत्तियां बनाई जाती हैं।
3. अन्त में, निम्न सूत्र का प्रयोग करके संचयी आवृत्तियों की सहायता से मध्यका ज्ञात की जाती है:

$$M = \frac{N+1}{2} \text{ वां पद}$$

उदाहरण 8

निम्न विवरण से मध्यका ज्ञात कीजिए:

ऊँचाई इंचों में	60	61	62	63	64	65	66
विद्यार्थियों की संख्या	50	46	40	70	72	40	28

हल:

पद का आकार	*आवृत्ति*	*संचयी आवृत्ति*
60	50	50
61	60	110
62	40	150
63	70	220
64	72	292
65	40	332
66	28	360

$$M = \text{Size of} \left(\frac{N+1}{2}\right)^{th} \text{ item}$$

$$= \text{Size of} \left(\frac{360+1}{2}\right)^{th} \text{ item}$$

$$= \text{Size of 180.5 th item}$$

यहाँ यह उल्लेखनीय है कि मध्यका मूल्य निर्धारण के लिए $\frac{N+1}{2}$ वां पद के मूल्य को सदैव संचयी आवृत्ति में देखा जाता है। यह मूल्य जिस संचयी आवृत्ति में आ जाता है, उस संचयी आवृत्ति के सम्मुख रखा हुआ पद मध्यका कहलाता है। उपरोक्त उदाहरण में 180.5वां पद 220 संचयी आवृत्ति में आया है, और इसके सामने 63वां पद है, अतएवं मध्यका 63 इंच हुई।

3. **सतत मालाओं में मध्यका परिकलन** (Calculation of Median in Continuous Series)

अखंडित या सतत मालाओं में मध्यका निम्न प्रकार से ज्ञात की जाती है:

1. सर्वप्रथम सतत श्रेणी, यदि समावेशी श्रेणी (Inclusive Series) है, तो उसे अपवर्गों (Exclusive) में बदला जाता है, लेकिन यदि श्रेणी गोल, रन, आयु से सम्बन्धित है, तो उसे समावेशी ही रहने दिया जाता है।
2. इसके पश्चात संचयी आवृत्तियां ज्ञात की जाती हैं।
3. केन्द्रीय पद ज्ञात करने के लिए $\frac{N}{2}$ सूत्र का प्रयोग किया जाता है। ध्यान रहे, सतत मालाओं में N में एक नहीं जोड़ते हैं।
4. इसके बाद $\frac{N}{2}$वें मद के आधार पर मध्यका वर्ग ज्ञात किया जाता है। इसके लिए संचयी आवृत्तियों को देखा जाता है।
5. मध्यका वर्ग के निर्धारण के पश्चात वर्ग में मध्यका मूल्य निश्चित करने के लिए निम्न सूत्र का प्रयोग करते हैं:

$$M = L_1 + \frac{L_2 - L_1}{f}(m - c)$$

या $$M = L_1 + \frac{i}{f}(m - c)$$

या $$M - L_1 + \frac{i}{f}\left(\frac{N}{2} - c\right)$$

संकेताक्षरों के अर्थ

L_1 = मध्यका वर्ग की निम्नतम सीमा

L_2 = मध्यका वर्ग की उच्चतम सीमा

f = मध्यका वर्ग की आवृत्ति

m = मध्य पद जो $\frac{N}{2}$ से निकाला गया है।

c = मध्यका वर्ग से पहले वाले वर्ग की संचयी आवृत्ति

6. यदि श्रेणी अवरोही क्रम में व्यवस्थित है। तो इस सूत्र का प्रयोग किया जाएगा है:

$$M = L_2 - \frac{i}{f}(m - c)$$

यहाँ L_2 का तात्पर्य मध्यका वर्ग की उच्चतम सीमा से है।

उदाहरण 9

निम्न समंकों से मध्यका ज्ञात कीजिए:

मजदूरी	*व्यक्तियों की संख्या*
0–10	5
10–20	11
20–30	13
30–40	14
40–50	7

हल:

मध्यका परिकलन

मजदूरी	*आदमियों की संख्या*	*संचयी आवृत्ति*
0–10	5	5
10–20	11	16
20–30	13	29
30–40	14	43
40–50	7	50

$$M = \text{Size of } \left(\frac{N}{2}\right)^{th} \text{item}$$

$$= \text{Size of } \left(\frac{50}{2}\right)^{th} \text{ item}$$

$$= \text{Size of 25th item}$$

25 वां मद 20–30 वाले वर्ग में आता है। अतः मध्यका मूल्य निर्धारित करने के लिए निम्न सूत्र का प्रयोग किया जाएगा:

$$M = L_1 + \frac{i}{f}(m - c)$$

$$= 20 + \frac{10}{13}(25 - 16)$$

$$= 20 + \frac{10}{13} \times \frac{9}{1} = 20 + \frac{90}{13} = 20 + 6.92$$

अतः मध्यका मजदूरी = 26.92 रु.

यदि इसी प्रश्न में श्रेणी अवरोही क्रम में दी गई है, तब मध्यका मूल्य निम्न प्रकार ज्ञात किया जाएगा:

मजदूरी	*आदमियों की संख्या*	*संचयी आवृत्ति*
40–50	7	7
30–40	14	21
20–30	13	34
10–20	11	45
0–10	5	50

$$M = \text{Size of} \left(\frac{N}{2}\right)^{th} \text{ item}$$

$$= \text{Size of} \left(\frac{50}{2}\right) = 25\text{वां item}$$

26 वां पद (item) 34 संचयी आवृत्ति में है, जिसका वर्ग 20–30 है, अर्थात् यही मध्यका वर्ग हुआ। अब निम्न सूत्र प्रयोग करके मध्यका का निर्धारण किया जाएगा:

$$M = L_2 - \frac{i}{f}(m -- c)$$

$$= 30 - \frac{10}{13}(25 - 21)$$

$$= 30 - \frac{10 \times 4}{13}$$

$$= 30 - \frac{40}{13}$$

$$= 30 - 3.08$$

अत: M (मध्यका) = 26.92 रु.

उदाहरण 10

निम्न अंकों से मध्यका आय ज्ञात कीजिए:

आय (रु.) में	40–44	45–49	50 54	55–59	60–64	65–69	70–74
आदमियों की संख्या	2	7	10	12	8	5	3

हल:

यह श्रेणी समावेशी (Inclusive) है, अतः इसे अपवर्जी (Exclusive) बनाकर प्रश्न हल करना चाहिये:

आय	*आदमियों की संख्या*	*संचयी आवृत्ति*
39.5–44.5	2	2
44.5–49.5	7	9
49.5–54.5	10	19
54.5–59.5	12	31
59.5–64.5	8	39
64.5–69.5	5	44
69.5–74.5	3	47

$$M = \text{Size of} \left(\frac{N}{2}\right)^{th} \text{ item}$$

$$= \text{Size of} \left(\frac{47}{2}\right)^{th} \text{ Item}$$

= 23.5 वां पद

यह पद 31 संचयी आवृत्ति में है, जिसका वर्ग 54.5–59.5 है। अत: यह मध्यका वर्ग है।

$$M = L_1 + \frac{i}{f}(m - c)$$

$$= 54.5 + \frac{5}{12}(23.5 - 19)$$

$$= 54.5 + \frac{5 \times 4.5}{12}$$

$$= 54.5 + \frac{22.5}{12}$$

$$= 54.5 + 1.875$$

= 56.375 रु. (मध्यका आय)

मध्यका की विशेषताएं (Characteristics of Median)

1. मध्यका का मूल्य अति-सीमान्त इकाइयों में बहुत कम होता है।
2. मध्यका मूल्य का निर्धारण आंकड़ों के अधूरे होने की स्थिति में हो सकता है।
3. मध्यका मूल्य का निर्धारण उस स्थिति में भी किया जा सकता है, जब किसी श्रेणी के पदों को संख्यात्मक रूप से नहीं मापा जा सकता है।
4. मध्यका के लिए श्रेणी के सभी मूल्यों का ज्ञात होना आवश्यक नहीं है।

मध्यका प्रयोग (Uses of Median)

शोध के उन क्षेत्रों में जहाँ पदों की प्रत्यक्ष संख्यात्मक माप करनी कठिन होती है और जिन्हें केवल किसी गुण के आधार पर क्रमबद्ध किया जा सकता है, वहाँ मध्यका का प्रयोग उचित होता है, जैसे बुद्धिमानी, चतुराई, ईमानदारी, स्वास्थ्य आदि गुणात्मक अध्ययनों में। यही कारण है कि सामाजिक अनुसंधानों में जो मुख्यत: सामान्य जन समुदाय से सम्बन्धित होते हैं, मध्यका का प्रयोग ही अधिक किया जाता है।

मध्यका के गुण (Merits of Median)

1. ***सरलता:*** इसे समझना तथा इसकी गणना करना बहुत आसान होता है। पदों को क्रमबद्ध कर देने पर मध्यका की स्थिति का ज्ञान आसानी से हो जाता है, क्योंकि इसकी स्थिति बीचों-बीच होती है।
2. ***स्पष्टता:*** यह श्रेणी में स्पष्ट एवं स्थिर संख्या होती है। इसके मूल्य का निर्धारण प्रत्येक समंक माला में स्पष्टता से किया जा सकता है।

3. ***चरम मूल्यों का न्यूनतम प्रभाव:*** समान्तर माध्य की भांति मध्यका पर भी सीमान्त पदों का प्रभाव कम पड़ता है।
4. ***बिन्दु रेखीय प्रदर्शन:*** इसका निर्धारण बिन्दु रेखीय पद्धति (Graphic Method) से भी किया जा सकता है।
5. ***गुणात्मक तथ्यों में उपयुक्त:*** गुणात्मक तथ्यों का अध्ययन करने में मध्यका ही सबसे उपयुक्त माध्य है, क्योंकि ऐसे तथ्यों की प्रत्यक्ष माप करना कठिन होता है।

मध्यका के दोष (Demerits of Median)

1. सीमान्त मूल्यों की उपेक्षा: मध्यका ज्ञात करते समय सीमान्त मदों का कोई ध्यान नहीं रखा जाता है। इसलिए यह श्रेणी के सभी मदों पर आधारित न होने के कारण इसे प्रतिनिधित्व माप नहीं माना जाता है।
2. समंकों के क्रम में रखना आवश्यक: समंकों को आरोही या अवरोही क्रम में व्यवस्थित किए बिना मध्यका ज्ञात नहीं की जा सकती जो अन्य माध्यों में आवश्यक नहीं है। अत: मध्यका ज्ञात करने के लिए सर्वप्रथम पदों को आरोही या अवरोही क्रम में जमाया जाता है।
3. जिस श्रेणी में चरम मूल्यों को महत्व देना हो, वहाँ मध्यका का प्रयोग सम्भव नहीं है।
4. पदों के नियमित वितरण की स्थिति में मध्यका का परिकलन करना प्राय: कठिन एवं भ्रामक होता है।
5. दो मूल्यों के बीच पद मूल्य के पड़ने की स्थिति में मूल्यों का कुल योग प्राप्त नहीं किया जा सकता है, यह इसका बड़ा दोष है। ऐसी स्थिति में केवल सम्भावित मूल्य ही ज्ञात किया जा सकता है।
6. बीजगणितीय (Algebric) विवेचन का अभाव: मध्यका का बीजगणितीय विवेचन सम्भव नहीं है, इसीलिए इसका प्रयोग सीमित ही होता है।
7. प्रतिचयन का अभाव: प्रतिचयन के उच्चावचनों का प्रभाव मध्यका पर दूसरे माध्यों की अपेक्षा अधिक पड़ता है।

मध्यका के सिद्धान्त पर आधारित अन्य माप

मध्यका श्रेणी को दो भागों में विभाजित करती है, परंतु कई बार श्रेणी निर्माण का अध्ययन करने के लिए श्रेणी के कई टुकड़े करके अध्ययन किया जाता है। ये टुकड़े मुख्यत: 4, 10 अथवा 100 हैं। इन्हें क्रमश: चतुर्थक (Quartiles), दशमक (Desiles) तथा शतमक (Percentiles) कहते हैं। इनकी गणना निम्न सूत्रों द्वारा मध्यका की तरह ही की जाती है:

1. व्यक्तिगत व खण्डित श्रेणियों में चतुर्थक, दशमक व शतमक का निर्धारण:

   प्रथम चतुर्थक $(Q_1) = \text{Size of } \left(\frac{N+1}{4}\right)^{th}$ item

   तृतीय चतुर्थक $(Q_3) = \text{Size of } \frac{3(N+1)}{4}^{th}$ item

दशमक $(D_1) = \text{Size of} \left(\frac{N+1}{10}\right)^{th}$ item

अष्टम दशमक $(D_8)= \text{Size of} \frac{8(N+1)^{th}}{10}$ item

शतमक $(P_1) = \text{Size of} \left(\frac{N+1}{100}\right)^{th}$ item

साठवां शतमक $(P_{60}) = \text{Size of} \left(\frac{60(N+1)}{100}\right)^{th}$ item

2. सतत मालाओं में चतुर्थक, दशमक तथा शतमक का निर्धारण

प्रथम चतुर्थक $(Q_1) = \text{Size of} \left(\frac{N}{4}\right)^{th}$ item

तृतीय चतुर्थक $(Q_3) = \text{Size of} \left(\frac{3(N)}{4}\right)^{th}$ item

दशमक $(D_1) = \text{Size of} \left(\frac{N}{10}\right)^{th}$ item

शतमक $(P_1) = \text{Size of} \left(\frac{N}{100}\right)^{th}$ item

चालीसवीं शतमक $(P_{40}) = \text{Size of} \frac{40(N)^{th}}{100}$ item

सर्वप्रथम उपरोक्त सूत्रों द्वारा चतुर्थक, दशमक अथवा शतमक वाला वर्ग निर्धारित किया जाता है, तत्पश्चात निम्न अन्तर्गणन के सूत्रों से मध्यका का निर्धारण किया जाता है:

प्रथम चतुर्थक $(Q_1) = L_1 + \frac{i}{f}(q_1 - c)$

तृतीय चतुर्थक $(Q_3)` = L_1 + \frac{i}{f}(q_3 - c)$

दशमक $\left(D_1 + \frac{i}{f}(d_1 - c)\right)$

शतमक $\left(P_1 + \frac{i}{f}(p_1 - c)\right)$

चालीसवीं शतमक $(P_{40}) = L_1 + \frac{i}{f}(p_{40} - c)$

समान्तर माध्य (Arithmetic Average or Mean)

समान्तर माध्य गणितीय माध्यों में सबसे सरल व महत्वपूर्ण माध्य माना जाता है और इसीलिए यह अत्यन्त लोकप्रिय है। एक आदर्श औसत के अधिकतर लक्षण इसी माध्य में पाए जाते हैं। सामान्यत: 'औसत' शब्द का प्रयोग इसी माध्य के लिए होता है, जिसे छोटी कक्षाओं में विद्यार्थियों को पढ़ाया जाता है। प्रत्येक इकाई के मूल्य को जोड़कर इकाइयों की संख्या से भाग देने से जो परिणाम प्राप्त होता है, उसे ही औसत कहते हैं।

परिभाषाः समान्तर माध्य वह मूल्य है, जो किसी श्रेणी के समस्त पदों के मूल्य के योग को उनकी संख्या का भाग देने से प्राप्त होता है। अंकगणित में जो औसत निकाला जाता है, उसे ही समान्तर माध्य या मध्यक कहा जाता है। **घोष एवं चौधरी** के शब्दों में, "समान्तर माध्य, जिसे गणितीय माध्य या मध्यक भी कहते हैं, वह मूल्य (संख्या) है जिसे किसी चर (Variable) में पदों के मूल्यों के कुल योग में उनकी संख्या के द्वारा भाग देकर निकाला जाता है।" उदाहरणार्थ, यदि पांच छात्रों की ऊंचाई क्रमशः 55", 60", 54", 48" और 50" है और हमें माध्य (मध्यक) मालूम करना है, तब इन पांचों संख्याओं को जोड़कर तथा इस जोड़ में पांच का भाग देने पर जो संख्या आएगी, वह मध्यक या माध्य होगी–

$$55 + 60 + 54 + 48 + 50 = \frac{267}{5} = 53.4''$$

यह दो प्रकार का होता है:

1. सरल समान्तर माध्य
2. भारित समान्तर माध्य

सरल समान्तर माध्य (Simple Mean)

जब पद-माला के समस्त पदों को समान महत्व दिया जाता है, तब चलों के योग में पदों की संख्या से भाग दिया जाता है, इस माध्य को सरल समान्तर माध्य कहते हैं।

भारित समान्तर माध्य (Weighted Mean)

कभी-कभी श्रेणी के सभी पदों का समान महत्व नहीं होता है और उनमें काफी भिन्नता होती है। ऐसी दशा में पदों को तुलनात्मक महत्व प्रदान किया जाता है। उसके पश्चात् पद के मूल्य को उसके भार से गुणा कर देते हैं और इस प्रकार प्राप्त हुए गुणनफलों के योग में भारों के योग का भाग देते हैं तो भारित माध्य ज्ञात हो जाता है। भार दो प्रकार के होते हैं: वास्तविक तथा अनुमानित। यथासम्भव वास्तविक भारों का प्रयोग करना चाहिए, किन्तु जब वास्तविक भार उपलब्ध न हो, तब अनुमानित भारों का प्रयोग किया जाता है।

सरल समान्तर माध्य की गणना (Calculation of Simple Mean)

1. व्यक्तिगत श्रेणी में (Individual Series): व्यक्तिगत श्रेणी में सरल समान्तर माध्य की गणना करने की दो विधियां हैं:
    1. प्रत्यक्ष रीति या विधि (Direct Method)
    2. परोक्ष लघु रीति या विधि (Short Cut Method)

प्रत्यक्ष रीति या विधि (Direct Method)

प्रत्यक्ष रीति से मध्यका ज्ञात करने के लिए समंक माला के सभी मूल्यों का योग ज्ञात करके उसे मदों की संख्या से विभाजित किया जाता है। प्राप्त लब्धि (संख्या) ही समान्तर माध्य होगा। इसका निम्न सूत्र है:

$$\overline{X} = \frac{\Sigma X}{N}$$

संकेताक्षरों के अर्थः

$\overline{X}$ = समान्तर माध्य

ΣX = सभी मूल्यों का योग

N = मदों की संख्या

(Σ) सांख्यिकीय भाषा में इसे 'सिगमा' कहा जाता है जो सभी मूल्यों के योग को व्यक्त करता है।

परोक्ष/लघु रीति या विधि (Short-Cut Method)

जब पदों की संख्या अधिक हो, और वे अधिकतर दशमलव तथा भिन्न-भिन्न हों, तब प्रत्यक्ष विधि द्वारा समान्तर माध्य निकालने में जोड़ने आदि की कठिनाई को बचाने के लिए लघु-विधि का प्रयोग किया जाता है। लघु-रीति से समान्तर माध्य ज्ञात करने के लिए निम्न प्रक्रिया अपनानी पड़ती है:

1. श्रेणी के किसी भी पद को कल्पित माध्य मान लिया जाता है। साधारणतया दी हुई संख्याओं के बीच वाली संख्या को कल्पित माध्य मानते हैं, जिससे गणना कार्य सरल हो जाता है।
2. उस कल्पित माध्य से श्रेणी के सभी मूल्यों से विचलन (Deviations) ज्ञात करते हैं, अर्थात् कल्पित माध्य को सभी मूल्यों में से घटा लेते हैं। सूत्र के रूप में $P - A$ का प्रयोग करके विचलन निकालते हैं और उन्हें जोड़ लेते हैं। यह Σdx कहलाता है।
3. अन्त में निम्न सूत्र का प्रयोग करके समान्तर माध्य की गणना करते हैं:
   $\overline{X} = A + \frac{\Sigma dx}{N}$ या $\frac{A \pm \Sigma d}{N}$

संकेताक्षरों के अर्थः

$\overline{X}$ = समान्तर माध्य

A = कल्पित माध्य

Σdx = कल्पित माध्य से लिए गए विचलनों का योग

N = मदों की संख्या

$\pm$ = धन (+) और ऋण (–) के चिन्हों का प्रयोग यह बताता है कि यदि इकाइयों का कुल योग (Σd) धन को बताता है तब (+) संकेत का और यदि यह ऋण को बताता है तब (–) संकेत प्रयोग किया जाता है।

उदाहरण 11

पांच व्यक्तियों का मासिक पारिवारिक खर्च नीचे दिया जा रहा है। इससे प्रत्यक्ष एवं लघु रीति से समान्तर माध्य का परिकलन (Calculation) इस प्रकार किया जाएगा:

132, 140, 144, 136 और 138

हलः

प्रत्यक्ष रीति द्वारा माध्य का परिकलन

क्रम संख्या	*मासिक खर्च (रुपयों में)*
1	132
2	140
3	144
4	136
5	138
$N = 5$	$\Sigma X = 690$

$\overline{X} = \frac{\Sigma N}{N} = \frac{690}{5} = 138$ रु. (माध्य खर्च)

लघु रीति द्वारा माध्य का परिकलन निम्न प्रकार से किया जाता है। इसके लिये हमने 144 को कल्पित माध्य माना है:

क्रम संख्या	*मासिक खर्च* (X)	$A = 144$ *से विचलन* dx
1	132	–12
2	140	–4
3	144	0
4	136	–8
5	138	–6
$N = 5$		$\Sigma dx - 30$

$$\overline{X} = A + \frac{\Sigma dx}{N}$$

$$= 144 + \frac{-30}{5}$$

$$= 144 - 6 = 138 \text{ रु.}$$

खण्डित मालाओं में समान्तर माध्य की गणना
(Calculation of Arithmetic Mean in Discrete Series)

खण्डित मालाओं में समान्तर माध्य ज्ञात करने की प्रत्यक्ष एवं लघु रीति दोनों का प्रयोग किया जा सकता है:

प्रत्यक्ष रीति

1. सर्वप्रथम प्रत्येक पद को उनकी आवृत्ति से गुणा करके fx निकालते हैं।
2. बाद में गुणनफल का योग करके उसमें आवृत्तियों के योग से भाग दे दिया जाता है। भागफल ही समान्तर माध्य होगा। इसका सूत्र निम्न है:

$$\overline{X} = \frac{\Sigma fx}{\Sigma f} \text{ या } \frac{\Sigma fx}{N}$$

संकेताक्षरों के अर्थ:

$\overline{X}$ = समान्तर माध्य

fX = मूल्यों का सम्बन्धित आवृत्तियों से गुणनफल का योग

N = आवृत्तियों का योग

लघु रीति

लघु रीति में माध्य निकालने के लिए निम्न प्रक्रिया प्रयोग की जाती है:

1. मूल्यों में से किसी एक को कल्पित माध्य (A) मान लेते हैं।
2. कल्पित माध्य से मूल्यों का विचलन ज्ञात करते हैं।
3. प्रत्येक विचलन का सम्बन्धित आवृत्ति से गुणा करके कुल विचलन fdx ज्ञात करते हैं।
4. गुणनफल का योग करके Σfdx निकाल लेते हैं।
5. अन्त में, निम्न सूत्र का प्रयोग करके समान्तर माध्य निकालते हैं:

$$\overline{X} = A + \frac{\Sigma fdx}{N}$$

$A =$ कल्पित माध्य

$\Sigma fdx =$ कुल विचलन

$N =$ कुल आवृत्ति

उदाहरण 12

निम्न समंकों से प्रत्यक्ष एवं लघु रीति द्वारा समान्तर माध्य ज्ञात कीजिए:

अंक	10	20	30	40	50	60
विद्यार्थियों की संख्या	8	10	12	20	6	4

हल:

प्रत्यक्ष विधि द्वारा माध्य-परिकलन

अंक	*विद्यार्थियों की संख्या*	*कुल अंक*
10	8	80
20	10	200
30	12	360
40	20	800
50	6	300
60	4	240
योग	N = 60	$\Sigma fX = 1980$

$$\overline{X} = \frac{\Sigma fX}{N}$$

$$= \frac{1980}{60}$$

$= 33$ अंक

लघु रीति द्वारा माध्य परिकलन

हलः

अंक	*छात्रों की संख्या f*	*A = 30 से विचलन dx*	*विचलनों का प्रयोग fdx*	
10	8	–20	–160	
20	10	–10	–100	– 260
30	12	0	0	
40	20	10	+200	
50	6	20	+120	440
60	4	30	+120	
योग	60 $N = \Sigma f$	—	+ 440 – 260 = 180 (Σfdx)	

$$\overline{X} = A + \frac{\Sigma fdx}{N}$$

$$= 30 + \frac{180}{60}$$

$$= 30 + 3$$

= 33 अंक

यहाँ स्मरणीय है कि प्रत्यक्ष तथा लघु रीतियों द्वारा निकाले गए मूल्य एक समान होने चाहिए, तथा कल्पित मध्यक से विचलनों को निकालते समय हमें पदों के मूल्यों में से कल्पित मध्यक को घटाना चाहिए। वैसे तो हम किसी भी पद के मूल्य को कल्पित मान सकते हैं, किन्तु सरलता की दृष्टि से हमें उस मूल्य को कल्पित मध्यक मानना चाहिए, जिससे विचलन की सीमा कम से कम हो।

सतत मालाओं में समान्तर माध्य ज्ञात करना (Calculation of Mean in Continuous Series)

सतत मालाएं अपवर्जी या समावेशी हो सकती हैं, उनमें निम्न तीन विधियों से सरल माध्य की गणना की जाती हैः

1. प्रत्यक्ष रीति
2. लघु रीति
3. पद विचलन रीति

    1. ***प्रत्यक्ष रीतिः*** इस विधि में समान्तर माध्य ज्ञात करने के लिए सतत माला का मध्य बिन्दु ज्ञात करके खण्डित श्रेणी के समान बना लिया जाता है और उसके पश्चात् खण्डित श्रेणी की प्रक्रिया अपनाकर माध्य ज्ञात किया जाता है।
    2. ***लघु रीतिः*** इसमें भी उपरोक्त प्रक्रिया ही अपनाकर समान्तर माध्य ज्ञात करते हैं।
    3. ***पद विचलन रीतिः*** यदि किसी सतत माला के वर्गों के वर्गान्तर समान होते हैं तब विचलनों में वर्गान्तर का भाग चला जाता है अथवा वैसे भी यदि सभी

विचलनों में किसी समान संख्या का भाग चला जाए तब वर्गान्तर का अथवा ऐसी समान संख्या का भाग देकर भागफलों को विचलन मानते हुए निम्न सूत्र का प्रयोग करके माध्य ज्ञात करते हैं। इससे गणना कार्य सरल हो जाता है:

$$\overline{X} = A + \frac{\Sigma fdx}{N} \times i$$

संकेताक्षरों के अर्थः

A = कल्पित माध्य

Σfdx = पद विचलनों एवं आवृत्तियों के गुणनफल का योग

i = वर्गान्तर अथवा समान संख्या जिससे विचलनों को विभाजित किया गया है।

उदाहरण 13

निम्न समंकों से उपर्युक्त तीनों विधियों से समान्तर माध्य ज्ञात कीजिए:

अंक	0–10	10–20	20–30	30–40	40–50	50–60
विद्यार्थियों की संख्या	10	15	20	25	18	12

हलः

प्रत्यक्ष तथा लघु विधि द्वारा माध्य-परिकलन

अंक	*विद्यार्थियों की संख्या*	*मध्य बिन्दु*	*कुल अंक*	*A = 25 से विचलन*	*कुल विचलन*	
X	f	X	fX	dx	fdx	
0–10	10	5	50	–20	–200	
10–20	15	15	225	–10	–150	– 350
20–30	20	25	500	0	0	
30–40	25	35	875	+10	+250	
40–50	18	45	810	+20	+360	+ 970
50–60	12	55	660	+30	+360	
योग	100		3120		+ 970 – 350 = f dx = 620	

प्रत्यक्ष रीति द्वारा

$$\overline{X} = \frac{\Sigma fx}{N}$$

$$= \frac{3120}{100}$$

=31.20 (माध्य)

लघु रीति द्वारा

$$X = A + \frac{\Sigma fdx}{N}$$

$$= 25 + \frac{620}{100}$$

= 25 + 6.20

= 31.20 (माध्य)

पद विचलन विधि द्वारा माध्य परिकलन

अंक	विद्यार्थियों की संख्या	मध्य मूल्य	A = 25 से विचलन	10 द्वारा पद-विचलन	कुल विचलन
	f	x	dx	dx	fd'x
0–10	10	5	–20	–2	–20
10—20	15	15	–10	–1	–15
20–30	20	25	0	0	0
30–40	25	35	+10	+1	+25
40–50	18	45	+20	+2	+36
50–60	12	55	+30	+3	+36
योग	N = 100				fd'x = 62

$$\overline{X} = A + \frac{\Sigma fd'x}{N} \times i = 25 + \frac{62}{100} \times 10 = 31.20 \text{ (माध्य अंक)}$$

समान्तर माध्य के गुण (Merits of Arithmetic Mean)

1. ***सरलता:*** इसकी गणना करना तथा इसे समझना आसान है। इसमें गणित सम्बन्धी उच्च ज्ञान की आवश्यकता नहीं होती है। इसे एक आम आदमी भी समझ लेता है।
2. ***सभी मूल्यों पर आधारित:*** सभी मूल्यों पर आधारित होने के कारण यह अधिक प्रतिनिधित्व करने वाला माध्य है। इसमें किसी पद के मूल्य को न तो अधिक महत्व दिया जाता है और न ही उसकी उपेक्षा की जाती है।
3. ***निश्चितता:*** यह निश्चित, स्थिर तथा स्पष्ट होता है। इसीलिए इसके सम्बन्ध में किसी को कोई संदेह नहीं होता।
4. ***बीजगणितीय विवेचन:*** इसका बीजगणितीय विवेचन सम्भव है। इसके कारण इसका उपयोग सर्वाधिक होता है।
5. ***क्रमबद्धता आवश्यक नहीं:*** इसमें पदों को क्रमबद्ध जमाने की आवश्यकता नहीं होती है।
6. ***तुलनात्मकता:*** समान्तर माध्य तुलनात्मक अध्ययनों के लिए उपयोगी होता है।

माध्य के दोष (Demerits of Arithmetic Mean)

1. ***चरम मूल्यों का प्रभाव:*** इसकी गणना में असाधारण व सीमान्त मूल्यों का बहुत प्रभाव पड़ता है। अत: इसमें अप्रतिनिधित्वता तथा अवास्तविकता का दोष उत्पन्न हो जाता है।
2. ***बिन्दुरेखीय प्रदर्शन असम्भव:*** इसका बिन्दुरेखीय प्रदर्शन भी नहीं किया जा सकता है।
3. ***गणना सम्बन्धी कठिनाई:*** यदि समंक माला का कोई भी मूल्य ज्ञात न हो, तो इसे ज्ञात नहीं किया जा सकता है, क्योंकि वह सभी मूल्यों पर आधारित होता है।

4. ***अनुपयुक्तताः*** गुणात्मक सामग्री के अध्ययन के लिए यह माध्य अनुपयुक्त है। इसी प्रकार, इसके द्वारा अनुपात, दर व प्रतिशत आदि का अध्ययन भी नहीं किया जा सकता है।
5. ***भ्रमात्मक निष्कर्षः*** कभी-कभी इस माध्य के द्वारा हास्यास्पद परिणाम निकलते हैं। जैसे एक परिवार में चार बच्चे हैं तथा दूसरे में तीन तो दोनों का औसत = 3½ व्यक्ति हुआ।

इसी प्रकार, जब कभी दो या अधिक समूहों की तुलना में इसका प्रयोग किया जाता है तब तुलना के परिणाम घटनाओं की सही व्याख्या नहीं कर पाते। उदाहरणार्थ, दो उद्योगों के तीन वर्षों के उत्पादन की तुलना जब करते हैं:

वर्ष	*उत्पादन इकाइयों में*	
	उद्योग 'अ'	*उद्योग 'ब'*
1951	1000	3000
1952	2000	2000
1953	3000	1000

इन दोनों के तीन वर्षों के कुल उत्पादन के आधार पर मध्यका $\frac{6000}{3} = 2000$ इकाइयां होती हैं। किन्तु ये परिणाम भ्रामक हैं, क्योंकि जहाँ उद्योग 'अ' प्रगति को दर्शाता है वहाँ उद्योग 'ब' अधोगति को, जब कि माध्य के आधार पर दोनों उद्योग का समान नजर आते हैं।

इस उदाहरण से स्पष्ट है कि समान्तर माध्य से समंक माला की रचना या बनावट का ठीक-ठीक पता नहीं चलता है। अतः कभी-कभी इसके द्वारा गलत एवं भ्रामक निष्कर्ष निकलते हैं।

उपयोग (Utility)

सामाजिक व आर्थिक समस्याओं के अध्ययन के लिए यह माध्य अत्यन्त उपयोगी है। गणना करना व समझना सरल होने के कारण इसका प्रयोग बहुत होता है। औसत उत्पादन, औसत आयात-निर्यात, औसत उत्पादन व्यय, औसत आय आदि में यही माध्य प्रयुक्त होता है।

इसके अतिरिक्त रोजगार का स्तर, स्वास्थ्य का स्तर तथा परिणामों का स्तर देखने के लिए भारित समान्तर माध्य का प्रयोग किया जाता है, जिससे परिणाम अधिक शुद्ध निकलते हैं।

गुणोत्तर माध्य

गुणोत्तर माध्य भी एक गणितीय माध्य है तथा सापेक्ष परिवर्तनों को नापने के लिए अत्यधिक उपयोगी है। इसका प्रयोग सूचनाओं की गणना में सर्वाधिक होता है। सूचनाओं में इसके प्रयोग से परिणाम शुद्ध निकलते हैं तथा यह वास्तविकता के अधिक निकट होता है। यह किसी श्रेणी के सभी पदों के गुणनफल का वह मूल है, जितनी उसमें संख्याएं होती हैं।

लेकिन जब श्रेणी में संख्याएं ज्यादा होती हैं तो इसकी गणना में लघु गुणकों का प्रयोग किया जाता है। इसकी गणना कठिन होने के कारण इसका प्रयोग सीमित होता है।

इसके अतिरिक्त जैसा कि पहले ही लिखा जा चुका है, चल माध्य, प्रगतिशील माध्य, हरात्मक माध्य आदि अन्य माध्य भी हैं, किन्तु उनका प्रयोग सामाजिक शोध में बहुत कम होता है।

बहुलक, मध्यका तथा माध्य की तुलनात्मक उपयोगिता (Comparative Utility of Mode, Median and Arithmetic Mean)

किन विषयों के लिए कौनसा औसत (Average) अधिक उपयुक्त होगा, इस प्रश्न का कोई निश्चित उत्तर देना सरल नहीं है। यह बहुत-कुछ अध्ययन के उद्देश्य और अध्ययन किए जाने वाले चर (Variable) के माप के स्तर पर निर्भर करता है। केन्द्रीय प्रवृत्ति की माप (Measures of Central Tendency), अर्थात् मध्यक (Mean) जो किसी वितरण के सभी मूल्यों का औसत होता है, मध्यका (Median) जो वितरण का मध्य बिन्दु होता है, और बहुलक (Mode), जो वितरण में उच्चतम घनत्व को दर्शाता है, इन सभी का प्रयोग मशीन की भांति बिना सोच-विचार के नहीं किया जाता है। किसी सीमा तक इन तीनों का प्रयोग अलग-अलग प्रकार के निम्न तथ्यों के लिए प्रयोग किया जाता है:

यदि हम अध्ययन किसी प्रतिदर्श (Sample) का कर रहे हैं, तब साधारणतः माध्य (Mean) सबसे उपयुक्त होता है। स्पष्ट है कि किसी समग्र के विभिन्न प्रतिदर्शों में कुछ न कुछ अंतर रहता है। अतएव, उस समग्र के आधार पर निकाले गए माध्य, मध्यका तथा बहुलक में भी कुछ न कुछ भिन्नता होती है, किन्तु विभिन्न प्रतिदर्शों के माध्यों में सबसे कम अंतर होता है। दूसरे शब्दों में, माध्य केन्द्रीय प्रवृत्ति की सबसे स्थिर माप है इसीलिए जब संदेह हो कि कौनसा माप प्रयुक्त किया जाए, तो माध्य ही सबसे अच्छा रहता है।

मध्यका (Median) तब उपयोगी होता है, जब वितरण असममित हो, अर्थात् बहुत कम और बहुत अधिक प्राप्तांकों में संतुलन न हो। जैसे आय के अध्ययन के लिए बहुधा मध्यका का प्रयोग किया जाता है, क्योंकि समष्टि में कुछ बहुत अमीर या कुछ बहुत गरीब लोगों के होने का मध्यका पर उतना प्रभाव नहीं पड़ता है, जितना माध्य पर पड़ता है। पूंजीवादी और पिछड़े देशों में आय का वितरण बहुत असममित होता है। ऐसी स्थिति में, केन्द्रीय प्रवृत्ति की माप के लिए मध्यका का प्रयोग ही सर्वाधिक उपयोगी होता है।

बहुलक (Mode) का प्रयोग तब उपयोगी होता है, जब दो या दो से अधिक समग्रों का मिश्रण हो। ऐसी स्थिति में माध्य या मध्यिका केन्द्रीय प्रवृत्ति को भली-भांति नहीं बता पाते हैं। यदि दो समष्टियों का मिश्रण हो तो बहुलक भी दो मिलने की सम्भावना रहती है। ऐसी स्थिति में माध्य या मध्यका निकालने की अपेक्षा दो बहुलक निकालना ही अधिक अर्थपूर्ण होगा।

अंत में, यह कहना उपयुक्त होगा कि किसी भी अध्ययन में बहुत से चर (Variables) होते हैं। इनकी प्रकृति भी भिन्न होती है। ऐसे अध्ययनों में केन्द्रीय प्रवृत्ति की माप के लिए कौनसी विधि का प्रयोग किया जाना चाहिए, यह निर्णय अन्ततः शोधकर्ता को ही करना होता है।

संदर्भ ग्रंथ
Further Readings

Allport, F.H. (1924), *Social Psychology*. Boston: Houghton Mifflin.

Babbie, E.R. (1973), *Survey Research Methods*. Belmont, CA: Wadsworth.

Backstrom, C.H. and G.D. Hursh (1963), *Survey Research*. Illinois: North-Western University Press.

Bailey, K.D. (1978), *Methods of Social Research*. Basingstoke: Collier-Macmillan.

Baker, L.T. (1988), *Doing Social Research*. New York: McGraw-Hill.

Bonjean, C.M., R.J. Hill and S.D. McLemore (1967), *Sociological Measurement*. San Francisco: Chandler.

Bruce, C.S. and M.S. Margaret (1993), *Approaches to Social Research*. New York: Oxford University Press.

Bryman, A. (2007), *Social Research Methods*. Oxford: Oxford University Press.

Chapin, F.S. (1920), *Field Work and Social Research*. New York: Appleton-Century.

Chapin, F.S. (1947), *Experimental Designs in Sociological Research*. New York: Harper.

Cohen, M. and E. Nagel (1944), *An Introduction to Logic and Scientific Method*. New York: Harcourt, Brace & Co.

Denzin, N.K. (1978), *The Research Act*. New York: McGraw-Hill.

Doby, J.T. (1954), *An Introduction to Social Research*. Harrisburg: The Stackpole Co.

Festinger, L. and D. Katz (1953), *Research Methods in the Behavioral Sciences*. New York: Dryden Press.

Forcese, D.P. and S. Richer (1973), *Social Research Methods*. Englewood Cliffs, NJ: Prentice-Hall.

Galtung, John (1967), *Theory and Methods of Social Research*. London: George Allen & Unwin.

Goode, W.J. and P.K. Hatt (1952), *Methods in Social Research*. New York: McGraw-Hill.

Hursh-Cesar, G. and P. Roy (1976), *Third World Surveys: Survey Research in Developing Countries*. Bombay: Macmillan & Co.

Hyman, H. (1954), *Interviewing in Social Research*. Chicago: University of Chicago Press.

Kahn, R.L. and C.F. Connell (1959), *The Dynamics of Interviewing*. New York: John Wiley & Sons.

Kaplan, A. (1964), *The Conduct of Inquiry*. San Francisco: Chandler.

Kaufman, F. (1944), *Methodology of the Social Sciences*. New Jersey: Humanities Press.

Kerlinger, F.N. (1973), *Foundations of Behavioral Research*. New York: Holt, Rinehart & Winston.

Kidder, L.H. (1981), *Research Methods in Social Relations*. New York: Holt, Rinehart & Winston.

Lindzey, G. (1954), *Handbook of Social Psychology*. Cambridge, Mass.: Addison-Wesley.

Lundberg, G.A. (1951), *Social Research*. New York: Longmans, Green & Co.

Madge, J. (1953), *Tools of Social Science*. London: Longmans, Green & Co.

Mann, P.H. (1968), *Methods of Sociological Enquiry*. Oxford: Blackwell.

Miller, D.C. (1964), *Handbook of Research Design and Social Measurement*. New York: David Mckay Co.

Moser, C.A. (1962), *Survey Methods in Social Investigation*. London: Heinemann.

Nachmias, D. and C. Nachmias (1976), *Research Methods in Social Sciences*. London: Edward Arnold.

Parten, M.B. (1950), *Surveys, Pools, and Samples*. New York: Harper & Bros.

Phillips, B.S. (1966), *Social Research: Strategy and Tactics*. New York: Macmillan.

Riley, M.W. (1963), *Sociological Research*. New York: Harcourt Brace Jovanovich.

Selltiz, Jahoda and Others (1951), *Research Methods in Social Relations*. New York: Holt, Rinehart & Winston.

Smith, H.W. (1975), *Strategies of Social Research*. Englewood Cliffs, NJ: Prentice-Hall.

Yang, Hsin-Pao (1952), *Fact-Finding with the Rural People*. Rome: FAO.

Young, P.V. (1973), *Scientific Social Surveys and Research*. New Delhi: Prentice-Hall.